全世界无产者，联合起来！

列宁选集

第四卷

中共中央 马克思　恩格斯　著作编译局编译
列　宁　斯大林

人民出版社

编　辑　说　明

　　《列宁选集》是在马克思主义中国化、时代化、大众化事业不断推进的形势下,为适应广大读者学习和研究马克思列宁主义理论的需要而编辑的列宁著作精选本。1960 年,四卷本《列宁选集》第一版问世,译文选自《列宁全集》第一版。1972 年,我们对第一版篇目作了部分调整,对译文进行了校订,出版了《列宁选集》第二版。1990 年《列宁全集》第二版 60 卷全部出齐之后,我们充分利用全集的编译和研究成果,于 1995 年编辑出版了《列宁选集》第三版。

　　《列宁选集》第三版同第二版相比有较大调整,力求以更加合理的结构和精审的编目,完整准确地反映列宁思想的精华及其对马克思主义的理论贡献。为了推进新时期党的思想理论建设,帮助读者全面深刻地认识中国特色社会主义的理论渊源和科学内涵,提高运用科学理论分析和解决实际问题的能力,《列宁全集》第三版着重增选了反映列宁在理论和实践上创造性地探索社会主义建设规律和无产阶级政党建设规律的文献,同时还精选了列宁在各个历史时期关于马克思主义立场观点方法的著述。实践证明,《列宁选集》第三版的编辑思路是正确的,文献选录是精当的。这个版本对广大干部群众联系中国特色社会主义伟大实践学习马克思列宁主义基本理论起了重要作用,今天仍然是理论学习和理论研究的基础文本。

2009 年底,马克思主义理论研究和建设工程重点项目和标志性成果十卷本《马克思恩格斯文集》和五卷本《列宁专题文集》正式出版。为了保证经典著作译文的准确性和统一性,增强经典著作所附各种资料的系统性和科学性,我们对《列宁选集》第三版进行了修订,主要包括以下五个方面:一、对列宁著作中出现的马克思恩格斯著作的引文,根据《马克思恩格斯文集》的最新译文进行了统一,同时对未收入文集的引文,也按照文集的编译标准逐条进行了审核和修订;二、充分利用《列宁专题文集》的编辑和研究成果,对各卷编者说明进行了充实和完善,以更加准确简练的语言阐明列宁著作的时代背景、理论要旨和历史地位;三、认真审核各卷译文,对个别错漏加以补正,特别是对各类重要概念的译名进行了复核;四、依据新的研究成果对各卷注释和人名索引进行了审订和勘正,同时对涵盖整部选集内容的名目索引作了全面的修订和完善;五、增补了列宁生平大事年表。

本修订版保持《列宁选集》第三版的整体结构和各卷篇目,仍分为四卷:第一卷选辑 1894—1907 年的著作,第二卷选辑 1908—1916 年的著作,第三卷选辑 1917—1919 年的著作,第四卷选辑 1919—1923 年的著作。

本修订版每卷正文之前刊有本卷说明,正文之后附有注释和人名索引。第四卷还附有名目索引和列宁生平大事年表。

本修订版各卷著作的编排一般采用编年原则。在个别情况下,为了保持一部著作或一组文献的完整性和有机联系,编排顺序则作变通处理。每篇文献标题下括号内的写作或发表日期是编者加的;文献本身在开头已注明日期的,标题下不另列日期。1918 年 2 月 14 日以前俄国通用俄历,以后改用公历,这两种历法所标日期,在1900年2月以前相差12天(如俄历为1日,公历为13日),从1900年3月起相差13天。编者加的日期,公历和俄历并用时,俄历在前,公历在后。在国外写的书信的日期均为公历。

　　本修订版各卷目录中凡标有星花＊的标题,都是编者加的。引文中尖括号〈　〉内的文字和标点符号是列宁加的。编者为正文所加的脚注,均注明是编者注;凡未注明是编者注的脚注,为列宁的原注;凡注明是俄文版编者注的脚注,都是指《列宁全集》俄文第五版编者加的注。卷末注以一篇或一组文献为单位加注,重复出现的注共用一个注码。人名索引的条目按汉语拼音字母顺序排列,条头括号内用黑体字排印的是相关人物的真实姓名,未加黑体的则是笔名、别名、曾用名或绰号。

中共中央**马克思　　恩格斯**著作编译局
列　宁　　斯大林

2012年5月

目　录

第四卷说明

本卷选载列宁在 1919 年 6 月至 1923 年 3 月即国内战争后期和新经济政策时期的著作,共 68 篇。

1919 年底,在列宁的领导下,苏维埃俄国粉碎外国武装干涉、平定国内反革命叛乱的斗争取得了决定性胜利。1920 年秋,延续了三年之久的战争终于结束,苏维埃俄国开始进入恢复国民经济和探索社会主义建设道路的新时期。但当时的国内经济和政治形势仍十分严峻。在城市里,由于粮食和原料极端缺乏,大部分工厂无法开工,工人生活得不到保障。在农村,广大农民处于贫困境地,余粮收集制受到抵制。敌对分子利用群众的不满情绪进行破坏活动,一些地方甚至发生了暴动。

在党的领导和苏维埃政权面临严峻考验的情况下,列宁对历史转折关头的形势作了深入考察,对国内战争时期实施的经济措施进行了全面分析。他一方面指出战时共产主义政策在特定历史条件下对战胜国内外敌人和保卫苏维埃政权具有重大的积极意义,一方面深刻地认识到这些政策已经不能适应新时期的发展要求。列宁认为,党必须及时调整战略思路,制定新的方针政策,以保证经济顺利发展,社会秩序得到稳定,人民生活水平不断提高,从而使整个国家向社会主义稳步过渡。为此,列宁自觉运用马克思主义基本原理,深入研究俄国国情,突破种种思想束缚,以无产阶级革命家的战略和魄力,对社会主义建设的一系列重大理论和实践问题进行了创造性的探索,提出用新经济政策代替战时共产主义政策,以粮食税代替余粮收集制,发展商品经济,利用国家资本主义发展生产力,为向社会主义过渡奠定坚实的物质基础。1921年3月,列宁主持召开了俄共(布)第十次代表大会,正式宣布改行新经济政策。列宁在这一时期的论著中科学地总结了苏维埃政权建立初期探索社会主义道路的经验和教训,系统地阐述了实施新经济政策的目的、意义和成效,对什么是社会主义以及怎样在经济文化落后的俄国建设社会主义的问题进行了深刻的论述。这些论述丰富了科学社会主义的理论宝库。同时,列宁十分重视执政党建设和苏维埃政权建设。他强调:党是社会主义事业的领导核心,党必须清醒地认识到自己的历史地位和工作重心发生的变化,不断加强自身建设;党的各级领导必须不断提高执政能力,学会做经济工作;要重视发扬党内民主,尊重党员参与党内事务的权利;要执行严格的纪律,保证党在思想上、政治上和组织上的统一;要妥善处理党内矛盾,维护党的团结;要严格掌握入党条件,吸收先进分子入党,保证党的先进性;要密切联系群众,充分相信和依靠群众;要不断推进党和国家机关的改革,加强对党员和干部的监督,反对形形色色的官僚主义和营私舞弊行为。这些精辟的见解已经成为马克思主义政党建设理论的重要组成部分。

1922年底,列宁的健康状况恶化,不得不停止工作。在同疾病的顽强斗争中,列宁仍然时刻关注党和国家的前途和命运。他以惊人的毅力,口授了一系列重要书信和文章,为俄国和国际无产阶级留下了最后的理论遗产。

本卷的开篇《伟大的创举》颂扬了莫斯科—喀山铁路员工在1919年春季主动发起组织的共产主义星期六义务劳动。列宁高度评价这种劳动是"伟大的创举",指出它的重大意义在于表明了工人阶级自觉提高劳动生产率、创造社会主义的经济条件和生活条件的首创精神。列宁认为无产阶级专政不只是对剥削者使用的暴力,甚至主要的不是暴力,而是实现比资本主义更高类型的社会劳动组织。列宁给阶级下了经典的定义,并论述了消灭阶级的途径和条件。他指出,社会主义的最终目的是消灭阶级,同时还要消灭城乡之间、体力劳动和脑力劳动之间的差别,为此必须大力发展生产力,必须克服旧的习惯势力和保守势力。他强调劳动生产率归根到底是使新社会制度取得胜利的最重要最主要的东西。他认为无产阶级在取得政权以后,在镇压资产阶级反抗的同时要引导劳动群众进行经济建设,而且后一任务更重要更困难;强调新的劳动组织要把科学和资本主义技术的最新成就同创造社会主义大生产的自觉工作者大规模的联合联结在一起。列宁1919年12月《在俄共(布)莫斯科市代表会议上关于星期六义务劳动的报告》和1920年4月写的《从破坏历来的旧制度到创造新制度》一文,进一步阐述了共产主义劳动的特点,指出在社会主义条件下还不能广泛而普遍地实行这种劳动。但是他满腔热情地号召共产党员支持和推广星期六义务劳动。

列宁十分关注共产党自身的建设和共产党员素质的提高。在1919年国内战争局势最危急的时刻,俄共中央一方面进行党员登记,清除党内那些贪生怕死、谋取私利的党员,另一方面在10月举行了征收党员周,吸收了20多万优秀工人、农民和红军战士入党。《工人国家和征收党员周》和《莫斯科征收党员周的总结和我们的任务》这两篇文章阐述了执政的无产阶级政党保持党员队伍先进性、加强自身组织建设的原则,总结了莫斯科征收党员周的成绩和经验。列宁指出,党不要徒具虚名的党员,应当把那些一心想从执政党党员的地位捞取好处而不愿为共产主义忘我工作的党员清洗出党。他赞扬在国家危难时刻申请入党的无产阶级群众所表现的对苏维埃政权的无限忠诚、高度的自我牺牲精神和英雄主义热情。他强调党取得政权后，要多吸收真心拥护共产主义的正直的劳动者入党，要特别重视从工人和劳动农民中间发掘新人才，大胆使用新人才，把各种各样的国家工作托付给他们，同时在实践中考验他们，给他们在广阔的工作领域中施展才能和一显身手的机会。

列宁在国内战争的严峻日子里还深入研究马克思主义国家学说，他在《论国家》这篇讲演中阐明了研究国家问题的科学方法，即唯物史观和唯物辩证法；考察了国家产生和发展的历史，对奴隶制国家、封建制国家和资本主义国家的特征作了科学分析，从生产方式和社会阶级结构的变化说明了一种国家类型过渡到另一种国家类型的规律；揭示了国家的实质，指出国家是维护一个阶级对另一个阶级的统治的机器。列宁在文中还批判了第二国际领袖的机会主义论点，阐明了共产党对国家的态度。

《无产阶级专政时代的经济和政治》是一篇没有写完的理论文章。这篇文章从理论上总结了世界上第一个社会主义国家成立两年来的经验，论述了过渡时期俄国社会经济结构的特点。列宁指出，在资本主义和共产主义之间有一个过渡时期，这个过渡时期不能不兼有这两种社会经济结构的特点；这一时期社会经济的基本形式是资本主义、小商品生产和共产主义，相应的基本力量是资产阶级、小资产阶级（特别是农民）和无产阶级。他在论述"社会主义就是消灭阶级"的思想时写道，在一个农民国家里，农业的社会主义改造是一个无比困难的、长期的任务。他告诫，采用急躁轻率的行政手段和立法手段，只能延缓从个体小商品经济向公共的大经济的过渡，给这种过渡造成困难；只有帮助农民大大改进以至根本改造全部农业技术，才能加速这种过渡。

列宁十分重视苏维埃政权的民族政策和俄国东部各民族的解放运动问题。《为战胜邓尼金告乌克兰工农书》论述了俄国共产党和苏维埃政权的民族政策。列宁指出，社会主义的利益要求各国、各民族的劳动者建立起最充分的相互信任和最紧密的联合，只有工人的国际联合才能战胜资本这一国际势力；共产党员作为国际主义者，坚决反对民族仇恨、民族纠纷和民族隔绝；俄国共产党和苏维埃政府在力求实现俄国各民族的紧密团结并打击一切分裂各民族的行为时，应当对少数民族中还存在的对俄罗斯民族的不信任情绪采取非常耐心和肯作让步的态度。《在全俄东部各民族共产党组织第二次代表大会上的报告》论述了东部各民族解放运动，高度评价了俄国东部各族人民的觉醒，指出东方的人民群众将参与决定世界的命运。列宁强调共产党人必须以共产主义的一般理论和实践为依据，从自己面临的实际情况和特殊条件出发，确定自己的斗争任务；同时，必须用人民群众听得懂的语言进行广泛的宣传教育。列宁认为，我们无论在哪一本共产主义著作里都不可能找到解决实际问题的现成答案，而只能通过实践来积累经验。

在1920年初的暂时和平时期，经济恢复问题摆到了首位。列宁《在全俄水运工人第三次代表大会上的讲话》和在俄共（布）第九次代表大会上作的中央委员会报告针对经济问题强调指出，为了迅速恢复国民经济，需要建立铁的纪律，需要有无产阶级及其政党的统一意志，需要加强一长制。列宁批驳了那种认为集体管理是工人管理，个人管理不是工人管理的错误看法，指出：一切问题的解决应当服从生产的利益；社会经济制度的性质不是由管理生产的原则，而是由所有制的形式来决定的；一长制只是组织和领导生产的一种具体管理制度。列宁尖锐地指出，在关于集体管理制的议论中,往往充斥着一种最无知的情绪,即反对专家的情绪。针对党内反对派反对起用内行、专家的主张,列宁强调学习资产阶级的文化和管理经验、起用资产阶级管理人才和技术专家的重要性。他说,要建设社会主义,要管理,就要懂行,就要精通生产,就要懂得现代水平的生产技术,就要受过一定的科学教育。

本卷收载了列宁在国内战争末期关心青年工作和文化教育工作的三篇重要文献。《青年团的任务》这篇讲话提出了对青年进行共产主义教育的任务和原则,阐明了共青团的性质和它在社会主义建设时期的基本任务。列宁指出,青年一代担负着建立共产主义社会的任务,他们应当为完成这一崇高使命而认真学习。青年首先要努力学习共产主义理论,但这种学习不能仅凭书本,不能脱离沸腾的实际生活。共产主义是从人类知识的总和中产生的,青年一代只有用人类创造的精神财富丰富自己的头脑,才能成为真正的共产主义者。同时,青年还要刻苦学习现代科学技术和文化知识,掌握建设祖国的本领。列宁在讲话中还强调在青年中弘扬共产主义道德的重要性,要求青年团必须坚持与工农的劳动相结合,通过教育、训练和培养,使现代青年成为具有共产主义道德的一代新人。在《关于无产阶级文化》的决议草案中,列宁强调在文化教育事业中要坚持无产阶级的革命目标和马克思主义世界观,指出马克思主义并没有抛弃资产阶级时代最宝贵的成就,它吸收和改造了两千多年来人类思想和文化发展中的一切有价值的东西,只有在这个基础上才能发展真正的无产阶级文化。《在全俄省、县国民教育局政治教育委员会工作会议上的讲话》深刻地论述了教育与政治的关系问题。列宁指出:教育任务是无产阶级专政的一个重要任务,教育不能不问政治,教育不能脱离政治,而政治不仅是指各阶级之间的斗争,在粉碎资产阶级的反抗之后,政治更应当是从事国家的经济建设;党和教育工作者的基本任务是培养和教育劳动群众,使他们克服旧制度遗留下来的旧习惯、旧风气、旧思想,政治教育的目的是培养真正的共产主义者;要建立一支同党和党的思想保持紧密联系、能贯彻党的精神的新的教育大军;为了重新教育群众,还要做好宣传鼓动工作,整个共产主义宣传归根到底要落实到实际指导国家建设。

在国内战争后期,列宁还用很多精力指导国际共产主义运动。当时西欧许多国家刚刚成立的共产党还缺乏理论修养和斗争经验,不善于结合本国情况制定正确的战略和策略,出现了一股"左"倾思潮。

列宁在 1920 年 4—5 月撰写的《共产主义运动中的"左派"幼稚病》一书是论述无产阶级革命政党的战略和策略问题的重要著作。这部著作全面剖析了"左派"共产党人的错误,用俄国三次革命的经验帮助他们认识和纠正错误。列宁指出俄国革命的某些基本特点具有国际意义,同时强调布尔什维克取得成功的一个主要条件是它有着极严格的真正铁的纪律,得到整个工人阶级和广大人民群众的真诚拥护。他详细说明了布尔什维主义历史的几个主要阶段的特点,介绍了布尔什维克党丰富的斗争经验。他阐明了无产阶级夺取政权后坚持无产阶级专政的必要性以及无产阶级专政的性质和任务。他以大量篇幅剖析了"左派"共产党人否定政党、否定纪律、否定民主集中制、拒绝在反动工会里工作、抵制议会活动、拒绝任何妥协的错误,阐述了领袖、政党、阶级、群众间的相互关系以及党的纪律问题,指出无产阶级政党必须善于掌握一切斗争形式,善于把原则的坚定性和策略的灵活性结合起来。他要求各国共产党人在运用马克思主义基本原则和无产阶级革命的普遍规律时,必须考虑本国经济、政治、文化等具体特点。

上述论点在列宁为共产国际第二次代表大会草拟的文件中得到了体现、发挥和补充。《关于共产国际第二次代表大会的基本任务的提纲》结合俄国革命的经验教训,确定当时各国共产党的主要任务是建立和巩固共产党的组织,为赢得无产阶级专政形式的国家政权作好准备。提纲要求各国共产党肃清党内的机会主义分子和中派分子,迅速克服"左"倾错误。《关于国际形势和共产国际基本任务的报告》分析了第一次世界大战和十月革命后国际政治经济形势的变化,指出资本主义世界深重的全面危机必然促进各国革命运动的发展,同时要求纠正"左派"共产党人低估资产阶级力量的错误看法。列宁指出,全世界的资产阶级制度正在经历巨大的革命危机,一方面群众的经济状况已经到了不可忍受的地步;另一方面,在极少数势力极大的战胜国中间,瓦解已经开始而且正在加深。各国的革命政党都应该用实践来证明,它们有足够的觉悟和组织性,它们与被剥削群众有密切的联系,有足够的决心和本领利用这个危机来进行成功的、胜利的革命。《加入共产国际的条件》阐述了建立新型无产阶级政党的组织原则,提出了防止和肃清机会主义和"左"倾思潮影响的有力措施。列宁特别指出,共产党的名称问题不只是一个形式问题,而且是具有重大意义的政治问题,是马克思主义政党区别于那些背叛工人阶级的旧的社会民主党或社会党的显著标志。《民族和殖民地问题提纲初稿》以及列宁代表民族和殖民地问题委员会所作的报告阐述了共产国际在民族和殖民地问题上的立场和任务。列宁指出,必须把被压迫民族的利益和笼统说的民族利益即统治阶级利益区分开来,把被压迫民族和压迫民族区分开来。共产国际在民族和殖民地问题上的全部政策,主要应该是使各民族和各国的无产者和劳动群众为共同进行革命斗争、打倒地主和资产阶级而彼此接近起来。他强调共产国际和各国无产阶级政党必须支持被压迫民族的民族民主运动,特别要援助落后国家的农民运动。列宁还指出,在革命取得胜利的国家的无产阶级帮助下,落后国家可以不经过资本主义发展阶段而过渡到苏维埃制度,然后经过一定的发展阶段过渡到共产主义。《土地问题提纲初稿》对资本主义国家农民的不同阶层的特点作了详细的分析,并相应规定了无产阶级在革命中以及革命胜利后对这些不同阶层的农民应采取的策略。

外国武装干涉和国内战争结束后,列宁认为,为了迅速恢复遭到四年帝国主义战争和三年国内战争严重破坏的国民经济,必须想方设法利用资本主义国家的资金和技术。他在1920年11月签署了《关于实行租让的一般经济条件和法律条件》法令。针对广大工农群众对租让政策的不了解和疑虑,列宁在俄共(布)莫斯科组织积极分子大会上作的关于租让的报告、在全俄苏维埃第八次代表大会上作的关于对外对内政策的报告中,从政治上和经济上详细地论述了租让政策的正确性和必要性。他指出:实行租让政策政治上的考虑是利用帝国主义列强之间的对立和矛盾,恢复贸易联系,防止新的武装干涉;经济上的考虑是通过把俄国无力开发的森林、土地、矿山租让出去的办法,利用资产阶级的资金,得到资本主义国家的生产资料,学习先进的技术和管理。他反复说明,租让同卖国毫无共同之处,租让是战争在经济范围内的继续,但又与战争不同,它不会破坏生产力,而只会使生产力得到发展。他在强调租让的积极意义的同时,指出应该处处用共产主义的影响来抵制租让必然带来的资本主义习气的腐蚀。

国家电气化计划即统一的经济计划问题是列宁极其关注的一个问题。列宁在全俄苏维埃第八次代表大会上作的关于对外对内政策的报告,把俄国电气化远景计划称为第二个党纲,指出俄国的社会主义事业要求把小农经济基础变成大工业经济基础,而电气化对于一个小农国家发展社会主义经济具有重要作用。党的纲领应当成为领导经济建设的纲领,应当用重建整个国民经济并使它达到现代科学技术水平的工作计划——俄国电气化计划来补充。共产主义就是苏维埃政权加全国电气化。

1921年2月,列宁建议成立国家计划委员会,由它根据统一的经济计划领导国民经济各部门。列宁主张科学技术专家和学者应在国家计委中占绝对优势。《论统一的经济计划》一文说明了国家计委组成的重要意义和广泛吸收非党专家参加国家计委工作的必要性。列宁高度评价由几百名优秀专家制定的统一的经济计划,即全国电气化计划,严厉批评党内一些同志对这一计划的错误态度。他指出,应该尊重科学,应该摒弃门外汉和官僚主义者的狂妄自大。共产党人应当学会管理俄国,为此必须尊重科学技术专家,仔细分析和改正自己工作中的失误,少一些官僚主义者的自负,多研究一些实际工作经验和新的科学技术成果。

随着国内形势由战争转到经济建设,俄国共产党在全俄工会第五次代表会议(1920年11月)上提出工会必须改变军事化领导方法和扩大工人民主问题。在党和国家需要集中精力解决紧迫的经济问题时,托洛茨基等在党内挑起一场关于工会问题的大争论。《论工会、目前局势及托洛茨基同志的错误》、《再论工会、目前局势及托洛茨基同志和布哈林同志的错误》等著作,反映了列宁在工会问题争论期间对托洛茨基、布哈林以及其他反对派的错误观点和派别活动所作的斗争。列宁指出,在工会问题上同托洛茨基的真正的意见分歧是如何掌握群众、对待群众、联系群众的问题。列宁阐明了工会在无产阶级专政国家中的地位和作用,指出工会不是国家组织,不是实行强制的组织,它是一个教育的组织,是学习管理的学校,是共产主义的学校。工会的主要任务是教育工人认识提高劳动生产率和加强纪律的重要性。列宁批评了托洛茨基和布哈林把政治和经济割裂并对立起来的错误主张以及在面对原则问题争论时所持的折中主义态度,阐明了政治和经济的辩证关系。列宁指出,政治是经济的集中表现,政治同经济相比不能不占首位,一个阶级如果不从政治上正确地看问题,就不能维持它的统治,因而也就不能完成它的生产任务。他还通过对工会性质和任务的阐述,强调必须划清辩证法和折中主义的界限,并指出了辩证逻辑的四点要求:第一,要真正地认识事物,就必须把握住、研究清楚它的一切方面、一切联系和"中介";第二,要求从事物的发展、变化中来考察事物;第三,必须把实践作为检验真理的标准;第四,没有抽象的真理,真理总是具体的。

　　1921 年 3 月召开的俄共(布)第十次代表大会,标志着苏维埃俄国从战时共产主义政策向新经济政策过渡的历史转折。新经济政策是从改变粮食政策开始的。列宁在关于以实物税代替余粮收集制的报告和关于这个报告的总结发言中说明了实行"战时共产主义"遇到的困难和挫折及其原因,指出:我们以前的纲领在理论上是正确的,但是在实践上却行不通。在理论上,胜利了的无产阶级应当领导农民向社会化的、集体的劳动过渡,但是在实践上,在一个小农生产者占人口大多数的国家里,实行社会主义革命必须通过一系列特殊的过渡办法。列宁强调,把余粮收集制改为粮食税,首先是一个政治问题,本质在于工人阶级如何对待农民。改造小农要花几代人的时间。要有强大的物质基础,要大规模使用农业机器,大规模实现电气化,才能根本改造小农。而现在必须给农民一定的流转自由,使农民获得同他们的经济基础即个体小经济相适应的刺激和动力,这样做不仅不会破坏反而会巩固无产阶级政权。

列宁向这次大会提出的关于党的统一的决议草案初稿和关于我们党内的工团主义和无政府主义倾向的决议草案初稿以及就后一问题所作的报告,维护了党在思想上和组织上的统一,指出这是保证无产阶级专政胜利的基本条件。关于党的统一的决议草案规定,党内决不容许任何派别活动,对破坏党的统一的共产党员采取党内一切处分办法,直至开除出党。同时,列宁也指出,党必须采取一切手段和各种办法来反对官僚主义,扩大民主,发扬自主精神,检举、揭发和驱逐混进党内的不良分子。关于党内的工团主义和无政府主义倾向的决议草案和有关的报告指明,"工人反对派"的纲领代表一种工团主义和无政府主义的倾向,宣传这种思想是同俄共党员的身份不相容的。党不排除对最重要的理论和实践问题进行科学的探讨,不过这要在马克思主义基础上、在党的政治路线范围内进行,党不是争论的俱乐部。

列宁在 4 月间写的《论粮食税(新政策的意义及其条件)》是一篇从理论上说明新经济政策的重要著作,它阐述了与粮食税有关的一系列理论问题。列宁论证了用粮食税代替余粮收集制和利用国家资本主义的必要性和可行性。他指出,根据俄国的社会经济结构和生产力发展水平,我们还不能实行从小生产向社会主义的直接过渡,所以作为小生产的自发产物的资本主义在一定程度上是不可避免的。在这种情况下,我们应当利用国家资本主义作为小生产和社会主义之间的中间环节,作为提高生产力的手段、途径、方法和方式。列宁详细评述了国家资本主义的四种主要形式——租让制、合作制、代购代销制和租赁制,同时指出,只要无产阶级牢牢掌握政权,我们就一定能防范和克服资本主义的消极影响,利用资本主义特别是国家资本主义来促进社会主义。

列宁继《论粮食税》之后提出的《劳动国防委员会给各地方苏维埃机关的指令（草案）》，规定了贯彻新经济政策的实际工作纲领和工作方法。列宁特别强调鼓励地方尽量发挥首创精神、自主精神和进取精神，反对给地方机关工作作出死硬的规定。他重视总结地方经济工作的丰富经验，进一步提出：要用地方经验和地方监督来检查中央机关的工作以及由中央来检查地方的工作，要通过地方的实践检查中央的指示以及通过中央的领导监督地方的实践。

《致阿塞拜疆、格鲁吉亚、亚美尼亚、达吉斯坦、哥里共和国的共产党员同志们》的信指出了各民族共和国巩固苏维埃政权和建设社会主义的道路。列宁希望各民族共和国在进行经济建设时要考虑到本地区的特点，发挥本地区的经济优势。他认为，高加索各共和国对于小资产阶级、知识分子，特别是农民，要温和一点、谨慎一点、通融一点，对于向社会主义过渡，也要更加缓慢、更加谨慎、更加有步骤。他建议边疆地区要充分利用可以较快、较容易地同资本主义西方搞好"共居关系"的条件，广泛地实行租让政策和开展对外贸易，以此开发边疆的丰富资源，发展边疆的农业和畜牧业，从而提高边疆的生产力。

本卷收载的《十月革命四周年》、《新经济政策和政治教育委员会的任务》、《在莫斯科省第七次党代表会议上关于新经济政策的报告》、《论黄金在目前和在社会主义完全胜利后的作用》等著作，总结了苏维埃俄国四年来的经济建设，特别是新经济政策实施半年多的经验教训，进一步探讨适合俄国具体情况的社会主义建设道路。新经济政策实施以后，国民经济情况开始好转，但是原来实行的用工业品换取农产品的有计划"商品交换"（实际上是产品交换）没有成功，这种商品交换到1921年秋变成了自由买卖和现金交易。列宁根据经济领域出现的实际情况和发展趋势,提出了进一步完善新经济政策的战略思路,对国家调节商业和货币流通的必要性作了全面深刻的论证。

在《十月革命四周年》一文中,列宁写道,党和国家现在面临的最重要最困难的任务是经济建设。我们曾经设想用国家直接下命令的办法,在一个小农国家里按共产主义原则来调节国家的产品生产和分配,现实生活说明我们错了。我们现在正用"新经济政策"来纠正这一错误。为了作好向共产主义过渡的准备,必须经过国家资本主义和社会主义这些过渡阶段,不能直接凭热情,而是既要借助革命热情,又要考虑个人利益,搞好经济核算,通过国家资本主义走向社会主义。

在《新经济政策和政治教育委员会的任务》这个报告中,特别是在莫斯科省第七次党代表会议上作的关于新经济政策的报告中,列宁回顾了苏维埃政权几年来探索社会主义道路的曲折历程,指出社会主义是前无古人的伟大事业,要想一劳永逸地找到一条唯一正确的发展道路是不可能的。共产党人应当敢于承认失败,善于从失败的经历中学习,学会用符合俄国实际的新的方式方法来完成自己的任务。这种新的方式方法就是新经济政策。列宁根据客观形势和具体条件,首次提出了苏维埃经济同市场、同商业的关系问题,指出由国家来调节商业和货币流通,是苏维埃政权面临的一项重要而又紧迫的任务;只有完成了这一任务,才能提高生产力,才能恢复作为社会主义社会唯一基础的大工业。

在《论黄金在目前和在社会主义完全胜利后的作用》一文中,列宁结合新经济政策的实施,指出社会主义建设的实践中出现了马克思本人当年预见不到的新情况,必须创造性地运用马克思主义来解决俄国的实际问题。列宁用马克思主义的观点分析了在无产阶级掌握政权的条件下革命与改良的关系,指出在经济文化比较落后的俄国可以采用改良主义的办法来建设社会主义,所谓改良主义的办法,就是不摧毁旧的社会经济结构——商业、小经济、小企业、资本主义,而是活跃商业、小企业、资本主义,审慎地逐渐地掌握它们,对它们实行国家调节。苏维埃政权只有紧紧抓住商业这一环节,才能掌握整个历史事变的链条,否则就建不成社会主义社会经济关系的基础。

在《关于司法人民委员部在新经济政策条件下的任务》这封书信中,列宁要求加强司法工作,惩治苏维埃政权的政治敌人和滥用新经济政策的犯罪行为,维护社会主义法律的严肃性,做好法制宣传,为新经济政策的实施创造良好的法制环境。他规定了司法机关对待新资本主义分子的方针是:允许他们做生意,允许他们发财,同时要求他们严格遵守苏维埃政权的法律,以使无产阶级国家里的资本主义成为"训练有素的"、"循规蹈矩的"资本主义。他指出,审判具有巨大的教育意义,对犯罪的共产党员要加倍严厉地惩办,这两点是司法工作的起码常识。

《论"双重"领导和法制》一信强调法制应当是统一的,不受地方的任何干扰。地方检察机关只受中央机关领导,有权从是否合乎法制的观点对地方政权的决定和决议提出异议。这样才能使检察机关顶住地方和私人的干预,从而有可能同各种违法行为和官僚主义进行有效的斗争。

新经济政策的实施需要改组工会,使其适应新的情况。列宁为此拟定了《关于工会在新经济政策条件下的作用和任务的提纲草案》。这个提纲草案为新时期工会工作指明了方向。列宁明确指出:在容许自由贸易和资本主义有一定发展的条件下,工会最主要的任务之一就是要从各方面全力维护工人阶级和劳动群众的利益。苏维埃俄国的一切政治经济工作都是由工人阶级的先锋队共产党来领导的,工会应当成为国家政权最亲密的、不可缺少的合作者。工会是共产主义的学校,也是劳动者学习管理社会主义工业的学校。联系群众是工会一切工作的基本条件。

实行新经济政策的第一个年头表明,新经济政策对于克服困难、扭转局面收到了明显的成效。列宁在俄共(布)第十一次代表大会上作的《俄共(布)中央委员会政治报告》、在共产国际第四次代表大会上作的报告《俄国革命的五年和世界革命的前途》、《在莫斯科苏维埃全会上的讲话》以及《答〈曼彻斯特卫报〉记者阿·兰塞姆问》等文献,总结了新经济政策实施一年的实践,肯定了所取得的初步成就,论证了新经济政策的必要性和正确性,并提出进一步贯彻新经济政策的具体任务和要求。

列宁认为,实行新经济政策是对建设社会主义经济的真正途径的探索,必须善于冷静地总结经验教训。他在向党的第十一次代表大会作的中央委员会政治报告中总结了一年来执行新经济政策的三点经验:(1)用新经济政策来检验无产阶级政权是否真正做到了把新经济同农民经济结合起来,这种结合是新经济政策的意义和政策基础之所在;(2)通过国营企业同资本主义企业的竞赛来检验共产党人的经营管理水平,新经济政策的关键,就是促进共产党人努力提高管理经济工作的能力;(3)充分运用无产阶级掌握的政治权力和经济手段,学会管理的本领,合理地利用和限制国家资本主义,使之为社会主义服务。列宁还论述了资本主义制度下的国家资本主义和无产阶级专政条件下的国家资本主义的根本区别,指出,对后一种国家资本主义,任何理论、任何著作都没有探讨过,连马克思也没有对此写下只言片语,一切都要靠共产党人同人民群众一起在实践中进行探索。他强调做好商业工作是当前全部工作的关键。

《论战斗唯物主义的意义》是列宁为1922年初创办的党的理论刊物《在马克思主义旗帜下》杂志撰写的指导性文章。列宁在文中指明了党在哲学战线的工作方向,提出了马克思主义哲学家的任务,强调共产党人应该始终不渝地捍卫马克思主义哲学,同各种唯心主义思潮作不调和的斗争;应该积极宣传无神论,帮助人民群众摆脱愚昧无知。列宁要求共产党员在捍卫唯物主义和马克思主义的斗争中同党外唯物主义者结成联盟。列宁还论述了马克思主义哲学同自然科学的密切关系,一方面要求马克思主义哲学家同自然科学家结成联盟,另一方面要求自然科学家努力成为辩证唯物主义者。《关于"出版自由"》一文揭露和批判了资产阶级提出的"出版自由"口号的虚伪性,论述了无产阶级政党在出版事业中必须坚持的党性原则。列宁指出,在处于世界资产阶级包围中的俄罗斯联邦提出这个口号,就是让资产阶级及其奴仆有建立政治组织和进行反动宣传的自由。无产阶级执政党不应当也不可能靠倡导资产阶级的"出版自由"来克服自身的弱点、错误、偏差、毛病,而必须依靠工人和农民、依靠广大党外群众来检查和监督党员的工作,从而切实地反对和祛除营私舞弊行为,使苏维埃变得生气勃勃。

《新的时代和新形式的旧错误》和《政论家札记》两文,用苏维埃政权的历史和现实批驳了第二国际机会主义分子、欧洲共产党的"左派"集团以及俄国的孟什维克和"工人反对派"所说的"新经济政策意味着俄国革命和共产主义的失败"、"布尔什维克回到资本主义上去了"等等谬论。

本卷最后一部分是列宁在1922年12月—1923年3月病重期间口授的三封信和五篇文章。列宁在这些文献中总结了俄国建设社会主义的经验,对关系到党和国家前途和命运的一系列重大问题提出了许多精辟见解。

《给代表大会的信》反映了列宁对党在思想上和组织上的统一的高度关注,阐述了他对加强中央委员会思想作风建设和组织建设的战略思考。列宁认为党的统一的最重要条件是党的领导机关——中央委员会的团结和稳定。为此,他建议对党内制度实行改革,吸收工人和劳动农民党员担任中央委员,增加中央委员人数,以便减少个人的、偶然的因素对中央委员会的决策可能产生的消极影响,使中央委员会在相互协调、抵制分裂方面具有更大的稳定性;同时要充分发挥工人和劳动农民出身的共产党员的监督作用,积极推进机关工作的革新和改善。为了保障党的领导核心的团结,列宁希望党中央的高层领导永远十分谨慎地使用人民赋予的权力,坚持民主作风,增进思想修养,善于团结同志。列宁认为,中央委员会在任何情况下都必须始终贯彻民主集中制和集体领导的原则,这对于保证党的统一和政策的正确性具有决定性的意义。

在《关于赋予国家计划委员会以立法职能》这封信中,列宁建议扩大国家计划委员会的职权,使它的决定不被通常的苏维埃审议程序推翻。他认为,国家计划委员会正在全面发展成为专家委员会,这个机关的领导者应当是有科学修养的人,还应当具有吸收人才的卓越能力和丰富经验。

在《关于民族或"自治化"问题》这封信中,列宁要求以完全平等、互相尊重、友好互助和合作的原则来处理各族人民的关系,反对大俄罗斯沙文主义,强调要极其细心地对待以前遭受民族压迫的各族人民的民族感情。

《日记摘录》反映了列宁对教育事业的重视。他要求切实增加教育经费,改善教师的物质生活条件,提高教师的社会地位,振奋他们的精神。不做到这一点,就谈不上任何文化。列宁还提出加强城乡文化联系的任务,要求城市在农村的思想建设和文化建设中发挥积极的作用。

《论合作社》一文提出了把小农逐步引向社会主义的合作社计划。列宁批评了在实行新经济政策时忽视合作社的作用,对发展合作社的深远意义重视不够、估计不足的倾向,论述了合作社的性质和通过合作社来建设社会主义的思路。他认为,在工人阶级掌握国家政权和生产资料的前提下,在工人和农民结成牢固联盟的形势下,苏维埃政权完全有必要也完全有可能通过合作社来建设社会主义;在这种情况下,合作社的发展也就等于社会主义的发展。列宁深刻地指出,我们不得不承认我们对社会主义的整个看法根本改变了。这种根本的改变表现在:从前我们是把重心放在而且也应该放在政治斗争、革命、夺取政权等等方面,而现在重心改变了,转到和平的文化组织工作上去了。为此我们需要认清并完成两个划时代的主要任务:一是改造我们从旧时代接收过来的国家机关,二是在农民中进行文化工作,这种文化工作,就其经济目的来说,就是合作化。列宁认为,社会主义不仅要求具有新的经济制度和政治制度,而且要求具有高度发达的文化和科学;只有不断提高人民的文化水平,继承全人类积累的文化财富,同时着力推进社会主义的文化变革,才能实现党所确立的宏伟目标。

《论我国革命》一文总结了俄国社会主义革命和建设的经验,驳斥了孟什维克和第二国际代表人物借口俄国缺乏实行社会主义的客观经济前提来否定俄国革命的论调,运用革命辩证法论证了俄国进行社会主义革命和建设的必要性和可能性,指出:世界历史发展的一般规律不仅丝毫不排斥个别发展阶段在发展的形式或顺序上表现出特殊性,反而是以此为前提的;俄国革命的道路不同于欧洲,东方各国的革命道路又将不同于俄国,这种特殊性是符合世界历史发展的总的路线的;建设社会主义的确需要一定的经济、文化发展水平,但俄国由于自身的历史条件,可以先夺取革命的胜利,然后在工农政权和苏维埃制度的基础上提高生产力和文化水平。

在《我们怎样改组工农检查院》和《宁肯少些,但要好些》两篇文章中,列宁论述了在党和国家机关内部推进改革的重大意义,指出改革的目标是增进同人民群众的联系,提高工作效率,加强对领导机关的纪律检查和监督。他深感可以用来建立名副其实的社会主义国家机关的人才太少。因此,他给各级领导和机关干部提出了学习的任务,要求他们既要了解国家机关工作的一切细节,又要了解资产阶级的现代科学在使各类职员工作达到最佳水平方面所取得的成就。列宁强调指出,只有完成整顿国家机关这一任务,才能顺利实现俄国社会主义建设的宏伟战略计划。

伟大的创举

(论后方工人的英雄主义。
论"共产主义星期六义务劳动")

(1919 年 6 月 28 日)

报刊上登载了红军战士的许多英勇事迹。工人和农民们在与高尔察克、邓尼金和其他地主资本家军队作斗争中，表现了不少英勇果敢和坚韧不拔的奇迹，保卫着社会主义革命的果实。根绝游击习气和克服疲沓涣散现象的过程进行得很缓慢，很费力，然而却一直在前进。为了社会主义的胜利而自觉地承受牺牲的劳动群众的英雄主义，是红军中新的同志纪律的基础，是红军恢复、巩固和壮大的基础。

后方工人的英雄主义也同样值得重视。在这方面，工人自己发起组织的**共产主义星期六义务劳动**确实具有极大的意义。显然，这还只是开端，但这是非常重要的开端。这是比推翻资产阶级更困难、更重大、更深刻、更有决定意义的变革的开端，因为这是战胜自身的保守、涣散和小资产阶级利己主义，战胜万恶的资本主义遗留给工农的这些习惯。当**这种**胜利获得巩固时，那时，而且只有那时，新的社会纪律，社会主义的纪律才会建立起来；那时，而且只有那时，退回到资本主义才不可能，共产主义才真正变得不可战胜。

5 月 17 日《真理报》**1**登载了阿·日·同志的文章《用革命精

神从事工作(共产主义星期六)》。这篇文章很重要,所以我们把它全文照录如下:

用革命精神从事工作

(共产主义星期六)

俄共中央关于**用革命精神**从事工作的信①,给了共产党组织和共产党员以有力的推动。由于热情普遍高涨,铁路上的许多共产党员职工走上了前线,但是大多数人不能离开重要岗位,要用革命精神从事工作,又找不到新的方法。来自各地的关于动员工作缓慢的消息和办事拖拉的现象,使莫斯科—喀山铁路分局不得不去注意铁路机构的工作情况。结果了解到,由于劳动力不够和劳动效率低,一些急活和机车赶修任务都拖了下来。5月7日,在莫斯科—喀山铁路分局共产党员和同情分子大会上,提出了不能嘴上说帮助而要以实际行动帮助战胜高尔察克的问题。提出的建议中说:

"鉴于国内外形势的严重,为了对阶级敌人取得优势,共产党员和同情分子应当更加鞭策自己,从休息时间内抽出一小时,也就是把自己的工作日延长一小时,将这些时间集中起来,在星期六这天进行一次六小时的体力劳动,以便立即创造出实际的价值。我们认为,共产党员为保卫革命果实,不应吝惜自己的健康和生命,所以这项工作应该是无报酬的。提议在全分局内实行**共产主义星期六**,一直干到完全战胜高尔察克。"

开始人们有些犹豫,最后一致同意这个建议。

5月10日,星期六,晚上六点钟,共产党员和同情分子像士兵一样来到工作现场,整队之后,秩序井然地由领工员分别领到各处工作。

用革命精神从事工作收到了明显的效果。下列表格指明了工作部门和

---

① 见《列宁全集》第2版第36卷第263—266页。——编者注

工作性质。

工作地点	工作名称	工人数目	工作时数		完成工作量
			工作小时	合计	
莫斯科机车总修配厂	装载发往佩罗沃、穆罗姆、阿拉特里和塞兹兰的沿线所需材料以及修理机车用的装备和车辆部件	48 21 5	5 3 4	240 63 20	装车 7 500 普特,卸车 1 800 普特
莫斯科客车机务段	机车的复杂日常修理	26	5	130	总共修理机车 1.5 台
莫斯科编组站	机车的日常修理	24	6	144	修理好机车 2 台,拆卸 4 台机车的应修部件
莫斯科车辆部	客车的日常修理	12	6	72	三等客车 2 辆
"佩罗沃"车辆总修配厂	车辆修理和小修 星期六 星期日	 46 23	 5 5	 230 115	棚车 12 辆和平车 2 辆
	总计……	205	—	1 014	共修好机车 4 台和客货车 16 辆,装卸车 9 300 普特

工作总值按正常工资计算为 500 万卢布,按加班工资计算还应增加 50%。

装车的劳动效率较普通工人高 270%。其余工作的效率大致上也是这样。

因劳动力不足和办事拖拉而拖延 7 天至 3 个月的活(紧急的)现已完成。

由于设备发生故障(不难排除的故障),个别组曾耽误三四十分钟,但并未影响工作的完成。

留下来指导工作的管理人员,忙得几乎来不及给人们准备新的工作。一位上年纪的领工员也许是有些夸张地说,在一个**共产主义星期六**干的活,等于不自觉的疲沓的工人一个星期干的。

鉴于一些真心拥护苏维埃政权的人也来参加了工作,而且今后还会有大批这样的人来参加星期六义务劳动,同时其他地区也会要求学习莫斯科—喀山铁路的共产党员的榜样,现在我根据来自各个现场的消息较详细地谈谈组织方面的情况。

参加工作的约有10%是经常在现场工作的共产党员。其余的则是负责工作人员和选任的人员,其中有路局的政治委员,也有各企业的政治委员,以及工会人员、管理局和交通人民委员部的工作人员。

大家干活时非常努力并密切合作。当工人、办事员、管理人员齐心协力地把住40普特重的客运机车轮箍,像勤劳的蚂蚁似的把它滚往目的地的时候,人们心中油然产生一种来自集体劳动的强烈的愉快感觉,坚定了工人阶级必胜的信心。世界上的掠夺者扼杀不了胜利的工人,国内的怠工者也盼不到高尔察克。

工作完结时,在场的人都亲眼看到这一空前未有的情景:上百个身体疲乏但眼中闪烁着愉快光芒的共产党员,唱起庄严的《国际歌》来庆祝工作的胜利,这胜利的凯歌的声浪仿佛越过墙壁,涌向工人的莫斯科,像投石激起的水波一样荡漾在整个工人的俄罗斯,激励着疲惫、懒散的人们。

阿·日·

5月20日《真理报》刊登的恩·尔·同志的《值得学习的榜样》一文,在评价这个出色的榜样时写道:

"共产党员做这样的工作并不是罕见的事情。我知道电站和各铁路线都有这样的事例。在尼古拉铁路上,共产党员加班干了几个晚上,把陷在转盘坑里的机车起了出来;冬季,北方铁路上的全体共产党员和同情分子用了好几个星期天去清除铁路上的积雪;许多货运站的支部为了同盗窃货物作斗争,在站上进行夜间巡逻,——不过这种工作都是偶然进行的,而不是经常性的。莫斯科—喀山线的同志们提供的新的东西是,他们把这一工作变成了有系统的经常的工作。他们决定'一直干到完全战胜高尔察克',工作的全部意义正在于此。他们决定在整个战争状态时期把共产党员和同情分子的工作日延长一小时;同时作出工作高效率的榜样。

这个榜样已经引起而且今后**一定会**进一步引起大家的效法。亚历山德罗夫铁路的共产党员和同情分子大会,讨论了军事形势和莫斯科—喀山线的同志们的决议之后通过了如下的决议：（1）亚历山德罗夫铁路的共产党员和同情分子决定实行'星期六义务劳动'。第一次星期六义务劳动定于5月17日进行。（2）把共产党员和同情分子组织成示范队，向工人表明，应当怎样工作，在现有的材料、工具和伙食的情况下实际上能够做到什么。

据莫斯科——喀山线的同志们说，他们的榜样给人们留下了很深的印象，他们预料下一个星期六将有大量的**非党**工人参加工作。作者写此文时，亚历山德罗夫铁路修配厂的共产党员还没有开始做加班工作，但是要组织义务劳动的消息刚一传出，非党群众就激动地谈论起来了。到处都有人说：'昨天我们不知道，不然我们也会作好准备干它一场'，'下星期六我一定来'。这项工作给人留下的印象是很深的。

后方的所有共产党支部都应当向莫斯科——喀山线的同志们学习。不仅莫斯科枢纽站上的各共产党支部应当如此，全俄罗斯的党组织都应当效法这个榜样。乡村中的共产党支部，首先应当帮助红军家属，实行代耕。

莫斯科——喀山线的同志们高唱《国际歌》结束了第一次共产主义星期六劳动。如果全俄罗斯的共产党组织都学习他们的榜样，而且坚持不懈地贯彻下去，那么，俄罗斯苏维埃共和国就会在共和国全体劳动者的洪亮的《国际歌》声中度过今后一段艰苦的岁月……

共产党员同志们，动手干吧！"

1919年5月23日《真理报》报道说：

"5月17日在亚历山德罗夫铁路举行了第一次共产主义'星期六义务劳动'。共产党员和同情分子共**98**人根据大会决议在班后做了5小时无报酬的工作，他们不过有权再买一顿饭，而这顿饭同一般体力劳动工人的一样，也是每人半俄磅面包。"

尽管准备工作做得不充分，组织得也差，但**劳动生产率还是比平常高1—2倍**。

例如：

5 个旋工在 4 小时内做了 80 根小轴。生产率等于平常的 213% 。

20 个粗工在 4 小时内收集了 600 普特旧材料和 70 个各重 3.5 普特的车底弹簧,共重 850 普特。生产率等于平常的 300% 。

"同志们解释说,这是因为平时干活枯燥乏味,在这里,大家干活都兴高采烈。可是今后,平时干活比共产主义星期六义务劳动干得少,那就太丢脸了。"

"现在有许多非党工人都表示愿意参加星期六义务劳动。各机车修理队都自告奋勇要在星期六义务劳动时间内把机车从'坟堆'里弄出来,修好使用。

有消息说,维亚济马铁路上也在组织这样的星期六义务劳动。"

A. 嘉琴科同志在 6 月 7 日《真理报》上谈到了共产主义星期六义务劳动的情形,现在把他的《星期六义务劳动记》一文的主要部分摘引如下:

"我和一个同志怀着极愉快的心情,遵照铁路分局党委员会的决定,去上星期六义务劳动'课',让脑子暂且休息几个小时,让肌肉发挥一下作用……我们的工作是在铁路局的木工厂。到那里后,看到自己人,彼此问好,开一会儿玩笑,查点了人数——总共 30 人…… 我们面前躺着一个'怪物'——一个相当有分量的蒸汽锅炉,足有 600—700 普特重,要我们把它'搬家',就是说,要把它滚到大约 ¼ 或 ⅓ 俄里以外的一个平车那里。我们心里不由得产生了一些疑虑…… 但我们动手干起来了:同志们把木滚就那么往锅炉下面一垫,系上两根绳子,工作就开始了…… 锅炉还有点不情愿挪动,但终于还是移动了。我们很高兴,要知道,我们人是这样少……就是这台锅炉,比我们多两倍的非党工人几乎拖了两个星期,在我们到来之前它还躺在原地不动…… 我们在一位领班同志有节奏的'一、二、三'口令声中,齐心协力地卖劲地干了一个小时,锅炉慢慢地向前移动着。忽然,出了岔子! 一长串同志突然狼狈不堪地倒了下去，——原来我们手里的一根绳子'叛变了'……　但是没有多大一会儿，就换上了一根粗缆绳……　到了傍晚，天色已经明显地暗下来，但我们还得拖过一个小岗子，那时很快就会完工了。我们胳膊酸痛，手掌发烧，周身火热，还是拼命地往前拉，——事情进行得很顺利。旁边站着一位'管理人'，他被我们的成绩弄得不好意思了，也不由自主地拉起缆绳。帮着干吧！你早就该过来了！一个红军战士出神地瞧着我们工作。他拿着手风琴。他在想什么？也许他想：这是些什么人？大家都回家去过星期六，他们这是在干什么？我打破他的疑团说：'同志！给我们奏一个快乐的曲子吧，我们可不是什么来随便凑数干活的，我们是真正的共产党员，——你看，这手里的活干得多欢，咱们可没有偷懒，是在拼命地干。'红军战士轻轻地放下手风琴，赶快跑过来抓住缆绳……

　　——'英国人真机灵！'——响起了乌·同志动听的男高音。我们和着他的歌声，高唱起工人歌曲：'唉嗨，杜宾努什卡，嗨哟，拉呀，拉呀……'

　　干这活不习惯，累得要死，肩酸背痛，但是……明天就是假日，可以好好休息，有时间睡个够。目的地快到了，经过一番小小的周折，我们的'怪物'已差不多靠近平车了：只要垫上木板，滚到平车上，这锅炉就能干人们早就等着它干的工作了。我们一窝蜂涌进屋里，这是地方支部的'俱乐部'，屋里挂满标语，摆着步枪，灯光明亮，我们高唱《国际歌》，享受了加'甜酒'的茶，还吃了面包。干完重活以后，当地同志这样款待我们，真是再惬意不过了。和同志们亲热地告别之后，我们列成纵队。夜阑人静，革命歌声响彻了沉睡的街道，整齐的步伐声应和着歌声。'同志们，勇敢地齐步前进。''起来，饥寒交迫的奴隶'——我们唱起劳动歌和《国际歌》。

　　过了一个星期。胳膊和肩膀都歇过来了，这回我们的'星期六义务劳动'是到9俄里以外去修理车辆。目的地是佩罗沃。同志们爬到叫做'美国人'的车厢顶上，嘹亮动听地唱起《国际歌》。乘客们带着惊异的神情静静听着。车轮有节奏地响着；我们没有来得及爬到上面去的人就蹲在'美国人'车厢的梯子上，像是一些'玩命的'乘客。转眼就到了车站。我们到达目的地，又走过一个长长的院子，见到了亲热的政治委员格·同志。

——工作有的是,就是人太少了!总共才 30 个人,6 小时内要完成 13 辆车的中修!面前就是划了记号的轮对,不光有空车,还有装得满满的一辆油罐车……不过没问题,同志们,咱们'对付得了'!

工作热火朝天地干起来了。我和五位同志用吊杆,也就是用杠杆干活。按照'领头'同志的指挥,这些重六七十普特的轮对,在我们的肩膀和两个吊杆的推压下,轻快地从一条线路跳到另一条线路上。一对车轮撤掉之后,就换上一对新的。放好所有的轮对,我们就把那些磨损了的旧家伙顺着轨道迅速地'打发到'棚子里去…… 一、二、三,——它们被一台旋转式铁吊杆吊到空中,轨道就腾出来了。那边,在黑暗中,响着手锤声,同志们在自己的'病'车跟前像蜜蜂般地忙碌着。既做木工,又上油漆,还盖车顶,工作干得热火朝天,我们和政治委员同志都很高兴。那里的锻工们也需要我们帮忙。在一座移动锻工炉上放着一根烧红了的'导杆',也就是车辆上用的钩杆,钩已经撞弯。白热的钩杆被钳到砧子上,直冒火花,在经验丰富的同志的指导下,我们灵巧的锤击使它渐渐恢复了原状。它还放着红光就被我们迅速地抬去,冒着火花安进铁孔里,——锤了几下,就把它安好了。我们爬到车厢底下。这些车钩和导杆的构造并不像我们想象的那样简单,那里有一整套东西,有铆钉、弹簧……

工作热火朝天,夜幕降临了,炉火烧得更亮。很快就完工了。一部分同志靠着一堆轮箍在'憩息',慢慢地'品'着热茶。清凉的 5 月之夜,一弯美妙的新月悬在天空。人们有说有笑,互相开着玩笑。

——格·同志,收工吧,修好 13 辆不少了!

但格·同志还没有心满意足。

喝完了茶,我们唱着庆祝胜利的歌曲,向出口走去……"

开展"共产主义星期六义务劳动"运动的地方,不只是莫斯科。6 月 6 日《真理报》报道:

"5 月 31 日在特维尔进行了第一次共产主义星期六义务劳动。有 128 名共产党员到铁路上劳动。三个半小时装卸了 14 辆车,修好了 3 台机车,锯了 10 立方俄丈木柴,还做了别的工作。熟练的工人党员的工作效率比一般效率高 12 倍。"

接着,6 月 8 日《真理报》又写道:

共产主义星期六义务劳动

"**萨拉托夫** 6 月 5 日讯。铁路上的共产党员职工响应莫斯科的同志们的号召,在党员大会上决定:为了支援国民经济,每星期六无报酬地加班劳动 5 小时。"

*   *   *

我详尽无遗地援引了关于共产主义星期六义务劳动的消息,因为我们从这里无疑地可以看到共产主义建设的一个极其重要的方面,对于这个方面,我们的报刊没有充分地加以重视,我们大家也还没有给予应有的评价。

少唱些政治高调,多注意些极平凡的但是生动的、来自生活并经过生活检验的共产主义建设方面的事情,——我们大家,我们的作家、鼓动员、宣传员、组织者等等都应当不倦地反复提出这个口号。

在无产阶级革命后的初期,我们首先忙于主要的和基本的任务,即击败资产阶级的反抗,战胜剥削者,粉碎他们的阴谋(如从黑帮[2]和立宪民主党人[3]到孟什维克和社会革命党人[4]都参加过的企图出卖彼得格勒的"奴隶主的阴谋"[5]),这是当然的,不可避免的。但除了这个任务以外,同样不可避免地要提出——而且愈向前发展就愈要提出——一个更重要的任务,即从积极方面来说建设共产主义,创造新的经济关系,建立新社会。

我曾屡次指出,例如 3 月 12 日我在彼得格勒工人、农民和红军代表苏维埃会议上讲话[6]时就曾指出,无产阶级专政不只是对剥削者使用的暴力,甚至主要的不是暴力。这种革命暴力的经济基础,它的生命力和成功的保证,就在于无产阶级代表着并实现着比资本主义更高类型的社会劳动组织。实质就在这里。共产主义的力量源泉和必获全胜的保证就在这里。

农奴制的社会劳动组织靠棍棒纪律来维持,劳动群众极端愚昧,备受压抑,横遭一小撮地主的掠夺和侮辱。资本主义的社会劳动组织靠饥饿纪律来维持,在最先进最文明最民主的共和国内,尽管资产阶级文化和资产阶级民主有很大的进步,广大劳动群众仍旧是一群愚昧的、受压抑的雇佣奴隶或被压迫的农民,横遭一小撮资本家的掠夺和侮辱。共产主义的社会劳动组织——其第一步为社会主义——则靠推翻了地主资本家压迫的劳动群众本身自由的自觉的纪律来维持,而且愈向前发展就愈要靠这种纪律来维持。

这种新的纪律不是从天上掉下来的,也不是由善良的愿望产生的,它是从资本主义大生产的物质条件中生长起来的,而且只能是从这种条件中生长起来。没有这种物质条件就不可能有这种纪律。代表或体现这种物质条件的是大资本主义所创造、组织、团结、训练、启发和锻炼出来的一定历史阶级。这个阶级就是无产阶级。

如果我们把无产阶级专政这个原出于拉丁文的、历史哲学的科学用语译成普通的话,它的意思就是:

在推翻资本压迫的斗争中,在推翻这种压迫的过程中,在保持和巩固胜利的斗争中,在创建新的社会主义的社会制度的事业中,在完全消灭阶级的全部斗争中,只有一个阶级,即城市的总之是工厂的产业工人,才能够领导全体被剥削劳动群众。(我们要顺便指出:社会主义和共产主义之间的科学区别,只在于第一个词是指从资本主义生长起来的新社会的第一阶段,第二个词是指它的下一个阶段,更高的阶段。)

"伯尔尼"国际[7]即黄色国际的错误,就在于它的领袖们只在口头上承认阶级斗争和无产阶级的领导作用，却害怕思索到底，害怕作出恰恰是资产阶级觉得特别可怕和绝对不能接受的必然结论。他们害怕承认无产阶级专政**也**是一个阶级斗争时期，只要阶级没有消灭，阶级斗争就不可避免，不过它的形式有所改变，在推翻资本后的初期变得更加残酷，更加独特。无产阶级夺得政权之后，并不停止阶级斗争，而是继续阶级斗争，直到消灭阶级——当然，是在另一种环境中，在另一种形式下，采取另一些手段。

"消灭阶级"是什么意思呢？凡自称为社会主义者的人，都承认社会主义的这个最终目的，但远不是所有的人都深入思索过它的含义。所谓阶级，就是这样一些大的集团，这些集团在历史上一定的社会生产体系中所处的地位不同，同生产资料的关系（这种关系大部分是在法律上明文规定了的）不同，在社会劳动组织中所起的作用不同，因而取得归自己支配的那份社会财富的方式和多寡也不同。所谓阶级，就是这样一些集团，由于它们在一定社会经济结构中所处的地位不同，其中一个集团能够占有另一个集团的劳动。

显然，为了完全消灭阶级，不仅要推翻剥削者即地主和资本家，不仅要废除**他们的**所有制，而且要废除**任何**生产资料私有制，要消灭城乡之间、体力劳动者和脑力劳动者之间的差别。这是很长时期才能实现的事业。要完成这一事业，必须大大发展生产力，必须克服无数小生产残余的反抗（往往是特别顽强特别难于克服的消极反抗），必须克服与这些残余相联系的巨大的习惯势力和保守势力。

认为一切"劳动者"都同样能胜任这一工作，那是纯粹的空话或马克思以前的旧社会主义者的幻想。因为这种能力不是自行产生的，而是在历史上生长起来的，并且**只能**是从资本主义大生产的物质条件中生长起来的。在开始从资本主义走向社会主义的时候,**只有**无产阶级才具有这种能力。它所以能够完成它所肩负的巨大任务,第一是因为它是各文明社会中最强大最先进的阶级;第二是因为它在最发达的国家中占人口的多数;第三是因为在像俄国这样一些落后的资本主义国家中,大多数人是半无产者,就是说,这些人总是每年有一部分时间过着无产者的生活,总是某种程度上靠在资本主义企业中从事雇佣劳动来维持生活。

谁想根据什么自由、平等、一般民主、劳动民主派的平等这类泛泛的空话来解决从资本主义向社会主义过渡的任务(像考茨基、马尔托夫和伯尔尼国际即黄色国际其他英雄们所做的那样),谁就只能以此暴露出他在思想方面奴隶般地跟着资产阶级跑的小资产者、庸人和市侩的本性。要正确地解决这一任务,只有具体地研究已经夺得政权的那个特殊的阶级即无产阶级和所有一切非无产阶级以及半无产阶级劳动群众之间的特殊的关系,这种关系不是在空想和谐的、"理想的"环境中形成的,而是在资产阶级进行疯狂的和多种多样的反抗的现实环境中形成的。

在任何一个资本主义国家里,包括俄国在内,大多数人,尤其是劳动群众,都千百次地亲身遭受过,他们的亲属也遭受过资本的压迫、资本的掠夺和各种各样的侮辱。帝国主义战争——为决定由英国资本或德国资本取得掠夺全世界的霸权而屠杀千百万人的战争——更异常地加剧、扩大和加深了这种困苦,使人们认清了这种困苦。所以大多数人尤其是劳动群众必然同情无产阶级,因为无产阶级英勇果敢、毫不留情地以革命手段推翻资本的压迫,推翻剥削者,镇压他们的反抗,用自己的鲜血开辟一条创建不容剥削者存在的新社会的道路。

非无产阶级和半无产阶级劳动群众的那种小资产阶级的犹豫动摇,即倒退到资产阶级"秩序"、资产阶级"卵翼"下去的倾向不论如何严重，如何不可避免，他们也终究不能不承认无产阶级的道义上政治上的威信，因为无产阶级不仅推翻剥削者并镇压他们的反抗，而且建立新的更高的社会联系，新的更高的社会纪律，即联合起来的自觉的工作者的纪律，这些工作者除了他们自己的联合组织的权威以外，除了他们自己的更加自觉、勇敢、团结、革命、坚定的先锋队的权威以外，是不承认任何束缚和任何权威的。

为了取得胜利，为了建立和巩固社会主义，无产阶级应当解决双重的或二位一体的任务：第一，用自己在反对资本的革命斗争中奋不顾身的英勇精神吸引全体被剥削劳动群众，吸引他们，组织他们，领导他们去推翻资产阶级和彻底镇压资产阶级的一切反抗；第二，把全体被剥削劳动群众以及小资产阶级的所有阶层引上新的经济建设的道路，引上建立新的社会联系、新的劳动纪律、新的劳动组织的道路，这种劳动组织把科学和资本主义技术的最新成就同创造社会主义大生产的自觉工作者大规模的联合联结在一起。

这第二个任务比第一个任务更困难，因为解决这个任务决不能靠一时表现出来的英勇气概，而需要在大量的**日常**工作中表现出来的最持久、最顽强、最难得的英勇精神。但这个任务又比第一个任务更重要，因为归根到底，战胜资产阶级所需力量的最深源泉，这种胜利牢不可破的唯一保证，只能是新的更高的社会生产方式，只能是用社会主义的大生产代替资本主义的和小资产阶级的生产。

*　　　　*　　　　*

"共产主义星期六义务劳动"所以具有巨大的历史意义，是因为它向我们表明了工人自觉自愿提高劳动生产率、过渡到新的劳动纪律、创造社会主义的经济条件和生活条件的首创精神。

一位不可多得的，甚至可以说是绝无仅有的德国资产阶级民主主义者约·雅科比(他在1870—1871年的教训之后没有转向沙文主义和民族自由主义而转向了社会主义)曾经说过,建立一个工人联合会比萨多瓦会战[8]具有更大的历史意义。这话说得很对。萨多瓦会战所解决的,是在建立德意志民族资本主义国家方面奥地利和普鲁士这两个资产阶级君主国究竟哪一个当霸主的问题。建立一个工人联合会是无产阶级在世界范围内战胜资产阶级的一个小小的步骤。我们同样也可以说,1919年5月10日莫斯科—喀山铁路工人在莫斯科举行的第一次共产主义星期六义务劳动,要比兴登堡或者福煦和英国人在1914—1918年帝国主义大战中的任何一次胜利具有更大的历史意义。帝国主义者的胜利是为了英美法三国亿万富翁的利润而对千百万工人进行的屠杀,是垂死的、快胀死的和在活活腐烂的资本主义的残暴行为。而莫斯科—喀山铁路工人的共产主义星期六义务劳动,却是使世界各国人民摆脱资本桎梏和战争的社会主义新社会的一个细胞。

资产者老爷们及其走狗,包括那些惯于自命为"舆论"代表的孟什维克和社会革命党人在内,当然要嘲笑共产党人的希望,称这种希望是"小花盆里栽大树",讥笑星期六义务劳动的次数同大量存在的盗窃公物、游手好闲、生产率低落、损毁原料和产品等等现象比较起来是微乎其微的。我们回答这班老爷们说:假如资产阶级知识分子把自己的知识用来帮助劳动群众,而不是用来帮助俄国和外国的资本家恢复他们的权力,那么变革会进行得快一些,和平一些。但这是空想,因为问题要由阶级斗争来解决,而大多数知识分子是倾向于资产阶级的。无产阶级取得胜利,将不是靠知识分子的帮助,而是排除他们的对抗(至少是在大多数场合下),抛弃那些不可救药的资产阶级知识分子,同时改造和重新教育动摇的知识分子,使之服从自己,把其中越来越多的人逐步争取到自己方面来。对变革中的困难和挫折幸灾乐祸，散布惊慌情绪，宣传开倒车，——这一切都是资产阶级知识分子进行阶级斗争的手段和方法。无产阶级是不会让自己受骗的。

如果从实质上来观察问题，难道历史上有一种新生产方式是不经过许许多多的失败、错误和反复而一下子就确立起来的吗？农奴制颠覆后过了半个世纪，俄国农村仍有不少的农奴制残余。美国废除黑奴制度后过了半个世纪，那里的黑人往往还处于半奴隶状态。资产阶级知识分子，包括孟什维克和社会革命党人在内，一贯替资本服务，至今还在强词夺理，在无产阶级革命之前，他们责备我们是空想主义，在革命之后，他们却要求我们以神奇的速度铲除过去的遗迹！

但我们不是空想主义者，我们知道资产阶级"论据"的真正价值，也知道在革命后的一定时期内旧习俗残余必然比新事物的幼芽占优势。当新事物刚刚诞生时，旧事物在某些时候总是比新事物强些，这在自然界或社会生活中都是常见的现象。讥笑新事物的幼芽嫩弱，抱着知识分子的轻浮的怀疑态度等等，——这一切实际上是资产阶级反对无产阶级的阶级斗争手段，是保护资本主义而反对社会主义。我们应当仔细研究新事物的幼芽，对它们极其关切，千方百计地帮助它们成长和"护理"这些嫩弱的幼芽。其中有一些不免会死亡。不能担保说，"共产主义星期六义务劳动"一定会起特别重要的作用。问题不在这里。问题在于应支持各种各样新事物的幼芽，生活本身会从中选出最富有生命力的幼芽。一位日本科学家为了帮助人们战胜梅毒，耐心地试验了605种药品，直到制出满足一定要求的第606种药品，要想解决战胜资本主义这一更困难的任务的人们，也应该具有坚韧不拔的精神来试验几百以至几千种新的斗争方法、方式和手段，直到从中得出最适当的办法。

　　"共产主义星期六义务劳动"所以非常重要,是因为发起这种劳动的,并不是条件特别好的工人,而是各种不同专业的工人,还有并无专业的工人,也就是处于**通常的即最困难的**条件下的粗工。我们大家都清楚,现在不仅在俄国一国,而且在世界各国都出现劳动生产率低落的现象,其基本原因就是帝国主义战争所引起的破产和贫困、愤恨和疲乏,以及疾病和饥饿。最后这一点最为重要。饥饿,这就是原因之所在。为了消灭饥饿现象,必须提高农业、运输业和工业中的劳动生产率。结果就形成了这样一个循环:要提高劳动生产率,就得消除饥饿,而要消除饥饿,又得提高劳动生产率。

　　大家知道,这类矛盾在实践上是靠打破这种循环,靠群众情绪的转变,靠一些集团的英勇首创精神来解决的,而首创精神在群众情绪转变的背景下往往起着决定的作用。莫斯科的粗工和莫斯科的铁路员工(当然指的是大多数,而不是少数投机者、管理者以及诸如此类的白卫分子)是生活极端困难的劳动者。他们经常吃不饱,而在目前青黄不接、粮食状况普遍恶化的时候,简直是在饿肚子。可是,就是这些处在资产阶级、孟什维克和社会革命党人恶毒的反革命煽动包围中的忍饥挨饿的工人,不顾饥饿、疲乏和衰弱,实行"共产主义星期六义务劳动",**不领任何报酬地**加班工作,并且**大大提高了劳动生产率**。难道这不是极伟大的英雄主义吗?难道这不是具有世界历史意义的转变的开端吗?

　　劳动生产率,归根到底是使新社会制度取得胜利的最重要最主要的东西。资本主义创造了在农奴制度下所没有过的劳动生产率。资本主义可以被最终战胜,而且一定会被最终战胜,因为社会主义能创造新的高得多的劳动生产率。这是很困难很长期的事业,但**这个事业已经开始**,这是最主要的。度过四年艰苦的帝国主义战争、又度过一年半更艰苦的国内战争的挨饿的工人,1919年夏季尚且能在饥饿的莫斯科开始这件伟大的事业，一旦我们在国内战争中获得胜利并争得和平，它又将获得怎样的发展呢？

共产主义就是利用先进技术的、自愿自觉的、联合起来的工人所创造的较资本主义更高的劳动生产率。共产主义星期六义务劳动非常可贵，它是**共产主义**的**实际**开端，而这是极其难得的，因为我们现时所处的阶段，"只是采取**最初步骤**从资本主义向共产主义过渡"（正如我们党纲中完全正确地指出的那样）①。

普通工人起来承担艰苦的劳动，奋不顾身地设法提高劳动生产率，保护**每一普特粮食、煤、铁**及其他产品，这些产品不归劳动者本人及其"近亲"所有，而归他们的"远亲"即归全社会所有，归起初联合为一个社会主义国家然后联合为苏维埃共和国联盟的亿万人所有，——这也就是共产主义的开始。

卡尔·马克思在《资本论》中讥笑了资产阶级民主的自由人权大宪章的浮华辞藻，讥笑了所有关于**一般**自由、平等、博爱的美丽词句，这些词句迷惑了一切国家的市侩和庸人，也迷惑了今日的卑鄙的伯尔尼国际的卑鄙英雄们。与这种冠冕堂皇的人权宣言针锋相对，马克思用无产阶级的平凡的、质朴的、实在的、简单的提法提出问题。由国家规定缩短工作日，就是这种提法的一个典型。②无产阶级革命的内容愈展开，马克思意见的全部正确性和深刻性在我们面前就显得愈清楚，愈透彻。真正共产主义的"公式"与考茨基之流、孟什维克、社会革命党人及其在伯尔尼国际中的亲爱"兄弟们"的华丽、圆滑、堂皇的辞藻不同的地方，就在于它把一切归结于**劳动条件**。少谈些什么"劳动民主"，什么"自由、平等、博爱"，什么

---

① 见《列宁全集》第 2 版第 36 卷第 417 页。——编者注
② 参看《马克思恩格斯文集》2009 年人民出版社版第 5 卷第 347—350 页。——编者注

"民权制度"等等的空话吧。今天有觉悟的工人和农民从这些浮夸的词句里,是不难看出资产阶级知识分子的欺诈手腕的,正像每个有生活经验的人只要看到那种"贵人"修饰得十分"光滑的"面孔和外表,就能一下子正确无误地断定"这准是个骗子"。

少说些漂亮话,多做些平凡的、**日常的**工作,多关心每普特粮食和每普特煤吧!多多努力使挨饿的工人和褴褛的农民所必需的每一普特粮食和每一普特煤,**不**是通过**奸商的**交易,通过资本主义的方式获得,而是通过像莫斯科—喀山铁路的粗工和铁路员工这样的普通劳动者自觉自愿的奋不顾身的英勇劳动来获得。

我们大家应当承认,资产阶级知识分子在革命问题上崇尚空谈的遗风现在还到处都可以看到,甚至在我们队伍里也是这样。例如,我们的报刊很少向腐朽的资产阶级民主的这些腐朽的残余开战,很少支持普通的、质朴的、平凡的但是生气勃勃的真正共产主义幼芽。

拿妇女状况来说吧。在这一方面,世界上任何一个最先进的资产阶级共和国内的任何一个民主政党,几十年中也没有做到我们在我国政权建立后第一年内所做到的百分之一。我们真正彻底废除了那些剥夺妇女平等权利、限制离婚、规定可恶的离婚手续、不承认私生子、追究私生子的父亲等等卑鄙的法律,这种法律的残余在各文明国家内还大量存在,而这正是资产阶级和资本主义的耻辱。我们有充分的权利以我们在这方面所做的一切而自豪。可是,我们把旧时资产阶级法律和制度的废物清除得**愈干净**,我们就愈清楚地看到,这只是为建筑物清理地基,还不是建筑物本身。

尽管颁布了种种解放妇女的法律,妇女仍然是**家庭奴隶**,因为**琐碎的家务**压在她们身上,使她们喘不过气来,变得愚钝卑微,把她们禁锢在做饭管孩子的事情上,用完全非生产性的、琐碎的、劳神的、使人愚钝的、折磨人的事情消耗她们的精力。只有在大规模地开始为消除这种琐碎家务而斗争(在掌握国家权力的无产阶级领导下),更确切地说,**大规模地**开始把琐碎家务**改造**为社会主义大经济的地方和时候,才会开始有真正的**妇女解放**,真正的共产主义。

对于这个所有共产党员在理论上都没有异议的问题,我们在实践中给予了足够的注意吗? 当然没有。我们对于这方面已有的共产主义**幼芽**给予了足够的关心吗? 还是这句话:没有,没有。公共食堂、托儿所和幼儿园就是这些幼芽的标本,正是这些平凡的、普通的、既不华丽、也不夸张、更不显眼的设施,**在实际上能够解放妇女**,减少和消除她们在社会生产和社会生活中的作用方面同男子的不平等。这些设施不是新的,它们(也如社会主义的一切物质前提一样)是由大资本主义造成的,但它们在资本主义制度下,第一,数量极少,第二,——这点特别重要——不是具有投机、渔利、欺骗、伪造等劣迹的**营利性**企业,就是理应受到优秀工人憎恶和鄙视的"资产阶级慈善事业的把戏"。

毫无疑问,在我国,这样的机构已经比过去多得多了,而且它们的性质已经**开始**改变。毫无疑问,女工和农妇中**有组织才能的人**比我们知道的要多许多倍,她们善于举办有很多工作者和更多使用者参加的实际事业,而没有自命不凡的"知识分子"或幼稚的"共产党员"所常"患"的那些毛病:空话连篇,无事奔忙,无谓争吵,空谈计划、体系等等。可是我们还**没有认真地护理**这些新事物的幼芽。

请看看资产阶级。他们多么善于宣扬**他们**所需要的东西! 资本家在**他们**发行千百万份的报纸上对他们心目中的"模范"企业大肆赞扬,把资产阶级的"模范"机构当做民族的骄傲! 我们的报刊却不注意或者说几乎完全不注意报道那些最好的食堂或托儿所,不断促使其中一些机构成为模范机构,为它们作宣传。至于**模范的、共产主义的工作**,在节省人力方面,在便利使用者、节约产品、把妇女从家庭奴隶境遇中解放出来、改善卫生条件等方面正在做出什么成绩,能够做出什么成绩,以及如何将这一切推广到全社会,推广到全体劳动群众中去,报刊也没有详细报道。

模范的生产,模范的共产主义星期六义务劳动,对取得和分配每普特粮食所表现的模范的认真负责态度,模范的食堂,某个工人住房和某个街区的模范的清洁卫生工作,——这一切是我们的报刊和**每个**工人和农民组织应当比现在更加十倍注意和关心的对象。所有这些都是共产主义的幼芽,照管这些幼芽是我们共同的和首要的义务。不管我们的粮食和生产状况怎样困难,在布尔什维克执政的一年半中还是在**各方面**取得了无可怀疑的进展:粮食的收购量从 3 000 万普特(1917 年 8 月 1 日至 1918 年 8 月 1 日)增加到 1 亿普特(1918 年 8 月 1 日至 1919 年 5 月 1 日);蔬菜业发展了,未播种的土地面积减少了,铁路运输在燃料极其困难的情况下开始得到改善;等等。在这样的总的背景下,在无产阶级国家政权的支持下,共产主义的幼芽不会夭折,一定会茁壮地成长起来,发展成为完全的共产主义。

*   *   *

应该好好考虑一下"共产主义星期六义务劳动"的意义,以便从这个伟大创举中得出一切由它产生的极其重要的实际教训。

从各方面支持这一创举,这是首先的、也是主要的教训。"公社"这个词在我们这里用得太随便了。凡是共产党员创立的或在共产党员参加下创立的一切企业,往往一下子就宣布为"公社",而人们却往往忘记,**如此光荣的名称是要用长期顽强的劳动争得**

的,是要用在真正共产主义建设中证实了的**实际**成效争得的。

因此,中央执行委员会大多数委员已经考虑成熟,决定**废除人民委员会法令中涉及"消费公社"这一名称[9]**的内容,这个决定在我看来是完全正确的。让名称普通一些,这样,新的组织工作在**最初阶段上的缺陷和缺点**也就不会推到"公社"身上,而将由**不好的**共产党员负责(这是理所当然的)。最好是不允许**广泛**使用"公社"字样,禁止动辄使用这个字眼,或者**只承认**那些在实践中真正证明(并由附近全体居民一致公认)有按共产主义精神办事的能力和本领的真正的公社,**才有权使用这个名称**。首先你要证明自己能为社会、为全体劳动群众无偿地劳动,能"用革命精神从事工作",能提高劳动生产率和模范地进行工作,然后你才有权取得"公社"这个光荣称号!

在这方面,"共产主义星期六义务劳动"是一个十分宝贵的例外,因为这里,莫斯科—喀山铁路的粗工和铁路工人**首先在实际上**证明了他们确实能像**共产主义者**一样工作,然后他们才称自己的创举是"共产主义星期六义务劳动"。应当努力争取,而且一定要做到。今后不论是谁,只要**未经艰苦劳动和长期劳动的**实际**成效**以及真正按共产主义精神办事的模范事迹**证实**,就把自己的企业、机关或事业称做公社,都应当被看成骗子或空谈家,受到无情的嘲笑和羞辱。

"共产主义星期六义务劳动"这个伟大创举,在另一方面,即在**清党**工作中,也应当予以利用。在革命后的初期,很多"诚实的"和抱着庸俗心理的人特别胆小畏缩,资产阶级知识分子——自然包括孟什维克和社会革命党人在内——则全体怠工,以此讨好资产阶级,在这种情况下,冒险家和其他危害分子乘机混进执政党里来,这是完全不可避免的。任何革命都有过这种现象,而且不可能没有这种现象。全部问题在于，以健康的强有力的先进阶级作为依靠的执政党，要善于清洗自己的队伍。

在这方面我们早已开始工作。要坚持不懈地继续这一工作。动员共产党员去作战这件事帮助了我们——胆小鬼和坏蛋逃到党外去了。让他们滚开吧！党员数量上的**这种**减少意味着党的力量和作用的**大大增加**。要利用"共产主义星期六义务劳动"这个创举继续清党：非经半年"用革命精神从事工作"的"考验"或"见习期"，不得接收入党。1917 年 10 月 25 日以后入党的**一切**党员，如果没有特殊的劳动或功绩证明自己绝对忠诚可靠，能够做一个共产党人，都需要经过这样的审查。

清党工作，同不断**提高党**对真正共产主义工作的**要求**联系起来，将会改善国家政权**机关**，并大大促使农民早日**彻底转到**革命无产阶级方面来。

"共产主义星期六义务劳动"也非常鲜明地显示了无产阶级专政下的国家政权机关的阶级性质。党中央写过一封"用革命精神从事工作"的信。① 这是拥有一二十万党员（我预料在严格清党后将留下这么多，目前党员人数是超过这一数字的）的中央委员会提出的主张。

这个主张得到了工会的有组织的工人的响应。这样的工人在我们俄罗斯和乌克兰有 400 万人。他们绝大多数是拥护无产阶级的国家政权，拥护无产阶级专政的。20 万和 400 万，这就是两个"齿轮"（如果可以这样说的话）的比例。此外，还有**几千万农民**，他们主要分成三类：人数最多的、同无产阶级最接近的一类，即半无产者，或者说贫苦农民；其次是中农；最后是人数最少的一类，即

---

① 见《列宁全集》第 2 版第 36 卷第 263—266 页。——编者注

富农,或者说农村资产阶级。

只要还有可能买卖粮食和利用饥荒来干投机勾当,农民就仍是(这在无产阶级专政下的一定时期内是不可避免的)半劳动者和半投机者。作为投机者,农民是敌视我们,敌视无产阶级国家的,他们同资产阶级和主张自由买卖粮食的资产阶级的忠实奴仆(直到孟什维克舍尔或社会革命党人波·切尔年科夫)往往是一致的。但是**作为劳动者**,农民是无产阶级国家的朋友,是工人在反对地主资本家的斗争中最忠实的同盟者。作为劳动者,千百万的农民大众是支持一二十万人的无产阶级共产主义先锋队所领导并由几百万有组织的无产者所组成的国家"机器"的。

真正更民主的、同被剥削劳动群众有更紧密联系的国家**在世界上还没有过**。

正是这种由"共产主义星期六义务劳动"所标志所实现的无产阶级工作,一定会彻底巩固农民对无产阶级国家的尊敬和爱戴。这种工作,而且只有这种工作,才会彻底使农民相信我们正确,相信共产主义正确,才会使农民成为我们无限忠实的拥护者,也就是说,才会把粮食困难完全克服,使共产主义在粮食生产和分配问题上完全战胜资本主义,使共产主义完全巩固起来。

1919 年 6 月 28 日

1919 年 7 月由莫斯科国家出版社印成单行本

选自《列宁全集》第 2 版第 37 卷第 1—26 页

论 国 家

在斯维尔德洛夫大学的讲演[10]

（1919 年 7 月 11 日）

同志们！根据你们拟定并通知我的计划，今天要讲的题目是国家问题。我不知道你们对这个问题已经熟悉到什么程度。如果我没有弄错，你们的训练班刚开课，你们是第一次有系统地研究这个问题。既然如此，这个困难的问题的第一讲，就很可能做不到使你们中间很多人都充分明白，充分了解。要真的是这样，我请你们不要懊丧，因为国家问题是一个最复杂最难弄清的问题，也可说是一个被资产阶级的学者、作家和哲学家弄得最混乱的问题。因此，绝对不要指望在一次短短的讲课中就能把这个问题完全弄清楚。听了这个问题的第一次讲课以后，你们应该把不理解或不明白的地方记下来，三番五次地加以研究，将来在看书、听讲中进一步把不明白的地方弄清楚。我希望我们还能再谈一次，那时可以就所有提出的问题交换意见，检查一下究竟哪些地方最不明白。我也希望除听讲以外，你们还花些时间，把马克思和恩格斯的主要著作至少读几本。毫无疑问，你们在参考书目中，在你们图书馆里供苏维埃工作和党务工作学校学员用的参考书中，一定能找到这些主要著作。不过起初也许有人又会因为难懂而被吓住，所以要再次提醒你们不要因此懊丧，第一次阅读时不明白的地方，下次再读的时候，或者以后从另一方面来研究这个问题的时候，就会明白的，因为,我再说一遍,这个问题极其复杂,又被资产阶级的学者和作家弄得极为混乱,想认真考察和独立领会它的人,都必须再三研究,反复探讨,从各方面思考,才能获得明白透彻的了解。你们反复探讨这个问题的机会很多,因为这是全部政治的基本问题,根本问题,别说在我们现时所处的这样一个革命风暴时期,就是在最平静的时期,在不论哪天哪份报纸上,只要涉及经济或政治,你们都会碰到这样的问题:国家是什么,国家的实质是什么,国家的意义是什么,我们这个为推翻资本主义而斗争的党即共产党对国家的态度又是什么。你们每天都会因为这种或那种原因遇到这个问题。最主要的,是你们要从阅读中,从听国家问题的讲课中,学会独立地观察这个问题,因为你们在各种各样的场合,在每个细小问题上,在非常意外的情况下,在谈话中,在同论敌争论时,都会遇到这个问题。只有学会独立地把这个问题弄清楚,你们才能认为自己的信念已经十分坚定,才能在任何人面前,在任何时候,很好地坚持这种信念。

作了这几点小小的说明之后,现在我来谈本题,谈谈什么是国家,它是怎样产生的,为彻底推翻资本主义而奋斗的工人阶级政党——共产党对国家的态度基本上应当是怎样的。

我已经说过,未必还能找到别的问题,会像国家问题那样,被资产阶级的科学家、哲学家、法学家、政治经济学家和政论家有意无意地弄得这样混乱不堪。直到现在,往往还有人把这个问题同宗教问题混为一谈,不仅宗教学说的代表人物(他们这样做是十分自然的),而且自以为没有宗教偏见的人,也往往把专门的国家问题同宗教问题混为一谈,并且企图建立某种具有一套哲学见解和论据的往往异常复杂的学说,说国家是一种神奇的东西,是一种超自然的东西,是一种人类赖以生存的力量,是赋予或可能赋予人们某种并非来自人本身而来自外界的东西的力量,说国家是上天赋予的力量。必须指出,这个学说同剥削阶级——地主资本家的利益有极密切的联系,处处为他们的利益服务,深深浸透了资产阶级代表先生们的一切习惯、一切观点和全部科学,因此,你们随时随地都会遇见这一学说的残余,甚至那些愤慨地否认自己受宗教偏见支配并且深信自己能够清醒地看待国家的孟什维克和社会革命党人⁴的观点也不例外。这个问题所以被人弄得这样混乱,这样复杂,是因为它比其他任何问题更加牵涉到统治阶级的利益(在这一点上它仅次于经济学中的基本问题)。国家学说被用来为社会特权辩护,为剥削的存在辩护,为资本主义的存在辩护,因此,在这个问题上指望人们公正无私,以为那些自称具有科学性的人会给你们拿出纯粹科学的见解,那是极端错误的。当你们熟悉了和充分钻研了国家问题的时候,你们在国家问题、国家学说、国家理论上,会随时看到各个不同阶级之间的斗争,看到这个斗争在各种国家观点的争论中、在对国家的作用和意义的估计上都有反映或表现。

要非常科学地分析这个问题,至少应该对国家的产生和发展作一个概括的历史的考察。在社会科学问题上有一种最可靠的方法,它是真正养成正确分析这个问题的本领而不致淹没在一大堆细节或大量争执意见之中所必需的,对于用科学眼光分析这个问题来说是最重要的,那就是不要忘记基本的历史联系,考察每个问题都要看某种现象在历史上怎样产生、在发展中经过了哪些主要阶段,并根据它的这种发展去考察这一事物现在是怎样的。

我希望你们在研究国家问题的时候看看恩格斯的著作《家庭、私有制和国家的起源》①。这是现代社会主义的基本著作之

---

① 见《马克思恩格斯文集》2009 年人民出版社版第 4 卷第 13—198 页。——编者注

一,其中每一句话都是可以相信的,每一句话都不是凭空说的,而是根据大量的史料和政治材料写成的。当然,这部著作并不是全都浅显易懂,其中某些部分是要读者具有相当的历史知识和经济知识才能看懂的。我还要重复说,如果这部著作你们不能一下子读懂,那也不必懊丧。几乎从来没有哪一个人能做到这一点。可是,当你们以后一旦发生兴趣而再来研究时,即使不能全部读懂,也一定能读懂绝大部分。我所以提到这部著作,是因为它在这方面提供了正确观察问题的方法。它从叙述历史开始,讲国家是怎样产生的。

这个问题也和所有的问题(如资本主义、人对人的剥削怎样产生,社会主义怎样出现,它产生的条件是什么)一样,要正确地分析它,要有把握地切实地解决它,就必须对它的整个发展过程作历史的考察。研究国家问题的时候,首先就要注意,国家不是从来就有的。曾经有过一个时候是没有国家的。国家是在社会划分为阶级的地方和时候、在剥削者和被剥削者出现的时候才出现的。

在第一种人剥削人的形式、第一种阶级划分(奴隶主和奴隶)的形式尚未出现以前,还存在着父权制的或有时称为**克兰制的**(克兰就是家族,氏族。当时人们生活在氏族中,生活在家族中)家庭,这种原始时代的遗迹在很多原始民族的风俗中还表现得十分明显,不管你拿哪一部论述原始文化的著作来看,都可以遇到比较明确的描写、记载和回忆,说有过一个多少与原始共产主义相似的时代,那时社会并没有分为奴隶主和奴隶。那时还没有国家,没有系统地使用暴力和强迫人们服从暴力的特殊机构。这样的机构就叫做国家。

在人们还在不大的氏族中生活的原始社会里,还处于最低发展阶段即处于近乎蒙昧的状态,在与现代文明人类相距几千年的时代,还看不到国家存在的标志。我们看到的是风俗的统治,是族长所享有的威信、尊敬和权力,我们看到这种权力有时是属于妇女的——妇女在当时不像现在这样处在无权的被压迫的地位——但是在任何地方我们都看不到一种特殊**等级**的人分化出来管理他人并为了管理而系统地一贯地掌握着某种强制机构即暴力机构,这种暴力机构,大家知道,现在就是武装队伍、监狱及其他强迫他人意志服从暴力的手段,即构成国家实质的东西。

如果把资产阶级学者编造出来的所谓宗教学说、诡辩、哲学体系以及各种各样的见解抛开,而去探求问题的实质,那我们就会看到,国家正是这种从人类社会中分化出来的管理机构。当专门从事管理并因此而需要一个强迫他人意志服从暴力的特殊强制机构(监狱、特殊队伍即军队,等等)的特殊集团出现时,国家也就出现了。

但是曾经有过一个时候,国家并不存在,公共联系、社会本身、纪律以及劳动规则全靠习惯和传统的力量来维持,全靠族长或妇女享有的威信或尊敬(当时妇女往往不仅同男子处于平等地位,而且有时还占有更高的地位)来维持,没有专门从事管理的人构成的特殊等级。历史告诉我们,国家这种强制人的特殊机构,只是在社会划分为阶级,即划分为这样一些集团,其中一些集团能够经常占有另一些集团的劳动的地方和时候,只是在人剥削人的地方,才产生出来的。

我们始终都要记住历史上社会划分为阶级这一基本事实。世界各国所有人类社会数千年来的发展,都向我们表明了它如下的一般规律、常规和次序:起初是无阶级的社会——父权制原始社会,即没有贵族的原始社会;然后是以奴隶制为基础的社会,即奴隶占有制社会。整个现代的文明的欧洲都经过了这个阶段,奴隶制在两千年前占有完全统治的地位。世界上其余各洲的绝大多数民族也都经过这个阶段。在最不发达的民族中,现在也还有奴隶制的遗迹,例如在非洲现时还可以找到奴隶制的设施。奴隶主和奴隶是第一次大规模的阶级划分。前一集团不仅占有一切生产资料(即土地和工具,尽管当时工具还十分简陋),并且还占有人。这个集团就叫做奴隶主,而从事劳动并把劳动果实交给别人的人则叫做奴隶。

在历史上继这种形式之后的是另一种形式,即农奴制。在绝大多数国家里,奴隶制发展成了农奴制。这时社会基本上分为农奴主-地主和农奴制农民。人与人的关系的形式改变了。奴隶主把奴隶当做自己的财产,法律把这种观点固定下来,认为奴隶是一种完全被奴隶主占有的物品。农奴制农民仍然遭受阶级压迫,处于依附地位,但农奴主-地主不能把农民当做物品来占有了,而只有权占有农民的劳动,有权强迫农民尽某种义务。其实,大家知道,农奴制,特别是在俄国维持得最久、表现得最粗暴的农奴制,同奴隶制并没有什么区别。

后来,在农奴制社会内,随着商业的发展和世界市场的出现,随着货币流通的发展,产生了一个新的阶级,即资本家阶级。从商品中,从商品交换中,从货币权力的出现中,产生了资本权力。在18世纪(更正确些说,从18世纪末起)和19世纪,世界各地发生了革命。农奴制在西欧各国被取代了。这一点在俄国发生得最晚。俄国在1861年也发生了变革,结果一种社会形式被另一种社会形式所代替——农奴制被资本主义所代替。在资本主义制度下,阶级划分仍然存在,还保留着农奴制的各种遗迹和残余,但是阶级划分基本上具有另一种形式。

资本占有者、土地占有者、工厂占有者在一切资本主义国家中始终只占人口的极少数,他们支配着全部国民劳动,就是说,使全体劳动群众受其支配、压迫和剥削;这些劳动群众大多数是无产者,是雇佣工人,他们在生产过程中全靠出卖双手、出卖劳动力来获得生活资料。在农奴制时代分散的和受压迫的农民,在过渡到资本主义的时候,一部分(大多数)变成无产者,一部分(少数)变成富裕农民,后者自己雇用工人,成为农村资产阶级。

你们应当时刻注意到社会从奴隶制的原始形式过渡到农奴制、最后又过渡到资本主义这一基本事实,因为只有记住这一基本事实,只有把一切政治学说纳入这个基本范围,才能正确评价这些学说,认清它们的实质,因为人类史上的每一个大的时期(奴隶占有制时期、农奴制时期和资本主义时期)都长达许多世纪,出现过各种各样政治形式,各种各样的政治学说、政治见解和政治革命,要弄清这一切光怪陆离、异常繁杂的情况,特别是与资产阶级的学者和政治家的政治、哲学等等学说有关的情况,就必须牢牢把握住社会划分为阶级的事实,阶级统治形式改变的事实,把它作为基本的指导线索,并用这个观点去分析一切社会问题,即经济、政治、精神和宗教等等问题。

你们根据这种基本划分来观察国家,就会看出,如我在上面所说的那样,在社会划分为阶级以前国家是不存在的。但是随着社会阶级划分的发生和巩固,随着阶级社会的产生,国家也产生和巩固起来。在人类史上有几十个几百个国家经历过和经历着奴隶制、农奴制和资本主义。在每一个国家内,虽然有过巨大的历史变化,虽然发生过各种与人类从奴隶制经农奴制到资本主义、到现在全世界的反资本主义斗争这一发展过程相联系的政治变迁和革命,但你们总可以看到国家的出现。国家一直是从社会中分化出来的一种机构,是由一批专门从事管理、几乎专门从事管理或主要从事管理的人组成的一种机构。人分为被管理者和专门的管理者,后者高居于社会之上,称为统治者,称为国家代表。这个机构,这个管理别人的集团,总是把持着一定的强制机构,实力机构,不管这种加之于人的暴力表现为原始时代的棍棒,或是奴隶制时代较为完善的武器,或是中世纪出现的火器,或是完全利用现代技术最新成果造成的、堪称 20 世纪技术奇迹的现代化武器,反正都是一样。使用暴力的手段虽然改变,但是只要国家存在,每个社会就总有一个集团进行管理,发号施令,实行统治,并且为了维持政权而把实力强制机构、其装备同每个时代的技术水平相适应的暴力机构把持在自己手中。我们仔细地观察了这种共同现象就要问,为什么在没有阶级、没有剥削者和被剥削者的时候就没有国家,为什么国家产生于阶级出现的时候,——只有这样,我们才能给国家的实质和意义的问题找到一个确切的回答。

　　国家是维护一个阶级对另一个阶级的统治的机器。当社会上还没有阶级的时候,当人们还在奴隶制时代以前,在较为平等的原始条件下,在劳动生产率还非常低的条件下从事劳动的时候,当原始人很费力地获得必需的生活资料来维持最简陋的原始生活的时候,没有产生而且不可能产生专门分化出来实行管理并统治社会上其余一切人的特殊集团。只有当社会划分为阶级的第一种形式出现时,当奴隶制出现时,当某一阶级有可能专门从事最简单的农业劳动而生产出一些剩余物时,当这种剩余物对于奴隶维持最贫苦的生活并非绝对必需而由奴隶主攫为己有时,当奴隶主阶级的地位已经因此巩固起来时,为了使这种地位更加巩固,就必须有国家了。

　　于是出现了奴隶占有制国家,出现了一个使奴隶主握有权力、能够管理所有奴隶的机构。当时无论是社会或国家都比现在小得多,交通极不发达,没有现代的交通工具。当时山河海洋所造成的障碍比现在大得多,所以国家是在比现在狭小得多的疆域内形成起来的。技术薄弱的国家机构只能为一个版图较小、活动范围较小的国家服务。但是终究有一个机构来强迫奴隶始终处于奴隶地位，使社会上一部分人受另一部分人的强制、压迫。要强迫社会上的绝大多数人经常替另一部分人做工，就非有一种经常性的强制机构不可。当没有阶级的时候，也就没有这种机构。在阶级出现以后，随着阶级划分的加强和巩固，随时随地就有一种特殊的机关即国家产生出来。国家形式是多种多样的。在奴隶占有制时期，在当时最先进、最文明、最开化的国家内，例如在完全建立于奴隶制之上的古希腊和古罗马，已经有各种不同的国家形式。那时已经有君主制和共和制、贵族制和民主制的区别。君主制是一人掌握权力，共和制是不存在任何非选举产生的权力机关；贵族制是很少一部分人掌握权力，民主制是人民掌握权力（民主制一词按希腊文直译过来，意思是人民掌握权力）。所有这些区别在奴隶制时代就产生了。虽然有这些区别，但奴隶占有制时代的国家，不论是君主制，还是贵族的或民主的共和制，都是奴隶占有制国家。

不管是谁讲古代史课，你们都会听到君主制国家和共和制国家斗争的情况，但基本的事实是奴隶不算是人；奴隶不仅不算是公民，而且不算是人。罗马的法律把奴隶看成一种物品。关于杀人的法律不适用于奴隶，更不用说其他保护人身的法律了。法律只保护奴隶主，只把他们看做是有充分权利的公民。不论当时所建立的是君主国还是共和国，都不过是奴隶占有制君主国或奴隶占有制共和国。在这些国家中，奴隶主享有一切权利，而奴隶按法律规定却是一种物品，对他们不仅可以随便使用暴力，就是杀死奴隶也不算犯罪。奴隶占有制共和国按其内部结构来说分为两种：贵族共和国和民主共和国。在贵族共和国中参加选举的是少数享有特权的人，在民主共和国中参加选举的是全体，但仍然是奴隶主的全体,奴隶是除外的。我们必须注意到这种基本情况,因为它最能说明国家问题,最能清楚地表明国家的实质。

国家是一个阶级压迫另一个阶级的机器,是迫使一切从属的阶级服从于一个阶级的机器。这个机器有各种不同的形式。奴隶占有制国家可以是君主国,贵族共和国,甚至可以是民主共和国。管理形式确实是多种多样,但本质只是一个:奴隶没有任何权利,始终是被压迫阶级,不算是人。农奴制国家也有同样的情况。

由于剥削形式的改变,奴隶占有制国家变成了农奴制国家。这件事有很大的意义。在奴隶占有制社会中,奴隶完全没有权利,根本不算是人;在农奴制社会中,农民被束缚在土地上。农奴制的基本特征,就是农民(当时农民占大多数,城市人口极少)被禁锢在土地上,这就是农奴制这一概念的由来。农民可以在地主给他的那一块土地上为自己劳动一定的天数,其余的日子则替老爷干活。阶级社会的实质仍然存在:社会是靠阶级剥削来维持的。只有地主才能有充分的权利,农民是没有权利的。实际上,农民的地位与奴隶占有制国家内奴隶的地位没有多大区别。但是通向农民解放的道路毕竟是比较宽广了,因为农奴制农民已不算是地主的直接私有物。农奴制农民可以把一部分时间用在自己那块土地上,可以说,他在某种程度上是属于他自己了。由于交换和贸易关系有了更广泛的发展,农奴制日益解体,农民解放的机会也日益增多。农奴制社会总是比奴隶占有制社会更复杂。农奴制社会有发展商业和工业的巨大因素,这在当时就导致了资本主义。在中世纪,农奴制占优势。当时的国家形式也是多样的,既有君主制也有共和制(虽然远不如前者明显),但始终只有地主-农奴主才被认为是统治者。农奴制农民根本没有任何政治权利。

无论在奴隶制下或农奴制下,少数人对绝大多数人进行统治,非采取强制手段不可。全部历史充满了被压迫阶级要推翻压迫的接连不断的尝试。在奴隶制历史上有过多次长达几十年的奴隶解放战争。顺便说说,现在德国共产党人,即德国唯一真正反对资本主义桎梏的政党,取名为"斯巴达克派"[11],就因为斯巴达克是大约两千年前最大一次奴隶起义中的一位最杰出的英雄。完全建立于奴隶制上的仿佛万能的罗马帝国,许多年中一直受到在斯巴达克领导下武装起来、集合起来并组成一支大军的奴隶的大规模起义的震撼和打击。最后,这些奴隶有的被打死,有的被俘虏,遭受奴隶主的酷刑。这种国内战争贯穿着阶级社会的全部历史。我刚才举的例子就是奴隶占有制时代这种国内战争中最大的一次。整个农奴制时代也同样充满着不断的农民起义。例如在中世纪的德国,地主和农奴这两个阶级之间的斗争达到了很大的规模,变成了农民反对地主的国内战争。你们大家都知道,在俄国也多次发生过这种农民反对地主-农奴主的起义。

地主为了维持自己的统治,为了保持自己的权力,必须有一种机构能使大多数人统统服从他们,服从他们的一定的法律、规则,这些法律基本上是为了一个目的——维持地主统治农奴制农民的权力。这就是农奴制国家,这种国家,例如在俄国或者在至今还是农奴制占统治的十分落后的亚洲各国,具有不同的形式,有的是共和制,有的是君主制。国家实行君主制时,权力归一人掌握,实行共和制时,从地主当中选举出来的人多少可以参政,——这就是农奴制社会的情形。农奴制社会中的阶级划分,是绝大多数人——农奴制农民完全依附于极少数人——占有土地的地主。

由于商业的发展,由于商品交换的发展,分化出了一个新的阶级——资本家阶级。资本产生于中世纪末期,当时世界贸易因发现美洲而得到巨大的发展,贵金属的数量激增,金银成了交换手段,货币周转使得一些人能够掌握巨量财富。全世界都认为金银是财富。地主阶级的经济力量衰落下去,新阶级即资本代表者的力量发展起来。结果社会被改造成这样:全体公民似乎一律平等了;以前那种奴隶主和奴隶的划分已经消灭了;所有的人,不管他占有的是何种资本,是不是作为私有财产的土地,也不管他是不是只有一双做工的手的穷光蛋,都被认为在法律面前一律平等了。法律对大家都同样保护,对任何人所拥有的财产都加以保护,使其不受那些没有财产的、除了双手以外一无所有的、日益贫穷破产而变成无产者的群众的侵犯。资本主义社会的情形就是这样。

我不能详细分析这个社会。你们将来学党纲的时候还会遇到这个问题,会听到关于资本主义社会的说明。这个社会在自由的口号下反对农奴制,反对旧时的农奴制度。但这只是拥有财产的人的自由。当农奴制被摧毁时(这是18世纪末19世纪初以前的事;俄国晚于其他国家,到1861年才废除),资本主义国家代替了农奴制国家,宣布它的口号是全民的自由,说它代表全体人民的意志,否认它是阶级的国家,于是为全体人民的自由而奋斗的社会主义者和资本主义国家之间的斗争从此就展开了,现在这个斗争已经导致了苏维埃社会主义共和国的建立,这个斗争正遍及全世界。

要了解已经开始的反对世界资本的斗争,要了解资本主义国家的实质,必须记住,资本主义国家起来反对农奴制国家,是在自由的口号下投入战斗的。农奴制的废除意味着资本主义国家的代表获得自由,使他们得到好处,因为农奴制已经摧毁,农民已有可能把土地作为名副其实的财产来占有了。至于这是农民赎买来的土地,还是靠支付代役租得来的小块土地,国家是不管的——国家保护一切私有财产,不问其来历怎样,因为国家是以私有制为基础的。农民在所有现代文明国家内都变成了私有者。在地主把一部分土地出让给农民的时候,国家也保护私有财产,用赎买即出钱购买的办法,使地主得到补偿。国家似乎在宣称它保护真正的私有权,并对私有权给予各种各样的支持和庇护。国家承认每个商人、工业家和工厂主都有这种私有权。而这个以私有制为基础的社会,以资本权力为基础的社会,以完全控制一切无产工人和劳动农民群众为基础的社会,却宣布自己是以自由为基础来实行统治的。它反对农奴制时,宣布私有财产自由,深以国家似乎不再是阶级的国家而自豪。

其实,国家仍然是帮助资本家控制贫苦农民和工人阶级的机器,但它在表面上是自由的。它宣布普选权,并且通过自己的拥护者、鼓吹者、学者和哲学家宣称它不是阶级的国家。甚至在目前苏维埃社会主义共和国开始反对它的时候,这班人还责备我们破坏自由,说我们建立的国家是以一部分人强制和镇压另一部分人为基础的,而他们所代表的国家却是全民的,民主的。所以在目前这个时候,在社会主义革命在全世界已经开始并且恰好在几个国家内获得胜利的时候,在反对全世界资本的斗争特别尖锐的时候,这个问题即国家问题就具有最大的意义,可以说,已经成为最迫切的问题,成为当代一切政治问题和一切政治争论的焦点了。

我们观察一下俄国的或无论哪个更文明国家的任何一个政党,都可以看到,目前几乎所有的政治争论、分歧和意见,都是围绕着国家这一概念的。在资本主义国家里,在民主共和国特别是像瑞士或美国那样一些最自由最民主的共和国里,国家究竟是人民意志的表现、全民决定的总汇、民族意志的表现等等,还是使本国资本家能够维持其对工人阶级和农民的统治的机器?这就是目前世界各国政治争论所围绕着的基本问题。人们是怎样议论布尔什维主义的呢?资产阶级的报刊谩骂布尔什维克。没有一家报纸不在重复着目前流行的对布尔什维克的责难,说布尔什维克破坏民权制度。如果我国的孟什维克和社会革命党人由于心地纯朴(也许不是由于纯朴,也许这种纯朴,如俗语所说的,比盗窃还坏),认为责难布尔什维克破坏自由和民权制度是他们的发明和创造,那他们就大错特错了。现在,在最富有的国家内,花数千万金钱推销数千万份来散布资产阶级谎言和帝国主义政策的最富有的报纸,没有一个不在重复这种反对布尔什维主义的基本论据和责难,说美国、英国和瑞士是以民权制度为基础的先进国家,布尔什维克的共和国却是强盗国家,没有自由,布尔什维克破坏民权思想,甚至解散了立宪会议。这种对布尔什维克的吓人的责难,在全世界重复着。这种责难促使我们不得不解决什么是国家的问题。要了解这种责难,要弄清这种责难并完全自觉地来看待这种责难,要有坚定的见解而不是人云亦云,那就必须彻底弄清楚什么是国家。我们看到,有各种各样的资本主义国家,有在战前创立的替这些国家辩护的各种学说。要正确处理问题,就必须批判地对待这一切学说和观点。

我已经介绍你们阅读恩格斯的著作《家庭、私有制和国家的起源》。在这部著作里就讲到,凡是存在着土地和生产资料的私有制、资本占统治地位的国家,不管怎样民主,都是资本主义国家,都是资本家用来控制工人阶级和贫苦农民的机器。至于普选权、立宪会议和议会,那不过是形式,不过是一种空头支票,丝毫也不能改变事情的实质。

国家的统治形式可以各不相同:在有这种形式的地方,资本就用这种方式表现它的力量,在有另一种形式的地方,资本又用另一种方式表现它的力量,但实质上政权总是操在资本手里,不管权利有没有资格限制或其他限制,不管是不是民主共和国,反正都是一样,而且共和国愈民主,资本主义的这种统治就愈厉害,愈无耻。北美合众国是世界上最民主的共和国之一,可是,世界上没有一个国家像美国那样(凡是在 1905 年以后到过那里的人大概都知道),资本权力即一小撮亿万富翁统治整个社会的权力表现得如此横蛮,采用贿赂手段如此明目张胆。资本既然存在,也就统治着整个社会,所以任何民主共和制、任何选举制度都不会改变事情的实质。

民主共和制和普选制同农奴制比较起来是一大进步,因为它们使无产阶级有可能达到现在这样的统一和团结,有可能组成整齐的、有纪律的队伍去同资本有步骤地进行斗争。农奴制农民连稍微近似这点的东西也没有,奴隶就更不用说了。我们知道,奴隶举行过起义,进行过暴动,掀起过国内战争,但是他们始终未能造成自觉的多数,未能建立起领导斗争的政党,未能清楚地了解他们所要达到的目的,甚至在历史上最革命的时机,还是往往成为统治阶级手下的小卒。资产阶级的共和制、议会和普选制,所有这一切,从全世界社会发展来看,是一大进步。人类走到了资本主义,而只有资本主义,凭借城市的文化,才使被压迫的无产者阶级有可能认清自己的地位,创立世界工人运动,造就出在全世界组织成政党的千百万工人,建立起自觉地领导群众斗争的社会主义政党。没有议会制度,没有选举制度,工人阶级就不会有这样的发展。因此,这一切东西在广大群众的眼中具有很大的意义。因此,要来一个转变是件很困难的事情。不仅那些别有用心的伪君子、学者和神父支持和维护资产阶级的谎言,说国家是自由的,说国家负有使命保护所有人的利益,就是许多诚心诚意重复陈腐偏见而不能了解从资本主义旧社会向社会主义过渡的人,也是如此。不仅直接依赖于资产阶级的人,不仅受资本压迫或被资本收买的人(替资本服务的有大量的、各种各样的学者、艺术家和神父等等),就是那些只是受资产阶级自由这种偏见影响的人,也都在全世界攻击布尔什维主义,因为苏维埃共和国刚一成立就抛弃了这种资产阶级谎言,公开声明说:你们把你们的国家叫做自由国家,其实只要私有制存在,你们的国家即使是民主共和制的国家,也无非是资本家镇压工人的机器,而且国家愈自由,这种情形就愈明显。欧洲的瑞士和美洲的北美合众国就是这样的例子。这两个都是民主共和国,粉饰得很漂亮,侈谈劳动民主和全体公民一律平等,尽管如此,任何地方的资本统治都没有像这两个国家那样无耻,那样残酷,那样露骨。其实,瑞士和美国都是资本在实行统治,只要工人试图真的稍稍改善一下自己的处境,就立刻会引起一场国内战争。在这两个国家内,士兵较少,即常备军较少(瑞士实行民兵制,每个瑞士人的家里都有枪;美国直到最近还没有常备军),因此,罢工发生时,资产阶级就武装起来,雇用士兵去镇压罢工,而且在任何地方,对工人运动的镇压,都不如瑞士和美国那样凶暴残忍;在任何一国的议会里,资本的势力都不如这两个国家那样强大。资本的势力就是一切,交易所就是一切,而议会、选举则不过是傀儡、木偶…… 但是愈往后,工人的眼睛就愈亮,苏维埃政权的思想就传布得愈广泛,尤其是在我们刚刚经历过的这场血腥的大厮杀以后。工人阶级日益清楚地认识到必须同资本家作无情的斗争。

不管一个共和国用什么形式掩饰起来,就算它是最民主的共和国吧,如果它是资产阶级共和国,如果它那里保存着土地和工厂的私有制,私人资本把全社会置于雇佣奴隶的地位,换句话说,如果它不实现我们党纲和苏维埃宪法所宣布的那些东西,那么这个国家还是一部分人压迫另一部分人的机器。因此要把这个机器夺过来,由必将推翻资本权力的那个阶级来掌握。我们要抛弃一切关于国家就是普遍平等的陈腐偏见,那是骗人的,因为只要剥削存在,就不会有平等。地主不可能同工人平等,挨饿者也不可能同饱食者平等。人们崇拜国家达到了迷信的地步,相信国家是全民政权的陈词滥调;无产阶级就是要扔掉这个叫做国家的机器,并且指出这是资产阶级的谎言。我们已经从资本家那里把这个机器夺了过来,由自己掌握。我们要用这个机器或者说这根棍棒去消灭一切剥削。到世界上再没有进行剥削的可能,再没有土地占有者和工厂占有者,再没有一部分人吃得很饱而一部分人却在挨饿的现象的时候,就是说,只有到再没有发生这种情形的可能的时候,我们才会把这个机器毁掉。那时就不会有国家了,就不会有剥削了。这就是我们共产党的观点。我希望我们在以后的讲课中还会谈到这个问题,还会多次地谈到这个问题。

载于 1929 年 1 月 18 日《真理报》第 15 号

选自《列宁全集》第 2 版第 37 卷第 59—76 页

致阿·马·高尔基

1919 年 7 月 31 日

亲爱的阿列克谢·马克西莫维奇:我愈是细读您的信,愈是考虑来信中的结论和信中所说情况(以及我们会面时您所谈的情况)的联系,我便愈加确信,不论是这封信,还是您的结论和您的一切印象,都是完全不健康的。

彼得格勒是近来最不健康的地方之一。这也是可以理解的,因为它的居民经受的苦难最多,工人献出的优秀力量也最多,饥荒很严重,军事危险也很严重。您的神经显然经受不住了。这是不奇怪的。人家劝您换个地方,而您却固执己见。把自己的神经折磨到病态的地步是极不明智的,就是出于最简单的考虑,也是不明智的,更不用说从其他方面考虑了。

您的信和您的谈话一样,包含了许多不健康的印象,因而使您得出了不健康的结论。

您从痢疾和霍乱谈起,而且一下子就发出一种不健康的怨恨:"博爱、平等"。这么说来,好像这个被围困的城市遭受贫穷、困苦和疾病,都是共产主义的过错!!

接着,您说了一些我简直无法理解的狠狠攻击"低级"文学(什么文学?为什么与加里宁有关?)的刻薄话。而结论是:"残存的极少数有理智的工人"说,他们被人"出卖""给农夫当俘虏了"。

这就毫无道理了。怎么?难道是要指控加里宁把工人出卖给农夫吗?听来就是这个意思。

　　而能无中生有说出这种话来的,无非是些非常幼稚、非常愚蠢、用"左的"词句代替理智的工人,或者是受尽刺激、横遭折磨、忍饥挨饿、疾病缠身的工人,或者是很善于歪曲一切、很会抓住任何一件小事来发泄自己对苏维埃政权的疯狂仇恨的"残存的贵族"。您在信中也提到了这些残余分子。他们的情绪对您产生了很坏的影响。

　　您来信说,您看到"各种不同阶层的人"。看到是一回事,在整个生活中天天接触又是一回事。由于您的职业使您不得不"接见"几十个满怀怨恨的资产阶级知识分子,还由于生活环境的缘故,您感受最深的是这些"残余分子"。

　　似乎"残余分子""对苏维埃政权抱有一种近似同情的感情",而在"大多数工人"中却出盗贼,出混进来的"共产党员"等等! 于是您竟然得出"结论"说:干革命不能靠盗贼,不能不要知识分子。

　　这完全是病态心理,它在满怀怨恨的资产阶级知识分子的环境中变得更加厉害了。

　　我们正采取一切办法吸引知识分子(非白卫分子)去同盗贼作斗争。在苏维埃共和国,**真心诚意**帮助工农而不是终日埋怨和恶毒谩骂的资产阶级知识分子的百分比正**逐月增长**。这在彼得格勒是不可能"看到"的,因为在彼得格勒这个城市里失去地位(和理智)的资产阶级分子(和"知识分子")特别多。但是,对整个俄国说来,这却是无可争辩的事实。

　　在彼得格勒或从彼得格勒的角度观察事物的人,只有非常通晓**政治**,具有特别丰富的政治经验,才会确信这一点。而您不具备这一切。您既不搞政治,也不观察政治建设的**工作**,而是从事一种特殊职业。这种职业使您受到那些满怀怨恨的资产阶级知识分子的包围;这些什么都不了解、什么都没有忘记、什么都没有学到的人,在**最好**最难得的情况下,也不过是些徬徨迷惘、悲观绝望、呻吟叹息、死抱着旧偏见、惶恐不安、自己吓唬自己的人。

要**观察**,就应当到下面去观察——那里可以**观察**到建设新生活的情况;应当到外地的工人居住区或到农村去观察——那里用不着在政治上掌握许多极复杂的材料,只要观察就行了。您没有这样做,而是把自己置于翻译作品之类的专职编辑的地位。处于这种地位观察不到新生活的新建设,而会把全部精力都花在听取那些不健康的知识分子的不健康的埋怨上,花在观察处于严重军事危险和极度贫困之中的"故"都上。

您使自己处于这样的地位,就**不能**直接观察到工人和农民,即俄国十分之九的人口生活中的新事物;在这种地位上您只能观察故都生活的片断,那里工人的精华都到前线和农村去了,剩下的是多得不合比例的失去地位、没有工作、**专门**"**包围**"您的知识分子。劝您离开,您又执拗地拒绝。

显然,您把自己搞病了:您来信说,您感到生活非但很痛苦,而且"非常厌恶"!!! 那是必然的! 在这种时候把自己困在一个最不健康的地方,去担任一个文学翻译作品的编辑(对于观察人,对于一个艺术家来说,这可真是最适当的工作!)。无论是部队里的新事物,或是农村里的新事物,或是工厂里的新事物,您作为一个艺术家,在这里是**不可能**观察到并进行研究的。您剥夺了自己做那种能够使艺术家得到满足的事情的机会——一个政治家可以在彼得格勒工作,但是您不是政治家。今天看到的是无端打碎的玻璃,明天听到的是枪声和狱中的哀号声,还有留在彼得格勒的非工人中最疲惫的人的片言只语,然后是从知识分子,没有首都的首都知识分子那里得来的万千印象,以及从受委屈者那里听到的千百种怨言,在编辑工作之余**不可能**看到任何建设生活的情况(这种

建设是按独特方式进行的,而在彼得格勒又最少见),——这怎么
会不把自己弄到对生活非常厌恶的地步呢。

全国都在投入同全世界资产阶级的激烈斗争,因为全世界资
产阶级正在为他们的被推翻而疯狂地实行报复。这是自然的。为
了报复第一个苏维埃共和国,第一批打击**从四面八方**袭来。这也
是自然的。在这种情况下,要么应当过一种积极的政治家的生活,
要么应当作为一个艺术家(如果无意于政治的话),去观察人们怎
样以新的方式建设生活,但不是在对首都举行疯狂进攻、同各种阴
谋作激烈斗争、首都知识分子疯狂发泄仇恨的中心城市,而是在农
村或外地的工厂(或前线)。在那里,只要简单观察一下,就能很
容易区别旧事物的腐朽和新事物的萌芽。

生活使您厌恶,和共产主义的"分歧在加深"。分歧在哪里
呢,无法理解。您丝毫没有指出政治上或思想上的分歧。其实这
是两种人的**情绪**的分歧:一种人从事政治或者致力于最激烈的斗
争,另一种人则人为地置身于无法观察新生活而被资产阶级大首
都的腐败印象所折服的境地。

对您的信我率直地说出了我的想法。从(和您的)谈话中,我
早就有了这样的想法,但是,您的信把我从您的谈话中得到的全部
印象固定了、深化了、完成了。我不想强迫您接受我的劝告,但是
我不能不说:您要彻底改换环境,改换接触的人,改换居住的地方,
改换工作,否则生活会使您完全厌恶。

紧紧握手!

您的　　**列宁**

发往彼得格勒

载于 1925 年《红色史料》杂志
第 1 期

选自《列宁全集》第 2 版第 49 卷
第 42—46 页

论苏维埃共和国女工运动的任务

在莫斯科市非党女工第四次代表会议上的讲话

（1919年9月23日）

同志们，我能向女工代表会议表示祝贺感到非常高兴。我不准备涉及目前使每个女工和每个觉悟的劳动者理所当然最关心的那些问题。这些最迫切的问题就是粮食问题和我国军事形势问题。我从你们的会议报道中知道，这些问题都已在会上详细谈过了，托洛茨基同志谈了军事问题，雅柯夫列娃和斯维杰尔斯基两位同志谈了粮食问题，因此，我就不再谈这些问题了。

我想略微谈一谈苏维埃共和国女工运动的一般任务，也就是同向社会主义过渡有关的那些任务和目前亟待解决的一些首要任务。同志们，关于妇女的地位问题，苏维埃政权在它诞生的时候就提出来了。我觉得，任何一个向社会主义过渡的工人国家，它的任务都有两部分。第一部分比较简单容易。这一部分只触及把妇女置于同男子不平等的地位的旧法律。

从很久以前起，在几十年以至几百年的过程中，西欧各次解放运动的代表人物都曾提出要废除这些过时的法律，要求男女在法律上平等，可是任何一个欧洲民主国家，任何一个最先进的共和国，都没能实现这个要求，因为，只要还存在资本主义，保留土地私有制和工厂私有制，保留资本的权力，那么，男子就会有特权。俄国所以能实现这一点，完全是因为从 1917 年 10 月 25 日起，这里确立了工人政权。苏维埃政权刚诞生就决心成为反对一切剥削的劳动者的政权。它所提出的任务就是要使地主资本家不能再剥削劳动者，消灭资本的统治。苏维埃政权竭力要使劳动者建立起没有土地私有制和工厂私有制的生活，因为私有制在世界各国，甚至在有充分政治自由的最民主的共和国里，都使劳动者事实上处于贫困的、雇佣奴隶的地位，使妇女处于受双重奴役的地位。

苏维埃政权这个劳动者的政权在诞生后的最初几个月里，就在有关妇女的立法方面实行了最彻底的变革。苏维埃共和国彻底废除了使妇女处于从属地位的法律。我指的就是专门利用妇女较弱的地位把她们置于不平等的甚至往往是受屈辱的地位的法律，即关于离婚、关于非婚生子女、关于女方要求子女的生父负担子女抚养费的权利的法律。

应该指出，正是在这方面，甚至最先进国家的资产阶级立法也利用妇女较弱的地位，使她们处于不平等的和受屈辱的地位。也正是在这方面，苏维埃政权彻底废除了劳动群众所不能容忍的不合理的旧法律。今天我们可以十分自豪而毫不夸大地说，除了苏维埃俄国，世界上没有哪个国家实现了妇女与男子的完全平等，妇女不再处于日常家庭生活中显而易见的那种屈辱地位。这是我们最初的最重要的任务之一。

如果你们有机会同敌视布尔什维克的政党接触，或者得到高尔察克或邓尼金占领区出版的俄文报纸，或者有机会同拥护这些报纸的观点的人们交谈，你们就能时常听到他们责备苏维埃政权破坏民主。

我们这些苏维埃政权的代表者，布尔什维克共产党员和苏维埃政权的拥护者，经常受到某些人的指责。他们说我们破坏民主，并举出苏维埃政权解散立宪会议这件事作为指责的根据。对于这种指责,我们通常这样回答:这种民主和立宪会议是在世界上存在私有制的情况下产生的,在这种情况下,人与人之间不平等,拥有资本的人当老板,其余的人即替他做工的人则是他的雇佣奴隶,——那样的民主在我们看来毫无价值。这种民主即使在最先进的国家也只是用来掩饰奴役制度的东西。我们社会主义者只拥护能改善劳动者和被压迫者的状况的民主。社会主义在全世界的任务是反对一切人剥削人的现象。在我们看来,真正有意义的民主,是那种为处于不平等地位的被剥削者服务的民主。不劳动者被剥夺选举权,那才是人与人之间真正的平等。不劳动者不得食。

我们回答这些指责说,应当提出某个国家中民主实现得如何的问题。我们看到,各民主共和国都宣布了平等,但是在民法中,在规定妇女的家庭地位和离婚权利的法律中,妇女到处都处于不平等的地位,处于受卑视的地位。我们说,这才是破坏民主,而且正是破坏被压迫者应享有的民主。苏维埃政权比所有最先进的国家更彻底地实现了民主,在它的法律中丝毫也看不到妇女受到不平等待遇的痕迹。再说一遍,任何一个国家、任何一项民主立法,为妇女做到的都不及苏维埃政权在它建立后的最初几个月所做到的一半。

当然,光有法律是不够的,我们也决不满足于只颁布法令。但是在立法方面,我们已做了使男女地位平等所应做的一切,因此我们有理由以此自豪。目前妇女在苏维埃俄国的地位,从最先进国家的角度来看,已是很理想的了。但我们自己认为,这当然还只是开始。

只要妇女忙于家务,她们的地位就不免要受到限制。要彻底解放妇女,要使她们同男子真正平等,就必须有公共经济,必须让妇女参加共同的生产劳动。这样,妇女才会和男子处于同等地位。

当然,这里所指的不是要使妇女在劳动生产率、劳动量、劳动时间和劳动条件等等方面同男子相等,而是要使妇女不再因经济地位与男子不同而受到压迫。你们大家都知道,甚至在完全平等的条件下,妇女事实上仍然是受束缚的,因为全部家务都压在她们肩上。这种家务多半是非生产性的、最原始、最繁重的劳动。这是极其琐碎而对妇女的进步没有丝毫帮助的劳动。

我们追求社会主义的理想,要为社会主义的彻底实现而奋斗,在这方面,妇女有十分广阔的工作场所。目前,我们正在认真地做准备工作,为社会主义建设扫清地基;而社会主义社会建设这件事,只有在男女完全平等的时候,只有在妇女摆脱了这种琐碎的、使人愚钝的非生产性工作而同我们一道从事新工作的时候,才能开始进行。这项工作我们得做好多好多年。

这种工作不可能立刻做出成绩,不会产生很显眼的效果。

我们正在创办食堂、托儿所这样一些示范性的设施,使妇女摆脱家务。建立这些设施的工作,主要应该由妇女来担任。应当承认,目前在俄国,这种能帮助妇女摆脱家庭奴隶状态的设施还不多。这种设施的数量还很小,而且目前苏维埃共和国所处的战争环境和所遭到的粮食困难(这些问题,有几位同志已在这里给你们详细讲过)又妨碍我们进行这一工作。不过还是应当指出,这些能帮助妇女摆脱家庭奴隶地位的设施,在一切稍有可能建立的地方,都在纷纷建立起来。

我们说,工人的解放应当是工人自己的事情,同样,女工的解放也应当是女工自己的事情。女工自己应当关心这种设施的发展,妇女的这种活动将根本改变她们以前在资本主义社会所处的那种地位。

在资本主义旧社会里,要从事政治活动需要有特殊的素养,因此,甚至在最先进、最自由的资本主义国家里,妇女也极少参加政治活动。我们的任务是要使政治成为每个劳动妇女都能参与的事情。自从土地私有制和工厂私有制被消灭、地主资本家政权被推翻以后,政治任务对于劳动群众和劳动妇女,已经是一种简单明白、大家完全能参与的事情了。在资本主义社会,妇女处于无权的地位,与男子相比,她们是极少参与政治的。要改变这种状况,就要有劳动者的政权,有了劳动者的政权,政治的首要任务就同劳动者自己的命运息息相关了。

这里,不仅需要党员女工和觉悟的女工,而且需要非党女工和觉悟最低的女工都来参加。这里,苏维埃政权为女工开辟了广阔的活动场所。

在同进攻苏维埃俄国的敌对力量作斗争时,我们的处境非常困难。无论在军事方面同进行战争来推翻劳动者政权的力量作斗争,或者在粮食方面同投机者作斗争,我们都感到困难,因为全心全意用自己的劳动来帮助我们的劳动者还不够多。在这方面,苏维埃政权认为最宝贵的莫过于广大非党女工群众的帮助了。她们应该知道,在资产阶级的旧社会,要进行政治活动也许需要有各方面的素养,而这是妇女办不到的。但在苏维埃共和国,政治活动的首要任务是反对地主资本家,是为消灭剥削而斗争,因此,在苏维埃共和国,政治活动是向女工开着大门的,这种活动就是妇女用自己的组织才能帮助男子。

我们不仅需要千百万人的组织工作;我们也需要规模很小的组织工作,使妇女也能参加劳动。妇女在战争条件下也是能够从事劳动的,例如支援军队,在军队中进行鼓动。妇女应当积极参加这一切工作,使红军看到人们在关怀他们,在为他们操心。妇女也可以在粮食部门工作,如分配粮食,改善群众的伙食,发展目前正在彼得格勒广泛设立的食堂等等。

也就是在这些方面,女工的活动起着真正的组织者的作用。妇女还需要参加建立并监督大型试验农场的工作,使这一事业在我们这里不致成为孤立无援的事业。没有大批劳动妇女参加,这一事业是无法完成的。做这种工作,无论是监督产品分配,或是监督便利人们拿到产品的工作,女工都是完全适合的。这一任务,非党女工完全能够胜任,而这一任务的实现,首先会促进社会主义社会的巩固。

苏维埃政权已经废除了土地私有制,几乎完全废除了工厂私有制,正力求使所有的劳动者,无论党员或非党员,无论男子或妇女,都参加这一经济建设。苏维埃政权所开始的这一事业,只有在全俄国千百万妇女而不是几百个妇女参加进来时,才能够向前推进。那时,我们相信,社会主义建设事业将会巩固。那时,劳动者会证明,没有地主和资本家,他们也能生活,也能管理经济。那时,社会主义建设在俄国将十分稳固,国内外的任何敌人都将不再对苏维埃共和国构成威胁了。

载于1919年9月25日《真理报》第213号

选自《列宁全集》第2版第37卷第189—194页

工人国家和征收党员周

（1919 年 10 月 11 日）

莫斯科征收党员周¹²是在苏维埃政权困难的时刻举行的。由于邓尼金的胜利,地主资本家和他们的朋友们拼命加紧阴谋活动,资产阶级竭力扰乱人心,千方百计想动摇苏维埃政权的决心。犹豫动摇的不自觉的庸人以及同他们在一起的知识分子,社会革命党人⁴和孟什维克,照例都更加动摇起来,而且最先被资本家吓倒了。

但是,我认为,莫斯科在困难时刻举行征收党员周对我们更有利,因为这对事情更有益处。我们举行征收党员周并不是为了炫耀一番。徒有其名的党员,就是白给,我们也不要。世界上只有我们这样的执政党,即革命工人阶级的党,才不追求党员数量的增加,而注意党员质量的提高和清洗"混进党里来的人"。我们曾不止一次地重新登记党员,以便把这种"混进党里来的人"驱除出去,只让有觉悟的真正忠于共产主义的人留在党内。¹³我们还用动员人们上前线和参加星期六义务劳动的办法,来清洗党内那些一心想从执政党党员的地位"捞到"好处而不愿肩负为共产主义忘我工作的重担的人。

目前正当加紧动员人们上前线的时候,举行征收党员周的好处是,不致对那些想混进党里来的人有什么诱惑力。我们只是号召大批普通工人和贫苦农民即劳动农民入党,**而不是**号召投机农民入党。我们不向这些普通党员许愿,说入党有什么好处,也不给他们什么好处。相反地,现在党员要担负比平常更艰苦更危险的工作。

这样更好。入党的将都是一些真心拥护共产主义的人,真正忠于工人国家的人,正直的劳动者,在资本主义下受过压迫的群众的真正代表。

只有这样的党员才是我们需要的。

我们需要新党员不是为了做广告,而是为了进行严肃的工作。我们号召他们加入党。我们向劳动者敞开党的大门。

苏维埃政权是为彻底推翻资本压迫而斗争的劳动者的政权。首先起来进行这种斗争的,是各城市和工业中心的工人阶级。它取得了第一次胜利,夺得了国家政权。

工人阶级把大多数农民团结到自己方面来。因为倾向于资本、倾向于资产阶级的,只是经商的农民,投机农民,而不是劳动农民。

最开展最觉悟的彼得格勒工人为管理俄国输送了最多的力量。可是我们知道,在普通工人和农民中,忠于劳动群众利益、能够做领导工作的人是很多很多的。在这些人当中,有很多是有组织才能和管理才能的,资本主义不让这些人发展,我们却尽力帮助他们,而且应当帮助他们涌现出来,让他们担负起社会主义建设的工作。发现这些质朴的不知名的新人才是不容易的。吸收那些长期受地主资本家压迫和恐吓的普通工农来参加国家工作是不容易的。

但是,我们应该进行而且必须进行这种不容易的工作,以便更深入地从工人阶级和劳动农民中间发掘新人才。

非党的工人和劳动农民同志们,加入党吧!我们不向你们许愿,说入党有什么好处,我们号召你们来进行困难的工作,进行建设国家的工作。如果你们真心拥护共产主义,你们就应该大胆地担负起这种工作,不要怕工作生疏和困难,不要被那种陈腐偏见弄得惶惑不安,以为只有受过正规教育的人才能胜任这种工作。这是不对的。能够而且应当有愈来愈多的普通工人和劳动农民来领导社会主义建设的工作。

劳动群众拥护我们。我们的力量就在这里。全世界共产主义运动不可战胜的根源就在这里。多吸收群众中新的工作者入党,使他们独立参加建设新生活的工作,这就是我们克服一切困难的手段,这就是我们走向胜利的道路。

1919 年 10 月 11 日

载于 1919 年 10 月 12 日《真理报》第 228 号和《全俄中央执行委员会消息报》第 228 号

选自《列宁全集》第 2 版第 37 卷第 215—217 页

莫斯科征收党员周的
总结和我们的任务

(1919 年 10 月 21 日)

在莫斯科征收党员周**12**期间入党的有 13 600 人。

这是一个巨大的完全没有料到的成绩。整个资产阶级,特别是城市小资产阶级,包括那些为自己丧失"老爷的"特权地位而伤心的专家、官吏、职员在内,——所有这伙人恰巧在最近,恰巧在莫斯科征收党员周期间,拼命扰乱人心,预言苏维埃政权即将灭亡,邓尼金即将胜利。

这伙"知识分子"是多么善于巧妙地运用扰乱人心这个武器啊! 要知道这已经成了资产阶级在反对无产阶级的阶级斗争中的真正武器。在我们所处的这种时候,小资产阶级总是要同资产阶级结成"反动的一帮"并且"死命地"抓住这个武器的。

莫斯科本来是商人势力特别大的地方,是剥削者、地主、资本家、食利者最集中的地方,是资本主义的发展把大量资产阶级知识分子集合到了一起的地方,是驻着中央政权机关因而官员特别密集的地方,——正是这个莫斯科是资产阶级造谣、诽谤、扰乱人心最方便的场所。邓尼金和尤登尼奇进攻得手的"时机"非常有利于资产阶级这种手段取得"成功"。

无产阶级群众看到了邓尼金的"成功",并且知道在现在做一个共产党员会遭到多大的艰难困苦和危险,但是他们中间却有成千上万的人挺身而出,起来支援共产党,承担异常艰巨的国家管理工作的重担。

苏维埃政权的成就、我们党的成就简直是了不起的!

这个成就向首都居民,并且也向整个共和国和全世界证明并清楚地指出,正是在无产阶级中间,正是在劳动群众的真正代表中间蕴藏着苏维埃政权强大和稳固的最可靠的源泉。在最困难最危险的时刻人们志愿申请入党,从这个成就可以看到,无产阶级专政已实际地显示了为劳动解放事业的敌人深恶痛绝而为劳动解放事业的真正朋友最为珍视的**那一方面**,即无产阶级(掌握着国家政权的)**从道义上**(从这个词的最好意义上讲)影响群众的特殊力量,无产阶级施加这种影响的**方法**。

掌握着国家政权的无产阶级先进阶层以身作则,在整整两年期间(在我国政治发展极快的情形下,这是一个很长的时期)给劳动群众树立了这样的**榜样**:他们对劳动者的利益十分忠诚,他们同劳动者的敌人(剥削者,特别是"私有者"和投机者)斗争时十分坚决,他们在艰苦的时刻十分坚定,他们在反击世界帝国主义强盗时奋不顾身,这都说明**只有**工人和农民对自己先锋队的**同情**所产生的力量才能够**创造奇迹**。

这是奇迹,因为被饥饿、寒冷、破坏、破产折磨得无比痛苦的工人,不仅保持着蓬勃的朝气、对苏维埃政权的无限忠诚、高度的自我牺牲精神和英雄主义热情,而且不顾自己缺乏素养和经验,承担了驾驶国家航船的重担!而且这是在暴风雨最猛烈的时刻⋯⋯

我国无产阶级革命的历史充满了这样的奇迹。不论个别的考验多么严重,这样的奇迹将会导致而且一定会导致世界苏维埃共和国的完全胜利。

我们现在应该关心怎样**正确地**使用新党员。这个任务应该受到特别的重视,因为这不是一个轻松的任务,这是一个新的任务,靠老一套办法是解决不了的。

资本主义扼杀、压制、摧残了工人和劳动农民中的大批人才。这些人才在贫穷困苦、人格遭到侮辱的压迫之下毁灭了。现在我们的职责就是要善于发现这些人才,让他们担任工作。在征收党员周期间入党的新党员,大多数没有经验,不熟悉国家管理工作,这是毫无疑问的。但他们是被资本主义人为地压在**下面**、变成"底"层、没有抬头机会的那些社会阶层当中最忠实、最真诚、最有才能的人,这也是毫无疑问的。他们比别的人**更**有力量,**更**富朝气,**更**耿直,**更**坚强,**更**真诚。

因此,一切党组织都应当对怎样使用这些新党员的问题作专门的研究。应该**更大胆地**把各种各样的国家工作托付给他们,应该更迅速地在实践中考验他们。

当然,所谓大胆,并不是**马上**就把重要的职务交给新手担任,因为担任重要职务所需要的知识,新手还没有掌握。要大胆,是说要大胆地同官僚主义作斗争,我们的党纲非常明确地提出为什么官僚主义会在某种程度上复活以及怎样防止的问题并不是没有原因的。要大胆,首先是说要大胆地让那些熟悉人民群众的生活状况及其疾苦和要求的新党员对职员、官吏和专家实行**监督**。要大胆,是说要**立即**给这些新手在**广阔的**工作领域中施展才能和一显身手的机会。要大胆,是说要大胆地打破常规(在我们这里,也有人——可惜还不少呢! ——非常怕冒犯已经规定的苏维埃的陈规陋矩,虽然这些东西有时不是由自觉的共产党员而是由旧官吏和旧职员"规定"的);要大胆,是说要决心以革命的速度为新党员改变工作方式,以便更快地考验他们,更快地给他们找到适当的工作岗位。

在很多场合可以为新党员安排这样的工作,即让这些党员一方面监督旧官吏是否认真地完成自己的任务,另一方面很快能学会业务,并能独立地担当工作。在其他场合可以安排他们来更新、加强工农群众同国家机构的直接联系。在我们工业的"总管理局、中央管理局"里,在我们的"国营农场"里,还有很多很多的怠工者、潜藏的地主和资本家在千方百计地破坏苏维埃政权。中央和地方有经验的党的工作者的本领应该在加紧利用党的新生力量来同这种祸害作坚决的斗争方面表现出来。

苏维埃共和国应当成为一个统一的军营,它应该尽量发挥一切力量,尽量节省这些力量,尽量减少拖拉现象和繁文缛节,尽量精简机构,尽量使这个机构不仅知道群众的疾苦,而且能为群众所了解,能使群众独立参加这个机构的工作。

目前正在加紧动员老党员参加军事工作。这一工作无论如何不应削弱,而是应该不断加强。但是,为了争取战争的胜利,同时应该改善、精简、更新我们的非军事管理机构。

谁的后备多,谁的兵源足,谁的群众基础厚,谁更能持久,谁就能在战争中取得胜利。

在所有这些方面,我们都超过白卫分子,超过"世界上最强大的"英法帝国主义这个泥足巨人。我们超过他们,是因为我们能够从过去受资本主义压迫、不论在哪里都占人口绝大多数的那些阶级中,也就是从工人和劳动农民中吸收力量,而且今后还要长期地愈来愈深入地从他们当中吸收力量。我们能够从这个大储备库中吸收力量,因为它能在建设社会主义的事业中向我们提供最忠诚、受苦难生活锻炼最多、最接近工农的工农领袖。

我们的敌人,不论是俄国资产阶级还是世界资产阶级,都根本没有稍许与这个储备库近似的东西,他们的根基愈来愈动摇,工人农民中拥护过他们的人愈来愈离开他们了。

这就是全世界的苏维埃政权最终肯定胜利和必然胜利的原因。

1919 年 10 月 21 日

载于 1919 年 10 月 22 日《俄共(布)中央通报》第 7 期

选自《列宁全集》第 2 版第 37 卷第 228—232 页

无产阶级专政时代的经济和政治

(1919 年 10 月 30 日)

在苏维埃政权成立两周年快要到来的时候,我曾打算用本文题目写一本小册子。但因忙于日常工作,直到现在还只是为某些部分作了初步的准备。① 所以,我决定试一试,把我认为是这个问题上最重要的思想,简单扼要地叙述一下。自然,扼要的叙述有许多不便和缺点。但是一篇不大的杂志论文,也许还能达到一个小小的目的,就是把问题及其要点提出来,供各国共产党人讨论。

1

在资本主义和共产主义之间有一个过渡时期,这在理论上是毫无疑义的。这个过渡时期不能不兼有这两种社会经济结构的特点或特性。这个过渡时期不能不是衰亡着的资本主义与生长着的共产主义彼此斗争的时期,换句话说,就是已被打败但还未被消灭的资本主义和已经诞生但还非常幼弱的共产主义彼此斗争的时期。

---

① 见《列宁全集》第 2 版第 37 卷第 253—262、428—437 页。——编者注

具有这种过渡时期特点的整个历史时代的必然性，不仅对马克思主义者来说，而且对任何一个有学识的、多少懂得一点发展论的人来说，应当是不言而喻的。但是，我们听到的现代小资产阶级民主派代表（第二国际一切代表人物，包括麦克唐纳、让·龙格、考茨基和弗里德里希·阿德勒之流在内，都是这样的代表，尽管他们挂着所谓社会主义的招牌）关于向社会主义过渡的议论，都有一个特点，就是完全忘掉了这个不言自明的真理。小资产阶级民主派的特性就是厌恶阶级斗争，幻想可以不要阶级斗争，力图加以缓和、调和，磨掉锐利的锋芒。所以，这类民主派或者根本不承认从资本主义过渡到共产主义的整个历史阶段，或者认为自己的任务是设想种种方案把相互斗争的两种力量调和起来，而不是领导其中一种力量进行斗争。

2

由于我国十分落后而且具有小资产阶级的性质，俄国的无产阶级专政必然有一些不同于先进国家的特点。但是俄国的基本力量以及社会经济的基本形式却是同任何资本主义国家一样的，所以这些特点能涉及的只是非最主要的方面。

这些社会经济的基本形式就是资本主义、小商品生产和共产主义。这些基本力量就是资产阶级、小资产阶级（特别是农民）和无产阶级。

无产阶级专政时代的俄国经济表现为如下双方的斗争，一方面是在一个大国的全国范围内按共产主义原则联合劳动的最初步骤，另一方面是小商品生产，是保留下来的以及在小商品生产基础上复活着的资本主义。

　　说劳动在俄国按共产主义原则联合起来了,第一,是指废除了生产资料私有制;第二,是指由无产阶级国家政权在全国范围内在国有土地上和国营企业中组织大生产,把劳动力分配给不同的经济部门和企业,把属于国家的大量消费品分配给劳动者。

　　我们说俄国共产主义的"最初步骤"(1919 年 3 月通过的我们的党纲也是这样说的),因为所有这些条件在我国还只实现了一部分,换句话说,这些条件的实现还处在开始的阶段。凡是一下子可以办到的事情,我们用革命的打击一下子都办到了。例如,在无产阶级专政的第一天,即 1917 年 10 月 26 日(1917 年 11 月 8 日),就废除了土地私有制,无偿地剥夺了大土地所有者。在几个月内,又同样无偿地剥夺了几乎所有的大资本家即工厂、股份企业、银行、铁路等等的占有者。由国家来组织工业大生产,从"工人监督"过渡到"工人管理"工厂、铁路,——这基本上已经实现了,但在农业方面,事情还只是刚刚开始(办"国营农场",即由工人国家在国有土地上办的大农场)。同样,把小农组织成各种协作社这一从小商品农业过渡到共产主义农业的办法,也刚刚开始实行。① 由国家组织产品分配来代替私营商业这件事,即由国家收购粮食供应城市、收购工业品供应农村这件事,也是这样。下面将引用一些有关本问题的统计材料。

　　农民经济仍然是小商品生产。这是一个非常广阔和极其深厚的资本主义基础。在这个基础上,资本主义得以保留和重新复活

---

① 苏维埃俄国的"国营农场"大约有 3 536 个,"农业公社"大约有 1 961 个,农业劳动组合有 3 696 个。我国中央统计局现在正对全国的国营农场和农业公社作一次精确的统计。1919 年 11 月间就会陆续得到统计结果。

起来,同共产主义进行着极其残酷的斗争。这个斗争的形式,就是以私贩粮食和投机倒把来反对国家收购粮食(以及其他农产品),总之,是反对由国家分配农产品。

3

为了说明这些抽象的原理,我们来引用一些具体的数字。

根据粮食人民委员部的统计资料,从1917年8月1日到1918年8月1日,俄国由国家收购的粮食约为3 000万普特。下一个年度约为11 000万普特。再下一个收购年度(1919—1920年)头三个月的数字看来可以达到4 500万普特,而在1918年同时期(8—10月)只有3 700万普特。

这些数字清楚地说明,从共产主义战胜资本主义的意义上说来,情况虽然改善得很慢,但总是不断地在改善着。尽管俄国和外国的资本家动用世界列强的全部力量来组织国内战争,造成了世界上空前未有的困难,情况还是在改善着。

所以,不管各国资产者及其公开的和隐蔽的帮凶们(第二国际的"社会党人")怎样造谣诬蔑,有一点是不容怀疑的:从无产阶级专政的基本经济问题来看,共产主义战胜资本主义在我国是有保证的。全世界资产阶级之所以疯狂地拼命地反对布尔什维主义,组织军事进攻,策划阴谋活动等等来反对布尔什维克,正是因为他们十分清楚,若不用武力把我们压倒,我们就必然会在改造社会经济方面获得胜利。但资产阶级要想这样把我们压倒是办不到的。

在我们所经历的这个短时期内,在我们所处的世界上空前未有的困难条件下,我们究竟在多大程度上战胜了资本主义,从下述总结数字中就可以看出来。中央统计局刚刚整理了一份关于苏维埃俄国26个省(不是全国)粮食生产情况和消费情况的统计材料,准备发表。

统计结果如下:

苏维埃俄国 26 省	人 口 (单位百万)		粮食产量 (不包括种子和饲料) (单位百万普特)	粮食供应量 (单位百万普特)		居民的粮食拥有量 (单位百万普特)	每人的粮食消费量 (单位普特)
				由粮食人民委员部供应的	由投机商贩供应的		
产粮省	城市……4.4		—	20.9	20.6	41.5	9.5
	乡村……28.6		625.4	—	—	481.8	16.9
消费省	城市……5.9		—	20.0	20.0	40.0	6.8
	乡村……13.8		114.0	12.1	27.8	151.4	11.0
总 计(26省)	52.7		739.4	53.0	68.4	714.7	13.6

由此可见,城市的粮食大约有一半是由粮食人民委员部供应的,另一半是由粮贩供应的。根据1918年的精确调查,对城市工人的粮食供应的比例正是如此。不过工人购买国家的粮食比购买粮贩的粮食要**少付九成**的钱。粮食的黑市价格**十倍于**国家价格。这是精确研究工人收支情况所得出的结果。

4

如果仔细研究一下上面引的统计资料,就可以看出,这个准确的材料勾画出了目前俄国经济的一切基本特点。

劳动群众摆脱了长期以来的压迫者和剥削者——地主和资本家。这个向真正自由和真正平等跨出的一步,按其大小、规模和速度说来,都是世界上空前未有的,而资产阶级的拥护者(包括小资产阶级民主派在内)对这一步却不加考虑。他们从资产阶级议会民主的意义上侈谈自由和平等,把这种民主虚伪地称为一般"民主"或"纯粹民主"(考茨基)。

但劳动群众所考虑的却是真正的平等,真正的自由(不受地主资本家压迫的自由),所以他们这样坚定地拥护苏维埃政权。

在一个农民国家里,从无产阶级专政方面首先获得利益、获得利益最多和马上获得利益的是农民。农民在地主资本家统治下的俄国是经常挨饿的。在我国多少世纪的漫长历史中,农民从来没有可能为自己劳动,总是把亿万普特粮食交给资本家,运往城市和国外,自己只好挨饿。在无产阶级专政下,农民才**第一次**为自己劳动,**而且比城市居民吃得好些**。农民第一次看到了真正的自由,即享用自己粮食的自由,不挨饿的自由。谁都知道,在分配土地时做到了最大限度的平等,因为在绝大多数情况下,农民是"按人口"分配土地的。

社会主义就是消灭阶级。

为了消灭阶级,首先就要推翻地主和资本家。这一部分任务我们已经完成了,但这只是任务的一部分,而且**不是**最困难的部分。为了消灭阶级,其次就要消灭工农之间的差别,使**所有的人**都成为**工作者**。这不是一下子能够办到的。这是一个无比困难的任务,而且必然是一个长期的任务。这个任务不能用推翻哪个阶级的办法来解决。要解决这个任务,只有把整个社会经济在组织上加以改造,只有从个体的、单独的小商品经济过渡到公共的大经济。这样的过渡必然是非常长久的。采用急躁轻率的行政手段和立法手段,只会延缓这种过渡,给这种过渡造成困难。只有帮助农民大大改进以至根本改造全部农业技术,才能加速这种过渡。

为了解决这个最困难的第二部分任务,战胜了资产阶级的无产阶级在对农民的政策中应当始终不渝地贯彻以下基本路线:无产阶级应当把劳动者农民和私有者农民,即把种地的农民和经商的农民、劳动的农民和投机的农民区别开来,划分开来。

这种划分就是社会主义的**全部实质**所在。

那些口头上的社会主义者实际上的小资产阶级民主派(马尔托夫之流、切尔诺夫之流和考茨基之流等等)不懂得社会主义的这种实质,是并不奇怪的。

这里所说的划分,做起来很困难,因为在实际生活中,"农民"的各种特性不管多么不同,多么矛盾,总是融合成为一个整体。但是划分还是可能的,不仅可能,而且是农民经济条件和农民生活条件必然产生的结果。劳动农民历来都受地主、资本家、商人、投机者和**他们的**国家(包括最民主的资产阶级共和国在内)的压迫。多少世纪以来,劳动农民养成了一种敌视和仇恨这些压迫者和剥削者的心理,实际生活所给予的这种"教育"使农民**不得不**寻求同工人结成联盟来反对资本家,反对投机者,反对商人。同时,经济环境,商品经济的环境,又必然使农民(不是任何时候,而是在大多数情况下)成为商人和投机者。

我们上面引用的统计资料清楚地说明了劳动农民和投机农民的区别。例如,一种农民在1918—1919年间为了供应城市里挨饿的工人,按照国家固定价格,把4 000万普特粮食交给了国家机关,尽管这些机关还有种种缺点(这些缺点是工人政府清楚地意识到的,但在向社会主义过渡的初期是无法消除的),——这种农民是劳动农民,是社会主义工人真正的同志,是他最可靠的同盟者,是他在反资本压迫斗争中的亲兄弟。而另一种农民却利用城市工人的饥饿和困苦,非法地按相当于国家价格十倍的高价,出卖了4 000万普特粮食,他们欺骗国家,使蒙骗、掠夺和欺诈勾当在各地应运而生并且日益猖獗——这种农民是投机者,是资本家的同盟者,是工人的阶级敌人,是剥削者。因为,粮食是从全国公有土地上收获来的,所用的农具也不仅是农民而且还有工人等等花了某种劳动才创造出来的,而有了余粮就拿来投机,这就是剥削挨饿的工人。

人们指着我们宪法上工农的不平等以及解散立宪会议、强行拿走余粮等等事情,从四面八方向我们大叫大嚷:你们是自由、平等、民主的破坏者。我们回答说:世界上还从来没有哪一个国家做过这样多的事情,来消除劳动农民多少世纪以来所遭受的事实上的不平等和事实上的不自由。可是对于投机的农民,我们永远也不会承认跟他们有平等,正如我们永远不承认剥削者同被剥削者、饱食者同挨饿者有"平等",不承认前者有掠夺后者的"自由"一样。而对于那些不愿意了解这种区别的有教养的人,我们就要用对待白卫分子的态度来对待他们,尽管他们自称为民主主义者、社会主义者、国际主义者、考茨基派、切尔诺夫派或马尔托夫派。

5

社会主义就是消灭阶级。为此,无产阶级专政已做了它能做的一切。但是要一下子消灭阶级是办不到的。

在无产阶级专政时代,阶级**始终是存在的**。阶级一消失,专政也就不需要了。没有无产阶级专政,阶级是不会消失的。

在无产阶级专政时代,阶级依然存在,但**每个**阶级都起了变化,它们相互间的关系也起了变化。在无产阶级专政条件下,阶级斗争并不消失,只是采取了别的形式。

在资本主义制度下,无产阶级是被压迫阶级,是被剥夺了任何生产资料所有权的阶级,是唯一同资产阶级直接对立和完全对立的因而也是唯一能够革命到底的阶级。无产阶级在推翻资产阶级、夺得政权以后,成了**统治**阶级:它掌握着国家政权,支配着已经公有化的生产资料,领导着动摇不定的中间分子和中间阶级,镇压着剥削者的日益强烈的反抗。这些都是阶级斗争的**特殊**任务,是无产阶级以前不曾提出也不可能提出的任务。

在无产阶级专政下,剥削者阶级,即地主和资本家阶级,还没有消失,也不可能一下子消失。剥削者已被击溃,可是还没有被消灭。他们还有国际的基础,即国际资本,他们是国际资本的一个分支。他们还部分地保留着某些生产资料,还有金钱,还有广泛的社会联系。正是由于他们遭到失败,他们反抗的劲头增长了千百倍。管理国家、军事和经济的"艺术",使他们具有很大很大的优势,所以他们的作用比他们在人口中所占的比重要大得多。被推翻了的剥削者反对胜利了的被剥削者的先锋队,即反对无产阶级的阶级斗争,变得无比残酷了。既然说的是革命,既然不是用改良主义的幻想去代替革命这个概念(像第二国际中的一切英雄所干的那样),那么情况就只能如此。

最后,农民和任何小资产阶级一样,在无产阶级专政下**也**处于中间地位:一方面,他们是由劳动者要求摆脱地主资本家压迫的共同利益联合起来的、人数相当多的(在落后的俄国是极多的)劳动群众;另一方面,他们又是单独的小业主、小私有者、小商人。这样的经济地位必然使他们在无产阶级与资产阶级之间摇摆不定。到了无产阶级和资产阶级的斗争尖锐化的时候,到了一切社会关系遭到非常急剧的破坏的时候,由于农民和一般小资产者最习惯于因循守旧,那就很自然,我们必然会看到他们从一边转到另一边,摇摆不定,反复无常,犹豫不决,等等。

对于这个阶级,或者说,对于这些社会成分,无产阶级的任务就是领导他们,设法影响他们。带领动摇分子和不坚定分子前进,这就是无产阶级应做的事情。

我们把所有的基本力量或基本阶级及其被无产阶级专政改变了的相互关系比较一下,就可以看出,第二国际的一切代表所持的、流行的小资产阶级观念,即"经过"一般"民主"过渡到社会主义的观念,在理论上是何等荒谬,何等愚蠢。这种错误观念的根源就是从资产阶级那里继承下来的偏见,即以为"民主"具有绝对的、超阶级的内容。其实,在无产阶级专政下,民主也进入了崭新的阶段,阶级斗争也上升到了更高的阶段,而使一切形式都服从它。

搬弄关于自由、平等和民主的笼统词句,实际上等于盲目重复那些反映商品生产关系的概念。用这些笼统词句来解决无产阶级专政的具体任务,就意味着全面地转到资产阶级的理论立场和原则立场上去了。从无产阶级的观点看来,问题只能这样提:是不受哪个阶级压迫的自由?是哪一个阶级同哪一个阶级的平等?是私有制基础上的民主,还是废除私有制的斗争基础上的民主?如此等等。

恩格斯在《反杜林论》中早已阐明,如果不把平等理解为**消灭阶级**,反映商品生产关系的平等概念就会变成一种偏见。① 这个关于资产阶级民主主义平等概念不同于社会主义平等概念的起码

① 参看《马克思恩格斯文集》2009 年人民出版社版第 9 卷第 111—113 页。——编者注

真理,是常常被人遗忘的。只要不忘记这个真理,就可以清楚地看到,无产阶级推翻资产阶级就是朝着消灭阶级的方向迈进了最有决定意义的一步,而无产阶级要完成这一事业,就应当利用国家政权机关来继续进行阶级斗争,就应当对被推翻了的资产阶级和动摇不定的小资产阶级采用斗争、影响、诱导等不同的方法来继续进行阶级斗争。

(待续)①

1919 年 10 月 30 日

载于 1919 年 11 月 7 日《真理报》第 250 号和《全俄中央执行委员会消息报》第 250 号

选自《列宁全集》第 2 版第 37 卷第 263—277 页

---

① 本文没有写完。——俄文版编者注

在全俄东部各民族共产党组织第二次代表大会上的报告[14]

(1919 年 11 月 22 日)

同志们！能够向代表东部各穆斯林民族共产党组织的党员同志的代表大会表示祝贺，并就俄国和全世界当前局势问题讲几句话，我感到非常高兴。我的报告的题目是目前形势问题。我觉得目前在这方面具有最重大意义的，是东部各民族对帝国主义的态度和这些民族中间的革命运动。显然，东部各民族的革命运动，目前只有和我们苏维埃共和国反对国际帝国主义的革命斗争直接联系起来，才能顺利地发展，才能有所成就。由于种种原因，如由于俄国落后和幅员广大，由于它地跨欧亚两洲，位于东西方之间，我们不得不肩负起全部重担（我们认为这是极大的光荣），充当世界反帝国主义斗争的先锋。因此，最近面临的事态发展的整个进程将预示一场更广泛更顽强的反对国际帝国主义的斗争，而且这个进程必然会同苏维埃共和国反对德、法、英、美帝国主义联合势力的斗争联系起来。

讲到军事方面，你们知道，现在我们各条战线上的情况都很顺利。我不准备详细谈这个问题，我只想说明，国际帝国主义以暴力强加给我们的国内战争，两年来使俄罗斯社会主义联邦苏维埃共和国遭受了无穷的苦难，使农民和工人担负了往往是他们担负不了的重担。但是,这次战争也创造了奇迹:早在社会主义革命开始以前就掠夺我们而现在已经成为野兽的所谓我国"盟友"的暴行和残酷进攻,使疲于作战、似乎无法再经受一次战争的人们变成了战士,使他们在两年中间不仅经受住了战争,而且即将胜利地结束这次战争。我们现在对高尔察克、尤登尼奇和邓尼金的胜利,说明世界帝国主义抗拒各国和各民族争取解放的斗争的历史已进入了新的阶段。从这方面说来,两年来我们的国内战争不仅仅完全证实了历史早已作出的结论,即战争的性质及其胜利主要取决于参战国的国内制度,战争是该国战前所推行的国内政治的反映。所有这一切必然都对战争的进行起着作用。

进行战争和继续战争的是哪个阶级,这个问题极为重要。正因为我们的国内战争是解放了的工人和农民进行的,是劳动人民为摆脱本国和全世界资本家压迫而进行的政治斗争的继续,所以在俄国这样一个受了四年帝国主义战争折磨的落后国家里,人们才能有坚强的意志,才能在难以想象的无比艰难困苦的两年中把战争坚持下来。

国内战争的历史通过高尔察克的实例特别明显地表明了这一点。高尔察克有世界所有最强大的国家的援助,有十万外国军队(其中包括国际帝国主义者最精良的军队,如原准备参加帝国主义战争、后来几乎没有参加、因而很少受到损失的日本军队)护卫下的铁路线,可以依靠那些生活最富裕、从来没有尝过农奴制的滋味、因而自然比任何人都更远离共产主义的西伯利亚农民,——像高尔察克这样的一个敌人,看起来似乎是一支不可战胜的力量,因为他的军队是国际帝国主义的先头部队,而且直到今天,在西伯利亚还有日本、捷克斯洛伐克以及其他许多帝国主义国家的军队在活动。高尔察克在自然资源极其富饶的西伯利亚统治了一年多,起初还受到第二国际各社会党的支持,受到建立立宪会议委员会[15]阵线的孟什维克和社会革命党人[4]的支持,在这种情况下,从庸人和一般历史发展的角度来看,他的统治似乎是稳固的、不可战胜的,可是实践表明,他愈深入俄国腹地,他的力量就愈枯竭,最后,我们看到苏维埃俄国彻底战胜了高尔察克。毫无疑义,我们在这里得到了实践的证明,摆脱了资本家压迫的工人和农民团结一致的力量,能够创造出真正的奇迹。我们在这里得到了实践的证明:革命战争如果真正吸引被压迫劳动群众参加并同他们的利益息息相关,使这些群众意识到自己是在同剥削者作斗争,那么,这种革命战争就会唤起创造奇迹的毅力和才能。

我想,红军所做的一切,它所进行的斗争和它取得胜利的历史,对东部各族人民会有巨大的世界意义。它将向东部各族人民表明:尽管这些民族非常弱小,尽管欧洲那些压迫民族在斗争中采用了种种奇迹般的技术装备和军事艺术,似乎是一支不可战胜的力量,但是被压迫民族所进行的革命战争如能真正唤醒千百万被剥削劳动者,就会显示巨大的潜力,创造奇迹,使东部各族人民现在完全可以实现解放,无论从国际革命的远景来看,从苏维埃共和国遭受了所有帝国主义强国军事侵犯以后在亚洲即在西伯利亚直接作战的经验来看,都是如此。

此外,俄国国内战争的这个经验还向我们和各国共产党人表明,在国内战争的烈火中,随着革命热情的高涨,国家内部也在大大地巩固起来。战争是对每个民族全部经济力量和组织力量的考验。战争使工人农民挨饿受冻,吃尽苦头。但是,在取得两年战争的经验后,我们终究可以根据这个经验说,我们正在胜利,并且将来还会胜利,因为我们有后方,有巩固的后方,因为农民和工人虽然饥寒交迫,但却是团结的、坚强的,每一个沉重打击都使他们更紧密地联合起来,更努力地增强经济实力。正因为如此,我们能够战胜高尔察克、尤登尼奇和他们的同盟者——世界上的头等强国。过去的两年向我们表明:一方面,革命战争能够继续发展;另一方面,苏维埃政权已经在外敌侵犯的沉重打击下巩固起来。外敌侵犯的目的是要迅速摧毁革命发源地,摧毁敢于向国际帝国主义宣战的工农共和国。但是,他们并没有能摧毁俄国的工人和农民,反而使俄国工人和农民受到了一次锻炼。

这就是目前形势的主要总结和主要内容。我们就要彻底战胜我们领土上的最后一个敌人邓尼金了。我们感觉得到自己是强大的。我们可以千百次地重复说,我们的话没有错:共和国的内部建设已经巩固;我们结束对邓尼金的战争以后,一定能比过去强壮许多倍,并且能更有准备地来实现建设社会主义大厦的任务。在国内战争时期,我们还只能用极少的时间和力量去从事建设,现在,我们走上了自由的道路,一定能拿出全部力量来从事建设了。

我们看到西欧帝国主义正在瓦解。你们知道,一年以前,甚至德国社会党人也同极大多数不了解形势的社会党人一样,以为世界帝国主义两大集团之间在进行斗争,这种斗争构成了全部历史,除此之外,没有别的力量还能有所作为。他们觉得,甚至社会党人也只能投靠某一个强大的世界强盗集团,没有其他的选择。1918年10月底的时候,似乎就是这样。但是我们看到,在这以后的一年当中,世界历史上发生了一些空前未有的现象,广泛而深刻的现象,使很多社会党人擦亮了眼睛,这些人在帝国主义大战期间曾经是爱国主义者,而且曾经借口大敌当前来为自己的行为辩护,还为自己联合英法帝国主义者的行为辩解,说这些帝国主义者能使人们摆脱德帝国主义的压迫。看吧,这场战争破除了多少幻想!我们看到,德帝国主义的瓦解不仅引起了共和革命,而且引起了社会主义革命。你们知道,目前德国的阶级斗争更尖锐了,国内战争,即德国无产阶级反对那些涂上了一层共和派色彩但依然代表帝国主义的德帝国主义者的斗争,日益逼近了。

大家知道,社会革命现时在西欧不是一天一天地,而是每时每刻地成熟起来。美国和英国的情形也如此。这些国家似乎是文化和文明的代表,是德帝国主义生番的征服者,可是一看到凡尔赛和约[16],大家都认为,这个和约的掠夺性比德国掠夺者强迫我们接受的布列斯特和约[17]还要厉害一百倍,但凡尔赛和约只能是对这些倒霉的战胜国的资本家和帝国主义者自己的最沉重的打击。凡尔赛和约使各战胜国民族擦亮了眼睛,并且证明英法等国并不是文化和文明的代表,而是一些号称民主实则由帝国主义强盗操纵的国家。这些强盗之间的内部斗争发展得异常迅速,这使我们十分高兴,因为我们知道凡尔赛和约不过是高唱凯歌的帝国主义者的表面胜利,实质上它意味着整个帝国主义世界的崩溃,意味着劳动群众断然离开那些在战争时期同腐朽的帝国主义者结成联盟并维护着一个参战强盗集团的社会党人。劳动人民的眼睛已经擦亮了,因为凡尔赛和约是掠夺性的和约,它表明,英法两国同德国作战,实际上是为了巩固自己对殖民地的统治和加强本国帝国主义的实力。这种内部斗争愈往后就会愈扩大。今天我看到11月21日从伦敦发出的一则无线电讯[18],美国记者(这些人是不可能有同情革命者的嫌疑的)在电讯中写道,法国出现空前的反美情绪,因为美国人拒绝批准凡尔赛和约。

英国和法国是胜利了,但它们欠下了美国很多的债。不管法国人和英国人怎样以战胜者自居,美国还是决定要榨取他们的脂膏,要为美国在战时提供的援助取得超额利息,而此刻正在建设并在规模上日益超过英国的美国舰队,势必是实现这一目的的保证。

掠夺成性的美帝国主义表现极其粗野,这从以下这件事可以看出:美国的经纪人收买妇女和姑娘这种活商品,把她们运到美国去卖淫。自由文明的美国竟以活商品供给妓院! 在波兰和比利时,经常发生同美国经纪人发生冲突的事情。这不过是一个小小的例子,它说明在每一个得到过协约国[19]援助的小国里都大量发生着类似的事情。就拿波兰来说吧。你们可以看到,虽然它自夸现在是一个独立强国,但美国的经纪人和投机商人却纷纷跑到那里,要收买波兰的所有财富。美国经纪人正在把波兰全部买下来。那里没有一个工厂、没有一个工业部门不在美国人的掌握之中。美国已蛮横到如此地步,竟奴役起"伟大自由的胜利者"法国来了。法国过去是一个放高利贷的国家,现在却完全成了美国的债务国,因为法国已毫无经济实力,粮食和煤炭都不能自给,不能大规模发展自己的物质力量,而美国又一定要它交纳全部贡款。因此,法国、英国和其他强国的经济破产愈往后就愈明显。法国大选的结果是教权派占了上风。法国人民过去受了骗,为了所谓自由民主拿出了全部力量去跟德国打仗,现在得到的报酬却是无穷的债务、凶残的美帝国主义者的嘲弄,以及代表最野蛮的反动势力的教权派在大选中的获得多数。

世界局势已变得无比的错综复杂。我们打垮高尔察克和尤登尼奇这些国际资本的走狗是一个巨大的胜利。但是,我们在国际范围内取得的胜利还要巨大得多,虽然这个胜利并不十分明显。这个胜利就是:帝国主义内部在瓦解,它不能派军队来攻打我们了。协约国作过出兵的尝试,但没有得到任何结果,因为协约国军队一碰到我们的军队,一读到译成他们本国文字的俄罗斯苏维埃宪法,就瓦解了。不管腐朽的社会主义的首领们有多大影响,我们的宪法总是不断博得劳动群众的同情。"苏维埃"这个词现在已为大家所理解,苏维埃宪法已经译成各国文字,每个工人都读到了。工人知道,这是劳动者的宪法,这是号召大家去战胜国际资本的劳动者的政治制度。工人知道,这是我们反对国际帝国主义者的斗争的成果。我们这个胜利已经影响了每一个帝国主义国家,因为我们已把它们的军队夺过来了,争取过来了,它们再不能派这些军队来进攻苏维埃俄国了。

它们曾试用外国军队,即试用芬兰、波兰和拉脱维亚的军队来作战,但也没有得到什么结果。几星期以前,英国大臣丘吉尔在议院的演说中夸口说(他的话已电告全世界):已经组织了14个国家对苏维埃俄国进行讨伐,新年到来之前就能战胜俄国。确实,参加讨伐的国家是不少,有芬兰、乌克兰、波兰、格鲁吉亚、捷克斯洛伐克,还有日本人、法国人、英国人和德国人。但是我们知道讨伐究竟得到了什么结果!我们知道,爱沙尼亚人已离开了尤登尼奇的军队,由于爱沙尼亚人不肯帮助尤登尼奇,现在各家报纸正在进行着激烈的论战;芬兰也没有帮助尤登尼奇,虽然芬兰的资产阶级是很想这样做的。这样,第二次进攻我们的尝试也失败了。在第一个阶段,协约国派出了它的装备精良的军队,看起来他们会战胜苏维埃共和国。然而,他们却退出了高加索、阿尔汉格尔斯克、克里木,现在他们虽然还留在摩尔曼,但是同捷克斯洛伐克军还留在西伯利亚一样,也已经像是残存的孤岛了。想用自己的军队来战胜我们的第一次尝试以我们取得胜利而告终。第二次尝试是命令跟我们毗邻而在财政上完全依赖协约国的那些国家来攻打我们,迫使它们来扼杀我们这个社会主义发源地。然而这一次尝试也失败了,原来这些小国哪个也没有能力来打这样的仗。更糟糕的是,每一个小国都对协约国有很深的仇恨。芬兰没有在尤登尼奇占领红谢洛的时候夺取彼得格勒,就是因为它拿不定主意,它看出它跟苏维埃俄国为邻还能够独立生存,而同协约国就不可能和平相处。

所有的小国都有过这种情形。芬兰、立陶宛、爱斯兰和波兰现在就是这样。这些国家虽然盛行着彻头彻尾的沙文主义，但都仇恨协约国在它们那里盘剥它们。现在，我们根据对事态发展的准确估计，可以毫不夸大地说，反苏维埃共和国的国际战争，不仅第一阶段已经破产，而且第二阶段也破产了。现在，我们的任务就是要去战胜已被打垮一半的邓尼金的军队。

我要在报告中简要说明的目前国内外的形势就是如此。最后，请允许我谈谈东部各民族目前的情况。你们是东部各民族共产党组织的代表和共产党的代表。我要指出，如果说俄国布尔什维克能够在旧帝国主义中打开一个缺口，担负起异常艰难但又异常崇高的开辟革命新道路的任务，那么，你们这些东部劳动群众的代表今后要担负的就将是更伟大更新的任务。十分明显，全世界行将爆发的社会主义革命，决不限于每一国无产阶级战胜本国资产阶级。如果各国革命进行得很顺利，很迅速，这也许是可能的。我们知道，帝国主义者是不会让我们这样做的，世界各国都已武装起来对付本国的布尔什维主义，一心在想怎样战胜自己家里的布尔什维主义。因此，每一个国家都酝酿着国内战争，而老社会党人妥协分子是站在资产阶级一边参加这个战争的。由此可见，社会主义革命不会仅仅是或主要是每一个国家的革命无产者反对本国资产阶级的斗争。不会的，这个革命将是受帝国主义压迫的一切殖民地和国家、一切附属国反对国际帝国主义的斗争。在我们党今年3月通过的纲领里面，我们在说明世界社会革命日益接近的时候说，各先进国家的劳动人民反对帝国主义者和剥削者的国内战争正开始同反对国际帝国主义的民族战争结合起来。这一点正由革命进程所证实，并且今后会得到更多的证实。东方的情形也会是如此。

我们知道，东方的人民群众将作为独立的斗争参加者和新生活的创造者起来奋斗,因为东方亿万人民都是一些不独立的、没有充分权利的民族,至今仍是帝国主义国际政治的客体,它们的存在只是为了给资本主义文化和文明当肥料。我们非常了解,所谓分配殖民地的统治权,就是分配掠夺和抢劫权,就是分配地球上一小撮人对大多数人的剥削权。地球上的大多数人过去完全处于历史的进步之外,因为当时他们不能成为独立的革命力量,但是在 20世纪初,他们已不再扮演这种消极的角色了。我们知道,1905 年以后,土耳其、波斯、中国相继发生了革命,印度也展开了革命运动。帝国主义战争也促进了革命运动的发展,因为由殖民地人民组成的整团整团的军队被卷入了欧洲帝国主义者之间的斗争。帝国主义战争也唤醒了东方,把东方各族人民卷入了国际政治生活。英国和法国武装了殖民地人民,帮助他们熟悉了军事技术装备和革新的机械。他们将利用学到的本事去反对帝国主义老爷们。继东方觉醒时期之后,在当代革命中,东方各民族为了不再仅仅充当别人发财的对象而参与决定世界命运的时期到来了。东方各民族正在纷纷觉醒,采取实际行动,使每一个民族都参与决定全人类命运的问题。

所以我认为,今后在世界革命发展史中(从这个革命开始时的情况看来,它还要继续很多年,需要人们做很多工作),在革命斗争中,在革命运动中,你们将要发挥重大的作用,将要把你们的斗争和我们反对国际帝国主义的斗争汇合起来。你们参加国际革命,就要担负起一个艰巨复杂的任务,解决了这个任务就会为总的胜利打下基础,因为在这里,人口中的多数是第一次进行独立的运动,他们将成为推翻国际帝国主义的斗争的积极因素。

东方大多数民族的处境比欧洲最落后的国家俄国还要坏。我们已经在反对封建主义残余和反对资本主义的斗争中把俄国农民和工人联合起来了,我们的斗争所以进行得很顺利,正是因为工人和农民是联合起来反对资本和封建主义的。在这方面,同东部各族人民的联系特别重要,因为东部人民大多数是典型的劳动群众,他们不是受过资本主义工厂锻炼的工人,而是典型的被剥削劳动农民群众,即遭受中世纪制度压迫的劳动农民群众。俄国革命已经表明,战胜了资本主义的无产阶级把千百万涣散的劳动农民群众团结起来以后,就胜利地进行了反对中世纪制度压迫的斗争。现在,我们苏维埃共和国要把觉醒的东部各族人民团结在自己周围,共同去进行反对国际帝国主义的斗争。

你们面临着全世界共产党人所没有遇到过的一个任务,就是你们必须以共产主义的一般理论和实践为依据,适应欧洲各国所没有的特殊条件,善于把这种理论和实践运用于主要群众是农民、需要解决的斗争任务不是反对资本而是反对中世纪残余这样的条件。这是一个困难而特殊的任务,但又是一个能收到卓著成效的任务,因为一些还没有参加过斗争的群众正被卷到斗争中来,另一方面,由于东部组织了共产党支部,你们就能够同第三国际[20]保持最紧密的联系。你们必须找到特殊的形式,把全世界先进无产者同东部那些往往处在中世纪生活条件下的被剥削劳动群众联合起来。我们在小范围内即在我们国家内实现了的任务,你们将在大范围内即在一些大的国家内予以实现。这第二个任务,我希望你们能够胜利完成。由于东部已经有了共产党组织——你们就是这些组织的代表——你们就与先进的革命无产阶级有了联系。你们当前的任务,就是要继续关心怎样在每一个国家内用人民懂得的语言进行共产主义宣传。

不言而喻,能够获得最终胜利的,只有全世界先进国家的无产阶级。我们俄国人开创的事业,将由英国、法国或德国的无产阶级来巩固;但是我们看到,没有各被压迫殖民地民族的劳动群众的援助,首先是东方各民族的劳动群众的援助,他们是不能取得胜利的。我们应当懂得,单靠一支先锋队还不能实现向共产主义的过渡。必须激发劳动群众从事独立活动和把自己组织起来的革命积极性(不管他们的水平如何);把指导较先进国家的共产党人的真正的共产主义学说译成各民族的文字;实现那些必须立刻实现的实际任务,同其他国家的无产者联合起来共同斗争。

任务就是这些,它们的解决方法无论在哪一部共产主义书本里都是找不到的,但是在俄国所开始的共同斗争中却能够找到。你们应当提出这种任务,并根据自己的经验来解决这种任务。对你们会有帮助的,一方面是同其他国家的全体劳动人民的先锋队结成紧密的联盟,另一方面是善于正确对待你们在这里所代表的东部各民族。你们不得不立足于正在这些民族中间产生出来并且必然要产生出来的资产阶级民族主义。这种民族主义的产生是有其历史根据的。同时你们应当去联系每一个国家的被剥削劳动群众,用他们懂得的语言告诉他们,获得解放的唯一希望是国际革命的胜利,国际无产阶级是东方各民族亿万被剥削劳动群众的唯一同盟者。

这就是摆在你们面前的极其巨大的任务。由于革命时代的来临和革命运动的发展(这是不容置疑的),东部各共产党组织只要能共同努力,就一定会成功地解决这个任务,并彻底战胜国际帝国主义。

载于1919年12月20日《俄共(布)中央通报》第9期

选自《列宁全集》第2版第37卷第314—325页

在农业公社和农业劳动组合
第一次代表大会上的讲话

(1919 年 12 月 4 日)

同志们！我非常高兴地代表政府向你们农业公社和农业劳动组合第一次代表大会[21]表示祝贺。当然，你们大家从苏维埃政权的全部工作中知道，我们是多么重视农业公社、劳动组合以及一切旨在把个体小农经济转变为公共的、共耕的或劳动组合的经济组织，一切旨在逐渐促进这个转变的组织。你们知道，苏维埃政权早已拨出十亿卢布基金[22]来帮助这种创造性的事业。在《关于社会主义土地规划的条例》[23]上特别指出了公社、劳动组合以及一切共耕企业的意义，苏维埃政权也用全力来使这项法令不致成为一纸空文，使它真正能够收到应有的效果。

所有这种企业的意义是非常大的，因为原来那种贫困不堪的农民经济如果不加改变，就谈不上巩固地建立社会主义社会。掌握国家政权的工人阶级，只有在事实上向农民表明了公共的、集体的、共耕的、劳动组合的耕作的优越性，只有用共耕的、劳动组合的经济帮助了农民，才能真正向农民证明自己正确，才能真正可靠地把千百万农民群众吸引到自己方面来。因此，无论哪一种能够促进共耕的、劳动组合的农业措施，其意义都是难以估价的。我国有千百万个体农户，分散在偏僻的农村。要想用某种快速的办法，下个命令从外面、从旁边去强迫它改造,那是完全荒谬的。我们十分清楚,要想影响千百万小农经济,只能采取谨慎的逐步的办法,只能靠成功的实际例子,因为农民非常实际,固守老一套的经营方法,要使他们进行某种重大的改变,单靠忠告和书本知识是不行的。这样做达不到目的,而且也是荒谬的。只有在实践中根据农民的切身经验证明必须而且可能过渡到共耕的、劳动组合的农业,我们才可以说,俄国这样幅员广大的农民国家已经在社会主义农业的道路上迈进了一大步。因此,公社、劳动组合和共耕社所具有的这种巨大的意义,使得你们大家对国家、对社会主义担负了重大的责任,自然使得苏维埃政权及其代表们对这个问题特别注意和特别谨慎。

在我们的关于社会主义土地规划的法令中说过,我们认为所有共耕的、劳动组合的农业企业绝对不应当和附近农民隔离,分开,而必须帮助他们。这项法令是这样写的,在公社、劳动组合和共耕社的示范章程中也是这样写的,在我们农业人民委员部和所有苏维埃政权机关的各项指令中又经常得到进一步的阐述。但是,全部问题就在于要用什么实际的办法才能实现这一点。在这里我还不能肯定地说,我们已经克服了这个主要的困难。你们是来自全国各地的从事实际工作的公共经济组织的工作人员,在这次会上有可能交流经验,我希望代表大会能扫除一切怀疑,证明我们能够担负起或开始担负起巩固劳动组合、共耕社、公社以及各种集体的、公共的农业企业的实际工作。但要证明这一点,就必须有真正**实际**的成果。

我们读农业公社章程或论述这一问题的书籍时,总觉得里面过多地注意宣传和在理论上论证组织公社的必要性。当然,这是必要的,如果没有详细的宣传,不解释共耕的农业的优越性,不把这个意思千百次地加以说明,我们便不能指望广大农民群众会对这个问题发生兴趣,并开始对这种办法进行实际试验。宣传当然是必要的,我们不怕重复,因为对我们来说似乎是重复,但对成千上万的农民也许不是重复,而是第一次发现的真理。如果我们觉得我们过于注重宣传,那应当说,我们还必须百倍努力地这样去做。我说这话的意思是,如果我们在向农民一般地解释农业公社制度的好处时,不善于在实际上证明共耕社和劳动组合给他们带来实际的好处,那农民是不会相信我们的宣传的。

这项法令说,公社、劳动组合、共耕社应当帮助附近的农民。但是国家——工人政权拨出十亿卢布基金来帮助农业公社和劳动组合。当然,某个公社如果从这笔基金中拿出一点来帮助农民,恐怕只会引起农民的讥笑,而且这种讥笑是完全有理由的。任何一个农民都会说:“既然拨了十亿基金给你们,那你们自然不难从中拿出一点给我们。”恐怕农民只会讥笑这种行为,因为农民非常注意这个问题,抱着决不轻易相信的态度。农民许多世纪以来从国家政权方面得到的一向只是压迫,所以他们对官家做的一切事情总是不相信的。如果农业公社帮助农民只是为了依法行事,那么这种帮助不但无益,反而只会有害。因为农业公社是个很响亮的名称,是与共产主义这个概念有联系的。如果公社在实践中表明自己真正在认真改善农民经济,那就很好,那就无疑会提高共产党员和共产党的威信。但往往有这样的情形,公社只是引起农民的反感,“公社”这个名词有时甚至成了反对共产主义的口号,而且这种情形不仅是在荒唐地强迫农民加入公社的时候才发生。这种做法的荒唐,是大家一眼就看得出来的,所以苏维埃政权早就反对这种做法了。如果现在还有个别强迫的例子,我希望那是为数极少的,你们一定能利用这次代表大会,杜绝这种不像话的做法,彻底消灭苏维埃共和国的这些最后的污迹,使附近农民找不到一个例子来为他们认为加入公社是出于被迫的那种成见辩护。

但是,即使我们消除了过去的缺点,完全克服了这种不像话的做法,我们也只不过做了我们应做的工作的极小一部分。因为国家帮助公社仍然是必要的,如果国家不帮助各种集体农业企业,我们就不是共产党人,就不是建立社会主义经济的拥护者。我们之所以不得不这样做,也因为这是同我们的各项任务符合的,我们深知这些共耕社、劳动组合和集体组织都是新的创举,如果执政的工人阶级不支持这些创举,它们就不会扎下根来。正由于国家给它们以资金和其他种种援助,为了使它们扎下根来,我们还应当做到不让农民以讥笑的态度对待这件事。我们应当时刻警惕,不致让农民说公社、劳动组合和协作社的社员是靠公家养活的,说这些人与普通农民的区别只在于他们能得到优待。如果除土地外还从十亿卢布基金中拨出建筑补助费,那么任何一个傻瓜都会比普通农民生活得好些。农民会说:这里哪谈得上什么共产主义,哪里有什么改进,他们有什么值得我们钦佩的? 如果挑出几十个或几百个人来,给他们几十亿卢布,那他们当然会干起来。

最使我们忧虑的正是农民的这种态度,我希望参加这次代表大会的同志们注意这个问题。必须在实践中解决这个问题,使我们能够自信地说,我们不仅避免了这种危险,而且找到了对付的办法,使农民不仅不会这样想,反而会在每个公社中、在每个劳动组合中都看到国家政权所扶植的某种东西,在其中找到新的耕作方式,这种新方式不是在书本上、在讲演中(这是很容易的),而是在实际生活中表明它比旧方式优越。这就是解决这个问题的困难所在,所以说光凭手边一堆枯燥的数字,就很难判断,我们是否已在实际上证明每个公社、每个劳动组合都真正比所有旧企业强,证明工人政权是在那里帮助农民。

我想，要实际解决这个问题，最好是由你们这些实际了解周围公社、劳动组合和协作社情况的人来制定切实的办法，检查农业公社必须帮助附近农民这项法令的执行情况，检查向社会主义农业过渡的情况，每个公社、劳动组合和共耕社中过渡的具体情况如何，这项工作是怎样进行的，有多少共耕社和公社已在实际上这样做了，又有多少仅仅是准备要这样做，公社对农民的帮助有过多少次，帮助的性质如何，是慈善性质还是社会主义性质。

如果公社和劳动组合从国家给它们的帮助中拿出一部分来给农民，那只会使每个农民想到，这不过是一些好人帮助了他，但这绝不能证明是向社会主义制度过渡。农民对于这样的"好人"自古以来就是不相信的。要很好地检查，弄清楚这个新的社会制度真正表现在哪里，用什么方法才能向农民证明按共耕原则和劳动组合原则种地比单干好，还要证明比单干好并**不是**由于有了公家的帮助；要很好地向农民证明，**没有**公家帮助，这种新制度实际上也是能够实现的。

可惜我不能从头至尾出席你们的代表大会，因此我也不能参加制定这些检查办法。但我相信，你们和我们农业人民委员部的领导同志一起，是一定能够找出这种办法来的。我很满意地读了农业人民委员谢列达同志写的那篇文章，他着重指出公社和共耕社不应当同附近农民隔离，而应当努力改善农民经济[24]。要把公社办成模范公社，使附近农民自己愿意来加入公社；要善于作出实际榜样给他们看，怎样才能帮助那些在商品缺乏和整个经济都遭到破坏的困难条件下经营农业的人。为了规定这样做的实际办法，必须制定一个详尽的细则，列举帮助附近农民的各种方式，询问每个公社在帮助农民方面做了一些什么事情，并且指出具体办法,使现有的 2 000 个公社和大约 4 000 个劳动组合每一个都能在实际上成为巩固农民信念的核心,使农民相信集体农业这种过渡到社会主义去的办法是有益的东西,而不是空想,不是梦呓。

我已经说过,法令要求公社帮助附近农民。我们不能在法令中用别的方式来表明这种意思,不能在法令中写出某些具体的指示。我们本来就是规定一般的原则,希望各地有觉悟的同志们认真地去执行,并且能想出千百种办法,按照各地的具体经济条件来实施这项法令。当然,对任何一项法令都可以敷衍了事,甚至阳奉阴违。因此,关于帮助农民的法令,如果不认真地执行,很可能完全变成儿戏而得到完全相反的结果。

公社应当朝这样的方向发展,就是使农民经济通过同公社的接触,得到公社经济上的帮助,而开始改变条件;每个公社、劳动组合或共耕社都要善于奠定改进农民经济条件的基础,并切实加以改进,用事实向农民证明这种改变只会给他们带来好处。

你们自然会想到,人们会说,要改进经营就要有比现在好一些的条件,而现在的条件则是四年帝国主义大战以及帝国主义者强迫我们进行的两年国内战争造成的经济破坏。在现时我国这样的条件下,怎么还谈得上推广农业改进措施呢,只要能勉强过下去不饿死也就谢天谢地了。

很自然,这样的怀疑可能会有。如果我遇到这样的反对意见,我就要用以下的话来回答。的确,由于经济解体,经济破坏,商品缺少,运输力薄弱,耕畜和工具被毁,要广泛地改进经营是做不到的,但是,在许多个别情形下,小规模地改进经营,无疑还是能够做到的。就算连这点也办不到吧,那是否就是说,公社无法使附近农民的生活改变,无法向农民证明,集体农业企业不是人工培植的温室里的植物,而是工人政权对劳动农民新的帮助,是协助农民去同富农作斗争？我相信，即使这样提问题，即使我们在现时经济破坏条件下无法实行改良，只要在公社和劳动组合中有忠实的共产党员，那还是可以做出很多很多成绩来的。

空口无凭，我就举出我们在城市里叫做星期六义务劳动的事情来作例子。城市工人在他的工作时间之外再为社会做几小时的无报酬的工作，这就叫做星期六义务劳动。星期六义务劳动最初是在莫斯科由莫斯科—喀山铁路员工首先实行的。苏维埃政权有一次号召说，红军战士在前线作出空前的牺牲，他们虽然受尽一切苦难，还能获得空前的胜利；又说，我们要取得彻底胜利，就必须使这种英雄气概，这种自我牺牲精神不只是表现在前线上，而且也表现在后方。莫斯科工人就组织星期六义务劳动来响应这个号召。毫无疑义，莫斯科工人经受的艰难困苦要比农民厉害得多，如果你们了解一下他们的生活条件，想一想他们在这种空前困苦的条件下还能开始实行星期六义务劳动，那么你们就会同意，有些事情，只要运用莫斯科工人所运用的这种办法，在任何条件下都是可以做到的，决不能借口条件困难而加以拒绝。星期六义务劳动已经不是个别的现象，非党工人确实看到执政的共产党的党员担负起这种义务，看到共产党吸收新党员并不是使他们利用执政党的地位来谋利，而是要他们作出真正的共产主义劳动即无报酬劳动的榜样，正是这样的星期六义务劳动最能提高共产党在城市中的威信，最能使非党工人敬佩共产党员。共产主义是社会主义发展的高级阶段，那时人们从事劳动都是由于觉悟到必须为共同利益而工作。我们知道现在我们还不能实行社会主义制度，希望我们的儿辈或者孙辈能把这种制度建成就好了。但是，我们说，执政的共产党的党员要挺身担当起同资本主义斗争中的大部分困难，动员优秀的共产党员上前线，对于那些不能上前线的党员，就要求他们参加星期六义务劳动。

这种星期六义务劳动已经在每个大工业城市中推行起来,现在党要求每个党员都参加这个工作,对于不执行这种要求的党员甚至给予开除党籍的处分。如果你们也在公社中、劳动组合中和共耕社中实行星期六义务劳动,那你们在最坏的条件下也能够而且一定会使农民认识到每个公社、每个劳动组合、每个共耕社的特点不在于它领取公家的补助金,而在于这些组织中都有工人阶级的优秀分子参加,这些人不仅向别人宣传社会主义,而且善于身体力行,能够在恶劣的条件下用共产主义方法经营农业,并且尽量帮助附近农民。对于这一点是没有理由来推诿的,是决不能以商品缺乏、种子缺乏或牲畜病死等等为借口的。在这里我们可以得到检验,至少能使我们明确地说,我们实际上对所面临的困难任务领会如何。

我相信,这次公社、共耕社和劳动组合全体代表会议会讨论这个问题,会了解到,这种办法是真正巩固公社和共耕社的极好手段,能够收到实际效果,使全国各地不发生一件农民对公社、劳动组合和共耕社表示敌意的事情。但这还不够,还要做到使农民对它们表示好感。我们,苏维埃政权的代表,自己要尽力来帮助它们做到这一点,使我们国家从十亿卢布基金或其他来源中拨出的补助金,只是用来使劳动公社和劳动组合能和附近农民生活真正在实际上接近起来。否则对劳动组合或共耕社的任何帮助,我们都认为不仅无益,而且绝对有害。不能认为公社帮助附近农民只是因为自己富裕,而是要使这种帮助成为社会主义性质的帮助,即为农民创造从单独的个体经济过渡到共耕经济的条件。要做到这一点,也就只有用我在这里说过的星期六义务劳动的办法。

城市工人的生活比农民的生活坏得不可比拟,他们却首先开始了星期六义务劳动的运动,如果你们能估计到这点,那么我深信,在你们全体一致支持之下,我们一定会使现有的几千个公社和劳动组合个个都成为在农民中传播共产主义思想和意识的真正苗圃,都作为实际范例向农民表明,虽然它们还是嫩弱的幼芽,但毕竟不是人工制造的,不是温室里培植出来的,而是社会主义新制度的真正幼芽。只有那时,我们才能永远战胜旧的愚昧状态,才能战胜经济破坏和贫困,只有那时,我们才不会害怕横在我们前进道路上的任何困难。

载于 1919 年 12 月 5 日和 6 日
《真理报》第 273 号和第 274 号

选自《列宁全集》第 2 版第 37 卷
第 360—368 页

在俄共（布）莫斯科市代表会议上关于星期六义务劳动的报告[25]

（1919 年 12 月 20 日）

同志们，代表会议的组织者通知我说，你们要我作一个关于星期六义务劳动问题的报告，并且为了能够充分讨论这个问题的最主要方面，要我把报告分两部分来谈：第一，莫斯科组织星期六义务劳动的情况和效果；第二，关于如何进一步组织星期六义务劳动的一些具体结论。我只想谈谈一般原则，谈谈组织星期六义务劳动——我们党的建设和苏维埃建设中的新事物——使我产生的一些看法。因此，关于具体问题，我只非常简略地谈一下。

刚开始组织共产主义星期六义务劳动的时候，还很难判断这样的事能受到人们多大的注意，它能否变成一件大事。我记得，报道这件事的消息第一次在党的报刊上发表时，那些同工会建设工作和劳动人民委员部关系比较密切的同志的最初反应，如果不说是悲观的，至少也是格外审慎的。在他们看来，没有任何根据把星期六义务劳动看成了不起的大事。从那以后，星期六义务劳动有了非常广泛的发展，现在谁也不能否认它在我国建设中的重要性了。

的确，我们经常使用"共产主义"这个词，甚至把它用于我们党的名称。但是仔细考虑一下这个问题，你就会想到，这里除产生了好的一面外，可能还给我们造成了某种危险。我们不得不更改党的名称的主要原因,是希望尽可能明确地同占统治地位的第二国际的社会主义划清界限。自从社会主义运动中绝大多数正式的党在帝国主义战争期间通过自己的领袖倒向本国资产阶级方面或本国政府方面以后,我们已经很清楚,旧的社会主义已遭到极其严重的危机和破产。为了最明确表示我们不能把那些在帝国主义战争期间跟着本国政府走的人看做社会主义者,为了指明旧的社会主义已经腐朽、已经死亡,为了这一点,主要是为了这一点,当时才产生了更改我们党的名称的想法。况且,从纯粹理论的观点来看,"社会民主党"这个名称早已不正确了。早在40年代,当这个名称在法国刚开始在政治上广泛使用的时候,它就是小资产阶级社会改良主义政党的名称,而不是革命无产阶级政党的名称。由此可见,更改我们党的名称(它已成了新国际的名称)的主要动机和原因,是要同旧的社会主义坚决划清界限。

如果我们问一下自己,共产主义同社会主义的区别是什么,那么我们应当说,社会主义是直接从资本主义生长出来的社会,是新社会的初级形式。共产主义则是更高的社会形式,只有在社会主义完全巩固的时候才能得到发展。社会主义的前提是在没有资本家帮助的情况下进行工作,是在劳动者的有组织的先锋队即先进部分施行最严格的计算、监督和监察下进行社会劳动;同时还应该规定劳动量和劳动报酬。这种规定所以必要,是因为资本主义社会给我们留下了诸如分散的劳动、对公共经济的不信任、小业主的各种旧习惯这样一些遗迹和习惯,这些在所有农民国家中都是最常见的。这一切都是同真正共产主义经济背道而驰的。所谓共产主义,是指这样一种制度,在这种制度下,人们习惯于履行社会义务而不需要特殊的强制机构,不拿报酬地为公共利益工作成为普遍现象。自然,在那些为彻底战胜资本主义正在采取最初步骤的人看来,"共产主义"的概念是很遥远的。因此,尽管我们改变党的名称的做法非常正确,尽管这样做好处很大,尽管我们已经完成的事业规模巨大,十分宏伟(现在共产党遍于全世界,共产国际[20]成立虽然还不到一年,但从工人运动的角度来看,它比垂死的老朽的第二国际要强大得多),但如果把"共产党"这个名称解释为似乎现在就实现共产主义制度,那就是极大的歪曲,那就是胡乱吹嘘,会带来实际的害处。

正因为这样,对待"共产主义"这个词要十分审慎。也正因为这样,共产主义星期六义务劳动见之于实践后就有了特殊的价值,因为就在这种极小的事情中开始出现了某种共产主义的东西。我们在剥夺了地主和资本家以后,只获得了建立社会主义那些最初级形式的可能,但是这里还丝毫没有共产主义的东西。拿我国目前的经济来看,我们就能看出,这里社会主义的幼芽还很嫩弱,旧的经济形式还占很大的支配地位,这表现在小规模经营占优势,还表现在最厉害最猖獗的投机倒把活动上。可是,当我们的敌人小资产阶级民主派,即孟什维克和社会革命党人[4]反驳我们时说:你们粉碎了大资本主义,而从你们所有的毛孔中冒出来的却是最恶劣的投机性的高利贷性的资本主义,那我们就回答他们:如果你们以为我们能从大资本主义直接过渡到共产主义,那你们就不是革命者,而是改良主义者或空想主义者。

大资本主义在各个地方,甚至在那些还没有采取任何走向社会主义的步骤的国家中,都遭到了根本的破坏。从这个角度来看,我们的敌人对我们提出的所有这些批评和反驳都是无足轻重的。大资本主义被粉碎以后,当然会开始出现新的、投机性的小资本主义的萌芽来取代它。我们现在正同大资本主义的残余作激烈的斗争,它转入了各种小投机倒把活动,那就更难抓住它,并且它采取的是最恶劣的最没有组织的商业形式。

在战争环境中变得激烈得多的斗争,引起了最疯狂的投机倒把活动,在资本主义规模较大的地方尤其如此。所以把革命过渡设想成另一个样子是完全不正确的。从现时的经济来看,情况就是这样。如果要问苏维埃俄国现时的经济制度是什么,那就应当说,它是在大生产中为社会主义奠定基础,是在资本主义以千百万种形式进行最顽强的反抗的情况下改造资本主义旧经济。和我们遭到同样战争灾害的西欧国家,例如奥地利,与我们的唯一区别就是那里资本主义瓦解得更厉害,投机倒把活动更猖獗,却没有社会主义建设的萌芽,没有反击资本主义的东西。但是,在我们经济制度中暂时还没有什么共产主义的东西。"共产主义的东西"只是在出现星期六义务劳动时,即出现个人为社会进行的大规模的、无报酬的、没有任何权力机关和任何国家规定定额的劳动时,才开始产生。这不是农村中历来就有的邻舍间的帮忙,而是为了全国需要进行的、大规模组织起来的、无报酬的劳动。因此,把"共产主义"这个词不仅用于党的名称,而且用来专指我们生活中真正实现着共产主义的那些经济现象,这样做就更正确。如果说在俄国现在的制度中也有某种共产主义的东西,那就是星期六义务劳动,其他都不过是为巩固社会主义而对资本主义进行的斗争。在社会主义完全取得胜利以后,从社会主义中必然会生长出共产主义来,生长出我们从星期六义务劳动中看到的那种不是书本上的而是活生生的现实当中的共产主义来。

星期六义务劳动的原则意义就是如此,它表明这里正在形成和开始产生一种崭新的、与一切旧有的资本主义准则相反的东西,一种比战胜了资本主义的社会主义社会更高的东西,即大规模组织起来以满足全国需要的无报酬的劳动。因此,当今年党中央委员会发出支援国家的号召①,忍受着极度饥饿极度困苦的莫斯科—喀山铁路员工首先起来响应的时候,当某些迹象表明共产主义星期六义务劳动已不是个别现象,已经开始推广并得到群众支持的时候,那就可以说,这里已经发生了一件极其重要的有原则意义的事情,我们确实应该在各方面支持这件事,如果我们不愿意做一个仅仅从反对资本主义这个原则意义说够格的共产党员。从实际建设社会主义社会的角度来看,这还是不够的。应当说,这种运动其实是可以大规模开展的。我们是否已经证实了这一点,这个问题我现在不准备回答,因为关于我们称之为共产主义星期六义务劳动的那一运动有多大规模,还没有总的综合材料。我只知道一些零碎的情况,在党的报刊上看到星期六义务劳动在许多城市正获得愈来愈广泛的发展。彼得格勒的同志说,星期六义务劳动在彼得格勒开展得比莫斯科广泛得多。至于说到外省,许多实际了解这个运动的同志对我说,他们正在收集有关这种新的社会劳动形式的大量材料。但是,只有在各种报刊和各城市党代表会议反复讨论这个问题以后,我们才能得到综合的材料来说明星期六义务劳动是否已真正成为普遍现象,说明我们在这方面是否已真正取得了重大的成就。

不管我们是否能很快得到这种完整而又经过核实的材料,但是毫无疑问,从原则上来看,除星期六义务劳动以外,我们再没有其他的事可以表明,我们不仅称做共产党员,不仅想做共产党员,而且真正在实现某种共产主义的东西,不只是社会主义的东西。因此,每一个共产党员,每一个愿意忠实于共产主义原则的人,都应该拿出全部精力来帮助解释这件事并实际地加以运用。这就是

---

① 见《列宁全集》第2版第36卷第263—266页。——编者注

星期六义务劳动的原则意义。因此,每一个党代表会议都必须经常不断地提出这个问题,并且既从理论方面也从实践方面来讨论这个问题。我们不应该只从理论方面、原则方面来看这件事。共产主义星期六义务劳动对我们具有巨大价值,不仅是因为它在实践中实现共产主义。除此以外,星期六义务劳动对我们还有双重意义:从国家的角度看,它是对国家真正实际的支援;从党的角度看(我们这些做党员的不应该忽视这一点),它对清除混到党内来的分子和抵制腐朽资本主义环境对党的影响是有意义的。从经济方面来说,星期六义务劳动是必要的,它能使苏维埃共和国摆脱经济破坏并开始实现社会主义。对问题的这第二个方面,我想再稍微详细地谈谈……①

载于1927年10月26日《真理报》
第245号

选自《列宁全集》第2版第38卷
第35—40页

---

① 速记稿到此中断。——俄文版编者注

为战胜邓尼金告乌克兰工农书

（1919 年 12 月 28 日）

同志们！四个月以前,1919 年 8 月底,我曾经为战胜高尔察克写过一封给工人和农民的信①。

现在,我又为战胜邓尼金把这封信全文重新印发给乌克兰的工人和农民。

红军攻克了基辅、波尔塔瓦和哈尔科夫,正胜利地向罗斯托夫推进。乌克兰的反邓尼金起义如火如荼。必须集中全力把试图恢复地主和资本家政权的邓尼金军队彻底粉碎。必须消灭邓尼金,确保我们决不再受到任何侵犯。

西伯利亚被高尔察克占领以后,当地人民受尽了地主和资本家的压迫,过了好多个月才被红军解放,这个教训全俄罗斯的工人和农民都已经领略了,现在乌克兰的工人和农民也应当记取。

邓尼金在乌克兰的统治,也同高尔察克在西伯利亚的统治一样,是一个严酷的考验。毫无疑义,从这个严酷的考验中得出教训,就会使乌克兰工农像乌拉尔和西伯利亚的工农一样,更清楚地理解苏维埃政权的任务,更坚定地保卫苏维埃政权。

在大俄罗斯,地主土地占有制已彻底废除。乌克兰也应当这

---

① 见《列宁全集》第 2 版第 37 卷第 145—153 页。——编者注

96

样做,乌克兰工农苏维埃政权应当把彻底废除地主土地占有制,即乌克兰工人农民彻底摆脱地主的一切压迫和打倒地主本身所取得的成就巩固下来。

但是,除了这个任务以及过去和现在大俄罗斯劳动群众和乌克兰劳动群众同样肩负的其他许多任务以外,乌克兰苏维埃政权还有一些特殊任务。在这些特殊任务中,有一个是目前值得特别注意的。这就是民族问题,或者说是这样的问题:乌克兰要成为一个单独的、独立的乌克兰苏维埃社会主义共和国而同俄罗斯社会主义联邦苏维埃共和国结成联盟(联邦)呢,还是同俄罗斯合并成为一个统一的苏维埃共和国? 这个问题,所有的布尔什维克、所有觉悟的工人和农民都应当仔细加以考虑。

俄罗斯社会主义联邦苏维埃共和国全俄中央执行委员会和俄国共产党(布尔什维克)都已经承认了乌克兰的独立。所以不言而喻和理所当然的是,只有乌克兰工人和农民自己在全乌克兰苏维埃代表大会上,才能够作出决定并且一定会作出决定:究竟是把乌克兰同俄罗斯合并起来,还是让它成为一个独立自主的共和国;如果取后者,那么在这个共和国和俄罗斯之间应该建立什么样的联邦关系。

为了劳动者的利益,为了劳动者争取劳动完全摆脱资本压迫的斗争获得胜利,应该怎样解决这个问题呢?

第一,劳动的利益要求在各国、各民族的劳动者之间有最充分的信任和最紧密的联合。拥护地主和拥护资本家即资产阶级的人竭力分裂工人,加剧民族纠纷和民族仇恨,以削弱工人的力量,巩固资本的权力。

资本是一种国际的势力。要战胜这种势力,需要有工人的国际联合和国际友爱。

我们是反对民族仇恨、民族纠纷和民族隔绝的。我们是国际主义者。我们力求实现世界各民族工农的紧密团结,力求使它们完全合并成为一个统一的世界苏维埃共和国。

第二,劳动者不应当忘记,资本主义把民族分成占少数的压迫民族,即大国的(帝国主义的)、享有充分权利和特权的民族,以及占大多数的被压迫民族,即附属或半附属的、没有平等权利的民族。罪恶滔天、反动透顶的1914—1918年战争使两者分得更清楚了,使在这种基础上产生的民族间的憎恨和仇视也更加剧了。没有充分权利的附属民族对大国压迫民族的愤慨和不信任,例如乌克兰民族对大俄罗斯民族的愤慨和不信任,已经积累好几百年了。

我们主张建立**自愿的**民族联盟,这种联盟不允许一个民族对另一个民族施行任何暴力,它的基础是充分的信任,对兄弟般团结一致的明确认识,完全的自觉自愿。这样的联盟是不能一下子实现的。应当十分耐心和十分谨慎地去实现这种联盟,不要把事情弄坏,不要引起不信任,要设法消除许多世纪以来由地主和资本家的压迫、私有制以及因瓜分和重新瓜分私有财产而结下的仇恨所造成的不信任心理。

所以,在力求实现各民族统一和无情地打击一切分裂各民族的行为时,我们对民族的不信任心理的残余应当采取非常谨慎、非常耐心、肯于让步的态度。但在争取劳动摆脱资本压迫的斗争中涉及劳动基本利益的一切问题上,我们决不让步,决不调和。至于现在暂时怎样确定国界(因为我们是力求完全消灭国界的),这不是基本的、重要的问题,而是次要的问题。这个问题可以而且应当从缓解决,因为在广大农民和小业主中,民族的不信任心理往往是根深蒂固的,操之过急反而会加强这种心理,对实现完全彻底的统一这个事业造成危害。

俄国工农革命即1917年10月至11月革命的试验，这个革命在两年内胜利地抵御国内外资本家的侵犯的经验，非常清楚地表明，资本家能够暂时利用波兰、拉脱维亚、爱斯兰和芬兰的农民和小业主对大俄罗斯人的民族不信任心理，能够暂时利用这种不信任心理在他们和我们之间制造纠纷。经验表明：这种不信任心理的消除和消失非常缓慢；长期以来一直是压迫民族的大俄罗斯人表现得愈谨慎、愈耐心，这种不信任心理的消失就愈有保证。我们承认了波兰、拉脱维亚、立陶宛、爱斯兰和芬兰各国的独立，这样就能慢慢地但是不断地取得这些小邻国中深受资本家欺骗压抑的最落后的劳动群众的信任。我们采用了这种方法，现在就能满有把握地使他们摆脱"他们自己"民族的资本家的影响，完全信任我们，向未来的统一的国际苏维埃共和国迈进。

在乌克兰还没有完全从邓尼金手中收复以前，在全乌克兰苏维埃代表大会召开以前，全乌克兰革命委员会[26]是乌克兰政府。参加这个革命委员会的，即担任政府委员的，除乌克兰布尔什维克共产党人外，还有乌克兰斗争派共产党人[27]。斗争派同布尔什维克的区别之一，就在于前者坚持乌克兰无条件独立。布尔什维克不认为**这一点**是引起分歧和分裂的问题，不认为**这一点**会妨碍同心协力地进行无产阶级工作。共产党人只要在反对资本压迫和争取无产阶级专政的斗争中能够团结一致，就不应当为国界问题，为两国的关系是采取联邦形式还是其他形式的问题而发生分歧。在布尔什维克中间，有人主张乌克兰完全独立，有人主张建立较为密切的联邦关系，也有人主张乌克兰同俄罗斯完全合并。

为这些问题而发生分歧是不能容许的。这些问题将由全乌克兰苏维埃代表大会来解决。

如果大俄罗斯共产党人坚持要乌克兰同俄罗斯合并，乌克兰人就很容易怀疑,大俄罗斯共产党人坚持这样的政策,并不是出于对无产者在反资本斗争中的团结一致的考虑,而是出于旧时大俄罗斯民族主义即帝国主义的偏见。产生这种不信任是很自然的,在相当程度上是难免的和合乎情理的,因为许多世纪以来大俄罗斯人在地主和资本家的压迫下,养成了一种可耻可憎的大俄罗斯沙文主义偏见。

如果乌克兰共产党人坚持乌克兰无条件的国家独立,也会使人怀疑,他们坚持这样的政策,并不是为了乌克兰工农在反对资本压迫的斗争中的暂时利益,而是出于小资产阶级的、小业主的民族偏见。这是因为我们千百次地从过去的经验中看到,各国小资产阶级"社会党人",如波兰、拉脱维亚、立陶宛、格鲁吉亚等国的孟什维克、社会革命党人[4]等形形色色的所谓社会党人,都装扮成拥护无产阶级的人,唯一的目的就是用这种欺骗手段来偷运他们同"自己"民族的资产阶级妥协而反对革命工人的政策。我们在俄国1917年2月至10月克伦斯基执政的例子中看到过这种情况,我们在一切国家中从前和现在都看到过这种情况。

由此可见,大俄罗斯共产党人和乌克兰共产党人的互不信任是很容易产生的。怎样消除这种不信任呢? 怎样克服这种不信任而求得相互信任呢?

要达到这一点,最好的方法是共同斗争,反对各国的地主和资本家,反对他们恢复自己无限权力的尝试,捍卫无产阶级专政和苏维埃政权。这种共同的斗争会在实践中清楚地表明,不管怎样解决国家独立问题或国界问题,大俄罗斯工人和乌克兰工人一定要结成紧密的军事联盟和经济联盟,不然,"协约国"[19]的资本家,即英、法、美、日、意这些最富裕的资本主义国家联盟的资本家就会把我们一一摧毁和扼杀。我们同得到这些资本家金钱和武器援助的高尔察克和邓尼金作斗争的例子,清楚地说明这种危险是存在的。

谁破坏大俄罗斯工农同乌克兰工农的团结一致和最紧密的联盟,谁就是在帮助高尔察克之流、邓尼金之流和各国资本家强盗们。

所以,我们大俄罗斯共产党人,对我们当中产生的一点点大俄罗斯民族主义的表现,都应当极其严格地加以追究,因为这种表现根本背离共产主义,会带来极大的害处,使我们和乌克兰同志之间发生分裂,从而有利于邓尼金和邓尼金匪帮。

所以,我们大俄罗斯共产党人在同乌克兰布尔什维克共产党人及斗争派发生意见分歧时,如果这些意见分歧涉及乌克兰的国家独立问题、乌克兰同俄罗斯联盟的形式问题,总之是涉及民族问题,我们就应该采取让步的态度。但是在无产阶级斗争、无产阶级专政、不允许同资产阶级妥协、不允许分散我们抵抗邓尼金的力量这样一些对各民族来说是共同的根本问题上,我们大家,无论大俄罗斯共产党人、乌克兰共产党人或任何其他民族的共产党人,都是不能让步、不能调和的。

战胜邓尼金,消灭邓尼金,使这样的进犯不再重演,这就是大俄罗斯工农和乌克兰工农的根本利益。这个斗争是长期而又艰苦的,因为全世界的资本家都在帮助邓尼金,而且将来还会帮助各种各样的邓尼金。

在这个长期而又艰苦的斗争中,我们大俄罗斯工人同乌克兰工人应当结成最紧密的联盟,因为孤军作战大概是不会胜利的。至于乌克兰同俄罗斯的国界如何划定,两国的相互关系采取何种形式,这都并不那么重要。在这方面可以而且应当让步;在这方面可以试一试采用各种各样的方法。工人和农民的事业,战胜资本主义的事业,是不会因此遭到毁灭的。

如果我们之间不能保持最紧密的联盟,共同反对邓尼金,反对我们两国的和一切国家的资本家和富农,资本家就**能够**摧毁和扼杀苏维埃乌克兰和苏维埃俄罗斯,就是说,劳动的事业一定会被葬送掉,多年都不能恢复。

各国资产阶级,各种小资产阶级政党,即联合资产阶级反对工人的"妥协主义"政党,最卖力地分裂各民族工人,煽起互不信任的心理,破坏工人紧密的国际联合和国际友爱。资产阶级如果得逞,工人事业就会失败。希望俄罗斯共产党人和乌克兰共产党人能够耐心地、坚定地、顽强地共同奋斗,粉碎任何资产阶级的民族主义阴谋,消除各种民族主义偏见,给全世界劳动者作出榜样,表明不同民族的工人和农民可以结成真正巩固的联盟,共同为建立苏维埃政权、消灭地主和资本家的压迫、建立世界苏维埃联邦共和国而斗争。

尼·列宁

1919 年 12 月 28 日

载于 1920 年 1 月 4 日《真理报》第 3 号和《全俄中央执行委员会消息报》第 3 号

选自《列宁全集》第 2 版第 38 卷第 42—50 页

在全俄水运工人
第三次代表大会上的讲话[28]

(1920 年 3 月 15 日)

水路运输工作目前对于苏维埃俄国具有极其重要的意义,因此我可以相信,代表大会一定会非常重视和关心水运工作人员所担负的任务。现在让我来谈谈目前共产党和工会最关心的、无疑也是你们争论得很热烈的一个问题,即工业管理的问题。这个问题已经专门列入党代表大会的议程。关于这个问题的提纲已经公布。水运工作同志也必须讨论这个问题。

你们知道,无论在报刊上还是在会议上引起热烈争论的一点,就是关于个人管理制和集体管理制的问题。我认为,在这个问题上的那种对集体管理制的偏爱,往往说明对共和国的当前任务认识不足,甚至常常说明阶级意识水平不高。每当我考虑这个问题的时候,我总想说:工人向资产阶级学习得还不够。用民主社会党人或社会民主党人占统治地位的那些国家的情况就可以具体说明这一点,这些人现时在欧洲和美洲打着各种招牌,同资产阶级结成这样那样形式的联盟,参加了管理。他们持有旧偏见是上帝的安排,但是,我们在无产阶级统治了两年之后,不仅应当希望而且还要竭力使无产阶级的阶级意识不落后于资产阶级的阶级意识。可是请看一看,资产阶级是怎样管理国家的呢? 它是怎样组织资产阶级这个阶级的呢？过去有哪一个抱着资产阶级观点一心维护资产阶级的人说过,个人权力算不上国家管理制度呢？如果资产阶级真有这样的傻瓜,那他本阶级的同伙就会嘲笑他,所以他在任何一次资本家和资产者先生们的重要会议上,都不会说这样的话和发表这样的议论。人们会对他说:难道通过一个人还是通过集体管理机构来进行管理的问题,同阶级问题有关吗？

英国的和美国的资产阶级是最聪明最富有的;英国资产阶级在许多方面比美国资产阶级更有经验,更善于管理。英国资产阶级在实行最大限度的个人独裁,发挥最大限度的管理效率,把权力完全控制在本阶级手里,这难道没有给我们提供一个范例吗？同志们,这种经验是值得考虑的,我认为,如果你们考虑一下这个经验,回忆一下不久以前里亚布申斯基家族、莫罗佐夫家族以及其他资本家先生们统治俄国的时代,回忆一下他们在专制制度被推翻之后,在克伦斯基、孟什维克和社会革命党人[4]执政的 8 个月期间,能够巧妙地、非常迅速地改头换面,他们不管把自己称做什么,不管作出表面上形式上的什么让步,却总是把权力完全控制在本阶级手里,那么我认为,考虑考虑英国的经验和这个具体例子,会比根据理论编造和事先写好的许多抽象决议更能使人理解个人管理的问题。

好像集体管理才是工人管理,而个人管理就不是工人管理。单是这个问题的提法,单是这种论据就说明,我们还没有十分明确的阶级意识,而且不仅没有十分明确的阶级意识,甚至我们的阶级意识还没有资产者先生们的明确。这也是可以理解的。他们学管理不是学了两年,而是学了 200 年,如果拿欧洲的资产阶级来说,则大大超过 200 年了。我们不应当由于在两年内不能学会一切而悲观失望,重要的是我们应该比我们的敌人学得快,而且形势也要求我们这样做。他们能够学习几百年，他们有可能反复学习，有可能纠正自己的错误，因为在世界范围内来说，他们比我们不知要强大多少倍。我们没有时间学习，我们应当提出集体管理制问题和说明这个问题的具体材料。我相信，你们一定会同意党中央在这个问题上制定的方针，这个方针已经公布[29]，并且正在党的一切会议上进行讨论，它对于切实工作的人，对于已经工作了两年的水运工作人员来说，是不容置疑的。因此我希望，大多数出席此次会议的、实际上熟悉管理的人都会懂得：我们不应当局限于空泛地提出问题，而应当成为切实认真的人，那就要取消集体管理机构，在没有集体管理机构的情况下进行管理。

任何管理工作都需要有特殊的本领。有的人可以当一个最有能力的革命家和鼓动家，但是完全不适合做一个管理人员。凡是熟悉实际生活、阅历丰富的人都知道：要管理就要懂行，就要精通生产的全部情况，就要懂得现代水平的生产技术，就要受过一定的科学教育。这就是我们无论如何都应当具备的条件。所以，当我们提出空泛的决议，以内行的样子郑重其事地谈论集体管理制和个人管理制的时候，我们就会逐渐相信，我们在管理方面几乎一无所知，但是，我们正在开始根据经验学习一些东西，权衡每一个步骤，提拔每一个多少有些能力的管理人员。

你们从中央委员会的讨论中可以看出，我们并不反对让工人来领导；但是我们说，解决问题时应当服从生产的利益。我们不能等待。国家被破坏得这样厉害，灾难现在这样深重，饥寒交迫，普遍贫困，这种情况再也不能继续下去了。如果我们不能使工人们活下去，不能供给他们粮食，不能准备好大量食盐来正常地组织商品交换，而是给农民花花绿绿的票子作为补偿（靠票子是不能长久维持的），那么，不管我们怎样忠心耿耿，怎样忘我牺牲，都救不了我们自己。这是整个工农政权、苏维埃俄国生死存亡的问题。如果由外行来领导管理工作，如果不能及时运来燃料，如果不能修复机车、轮船和驳船，那么，苏维埃俄国的生存就大成问题了。

我们的铁路运输所遭到的破坏，要比水路运输严重得多。它是在国内战争中被破坏的，因为国内战争主要是在陆路交通线上进行的；双方都极力破坏桥梁，整个铁路运输因而遭到了极其惨重的破坏。我们一定要修复它。几乎每天都可以看到，我们正在一点一点地修复它。但是我们不能很快完全恢复铁路运输。先进的文明国家的运输都被破坏了，俄国怎么能完全恢复运输呢？应该迅速地修复它，因为老百姓再也不能熬过像今年这样的冬天了。不管工人怎样英勇无畏，怎样自我牺牲，他们挺不住饥饿、寒冷、斑疹伤寒等等的折磨。因此就要实事求是地提出管理问题。要竭力做到：管理工作上花费人力最少，管理人员个个都有能力，不论是专家还是工人都要做工作，都要参加管理，如果他们不参加管理，就要被认为是犯了罪。要学习自己的实际经验，也要向资产阶级学习。他们善于保持自己的阶级统治，他们有我们不可缺少的经验；拒绝吸取这种经验，就是妄自尊大，就会给革命造成极大的危害。

以前的历次革命所以失败，就是因为工人靠强硬的专政不能坚持下去，工人不懂得单靠专政、暴力、强制是坚持不住的；唯有掌握了文明的、技术先进的、进步的资本主义的全部经验，使用一切有这种经验的人，才能坚持得住。当工人第一次从事管理工作而以不友好的态度来对待专家，对待资产者，对待那些昨天还在当经理、赚得万千钱财和压迫工人的资本家的时候，我们说，大概你们多数人也会说，这些工人只是刚刚接触到共产主义。如果我们可以用那些脑子里没有装满资产阶级观点的专家来建设共产主义，这倒是太容易了,不过这种共产主义只是一种空想。我们知道,什么东西也不会从天上掉下来;我们知道,共产主义是从资本主义成长起来的,只有用资本主义遗留下来的东西才能建成共产主义,诚然,这些东西是很糟糕的,但是没有别的东西。因此,应当把一心向往这种空想共产主义的人从一切务实的会议上赶走,而把那些会用资本主义遗留下来的东西办事的人留下来。这样办事困难很大,但这是一件有益的工作,因此,应该珍视每一个专家,把他看做技术和文化的唯一财富,没有这份财富,什么共产主义也不可能实现。

我们红军在另一个领域里赢得了胜利,那是因为我们在红军中解决了这一问题。前沙皇军队的几千个军官、将校背叛了我们,出卖了我们,因此成千上万优秀的红军战士牺牲了。这一点你们是知道的。但是仍有几万个拥护资产阶级的军官在为我们服务,没有他们就不可能有红军。你们知道,当我们在两年以前想不用他们来建立红军时,其结果是游击习气盛行,队伍涣散,我们虽有1 000万—1 200万步兵,但是没有一个师;没有一个能够作战的师,因而我们虽有千百万步兵,却不能同微不足道的白卫正规军作战。这个经验我们是用鲜血换来的,应当把这一经验运用到工业中去。

在这里经验说明,应当珍视任何一个具有资产阶级文化、资产阶级知识、资产阶级技术的人。没有他们,我们就无法建成共产主义。工人阶级是作为一个阶级来进行管理的,所以当它创立了苏维埃政权之后,它即作为一个阶级来掌握这个政权,它可以抓住任何一个资产阶级利益的代表的衣领把他扔出去。这就是无产阶级政权。但是,要建成共产主义社会,就要坦率地承认,我们还非常不善于经营管理,不善于当组织者和管理者。我们处理问题应当极其审慎,要记住只有那种善于组织资产阶级专家去参加即将开展的运动、一分钟也不浪费人力的无产者才是有觉悟的,而集体管理制则往往要耗费过多的人力。

我再说一遍,我们的命运取决于即将爆发的对波战争(如果有人硬要将这场战争强加于我们的话),也许更取决于即将开展的水路运输运动。要知道,运输破坏给战争也带来很大困难。我们有许多部队,但是我们无法运送,无法供给它们粮食。我们无法调运我们拥有的大量食盐,而没有这种商品交换,要同农民建立任何正常关系是不可能的。这就是为什么整个共和国、整个苏维埃政权、整个工农政权的生存对目前这次水路运输运动寄托着重望。决不能浪费时间,一星期、一天、一分钟也不能浪费,必须制止这种经济破坏,并把运输能力提高三四倍。

也许一切都取决于燃料,但是,现在燃料的情况好于去年。如果安排得当,我们可以运送更多的木柴。我们石油的情况也大大好转,况且我们大概最近就可以把格罗兹尼拿下来,如果说这毕竟还有疑问,那么,恩巴的工业掌握在我们手里,那里现在已有1 000万—1 400万普特石油。要是水路运输能把大量建筑材料及时迅速地运到萨拉托夫,我们就可以把通往恩巴的铁路修好。你们知道,有了石油,对于水路运输具有什么意义。我们短期内还不能使铁路运输有很大的改变。如果我们在四五个月内能够把铁路稍加改善,那就是老天保佑了——当然不是老天保佑,而是要看我们善于不善于克服工人的旧偏见。所以水路运输部门应当在水路运输运动中创造出英勇的业绩来。

单凭突击、冲动、热情,是什么也做不成的;唯有组织、坚毅、觉悟才能有济于事;有能力的人决不害怕资产阶级专家,决不光讲空话,而是善于建立和实行强硬的权力,甚至是个人权力,但这是为无产阶级利益而实行的,而且他懂得一切都取决于水路运输。

要前进,就要架梯子;要让没有信心的人攀登而上,就要把事情安排好,就要选拔那些善于整顿水路运输的人。我们有一些人,一谈到军事纪律就说:"又是这一套!这有什么用?"这样的人不懂得俄国的情况,不懂得我们在流血的战线上的斗争一结束,在不流血的战线上的斗争就开始了;不懂得在这方面所需要的努力、人力和牺牲并不少,在这方面所承担的风险、所遭到的反抗并不少,而是多得多。富裕农民、富农、旧管理人员,凡不愿替工人办事的,都是敌人。不要抱任何幻想。要想取得胜利,就要进行艰巨的斗争,就要有铁的军事纪律。谁不懂得这一点,谁就丝毫不懂得保持工人政权的条件,就会以自己的想象给这个工农政权带来很大的损害。

同志们,正因为这样,我在结束自己的讲话时,希望而且相信你们一定会极端重视即将到来的水路运输运动的任务,并且给自己提出以下的任务:不惜任何牺牲来建立真正的铁的军事纪律,并在水路运输中创造出我们红军两年来所创造的那种奇迹。(鼓掌)

载于1920年3月17、18日《真理报》第59、60号和1920年3月17、20、21日《全俄中央执行委员会消息报》第59、61、62号

选自《列宁全集》第2版第38卷第238—244页

俄共(布)第九次代表大会文献[30]

(1920年3—4月)

2

中央委员会的报告

(3月29日)

同志们,在开始报告之前,我应该说明一下,这个报告也像上次代表大会的报告一样,分为两部分:政治部分和组织部分。这种划分首先就令人想到,从表面上来看,从组织方面来看,中央的工作情况怎么样。我们的党失去雅·米·斯维尔德洛夫已经一年了;这个损失不能不影响到中央的整个组织。没有人能像斯维尔德洛夫同志那样善于一个人同时兼顾组织工作和政治工作,因而我们就不得不尝试用集体工作来代替他一人的工作。

中央在报告年度中的工作,就日常工作来讲,是由中央全会选出的两个集体领导机构中央组织局和中央政治局[31]担负的;同时为了使这两个机构的决议协调一致,中央书记兼任两个局的工作。于是形成了这样的局面:组织局真正首要的任务是分配党的干部,而政治局的任务是解决政治问题。自然,这种划分在一定程度上是人为的;显然,如果没有人员的任命和调动,任何政治也就无法体现。因此,任何组织问题都有政治意义,所以我们在实践中形成了这样的惯例,只要有一个中央委员提出要求,就可以根据某种理由把任何一个问题看成政治问题。企图用别种办法来划分中央委员会的工作恐怕是不适当的,而在实践中也未必能达到目的。

上述工作方式收到了非常好的效果:在我们两个局之间从来没有发生过难以解决的事。这两个机关的工作一般说来是协调的,这种方式易于实行,这是由于中央书记参加两个局的会议,并且中央书记执行的完全是党中央的意志。为避免发生某种误会起见,从一开始就必须着重指出,党中央书记只执行中央委员会集体作出的决议,即由组织局或政治局或中央全会作出的决议。否则,中央委员会的工作是不能正确进行的。

上面简单说明了中央委员会内部的工作规则,现在我来执行自己的任务,作关于中央委员会的报告。作中央委员会政治工作的报告,确实是非常困难的任务。这一年来政治局的工作,大部分都是随时解决一切有关政治的问题,即有关统一各苏维埃机关和党的机关以及一切工人阶级组织的行动,有关统一苏维埃共和国全部工作并努力指导这些工作的问题。政治局解决一切有关国际、国内政治的问题。当然,要想大致上把这些问题列举出来,是不可能的。你们可以从中央委员会在这次代表大会前发表的文件[32]中找到必需的综合材料。要在报告中把那个综合材料复述一遍,这是我不能胜任的,而且我认为代表们也不会感兴趣。我们每一个在党和苏维埃的某个组织中工作的人,每天都注视着千变万化的国内外政治问题。这些问题的解决已在苏维埃政权颁布的法令中、在党组织的工作中、在每一转变中体现出来,解决问题本身就是对党中央委员会的评价。必须指出,问题这么多,解决起来往往非常匆忙,只是由于集体领导机构中的各个成员彼此十分了解,知道各人意见的细微差别，相互信任，才得以完成这个工作。否则，即使这个集体领导机构的人数再增加两倍也应付不了。一些复杂问题往往不用开会而是打电话商谈一下就解决了。这种做法是在深信某些显然复杂的、有争议的问题不会被放过的情况下采取的。现在，在我作总的报告的时候，我想不按时间的顺序，也不分门别类地评述各种问题，而只谈那些主要的、最重大的问题，并且只谈那些把昨天的经验（确切些说是过去一年的经验）同当前的任务联系起来的问题。

现在还没有到编写苏维埃政权历史的时候。即使已经到了这样的时候，那我要代表我个人说，并且我想也可以代表中央委员会说，我们不准备做历史学家，我们所关心的是现在和将来。过去的一年，我们是把它当做材料，当做经验教训，当做我们继续前进的跳板看待的。从这个角度看，中央委员会的工作可以分为两大部分：一部分是同军事任务和决定苏维埃共和国所处的国际形势的任务有关的工作；另一部分是国内和平经济建设的工作。这后一部分工作，也许只是从去年年底或今年年初才提到首要地位的，因为当时大家已经十分清楚，我们在国内战争的各条有决定意义的战线上获得了决定性的胜利。去年春季，我们在军事上的处境十分困难，大家记得，当时我们遭到过多次失利和原先没有料想到的反革命势力代表和协约国[19]代表一次又一次的、突然的大规模进攻。所以很自然，这一时期主要是在完成军事任务，国内战争任务，当时在所有的胆小鬼看来（更不用说孟什维克党、社会革命党[4]以及其他小资产阶级民主派政党了），在大批中间分子看来，这个任务是无法完成的，于是他们就乖乖地承认说：这个任务是无法完成的，俄国落后了，被削弱了，既然西欧革命推迟了，那么俄国就不能战胜全世界资本主义制度。因此我们当时必须坚持自己的立场,十分坚定并满怀信心地说,我们一定能胜利。因此我们提出了"一切为了胜利"、"一切为了战争"的口号。

为了实现这个口号,我们不得不完全有意识地——而且公开说清楚——不去满足许多最迫切的需要,经常使很多人得不到帮助,我们确信应当把全部力量集中用在战争上,应当在这场协约国强加于我们的战争中获得胜利。只是因为党随时戒备,因为党纪律严明,还因为党的威信统一了各机关、各部门,使几十、几百、几千以至几百万人都遵照中央提出的口号一致行动,只是因为我们忍受了空前未有的牺牲,才出现了今天这样的奇迹。只是因为这样,尽管协约国帝国主义者和全世界帝国主义者两次、三次以至四次发动进攻,我们仍然能够获得胜利。当然,我们不仅要着重指出这一方面,而且要注意到从这一方面所得到的经验教训:没有纪律,没有集中,我们决不能完成这个任务。我们为了消灭反革命势力、拯救祖国,为了使俄国革命战胜邓尼金、尤登尼奇和高尔察克而忍受空前牺牲,是世界社会革命的保障。为了实现这一点,就必须有党的纪律,有极严格的集中,绝对相信成千成万人的空前未有的重大牺牲定能有助于这些任务的实现,绝对相信这确实是可能做到的和有把握做到的。为了这一点,就必须使我们党和实现专政的阶级即工人阶级,成为联合俄国以至全世界千百万劳动者的因素。

一个弄得精疲力竭的又弱又落后的国家竟战胜了世界上几个最强大的国家,如果想一想出现这种历史奇迹的根本原因究竟在哪里,那么,我们可以看出,根本原因就在于集中、纪律和空前的自我牺牲精神。这是在什么基础上出现的呢? 在一个教育程度最差的国家中,千百万劳动者所以能够组织起来,这种纪律、这种集中所以能够实现,就是因为工人受过资本主义的训练,资本主义使他们联合起来,就是因为一切先进国家的无产阶级已经联合起来,而且愈是先进国家,这种联合的规模就愈广泛;另一方面,是由于私有制即资本主义私有制、商品生产中的小私有制使敌人分崩离析。私有制在起分裂作用,我们则联合劳动者,而且愈来愈多地把全世界千百万劳动者联合起来。可以说,这一点现在连瞎子,至少是那些过去不愿看到这一点的人都已经看到了。时间愈久,我们的敌人分裂得愈厉害。分裂他们的是资本主义私有制、商品生产中的私有制,不管这些人是用余粮做投机买卖、靠剥削挨饿的工人发财致富的小业主,或者是各国资本家,尽管后者拥有军事实力,创立了"国际联盟"³³这个全世界一切先进民族的"伟大统一联盟"。这样的统一纯粹是虚构、骗局、谎言。我们已经看到一个极好的例子,就是这个臭名远扬的"国际联盟",它企图分配管理各个国家的权利,企图瓜分世界,可是这个臭名远扬的联盟犹如镜花水月,一下子就无影无踪了,因为它是建立在资本主义私有制的基础上的。我们从长期的历史过程中看到了这一点,而这证实了一个基本真理,根据这个真理,我们确认我们是做得对的,完全相信十月革命必然胜利,完全相信我们所担负的事业虽然有很大的困难,虽然有无数的障碍,但世界各国千百万劳动者将会参加进来。我们知道我们有同盟者,知道必须在一个负有历史赋予光荣艰巨使命的国家中善于表现出自我牺牲精神,使这些空前的牺牲获得百倍的补偿,因为我们在自己的国家中多坚持一个月,就能在世界各国多获得千百万的同盟者。

如果想想,到底为什么我们能够胜利,为什么我们必然胜利,那么只能说,是因为所有我们的敌人,那些在形式上同世界最强大的资本政府和资本代表有着各种各样的联系的人,不管他们在形式上是如何团结,实际上却是四分五裂的;他们之间的内部联系骨子里却是在分裂他们,使他们互相敌视,资本主义私有制也在使他们分化,把他们从盟友变成野兽,所以他们看不到,在阿尔汉格尔斯克登陆的英国士兵中,在塞瓦斯托波尔登陆的法国水兵中,在世界各国工人中,拥护苏维埃俄国的人日益增多起来,虽然在所有的先进国家里,社会党妥协分子都投到资本方面去了。就是这个基本原因,这个最深刻的原因,最终使我们获得了最可靠的胜利;这个原因过去是现在仍旧是我们取之不尽、用之不竭的最主要的力量源泉;有了这个源泉,我们就可以说,等我们在本国充分实现了无产阶级专政,经过无产阶级先锋队、经过它的先进政党最大限度地团结了无产阶级的力量的时候,我们就可以期待世界革命的到来。这实际上也就是一种意志的表现,无产阶级斗争决心的表现,无产阶级争取世界各国千百万工人联合的决心的表现。

资产者老爷们和第二国际的所谓社会党人把这称为宣传用语。不对,这是俄国流血的、痛苦的国内战争经验证实了的历史事实,因为这场国内战争是反对世界资本的战争,世界资本在争斗中自己崩溃了,它自己毁灭了自己,而我们却在一个无产阶级被饥饿和斑疹伤寒折磨得奄奄一息的国家中得到了更多的锻炼,变得更加坚强。在这个国家里,我们把愈来愈多的劳动者团结在我们的周围。以前妥协派认为是宣传用语而且被资产阶级习惯地加以嘲笑的东西,在我国革命的这一年中,主要是在报告年度中,终于变成了无可争辩的历史事实。这一事实使我们可以极为肯定地说,既然我们做到了这一点,这就证明我们有全世界的基础,有比以前任何一次革命都广泛得多的基础。我们有国际联盟,它在任何地方都没有明文规定,没有固定形式,从"国家法"的观点来看它什么都不是,而实际上,在日趋瓦解的资本主义世界中它却又是一切。每一个月,不管是我们夺回了阵地或者只抵挡住了空前强大的敌人,都向全世界证明我们是正确的,并使我们获得千百万新的同盟者。

这个过程看来是很艰难的，中间有过几次重大的失败。继芬兰出现空前的白色恐怖[34]之后，就在报告年度中，匈牙利革命失败了[35]，协约国代表们瞒着本国议会，同罗马尼亚订立秘密条约，把这个革命扑灭了。

这是最卑鄙的叛卖行为，这是协约国的阴谋，它们用白色恐怖来扑灭匈牙利革命，更无须说它们怎样竭力同德国妥协派勾结起来扑灭德国革命[36]，也无须说这班过去宣称李卜克内西是正直的德国人的人怎样同德帝国主义者一起，像疯狗一样扑向这个正直的德国人了。它们无所不用其极，但它们施行的任何这样的镇压只能使我们更加巩固和强大，同时却毁坏了它们自己的基础。

我认为，我们应当特别重视我们得到的这个基本经验。这里特别应当考虑的是，要使我们的鼓动和宣传工作建立在分析和说明上，即分析和说明我们为什么获得胜利，为什么在国内战争中付出的那些牺牲得到了百倍的补偿，而根据这个经验，又应当怎样做才能在另一种战争中，在不流血的战争中获得胜利，这一战争只是改变了形式，而进行这种战争反对我们的，仍然是旧资本主义世界的旧代表、旧奴仆和旧领袖，不过他们进行得更起劲、更疯狂、更卖力罢了。我国革命比任何其他革命都更有力地证实了这个规律：革命的力量、革命进攻的力量、革命的毅力、坚决性和革命胜利的成果愈大，资产阶级的抵抗力也就愈大。我们的胜利愈多，资本主义剥削者也就愈努力学习怎样联合起来，转而采取更坚决的进攻。要知道你们大家都记得很清楚（从时间上说，这是不久以前的事，可是从时事的角度说，却是老早以前的事了），在十月革命开始时，人们把布尔什维主义看做怪现象；这种观点在俄国很快就被抛弃了，这种表明无产阶级革命还不发展、还很薄弱的观点在欧洲也被抛弃了。布尔什维主义成了世界现象，工人革命风起云涌。苏维埃制度,即我们吸取了 1905 年的教训、研究了自己的经验而在十月建立起来的苏维埃制度,已成了有世界历史意义的现象。

可以毫不夸大地说,现在是两个营垒在全世界范围内完全有意识地互相对峙着。应当指出,只是在过去的这一年中,才开始了它们彼此间的最后决战。现在,就在举行这次代表大会的时候,我们正经历着也许又是一个最巨大、最急剧而尚未完结的从战争向和平转变的关头。

你们都知道,协约国帝国主义列强的领袖们向全世界高喊过:"我们永远不会停止反对那些篡权、抢权、敌视民主的布尔什维克强盗的战争。"你们知道,他们先是撤销了封锁,他们联合各小国的尝试也失败了,因为当时我们不仅把各国工人争取过来了,而且成功地把各小国的资产阶级也争取过来了,因为帝国主义者不只压迫本国工人,并且也压迫各小国的资产阶级。你们知道,我们是怎样把各先进国家中的动摇的资产阶级争取过来的,以致现在出现了这样的局面:协约国违反自己许下的诺言、誓词,违反自己签订的条约;顺便说说,它们曾同俄国各白卫匪帮订过几十个条约,现在就像守着破木盆[37]那样守着这些条约叹息,因为它们为这些条约耗费了亿万金钱,结果落了个一场空。

现在它们撤销了封锁,实际上已开始同苏维埃共和国进行和平谈判,现在它们又不把这种谈判进行到底,所以各小国对它们丧失了信心,对它们的力量丧失了信心。我们看到,协约国的地位,它们在对外关系中的地位,从法学的通常观点看来,是很不明确的。协约国各国对布尔什维克的关系,是一种既不战又不和、既承认我们又不承认我们的关系。我们的敌人原来深信自己是一种力量,现在它们这种分崩离析的状态却表明它们丝毫没有力量,只不过是一小群互相争吵、对我们无可奈何的资本主义野兽。

现在的情况是这样:拉脱维亚正式向我们提出了媾和的建议[38];芬兰打来了一个电报,正式提议划定国界,其实这也就是向和平政策的转变[39]。最后还有波兰,波兰的代表人物过去特别起劲地炫耀武力,而且现在还继续这样做,过去和现在波兰从协约国领到满载大炮的列车数量最多,并且协约国还答应,只要它继续同俄国斗争就尽力帮助它,——甚至连这个由于政府地位不稳而什么军事冒险都干得出来的波兰,也送来了举行和谈的邀请书[40]。对此必须特别谨慎。我们的政策要求格外的慎重。在这里极难找到正确的路线,因为此刻火车停在什么轨道上谁也不知道,连敌人自己也不知道它今后究竟怎么办。挑唆波兰最甚的代表法国政策的老爷们,以及地主和资产阶级的波兰的领袖们都不知道今后会怎样,都不知道自己要干什么。他们今天说:"先生们,给我们几列车大炮,几亿金钱,我们就同布尔什维克打一仗。"他们隐瞒罢工浪潮在波兰日益高涨的消息,严令书报检查机关不许泄露真情。而那里的革命运动在日益发展。德国革命的发展已进入新的时期,进入了新的阶段,工人在经过了德国的科尔尼洛夫叛乱[41]之后,现在正在建立红军,这直接说明(最近从那里发来电讯)工人的热情愈来愈高涨。地主和资产阶级的波兰的代表人物不由得开始想到:"是不是已经晚了?会不会在国家尚未作出战或和的正式决定以前就在波兰成立苏维埃共和国?"他们不知道怎么办才好。他们不知道明天带给他们的将是什么。

我们知道,我们的力量每个月都在大大增强,并将继续大大增强。所以现在我们所处的国际地位比以往任何时候都更巩固。但是我们应当密切注意国际危机,应当准备随时应付任何突然事件。我们已得到了波兰正式的媾和建议。这些老爷现在处在如此绝望的状态中,以致他们的朋友,即德国君主派分子,一些更有教养、更有政治经验和政治见解的人也铤而走险,发动科尔尼洛夫叛乱。波兰资产阶级抛出媾和建议,因为它知道,冒险可能造成波兰的科尔尼洛夫叛乱。我们知道敌人正处在极端困难的境地,他们不知道自己想做什么,也不知道明天要做什么,所以我们要十分肯定地指出:虽然有了媾和建议,但战争还是可能爆发的。他们今后的举动是无法预测的。这种人,我们看到过,这些克伦斯基之流、孟什维克和社会革命党人之流的人,我们很了解。在这两年中,我们看到,他们今天跑到高尔察克方面,明天又几乎跑到了布尔什维克方面,然后又跑到邓尼金方面,而这一切都是在自由和民主的词句掩饰下进行的。我们了解这些先生,所以我们双手抓住媾和建议,准备作最大限度的让步;我们相信,同各小国缔结和约,对于推进事业来说,要比战争好无数倍,因为帝国主义者用战争欺骗劳动群众,以此来隐瞒苏维埃俄国的真实情况,所以,任何一种和约都会使我们的影响增加和扩大一百倍。在过去这几年中,我们的影响本来已经很大了。第三国际即共产国际[20]已获得了空前的胜利。但是,我们同时也知道,战争随时都可能强加到我们头上。我们的敌人自己还不清楚,他们在这一方面究竟能做些什么。

他们正在进行战争准备,这是无可置疑的。现在有很多同俄国毗邻的国家,也许还有很多非毗邻的国家,都在进行这种全国性的武装准备。所以我们在国际政策上要尽可能地机动灵活,最坚决地贯彻我们既定的方针,并随时准备应付一切事变。我们是殚精竭虑来进行争取和平的战争的。我们正在取得辉煌的战果。在这一战场上,我们表现得最为出色,至少并不比红军在战场上,在流血的战线上表现得差。但是,即使小国愿意和平,同我们缔结和约却不取决于它们的意愿。它们对协约国各国负债累累,而在协约国各国之间正拼命地进行着争斗和竞争。所以我们应当记住,从国内战争和反协约国战争所造成的世界范围的实际情况来看，和平当然是可能的。

但是，我们在采取和平步骤的同时，也应当全面加强我们的作战准备，绝对不能解除我们军队的武装。我们军队是使帝国主义列强丝毫不敢轻举妄动、不敢侵犯我国的切实保障，因为列强纵然可以指望起初获得某些暂时的胜利，但结果任何一国都不免被苏维埃俄国所粉碎。这是我们应当知道的，这应当成为我们鼓动和宣传的重点，对于这一点我们要作好准备，要完成好在日益疲惫的情况下把和与战两者结合起来这一任务。

现在我要谈一谈迫使我们下决心引导劳动群众利用军队来完成当前基本任务的那些最重要的带根本性的理由。旧的纪律源泉即资本已经削弱了，旧的联合源泉已经消失了。我们应当建立另一种纪律，开辟另一种纪律和联合的源泉。强制手段引起资产阶级民主派的愤懑、叫嚣、喧嚷和哀号；这班人嘴上老是挂着"自由"、"平等"这些字眼，却不懂得，让资本享受自由就是对工人犯罪，让饱食者和挨饿者平等就是对劳动者犯罪。我们反对说假话，我们主张在实行劳动义务制和联合劳动者时，丝毫也不要害怕采用强制手段，因为不采用强制手段就决不能进行革命。因此，为了坚决地保持住自己的胜利成果，无产阶级有权采用强制手段。当资产者老爷们、妥协派老爷们、德国"独立党"[42]老爷们、奥地利"独立党"[43]老爷们和法国龙格派[44]老爷们争论历史因素问题时，他们总是把无产阶级的革命决心、坚定性、不屈不挠精神这样的因素忘掉了。这也就是我国无产阶级表现的那种不屈不挠和坚韧不拔的精神，他们曾对自己也对别人说过，并且用行动证明过，我们宁肯全部战死，也不放弃自己的领土，也不放弃自己的原则，即纪律和坚定政策的原则，为此我们应当不惜任何牺牲。在各资本主义国家和资本家阶级分崩离析的时候,在他们处于绝望和危机的时候,只有这个政治因素能起决定作用。少数和多数、民主和自由这些空洞的词句,不管旧历史时期的英雄们怎样强调,现在都起不了什么决定作用。这里起决定作用的是工人阶级的觉悟性和坚定性。如果工人阶级准备作出自我牺牲,如果工人阶级表明它能竭尽全力,那就可以完成任务。一切都为了完成这个任务。工人阶级的决心,它实现自己"宁死不屈"口号的坚定意志,不但是历史的因素,而且是起决定作用的、能夺取胜利的因素。

我们有了这个胜利,有了这种信心,才转向并已经转到和平经济建设的任务上。决定这些任务,就是我们这次代表大会的主要职责。我认为,在这方面不是由中央政治局来作报告,确切些说,不是由中央委员会来作政治报告,而应当直截了当地说:同志们,是的,这是由你们来决定的问题,是应当由你们以党的最高机关的权威来考虑的问题。我们把这个问题清清楚楚地提到你们面前来了。我们已经采取了明确的立场。你们的责任就在于最终批准、修改或变更我们的决定。但是,中央在自己的报告中应当说,它在这个基本的迫切问题上已经采取了十分明确的立场。是的,现在的任务是要把无产阶级所能集中的一切力量,把无产阶级的绝对统一的力量都投到经济建设这一和平任务上去,都投到恢复被破坏了的生产这一任务上去。这里需要有铁一般的纪律,铁一般的组织,否则,我们不仅支持不了两年多,甚至连两个月也支持不了。要善于运用我们的胜利。另一方面应当懂得,这个转变需要我们作出我国本来就已经承受得够多的大量牺牲。

原则方面的问题,中央是很清楚的。中央全部工作都是服从这个政策、根据这种精神的。例如你们将要解决的关于集体管理制和个人管理制的问题,看来似乎是局部问题,如果割断它同各方面的联系,当然不能说它是有根本原则意义的问题;但是这个问题的提出,无论如何都要从我们已经基本获得的知识、经验、革命实践出发。例如有人对我们说:"集体管理制是广大群众参加管理的形式之一。"可是我们在中央委员会里讨论过这个问题,研究过这个问题,我们应当向你们报告:同志们,这种理论上的混乱是决不能容忍的。我们要是在我们的军事活动,我们的国内战争这一基本问题上发生一点点这种理论上的混乱,那早就被人打垮了,打垮也活该。

同志们,请允许我在作中央委员会的报告的时候,在谈到新阶级是采用集体管理制还是一长制来参加管理的问题的时候,稍微谈点理论,指出一个阶级怎样进行管理,阶级统治表现在什么地方。在这方面我们并不是新手,我国革命和以往革命的区别就在于我国革命不是空想。新阶级只有在反对其他阶级的激烈斗争中保存住自己,才能取代旧阶级,而且只有当它能够完全消灭阶级时,它才能获得最终胜利。阶级斗争的巨大而复杂的过程正是这样要求的,不这样,你们就会陷于混乱而不能自拔。阶级统治表现在什么地方呢?资产阶级对封建主的统治表现在什么地方呢?宪法写上了自由、平等。这是骗人的话。只要有劳动者存在,私有者就会投机倒把,而且正由于他是私有者,也就不得不投机倒把。我们说,平等是没有的,饱食者和挨饿者是不平等的,投机倒把者和劳动者也是不平等的。

现在的阶级统治表现在什么地方呢?无产阶级的统治表现在废除了地主和资本家的所有制。以前所有一切宪法,以至最民主的共和宪法的精神和基本内容都归结在所有制这一点上。我们的宪法之所以有权在历史上存在,所以争取到了这个权利,就是因为废除这一所有制不是仅仅在纸上写写而已。获得胜利的无产阶级废除并彻底破坏了这一所有制,阶级统治也就表现在这里。首先就表现在所有制问题上。我们实际解决了所有制问题,这样也就保证了阶级统治。后来,宪法把实际生活中解决了的废除资本家和地主的所有制的问题记载下来,并补充说:宪法规定,工人阶级比农民有更多的权利,而剥削者则没有丝毫权利,——这样宪法就记载了我们业已实行的本阶级的统治,靠了这一点我们才保持了同劳动者的一切阶层和一切小的集团的联系。

小资产阶级私有者是分散的,其中财产较多的人就是财产较少的人的敌人;而无产者废除私有制,就是公开向他们宣战。还有许多没有觉悟的无知的人,凡是自由贸易他们就完全拥护,可是当他们看到我们在战胜剥削者时表现出来的纪律和自我牺牲精神,他们就不能作战,他们既不拥护我们,但也无力反对我们。关于所有制以及哪一个阶级领导的问题,只有阶级统治能够决定。谁要是像我们经常所见的那样把阶级统治的表现问题同民主集中制问题搅在一起,那他就要造成莫大的混乱,以致任何工作都无法顺利进行。宣传鼓动工作的明确性是一个基本条件。我们的敌人也承认,说我们在开展宣传鼓动工作方面做出了奇迹,但这不应当从表面上来理解,以为我们有许多鼓动员,我们耗费了很多纸张,而应当从实质上来理解,就是说,我们宣传的真理深入了人心。而这个真理是无法回避的。

当一个阶级取代了另一个阶级的时候,它也改变了同所有制的关系。资产阶级取代封建主义之后,也就改变了同所有制的关系;资产阶级的宪法说:"拥有财产的人和乞丐是平等的。"这就是资产阶级的自由。这种"平等"把国家统治权交给了资本家阶级。难道你们以为资产阶级取代封建主义之后,它就把国家和管理混为一谈了吗?没有的事,他们不是这样的傻瓜,他们说:要管理就要有善于管理的人才,为此我们就要起用封建主,要改造他们。他们就这样做了。这样做难道错了吗? 同志们,不是的,管理的本领不会从天上掉下来,不会凭空就有的,不会因为这个阶级是先进阶级,于是一下子就有了管理的本领。我们从实例中看到:资产阶级刚胜利时,它是起用另一个阶级即封建阶级出身的人做管理工作的,否则它就无人可用。要清醒地观察事物:资产阶级曾起用先前那个阶级的人才,而我们现在也有同样的任务——善于吸取、掌握、利用先前那个阶级的知识和素养,为本阶级的胜利而运用这一切。所以我们说,获得胜利的阶级应当是成熟的阶级,可是成熟性不是用文字或证书所能证明的,而是要由经验和实践来证明的。

资产者获得了胜利,但当时还不会管理,他们是这样保障自己的胜利的:宣布新宪法,从本阶级中征募管理人员,开始学习,同时利用先前那个阶级的管理人员,并且开始训练和培养自己的新人去做管理工作,为此而运用了全部国家机构,取缔旧的封建机关,让富人进学校,这样经过许多年,经过几十年,他们就把本阶级的管理人员培养出来了。现时在按统治阶级的模样组成的国家中,也应采取过去所有的国家都用过的办法。如果我们不愿立足于纯粹的空想和空谈,那我们就要说,我们应当考虑过去年代的经验,我们应当保障革命所争得的宪法,但是要管理,要进行国家建设,就应当有掌握管理技术、具有管理国家和管理经济经验的人才,而这样的人才我们只有从先前那个阶级中才能找到。

在关于集体管理制的议论中,往往充斥着一种最无知的情绪,即反对专家的情绪。有了这种情绪是不能取得胜利的。要获得胜利,就必须懂得旧资产阶级世界的全部悠久的历史;要建设共产主义,就必须掌握技术,掌握科学,并为了更广大的群众而运用它们,而这种技术和科学只有从资产阶级那里才能获得。应当把这个基本问题突出地提出来,应当把它作为经济建设的基本任务提出来。我们应当借助于被我们推翻了的那个阶级出身的人来从事管理,自然,这些人满脑子都是他们本阶级的偏见,我们应当重新教育他们。同时,我们应当从本阶级队伍中征集自己的管理人员。我们要运用全部国家机构,使学校、社会教育、实际训练都在共产党员领导之下为无产者、为工人、为劳动农民服务。

我们只能这样办。我们既然有了两年的经验,就不能这样来议论,好像我们是初次从事社会主义建设似的。在斯莫尔尼[45]时期和在此前后,我们做了够多的蠢事。这是没有什么可耻的。我们初次从事新的事业,聪明才智从哪里来呢?我们这样试试,那样试试。我们曾随波逐流,因为那时区分不出正确的东西和不正确的东西,要做到能够区分是需要时间的。现在这已经成为不久前的往事了,我们已经度过了这个时期。这一充满混乱和热情的时期已经过去了。说明过去这个时期的文件就是布列斯特和约[17]。这是历史文件。不仅如此,这是一个历史时期。我们被迫接受布列斯特和约,是因为当时我们在各方面都软弱。这是怎样的历史时期呢?这是我们软弱的时期,我们现在已经以胜利者的姿态度过了这个时期。这又是完全实行集体管理制的时期。这是无法跳过的历史事实,因为人们说集体管理制是学习管理的学校。但我们不能总是蹲在学校的预备班里!(鼓掌)这样做是行不通的。我们现在是成年人了,如果我们的举动仍旧和小学生一样,那我们在各方面都是要不断挨打的。应当前进。应当坚韧不拔地、意志统一地向高处攀登。工会面临着极大的困难。要设法使工会理解,这个任务是要反对臭名远扬的民主制的残余。所有那些关于被委派者的叫喊,所有那些在各种决议和谈话中常见的陈腐有害的滥调,应当扫除干净。否则我们就不能获得胜利。如果我们在两年内还没有领会这个教训,那我们就是落后了,而落后是会挨打的。

任务非常困难。我们的工会对无产阶级国家的建设有过极大的帮助。工会是党联系千百万没有知识的群众的一个环节。我们不会掩盖事实:当工会帮助国家做粮食工作时,曾肩负了同我们的各种灾难作斗争的全部任务。难道这不是极大的任务吗? 不久以前出版了《中央统计局公报》[46]。公报上刊出了一些绝无信仰布尔什维主义嫌疑的统计学家们得出的总结数字。其中有两个有趣的数字:在1918年和1919年,各消费省中每个工人每年领得7普特粮食,而各产粮省中每个农民每年却消费了17普特粮食。在战前,这些农民每年只消费16普特粮食。这两个数字表明了粮食斗争中的阶级对比关系。无产阶级继续作出牺牲。竟有人对暴力大叫大喊! 但是无产阶级认为采用这种暴力是正当的、合法的,并且用作出最大牺牲的事实证明了采用这种暴力是正确的。在我们忍饥挨饿的、满目疮痍的俄国,各产粮省的大多数居民即农民,几百年来第一次比在沙皇俄国、资本主义俄国的时代吃得好。但我们要说,在红军获得胜利以前,群众还将挨饿。工人阶级先锋队必须作出这种牺牲。它在这个斗争中受到了锻炼。受过锻炼之后,我们应当继续前进。现在无论如何也要跨出这一步。同任何一个工会一样,老工会都有它自己的历史和过去。在过去,工会是反对劳动压迫者的机关,反对资本主义的机关。而当工人阶级成了统治阶级时,当工人阶级现在必须作出很大牺牲、忍饥挨饿、献出生命时,情况就完全改变了。

这种改变,不是一切人都能理解的,不是一切人都能深刻认识的。在这方面,有些孟什维克和社会革命党人在帮助我们,他们要求用集体管理制来代替个人管理制。同志们,对不起,这样做是行不通的! 我们已经抛弃了这一套。现在我们面临一个极复杂的任务:在流血的战线上获胜之后,还要在不流血的战线上获得胜利。这场战争更加困难。这条战线是最艰巨的战线。我们向全体觉悟工人公开说明这一点。我们打赢了火线上的那场战争之后,还要打一场不流血的战争。结果是我们的胜利愈大,像西伯利亚、乌克兰、库班这样的地区也就愈多。那里有富裕农民,那里没有无产者,即使有无产阶级,那也是已经被小资产阶级的习惯腐化了的;并且我们知道,那里凡是有一小块土地的人都说:"我才不在乎政府呢! 我要尽量敲一下饿肚子的人的竹杠,我才不把政府放在眼里呢!"现在协约国将会帮助那些原来被邓尼金宰割,以后又摇摆到我们方面来的投机者农民。战争改变了战线和形式。协约国现在是用贸易、用粮食投机来进行战争,它使这种粮食投机成为国际性的。发表在《中央通报》[47]上的加米涅夫同志的提纲,把这个问题的基本点完全表达出来了。他们想使粮食投机成为国际性的。他们想把和平的经济建设变成对苏维埃政权的和平瓦解。帝国主义者老爷们,对不起,我们是有戒备的! 我们说:我们打过仗,我们胜利过,所以我们继续要把曾经帮助我们获得胜利的口号提出来作为基本口号。我们要完全保留这个口号,并把它用到劳动战线去,这口号就是无产阶级的坚定精神和统一意志。原来留下的那些旧偏见、旧习惯,应当一律扫除。

最后,我还要讲讲古谢夫同志写的一本小册子[48]。据我看,这本小册子从两方面来看是值得注意的:这本小册子写得好,不仅从形式来看是这样,也不仅因为它是在我们代表大会开幕前写成的。不知怎的我们大家直到现在都惯于写决议。有人说,写出的东西形式不拘,只要不是枯燥无味,那就是好的。我看,决议应当列入枯燥无味一类。如果我们都效法古谢夫同志,少写些决议,多写些小册子,即使它们也同古谢夫的小册子一样有很多错误,那也要好些。尽管有这些错误,它还是一本很好的小册子,因为它所注意的中心是恢复全国工业和生产的基本经济计划,因为其中的一切都服从于基本经济计划。在今天散发给大家的中央委员会的提纲中,有整整一节是整个取自古谢夫同志的提纲中的。我们可以依靠专家们的帮助,更详尽地拟定这个基本经济计划。我们应当记住,这个计划是预定用很多年来实现的。我们并不许诺一下子就使我国摆脱饥饿。我们指出,斗争将比在军事战线上更加困难,但这场斗争会引起我们更大的兴趣,它将使我们更接近我们真正的基本任务。这场斗争要求我们全力以赴,要求意志统一,也就是我们以前做到过、现在我们也应当做到的意志统一。如果我们把这个问题解决了,那么我们在不流血战线上获得的胜利,决不会小于在国内战争战线上所获得的胜利。(鼓掌)

载于 1920 年 3 月 30 日和 31 日　　　　选自《列宁全集》第 2 版第 38 卷
《真理报》第 69 号和第 70 号　　　　　　第 266—287 页

从破坏历来的旧制度到创造新制度

(1920年4月8日)

我们这张报纸⁴⁹是专门讨论共产主义劳动问题的报纸。

这是社会主义建设中最重要的问题。首先我们应该很清楚，只有在无产阶级夺得政权之后，只有在剥夺了地主和资本家之后，只有在夺得了国家政权的无产阶级对那些进行拼死反抗、组织反革命暴动和国内战争的剥削者取得了决定性的胜利之后，这个问题才**有可能**在实际上提出来。

在1918年初，这个时刻似乎就已来到了，在2月(1918年)那次德帝国主义对俄国的武装进攻之后，它确实是来到了。但在当时这个时刻出现得异常短促，新的更汹涌的反革命暴动和侵略的浪潮来得异常迅猛，苏维埃政权根本没有可能比较专心致志地着手研究和平建设的问题。

现在我们已熬过了前所未闻的令人难以置信的艰难、饥饿、穷困和苦难的两年，同时这也是红军对国际资本主义反动匪帮取得空前胜利的两年。

现在我们确有很大希望(如果法国资本家唆使波兰作战不成)取得比较稳定、比较持久的和平了。

两年来我们已经有了一些根据社会主义原则进行建设的经验。因此，可以而且应当认真提出共产主义劳动问题，确切些说，不是共产主义劳动问题,而是社会主义劳动问题,因为这里指的是从资本主义中生长出来的新社会制度的低级发展阶段即初级发展阶段,而不是高级发展阶段。

共产主义劳动,从比较狭窄和比较严格的意义上说,是一种为社会进行的无报酬的劳动,这种劳动不是为了履行一定的义务、不是为了享有取得某些产品的权利、不是按照事先规定的法定定额进行的劳动,而是自愿的劳动,是无定额的劳动,是不指望报酬、不讲报酬条件的劳动,是按照为公共利益劳动的习惯、按照必须为公共利益劳动的自觉要求(这已成为习惯)来进行的劳动,这种劳动是健康的身体的需要。

大家都明白,我们,就是说我们的社会、我们的社会制度,还远远不能广泛地、真正普遍地实行**这种**劳动。

但是提出这个问题,由整个先进无产阶级(共产党和工会)和国家政权提出这个问题,就已经是在这条路上前进了一步。

要成就一件大事业,必须从一点一滴做起。

另一方面,"大事业"成功之后,即推翻资本家所有制并把政权交给无产阶级的国家变革实现之后,要在**新**基础上建设经济生活,也只**能从一点一滴**做起。

星期六义务劳动、劳动军[50]、劳动义务制——这就是具体实行社会主义劳动和共产主义劳动的各种方式。

在具体实行的时候,还有许许多多的缺点。对这些缺点采取讥笑(或幸灾乐祸)态度的,除了维护资本主义的人以外,就只有那些毫无头脑的人了。

在这样崭新、艰难和伟大的事业中,缺点、错误和失误是不可避免的。谁害怕社会主义建设中的困难,谁被这些困难吓倒,谁见了这些困难就悲观失望或者张皇失措起来,谁就不是社会主义者。

建立新的劳动纪律,建立人与人之间社会联系的新形式,创立吸引人们参加劳动的新方式和新方法——这是一项需要许多年甚至几十年才能完成的工作。

这是最能收效最崇高的工作。

值得庆幸的是,我们已经推翻了资产阶级,粉碎了资产阶级的反抗,为自己争取到了使这种工作**有可能**进行的基地。

我们一定用全副精力来进行这一工作。有韧性,能坚持,有决心,有决断,善于反复试验、反复修正,不达目的决不罢休——这些品质是无产阶级在十月革命前经过 10 年、15 年以至 20 年的磨炼才得到的,十月革命后,无产阶级在两年中历尽空前未有的穷困、饥饿、破坏和苦难,使这些品质受到了进一步磨炼。无产阶级的这些品质就是无产阶级一定胜利的保证。

1920 年 4 月 8 日

载于 1920 年 4 月 11 日《共产主义星期六义务劳动报》

选自《列宁全集》第 2 版第 38 卷第 342—344 页

共产主义运动中的"左派"幼稚病[51]（节选）

（1920 年 4—5 月）

一

在什么意义上可以说
俄国革命具有国际意义？

　　无产阶级在俄国夺取政权（1917 年 10 月 25 日，即公历 11 月 7 日）后的最初几个月，人们可能觉得，由于落后的俄国同先进的西欧各国有巨大的差别，西欧各国的无产阶级革命同我国的革命将很少有相似之处。现在我们已经有相当丰富的国际经验，它十分明确地说明，我国革命的某些基本特点所具有的意义，不是局部地区的、一国特有的、仅限于俄国的意义，而是国际的意义。我这里所说的国际意义不是按广义来说的，不是说：不仅我国革命的某些基本特点，而且所有基本特点和许多次要特点都具有国际意义，都对所有国家发生影响。不是的，我是按最狭义来说的，就是说，所谓国际意义是指我国所发生过的事情在国际上具有重要性，或者说，具有在国际范围内重演的历史必然性，因此必须承认，具有国际意义的是我国革命的某些基本特点。

　　当然，要是夸大这个真理，说它不限于我国革命的某些基本特点,那是极大的错误。如果忽略另外一点,同样也是错误的,那就是:只要有一个先进国家的无产阶级革命取得了胜利,就很可能发生一个大变化,那时,俄国很快就不再是模范的国家,而又会成为落后的(在"苏维埃"和社会主义的意义上来说)国家了。

但在目前历史时期,情况正是这样:俄国这一模范向**所有**国家展示了它们在不久的将来必然会发生某些事情,而且是极重大的事情。各国先进工人早就懂得了这一点,而在更多的情况下,与其说是懂得了这一点,不如说是他们凭着革命阶级的本能而领悟到了这一点,感觉到了这一点。因此苏维埃政权以及布尔什维主义的理论原理和策略原理具有国际的"意义"(按狭义来说)。第二国际的"革命"领袖们,如德国的考茨基、奥地利的奥托·鲍威尔和弗里德里希·阿德勒之流不懂得这一点,因此他们成了反动分子,成了最坏的机会主义和背叛社会主义的行为的辩护人。例如,1919 年维也纳出版的一本没有署名的小册子《世界革命》(《Welt-revolution》)(《社会主义丛书》伊格纳茨·勃兰德出版社版第 11册),就异常清楚地表明了这些人的整个思路和整套思想,更确切些说,表明了他们的困惑、迂腐、卑鄙和对工人阶级利益的背叛,已经达到了无以复加的程度,而这一切又都是用"捍卫""世界革命"的思想作幌子的。

但是,对于这本小册子的详细评论,要等以后有机会时再说了。这里我们只想再指出一点:在很久以前,当考茨基还是一个马克思主义者而不是叛徒的时候,他曾经以一个历史学家的态度看问题,预见到可能会有一天,俄国无产阶级的革命精神将成为西欧的模范。这是 1902 年的事,当时考茨基在革命的《火星报》[52]上写了一篇题为《斯拉夫人和革命》的文章。他是这样写的:

"现时〈与 1848 年不同〉可以认为，不仅斯拉夫人加入了革命民族的行列，而且革命思想和革命活动的重心也愈来愈移向斯拉夫人那里。革命中心正从西向东移。19 世纪上半叶，革命中心在法国，有时候在英国。到了 1848 年，德国也加入了革命民族的行列…… 揭开新世纪序幕的一些事变使人感到，我们正在迎接革命中心的进一步转移，即向俄国转移…… 从西欧接受了这么多的革命首创精神的俄国，也许现在它本身已有可能成为西欧革命动力的源泉了。轰轰烈烈的俄国革命运动，也许会成为一种最强有力的手段，足以铲除在我们队伍中开始蔓延的萎靡不振的庸俗习气和鼠目寸光的政客作风，促使斗争的渴望和对我们伟大理想的赤诚重新燃起熊熊的火焰。俄国对于西欧来说早已不再是反动势力和专制制度的堡垒了。现在的情况也许恰恰相反。西欧正变成支持俄国反动势力和专制制度的堡垒…… 俄国的革命者如果不是同时必须跟沙皇的同盟者——欧洲资本作战，也许早就把沙皇打倒了。我们希望，这一次他们能够把这两个敌人一起打倒，希望新的'神圣同盟'比它的前驱垮得更快一些。但是不管俄国目前斗争的结局如何，那些在斗争中牺牲的烈士(不幸的是，牺牲的人会很多很多)所流的鲜血和所受的苦难，决不会是白费的。他们将在整个文明世界中培育出社会革命的幼苗，使它们长得更茂盛、更迅速。1848 年时，斯拉夫人还是一股凛冽的寒流，摧残了人民春天的花朵。也许现在他们注定要成为一场风暴，摧毁反动势力的坚冰，以不可阻挡之势给各国人民带来新的幸福的春天。"(**卡尔·考茨基**《斯拉夫人和革命》，载于 1902 年 3 月 10 日俄国社会民主党的革命报纸——《火星报》第 18 号)

卡尔·考茨基在 18 年前写得多好啊！

二

布尔什维克成功的基本条件之一

大概，现在差不多每个人都能看出，如果我们党没有极严格的真正铁的纪律，如果我们党没有得到整个工人阶级全心全意的拥护，就是说，没有得到工人阶级中所有一切善于思考、正直、有自我牺牲精神、有威信并且能带领或吸引落后阶层的人的全心全意的拥护,那么布尔什维克别说把政权保持两年半,就是两个半月也保持不住。

无产阶级专政是新阶级对**更强大的**敌人,对资产阶级进行的最奋勇和最无情的战争。资产阶级的反抗,由于资产阶级被推翻(哪怕是在一个国家内)而**凶猛十倍**;资产阶级的强大不仅在于国际资本的力量,在于它的各种国际联系牢固有力,而且还在于**习惯的力量,小生产**的力量。这是因为世界上可惜还有很多很多小生产,而小生产是经常地、每日每时地、自发地和大批地**产生着**资本主义和资产阶级的。由于这一切原因,无产阶级专政是必要的,不进行长期的、顽强的、拼命的、殊死的战争,不进行需要坚持不懈、纪律严明、坚定不移、百折不挠和意志统一的战争,便不能战胜资产阶级。

再说一遍,俄国无产阶级专政取得胜利的经验向那些不善于思索或不曾思索过这一问题的人清楚地表明,无产阶级实现无条件的集中和极严格的纪律,是战胜资产阶级的基本条件之一。

人们时常议论这个问题。但是这到底是什么意思呢? 这在什么情况下才是可能的呢? 关于这些,他们却考虑得远远不够。在对苏维埃政权和布尔什维克欢呼的同时,是不是应该对布尔什维**克为什么能够建立革命无产阶级所必需的纪律的原因多作些极其认真的分析**呢?

布尔什维主义作为一种政治思潮,作为一个政党而存在,是从1903 年开始的。只有布尔什维主义存在的**整个**时期的历史,才能令人满意地说明,为什么它能够建立为无产阶级胜利所必需的铁的纪律并能在最困难的条件下坚持住这种纪律。

这里首先发生这样一个问题:无产阶级革命政党的纪律是靠

什么来维持的？是靠什么来检验的？是靠什么来加强的？第一，是靠无产阶级先锋队的觉悟和它对革命的忠诚，是靠它的坚韧不拔、自我牺牲和英雄气概。第二，是靠它善于同最广大的劳动群众，首先是同无产阶级劳动群众，**但同样也同非无产阶级**劳动群众联系、接近，甚至可以说在某种程度上同他们打成一片。第三，是靠这个先锋队所实行的政治领导正确，靠它的政治战略和策略正确，而最广大的群众根据**切身经验**也确信其正确。一个革命政党，要真正能够成为必将推翻资产阶级并改造整个社会的先进阶级的政党，没有上述条件，就不可能建立起纪律。没有这些条件，建立纪律的企图，就必然会成为空谈，成为漂亮话，成为装模作样。可是另一方面，这些条件又不能一下子就产生。只有经过长期的努力和艰苦的实践才能造成这些条件；正确的革命理论——而理论并不是教条——会使这些条件容易造成，但只有同真正群众性的和真正革命的运动的实践密切地联系起来，这些条件才能最终形成。

布尔什维主义所以能够建立并且在1917—1920年异常艰难的条件下顺利地实现极严格的集中和铁的纪律，其原因仅仅在于俄国有若干历史特点。

一方面，布尔什维主义是1903年在最坚固的马克思主义理论基础上产生的。而这个——也只有这个——革命理论的正确性，不仅为整个19世纪全世界的经验所证实，尤其为俄国革命思想界的徘徊和动摇、错误和失望的经验所证实。在将近半个世纪里，大约从上一世纪40年代至90年代，俄国进步的思想界在空前野蛮和反动的沙皇制度的压迫之下，曾如饥似渴地寻求正确的革命理论，专心致志地、密切地注视着欧美在这方面的每一种"最新成就"。俄国在半个世纪里，经受了闻所未闻的痛苦和牺牲，表现了空前未有的革命英雄气概，以难以置信的毅力和舍身忘我的精神去探索、学习和实验,经受了失望,进行了验证,参照了欧洲的经验,真是**饱经苦难才找到了**马克思主义这个唯一正确的革命理论。由于人们在沙皇政府的迫害下侨居国外,俄国的革命者在 19 世纪下半叶同国际的联系相当广泛,对世界各国革命运动的形式和理论十分熟悉,这是世界上任何一国所不及的。

另一方面,在这个坚如磐石的理论基础上产生的布尔什维主义,有了 15 年(1903—1917 年)实践的历史,这段历史的经验之丰富是举世无比的。这是因为任何一个国家在这 15 年内,在革命经验方面,在各种运动形式——合法的和不合法的、和平的和激烈的、地下的和公开的、小组的和群众的、议会的和恐怖主义的形式——更替的迅速和多样性方面,都没有哪怕类似这样丰富的经历。任何一个国家都没有在这样一个短短的时期内,集中了现代社会**一切**阶级进行斗争的如此丰富的形式、特色和方法,而且由于俄国的落后和沙皇制度的残酷压迫,这个斗争成熟得特别迅速,它如饥似渴又卓有成效地吸取了欧美政治经验方面相宜的"最新成就"。

三

布尔什维主义历史的几个主要阶段

革命准备年代(1903—1905 年)。处处都感到大风暴即将到来。一切阶级都动了起来,准备应变。国外的侨民报刊,从理论上提出了革命的**一切**基本问题。三个主要阶级的代表,即自由主义资产阶级派、小资产阶级民主派(它挂着"社会民主"派和"社会革命"派[53]的招牌)和无产阶级革命派这三个主要政治派别的代表,在纲领观点和策略观点上进行着十分激烈的斗争,预示着和准备着行将到来的公开的阶级斗争。1905—1907 年间以及 1917—1920 年间导致群众武装斗争的**一切**问题,都可以(而且应当)在当时报刊上找到它们的最初提法。自然,在这三个主要派别之间,还有无数中间的、过渡的、摇摆的派别。确切些说,在各机关报刊、各政党、各派别、各集团之间所展开的斗争中,逐渐形成真正代表阶级的各种思想政治派别;各阶级都在为未来的战斗锻造自己的思想政治武器。

革命年代(1905—1907 年)。一切阶级都公开登台了。一切纲领观点和策略观点都受到群众行动的检验。罢工斗争的广泛和激烈是世界上前所未见的。经济罢工发展为政治罢工,政治罢工又发展为起义。领导者无产阶级同动摇不定的被领导者农民之间的相互关系,受到了实际检验。苏维埃这种组织形式在自发的斗争进程中诞生了。当时关于苏维埃的意义的争论,就预示了1917—1920 年间的伟大斗争。议会斗争形式和非议会斗争形式的更替,抵制议会活动的策略和参加议会活动的策略的更替,合法的斗争形式和不合法的斗争形式的更替,以及这些斗争形式的相互关系和联系——这一切都具有异常丰富的内容。这个时期的每一个月,就群众和领袖、阶级和政党所受的政治科学原理的训练来说,可以等于"和平""宪政"发展时期的整整一年。没有 1905 年的"总演习",就不可能有 1917 年十月革命的胜利。

反动年代(1907—1910 年)。沙皇制度胜利了。一切革命党和反对党都失败了。消沉、颓丧、分裂、涣散、叛卖和色情代替了政治。追求哲学唯心主义的倾向加强了;神秘主义成了掩盖反革命情绪的外衣。但同时正是这一大失败给革命政党和革命阶级上了真正的和大有教益的一课,上了历史辩证法的一课,上了使它们懂得如何进行、善于进行和巧妙进行政治斗争的一课。患难识朋友。

战败的军队会很好地学习。

　　胜利了的沙皇制度,不得不加速破坏俄国资本主义以前的宗法制度残余。俄国资产阶级性质的发展突飞猛进。非阶级的、超阶级的幻想,认为可以避免资本主义的幻想,都破灭了。阶级斗争采取了完全新的、更加鲜明的形式。

　　革命政党应当补课。它们学习过进攻。现在必须懂得,除了进攻以外,还必须学会正确地退却。必须懂得——而革命阶级也正在从本身的痛苦经验中领会到——不学会正确的进攻和正确的退却,就不能取得胜利。在所有被击败的反对党和革命党中,布尔什维克退却得最有秩序,他们的"军队"损失得最少,骨干保存得最多,发生的分裂最小(就其深度和难于挽救的程度来说),颓丧情绪最轻,他们最广泛、最正确和最积极地去恢复工作的能力也最强。布尔什维克所以能够如此,只是因为他们无情地揭露了并且驱逐了口头革命家,这些人不愿意懂得必须退却,必须善于退却,必须学会在最反动的议会、最反动的工会、合作社、保险会等组织中进行合法工作。

　　高潮年代(1910—1914 年)。高潮起初来得非常缓慢,1912年勒拿事件[54]后,稍微快了一些。经过 1905 年,整个资产阶级看清了孟什维克是资产阶级在工人运动中的代理人,于是千方百计来支持他们反对布尔什维克,布尔什维克克服了闻所未闻的困难,才打退了他们。但是,如果布尔什维克不是运用了正确的策略,即既要进行不合法的工作,又必须利用"合法机会",那他们是永远做不到这一点的。在最反动的杜马中,布尔什维克把整个工人选民团都争取过来了。

　　第一次帝国主义世界大战(1914—1917 年)。在"议会"极端反动的条件下,合法的议会活动使布尔什维克这一革命无产阶级的政党获得了极大的益处。布尔什维克代表被流放到西伯利亚。[55]社会帝国主义、社会沙文主义、社会爱国主义、不彻底的和彻底的国际主义、和平主义以及反对和平主义幻想的革命主张——所有这些形形色色的观点,都在我们的侨民报刊上充分反映出来了。第二国际中的书呆子和老懦夫,看到俄国社会主义运动内部"派别"繁多,斗争剧烈,都高傲地嗤之以鼻,可是战争把**一切**先进国家中夸耀一时的"合法性"夺去以后,他们甚至连近似俄国革命家在瑞士和其他一些国家里组织自由(秘密)交换意见和自由(秘密)探索正确观点这样的事情,都没有做到。正因为如此,各国公开的社会爱国主义者也好,"考茨基主义者"也好,都成了最恶劣的无产阶级叛徒。布尔什维主义所以能在1917—1920年间获得胜利,其基本原因之一,就是它从1914年底就开始无情地揭露社会沙文主义和"考茨基主义"(法国的龙格主义[44]以及英国的独立工党[56]首领、费边派[57]和意大利的屠拉梯之流的见解,也同"考茨基主义"一样)的卑鄙龌龊和下流无耻,而群众后来根据自身的经验,也日益相信布尔什维克的观点是正确的。

俄国第二次革命(1917年2月至10月)。沙皇制度的极端腐朽和衰败(加上极其痛苦的战争的打击和负担)造成了一种摧毁这个制度的极大力量。在几天之内,俄国就变成了比世界上任何国家都自由(在战争环境里)的资产阶级民主共和国。反对党和革命党的领袖,也同在最"严格的议会制"共和国内一样,出来组织政府;而且议会(尽管是反动透顶的议会)反对党领袖的身份,**使**这种领袖在革命中**容易**继续发挥作用。

孟什维克和"社会革命党人"[4]在几个星期内就对第二国际的欧洲英雄们、内阁派[58]以及其他机会主义渣滓的那套方法和手腕、那套论据和诡辩十分精通了。我们现在读到有关谢德曼和诺斯克之流、考茨基和希法亭、伦纳和奥斯特尔利茨、奥托·鲍威尔和弗里茨·阿德勒、屠拉梯和龙格、英国费边派及独立工党领袖等人的一切评述,总觉得是(事实上也是)旧调重弹,索然无味。所有这些我们已经在孟什维克那里见过了。历史真是开了个玩笑,竟使一个落后国家的机会主义者抢到许多先进国家机会主义者的前面去了。

如果说第二国际的一切英雄都破了产,他们在苏维埃和苏维埃政权的意义和作用这个问题上丢了脸,如果说现在脱离了第二国际的三个非常重要的政党(即德国独立社会民主党**42**、法国龙格派的党和英国独立工党)的领袖们,在这个问题上也特别"光彩地"丢了脸而且变得糊涂透顶,如果说所有这些人都成了小资产阶级民主派偏见的奴隶(同 1848 年自命为"社会民主派"的小资产者一模一样),那么**这一切**我们**已经**在孟什维克身上看到了。历史开了这样的玩笑:1905 年俄国产生了苏维埃;在 1917 年 2 月到 10 月间,孟什维克篡改了苏维埃,他们由于无法理解苏维埃的作用和意义而破产了;现在,苏维埃政权的思想已经**在全世界**诞生,并且正以空前未有的速度在各国无产阶级中间传播开来,而第二国际的老英雄们也像我国孟什维克一样,由于无法理解苏维埃的作用和意义而**到处**遭到破产。经验证明,在无产阶级革命某些非常重要的问题上,**一切**国家都必然要做俄国已经做过的事情。

布尔什维克发动反对议会制(实际上是)资产阶级共和国、反对孟什维克的胜利斗争,是极其审慎的,所作的准备也绝不像现在欧美各国所常常认为的那样简单。在这一时期的初期,我们**没有**号召去推翻政府,而是说明,**不预先改变苏维埃的成分并且扭转苏维埃的情绪,是不能推翻政府的**。我们没有宣布抵制资产阶级的议会,即立宪会议,而是说,并且从我们党的四月(1917 年)代表会议[59]起就用党的名义正式说,有立宪会议的资产阶级共和国要比没有立宪会议的好,而"工农"共和国即苏维埃共和国,则要比任何资产阶级民主共和国即议会制共和国好。没有这种谨慎的、周到的、细致的和长期的准备,我们就既不能取得1917年10月的胜利,也不能巩固住这个胜利。

四

布尔什维主义是在反对
工人运动内部哪些敌人的斗争中
成长、壮大和得到锻炼的?

首先是而且主要是在反对机会主义的斗争中。机会主义在1914年彻底变成社会沙文主义,彻底倒向资产阶级方面反对无产阶级。这自然是布尔什维主义在工人运动内部的主要敌人。现在这个敌人在国际范围内仍然是主要敌人。对于这个敌人,布尔什维主义过去和现在都给予极大的注意。布尔什维克在这方面的活动,现在就是国外也知道得很清楚。

关于布尔什维主义在工人运动内部的另一个敌人,就不能这样说了。国外还极少知道布尔什维主义是在同**小资产阶级革命性**作长期斗争中成长、成熟和得到锻炼的。这种革命性有些像无政府主义,或者说,有些地方照搬无政府主义;它在任何重大问题上,都背离无产阶级进行坚韧的阶级斗争的条件和要求。马克思主义者在理论上完全认定,并且欧洲历次革命和革命运动的经验也充分证实:小私有者,即小业主(这一社会类型的人在欧洲许多国家中都十分普遍地大量存在着),在资本主义制度下一直受到压迫,生活往往异常急剧地恶化，以至遭到破产，所以容易转向极端的革命性，却不能表现出坚韧性、组织性、纪律性和坚定性。被资本主义摧残得"发狂"的小资产者，和无政府主义一样，是一切资本主义国家所固有的一种社会现象。这种革命性动摇不定，华而不实，而且很容易转为俯首听命、消沉颓丧、耽于幻想，甚至转为"疯狂地"醉心于这种或那种资产阶级的"时髦"思潮——这一切都是人所共知的。可是革命政党光在理论上抽象地承认这些真理，还丝毫不能避免重犯旧错误，这种错误总是会由于意想不到的原因，以稍微不同一点的形式，以前所未见的打扮或装饰，在独特的（多少独特一点的）环境里重新表现出来。

无政府主义往往是对工人运动中机会主义罪过的一种惩罚。这两种畸形东西是互相补充的。如果说俄国的无政府主义在两次革命（1905 年与 1917 年）及其准备时期的影响都比较小（尽管俄国居民中的小资产阶级成分大于西欧各国），那么毫无疑义，这不能不部分地归功于布尔什维主义一贯对机会主义进行了最无情最不调和的斗争。我所以说"部分地"，是因为削弱俄国无政府主义势力的，还有另一个更重要的因素，这就是无政府主义在过去（19世纪 70 年代）曾盛极一时，从而彻底暴露了它是不正确的，不适合作革命阶级的指导理论。

布尔什维主义在 1903 年诞生时，便继承了同小资产阶级的、半无政府主义的（或者是迎合无政府主义的）革命性作无情斗争的传统；革命的社会民主党向来就有这种传统，而在 1900—1903 年俄国革命无产阶级的群众性的政党奠基期间，这种传统在我们这里已特别巩固。布尔什维主义继承并继续了同表现小资产阶级革命性倾向最厉害的政党即"社会革命"党的斗争，这一斗争表现在下列三个主要之点上。第一，这个党否认马克思主义，顽固地不愿(说它不能,也许更确切一些)了解在采取任何政治行动之前必须对各种阶级力量及其相互关系作出极客观的估计。第二,这个党认为自己特别"革命"特别"左",因为它肯定个人恐怖、暗杀手段,而我们马克思主义者却坚决摒弃这种做法。我们摒弃个人恐怖,自然只是出于对这种手段是否适当的考虑,如果有人竟在"原则上"谴责法国大革命的恐怖行为,或者谴责已经获得胜利的革命政党在全世界资产阶级的包围下所采取的任何恐怖手段,那么这类人早在1900—1903年间,就已经受到当时还是马克思主义者和革命家的普列汉诺夫的嘲笑和唾弃了。第三,在"社会革命党人"看来,"左"就是嘲笑德国社会民主党内比较轻微的机会主义罪过,而在某些问题上,例如在土地问题或无产阶级专政问题上,却又效法这个党的极端机会主义者。

附带说明一点,历史现在已经在广大的、世界历史的范围内证实了我们始终坚持的那个意见:**革命的**德国社会民主党(请注意,普列汉诺夫早在1900—1903年间就要求把伯恩施坦开除出党[60],后来布尔什维克始终继承这种传统,在1913年揭穿了列金的全部卑鄙、下流和叛卖行为[61])同革命无产阶级取得胜利所必需的那种政党**最相近**。现在1920年,在战争期间和战后最初几年中发生的一切可耻的破产和危机之后,可以清楚地看到,西欧各党中正是革命的德国社会民主党才产生了最优秀的领袖,并且比别的党更早地恢复了元气和健康,重新巩固了起来。无论在斯巴达克派[11]那里,或在"德国独立社会民主党"左翼,即无产阶级一翼那里,都可以看到这种情形。这一翼正在对考茨基、希法亭、累德堡、克里斯平之流的机会主义和毫无气节进行坚定不移的斗争。如果我们现在大致回顾一下从巴黎公社到第一个社会主义苏维埃共和国这一十分完整的历史时期,那么,关于马克思主义对无政府主义的态度,便可以得到一个十分明确的毫不含糊的轮廓。归根到底马克思主义是正确的,虽然无政府主义者曾经正确地指出在多数社会党内所盛行的国家观是机会主义的,但是,第一,这种机会主义是同曲解甚至公然隐匿马克思的国家观(我在《国家与革命》一书中已经指出,恩格斯给倍倍尔的一封信,曾经异常鲜明、尖锐、直接、明确地揭穿了社会民主党内所流行的国家观是机会主义的,可是这封信竟被倍倍尔从1875年到1911年搁置了36年①)分不开的;第二,正是欧美社会党中最忠实于马克思主义的派别才最迅速最广泛地纠正了这种机会主义观点,承认了苏维埃政权及其对资产阶级议会制民主所具有的优越性。

布尔什维主义同自己党内"左"倾的斗争,有两次规模特别大:一次是1908年关于是否参加最反动的"议会"和是否参加受最反动法律限制的合法工人组织的问题;另一次是1918年(缔结布列斯特和约[17]时)关于可否容许某种"妥协"的问题。

1908年,"左派"布尔什维克由于顽固地不愿意了解参加最反动的"议会"的必要性而被开除出党[62]。那时"左派"——其中许多人是优秀的革命者,后来还光荣地成了(而且现在仍然是)共产党员——特别援引1905年抵制议会成功的经验作为论据。当1905年8月沙皇宣布召集咨议性的"议会"[63]时,布尔什维克同一切反对党和孟什维克相反,曾经宣布抵制,而1905年的十月革命[64]果然扫除了这个议会。那次抵制所以正确,并不是因为根本不参加反动议会是正确的,而是因为正确地估计到,当时的客观形势正在由群众罢工迅速转为政治罢工,进而转为革命罢工,再进而转为起义。而且当时的斗争内容是:让沙皇去召集第一个代表机

①　见本版选集第3卷第167—170页。——编者注

构呢,还是设法把这个召集权从旧政权手中夺过来?后来情况不同,既然没有把握并且也不可能有把握断定是否存在着同样的客观形势,以及这种形势是否按照同样的方向和同样的速度向前发展,那么抵制便不再是正确的了。

1905年布尔什维克对"议会"的抵制,使革命无产阶级增加了非常宝贵的政治经验,表明在把合法的同不合法的斗争形式、议会的同议会外的斗争形式互相配合的时候,善于放弃议会的斗争形式,有时是有益的,甚至是必要的。但是,如果在**不同的**条件下和**不同的**环境里盲目地、机械地、不加批判地搬用这种经验,那就大错特错了。1906年布尔什维克抵制"杜马",虽然是一个不算大的、易于补救的错误①,但毕竟已经是一个错误。至于1907年、1908年以及以后几年中的抵制,就是极其严重而难于补救的错误了,因为当时一方面不能期望革命浪潮会非常迅速地高涨并转为起义,另一方面,资产阶级君主制度正在维新的整个历史环境,使我们必须把合法的工作同不合法的工作配合起来。现在如果回顾一下这个十分完整的历史时期(它同以后各时期的联系也已经完全显示出来了),就会特别清楚地看出:假使布尔什维克当时没有在最严酷的斗争中坚持**一定要**把合法的斗争形式同不合法的斗争形式结合起来,坚持**一定要**参加最反动的议会以及其他一些受反动法律限制的机构(如保险基金会等),那么他们就**决不可能**在1908—1914年间保住(更不用说巩固、发展和加强)无产阶级革命政党的坚强核心。

1918年事情没有弄到分裂的地步。那时"左派"共产主义者[65]只

---

① 关于个人所说的话,作适当的修改,也适用于政治和政党。聪明人并不是不犯错误的人。不犯错误的人是没有而且也不可能有的。聪明人是犯的错误不太大同时又能容易而迅速地加以纠正的人。

是在我们党内形成了一个特殊集团，或者说"派别"，而且为时不久。"左派共产主义者"最有名的代表，如拉狄克同志、布哈林同志，在 1918 年这一年就已公开承认了自己的错误。他们原来认为，布列斯特和约是同帝国主义者的妥协，对于革命无产阶级政党说来，在原则上是不能容许的而且是有害的。这的确是同帝国主义者的妥协，但这种妥协在当时那种情况下恰恰是**必要的**。

现在当我听到人们，例如"社会革命党人"，攻击我们签订布列斯特和约的策略的时候，或者当兰斯伯里同志和我谈话，讲到"我们英国工联**66**的领袖们说，既然布尔什维克可以妥协，那他们也可以妥协"的时候，我通常是先用一个简单的"通俗的"比喻来回答：

假定您坐的汽车被武装强盗拦住了。您把钱、身份证、手枪、汽车都给了他们，于是您摆脱了这次幸遇。这显然是一种妥协。"Do ut des"①（"我给"你钱、武器、汽车，"是为了你给"我机会安全脱险）。但是很难找到一个没有发疯的人会说这种妥协"在原则上是不能容许的"，或者说实行这种妥协的人是强盗的同谋者（虽然强盗坐上汽车又可以利用它和武器再去打劫）。我们同德帝国主义强盗的妥协正是这样一种妥协。

而俄国的孟什维克和社会革命党人，德国的谢德曼派（考茨基派在很大程度上也是这样），奥地利的奥托·鲍威尔和弗里德里希·阿德勒（更不用说伦纳之流的先生们了），法国的列诺得尔和龙格之流，英国的费边派、"独立党人"、"工党分子"（"拉布分子"**67**）等，在 1914—1918 年间以及 1918—1920 年间，同他们本国的资产阶级强盗，有时甚至同"盟国的"资产阶级强盗实行**妥协**，**反对本国的革命无产阶级**，所有这班先生才真是**强盗的同谋者**。

---

① 拉丁文，意为："我给（你）是为了你给（我）。"——编者注

　　结论很清楚:"原则上"反对妥协,不论什么妥协都一概加以反对,这简直是难于当真对待的孩子气。一个政治家要想有益于革命无产阶级,正是应当善于辨别出那种不能容许的、蕴涵着机会主义和**叛卖行为**的**具体的**妥协,并善于对**这种具体的**妥协全力展开批判,猛烈地进行无情的揭露和不调和的斗争,决不容许那班老于世故的"专讲实利的"社会党人和老奸巨猾的议员用泛谈"一般的妥协"来推卸和逃避责任。英国工联以及费边社和"独立"工党的"领袖"先生们,正是这样来推卸**他们实行叛卖所应负的**责任,推卸他们实行**那种**确实意味着最恶劣的机会主义、变节和叛卖的妥协所应负的责任。

　　有各种各样的妥协。应当善于分析每一个妥协或每一种妥协的环境和具体条件。应当学习区分这样的两种人:一种人把钱和武器交给强盗,为的是要减少强盗所能加于的祸害和便于后来捕获、枪毙强盗;另一种人把钱和武器交给强盗,为的是要入伙分赃。这在政治上决不总是像这个极其简单的例子那样容易分辨。但如果有人异想天开,要替工人们打一张包票,能包治百病,或者能保证在革命无产阶级的政治活动中不会遇到任何困难和任何错综复杂的情况,那他简直就是一个江湖骗子。

　　为了不给人留下曲解的余地,我想把一些基本情况提出来(即使是十分简要地),以便对具体的妥协进行分析。

　　通过签订布列斯特和约而同德帝国主义者实行妥协的党,从1914年底起就以行动履行自己的国际主义。它敢于提出使沙皇君主政府失败的主张,敢于痛斥在两伙帝国主义强盗的战争中"保卫祖国"。这个党的议会代表,宁愿流放到西伯利亚,也不愿走可以登上资产阶级政府大臣宝座的道路。革命在推翻了沙皇政府和建立了民主共和国以后,又使这个党受到了新的、极大的考验:它不同

"本国的"帝国主义者实行任何妥协,而是作了推翻他们的准备,并且果真把他们推翻了。这个党取得政权以后,便彻底摧毁了地主和资本家的所有制。这个党一面公布和废除了帝国主义者缔结的秘密条约,一面向**各国**人民建议媾和,只是在英、法帝国主义者破坏了媾和而布尔什维克为加快德国和其他国家的革命已经做了力所能及的一切以后,它才屈服于布列斯特强盗的暴力。大家都愈来愈清楚地看到,这样的党在这样的情况下实行这样的妥协是完完全全正确的。

俄国孟什维克和社会革命党人(同 1914—1920 年间世界上第二国际的一切领袖一样),一开始就实行叛卖,直接间接地为"保卫祖国"即保卫**本国的**资产阶级强盗辩护。后来他们又进一步实行叛卖,同**本国的**资产阶级联合,同**本国的**资产阶级一起来反对本国的革命无产阶级。他们在俄国起初同克伦斯基和立宪民主党人[3]结成同盟,后来又同高尔察克和邓尼金结成同盟,正如他们国外的同道者同**各自**国家的资产阶级结成同盟一样,都是倒向资产阶级一边反对无产阶级。**他们同帝国主义强盗的妥协,自始至终都表明他们已沦为帝国主义强盗的同谋者**。

五

德国"左派"共产党人。
领袖、政党、阶级、群众间的相互关系

我们现在所要讲的那些德国共产党人,他们不是把自己叫做"左派",而是叫做——如果我没有记错的话——"原则上的反对派"[68]。但是他们却完全具有"左派幼稚病"的症候,这从下面的阐述中可以清楚地看出。

有一本持这个反对派观点的小册子，叫做《德国共产党（斯巴达克联盟）的分裂》，是由"美因河畔法兰克福地方组织"出版的；这本小册子把这一反对派的观点的实质，叙述得极其鲜明、确切、清楚、扼要。我们只要从中引证几段，就足以使读者了解这一实质了。

"共产党是进行最坚决的阶级斗争的政党……"

"……从政治方面来看，这个过渡时期〈在资本主义和社会主义之间〉就是无产阶级专政时期……"

"……现在发生这样一个问题：谁应当是专政的执行者，**是共产党，还是无产阶级**？…… 原则上应该力求实现的是共产党的专政，还是无产阶级的专政？……"

（引文内的着重标记全录自原文。）

往下小册子的作者责难德国共产党"中央"，说这个"中央"在寻求和**德国独立社会民主党结成联盟**的途径，说这个"中央"提出"**原则上承认**"斗争的"**一切政治手段**"（包括参加议会活动）"**的问题**"，只是为了掩饰它想同独立党人结成联盟这一真正的和主要的意图。小册子接着说道：

"反对派选择了另一条道路。它认为共产党的统治和党的专政问题只是一个策略问题。不管怎样，共产党的统治是一切政党统治的最后形式。**原则上应该力求实现无产阶级的专政**。党的一切措施、党的组织、党的斗争形式、党的战略和策略，都应该适应这一目的。因此，凡是同其他政党妥协，凡是回头再去采用在历史上和政治上已经过时的议会制斗争形式，凡是实行机动和通融的政策，都应当十分坚决地拒绝。""无产阶级所特有的革命斗争方法应该大力加以强调。为了把那些应当参加共产党领导的革命斗争的无产阶级各行业各阶层的最广大群众吸收进来，就必须在最广泛的基础上和最广大的范围内建立新的组织形式。这种汇集一切革命分子的场所，便是以工厂组织为基础而建立起来的**工人联合会**。凡是响应'退出工会！'这一口号的工人，都应当联合在这里。在这里，正在斗争的无产阶级组成最广大的战斗队伍。凡承认阶级斗争、苏维埃制度和专政的人，都可以加入。至于进一步对正在斗争的群众进行政治教育和在斗争中进行政治指导，则是站在工人联合会之外的共产党的任务……"

"……于是，现在有两个共产党彼此对立着：

一个是领袖的党，它力图从**上面**来组织和指挥革命斗争，不惜实行妥协和参加议会活动，以便造成一种形势，使他们可以参加掌握专政大权的联合政府。

另一个是群众的党，它等待革命斗争从**下面**高涨起来，为了进行这一斗争，它只知道并且只采用一个明确地引向目的的方法，而排斥任何议会方法和机会主义方法；这个唯一的方法就是无条件地**推翻资产阶级**，以便随后建立无产阶级的阶级专政来实现社会主义……"

"……那里是领袖专政，这里是群众专政！这便是我们的口号。"

这就是表明德国共产党内反对派观点的最重要的论点。

凡是自觉参加过或仔细观察过 1903 年以来布尔什维主义发展过程的布尔什维克，读了这些议论，一定会立刻说："这是多么熟悉的陈词滥调！这是多么'左的'孩子气！"

不过，我们还是来进一步考察一下这些议论吧。

"是党专政**还是**阶级专政？是领袖专政（领袖的党）**还是**群众专政（群众的党）？"——单是问题的这种提法就已经证明思想混乱到了不可思议的无可救药的地步。这些人竭力要**标新立异**，结果却弄巧成拙。谁都知道，群众是划分为阶级的；只有把不按照生产的社会结构中的地位区分的大多数同在生产的社会结构中占有特殊地位的集团对立时，才可以把群众和阶级对立起来；在通常情况下，在多数场合，至少在现代的文明国家内，阶级是由政党来领导；政党通常是由最有威信、最有影响、最有经验、被选出担任最重要职务而称为领袖的人们所组成的比较稳定的集团来主持的。这都是起码的常识。这都是简单明了的道理。何必再另来一套胡说八道，另造一套新奇的沃拉皮尤克[69]呢？一方面，大概是由于党的合法状态和不合法状态的迅速更替破坏了领袖、政党和阶级之间那种通常的、正常的和简单的关系,人们面对这种难于理解的情况,思想便发生了混乱。在德国,也像在欧洲其他国家那样,人们过分习惯于合法状态,习惯于由政党定期举行的代表大会自由地正常地选举"领袖",习惯于通过议会选举、群众大会、报章杂志,通过工会和其他团体的情绪变化等方便办法来检验各政党的阶级成分。但是,由于革命的急剧发展和内战的展开,不得不放弃这种通常的办法,而迅速转为交替使用合法的和不合法的方式,结合使用这两种方式,采用"不方便的"和"非民主的"方法来推选或组成或保留"领导集团",在这个时候,人们不知所措,开始臆想出一些荒谬绝伦的东西。大概荷兰共产党某些党员由于不幸生在一个具有特别优越和特别稳定的合法状态的传统和条件的小国,根本没有见过合法状态和不合法状态的相互更替,因此思想上发生了混乱而不知所措,助长了这种荒谬的臆想。

另一方面,很明显,这不过是未经很好考虑就胡乱使用"群众"和"领袖"这类当今"时髦"的字眼而已。这些人时常听到并切实学会了怎样攻击"领袖",怎样把"领袖"同"群众"对立起来;但是他们却不能想一想究竟是怎么回事,不能把事情弄清楚。

在帝国主义战争末期和战后时期,在一切国家里,"领袖"和"群众"的分离表现得特别明显而突出。产生这种现象的基本原因,马克思和恩格斯在1852—1892年间曾以英国为例作过多次说明。① 英国的垄断地位使"群众"分化出一部分半市侩的机会主义

---

① 参看《马克思恩格斯全集》第 1 版第 18 卷第 724 页,第 22 卷第 320—325 页,第 28 卷第 146 页,第 33 卷第 521、526、637 页,第 35 卷第 18 页;《马克思恩格斯文集》2009 年人民出版社版第 1 卷第 374—381 页,第 10 卷第 164—165、480—481、575—577 页。——编者注

的"工人贵族"。这种工人贵族的领袖们总是投靠资产阶级,直接间接地受资产阶级豢养。马克思所以光荣地被这班坏蛋痛恨,就是因为他公开地斥责他们是叛徒。现代(20世纪的)帝国主义造成了某些先进国家的垄断特权地位,正是在这个基础上,第二国际中纷纷出现了叛徒领袖、机会主义者、社会沙文主义者这样一种人,他们只顾自己这个行会的利益,只顾自己这个工人贵族阶层的利益。于是机会主义的政党就脱离了"群众",即脱离了最广大的劳动阶层,脱离了大多数劳动者,脱离了工资最低的工人。不同这种祸害作斗争,不揭露这些机会主义的、背叛社会主义的领袖,使他们大丢其丑,并且把他们驱逐出去,革命无产阶级就不可能取得胜利;第三国际所实行的正是这样的政策。

为此竟把群众专政和领袖专政**根本**对立起来,实在是荒唐和愚蠢得可笑。尤其可笑的是,人们在"打倒领袖"这一口号掩饰下,实际上竟把一些胡说八道、满口谬论的**新领袖**拉出来代替那些对普通事物还能持常人见解的老领袖。德国的劳芬贝格、沃尔弗海姆、霍纳、卡尔·施勒德尔、弗里德里希·文德尔、卡尔·埃勒,就是这样的新领袖。[1] 埃勒企图使问题"深入一步",他宣称政党

---

① 《共产主义工人报》**70**(1920年2月7日汉堡出版的该报第32号所载**卡尔·埃勒**《论解散政党》一文)上说:"工人阶级不消灭资产阶级民主,就不能摧毁资产阶级国家,而不摧毁政党,它就不能消灭资产阶级民主。"

　　罗曼语国家的工团主义者和无政府主义者中间头脑最糊涂的人物可以"心满意足"了,因为那些显然以马克思主义者自居的庄重的德国人(卡·埃勒和克·霍纳通过在上述报纸上发表的文章特别庄重地证明,他们认为自己是庄重的马克思主义者,可是同时他们又极其可笑地说出一些荒谬绝伦的话,暴露出他们连马克思主义的起码知识都没有),竟也发表出这种极不恰当的议论。只承认马克思主义还不能保证不犯错误。这一点俄国人特别清楚,因为马克思主义在我国曾特别经常地成为"时髦的东西"。

是根本不需要的,是"资产阶级性"的,这真是荒谬绝顶,简直使人啼笑皆非。如果坚持错误,深入一步地来为错误辩护,把错误"坚持到底",那就往往真要把小错铸成骇人听闻的大错了。

否定政党和党的纪律,——这就是反对派**得到的结果**。而这就等于完全解除无产阶级的武装而**有利于资产阶级**。这也恰恰就是小资产阶级的散漫、动摇、不能坚持、不能团结、不能步调一致,而这些一旦得到纵容,就必然断送无产阶级的任何革命运动。从共产主义的观点看来,否定政党就意味着从资本主义崩溃的前夜(在德国)跳到共产主义的最高阶段而不是进到它的低级阶段和中级阶段。我们在俄国(推翻资产阶级后的第三年)还刚处在从资本主义向社会主义即向共产主义低级阶段过渡的最初阶段。阶级还存在,而且在任何地方,**在无产阶级夺取政权之后**都还要存在**好多年**。也许,在没有农民(但仍然有小业主!)的英国,这个时期可能会短一些。消灭阶级不仅意味着要驱逐地主和资本家,——这个我们已经比较容易地做到了——而且意味着要**消灭小商品生产者**,可是这种人**不能驱逐**,不能镇压,**必须**同他们**和睦相处**;可以(而且必须)改造他们,重新教育他们,这只有通过很长期、很缓慢、很谨慎的组织工作才能做到。他们用小资产阶级的自发势力从各方面来包围无产阶级,浸染无产阶级,腐蚀无产阶级,经常使小资产阶级的懦弱性、涣散性、个人主义以及由狂热转为灰心等旧病在无产阶级内部复发起来。要抵制这一切,要使无产阶级能够正确地、有效地、胜利地发挥自己的**组织作用**(而这正是它的**主要**作用),无产阶级政党的内部就必须实行极严格的集中和极严格的纪律。无产阶级专政是对旧社会的势力和传统进行的顽强斗争,流血的和不流血的,暴力的和和平的,军事的和经济的,教育的和行政的斗争。千百万人的习惯势力是最可怕的势力。没有铁一般的在斗争中锻炼出来的党，没有为本阶级一切正直的人们所信赖的党，没有善于考察群众情绪和影响群众情绪的党，要顺利地进行这种斗争是不可能的。战胜集中的大资产阶级，要比"战胜"千百万小业主容易千百倍；而这些小业主用他们日常的、琐碎的、看不见摸不着的腐蚀活动制造着资产阶级所需要的，使资产阶级得以**复辟**的**那种**恶果。谁哪怕是把无产阶级政党的铁的纪律稍微削弱一点（特别是在无产阶级专政时期），那他事实上就是在帮助资产阶级来反对无产阶级。

　　除了领袖、政党、阶级、群众间的相互关系问题外，还必须提出"反动"工会的问题。但是先让我根据我们党的经验讲几句话来结束前一问题。在我们党内，对于"领袖专政"的攻击**是一直都有**的。我记得这样的攻击最早是在 1895 年，那时党还没有正式成立，但是彼得堡的中心小组[71]已经开始形成，并且就要负起领导该城各区小组的责任。在我们党的第九次代表大会[30]（1920 年 4 月）上，有一个小小的反对派，也声言反对"领袖专政"，反对"寡头政治"等等。所以德国"左派共产党人"的"幼稚病"是毫不足怪的，既没有什么新东西，也没有什么可怕的地方。这种病没有什么危险，一经治愈，机体甚至会更加强壮。另一方面，合法工作和不合法工作的迅速更替，正是要求我们特别要把总指挥部，把领袖们"藏起来"，隐蔽起来，这有时就使我们党内产生十分危险的现象。最糟糕的就是 1912 年奸细马林诺夫斯基混进了布尔什维克中央委员会。他断送了几十个上百个极优秀极忠实的同志，使他们去服苦役，并使其中许多人过早去世。他所以没有能够造成更大的祸害，是因为我们的合法工作和不合法工作配合得正确。为了取得我们的信任，马林诺夫斯基作为党中央委员和杜马代表，曾不得不帮助我们创办合法的日报，这些日报即使在沙皇制度下也能进行反对孟什维克机会主义的斗争，并且能采用适当的隐蔽方式宣传布尔什维主义的原理。马林诺夫斯基一只手把几十个上百个极优秀的布尔什维克活动家送去服苦役,使他们丧生,另一只手又不得不通过合法报刊来帮助培养成千上万个新的布尔什维克。对于这个事实,那些必须学会在反动工会里进行革命工作的德国同志(以及英国、美国、法国、意大利的同志),不妨好好地考虑一下。①

在许多国家里,包括最先进的国家在内,资产阶级无疑正在派遣而且今后还会派遣奸细到共产党里来。对付这种危险,办法之一就是把不合法的工作同合法的工作巧妙地结合起来。

六

革命家应当不应当
在反动工会里做工作?

德国"左派"认为对这个问题无疑应当作绝对否定的回答。他们以为只要对"反动的"和"反革命的"工会慷慨陈词,怒气冲冲地叫嚷一番(克·霍纳在这方面干得特别"庄重",也特别笨拙),就足以"证明",革命家、共产党人不需要甚至不容许在黄色的、社会沙文主义的、妥协主义的、列金派的、反革命的工会里做工作。

不管德国"左派"怎样确信这种策略是革命的,但实际上这种

---

① 马林诺夫斯基后来在德国被俘。他在布尔什维克掌握政权时回到俄国,立即被送交法庭审判,由我们的工人枪决了。孟什维克特别恶毒地攻击我们竟让一个奸细混进了我们党中央的这个错误。可是当我们在克伦斯基执政时期要求逮捕杜马主席罗将柯并且将他提交法庭审判(因为他在战前就知道马林诺夫斯基的奸细活动,却**没有**把这事**告知**杜马中的劳动派**72**和工人)时,同克伦斯基一起执政的孟什维克和社会革命党人都没有支持我们的要求,因此罗将柯得以逍遥法外,自由自在地投奔邓尼金去了。

策略是根本错误的,它只是几句空话,毫无内容。

为了说明这一点,我根据本文总的意图,先从我国的经验说起,因为本文的目的就是要把布尔什维主义历史上和当今策略上普遍适用的、具有普遍意义和必须普遍遵循的原则应用到西欧去。

领袖、政党、阶级、群众间的相互关系,以及无产阶级专政和无产阶级政党同工会的关系,现时在我国具体表现如下。专政是由组织在苏维埃中的无产阶级实现的,而无产阶级是由布尔什维克共产党领导的。根据最近一次党的代表大会(1920 年 4 月)的统计,我们党有党员 611 000 人。无论十月革命前还是十月革命后,党员人数的起伏都很大;以前,甚至在 1918 年和 1919 年,党员人数比现在少得多。[73]我们担心党过分扩大,因为那些只配枪毙的野心家、骗子手一定会想方设法钻进执政党里来。最近一次我们敞开党的大门(仅仅是对工农),是在 1919 年冬尤登尼奇离彼得格勒只有几俄里、而邓尼金攻占了奥廖尔(距莫斯科约 350 俄里)的时候,也就是苏维埃共和国危在旦夕的时候,这时候冒险家、野心家和骗子手以及一切不坚定的人,决不可能指望靠加入共产党飞黄腾达(倒可能预料到会因此上绞架或受拷打)。[12]我们党每年召开一次代表大会(最近一次代表大会,每 1 000 个党员选代表 1 人参加),由大会选出 19 人组成中央委员会领导全党,而且在莫斯科主持日常工作的则是更小的集体,即由中央全会选出的所谓"组织局"和"政治局",各由 5 名中央委员组成。这样一来,就成为最地道的"寡头政治"了。我们共和国的任何一个国家机关没有党中央的指示,都不得决定任何一个重大的政治问题或组织问题。

党直接依靠**工会**来进行自己的工作。根据最近一次工会代表大会(1920 年 4 月召开)的统计,现有会员已经超过 400 万。工会形式上是一种**非党的**组织,而实际上大多数工会的领导机构,首先当然是全俄总工会的中央机构或常务机构(全俄工会中央理事会),都由共产党员组成,执行党的一切指示。总之,这是一个形式上非共产党的、灵活而较为广泛的、极为强大的无产阶级机构。党就是通过这个机构同**本阶级**和**群众**保持密切联系;**阶级专政**就是通过这个机构在党的领导下实现的。如果没有同工会的极密切的联系,没有工会的热烈支持,没有工会不仅在经济建设方面,**而且在军事**建设**方面**奋不顾身的工作,那么别说我们能管理国家和实行专政两年半,就是两个半月也不成。自然,要建立这种极密切的联系,实际上就要进行很复杂的各种各样的工作:进行宣传和鼓动,及时地和经常地与工会领导者以至一切有影响的工会工作者举行会议,还要跟孟什维克作坚决的斗争,因为孟什维克直到现在还有一些信徒(虽然人数不多),直到现在还在教唆他们进行各种反革命勾当,从在思想上维护(**资产阶级**)民主,鼓吹工会"独立"(不受无产阶级国家政权约束而独立!),直到暗中破坏无产阶级纪律,如此等等。

我们认为通过工会来联系"群众"还是不够的。在我们的革命进程中,实践创造了一种机构,这就是**非党工农代表会议**[74],我们正在全力支持、发展和推广这种机构,以便考察群众的情绪,接近群众,答复群众的要求,从群众当中提拔优秀的人才来担任公职等等。最近颁布的关于把国家监察人民委员部改组为"工农检查院"的法令中,有一项法令就授权这种非党的代表会议选出国家监察委员来担任各种检查工作等等。

其次,党的全部工作当然都是通过不分职业而把劳动群众团结在一起的苏维埃来进行的。县苏维埃代表大会这种**民主**机构,就是在资产阶级世界最好的民主共和国里也是前所未见的;通过这种代表大会(党对这种代表大会极为关注),以及通过经常把觉悟工人派往乡村担任各项职务的办法，来实现无产阶级对农民的领导作用，实现城市无产阶级的专政，即对富有的、资产阶级的、进行剥削和投机的农民展开经常的斗争等等。

"从上面"来看，从实现专政的实践来看，无产阶级国家政权总的结构就是这样。相信读者一定会明白，为什么在俄国布尔什维克看来，在熟悉这种结构、观察过它是怎样在 25 年内从一些不合法的地下小组发展起来的布尔什维克看来，什么"从上面"**还是**"从下面"，什么领袖专政**还是**群众专政等等议论不能不是一派幼稚可笑的胡说，犹如争辩究竟是左脚还是右手对人更有用处一样。

至于德国左派谈论什么共产党人不能而且不应该在反动工会里工作，说什么可以放弃这种工作，说什么应该退出工会，必须另外创立一种崭新的、极纯的、由极其可爱的（也许大部分是极其年轻的）共产党人臆想出来的"工人联合会"等等，这种煞有介事的、非常深奥的和极端革命的论调，在我们看来也不能不是一派同样幼稚可笑的胡说。

资本主义必然遗留给社会主义的，一方面是工人中间旧有的、长期形成的工种和行当的差异；另一方面是各工种的工会，它们只有十分缓慢地、经过许多年才能发展成为而且一定会发展成为规模较广而行会气味较少的产业工会（包括整个生产部门，而不仅是包括同行、同工种、同行当），然后经过这种产业工会，进而消灭人与人之间的分工，教育、训练和培养出**全面发展的和受到全面训练的人**，即**会做一切工作的人**。共产主义正在向这个目标前进，必须向这个目标前进，并且**一定能达到**这个目标，不过需要经过许多岁月。如果目前就企图提前实现将来共产主义充分发展、完全巩固和形成、完全展开和成熟的时候才能实现的东西，这无异于叫四岁的小孩去学高等数学。

我们可以(而且必须)利用资本主义遗留下来的人才,而不是利用虚构的和我们特别造就的人才来着手建设社会主义。这当然是很"困难的",不过,想用其他任何办法来完成这项任务都是异想天开,简直不值一提。

在资本主义发展初期,建立工会是工人阶级的一大进步,使工人由散漫无助的状态过渡到了**初步的**阶级联合。当无产者的阶级联合的**最高**形式,即**无产阶级的革命政党**(要是这个党不学会把领袖和阶级、领袖和群众结成一个整体,结成一个不可分离的整体,它便不配拥有这种称号)开始成长的时候,工会就不可避免地暴露出**某些**反动色彩,如某种行会的狭隘性,某种不问政治的倾向以及某些因循守旧的积习等等。但是除了通过工会,通过工会同工人阶级政党的协同动作,无产阶级在世界上任何地方从来没有而且也不能有别的发展道路。无产阶级夺取政权是无产阶级这个阶级向前迈出的一大步,这时候党更需要用新的方法而不单纯靠旧有的方法去对工会进行教育和领导,同时不应当忘记,工会现在仍然是、将来在一个长时期内也还会是一所必要的"共产主义学校"和无产者实现其专政的预备学校,是促使国家整个经济的管理职能逐渐转到工人**阶级**(而不是某个行业的工人)手中,进而转到全体劳动者手中所必要的工人联合组织。

上面所说的工会的**某种**"反动性",在无产阶级专政时期是**难免的**。不懂得这一点,就是完全不懂得从资本主义向社会主义**过渡**的基本条件。害怕**这种**"反动性",企图**避开**它,跳过它,是最愚蠢不过的了,因为这无异是害怕发挥无产阶级先锋队的作用,即训练、启发、教育工人阶级和农民中最落后的阶层和群众并吸引他们来参加新生活。另一方面,如果把无产阶级专政推迟到没有一个工人抱狭隘的行业观念、没有一个工人抱行会偏见和工联主义偏见的那一天才去实现，那错误就更加严重了。政治家的艺术（以及共产党人对自己任务的正确理解）就在于正确判断在什么条件下、在什么时机无产阶级先锋队可以成功地取得政权，可以在取得政权过程中和取得政权以后得到工人阶级和非无产阶级劳动群众十分广大阶层的充分支持，以及在取得政权以后，能够通过教育、训练和争取愈来愈多的劳动群众来支持、巩固和扩大自己的统治。

其次，在那些比俄国先进的国家里，毫无疑义，工会的某种反动性显得比俄国严重得多，这也是必然的。在我国，孟什维克过去在工会中所以得到支持（今天在很少数的工会中，也还得到部分支持），正是由于存在着行会的狭隘性、职业上的利己主义和机会主义。西欧的孟什维克在工会里的"地盘"巩固得多，那里形成的"**工人贵族**"阶层比我国的强大得多，他们**抱有行业的、狭隘的观念，只顾自己，冷酷无情，贪图私利，形同市侩，倾向于帝国主义，被帝国主义收买，被帝国主义腐蚀**。这是无可争辩的。同龚帕斯之流，同西欧的茹奥、韩德逊、梅尔黑姆、列金之流的先生们作斗争，要比同我国的孟什维克作斗争困难得多。他们**完全**是**同一个**社会类型和政治类型的人。但是必须无情地进行这种斗争，必须像我们过去所做的那样把斗争进行到底，直到一切不可救药的机会主义和社会沙文主义领袖丢尽了丑，从工会中被驱逐出去为止。这种斗争没有进行到**一定的**程度，就不能夺取政权（而且也不应该去作夺取政权的尝试）。不过在不同的国家和不同的情况下，这个"一定的程度"**是不一样的**；只有每个国家的深谋远虑、经验丰富、熟悉情况的无产阶级政治领导者才能正确地估计这种程度。（顺便提一下，在1917年10月25日无产阶级革命后几天，即1917年11月间所举行的立宪会议选举，就是衡量我国进行这种斗争胜负的尺度。在这次选举中，孟什维克一败涂地，只获得70

万票,加上外高加索的票数,一共只有 140 万票,而布尔什维克却获得了 900 万票。见《共产国际》杂志[75]第 7—8 期合刊上我写的《立宪会议选举和无产阶级专政》①一文。)

但是,我们同"工人贵族"作斗争,是代表工人群众进行的,是为了把工人群众争取过来;我们同机会主义和社会沙文主义的领袖们作斗争,是为了把工人阶级争取过来。如果忘记这个最浅显最明白的道理,那是愚蠢的。而德国"左派"共产党人做的正是这种蠢事,他们**由于工会上层分子**反动反革命,竟得出结论要……退出工会!! 拒绝在工会中工作!! 建立新的**臆想出来的**工人组织形式!! 这真是不可宽恕的愚蠢行为,这无异是共产党人给资产阶级帮大忙,因为我们的孟什维克正像一切机会主义的、社会沙文主义的、考茨基主义的工会领袖那样,无非都是"资产阶级在工人运动中的代理人"(我们一向都是这样称呼孟什维克的),或者,按美国丹尼尔·德莱昂派使用的一个绝妙的极其中肯的说法,是"资本家阶级的工人帮办"(labor lieutenants of the capitalist class)。不在反动工会里工作,就等于抛开那些还不够十分成熟的或落后的工人群众,听凭他们接受反动领袖、资产阶级的代理人、工人贵族或"资产阶级化了的工人"(参看恩格斯 1858 年写给马克思的论英国工人的信②)的影响。

正是这种主张共产党人不参加反动工会的荒谬"理论"最清楚不过地说明,这些"左派"共产党人在对待影响"群众"的问题上所采取的态度是多么轻率,说明他们在高喊"群众"时是如何滥用这个字眼的。要想善于帮助"群众",赢得"群众"的同情、爱戴和

---

① 见《列宁全集》第 2 版第 38 卷第 1—25 页。——编者注
② 见《马克思恩格斯文集》2009 年人民出版社版第 10 卷第 164—165 页。——编者注

支持,就必须不怕困难,不怕那些"领袖"对我们进行挑剔、捣乱、侮辱和迫害(这些机会主义者和社会沙文主义者多半都直接或间接地同资产阶级和警察有勾结),**哪里有群众**,就一定**到哪里去工作**。应该善于作出一切牺牲,克服极大的障碍,在一切有无产阶级群众或半无产阶级群众的机关、社团和协会(哪怕这些组织是最反动不过的)里有步骤地、顽强地、坚定地、耐心地进行宣传和鼓动。而工会和工人合作社,恰恰就是(后者至少有时是)这种有群众的组织。据瑞典《人民政治日报》**76**1920 年 3 月 10 日所刊登的材料,英国工联会员,从 1917 年底到 1918 年底,已经由 550 万人增加到 660 万人,即增加了 19%。1919 年底,已达 750 万人。我手头没有法、德两国的有关材料,但是证明这两国工会会员也有大量增加的事实,是丝毫不容置疑的,是人所共知的。

这些事实同其他千百件事实一样,也最清楚不过地证明,正好是无产阶级群众、"下层"群众、落后群众的觉悟程度正在提高,要求组织起来的愿望日益迫切。当英、法、德各国的几百万工人**第一次**摆脱完全无组织的状态,进入初步的、低级的、最简单的、最容易接受的(对那些满脑子资产阶级民主偏见的人说来)组织形式即工会的时候,那班虽然革命但不明智的左派共产党人却站在一旁,空喊"群众","群众"!并且**拒绝在工会内部进行工作!!**借口工会的"反动性"而拒绝去工作!!臆想出一种崭新的、纯洁的以及没有沾染资产阶级民主偏见、没有行会习气和狭隘行业观念的"工人联合会",一种将会(将会!)具有广泛性而只要(只要!)"承认苏维埃制度和专政"(见前面引文)就可以加入的"工人联合会"!!

很难想象谁还会比"左派"革命家更不明智,给革命带来更大的危害!即使现时在俄国,在我们对本国和协约国的资产阶级取得空前胜利的两年半之后的今天,如果我们提出"承认专政"作为加入工会的条件,那我们也是在做蠢事,破坏自己对群众的影响,帮助孟什维克。这是因为共产党人的全部任务,就是要善于**说服**落后分子,善于**在**他们**中间**进行工作,而不是臆想出一些幼稚的"左的"口号,**把自己同他们隔离开来**。

毫无疑义,龚帕斯、韩德逊、茹奥、列金之流的先生们是非常感谢这样一些"左派"革命家的,因为后者像德国的"原则上的"反对派(上帝保佑我们摆脱这种"原则性"吧!)或美国的"世界产业工人联合会"[77]的某些革命者一样,鼓吹退出反动工会,拒绝在那里进行工作。毫无疑义,机会主义的"领袖"先生们一定会使用各种资产阶级的外交手腕,借助资产阶级政府、神父、警察和法庭的力量,来阻止共产党人进入工会,千方百计地把他们从工会中排挤出去,尽量使他们在工会中工作不顺心,并且对他们进行侮辱、攻击和迫害。我们应当善于对付这一切,不怕任何牺牲,必要时甚至可以采用各种巧妙的计谋和不合法的手段,可以保持缄默,掩饰真情,只求打入工会,留在工会里,想尽方法在那里进行共产主义工作。在沙皇制度下,1905年以前,我们不曾有过任何"合法机会",但是当暗探祖巴托夫为了追捕革命者、同革命者进行斗争而召开黑帮工人会议、组织黑帮工人团体时,我们就派遣我们的党员到这种会议上和团体中去(我个人还记得其中有彼得堡的优秀工人巴布什金同志,他在1906年被沙皇的将军们枪杀了),同群众建立联系,巧妙地进行鼓动,使工人不致受祖巴托夫分子①的影响。当然,在西欧,由于合法偏见、立宪偏见和资产阶级民主偏见根深蒂

---

① 龚帕斯、韩德逊、茹奥、列金之流,也就是祖巴托夫式的人物,他们和我国的祖巴托夫所不同的只是穿着欧洲的服装,具有欧洲的风度,在推行自己的无耻政策时采用一些文明、精巧和民主的粉饰手段。

固,进行这种工作要更为困难。但是这种工作能够进行而且必须进行,并且要经常不断地去进行。

我个人认为,第三国际执行委员会应当公开谴责并建议共产国际下次代表大会也来谴责不参加反动工会的政策(详细说明这种不参加反动工会的政策是不明智的,是对无产阶级革命事业有极大害处的),还要谴责荷兰共产党的某些党员支持(不管是直接或间接地、公开或隐蔽地、完全或部分地支持,都是一样)这种错误政策的行动路线。第三国际应当同第二国际的策略决裂,对于难以解决的迫切问题不应回避、掩盖,而要直截了当地提出来。我们已经把全部真理公开地告诉了"独立党人"(德国独立社会民主党)①,我们也应当把全部真理公开地告诉"左派"共产党人。

七

参加不参加资产阶级议会？

德国"左派"共产党人以极端鄙视又极端轻率的态度对这个问题作了否定的回答。他们的论据是什么呢？我们在前面的引文中已经看到:

"……凡是回头再去采用在历史上和政治上已经过时的议会制斗争形式……都应当十分坚决地拒绝。"

这话说得狂妄到了可笑的地步,而且显然是错误的。"回头

---

① 见《列宁全集》第2版第38卷第61—68页。——编者注

再去采用"议会制！莫非在德国已经建立了苏维埃共和国？恐怕还没有吧！那么,怎么说得上"回头再去采用"呢？难道这不是一句空话吗？

议会制"在历史上已经过时了"。就宣传意义上来说,这是对的。但是谁都知道,从宣传到**实际**战胜议会制,还相距很远。早在几十年前,就可以而且完全有理由宣布资本主义"在历史上已经过时了",但是决不能因此就说不必要**在资本主义基地上**进行很长期很顽强的斗争。就**世界历史**来说,议会制"在历史上已经过时了",这就是说,资产阶级议会制**时代**已经告终,无产阶级专政**时代已经开始**。这是毫无疑义的。但是世界历史的尺度是以数十年为单位来衡量的。早10—20年或迟10—20年,这用世界历史的尺度来衡量,是算不得什么的,这从世界历史的角度来看,是微不足道的,甚至是无法大致估计在内的。正因为如此,拿世界历史的尺度来衡量实际政策问题,便是绝对不能容忍的理论错误。

议会制"在政治上已经过时了"吗？这是另外一回事。如果真是如此,那么"左派"的立场就是稳固的了。不过,这需要十分严肃认真的分析来加以证明,而"左派"连这样做的门径都还摸不着。在《共产国际驻阿姆斯特丹临时办事处公报》第 1 期(《Bulletin of the Provisional Bureau in Amsterdam of the Communist International》,1920 年 2 月)上登载了一篇《关于议会活动的提纲》,这篇提纲显然是反映了荷兰左派或左派荷兰人的意向,其中的分析也是十分拙劣的,这一点,我们在下面就可以看到。

第一,大家知道,同罗莎·卢森堡和卡尔·李卜克内西这样一些卓越的政治领导者的见解相反,德国"左派"早在 1919 年 1 月就认为议会制"在政治上已经过时了"。大家知道,"左派"是错了。单单这一点就立刻从根本上推翻了议会制"在政治上已经过

时了"的论断。"左派"应该证明，为什么他们那时的不容争辩的
错误，现在却不成其为错误了。他们没有拿出也不可能拿出丝毫
的证据来。一个政党对自己的错误所抱的态度，是衡量这个党是
否郑重，是否**真正履行**它对本**阶级**和劳动**群众**所负义务的一个最
重要最可靠的尺度。公开承认错误，揭露犯错误的原因，分析产生
错误的环境，仔细讨论改正错误的方法——这才是一个郑重的党
的标志，这才是党履行自己的义务，这才是教育和训练**阶级**，进而
又教育和训练**群众**。德国的（以及荷兰的）"左派"没有履行自己
的这一义务，没有极仔细地认真地严肃地研究自己明显的错误，这
恰恰证明他们不是**阶级的党**，而是一个小组，不是**群众的党**，而是
知识分子和沾染了知识分子恶习的少数工人的一个小团体。

第二，在"左派"的法兰克福组织出版的同一本小册子里，除
了上面详细摘引的言论之外，我们还可以读到：

> "……数百万的仍旧跟着中央党[78]〈天主教"中央"党〉政策走的工人是
> 反革命的。农村无产者正在提供众多的反革命军队。"（上述小册子第3页）

这些话显然说得太随便、太夸大了。但是这里所叙述的基本
事实却是不容争辩的；"左派"既然承认这个事实，便特别明显地
证实了他们的错误。既然"数百万的"和"众多的"**无产者**，不仅仍
旧赞成议会制，而且简直是"反革命的"，那怎么能说"议会制在政
治上已经过时了"呢!? 显然在德国，议会制在政治上**还没有过**
时。显然是德国"左派"把**自己的**愿望，把自己思想上政治上的态
度，当做了客观现实。这对革命家是最危险的错误。在俄国，沙皇
制度的压迫异常野蛮、异常残暴，从而在一个特别长的时期里，通
过多种多样的形式造就了各种派别的革命家，造就了无限忠诚、热
情、英勇和坚强的革命家；在俄国，我们曾经对革命家所犯的这种

错误,作过特别真切的观察、特别仔细的研究,我们对这种错误特别熟悉,所以对别人身上的这种错误也看得特别清楚。对于德国共产党人来说,议会制当然"在政治上已经过时了",可是问题恰恰在于**不能认为对于我们**已经过时的东西,**对于阶级**、**对于群众**也已经过时。正是在这一点上我们又一次看到,"左派"不善于作为**阶级**的党、作为**群众**的党来判断事理,处理事情。你们决不应该把自己降低到群众的水平,降低到本阶级中落后阶层的水平。这是毫无疑义的。你们应该对他们说不中听的真话。你们应该把他们的资产阶级民主偏见和议会制偏见叫做偏见。但是同时你们也应该**清醒地**注意到正是整个阶级的(而不仅是它的共产主义先锋队的)、正是全体劳动**群众**的(而不仅是他们的先进分子的)觉悟和准备的**实际状况**。

即使不是"数百万的"和"众多的",而是只有相当数量的**少数产业工人**跟着天主教神父走,只有相当数量的**少数**农业工人跟着地主和富农(Großbauern)走,那么根据这一点也可以**毫无疑义地**得出结论说,在德国,议会制在政治上**还没有**过时,革命无产阶级的政党**必须**参加议会选举,参加议会讲坛上的斗争,其目的**正是**在于教育**本阶级**的落后阶层,正是在于唤醒和启发水平不高的、备受压抑的和愚昧无知的农村**群众**。当你们还无力解散资产阶级议会以及其他类型的任何反动机构的时候,你们就**应该**在这些机构内部工作,**正是**因为在那里还有受神父愚弄的、因身处穷乡僻壤而闭塞无知的工人;不然,你们就真有成为空谈家的危险。

第三,"左派"共产党人说了许许多多称赞我们布尔什维克的好话。有时我不禁要说:你们还是少称赞我们几句,多研究研究布尔什维克的策略,多熟悉熟悉这些策略吧! 1917 年 9—11 月间,我们参加了俄国资产阶级议会即立宪会议的选举。我们当时的策略是否正确呢？如果是不正确的，那就应该明确地说出来，并且加以证明，因为这样做是国际共产主义运动制定正确策略所必需的。如果是正确的，那就应该由此作出一定的结论。当然，不能把俄国的条件和西欧的条件等量齐观。但是在专门谈"议会制在政治上已经过时了"这个概念究竟是什么意思的时候，就必须准确地估计到我国的经验，因为不估计到具体经验，这类概念就很容易流为空谈。我们俄国布尔什维克在1917年9—11月间，岂不是比西方任何一国的共产党人都**更**有理由认为议会制在俄国在政治上已经过时了吗？当然是这样，因为问题不在于资产阶级议会存在时间长短，而在于广大劳动群众对于采用苏维埃制度、解散（或容许解散）资产阶级民主议会的**准备**（思想上、政治上、实践上），达到了什么程度。至于1917年9—11月间，由于种种特殊条件，俄国的城市工人阶级、士兵和农民对于采用苏维埃制度和解散当时最民主的资产阶级议会已经有了非常充分的准备，这是丝毫不容争辩的、明明白白的历史事实。虽然如此，布尔什维克还是**没有抵制**立宪会议，而是在无产阶级夺取政权以前**和以后**都参加了立宪会议的选举。这次选举收到了非常可贵的（对于无产阶级极为有益的）政治效果，我想，这一点我在前面提到的那篇详尽分析俄国立宪会议选举材料的文章①中已经证明了。

　　由此可以得出一个丝毫不容争辩的结论：经验证明，甚至在苏维埃共和国胜利以前的几个星期里，甚至**在胜利以后**，参加资产阶级民主议会，不仅对革命无产阶级没有害处，反而会使它易于向落后群众**证明**为什么这种议会应该解散，**易于**把这种议会

---

① 见《列宁全集》第2版第38卷第1—25页。——编者注

解散,**易于**促使资产阶级议会制"在政治上过时"。不重视这种经验,同时却希望留在必须**以国际的观点**来制定策略(不是狭隘的或片面的一国的策略,而正是国际的策略)的共产**国际**,那就是犯极大的错误,那就恰恰是口头上承认国际主义,行动上背弃国际主义。

我们现在来看看"荷兰左派"主张不参加议会的论据。下面就是刚才提到的"荷兰人的"提纲中最重要的一条即第 4 条的译文(译自英文):

"在资本主义的生产体系已经崩溃而社会已处于革命状态的时候,议会活动同群众本身的行动比较起来,便逐渐失去意义。在这种条件下,议会正在变成反革命的中心和反革命的机构,而另一方面,工人阶级正在建立自己的政权工具即苏维埃;这时候,拒绝以任何方式参加议会活动,甚至可能是必要的。"

头一句话显然就错了,因为群众的行动,例如大罢工,**任何时候都比议会活动重要,决不是仅仅在革命时期或在革命形势下才如此**。这种显然站不住脚的、从历史上和政治上来看都是错误的论据,只是特别清楚地表明,提纲作者们既绝对没有考虑到全欧洲的经验(法国 1848 年、1870 年革命前的经验,德国 1878—1890 年的经验等等),也绝对没有考虑到俄国的经验(见上面),没有考虑到把合法斗争和不合法斗争**配合起来**的重要性。这个问题,一般说来,或是就特定的情况说来,都具有极其重大的意义,因为在**一切**文明的先进的国家内,由于无产阶级和资产阶级之间的国内战争日益成熟和逼近,由于百般侵犯合法性的共和制政府以及所有资产阶级政府疯狂迫害共产党人(只要看看美国的例子就够了),等等,革命无产阶级的政党愈来愈有必要(有些地方早已有必要)把合法斗争和不合法斗争配合起来的时刻正在迅速到来。荷兰人以至一切左派对这个极为重要的问题却根本不懂。

第二句话，首先从历史上来看就是错误的。我们布尔什维克参加过极端反革命的议会，而且经验表明：正是在俄国第一次资产阶级革命（1905年）之后，这样做对于革命无产阶级的政党准备第二次资产阶级革命（1917年2月），以及后来准备社会主义革命（1917年10月），不但是有益的，而且是必要的。其次，这句话说得极其不合逻辑。既然议会正在变成反革命的机构和反革命的"中心"（附带说一句，实际上议会从来没有成为而且也不可能成为"中心"），而工人正在创立自己的政权工具即苏维埃，那么由此得出的结论自然是：工人必须作好准备（在思想上、政治上、技术上作好准备），去开展苏维埃反对议会的斗争，用苏维埃去解散议会。然而决不能由此得出结论说，**在**反革命的议会**内部**有拥护苏维埃的反对派，会使解散议会变得困难或者变得不那么方便。当我们胜利地进行反对邓尼金和高尔察克的斗争时，我们从来没有认为，他们那里有拥护苏维埃的反对派即无产阶级反对派这一点，对我们获得胜利是无关紧要的。我们十分清楚，反革命立宪会议内部有布尔什维克这样彻底的拥护苏维埃的反对派和左派社会革命党人这样不彻底的拥护苏维埃的反对派，这对于我们在1918年1月5日解散立宪会议，不是造成了困难，而是提供了方便。提纲的作者们陷入了混乱，他们忘记了多次革命甚至是所有革命的一条经验，而这条经验证明，在革命时期，把反动议会外的群众行动和议会内部同情革命的（如果是直接支持革命的，那就更好）反对派的活动**配合起来**，是特别有益的。荷兰人以至一切"左派"在这方面的言论活像空谈革命的学理主义者，他们从来没有参加过真正的革命，或者从来没有深入探讨过革命史，或者天真地以为主观上"否定"某种反动机构,便算是实际上用许多客观因素合成的力量把这种机构破坏了。使一种新的政治思想(不仅是政治思想)声誉扫地,受到损害,最有效的方法就是以维护为名,把它弄到荒谬绝伦的地步。这是因为任何真理,如果把它说得"过火"(如老狄慈根所说的那样),加以夸大,把它运用到实际适用的范围之外,便可以弄到荒谬绝伦的地步,而且在这种情形下,甚至必然会变成荒谬绝伦的东西。荷兰和德国的左派给予苏维埃政权比资产阶级民主议会优越这一新的真理的,正是这种熊的帮忙[79]。自然,谁要是按照老套套笼统地说,在任何条件下都不可以拒绝参加资产阶级议会,那也是不对的。我不想在这里来说明在哪些条件下抵制议会才是有利的,因为本文的任务要小得多,只是结合国际共产主义策略中的几个迫切问题来考察俄国的经验。俄国的经验告诉我们,布尔什维克的抵制一次是成功的、正确的(1905年),另一次则是错误的(1906年)。我们分析一下第一次抵制的情形,便可以看到,那一次所以能够**使**反动政权**召开不了**反动议会,是因为当时群众的议会外的(尤其是罢工的)革命行动正在异常迅速地发展,无产阶级和农民中任何一个阶层都不会给反动政府以任何支持,而革命无产阶级通过罢工斗争和土地运动保证了自己对广大落后群众的影响。十分明显,在欧洲目前的条件下**这个**经验是不适用的。根据上述理由,同样十分明显,荷兰人和"左派"为拒绝参加议会的主张辩护(哪怕是有条件的辩护),是根本错误的,对于革命无产阶级的事业是有害的。

在西欧和美国,议会已经成为工人阶级中先进革命分子深恶痛绝的东西。这是不容争辩的。这是完全可以理解的,因为很难想象还有什么比大多数社会党议员和社会民主党议员战时和战后在议会中的所作所为更卑鄙无耻,更具有叛卖性了。但是,如果在解决应当**怎样**去同这一公认的祸害作斗争的问题时,竟任凭这种情绪来支配,那就不仅不明智,而且简直是犯罪了。在西欧许多国家里出现革命情绪,目前可以说是件"新鲜事",或者说是"稀罕事",人们盼望这种情绪太久、太失望、太焦急了,或许正因为这个缘故,人们才这样容易为情绪所支配。当然,没有群众的革命情绪,没有促使这种情绪高涨的条件,革命的策略是不能变为行动的,但是,俄国过于长久的惨痛的血的经验,使我们确信这样一个真理:决不能只根据革命情绪来制定革命策略。制定策略,必须清醒而极为客观地估计到本国的(和邻国的以及一切国家的,即世界范围内的)**一切**阶级力量,并且要估计到历次革命运动的经验。仅仅靠咒骂议会机会主义,仅仅靠否认参加议会的必要,来显示自己的"革命性",这是非常容易的,但是正因为太容易了,所以不是完成困难的、极其困难的任务的办法。在欧洲各国议会里,建立真正革命的议会党团,要比在俄国困难得多。这是不言而喻的。然而这只是说出了全部真理的一部分,而全部真理是:俄国在1917年那种历史上非常独特的具体形势下,**开始**社会主义革命是容易的,而要把革命**继续下去**,把革命进行到底,却要比欧洲各国困难。我还在1918年年初就指出了这个情况,此后两年来的经验也完全证实了这种看法是正确的。俄国当时的特殊条件是:(1)有可能把苏维埃革命同结束(通过苏维埃革命)给工农带来重重灾难的帝国主义战争联结起来;(2)有可能在一定时期内利用称霸世界的两个帝国主义强盗集团之间的殊死斗争,当时这两个集团不能联合起来反对苏维埃这个敌人;(3)有可能坚持比较长期的国内战争,其部分原因是俄国幅员广大和交通不便;(4)当时农民中掀起了非常深刻的资产阶级民主革命运动,无产阶级政党就接过了农民政党(即社会革命党,他们多数党员是激烈反对布尔什维主义的)的革命要求,并且由于无产阶级夺取了政权而立即实现了这些要求。这些特殊条件,目前在西欧是没有的,而且重新出现这样的或类似的条件也不是很容易的。除其他一些原因外,这也是西欧**开始**社会主义革命比我国困难的一个原因。要想"避开"这种困难,"跳过"利用反动议会来达到革命目的这个难关,那是十足的孩子气。你们要建立新社会吗? 可是你们又害怕困难,不去在反动议会内建立一个由坚定、忠诚、英勇的共产党人组成的优秀的议会党团! 难道这不是孩子气吗? 德国的卡尔·李卜克内西和瑞典的塞·霍格伦甚至在得不到来自下面的群众支持的情况下,尚且能够树立以真正的革命精神利用反动议会的榜样,难道一个迅速发展着的群众性的革命政党,处在战后群众大失所望、愤怒异常的环境中,反而不能在那些最可恶的议会里**锻造出**一个共产党党团来吗?! 正因为西欧工人中的落后群众,尤其是小农中的落后群众,受资产阶级民主偏见和议会制偏见的熏染比俄国的要厉害得多,所以共产党人**只有**从资产阶级议会这种机构内部,才能(并且应该)进行长期的、顽强的、百折不挠的斗争,来揭露、消除和克服这些偏见。

德国"左派"抱怨他们党的那些"领袖"不好,因此悲观失望,以至于采取"否定""领袖"的可笑态度。然而处在常常必须把"领袖"秘密隐藏起来的条件下,要**造就**可以信赖的、久经考验的和享有威望的好"领袖"是特别困难的事情;要顺利地克服这些困难,就非把合法工作和不合法工作配合起来,**使"领袖"受到考验不可,其中包括**议会斗争**的**考验。批评,而且是最尖锐、最无情和最不调和的批评,不应该是针对议会斗争或议会活动,而应该是针对那些不善于尤其是**不愿意**以革命精神、以共产主义精神来利用议会选举和议会讲坛的领袖。只有这种批评（当然同时也要驱逐不称职的领袖，而代之以称职的领袖）才是既有益处又有实效的革命工作，才能一方面教育"领袖"，使他们无愧于工人阶级和劳动群众，另一方面又教育群众，使他们学会正确地分析政治形势，了解在这种政治形势下产生出来的往往是非常错综复杂的任务。①

八

不作任何妥协吗？

我们从上面引自法兰克福出版的小册子的那段话里，已经看到"左派"何等坚决地提出"不作任何妥协"的口号。这些无疑是以马克思主义者自居并且愿意做马克思主义者的人，竟忘记了马克思主义的基本真理，这实在使人感到可悲。请看看 1874 年恩格

---

① 我很少有机会了解意大利"左派"共产主义者。博尔迪加同志及其"共产主义者抵制派"（Comunista astensionista）维护不参加议会的主张无疑是不对的。可是，根据两号他主编的《苏维埃报》**80**（1920 年 1 月 18 日和 2 月 1 日《苏维埃报》第 3 号和第 4 号）、四期塞拉蒂同志主编的出色的《共产主义》杂志**81**（1919 年 10 月 1 日—11 月 30 日《共产主义》杂志第 1—4 期）以及我所能读到的几份零散的意大利资产阶级报纸看来，我以为他有一点是对的。那就是说，博尔迪加同志和他那一派人对屠拉梯及其同伙的抨击是正确的，因为后者依然留在一个承认苏维埃政权和无产阶级专政的政党里，依然当议员，并继续奉行危害极大的机会主义的老政策。塞拉蒂同志和整个意大利社会党**82**容忍这种现象，当然是一个错误，这种错误也会像在匈牙利那样带来很大的害处和危险，匈牙利的屠拉梯之流的先生们就是从内部暗中破坏党和苏维埃政权的**83**。对机会主义的议员采取这种错误的、不彻底的或软弱的态度，一方面促成"左派"共产主义者的出现，另一方面又**在一定程度**上证明"左派"共产主义者的存在是对的。塞拉蒂同志指责议员屠拉梯"不彻底"（《共产主义》杂志第 3 期）显然是不对的，其实不彻底的正是意大利社会党，它容忍了屠拉梯之流这样的机会主义的议员。

斯反驳 33 个布朗基派公社战士的宣言时说的话吧（恩格斯同马克思一样，都属于那种少见的和极少见的著作家，能做到每一巨著中的每一句话含义都极为深刻）：

"'……〈布朗基派公社战士的宣言中说〉我们所以是共产主义者，是因为我们要达到自己的目的，不在中间站停留，不作妥协，因为妥协只会推迟胜利到来的日子，延长奴隶制的时期。'

德国共产主义者所以是共产主义者，是因为他们通过一切不是由他们而是由历史发展进程造成的中间站和妥协，清楚地看到并始终不懈地追求最后目的：消灭阶级和建立不再有土地私有制和生产资料私有制的社会制度。33 个布朗基主义者所以是共产主义者，是因为他们以为，只要**他们**愿意跳过各个中间站和各种妥协，那就万事大吉了，只要——他们确信如此——日内'干起来'，政权落到他们手中，那么后天'就会实行共产主义'。因此，如果这不能立刻办到，那他们也就不是共产主义者了。

把自己的急躁当做理论上的论据，这是何等天真幼稚！"（**弗·恩格斯**《公社的布朗基派流亡者的纲领》①，载于德国社会民主党的报纸《人民国家报》⁸⁴1874 年第 73 号，引自《1871—1875 年论文集》俄译本 1919 年彼得格勒版第 52—53 页）

恩格斯在这篇论文中对瓦扬深表敬意，说瓦扬有"不容争辩的功绩"（瓦扬和盖得一样，在 1914 年 8 月背叛社会主义以前是国际社会主义运动影响极大的领袖）。但是，恩格斯对他的明显的错误却没有放过，而作了详尽的剖析。当然，在年纪很轻、没有经验的革命者看来，以及在甚至岁数很大、经验很多的小资产阶级

---

① 见《马克思恩格斯文集》2009 年人民出版社版第 3 卷第 362—364 页。——编者注

革命者看来，好像"容许妥协"是异常"危险的"，是不可理解和不正确的。而许多诡辩家（那班十二分"有经验的"政客）也正像兰斯伯里同志所提到的那些英国机会主义领袖那样，议论什么"既然布尔什维克可以作某种妥协，为什么我们不可以作任何妥协呢？"但是，在多次罢工（我们只拿阶级斗争的这一种表现来说）中受到教育的无产者，对恩格斯所阐明的这一极深刻的（哲学上的、历史上的、政治上的、心理学上的）真理通常都能很好地领会。每个无产者都经历过罢工，都同可恨的压迫者和剥削者作过"妥协"，那就是，在自己的要求完全没有达到，或者只得到部分的满足时，也不得不去上工。每个无产者由于处在群众斗争和阶级对立急剧尖锐化的环境里，都看到了下列两种妥协之间的差别：一种是为客观条件所迫（罢工者的基金告竭，没有外界援助，陷于极端饥饿和苦难的境地）而作的妥协，这种妥协丝毫不会削弱实行这种妥协的工人对革命的忠诚和继续斗争的决心；另一种是叛徒的妥协，他们贪图私利（工贼也实行"妥协"！），怯懦畏缩，甘愿向资本家讨好，屈从于资本家的威胁、利诱、劝说、捧场（这种叛徒的妥协，在英国工人运动史上，英国工联领袖作得特别多，然而所有国家的几乎所有的工人都见到过这种或那种形式的类似现象），却把原因推给客观。

当然，有时也可以遇到异常困难复杂的个别情况，要花极大的气力，才能正确断定某一"妥协"的真实性质，——正像有些杀人案件，很难断定这些杀人行为是完全正当的，甚至是必要的（例如正当防卫），或者是不可原谅的疏忽，或者甚至是经过精心策划的谋害。当然，在政治上有时由于各阶级和各政党之间的（国内的和国际的）相互关系异常错综复杂，有许多情况判断起来，要远比判断什么是罢工中的合理"妥协"，什么是工贼、叛徒领袖等等的叛卖性"妥协"，更为困难。如果要开一张包治百病的丹方，或者拟定一个适用于一切情况的一般准则("不作任何妥协!"),那是很荒谬的。为了能够弄清各个不同的情况,应该有自己的头脑。党组织的作用和名副其实的党的领袖的作用,也正在于通过本阶级一切肯动脑筋的分子①所进行的长期的、顽强的、各种各样的、多方面的工作,获得必要的知识、必要的经验、必要的(除了知识和经验之外)政治嗅觉,来迅速而正确地解决各种复杂的政治问题。

幼稚而毫无经验的人们以为,只要一承认容许**妥协**,就会抹杀机会主义(我们正同它并且必须同它进行不调和的斗争)和革命马克思主义或共产主义之间的任何界限。假使这些人还不懂得,无论自然界还是社会中,**一切**界限都是变动的,而且在一定程度上都是有条件的,那么除了通过长期的训练、培养和教育,让他们取得政治经验和生活经验以外,就没有别的办法可以帮助他们。重要的是在每个个别的或特殊的历史关头,要善于从实际政治问题中识别哪些问题上表现出某种最主要的而且是不能容许的、叛卖性的、危害革命阶级的机会主义的妥协,并且要竭尽全力揭露这种妥协,同它进行斗争。在两个同样进行抢劫、进行掠夺的国家集团间进行帝国主义战争(1914—1918 年)时,这样的最主要的、基本的一种机会主义,就是社会沙文主义,也就是主张"保卫祖国",在**这样一场**战争中"保卫祖国",实际上就等于保卫"本国"资产阶级的强盗利益。在大战以后,保卫掠夺性的"国际联盟"**33**;保卫同本国资产阶级订立的直接或间接的联盟而反对革命无产阶级和"苏维

---

① 每个阶级,即使是在最文明的国家里,即使它是最先进的阶级,并且由于当前的形势,它的一切精神力量得到最高度发挥,其中也总会有一些分子**不**动脑筋和不会动脑筋,而且只要阶级还存在,只要无阶级的社会还没有在自己的基础上完全加强、巩固和发展起来,就必然**还会有**这样一些分子。否则,资本主义便不成其为压迫群众的资本主义了。

埃"运动；保卫资产阶级民主制和资产阶级议会制而反对"苏维埃政权"——这些就是不能容许的叛卖性妥协的最主要表现，这些妥协合在一起就是危害革命无产阶级及其事业的机会主义。

德国左派在法兰克福出版的小册子里写道：

"……凡是同其他政党妥协……凡是实行机动和通融的政策，都应当十分坚决地拒绝。"

也真奇怪，这些左派既抱着这种见解，却没有坚决地斥责布尔什维主义！德国左派不会不知道在布尔什维主义全部历史中，无论在十月革命前或十月革命后，都**充满着**对其他政党包括对资产阶级政党实行机动、通融、妥协的事实！

为了推翻国际资产阶级而进行的战争，比国家之间通常进行的最顽强的战争还要困难百倍，费时百倍，复杂百倍；进行这样的战争而事先拒绝采用机动办法，拒绝利用敌人之间利益上的矛盾（哪怕是暂时的矛盾），拒绝同各种可能的同盟者（哪怕是暂时的、不稳定的、动摇的、有条件的同盟者）通融和妥协，这岂不是可笑到了极点吗？这岂不是正像我们千辛万苦攀登一座未经勘察、人迹未到的高山，却预先拒绝有时要迂回前进，有时要向后折转，放弃已经选定的方向而试探着从不同的方向走吗？而那些如此缺乏觉悟、如此没有经验的人（如果这真是因为他们年轻，那还算好：上帝本来就让青年在一定的时间内说这类蠢话的），居然能得到荷兰共产党内某些党员的支持（不管是直接或间接的、公开或隐蔽的、完全或部分的支持，都是一样）！！

在无产阶级进行了第一次社会主义革命之后，在一国内推翻了资产阶级之后，这个国家的无产阶级**在很长时期内**，依然要比资产阶级**弱**，这只是因为资产阶级有很广泛的国际联系，还因为在这个推翻了资产阶级的国家里,小商品生产者自发地、经常地使资本主义和资产阶级复活和再生。要战胜更强大的敌人,就必须尽最大的努力,同时**必须**极仔细、极留心、极谨慎、极巧妙地一方面利用敌人之间的一切"裂痕",哪怕是最小的"裂痕",利用各国资产阶级之间以及各个国家内资产阶级各个集团或各种类别之间利益上的一切对立,另一方面要利用一切机会,哪怕是极小的机会,来获得大量的同盟者,尽管这些同盟者可能是暂时的、动摇的、不稳定的、不可靠的、有条件的。谁不懂得这一点,谁就是丝毫不懂得马克思主义,丝毫不懂得**现代的科学社会主义**。谁要是没有在相当长的时期内和在各种相当复杂的政治形势下,**在实践上证明**他确实会运用这个真理,谁就还没有学会帮助革命阶级去进行斗争,使全体劳动人类从剥削者的压榨下解放出来。以上所说的一切,对于无产阶级夺取政权**以前**和**以后**的时期,都是同样适用的。

马克思和恩格斯说过,我们的理论不是教条,而是**行动的指南**①;卡尔·考茨基、奥托·鲍威尔这类"正宗的"马克思主义者的最大错误和最大罪恶,就是他们不懂得这一点,不善于在无产阶级革命最紧要的关头按此行事。马克思以前时期的俄国伟大的社会主义者尼·加·车尔尼雪夫斯基常说:"政治活动并不是涅瓦大街的人行道。"**85**(涅瓦大街是彼得堡一条笔直的主要街道,它的人行道清洁、宽阔而平坦。)从车尔尼雪夫斯基那时以来,俄国革命家由于忽视或忘记了这个真理,遭受过无数的牺牲。我们无论如何要使西欧和美国的左派共产党人和忠于工人阶级的革命家,**不至于像落后的俄国人那样**,为领会这个真理付出**如此昂贵的代价**。

在沙皇制度被推翻以前,革命的俄国社会民主党人曾经多次

---

① 参看《马克思恩格斯文集》2009 年人民出版社版第 10 卷第 557 页。——编者注

利用资产阶级自由派的帮助,那就是说,同他们作过多次实际的妥协;在1901—1902年间,在布尔什维主义产生之前,旧《火星报》编辑部(当时参加这个编辑部的有普列汉诺夫、阿克雪里罗得、查苏利奇、马尔托夫、波特列索夫和我)就曾同资产阶级自由派政治领袖司徒卢威结成正式的政治联盟[86](时间固然不长),同时却善于不间断地在思想上和政治上同资产阶级自由主义及其在工人运动内部反映出来的任何最微小的影响作最无情的斗争。布尔什维克一直奉行这个政策。从1905年起,他们一贯坚持工农联盟,反对自由派资产阶级和沙皇制度,同时从来也不拒绝支持资产阶级去反对沙皇制度(例如在第二级选举或在复选时),从来也没有在思想上和政治上停止对农民的资产阶级革命党,即对"社会革命党人"作最不调和的斗争,而是揭露他们的面目,揭露他们是冒充社会主义者的小资产阶级民主派。1907年,在杜马选举中,布尔什维克曾同"社会革命党人"结成短期的正式政治联盟。1903—1912年期间,我们不止一次地和孟什维克形式上同处在一个统一的社会民主党内,每次都有好几年,但是**从来没有**在思想上和政治上停止跟他们这些对无产阶级散布资产阶级影响的人和机会主义者作斗争。在大战期间,我们同"考茨基派"即左派孟什维克(马尔托夫)以及一部分"社会革命党人"(切尔诺夫、纳坦松)作过某些妥协,同他们在齐美尔瓦尔德和昆塔尔一起开过会[87],发表过共同宣言,但是我们从来没有在思想上和政治上停止和削弱对"考茨基派"、对马尔托夫和切尔诺夫的斗争(纳坦松死于1919年,他当时已是一个非常靠拢我们、跟我们意见几乎完全一致的民粹派"革命共产党人"[88])。正当十月革命的时候,我们同小资产阶级的农民结成了一个非正式的、但又非常重要的(而且是非常成功的)政治联盟,我们未作任何修改就**全盘**接受了**社会革命党的土**

地纲领,也就是说,我们作了一次明显的妥协来向农民证明,我们并不想用多数票压他们,而是愿意同他们妥协。同时,我们曾经向"左派社会革命党人"**89**建议结成(而且不久就实现了)正式的政治联盟,请他们参加政府;但是在缔结布列斯特和约以后,他们破坏了这个联盟,到1918年7月甚至举行了武装暴动,继而又进行武装斗争来反对我们。

因此,很明显,德国左派因为德国共产党中央想跟"独立党人"("德国独立社会民主党",即考茨基派)结成联盟,便加以攻击,在我们看来是极不严肃的,而且这种攻击明显地证明"左派"是**错误的**。我们俄国也有过同德国谢德曼之流类似的右派孟什维克(他们参加过克伦斯基政府)和反对右派孟什维克而同德国考茨基派类似的左派孟什维克(马尔托夫)。1917年,我们明显地看到工人群众逐渐离开孟什维克而转向布尔什维克:在1917年6月举行的全俄苏维埃第一次代表大会上,我们只占代表总数的13%,社会革命党人和孟什维克占大多数;在苏维埃第二次代表大会(俄历1917年10月25日)上,我们已占代表总数的51%。为什么德国工人有**同样的**、完全**相同的**从右向左的转变趋势,却没有立即增强共产党人的力量,而首先增强了中间政党——"独立"党(虽然这个党从来没有过任何独立的政见和任何独立的政策,而只是摇摆于谢德曼之流和共产党人之间)的力量呢?

很明显,原因之一就是德国共产党人采取了**错误的**策略,德国共产党人必须大胆地老老实实地承认这个错误,并且学会纠正这个错误。这个错误就是否认有必要参加反动的资产阶级议会和反动的工会,这个错误就是以多种形式表现出来的"左派"幼稚病,这种病症现在已经暴露出来,这就可以更好更快地把它治好,对于机体会更有益处。

德国"独立社会民主党"内部，显然是不一致的：其中除那些已经证明不能理解苏维埃政权和无产阶级专政的意义，不能领导无产阶级革命斗争的机会主义老领袖（如考茨基、希法亭，看来克里斯平、累德堡等在很大程度上也是如此）以外，还有一个左翼，即无产阶级一翼已经形成，并且正在非常迅速地发展着。该党数十万无产者党员（党员总数似为 75 万）正在离开谢德曼而迅速靠拢共产党人。这个无产阶级一翼已经在"独立党人"莱比锡代表大会（1919年）上提议无条件地立即加入第三国际。如果害怕同该党的这一翼"妥协"，那简直是可笑的。恰恰相反，共产党人**必须**寻找**而且必须找到**一种同他们妥协的适当形式，这种妥协一方面可以促进和加速共产党人同这一翼实现必要的完全融合，另一方面丝毫不妨碍共产党人对"独立党人"机会主义右翼进行思想上和政治上的斗争。要找到这样一种适当的形式，大概是不容易的，然而只有骗子才会向德国工人和德国共产党人许诺一条"容易"致胜的道路。

如果"纯粹的"无产阶级没有被介于无产者和半无产者（一半依靠出卖劳动力来获得生活资料的人）之间、半无产者和小农（以及小手艺人、小手工业者和所有的小业主）之间、小农和中农之间等等为数众多的形形色色的中间类型所包围，如果无产阶级本身没有分成比较成熟的和比较不成熟的阶层，没有乡土、职业、有时甚至宗教等等的区分，那么资本主义便不成其为资本主义了。由于这一切原因，无产阶级的先锋队，无产阶级的觉悟部分，即共产党，就必须而且绝对必须对无产者的各种集团，对工人和小业主的各种政党采取机动、通融、妥协的办法。全部问题在于要**善于**运用这个策略，来**提高**无产阶级的觉悟性、革命性、斗争能力和致胜能力的**总的**水平，而不是降低这种水平。顺便应当指出：布尔什维克为了战胜孟什维克，不仅在 1917 年十月革命以前，**就是在此以后**

也需要采取机动、通融、妥协的策略,自然,我们所采取的这种策略是靠削弱孟什维克来促进、增进、巩固和加强布尔什维克的。小资产阶级民主派(包括孟什维克在内)必然要动摇于资产阶级和无产阶级之间,动摇于资产阶级民主制度和苏维埃制度之间,动摇于改良和革命之间,动摇于喜爱工人和畏惧无产阶级专政之间,等等。共产党人的正确策略,应该是**利用**这种动摇,决不是忽视这种动摇;既然要利用这种动摇,那就得对那些转向无产阶级的分子,在他们转向无产阶级的时候,实行让步,看他们转的程度,来决定让步的程度;同时要同那些转向资产阶级的分子作斗争。由于我们运用了正确的策略,我国孟什维主义已经而且还在日益瓦解,顽固的机会主义领袖陷于孤立,优秀的工人和小资产阶级民主派中的优秀分子,都转入我们的阵营。这是一个长期的过程,所以"不作任何妥协,不实行任何机动"这种操之过急的"决定",只会有害于加强革命无产阶级影响和扩大革命无产阶级力量的事业。

最后,德国"左派"十分固执地坚持不承认凡尔赛和约[16],这也是他们的一个明显的错误。这种观点表述得愈"庄重"、愈"神气"、愈"坚决"、愈武断(像克·霍纳所表达的那样),结果就显得愈不明智。在现时国际无产阶级革命的条件下,仅仅唾弃"民族布尔什维主义"(劳芬贝格等人的)那种竟然主张同德国资产阶级结盟对协约国作战的荒谬立场,是不够的。应当认识到,苏维埃德国(如果苏维埃德意志共和国不久就可以成立的话)在一定的时期内必须承认和服从凡尔赛和约,不容许这样做的策略是根本错误的。当然不能由此得出结论说,当谢德曼之流还待在政府里、匈牙利苏维埃政权还没有被推翻、维也纳的苏维埃革命尚有可能去援助苏维埃匈牙利的时候,**在当时这样的条件之下**,"独立党人"提出签订凡尔赛和约的要求是正确的。"独立党人"当时实行的

机动和灵活是很不好的,因为他们多少替叛徒谢德曼之流分担了
责任,多少离开了同谢德曼之流进行无情的(和十分冷静的)阶级
战争的观点,而滑到了"非阶级的"或"超阶级的"观点上去。

　　然而,现在的局势却显然是这样的:德国共产党人不应当束缚
自己的手脚,不应当许诺,共产党人一旦取得胜利,就一定废除凡
尔赛和约。这是愚蠢的。应该说:谢德曼之流和考茨基之流干了
一系列的叛卖勾当,阻碍了(就某种程度上说简直是断送了)同苏
维埃俄国和苏维埃匈牙利结成联盟的事业。我们共产党人则要采
取一切办法**去促成和准备**实现这个联盟,至于凡尔赛和约,我们完
全没有必要一定而且立刻加以废除。能不能顺利地废除这个和
约,不仅取决于苏维埃运动在德国的胜利,而且取决于苏维埃运动
在国际上的胜利。谢德曼之流和考茨基之流阻碍了这个运动,而
我们却要帮助这个运动。这就是问题的本质所在,这就是根本的
差别所在。既然我们的阶级敌人、剥削者、他们的走狗谢德曼之流
和考茨基之流,放过了加强德国及国际苏维埃运动、加强德国及国
际苏维埃革命的许多机会,那么,这种罪责就应该由他们来承担。
德国的苏维埃革命会加强国际苏维埃运动,而国际苏维埃运动则
是反对凡尔赛和约、反对整个国际帝国主义的最强大的堡垒(而
且是唯一可靠的、不可战胜的、威震全球的堡垒)。硬要迫不及待
地把摆脱凡尔赛和约一事放在第一位,放在使**其他**被帝国主义压
迫的国家摆脱帝国主义压迫的**问题之上**,这就是市侩的民族主义
(很合乎考茨基、希法亭、奥托·鲍威尔之流的身份),而不是革命
的国际主义。在欧洲任何一个大国,其中包括德国,推翻资产阶级
将是国际革命的一大胜利,为了这种胜利,如果有必要,可以而且
应当容忍**凡尔赛和约存在一个较长的**时期。既然俄国一国为了革
命的利益能够忍受几个月布列斯特和约,那么苏维埃德国在同苏

维埃俄国结成联盟的情况下,为了革命的利益在更长一段时间里忍受凡尔赛和约决不是不可能的。

法、英等国帝国主义者挑动德国共产党人,给他们设下圈套:"你们说你们不在凡尔赛和约上签字吧。"而左派共产党人不善于随机应变,同诡计多端而且**目前**比他们强大的敌人周旋,不会回答敌人说:"现在我们要在凡尔赛和约上签字了",却像小孩子一样上了这个圈套。事先就束缚住自己的手脚,公开告诉那个目前武装得比我们好的敌人,我们是否要同他作战、什么时候同他作战——这是愚蠢行为,而不是革命行为。当应战显然对敌人有利而对自己不利的时候,却去应战,那就是犯罪;革命阶级的政治家如果不善于实行"机动、通融、妥协",以避免显然不利的战斗,这样的政治家是毫无用处的。

九

英国"左派"共产主义者

英国现在还没有共产党,但是工人中间出现了一种崭新的、广泛的、强大的、迅速增长的、令人感到极有希望的共产主义运动;有几个政党和政治组织("英国社会党"[90]、"社会主义工人党"、"南威尔士社会主义协会"、"工人社会主义联盟"[91])希望成立共产党,并且正在就这个问题进行谈判。在"工人社会主义联盟"的机关报《工人无畏舰》周刊[92](1920年2月21日第6卷第48期)上刊载了该刊主编西尔维娅·潘克赫斯特同志的一篇文章:《向建立共产党的目标前进》。这篇文章叙述了上述四个组织谈判的经过,谈判的内容是:在加入第三国际、承认苏维埃制度(而不是议会制)和无产阶级专政的基础上建立统一的共产党。原来,不能立刻成立统一的共产党的主要障碍之一,是它们之间发生了意见分歧,分歧在于要不要参加议会以及新成立的共产党要不要加入旧的、行业性的(大半由工联组成的)、机会主义和社会沙文主义的"工党"。"工人社会主义联盟"以及"社会主义工人党"①都反对参加议会选举,反对参加议会,反对加入"工党",在这方面它们和英国社会党全体党员或多数党员意见不一致,在它们看来英国社会党是英国"各共产主义政党中的右翼"(西尔维娅·潘克赫斯特的上述文章,第5页)。

这样看来,基本的分野同德国是一样的,虽然分歧的表现形式(同英国比较起来,德国的表现形式更接近"俄国的"表现形式)以及其他许多情况有很大差别。现在让我们来看一下"左派"的论据。

关于参加议会问题,西尔维娅·潘克赫斯特同志引证了同一期周刊上威·加拉赫(W. Gallacher)同志的一篇文章,加拉赫同志以格拉斯哥"苏格兰工人委员会"的名义写道:

"本委员会明确反对议会制度,而且得到了各种政治组织的左翼的支持。我们是苏格兰革命运动的代表,这个运动力求在全国产业部门〈在各个生产部门内〉建立革命组织,并且以各社会委员会为基础建立共产党。长期以来我们同官方的议员们进行争论。我们过去认为没有必要向他们公开宣战,而他们也**害怕**向我们展开进攻。

然而这种状况不会长久继续下去。我们正在全线节节胜利。

苏格兰独立工党的广大党员对议会愈来愈反感,几乎所有地方组织都赞成Soviets〈俄语"苏维埃"一词的英语音译〉或工人苏维埃。当然,这对于那些把政治视为谋生手段〈视为职业〉的先生来说,是极其严重的事情,因此他们用尽一切办法来说服他们的党员重新投入议会制度的怀抱。革命的同志们**不应当**〈所有黑体都是原作者用的〉支持这伙匪帮。我们在这方面的斗争将是很艰巨的。在这场斗争中,最糟糕的就是那些关心个人利益胜过关心革

---

① 看来,"社会主义工人党"反对加入"工党",但不是全体党员都反对参加议会。

命的人将会叛变。对于议会制度的任何支持,都只会有助于使政权落到我们不列颠的谢德曼和诺斯克之流的手里。韩德逊和克林兹(Clynes)之流已经反动透顶。正式的独立工党愈来愈处于资产阶级自由党人的支配之下,资产阶级自由党人在麦克唐纳和斯诺登之流的先生们的阵营中找到了精神上的安乐窝。正式的独立工党极端仇视第三国际,而群众则支持第三国际。无论用什么方法来支持机会主义的议员,都不过是为上述这些先生效劳。英国社会党在这方面不起任何作用…… 这里需要一个健全的革命的产业〈工业〉组织和根据清楚的、明确的、科学的原则去行动的共产党。如果我们的同志能够帮助我们建立这两种组织,我们会欣然接受他们的帮助;如果不能帮助,而又不愿意靠着支持反动派来出卖革命,那么,看在上帝的分上,就请千万不要干预此事;这些反动分子正热心猎取'光荣的'(?)〈问号是原作者加的〉议员称号,正渴望证明他们**能够像**'主子'那个阶级的政治家一样有成效地**实行统治**。"

据我看,这封给编辑部的信出色地表达了年轻的共产主义者或刚刚开始接受共产主义的做群众工作的工人的情绪和观点。这种情绪是极其可喜、极其可贵的;应当善于珍视和支持这种情绪,因为没有这种情绪,英国以及任何其他国家的无产阶级革命的胜利是没有希望的。对于善于表达群众的这种情绪、善于激发群众的这种(往往是朦胧的、不自觉的、下意识的)情绪的人,应该爱护,应该关切地给以种种帮助。但同时应该直言不讳地告诉他们:在伟大的革命斗争中,**单凭**情绪来领导群众是不够的;即使是对革命事业无限忠诚的人所要犯的或正在犯的这样那样的错误,也会给革命事业带来危害。从加拉赫同志给编辑部的这封信中,无疑可以看到德国"左派"共产党人目前所犯的和俄国"左派"布尔什维克在 1908 年和 1918 年犯过的那**种种**错误的苗头。

写信人对资产阶级的"阶级的政治家"满怀着最崇高的无产阶级的憎恨(这不仅是无产者,而且是一切劳动者,即德国人所说的一切"小人物"都能理解和有同感的一种憎恨)。被压迫被剥削群众的代表所表达的这种憎恨,实在是"一切智慧之本",是一切社会主义运动和共产主义运动及其成功的基础。可是,写信人看来没有考虑到:政治是一门科学,是一种艺术,它不是从天上掉下来的,不费力是掌握不了的;无产阶级要想战胜资产阶级,就必须造就出**自己的**、无产阶级的"阶级的政治家",而这些政治家同资产阶级的政治家比起来应该毫不逊色。

写信人透彻地了解到,达到无产阶级目的的工具不是议会,而只能是工人苏维埃,凡是至今还不了解这点的人,哪怕他是最有学问的人、最有经验的政治家、最真诚的社会主义者、最渊博的马克思主义者、最诚实的公民和家庭成员,他也必定是一个最恶毒的反动派。然而写信人甚至没有提出,更没有想到有必要提出这样一个问题:如果不让"苏维埃的"政治家**进入**议会,**不从内部**去瓦解议会制度,不从议会内部去准备条件,使苏维埃能够顺利完成它所面临的解散议会的任务,那么,要使苏维埃战胜议会是否可能呢?而同时写信人却提出了一种完全正确的意见,他说英国共产党必须根据**科学**原则来行动。而科学首先要求估计到其他国家的经验,特别是其他同样是资本主义的国家正在经历或不久前曾经经历过的那种非常类似的经验;其次,它要求估计到在本国内部现有的**一切**力量、集团、政党、阶级和群众,要求决不能仅仅根据一个集团或一个政党的愿望和见解、觉悟程度和斗争决心来确定政策。

说韩德逊、克林兹、麦克唐纳、斯诺登之流已经反动透顶了,这是对的。说他们想把政权抓到自己手里(其实,他们宁愿同资产阶级联合执政),说他们想按照资产阶级的那一套老规矩来"实行统治",说他们一旦当权,就一定会跟谢德曼之流和诺斯克之流一样行事,这也是对的。所有这些全都不错。但由此得出的结论,决不是说支持他们就是背叛革命,而是说工人阶级的革命家为了革命利益,应该在议会方面给这些先生以一定的支持。我现在拿英国目前的两个政治文件来说明这个意思:(1)劳合-乔治首相1920年3月18日的演说(根据1920年3月19日《曼彻斯特卫报》[93]的报道);(2)"左派"共产主义者西尔维娅·潘克赫斯特同志在她的上述文章中所发表的议论。

劳合-乔治在他的演说中同阿斯奎斯(此人曾接到出席会议的特别邀请,但他拒绝了),同那些不愿意跟保守党人联合而想接近工党的自由党人进行了论战。(在加拉赫同志给编辑部的信中,我们也看到他指出了自由党人转入独立工党的事实。)劳合-乔治证明自由党人必须同保守党人联合起来,而且要**紧密地**联合起来,否则,工党——劳合-乔治"喜欢称之为"社会党——就会取得胜利,而这个党是力求实现生产资料"集体所有制"的。这位英国资产阶级的领袖向他的听众,向那些至今大概还不了解这点的自由党议员通俗地解释道:"这在法国叫做共产主义,在德国叫做社会主义,在俄国叫做布尔什维主义。"劳合-乔治说,这是自由党人所根本不能接受的,因为自由党人从根本上说是拥护私有制的。这位演讲人声称:"文明正处在危险之中",因此自由党人同保守党人必须携起手来……

劳合-乔治说:"……如果你们到农业地区去,我相信你们一定会看到,那里党派的划分仍然保持着原样。那里离危险还远。那里还没有什么危险。可是,事态一旦发展到了农业地区,那里的危险也会同今天的某些工业地区一样大。我国居民五分之四从事工商业,而从事农业的几乎不到五分之一。这是我每想到将来我们会遇到的危险时始终不忘的一种情况。法国的居民大都从事农业,在那里,确定的观念有着牢固的基础,这种基础不会变动得很快,也不太容易受到革命运动的激荡。我国的情况则不然。我国比世界上其他任何一个国家都容易颠覆;如果它一开始动摇,那么,由于上述原因,它将比其他国家崩溃得更厉害。"

读者从这里可以看出,劳合-乔治先生不仅是一个很聪明的人,而且他还从马克思主义者那里学到了不少东西。我们不妨也向劳合-乔治学习学习吧。

我们还想指出劳合-乔治演讲之后在讨论过程中发生的如下一个插曲:

"**华莱士**(Wallace)先生问:现在产业工人中间有很多是自由党人,我们从他们那里得到了很多支持,请问首相,您认为您在工业地区对这些产业工人所采取的政策会得到什么结果?可能的结果会不会使目前真心帮助我们的工人转过去大大加强工党的势力?

首相答:我的看法完全相反。自由党人互相倾轧这一事实,无疑使很多自由党人感到绝望而倒向工党方面,现在已经有为数不少的很能干的自由党人参加了工党,他们在破坏政府的威信。结果无疑是社会上同情工党的情绪大大增强。现时社会舆论不是支持工党外的自由党人,而是支持工党,这是最近几次部分改选所表明了的。"

附带说说,这段议论特别表明,连资产阶级中最聪明的人物也弄糊涂了,不能不干出无法补救的蠢事来。就凭这一点也会把资产阶级断送的。尽管我们的人也会做蠢事(自然,条件是这些蠢事不很大,而且能及时得到改正),但是他们终究会成为胜利者。

另外一个政治文件是"左派"共产主义者西尔维娅·潘克赫斯特同志的下述一段议论:

"……英克平同志〈英国社会党书记〉把工党叫做'工人阶级运动的主要组织'。英国社会党的另一个同志在第三国际代表会议上把该党的观点表述得更加明确,他说:'我们把工党看做组织起来的工人阶级。'

我们不赞同对工党的这种看法。工党党员虽然非常多,但很大一部分是无所作为和不关心政治的。这就是那些加入工联的男女工人,他们之所以加入工联,是因为他们厂里的工友都是工联会员,是因为他们想领取补助金。

但是我们认为工党所以拥有这样多的党员也是由这样一个事实造成的:工党是英国工人阶级的多数还没有摆脱的一种思潮的产物,虽然在人民的头脑里正酝酿着巨大的变化,人民很快就要改变这种情况……"

"……英国工党同其他国家的社会爱国主义组织一样,在社会的自然发展过程中,必然要上台执政。共产主义者的任务就是要聚集力量,以便推翻这些社会爱国主义者,我们在英国既不应当拖延这种活动,也不应当犹豫不决。

我们不应当分散自己的精力去增加工党的力量;工党上台执政是不可避免的。我们必须集中力量创立一个共产主义运动来战胜工党。工党很快就要组成政府;拥护革命的反对派必须准备好冲击这个政府……"

总之,自由派资产阶级正在放弃那种历史上被数百年来的经验奉若神明的、对剥削者异常有利的"两党"制(剥削者的"两党"制),而认为必须联合两党的力量同工党作斗争。一部分自由党人好像覆舟时的老鼠,纷纷跑到工党方面去。左派共产主义者认为政权转到工党手中是不可避免的,并且承认现在多数工人都拥护工党。他们由此得出一个奇怪的结论,这个结论由西尔维娅·潘克赫斯特同志表示如下:

"共产党不应当实行妥协…… 它必须保持自己学说的纯洁,保持自己的独立性,不为改良主义所玷污;共产党的使命是勇往直前,中途不停顿,不转弯,径直走向共产主义革命。"

恰恰相反,既然英国多数工人现在还跟着英国的克伦斯基之流或谢德曼之流走,既然他们还没有取得跟这批人组成的政府打交道的经验,而俄国和德国的工人所以大批转向共产主义,正是因为取得了这种经验,那么毫无疑义,由此应该得出结论说,英国共产主义者**必须**参加议会活动,必须**从议会内部**帮助工人群众在事实上认清韩德逊和斯诺登政府所造成的结果,必须帮助韩德逊和斯诺登之流去战胜联合起来的劳合-乔治和丘吉尔。不这样做,就会增加革命事业的困难,因为工人阶级多数人的观点如果不转变,进行革命是不可能的,而要实现这种转变,必须由群众取得政治经验,单靠宣传是永远不能奏效的。既然现在显然无力的少数工人知道(或者至少应当知道),要是韩德逊和斯诺登战胜了劳合-乔治和丘吉尔,多数工人经过一个很短的时间,就会对自己的领袖感到失望,转而拥护共产主义(或者至少会对共产主义者保持中立,而且多半是善意的中立),那么这少数工人提出"不妥协,不转弯地前进"这样的口号,就显然是错误的。这很像1万名兵士跟5万名敌兵交战,在应当"停顿"、"转弯",甚至实行"妥协"以等待不能立即出动的10万援兵的情况下,却要去同敌人硬拼。这是知识分子的孩子气,而不是革命阶级的郑重的策略。

一切革命,尤其是20世纪俄国三次革命所证实了的一条革命基本规律就是:要举行革命,单是被剥削被压迫群众认识到不能照旧生活下去而要求变革,还是不够的;要举行革命,还必须要剥削者也不能照旧生活和统治下去。只有"**下层**"不愿照旧生活而"**上层**"也**不能照旧**维持下去的时候,革命才能获得胜利。这个真理的另一个说法是:没有全国性的(既触动被剥削者又触动剥削者的)危机,进行革命是不可能的。这就是说,要举行革命,第一,必须要多数工人(或至少是多数有觉悟、能思考、政治上积极的工人)充分认识到革命的必要性,并有为革命而牺牲的决心;第二,必须要统治阶级遭到政府危机,这种危机甚至把最落后的群众都卷入政治活动(一切真正的革命的标志,就是在以前不关心政治的被压迫劳动群众中,能够进行政治斗争的人成十倍以至成百倍地迅速增加),削弱政府的力量,使革命者有可能很快地推翻它。

顺便提一下,正是从劳合-乔治的演说中可以看到,在英国,这两个可以使无产阶级革命成功的条件显然正在成熟。左派共产主义者的错误目前之所以特别危险,正是因为有些革命者对这两个条件都抱着一种不够认真、不够重视、不够自觉、不够慎重的态度。既然我们不是一个革命的小团体,而是 个革命**阶级**的政党,既然我们要把**群众**争取过来(不这样,我们就有成为不折不扣的空谈家的危险),那么,第一,我们就必须帮助韩德逊或斯诺登去打倒劳合-乔治和丘吉尔(更确切点甚至可以这样说,必须迫使前者去打倒后者,因为前者**不敢去争取胜利!**);第二,我们就必须帮助工人阶级的多数根据切身经验确信我们是正确的,也就是确信韩德逊和斯诺登之流是毫不中用的,确信他们具有小资产阶级的和叛卖的本性,确信他们必然要遭到破产;第三,我们就必须促使这样一种时机迅速到来,即**由于多数工人对韩德逊之流感到失望**,可以有很大的成功把握一举推翻韩德逊之流政府,因为那个极其精明老练的、不是小资产阶级而是大资产阶级的劳合-乔治尚且表现得十分惊慌,并且由于他昨天同丘吉尔"**摩擦**",今天又同阿斯奎斯"**摩擦**"而不断削弱自己(以及整个资产阶级)的力量,那么韩德逊之流的政府就一定会更加惊慌失措了。

现在我来更具体地谈一谈。在我看来,英国共产主义者应当根据第三国际的原则,在**必须**参加议会的条件下,把自己的四个党派(四个党派都很弱,其中有的非常非常弱)合并成一个共产党。由共产党向韩德逊和斯诺登之流提议达成"妥协",达成竞选协议:共同反对劳合-乔治和保守党人的联盟,按照工人投给工党和共产党的票数(不是选票,而是另行投票)来分配议席,并保留各自进行鼓动、宣传和政治活动的**最充分的自由**。没有最后这个条件,当然就不能同他们结成同盟,否则就是背叛;英国共产主义者绝对必须保持和坚持揭露韩德逊和斯诺登之流的最充分的自由,如同俄国布尔什维克曾经保持(1903—1917年的**15年内**)和坚持了揭露俄国的韩德逊和斯诺登之流,即揭露孟什维克的最充分的自由一样。

如果韩德逊和斯诺登之流同意根据这些条件跟我们结成同盟,那我们就得到好处了,因为议席的多少,对我们完全无关紧要,我们并不追求这个,在这一点上我们尽可以让步(而韩德逊之流,尤其是他们的新朋友们,也可以说是他们的新主子们,即那些转入独立工党的自由党人,对于猎取议席却最起劲)。我们所以得到好处,是因为正当劳合-乔治**自己**把群众"挑动起来"的时候,我们能够在**群众**中展开**我们的**鼓动工作,并且我们不仅能够帮助工党更快地组织起他们的政府,而且还能够帮助群众更快地了解我们的全部共产主义宣传,我们将毫无保留、毫不隐讳地去进行这种宣传来反对韩德逊之流。

如果韩德逊和斯诺登之流拒绝根据这些条件跟我们结成同盟,我们就会得到更大的好处,因为我们可以立即向**群众**指明(请注意,甚至在纯粹孟什维主义的和十足机会主义的独立工党内部,**群众**也是赞成苏维埃的):韩德逊之流宁愿**自己**靠近资本家,而不愿使一切工人联合起来。那时我们就可以立即得到**群众**的支持,因为这些群众特别在听了劳合-乔治的一番精彩的、高度正确的、高度有益的(对于共产主义者来说)说明之后,都会支持全体工人联合起来去反对劳合-乔治和保守党人的联盟。我们所以能够立即得到好处,还因为我们可以向群众表明,韩德逊和斯诺登之流害怕战胜劳合-乔治,害怕单独取得政权,力求**暗中**得到劳合-乔治的支持,而劳合-乔治却**公开**伸出手去帮助保守党人反对工党。应当指出,布尔什维克在我们俄国1917年2月27日(俄历)革命之后所进行的反对孟什维克和社会革命党人(即俄国的韩德逊和斯诺登之流)的宣传,也正是由于同样的情况而得到好处的。那时我们对孟什维克和社会革命党人说:请你们撇开资产阶级而掌握全部政权吧,因为你们在苏维埃中占多数(在1917年6月召开的全俄苏维埃第一次代表大会上,布尔什维克总共只占代表总数的13%)。但是俄国的韩德逊和斯诺登之流却害怕撇开资产阶级而单独掌握政权;资产阶级很清楚,立宪会议一定会使社会革命党人和孟什维克(这两个政党结成了紧密的政治联盟,实际上它们只代表小资产阶级民主派)获得多数[①],因而一再拖延立宪会议选举,这时,社会革命党人和孟什维克却不能毅然决然地同这种拖延行为斗争到底。

要是韩德逊和斯诺登之流拒绝同共产主义者结成同盟,那么共产主义者就可以立刻博得群众的同情,并使韩德逊和斯诺登之流威信扫地,即使我们因此而失去几个议席,那也完全无关紧要。我们只在极少数绝对有把握的选区内,即在我们提出候选人时不至于使自由党人战胜"拉布分子"(工党党员)的选区内,才提出我们的候选人。我们将进行竞选鼓动,散发宣传共产主义的传单,并且在没有我们的候选人的**一切**选区内,吁请选民**投票选举"拉布分子",不选资产者**。如果西尔维娅·潘克赫斯特同志和加拉赫同志认为这样便是背叛共产主义,或者是放弃对社会主义叛徒的斗争,那他们就错了。恰恰相反,共产主义革命事业无疑会因此得到好处。

现在英国共产主义者甚至要接近群众,要群众听他们讲话,往往都是很困难的。如果我以共产主义者的身份出来讲话,请他们投票选举韩德逊而不选劳合-乔治,那他们一定会听我讲的。那时我不仅可以向他们通俗地说明,为什么苏维埃比议会好,无产阶级专政比用资产阶级"民主"作招牌的丘吉尔专政好,而且还可以说明:我要投票支持韩德逊,这就像用绳索吊住被吊者一样;只要韩

---

① 俄国1917年11月立宪会议的选举,据悉有3 600多万选民投票,结果布尔什维克得票占25%,地主和资产阶级的各个政党得票占13%,小资产阶级民主派即社会革命党和孟什维克以及同类的各小团体得票共占62%。

德逊之流很快地组织起他们的政府,那就会证实我是正确的,就会使群众转到我这方面来,就会加速韩德逊和斯诺登之流在政治上的死亡,这正像他们的俄国和德国的同伙所遭遇的一样。

如果有人反驳我,说这种策略太"难以捉摸",太复杂,不能为群众所了解,它会分散和分裂我们的力量,妨碍我们集中力量去进行苏维埃革命等等,那我便要回答这些"左派"反驳者说:请不要把自己的学理主义强加给群众吧!俄国群众的文化程度大概不比英国群众高,而是比英国群众低。可是他们却理解了布尔什维克;布尔什维克在苏维埃革命的**前夜**,即在 1917 年 9 月,曾提出参加资产阶级议会(立宪会议)的候选人名单,而**在苏维埃革命后的第二天**,即在 1917 年 11 月,又参加了立宪会议的选举,这种情况不但没有妨碍布尔什维克,反而帮助了他们,1918 年 1 月 5 日他们就把这个立宪会议解散了。

关于英国共产主义者之间的第二种意见分歧,即是否要加入工党的问题,我在这里不能多谈。关于这个问题,我手头的材料太少,而这个问题又特别复杂,因为英国"工党"的情况异常独特,它本身的结构和欧洲大陆上通常的政党大不相同。不过,第一,毫无疑义,即使在这个问题上,要是有人认为"共产党必须保持自己学说的纯洁,保持自己的独立性,不为改良主义所玷污;共产党的使命是勇往直前,中途不停顿,不转弯,径直走向共产主义革命",并且根据这一类原则来制定革命无产阶级的策略,那么他必然要犯错误,因为提出这一类原则无非是重犯法国布朗基派公社战士在 1874 年宣布"否定"任何妥协和任何中间站的错误。第二,毫无疑义,即使在这个问题上,共产主义者的任务,像在任何时候一样,也是要善于针对各阶级和各政党相互关系的**特点**,针对共产主义客观发展的**特点**来运用共产主义普遍的和基本的原则;要看到这种特点每个国家各不相同,应该善于弄清、找到和揣摩出这种特点。

但是讲到这一点就不能仅仅联系到英国一国的共产主义运动,还必须联系到同一切资本主义国家的共产主义运动发展有关的共同结论。现在我们就来讲这个问题。

十

几 点 结 论

1905 年的俄国资产阶级革命显示了世界历史上的一个异常独特的转变:在一个最落后的资本主义国家里,罢工运动范围之广和力量之大在世界上第一次达到了空前未有的程度。**单单 1905 年头一个月**的罢工人数就等于以往十年(1895—1904 年)平均**每年**罢工人数的十倍,而且从 1905 年 1 月到 10 月,罢工还在不断和急剧地发展。由于许多完全特殊的历史条件,落后的俄国第一个向世界不仅表明了被压迫群众在革命时的主动精神的飞跃增长(在一切大革命中都是如此),而且表明无产阶级的作用大大超过了它在人口中所占的比例,表明经济罢工怎样和政治罢工结合,而政治罢工又怎样变成武装起义,表明受资本主义压迫的各阶级怎样创造出了苏维埃这种群众斗争和群众组织的新形式。

1917 年的二月革命和十月革命使苏维埃在全国范围内得到了全面的发展,后来又使它在无产阶级社会主义革命中获得了胜利。不到两年工夫就显示出:苏维埃具有国际性质,这种斗争形式和组织形式已经扩展到全世界的工人运动,苏维埃的历史使命是充当资产阶级议会制以及整个资产阶级民主制的掘墓人、后继人和接替人。

不仅如此,工人运动的历史现在表明:在一切国家中,工人运动都必然(而且已经开始)经历一种斗争,即正在成长、壮大和走向胜利的共产主义运动首先而且主要是同**各自的**(对每个国家来说)"孟什维主义",也就是同机会主义和社会沙文主义的斗争;其次是同"左倾"共产主义的斗争(这可以说是一种补充的斗争)。第一种斗争看来已经毫无例外地在一切国家内展开了,这就是第二国际(目前事实上它已被击溃)和第三国际之间的斗争。第二种斗争则存在于德国、英国、意大利、美国(至少"世界产业工人联合会"和无政府工团主义各派还有相当**一部分人**在坚持左倾共产主义的错误,虽然他们几乎普遍地、几乎绝对地承认苏维埃制度)和法国(如一部分过去的工团主义者对于政党及议会活动采取不正确态度,虽然他们也承认苏维埃制度),也就是说,毫无疑义,这种斗争不仅在国际这个组织范围内存在,而且在全世界范围内都存在。

然而,每个国家的工人运动在取得对资产阶级的胜利之前虽然都要预先经过本质上相同的锻炼,但这一发展过程又是**按各自的方式**来完成的。在这条道路上,先进的资本主义大国走得比布尔什维主义**快得多**;布尔什维主义在历史上用了15年时间才使它这个有组织的政治派别作好夺取胜利的准备。第三国际在短短一年的时间里就取得了决定性的胜利,击溃了黄色的社会沙文主义的第二国际;而第二国际仅仅在几个月以前,还远比第三国际强大,还显得坚强有力,还得到全世界资产阶级各方面的,即直接和间接的、物质上(部长的肥缺、护照、报刊)和思想上的帮助。

现在全部问题就是要使每个国家的共产党人十分自觉地既考虑到同机会主义以及"左倾"学理主义进行斗争这个主要的基本任务,又考虑到这种斗争由于各国经济、政治、文化、民族构成情况(例如爱尔兰等)、所属殖民地以及不同宗教信仰等方面的特征而具有的并且必然具有的**具体特点**。现在到处都可以感到对第二国际的不满,这种不满正在蔓延和增长,这既是由于它推行机会主义,又是由于它不善于或没有能力建立一个真正集中的、真正能进行指导的中心,一个能在革命无产阶级为建立世界苏维埃共和国而进行的斗争中指导无产阶级的国际策略的中心。必须清楚地认识到,这样的领导中心无论如何不能建立在斗争策略准则的千篇一律、死板划一、彼此雷同之上。只要各个民族之间、各个国家之间的民族差别和国家差别还存在(这些差别就是无产阶级专政在全世界范围内实现以后,也还要保持很久很久),各国共产主义工人运动国际策略的统一,就不是要求消除多样性,消灭民族差别(这在目前是荒唐的幻想),而是要求运用共产党人的**基本**原则(苏维埃政权和无产阶级专政)时,把这些原则**在某些细节上正确地加以改变**,使之正确地适应于民族的和民族国家的差别,针对这些差别正确地加以运用。在每个国家通过**具体的**途径来完成**统一的**国际任务,战胜工人运动内部的机会主义和左倾学理主义,推翻资产阶级,建立苏维埃共和国和无产阶级专政的时候,都必须查明、弄清、找到、揣摩出和把握住民族的特点和特征,这就是一切先进国家(而且不仅是先进国家)在目前历史时期的主要任务。争取工人阶级的先锋队,使它转向苏维埃政权而反对议会制度,转向无产阶级专政而反对资产阶级民主,在这方面主要的(当然这还远远不是一切,然而是主要的)事情已经做到了。现在要把一切力量、一切注意力都集中在**下一个**步骤上,也就是说,要找到**转向**或**走向**无产阶级革命的形式;这个步骤看来似乎比较次要,并且从某种观点上说,也的确比较次要,但是在实践上却更接近于实际完成任务。

无产阶级的先锋队在思想上已经被争取过来了。这是主要的。没有这一点,那就连走向胜利的第一步都迈不出去。可是,这离胜利还相当远。单靠先锋队是不能胜利的。当整个阶级，当广大群众还没有采取直接支持先锋队的立场，或者还没有对先锋队采取至少是善意的中立并且完全不会去支持先锋队的敌人时，叫先锋队独自去进行决战，那就不仅是愚蠢，而且是犯罪。要真正使整个阶级，真正使受资本压迫的广大劳动群众都站到这种立场上来，单靠宣传和鼓动是不够的。要做到这一点，还需要这些群众自身的政治经验。这是一切大革命的一条基本规律，现在这条规律不仅在俄国，而且在德国都得到了十分有力而鲜明的证实。不仅没有文化、大都不识字的俄国群众，而且文化程度高、个个识字的德国群众，都必须亲身体验到第二国际骑士们的政府怎样懦弱无能、毫无气节、一筹莫展、对资产阶级奴颜婢膝、卑鄙无耻，亲身体验到，不是无产阶级专政，就必然是极端反动分子（俄国的科尔尼洛夫[94]、德国的卡普[41]之流）的专政，然后才能坚决转到共产主义运动方面来。

国际工人运动中觉悟的先锋队，即各个共产主义政党、小组和派别的当前任务就是要善于**引导**广大的（现在大半还是沉睡、消沉、因循守旧、尚未觉醒的）群众采取这种新的立场，确切一点说，就是**不仅**要善于领导自己的党，而且要善于在这些群众走向和转向新立场的过程中领导他们。如果说从前不在思想上和政治上彻底战胜机会主义和社会沙文主义，就不能完成第一个历史任务（把觉悟的无产阶级先锋队争取到苏维埃政权和工人阶级专政方面来），那么，现在不肃清左倾学理主义，不彻底克服和摆脱左倾学理主义的错误，也就不能完成已经提到日程上来的第二个任务，即善于引导**群众**采取能够保证先锋队取得革命胜利的新立场。

以前的问题是（而现在在很大程度上也还是）把无产阶级先锋队争取到共产主义运动方面来，因而宣传工作就提到了第一位；

这时候甚至那些带有小组习气种种弱点的小组,也是有益的,也能做出成绩来。但是现在是群众实际行动的时候了,是部署(假使可以这样说的话)百万大军,配置当今社会的**一切**阶级力量,进行**最后的斗争**的时候了,这时候单凭宣传的本领,单靠重复"纯粹"共产主义的真理,是无济于事的。这时候已不能像还没有领导过群众的小组的宣传员实际上所做的那样,以千来计算群众;这时候要以百万、千万来计算了。这时候我们不仅要问自己,我们是不是已经把革命阶级的先锋队说服了,而且要问,当今社会**一切**阶级(必须是一切阶级,一无例外)的起历史作用的力量是不是已经部署就绪,以至决战时机已经完全成熟,也就是说:(1)一切与我们敌对的阶级力量已经陷入困境,它们彼此进行混战,而力不胜任的斗争已经使它们疲惫不堪;(2)一切犹豫动摇、不坚定的中间分子,即和资产阶级不同的小资产阶级、小资产阶级民主派,已经在人民面前充分暴露了自己,由于在实践中遭到破产而丑态毕露;(3)在无产阶级中,群众支持采取最坚决、最奋勇的革命行动来反对资产阶级,这种情绪已经开始产生并且大大高涨起来。那时候,革命就成熟了;那时候,如果我们正确地估计到上面所指出的、所粗略勾画的一切条件,并且正确地选定了时机,我们的胜利就有保证了。

丘吉尔之流和劳合-乔治之流(这种政治类型的人**各**国都有,只是依国家不同而稍有差别)的分歧以及韩德逊之流和劳合-乔治之流的另一种分歧,从纯粹共产主义,即抽象共产主义,也就是从还没有成熟到采取实际的、群众性的政治行动的共产主义的观点来看,完全是无关紧要、无足轻重的。但是从群众这种实际行动的观点来看,这些分歧却是极其极其重要的。一个共产党人如果不仅想做一个觉悟的、信仰坚定的、思想先进的宣传家,而且想在革命中做一个**群众**的实际领导者,那他的全部工作、全部任务就是要估计到这些分歧,确定这些"朋友"之间不可避免的、使**所有这些"朋友"一齐**削弱的冲突完全成熟的时机。应当把对共产主义思想的无限忠诚同善于进行一切必要的实际的妥协、机动、通融、迂回、退却等等的才干结合起来,以加速韩德逊之流(如果不指名道姓的话,那就是第二国际的英雄们,即自称为社会党人的小资产阶级民主派的代表们)的政权的建立和倒台;加速他们在实践中的不可避免的破产,从而启发群众接受我们的观点,转到共产主义运动方面来;加速韩德逊之流、劳合-乔治之流、丘吉尔之流相互之间(即孟什维克和社会革命党人、立宪民主党人、君主派之间,谢德曼之流、资产阶级、卡普派之间,等等)不可避免的摩擦、争吵、冲突和彻底分裂;并且正确地选择这些"神圣私有制的支柱"分崩离析的时机,来发起无产阶级坚决的进攻,把它们全部打垮,把政权夺过来。

全部历史,特别是历次革命的历史,总是比最优秀的政党、最先进阶级的最觉悟的先锋队所想象的更富有内容,更形式多样,更范围广阔,更生动活泼,"更难以捉摸"。这是不言而喻的,因为最优秀的先锋队也只能体现几万人的意识、意志、热情和想象;而革命却是在人的一切才能高度和集中地调动起来的时刻,由千百万被最尖锐的阶级斗争所激发的人们的意识、意志、热情和想象来实现的。由此可以得出两个很重要的实际结论:第一,革命阶级为了实现自己的任务,必须善于毫无例外地掌握社会活动的**一切**形式或方面(在夺取政权以后,有时还要冒着巨大的风险和危险去做它在夺取政权以前没有做完的工作);第二,革命阶级必须准备最迅速最突然地用一种形式来代替另一种形式。

一支军队不准备掌握敌人已经拥有或可能拥有的一切斗争武器、一切斗争手段和方法,谁都会认为这是愚蠢的甚至是犯罪的。但是,这一点对于政治比对于军事更为重要。在政治上更难预先知道,将来在这种或那种条件下,究竟哪一种斗争手段对于我们是适用的和有利的。倘若我们不掌握一切斗争手段,当其他阶级的状况发生了不以我们的意志为转移的变化,从而把我们特别没有把握的一种活动形式提到日程上来的时候,我们就会遭到巨大的有时甚至是决定性的失败。如果我们掌握了一切斗争手段,哪怕当时情况不容许我们使用对敌人威胁最大、能最迅速地给予致命打击的武器,我们也一定能够胜利,因为我们代表着真正先进、真正革命的阶级的利益。由于资产阶级经常(尤其是在"平静"时期,非革命时期)用合法斗争手段欺骗和愚弄工人,没有经验的革命者往往就以为合法斗争手段是机会主义的,而不合法斗争手段才是革命的。然而,这是不对的。至于1914—1918年那样的帝国主义战争时期,当时最自由民主的国家的资产阶级采取闻所未闻的蛮横无耻的手段欺骗工人、禁止人们说这场战争具有掠夺性这一真理,有些政党和领袖却不善于或不愿意(不要说"我不能",还是说"我不想"吧)采用不合法斗争手段,在这种情况下说他们是机会主义者,是工人阶级的叛徒,那是对的。但是那些不善于把不合法斗争形式和**一切**合法斗争形式结合起来的革命家,是极糟糕的革命家。在革命已经爆发、已经热火朝天的时候,什么人都来参加革命,有的是由于单纯的狂热,有的是为了赶时髦,有的甚至是为了个人飞黄腾达,在这种时候做一个革命家是不难的。而在这以后,在胜利以后,无产阶级要"摆脱"这种糟透了的革命家却要费极大气力,可以说要历尽千辛万苦。要在**还没有**条件进行直接的、公开的、真正群众性的、真正革命的斗争的时候,善于做一个革命家,要在非革命的、有时简直是反动的机构中,在非革命的环境里,在不能立刻了解必须采取革命的行动方法的群众中,善于捍卫革命的利益(通过宣传、鼓动和组织),那就困难得多,因而也可贵得多。善于找到、善于探索到和正确判定能够**引导**群众去作真正的、决定性的、最后的伟大革命斗争的具体道路或事变的特殊转变关头——这就是西欧和美国目前共产主义运动的主要任务。

拿英国来说吧。我们无法知道,而且任何人也无法预先断定,什么时候那里将要爆发真正的无产阶级革命,**什么缘由**最能唤醒、激起和推动目前还在沉睡的非常广大的群众去进行斗争。所以我们必须做好我们的全部准备工作,把四只脚都钉上马掌(正如已故的普列汉诺夫在他还是马克思主义者和革命家的时候所爱说的那样)。能"冲开缺口"、"打破坚冰"的也许是议会危机,也许是由极端错综复杂、日益恶化和日益尖锐的殖民地的矛盾和帝国主义的矛盾所引起的危机,也许是什么别的,等等。我们谈的不是哪一种斗争将**决定**英国无产阶级革命命运的问题(这个问题,任何一个共产主义者都不会发生疑问,这个问题对于我们大家来说,已经解决了,并且彻底解决了),我们谈的是什么**缘由**将唤起目前还在沉睡的无产阶级群众行动起来,并且把他们一直引向革命的问题。我们不要忘记,譬如资产阶级的法兰西共和国,当时无论从国际或国内环境来说,革命形势都不及现在的百分之一,但是,只要有反动军阀千万次无耻行径中的一次(德雷福斯案件[95]),只要有这样一个"意外的"、"小小的"缘由,就足以把人民径直引向国内战争!

在英国,共产主义者必须坚持不断、始终不渝地利用议会选举,利用不列颠政府的爱尔兰政策、殖民地政策和全球性的帝国主义政策所遇到的波折,利用社会生活中其他一切领域、一切部门和一切方面,并且要在所有这些方面,用新的方式,用共产主义的方式,照第三国际那样而不是照第二国际那样来进行工作。在这里,我没有时间也没有篇幅来叙述"俄国式的"、"布尔什维克式的"参加议会选举和议会斗争的方法,但是我可以肯定地告诉外国的共产党人说,这和通常的西欧议会活动是完全不同的。人们往往由此得出结论说:"是啊,那是在你们俄国,我们这里,议会活动却是另一个样子。"这个结论是不正确的。世界上所以要有共产党人,第三国际在各国的拥护者,正是要在各个系统,在生活的各个领域里,把旧的、社会党的、工联主义的、工团主义的议会工作,**改造成新的**、共产主义的议会工作。过去在我国的选举中,机会主义的和纯粹资产阶级的、专讲实利的、资本主义招摇撞骗的情况也是屡见不鲜的。西欧和美国的共产主义者必须学会创造一种新的、不寻常的、非机会主义的、不贪图禄位的议会活动,使共产党能够提出自己的口号,使真正的无产者能在没有组织的、备受压抑的贫民的帮助下传送和散发传单,走访工人住所,走访农村无产者和穷乡僻壤(好在欧洲大陆的穷乡僻壤比俄国要少得多,英国就更少)农民的茅舍,走进最下层的平民酒馆,进入真正的平民会社、团体,参加他们的临时集会,不用学者口吻(也不要太带议会腔)跟人民说话,丝毫也不追求议会的"肥缺",而是到处启发思想,发动群众,抓住资产阶级说过的话,利用资产阶级设立的机构,利用它规定的选举以及它向全体人民发出的号召,并使人民了解布尔什维主义,而在资产阶级统治下,除了选举期间,是从来没有这种机会的(大罢工当然例外,因为在大罢工时期,**这样的**全民鼓动机构在我国曾经更紧张地工作过)。在西欧和美国,要做这些事情是很困难的,是万分困难的,但这是可以做到而且应该做到的,因为共产主义运动的一切任务不花气力都是无法完成的,而气力必须花在完成日益多样化的、日益涉及社会生活各部门的、**从资产阶级手中逐一夺取各个部门、各个领域的实际任务**上。

在英国,还应当在军队中,在"**本**"国被压迫的、没有平等权利的民族(如爱尔兰和各殖民地)中,按新的方式(不是按社会党的方式,而是按共产主义的方式,不是用改良办法,而是用革命办法)来进行宣传、鼓动和组织工作。要知道,在整个帝国主义时代,尤其是在战后的今天,当各国人民受尽战争的煎熬而迅速地擦亮眼睛,认清了真相(真相就是:几千万人死亡和残废只是为了解决应由英国强盗还是德国强盗掠夺更多的国家这样一个问题)的时候,社会生活的所有这些领域都布满了易燃物,可以触发冲突和危机、激发阶级斗争的机会也特别多。目前在世界性经济危机和政治危机的影响下,在一切国家中都有无数火星从各方面迸发出来,我们不知道而且也无法知道,哪点星星之火能燃起熊熊之焰,就是说,能够彻底唤醒群众,因此我们必须本着我们新的、共产主义的原则,去"耕耘"一切园地,甚至包括最陈腐的、臭气熏人的、看来毫无指望的园地,不然我们就将肩负不起自己的任务,不能照顾到各个方面,不能掌握一切种类的武器,既不能准备好去战胜资产阶级(资产阶级过去按自己的方式安排了各方面的社会生活,现在又按它自己的方式把它们破坏了),也不能准备好在战胜资产阶级之后按共产主义的方式去改造全部生活。

俄国无产阶级革命之后,这个革命在国际范围内取得了出乎资产阶级和庸人们意料的若干胜利之后,全世界现在已经变了样,各处的资产阶级也都变了样。资产阶级被"布尔什维主义"吓坏了,对它恨得咬牙切齿,正因为如此,资产阶级一方面在加速事态的发展,另一方面把注意力集中在用暴力镇压布尔什维主义上,因而削弱了自己在其他许多方面的阵地。一切先进国家的共产党人在自己的策略中应当估计到这两种情况。

俄国立宪民主党人和克伦斯基在对布尔什维克发动疯狂攻击(特别是从1917年4月起,而到6月和7月就更加猖狂)的时候,做得"太过火了"。发行数百万份的资产阶级报纸用各种腔调痛骂布尔什维克,这就帮助了群众来认识布尔什维主义;正是由于资产阶级的"热心",不但是报纸,而且整个社会生活都充满了就布尔什维主义进行的争论。现在各国百万富豪在国际范围内的所作所为,使我们不能不对他们衷心感谢。他们正同过去克伦斯基之流一样,全力恶毒攻击布尔什维主义;他们同克伦斯基一样,在这方面也做得"太过火了",同样也**帮助了**我们。法国资产阶级把布尔什维主义当做竞选鼓动的中心问题,责骂比较温和的或动摇不定的社会党人,说他们倾向布尔什维主义;美国资产阶级则完全丧失了理智,以涉嫌布尔什维主义为理由把成千成万的人抓起来,并到处散布关于布尔什维克阴谋的消息,造成人心惶惶的气氛;世界上"最老练的"英国资产阶级,尽管它很有头脑,很有经验,却也干着难以置信的蠢事,建立各种经费充足的"反布尔什维主义协会",出版专门抨击布尔什维主义的书报,增雇很多学者、鼓动家、神父来同布尔什维主义作斗争,——为此我们应该对这些资本家先生鞠躬致谢。他们在为我们效劳。他们在帮助我们使群众对布尔什维主义的实质和意义问题发生兴趣。他们现在也不可能有别的做法,因为要用"缄默"来扼杀布尔什维主义他们**已经**办不到了。

但是同时,资产阶级看到的几乎只是布尔什维主义的一个方面:起义、暴力、恐怖;因此资产阶级特别在**这一**方面极力准备进行反击和抵抗。在个别场合,在个别国家,在某些短时期内,资产阶级也许能够得逞,我们必须估计到这种可能性;然而,即使它能得逞,对我们来说也决没有什么可怕的。共产主义确实正在从社会生活的各个方面"生长出来",它的幼芽确实到处可见,"传染病"(这是资产阶级及其警察很喜欢用的最"得意的"比喻)已经深深侵入机体并且感染了整个机体。即使煞费苦心,"堵住"一处,"传染病"也会从另一处,有时甚至是最意外的一处冒出来。生活总是会给自己开辟出道路的。就让资产阶级疯狂挣扎，暴跳如雷，肆意横行，干出许多蠢事来吧！让它对布尔什维克杀一儆百，错杀（在印度、匈牙利、德国等国）几百、几千以至几十万个明天的或昨天的布尔什维克吧！资产阶级这样做，正和历史上一切注定要灭亡的阶级所做的一样。共产党人应当知道，未来终究是属于他们的，因此我们可以（而且应当）把进行伟大革命斗争的最大的热情同对资产阶级的疯狂挣扎的最冷静最清醒的估计结合起来。1905年，俄国革命被残酷地镇压下去了；1917年7月，俄国布尔什维克也遭到过镇压[96]；谢德曼和诺斯克伙同资产阶级和君主派将军们用巧妙的挑拨手段和狡诈的阴谋诡计杀害了15 000多个德国共产党人[36]；芬兰和匈牙利的白色恐怖十分猖獗。然而无论在什么情况下，在所有的国家里，共产主义运动都在经受锻炼和日益发展；它已经如此根深蒂固，种种迫害削弱不了它，损害不了它，反而加强了它。我们要更有信心、更坚定地向胜利前进，现在只缺一点，这就是一切国家的一切共产党人要普遍而彻底地认识到必须使自己的策略具有最大的**灵活性**。特别是先进国家中蓬勃发展着的共产主义运动，目前缺少的就是这种认识，就是在实践中运用这种认识的本领。

考茨基、奥托·鲍威尔等等这样通晓马克思主义和曾经忠于社会主义的第二国际领袖们的经历可以（而且应当）作为有益的教训。他们完全认识到必须采取灵活的策略，他们自己学习过并向别人传授过马克思的辩证法（他们在这方面的著作，有许多东西永远是社会主义文献中有价值的成果），但是他们在**运用**这种辩证法的时候，竟犯了这样的错误，或者说，他们在实践中竟成为这样的非辩证论者，竟成为这样不会估计形式的迅速变化和旧形式迅速注入了新内容的人，以致他们的下场比海德门、盖得和普列汉诺夫好不了多少。他们破产的根本原因就在于他们只是"死盯着"工人运动和社会主义运动发展的某一形式,而忘记了这个形式的片面性,他们不敢正视由于客观条件的改变而必然发生的急剧变化,而继续重复那种简单的、背熟了的、初看起来是不容争辩的真理:三大于二。然而政治与其说像算术,不如说像代数,与其说像初等数学,不如说更像高等数学。实际上,社会主义运动的一切旧形式中都已注入了新内容,因此在数字前面出现了一个新符号即"负号",可是我们那些圣哲仍然(现在还在)固执地要自己和别人相信:"负三"大于"负二"。

应该设法使共产党人不再犯"左派"共产党人所犯的同样的、不过是从另一方面犯的错误,确切一点说,要较早地纠正,较快地、使机体较少受损害地消除这一**同样的**、不过是从另一方面犯的**错误**。不仅右倾学理主义是一种错误,左倾学理主义也是一种错误。当然,目前共产主义运动中左倾学理主义错误同右倾学理主义(即社会沙文主义和考茨基主义)错误比较起来,其危害性和严重性不及后者的千分之一,然而这只不过是由于左倾共产主义是一种刚刚产生的还很年轻的思潮。只是因为这个缘故,这种病症在一定条件下容易治好,但是必须用最大的努力去医治。

旧形式破裂了,因为旧形式里面的新内容,即反无产阶级的反动的内容有了过度的发展。现在我们工作的内容(争取苏维埃政权、争取无产阶级专政),从国际共产主义运动的发展看来,是这样扎实,这样有力,这样宏大,它能够**而且应该**在任何形式中,不论新的或旧的形式中表现出来,能够而且应该改造、战胜和驾驭一切形式,不仅是新的,而且是旧的形式,——这并不是为了同旧形式调和,而是为了能够把一切新旧形式都变成使共产主义运动取得完全的、最终的、确定无疑和不可逆转的胜利的手段。

共产党人要竭尽全力来指导工人运动以及整个社会发展沿着

最直最快的道路走向苏维埃政权在全世界的胜利,走向无产阶级专政。这是无可争辩的真理。然而,只要再多走一小步,看来像是朝同一方向多走了一小步,真理就会变成错误。只要像德国和英国的左派共产主义者那样,说我们只承认一条道路,一条笔直的道路,说我们不容许机动、通融和妥协,这就犯了错误,这种错误会使共产主义运动受到最严重的危害,而且共产主义运动部分地已经受到或正在受到这种危害。右倾学理主义固执地只承认旧形式,而不顾新内容,结果彻底破产了。左倾学理主义则固执地绝对否定某些旧形式,看不见新内容正在通过各种各样的形式为自己开辟道路,不知道我们共产党人的责任,就是要掌握一切形式,学会以最快的速度用一种形式去补充另一种形式,用一种形式去代替另一种形式,使我们的策略适应并非由我们的阶级或我们的努力所引起的任何一种形式的更替。

惨绝人寰、卑鄙龌龊的帝国主义世界战争和它所造成的绝境,极其有力地推动和加速了世界革命,这场革命向广度和深度的发展如此迅猛,更替的形式如此丰富,在实践上对一切学理主义的驳斥如此富有教益,使人有充分的理由指望能够迅速而彻底地把国际共产主义运动中的"左派"共产主义者的幼稚病医治好。

1920 年 4 月 27 日

1920 年 6 月在彼得格勒由国家
出版社印成单行本

选自《列宁全集》第 2 版第 39 卷
第 1—83 页

《共 产 主 义》

为东南欧国家办的共产国际杂志(德文版),
维也纳,自 1920 年 2 月 1 日第 1—2 期合刊至
1920 年 5 月 8 日第 18 期

(1920 年 6 月 12 日)

　　维也纳出版的《共产主义》杂志[97]是一份出色的杂志,它提供了很多有关奥地利、波兰和其他国家共产主义运动发展情况的令人极感兴趣的材料,同时也登载了国际运动的新闻、关于匈牙利和德国的文章、关于总任务和策略等等的文章。但是只要把杂志翻一下就立刻可以发现,它有一个不容忽视的缺点。这就是"共产主义运动中的'左派'幼稚病"的明显症候,这个杂志正害着这种幼稚病,我的那本在彼得格勒刚刚出版的小册子[98]分析了这种病症。

　　我想现在就扼要地指出《共产主义》这份出色的杂志的幼稚病的三个症候。在第 6 期(1920 年 3 月 1 日)上登载了卢·乔·同志的一篇文章:《论议会活动问题》,编辑部称它为供讨论的文章,而库·贝·同志,即《论抵制议会的问题》一文(1920 年 5 月 8 日第 18 期)的作者(幸而)干脆否定了这篇文章,也就是声明他不同意这篇文章。

　　卢·乔·的文章左得很,糟得很。文章中的马克思主义纯粹是口头上的;"防御"策略和"进攻"策略的区分是臆想出来的;对

十分明确的历史情况缺乏具体分析;没有注意到最本质的东西（即必须夺取和学会夺取资产阶级借以影响群众的一切工作部门和机关等等）。

库·贝·同志在第 14 期(1920 年 4 月 17 日)《德国发生的事件》一文中批评了德国共产党中央委员会 1920 年 3 月 21 日的声明,我在上面提到的那本小册子中也批评过这个声明。但是我们两人的批评性质根本不同。库·贝·同志是援引马克思的话来进行批评的,但是这些话所指的情况跟目前的情况不同。他全盘否定了德国共产党中央委员会的策略,完全忽略了最主要的东西。他忽略了马克思主义的精髓,马克思主义的活的灵魂:对具体情况作具体分析。既然多数城市工人离开谢德曼派靠拢考茨基派,而在考茨基那个("独立"于正确的革命策略的)党**99**内他们又继续离开右翼靠拢左翼,即实际上靠拢共产主义运动,既然事情是这样,那么是否可以一点不考虑**对这样的工人**采取一些过渡的、妥协的办法? 布尔什维克在 1917 年 4—5 月间实行的实质上正是妥协的政策,那时他们声明,不能简单地把临时政府(李沃夫、米留可夫、克伦斯基等)推翻,因为苏维埃中还有工人支持它,必须首先使这些工人中的多数或者相当一部分人**改变观点**。对于布尔什维克的这一经验,是否可以不加考虑,只字不提呢?

我认为是不可以的。

最后,上面提到的《共产主义》杂志第 18 期上的库·贝·同志的那篇文章,特别明显、清楚、有效地揭示了他的错误在于赞同目前欧洲那种抵制议会的策略。作者在摒弃"工团主义的抵制"、摒弃"消极的"抵制的同时,臆想出一种特殊的"积极的"(哦,多么"左"呀! ……)抵制,这就异常清楚地表明他的论断的错误极其严重。

《共 产 主 义》

　　作者写道:"所谓积极的抵制,就是共产党不要满足于传布反对参加选举的口号,为了有利于抵制,就要像党参加了选举那样,像党的鼓动和行动(工作、活动、行为、斗争)指望获得尽可能更多的无产阶级的选票那样,展开广泛的革命的鼓动工作。"(第 552 页)

　　这真是精彩的妙论。这比任何批评都更能置反议会派于死地。臆想出"积极的"抵制,"就像"我们参加了选举那样!! 大批愚昧无知的和半愚昧无知的工人和农民是认真地参加选举的,因为他们还相信资产阶级民主偏见,还是这些偏见的俘虏。而我们不去帮助这些愚昧无知的(虽然有时也还有"文化水平很高的")小市民通过自身的经验抛掉他们的偏见,反而要回避参加议会,并以**臆想出**一种没有日常的资产阶级恶习的策略来作消遣!!

　　好极了,好极了,库·贝·同志! 您为反对议会活动进行的辩护,比我的批评能更快地杜绝这种愚蠢行为。

1920 年 6 月 12 日

载于 1920 年 6 月 14 日《共产国际》杂志第 11 期

选自《列宁全集》第 2 版第 39 卷第 127—129 页

为共产国际第二次代表大会
准备的文件

（1920 年 6—7 月）

1

民族和殖民地问题提纲初稿[100]

（为共产国际第二次代表大会草拟）

（6 月 5 日）

我为共产国际第二次代表大会[101]准备了一个关于殖民地和民族问题的提纲草案，请同志们讨论，并请全体同志，特别是具体了解这些极为复杂的问题中的这个或那个问题的同志，**以最简短（至多两三页）的方式**提出自己的意见、修正、补充或具体说明，尤其是关于以下各点：

奥地利经验。

波兰犹太人的经验和乌克兰的经验。

阿尔萨斯—洛林和比利时。

爱尔兰。

丹麦和德国的关系。意大利和法国的关系以及意大利和斯拉夫的关系。

巴尔干的经验。

东方各民族。

同泛伊斯兰主义的斗争。

高加索的关系。

巴什基尔共和国和鞑靼共和国。

吉尔吉斯斯坦。

土耳其斯坦及其经验。

美国的黑人。

各殖民地。

中国——朝鲜——日本。

尼·列宁

1920 年 6 月 5 日

1. 资产阶级民主由它的本性所决定的一个特点就是抽象地或从形式上提出平等问题,包括民族平等问题。资产阶级民主在个人平等的名义下,宣布有产者和无产者、剥削者和被剥削者的形式上或法律上的平等,用这种弥天大谎来欺骗被压迫阶级。平等思想本身就是商品生产关系的反映,资产阶级借口个人绝对平等,把这种思想变为反对消灭阶级的斗争工具。要求平等的实际含义只能是要求消灭阶级。

2. 共产党是无产阶级争取推翻资产阶级压迫的斗争的自觉代表,它的基本任务是反对资产阶级民主,揭露资产阶级民主的欺骗和虚伪,因而在民族问题上也不应当把提出抽象的和形式上的原则当做主要之点,主要之点应当是:第一,准确地估计具体的历史情况,首先是经济情况;第二,把被压迫阶级、被剥削劳动者的利益,同笼统说的民族利益这样一种意味着统治阶级利益的一般概念,明确地区分开来;第三,把被压迫的、附属的、没有平等权利的民族,同压迫的、剥削的、享有充分权利的民族也明确地加以区分。这同资产阶级民主的谎言是截然相反的,这种谎言掩盖金融资本和帝国主义的时代所特有的现象,即为数无几的最富裕的先进资本主义国家对世界大多数人实行殖民奴役和金融奴役。

3. 1914—1918 年的帝国主义战争,在一切民族和全世界被压迫阶级面前,特别清楚地揭示了资产阶级民主词句的欺骗性,用事实表明,所谓"西方民主国家"的凡尔赛条约[16]是比德国容克和德皇的布列斯特-里托夫斯克条约[17]更加野蛮、更加卑劣地强加于弱国的暴力。国际联盟[33]和战后协约国[19]的全部政策更清楚更突出地揭示了这一真相,它们到处加剧了先进国家的无产阶级和殖民地、附属国的一切劳动群众的革命斗争,使所谓在资本主义制度下各民族能够和平共居和一律平等的市侩的民族主义幻想更快地破灭。

4. 从上述的基本原理中就得出以下的结论:共产国际在民族和殖民地问题上的全部政策,主要应该是使各民族和各国的无产者和劳动群众为共同进行革命斗争、打倒地主和资产阶级而彼此接近起来。这是因为只有这种接近,才能保证战胜资本主义,如果没有这一胜利,便不能消灭民族压迫和不平等的现象。

5. 目前的世界政治形势把无产阶级专政提上了日程,世界政治中的一切事变都必然围绕着一个中心点,就是围绕世界资产阶级反对俄罗斯苏维埃共和国的斗争。而俄罗斯苏维埃共和国必然是一方面团结各国先进工人的苏维埃运动,另一方面团结殖民地和被压迫民族的一切民族解放运动。这些民族根据自己的痛苦经验深信,只有苏维埃政权战胜世界帝国主义,他们才能得救。

6. 因此,目前不能局限于空口承认或空口提倡各民族劳动者互相接近,必须实行使一切民族解放运动和一切殖民地解放运动同苏维埃俄国结成最密切的联盟的政策,并且根据各国无产阶级中共产主义运动发展的程度,或根据落后国家或落后民族中工人和农民的资产阶级民主解放运动发展的程度,来确定这个联盟的形式。

7. 联邦制是各民族劳动者走向完全统一的过渡形式。无论在俄罗斯联邦同其他苏维埃共和国(过去的匈牙利苏维埃共和国[102]、芬兰苏维埃共和国[103]、拉脱维亚苏维埃共和国[104],现在的阿塞拜疆苏维埃共和国、乌克兰苏维埃共和国[105])的关系中,或在俄罗斯联邦内部同从前既没有成立国家又没有实行自治的各民族(例如,在俄罗斯联邦内,1919 年建立的巴什基尔自治共和国、1920 年建立的鞑靼自治共和国)的关系中,联邦制已经在实践上显示出它是适当的。

8. 共产国际在这方面的任务,是进一步地发展、研究以及通过实际来检验在苏维埃制度和苏维埃运动基础上所产生的这些新的联邦国家。既然承认联邦制是走向完全统一的过渡形式,那就必须力求建立愈来愈密切的联邦制联盟,第一,因为没有各苏维埃共和国最密切的联盟,便不能捍卫被军事方面无比强大的世界帝国主义列强所包围的各苏维埃共和国的生存;第二,因为各苏维埃共和国之间必须有一个密切的经济联盟,否则便不能恢复被帝国主义所破坏了的生产力,便不能保证劳动者的福利;第三,因为估计到建立统一的、由各国无产阶级按总计划调整的完整的世界经济的趋势,这种趋势在资本主义制度下已经十分明显地表现出来,在社会主义制度下必然会继续发展而臻于完善。

9. 在国家内部关系方面,共产国际的民族政策决不能只限于空洞地、形式地、纯粹宣言式地、实际上却不负任何责任地承认民族平等，就像资产阶级民主派所做的那样。这些人不管是坦率地承认自己是资产阶级民主派，或者是像第二国际的社会党人那样，借社会党人的称号来掩饰自己，都是一样的。

不仅在各国共产党的全部宣传鼓动工作（议会讲坛上和议会讲坛外的宣传鼓动）中，应当不断地揭露各资本主义国家违背本国的"民主"宪法，经常破坏民族平等，破坏保障少数民族权利的种种事实，而且还必须做到：第一，经常解释，只有在反资产阶级的斗争中首先把无产者、然后把全体劳动者联合起来的苏维埃制度，才能实际上给各民族以平等；第二，各国共产党必须直接帮助附属的或没有平等权利的民族（例如爱尔兰，美国的黑人等）和殖民地的革命运动。

没有后面这个特别重要的条件，反对压迫附属民族和殖民地的斗争以及承认他们有国家分离权就仍然是一块假招牌，正像我们在第二国际各党那里看到的一样。

10. 口头上承认国际主义，而事实上在全部宣传、鼓动和实际工作中却用市侩民族主义与和平主义偷换国际主义，这不仅在第二国际各党中是最常见的现象，而且在那些已经退出这个国际的政党中，甚至在目前往往自称为共产党的政党中也是最常见的现象。把无产阶级专政由一国的（即存在于一个国家的，不能决定全世界政治的）专政转变为国际的专政（即至少是几个先进国家的，对全世界政治能够起决定影响的无产阶级专政）的任务愈迫切，同最顽固的小资产阶级民族主义偏见这种祸害的斗争就愈会提到首要地位。小资产阶级民族主义宣称，只要承认民族平等就是国际主义，同时却把民族利己主义当做不可侵犯的东西保留下来（更不用说这种承认纯粹是口头上的），而无产阶级的国际主义，第一，要求一个国家的无产阶级斗争的利益服从全世界范围的无产阶级斗争的利益;第二,要求正在战胜资产阶级的民族,有能力有决心为推翻国际资本而承担最大的民族牺牲。

因此,在已经完全是资本主义的、拥有真正是无产阶级先锋队的工人政党的国家中,首要的任务就是同歪曲国际主义的概念和政策的机会主义和市侩和平主义作斗争。

11. 对于封建关系或宗法关系、宗法农民关系占优势的比较落后的国家和民族,要特别注意以下各点:

第一,各国共产党必须帮助这些国家的资产阶级民主解放运动;把落后国家沦为殖民地或在财政上加以控制的那个国家的工人,首先有义务给予最积极的帮助;

第二,必须同落后国家内具有影响的僧侣及其他反动分子和中世纪制度的代表者作斗争;

第三,必须同那些企图利用反欧美帝国主义的解放运动来巩固可汗、地主、毛拉等地位的泛伊斯兰主义和其他类似的思潮作斗争;①

第四,必须特别援助落后国家中反对地主、反对大土地占有制、反对各种封建主义现象或封建主义残余的农民运动,竭力使农民运动具有最大的革命性,使西欧共产主义无产阶级与东方各殖民地以至一切落后国家的农民革命运动结成尽可能密切的联盟;尤其必须尽一切努力,用建立"劳动者苏维埃"等方法把苏维埃制度的基本原则应用到资本主义前的关系占统治地位的国家中去;

第五,必须坚决反对把落后国家内的资产阶级民主解放思潮涂上共产主义的色彩;共产国际援助殖民地和落后国家的资产阶

---

① 列宁在校样上用大括号将第二点和第三点括在一起并写道:"第二点和第三点合并"。——俄文版编者注

级民主民族运动,只能是有条件的,这个条件是各落后国家未来的无产阶级政党(不仅名义上是共产党)的分子已在集结起来,并且通过教育认识到同本国资产阶级民主运动作斗争是自己的特殊任务;共产国际应当同殖民地和落后国家的资产阶级民主派结成临时联盟,但是不要同他们融合,要绝对保持无产阶级运动的独立性,即使这一运动还处在最初的萌芽状态也应如此;

第六,必须向一切国家,特别是落后国家的最广大的劳动群众不断地说明和揭露帝国主义列强一贯进行的欺骗,即打着建立政治上独立的国家的幌子,来建立在经济、财政和军事方面都完全依赖于它们的国家;在目前国际形势下,除了建立苏维埃共和国联盟,附属民族和弱小民族别无生路。

12. 帝国主义列强历来对殖民地和弱小民族的压迫,在被压迫国家劳动群众的心中不仅播下了仇恨,而且播下了对整个压迫民族包括对这些民族的无产阶级的不信任。这些民族的无产阶级的多数正式领袖,在1914—1919年曾经站在社会沙文主义的立场上,借口"保卫祖国"来保卫"本国"资产阶级压榨殖民地和掠夺财政上不独立的国家的"权利",他们这种背叛社会主义的卑鄙行径不能不加深这种完全合乎情理的不信任心理。另一方面,一个国家愈是落后,这个国家的小农业生产、宗法性和闭塞性就愈加厉害,也就必然使最深的小资产阶级偏见,即民族利己主义和民族狭隘性的偏见表现得特别厉害和顽固。既然这些偏见只有在各先进国家内的帝国主义和资本主义消灭以后,只有在落后国家的经济生活全部基础急剧改变以后才能消逝,那么这些偏见的消逝,就不能不是极其缓慢的。因此,各国有觉悟的共产主义无产阶级对于受压迫最久的国家和民族的民族感情残余必须持特别小心谨慎的态度,同样,为了更快地消除以上所说的不信任心理和各种偏见,必须作出一定的让步。没有世界各国和各民族的无产阶级以至全体劳动群众自愿要求结盟和统一的愿望,战胜资本主义这一事业是不能顺利完成的。

载于 1920 年 7 月 14 日《共产国际》杂志第 11 期

选自《列宁全集》第 2 版第 39 卷第 159—166 页

2

土地问题提纲初稿

（为共产国际第二次代表大会草拟）

（6月初）

现在已经成为黄色国际的第二国际为什么不仅不能确定革命无产阶级在土地问题上的策略，甚至不能恰当地提出这个问题，对于这一点的原因马尔赫列夫斯基同志在他的论文[106]中作了很好的分析。接着马尔赫列夫斯基同志提出了第三国际的共产主义土地纲领的理论原理。

根据这些原理，能够（而且我觉得应当）拟出即将在1920年7月15日召开的共产国际代表大会关于土地问题的一个总的决议。

这个决议的初稿如下：

1. 只有共产党所领导的城市工业无产阶级，才能使农村劳动群众摆脱资本和大地主土地占有制的压迫，摆脱破产，摆脱在资本主义制度存在时必然会一再发生的帝国主义战争。农村劳动群众只有同共产主义无产阶级结成联盟，奋勇地援助无产阶级为推翻地主（大土地占有者）和资产阶级的压迫而进行的革命斗争，此外别无出路。

另一方面，如果产业工人局限于狭隘的行会利益和狭隘的职业利益，只满足于为改善自己有时还过得去的小市民的生活状况而奔走，那他们就不能完成使人类摆脱资本压迫和战争这一具有全世界历史意义的使命。许多先进国家中的"工人贵族"的情况正是如此,这些人是第二国际中那些所谓的社会党的基础,实际上他们是社会主义的死敌,是社会主义的叛徒,是市侩沙文主义者,是工人运动内部的资产阶级代理人。无产阶级要成为真正革命的阶级,成为真正按社会主义精神行动的阶级,就只有作为全体被剥削劳动者的先锋队,作为他们在推翻剥削者的斗争中的领袖来发表意见和采取行动;但是如果不在农村中开展阶级斗争,不把农村劳动群众团结在城市无产阶级的共产党周围,不由城市无产阶级来教育农村劳动群众,这个任务是完成不了的。

2. 城市无产阶级应当引导农村被剥削劳动群众参加斗争,至少也要把他们争取过来。在一切资本主义国家内,农村被剥削劳动群众有以下几个阶级:

第一,农业无产阶级即雇佣工人(年工、季节工、日工),他们靠受雇于资本主义农业企业来获得生活资料。把这个阶级和其他各类农村居民分开来单独进行组织(政治、军事、工会、合作社、文化教育等方面),加紧在他们中间进行宣传鼓动工作,把他们争取到苏维埃政权和无产阶级专政方面来,这是各国共产党的**基本**任务。

第二,半无产者或小块土地农民,他们一方面依靠在资本主义农业企业或工业企业中出卖劳动力,另一方面依靠在仅能给他们家庭生产一部分食物的小块私有的或租来的土地上耕作,来获得生活资料。在一切资本主义国家中,这类农村劳动居民的人数是非常多的,但是资产阶级代表人物和第二国际的黄色"社会党人"掩盖这类农民的存在及其特殊地位,他们这样做,一方面是有意识地欺骗工人,另一方面是由于盲目接受了陈腐的世俗观念,竟把这类农民同一般"农民"群众混为一谈。资产阶级愚弄工人的这种手法,在德国和法国表现得最明显,其次是在美国和其他国家。如果共产党的工作得当,这类农民就会成为共产党的可靠的拥护者,因为这些半无产者的境遇非常艰难,他们从苏维埃政权和无产阶级专政方面能够立刻得到很大的好处。

第三,小农,他们拥有自己的或租来的一块不大的土地,可以应付他们全家以及经营上的需要,并不另外雇用劳动力。这一阶层从无产阶级的胜利中肯定会得到好处,因为无产阶级的胜利能立刻而充分地给他们以下几种利益:(a)免除向大土地占有者交纳地租或一半收成(例如法国的 métayers,即分成制农民,意大利和其他国家也是如此);(b)免除抵押债务;(c)免除大土地占有者的多种形式的压迫以及对大土地占有者的依附(林地及其使用等等);(d)无产阶级国家政权立刻帮助他们经营农务(允许他们使用无产阶级剥夺来的大资本主义农户的农具和部分建筑物;无产阶级国家政权立刻把资本主义制度下主要替富裕农民和中农服务的组织,如农业合作社和农业协作社,变成首先帮助贫苦农民即无产者、半无产者和小农等的组织)。还能给他们其他许多利益。

同时共产党应当清楚地认识到,在从资本主义到共产主义的过渡时期,即在无产阶级专政时期,这个阶层中至少有一部分人必然会动摇而去追求无限制的贸易自由和无限制的使用私有权的自由,因为这一阶层是出卖消费品的(虽然数量不大),所以受到投机倒把和私有者习惯的侵蚀。但是只要实行坚定的无产阶级政策,只要胜利了的无产阶级十分坚决地镇压大土地占有者和大农,这一阶层的动摇不会很大,并且也不会改变这个阶层整个说来将站在无产阶级革命方面这一事实。

3. 上述三类农村居民的总和,构成一切资本主义国家农村人口的多数。因此无产阶级革命的胜利不仅在城市,而且在农村都是有充分保障的。有一种相反的意见还颇为流行,但是,第一,这是因为资产阶级的科学和统计不断进行欺骗,极力掩盖农村上述各阶级同剥削者即地主、资本家之间,以及半无产者和小农同大农之间的巨大区别;第二,是因为黄色国际即第二国际的英雄们和各个先进国家中被帝国主义特权腐化了的"工人贵族",不善于而且也不愿意在贫苦农民中进行真正无产阶级的革命宣传工作、鼓动工作和组织工作;机会主义者无论过去和现在都只关心怎样去同资产阶级,包括大农和中农(关于他们的情形见下文)作理论上和实践上的妥协,而不关心无产阶级实行革命来推翻资产阶级政府和资产阶级;第三,是因为有根深蒂固的偏见(这种偏见是同一切资产阶级民主偏见和议会制偏见有关的),是因为不了解已经被马克思主义理论充分证明而且又被俄国无产阶级革命经验完全证实了的真理:上述三类空前愚昧、十分分散、备受压抑、在一切最先进的国家中必然过着半野蛮生活的农村居民,虽然在经济上、社会上和文化上会从社会主义的胜利中得到好处,但是只有**在**革命的无产阶级夺得政权**以后**,只有**在**革命的无产阶级坚决镇压大土地占有者和资本家**以后**,只有**在**这些备受压迫的人**在实践中**看到他们有了这种组织起来的十分强大坚定的领导力量和保护力量来帮助和领导他们,给他们指出正确道路**以后**,才能坚决地支持革命的无产阶级。

4."中农"从经济上来说是小农,他们也拥有一小块自己的或租来的土地,但是第一,在资本主义制度下,这块土地上的收入通常不仅够维持一家的俭朴生活和经营的费用,并且可能有某些剩余,这些剩余至少在好年头可能变为资本;第二,往往(例如两三家农户中就有一家)另外雇用劳动力。拥有5至10公顷土地的德国农户,可以作为先进资本主义国家的中农的具体例子,据1907

年的普查,这类农户中约有三分之一是雇有农业工人的。[①] 在法国,特种农作物比较发达,像葡萄种植业就需要在土地上花费大量的劳动,大概这类农户使用雇佣劳动力的范围要更广泛些。

革命的无产阶级,至少在最近的将来和在无产阶级专政的初期,不能给自己提出把这个阶层争取过来的任务,而应当只限于中立中农,即在无产阶级同资产阶级的斗争中使他们保持中立。这个阶层必不可免地要动摇于这两种势力之间,而且在新时代的初期,在发达的资本主义国家内,这个阶层的主要趋向将是拥护资产阶级的。这是因为在这个阶层中,私有者的世界观和情绪是占优势的;投机倒把活动、贸易"自由"和私有制对他们眼前有好处;他们与雇佣工人是直接对抗的。胜利了的无产阶级废除地租和抵押债务,会直接改善这个阶层的生活状况。在多数资本主义国家里,无产阶级政权决不应该立即完全废除私有制,并且无论如何都要保证小农和中农不仅保留他们原有的土地,而且使他们的土地扩大到他们平素租种的全部面积(废除地租)。

把这些办法和反对资产阶级的无情斗争结合起来,就可以充分保证中立政策获得成功。无产阶级国家政权只能十分谨慎地逐步前进,运用榜样的力量,而不能对中农施用任何暴力,才能实现向集体农业的过渡。

5. 大农("Großbauern")是农业中的资本主义企业主,他们通常都雇有几个雇佣工人,他们之所以能归入"农民"之类,只是由

---

① 确切数字如下:拥有 5 至 10 公顷土地的农户有 652 798 户(农户总数为 5 736 082 户);他们所雇用的各种雇佣工人为 487 704 人,本户工人(Familienangehörige)为 2 003 633 人。在奥地利,据 1902 年的统计,这类农户有 383 331 户,其中有 126 136 户是使用雇佣劳动的;雇佣工人 146 044 人,本户工人为 1 265 969 人。奥地利的农户总数为 2 856 349 户。

于文化水平不高,生活习惯相同,亲自参加自己农场中的体力劳动。这是直接而坚决地反对革命无产阶级的那些资产阶级阶层中人数最多的一个阶层。在全部农村工作中,共产党应该集中主要注意力去同这个阶层进行斗争,把多数农村居民即被剥削劳动者从这些剥削者的思想和政治影响下解放出来,等等。

无产阶级在城市中获得胜利以后,这个阶层必然会进行各种反抗,或暗中破坏,或公开采取反革命性质的武装行动。所以革命的无产阶级应当立刻开始从思想上和组织上准备必要的力量,以便彻底解除这个阶层的武装,在推翻工业资本家的同时,只要这个阶层的反抗一露头,就给予最坚决最无情的歼灭性的打击,为此需要武装农村无产阶级,组织农村苏维埃,在苏维埃里,决不能让剥削者有立足之地,而应当保证无产者和半无产者占据优势。

即使是对待大农,获得胜利的无产阶级也决不能把剥夺列为直接的任务,因为还没有具备物质条件,特别是没有具备技术条件,更没有具备社会条件来实现这类农场的社会化。在个别的、显然是例外的情况下,将没收他们土地中零散出租的部分或附近小农特别需要的部分;同时还要保证小农根据一定的条件可以无偿地使用大农的一部分农业机器;等等。一般说来,无产阶级国家政权应当保留大农的土地,只在他们反抗被剥削劳动者的政权时才加以没收。在俄国无产阶级革命中,反对大农的斗争由于若干特殊情况而复杂起来,并且持续的时间很长,但是这个革命的经验终究表明,这个阶层稍一试图反抗就得到很好的教训之后,能够规规矩矩地执行无产阶级国家交给的任务,甚至开始(尽管非常缓慢)对捍卫一切劳动者而无情对待富人寄生虫的政权表示尊重。

在俄国,使战胜了资产阶级的无产阶级对大农的斗争变得复杂而持久的特殊情况,主要是在 1917 年 10 月 25 日(11 月 7 日)

的革命以后,俄国革命经历了全体农民反对地主的"一般民主的"即基本上是资产阶级民主的斗争阶段;其次是城市无产阶级的文化低,数量少;再次是幅员辽阔,交通极不方便。各先进国家既然没有这些造成阻碍的情况,欧美的革命无产阶级就应当更积极地准备并且更迅速、更坚决、更有成效地取得镇压大农反抗的完全胜利,彻底消除他们进行反抗的一切可能性。这是迫切需要的,因为在取得这种完全的最彻底的胜利以前,农村中无产者、半无产者和小农群众不会相信无产阶级国家政权是十分稳固的。

6. 革命无产阶级应当立刻无条件地没收地主即大土地占有者的全部土地,这些人在资本主义国家里直接地或通过租地农场主不断地剥削雇佣劳动力和附近小农(也时常剥削一部分中农),他们不参加任何体力劳动,他们大半是封建主(如俄国、德国和匈牙利的贵族,法国复辟了的领主,英国的勋爵,美国的前奴隶主)的后裔,或者是特别富有的金融巨头,或者是这两类剥削者和寄生虫的混血儿。

在各国共产党队伍中,决不容许宣传剥夺大土地占有者的土地要给予补偿,也决不容许给他们补偿,因为在现代欧美各国的条件下,这样做就是背叛社会主义,就是向遭受战争苦难最深重的被剥削劳动群众征收新贡赋,而这场战争产生了更多的百万富翁,使他们大发横财。

至于胜利了的无产阶级怎样经营从大土地占有者那里没收来的土地的问题,由于俄国的经济落后,主要是把这些土地分给农民使用,只有在少数情况下土地留做办所谓"国营农场",由无产阶级国家自己经营,并把以前的雇佣工人变成执行国家委托的工作人员和管理国家的苏维埃成员。对先进资本主义国家说来,共产国际认为**在大多数情况下保留大农业企业**,并且按照俄国"国营农场"的方式经营这种企业,是正确的。

但是如果夸大或死板地执行这一条,绝对不容许把从剥夺者那里剥夺来的**一部分**土地无代价地分给附近的小农,有时也分给中农,那就大错特错了。

第一,通常用来反对这一点的理由是说大农业具有技术上的优越性,这种说法往往是以最恶毒的机会主义和背叛革命的行为来偷换无可争辩的理论真理。无产阶级为了这个革命的胜利,决不能因为生产暂时下降而裹足不前,就像奴隶占有制的敌人——北美资产阶级没有因为1863—1865年内战所引起的棉花生产的暂时下降而裹足不前一样。对资产者说来,重要的是为生产而生产,对被剥削劳动群众说来,最重要的是推翻剥削者,保证劳动者有条件为自己而不是为资本家工作。无产阶级的首要的基本的任务,就是保证无产阶级取得胜利和巩固这一胜利。如果不中立中农,如果没有全体小农、至少极大部分小农的支持,无产阶级政权是不能巩固的。

第二,不仅提高农业大生产,就是维持农业大生产,也先要有眼界开阔、富有革命觉悟、在职业上政治上组织上受过很好锻炼的农村无产者。凡是还不具备这个条件或者还没有可能把这一事业适当地交给有觉悟而又内行的产业工人来做的地方,如果企图把大农场急忙转交国家经营,那么只能破坏无产阶级政权的威信,在那些地方建立"国营农场"必须特别谨慎,必须极其认真地做好准备工作。

第三,在一切资本主义国家里,甚至在最先进的资本主义国家里,还保留着大土地占有者对附近小农所施行的中世纪的、半徭役式的剥削制残余,例如德国的租房农民,法国的分成制农民,美国的分成制佃农(在美国南部,不仅黑人多半受这样的剥削,而且白人有时也受这种剥削）。在这种情况下，无产阶级国家必须把小农所承租的土地，无偿地交给原租地者使用，因为没有别的经济的和技术的基础，并且也不能立刻建立起这种基础。

大农场的农具必须加以没收并转归国家所有，这些农具，**在保证大国营农场的使用需要以后**，应当让附近的小农在遵守无产阶级国家所规定的条件下无偿地使用。

如果说在无产阶级革命后的最初一个时期，不仅绝对必须立即没收大土地占有者的田庄，而且绝对必须把他们这些反革命头子和残酷压迫全体农村居民的人一律驱逐出去或加以关押，那么随着无产阶级政权在城市和乡村的巩固，必须不断努力使这个阶级中具有宝贵经验、知识和组织能力的人，都能被用来（在最可靠的工人共产党员的特别监督下）建立社会主义的大农业。

7. 只有在无产阶级的国家政权最终平定剥削者的一切反抗，保证自己完全巩固，完全能够实施领导，根据大规模集体生产和最新技术基础（全部经济电气化）的原则改组全部工业的时候，社会主义对资本主义的胜利以及社会主义的巩固才算有了保证。只有这样，城市才有可能给落后而分散的农村以技术的和社会的根本的帮助，并且在这种帮助下为大大提高耕作和一般农业劳动的生产率打下物质基础，从而用榜样的力量促使小农为了自身的利益过渡到集体的、机械化的大农业上去。这个为全体社会党人口头上一致公认的无可争辩的理论真理，实际上却被在黄色国际即第二国际中以及在德国和英国"独立党人"[107]、法国龙格派[44]等等领袖中占统治地位的机会主义所曲解。这种曲解就在于他们把注意力移向比较遥远的美好的未来，而忽视了过渡到和达到这一美好未来的困难而具体的当前任务。这在实践中就是鼓吹同资产阶级妥协，鼓吹"社会和平"，即完全背叛无产阶级，而无产阶级现时正在战争到处造成的空前破产和贫困的条件下,正在战争使一小撮百万富翁大发横财并变得肆无忌惮的条件下进行着斗争。

要使农村中争取社会主义的斗争真正获得成功,就要求:第一,各国共产党教育工业无产阶级,使他们认识到,为了推翻资产阶级和巩固无产阶级政权必须忍受牺牲和具有承担牺牲的决心,因为无产阶级专政就意味着无产阶级善于组织和引导全体被剥削劳动群众,意味着这个先锋队也善于为达到这一目的而承担最大的牺牲和表现出英勇精神;第二,要取得成功,还要使农村中受剥削最重的劳动群众能从工人的胜利中靠剥夺剥削者来立刻大大改善自己的境况,否则就不能保证工业无产阶级取得农村的支持,特别是工业无产阶级也就无法保证城市的粮食供应。

8. 因为资本主义使农业劳动群众异常闭塞而分散、往往处于半中世纪式的依附状态,所以组织和教育他们参加革命斗争,是非常困难的,这就要求各国共产党特别注意农村中的罢工斗争,加紧援助和全面开展农业无产者和半无产者的群众性罢工。为德国和其他先进国家现时的经验所证实所丰富了的俄国1905年和1917年革命的经验表明,只有日益开展的群众性罢工斗争(在一定条件下,能够而且应当争取农村中的小农参加罢工斗争)才能打破农村的沉睡状态,唤醒农村被剥削群众的阶级觉悟,使他们认识到成立阶级组织的必要性,才能使他们明显而实际地看出他们同城市工人结成联盟的意义。

共产国际代表大会痛斥那些背叛和变节的社会党人,遗憾的是这种社会党人不仅在黄色国际即第二国际里存在,而且在退出了这个国际的欧洲极其重要的三个大党里也存在,他们不仅对农村罢工斗争采取冷淡的态度,而且借口有降低消费品生产的危险来反对这种罢工斗争(例如卡·考茨基)。假如不是在实践中用行动证明共产党人和工人领袖能够把开展无产阶级革命及夺取这一革命的胜利看得高于世上的一切,能够为这一革命作出最大的牺牲(因为要免除饥饿、破产和新的帝国主义战争,是没有别的出路的),那么任何纲领和最庄严的声明都是一钱不值的。

特别需要指出,旧社会主义的领袖和"工人贵族"的代表为了在迅速革命化的工人群众中保持自己的声誉,现在常常在口头上向共产主义让步,甚至在名义上转到共产主义方面来。这些人必须在工作中,在革命意识和革命斗争的发展进行得最猛烈、土地占有者和资产阶级(大农,富农)反抗得最激烈、社会党人妥协分子和共产党人革命家之间的区别表现得最明显的地方受到考验,以便证明他们是不是忠于无产阶级事业和能不能担任领导职务。

9. 各国共产党应当竭力尽快地在农村中建立代表苏维埃,首先建立雇佣工人和半无产者的代表苏维埃。苏维埃只有同群众性罢工斗争和最受压迫的阶级联系在一起,才能执行自己的使命,才能大大巩固起来,使小农接受它的影响(然后把他们吸收到它的组织里)。但是,如果因为土地占有者和大农的沉重压迫,以及没有产业工人及其工会的援助,罢工斗争还没有展开,农业无产阶级的组织能力还很薄弱,那么建立农村的苏维埃就需要进行长期的准备工作,其方法就是建立共产党支部(即使是比较小的也好),加紧进行鼓动工作,用最通俗的方式说明共产主义的要求,用突出的剥削和压迫的实例来阐明这些要求,经常派产业工人去农村工作等等。

载于 1920 年 7 月 20 日《共产
国际》杂志第 12 期

选自《列宁全集》第 2 版第 39 卷
第 167—178 页

3

关于共产国际第二次
代表大会的基本任务的提纲

（7月4日）

1. 目前国际共产主义运动发展的特点，是在一切资本主义国家里，革命无产阶级的优秀代表充分懂得了共产国际的基本原则，即无产阶级专政和苏维埃政权，并且满腔热情地站到共产国际方面来了。一个更重要的进步，就是在各地，不仅城市无产阶级的最广大群众，而且先进的农业工人，都十分明确地表示他们无条件地赞同这些基本原则。

另一方面，发展得异常迅速的国际共产主义运动出现了两种错误或弱点。一种是很严重的并且对无产阶级解放事业的胜利有着极大的直接危险的错误，那就是第二国际的一部分老领袖和旧政党，一方面有意无意地对群众的愿望和压力让步，另一方面为了继续在工人运动内部充当资产阶级的代理人和帮手而有意欺骗群众，声称他们愿意有条件地甚至无条件地加入第三国际，但是实际上他们在党的工作和政治工作的全部实践中，依旧停留在第二国际的水平上。这种情形是完全不能容许的，因为这样会直接腐蚀群众，破坏第三国际的威信，像匆忙改名为共产党人的匈牙利社会民主党人那样的叛变，有再度重演的危险。另一种小得多的错误，更正确地说是运动发展过程中的病症，就是"左"的倾向，就是不能正确地估计党在对待阶级和群众方面的作用和任务,不能正确地估计革命的共产党人在资产阶级议会和反动工会中进行工作的必要性。

共产党人的责任不是隐讳自己运动中的弱点,而是公开地批评这些弱点,以便迅速而彻底地克服它们。为此必须做到:第一,更具体地,特别是根据已有的实际经验来确定"无产阶级专政"和"苏维埃政权"这两个概念的内容;第二,指出在一切国家内为了实现这两个口号,可以而且应该立即有步骤地进行哪些准备工作;第三,指出纠正我们运动中的缺点的途径和方法。

一

无产阶级专政和苏维埃政权的实质

2. 要使社会主义(共产主义的第一阶级)战胜资本主义,必须由无产阶级这一唯一真正革命的阶级完成下面三个任务。第一个任务是:推翻剥削者,首先是推翻他们在经济上和政治上的主要代表——资产阶级;彻底粉碎他们;镇压他们的反抗;使他们恢复资本压迫和雇佣奴隶制的任何尝试都不能得逞。第二个任务是:不仅要争取和引导整个无产阶级或无产阶级的绝大多数,而且要争取和引导全体受资本剥削的劳动者跟着无产阶级的革命先锋队共产党走;要在反对剥削者的英勇忘我、坚决无情的斗争的进程中,启发他们,组织他们,教育他们,培养他们的纪律性;要使一切资本主义国家的这绝大多数人摆脱对资产阶级的依赖,使他们根据实际经验相信无产阶级和它的革命先锋队的领导作用。第三个任务是:使几乎在一切先进国家里人数还相当多的(虽然只占人口的少数）必然动摇于资产阶级和无产阶级之间、资产阶级民主和苏维埃政权之间的农业、工业和商业中的小业主阶级以及和这个阶级地位相当的知识分子、职员等阶层保持中立，或者使他们不起有害的作用。

第一个和第二个任务都是独立的任务，它们要求对待剥削者和对待被剥削者采取不同的行动方法。第三个任务则是由前两个任务产生的，它要求根据每一次表现动摇的具体情况，把前两种方法都能巧妙地、及时地、灵活地结合起来。

3. 在全世界首先是在最先进、最强大、最文明、最自由的资本主义国家目前这种由军国主义、帝国主义、对殖民地和弱小国家的压迫、全世界的帝国主义大厮杀、凡尔赛"和约"所造成的具体形势下，凡是认为可以用和平方式使资本家服从被剥削的大多数人的意志，可以通过和平的、改良主义的道路过渡到社会主义，都不仅是市侩的极端愚蠢的想法，而且是对工人的公然的欺骗，对资本主义雇佣奴隶制的粉饰，对真实情况的隐瞒。现在的真实情况是：最文明最民主的资产阶级，也已经不惜采取任何欺骗和犯罪的手段，不惜屠杀千百万工人和农民来挽救生产资料私有制。只有用暴力推翻资产阶级，没收他们的财产，彻底破坏全部资产阶级国家机构即议会、司法、军事、官僚、行政、地方自治等等机构，一直到驱逐和关押全部最危险最顽固的剥削者，严格地监视他们，以便同他们必然进行反抗和恢复资本主义奴隶制的尝试作斗争，只有这种措施才能使整个剥削阶级真正服从我们。

另一方面，第二国际的旧政党和老领袖总是认为，在资本主义奴隶制下，在资产阶级压迫下（这种压迫具有层出不穷多种多样的形式，某个资本主义国家愈文明，这些压迫形式就愈巧妙，同时也就愈残酷，愈厉害），多数被剥削劳动者自己能够培养出十分明确的社会主义意识、坚定的社会主义信念和品格,这种看法同样是对资本主义和资产阶级民主的粉饰,同样是对工人的欺骗。事实上,只有无产阶级的先锋队,在无产阶级这个唯一革命阶级的全体或多数人的支持下,推翻剥削者,镇压剥削者,使被剥削者摆脱奴隶地位,立刻靠剥夺资本家来改善他们的生活条件,只有在这以后,只有在尖锐的阶级斗争的进程中,才能启发和教育最广大的被剥削劳动群众,把他们组织在无产阶级周围,受无产阶级的影响和领导,使他们克服私有制所造成的自私、分散、劣根性和软弱性,使他们结成自由工作者的自由联盟。

4. 为了战胜资本主义,在起领导作用的政党共产党、革命的阶级无产阶级和群众即全体被剥削劳动者之间,必须建立正确的相互关系。只有共产党真正成为革命阶级的先锋队,吸收了这个阶级的一切优秀代表,集中了经过顽强的革命斗争的教育和锻炼的、完全觉悟的和忠诚的共产主义者,把自己跟本阶级的全部生活密切联系起来,再通过本阶级跟全体被剥削群众密切联系起来,取得这个阶级和这些群众的充分信任——只有这样的党才能在反对资本主义一切势力的最无情最坚决的最后斗争中领导无产阶级。另一方面,只有在这样的党的领导下,无产阶级才能发挥自己进行革命冲击的全部威力,才能使为数不多的被资本主义腐蚀的工人贵族、老工联领袖和合作社领袖等等必然采取的冷淡态度和有时的反抗起不一点作用,才能发挥自己的全部力量。由于资本主义社会的经济结构,这种力量要比无产阶级在人口中所占的比重大得多。最后,只有真正摆脱了资产阶级和资产阶级国家机构的压迫,只有取得了真正自由地(不受剥削者的束缚)组成自己的苏维埃的可能性,群众即全体被剥削劳动者,才能在历史上第一次发挥受资本主义压制的千百万人的全部主动性和活力。只有在苏维埃成为唯一的国家机构时,全体被剥削者才能真正参加国家管理,而在最文明最自由的资产阶级民主制度下,他们事实上在百分之九十九的情况下仍然一直被排斥在国家管理工作之外。只有在苏维埃里,广大被剥削者才开始不是从书本上,而是从自己的实际经验中真正地学习建设社会主义,学习建立新的社会纪律,建立自由工作者的自由联盟。

二

应该如何立刻在各处
为建立无产阶级专政作准备?

5. 当前国际共产主义运动发展的特点是:在大多数资本主义国家内,无产阶级还没有为建立本阶级的专政作好准备,甚至往往还没有有步骤地着手这种工作。由此不应得出结论说,在最近的将来,无产阶级革命是不可能发生的;这种革命是完全可能发生的,因为整个经济政治情况包含着非常多的可能突然起火的易燃物和导火线;除了无产阶级的准备程度以外,革命的另一条件就是一切占统治地位的和一切资产阶级的政党都处于普遍危机状态,现在这个条件也已经具备了。但是从上面所说的情况中应当得出这样的结论:各国共产党的当前任务并不在于加速革命的到来,而在于加强无产阶级的准备。另一方面,上面已经指出的许多社会党历史上发生的事件,使我们不得不注意到,"承认"无产阶级专政不能仅仅停留在口头上。

因此,从国际无产阶级运动来看,目前各国共产党的主要任务,是团结分散的共产主义力量,在每一个国家中成立统一的共产党(或加强和革新已有的党),以便百倍地加强工作,为无产阶级赢得国家政权,并且是赢得无产阶级专政这种形式的政权作好准备。承认无产阶级专政的集团和政党通常进行的社会主义工作,还远没有充分地经过根本的改造和革新,要使这种工作成为共产主义的工作并且能与无产阶级专政前夕的各项任务相适应,那就必须经过根本的改造和革新。

6. 无产阶级取得了政权,并没有结束无产阶级同资产阶级的阶级斗争,相反会使这种斗争变得特别广泛、尖锐和残酷。凡是完全或部分持有改良主义、"中派"等等观点的集团、政党和工人运动活动家,由于斗争极端尖锐化,都不可避免地或者站到资产阶级一边,或者置身动摇者之列,或者成为胜利的无产阶级的不可靠的朋友(这是最危险的)。因此,要为建立无产阶级专政作准备,就不仅要加强反对改良主义和"中派"倾向的斗争,而且要改变这种斗争的性质。这种斗争不能只限于弄清这种倾向的错误,而且应当不断地和无情地揭露在工人运动内部表现出这种倾向的一切活动家,否则无产阶级就无从知道,它将要同谁一道去对资产阶级进行最坚决的斗争。这种斗争随时都可能(而且经验已经表明确实是在)用武器的批判代替批判的武器①。在揭发那些改良主义者或"中派分子"时,任何不彻底或软弱的表现都会直接增加资产阶级推翻无产阶级政权的危险,因为有些分歧今天在近视的人看来只是"理论上的分歧",明天就会被资产阶级用来达到他们反革命的目的。

7. 特别是不能只限于像通常那样从原则上否认无产阶级和资产阶级的任何合作,否认任何"同敌人合作"。在无产阶级专政的条件下,当还保存生产资料私有制(无产阶级永远不能一下子完全消灭私有制)的时候,单纯地维护"自由"和"平等",就会变成

---

① 参看《马克思恩格斯文集》2009年人民出版社版第1卷第11页。——编者注

同资产阶级的"合作",直接破坏工人阶级的政权。要知道,无产阶级专政就是国家通过整个政权机构来巩固和维持剥削者的"不自由",使他们不能继续干压迫和剥削的勾当,就是巩固和维护私有者(即把社会劳动所创造的一定的生产资料据为己有的人)同无产者的"不平等"。在无产阶级胜利以前,在"民主"问题上存在的看来似乎是理论上的分歧,在明天,在胜利后,必然会成为要用武力解决的问题。因此,不根本改变对"中派分子"和"民主制的维护者"的斗争的全部性质,甚至使群众为建立无产阶级专政作好初步的准备都是不可能的。

8. 无产阶级专政是无产阶级同资产阶级进行阶级斗争的最坚决最革命的形式。只有在无产阶级的最革命的先锋队带领本阶级的绝大多数前进时,这种斗争才能取得胜利。因此,要为建立无产阶级专政作准备,就不仅要说明在保存生产资料私有制的情况下,任何改良主义、任何维护民主制的行为都是资产阶级性质的,不仅要揭露实际上等于在工人运动内部维护资产阶级的那些倾向的各种表现,而且要在所有的无产阶级组织中(不仅在政治组织中,而且在工会、合作社、教育等等组织中)用共产党人去代替老领袖。在一个国家内,资产阶级民主的统治愈长久、愈彻底、愈巩固,资产阶级就愈能把他们培养的、满脑子都是他们的观点和偏见的、往往是他们直接或间接收买的人物安置在这种领袖的地位上。必须比过去大胆百倍地把这些工人贵族或资产阶级化了的工人的代表人物从他们所占据的一切岗位上赶走,宁愿用最没有经验的工人去代替他们,只要这些工人同被剥削群众息息相关,在反对剥削者的斗争中得到这些群众的信任就行。无产阶级专政要求任命这些没有经验的工人去担任国家最重要的一些职务,不然工人政府这种政权就会没有力量,而这个政府就会得不到群众的支持。

9. 无产阶级专政就是由资本主义的全部历史准备好的去担负领导作用的唯一阶级,对一切被资本家阶级压迫、折磨、压制、恐吓、分裂和欺骗的被剥削劳动者实行最充分的领导。因此应该立即在各处用下列办法开始为建立无产阶级专政作准备。

在首先是无产阶级的、其次是非无产阶级被剥削劳动群众的一切组织、协会、团体(政治的、工会的、军事的、合作社的、教育的、体育的等等)中,无一例外都应该成立共产党的小组或支部,这些小组或支部大多数是公开的,但是也有秘密的(在凡是考虑到资产阶级可能取缔这些小组或支部、逮捕或驱逐它们的成员的情况下,都必须成立秘密的小组或支部)。这些彼此之间有密切联系、并同党中央也有密切联系的支部,应该互相交流经验,针对社会生活各个方面的情况,针对各类劳动群众的情况,进行鼓动、宣传和组织工作,通过这种多方面的工作不断地教育自己,教育党,教育阶级,教育群众。

同时,在实践中创造出必要的各种不同的工作方法是非常重要的。一方面,对于那些受小资产阶级的和帝国主义的偏见毒害很深以致往往不可救药的"领袖"或"负责人"必须进行无情的揭露,把他们从工人运动中赶出去;另一方面,对于特别是在帝国主义大厮杀以后多半愿意倾听和接受关于必须由无产阶级来领导才能摆脱资本主义奴隶制的学说的群众,则必须学会采取特别耐心和谨慎的态度,以便能够了解每个阶层、每个行业等等的群众的心理特点和特性。

10. 作为共产党员的小组或支部之一的议会党团,也就是在资产阶级代表机构(首先是全国的,其次是地方的、地方自治的等等代表机构)中当议员的党员的小组,是特别值得党加以注意和关心的。一方面,在最广大的落后的或满脑子都是小资产阶级偏见的劳动群众的心目中,议会讲坛具有特别重要的意义,因此,共产党员正应该从这个讲坛上进行宣传、鼓动和组织工作,向群众说明为什么在俄国由全国苏维埃代表大会解散资产阶级议会是合理的(任何国家在适当的时候这样做也都是合理的)。另一方面,资产阶级民主的全部历史已经把议会讲坛,特别是先进国家的议会讲坛变成进行闻所未闻的营私舞弊、在财政上和政治上欺骗人民、升官发财、弄虚作假、压迫劳动者的主要场所或主要的场所之一。因此,革命无产阶级的优秀代表对议会深恶痛绝是完全正当的。因此,各国共产党和一切加入第三国际的政党,特别是那些不是通过与旧党分裂,不是通过与旧党进行长期顽强斗争,而是通过由旧党采取(往往只是在名义上采取)新的立场而成立的政党,就尤其需要严格对待自己的议会党团:使议会党团完全服从党中央委员会的监督和指示;议会党团的成员必须主要是革命工人;在党的报刊和党的会议上,极其认真地分析这些议员的发言是否坚持共产主义的原则;把这些议员派到群众中去进行鼓动工作,把那些表现出第二国际倾向的人从议会党团中开除出去;等等。

11. 在发达的资本主义国家中,革命工人运动受到阻碍的一个主要原因就是:资本家拥有殖民地,获得金融资本的超额利润等等,因此能够在国内培植一个比较广泛、比较稳定而人数不多的工人贵族阶层。工人贵族享有优厚的工资待遇,具有最浓厚的行会狭隘性以及市侩的和帝国主义的偏见。他们是第二国际、改良主义者和"中派分子"的真正的社会"支柱",而在目前他们几乎是资产阶级的主要的社会支柱。如果不立即有步骤地、广泛地、公开地同这个阶层作斗争,那就谈不上无产阶级为推翻资产阶级做任何初步准备工作,如经验已经充分证明的,在无产阶级胜利之后,这个阶层无疑还会给资产阶级的白卫军提供不少的人力。一切加入第三国际的政党必须竭力实现"更深入群众"和"更密切地联系群众"的口号,这里讲的群众,是指全体受资本剥削的劳动者,特别是那些最无组织、最少受教育、最受压迫、最难组织的劳动者。

无产阶级只有不局限在狭隘的行会范围内,只有在社会生活的各个方面和各个领域都表现出是全体被剥削劳动群众的领袖,只有这样才能成为革命阶级。假如无产阶级没有决心,又不能够为战胜资产阶级作出极其巨大的牺牲,那它就不能实现无产阶级专政。俄国的经验在这方面既有原则意义又有实际意义。在世界资产阶级举行进攻、发动战争、实行封锁的最艰苦的时期,如果俄国无产阶级没有作出最大的牺牲,不是比其他各阶层的劳动群众挨饿得更厉害,那么,它就不能实现无产阶级专政,就不能赢得全体劳动群众一致的尊敬和信任。

具体地说,共产党和整个先进的无产阶级尤其必须从各方面全力支持广泛的和自发的群众罢工运动,因为在资本的压迫下,只有这种运动才能真正唤醒、推动、启发和组织群众,才能教育群众充分信任革命无产阶级的领导作用。没有这样的准备,无产阶级专政根本不可能实现。在加入第三国际的政党的队伍里,绝对不能容许有像德国的考茨基、意大利的屠拉梯这类公开反对罢工的人。当然对于那些经常出卖工人的工联领袖和议会领袖更是如此,因为他们利用罢工的经验教工人实行改良主义,而不是教他们进行革命(例如,近几年在英国和法国就是这样)。

12. 目前在一切国家里,甚至在最自由、最"合法"、最"和平"即阶级斗争最不尖锐的国家里,共产党绝对必须经常把合法工作和不合法工作、合法组织和不合法组织结合起来的时期已经完全到来了。这是因为在最文明、最自由、资产阶级民主制最"稳固"的国家里,政府都已经不顾它们种种骗人的虚伪声明,经常开列共产党人的黑名单,不断违反它们自己的宪法,半秘密地和秘密地支持白卫分子,杀害各国共产党人,暗中准备逮捕共产党员,派遣奸细打入共产党内部,如此等等。只有最反动的市侩(不管他们用什么"民主主义的"与和平主义的花言巧语来掩饰自己),才会否认这一事实,或者否定由此必然得出的结论:一切合法的共产党必须立即建立不合法组织,以便经常进行不合法工作,作好充分准备,来应付资产阶级的一切迫害。特别需要在陆军、海军和警察中进行不合法工作,因为在这次帝国主义大厮杀以后,世界各国政府都对工农可以参加的全民军队不放心了,开始秘密地采取各种办法,专门从资产阶级中挑选人员,来建立专门用特别精良的技术装备起来的军队。

另一方面,在任何场合都不应该只是从事不合法工作,而应该同时也从事合法工作,为此就应当克服各种困难,建立具有各种名称(必要时名称可以经常改变)的合法刊物和合法组织。芬兰、匈牙利的不合法的共产党正在这样做,德国、波兰、拉脱维亚等国的共产党也部分地在这样做。美国的"世界产业工人联合会"(I. W. W.)[77]也应当这样做,只要检察官想以共产国际代表大会的决议为借口提出起诉,现在一切合法的共产党就都应当这样做。

在原则上绝对必须把不合法工作和合法工作结合起来,这不仅是因为当前这个时期即无产阶级专政前夕有着种种特点,也是因为必须向资产阶级证明,没有也不可能有共产党人不能夺取的工作部门和场所,尤其是因为到处都有广大的无产阶级阶层和更广大的非无产阶级的被剥削劳动群众,他们还相信资产阶级民主下的合法性,而说服他们放弃这种信念对我们来说是一件最重要的事情。

13. 尤其是在最先进的资本主义国家中,工人报刊的状况特别明显地说明资产阶级民主下的自由和平等完全是假的,说明必须经常把合法工作和不合法工作结合起来。无论在战败国德国或在战胜国美国,为了取缔工人报刊,资产阶级国家机构都使尽了全部力量,金融大王施展了一切伎俩:司法追究,逮捕编辑(或雇用凶手来杀害他们),禁止邮寄,没收纸张,如此等等。此外,日报所需要的新闻资料都掌握在资产阶级通讯社手里,广告又由资本家"自由"支配,而大型报纸没有广告是弥补不了亏空的。总之,资产阶级正在用欺骗,用资本和资产阶级国家的压力,来取缔革命无产阶级的报刊。

针对这种情况,各国共产党应当创办一种在工人中间大量发行的新型的定期刊物:第一,发行合法的出版物,不要把它称为共产主义的,不要说它是属于党的,要学会像1905年以后布尔什维克在沙皇统治下那样来利用甚至最小的合法机会;第二,散发不合法的小报,虽然这种小报篇幅极小,出版不定期,但它可以由工人在许多印刷所翻印(秘密地翻印或在运动壮大时用革命手段夺取印刷所来翻印),可以自由地向无产阶级报道革命的消息和提出革命的口号。

不进行有群众参加的争取共产主义报刊出版自由的革命斗争,就不可能为建立无产阶级专政作好准备。

三

纠正加入或愿意加入共产国际的
各政党的路线以及部分地改变其成分

14. 第二国际最有影响的政党,如法国社会党[108]、德国独立社会民主党、英国独立工党、美国社会党[109],都已经退出这个黄色国际,决定(前三个党是有条件的,后一个党甚至是无条件的)加入第三国际,这个事实极其客观地确切地说明了,在那些从世界经济和世界政治来看都是最重要的国家中,无产阶级对于实现本阶级专政的准备程度如何。这一事实证明,不仅革命无产阶级的先锋队,而且革命无产阶级的多数在整个事态发展的启迪下,都开始转到我们这方面来了。现在主要的事情是完成这种转变,切实地从组织上巩固既有的成就,以便毫不动摇地全线前进。

15. 上面提到的这些政党(如瑞士社会党[110]决定加入第三国际的消息属实,还应加上瑞士社会党)的全部活动证明,并且它们的每一种定期出版物也明显地证实,它们的活动还不是共产主义的,而且往往直接违背第三国际的基本原则:承认无产阶级专政和苏维埃政权,否认资产阶级民主。

因此,共产国际第二次代表大会应当作出决议:大会认为还不能立即吸收这些政党;批准第三国际执行委员会给德国"独立"党人的回信;重申准备和任何一个退出第二国际并愿意靠拢第三国际的政党进行谈判;允许这些政党派代表列席共产国际的一切代表大会和代表会议;为这些政党(以及类似的政党)正式加入共产国际规定如下条件:

1. 在党的一切定期出版物上公布共产国际各次代表大会及共产国际执行委员会的一切决议;

2. 党的各个支部或地方组织必须召开特别会议讨论这些决议;

3. 讨论以后,必须召开党的特别代表大会,以便作出结论并

4. 清除党内仍然按照第二国际的精神从事活动的分子。

5. 把党的一切定期机关刊物移交给完全由共产主义者组成的编辑部。

第三国际第二次代表大会应该委托自己的执行委员会先行审查上述及其他类似的政党,如查明它们确实已执行上述条件,确实已从事共产主义性质的活动,那就可以正式接收它们加入第三国际。

16. 关于在上述和其他类似的政党的负责岗位上至今仍居少数的共产主义者应该采取何种行动的问题,共产国际第二次代表大会应当作出决定,说明鉴于这些政党中的工人愈来愈衷心拥护共产主义,共产主义者退出这些政党是不适当的,因为在这些政党内部目前还能够本着承认无产阶级专政和苏维埃政权的精神进行工作,还能够对留在党内的机会主义者和中派分子进行批评。

同时,第三国际第二次代表大会应当赞成英国共产主义的或者同情共产主义的小组和组织加入"工党"(Labour Party)[67],尽管"工党"是参加第二国际的。这是因为这个政党还能让加入进去的组织像现在这样自由地进行批评,为无产阶级专政和苏维埃政权自由地进行宣传、鼓动和组织工作,这个政党还具有工人阶级一切工会组织的联合会的性质。只要这样,共产主义者就必须采取一切步骤,作出一定的妥协,以便能够影响最广大的工人群众,从群众容易看到的更高的讲坛上揭露他们的机会主义的领袖,使政权更快地从资产阶级的直接代表的手里转到"资本家阶级的工人帮办"的手里,以使群众尽快地抛弃这方面的最后的幻想。

17. 至于意大利社会党[82],第三国际第二次代表大会认为该党都灵支部对该党提出的批评和实际建议[111],即刊载在 1920 年 5 月 8 日《新秩序》杂志(«L'Ordine Nuovo»)[112]上的向意大利社会党全国委员会提出的建议,基本上是正确的,是完全符合第三国际的一切基本原则的。

因此,第三国际第二次代表大会要求意大利社会党召集一次紧急代表大会,来讨论这些建议和共产国际两次代表大会的一切决议,以纠正党的路线,清除党内特别是议会党团内的非共产主义分子。

18. 第三国际第二次代表大会认为,在这次代表大会的专门决议中遭到详尽驳斥的关于党和阶级、群众的关系的观点,关于共产党不必参加资产阶级议会和极反动的工会的观点是错误的;竭力维护这些观点的有"德国共产主义工人党"[113],多少持有这些观点的有"瑞士共产党"[114]、共产国际东欧书记处在维也纳出版的机关刊物《共产主义》杂志(《Kommunismus》)[97]、现在已经被解散的阿姆斯特丹书记处和某些荷兰同志,以及英国的某些共产主义组织,如"工人社会主义联盟"[91]等等,此外还有美国的"世界产业工人联合会"和英国的"车间代表委员会"(Shop Stewards Committee)[115]等。

但是,第三国际第二次代表大会认为,这些组织中还没有正式加入共产国际的组织可以而且最好立即加入共产国际,因为在这方面,特别是拿美国和澳大利亚的"世界产业工人联合会"以及英国的"车间代表委员会"来说,涉及一个深刻的无产阶级和群众的运动,而这个运动事实上主要是以共产国际的基本原则为基础的。这些组织对于参加资产阶级议会之所以采取错误的观点,主要不是因为那些资产阶级出身的人带来了自己的、实质上往往是无政府主义者所持的小资产阶级的观点,而是因为完全革命的、同群众保持联系的无产者在政治上缺乏经验。

因此,第三国际第二次代表大会要求盎格鲁撒克逊国家的一切共产主义组织和小组,即使在"世界产业工人联合会"和"车间代表委员会"没有立即加入第三国际的情况下,也要对这些组织采取如下的政策:极其友好地对待它们,接近它们,接近同情它们的群众,根据历次革命的经验,特别是根据 20 世纪俄国三次革命的经验,善意地向它们说明它们的上述观点的错误;不要放弃反复争取同这些组织合并为一个统一的共产党的尝试。

19. 因此,代表大会提请全体同志,特别是罗曼语国家和盎格鲁撒克逊国家的同志们注意:战后在全世界,无政府主义者在对待无产阶级专政和苏维埃政权的态度方面已经发生了深刻的思想分化。对第二国际各党的机会主义和改良主义的义愤,过去往往使无产阶级分子转向无政府主义,现在很明显,他们对这些原则已经有了正确的认识,而且他们愈熟悉俄国、芬兰、匈牙利、拉脱维亚、波兰、德国的经验,这种认识就传播得愈广泛。

因此,代表大会认为全体同志都有责任全力支持一切广大的无产阶级分子从无政府主义转到第三国际方面来。代表大会指出,衡量各个真正的共产主义政党的工作成就的标志之一应该是:它在多大程度上把广大的无产阶级分子而不是知识分子、小资产阶级分子从无政府主义方面争取了过来。

1920 年 7 月 4 日

载于 1920 年 7 月 20 日《共产国际》杂志第 12 期

选自《列宁全集》第 2 版第 39 卷第 179—195 页

5

加入共产国际的条件

（不晚于 7 月 18 日）

共产国际第一次代表大会（成立大会）**20** 没有制定各个党加入第三国际的确切条件。召开第一次代表大会时，多数国家只有一些共产主义的**派别**和**小组**。

共产国际第二次世界代表大会召开时的情况就不同了。现在多数国家不仅已经有了共产主义的流派和派别，而且有了共产主义的**政党**和**组织**。

现在申请加入共产国际的政党和小组愈来愈多，它们不久以前还属于第二国际，现在都希望加入第三国际了，不过它们还没有真正成为共产主义的政党和小组。第二国际已被彻底粉碎。中间政党和"中派"集团看到第二国际已经毫无希望，就想倒向日益壮大的共产国际，但是，它们还希望保留一种"自主权"，以便推行它们原来的机会主义的或"中派主义的"政策。共产国际在某种程度上已经成了时髦的东西。

现在"中派"的某些领导集团希望加入第三国际，这就间接证明，共产国际得到了全世界大多数觉悟工人的拥护，并且成为一天比一天强大的力量。

在一定的情况下，共产国际有被那些还没有摆脱第二国际意识形态的、不坚定和不彻底的集团溶蚀的危险。

此外,在多数人抱有共产主义观点的某些大党(意大利、瑞典)里,至今还存在势力相当大的改良主义的和社会和平主义的派别,它们一直在等待时机,以便东山再起,积极展开暗中破坏无产阶级革命的活动,来帮助资产阶级和第二国际。

任何一个共产主义者都不应该忘记匈牙利苏维埃共和国的教训。匈牙利共产党人同改良主义者的联合,使匈牙利无产阶级付出了昂贵的代价。

因此,第二次世界代表大会认为,必须制定十分确切的接纳新党的条件,并向那些已经加入共产国际的政党指出它们应当承担的义务。

共产国际第二次代表大会决定,加入共产国际的条件如下:

　　　　　　*　　　　　　　*　　　　　　　*

1. 日常的宣传和鼓动必须具有真正的共产主义性质。党掌握的各种机关报刊,都必须由已经证明是忠于无产阶级革命事业的可靠的共产党人来主持编辑工作。无产阶级专政不应该只当做背得烂熟的流行公式来谈论,而应该很好地进行宣传,使每一个普通的工人、士兵、农民都能通过我们报刊上每天不断报道的活生生的事实,认识到无产阶级专政的必要性。在报纸上,在群众集会上,在工会、合作社中,总之,在第三国际拥护者所能利用的一切场合,不仅要不断地、无情地斥责资产阶级,而且还要斥责资产阶级的帮手即各式各样的改良主义者。

2. 凡是愿意加入共产国际的组织,都必须有计划有步骤地**撤销**改良主义者和"中派"分子在工人运动中(在党组织、编辑部、工会、议会党团、合作社、地方自治机关等等中)所担负的比较重要的职务,用可靠的共产党人来代替他们,不必顾虑最初有时不得不用普通工人来接替"有经验的"活动家。

3. 在所有由于实行戒严或者非常法而使共产党人不能合法地进行工作的国家里,绝对必须把合法工作和不合法工作结合起来。几乎在欧美所有的国家里,阶级斗争都正在进入国内战争阶段。在这种情况下,共产党人不能信赖资产阶级法制。他们必须**在各个地方**建立平行的不合法机构,以便在决定关头能够帮助党执行自己的革命职责。

4. 必须坚持不懈地有步骤地在军队中进行宣传鼓动工作,并在每个部队中成立共产党支部。共产党人多半要不合法地进行这项工作,如果放弃这项工作,就等于背叛革命职责,这同第三国际成员的称号是不相称的。

5. 必须有步骤有计划地在农村中进行鼓动工作。如果工人阶级不能得到哪怕是一部分雇农和贫苦农民的拥护,不能用自己的政策使一部分其他农村居民保持中立,那就不能巩固自己的胜利。在目前这个时期,共产党在农村中的工作具有头等重要的意义。这项工作主要应当通过同农村有联系的革命的**工人**共产党员去进行。放弃这项工作,或者把它交给不可靠的半改良主义者,就等于放弃无产阶级革命。

6. 凡是愿意加入第三国际的党,不仅要揭露赤裸裸的社会爱国主义,而且要揭露社会和平主义的虚伪实质,要不断地向工人证明,除用革命推翻资本主义之外,任何国际仲裁法庭、任何关于裁减军备的议论、任何对国际联盟的"民主"改组,都不能使人类摆脱新的帝国主义战争。

7. 凡是愿意加入共产国际的党,都要承认必须同改良主义和"中派"政策完全彻底地决裂,并在最广大的党员群众中宣传这一点。否则,就不可能执行彻底的共产主义政策。

共产国际无条件地、断然地要求在最短期间内实行这种决裂。

共产国际决不能容许像屠拉梯、莫迪利扬尼之流的著名改良主义者有权成为第三国际的成员。这样会使第三国际在很大程度上和已经死亡的第二国际相类似了。

8. 在资产阶级占有殖民地并压迫其他民族的国家里,党在殖民地和被压迫民族的问题上必须采取特别明确的路线。凡是愿意加入第三国际的党,都必须无情地揭露"本国的"帝国主义者在殖民地所干的勾当,不是在口头上而是在行动上支持殖民地的一切解放运动,要求把本国的帝国主义者赶出这些殖民地,教育本国工人真心实意地以兄弟般的态度来对待殖民地和被压迫民族的劳动人民,不断地鼓动本国军队反对对殖民地人民的任何压迫。

9. 凡是愿意加入共产国际的党,都必须在工会、合作社以及其他群众性的工人组织中不断地坚持不懈地进行共产主义的工作。必须在这些组织内部建立共产党支部,这些支部应该通过长期的顽强的工作,争取工会为共产主义事业服务。这些支部必须在日常工作中时时刻刻揭露社会爱国主义者的背叛行为和"中派"的动摇表现。这些共产党支部应该完全服从整个党的领导。

10. 加入共产国际的党,必须同阿姆斯特丹黄色工会"国际"[116]进行坚决斗争。它应当在参加工会组织的工人中间坚持不懈地宣传同阿姆斯特丹黄色国际决裂的必要性。它应该竭力支持正在形成的属于共产国际的红色工会国际联合组织[117]。

11. 愿意加入第三国际的党,必须重新审查其议会党团的成员,清除不可靠的分子,使议会党团不是在口头上而是在行动上服从党中央委员会,并要求每个共产党员议员都使自己的全部工作服从于真正革命的宣传鼓动工作的利益。

12. 同样,不管整个党目前是合法的或是不合法的,一切定期和不定期的报刊、一切出版机构都应该完全服从党中央委员会;出版机构不得滥用自主权,实行不完全符合党的要求的政策。

13. 加入共产国际的党,应该是按照民主**集中制**的原则建立起来的。在目前激烈的国内战争时代,共产党只有按照高度集中的方式组织起来,在党内实行近似军事纪律那样的铁的纪律,党的中央机关成为拥有广泛的权力、得到党员普遍信任的权威性机构,只有这样,党才能履行自己的职责。

14. 在共产党员可以合法进行工作的国家里,共产党应该定期清洗(重新登记)党组织的成员,以便不断清除那些难免混入党内的小资产阶级分子。

15. 凡是愿意加入共产国际的党,都必须全力支持每一个苏维埃共和国同反革命势力进行的斗争。各国共产党应该坚持不懈地进行宣传,使工人拒绝把军事装备运送给苏维埃共和国的敌人;应该在派去扼杀工人共和国的军队中进行合法的或者不合法的宣传工作;等等。

16. 凡是到目前为止还保留着旧的社会民主主义纲领的党,必须在最短期间内重新审查这些纲领,并根据本国的特殊情况制定出新的合乎共产国际决定精神的共产主义纲领。按照规定,每个加入共产国际的党的纲领,都应该由例行的共产国际代表大会或共产国际执行委员会批准。如果某党的纲领没有得到共产国际执行委员会的批准,该党有权向共产国际代表大会提出申诉。

17. 共产国际代表大会及其执行委员会的一切决定,所有加入共产国际的党都必须执行。共产国际是在非常激烈的国内战争的情况下进行活动的,它应当比第二国际组织得更加集中。同时共产国际及其执行委员会在一切工作中,当然必须考虑各党斗争和活动的种种不同的条件,因此,作出全体必须执行的决定的仅限于此类决定可行的问题。

18. 鉴于上述种种,一切愿意加入共产国际的党,都应当更改自己的名称。凡是愿意加入共产国际的党都应该称为:某国**共产党**(第三国际即共产国际支部)。名称问题不只是一个形式问题,而且是具有重大意义的政治问题。共产国际已经宣布要同整个资产阶级世界和一切黄色社会民主党进行坚决斗争。必须使每一个普通的劳动者都十分清楚共产党同那些背叛了工人阶级旗帜的旧的正式的"社会民主"党或"社会"党之间的区别。

19. 共产国际第二次世界代表大会闭幕后,凡是想加入共产国际的党,都应该在最短期间内召集一次党的紧急代表大会,以便以全党的名义正式确认上述各项义务。

载于 1920 年 7 月 20 日《共产国际》杂志第 12 期

选自《列宁全集》第 2 版第 39 卷第 198—203 页

6

加入共产国际的条件的第二十条[118]

（7月25日）

凡是现在愿意加入第三国际但至今还没有根本改变自己以往策略的党，在没有加入以前必须设法做到，在党的中央委员会和其他一切最重要的中央机关内，至少有三分之二的同志在共产国际第二次代表大会召开以前就公开而明确地主张加入第三国际。只有经第三国际执行委员会批准，才允许有例外。共产国际执行委员会有权对第7条中提到的"中派"代表人物采取例外的办法。

载于1920年9月28日《共产国际》杂志第13期

选自《列宁全集》第2版第39卷第204页

共产国际第二次代表大会文献[119]

(1920 年 7—8 月)

1

关于国际形势和
共产国际基本任务的报告

(7 月 19 日)

（热烈欢呼。全场起立，鼓掌。报告人准备讲话了，听众仍继续鼓掌，用各种语言欢呼。长时间欢呼。）同志们，关于共产国际基本任务问题的提纲①已经用各种文字发表了，这个提纲并没有提出什么重大的新东西（特别是对俄国同志来说），因为这个提纲主要是要把我国革命经验的某些基本点和我国革命运动的教训推广运用于西方国家，运用于西欧。因此，对我报告中的第一部分，即国际形势部分，我要稍许多谈一点，当然也只能是简要地谈一谈。

目前整个国际形势的基础就是帝国主义的经济关系。资本主义的这个新的、最高的和最后的阶段到 20 世纪已经完全形成了。

---

① 见本卷第 234—249 页。　编者注

大家当然都知道,帝国主义最突出最本质的特征就是资本达到了巨大的规模。大规模的垄断代替了自由竞争。极少数资本家有时能把一些工业部门整个集中在自己手里;这些工业部门转到了往往是国际性的卡特尔、辛迪加、托拉斯等联合组织的手里。因此,垄断资本家不仅在个别国家内,而且在世界范围内,在金融方面、产权方面、部分地也在生产方面,控制了整个整个的工业部门。在这个基础上就形成了极少数大银行、金融大王、金融巨头的空前未有的统治,他们实际上甚至把最自由的共和国都变成了金融君主国。这一点,像法国的利西斯这样一些决非革命的著作家,在战前就已经公开承认了。

一小撮资本家的这种统治达到全盛时期是在世界已经瓜分完毕的时候,不仅各种原料产地和生产资料已被最大的资本家夺走,就是殖民地也已经初步瓜分完毕。大约 40 年前,6 个资本主义强国所属殖民地的人口不过稍稍超出 25 000 万。1914 年大战爆发前夕,殖民地人口已近 6 亿,如果再加上波斯、土耳其、中国这类当时已处于半殖民地地位的国家,匡算一下,约有 10 亿人口被最富有、最文明和最自由的国家置于殖民地附属地位,受它们的压迫。大家知道,殖民地附属地位,除了在政治上法律上直接处于附属地位之外,还必须有一系列财政和经济上的附属关系,还要进行一系列不能算做战争的战争,因为这些战争常常不过是用最精良的杀人武器装备起来的欧美帝国主义军队残害手无寸铁的殖民地国家居民的大屠杀而已。

由于世界已经瓜分完毕,由于资本主义垄断的这种统治,由于极少数大银行(每个国家最多只有两三家、四五家)的无限权力,就不可避免地爆发了 1914—1918 年第一次帝国主义大战。这场战争是为了重新瓜分世界。这场战争是为了决定:极少数大国集团(英国集团或德国集团),谁可以、谁有权来掠夺、扼杀和剥削全世界。大家知道,战争对这个问题的解决是有利于英国集团的。这场战争的结果使资本主义的一切矛盾空前尖锐化了。战争一下子就把世界上近 25 000 万的人口置于同殖民地毫无差别的境地,把俄国约 13 000 万的人口,奥匈帝国、德国、保加利亚不下 12 000 万的人口置于这样的境地。这是包括像德国那样最先进、最文明、最有文化、具有现代技术水平的国家在内的 25 000 万人口!战争的结果签订了凡尔赛条约[16],迫使先进的民族屈居殖民地附属地位,陷于贫困、饥饿、破产、无权的境地,今后世世代代都要受条约的束缚,这种遭遇是任何文明的民族所未曾有过的。现在你们可以看到这样一幅世界的图景:战后马上使不下 **125 000 万**人遭受殖民压迫,遭受野蛮的资本主义的剥削。资本主义自夸爱好和平,50 来年前,它还可以勉强这样吹嘘,因为那时候,世界还没有瓜分完毕,垄断还不占统治地位,资本主义还可以比较和平地发展,而没有引起大规模的军事冲突。

如今这个"和平"时期已经过去,压迫更加骇人听闻了,殖民压迫和军事压迫又重新抬头,而且变本加厉了。凡尔赛条约使德国以及其他许多战败国经济崩溃,无法生存,丧尽权利,备受屈辱。

有多少国家从中得到好处呢?要回答这个问题,我们一定会想到美国。只有美国一国在战争中完全是获利的,它从负债累累一跃而为各国的债主,它的人口不超过 1 亿。日本的人口是 5 000 万,它没有卷入欧美冲突,而攫取了亚洲大陆的许多地方,因此也获得了很大利益。获利仅次于上述两国的是英国,它的人口有5 000 万。如果加上战时发了财的中立国的极少数人口,总计约25 000 万人。

这就是帝国主义战争后世界状况的轮廓。被压迫的殖民地人口 125 000 万,其中包括波斯、土耳其、中国这类正在被人活活瓜分的国家,以及那些因战败而沦于殖民地地位的国家。保持原来地位的国家的人口,不超过 25 000 万,但是这些国家在经济上都已仰赖美国,战时在军事上也处于依赖地位,因为战争席卷了整个世界,使任何一个国家都不能保持真正的中立。最后,是居民不到 25 000 万的几个国家,在这些国家中自然只有上层分子,只有资本家才能从瓜分世界中得到好处。这些数字加在一起是 175 000 万,构成世界人口的总数。我想提醒大家注意世界的这样的一幅图景,是因为所有导致革命的资本主义基本矛盾、帝国主义基本矛盾,所有引起了对第二国际作极其激烈斗争的工人运动中的基本矛盾(主席同志讲到了这一点),都是同世界人口的这种划分联系着的。

当然,这些数目字只是粗略地勾画出一幅世界经济的图景。同志们,在世界人口这样划分的基础上,金融资本的剥削,资本主义垄断组织的剥削,加重了许多倍,是很自然的。

不但殖民地、战败国陷于附属地位,就是在每个战胜国里,矛盾也尖锐化了,一切资本主义矛盾都尖锐化了。我现在举几个例子来简单说明一下。

就拿国家债务来说吧。我们知道,从 1914 年到 1920 年,欧洲最大的几个国家的债务至少增加了六倍。下面我再引证一个特别有价值的经济材料,即凯恩斯《和约的经济后果》一书。凯恩斯是英国外交家,他奉本国政府之命参加凡尔赛和谈,从纯粹资产阶级的观点直接作了观察,一步步地作了详尽的研究,并且以经济学家的身份参加过各种会议。他作出的结论,比任何一个共产党人革命家的结论更有说服力,更引人注目,更发人深思,因为作出这个结论的人是一个人所共知的资产者,布尔什维主义的死敌,在这个英国市侩的想象中,布尔什维主义的样子是畸形的狰狞可怕的。

凯恩斯得出结论说,欧洲和整个世界正随着凡尔赛和约的签订而走向破产。凯恩斯后来辞职了,写了一本书,指责政府说,你们在干蠢事。我现在把他的数字综合摘引一下。

列强之间的债务关系怎样呢?我按1英镑等于10个金卢布的比价来折算。那么,美国借出是190亿,贷入是零。战前它是英国的债务国。莱维同志1920年4月14日在最近一次德国共产党代表大会上作报告时说得很对,现在世界上只剩下英美两个独立自主的国家了。只是美国在财政上是绝对独立的。美国战前是债务国,现在却完全是债权国了。世界上其他强国都负了债。英国的状况是:借出170亿,贷入80亿,已经陷于半负债地位。而且在它借出的款项中,有近60亿是俄国欠的,其中包括俄国战时赊购军火的欠款。不久前,俄罗斯苏维埃政府代表克拉辛在同劳合-乔治谈到贷款条约问题时,曾经明确地告诉过英国政府的领袖们、学者和政治家们,要是他们还指望收回债款,那就大错特错了。英国外交家凯恩斯也早已指出了这种错误。

问题当然不仅仅在于,甚至根本不在于俄国革命政府不愿还债。任何一个政府都不会还这种债,因为这些债款是已经还本20次的高利贷的利息。连那位丝毫不同情俄国革命运动的资产者凯恩斯都说:"显然这些债务是不能算数了。"

至于说到法国,凯恩斯引用了这样的数字:借出35亿,贷入却是105亿!要知道,法国人曾自称是全世界的高利贷者,因为它有大量的"积蓄",它对殖民地的掠夺以及在金融上的掠夺积累了巨额的资本,使它能够几十亿几十亿地贷给别国,特别是贷给俄国。这些贷款提供了巨额收入。尽管如此,尽管法国是战胜国,它还是陷于负债地位。

共产党员布劳恩同志在《谁应该偿还战时债款?》(1920年莱

比锡版)一书中,引用了美国资产阶级的一个材料。材料得出了各国债务对国民财产的比例:英、法这两个战胜国的债务相当于全部国民财产的50%以上;意大利相当于60%—70%;俄国相当于90%。但是,大家知道这些债务并没有使我们担心,因为在凯恩斯的著作出版前不久,我们就已经听从了他的绝妙忠告——废除了一切债务。(热烈鼓掌)

然而凯恩斯在这里不过是大发其庸人常有的怪癖罢了,他提出废除一切债务的忠告时说,法国当然只会占到便宜,英国损失当然不会太大,因为反正从俄国是捞不回什么了;只有美国要受很大的损失,但是凯恩斯指望美国能够"大发慈悲"!在这一点上,我们的看法同凯恩斯以及其他市侩和平主义者是不一致的。我们认为,他们既然要废除债务,就应该把希望寄托在别的方面,朝另外的方向努力,而不应该指望资本家老爷们"大发慈悲"。

从这些最简单的数字可以看出,帝国主义战争同样给战胜国也造成了莫大的困难。工资远远跟不上物价的上涨,也说明了这一点。今年3月8日,最高经济委员会这个维护世界资产阶级秩序、防止革命日益高涨的机关,通过一项决议,决议最后号召人们遵守秩序,克勤克俭,当然,工人仍旧是做资本的奴隶。最高经济委员会这个协约国的机构,全世界资本家的机构提供了以下的数字:

美国物价平均上涨120%,工资却只增加100%;英国物价上涨170%,工资只增加130%;法国物价上涨300%,工资只增加200%;日本物价上涨130%,工资只增加60%(这是我参照布劳恩同志在上述小册子里引用的数字和1920年3月10日《泰晤士报》[120]所载最高经济委员会公布的数字得出的)。

很明显,在这种情况下工人的愤怒必然日益强烈,革命思想和革命情绪必然日益加强,自发的大规模罢工浪潮必然日益高涨,因为工人的处境已经不堪忍受了。工人根据经验确信,资本家靠战争大发横财,而把一切军费和债务转嫁给工人负担。不久前我们得到的一则电讯说,美国为了肃清"有害的鼓动分子",想再驱逐500个共产党员到我们俄国来。

不要说美国驱逐 500 个,就是把整整 50 万个俄国的、美国的、日本的、法国的"鼓动分子"驱逐到我们这里来,也无济于事,因为使他们束手无策的物价失调问题仍然存在。他们之所以对此束手无策,是因为他们牢牢地保持着私有制,他们那里的私有制是"神圣的"。这一点决不应当忘记,因为现在只有俄国摧毁了剥削者的私有制。资本家对物价失调束手无策,而工人靠原来的工资已生活不下去了。任何老办法都解脱不了这种灾难,任何局部的罢工、任何议会斗争、任何投票表决都无济于事,因为"私有制是神圣的",资本家已经放了这么多的债,以致全世界都在受一小撮人的盘剥,而工人的生活条件却变得愈来愈不堪忍受了。只有消灭剥削者的"私有制",别的出路是没有的。

拉品斯基同志在《英国与世界革命》这本小册子(我国《外交人民委员部通报》[121]于 1920 年 2 月摘录了其中很有价值的部分)中指出,英国煤的出口价格比工业当局预计的高出一倍。

兰开夏郡的股票甚至增值 400% 。银行赢利至少是 40%—50% ,还应该指出,所有的银行家在计算银行赢利时,都会巧妙地把大部分的赢利用奖金、酬金等名目隐藏起来,也就不算做赢利了。这些无可争辩的经济事实又一次证明:一小撮人大发其财,穷奢极欲,而与此同时工人阶级则日益贫困。还有一种情况应该着重指出,那就是莱维同志在上面提到的他的报告中所特别明确强调的币值变动。由于负债、发行纸币等原因,各国的货币都贬值了。根据上面我提到的那个资产阶级的材料,即 1920 年 3 月 8 日最高经济委员会的声明所作的计算,可以看出:同美元比较,英国货币贬值约$\frac{1}{3}$,法国、意大利货币贬值$\frac{2}{3}$,德国货币贬值竟高达96%。

这个事实说明,世界资本主义经济的"结构"正在全面瓦解。在资本主义制度下借以取得原料和销售产品的贸易关系,已经无法维持了;正因为许多国家从属于一个国家,币值一变动,这种关系就无法维持了。现在,任何一个最富有的国家也不能生存,不能进行贸易了,因为它无法出售自己的产品,也无法买进原料。

结果,连最富有的、控制所有国家的美国也无法做买卖了。这一点连凯恩斯那样一个在凡尔赛谈判中历尽千辛万苦的人也不得不承认,尽管他有捍卫资本主义的坚强决心,尽管他对布尔什维主义深恶痛绝。顺便说一下,我认为没有一篇共产主义的或任何革命的宣言就其效果来说能比得上凯恩斯书中描写威尔逊和实践中的"威尔逊主义"的那几页。像凯恩斯和第二国际的许多英雄(甚至包括"第二半"国际[122] 的许多英雄)这类市侩及和平主义者,曾经把威尔逊当做偶像,对他的"14 点"顶礼膜拜,甚至撰写"学术"著作论述他的政策的"基础",指望他能拯救"社会和平",使剥削者同被剥削者和解,实行社会改良。后来凯恩斯却清楚地揭露了威尔逊原来是个愚人,这一切幻想一碰到以克列孟梭和劳合-乔治两位先生为代表的资本所采取的注重实际、专讲实利的商人政策,就烟消云散了。现在工人群众根据自己的生活经验愈来愈清楚地看到,学究们甚至从凯恩斯的书中也可以看到,威尔逊政策的"基础",归结起来不过是神父的蠢见,小资产阶级的空谈和对阶级斗争的极端无知。

由于上述种种事实,完全不可避免地、自然而然地产生了两个条件,产生了两种基本情况。一方面是群众的贫困、破产空前加重,这首先是指包括 125 000 万人口,即占全世界人口 70% 的地区。这是一些居民在法律上毫无权利的殖民地附属国,是被"委任"给金融强盗们统治的国家。此外,凡尔赛条约把战败国受奴役的地位固定下来了,有关俄国的秘密条约也起了这种作用,不过,这种秘密条约的实际效力,有时和那些写着我们负债几十亿几十亿的废纸不相上下。把125 000万人遭受掠夺、奴役、贫困、饥饿和屈居附属地位的事实,用法律形式固定下来了,这在世界历史上是第一次。

另一方面,在每一个债权国里,工人的处境也到了不堪忍受的地步。战争使一切资本主义矛盾空前尖锐化了,这就是产生强烈的革命风潮的根源。这种风潮正在增长,因为战时人们受着军事纪律的约束,不是被拉去送死,就是随时都有受到军法制裁的危险。战争环境使人们不能去考察实际的经济情况。作家、诗人、神父和所有的报刊都一味地歌颂战争。现在,战争结束了,揭露也就开始了:德帝国主义及其布列斯特-里托夫斯克和约[17]被揭穿了;凡尔赛和约被揭穿了,它本来应当是帝国主义的胜利,现在却变成了它的失败。凯恩斯这个例子还表明,欧美千千万万小资产阶级分子、知识分子、多少受过教育有点文化的人不得不走上凯恩斯所走的道路。凯恩斯辞去了职务,写了一本书,揭露本国政府。他的行为说明,一旦千百万人懂得了所谓"为自由而战"等花言巧语不过是十足骗人的鬼话,其结果不过是极少数人发财而其余的人破产、受奴役,那么他们的思想会发生什么样的变化。资产者凯恩斯说,英国人要想救自己的命,挽救英国的经济,就应当设法恢复德俄两国之间的自由贸易关系!用什么方法才能达到这个目的呢?用凯恩斯所提出的方法,就是废除一切债务!这不光是凯恩斯这位博学的经济学家一个人的主张,现在已经有、将来还会有千百万人提出这样的主张。千百万人听到了资产阶级经济学家们的呼声:只有废除债务,别的出路是没有的,因此他们说:"布尔什维克

〈他们已经把债务废除了〉真该死",让我们去乞求美国"大发慈悲"吧!!我认为,应该以共产国际代表大会的名义向这些为布尔什维主义进行鼓动的经济学家致谢。

如果一方面,群众的经济状况已经到了不可忍受的地步,另一方面,像凯恩斯所证实的那样,在极少数势力极大的战胜国中间,瓦解已经开始而且正在加深,那么,十分明显,世界革命的两个条件都正在成熟。

现在,我们看到了一幅比较完整的全世界的图景。我们懂得,125 000万人依附于一小撮富翁,处于无法生存的境地,这意味着什么。另一方面,人们向各国人民端出了一项国际联盟[33]盟约,宣称国际联盟结束了战争,今后不允许任何人再破坏和平。全世界劳动群众寄予最后希望的这个盟约生效,对我们来说倒是一个重大胜利。在盟约还没有生效的时候,有人说:对德国这样的国家不能不用特殊条件加以控制;你们瞧吧,有了盟约就好了。但是,盟约一正式公布,布尔什维主义的死敌就不得不背弃了它!盟约一开始生效,极少数最富有的国家,克列孟梭、劳合-乔治、奥兰多、威尔逊这"四巨头",又坐下来磋商建立新关系了!盟约这部机器刚一开动,就完全垮了!

我们从侵犯俄国的战争中就看到了这一点。俄国这个又穷又弱、备受压抑的国家,这样一个最落后的国家,却抗击了所有的国家,抗击了统治全世界的富强国家的联盟,并且取得了胜利。双方力量悬殊,可是我们打赢了。为什么呢?因为它们之间毫不团结,因为大国之间互相作对。法国希望俄国还它的债,并成为威慑德国的力量;英国则希望瓜分俄国,企图夺取巴库的石油,并同俄国边境上的几个国家缔结条约。英国官方的一个文件,非常诚实地列举了大约半年前(1919年12月)答应要攻占莫斯科和彼得格勒的国家(一共 14 个国家)。英国曾经打算利用这些国家来实行它的政策,给了它们几百万几百万的贷款。现在这一切指望都已落空,全部贷款也付诸东流了。

这就是国际联盟所造成的局势。这个盟约存在一天,就替布尔什维主义很好地作一天宣传,因为资本主义"秩序"的最强有力的维护者表明,在每个问题上他们都是互相拆台的。日本、英国、美国和法国为瓜分土耳其、波斯、美索不达米亚和中国在进行激烈的争夺。这些国家的资产阶级报刊都在猛烈地抨击和恶毒地咒骂自己的"伙伴",斥责对方不该把自己快到口的肥肉抢走。我们看到,就上层来说,极少数最富裕的国家之间已经四分五裂。125 000 万人决不会让"先进的"、文明的资本主义任意奴役下去,要知道,他们占世界人口的70%!英、美、日(日本过去虽然能够掠夺东方各国,亚洲各国,但是,现在没有别国的帮助,它无论在财政上或军事上都没有独立行动的能力)这极少数最富有的国家,这两三个国家已经无法调整好它们的经济关系,它们把破坏国际联盟成员国和伙伴的政策作为自己政策的目标。这就产生了世界危机。这个危机的经济根源就是共产国际之所以取得辉煌成就的主要原因。

同志们!现在我们该谈谈作为我们革命行动的基础的革命危机问题。这里首先必须指出两种常见的错误。一种是资产阶级经济学家用英国人文雅的口吻,把这种危机描绘成单纯的"人心惶惶";另一种是革命者有时力图证明危机是绝对没有出路的。

这是错误的。绝对没有出路的情况是没有的。现在资产阶级活像一个既不讲廉耻又丧失了理智的强盗,接连不断地干着蠢事,使局势尖锐化,加速着自己的灭亡。这都是事实。但是决不能由此"证明",资产阶级绝对不可能用微小的让步来麻醉一小部分被剥削者,绝对不可能把某一部分被压迫被剥削群众的某种运动或起义镇压下去。企图预先"证明""绝对"没有出路，就是无用的学究气，或者是玩弄概念和字眼。在这个问题和类似问题上，只有实践才是真正的"证明"。全世界的资产阶级制度正在经历巨大的革命危机。现在各国的革命政党都应该用实践来"证明"，他们有足够的觉悟和组织性，他们与被剥削群众有密切的联系，有足够的决心和本领利用这个危机来进行成功的、胜利的革命。

我们召开这次共产国际代表大会的主要目的，就是为这种"证明"做准备工作。

我现在拿英国"独立工党"[56]的领袖拉姆赛·麦克唐纳作例子，来说明机会主义在愿意加入第三国际的党内还有多么大的势力，有些党的工作离训练好革命阶级去利用革命危机这一要求还多么远。麦克唐纳的《议会与革命》一书中谈到的问题，正是我们现在研究的那些根本问题。他在这本书里对形势的描述和资产阶级和平主义者大致相同。他承认现在有革命危机，革命情绪正在增长，也承认工人群众是同情苏维埃政权和无产阶级专政的（请注意：这里讲的是英国），无产阶级专政比目前的英国资产阶级专政好。

但是，麦克唐纳仍旧是十足的资产阶级和平主义者和妥协主义者，是幻想建立超阶级政府的小资产者。麦克唐纳同一切资产阶级的骗子、诡辩家、学究一样，只认为阶级斗争是一种"记叙的事实"。麦克唐纳绝口不谈俄国克伦斯基、孟什维克和社会革命党人[4]建立似乎是超阶级的"民主"政府的尝试，以及匈牙利、德国等国家的类似的尝试。他却麻醉他的党，麻醉那些不幸把他这个资产者当做社会主义者，把他这个庸人当做领袖的工人，说什么："我们知道，这〈革命危机，革命风潮〉会过去，会平息的。"他说，战争必然引起危机，危机在战后虽然不会立即平息，但"总归会平息下去的"！

一个愿意参加第三国际的党的领袖竟然能说出这样的话！这样赤裸裸的暴露是罕见的,因而更有价值,它暴露了法国社会党[108]和德国独立社会民主党[42]上层分子中间同样常见的情况,不仅不善于而且不愿意在革命意义上利用革命危机,换句话说,就是既不善于又不愿意使党和阶级为建立无产阶级专政作好真正的革命准备。

这就是许许多多目前退出第二国际的党的主要弊病。正因为如此,所以在我向这次代表大会提出的提纲中,谈得最多的是尽量具体而明确地规定为建立无产阶级专政**作准备**的任务。

再举一个例子。不久以前,出版了一本反布尔什维主义的新书。现在,这种书在欧洲和美洲出版得特别多,可是,反布尔什维主义的书出得愈多,群众对布尔什维主义的同情就愈强烈、愈迅速地增长起来。我指的是奥托·鲍威尔的《布尔什维主义还是社会民主主义?》一书。德国人可以从这本书里清楚地看到,究竟什么是孟什维主义(它在俄国革命中所起的可耻作用,各国工人都已有足够的了解)。尽管奥托·鲍威尔把他对孟什维主义的同情掩盖起来,可是他写的却是一部道道地地的孟什维克式的诽谤作品。在欧洲和美洲,现在倒必须使更多的人更确切地了解什么是孟什维主义,因为这是一个概括所有敌视布尔什维主义的所谓社会主义、社会民主主义等派别的类概念。我们俄国人可能没有兴趣为欧洲写一本书来说明什么是孟什维主义。而奥托·鲍威尔写的书实际上做到了这一点。我们预先感谢那些要把这本书译成各种文字出版的资产阶级出版家和机会主义出版家。鲍威尔的书是共产主义教科书有益而独特的补充读物。如果要"测验"是否领会了共产主义,出下面这样的试题是最好不过的:试分析奥托·鲍威尔书中的任何一节或任何一个论点,指出其中的孟什维主义,指出他背叛社会主义以及与克伦斯基、谢德曼等等同流合污的思想根源。要是你解答不了这个问题，那你还不是一个共产主义者，你最好不要加入共产党。（鼓掌）

奥托·鲍威尔用一句话绝妙地表达了世界机会主义观点的全部实质——为此我们应当在他生前就给他建立纪念碑，如果我们能够在维也纳随意做主的话。他煞有介事地说，在现代民主国家的阶级斗争中使用暴力，无异是"对各种社会力量因素横施暴力"。

这句话也许你们听起来很古怪、很费解吧？然而，这是一个典型的例子，它表明人们把马克思主义糟蹋成了什么样子，人们**可以**把最革命的理论弄得何等庸俗，甚至用它来为剥削者辩护。只有德国那种市侩才能炮制出这样一种"理论"，说什么"各种社会力量因素"就是人数、组织能力、在生产和分配过程中所占的地位、积极性和教育程度。如果农村里的雇农和城市里的工人对地主和资本家使用了革命暴力，这决不是无产阶级专政，决不是对剥削和压迫人民的人使用暴力，绝对不是。这是"对各种社会力量因素横施暴力"。

我举的这个例子也许听来有点可笑。但是，现代机会主义的本性本来就是这样，它反对布尔什维主义的斗争总是会闹出笑话来。现在，引导工人阶级、引导工人阶级中一切肯动脑子的人参加国际孟什维主义（麦克唐纳之流、奥·鲍威尔之流）与布尔什维主义之间的斗争，对于欧洲和美洲来说，都是一件最有益、最迫切的事情。

这里我们要提一个问题，为什么这些派别在欧洲那样根深蒂固呢？为什么这种机会主义在西欧比在我国强大呢？这是因为先进的国家过去和现在创造自己的文化都是靠了能剥削 10 亿被压迫的人民这样的条件。这是因为这些国家的资本家掠夺来的东西，大大超过了他们能够从本国工人身上榨取的利润。

　　战前有人计算过，英、法、德三个最富有的国家，其他收入不算，仅资本输出一项，每年就可获利80亿—100亿法郎。

　　很明显，从这么一大笔钱里，完全可以拿出哪怕是5亿法郎来施舍给工人领袖、工人贵族，来进行各种形式的收买。收买就是整个问题的症结所在。这可以采取千百种不同的方式：提高大中心城市的文化水平，设立教育机关，为合作社领袖、工联领袖、议会领袖提供千百个肥缺。哪里有现代的文明的资本主义关系，哪里就是如此。这几十亿超额利润，就是工人运动中机会主义赖以生存的经济基础。美国、英国和法国的机会主义领袖、工人阶级的上层分子、工人贵族最顽固，他们对共产主义运动的抵抗最顽强。因此，我们应该认识到，欧美工人政党要治好这种病症比我们要困难。我们都知道，自从第三国际成立以来，医治这种病症已经获得了极其巨大的成效，但是我们还没有彻底治愈，因为全世界工人政党，无产阶级革命政党还远没有肃清自己队伍中的资产阶级影响，还远没有肃清自己队伍中的机会主义分子。

　　我不打算再谈我们应该如何具体地进行这个工作。这一点在我发表的提纲中已经讲过了。我在这里只想指出这种现象的深刻的经济根源。这病拖的时间很久了，要治好它，比乐观主义者所想象的时间要长得多。机会主义是我们的主要敌人。工人运动中上层分子的机会主义，不是无产阶级的社会主义，而是资产阶级的社会主义。实际证明：由工人运动内部机会主义派别的活动家来维护资产阶级，比资产者亲自出马还好。工人要不是由他们来领导，资产阶级就无法支持下去。不但俄国克伦斯基统治的历史证明了这一点，就是社会民主党政府领导的德国民主共和国，以及阿尔伯·托马对本国资产阶级政府的态度，也证明了这一点。英国和美国的类似的经验也证明了这一点。这是我们的主要敌人，我们必须战胜这个敌人。经过这次代表大会，我们应该下定决心，把各国党内的这一斗争进行到底。这是主要的任务。

同这一任务比起来，纠正共产主义运动中"左"派的错误，将是一项容易的任务。我们在许多国家里看到反对议会活动的倾向，这种倾向与其说是由小资产阶级出身的人带来的，还不如说是受无产阶级的某些先进部队支持的，因为这些先进部队痛恨过去的议会活动，痛恨英、法、意等一切国家中议会活动家的所作所为，这种痛恨无疑是合理的、正当的和必要的。共产国际应当指导同志们更深入细致地了解俄国的经验，了解真正无产阶级政党的作用。我们的工作正是要解决这个问题。同无产阶级运动中的这些错误缺点作斗争比较容易，而同那些以改良主义者的姿态加入第二国际旧党、并按资产阶级精神而不是按无产阶级精神来指导党的全部工作的资产阶级作斗争要困难一千倍。

同志们，最后，我还要讲一个问题。主席同志曾在会上说，这次代表大会可以称为一次世界性代表大会。我认为，他说得很对，特别是因为有不少殖民地、落后国家革命运动的代表参加了这次大会。这不过是一个小小的开端，但重要的是已经开始了。这次代表大会，已经把资本主义国家、先进国家的革命无产者，同那些没有或者几乎没有无产阶级的国家的革命群众，同东方殖民地国家的被压迫群众团结起来了。而巩固这种团结，则要靠我们的努力，我相信，我们一定会做到这一点。一旦各国被剥削被压迫工人的革命进攻击败了市侩分子的抵抗，肃清了一小撮工人贵族上层分子的影响，同迄今还站在历史之外、只被看做历史客体的亿万人民的革命进攻联合起来，世界帝国主义就一定会灭亡。

帝国主义战争帮助了革命。资产阶级从殖民地、落后国家以及那些最偏僻的地方征兵来参加这场帝国主义战争。英国资产阶级要印度士兵相信,抗击德国、保卫大不列颠是印度农民的义务;法国资产阶级要法属殖民地的黑人士兵相信,保卫法国是他们的义务。英法资产阶级教给了他们使用武器的本领。这是一种非常有用的本领,为此我们要向资产阶级深深致谢,我们要以全体俄国工人和农民的名义,特别要以全体俄国红军的名义向他们致谢。帝国主义战争把附属国的人民卷进了世界历史。所以我们现在最重要的任务之一,就是要考虑如何在各个**非**资本主义国家内为组织苏维埃运动奠定头一块基石。在这些国家里组织苏维埃是可能的,但这种苏维埃将不是工人苏维埃,而是农民苏维埃,或劳动者苏维埃。

我们还需要做许多工作,还难免会犯错误,而且在这条道路上会碰到许多困难。第二次代表大会的基本任务就是制定或者指出一些实际工作的原则,使得到目前为止在亿万人当中无组织地进行的工作能够有组织地、协调地、有步骤地去做。

现在离共产国际第一次代表大会[20]不过一年多一点,我们就战胜了第二国际。现在苏维埃思想不仅在各文明国家的工人当中已经传播开来,他们不仅已经知道、已经懂得了这种思想。一切国家的工人都在嘲笑那些自作聪明的人,这些人当中有不少人自命为社会党人,以学者或准学者的态度,像好讲体系的德国人那样谈论什么苏维埃"体系",或者像英国"基尔特"社会主义者[123]那样谈论什么苏维埃"思想"。这种关于苏维埃"体系"和"思想"的议论,在工人当中往往会混淆视听,引起思想上的混乱。但是,工人现在正在抛弃这种学究式的无稽之谈,拿起苏维埃给他们的武器。苏维埃的作用和意义在东方各国也普遍地为人们所了解了。

在整个东方,在整个亚洲,在一切殖民地人民当中,苏维埃运动都已经打下了基础。

被剥削者必须奋起推翻剥削者,建立自己的苏维埃,这并不是十分复杂的道理。在有了我国的经验之后,在俄国建立苏维埃共和国两年半之后,在第三国际第一次代表大会召开之后,全世界亿万被剥削被压迫的群众都懂得了这个道理。现在我们俄国由于比国际帝国主义弱,常常不得不实行妥协,等待时机,可是我们知道,我们是在维护125 000万人的利益。暂时我们的前进道路上还有绊脚石,还有偏见和无知这样的障碍,但是这些正在迅速地被克服,愈往后,我们愈能真正代表和维护占世界人口70%的被剥削劳动者的利益了。我们可以自豪地说:在第一次代表大会上,我们实际上只是在进行宣传,只是向全世界无产阶级提出基本的思想,只是在发出斗争的号召,我们还只是在了解什么地方有人能走这条路;而现在,我们到处都有了先进的无产阶级,到处都有了无产阶级大军,虽然有时组织得不好,还需要改组。既然各国的同志们现在都在帮助我们组织一支统一的大军,那么任何缺点都阻碍不了我们去完成我们的事业。这个事业就是世界无产阶级革命的事业,就是建立世界苏维埃共和国的事业。(长时间鼓掌)

载于1920年7月24日《真理报》第162号

选自《列宁全集》第2版第39卷第205—223页

3

民族和殖民地问题委员会的报告[124]

（7月26日）

同志们，我只简短地讲几句开场白，然后，由我们委员会过去的秘书马林同志向你们详细地报告我们对提纲所作的修改。在他之后，补充提纲的起草人罗易同志也要发言。我们委员会一致通过了修改后的提纲初稿①和补充提纲。这样，我们在一切最重要问题上完全取得了一致的意见。现在，我就来作几点简短的说明。

第一，我们提纲中最重要最基本的思想是什么？就是被压迫民族和压迫民族之间的区别。同第二国际和资产阶级民主派相反，我们强调这种区别。在帝国主义时代，对于无产阶级和共产国际来说，特别重要的是：弄清具体的经济事实；在解决一切殖民地和民族问题时，不从抽象的原理出发，而从具体的现实生活中的各种现象出发。

帝国主义的特点，正如我们所看到的那样，就是现在全世界已经划分为两部分，一部分是为数众多的被压迫民族，另一部分是少数几个拥有巨量财富和强大军事实力的压迫民族。世界人口的大多数属于被压迫民族，他们的总数在10亿人以上，大概是125 000万人。我们把世界总人口按175 000万计算，他们就占世界人口

---

① 见本卷第215—222页。——编者注

的 70% 左右,他们有些处于直接的殖民地附属地位,有些是像波斯、土耳其、中国这一类的半殖民地国家,还有一些则是被帝国主义大国的军队打败,由于签订了和约而深深地陷入依附于该国的地位。把各民族区别、划分为压迫民族和被压迫民族的这个思想贯穿着整个提纲,不仅由我署名的、以前发表过的第一个提纲是这样,罗易同志的提纲也是这样的。后一个提纲主要是根据印度和亚洲其他受英国压迫的大民族的情况写成的,因此,对我们有十分重大的意义。

我们提纲的第二个指导思想就是:在目前的世界形势下,在帝国主义战争以后,各民族的相互关系、全世界国家体系,将取决于少数帝国主义国家反对苏维埃运动和以苏维埃俄国为首的各个苏维埃国家的斗争。如果忽略了这一点,我们就不能正确地提出任何民族和殖民地问题,哪怕它涉及的是世界上一个最遥远的角落。无论是文明国家的共产党,还是落后国家的共产党,都只有从这种观点出发,才能正确地提出和解决各种政治问题。

第三,我想特别强调一下落后国家的资产阶级民主运动问题。正是这个问题引起了某些意见分歧。我们争论的问题是:共产国际和各国共产党应该支持落后国家的资产阶级民主运动,这样说在原则上和理论上是否正确。讨论结果我们一致决定:不提"资产阶级民主"运动,而改提民族革命运动。毫无疑问,任何民族运动都只能是资产阶级民主性质的,因为落后国家的主要居民群众是农民,而农民是资产阶级资本主义关系的体现者。认为无产阶级政党(如果它一般地说能够在这类国家里产生的话)不同农民运动发生一定的关系,不在实际上支持农民运动,就能在这些落后国家里实行共产主义的策略和共产主义的政策,那就是空想。但是当时有人反对说,要是我们提资产阶级民主运动,那就抹杀了改良主义运动和革命运动之间的一切区别。实际上,在落后国家和殖民地国家里,这种区别最近已经表现得十分明显,因为帝国主义资产阶级也极力在被压迫民族中培植改良主义运动。剥削国家和殖民地国家的资产阶级已经有相当密切的关系,所以被压迫国家的资产阶级往往是,甚至可以说在多数场合下都是一方面支持民族运动,另一方面又按照帝国主义资产阶级的意志行事,也就是同他们一起来反对一切革命运动和革命阶级。在委员会里已经无可辩驳地证明了这一点,所以我们认为,唯有注意这种区别,把"资产阶级民主"这样的提法一般都改为"民族革命"才是正确的。我们这样修改,意思是说,只有在殖民地国家的资产阶级解放运动真正具有革命性质的时候,在这种运动的代表人物不阻碍我们用革命精神去教育、组织农民和广大被剥削群众的时候,我们共产党人才应当支持并且一定支持这种运动。如果没有这些条件,共产党人在这些国家里就应该反对第二国际的英雄们这样的改良派资产阶级。殖民地国家已经有了改良主义的政党,这些党的代表人物有时也自命为社会民主党人和社会党人。上面指出的那种区别现在已经贯穿在整个提纲里面了,我认为,这就更确切地表达了我们的观点。

此外,我还想对农民苏维埃问题发表一点意见。俄国共产党人在以前属于沙皇政府的殖民地里,在像土耳其斯坦这类落后国家里进行的实际工作,向我们提出过在资本主义前的条件下如何运用共产主义的策略和政策的问题,因为这些国家最重要的特点就是资本主义前的关系还占统治地位,因此,还谈不到纯粹的无产阶级运动。在这些国家里几乎没有工业无产阶级。尽管如此,我们在那里还是担负起了领导者的作用,并且也应该担负起领导者的作用。我们的工作表明,在这些国家里一定要克服巨大的困难,而我们工作的实际结果也表明,在这些几乎没有无产阶级的地方,尽管有这些困难,仍旧可以在群众中激发起独立思考政治问题、独立进行政治活动的愿望。这个工作对我们比对西欧国家的同志们更困难些,因为俄国无产阶级正忙于国家事务。显然,处于半封建依附状态的农民能够出色地领会建立苏维埃组织这一思想,并把它付诸实现。同样明显的是,那些不仅受商业资本剥削而且也受封建主和封建国家剥削的被压迫群众,在本国的条件下也能够运用这种武器,这种组织形式。建立苏维埃组织这一思想很简单,不仅可以应用于无产阶级的关系,而且可以应用于农民的封建和半封建的关系。我们在这方面的经验暂时还不很丰富,但是委员会里有几个殖民地国家的代表参加的讨论,无可辩驳地证明了在共产国际的提纲中必须指出:农民苏维埃、被剥削者苏维埃这种手段不仅适用于资本主义国家,也适用于还保留资本主义前的关系的国家;无论在落后国家或者在殖民地,普遍宣传建立农民苏维埃、劳动者苏维埃这一思想是各国共产党和准备建立共产党的人责无旁贷的义务;只要是条件允许的地方,都应该立即进行建立劳动人民苏维埃的尝试。

这样,我们的实际工作中就出现了一个非常有意思而又十分重要的领域。在这方面我们的共同经验暂时还不很丰富,但是我们会逐步地积累起更多的材料。毫无疑问,先进国家的无产阶级能够也应该帮助落后国家的劳动群众,只要各苏维埃共和国胜利了的无产阶级向这些群众伸出手来,并且能够支持他们,落后国家的发展就能够突破它们目前所处的阶段。

关于这个问题,委员会不但对我署名的提纲,而且更多地对罗易同志起草的提纲进行了相当热烈的讨论(罗易同志还要在这里对他那个提纲作些说明),并且一致通过了对后一个提纲的一些修正。

问题是这样提出的：目前正在争取解放、而战后已经有了进步运动的落后民族的国民经济必然要经过资本主义发展阶段这种说法究竟对不对。我们对这个问题的回答是否定的。如果胜利了的革命无产阶级对落后民族进行系统的宣传，而各苏维埃政府以其所拥有的一切手段去帮助它们，那么，说落后民族无法避免资本主义发展阶段就不对了。在一切殖民地和落后国家，我们不仅应该组成能够独立进行斗争的基干队伍，即党的组织，不仅应该立即宣传组织农民苏维埃并使这种苏维埃适应资本主义前的条件，而且共产国际还应该指出，还应该从理论上说明，在先进国家无产阶级的帮助下，落后国家可以不经过资本主义发展阶段而过渡到苏维埃制度，然后经过一定的发展阶段过渡到共产主义。

必须采取什么手段才能达到这个目的——这不可能预先指出。实际经验将会给我们启示。但是可以肯定地说：建立苏维埃这一思想对于最遥远的民族中的全体劳动群众是很亲切的，苏维埃这种组织一定能够适应资本主义前的社会制度的条件，共产党应该立刻在全世界开展这方面的工作。

我还想指出，共产党不仅在本国，而且在殖民地国家，特别是在剥削民族用来控制殖民地各民族的军队中进行革命工作具有很大的意义。

英国社会党[90]的奎尔奇同志在我们委员会里谈到了这个问题。他说，一个普通英国工人会认为，援助被奴役的民族举行起义反对英国的统治是背叛行为。的确，有琼果主义[125]和沙文主义情绪的英、美工人贵族是社会主义最危险的敌人，是第二国际最有力的支柱。的确，属于这个资产阶级国际的那些领袖和工人实行过最大的背叛。第二国际也讨论过殖民地问题。在巴塞尔宣言[126]中关于这个问题也说得十分清楚。第二国际各党也曾表示要本着革命精神进行工作,但是,我们没有看到第二国际各党做了什么真正的革命工作,也没有看到它们援助过被剥削附属民族所举行的反对压迫民族的起义,我认为,多数已经退出第二国际而希望加入第三国际的党也是如此。我们应当公开地说出这一点,这是无法驳倒的。我们要看看,有没有人想来反驳。

我们草拟决议时就是把这些看法作为基础的。这些决议无疑是太长了些,但是我相信它们毕竟是有用处的,它们将有助于在民族和殖民地问题上开展和组织真正的革命工作,而这正是我们的主要任务。

载于 1920 年 8 月 7 日《共产国际第二次代表大会通报》第 6 号

选自《列宁全集》第 2 版第 39 卷第 229—234 页

青年团的任务

（在俄国共产主义青年团第三次代表大会上的讲话）**127**

（1920 年 10 月 2 日）

（大会向列宁热烈欢呼）同志们！今天我想讲的题目是：共产主义青年团的基本任务是什么，以及社会主义共和国内青年组织应当是怎样的组织。

这个问题应当讲一讲，尤其是因为从某种意义上可以说，真正建立共产主义社会的任务正是要由青年来担负。很明显，从资本主义社会培养出来的一代工作者所能完成的任务，至多是消灭建筑在剥削上面的资本主义旧生活方式的基础。他们至多也只能建立这样一种社会制度，这种社会制度帮助无产阶级和劳动阶级保持自己的政权，奠定巩固的基础，至于在这个基础上进行建设，那就只有靠在新条件下，在人与人之间的剥削关系已不存在的情况下参加工作的一代人去担负。

如果根据这一点来看青年的任务，就应当说，全体青年的任务，尤其是共产主义青年团及其他一切组织的任务，可以用一句话来表达：就是要学习。

当然，这仅仅是"一句话"，还没有答复主要的和最本质的问题——学习什么和怎样学习。而这里的全部关键就在于：在改造资本主义旧社会的同时，将来要建设共产主义社会的新一代人的训练、培养和教育，就不能再像从前那样了。青年的训练、培养和教育应当以旧社会遗留给我们的材料为出发点。我们只能利用旧社会遗留给我们的全部知识、组织和机关，在旧社会遗留下来的人力和物力的条件下建设共产主义。只有把青年的训练、组织和培养这一事业加以根本改造，我们才能做到：青年一代努力的结果将建立一个与旧社会完全不同的社会，即共产主义社会。因此，我们需要详细论述的问题，就是我们应当教给青年什么；真正想无愧于共产主义青年称号的青年应当怎样学习；以及应当如何培养青年，使他们能够彻底完成我们已经开始的事业。

我应当指出，看来首先的和理所当然的回答是：青年团和所有想走向共产主义的青年都应该学习共产主义。

但是"学习共产主义"这个回答未免太笼统了。为了学会共产主义，我们应该怎样呢？为了学到共产主义知识，我们应该从一般知识的总和中吸取哪些东西呢？这里我们可能遇到许多危险，如果把学习共产主义的任务提得不正确，或者对这一任务理解得太片面，往往就会出现危险。

初看起来，总以为学习共产主义就是领会共产主义教科书、小册子和著作里所讲的一切知识。但是，给学习共产主义下这样的定义，就未免太草率、太不全面了。如果说，学习共产主义只限于领会共产主义著作、书本和小册子里的东西，那我们就很容易造就出一些共产主义的书呆子或吹牛家，而这往往会使我们受到损害，因为这种人虽然把共产主义书本和小册子上的东西读得烂熟，却不善于把所有这些知识融会贯通，也不会按共产主义的真正要求去行动。

资本主义旧社会留给我们的最大祸害之一，就是书本与生活实践完全脱节，因为那些书本把什么都描写得好得了不得，其实大半都是最令人厌恶的谎言,虚伪地向我们描绘了资本主义社会的情景。

因此,单从书本上来领会关于共产主义的论述,是极不正确的。现在我们的讲话和文章,已经不是简单地重复以前对共产主义所作的那些论述,因为我们的讲话和文章都是同日常各方面的工作联系着的。离开工作,离开斗争,那么从共产主义小册子和著作中得来的关于共产主义的书本知识,可以说是一文不值,因为这样的书本知识仍然会保持旧时的理论与实践的脱节,而这正是资产阶级旧社会的一个最令人厌恶的特征。

如果我们只求领会共产主义的口号,那就更危险了。我们若不及时认清这种危险,不用全力来消除这种危险,那么50万至100万男女青年这样学了共产主义之后,将自称为共产主义者,这就只会使共产主义事业遭到莫大的损害。

这样就向我们提出一个问题:为了学习共产主义,我们应该怎样把这一切结合起来?从旧学校和旧的科学中,我们应当吸取一些什么?旧学校总是说,它要造就知识全面的人,它教的是一般科学。我们知道,这完全是撒谎,因为过去整个社会赖以生存和维持的基础,就是把人分成阶级,分成剥削者和被压迫者。自然,贯穿着阶级精神的旧学校,也就只能向资产阶级的子女传授知识。这种学校里的每一句话,都是根据资产阶级的利益捏造出来的。在这样的学校里,与其说是教育工农的年青一代,倒不如说是对他们进行符合资产阶级的利益的训练。教育这些青年的目的,就是训练对资产阶级有用的奴仆,使之既能替资产阶级创造利润,又不会惊扰资产阶级的安宁和悠闲。因此在否定旧学校的时候,我们给自己提出的任务是:从这种学校中只吸取我们实行真正共产主义教育所必需的东西。

这里我要谈谈经常听到的人们对旧学校的斥责与非难，从这些话中，往往会得出完全不正确的结论。有人说，旧学校是死读书的学校，实行强迫纪律的学校，死记硬背的学校。这说得对，但是，要善于把旧学校中的坏东西同对我们有益的东西区别开来，要善于从旧学校中挑选出共产主义所必需的东西。

旧学校是死读书的学校，它迫使人们学一大堆无用的、累赘的、死的知识，这种知识塞满了青年一代的头脑，把他们变成一个模子倒出来的官吏。但是，如果你们试图从这里得出结论说，不掌握人类积累起来的知识就能成为共产主义者，那你们就犯了极大的错误。如果以为不必领会共产主义本身借以产生的全部知识，只要领会共产主义的口号，领会共产主义科学的结论就足够了，那是错误的。共产主义是从人类知识的总和中产生出来的，马克思主义就是这方面的典范。

你们读过和听说过：主要由马克思创立的共产主义理论，共产主义科学，即马克思主义学说，已经不仅仅是 19 世纪一位社会主义者——虽说是天才的社会主义者——的个人著述，而成为全世界千百万无产者的学说；他们已经运用这个学说在同资本主义作斗争。如果你们要问，为什么马克思的学说能够掌握最革命阶级的千百万人的心灵，那你们只能得到一个回答：这是因为马克思依靠了人类在资本主义制度下所获得的全部知识的坚固基础；马克思研究了人类社会发展的规律，认识到资本主义的发展必然导致共产主义，而主要的是他完全依据对资本主义社会所作的最确切、最缜密和最深刻的研究，借助于充分掌握以往的科学所提供的全部知识而证实了这个结论。凡是人类社会所创造的一切，他都有批判地重新加以探讨，任何一点也没有忽略过去。凡是人类思想所建树的一切，他都放在工人运动中检验过，重新加以探讨，加以批判,从而得出了那些被资产阶级狭隘性所限制或被资产阶级偏见束缚住的人所不能得出的结论。

例如,当我们谈到无产阶级文化的时候,就必须注意这一点。应当明确地认识到,只有确切地了解人类全部发展过程所创造的文化,只有对这种文化加以改造,才能建设无产阶级的文化,没有这样的认识,我们就不能完成这项任务。无产阶级文化并不是从天上掉下来的,也不是那些自命为无产阶级文化专家的人**128**杜撰出来的。如果硬说是这样,那完全是一派胡言。无产阶级文化应当是人类在资本主义社会、地主社会和官僚社会压迫下创造出来的全部知识合乎规律的发展。条条大道小路一向通往,而且还会通往无产阶级文化,正如马克思改造过的政治经济学向我们指明人类社会必然走到哪一步,指明必然过渡到阶级斗争,过渡到开始无产阶级革命。

当我们听到有些青年以及某些维护新教育制度的人常常非难旧学校,说它是死记硬背的学校时,我们就告诉他们,我们应当吸取旧学校中的好东西。我们不应当吸取旧学校的这样一种做法,即用无边无际的、九分无用一分歪曲了的知识来充塞青年的头脑,但是这并不等于说,我们可以只学共产主义的结论,只背共产主义的口号。这样是建立不了共产主义的。只有了解人类创造的一切财富以丰富自己的头脑,才能成为共产主义者。

我们不需要死记硬背,但是我们需要用对基本事实的了解来发展和增进每个学习者的思考力,因为不把学到的全部知识融会贯通,共产主义就会变成空中楼阁,就会成为一块空招牌,共产主义者也只会是一些吹牛家。你们不仅应该掌握知识,而且应该用批判的态度来掌握这些知识,不是用一堆无用的垃圾来充塞自己的头脑,而是用对一切事实的了解来丰富自己的头脑,没有这种了解就不可能成为一个现代有学识的人。如果一个共产主义者不下一番极认真、极艰苦而巨大的功夫,不弄清他必须用批判的态度来对待的事实,便想根据自己学到的共产主义的现成结论来炫耀一番,这样的共产主义者是很可悲的。这种不求甚解的态度是极端有害的。要是知道自己懂得太少,那就要设法使自己懂得多一些,但是如果有人说自己是共产主义者,同时又认为自己根本不需要任何扎实的知识,那他就根本不能成为共产主义者。

旧学校培养资本家所需要的奴仆,把科学人才训练成迎合资本家口味来写作和说话的人。因此我们必须废除这样的学校。我们应当废除这样的学校,摧毁这样的学校,但这是不是说,我们就不应当从这种学校里吸取人类所积累起来而为人们所必需的一切呢?这是不是说,我们就不应当去区别哪些是资本主义所需要的东西,哪些是共产主义所需要的东西呢?

我们废除资产阶级社会内违反大多数人的意志而实行的强迫纪律,代之以工农的自觉纪律,工人和农民不但仇恨旧社会,而且有毅力、有本领、有决心团结和组织力量去进行这一斗争,以便把散居在辽阔国土上的分散而互不联系的千百万人的意志统一为一个意志,因为没有这样的统一意志,我们就必然会遭到失败。没有这样的团结,没有这样的工农的自觉纪律,我们的事业就毫无希望。不具备这些条件,我们就不能战胜全世界的资本家和地主。我们就会连基础也不能巩固,更谈不到在这个基础上建成共产主义新社会了。同样,我们否定旧学校,对旧学校怀着完全正当和必要的仇恨心理,珍视那种要摧毁旧学校的决心,但是我们应当了解,废除以前的死读书、死记硬背和强迫纪律时,必须善于吸取人类的全部知识,并要使你们学到的共产主义不是生吞活剥的东西,而是经过你们深思熟虑的东西,是从现代教育观点上看来必然的结论。

我们在谈论学好共产主义这一任务时就应该这样来提出基本任务。

为了向你们说明这一点，同时也谈谈怎样学习的问题，让我举一个实际例子。你们都知道，紧接着军事任务即保卫共和国的任务之后，我们即将面临经济任务。我们知道，如果不恢复工业和农业（而且必须不按旧方式来恢复），那么共产主义社会是建设不成的。必须在现代最新科学成就的基础上恢复工业和农业。你们知道，这样的基础就是电；只有全国电气化，一切工业和农业部门都电气化的时候，只有当你们真正担负起这个任务的时候，你们才能替自己建成老一代人所不能建成的共产主义社会。你们面临的任务是振兴全国的经济，要在立足于现代科学技术、立足于电力的现代技术基础上使农业和工业都得到改造和恢复。你们完全了解，不识字的人实现不了电气化，而且仅仅识字还不够。只懂得什么是电还不够，还应该懂得怎样在技术上把电应用到工农业上去，应用到工农业的各个部门中去。你们自己必须学会这一点，而且还要教会全体劳动青年。这就是一切有觉悟的共产主义者的任务，也就是每一个认为自己是共产主义者的青年，每一个明确地认识到加入共产主义青年团之后就负起了帮助党建设共产主义、帮助整个青年一代建立共产主义社会的责任的青年的任务。每个青年必须懂得，只有受了现代教育，他才能建立共产主义社会，如果不受这种教育，共产主义仍然不过是一种愿望而已。

老一代人的任务是推翻资产阶级。那时的主要任务是批判资产阶级，激发起群众对资产阶级的仇恨，提高阶级觉悟，提高团结自己力量的本领。新一代人面临的任务就比较复杂了。你们不只是应当团结自己的一切力量来支持工农政权抗击资本家的侵犯。这一点你们应当做到。这一点你们完全了解，每个共产主义者都非常清楚。但是这还不够。你们应当建成共产主义社会。前一半工作在许多方面已经完成了。旧东西应该摧毁,而且已经摧毁了,它应该变成废墟,而且已经变成了废墟。地基已经清理好,年青一代的共产主义者应当在这块地基上建设共产主义社会。你们当前的任务是建设,你们只有掌握了一切现代知识,善于把共产主义由背得烂熟的现成公式、意见、方案、指示和纲领变成能把你们的直接工作统一起来的活生生的东西,把共产主义变成你们实际工作的指针,那时才能完成这个任务。

这就是你们在教育、培养和发动整个青年一代的事业中应当执行的任务。你们应该是千百万共产主义社会建设者的带头人,一切男女青年都应该成为这样的建设者。不吸收全体工农青年参加共产主义建设,你们就不能建成共产主义社会。

这里我自然要讲到这样的问题:我们应当怎样教授共产主义,我们的方法应该有什么特点。

我在这里首先要谈谈共产主义道德问题。

你们应当把自己培养成共产主义者。青年团的任务就是要这样来安排自己的实际活动:使团员青年在学习、组织、团结和斗争的过程中把他们自己和那些以他们为带头人的人都培养成共产主义者。应该使培养、教育和训练现代青年的全部事业,成为培养青年的共产主义道德的事业。

但是,究竟有没有共产主义道德呢? 有没有共产主义品德呢? 当然是有的。人们往往硬说我们没有自己的道德;资产阶级常常给我们加上一个罪名,说我们共产主义者否定任何道德。这是一种偷换概念、蒙骗工农的手段。

究竟在什么意义上我们否定道德,否定品德呢?

是在资产阶级所宣传的道德的意义上,这种道德是他们从上帝的意旨中引申出来的。关于这一点，我们当然说，我们不信上帝，并且我们十分清楚，僧侣、地主和资产阶级都假借上帝的名义说话，为的是谋求他们这些剥削者自身的利益。或者他们不是从道德的要求，不是从上帝的意旨，而是从往往同上帝意旨很相似的唯心主义或半唯心主义论调中引申出这种道德来的。

我们否定从超人类和超阶级的概念中引出的这一切道德。我们说这是欺骗，这是为了地主和资本家的利益来愚弄工农，禁锢工农的头脑。

我们说，我们的道德完全服从无产阶级阶级斗争的利益。我们的道德是从无产阶级阶级斗争的利益中引申出来的。

旧社会建筑在地主和资本家压迫全体工农的基础上。我们应当摧毁这个社会，应该打倒这些压迫者，为了这个目的就必须团结起来。而上帝是不会创造这种团结的。

只有工厂，只有受过训练的、从过去的沉睡中觉醒过来的无产阶级，才能创造这种团结。只有当这个阶级已经形成的时候，群众运动才开展起来，才造成了现在我们看到的情形，即无产阶级革命在一个极弱的国家中获得了胜利，这个国家三年来抗击了全世界资产阶级对它的进攻。同时我们还看到，无产阶级革命在全世界日益发展。现在我们可以根据实际经验来说，只有无产阶级才能创造一种团结一致的力量，这种力量在引导分散的农民，并且经受住了剥削者的一切进攻。只有这个阶级才能帮助劳动群众联合起来、团结起来，彻底捍卫和巩固共产主义社会，最终建成共产主义社会。

因此，我们说：在我们看来，超人类社会的道德是没有的；那是一种欺骗。在我们看来，道德是服从于无产阶级阶级斗争的利益的。

这种阶级斗争究竟是什么呢？这就是推翻沙皇，打倒资本家，消灭资本家阶级。

阶级究竟是怎么回事呢？这就是允许社会上一部分人占有别人的劳动。如果社会上一部分人占有全部土地，那就有了地主阶级和农民阶级；如果社会上一部分人拥有工厂，拥有股票和资本，而另一部分人却在这些工厂里做工，那就有了资本家阶级和无产者阶级。

赶走沙皇并不困难，这总共用了几天的工夫。赶走地主也不很困难，这在几个月内就做到了；赶走资本家同样也不是很困难的事情。但是，要消灭阶级就无比困难了；工人和农民的区分仍然存在。如果一个农民单独占用一块土地，拥有余粮，即他本人及其家畜都不需要的粮食，而别人却没有粮食吃，那么这个农民也就变成剥削者了。他剩余的粮食愈多，获利就愈大，至于别人，就让他们挨饿去吧，"他们愈饿，我的粮食就卖得愈贵"。应该使所有的人都按照一个共同的计划和共同的规章，在公共的土地上和公共的工厂中工作。这容易做到吗？你们知道，要做到这一点，决不像赶走沙皇、地主和资本家那样容易。这里需要无产阶级去重新教育和改造一部分农民，把劳动农民争取过来，以便消灭那些富裕的和专靠别人贫困来发财致富的农民的反抗。可见，无产阶级斗争的任务，并没有因为推翻了沙皇、赶走了地主和资本家而宣告结束，我们称之为无产阶级专政的制度，正是要来完成这项任务。

阶级斗争还在继续，只是改变了形式。这是无产阶级为了使旧的剥削者不能卷土重来，使分散的愚昧的农民群众联合起来而进行的阶级斗争。阶级斗争在继续，我们的任务就是要使一切利益都服从这个斗争。我们也要使我们的共产主义道德服从这个任务。我们说：道德是为摧毁剥削者的旧社会、把全体劳动者团结到创立共产主义者新社会的无产阶级周围服务的。

共产主义道德是为这个斗争服务的道德,它把劳动者团结起来反对一切剥削,反对一切小私有制,因为小私有制把全社会的劳动所创造的成果交给了个人。而在我国,土地已经是公共财产了。

如果我从这个公共财产中拿一块土地来,种出超过我的需要一倍的粮食,然后用余粮来投机倒把,那又怎样呢?如果我这样盘算:饿肚子的人愈多,我出卖粮食的价钱就愈高,那又怎样呢?难道我这是共产主义者的行为吗?绝对不是,这是剥削者的行为,私有者的行为。应该同这种行为作斗争。如果听之任之,那一切都会开倒车,回复到资本家的政权,资产阶级的政权,就像过去一些革命中常有的情形那样。因此,为了不让资本家和资产阶级的政权恢复,就要禁止投机买卖,就要使某些人不能用损人利己的手段来发财致富,就要使劳动者同无产阶级团结起来建设共产主义社会。这也就是共产主义青年团和共产主义青年组织基本任务的主要特征。

旧社会依据的原则是:不是你掠夺别人,就是别人掠夺你;不是你给别人做工,就是别人给你做工;你不是奴隶主,就是奴隶。可见,凡是在这个社会里教养出来的人,可以说从吃母亲奶的时候起就接受了这种心理、习惯和观点——不是奴隶主,就是奴隶,或者是小私有者、小职员、小官吏、知识分子,总之,是一个只关心自己而不顾别人的人。

既然我种我的地,别人的事就与我无关;别人要是挨饿,那更好,我可以抬高价格出卖我的粮食。如果我有了一个医生、工程师、教员或职员的小职位,那么别人的事也与我无关。也许,只要我讨好、巴结有权势的人,就不仅能保住我的小职位,还可以爬到资产者的地位上去。共产主义者就不能有这种心理和情绪。当工人和农民已经证明我们能用本身的力量捍卫自己并且创造新社会的时候,也就开始了新的共产主义的教育,反对剥削者的教育,同无产阶级联合起来反对利己主义者和小私有者,反对"我赚我的钱,其他一切都与我无关"的心理和习惯的教育。

这就是对青年一代应该怎样学习共产主义的回答。

青年们只有把自己的训练、培养和教育中的每一步骤同无产者和劳动者不断进行的反对剥削者的旧社会的斗争联系起来,才能学习共产主义。当人们向我们讲到道德的时候,我们回答说:在共产主义者看来,全部道德就在于这种团结一致的纪律和反对剥削者的自觉的群众斗争。我们不相信有永恒的道德,并且要揭穿一切关于道德的骗人的鬼话。道德是为人类社会上升到更高的水平,为人类社会摆脱对劳动的剥削服务的。

要实现这一点,必须有这样的青年一代,他们在有纪律地同资产阶级作殊死斗争中已开始成为自觉的人。在这个斗争中,他们中间一定会培养出真正的共产主义者,他们应当使自己在训练、教育和培养中的每一步骤都服从这个斗争,都同这个斗争联系起来。培养共产主义青年,决不是向他们灌输关于道德的各种美丽动听的言词和准则。我们要培养的并不是这些。当人们看到他们的父母在地主和资本家的压迫下怎样生活的时候,当他们自己分担那些开始同剥削者作斗争的人们所受的痛苦的时候,当他们看到为了继续这一斗争以保卫已经取得的成果,付出了多大的牺牲,看到地主和资本家是多么疯狂的敌人的时候,他们就在这种环境中培养成为共产主义者。为巩固和完成共产主义事业而斗争,这就是共产主义道德的基础。这也就是共产主义培养、教育和训练的基础。这也就是对应该怎样学习共产主义的回答。

训练、培养和教育要是只限于学校以内,而与沸腾的实际生活脱离,那我们是不会信赖的。只要工农还受地主和资本家的压迫,只要学校还操纵在地主和资本家手里，青年一代就仍然是愚昧无知的。可是我们的学校应当使青年获得基本知识，使他们自己能够培养共产主义的观点，应该把他们培养成有学识的人。我们的学校应当使人们在学习期间就成为铲除剥削者这一斗争的参加者。共产主义青年团只有把自己的训练、培养和教育中的每一步骤同参加全体劳动者反对剥削者的总斗争联系起来，才符合共产主义青年团这一称号。你们很清楚：目前俄国还是唯一的工人共和国，世界其他各地还存在着资产阶级旧制度，我们还比它们弱；我们随时都有遭到新的进攻的危险；只有学会团结一致，我们才能在今后的斗争中获得胜利，而我们得到巩固之后，就会成为真正不可战胜的力量。因此，做一个共产主义者，就要把全体青年都组织和团结起来，要在这个斗争中作出有教养和守纪律的榜样。那时你们才能着手建设并彻底建成共产主义社会的大厦。

为了把这一点说得更清楚，我来给你们举个例子。我们把自己叫做共产主义者。什么是共产主义者呢？共产主义者是个拉丁词，communis 一词是"公共"的意思。共产主义社会就意味着土地、工厂都是公共的，实行共同劳动——这就是共产主义。

如果每个人都单独经营一块土地，那劳动能是共同的吗？共同劳动不是一下子就能实行的。这是不可能的事。共同劳动不是从天上掉下来的。它需要经过艰苦努力和创造，要在斗争进程中才能实行。这里不能靠旧的书本，书本是谁也不会相信的。这里要靠自己的生活经验。当高尔察克从西伯利亚，邓尼金从南方进攻时，农民是站在他们那边的。当时农民不欢迎布尔什维主义，因为布尔什维克按固定价格收购粮食。但是农民在西伯利亚和乌克兰尝到了高尔察克和邓尼金的政权的滋味之后，就认清了农民没有别的选择余地：或者投奔资本家，那么资本家就要你去给地主当奴隶;或者跟着工人走,虽然工人没有许愿让你过天堂般的生活,而且还要你在艰苦的斗争中遵守铁的纪律并具有坚强的意志,可是他们却能使你摆脱资本家和地主的奴役。甚至是那些愚昧无知的农民,只要根据亲身的经验懂得和认识了这一点,也就成了自觉的、经过艰苦磨炼的共产主义拥护者。共产主义青年团也应当把这种经验作为自己全部活动的基础。

我已经回答了我们应当学什么,应该从旧学校和旧科学中吸取什么的问题。现在我还想来回答一下应当怎样学习这些东西的问题。我的回答是:只有把学校活动的每一步骤,把培养、教育和训练的每一步骤,同全体劳动者反对剥削者的斗争密切联系起来。

我要从某些青年组织的工作经验中举出几个例子,向你们具体说明应该怎样进行这种共产主义教育。大家都在谈论扫除文盲。你们知道,在一个文盲的国家里是不能建成共产主义社会的。单靠苏维埃政权颁布一道命令,或者靠党提出一定的口号,或者派一部分优秀的工作人员去进行这项工作,那是不够的。还需要青年一代自己把这个工作担负起来。共产主义精神体现在参加青年团的男女青年自己站出来说:这是我们的事情,我们要联合起来到农村去扫除文盲,使我们这代青年中不再有文盲。我们要努力使青年们能主动积极地从事这个工作。你们知道,要把俄国从一个愚昧的文盲国家很快变成人人识字的国家是不可能的;但是,如果青年团能担负起这个工作,如果全体青年都能为大家的利益而工作,那么这个团结着40万青年男女的组织,就有权称为共产主义青年团了。青年团的任务还在于:除了掌握各种知识,还要帮助那些靠自己的力量摆脱不了文盲愚昧状况的青年。做一个青年团员,就要把自己的工作和精力全部贡献给公共事业。这就是共产主义教育。只有在这样的工作中,青年男女才能培养成真正的共产主义者。只有当他们在这种工作中取得实际的成绩时，他们才会成为共产主义者。

就拿城郊菜园工作来作例子吧。难道这不是该做的事吗？这也是共产主义青年团的任务之一。人民在挨饿，工人在挨饿。为了不再挨饿，应该发展菜园，但是耕作还在按旧的方式进行。因此必须让觉悟较高的人来担任这个工作，这样你们就会看到，菜园数目会增加，面积会扩大，效果会更好。共产主义青年团应当积极参加这个工作。每个青年团组织，每个青年团支部，都必须把这件事看成是自己的事情。

共产主义青年团应当是一支能够支援各种工作、处处都表现出主动性和首创精神的突击队。青年团应当成为这样的一个团体，使每个工人都感觉到，这个团体中人们所讲的学说也许是他不了解的，也许是他还不能一下子就相信的，但是从这些人的实际工作和活动可以看出，他们真正是能给他指明正确道路的人。

如果共产主义青年团不能在各方面这样来安排自己的工作，那就说明它走上了资产阶级的老路。我们的教育应当同劳动者反对剥削者的斗争结合起来，以便帮助劳动者完成共产主义学说提出的任务。

青年团员应当利用自己的每一刻空闲时间去改善菜园工作，或在某个工厂里组织青年学习等等。我们要把俄国这个贫穷落后的国家变成一个富裕的国家。因此共产主义青年团必须把自己的教育、训练和培养同工农的劳动结合起来，不要关在自己的学校里，不要只限于阅读共产主义书籍和小册子。只有在与工农的共同劳动中，才能成为真正的共产主义者。必须使大家都看到，入团的青年个个都是有文化的，同时又都善于劳动。当大家看到，我们已经废除了旧学校里的旧的强迫纪律，代之以自觉的纪律，看到每个青年都去参加星期六义务劳动，看到他们利用每个近郊菜园来帮助居民,那时人民就不会用从前的眼光来看待劳动了。

共产主义青年团的任务,是要在农村或自己的街道上帮助做些事情,我举一个小例子,像卫生工作或分配食物的工作。在资本主义旧社会里,这些事情是怎样进行的呢?那时每个人只为自己工作,谁也不注意这里有没有老人或病人;或者全部家务都压在妇女肩上,因而妇女处在受压迫受奴役的地位。谁应当来反对这种现象呢?青年团。青年团应当出来说:我们要改变这种状况,我们组织青年队经常到各家各户去,协助搞卫生工作或分配食物,正确地调配力量,有组织地为全社会的利益工作,让大家看到,劳动应该是有组织的劳动。

现在 50 岁左右的这一代人,是不能指望看到共产主义社会了,那时候他们都死了。至于现在 15 岁的这一代人,就能够看到共产主义社会,也要亲手建设这个社会。因而他们就应当知道,他们终身的全部任务就是建设这个社会。在旧社会中,是各家各户单独劳动,除了压迫老百姓的地主和资本家外,谁也没有组织过劳动。任何一种劳动,不管它怎样脏,怎样吃力,我们都应当把它组织起来,使每个工人和农民对自己都有这样的认识:我是自由劳动大军的一分子,不需要地主和资本家,我自己就会建设自己的生活,建立共产主义的秩序。共产主义青年团要使大家从小①就在自觉的有纪律的劳动中受教育。这样我们才有希望完成现在所提出的任务。我们应该估计到,要全国实现电气化,使我国贫瘠化了的土地能采用最新的技术来经营,至少要花 10 年工夫。因此,现在是 15 岁、再过 10—20 年就会生活在共产主义社会里的这一代

---

① 1920 年 10 月 7 日的《真理报》第 223 号上刊印的不是"从小",而是"从 12 岁起"。——编者注

人,应当这样安排自己的全部学习任务:在每个乡村和城市里,青年每天都能实际完成共同劳动中的某种任务,哪怕是最微小、最平常的任务。能否保证共产主义建设成功,就要看这个工作在每个乡村里进行得怎样,就要看共产主义竞赛开展得怎样,就要看青年组织自己的劳动本领怎样。只有根据共产主义建设的成绩来检查自己的每一步骤,只有经常问问自己:为了成为团结一致的自觉的劳动者,我们是否做到了所要做的一切——只有这样,共产主义青年团才能把自己的50万团员联合成一支劳动大军并且赢得普遍的尊敬。(掌声如雷)

载于 1920 年 10 月 5、6、7 日
《真理报》第 221、222、223 号

选自《列宁全集》第 2 版第 39 卷
第 293—312 页

关于无产阶级文化¹²⁹

（1920 年 10 月）

1

决 议 草 案

（10 月 8 日）

从 10 月 8 日的《消息报》¹³⁰上可以看出，卢那察尔斯基同志在无产阶级文化协会代表大会上说的话，跟昨天我同他商定的正相反。¹³¹

必须立即给无产阶级文化协会代表大会起草一项决议草案，经中央通过后提交这届大会通过。今天就必须以中央名义把决议草案提交教育人民委员部部务委员会和无产阶级文化协会代表大会通过，因为代表大会今天就要闭幕了。

决 议 草 案

1. 苏维埃工农共和国的整个教育事业，无论在一般的政治教育方面或者具体的艺术方面，都必须贯彻无产阶级阶级斗争的精神，这一斗争是为了顺利实现无产阶级专政的目的，即推翻资产阶级、消灭阶级、消灭一切人剥削人的现象。

2. 因此,无产阶级,通过它的先锋队共产党和所有无产阶级组织,应当作为最积极最主要的力量参与整个国民教育事业。

3. 现代历史的全部经验,特别是《共产党宣言》发表后半个多世纪以来世界各国无产阶级的革命斗争,都无可争辩地证明,只有马克思主义的世界观才正确地反映了革命无产阶级的利益、观点和文化。

4. 马克思主义这一革命无产阶级的意识形态赢得了世界历史性的意义,是因为它并没有抛弃资产阶级时代最宝贵的成就,相反却吸收和改造了两千多年来人类思想和文化发展中一切有价值的东西。只有在这个基础上,按照这个方向,在无产阶级专政(这是无产阶级反对一切剥削的最后的斗争)的实际经验的鼓舞下继续进行工作,才能认为是发展真正的无产阶级文化。

5. 全俄无产阶级文化协会代表大会坚持这一原则观点,最坚决地反对一切在理论上是错误的、在实践上是有害的做法,如臆造自己的特殊的文化,把自己关在与世隔绝的组织中,把教育人民委员部和无产阶级文化协会的工作范围截然分开,或者在教育人民委员部机构中实行无产阶级文化协会的"自治"等等。相反,代表大会认定,无产阶级文化协会的一切组织必须无条件地把自己完全看做教育人民委员部机关系统中的辅助机构,并且在苏维埃政权(特别是教育人民委员部)和俄国共产党的总的领导下,把自己的任务当做无产阶级专政任务的一部分来完成。

*　　　　*　　　　*

卢那察尔斯基同志说,别人把他的意思曲解了。因此这个决议就**更**是十分必要的了。

载于1926年《红色处女地》杂志
第3期

选自《列宁全集》第2版第39卷
第331—333页

在全俄省、县国民教育局
政治教育委员会工作会议上的讲话[132]

（1920 年 11 月 3 日）

同志们，请允许我发表几点意见，这些意见中有一部分是在共产党中央委员会和人民委员会研究组建政治教育总委员会[133]问题时谈过的，有一部分是我对提交人民委员会的草案的意见。昨天这个草案已经基本通过，细节以后还要讨论[134]。

说到我个人的意见，我只能说，起初我曾竭力反对你们这个机关改变名称。我认为，教育人民委员部的任务就是帮助人们学习和教学。我担任苏维埃工作以来，已经习惯于把各种名称看做儿戏，本来每个名称也就是一种游戏。现在新名称已经确定，叫做政治教育总委员会。

这个问题既然已经决定，你们就把我的意见当做个人意见看待好了。如果事情不只是改变叫法，那就只能表示欢迎了。

要是我们能吸收新的人员来参加文教工作，那就不只是换个名称的问题，那时这种给新事物、新机关加头衔的"苏维埃的"癖好也就可以原谅了。要是能做到这一点，我们取得的成绩会比现在大得多。

要使同志们和我们共同参加文教工作，关键在于教育同我们的政治的联系问题。如果有必要，名称是能够规定某种内容的，因为在各方面的教育工作中,我们都不能抱着教育不问政治的旧观点,不能让教育工作不联系政治。

在资产阶级社会里,这种思想一贯占着统治地位。所谓教育"不问政治",教育"不讲政治",都是资产阶级的伪善说法,无非是对99%受教会控制和私有制等等压迫的群众的欺骗。现在还在统治着一切资产阶级国家的资产阶级,正是这样欺骗群众的。

在那里,机构愈重要就愈不能摆脱资本和资本的政治。

一切资产阶级国家的教育同政治机构的联系都非常密切,虽然资产阶级社会不肯直率地承认这一点。同时,资产阶级社会通过教会和整个私有制来影响群众。

我们的基本任务之一就是用我们的真话来揭穿资产阶级的"真话",并使人们承认我们讲的是真话。

从资产阶级社会转向无产阶级政治是一个很艰难的转变,何况资产阶级还开动了全套宣传鼓动机器不断地诬蔑我们。资产阶级竭力抹杀无产阶级专政的一个更为重要的作用,即教育任务,这个任务对于无产阶级在人口中占少数的俄国尤其重要。这个任务在俄国应当提到首位,因为我们要为社会主义建设训练群众。无产阶级如果没有培养出高度的觉悟、严格的纪律以及在对资产阶级作斗争时的无限忠诚,就是说,如果不能完成无产阶级为完全战胜其宿敌所必须提出的一切任务,那就谈不到实现无产阶级专政。

我们不赞成认为劳动群众已经有了建立社会主义社会的准备的空想观点。我们根据工人社会主义运动的全部历史的确切材料,了解到事实并不是这样,只有大工业、罢工斗争、政治组织才能使劳动群众作好实行社会主义的准备。无产阶级必须善于采取一致行动,推翻剥削者,才能取得胜利,才能完成社会主义革命。现在我们看到,无产阶级已经具备了这一切必要的能力,并且把这些能力转化为实际行动,夺得了政权。

教育工作者和共产党这个斗争的先锋队的基本任务,就是帮助培养和教育劳动群众,使他们克服旧制度遗留下来的旧习惯、旧风气,那些在群众中根深蒂固的私有者的习惯和风气。在考虑党中央和人民委员会十分注意的那些局部问题的时候,决不能忽视这个整个社会主义革命的主要任务。至于如何建立政治教育总委员会,使它如何同其他机关沟通,如何不仅同中央而且还要和地方机关联系等等问题,那就要由在这方面经验丰富、有专门研究的更在行的同志来回答了。我只想在原则方面强调指出几个要点。与过去那些谎言不同,我们不能不公开提出问题,公开承认教育不能不联系政治。

我们所处的历史时期是我们同比我们强大许多倍的世界资产阶级进行斗争的时期。我们应当在这个时期内坚持革命建设,用军事的方法,尤其是用思想的方法、教育的方法同资产阶级进行斗争,以便把工人阶级几十年来在争取政治自由的斗争中形成的习惯、风气和信念,用做教育全体劳动者的手段,至于究竟应如何教育的问题,这就要由无产阶级来解决了。必须使人们懂得,现在无产阶级的斗争已经愈来愈广泛地扩大到世界上所有的资本主义国家,因此不可能也不容许置身于这个斗争之外,置身于国际政治之外。目前国际政治的真正基础,就是全世界强大的资本主义国家联合起来反对苏维埃俄国。必须认识到,这关系到资本主义国家亿万劳动者的命运。要知道,目前世界上没有一个角落不是处在一小撮资本主义国家的控制之下。因此形势是这样摆着的:或者是置身于目前的斗争之外,或者是投身于维护无产阶级专政的斗争。置身于目前的斗争之外,就证明自己一点没有觉悟,像某些置身于革命和战争之外的愚人一样,看不见资产阶级对群众的全部欺骗,看不见资产阶级如何故意使群众愚昧无知。

我们完全公开地说无产阶级要进行这种斗争,任何人都必须决定是站在我们这边还是站在另一边。谁想既不站在这边又不站在那边,到头来总是身败名裂。

尤登尼奇、高尔察克、佩特留拉、马赫诺之流这些层出不穷的克伦斯基派、社会革命党[4]、社会民主党余孽,使我们在俄国各地见识了形形色色的反革命,所以可以说,我们比任何人都受到过更多的锻炼。看一看西欧,就可以看到,我们这里发生过的事正在他们那里发生,那里正在重演我们的历史。几乎各国资产阶级身边都有克伦斯基派。他们在许多国家里,特别是在德国占着统治地位。到处都是一样,不可能有任何中间立场,只能有一个明确的认识,不是白色专政(西欧各国的资产阶级正在武装起来反对我们,为实行这种专政作准备),就是无产阶级专政。对于这一点我们都有十分深刻的体会,所以关于俄国共产党人我就不必多说了。由此只能得出一个结论,有关政治教育总委员会的一切议论和设想也应该以这个结论为基础。在这个机构的工作中首先应该公开承认共产党的政治领导。没有其他的形式,也没有一个国家创造了其他的形式。党在符合本阶级的利益方面可能做得好,也可能做得不够好,党可能有这样或那样的变化或改进,但是,我们还不知道有什么更好的形式。三年来,苏维埃俄国抗击世界帝国主义进攻的全部斗争,是与党认识到自己的任务是帮助无产阶级起到教育者、组织者和领导者的作用这一点分不开的,无产阶级起不到这种作用,就无法打垮资本主义。为了建设共产主义,工农劳动群众必须战胜知识分子的旧习气,必须改造自己,不这样就无法着手建设事业。我们的全部经验表明,这个事业十分重要,因此我们要重视承认党的领导作用问题,在讨论工作和组织建设的时候,决不能忽视这一点。至于如何实现，要谈的问题还很多，党中央和人民委员会都还要对此加以研究。昨天批准的法令对于政治教育总委员会来说是一个基础，不过人民委员会还没有做完制定这项法令的全部工作。过几天，这个法令就会公布，你们将会看到，在最后定稿中没有直接谈到与党的关系问题。

但是，我们必须知道并且记住，从法律上和事实上来说，苏维埃共和国宪法的基础都是：党在纠正缺点、制定措施和进行建设的时候，总是遵循这样一个原则，就是要使那些同无产阶级息息相关的共产主义分子能够引导无产阶级贯彻他们的精神，服从他们的领导，摆脱我们一直在努力铲除的资产阶级的欺骗。教师组织曾经长期抗拒社会主义革命，教育人民委员部进行了长期的斗争。教育界的资产阶级偏见特别顽固。这里进行了长期的斗争，其形式是公开怠工和顽固坚持资产阶级的偏见，我们只好慢慢地一步一步地夺取共产主义阵地。对于从事社会教育工作、解决社会教育和群众教育任务的政治教育总委员会，特别突出的任务是：配合党的领导，使这一大批工作人员——这支现在已经在为工人服务的 50 万教育大军——服从总委员会，贯彻它的精神，受到它的主动精神的激励。教育工作者和教员过去受的是资产阶级的偏见和习惯的教育，是敌视无产阶级的教育，他们同无产阶级没有任何联系。现在我们要培养出一支新的教育大军，它应该同党和党的思想保持紧密联系，贯彻党的精神，它应该把工人群众团结在自己的周围，以共产主义的精神教育他们，使他们关心共产党员所做的事情。

因为要同旧习惯、旧风气、旧思想决裂，在政治教育总委员会及其工作人员面前就提出了一个极其重要的任务，对这个任务应该特别重视。的确，这是摆在我们面前的一个难题：如何使大部分是旧人员的教师能同共产党员建立起联系？这是一个极端困难的问题,必须多加思索。

现在我们就来看看,怎样才能把这些如此不相同的人从组织上联系起来。从原则上说,对于应该有共产党的领导这一点,我们不能有任何怀疑。因此政治文化、政治教育的目的是培养真正的共产主义者,使他们有本领战胜谎言和偏见,能够帮助劳动群众战胜旧秩序,建设一个没有资本家、没有剥削者、没有地主的国家。怎样才能做到这一点呢?只有掌握教师从资产阶级那里继承来的一切知识,才能做到。否则,共产主义就不可能有任何技术成就,在这方面的一切理想就要落空。可是这些工作人员都不习惯于联系政治,特别是联系对我们有用的政治,即共产主义所必需的政治来进行工作,因此就出现一个问题,如何使他们从组织上联系起来。我已经说过,这是一个异常艰巨的任务。我们在中央委员会里也讨论过这个问题,在讨论的过程中,我们认真地考虑了经验所提供的启示,我们认为,像今天我出席讲话的这种会议,像你们的这种会议,在这方面有很大的意义。过去都认为宣传员是属于一定的小组或一定的组织的,现在各级党委对每一个宣传员都应该有新的看法了。每一个宣传员都属于管理和领导整个国家、领导苏维埃俄国同全世界资产阶级制度进行斗争的党。他们代表正在斗争的阶级,代表领导着并且应当领导巨大的国家机构的党。许许多多共产党员有丰富的地下工作经验,受过斗争的考验和锻炼,但是,当他们由宣传鼓动员变成鼓动员的领导人,变成庞大的政治组织的领导人的时候,却不愿意或不能了解这种转变和变化的全部意义。至于要不要有一个相应的头衔,即使是像国民学校总监这种令人容易误解的头衔,这并不重要,重要的是要善于领导教师群众。

必须指出,几十万教师——这是一批应该推动工作、启发人们思想、同目前群众中还存在的偏见作斗争的工作人员。教师群众接受了资本主义文化遗产,全身沾染了这种文化的缺点,在这种情况下他们不可能是共产主义教师,但是这并不影响我们吸收他们参加政治教育工作者的行列,因为他们有知识,而没有知识我们就达不到我们的目的。

我们应该吸收数十万有用的人才来为共产主义教育服务。这个问题在前线,在我们的红军里已经解决了,红军中吸收了上万的旧军人。经过长期改造,他们和红军融为一体了,最后还以自己的战功证明了这一点。在文化教育工作中我们也应该仿效这个榜样。的确,这件工作不那么轰轰烈烈,但是更为重要。每一个鼓动员和宣传员都是我们所需要的,他们在执行任务时,要严格地按照党的精神进行工作,但又不能只局限于党的范围内,应该记住他们的任务是领导几十万教师,激发他们的兴趣,战胜旧的资产阶级偏见,吸引他们来参加我们正在进行的事业,使他们意识到我们的工作十分重大,只有进行这项工作,我们才能把这些受资本主义压迫的、资本主义与我们争夺过的群众引上正路。

这就是每个在学校范围以外进行工作的鼓动员和宣传员应该努力完成的任务,这些任务是不容忽视的。在完成这些任务的时候会碰到许多实际困难,那你们就应当帮助共产主义事业,不仅应当成为党小组派出的代表和指导者,而且应当成为整个工人阶级国家政权派出的代表和指导者。

我们的任务是要战胜资本家的一切反抗,不仅是军事上和政治上的反抗,而且是最深刻、最强烈的思想上的反抗。我们教育工作者的任务就是要完成这一改造群众的工作。我们所看到的群众对共产主义教育和共产主义知识的兴趣和向往,是我们在这方面取得胜利的保证,胜利也许不会像前线上那么快,也许要碰到很大的困难,有时还会遭到挫折,但是最后我们总是会胜利的。

最后，我还想谈一个问题：对政治教育总委员会这个名称的理解可能不正确。既然这里提到了政治这个概念，政治在这里就是最主要的。

但是如何理解政治呢？要是用旧观点来理解政治，就要犯很大的严重的错误。政治就是各阶级之间的斗争，政治就是无产阶级为争取解放而与世界资产阶级进行斗争的关系。但是我们的斗争有两个方面，一方面要粉碎资产阶级制度遗留下来的东西，粉碎整个资产阶级一再想消灭苏维埃政权的尝试。到目前为止，这个任务吸引了我们最大的注意力，妨碍了我们转向另一方面的任务——建设任务。在资产阶级世界观的概念中，政治似乎是脱离经济的。资产阶级说：农民们，你们想活下去，就要工作；工人们，你们想在市场上得到一切必需品，生活下去，就要工作，而经济方面的政治有你们的主人来管。其实不然，政治应该是人民的事，应该是无产阶级的事。我们必须强调指出，现在我们工作中有十分之九的时间用在同资产阶级进行斗争。我们昨天看到了对弗兰格尔作战获胜的消息，这个消息你们今天或许明天就会看到，这些胜利表明，斗争的一个阶段将要结束，我们争得了同一系列西方国家的和平，而军事战线上的每一个胜利都能使我们腾出手来从事对内斗争，从事国家建设的政治。我们走向战胜白卫分子的每一步都会使斗争的重心逐渐转向经济方面的政治。老式的宣传方法是讲解或举例说明什么是共产主义。但这种老式的宣传已毫无用处，因为我们需要在实践中说明应该如何建设社会主义。整个宣传工作应该建立在经济建设的政治经验之上。这是我们最主要的任务，谁要是对宣传仍作旧的理解，那他就落后了，就不能担负起对工农群众的宣传工作。现在我们主要的政治应当是：从事国家的经济建设，收获更多的粮食，开采更多的煤炭，解决更恰当地利用这些粮食和煤炭的问题，消除饥荒，这就是我们的政治。正应当根据这些来安排整个鼓动工作和宣传工作。应当少说空话，因为空话满足不了劳动人民的需要。一旦战争使我们有可能不把重心放在同资产阶级、弗兰格尔、白卫分子的斗争上，我们就将转向经济方面的政治。那时，鼓动工作和宣传工作就将发挥更加重大的作用。

每一个鼓动员都应该是国家派出的指导者，应该在经济建设事业中指导全体农民和工人。他应该告诉人们，要成为一个共产主义者，应当知道、应当阅读哪本小册子，哪本书。我们就是要这样来改善经济，使它更加稳固，更带有社会性，增加生产，改善粮食问题，更合理地分配产品，增加煤产量，并且在没有资本主义和资本主义气味的条件下恢复工业。

什么是共产主义？整个共产主义宣传归根到底要落实到实际指导国家建设。应该使工人群众把共产主义理解为自己的事业。这一事业进行得还不好，错误百出。我们不掩饰这一点，但是，工农本身应该在我们的帮助下，在我们尽管不大的、小小的促进下建立和整顿我们的机构。共产主义现在已经不再只是我们的纲领、理论和课题了，它已经是我们今天的实际建设事业了。在战争中，敌人使我们遭到过最惨重的失败，然而我们在失败中吸取了教训，取得了全胜。现在，我们也应当在每次失败中吸取知识，我们应当记住，应该以过去的工作为例来教育工人和农民。指出我们什么地方还做得不好，以便将来避免再犯错误。

把建设工作中的事例翻来覆去地提出来，我们就能使不胜任的共产党员领导者变成名副其实的建设者，首先是经济事业的建设者。我们要取得必需的一切，克服旧制度遗留下来的、不可能一下子就排除的障碍，就应该重新教育群众，而要重新教育群众又只有靠鼓动和宣传，应该首先把群众同国家经济生活的建设联系起

来。这应该是每一个宣传鼓动员工作中主要的和基本的内容,谁领悟了这一点,谁在工作中就一定能做出成绩来。(热烈鼓掌)

载于莫斯科出版的《全俄政治教育委员会工作会议公报(1920年11月1—8日)》

选自《列宁全集》第2版第39卷第399—408页

在俄共(布)莫斯科组织
积极分子大会上关于租让的报告

(1920 年 12 月 6 日)

1

报　告

同志们,我看到租让问题引起很大的注意,感到十分高兴,虽然,说实话,也有点惊异。到处都在大声疾呼,而且这些呼声主要来自基层。人们在问:我们把本国的剥削者赶走了,又要把外国的剥削者请进来,怎么能这样呢?

为什么这些呼声使我高兴,这是可以理解的。既然基层发出了担心旧日的资本家卷土重来的呼声,既然这种呼声是因为像租让法令这种极其次要的法令引起的,那显然说明,人们还是极其强烈地意识到资本主义有多么危险,低估对资本主义进行的斗争有多么危险。这当然很好,尤其好的是,正如我刚才已经说过的,这些担心来自基层。至于说到法令,主席同志已经指出,这个法令没有对这些问题作出明确的解释。确实如此,但是问题是,作这样的解释并不是法令的任务。法令的任务是吸引外国资本家先生。要吸引他们,显然就不能像在党的会议上那样说话。而《真理报》[1]

恰恰把不该登的登了出来。在党的会议上我不能以人民委员会主席的身份出现,也不能像对外国资本家那样说话。在党的会议上讲的,不应该让外国资本家知道。《真理报》不仅面向党员,而且面向国外。我非常感谢斯捷潘诺夫同志对我的发言作了澄清[135]。为了今后不再让我陷于这样的境地,我请求不要发表党的会议上的讲话,如果要发表,就必须经过再三检查,而且要由确实懂得向外国资本家该说什么不该说什么的人审定。我在讲了这几句开场白之后,现在来谈实质问题,也就是租让问题。我先谈谈政治上的一些考虑。

租让问题上的基本原则,从政治上来考虑(对这个问题有政治上的考虑,也有经济上的考虑)就是:应该利用两个帝国主义之间、两个资本主义国家集团之间的对立和矛盾,使他们互相争斗。这个原则我们不仅理论上已经懂得了,而且实际上已经在运用;对我们来说,社会主义在全世界最终胜利以前很长的时期内,这将是一个基本原则。只要我们还没有夺得全世界,只要从经济和军事的角度来看我们仍然比资本主义世界弱,就应该坚持这样一个原则:应该善于利用帝国主义者之间的矛盾和对立。如果我们不坚持这个原则,我们大家早就被绞死了,这正合资本家的心意。这方面的基本经验,我们在缔结布列斯特和约[17]时就有了。不能由此得出结论说,条约只能像布列斯特和约或凡尔赛和约[16]那样。这是不正确的。也可能有对我们有利的第三种条约。

布列斯特和约的重大意义,在于我们能够在困难重重的情况下第一次在很大的范围内利用了帝国主义者之间的矛盾,从而归根到底有利于社会主义。在缔结布列斯特和约时,有两个特别强大的帝国主义强盗集团,即德奥集团和英美法集团。它们在进行一场要决定近期内世界命运的激烈的斗争。当时,我们在军事方面等于零,在经济方面一无所有,并且在急转直下地走向崩溃的深渊,可是我们支持下来了,这种奇迹所以发生,完全是因为我们正确地利用了德美帝国主义之间的争斗。我们向德帝国主义作了极大的让步,我们向一个帝国主义作了让步,一下子就避开了两个帝国主义的夹攻。德国无论在经济上或政治上都不能扼杀苏维埃俄国,它顾不上这一点。我们把乌克兰割给它,那里的粮食和煤炭要多少可以拿多少,当然,这也要有本领、有力量去拿才行。英法美帝国主义者无法进攻我们,因为我们一开始就向他们建议媾和。现在美国出版了罗宾斯的一本厚厚的书,他说:我同列宁和托洛茨基进行了谈判,大家同意缔结和约。虽然他们曾帮助捷克斯洛伐克军,把捷克斯洛伐克军卷入武装干涉,他们却忙于自己的战争,无法进行干预。

结果可能使人觉得,似乎第一个社会主义共和国同德帝国主义结成了一种反对另一帝国主义的类似联盟的东西。但是,我们并没有同他们结成什么联盟,我们在任何地方都没有越轨,没有破坏或损害社会主义政权,我们倒是利用了两个帝国主义之间的矛盾,结果是它们两败俱伤。德国除了拿走几百万普特粮食,再没有从布列斯特和约得到任何东西,却把布尔什维主义催发的瓦解带到德国去了。我们则赢得了时间,在此期间开始建立红军。甚至乌克兰所受的巨大创伤已证明是可以治好的,虽然为此历尽了艰辛。我们的敌人曾指望俄国的苏维埃政权迅速崩溃,但是这并没有发生。我们正好利用了历史给予我们的喘息时机来巩固自己,使敌人不可能用武力征服我们。我们赢得了速度,我们赢得了一些时间,不过我们为此交出了很多空间。记得当时有人大谈哲理,说要赢得时间必须交出空间。我们在实践上和政治上所采取的行动,正好符合哲学家的时空理论;我们交出了许多空间,但是赢得了使自己得以巩固的时间。在这以后,一切帝国主义者再想对我们发动大规模的战争,那已经不可能了,因为他们既没有财力又没有人力来发动大规模的战争。当时我们并没有牺牲根本的利益,我们牺牲了次要的利益而保存了根本的利益。

在这里顺便谈一下机会主义的问题。机会主义就是贪图暂时的局部的好处而牺牲根本的利益。如果要在理论上给机会主义下个定义,这就是它的中心内容。这一点很多人都弄不清楚。我们正是在布列斯特和约中牺牲了从社会主义观点看来是俄国的次要利益(这里说的是从爱国主义意义上所理解的利益);我们承担了巨大的牺牲,但这毕竟是次要的牺牲。德国人恨透了英国。他们也仇恨布尔什维克,但是我们招引了他们一下,他们就进来了。他们一直要人相信,他们不会像拿破仑那样长驱直入,确实,他们没有到达莫斯科,但是到了乌克兰,并且在那里遭到了失败。他们以为从拿破仑身上学到了很多东西,事实上却不是那样。而我们则赢得了很多好处。

布列斯特和约这个例子教会了我们许多东西。现在我们处在两个敌人之间。如果不能同时战胜这两个敌人,那就应该想办法使他们互相打起来,因为两贼相争,好人总会得利,但是,一旦我们强大到足以打倒整个资本主义,我们立刻就要把它推翻。我们的力量正在增长,并且增长得很快。如果说布列斯特和约是我们永远不会忘记的一课,从中得出的结论要比任何宣传说教都更为丰富,那么现在我们得到的好处是已经站稳了脚跟。我们受帝国主义国家的包围,它们恨透了布尔什维克,它们耗费了大量的金钱,动用了思想界和出版界的许多力量,等等。虽然我们在军事和经济方面力量极弱,但是它们三年来在军事方面也没有能够战胜我们。我们的力量赶不上联合起来的帝国主义国家的力量的百分之一，但是它们却没有能扼杀我们。它们没有能扼杀我们，是因为它们的士兵不听指挥，它们的工人和农民已被战争弄得疲惫不堪，不愿再同苏维埃共和国打仗。现在的情况就是这样，一切都应当从这一情况出发。几年之后情况如何，现在还不知道，因为西方列强正在一年年地恢复战争中所伤的元气。

从第三国际第二次代表大会[101]以来，我们在帝国主义国家中站稳了脚跟，不仅在思想上而且在组织上都站住了。现在，各国都有这样的一些核心，它们正在进行独立工作，而且将要进行下去。这件事情已经办到了。但是，资本主义国家革命发展的速度比我们慢得多。显然，当各国人民得到和平之后，革命运动必然会缓慢下来。因此我们不能根据对未来的猜测把希望寄托在这个速度会变快上面。我们的任务是决定我们现在怎么办。人们生活在国家里，而每个国家又生存在由许多国家构成的体系中，这些国家彼此都处于一定政治均势的体系中。

如果注意到世界各地大多数盛产原料的地方都被资本家买下了，即使没有被买下，也在政治上被侵占了；既然这种均势存在于资本主义的基础之上，那就应该善于估计到这一点，善于利用这一点。我们不能对目前的协约国[19]进行战争。我们的鼓动工作一直都做得很出色，我们是相信这一点的。在政治上我们应该利用敌人之间的分歧，并且只利用由最深刻的经济原因引起的深刻分歧。如果我们企图利用微小的偶然的分歧，我们就会成为渺小的政客和一钱不值的外交家。而这样做是干不成大事的，玩弄这套把戏的外交家大有人在，他们混上几个月，飞黄腾达于一时，然后就销声匿迹了。

在当前的资本主义世界中有没有我们应该利用的根本性的对立呢？有三种根本性的对立，这是我想指出来的。第一种对立，也是同我们最有关系的对立,就是日本和美国的关系。它们之间正在酝酿战争。虽然太平洋两岸相隔 3 000 俄里,但是它们不能和睦相处。这种角逐无疑是由它们的资本主义关系产生的。现在有许多书刊谈到未来的日美战争问题。战争正在酝酿中,战争不可避免,这是毫无疑问的。和平主义者竭力回避这个问题,用泛泛的议论来掩盖这个问题,但是每一个学过经济关系史和外交史的人,都丝毫不会怀疑这场战争在经济上已经成熟,在政治上正在酝酿中。读了任何一本论述这个问题的书,都不会不看到战争已经成熟。世界被瓜分完了。日本侵占了大量的殖民地。日本有 5 000 万人口,它在经济上比较弱。美国有 11 000 万人口,虽然它比日本富裕很多倍,但是它没有任何殖民地。日本侵占了拥有 4 亿人口和世界上煤的蕴藏量最大的中国。怎么保住这块地盘呢? 如果认为比较强大的资本主义不会抢走比较弱小的资本主义所掠夺到的一切东西,这种想法是很可笑的。在这种情况下难道美国人能够漠然置之吗? 难道大资本家能同小资本家相处在一起而不会去抢夺吗? 那他们还有什么用处呢? 在这种情况下,我们共产党人能够漠然置之,只是说"我们将在这些国家里宣传共产主义"吗? 这样说是对的,但是这还不够。共产党的政策的实际任务是利用这种仇视,使他们互相争吵。这就产生了一个新的情况。拿日本和美国这两个帝国主义国家来说,它们想打仗,它们将为占据世界首位,为取得掠夺的权利而打仗。日本将为继续掠夺朝鲜而打仗,它把一切最新的技术发明和纯粹亚洲式的酷刑结合在一起,空前残暴地对朝鲜进行掠夺。不久以前我们收到了一份朝鲜报纸,上面谈到日本人在朝鲜的所作所为。日本人在那里把沙皇政府的一切办法,把一切最新的技术发明,同纯粹亚洲式的酷刑和空前的残暴行为结合了起来。但是,美国人也想夺取朝鲜这块肥肉。在这样的战争中,保卫祖国当然是极大的犯罪,是对社会主义的背叛。支持一个国家去反对另一个国家,那当然是一种违反共产主义的罪行,但是,我们共产党人应该利用一个国家去反对另外一个国家。这样做,我们是不是犯了违反共产主义的罪行呢? 不是,因为我们是作为一个社会主义国家采取这种做法的,这个国家正在进行共产主义宣传,而且不得不利用形势给予它的每一小时尽快巩固起来。我们已经开始巩固了,但是巩固得很缓慢。美国和其他资本主义国家在经济和军事力量上发展得非常快。不管我们怎样聚集自己的一切力量,我们的发展还将缓慢得多。

我们应当利用既成的局势,这就是租让堪察加的全部实质。有个叫万德利普的到我们这里来过,据他自己说,他是一个有名的亿万富翁的远亲,可惜我们全俄肃反委员会工作出色的反间谍机关还没有掌握北美合众国的材料,我们暂时还不能断定这两个万德利普之间的亲戚关系。有人说,他们甚至根本不是亲戚。我不来判断这件事情,因为我知道的只限于我读过的万德利普的一本小册子,写小册子的不是到过我们这里的那个万德利普,而是另一个万德利普,有人把他描写成一位显贵,连国王和大臣都以隆重的礼仪接待他,由此应该断定,他的钱包是塞得满满的,而他同这些人谈话的口吻,就像在我们的会议上人们彼此谈话的口吻,他不慌不忙地谈论着如何复兴欧洲的问题。既然大臣们很恭敬地和他交谈,可见万德利普同亿万富翁们是有关系的。万德利普的那本小册子说明了生意人的眼光,这种人除了生意什么也不知道。他们在观察欧洲时说:"也许事情不妙,一切都要完蛋。"这本书充满了对布尔什维主义的仇恨。他还谈到如何安排好生意方面的关系。从鼓动的意义上说来,这也是一本非常有意思的小册子,它比任何其他共产主义的小册子好,因为它的最后结论是:"我担心这位病人难以治好了,虽然我们可用来治病的钱和药很多。"

万德利普随身带来了一封给人民委员会的信。这封信很有意思,因为他用美国盘剥者十分露骨、无耻、粗鲁的口吻说道:"1920年我们是很强大的;到1923年我们的海军还要强大,可是日本妨碍我们扩张势力,所以我们要同它打仗,而打仗没有煤油和石油是不行的。假如你们把堪察加卖给我们,那我敢向你们保证,美国人民的热情就会大大高涨,使我们能承认你们。3月新总统的选举,我们党将获得胜利。假如你们把堪察加租给我们,我可以说,那时就不会产生这样的热情。"①这就是他那封信的几乎一字不差的全部内容。在我们面前的完全是一个赤裸裸的帝国主义,它认为它是那样的了不起,甚至不需要有任何掩饰。当我们接到这封信时,心里就在想必须紧紧抓住这个机会。美国共和党即将取得胜利,这证明在经济上他的说法是对的。美国南部有人投票反对民主党,这在美国历史上还是头一次。显然,这就是说,我们听到的这个帝国主义者的议论在经济上是正确的。堪察加属于前俄罗斯帝国。这是对的。现在它究竟属于谁,还不知道。它好像属于那个叫做远东共和国**136**的国家所有,但是这个国家的疆界还没有确定。诚然,有关这方面的某些文件正在起草,但是,第一,这些文件还没有拟好,第二,这些文件还没有得到批准。日本统治着远东,它在那里可以为所欲为。如果我们把法律上属于我们而事实上却被日本占领的堪察加让给美国,我们显然会得到好处。这就是我的政治论断的基础,根据这个论断,我们立即决定必须同美国订立合同。当然,这要讲讲价钱,如果我们不讲价钱,任何商人都不会尊重我们。因此,李

① 此处和《列宁全集》第2版第40卷第96—97页都是转述华盛顿·万德利普来信的内容,而不是引用他的原信。——编者注

可夫同志就去讲价钱,我们还起草了合同草案。到了快要签字时,我们说:"大家都知道我们是什么人,而您的身份是什么呢?"原来,万德利普并不能向我们提供保证。于是我们说,我们可以让步,本来这只是个草案,您自己说过,你们的党在大选获胜以后,这个草案才能生效,但是你们的党还没有获胜,因此,我们就等一等吧。事情的结果就是这样:我们起草了一个合同草案,还没有签字,草案规定把堪察加这块位于西伯利亚最东头和东北角的大片领土租给美国人60年,他们有权在那个有石油和煤炭的不冻港建造军港。

合同草案并没有什么约束力,我们随时都可以说还有不明确的地方而拒绝签订。即使如此,我们也不过是浪费了与万德利普会谈的时间和很少的几张纸而已,可是我们现在已经得到了好处。只要看看欧洲的消息就可以知道我们已经得到了好处。来自日本的每一条消息都谈到日本对拟议中的租让表示极大不安。日本声称:"我们不能容忍这样做,这侵犯了我们的利益。"——那就请你们去打败美国吧,我们对此是不会反对的。说得粗鲁些,我们已经挑唆日本和美国干起来了,并且我们从中得到了好处。在对美国人方面,我们也得到了好处。

万德利普的身份是什么?我们没有弄清楚,但是资本主义世界已经证明他是什么人,为一个普通公民,人们是不会向全世界发电讯的。当他启程离开我国时,电讯传向世界各地。他一再说取得了有利的承租权,并且到处赞扬列宁。这倒有点幽默的味道,但是,我想指出,在这种幽默中有一点政治。万德利普在这里结束了所有会谈之后,希望同我会晤。我同有关部门的负责人商量了一下,问他们我是否应当接见他。他们说:"让他更满意地回去吧。"万德利普来了,我们谈到所有这些事情,他还谈起他到过西伯利亚,熟悉西伯利亚,他和美国多数亿万富翁等等一样是工人出身,他还说他们只重视实际,只重视亲眼见到的东西。我就回答他说:"你们这些重视实际的人,可以看一看苏维埃制度是怎么一回事,你们在国内也来实行这种制度吧。"他朝我看了一下,对这种谈话方式感到吃惊,并且用俄语(全部谈话都是用英语进行的)对我说:"也许吧。"我惊奇地问他从哪里学的俄语。"那有什么,我在25岁的时候,骑马走遍了西伯利亚的很大一部分。"我再谈一个万德利普的带有幽默味的看法。在我们分别时,他说:"我回美国后一定说,密斯特列宁(密斯特就是我们所说的"先生")头上没有长犄角。"我没有马上悟过来,因为总的说来,我的英语不好。"您说什么?请再说一遍。"他是一个很有风趣的小老头儿,他用双手在太阳穴做了一个手势说:"没有长犄角。"当时有翻译在场,翻译说:"就是这个意思。"在美国,大家都以为我的头上一定长了犄角,也就是说,整个资产阶级都说我是魔鬼。万德利普说:"现在我应当说,没有长犄角。"我们非常客气地道别了。我表示,希望在两国友好关系的基础上,不仅签订租让合同,而且正常地发展经济互助。一切都是在这种气氛中进行的。后来就发表了报道从国外归来的万德利普谈话的一篇篇电讯。他把列宁比做华盛顿和林肯。万德利普曾经向我要一张亲笔签名的相片。我拒绝了,因为送相片就要写"送给某某同志",而写"送给万德利普同志"是不行的。写送给同我们签订租让合同的万德利普,也不行,因为租让合同将由正式上台的政府来签订。究竟该怎么写,我不知道。把自己的相片送给一个分明是帝国主义分子的人总是不合情理的。尽管如此,这种电讯还是传来了,由此可以明显地看出,整个这件事在帝国主义的政治中起了一定的作用。在万德利普取得承租权的消息传出以后,哈定(他现在已经当选为总统,但到明年3月才能就职)正式辟谣说:"我一点也不知道,我同布尔什维克没有来往,没有听说过什么租让。"这是在选举时说的,要是在选举时期承认同布尔什维克有来往,恐怕难免会失掉选票。所以他正式否认这一点。他们把这种消息提供给正在攻击布尔什维克的各家报纸,这些报纸完全控制在各帝国主义政党手中。我们从美国和日本得到的政治上的好处无疑是明显的。这种报导是有作用的,因为它具体地说明了我们愿意在什么样的条件下签订什么样的租让合同。当然,在报刊上不能谈论这些情况。这些情况只有在党的会议上可以谈,在报刊上我们不应该隐瞒这笔生意,它是有好处的,凡是会妨碍做这笔生意的话,我们一句也不应该讲,因为这件事对我们有极大的好处,它会削弱美帝国主义和日本帝国主义对付我们的力量。

这整个生意都是为了把帝国主义势力从我们这里引开,现在帝国主义者正坐在那里喘气,等待有利时机以便扼杀布尔什维克,而我们则在推迟这个时机。当日本在朝鲜干冒险勾当的时候,日本人对美国人说:"当然,我们能够战胜布尔什维克,但是你们为这件事给我们什么报酬呢? 把中国给我们吗? 中国我们本来就能占领,我们要走上1万俄里路去打布尔什维克,而美国人却在我们的背后。不,不能实行这样的政策。"假如当时有一条双轨铁路和美国在运输上的援助,日本人不消几个星期就会战胜我们。日本正在蚕食中国,不可能再穿过整个西伯利亚向西推进,因为后边有美国,它不愿意为美国火中取栗,正是这种情况解救了我们。

假如帝国主义列强打起仗来,那就更能解救我们。既然资本主义强盗个个都在磨刀霍霍,想杀死我们,而我们又不得不容忍这些恶棍,那我们确有必要让这些拿着刀子的人厮杀起来。两贼相争,好人得利。另外一个好处是纯粹政治上的好处,即使这项租让不能实现,只是一个租让草案也会带来好处。经济上的好处,就是它可以提供一部分产品。即使美国人拿走一部分产品,这也是有利的。堪察加有那么多的石油和矿藏，这些东西我们显然没有力量去开采。

我向你们指出了我们应该加以利用的帝国主义的一个矛盾，这就是日本和美国之间的矛盾；另一个矛盾是美国和其余资本主义国家之间的矛盾。几乎所有的资本主义"战胜国"都在战争中发了大财。美国很强大，现在所有国家都欠它的债，一切都仰赖于它，所以它们也就愈来愈恨它，它掠夺它们大家，而且是用非常独特的方式进行掠夺的。它没有殖民地。英国在战争中夺得了很多殖民地，法国也是如此。英国要把它抢来的一块殖民地的委任统治权（现在通用这样的说法）让给美国，但是美国不接受。美国商人显然打的是另一种算盘。他们看到，战争无论对于经济破坏还是对于工人的情绪来说都起了很明显的作用，并且断定，接受委任统治权对他们没有好处。当然，他们也决不容许其他国家来利用这块殖民地。一切资产阶级的书刊都证明反美情绪正在增长，而在美国主张同俄国达成协议的呼声也愈来愈高。美国同高尔察克缔结过关于承认和支持高尔察克的条约，然而他们吃亏了，得到的只是损失和耻辱。可见，我们所面对的是世界上最强大的一个国家，它到1923年将有一支比英国的还要强大的海军，然而这个国家却日益遭到其他资本主义国家的仇视。这种事态的发展我们应当估计到。美国不可能同欧洲国家和解，这是历史证明了的事实。谁也没有像英国派往凡尔赛的代表凯恩斯在他的小册子中那样生动地描绘了凡尔赛条约。他在这本书中嘲笑了威尔逊，嘲笑了他在签订凡尔赛条约时所扮演的角色。威尔逊在那里成了一个十足的傻瓜，被克列孟梭和劳合-乔治当做傀儡任意摆布。可见，一切都表明美国同其他国家是不能和解的，因为它们之间有着极严重的经济上的矛盾，因为美国比其他国家有钱。

　　因此,我们考察有关租让的一切问题要从这样一个角度出发:任何能够加剧美国和其他资本主义国家矛盾的最小机会,都要用双手抓住不放。美国必然同殖民地发生矛盾,如果它试图进一步触犯它们,那就会给我们以十倍的帮助。在殖民地,愤怒的情绪在沸腾,一旦触犯它们,那就不管你是否愿意,不管你是否有钱(愈有钱愈好),那你就是在帮我们的忙,而万德利普先生们就会完蛋。正因为如此,这个矛盾是我们主要的着眼点。

　　第三个矛盾是协约国同德国之间的矛盾。德国战败了,受到凡尔赛条约的压制,但是它拥有极大的经济潜力。按经济发展程度来说,如果美国占世界第一位,那德国就占世界第二位。专家们甚至认为,在电力工业方面,它超过了美国,你们知道,电力工业有极大的意义。在广泛使用电力方面,美国领先,而在技术的完善方面,德国居上。凡尔赛条约正是强加在这样一个国家头上,它当然不能忍受。德国是最强大最先进的资本主义国家之一,它不可能忍受凡尔赛条约,德国本身是个帝国主义国家,然而是一个被征服了的国家,所以它必然要寻找同盟者来反对全世界的帝国主义。这就是我们应当加以利用的一个情况。凡是能够加剧美国和协约国其他国家之间、整个协约国和德国之间对抗的因素,我们都应该从租让的角度加以利用。因此必须设法吸引他们,因此米柳亭答应送来而且已经送来,即将散发的小册子中刊载了人民委员会的法令,这些法令的写法就是为了使目前这些租让项目具有吸引力[137]。这本小册子还附了地图,加了说明。我们要把它译成各种文字,想方设法广泛发行,争取德国去反对英国,因为对德国来说租让是一条生路。我们要争取美国反对日本,争取整个协约国反对美国,争取整个德国反对协约国。

　　这就是完全打乱了帝国主义者的一切阴谋诡计的那三个矛

盾。这就是关键所在。因此从政治观点看来，必须真心赞成租让，或者不说什么真心，而是经过通盘考虑赞成租让。

现在我来谈谈经济。当我们谈到德国时，我们已经谈到了经济。在凡尔赛和约缔结之后，德国在经济上是不能生存的，而且不仅是德国，一切战败国都是如此，例如原来的奥匈帝国，尽管它的一部分成了战胜国，但是它在凡尔赛条约束缚下也不能生存。在中欧，这是一个有着强大的经济和技术实力的最大的联盟。从经济观点看来，恢复世界经济是需要它们的。如果仔细地读几遍11月23日的租让法令，你们就可以看出，我们强调世界经济的意义，并且是有意这样做的。这无疑是正确的观点。要恢复世界经济，就必须利用俄国的原料。不利用俄国原料就不行，这样说在经济上是正确的。研究经济学并且从纯粹资产阶级观点看问题的十足的资产者承认这一点，写《和约的经济后果》一书的凯恩斯承认这一点。走遍整个欧洲的金融巨头万德利普也承认这一点，他认为经济所以不能恢复，是因为现在全世界原料太少，战争把原料消耗殆尽。他说，必须依靠俄国。于是俄国现在出现在全世界的面前了，它声明：我们正着手恢复国际经济，这就是我们的计划。这样说在经济上是正确的。苏维埃政权在这个时期巩固了，不仅本身巩固了，并且还提出了恢复全世界经济的计划。提出把国际经济同电气化计划联系起来在科学上是正确的。我们依靠自己的计划确实不仅得到了全体工人的同情，也得到了明智的资本家的同情，尽管他们认为"这是些可怕的布尔什维克恐怖分子"等等；因此，我们的经济计划是正确的，一切小资产阶级民主派读了这个计划，都会倒向我们这一边，因为帝国主义者已经厮打够了，而我们提出了连技术专家和经济学家也无法反对的计划。我们正在转向经济方面，并向全世界提出积极的建设纲领，阐明在经济上有根据的远景，俄国考察远景,不再把自己当做像以往那样破坏其他国家经济的利己主义的中心,俄国是从全世界的角度来提出恢复经济的建议的。

我们再从反对资本主义这一方面来考察一下这个问题。我们经常说,我们要把全世界建立在合理的经济基础上,这无疑是正确的。毫无疑问,如果很好地采用现代化的机器,那么依靠科学的帮助便可以迅速地恢复整个世界经济。

我们是在进行一种特殊的生产宣传,我们向老板们说:"资本家先生们,你们真不中用;你们在破产,我们却在按照自己的方式进行建设,因此,先生们,不是到了同我们妥协的时候了吗?"全世界所有的资本家尽管有些犹豫,但不得不回答说:"大概是时候了,让我们来签订通商条约吧。"

英国人已经拟了一个草案送给我们[138]。这个草案正在讨论中。现在一个新的时期到来了。他们在战争中已经失败了,现在要在经济方面作战了。这一点我们完全懂得。我们从来也没有幻想我们打完仗,和平就会到来,社会主义牛犊和资本主义豺狼就要互相拥抱了。没有这样想。你们要在经济方面同我们作战,这是一大进步。我们向你们提出一个世界性的纲领时是从世界国民经济的观点来考察租让问题的。这在经济上是不容争辩的。任何一个提出国民经济问题的工程师和农艺师都不会否认这一点。很多资本家也在说:"没有俄国,就不会有巩固的资本主义国家体系",但是,我们是作为按另一计划来建设世界经济的人提出这个纲领的。这有很大的宣传意义。即使我们一项租让也没有实现(我认为这是完全可能的),即使纷纷谈论租让,结果只是召开几次党的会议,颁布若干法令,而租让一项也没有实现,我们还是得到了一点好处。且不说我们已经提出了经济建设计划,我们正在把一切遭受战争破坏的国家吸引到我们这边来。我在第三国际即共产国际[20]的代表大会上说过,全世界已经分成被压迫民族和统治民族①。被压迫民族至少占全世界人口的70%。凡尔赛和约又使被压迫民族增加了1亿或1.5亿人口。

的确,我们现在不仅是全世界无产者的代表,而且是各被压迫民族的代表。不久以前共产国际出版了一种叫做《东方民族》[139]的杂志。共产国际为东方各民族提出了这样的口号:"全世界无产者和被压迫民族联合起来!"有同志问道:"执行委员会是在什么时候下命令更改口号的?"这一点我确实想不起来了。当然,从《共产党宣言》的观点来看,这样的提法是不正确的,但是,《共产党宣言》是在完全不同的条件下写成的,而从现在的政治情况来看,这样的提法是正确的。各种关系已经尖锐化了。整个德国在沸腾,整个亚洲在沸腾。你们知道,印度正在酝酿革命运动。中国对日本人的仇恨是很强烈的,对美国人也是如此。德国对协约国的那种切齿仇恨,只有见过德国工人怎样仇恨本国资本家的人才能体会到;结果俄国就成了全世界一切被压迫的人民的直接代表;事物的进程已使各族人民习惯于把俄国看做向往的中心。不久以前格鲁吉亚的孟什维克报纸写道:"现在世界上有两种力量:协约国和苏维埃俄国。"孟什维克是什么样的人呢?这是一些看风使舵的人。当我们在国际上软弱无力的时候,他们高喊:"打倒布尔什维克。"当我们开始强大起来的时候,他们高喊:"我们是守中立的。"当我们打退了敌人的时候,他们说:"是的,现在有两种力量。"

在租让法令中,我们代表全人类提出了在利用世界各地原料的基础上恢复世界经济力量这样一个在经济上无可非议的纲领。对我们来说,重要的是使什么地方都没有饥饿。你们资本家不能消灭

---

① 见本卷第275页。——编者注

饥饿,而我们能够消灭它。我们是全世界70%的人口的代表。这一点将产生影响。不管草案结果如何,它在经济上是不容争辩的。甚至不管租让合同是否签订,它在经济方面是具有意义的。

正如你们所见到的,我不得不作了很长的说明来证明租让的好处。当然,从获得产品的意义上说来,租让对我们也是很重要的。这是绝对正确的,但是主要点还在于政治方面。在召开苏维埃代表大会之前,你们会拿到一本厚达600页的书,这是俄罗斯电气化计划。这个计划是许多优秀的农艺师和工程师周密考虑过的。没有外国的资本和生产资料的帮助,我们就不能很快执行这个计划。但是,要取得帮助,就必须付出代价。在这以前,我们同资本家打仗,他们对我们说:我们不是扼死你们,就是强迫你们清偿200亿债务。但是,他们并不能扼死我们,我们也不会向他们清偿这些债务。现在我们还能拖一些时间。我们需要经济援助时,我们就同意偿付你们,这就是问题的提法,其他任何提法在经济上都是毫无根据的。俄国的工业已经破产,工业水平降到战前的$\frac{1}{10}$,甚至更低。如果三年以前有人对我们说,我们要同整个资本主义世界打三年仗,我们是不会相信的。现在有人对我们说:但是,在战前的国民财富只剩下$\frac{1}{10}$的情况下,要把经济恢复过来,这是更加困难的任务。的确,这比打仗更困难。打仗只要依靠工人群众的热情和农民防备地主的热情就可以了。现在不需要防备地主了,现在是在农民从未经历过的条件下来恢复经济。在这方面要取得胜利不是靠热情、冲击、自我牺牲精神,而是靠枯燥的、琐碎的每天的日常工作。这项工作无疑是更加困难的。从哪里取得所需要的生产资料呢? 要吸引美国人,就得付给他们代价,因为他们是做买卖的。而我们拿什么来支付呢? 拿黄金吗? 可是,黄金我们不能随便浪费。黄金我们剩得不多了。我们的黄金甚至还不够实现电气化纲领用的。制定这个纲领的工程师认为,至少要11亿金卢布才能实现电气化纲领。但是我们没有这样多的黄金储备。给原粮是不可能的,因为我们还不能养活我国所有的人。当人民委员会讨论给意大利人10万普特粮食问题时,粮食人民委员部的人就站起来拒绝了。我们对每一列火车的粮食都要进行争论。没有粮食就不能发展对外贸易。那么,我们到底给什么呢?不值钱的东西吗?不值钱的东西他们自己有的是。有人说,我们拿粮食来做买卖吧,可是我们拿不出粮食来。因此,我们要靠租让来解决问题。

现在我来谈下一点。租让会产生新的危险。我指的是我在开始时已经谈过的那一点,就是来自基层,来自工人群众的呼声:"不要听从资本家的,这是一些精明狡猾的家伙。"听了这种话令人很高兴,因为可以看到,誓与资本家斗争到底的广大群众正在成长起来。斯捷潘诺夫同志在他的一些文章中像讲课似地作了全面论述(我先把反对租让的理由一一列举出来,然后再说明为什么必须实行租让。但是,有的读者还没有读到精彩的部分,就会以为不需要租让,而把这些文章丢下不读了),他的文章中有正确的见解。不过,他认为不要对英国实行租让,以免招来洛克哈特,这一点我不同意。当肃反委员会刚刚成立,还没有像现在这样严密的时候,我们就已经能够对付洛克哈特了。如果在三年战争之后我们还不会抓特务,那应当说,这种人不配管理国家。我们正在完成无比困难的任务。例如,克里木现在有30万个资产阶级分子。这是将来投机倒把、间谍活动以及给资本家各种帮助的根源。但是,我们并不怕他们。我们说,我们要掌握他们,安排他们,制服他们,改造他们。

所以,认为某些租让项目引来的外国人对我们很危险,或者说我们管不了他们,那是可笑的。如果是这样的话,那何必多此一举,何必去管理国家。这纯粹是一种组织任务,不值得多谈。

　　但是,如果认为租让就是和平,那当然是极其错误的。完全不是这么回事。租让不过是战争的新形式。欧洲同我们作过战,而现在战争正转入一个新的领域。以前战争是在帝国主义者无比强大的方面即军事方面进行的。如果计算一下双方的加农炮和机枪的数目,计算一下双方政府能够动员的士兵的数目,就会知道,我们本来在两周内就会被击溃。但是,我们在这方面挺住了,而且我们正在继续打下去,正在转向经济战争。我们说得很明确,租让的地块、租让的方格一边将是我们的方格,接下去又是他们的方格;我们要挨着他们开办自己的企业,学习他们如何经营模范的企业。如果我们做不到这一点,那就什么也不用说了。按照现在最新的技术成就进行装备,不是一项容易的任务,这需要学习,在实践中学习,因为依靠任何学校、大学、训练班都不能做到这一点,因此我们要按棋盘的格式设置租让企业:来吧,就在这里学习。

　　租让企业在经济上对我们有很大好处。当然,它们在建设一些工人村时,将带来资本主义习气,腐蚀农民。但是应该加以注意,应该处处用自己的共产主义影响加以抵制。这也是一场战争,是共产主义和资本主义这两种方式、两种形态、两种经济的军事较量。我们一定能够证明,我们更有力量。有人对我们说:"好吧,你们在外部战线上挺住了,开始建设吧,去建设吧,看看究竟谁胜利……"　当然,任务是艰巨的,但是,我们过去和现在一直在说:"社会主义有榜样的力量。"暴力对那些想要恢复自己政权的人能起作用。但是暴力的作用也仅限于此,超出这个范围,起作用的则是影响和榜样。必须实际地表明,即用榜样来表明共产主义的意义。我们没有机器,战争破坏了我们的经济,战争耗费了俄国的经济资源,但是我们仍然不怕这种较量,因为它在各方面对我们都有利。

　　这也将是一场不能作丝毫让步的战争。这场战争在各方面对我们都有利,由旧的战争转到这场新的战争对我们就有利,何况对和平还有某些间接的保障。我在一次会议(《真理报》对这次会议的报道是不成功的)上说过,我们现在已由战争转向和平,但是我们并没有忘记,战争还会死灰复燃①。只要存在着资本主义和社会主义,它们就不能和平相处,最后不是这个胜利,就是那个胜利;不是为苏维埃共和国唱挽歌,就是为世界资本主义唱挽歌。这是战争的延期。资本家是会找借口来打仗的。如果他们接受建议,签订租让合同,他们就会更加困难。一方面,一旦战争爆发,我们有最有利的条件;另一方面,那些要打仗的人是不会接受租让的。租让的存在就是反对战争的经济根据和政治根据。如果那些可能同我们作战的国家接受租让,这就使它们受到约束,不能同我们作战。我们十分重视这种约束,所以我们不怕付出代价,况且我们是用自己开发不了的生产资料来支付的。为了开发堪察加,我们要付出10万普特石油,我们自己得该数的2%,我们是用石油偿付的。如果我们不付出代价,那我们连两普特石油也得不到。不错,这是重利盘剥的价格,但是只要资本主义存在一天,就不能期待它会同意公道的价格。但是好处是明显的。从资本主义同布尔什维主义冲突的危险性来看,应当说租让是战争的继续,但这是另一种范围内的战争。必须监视敌人的每一个行动。需要用各种办法来进行管理、监督、影响和诱导。这同样是一场战争。我们已经在一场规模比较大的战争中战斗过,而在这场战争中我们要动员比上次更多的人来参加。要动员每一个劳动者参加这场战争,要向他们说:"如果资本主义做了一点事情的话,那么你们工人和农民在推翻资本家之后,就不应当比他们做得少。学习吧。"

---

① 见《列宁全集》第2版第40卷第43页。——编者注

我相信苏维埃政权一定会赶上和超过资本家,我们将不仅赢得纯粹经济方面的好处。我们将得到这微不足道的 2%,这确实很少,但毕竟有了一点东西。此外,我们一定会获得科学知识和技能。如果没有实际本领,任何学校、任何大学都是一钱不值的。你们会从米柳亭同志要拿给你们的小册子所附的地图上看到,我们要租让的地方大部分是在边疆地区。在俄国欧洲部分的北部有 7 000 万俄亩森林。要租让的有 1 700 万俄亩。我们的林场已经按棋盘格式划好,这些森林都在西西伯利亚和北部边远地区。我们任何东西都不会丧失。主要的企业在物产无限丰富的西西伯利亚。我们在 10 年内连这些宝藏的 1% 也无法开发。如果我们把一个矿租让给外国资本家,在他们的帮助下,我们就有可能开发自己的矿。至于租让哪些地区,我们是有选择的。

从监督的观点来看怎样安排租让呢?他们企图腐蚀我们的农民、我们的群众。作为小业主的农民,其本性是倾向自由贸易的,而我们则认为这种行为是犯罪的。国家要同这种行为进行斗争。正是在这方面我们应当让社会主义和资本主义这两种经营方式较量较量。这也是一场战争,在这场战争中我们也应当进行坚决的战斗。我们这里发生了严重的歉收,饲料缺乏,牲畜死亡,此外,还有大片土地弃置未耕。最近将颁布一项关于尽力争取全部播种和改善农业的法令[140]。

其次,我们还有 100 万俄亩荒地没有开垦,因为我们没有耕畜,没有必要的工具。如果用拖拉机,这些土地要耕多深就可以耕多深。因此,出租这些土地对我们有利。即使我们交出一半甚至四分之三的产品,那对我们还是有好处。这就是指导我们行动的政策,而且我可以说,不仅经济上的考虑和世界经济的形势应该是行动的基础,政治上的深谋远虑也应该是行动的基础。对这件事情的任何其他看法都是目光短浅的看法。如果提到租让在经济上的利害问题,那它在经济上的好处是无可争辩的。不实行租让,我们就不能实行我们的纲领和国家电气化;没有租让,就不能在10年内恢复我国的经济,而只有我们恢复了经济,我们才不会被资本打败。租让并不是同资本主义讲和,而是一场新领域内的战争。经济战争正在代替用武器和坦克进行的战争。诚然,这场战争也包含着新的困难和新的危险。但是我相信,我们一定能够克服这些困难和危险。我坚信,如果这样提出租让问题,我们就容易使党内大多数同志相信实行租让是必要的,而我所谈的那种本能的恐惧则是一种有益的和健康的恐惧,我们要把这种恐惧变成一种动力,来推动我们在即将到来的经济战争中更快地取得胜利。

载于 1923 年《列宁全集》俄文
第 1 版第 17 卷

选自《列宁全集》第 2 版第 40 卷
第 58—80 页

2

总 结 发 言

同志们！递给我的字条太多了，我不能全部答复。不过，大部分论据在辩论中已经遭到了反驳，因此我先就《论租让》这本小册子发表一些意见。我要谈得比较详细一点。洛莫夫同志在一页半的序言中把问题叙述得太简略了。接着是 11 月 23 日的法令，这个法令阐明了关于世界经济利益的思想。"恢复俄国生产力以及整个世界经济的过程，可以通过如下途径而大大加速，这就是吸引外国的国家机构和地方机构、其他国家的私人企业、股份公司、合作社和工人组织来参加开发和加工俄国的天然财富。"当然，这只有宣传上的意义，但是在经济上也是无可争辩的。世界经济需要恢复。资本主义正是这样在行动，我们也提出了自己的建议，然而现在世界经济仍然是资本主义的经济。

我们想吸引外国人。因此，在法令的结尾部分列举了如下一些条件：

第一条："承租人将按照合同规定，得到一部分产品作为报酬并有权运出国外。"不这样规定他们是不会干的。至于多大一部分，没有讲。在这种情况下，将为这一部分产品而发生斗争。我们将同他们讨价还价，将同他们争来争去，而且我们中的任何一方都会盘算得失。这里有同志说，要特别注意。这是完全正确的。

第二条："如果大规模地采用特殊的技术革新，承租人将获得贸易上的优惠权（例如：在机器采购方面，在签订大宗订货的专门合同方面,等等)。"什么是贸易上的优惠权呢？这就是我们把签订合同的优惠权给予某个公司,而不给予其他公司。而如果哪个公司获得承租权的话,我们也可以从它那里把租让企业赎回来,也许我们要多付给它一点钱。但最主要的是,他们要给我们机器。我觉得这个想法是够清楚的了,因此我们将仍然对宣传要点表示支持。

第三条:"长期租让的期限将根据租让企业的性质和条件来定,以保证充分补偿承租人所担的风险和投入租让企业的技术设备。"这里谈的是租让期限的长短问题。这种期限根本没有规定,我们不可能用另外的条件把堪察加租出去。费多托夫和斯克沃尔佐夫同志讲得对,这是一种特殊的租让。我们实行这种租让是基于一些重大的政治上的考虑。在这种条件下实行租让,我们愿意把我们自己所不需要的东西租让出去;虽然失去一些东西,但我们无论在经济上还是在政治上都不会吃亏。

第四条:"俄罗斯联邦政府保证承租人投入企业的财产既不会收归国有,也不会没收或征用。"而你们没有忘记我们还有法院吧。这是一句仔细斟酌过的、对我们极有利的话。起初我们想讲明这一点,后来作了反复考虑,决定还是不讲为好。开口为银,闭口是金嘛。既不会没收,也不会征用,而法院还在嘛,况且法院是我们的。据我所知,我们的法院是由苏维埃选派的人组成的。至于我个人,那我根本没有那种阴暗的看法,认为我们的法院不行。因此我们就是要利用法院。

第五条:"承租人有权为自己在俄罗斯联邦境内的企业雇用工人和职员,但要遵守劳动法典或专门合同的规定,专门合同要保证遵守对工人和职员所规定的劳动条件,以保护他们的生命和健康。"这里没有任何要小心谨慎的地方。如果工人举行罢工,而且罢工又是合理的,那我们就可以暗中支持罢工者。资本家拿什么来威胁呢？"我们要把你赶到马路上去,你就得挨饿。"而这时,罢工者也许会从一个什么地方得到口粮,要知道这是由我们掌握的。我们可以而且要发给他们口粮。而如果罢工是不明智的和不合理的,那可以把他们送交苏维埃,在那里把他们好好地批一下,就像让他们洗一个澡。这里已经写上,说有一个专门的合同,这一点说得很谨慎。不过,这是一个例外,只适用于堪察加,因为我们还无法在那里建立任何苏维埃机关。在这种情况下,万德利普一定会说:那就订立一个专门合同吧。但是,把我们的法律用于堪察加,我们自己还没有试过。

第六条:"俄罗斯联邦政府向承租人保证决不以政府的任何命令或法令单方面改变租让合同的条款。"我们不会单方面改变合同条款,因为那样的话谁也不会来承租。这就是说需要一些中间人。谁来当中间人呢？中立国家都是资本主义国家。工人组织来当吗？也许我们不得不邀请孟什维克的工人组织来当。在西欧,这种组织占多数。也许孟什维克将按数序来决定:双数的话,他们支持布尔什维克,单数的话,他们支持资本家。如果我们不能达成协议,可以撕毁合同。就是存在着这种危险,但是,如果合同是财产方面的,这是允许的。从国际法的基本原则来看,这是一种私人合同,你可以撕毁它,但要赔偿。如果你撕毁了合同,你就得赔偿。在以往实行国际法方面有过这种情况:在战争期间因误会而击沉了别国的船只。原以为这是敌国的船只,而结果却是中立国的船只。怎么办？赔偿。这里的情况也是这样,在万不得已时只有赎免。摆脱战争的出路始终是存在的。当然,战争归根到底是主要的和根本的理由。当然,在世界上还存在资本家的时候,只要你是一个社会主义国家的话,就要准备打仗。再说,现在我们已经焦急了,可是还没有一个人来承租。有些同志说:"好啦,战争终于结束了,现在人们会纷纷向我们涌来了",而我一再说,还有可能根本没有人想来承租。

第一章:《西西伯利亚的森林租让》。北方的海路已打通,我们可以向外运输了,但是我们没有船只。一位同志告诉我说,到我们这里来了一些代表,他们想得到按棋盘格式划分的6 000俄亩森林。一本关于北方的小册子谈到,如果把彼得格勒目前多余的电站拿出来,我们就可以把它们用于北部地区木材的外运,还可以发展这种生产,使我们一年能得到50万金卢布。而实行全部电气化,根据国家委员会的计算,要花11亿金卢布。我们能否做到这一点,还是个问题。但是实行租让就能使我们易于完成这项任务。要是日子好过,就不会提出租让,但是现在过着挨饿的生活,需要想方设法摆脱困境,让人民休养生息,那就只好另作打算了。

第三章:《西伯利亚的矿业租让》。西伯利亚的铜矿资源极为丰富。铜在世界经济中非常有价值,它是电气化所需的主要金属之一。我们提出租让,不知道谁会来承租。是美国呢,还是德国人?美国会考虑,如果它不承租,那德国就要承租。

一旦我们实行了电气化,我们在经济上就会强大百倍。那时,我们将用另一种语言来讲话。那时,我们将要谈赎买问题。他们知道,社会主义社会不仅能很快地建立起红军,而且在某些其他方面也能取得较快的进展。

下面讲讲单项租让。光是在俄国的欧洲部分,就有300万俄亩土地。其中,在原先的顿河军屯州有80多万俄亩。没有建立国营农场,也没有耕畜。沿乌拉尔河一带,整个整个的村镇被破坏,大片上好的生荒地无人开垦。我们即使把种出来的小麦的$\frac{3}{4}$给人家,那还将得到$\frac{1}{4}$。我们的运输需要加强,我们可以谈好条件,争取买到较便宜的拖拉机。

如果我们不能开垦这300万俄亩上好的土地(每俄亩可以提

供 100 普特麦子），那这究竟是一种什么样的经济呢？那这究竟是一种什么样的政策呢？

这件事对意大利人有好处，意大利正处于革命的前夜。在意大利，人们反对革命的主要论据是："我们会没有吃的，资本主义列强是不会给我们粮食的。"而一个社会主义强国则说："我有 300 万俄亩土地，我有石油和汽油。"应当懂得，鼓动可以从各方面进行，说明资本主义是一只快死的野兽，应当把它勒死。我们看到了很多情况。欧洲人所处的情况正如过去俄国人从痛苦的战争走向革命的情况一样。在他们那里，战争已经结束；他们现在靠掠夺别的民族来生活。因此，这个论据就更有分量。他们不能够恢复经济，而我们却提出现在开始恢复经济的问题。这里既有政治上的论据，又有社会主义的鼓动，二者结合起来，不过形式不同罢了。应当善于进行宣传鼓动，否则国民经济计划就要落空。而我们不仅是鼓动家，我们还是一个反对世界上一切资本主义国家的社会主义共和国。你们不会经营管理，而我们却会。这方面是可以比一比的。

载于 1963 年《苏共历史问题》杂志第 4 期

选自《列宁全集》第 2 版第 40 卷第 81—85 页

全俄苏维埃第八次代表大会文献[141]

（1920 年 12 月）

3

全俄中央执行委员会和人民委员会
关于对外对内政策的报告

（12 月 22 日）

（听众高呼："列宁同志万岁！"掌声如雷，热烈欢呼。）同志们，我现在来作关于政府对外对内政策的报告。我认为我的报告的任务，不是向你们一一列举工农政权的法案和措施，即使是一些极其重大的或者是极其重要的法案和措施。我认为，谈这个时期的各种事件也不会使你们感到兴趣，并且没有多大的意义。我认为，应该力求总结出这一年我们所取得的主要教训，这一年来我们政策的变化之大，并不亚于革命的头几年，而且应该根据对这一年的经验教训的总结来确定我们当前最迫切的政治任务和经济任务。无论从提交你们审议和批准的法案或已采取的一切措施中都可以看出，苏维埃政权现在把最大的希望寄托在这些任务上，认为这些任务比什么都重要，希望我国经济建设事业会因完成这些任务而取得重大的成就。因此，请允许我只

简要地谈一谈共和国所处的国际形势和过去一年对外政策方面
的主要总结。

当然,你们大家都知道,波兰的地主和资本家在西欧的——
而且不仅是西欧的——资本主义国家的压力和逼迫下,把战争
强加给了我们。你们知道,我们今年4月曾建议波兰政府缔结
和约,当时提出的条件比现在的条件对它有利得多,只是在万不
得已的情况下,在我们同波兰的停战谈判已经完全失败以后,我
们才不得不进行战争。虽然我们的部队被战争弄得筋疲力尽而
在华沙城下遭到了十分惨重的失败,但是这场战争的结果,却签
订了一个比我们4月间向波兰提出的对我们较为有利的和约。
同波兰的初步和约已经签订,现在正在进行关于签订正式和约
的谈判。我们丝毫也不向自己隐瞒这种危险:某些最顽固的资
本主义国家,以及某些俄国白卫分子集团正在施加压力,竭力使
这次谈判无法签订和约。但是,我们应该说,协约国[19]的旨在对
苏维埃政权进行武装干涉和武装镇压的政策日益破产;而我们
正在把为数愈来愈多的、坚决站在敌视苏维埃政权立场上的国
家争取到我们的和平政策这方面来。签订和约的国家的数目日
益增多,很可能最近就会同波兰签订正式和约,这样一来,又会
给企图用武力拔除我们政权的资本主义势力联盟一个极其严重
的打击。

同志们,你们当然也知道,我们所以在对波战争中暂遭失利,
我们所以在战争的某些时候处于严重的境地,是由于我们当时还
得和弗兰格尔作斗争,弗兰格尔当时已经得到一个帝国主义强国
的正式承认[142],并且得到了巨大的物质援助,包括军事以及其他
方面的援助。我们为了尽快结束战争,不得不迅速集中部队,给弗
兰格尔一个决定性的打击。你们当然知道,红军攻克了连军事专

家和军事权威都认为攻不破的障碍和工事，表现了非凡的英勇精神。我们彻底地、坚决地、非常迅速地打败了弗兰格尔，这个胜利是红军史上光辉的篇章之一。白卫分子和帝国主义者强加给我们的战争就这样结束了。

我们现在能够更加信心百倍、坚定不移地着手进行我们一心向往的、迫切需要的和早就吸引着我们的经济建设事业，并且深信资本家老板们不能再像从前那样轻而易举地来破坏这项工作了。但是，我们当然要随时戒备。我们决不能说，我们保证不会再遇到战争。所以不能作这种保证，完全不在于我们还没有签订正式和约。我们很清楚：弗兰格尔的残部还没有被消灭，而且就躲藏在不很远的地方，受到资本主义列强的庇护，并靠资本主义列强的帮助正在重整旗鼓；俄国白卫分子组织也在加紧活动，企图重新建立某些部队，同弗兰格尔现有的力量配合，在适当的时机重新进攻俄国。

因此，我们在任何情况下都应该保持战斗准备。我们并不认为已经给了帝国主义打击就行了，我们无论如何都要使自己的红军随时保持一切战斗准备，加强它的战斗力。这一点当然不能因为一部分军队的遣散和迅速复员而受到妨碍。我们估计，红军和它的指挥人员在战争期间所取得的巨大经验现在会帮助我们改善红军的素质。我们要努力做到，在裁减军队以后，我们将保留红军的基本核心，它不会使国家的开支负担过重，同时在军队数量减少的情况下，我们要比以前更好地保证：一旦需要，能够重新组织和动员更多的军事力量。

我们相信，所有支持白卫分子搞阴谋反对我们而遭到很大损失的邻国，已经充分地接受了不容置疑的经验教训，并且真正认识到了我们的和解诚意，这种诚意过去总被人当做我们软弱的表现。

它们在取得三年的经验以后应该相信,在我们表示最坚定的和平愿望的同时,我们在军事方面也是有准备的。所以任何对我们发动战争的尝试,对于那些卷入这种战争的国家来说,都将意味着它们通过战争和战后所得到的条件,还不如不进行战争和战前所能获得的条件。这一点对于若干国家来说已经得到了证实。这就是我们取得的战果,我们不会放弃这个战果,同时,包围着我们的或者同俄国在政治上打交道的任何一个国家也不会忘记这一点。因此我们和邻国的关系正在不断地改善。你们知道,我们同许多和俄国西部边疆毗连的国家正式签订了和约,这些国家从前都属于前俄罗斯帝国,现在苏维埃政权根据我国政策的基本原则已经无条件地承认了它们的独立和主权。建立在这个基础上的和平完全可能比资本家和西欧某些国家想要得到的更巩固。

同拉脱维亚政府的关系,我应该说,有一个时期似乎关系在恶化,甚至使人可能产生断绝外交关系的念头。然而我国驻拉脱维亚代表最近的报告正好指出:政局已经发生变化,许多误会和引起不满的正当原因都已消除。我们在最近和拉脱维亚建立密切的经济关系的希望很大,在同西欧进行商品交换时,拉脱维亚自然要比爱沙尼亚以及其他同俄罗斯联邦毗连的国家对我们更加有用处。

同志们,我还应该指出,这一年来,我们的政策在东方取得了巨大的成绩。我们应该祝贺布哈拉[143]、阿塞拜疆和亚美尼亚这三个苏维埃共和国的成立和巩固,它们不仅重新取得了完全的独立,而且由工农掌握了政权。这些共和国证明:苏维埃政权这一思想和原则不只是在工业发达的国家内,不只是在拥有无产阶级这个社会支柱的国家内容易被理解并能迅速得到实现,就是在以农民为基础的国家内也是这样。农民苏维埃这一思想取得了胜利。掌握在农民手里的政权是有保障的;他们掌握了土地、生产资料。各农民苏维埃共和国和俄罗斯社会主义共和国的友好关系已经由于我们政策的实际成果而得到了巩固。

我们还可以对即将同波斯签订条约[144]表示祝贺,和波斯的友好关系是有保证的,因为一切遭受帝国主义压迫的民族的根本利益是一致的。

我们还应该指出,我们和阿富汗,尤其是和土耳其的友好关系愈来愈协调,愈来愈巩固。在对待土耳其这个国家方面,协约国竭力使它和西欧各国之间不能建立一点正常关系。尽管资产阶级进行种种阻挠和施展种种阴谋诡计,尽管在俄国周围还存在着资产阶级国家,但是,上述情况随着苏维埃政权的巩固,愈来愈使俄国和东方各被压迫民族的联盟和友好关系不断巩固起来,因为帝国主义全部政策中的最主要之点就是对于不幸未能置身于胜利者之列的各民族施用暴力,而这种帝国主义的世界政策也就促成了一切被压迫民族的接近、联盟和友好。我们在这方面以及在西方同比较欧化的国家的关系方面所取得的成绩,表明现在我们对外政策的原则是正确的,我们所处的国际形势的好转是有坚实的基础的。我们相信,尽管帝国主义者施展一切阴谋诡计(当然,这总归会使这个或那个国家和我们发生争端的),只要我们继续执行爱好和平的政策,只要我们作出让步(而我们必须作出让步,才能避免战争),我们政策的基本路线和由帝国主义政策本质产生的基本利益就会显示出它们的作用,并且使俄罗斯联邦同它周围愈来愈多的邻国的联系日益密切起来。而这就保证我们能够真正专心从事经济建设事业,能够在一个比较长的时间内安心地、坚决地和满怀信心地进行工作。

我还应当指出,现在正在和英国进行签订贸易协定的谈判。可惜,这个谈判拖的时间大大超出了我们所期待的日期,但这决不能怪我们。早在 7 月间苏维埃军队取得空前胜利的时候,英国政府向我们正式提出使贸易关系得以建立的议定书,我们表示完全同意,然而从那时候起,这件事一直受到英国政府和英国国内派别斗争的阻碍。我们发现英国政府犹豫不定,扬言要和我们完全断绝关系,要立即派舰队开往彼得格勒。我们看到了这一点,但我们同时也看到英国到处成立了"行动委员会"[145]来回答这种威胁。我们看到,在工人的压力下,一些极端的机会主义分子及其领袖不得不走上这条他们自己昨天还在加以谴责的完全"违宪的"政策轨道。结果,劳动群众的压力和觉悟的力量,冲破至今还在英国工会运动中占着统治地位的孟什维主义的偏见,给自己开辟了道路,连连折断了帝国主义者好战政策的矛头。现在我们仍然执行和平政策,仍然赞成英国政府提出的七月草案。我们愿意立即签订贸易协定;这个协定直到现在还没有签订,这只能归咎于英国统治集团中的某些派别,因为它们想破坏这个贸易协定,它们不仅违背多数工人的意志,甚至也违背英国资产阶级多数人的意志,而想再次放手进攻苏维埃俄国。这是它们的事。

英国某些有势力的集团,即金融资本和帝国主义者的集团推行这种政策愈久,金融情况就愈紧张,资产阶级英国和苏维埃共和国之间现在所必需的部分协定就愈难签订,帝国主义者不得不接受全部协定而不是部分协定的日子就会愈临近。

同志们,我应该说,同英国的这个贸易协定有关的我国经济政策的一个极重大的问题,就是租让问题。今年 11 月 23 日公布的租让法令,是苏维埃政权在报告总结的这段期间内通过的最重要的法令之一。当然,你们大家都看过这个法令了。你们大家都知道,我们现在公布了一些补充材料,这些材料可以使苏维埃代表大会的全体代表对这个问题有充分的了解。我们所发表的单行本不仅附有这个法令的全文,而且还开列了粮食、森林和矿业等最主要的租让项目。我们已经采取措施,使我们所公布的这个法令的全文尽快地传到西欧各国去,并且希望我们的租让政策在实践上也将获得成功。至于这个政策在一个社会主义苏维埃共和国,而且是一个落后的弱国会引起什么危险,我们决不视而不见。只要我们苏维埃共和国还是紧挨着整个资本主义世界的一个孤立地区,那种认为我国经济完全可以独立和各种各样的危险已经消失的想法,就是十分可笑的幻想和空想。当然,只要这种根本对立还存在,危险也就存在,并且不能避免。我们只要站稳脚跟,就能克服这些危险,要善于把较大的危险和较小的危险区别开来,宁愿承受较小的危险而避免较大的危险。

不久以前,有人告诉我们,在下诺夫哥罗德省阿尔扎马斯县苏维埃代表大会上有一位非党农民谈到租让问题时说:"同志们,我们派遣你们去参加全俄代表大会,同时我们声明,我们农民愿意再受三年饥寒,再承担三年义务,只是你们不要用租让的办法出卖我们的俄罗斯母亲。"我非常欢迎这种传布很广的情绪。我认为,这正向我们表明,在非党劳动群众中,不只是在工人中,而且在农民中,三年来他们在政治和经济方面的经验已经成熟。这些经验使他们能够而且不得不把摆脱资本家的压迫看得重于一切,使他们加倍警惕地、非常警觉地对待每一个可能产生新的危险即可能导致资本主义复辟的步骤。毫无疑问,对这样的意见我们要非常认真地倾听,但是我们应该说明,这根本谈不到把俄国出卖给资本家,我们说的是租让,同时每一个租让合同都受到一定期限、一定协议的限制,并且有种种经过周密考虑的保证条件,这些保证条件在这次代表大会上和以后各种会议上我们还要不止一次地和你们共同考虑和讨论,所以这些临时性的合同并不等于出卖。它们和

3 全俄中央执行委员会和人民委员会关于对外对内政策的报告

出卖俄国毫无共同之处，但是，它们是对资本家作的某种经济上的让步，目的是使我们能够尽快地获得必需的机器和机车，没有这些东西，我们就不能恢复我们的经济。我们没有权利轻视任何多少有助于改善工农处境的事情。

必须作出最大的努力来迅速恢复贸易关系。这些谈判此刻正在半公开地进行。我们订购的机车和机器还远远不够，但是我们已经开始订购了。如果我们能够公开地进行谈判，我们一定要大量地增加订购。依靠工业我们就能取得许多成就，并且是在比较短的期间内取得这些成就，然而即使在很顺利的情况下，这个时期也得好些年，许多年。应该记住：我们现在已经获得了军事上的胜利，得到了和平，另一方面，历史教导我们，任何一个重大问题，任何一次革命，都只能用一系列的战争来解决。这个教训我们不会忘记。现在，我们使许多强国不敢再进行反对我们的战争，但是会不会长久，我们不能担保。必须作好准备，一旦情况稍有变化，帝国主义强盗就会重新向我们进攻。必须对这一点有所准备。因此，首先应该恢复经济，应该使它牢固地站稳脚跟。没有经济方面所需要的设备，没有从资本主义国家运来的机器，就不可能迅速地做到这一点。因此，只要能够恢复经济，就不惜让资本家得到一些额外的利润。应该使工人和农民的心情都像那些说自己不怕牺牲和困苦的非党农民的心情一样。他们意识到资本主义干涉的危险，并不从伤感的观点来看租让问题，而是把租让看成战争的继续，也就是说无情的斗争转到了另一个方面，同时他们还看到资产阶级可能一次再次地试图复辟从前的资本主义。这很好，这样我们就有了保证：监视和保护我们的利益，将不仅是苏维埃政权机关的事情，而且是每个工人和农民的事情。因此，我们相信，即使在执行租让合同的时候，我们也一定会保护住我们的利益，决不让资本家政权复辟;我们一定能把这种危险减少到最低限度,使它小于战争的危险,而这就会使战争难以再起,并使我们有可能在较短的时期内,即在较少的年头内(但还是要好多年)恢复和发展我们的经济。

同志们,经济任务、经济战线现在又作为最主要的、基本的任务和战线提到我们面前来了。我研究了要向你们报告的立法材料,认为现在人民委员会和国防委员会[146]的大多数措施和决议,都是和这项经济工作有关的局部的、详细的、往往是十分细小的措施。当然,你们并不希望我把这些措施一一列举出来。这是极其枯燥无味的。我只想提醒大家,我们把劳动战线提到第一位,这远不是第一次了。我们不妨回忆一下1918年4月29日全俄中央执行委员会通过的决议①。这是我们被迫签订的布列斯特和约[17]在经济上宰割俄国的时期,我们就因为这个具有极端掠夺性的条约而陷入非常困难的境地。那时有可能指望获得一个喘息时机,使我们有条件来恢复和平的经济工作(虽然我们现在知道,这个喘息时机是十分短暂的),全俄中央执行委员会立刻在4月29日的决议中把全部注意力转到这一经济建设上去。这项决议并未撤销,它还是我们的法律,它使我们能够正确地估计下列情况:我们应怎样着手执行这项任务;为了我们的工作,为了将工作进行到底,现在应该更加注意什么。

仔细看看这项决议就会知道,现在我们需要研究的许多问题,早在1918年4月就已经完全明确地和十分坚决地提了出来。我们想起这件事情,就会说:温故而知新。我们不会因为我们现在重复经济建设的这些基本道理而感到不好意思。我们还要重复好多次,但是请注意一下,1918年宣布的抽象原则和实际上已经开始

---

① 见《列宁全集》第2版第34卷第257—260页。——编者注

的经济工作之间有多大区别。尽管我们工作中存在着巨大的困难而且经常被打断，我们还是更加接近和更加具体地去实际安排经济任务。我们还要重复许多许多次。没有多次的重复，没有一定的后退，没有检查，没有个别修正，没有新办法，不尽力去说服落后的和毫无准备的人，那就不能进行建设。

目前政治形势的全部关键，就是我们正处在转折时期即过渡时期，正处在有着某些曲折的、从战争转向经济建设的时期。这在以前也曾有过，但规模没有这样大。这势必会再一次提醒我们，苏维埃政权的一般政治任务是什么，这个转变的特点是什么。无产阶级专政所以是成功的，就是因为它善于把强制同说服结合起来。无产阶级专政不怕实行强制，不怕实行严厉的、坚决无情的国家强制，因为受资本主义压迫最深的先进阶级有权实行这种强制，因为它实行强制是为了全体被剥削劳动者的利益，并且它拥有以往任何一个阶级所没有过的强制手段和说服手段，虽然以往这些阶级进行宣传鼓动的物质条件比我们好得多。

如果提出总结我们三年经验的问题（因为在若干根本方面总结一年的经验是很困难的），如果给自己提出我们究竟为什么能够战胜强大得多的敌人这个问题，那必须回答说，这是由于在红军的组织中出色地实现了无产阶级对工人和劳动农民反对一切剥削者的联盟一贯而坚强的领导。怎么做到这一点的呢？为什么大多数农民都那样乐意走这条路呢？这是因为他们虽然绝大部分都不是党员，但是他们确信：除了拥护苏维埃政权，没有其他的出路。当然，不是书本、宣传，而是经验使他们确信这一点的。国内战争的经验，特别是我国孟什维克和社会革命党人[4]的联盟（这个联盟同小农经济的某些基本特点有较密切的关系），使他们确信这一点。对这些小私有者政党同地主、资本家结成联盟的体验，以及对刘高尔察克和邓尼金的统治的体验,都使农民群众确信:中间道路是不可能有的,苏维埃的光明磊落的政策是正确的,无产阶级的钢铁般的领导是拯救农民摆脱剥削和暴力的唯一手段。只是因为我们能够使农民确信这一点,我们以有力的说服为基础的强制政策,才获得了这样巨大的成效。

现在我们应该记住,在转向劳动战线时,新的情况向我们提出了同样的任务,但是这个任务的规模更大,这个任务和我们跟白卫分子作战时所面临的任务是一样的,当时工农群众热情高涨,干劲十足,这在其他国家的任何战争中是没有的也是不可能有的。非党农民就像我方才引过他的话的阿尔扎马斯的那位农民一样,的确是根据对生活的观察和认识才确信剥削者是残酷无情的敌人,确信需要有一个残酷无情的政权来镇压他们。这样,我们就吸引了空前众多的人民来自觉地对待战争,积极支援战争。要使所有党员工人和非党工人,所有非党农民(农民大部分不是党员)都这样毫无例外地支持战争,了解战争,这除了苏维埃政权以外,任何政治制度连十分之一也办不到。这就是我们终于战胜强敌的基础。这里证实了一条最深刻同时也是最简单明了的马克思主义原理[147]。历史活动的规模愈大、范围愈广,参加这种活动的人数就愈多,反过来说,我们所要实行的改造愈深刻,就愈要使人们关心这种改造并采取自觉的态度,就愈要使成百万成千万的人都确信这种改造的必要性。我们的革命所以远远超过其他一切革命,归根到底是因为它通过苏维埃政权发动了那些以前不关心国家建设的千百万人来积极参加这一建设。现在我们从这方面来谈谈摆在我们面前的新任务的问题,这些任务通过这个时期苏维埃政权的数十数百个专门决议已经向你们提了出来,劳动国防委员会十分之九的工作(这一点下面再谈)和人民委员会大概一半以上的工作都属于这些任务。我要谈的是关于经济任务的问题：制定统一的经济计划，改造俄国经济的基础，改造小农经济的基础。这些任务要求把全体工会会员都吸收到这一崭新的事业中来，这种事业在资本主义制度下是同他们完全无关的。现在提出一个问题：这方面是否具备战时那种迅速取得绝对胜利的条件，是否具备吸收群众参加工作的条件。工会会员和多数非党群众是否确信我们必须采取新办法，必须实现经济建设的伟大任务呢？他们是否像以前确信必须为战争献出一切，为前线的胜利牺牲一切那样确信这一切呢？要是这样提出问题，你们一定会回答：毫无疑问，还没有。这方面他们确信的程度距离所要求的还远得很。

战争是千百年来尽人皆知、习以为常的事情。过去地主的野蛮残暴行为十分明显，很容易使人们相信，甚至使那些住在盛产粮食的边远地区而同工业极少联系的农民都相信，我们进行战争是为了劳动者的利益，因此几乎激起了每一个人的热情。现在要使农民群众和工会会员懂得这些任务，要使他们懂得不能再照老样子生活下去，不管资本主义的剥削几十年来已经多么根深蒂固也应当把它连根拔除——这就比较困难了。必须使人人懂得：俄国是属于我们的，我们工农群众而且只有我们工农群众，才能够以自己的活动和自己严格的劳动纪律来改造旧的经济生活条件，实现伟大的经济计划。此外别无出路。我们现在落后于而且还将落后于资本主义列强；如果我们不能恢复我国的经济，我们就会被打败。这就是为什么我刚才提醒你们注意组织任务的重要性、劳动纪律、工会在这方面的独一无二的巨大作用（因为没有其他的组织能团结这么广大的群众）等老生常谈的真理。我们不仅应该反复宣传这些老生常谈的真理，而且应该充分意识到，从军事任务向经济任务的转变已经到来了。

我们在军事方面已经取得了完全的胜利,现在我们应该为在完成更困难的、需要大多数工农发挥热情和作出自我牺牲的任务方面夺取同样的胜利而作好准备。必须使千百万世世代代受奴役、受压迫、任何主动性都遭到压制的人们都确信这些新的任务;几百万工人参加了工会,但在政治上还是不自觉的,还不习惯于当家做主人;必须把这些人组织起来,但不是为了反对政权,而是为了拥护和推行自己的工人政权的措施,把这些措施贯彻到底。这个转变是有困难的,仅从提法来看,这并不是一项新的任务。其实这是一项新的任务,因为现在经济任务第一次具有这样大的规模,我们应该意识到,应该记住,经济战线上的战争更困难、更持久;要在这条战线上获胜,必须使更多的工人和农民变得主动、积极和忠诚。我们已获得的经济建设的经验告诉我们,这一点是可以办到的,因为群众已经深刻认识到,贫困、饥饿、挨冻和一切苦难都是由生产力不足造成的。现在我们应该注意把全部宣传鼓动工作从为政治和军事服务转到经济建设的轨道上来。这一点我们已经宣布过很多次,但是还不够,所以我认为,在苏维埃政权一年来所实行的各项措施中,特别值得提出的是:成立了全俄工会中央理事会中央生产宣传局[148];使它和政治教育总委员会[133]的工作结合起来,又创办了一些为生产服务的报纸,不仅把注意力转到生产宣传上去,而且把全国范围的生产宣传组织起来。

组织全国范围的生产宣传的必要性,是由政治局势的一切特点决定的。这无论对工人阶级、工会或农民说来都是必要的;这是我们国家机构最必要的工作,可是我们还远没有充分利用国家机构来达到这个目的。我们知道如何管理工业,如何使群众关心生产,我们在这方面的书本知识要比实际应用的多千百倍。我们必须使全体工会会员的利益同生产结合起来,使他们记住,只有增加生产,提高劳动生产率,苏维埃俄国才能取得胜利。只有这样,苏维埃俄国才能提前十年摆脱现在所处的悲惨境地和所忍受的饥寒。如果我们不了解这一任务,就会葬送一切,因为我们由于机构软弱无力,就只能退却,因为资本家在稍事养息之后随时都会重新挑起战争,而那时我们却不能继续打仗。那时我们就不能发挥我们千百万群众的力量,就会在这最后一战中被打垮。问题就是这样摆着:迄今为止,一切革命、一切最伟大的革命的成败都是由一系列的战争来决定的。我们的革命也是这种最伟大的革命。我们结束了一个战争阶段,应当准备迎接第二个阶段;但是,我们不知道它什么时候到来,所以必须做到战争一旦到来,我们就能够应付自如。因此,我们不应该放弃强制手段,这不仅是因为我们保持的是无产阶级专政。这一专政已经为农民群众和非党工人所了解,他们都知道我们的无产阶级专政,所以他们并不害怕这个专政,他们不怕这个专政,他们把它看做靠山和支柱,也就是说,他们把它看做可以用来同地主和资本家对抗的东西,没有它就不能取得胜利。

这种认识、这种信念已经在农民群众对待军事任务和政治任务的态度上具体生动地体现出来,但是现在要使这种认识和信念转而在经济任务方面体现出来。也许这一转变不会立刻成功。也许,不经过某些动摇,不重犯松弛涣散和小资产阶级思想的老毛病,是不会转变过来的。我们还必须更加紧张、更加努力地从事这项工作,牢牢记住我们一定能够说服非党农民和觉悟低的工会会员,因为真理在我们这一边,因为我们若不恢复经济生活,在战争第二阶段就不能战胜敌人,这一点是无可辩驳的;让我们使千百万人更自觉地对待经济战线上的战争吧。这是中央生产宣传局的任务,这是全俄工会中央理事会的任务,这是党的一切工作人员的任务,这是苏维埃政权所有一切机关的任务,这是我们全部宣传工作的任务,我们曾经靠宣传工作取得了世界性的成就,因为我们的宣传过去和现在一直是向全世界的工人和农民说真话,而其他人的宣传都向他们说假话。我们现在应该把我们的宣传工作转向更加困难的方面,即涉及工人在工厂中日常工作的方面,不管这种工作的条件多么困难,不管昨天的资本主义制度使工人和农民不信任政权的这种影响多么巨大。必须使工人和农民确信,如果不重新组合力量,不找到由国家实行联合的新形式,不找到与这种强制相联系的新形式,我们就不可能离开我们所面临的经济崩溃的深渊,而我们已经开始离开这个深渊了。

同志们,我来谈一谈我们经济政策的某些情况和我们的经济任务,我认为它们足以说明目前的政治形势和我们所面临的整个转变。首先,我应当提一下我们的农业问题法案,即人民委员会关于加强和发展农业生产以及帮助农民经济的法案,这项法案已在今年 12 月 14 日刊登出来,这之前用电报向所有地方工作人员专门通报了法案的要点,说明了法案的实质。

应该立刻使这项法案在代表大会上、在地方执行委员会及其各部门的代表中得到详尽的讨论,各地同志根据本地经验(法案就是根据地方经验制定的)也有同感。现在大概已经没有哪一位同志对必须采取专门的和特别有力的援助措施(不仅是鼓励性措施,而且是强制性措施)来提高农业生产这一点表示怀疑。

我们曾经是而且现在还是一个小农国家,因此我们向共产主义过渡比在其他任何条件下困难得多。为了完成这一过渡,需要农民亲自参加,而且要比参加战争的人数多十倍。战争可以而且应该要求部分成年男子参加。而我们这个现在还疲惫不堪的农民国家却必须把男女工人和农民个个动员起来。要使我们共产党人和土地局的工作人员确信应当履行对国家的义务,这并不困难。

我相信,在讨论提交你们审议的 12 月 14 日法案时,对于这一点不会发生丝毫原则上的分歧。必须懂得另外一种困难,说服非党农民的困难。农民不是社会主义者。如果把农民当做社会主义者,据此来制定我们的社会主义计划,那就是把这种计划建立在沙滩上,那就是不理解我们的任务,那就是三年来没有学会根据我们所处的困苦的、有时是贫穷的现实,来衡量我们的纲领和进行我们的事业。在这里必须清楚地了解摆在我们面前的任务。第一项任务就是,把在土地局工作的共产党员组织起来,总结他们的经验,了解地方上已经做了哪些事情,并把这些加到中央将以国家机关的名义,以全俄苏维埃代表大会的名义颁布的法案中去。我们希望能和你们一起来做好这件事情。但这只是第一步。第二步是说服非党农民,因为他们是大多数,而只有提高这些本身积极主动的群众对于必须从事这一事业的认识,才能做到我们所能做到的事情。农民经济不能再照老样子维持下去了。如果说我们在战争的第一阶段已经取得了胜利,那么在战争的第二阶段,我们就不会那么容易地取得胜利,因此,必须特别注意这一方面。

必须使每一个非党农民都明白这一不容置疑的真理,而我们也相信他们一定会明白。他们并没有白白度过这整整六个艰难困苦的年头。他们已经不同于战前的庄稼汉。他们遭受过严重的苦难,他们想得很多,忍受了许多政治上和经济上的痛苦,这使他们忘记了许多旧的东西。我认为,他们自己已经懂得,决不能再照老样子生活下去,应该按另一种方式生活,而我们应当赶快用我们的一切宣传手段、一切国家力量、一切教育、一切党的手段和力量来说服非党农民。只有这样我们才能为我们的农业问题法案(我希望你们会一致通过这一法案,当然,在通过时一定会作适当的修改和补充)奠定真正的基础。只有当我们说服了多数农民并且吸引他们参加这一事业的时候,农业问题法案才能像我们的政策那样巩固,因为正如库拉耶夫同志根据鞑靼共和国的经验在一篇文章中正确指出的,从事劳动的中农和贫苦农民是苏维埃政权的朋友,懒汉是它的敌人。这是一个并不包含任何社会主义内容的真理,但它是不容置疑的,非常明显的,在任何村会和任何非党农民会议上,都能为绝大多数劳动农民所理解,并且会变成他们的信念。

同志们,这就是现在我们由战争时期转向经济建设的时候,我要首先向你们强调的一点。在一个小农国家里,我们主要的基本的任务就是要能够实行国家强制,以便从采取最必要的最迫切的、农民完全可以接受完全可以理解的措施入手,来发展农民经济。只要我们再能说服几百万对此没有准备的人,我们就能够做到这一点。必须把一切力量都用在这上面,并且设法使活跃而巩固的强制机关立足于说服并开展更大规模的说服工作,这样我们就会胜利地结束这一战局。克服农民群众中的守旧、无知和不信任等思想残余的战局现在开始了。在这方面用旧的办法是不能取胜的;如果用我们已学会的宣传、鼓动和有组织地诱导的办法,我们就能取得胜利,我们就不只是能通过法令,而且能设置机关,草拟公文,光发布命令是不够的,还必须把开春时的全部播种工作做得比过去好,使小农经济得到某种改善,即使是最起码的改善也好(说得愈谨慎愈好),但是无论如何应当大规模地进行。如果我们能正确地理解我们的任务,十分重视非党农民,把三年来获得的全部本领、全部经验都用在这上面,那我们就能取得胜利。不取得这样的胜利,不使小农经济得到切实的大规模的改善,我们就没有出路,因为没有这个基础,任何经济建设都不能进行,无论多么伟大的计划都会落空。希望同志们记住这一点,并使农民领会这一点;希望同志们告诉1 000万至1 500万像阿尔扎马斯那位农民一样的非党农民,决不能无止境地忍受饥寒,不然我们在下一阶段的战争中就会被打倒。这是国家的利益,这是我们国家的利益。在这方面,谁要是表现出丝毫的软弱、丝毫的松懈,谁就是工农政权的极大罪人,谁就是在帮助地主和资本家,而地主和资本家的军队近在咫尺,他们的军队正伺机而动,只要一发现我们虚弱,就会向我们扑过来。要使我们有力量,除了发展我们的农业和城市工业这个主要支柱以外,没有其他办法,但是,要做到这一点,只有使非党农民确信必须这样做,动员一切力量支援他们,在实际上给他们这种支援。

我们承认欠了农民的债。我们用纸币从他们那里换来粮食,我们是向他们借的,我们应当偿还这笔债务,恢复了我们的工业以后,我们一定要偿还。但是,为了恢复工业,就需要有富余的农产品。因此,我们的农业问题法案的意义不仅在于我们一定要达到实际的目标,而且在于它是苏维埃政权的几百个决定和法案的中心。

现在我来谈谈,为我们开始恢复俄国的经济力量所需要的工业建设的基础是怎样在我国形成的。在这里我应当首先请你们把注意力从各人民委员部发给的或日内即将发给的一大堆报告转到我们粮食人民委员部报告中的一个地方。每个人民委员部最近都会向你们提出一大堆把人压得喘不过气来的实际的总结材料,但是必须从中找出最重要的东西,以便取得即使是十分微小的成就;必须从中找出对于执行我们整个经济计划来说是基本的东西,以便恢复我们的国民经济和我们的工业。而这种基础之一,就是我们粮食征购工作的状况。在发给你们的粮食人民委员部三年工作报告这本小册子里有一张图表,我只把其中的总计数字念一念,并且只念整数,因为数字念起来,特别是听起来很困难。这是每年征购的总计数。从 1916 年 8 月 1 日到 1917 年 8 月 1 日征购了32 000 万普特,下一年征购了 5 000 万普特,接着的两年是 1 亿普特和2亿普特。32 000万、5 000万、1亿和2亿这些数字说明了苏维埃政权的经济史,即苏维埃政权在经济方面的工作的主要情况,并且为我们真正开始我们的建设准备了基础。革命前的32 000万普特——这是一个最低的大概数,达不到这个数字,就不能开始建设。革命的头一年征购了5 000万普特,饥饿、挨冻和贫困现象严重;第二年征购了1亿普特;第三年征购了2亿普特。每年增加1倍。根据斯维杰尔斯基昨天给我的材料看来,到12月15日共有15 500万普特。我们第一次站稳了脚跟,这中间经过了非同寻常的努力,克服了难以设想的困难,往往是在西伯利亚、高加索和南方不在我们手中的条件下来完成粮食供应任务的。现在,我们征购的粮食已经超过了15 000万普特,我们可以毫不夸大地说,尽管困难重重,我们还是完成了这个任务。我们将掌握大约3亿普特粮食,可能更多一些,没有这么多粮食就不可能恢复国家的工业,就谈不到恢复运输业,更不可能去着手实现俄罗斯电气化这一伟大任务。任何一个工农执政的社会主义国家,如果不能依靠工人和农民的共同努力来收集这么多的粮食,保证产业工人有饭吃,保证把几万几十万工人安置到苏维埃政权所需要的地方去的话,那它就无法生存。办不到这一点,一切不过是空谈而已。经济的真正基础是粮食。在这方面已经取得了巨大的成就。我们有了这些成就,有了这些粮食,就能着手恢复国民经济。我们知道,这些成就是以农民忍受巨大的困苦、饥饿和缺少饲料为代价而取得的,而这些困难可能还要增加。我们知道,旱年已使农民的贫困和苦难达到前所未有的程度。因此,我们便把上述法案中所列举的支援措施提到了首位。我们把这些粮食看做是恢复工业所必需的,看做是支援农民所必需的。没有这些粮食,国家政权就等于零。没有这些粮食,社会主义的政策不过是一种愿望而已。

所以我们应该记住,除了我们决心要进行的生产宣传以外,还要采取另一种诱导方式,即实物奖励。实物奖励法令是人民委员会和国防委员会最重大的法令和决定之一。我们没有能立刻颁布这项法令。如果你们注意一下,就会知道我们从4月起作出了一连串的决定和决议,而这项法令只是到了我们在运输方面作了巨大努力,弄到了50万普特粮食的时候才颁布的。50万普特是一个微不足道的数字。你们大概已经看了昨天《消息报》[130]上登的工作报告,报告说,这50万普特中已有17万普特用掉了。正如你们看到的,所备的粮食并不可观,还远远不够,但是我们毕竟已经走上我们将要继续走下去的那条道路。这证明我们在转而采取新的工作方法时,不仅是靠说服教育。光向农民和工人们说加强劳动纪律吧,这是不够的。除此之外还要帮助他们,要奖励那些历尽千辛万苦之后在劳动战线上仍然英勇奋斗的人。我们已经筹集了奖励粮,但是这些粮食的使用还远不能令人满意:我们人民委员会多次指出,实际上实物奖励往往成了单纯的附加工资。在这方面还要加以详细研究。中央除了召开会议和颁布补充草案以外,还要进行最重要的工作,这就是在地方上和在广大群众中进行工作。国家不仅要进行说服教育,而且要用较好的生活条件来奖励优秀的工作人员,懂得这一点是不难的,要懂得这一点并不需要成为社会主义者,在这个问题上我们早就得到了非党工农群众的支持。我们只是需要更广泛地传播这种思想和更实际地在地方上进行这项工作。

现在我们再谈谈燃料问题,你们会从李可夫同志的提纲中看到一些数字,这些数字说明情况已经改善,不仅木柴方面有所改善,就是石油方面也有改善。现在,由于阿塞拜疆共和国的工人表现了巨大的热情,由于我们之间已经建立了友好关系,由于有了国民经济委员会委派的精明强干的领导人员,石油方面的情况很好,在燃料方面我们也开始自给了。由于派出了一个由托洛茨基同志担任主席的全权委员会到顿巴斯去工作,我们每月从顿涅茨得到的煤已由2 500万普特增加到5 000万普特。该委员会决定,把有经验的负责工作人员派到那里去工作。现在已派皮达可夫同志到那里去领导。

由此可见,我们为了在燃料方面取得成就,采取了一些措施。顿涅茨煤田是最大的基地之一,现在已经由我们掌握。我们从人民委员会和国防委员会的会议记录中可以找到有关顿巴斯的决定。这些决定谈到,要把包括中央政权代表和地方工作人员的有权威的高级委员会派到地方上去。我们必须加强地方工作,我认为,这些委员会能够做到这一点。你们一定会看到这些委员会的工作成果。我们今后还要组织这样的委员会。我们必须抓一下我国工业的主要部门即燃料工业。

我应当指出,我们在燃料方面的最大成就之一,就是采用了泥炭水力开采法。泥炭在我国是蕴藏量非常丰富的一种燃料,但是过去由于开采的工作条件令人难以忍受而无法加以利用。所以这种新方法将帮助我们战胜燃料荒,燃料荒是我们经济战线上的严重危险之一。如果我们依然用旧的经营方法,如果我们的工业和运输业不恢复,那么,我们在很长的时间内都不能摆脱这种困境。我们的泥炭委员会的工作人员曾经帮助两位俄国工程师把这项新发明搞到底,他们已经使这种新方法差不多接近完成。总之,我们已经处在一场大革命的前夕,这一革命将从经济上给我们以很大的支持。不要忘记,我们有无限丰富的泥炭。但我们却不能加以利用,因为我们不能派人去做这种苦工。资本主义制度能够派人去做这种苦工。在资本主义国家,人们迫于饥饿才去做这种苦工,而在社会主义国家,我们就不能派人去做这种苦工,如讲自愿,任何人都不会去做。资本主义制度所做的一切都是为了上层。对下层它是不关心的。

应该在各地更多地采用机器,尽量广泛地采用机器技术。最高国民经济委员会成功推行的泥炭水力开采法,已使我们能够大量获得燃料,不必吸收受过训练的工人,因为用这种方法,没有受过训练的工人也可以工作。我们已经生产这种机器了,我个人建议代表同志们去看一看介绍泥炭开采工作的影片,这部片子在莫斯科已经放映过,现在可以为代表大会的代表们放映。它会使人们具体地了解什么是战胜燃料荒的一个基础。我们制造了采用新方法所需的机器,但是这些机器造得不好。我们已派人出国,虽然我们同国外的商品交换刚在作出安排,虽然我们的贸易往来是半公开的,但是派人出国仍然能帮助我们把这些由我国发明家设计的机器制造得很精良。这些机器的数量,泥炭总委员会和最高国民经济委员会在这方面的工作成绩,将是衡量我们经济方面的一切成绩的尺度,因为不战胜燃料荒,就不能取得经济战线上的胜利。在恢复运输业方面能否取得重大成就,也与此有关。

同时,你们已经从叶姆沙诺夫和托洛茨基两位同志的提纲中看到,我们在恢复运输业方面制定了一个为期多年的切实的计划。实现第1042号命令[149]预计为五年,在五年当中我们能够恢复我们的运输业,减少待修机车的数量;我要强调一下,提纲第九条指出我们已经把这个期限缩短了,这也许是最困难的事情。

预计要多年才能实现的大计划一拟订出来,往往会有一些怀疑分子出来说:我们哪能去预计许多年的事情,能完成现在要做的事情就不坏了。同志们,必须善于把这二者结合起来;没有一个长期的旨在取得重大成就的计划,就不能进行工作。运输工作的明显改进表明,实际情况正是如此。我提醒你们注意提纲第九条的一个地方,那里说恢复运输业的期限原定为五年,但是现在已经缩短,因为我们正在超额完成工作;期限现已确定为三年半。其他经济部门也应当这样工作。而这也就日益成了劳动国防委员会的实际的现实的任务。各地在注意科学实验和实践经验的同时,还应当不断地努力使计划完成得比原先规定的快,以便使群众看到,经验能够使我们缩短完全恢复工业所需要的漫长时期。这取决于我们。每个修配厂、每个机务段、每个部门都要改进业务,这样我们就能把期限缩短,而且我们也正在缩短。不要害怕为期多年的计划,没有这样的计划就不能恢复经济,各地要努力完成这些计划。

必须使经济计划按照既定部署完成,加快完成这些部署的应受到表扬和鼓励:群众不仅应当知道,并且还应当体会到,缩短饥饿、挨冻和穷困的时期完全取决于他们是否尽快完成我们的经济计划。各个生产部门的一切计划都应当严密地协调一致,相互联系,共同组成一个我们迫切需要的统一的经济计划。

因此,我们当前的任务就是使经济系统的各人民委员部联合成一个统一的经济中心。我们已经着手实现这一任务,把人民委员会和劳动国防委员会[150]关于改组劳动国防委员会的决定提交你们审议。

你们要审议这一草案,我相信,这一草案经过必要的修改会被一致通过的。它的内容很简单,但是它的意义却不小,因为我们需要一个明确知道自己的地位并能把正在提到首位的经济工作全部统一起来的机构。

在代表大会以前出版的文献中,古谢夫同志的一本小册子也谈到了这一任务,附带提一下,他的这本小册子不像他以前那本小册子写得那样成功[151]。在这本小册子里有一个关于成立劳动国防委员会的十分庞大的计划,要把许多著名的工作人员调到该委员会去,其中我们看到有托洛茨基和李可夫的名字。我要指出,少作一些这样的空想吧。我们不能丢掉花了三年时间建立起来的机构。我们知道它有很大的缺点,我们在这次代表大会上将详尽地谈到这些缺点。这个问题已经作为最主要的问题之一提到日程上了。我是指改进苏维埃机构的问题。但是我们现在应当谨慎地工作,按照需要,根据实际经验来改变我们的机构。古谢夫同志讥笑我们提出的方案,说我们建议劳动国防委员会里增设一个农业人民委员部。不错,我们正是提出了这样的方案。在我们的方案中,劳动国防委员会占着不起眼的地位,它是一个直属于人民委员会的劳动国防委员会。直到现在为止,我们是在没有任何宪法规定的情况下进行劳动国防委员会的工作的。人民委员会和劳动国防委员会的职权范围划分得不好;有时我们超出了范围,成了立法机关。但是,即使这样,也从来没有发生过一次冲突。我们处理这些事情的办法是,立刻把它们转给人民委员会。当必须把劳动国防委员会建设成一个更能统一经济政策的机构时,我们便面临一个问题,如何按立法程序确定这些关系。我们有两种设想:一种是划分人民委员会和劳动国防委员会的职权范围。但是,为了实现这一点,就要占用很多人力来编纂法规,消耗大量纸张,最后还仍然不能保证我们不犯错误。

我们要采取另一种方法。有人认为劳动国防委员会几乎相当于人民委员会。我们不这样看。劳动国防委员会将是直属于人民委员会的一个委员会。我们一定能消除大量的扯皮现象,使事情能办得更快。如果人民委员会有哪一位委员不满意,请向人民委员会提出来,因为人民委员会在几小时内就可以召开。这样我们就会消除各主管部门之间互相扯皮的现象,并且使劳动国防委员会成为一个工作效率很高的机构。这不是一件容易的任务。它同真正制定一个统一的经济计划有关。现在的任务是把经济系统的各人民委员部统一起来，我们为这个任务毕竟做了一点工作，这个任务已经酝酿两年了。因此，我提醒你们注意这项关于劳动国防委员会的法案，同时我相信，你们作了必要的补充后一定会批准这个法案，那时，统一经济系统各人民委员部的工作就会进行得更顺利，更迅速，更果断，更坚决。

现在我来谈最后一点，即电气化的问题，它是作为一个特殊问题列入代表大会议程的，你们就要听到关于这个问题的报告。我认为，我们是在一个大转变的时刻召开这次会议的，这个转变无论如何足以证明苏维埃政权已经开始取得巨大的成就。今后出现在全俄代表大会讲台上的，将不仅有政治家和行政管理人员，而且有工程师和农艺师。这是最幸福的时代的开始，到那个时代政治将愈来愈少，谈论政治会比较少，而且不会那样长篇大论，讲话更多的将是工程师和农艺师。为了真正转向经济建设事业，必须由全俄苏维埃代表大会首先树立这种风气，并且自上而下地在所有的苏维埃和团体中，在一切报纸上，在一切宣传鼓动机关内，在一切机构内都来树立这种风气。

我们无疑学会了政治，这方面我们不会受人迷惑，这方面我们有基础。而经济方面的情况却不好。今后最好的政治就是少谈政治。更多地发动工程师和农艺师，向他们学习，检查他们的工作，不要把代表大会和会议变成空谈的机关，而要变成检查经济成就的机关，变成我们能够真正学习经济建设的机关。

你们将要听到国家电气化委员会[152]的报告，这个委员会是根据全俄中央执行委员会1920年2月7日的决定建立的。2月21日最高国民经济委员会主席团签署了关于这一委员会的人员组成的最后决定，首先是最高国民经济委员会的许多优秀的专家和工作人员,共100多名,都全力投入了这项工作,此外,还有交通人民委员部和农业人民委员部的优秀力量参加。这一本书是俄罗斯国家电气化委员会的工作成果,今天或明天就要分发给大家。我希望,你们不会被这本书吓倒。我认为,我不难使你们相信这本书的特殊意义。在我看来,这是我们的第二个党纲。我们已经有了一个党纲,普列奥布拉任斯基和布哈林两位同志已在一本篇幅不大但是极有价值的书中对它作了极好的解释。这是一个政治纲领,是我们的任务表,是阶级之间和群众之间的关系的说明。但是同时必须记住,现在是实际走上这条道路并且衡量它的实际效果的时候了。我们党的纲领不能始终只是党的纲领。它应当成为我们经济建设的纲领,不然它就不能作为党的纲领。它应当用第二个党纲,即重建整个国民经济并使它达到现代技术水平的工作计划来补充。没有电气化计划,我们就不能转入真正的建设。我们在谈到恢复农业、工业和运输业以及它们之间的协调一致时,不能不谈到广泛的经济计划。我们必须有一定的计划;当然,这只是一个非常初步的计划。这个党纲不像我们的真正党纲那样,只有在党的代表大会上才可以修改。不,这个纲领在每个工厂里,每个乡里天天都会改进、修改、完善和变更。我们需要这个纲领,它是展示在整个俄国面前的第一张草图,它是一个为期不下十年的、表明怎样把俄国转到共产主义所必需的真正经济基础上去的伟大的经济计划。我们在军事战线上进行过斗争,并且取得了胜利,当时使我们的力量,使我们的精力增加十倍的一个强大的推动力是什么呢?这就是意识到存在着危险。当时大家都在问:地主和资本家是否可能回到俄国来?我们回答说:可能的。因此,我们百倍努力,我们全力以赴,终于取得了胜利。

如果提到经济战线,你们也会问:在经济上资本主义是否可能回到俄国来？我们同"苏哈列夫卡"[153]作过斗争。前几天，在全俄苏维埃代表大会开幕之前，莫斯科工人和红军代表苏维埃把这个令人不大愉快的场所封闭了。(鼓掌)"苏哈列夫卡"被封闭了，但可怕的并不是已经被封闭的"苏哈列夫卡"。被封闭了的是苏哈列夫广场上的过去的"苏哈列夫卡"，封闭它并不困难。可怕的是活在每个小业主心灵上和行动中的"苏哈列夫卡"。必须封闭这个"苏哈列夫卡"。这个"苏哈列夫卡"是资本主义的基础。只要它存在，资本家就可能回到俄国来，就可能变得比我们更强大。必须清楚地认识到这一点。这应当成为我们工作中的主要推动力和衡量我们的实际成就的条件和尺度。只要我们还生活在一个小农国家里，资本主义在俄国就有比共产主义更牢固的经济基础。这一点必须记住。每一个细心观察过农村生活并把它同城市生活作过对比的人都知道，我们还没有挖掉资本主义的老根，还没有铲除国内敌人的基础。国内敌人是靠小经济来维持的，要铲除它，只有一种办法，那就是把我国经济，包括农业在内，转到新的技术基础上，转到现代大生产的技术基础上。只有电力才能成为这样的基础。

共产主义就是苏维埃政权加全国电气化。不然我国仍然是一个小农国家，这一点我们必须清楚地认识到。我们不仅在世界范围内比资本主义弱，在国内也比资本主义弱。这是大家都知道的。我们已经认识到这一点，并且一定要努力把小农经济基础变成大工业经济基础。只有当国家实现了电气化，为工业、农业和运输业打下了现代大工业的技术基础的时候，我们才能得到最后的胜利。

我们已经制定了国家电气化的初步计划，这个计划是由我们的200位优秀的科学家和技术人员拟定的。一个为期很长的、不下十年的计划制定好了，这个计划给我们开了一笔物资账和资金账。这个计划指出，为了实现电气化，我们需要多少万桶水泥和多少万块砖。为了实现电气化的任务,在资金方面估计要用10亿至12亿金卢布。你们知道,我们的黄金储备远远抵不上这个数字。同时我们所备的粮食也不多。因此,我们应当按照我所谈的计划,用租让的办法来抵这笔账。你们将会看到我们打算怎样在这个基础上计划工业和运输业的恢复工作。

前不久,我在莫斯科省的边远的沃洛科拉姆斯克县参加了一个农民的节日[154],那里的农民已经用电灯照明了。在街头举行了群众大会,有一个农民上台讲话,祝贺农民生活中的这件新事。他说,我们农民过去处在愚昧这种黑暗之中,可是现在我们这里有了光,有了"非自然的光,它将照亮我们农民的黑暗"。我个人对这些话并不感到惊奇。当然,对于非党农民群众来说,电灯光是"非自然的"光,但是对我们来说,非自然的却是农民和工人竟然在这种黑暗和穷困中,在地主和资本家的压迫下生活了几百年、几千年。这种黑暗是不能很快摆脱的。但是,现在我们必须使我们建成的每一座电站都真正成为教育的据点,都要对群众进行所谓电的教育。必须使大家都知道,为什么我们已有的几十座小电站关系到工业的恢复。我们现在有一个拟好的电气化计划,但是,完成这个计划却要好多年。我们无论如何一定要实现这个计划,并且缩短完成计划的期限。这方面也应当同执行我们第一批经济计划中恢复运输业的计划——第1042号命令一样,这个计划原定五年完成,但是现在已经缩短到三年半,因为它正在超额完成。我们可能需要花一二十年的时间,才能实现电气化计划,完成可以挖掉资本主义复辟老根的改造。这样的社会发展速度在世界上将是前所未有的。我们无论如何一定要实现这个计划,并且缩短完成计划的期限。

我们第一次这样从事经济工作:除了一些工业部门的单独计划,例如运输业部门的计划,除了这些已经推广到其他工业部门的单独计划,我们还有为期多年的综合计划。这是一项艰巨的工作,它的目标是共产主义的胜利。

但是应当知道和记住,当我们有文盲的时候是不可能实现电气化的。我们的委员会还将努力扫除文盲。同过去相比,委员会已经做了很多工作,但是同需要相比,那就做得很少。劳动人民不但要识字,还要有文化,有觉悟,有学识;必须使大多数农民都能明确地了解摆在我们面前的任务。这个党纲应当成为各个学校必须讲授的主要课本。在这个党纲中,除了实现电气化的总计划,你们还会看到一些为俄国的每个地区制定的专门计划。每一个到地方上去的同志,都会得到他那一地区如何实现电气化,如何由黑暗转到正常生活的一定的规划。同志们,对于交给你们的一些条例可以并且应当在当地加以比较、研究和检验,并且在每个学校、每个小组里,使人们对于什么是共产主义这个问题不仅能用党纲上写的东西来回答,同时还能谈一谈怎样摆脱黑暗状态。

优秀的工作人员、经济专家已经完成了交给他们的制定一项实现俄国电气化和恢复俄国经济的计划的任务。现在要努力使工人和农民知道这项任务多么伟大,多么艰难,应当从何着手,应当如何行动起来。

必须使每一个工厂、每一座电站都变成教育的据点,如果俄国布满了由电站和强大的技术设备组成的密网,那么,我们的共产主义经济建设就会成为未来的社会主义的欧洲和亚洲的榜样。(热烈鼓掌,经久不息)

载于1921年《工人、农民、红军和哥萨克代表苏维埃第八次代表大会。速记记录》一书

选自《列宁全集》第2版第40卷第129—158页

论工会、目前局势及
托洛茨基同志的错误[155]

在苏维埃第八次代表大会俄共(布)党员代表、
全俄工会中央理事会党员委员及莫斯科省
工会理事会党员委员联席会议上的讲话

(1920 年 12 月 30 日)

同志们,首先,我应当请你们原谅我违反了常例,因为要参加讨论,当然应当先听取报告、副报告和讨论,可是很遗憾,我的身体不好,没有能够做到这一点。不过昨天我已经把刊印出来的基本文件读了一遍,并且准备了自己的意见。我刚才说的那种违反常例的情况自然会给你们造成一些不便:我不知道别人说了些什么,所以就可能重复他们说过的话,而对应当答复的问题,却没有答复。但这也是没有办法的。

我的基本材料是托洛茨基同志的《工会的作用和任务》这本小册子。我把这本小册子同他在中央委员会所提出的那个提纲加以比较,并且仔细地加以研究之后,发现其中理论上的错误和极明显的不正确地方,真是多得惊人。既然要对这个问题进行党内大辩论,就应该拿出经过深思熟虑的东西来,怎么能够写出这样一篇不像样子的东西呢?现在我把在我看来带有根本性理论错误的几个主要问题简单地谈一谈。

工会不仅在历史上是必要的，而且在历史上是必然存在的工业无产阶级组织，这种组织在无产阶级专政的条件下，几乎包括了全体工业无产阶级。这是最基本的思想。但是托洛茨基同志却经常忘掉这一点，不从这一点出发，不重视这一点。你看，他提出来的题目——《工会的作用和任务》，就是一个过于广泛的题目。

根据前面所说，已经可以得出这样的结论：在实现无产阶级专政的整个过程中，工会的作用是非常重要的。但这是一种什么样的作用呢？在讨论到这个问题的时候（这个问题是最基本的理论问题之一），我得出的结论是：这是一种非常特殊的作用。一方面，工会包括了全体产业工人，把他们吸收到自己的组织中，它是一个掌权的、统治的、执政的阶级的组织，是实现专政的阶级的组织，是实行国家强制的阶级的组织。但是，工会却不是国家组织，不是实行强制的组织，它是一个教育的组织，是吸引和训练的组织，它是一所学校，是学习管理的学校，是学习主持经济的学校，是共产主义的学校。这所学校完全不是普通的学校，因为这里没有教员和学生，它是一个非常特殊的结合体，其中有资本主义遗留下来而且不能不遗留下来的东西，也有革命的先进部队即所谓无产阶级的革命先锋队从自己队伍中创造出来的东西。因此，谈工会的作用而不考虑到这些真理，那就不可避免地要犯一系列的错误。

工会就它在无产阶级专政体系中的地位来说，是站在——如果可以这样说的话——党和国家政权之间的。在向社会主义过渡的时候，无产阶级专政是不可避免的，然而这种专政却不是由包括全体产业工人的组织来实现的。为什么呢？关于这个问题，我们可以看看共产国际第二次代表大会[101]关于政党的作用的提纲。我在这里就不详细说了。我们得到的结论是这样：可以说党吸收了无产阶级的先锋队，由这个先锋队来实现无产阶级专政。可是，没有工会这样的基础，就不能实现专政，就不能执行国家职能。而这些职能必须通过一系列特别的、并且同样是某种新型的机关，即通过苏维埃机关来实现。根据这种特殊情况可以得出什么样的实际结论呢？结论就是，工会建立起先锋队与群众之间的**联系**，工会通过日常的工作说服群众，说服那唯一能够领导我们从资本主义过渡到共产主义去的阶级的群众。这是一方面。另一方面，工会是国家政权的"蓄水池"。从资本主义到共产主义的过渡时期中的工会，就是这样。没有唯一由资本主义培养起来从事大生产的和唯一摆脱了小私有者利益的阶级的领导，要实现这种过渡是根本不可能的。然而无产阶级专政不可能由包括全体无产阶级的组织来实现，因为不仅在我们这样一个极落后的资本主义国家，就是在所有其他资本主义国家，无产阶级都还那样分散，那样被人鄙弃，在某些地方还受人收买（具体来说，在某些国家里被帝国主义收买），以致无产阶级专政不能直接由包括全体无产阶级的组织来实现。只有吸收了阶级的革命力量的先锋队，才能实现这种专政。这样，就像是一组齿轮。这就是无产阶级专政的基础本身的结构，就是从资本主义到共产主义这一过渡的实质本身的结构。从这里已经可以看出，托洛茨基同志在提纲第一条里指出"思想混乱"，特别和专门谈到工会的危机，这基本上是一种带有原则性错误的东西。如果要谈危机，那只有在分析了政治局势之后才可以谈。事实上，"思想混乱"的正是托洛茨基，因为他正是在工会的作用（从资本主义向共产主义过渡的观点来看）这个基本问题上，忽略了一点，即这里是一个由若干齿轮组成的复杂体系，而不可能是一个简单的体系，因为无产阶级专政不能由包括全体无产阶级的组织来实现。没有一些把先锋队和先进阶级群众、把它和劳动群众联结起来的"传动装置",就不能实现专政。在俄国,这样的劳动群众就是农民。在别的国家里,这样的劳动群众是没有的,但是即使在最先进的国家里,也有非无产阶级的或非纯粹无产阶级的群众。正是在这一点上真正产生了思想混乱。而托洛茨基却毫无道理地责备别人思想混乱。

当我研究工会在生产中的作用这个问题的时候,我发现了托洛茨基的一个根本错误,就是他老是"在原则上"讲这个问题,老是在讲"一般原则"。他的整个提纲都是从"一般原则"来谈问题的。这样的提法就是根本错误的。这里更不用说,党的第九次代表大会**30**对工会在生产中的作用问题,谈得已经够多了①。更不用说,托洛茨基本人在自己的提纲里就引证了洛佐夫斯基和托姆斯基两人讲得十分明白的话,在托洛茨基看来,他们两人一定是德国人所说的"替人挨打的孩子"或练习论战的对象。原则分歧并不存在,托洛茨基本人还引用过托姆斯基和洛佐夫斯基写的东西,他选中这两个人作为练习论战的对象是很笨拙的。无论我们怎样努力去找,从这里也找不出任何严重的原则分歧。总之,重大的错误,原则的错误就在于:托洛茨基同志现在"从原则上"提出问题,就是把党和苏维埃政权拉回到过去。感谢上帝,我们已经从原则转到实际的切实的工作上来了。在斯莫尔尼**45**,我们曾经大谈原则,而且无疑是谈得过多了。现在,经过三年之后,关于生产问题的所有各点,关于这个问题的一系列的组成部分,都已经有了法令。然而这些法令的命运不佳:我们虽然签署了这些法令,但是随

---

① 参看《苏联共产党代表大会、代表会议和中央全会决议汇编》1964年人民出版社版第2分册第2—17、18—23页。——编者注

后我们自己把它们忘了，我们自己没有加以执行。然后又虚构出一些关于原则问题的论断，虚构出一些原则分歧。我在后面就要说到关于工会在生产中的作用问题的法令①，这个法令大家都忘记了，也包括我在内，这是应当引咎自责的。

如果不算我列举过的分歧之点，那么现有的真正的分歧根本不涉及一般原则问题。我所以要把前面所列举的我和托洛茨基同志之间的"分歧"指出来，是因为照我看来，托洛茨基同志选了《工会的作用和任务》这样一个广泛的题目，是犯了一系列牵涉到无产阶级专政问题的本质的错误。但是，如果我们把这一点撇开不谈，那就应当问：究竟为什么我们不能真正齐心协力地进行工作呢（我们是非常需要齐心协力地进行工作的）？是因为在**对待**群众、掌握群众、**联系**群众的方法问题上存在着分歧。问题的关键就在这里。工会的特点也就在这里，这个机关在资本主义制度下建立起来，在从资本主义到共产主义的过渡时期中必然存在，再往后是否会存在则是一个问题。不过，工会的存在会成为问题，那是遥远的将来的事情，这个问题让我们的孙子去谈论吧。而当前的问题是怎样对待群众，掌握群众，联系群众，怎样调整好工作（实现无产阶级专政的工作）中的那些复杂的传动装置。请注意，我这里所说的工作中的复杂的传动装置，并不是指苏维埃机关而言。那里还会有些什么样的复杂的传动装置，那是另一个问题。我现在只是抽象地原则地谈资本主义社会里各个阶级之间的关系，那里有无产阶级，有非无产阶级的劳动群众，有小资产阶级，有资产阶级。从这个观点来看，即使苏维埃政权机关中没有官僚主义，但由于资本主义所造成的情况，传动装置就已经非常复杂了。如果要提出工会"任

---

① 见本卷第389—390页。——编者注

务"的困难何在的问题,那首先就应当想到这一点。再说一遍,真正的分歧,根本不在托洛茨基同志所说的地方,而在如何掌握群众的问题上,在对待群众、联系群众的问题上。我应当指出,如果我们仔细地研究一下我们自己的实践和经验(即使是小范围的),那么充斥在托洛茨基同志这本小册子中的许多不必要的"意见分歧"和原则错误,我们本来是可以避免的。例如,这本小册子中有好几条提纲,都是在同"苏维埃工联主义"进行论战。麻烦还嫌不够,又发明了一个唬人的新词! 这指的是谁呢? 指的是梁赞诺夫同志。我认识梁赞诺夫同志有二十多年了,你们认识他的时间虽然比我短,但是在工作上对他的了解并不比我少。你们很清楚,他不擅长于理解口号的意义(当然他有别的长处)。梁赞诺夫同志有时说了不十分恰当的话,而我们却在提纲中把这些说成是"苏维埃工联主义"! 这样做难道严肃吗? 如果这样下去,我们就会有"苏维埃工联主义"、"苏维埃反对签订和约"以及其他等等我们现在还不知道的名堂。拿任何一点都可以造出一个苏维埃的什么"主义"。(梁赞诺夫:"苏维埃反布列斯特主义。")对,完全正确,"苏维埃反布列斯特主义"。

而托洛茨基同志采取这种不严肃的做法时,自己又犯了错误。照他说来,保护工人阶级的物质利益和精神利益,不是工人国家里的工会的作用。这是一个错误。托洛茨基同志说什么"工人国家"。对不起,这是一种抽象的概念。我们在1917年提工人国家,那是可以理解的;可是现在如果人们对我们说:"既然资产阶级已经不存在,既然国家是工人国家,为什么还要保护工人阶级呢? 保护工人阶级免受谁的侵犯呢?"那就犯了明显的错误。不完全是一个工人国家,问题就在这里。托洛茨基同志的基本错误之一也就在这里。目前我们已经从一般原则转到切实的讨论和法令上来了,可是有人却把我们拉回到过去,不让我们接近实际的切实的东西。这是不行的。我们的国家实际上不是工人国家,而是工农国家,这是第一。很多东西都是从这里产生的。(布哈林:什么国家? 工农国家?)布哈林同志在后面喊:"什么国家? 工农国家?"可是我不打算答复这个问题。谁愿意的话,只要回忆一下刚刚闭幕的苏维埃代表大会,就可以找到答案。

不仅如此。从我们的党纲(这是《共产主义 ABC》的作者十分熟悉的文件)里已经可以看出,我们的国家是**带有官僚主义弊病的工人国家**[①]。我们不得不把这个不光彩的——我应当怎么说呢? ——帽子,加在它的头上。这就是过渡的实际情况。试问,在实际形成的这样一种国家里,难道工会没有什么可以保护的吗?没有工会,能够保护组织起来的全体无产阶级的物质利益和精神利益吗? 这种看法在理论上是十分错误的。它把我们带到抽象的概念或者说理想里面去了。这种理想,我们要再过 15 年至 20 年才能实现,而且在这个时间内是否就一定能实现,我还不能肯定。而现在摆在我们面前的是现实,只要我们不陶醉于、不迷恋于知识分子的空谈或者抽象的议论,或者那种看起来有时像"理论",而实际上是一种谬误,是对过渡的特点作了错误估计的东西,那么,对于这种现实,我们是能够很好地认识清楚的。我们现在的国家是这样的:组织起来的全体无产阶级应当保护自己,而我们则应当利用这些工人组织来保护工人免受自己国家的侵犯,同时也利用这些工人组织来组织工人保护我们的国家。实现这两种保护,都必须通过一种特殊的办法,即把我们的国家措施和我们同我们的工会的协商、"结合"这两方面配合起来。

关于这种结合,我在后面还要谈到。但光是这一个词就足以

---

① 参看《列宁全集》第 2 版第 36 卷第 408 页。——编者注

表明,在这里给自己捏造出像"苏维埃工联主义"这样的敌人,就是犯了错误。这是因为"结合"这个概念的意思就是说,存在着**各种不同的事物**,还需要把它们结合起来;"结合"这个概念含有这样的意思,就是要善于利用国家政权的措施,来保护联合起来的全体无产阶级的物质利益和精神利益,使它**不受**这个国家政权的侵犯。如果现在的情况不是要进行结合,而是**已经结合,已经融合**,那我们就可以召集代表大会来切实地讨论实际的经验,而不是讨论原则"分歧"或抽象理论的概念了。企图找出与托姆斯基同志和洛佐夫斯基同志(托洛茨基同志把他们说成是工会的"官僚",至于在这场争论中究竟哪方面有官僚主义倾向,我在后面还要谈到)的原则分歧,同样是白费力气。我们很清楚,如果说梁赞诺夫同志有时会犯一个小毛病,喜欢杜撰个口号而且几乎是原则性的口号,那么,托姆斯基同志虽然有很多毛病,却没有这个毛病。因此,我认为在这里对托姆斯基同志展开原则性的斗争(像托洛茨基同志所做的那样),未免太过分了。这实在使我觉得奇怪。有一个时期,我们大家在派别上的、理论上的以及其他各种各样的分歧方面犯了许多错误——自然也做了一些有益的事——从那以后,我们可以说是长大了。现在已经到了从虚构和夸大原则分歧转到切实的工作上来的时候了。我从来没有听人说过托姆斯基基本上是一个理论家,也没有听人说过托姆斯基奢望当一个理论家;这也许是他的缺点,这是另一个问题。然而,在工会运动中工作得很好的托姆斯基,应当反映出(有意识地还是无意识地,那是另一个问题,我并不是说他总是有意识地这样做的),应当在他所处的地位上反映出这种复杂的转变,如果群众感到痛,却不知道哪里痛,而托姆斯基也不知道他们哪里痛(鼓掌,笑声),如果他在这时号叫起来,那么我肯定地说,这是功劳,而不是缺点。我完全相信,可以发现托姆斯基有很多局部性的理论错误。不过,如果我们能坐下来深思熟虑地起草决议或者提纲,那么我们是能把它们全都改正过来的;也许我们不会去改正这些东西,因为生产工作比纠正理论上的小小分歧更有意义。

现在我来谈谈"生产民主";这可以说是对布哈林说的。我们都很清楚,每个人都有些小毛病,就是大人物也有小毛病,布哈林也不例外。他只要一看到标新立异的词儿,就忍不住要表示赞成。在12月7日的中央委员会全体会议上,他起草关于生产民主的决议时简直是热情奔放。我愈深入地考虑这个"生产民主",就愈清楚地看到这样的提法在理论上的荒谬,看到这样的提法过于轻率。这样提只会把人弄糊涂。至少在党的会议上应当用这个例子再一次指出:"尼·伊·布哈林同志,少在名词上标新立异吧,这对于您,对于理论,对于共和国,都会有好处的。"(鼓掌)生产是永远需要的。民主只是政治方面的一个范畴。我们不能反对在讲演和文章里使用这个词。一篇文章不过是探讨和清楚地说明一种关系。但是,如果您要把这变成提纲,把这作为口号去联合"同意者"和不同意者,如果像托洛茨基那样,说党应当在"两种趋势之间作出选择",那么,这就十分奇怪了。我在后面还要专门谈谈,党是否应当"作出选择",以及使党陷于非"作出选择"不可的境地,究竟是谁的过错。事情既然已经这样,我们就应当说:"无论如何,应当尽可能少选择像'生产民主'这样在理论上错误的、除了糊涂观念之外毫无实际内容的口号。"托洛茨基也好,布哈林也好,显然都没有从理论上周密地考虑过这个术语,因而把自己也搞糊涂了。"生产民主"使人想到的完全不是他们两人所醉心的那些观念的含义。他们想要强调生产,把注意力更多地集中于生产。在文章或演说中强调,这是一回事,但是,如果把这变成提纲,要党加以选择,那我就要说:作出反对这个东西的选择吧,因为这是一个糊涂观念。生产是永远需要的，而民主不是永远都需要的。生产民主引起了许多根本荒谬的思想。我们提倡个人管理制还不久，一双靴子还没有穿破[156]。决不能把人搞糊涂，造成这样一种危险：人们弄不清楚什么时候需要民主，什么时候需要个人管理制，什么时候需要独裁制。无论在什么情况下，都不能放弃独裁制，——我听见布哈林在后面吼："完全正确。"（笑声，鼓掌）

其次，从9月起，我们就谈到从重点制转到平均制的问题，我们在全党的代表会议的决议中谈到这一点，中央委员会已经批准了这项决议[157]。这是一个困难的问题，因为必须想办法把重点制和平均制结合起来，而这两个概念却是彼此排斥的。但不管怎样，我们多少学过一些马克思主义，懂得在什么时候用什么方法可以而且应当把对立面统一起来，而更重要的是，三年半来，我们在我们的革命实践中，已经不止一次地把对立面统一了起来。

显然，应当非常慎重而周密地对待这个问题。在那两次不幸的中央全会①上（当时产生了七人派、八人派以及布哈林同志的有名的"缓冲派"[158]），我们就谈过这些原则问题，就已经认定从重点制转到平均制不是一件容易的事。所以，为了执行九月代表会议的这个决定，我们还应当努一把力。的确，可以把这些对立的概念不和谐地结合起来，也可以把它们和谐地结合起来。实行重点制，这就是在一切必要的生产部门中，优先照顾最急需的某一生产部门。优先照顾什么呢？可以优先照顾到什么程度呢？这是一个困难的问题，并且我应当指出，要解决这个问题，光是努力工作还不

---

① 这里是指1920年的十一月和十二月中央全会。这两次全会所通过的决议全文，见《真理报》[1]1920年11月13日第255号和1920年12月14日第281号；对决议的介绍，见1920年12月20日《俄共中央通报》[47]第26期。

够,这里就是有英雄人物也还不够,因为一个英雄人物可能有很多优良品质,但是他只能在自己的岗位上做得很好;而在这里,需要善于处理非常特殊的问题。因此,如果提出重点制与平均制的问题,那首先就应当对它作充分的考虑,而这一点在托洛茨基同志的小册子中恰恰是看不到的;他愈是修改他原来的提纲,错误论点也就愈多。请看他现在的提纲是怎样写的吧:

"……在**消费**方面,也就是说在劳动者个人生活条件方面,必须实行平均制的方针。在**生产**方面,重点制原则在今后很长时期内对我们还是有决定意义的……"(托洛茨基小册子第31页提纲第41条)

这在理论上是十足的糊涂观念。这是根本错误的。重点制就是优先照顾,照顾不包括消费,那就无所谓照顾了。如果给我这样一种照顾,每天给我八分之一磅的面包,那我是不胜感激之至。重点制的优先照顾也包括消费方面的优先照顾。否则,重点制就是幻想,就是空中楼阁,而我们毕竟是唯物主义者。工人也是唯物主义者;如果你提出重点制,那就请你给我们面包、衣服和肉吧。我们过去和现在都是这样理解这个问题的,我们曾经在国防委员会[146]里几百次地讨论过这些具体问题;有人争着要皮靴,他说"我是重点部门",而另一个人说,"给我皮靴吧,否则你的重点工人就坚持不住了,你的重点制就要垮了"。

由此可见,提纲中关于平均制和重点制问题的提法根本错了,而且提纲是从经过实践检验的已经取得的成就倒退回去了。这是不行的,这样做是没有好处的。

再次,是"结合"的问题。关于"结合",目前最正确的做法就是闭口不谈。开口为银,闭口是金。为什么呢?因为我们已经在实际上实行结合了;在我国,每一个大的省国民经济委员会,最高国民经济委员会和交通人民委员部等单位的每一个大的部门，都**在实际上**实行了结合。效果是不是都很好呢？——这才是问题的所在。去研究一下如何进行结合以及得到了什么结果的**实际经验**吧。在这个或那个机关中用以实行结合的法令，简直是多得看不完。而我们却没有实际地研究清楚，这究竟得到了什么结果，某某工业部门的某种结合，究竟得到了怎样的结果，省工会的某某委员担任省国民经济委员会的某一职务，其结果如何，他实行这种结合已经有几个月等等——我们还没有能够切实地研究清楚我们自己的这些实际经验。我们倒是制造了关于结合的原则分歧，并且在这方面犯了错误，干这个我们挺在行，而研究和检验我们自己的经验却不行了。如果我们将来召开苏维埃代表大会，在大会上，除了从这样或那样地贯彻改进农业的法令的角度去研究农业区的小组以外，还有研究结合，研究萨拉托夫省面粉工业、彼得格勒五金工业、顿巴斯煤炭工业等实行结合的结果的小组，如果这些小组都搜集了许多材料，并且宣称："我们已经研究清楚了某某问题和某某问题"，那我就要说："好，我们开始研究实际问题了，我们已经变成大人了！"然而，在我们为了实行结合已经费了三年的时间之后，如果有人却向我们提出一个"提纲"，制造出关于结合的原则分歧，那还有什么比这更为可悲，更为错误的呢？我们已经开始实行结合了，而且我毫不怀疑，我们是实行得对的，但是我们还没有好好研究我们的经验。因此，在结合问题上，唯一聪明的办法，就是闭口不谈。

需要研究实际的经验。我签署了一些法令和决定，对实际结合作了指示，而实践比任何理论都重要百倍。所以，当人们说，"让我们来谈谈'结合'吧"，我就回答说，"让我们把我们做过的事情研究清楚吧"。我们犯过很多错误，这是没有疑问的。我们的法令有很大一部分需要修改，这也是可能的。我同意这一点，对于法令,我没有丝毫的迷恋。但是应当提出实际的建议:某点某点应当修改。这才是切实的提法。这才不会是无效的工作。这才不会导致官僚主义的主观计划。当我读到托洛茨基的小册子的第六节即《实际的结论》时,我觉得这些实际的结论恰恰都犯有这种毛病。因为那上面说,全俄工会中央理事会的委员和最高国民经济委员会主席团的委员,应当有$\frac{1}{3}$到$\frac{1}{2}$兼任这两个机关的委员,而在其集体管理机构的成员中则应当有$\frac{1}{2}$到$\frac{2}{3}$兼任,如此等等。为什么要这样做呢?这完全是想当然,是"大致估计"。自然,在我们的法令中,时常是根据"大致估计"确定这样的比例的,但为什么这在法令中是无法避免的呢?我不是为一切法令辩护,也不想把法令说得比它们的实际情况更好。法令中常常有这样的比例数字,如$\frac{1}{2}$或$\frac{1}{3}$的兼任人员等等,这都是根据大致的估计确定的。如果法令中写着这样的话,那么,这就是说,你们试着这样做吧,我们随后再来衡量你们"试验"的结果。我们随后再来研究真正的效果。等我们研究出结果,我们就会前进了。结合我们正在实行,并且将日益有所改进,因为我们是一天比一天变得更加实际和更加实事求是了。

也许,我已经开始在谈"生产宣传"了吧?这有什么办法呢!讨论工会在生产中的作用时,是必然要牵涉这个问题的。

现在我就来谈谈这个生产宣传的问题。这也是一个实际工作问题,并且我们也是从实际工作的角度提出这个问题的。现在已经有专门管理生产宣传的国家机关[148],它们已经建立起来了。它们好不好,我不知道,应当加以考验;关于这个问题完全不需要写什么"提纲"。

如果完整地论述工会在生产中的作用,那么关于民主的问题就用不着谈什么别的,只谈通常的民主就够了。玩弄"生产民主"之类的花招是错误的,是得不到什么结果的。这是第一。第二是生产宣传。机关已经建立了。托洛茨基的提纲谈到生产宣传。这是完全不必要的，因为"提纲"在这里已经是过时的东西了。这个机关好不好，暂时还不知道。这要等我们在实践中考验它之后再说。让我们来进行研究和调查吧。我们假定，在代表大会上建立十个小组，每组十人。然后就可以问："你进行过生产宣传工作吗？情形如何？结果怎样？"研究清楚了这些之后，我们便可以奖励那些成绩特别好的人，而抛弃那些不成功的经验。我们已经有了实际的经验，虽然很少，很不成熟，但终归是有了，可是有人要我们离开这些经验朝后退，把我们拉回到"原则性的提纲"上去。这与其说是"工联主义"，不如说是"反动的"运动。

再有，第三，是奖励问题。实行**实物**奖励，是工会在生产中的作用和任务。这项工作已经开始了，已经有进展了。已经拨出50万普特的粮食用做实物奖励，其中有17万普特已经用掉。用得好不好，恰当不恰当，我不知道。在人民委员会里，曾经有人指出说分配得不好，说不是作为奖励，而是成了附加工资。工会工作者和劳动人民委员部的同志们都指出了这一点。我们已经指定了一个委员会去研究这个问题，但是还没有研究出结果。17万普特的粮食已经拿出去了；应当合理地进行分配，应当用来奖励那些英勇奋斗、努力工作、才干出众和忠心耿耿的经济工作者，一句话，奖励那些具备托洛茨基所夸奖的品质的人。而现在的问题不是要在提纲里夸奖，而是要给他们面包和肉。譬如说取消发给某一类工人的肉，把它奖励给别的、"重点的"工人，这是否更好些呢？我们不拒绝实行这样的重点制。这种重点制是需要的。我们要仔细地研究我们实行重点制的实际经验。

还有，第四，是纪律审判会。如果我们没有纪律审判会，那么工会在生产中的作用、"生产民主"——请布哈林同志别生气——

就都完全不值一提了。可是你们的提纲没有谈到这一点。因此，无论在原则上、理论上、实际上，对于托洛茨基的提纲和布哈林的立场，只能得出一个结论：别叫我难受了！

当我想到你们不是用马克思主义的方法提出问题的时候，我就更要得出这个结论了。提纲中不仅包含着许多理论错误。在估计"工会的作用和任务"时所采取的方法就不是马克思主义的，因为谈论这样广泛的问题而不从政治方面去考虑目前局势的特点是不行的。我们同布哈林同志一起，在俄共第九次代表大会关于工会的决议中提出，政治是经济的最集中的表现①，并不是无缘无故的。

只有分析目前的政治局势，我们才可以说，我们正处在过渡时期中的过渡时期。整个无产阶级专政是一个过渡时期，可是目前我们面临的可以说是一系列的新的过渡时期：军队的复员，战争的结束，获得比以前长得多的和平喘息时机的可能性，比较扎实地从军事战线转到劳动战线的可能性。单是由于这一点，只是由于这一点，无产阶级与农民阶级的关系已经有所变化。怎样变化呢？对这个问题应当仔细地加以研究，然而从你们的提纲中是看不到这一点的。在我们没有研究出结果以前，要善于等待。人民是过度疲劳了，应当用于某些重点生产部门的许多储备，已经用完了。无产阶级同农民的关系正在变化。战争造成的疲惫现象非常严重，各种需要增加了，但是生产没有增加，或增加得不够。而另一方面，我在苏维埃第八次代表大会**141**上的报告中已经指出过这种情况，即只有当我们善于先把强制建立在说服的基础上的时候，我

---

① 参看《苏联共产党代表大会、代表会议和中央全会决议汇编》1964年人民出版社版第2分册第18—19页。——编者注

们才能正确而有效地实行强制①。我应当指出,对这个极其重要的观点托洛茨基和布哈林是一点也没有加以考虑的。

我们是否已经为一切新的生产任务建立了足够广泛和坚固的说服基础呢?没有,我们在这方面只是刚刚开始。我们还没有把群众吸引过来。可是群众能不能一下子转到这些新的任务上来呢?不能,因为譬如说关于应不应当推翻地主弗兰格尔的问题,应不应当为这一目的而不惜牺牲的问题,像这样的问题,是不需要特别的宣传的。至于工会在生产中的作用问题,如果我们指的不是"原则性的"问题,不是关于"苏维埃工联主义"的议论以及诸如此类的空论,而是问题的实际方面,那我们还只是刚刚开始研究这个问题,我们还只是刚刚建立起生产宣传机关;我们还没有经验。我们实行了实物奖励,但是还没有取得经验。我们建立了纪律审判会,但是还不知道结果如何。而从政治的观点看来,最重要的事情恰恰是使群众有所准备。这个问题是否已经准备好,是否已经从这方面研究、考虑和斟酌好了呢?远远没有。这就包含着根本的、极其重大的、危险的政治错误,因为这个问题比任何问题都更需要按照"七次量,一次裁"的准则办事,而这里却一次也没有量过就裁起来了。有人说,"党应当在两种趋势之间作出选择",然而他们却一次也没有量过就虚构出了"生产民主"这样一个荒谬的口号。

应该看清这个口号所起的作用,特别是在目前这种政治局势下的作用,现在群众已经清楚地看到了官僚主义,而我们已经把这一问题提上了日程。托洛茨基同志在他的提纲中说,关于工人民主的问题,代表大会"只要一致批准"就行了。这是错误的。单是批准还不够;所谓批准,是说把已经充分斟酌过和考虑好了的东西

---

① 参看本卷第347—348页。——编者注

确定下来,实际上呢,生产民主的问题还远远没有经过充分斟酌、权衡和检验。请你们想一想,提出"生产民主"的口号,群众对此会作出怎样的解释。

"我们是普通人,是做群众工作的,我们说,必须实行革新,必须改正错误,必须赶走官僚主义者;而你却转移人们的视线,说什么要进行生产,要以生产成就来表现民主。但是我不想同管理委员会、总管理局等等的官僚主义者一起搞生产,我们要别的人。"你们没有让群众说话、领会和思考,你们没有让党取得新的经验,就迫不及待,搞过了头,创造出一些理论上荒谬的公式。而那些过于热心的执行者,又会使这种错误更加严重多少倍呢? 一个政治领导者不仅要对他自己如何领导负责,而且要对他所领导的人做的事情负责。他有时并不知道这一点,也往往并不希望这样做,但是责任要由他来承担。

现在我来谈谈中央委员会十一月全会(11 月 9 日)和十二月全会(12 月 7 日)。在这两次全会上,所有这些错误已经不是表现为逻辑分析、前提和理论推论,而是表现为行动了。结果是中央委员会搞得乱七八糟;这是革命以来我党历史上的第一次,这是危险的。关键在于分成了两派,出现了布哈林、普列奥布拉任斯基和谢列布里亚科夫的"缓冲"派。这一派带来的危害和混乱最大。

请大家回忆一下交通人民委员部总政治部[159]和运输工会中央委员会[160]的历史吧。在 1920 年 4 月俄共第九次代表大会的决议中,曾经说交通人民委员部总政治部是一个"临时的"机关,它**"在最短期间"**必须转入正常状态。① 9 月间,是这样说的:"要转

---

① 参看《苏联共产党代表大会、代表会议和中央全会决议汇编》1964 年人民出版社版第 2 分册第 13—14 页。——编者注

入正常状态。"①11 月(11 月 9 日)举行了全体会议,托洛茨基提出了他的提纲,发表了关于工联主义的议论。尽管他谈到生产宣传的有些话讲得很好,我们还是要指出,这一切完全是不知所云,文不对题,是开倒车,中央委员会目前是不能讨论这样的东西的。布哈林说:"这是很好的。"可能是很好的,然而这是答非所问。经过一场激烈的论战之后,以 10 票对 4 票通过了一个决议,决议中用客气的同志式的口吻说:运输工会中央委员会自己"已在日程上提出了"要"在工会内部加强并发展无产阶级民主的方法"。决议中还说,运输工会中央委员会应当"积极地参加全俄工会中央理事会的一般工作,作为它的一个从属机构,与其他工会联合组织享有同等的权利"。

中央委员会这个决议的基本思想是什么呢? 基本思想是很明显的:"运输工会中央委员会的同志们! 不要仅仅在形式上,而要在实际上执行代表大会和中央委员会的决议,以便使你们的工作对一切工会都有帮助,以便彻底肃清官僚主义、优先照顾以及那种认为'我们比你们好,比你们富,比你们得到的帮助多'的高傲自大的思想。"

在这以后,我们便转到切实的工作上来了。我们成立了一个委员会162,公布了委员会的名单。托洛茨基退出了委员会,破坏了它,不愿意干。为什么呢? 原因只有一个。卢托维诺夫喜欢玩反对派的游戏。的确,奥新斯基也是这样。坦白说,这是一种令人

---

① 见《俄共中央通报》第 26 期第 2 页所载中央委员会九月全会的决议第 3 点:"其次,中央认为,运输工会曾经处于非常困难的状况,当时有必要成立交通人民委员部总政治部和水运政治部161,作为帮助和调整工作的临时的杠杆。目前,这种困难状况已经大大地改善了。因此,现在可以而且应当着手把这些组织并入工会作为工会的机关,使它们适应并融化于工会机构。"

讨厌的游戏。但是难道这就是理由吗？奥新斯基备种运动搞得很好。虽然奥新斯基也喜欢搞"反对派运动"，我们还是应当同他一起工作。而像破坏委员会这种手段，则是官僚主义的，非苏维埃的，非社会主义的，不正确的，政治上有害的。在目前，当我们应该区分"反对派"中的健康因素和不健康因素的时候，这种手段更是加倍错误的，政治上加倍有害的。当奥新斯基进行"反对派运动"时，我对他说，"这个运动是有害的"，然而当他进行备种运动时，那人们会连声叫好。卢托维诺夫搞"反对派运动"犯了错误，我决不会像伊先科和施略普尼柯夫那样否认这一点，但是决不能因此而破坏委员会。

这个委员会意味着什么呢？这意味着已经从知识分子的那种空谈虚构的分歧转到切实的工作上来了。生产宣传、奖励、纪律审判会——这些就是应当讨论的问题，就是委员会应当研究的问题。这时候，"缓冲派"的首领布哈林同志，还有普列奥布拉任斯基和谢列布里亚科夫，看到中央委员会危险地分成两派，就起来缓冲，对这种缓冲，我很难找到一个客气的字眼来形容。如果我像布哈林同志那样善于画讽刺画，那我就要这样来画布哈林同志：一个人拿了一桶煤油，正在把煤油倒在火上，这幅画的题目是：《缓冲煤油》。布哈林同志是想做点什么；没有疑问，他的愿望是十分真挚的和"缓冲"的。然而结果得到的并不是缓冲，而只是表明他没有估计到政治局势，此外，他还犯了理论错误。

把所有这些争议提出来进行广泛辩论，应不应当呢？从事这种没有意义的事情，应不应当呢？在举行党的代表大会前占去我们所需要的几个星期的时间，应不应当呢？在这期间，我们本来可以研究研究奖励的问题，纪律审判会的问题，以及结合的问题。我们本来可以在中央委员会所组织的委员会里实事求是地解决这些问题。如果布哈林同志想缓冲，而不想成为那种"本来要进这间屋子，结果却跑进了那间屋子"**163**的人，那他就应该主张并且坚持要托洛茨基同志留在委员会里。如果他这样主张而且这样做了，那我们也许可以走上切实的道路，也许可以在这个委员会里把个人管理制的实际情况、民主制、被委派者等等情况研究一下了。

再往后，在 12 月（12 月 7 日的全会），同水运员工的破裂已经成为事实了，这就使得冲突愈加尖锐，结果在中央委员会内形成了8 票对我们 7 票的局面。布哈林同志急急忙忙地写成了十二月全会决议的"理论"部分，力图"调和"和实行"缓冲"，然而，在委员会遭到破坏之后，这显然是不会有什么结果的。

交通人民委员部总政治部和运输工会中央委员会的错误究竟在哪里呢？完全不在于它们采用了强制手段。这反而倒是它们的功劳。它们的错误在于，没有能够根据俄共第九次代表大会的要求，及时地、不引起冲突地转到正常的工会工作上去，没有能够很好地同各个工会相适应，没有能够站在同各个工会平等的地位上来帮助它们。在军事方面有宝贵的经验：英雄主义、雷厉风行等等。但是也有军人中不良分子的坏经验：官僚主义，高傲自大。托洛茨基的提纲，同他的想法和愿望相反，支持的不是军事经验中的最好的东西，而是最坏的东西。应当记住，一个政治领导者不仅要对他自己的政策负责，而且要对他所领导的人做的事情负责。

最后，我要告诉你们一件事，为了这件事，我昨天不得不骂自己是个蠢人，这就是我忽略了鲁祖塔克同志的提纲。鲁祖塔克有个缺点，就是讲话声音不响，不那么引人入胜，不那么动听。稍不注意，就会把他忽略过去。昨天我没有能够参加会议，翻阅了一下自己的材料，发现其中有一份提交 1920 年 11 月 2 日至 6 日举行的全俄工会第五次代表会议[164]的铅印件，标题是：《工会在生产中的任务》。文字不多，我把它的全文给你们读一下：

提交全俄工会第五次代表会议

工会在生产中的任务

（鲁祖塔克同志的报告提纲）

1. 在十月革命刚刚胜利之后，工会**几乎**成为除实行工人**监督**外，能够而且应当担负起组织和**管理生产**的工作的**唯一**机关。在苏维埃政权建立初期，管理国民经济的国家机关还没有组织好，由于企业主和高级技术人员的怠工，工人阶级面临的艰巨任务是保护工业和恢复国家整个经济机构的正常职能。

2. 此后，最高国民经济委员会的主要工作是取消私人企业并且组织对这些企业的国家管理，这个时期，**工会和国家**经济管理机关**平行地和共同地进行了这项工作**。

由于国家机关力量薄弱，这种**平行现象**在当时不但是必需的，而且也是正确的；工会和经济管理机关之间建立了充分联系这一事实证明这种情况在这种历史条件下是正确的。

3. 以后国家经济机关开始进行管理，它们逐步掌握了生产和管理机构，使这个机构的各个部分协调一致——这一切就**使工业管理工作和生产计划的**制定**工作的重心，转移到这些机关**了。这时，工会在组织生产方面的工作就是**参加组织各总管理局、中央管理局以及工厂管理委员会的集体管理机构**。

4. 目前必须尽量合理地利用每一个劳动单位，吸引全体生产者自觉地参加到生产过程中来；同时，国家经济管理机关逐渐增加和复杂化，已经变成同生产本身不相称的、庞大的官僚主义机器，这种情况不能不促使工会直接参加组织生产的工作，并且不仅是通过工会在经济机关中的代表，而且是作为整个组织来参加这项工作，这样，在苏维埃共和国经济机关和工会之间建立最紧密的联系的问题，又迫切地提到我们面前来了。

5. 如果说最高国民经济委员会是根据**现有的生产的物质因素**（原料、燃料、机器的状况等等)来规定总的生产计划,那么工会就应当是从为完成生产任务而**组织劳动**和合理地使用劳动的观点来对待这个问题。因此,**在制定总的生产计划时,无论是计划的各个部分还是整个计划,都一定要有工会参加**,以便把生产的物质资源的利用和劳动的利用最合理地结合起来。

6. 要实行真正的劳动纪律,要有效地同逃避劳动的行为进行斗争等等,就必须使所有参加生产的人都**自觉参加**以实现这些任务。**靠官僚主义的方法和自上而下的命令**,是不能达到这个目的的。必须使每个参加生产的人懂得他所执行的生产任务是必要的和适当的;必须使每个参加生产的人不仅能参加执行上级所交给的任务,而且能自觉地参加纠正生产方面的一切技术上和组织上的缺点。

工会在这方面的任务是巨大的。它应当教会**每个车间**、每个工厂中的**工会会员注意发现由于技术设备使用不当**或行政管理工作不能令人满意而引起的**劳动力使用上的一切缺点**。必须利用**各个**企业和生产上的**全部经验**来同拖拉作风、怠惰习气和官僚主义作坚决的斗争。

7. 为了特别强调这些生产任务的重要性,工会应当在组织方面,在一定的日常的工作中,把这些任务放在一定的地位。根据全俄第三次代表大会的决定在工会下面设立的**经济部**,在开展本身的工作时,必须逐渐地规定和确定整个工会工作的性质。例如,在目前的社会条件下,整个生产是为了满足劳动者本身的需要,因此**工资和奖励应当同生产计划的完成程度有最密切的联系,并取决于后者**。实物奖励和部分工资用实物支付的制度,应当逐步改成**对工人按劳动生产率的高低供应的制度**。

8. 工会工作的这种安排,一方面能够取消**平行机关(政治部等等)**,另一方面能够恢复群众同经济管理机关的密切联系。

9. 在第三次代表大会以后,工会参加国民经济建设的纲领大部分没有能够实现,这一方面是由于**战时的**条件,另一方面是由于工会本身**组织上的弱点**以及它同经济机关的领导工作和实际工作的脱节。

10. 因此,工会应当为自己规定最近的实际任务如下:(a)最积极地参加解决生产问题和管理问题;(b)会同有关的经济机关,直接参加**组织有权威的**管理机关;(c)密切注意不同**类型**的**管理**及其对生产的影响;(d)必须参加草拟和确定经济**计划**和生产计划;(e)根据经济任务的轻重缓急来**组织劳动**;(f)发展广泛的进行生产**鼓励和宣传**的组织。

11. **工会和工会组织下面的经济部**,必须切实地变成工会有计划地参加生产组织工作的灵活的有力的杠杆。

12. 在对工人实行有计划的物质供给方面,工会必须转而**对粮食人民委员部**在中央和地方的**分配机关发挥影响**,实际地切实地参加所有的分配机关,并且在其中实行**监督**,对中央及省的**工人供给委员会**的活动,应当特别注意。

13. 由于个别的总管理局、中央管理局等的本位主义倾向,所谓"重点制"已经处于极端混乱的状态,因此,工会在任何地方都应当支持在经济中真正实行重点制,应当坚持根据生产的重要性和国家现有物质资源情况来修订现行的确定重点单位的办法。

14. 对所谓的模范企业必须特别注意,要通过建立有权威的管理,通过劳动纪律和工会组织的工作,把它们变成真正的模范企业。

15. 在组织劳动方面,除了建立一套严整的工资制度,全面修订生产定额之外,工会必须坚决地担负起同**各种逃避劳动的行为**(旷工、迟到等等)进行斗争的全部工作。直到现在,纪律审判会尚未受到应有的重视,必须使它成为同破坏无产阶级劳动纪律的行为作斗争的有力工具。

16. 执行上述任务,制定生产宣传的实际计划以及制定改善工人经济状况的各种办法,都应当由经济部负责。因此,必须责成全俄工会中央理事会经济部,在最近期间召集一次**全俄经济部**特别**会议**,讨论与国家经济机关工作有关的经济建设上的实际问题。

我想,现在你们可以看出,为什么我要骂自己了。这才是一个好的纲领,它比托洛茨基同志经过多次考虑之后所写的和布哈林同志根本没有经过考虑就写出来的(12月7日全会的决议)要强过百倍。我们所有的多年来没有做过工会运动工作的中央委员,必须向鲁祖塔克同志学习,托洛茨基同志和布哈林同志也应当向他学习。这个纲领已被工会采纳了。

我们大家都把纪律审判会忘记了,而离开实物奖励和纪律审判会来谈"生产民主",就只能是一句空话。

现在我把鲁祖塔克的提纲同托洛茨基提交中央委员会的提纲比较一下。托洛茨基提纲第5条末了这样说:

"……现在必须着手改组工会,就是说,为了实现这个目的首先要着手选拔领导人员……"

请看这种真正的官僚主义吧!托洛茨基与克列斯廷斯基要选拔工会的"领导人员"呢!

再说一遍:这就是对运输工会中央委员会所犯的错误的说明。它的错误并不在于它采取了强硬措施;这正是它的功劳。它的错误在于它没有能够处理好所有工会的共同任务,自己没有更正确、更迅速、更有效地运用同志纪律审判会,也没有帮助所有的工会这样做,当我读了鲁祖塔克同志提纲中关于纪律审判会的话之后,我就想:好像已经有过关于这个问题的法令了。果然,是有过这样的法令的。那就是1919年11月14日颁布的《工人纪律同志审判会**条例**》[165](《法令汇编》第537号)。

在这种审判会上,工会应当起最重要的作用。这种审判会的好坏,它们的工作成绩如何,能不能经常起作用,我不知道。如果我们能对自己的实际经验加以研究,那要比托洛茨基和布哈林两位同志所写的一切有益百万倍。

现在我要结束我的讲话了。我在总结所有有关这个问题的一切材料时,应当指出,把这些分歧提出来在党内广泛辩论,提交党代表大会讨论,是一个极大的错误。这是一个政治上的错误。在委员会里,也只有在委员会里,我们才能进行切实的讨论,才能前进,可是现在我们却在后退,而且在今后几个星期中还会继续后退,退到讨论抽象的理论问题上去,而不去切实地解决问题。至于说到我,我对这已经讨厌到极点了,不管我有没有病,我都非常希望能够躲开它,不论到什么地方去我都愿意。

总而言之,托洛茨基和布哈林的提纲包含着一系列的理论错误,一系列的原则错误。从政治上说,整个对待问题的态度都是极不妥当的。托洛茨基同志的"提纲",是一种在政治上有害的东西。总之,他的政策是对工会进行官僚主义的干扰的政策。我相信,我们的党代表大会是会斥责并且否定这种政策的。(长时间的热烈鼓掌)

1921 年在彼得格勒印成单行本

选自《列宁全集》第 2 版第 40 卷第 198—222 页

再论工会、目前局势及
托洛茨基同志和布哈林同志的错误[166]

(1921 年 1 月 25 日)

一场带有大会序幕性质的党内辩论和派别斗争,在俄共第十次代表大会代表的选举前,由于选举即将举行而激烈起来了。在第一次派别活动之后,即在托洛茨基同志以"一群负责工作人员"的名义发表了"纲领性的小册子"(《工会的作用和任务》,序言注明日期为 1920 年 12 月 25 日)之后,接着就是俄共彼得格勒组织措辞激烈的(读者从后面可以看到,措辞这样激烈是完全应当的)宣言(《告全党书》,1921 年 1 月 6 日发表于《彼得格勒真理报》[167],以后又在 1921 年 1 月 13 日发表于党中央机关报——莫斯科的《真理报》[1])。此后,莫斯科委员会又发表了反对彼得格勒组织的宣言(载于同一天的《真理报》)。以后又出现了全俄工会中央理事会俄共党团委员会发表的关于 1920 年 12 月 30 日辩论的速记记录,这次辩论是在一次规模巨大而且由负责工作人员参加的党的会议上,即在苏维埃第八次代表大会[141]俄共党团的会议上进行的。这个速记记录的标题是《论工会在生产中的作用》(序言注明日期为 1921 年 1 月 6 日)。自然,这远不是辩论的全部材料。现在几乎到处都在举行党的会议,讨论有争论的问题。1920年 12 月 30 日,我曾经不得不像当时声明的那样,在"违反常例"的条件下,即在不能参加讨论、不能听到前面和后面的发言的条件下作了发言①。现在我想恢复一下被违反的常例,比较"正规地"谈谈我的意见。

派别活动对党的危害

托洛茨基同志发表《工会的作用和任务》这本小册子是不是派别活动呢?这种活动,不管它的内容如何,是不是对党有害呢?认为彼得格勒的同志们进行了派别活动的莫斯科委员会委员们(当然,托洛茨基同志除外),对这个问题特别喜欢保持沉默,布哈林同志也是这样,不过,他在1920年12月30日以"缓冲派"**158**的名义发言时,却认为自己不得不作如下的声明:

"……当火车有某种倾覆趋势时,缓冲器就不是那么不好的东西了。"(1920年12月30日辩论记录第45页)

这样说来,是存在着某种倾覆趋势的。然而,对在什么地方、什么问题上存在着这种倾覆趋势,以及这种趋势是如何发生的这些问题,有觉悟的党员怎么能漠不关心呢?

托洛茨基的小册子一开始就声明,说"它是集体工作的成果",说参加编写小册子的是"一群负责工作人员,特别是工会工作者(全俄工会中央理事会主席团委员、五金工会中央委员会委员、运输工会中央委员会**160**委员等)",说这是一本"纲领性小册子"。而在提纲第4条末了,我们还看到这样的话:"本次党代表大会必须在工会运动方面的两种趋势之间**作出选择**。"(黑体是托

---

① 见本卷第367页。——编者注

洛茨基用的）

如果这还不算是一个中央委员在建立派别组织，如果这还不算是"某种倾覆趋势"，那就请布哈林同志或他的任何一个同道者向党解释解释：俄文中"派别活动"和党的"倾覆趋势"究竟还有什么别的含义？？有的人愿意"缓冲"，却又**故意无视这样的**"倾覆趋势"，难道还能有比这更奇特的失明吗？？

说来叫人难以置信，在中央委员会两次全体会议（11 月 9 日和 12 月 7 日）对托洛茨基同志的提纲初稿及其所主张的党对工会的整个政策，作了空前详细的、长时间的和热烈的讨论之后，一个**在 19 个中央委员中**至今仍**独持己见的**委员，竟然在中央委员会之外拉帮结伙，把他们的"集体""著作"当做"纲领"发表，并且建议党代表大会在"**两种**趋势之间作出选择"！！托洛茨基同志在 1920 年 12 月 25 日宣告说有两种趋势而且只有两种趋势（虽然布哈林在 11 月 9 日已经以"缓冲者"的姿态出现），这就非常明显地揭露了布哈林派所扮演的真正角色，说明它不过是最恶劣、最有害的派别活动的帮手——这一点就用不着我说了。这是附带的话。不过我要问问随便哪一个党员：要求对工会运动方面的两种趋势"作出选择"，搞这样的进逼和袭击岂不是头脑发昏到令人吃惊的地步吗？在建立无产阶级专政三年之后的今天，党内竟会有一个党员，就工会运动方面的两种趋势问题发动**这样的**"袭击"，这岂不是太令人吃惊了吗？

不仅如此。请再看看这本小册子里的比比皆是的派别攻击吧。在提纲第 1 条里，我们就可以看到对"工会运动的某些工作人员"的那种咄咄逼人的"架势"，这些工作人员被说成是"倒退到原则上早已为党所肃清的工联主义立场上去了"（大概，在 19 个中央委员中，代表党的只有 1 个人）。提纲第 8 条危言耸听地谴责

"工会工作者领导层中的工会保守主义"(请注意,把注意力集中在"领导层"上,这才是真正的官僚主义态度呢!)。提纲第11条一开始就极其委婉地、有根有据地、切实地(怎样才能说得更客气一点呢?)"暗示"出,"大多数工会工作者"只是"在形式上,**即在口头上承认**"俄共第九次代表大会³⁰的决议。

大多数(!!)工会工作者只是**在口头上承认**党的决议——我们面对的是何等有权威的法官啊!

提纲第12条说:

"……许多工会工作者日益激烈地和不妥协地反对结合的前景……托姆斯基和洛佐夫斯基两位同志就属于这样的工会工作者。不仅如此,许多工会工作者拒绝接受新任务和新方法,在自己一伙人中间培养小团体的排他情绪和敌视本经济部门的新工作人员的情绪,因而实际上支持了工会组织中的工人的行会习气的残余。"

请读者仔细地再把这些论断看一遍,并且好好地想一想吧。这里面"妙语"可真是多得惊人。首先,从这种言论的派别性的角度来给它一个评价吧! 设想一下,如果托姆斯基发表一个纲领,责备托洛茨基和"许多"军事工作者培养官僚主义习气、支持野蛮制度的残余等等,那么托洛茨基会怎样说呢? 会采取什么样的行动呢? 布哈林、普列奥布拉任斯基、谢列布里亚科夫等人,既然没有看到——简直没有注意到,完全没有注意到——**这些词句的激烈性和派别性**,没有看到这里的派别性要比彼得格勒同志们的宣言严重好多倍,那么他们扮演的是什么"角色"呢?

其次,请仔细考虑一下这种对待问题的态度吧:许多工会工作者"在自己一伙人中间培养……情绪……"这是彻头彻尾的官僚主义态度。请看,全部问题在于托姆斯基和洛佐夫斯基"在自己一伙人中间"培养的是什么"情绪",而完全不在于群众、千百万群众的发展水平和生活条件。

第三,托洛茨基同志在这里无意中道出了他和"缓冲派"布哈林等人小心翼翼地加以回避和掩盖的全部争论的**实质**。

全部争论的实质和斗争的根源,是在于许多工会工作者拒绝接受新任务和新方法并且在自己一伙人中间培养敌视新工作人员的情绪呢?

还是在于参加工会组织的工人群众理所当然地提出抗议并且不可避免地决心要抛弃那些不愿意纠正无用而有害的官僚主义极端行为的新工作人员呢?

争论的实质,是在于有人不愿意了解"新任务和新方法"呢?

还是在于有人空谈什么新任务和新方法来拙劣地掩饰他对某些无用而有害的官僚主义极端行为的庇护呢?

读者应牢牢记住全部争论的这个**实质**!

形式上的民主和对革命的适宜性

托洛茨基同志在他所谓"集体工作的成果"的提纲中写道:"工人民主不懂得偶像","它只知道对革命的适宜性"(提纲第23条)。

托洛茨基同志这个提纲的遭遇是不愉快的。提纲中的正确的东西,不仅不是新的,而且是倒转过来**反对**托洛茨基本人的。而提纲中的新的东西,却又全都是不正确的。

我摘录了托洛茨基同志几个正确的论点。这几个论点,不仅在提纲第23条里所涉及的那个问题(关于交通人民委员部总政治部[159])上,而且在其他的一些问题上,都是倒转过来反对托洛茨基本人的。

从形式上的民主来看,即使是反对整个中央的派别纲领,托洛茨基也是**有权**发表的。这一点是没有问题的。1920年12月24日中央关于辩论自由的决议承认了这种形式上的权利,这一点也是没有问题的。缓冲派布哈林承认托洛茨基有这种形式上的权利,却不承认彼得格勒组织有这种权利,这大概是因为布哈林在1920年12月30日甚至说出了"工人民主这个神圣的口号"这样的话(速记记录第45页)……

然而,对革命的适宜性如何呢?

一个严肃的人,一个头脑健全、神志清醒、没有被"运输工会中央委员会"或"缓冲"派的那种派别自尊迷了心窍的人,却会认为像托洛茨基**这样**一位权威的领袖就工会运动问题发表**这种**言论**对革命是适宜的**,这样的人能找到一个吗??

就算托洛茨基指出的"新任务和新方法"非常正确——实际上他指出得完全不正确,关于这一点,后面再说——然而单是托洛茨基这种对待问题的态度,无论对于他本人,对于党,对于工会运动,对于几百万工会会员的教育工作,或者对于共和国,都是有害的,这一点难道还能否认吗??

好心肠的布哈林和他的伙伴自称为"缓冲者",这也许是因为他们已下定决心**不考虑**采用这个称号必须担负什么样的责任吧。

工会运动中的分裂在政治上的危险性

大家都知道,大的分歧有时是由很小的、甚至开始时是微不足道的分歧发展起来的。大家都知道,每个人在一生中总要有几十次小的创伤或者擦伤的,但是,**如果伤口化脓**,**如果**引起血液感染,这种小小的创伤也会变成最危险的病症,甚至是不治之症。在一切冲突中(甚至在纯粹个人的冲突中)常常是这样。在政治上也常常是这样。

任何分歧,甚至是微不足道的分歧,如果有可能发展成为分裂,发展成为严重的分裂而足以动摇和破坏整个政治大厦,足以造成——用布哈林同志的比喻来说——火车倾覆的话,那么这种分歧在政治上就会是危险的。

很明显,在一个无产阶级专政的国家里,无产阶级中间出现的或无产阶级政党和无产阶级群众之间出现的分裂不仅是危险的,而且是极端危险的,尤其在无产阶级只占这个国家人口的很少数的情况下。而工会运动(我在1920年12月30日的发言中曾经极力强调,这是一个几乎全部组织在工会内的无产阶级的运动①)中的分裂,正是意味着无产阶级群众的分裂。

正因为如此,在1920年11月2日至6日的全俄工会第五次代表会议[164]上"风波掀起"(风波正是在这次会议上掀起的)的时候,当会议刚刚结束……不,我说错了,**当会议正在进行的时候**,非常激动的托姆斯基同志跑到政治局来,在非常冷静的鲁祖塔克同志的全力支持下,叙述了托洛茨基同志在会议上讲要"整刷"工会,而他,托姆斯基,与之争辩的情形,——当这件事发生时,我立刻毫不踌躇地断定,争论的实质正是在于政策(就是说在于党对工会的政策),而在这场争论中,托洛茨基同志和他提出的针对托姆斯基同志的"整刷"政策是根本错误的。这是因为,**即使"整刷"政策部分地被"新任务和新方法"**(托洛茨基提纲第12条)**证明是对的**,然而,在目前这个时候,在目前这种情况下,这一政策也是完

---

① 见本卷第368页。——编者注

全不能容许的,因为它有造成分裂的危险。

托洛茨基同志现在认为,把"自上而下的整刷"政策归罪于他,"是彻头彻尾的歪曲"(列·托洛茨基《答彼得格勒的同志们》,载于1921年1月15日《真理报》第9号)。但是"整刷"这个词现在成了一个真正的"惯用语",倒并不是仅仅说托洛茨基同志在全俄工会第五次代表会议上用了这个词,可以说它已经"传遍了"全党和工会。不是的。遗憾的是,直到现在,从深刻得多的意义上说来,这个词还依然是很确切的。这就是说,这一个词就非常简练地表现了《工会的作用和任务》这本纲领性小册子的**全部精神**、**全部倾向**。托洛茨基同志这本纲领性小册子,从头到尾贯穿着的正是这种"自上而下的整刷"政策的精神。回忆一下他对托姆斯基同志或"许多工会工作者"的责难,说他们"在自己一伙人中间培养敌视新工作人员的情绪",就什么都清楚了!

但是,如果说在全俄工会第五次代表会议上(1920年11月2日至6日)还只是刚刚开始形成可能导致分裂的气氛,那么到了1920年12月初,运输工会中央委员会中的分裂就已经成为事实了。

在评论我们的争论的政治实质时,这一事件是基本的,主要的,根本的;托洛茨基同志和布哈林同志以为对此沉默会有所帮助,那是枉费心机。在目前情况下,沉默非但不是"缓冲",而且是火上加油,因为问题不仅已被现实生活提到日程上来,而且也由托洛茨基同志在他的纲领性小册子中强调地指出来了。正是这本小册子,在我所引证的几段话中(特别是在提纲第12条中),再三地提出了这样一个问题:事情的实质究竟是在于"许多工会工作者在自己一伙人中间培养敌视新工作人员的情绪"呢,还是在于某些无用而有害的官僚主义极端行为(例如,运输工会中央委员会的官僚主义极端行为)引起**群众**理所当然的"敌视"呢?

季诺维也夫同志在他 1920 年 12 月 30 日的第一次发言中,很有根据地直截了当地提出了这个问题,他说,"托洛茨基同志的极端拥护者"造成了分裂。也许布哈林同志正是因为这句话而责骂季诺维也夫同志的发言是"废话"吧? 然而现在任何一个党员,只要他读一读 1920 年 12 月 30 日辩论的速记记录,都会认为这种责备是不公道的,因为他会发现,援引确切事实和依据确切事实的正是季诺维也夫同志,而毫无事实根据、满嘴知识分子"空话"的,正是托洛茨基和布哈林。

当季诺维也夫同志说到"运输工会中央委员会是泥足的,它现在已经分裂成三截"的时候,索斯诺夫斯基同志立刻打断他的话,喊道:

"而你们还曾加以鼓励呢。"(速记记录第 15 页)

这是一种严重的指控。这个指控如果被证实,那么这个被指控为**鼓励分裂**——哪怕分裂的只是一个工会——的人,不论在中央委员会内,在俄国共产党内,或是在我们共和国的工会内,都将没有立足之地了。幸而这一严重的指控是由一位同志以不严肃的方式提出的。遗憾的是,这位同志已经不止一次地在论战时表现出这种不严肃的"狂热"了。索斯诺夫斯基同志对他自己的好文章,例如生产宣传方面的文章,有时也能添上"一勺焦油",毁掉生产宣传本身的全部优点。常有一些脾气好的人(如布哈林),他们甚至在最激烈的斗争中,也能尽量少在自己的攻击中使用恶毒言词;但是也常有一些脾气不太好的人,他们动辄就在自己的攻击中使用恶毒言词。索斯诺夫斯基同志在这方面如果能注意一下,或者请他的朋友帮他注意一下,那对他是会有益处的。

人们会说,虽然指控采取了不严肃的、不妥当的、显然是"派别的"方式,但毕竟是提出来了。既然事情严重,那么与其缄默不言,倒不如实话实说,哪怕说得不妥当也好。

事情无疑是严重的,因为,我再说一遍,整个争论的**关键**就在这里,这要超出人们的想象。好在我们有十分确凿、十分客观的具体材料,足以对索斯诺夫斯基同志提出的问题给予**实质性的**答复。

第一,在速记记录的同一页上,我们可以看到季诺维也夫同志的声明,他不仅回答了索斯诺夫斯基同志:"不对!"并且还确切地举出了有决定意义的事实。季诺维也夫同志指出,托洛茨基同志本来想提出(我可以补充说:这显然是出于派别狂热)的,决不是索斯诺夫斯基同志所提出的这种指控,而是要指控季诺维也夫同**志在俄共九月全国代表会议上的发言**促成了或引起了分裂。(我附带指出,这一指控是毫无根据的,因为季诺维也夫在九月的发言,事实上已经得到中央委员会和全党的赞同,而且一次也没有看见有谁正式提出过反对。)

季诺维也夫同志回答说,在中央委员会会议上鲁祖塔克同志已经用他手里的记录证明,"这个问题〈关于运输工会中央委员会里某些无用而有害的官僚主义极端行为的问题〉**远在我**〈季诺维也夫〉作任何发言**之前**,远在全国代表会议举行之前,就已经在西伯利亚、伏尔加河流域、北方和南方都讨论过了"。

这是一个十分明白、确切和符合事实的声明。这个声明是季诺维也夫同志在几千名担任负责工作的俄共党员大会上的第一次发言中所作的,而无论是**在季诺维也夫这次发言之后曾经两次发**言的托洛茨基同志,或是**在季诺维也夫发言之后也**曾经发过言的布哈林同志,**都没有**驳倒过他所指出的事实。

第二,对索斯诺夫斯基同志所提出的指控,还有一个更确切和更正式地驳斥他的材料,那就是载于同一速记记录中的1920年

12月7日通过的**俄共中央全会关于水运员工共产党员和运输工会中央委员会会议共产党党团之间的冲突问题的决议**。这个决议中关于运输工会中央委员会的一部分是这样说的：

"鉴于运输工会中央委员会和水运员工之间发生冲突，中央委员会决定：(1)在联合的运输工会中央委员会内成立一个水运员工部。(2)在2月份召开铁路和水运员工代表大会，在大会上进行新的运输工会中央委员会的正常选举。(3)在代表大会召开之前，旧的运输工会中央委员会照常行使职权。(4)立即撤销水运总政治部**161**和交通人民委员部总政治部，并且根据正常的民主制原则，把它们所有的人员和资财转交给工会组织。"

读者由此可以看到，这里不但没有责备水运员工，而且相反，在一切重大问题上都承认**他们是对的**。不过，在1921年1月14日的共同纲领上署名的中央委员，**没有一个人**(除了加米涅夫)投票赞成这个决议。(这里所说的共同纲领就是《关于工会的作用和任务》。这是由一批中央委员和工会问题委员会委员提交中央委员会的俄共第十次代表大会决定草案。非中央委员而以工会问题委员会委员名义签名的是洛佐夫斯基。其余的人是：托姆斯基、加里宁、鲁祖塔克、季诺维也夫、斯大林、列宁、加米涅夫、彼得罗夫斯基和阿尔乔姆(谢尔盖耶夫)。)

这个决议的通过是**针对**上面所列举的这批中央委员，即针对我们这一批人的。这是因为我们当时本来是会投票反对暂时保留旧的运输工会中央委员会的。看到我们这一批人必然要获胜，托洛茨基才不得不去投票拥护布哈林的决议，因为不这样做，就会通过我们的决议。11月间曾经**拥护托洛茨基**的李可夫同志，在12月间参加了工会问题委员会处理水运员工与运输工会中央委员会之间的冲突的工作，也相信水运员工是正确的。

总起来说，中央委员会十二月会议(12月7日)的多数，是由托洛茨基、布哈林、普列奥布拉任斯基、谢列布里亚科夫等等同志组成的，就是说，是由不可能被任何人怀疑**对**运输工会中央委员会抱有成见的一些中央委员组成的。而这个多数，就其决议的实质看来，所责备的并不是水运员工，而是运输工会中央委员会，只是拒绝立即加以撤换罢了。这就是说，索斯诺夫斯基的指控被证明是毫无根据的。

为了不致留下任何暧昧之处，还必须提到另外一点。我屡次提到的"某些无用而有害的官僚主义极端行为"究竟指的是什么呢？**这一**指控有没有凭空虚构或言过其实的地方呢？

季诺维也夫同志在1920年12月30日的第一次发言里同样也回答了这个问题，而且这个回答是十分准确的。季诺维也夫同志从印就的佐夫同志关于水路运输的命令（1920年5月3日）[168]中援引了一段话，其中有这样一句："乱设委员会的做法已经成为过去"。季诺维也夫同志正确地把这叫做根本性的错误。这也就是无用而有害的官僚主义的和"委派制"的极端行为的一个典型例子。同时，季诺维也夫同志又立刻作了说明，认为有些被委派的同志"从受过的考验和具有的经验来说都远远不如"佐夫同志。在中央委员会里我曾听到过对佐夫同志的评价，说他是很可贵的工作人员，我在国防委员会[146]中观察到的情况，也完全证实了这样的评价。没有任何人想损害这样的同志的威信，也没有任何人想使他们成为"替罪羊"（托洛茨基同志在他的报告第25页，毫无根据地怀疑别人想这样做）。破坏"被委派者"威信的，不是那些纠正他们错误的人，而是那些当他们犯了错误的时候还想袒护他们的人。

由此我们可以看到，工会运动发生分裂的危险并不是虚构的，而是现实的。我们同样可以明显地看到，并没有加以夸大的分歧实质究竟在什么地方：它就在于反对袒护某些无用而有害的官僚主义的和委派制的极端行为，反对为它们辩护，而力求纠正它们。全部问题就是这样。

论原则分歧

但是，也许有人会这样对我们说：如果存在着根本的和深刻的原则分歧，那么这种分歧难道不足以证明甚至发表最激烈的派别言论也是有理由的吗？如果需要说些不容易理解的新的东西，那么这难道不足以证明有时甚至实行分裂也是有理由的吗？

如果分歧的确是极其深刻的，如果再没有其他方法可以纠正党或工人阶级的政策的错误方向，那当然可以证明是有理由的。

然而不幸的是，这样的分歧并不存在。托洛茨基同志力图指出这样的分歧，但是指不出来。如果说**在托洛茨基的小册子发表（12 月 25 日）之前**，还可以（而且应当）用有条件的或和解的口吻来说话（"即使有未被意识到的新任务，有分歧，也不能这样对待问题"），那么，**在这本小册子发表之后**，就必须说：托洛茨基同志小册子里所有的新东西，实质上都是错误的。

把托洛茨基同志的提纲拿来同全俄工会第五次代表会议（11 月 2 日至 6 日）所通过的鲁祖塔克的提纲比较一下，就能最明显不过地看出这一点。我在 12 月 30 日的发言中和在 1 月 21 日的《真理报》上，都援引过鲁祖塔克同志的提纲①。这个提纲比托洛茨基的提纲正确、完备。托洛茨基的提纲与鲁祖塔克的提纲不同的地方，也就是托洛茨基错误的地方。

---

① 见本卷第 387—389 页。——编者注

先从布哈林同志急急忙忙塞进 12 月 7 日中央委员会决议的有名的"生产民主"说起吧。如果这个笨拙的、知识分子生造的术语("标新立异的词儿")是用在一篇演说或一篇文章中,而我们却对它加以挑剔,那当然是很可笑的。但是要知道,托洛茨基和布哈林正好是把自己置于一种可笑的境地:他们正是**在提纲中坚持**用这个术语,坚持用这个把他们的"纲领"跟工会所通过的鲁祖塔克的提纲区别开来的术语!

这个术语在理论上是错误的。任何民主,和任何政治上层建筑一样(这种上层建筑在阶级消灭之前,在无阶级的社会建立之前,是必然存在的),归根到底是为生产服务的,并且归根到底是由该社会中的生产关系决定的。所以把"生产民主"跟任何其他的民主分割开来,是不能说明任何问题的。这样做只能造成混乱而丝毫没有意义,这是第一。

第二,请看一看布哈林自己在他起草的 12 月 7 日中央全会的决议中对这一术语的解释吧。在这个决议中,布哈林这样写道:"因此,工人民主的方法应当是生产民主的方法。这就是说〈你们看:"这就是说"! 布哈林在向群众说话时,一开始就用了一个必**须特别加以解释**的深奥的术语。我认为,从民主的观点来看,这是**非民主**的;写给群众看的东西,不应当用这种需要特别加以解释的新术语;从"生产"的观点来看,这是有害的,因为它使人们白费时间来解释无用的术语〉,进行一切选举、提出候选人、支持候选人等等,都应当不仅考虑政治坚定性,而且要考虑经济工作能力、行政管理工作资历、组织才能以及经过实际考验的对劳动群众物质利益和精神利益的关心程度。"

这种论断显然是牵强附会和不正确的。民主的意义不仅是"进行选举、提出候选人、支持候选人等等"。这是一方面。另一方面,并不是进行一切选举都要考虑到政治坚定性和经济工作能力。和托洛茨基的愿望相反,在拥有百万群众的组织中,还应当有一定百分比的调停人和官吏(在今后许多年内,没有好的官吏是不行的)。但我们并不说什么"调停人"民主或"官吏"民主。

第三,只注意被选举者,只注意组织人员、行政管理人员等等,是错误的。这些优秀人才终究只是少数。应当注意普通人,注意群众。鲁祖塔克的提纲对这一点不仅说得比较简洁,比较明了,而且在理论上也比较正确(提纲第6条):

"……必须使每个参加生产的人懂得他所执行的生产任务是必要的和适当的;必须使每个参加生产的人不仅能参加执行上级所交给的任务,而且能自觉地参加纠正生产方面的一切技术上和组织上的缺点。"

第四,"生产民主"是一个可能引起误解的术语。可以把它理解成否认独裁制和一长制,也可以把它解释成是要延缓实行或不愿实行普通的民主。这两种解释都是有害的,要想避免这种解释,就非加上冗长的和特别的注解不可。

鲁祖塔克简洁地表述了这些思想,他的表述比较正确,而且避免了所有这些毛病。而托洛茨基在1月11日《真理报》上发表的他的《生产民主》一文中,不但没有对存在着这些错误和毛病这一点提出反驳(他完全避开了这个问题,没有把自己的提纲拿来同鲁祖塔克的提纲比较),反而间接地证实了他的这个术语的错误和毛病,因为他把"军事民主"同"生产民主"相提并论。幸而,就我记得的说来,我们还从来没有为这类术语掀起过派别争论。

托洛茨基提出的"生产气氛"这样的术语,就更不妥当了。季诺维也夫很正确地讥笑了这个术语。托洛茨基气愤地反驳道:"我们曾经有过军事气氛…… 现在应当在工人群众中间——深入工人群众,而不仅是在表面上——造成生产气氛,这就是说,要使他们对生产全力以赴,切实关心,就像过去对前线那样……"问题就在于对"工人群众"说话时,"深入工人群众"说话时,要像鲁祖塔克的提纲那样去说,而不要使用"生产气氛"之类的字眼,这种字眼只会引起误解或者传为笑谈。实际上,托洛茨基同志使用"生产气氛"这个说法所表明的思想,正是生产宣传这个概念所表明的思想。但正是在工人群众中间,在深入工人群众进行生产宣传时,应当避免这一类说法。如果要说明对群众**不**该怎么进行生产宣传,这个说法倒可以作为一个范例。

政治和经济。辩证法和折中主义

现在重新提出这样初步的、属于起码常识的问题,当然是很奇怪的。但遗憾的是,托洛茨基和布哈林迫使我们不得不这样做。他们两人责难我,说我把问题"偷换"了,或者说我是"从政治上"看问题,而他们是"从经济上"看问题的。布哈林甚至把这点放进他的提纲里,并且企图把自己说成"凌驾于"争论双方"之上"。他说:我把这两种看法结合起来。

这种理论错误令人吃惊。我在发言里重申,政治是经济的集中表现,因为我在以前就听到过这种对我"从政治上"看问题的非难,听到过这种非常荒谬的、完全不应当由一个马克思主义者讲出来的话。政治同经济相比不能不占首位。不肯定这一点,就是忘记了马克思主义的最起码的常识。

也许我的政治估计不正确?如果是这样,就请指出并且加以证明。可是,如果说(哪怕只是间接地提出)从政治上看问题和

"从经济上"看问题有同等的价值,"两者"都可以采用,这就是忘记了马克思主义的最起码的常识。

换句话说,从政治上看问题,意思就是说:如果对待工会的态度不正确,就会使苏维埃政权灭亡,使无产阶级专政灭亡(在俄国这样的农民国家里,如果由于党的错误而造成党和工会的分裂,那就一定会使苏维埃政权遭到毁灭)。可以(而且应当)从本质上来检查这种见解,就是说,来分析、研究、判断这样看问题究竟对不对。而如果说:我"尊重"您从政治上看问题的态度,"但是",这只是从政治上看问题,而我们"还"需要"从经济上"看问题,这就等于说:我"尊重"您所说的采取这种步骤就是自取灭亡这种见解,**但是**,也请您权衡一下,是否丰衣足食要比饥寒交迫好些。

布哈林宣传把从政治上看问题**和**从经济上看问题结合起来,这样就在理论上堕落到**折中主义**立场上去了。

托洛茨基和布哈林把事情说成这样:我们所关心的是提高生产,而你们所关心的只是形式上的民主。这样说是不对的,因为问题**只**在于(从马克思主义的观点来看,**也只能**在于):一个阶级如果不从政治上正确地看问题,就不能维持它的统治,**因而**也就不能完成**它的生产任务**。

更具体些说吧。季诺维也夫说:"你们在工会中造成分裂,是犯了政治上的错误。至于提高生产的问题我早在1920年1月就已经谈过,并且写过文章,那时我曾经举修建澡堂作为例子。"托洛茨基回答说:"写了一本小册子,举了个澡堂的例子,真是了不起〈第29页〉,可是关于工会应该做什么,您却'一句话'、'一个字'也没有提〈第22页〉。"

不对。澡堂的例子——请原谅我说句笑话——可以值十个"生产气氛"再外加几个"生产民主"。澡堂的例子,正好是对群众,在"深入群众"时简单明了地说明了工会应该做什么,而"生产气氛"和"生产民主"却是迷了工人群众眼睛的沙子,**使**他们对问题**难**以理解。

托洛茨基同志也责备了我,他说:关于"那种被称为工会机关的杠杆起着怎样的作用和应当起怎样的作用","列宁却一个字也没有提"(第66页)。

对不起,托洛茨基同志,我全文宣读了鲁祖塔克的提纲并表示同意这个提纲,因此我关于这个问题所说的,要比你的整个提纲、整个报告或副报告和总结发言所说的**更多**,**更充分**,**更正确**,**更简洁**,**更明白**。因为,我再说一遍,就掌握经济、管理工业、加强工会在生产中的作用来说,实物奖励和同志纪律审判会的意义要比"生产民主"、"结合"之类的完全抽象的(因而也是空洞的)字眼重要百倍。

在提出"生产"观点(托洛茨基)或克服从政治上看问题的片面性以及把从政治上看问题同从经济上看问题结合起来(布哈林)的借口之下,使我们看到的是:

(1)忘记了马克思主义,这表现在对政治与经济的关系作了理论上错误的、折中主义的规定。

(2)为贯穿托洛茨基**整个**纲领性小册子的整刷政策这种政治错误辩护和掩饰。而这种错误,假如不认识,不改正,那就会**导致**无产阶级专政的灭亡。

(3)在纯粹生产的即经济的问题方面,在怎样增加生产的问题方面,倒退了一步;就是说,从鲁祖塔克的**切实的**提纲,从这个提出了具体的、实际的、迫切的和活生生的任务(开展生产宣传,学会很好地分配实物奖和更正确地采用同志纪律审判会这种形式的强制)的提纲退了一步,退到抽象的、不具体的、"空洞的"、理论上

409

错误的、知识分子式的、一般的**提纲**上去,**忘记了**最实际最切实的东西。

在关于政治与经济的问题上,季诺维也夫和我为一方,同托洛茨基和布哈林为另一方的相互关系,事实上就是如此。

因此,当我读到托洛茨基同志12月30日对我的反驳时,我不禁觉得好笑,他说:"列宁同志在苏维埃第八次代表大会上,在关于我国形势的报告的总结发言中曾经说,我们要少搞一点政治,多搞一点经济,可是在工会问题上,他却把问题的政治方面放在第一位。"(第65页)托洛茨基同志以为这些话"正中要害"。实际上这些话正好说明他的概念极其糊涂,说明他的"思想混乱"已经到了极点。自然,我在过去、现在和将来都希望我们少搞些政治,多搞些经济。但是不难理解,要实现这种愿望,就必须不发生政治上的**危险**和**政治上的错误**。而托洛茨基同志所犯的并且由布哈林同志加深的政治错误,却**使我们党离开**经济任务,**离开**"**生产**"工作,**迫使我们——遗憾得很——花许多时间**来纠正这些错误,来同工团主义倾向(它可能导致无产阶级专政的灭亡)进行争论,来同对工会运动的错误态度(这种态度可能导致苏维埃政权的灭亡)进行争论,来就一般的"提纲"进行争论,而不是进行切实的、实际的、"经济方面的"争论,即看看谁更好地更成功地根据11月2日至6日全俄工会第五次代表会议所通过的鲁祖塔克的提纲分配了实物奖,组织了纪律审判会,实行了结合:是萨拉托夫面粉业工人,是顿巴斯煤矿工人,还是彼得格勒五金工人,如此等等。

拿"广泛辩论"是否有好处这个问题来说吧。在这里,我们也可以看到,政治错误如何使我们离开了经济任务。我曾经反对所谓的"广泛"辩论,我过去和现在都认为,托洛茨基同志破坏工会问题委员会是一个错误,一个政治错误,因为在这个委员会里本来是可以进行切实的辩论的。我认为以布哈林为首的缓冲派的政治错误,在于他们不懂得缓冲的任务(在这个问题上他们也是用折中主义偷换了辩证法);从"缓冲"的观点来看,他们正应当全力反对广泛的辩论,争取把辩论转到工会问题委员会里去进行。请看一看当时的情形吧。

12月30日,布哈林竟说:"我们宣布了工人民主这个新的神圣的口号,它的内容就是,一切问题都不应当在狭小的集体管理机构里讨论,不应当在小型的会议上讨论,不应当在自己的什么团体里讨论,而应当提到大型的会议上去讨论。所以我可以肯定地说,把工会的作用问题提到今天这样的大会上来讨论,我们决不是倒退了一步,而是前进了一步。"(第45页)这个人还责备过季诺维也夫净说废话和夸大民主呢! 这才是十足的废话和"胡言乱语",他根本就不懂得形式上的民主应当服从于对革命的适宜性!

托洛茨基丝毫也不高明一些。他指控说:"列宁想用一切办法来取消和破坏关于问题实质的辩论。"(第65页)他说:"为什么我不参加委员会呢? 关于这一点,我在中央委员会里已经说得很明白:在没有允许我像所有其他同志一样把这些问题全部提到党报上之前,我是不指望在小圈子里研究这些问题会带来什么好处的,因此我也就不指望委员会的工作会带来什么好处。"(第69页)

结果如何呢? 从12月25日托洛茨基开始"广泛辩论"到现在还不到一个月,在100个党的负责工作人员中,对这场辩论不感到头痛,不认为这场辩论毫无益处(甚至更坏些)的,恐怕已经一个也找不到了。这是因为托洛茨基使党浪费时间去对字眼、对糟糕的提纲进行争论,还骂委员会里那种正好是**切实的**对经济方面的研究是"小圈了里的"研究。这个委员会本来就是为了研究和检查实际经验,以便从中学习在真正的"生产"工作中**前进**,而不

411

是后退，不是从活生生的工作后退到各种各样的"生产气氛"这类僵死的经院哲学上去。

拿有名的"结合"来说吧。在 12 月 30 日我曾劝告大家对这个问题采取沉默态度，因为我们还**没有研究好**我们本身的实际经验，而不具备这个条件，关于结合的争论就必然会变成废话，使党的力量**脱离**经济工作而瞎忙一气。托洛茨基的提纲在这个问题上建议在国民经济委员会中工会代表占⅓到½，或占½到⅔，我把这个提纲叫做官僚主义的主观计划①。

为了这件事，布哈林向我大发脾气。我从记录第 49 页上看到，布哈林很周密详尽地向我证明："当人们聚在一起谈什么问题的时候，他们是不应当装聋作哑的。"（这一页上印的就是这样的话，一字不差！）托洛茨基也发火了，他喊道：

> "我请你们每一位都在小本子上记下来：列宁同志在某月某日把这一点叫做官僚主义；我敢预言，再过几个月，这一点大家就都会知道，都会奉为准则，那时，在全俄工会中央理事会和最高国民经济委员会里，在五金工会中央委员会和金属局等组织里，都会有⅓到½的兼职工作人员……"（第 68 页）

我读过这段话之后，就请米柳亭同志（最高国民经济委员会副主席）把现有的关于结合问题的**印好的**报告给我送来。我自己这样想：我就开始一点一滴地来**研究我们的实际经验**吧，因为光是说空话，既没有材料又没有事实根据，只是凭空编造分歧，炮制各种定义和"生产民主"，这样来从事"全党讨论"（布哈林在第 47 页上用的词，这大概也会成为"惯用语"，不亚于有名的"整刷"），实在是枯燥无味到了极点。

---

① 见本卷第 378—379 页。——编者注

米柳亭同志给我送来了几本书，其中有一本是《最高国民经济委员会向全俄苏维埃第八次代表大会作的报告》(1920年莫斯科版；序言注明的日期是1920年12月19日)。该报告第14页上，载有一个表明工人参加管理机关情况的表格。我现在把这个表格照抄在下面(只包括一部分省国民经济委员会和企业)：

| 管理机关 | 总人数 | 其 中 | | | | | |
		工 名额	人 百分比	专 名额	家 百分比	职员及其他 名额	百分比
最高国民经济委员会和各省国民经济委员会主席团········	187	107	57.2	22	11.8	58	31.0
总管理局、总局、中央管理局和总管理局的局务委员会······	140	72	51.4	31	22.2	37	26.4
集体管理制和个人管理制的工厂管理委员会···········	1 143	726	63.5	398	34.8	19	1.7
总　计	1 470	905	61.6	451	30.7	114	7.7

由此可见，就在目前，工人参加管理的，平均已经达到61.6%，就是说，已经超过半数，而接近⅔了！这已经证明托洛茨基同志在他的提纲中关于这个问题所写的东西是官僚主义的主观计划。关于"⅓到½"或"½到⅔"，不管你是说也好，争论也好，写成纲领也好，都是毫无实际意义的"全党讨论"，都是使人力、物力、注意力、时间脱离生产工作，都不过是没有重要内容的政客的空谈。而如果是在委员会里——在这里可以找到有经验的人，在这里不会同意不研究事实就写提纲——那我们就可以有成效地从事检查经验的工作，例如，找一二十个人(从1 000个"兼职工作人员"中)问一问，把他们的印象和结论同客观的统计材料加以比较，设法对未来的工作作出切实的、实际的指示：根据这些经验，现

在是应当朝着原来的方向前进呢,还是应当稍微改变一下方向、方式和方法,如果改变又应当怎样改变,或者是为了对工作有利而暂时停下来,再去反复地检查经验,也许可以再把什么地方修改修改,如此等等。

同志们,一个真正的"经济工作者"(让我也来作些"生产宣传"吧!)一定知道,即使在最先进的国家里,资本家和托拉斯组织者,也要费好多年的工夫,有时是十年甚至更多的时间,去研究和检查自己的(和别人的)实际经验,纠正和改变已经开始的工作,一次又一次倒退回去,经过多次纠正,才能找到完全适合某种业务的管理制度,选拔出高级和低级的行政管理人员,等等。这是资本主义制度下的情况,资本主义在整个文明世界中是依靠**几百年的经验和习惯**来经营自己的事业的。而我们则是在新的基础上进行建设,这就要求我们对资本主义遗留给我们的习惯进行极其长久的、顽强的和耐心的改造工作,而这一工作只能一步步来。像托洛茨基那样对待这个问题,是根本错误的。托洛茨基在他12月30日的发言中喊道:"我们的工人,党和工会的工作人员,有没有受过生产教育呢?有,还是没有?我的答复是:没有。"(第29页)这样来对待这种问题,是很可笑的。这就像提出这样的问题一样:在这个师里有没有足够数量的毡靴呢?有,还是没有?

甚至再过十年,我们一定还会说:所有的党和工会的工作人员,都还没有受过足够的生产教育。这正像再过十年,所有党、工会和军事部门的工作人员,也还没有受过足够的军事训练一样。但是生产教育的**基础**,我们已经奠定了,因为现在已有近千名的工人、工会会员和代表参加了管理机关,管理着企业、总管理局以及更高的机关。"生产教育"的基本原则,对**我们**这些从前的秘密工作者和职业政论家**自己**的教育的基本原则,就是遵照"七次量,一次裁"的准则,自己动手并且教会别人动手去极其仔细地研究我们自己的实际经验。坚持不懈地、从容不迫地、小心谨慎地、切实认真地检查这千把人所做的事情,更加小心谨慎地、认真地改进他们的工作,要在一定的方法、一定的管理制度、一定的比例、一定的人才的选拔办法等等都已经充分证明效果良好以后再向前进——这就是"生产教育"的主要的、根本的和绝对的准则,而托洛茨基同志的整个提纲,对待问题的整个态度,都正好违反了这个准则。托洛茨基同志的整个提纲,整个纲领性小册子,正好是用自己的错误使党的注意力和力量脱离切实的"生产"工作而去进行空洞的、毫无内容的争论。

辩证法和折中主义。"学校"和"机关"

布哈林同志有许多优点,其中之一就是他有理论修养,他对任何问题都要探究理论根源。这是一个很大的优点,因为,如果一个人从他自觉运用的一定原理出发犯了错误,那么不找出他犯错误的理论根源,就无法完全弄清他的任何错误,包括政治错误在内。

由于布哈林同志好在理论上钻研问题,所以他从12月30日的辩论开始(可能还更早些),就把争论转移到这方面来了。

布哈林同志在12月30日说道:"我认为有一点是绝对必要的(这里所说的"缓冲派"或缓冲派思想的理论实质就在于此),而且在我看来是完全无可辩驳的,那就是既不能抛弃这个政治因素,又不能抛弃这个经济因素……"(第47页)

布哈林同志在这里所犯的错误的理论实质,就在于他用折中主义偷换了政治和经济之间的辩证的关系(马克思主义所教导我们的这种辩证关系）。"既是这个，又是那个"，"一方面，另一方面"——这就是布哈林在理论上的立场。这就是折中主义。辩证法要求从相互关系的具体的发展中来全面地估计这种关系，而不是东抽一点，西抽一点。我已经用政治与经济这个例子说明了这一点。

以"缓冲"为例，这一点同样也是毫无疑问的。如果党的列车有倾覆的趋势，那么缓冲是有益的和必要的。这一点无可争辩。而布哈林是用折中主义的态度提出"缓冲"任务的，他从季诺维也夫那里吸取了一点，又从托洛茨基那里吸取了一点。布哈林作为一个"缓冲者"，本来应当独立地确定，是这个人还是那个人，是这些人还是那些人犯了错误，在什么地方，什么时候，什么问题上犯了错误，是犯了理论上的错误，还是犯了政治上不策略的错误，是犯了发表派别言论的错误，还是犯了言过其实的错误，等等，然后再**全力**来抨击**每种**错误。但是布哈林并没有理解他的这种"缓冲"任务。下面就是一个明显的例证：

运输工会中央委员会（铁路和水运员工工会中央委员会）彼得格勒常务局的共产党党团（这个组织是同情托洛茨基的，他们公开宣称：在他们看来，"在关于工会在生产中的作用这个基本问题上，托洛茨基和布哈林两位同志的立场，是同一个观点的两种表现形式"）在彼得格勒把布哈林同志1921年1月3日在彼得格勒所作的副报告印成一个小册子（尼·布哈林《论工会的任务》1921年彼得格勒版）。在这个副报告里有这样一段话：

"起初，托洛茨基同志曾经说，必须撤换工会的领导人员，必须选拔适当的同志等等，更早以前，他甚至曾经有过'整刷'的观点，但是现在，他已经放弃这个观点了。因此提出'整刷'作为反对托洛茨基同志的论据，是十分荒谬可笑的。"（第5页）

这段话里有很多不符合事实的地方，这我就不去多说了。

（"整刷"这个词，是托洛茨基在11月2日至6日举行的全俄工会第五次代表会议上使用的。"选拔领导人员"，是托洛茨基在他11月8日提交中央的提纲第5条中说的，——顺便提一下，这个提纲已经由托洛茨基的一个拥护者印出来了。托洛茨基12月25日的小册子《工会的作用和任务》，从头到尾都贯穿着我在前面指出过的那种想法，那种精神。他的"放弃"到底表现在什么地方、什么问题上，根本无人知道。）现在我要谈的是另一个问题。如果"缓冲"是折中主义的，那么这种"缓冲"就要放过一方面的错误，而只提到另一方面的错误，即对1920年12月30日在莫斯科几千名来自全俄各地的俄共工作人员面前所犯的错误只字不提，而只提到1921年1月3日彼得格勒的错误。如果"缓冲"是辩证的，那么这种"缓冲"就要全力抨击它从两方面或从各方面看到的每一个错误。布哈林却不是这样做的。他根本就没有想到要去分析一下托洛茨基小册子中的整刷政策的观点。**他干脆就不提它**。这样扮演缓冲者的角色，难怪大家要觉得好笑了。

其次，从布哈林在彼得格勒的同一篇讲话的第7页上，我们还看到这样的话：

"托洛茨基同志的错误，在于他没有充分地为共产主义学校这一点辩护。"

在12月30日的辩论中，布哈林说道：

"季诺维也夫同志说工会是共产主义的学校，而托洛茨基说它是管理生产的行政技术机关。我看不出有任何逻辑上的根据，可以证明第一个论点不正确或第二个论点不正确，因为这两个论点都是对的，把这两个论点结合起来，也是对的。"（第48页）

在布哈林和他那一"派"或"派别"的提纲第6条里，也包含着同样的思想："……一方面，它们〈工会〉是共产主义的学校……另一方面，它们又是——并且愈来愈是——经济机关和整个国家政权机关的一个组成部分……"（1月16日《真理报》）

布哈林同志的基本理论错误正是在这里，正是用折中主义来偷换马克思主义的辩证法（这种折中主义在各种"时髦的"和反动的哲学体系的作家当中是特别流行的）。

布哈林同志说到"逻辑上的"根据。从他的全部议论可以看出，他——可能是不自觉的——在这里所持的观点是形式逻辑或经院哲学逻辑的观点，而不是辩证逻辑或马克思主义逻辑的观点。我现在就从一个非常简单的例子说起来阐明这一点，这个例子是布哈林同志自己用过的。在12月30日的辩论中，他说：

> "同志们，对于这里发生的争论，也许在你们很多人当中会产生这样的印象：有两个人跑来互相质问，放在讲台上的玻璃杯是什么东西。第一个说：'这是一个玻璃圆筒，谁说不是，谁就应当受到诅咒。'第二个说：'玻璃杯是一个饮具，谁说不是，谁就应当受到诅咒。'"（第46页）

读者可以看到，布哈林想用这个比喻，向我通俗地说明片面性的害处。我接受这个说明，并且表示感谢，而为了用行动来证明我的感谢起见，我也来通俗地解释一下折中主义和辩证法的区别，以此作为答复。

玻璃杯既是一个玻璃圆筒，又是一个饮具，这是无可争辩的。可是一个玻璃杯不仅具有这两种属性、特质或方面，而且具有无限多的其他的属性、特质、方面以及同整个外界的相互关系和"中介"。玻璃杯是一个沉重的物体，它可以作为投掷的工具。玻璃杯可以用做镇纸，用做装捉到的蝴蝶的容器。玻璃杯还可以具有作为雕刻或绘画艺术品的价值。这些同杯子是不是适于喝东西，是不是用玻璃制成的，它的形状是不是圆筒形，或不完全是圆筒形等等,都是完全无关的。

其次,如果现在我需要把玻璃杯作为饮具使用,那么,我完全没有必要知道它的形状是否完全是圆筒形,它是不是真正用玻璃制成的,对我来说,重要的是底上不要有裂缝,在使用这个玻璃杯时不要伤了嘴唇,等等。如果我需要一个玻璃杯不是为了喝东西,而是为了一种使用任何玻璃圆筒都可以的用途,那么,就是杯子底上有裂缝,甚至根本没有底等等,我也是可以用的。

形式逻辑——在中小学里只讲形式逻辑,在这些学校低年级里也应当只讲形式逻辑(但要作一些修改)——根据最普通的或最常见的事物,运用形式上的定义,并以此为限。如果同时运用两个或更多的不同的定义,把它们完全偶然地拼凑起来(既是玻璃圆筒,又是饮具),那么我们所得到的是一个仅仅指出事物的不同方面的折中主义的定义。

辩证逻辑则要求我们更进一步。要真正地认识事物,就必须把握住、研究清楚它的一切方面、一切联系和"中介"。我们永远也不会完全做到这一点,但是,全面性这一要求可以使我们防止犯错误和防止僵化。这是第一。第二,辩证逻辑要求从事物的发展、"自己运动"(像黑格尔有时所说的)、变化中来考察事物。就玻璃杯来说,这一点不能一下子就很清楚地看出来,但是玻璃杯也并不是一成不变的,特别是玻璃杯的用途,它的使用,它同周围世界的**联系**,都是在变化着的。第三,必须把人的全部实践——作为真理的标准,也作为事物同人所需要它的那一点的联系的实际确定者——包括到事物的完整的"定义"中去。第四,辩证逻辑教导说,"没有抽象的真理,真理总是具体的"——已故的普列汉诺夫常常喜欢按照黑格尔的说法这样说。(我觉得在这里应当附带向年轻的党员指出一点:不研究——正是**研究**——普列汉诺夫所写的全部哲学著作,就**不能**成为一个自觉的、**真正的**共产主义者,因为这些著作是整个国际马克思主义文献中的优秀作品①。)

自然,我还没有把辩证逻辑的概念全部说完。但是暂时这些已经够了。现在可以从玻璃杯转到工会和托洛茨基的纲领上来了。

"一方面是学校,另一方面是机关"——布哈林这样说,并在他的提纲中这样写着。托洛茨基的错误,在于"他没有充分地为……学校这一点辩护",而季诺维也夫的错误,则在于没有充分估计到机关"这一点"。

为什么布哈林这种议论是僵死而空洞的折中主义呢? 因为布哈林丝毫也不打算独立地即用自己的观点去分析目前这一争论的全部历史(马克思主义**即**辩证逻辑绝对要求这样做),去分析在目前这个时候,在目前的具体情况下对问题的整个看法,对问题的整个提法,——或者也可以说提出问题的整个方向。布哈林丝毫也没有这样做的打算! 他对问题不作丝毫具体的研究,而搬弄一些纯粹的抽象概念,从季诺维也夫那里吸取一点,从托洛茨基那里吸取一点。这就是折中主义。

为了更清楚地说明这一点,我来举一个例子。对于中国南方的起义者和革命者,我是一无所知的(我只是在好多年以前读过孙中山的两三篇论文,读过几本书和一些报纸上的文章)。既然那里发生了起义,那么在中国人中间想必也会有争论,某甲说起义

---

① 顺便说一下,不能不希望:第一,现在正在出版的普列汉诺夫文集应把他的所有哲学论文汇编成一卷或几卷专集,并且附上极详细的索引等等。这是因为这些专集应当成为必读的共产主义教科书。第二,我认为工人国家应当对哲学教授提出要求,要他们了解普列汉诺夫对马克思主义哲学的阐述,并且善于把这些知识传授给学生。不过这些话都已经离开了"宣传"而转向"行政手段"了。

是席卷全民族的极端尖锐的阶级斗争的产物,而某乙则说起义是一门艺术。我用不着知道更多的东西,就能写出像布哈林写的那样的提纲来:"一方面……另一方面"。一个没有充分估计到艺术"这一点",另一个没有充分估计到"尖锐化这一点"等等。这就是僵死而空洞的折中主义,因为在这里没有**具体地**研究**当前这场**争论、这个问题和这种对问题的看法等等。

工会一方面是学校;另一方面是机关;第三方面是劳动者的组织;第四方面是几乎纯属产业工人的组织;第五方面是按生产部门建立的组织①,如此等等。布哈林丝毫没有提出任何根据,丝毫没有作任何独立的分析,来证明为什么要提出问题或事物的前两"方面",而不提出第三、第四、第五等方面。所以说布哈林派的提纲是彻头彻尾的折中主义的空谈。布哈林关于"学校"和"机关"的相互关系的整个问题的提法,是根本性的错误,是折中主义的。

要正确地提出这个问题,就必须从空洞的抽象概念转到具体的即当前的这场争论上来。关于这个争论,无论拿在全俄工会第五次代表会议上发生的情况来讲,或者拿托洛茨基本人在他12月25日的纲领性小册子中提出并加以**阐明**的情况来讲,都可以看出,托洛茨基的**整个**看法和整个方向都是错误的。他不了解,无论在提出"苏维埃工联主义"这个问题时,在讲一般生产宣传时,或者在像他**那样**提出"结合"问题即工会参加生产管理问题时,都必须而且可以把工会看做学校。而在最后这个问题上,从托洛茨基整个纲领性小册子中的提法来看,错误的地方就在于他不懂得工

---

① 这里顺便指出,托洛茨基在这一点上也犯了错误。他以为产业工会就是应当支配生产的工会。这是不对的。产业工会就是按生产部门把工人组织起来的工会,这在目前的技术和文化的水平上,是不可避免的(无论在俄国或在全世界都是如此)。

会是**学习在行政和技术上管理生产的学校**。不是"一方面是学校,另一方面又是什么别的东西",而是**从各方面来看**,针对当前的争论来说,针对当前托洛茨基对问题的提法来说,**工会都是一所学校**,是一所学习联合的学校,学习团结的学校,学习保护自己的利益的学校,学习主持经济的学校,学习管理的学校。布哈林同志不去了解并且纠正托洛茨基同志的这个根本性的错误,反而作了一个可笑的修正:"一方面,另一方面"。

我们来更具体地研究研究问题吧。我们看一看,作为生产管理"机关"的目前的工会是怎样的。我们已经看到,根据不完全的统计,约有 900 名工人、工会会员和代表在管理着生产。当然,把这数目字增加到 10 倍,甚至 100 倍也未尝不可,为了向你们让步并且说明你们的根本性错误,甚至也可以假定在最近就能有这种难以置信的"发展"速度——就算是这样,直接**进行管理的人**,同总数为 600 万的工会会员比较起来,依然是微不足道的一部分。由此可以更明显地看出,像托洛茨基那样把全部注意力都集中在"领导层"上,只顾谈论工会在生产中的作用和生产管理,而不考虑到 98.5% 的会员(600 万减 9 万等于 591 万,等于总数的 98.5%)**正在学习,而且还应当长期地学习下去**,那就是犯了根本性的错误。不是学校和管理,而是**学习管理的学校**。

托洛茨基同志在 12 月 30 日同季诺维也夫争辩,并且毫无根据和完全错误地指控季诺维也夫否认"委派制",即否认中央进行委派的权利和义务,在争辩时,他无意中说出了一个极其典型的对比:

> 他说:"……季诺维也夫过分从宣传员的观点去对待每个实际的切实的问题,忘记了这不仅是鼓动的材料,而且是应当用行政办法加以解决的问题。"(第 27 页)

现在我就来详细说明,如果以行政管理人员的态度来对待这个问题,**会**是怎样的情况。托洛茨基同志的根本性错误,恰恰也就在于他**对**他自己在纲领性小册子中所提出的**问题**,是以一个**行政管理人员**的态度来对待的(确切些说,是胡乱对付),而对**这些**问题他本来是可以而且应当**纯粹以宣传员的态度**来对待的。

实际上,托洛茨基的好的东西是什么呢?不是在他的提纲中,而是在他的**讲话**中——特别是当他忘记了他与工会工作者中的所谓"保守"派进行的不成功的论战的时候——那种**生产宣传**无疑是好的和有益的。如果托洛茨基同志能以全俄生产宣传局的参加者和工作者的身份在工会问题委员会里进行切实的"经济性的"工作,发表讲话和文章,那他本来会给工作带来(并且无疑一定会带来)不少的益处。错误是在于"纲领性的提纲"。用行政管理人员的态度来对待工会组织中的"危机",对待工会中的"两种趋势",对待对俄共党纲的解释,对待"苏维埃工联主义",对待"生产教育",对待"结合",——就像一根红线,贯穿着这个"纲领性的提纲"。我现在已经把托洛茨基"纲领"谈到的主要问题都列举出来了,对待这些问题的正确态度在目前——根据托洛茨基所掌握的材料——只能是宣传员的态度。

国家,这是实行强制的领域。只有疯子才会放弃强制,特别是在无产阶级专政时期。采用"行政手段"和以行政管理人员的态度来对待问题,在这里是绝对必需的。党呢,党是直接执政的无产阶级先锋队,是领导者。开除党籍而不是实行强制,这是一种特殊的诱导手段,是纯洁和锻炼先锋队的手段。工会是国家政权的蓄水池,是共产主义的学校,是学习主持经济的学校。这个领域的特殊之点和主要之点**不是**管理,**而是**"中央"(自然也还有地方)"国家管理机关、国民经济和广大劳动**群众之间的""联系**"(我们党纲经济部分中关于工会问题的第 5 条是这样说的)①。

对这个问题整个提法的错误,对这种相互关系的不理解,就像一根红线贯穿着托洛茨基的整个纲领性小册子。

可以设想一下,假定托洛茨基能从另外一方面去对待整个问题,联系他的纲领中的其他问题来研究一下这个最有名的"结合"。可以设想一下,假定他的小册子是专门用来完成这样的任务,即详细地研究——譬如说——900 件"结合"中的 90 件的情形,研究工会会员和固定的工会运动工作人员兼任最高国民经济委员会的管理工业的职务和工会中选举产生的职务的情形。可以设想一下,假定他把这 90 件事,跟抽样调查的统计材料,跟工农检查院及有关的人民委员部的检查员和指导员的报告一同加以分析,就是说,根据行政机关的材料加以分析,从工作的总结和结果、生产的成绩等等方面加以分析。总之,假定是用这样的态度来对待问题,那么这样的行政管理人员的态度就是正确的,只要是本着这样的态度,那就完全可以采用"整刷"的路线,就是说可以把注意力集中在应当撤换谁、调动谁、委派谁、现时对"领导层"提出些什么要求等问题上。在运输工会中央委员会一些人印的布哈林 1 月 3 日在彼得格勒发表的讲话中,布哈林说,以前托洛茨基主张"整刷",现在则已经放弃了这种观点。布哈林在这里也陷入了一种实际上令人发笑的、理论上同一个马克思主义者的称号完全不相容的折中主义。布哈林抽象地看问题,而不会(或者说不愿)具体地对待问题。既然我们,党中央和全党,还要进行行政管理,就是说,还要管理国家,我们就决不会放弃而且也不能放弃"整刷",即放弃撤职、调职、委派、开除等等办法。但是托洛茨基的纲领性

①　见《列宁全集》第 2 版第 36 卷第 415 页。——编者注

小册子所谈的,根本不是这么一回事,那里面根本没有提出"实际的切实的问题"。季诺维也夫跟托洛茨基争论过的,我们跟布哈林在争论的,全党在争论的,并不是"实际的切实的问题",而是关于"工会运动方面的**趋势**"的问题(托洛茨基提纲第4条末尾)。

这个问题从实质上说是一个政治问题。就事情的实质——当前这一具体"事情"的实质——来讲,要像布哈林(他自然是充满最人道的感情和意图的)所希望的那样,用折中主义的修改和补充去纠正托洛茨基的错误,那是办不到的。

这里有一个而且只有一个解决的办法。

这就是,正确地解决关于"工会运动方面的趋势"、各阶级的相互关系、政治和经济的相互关系以及国家、党和工会("学校"和机关等等)的特殊作用的政治问题。这是第一。

第二,在正确地解决政治问题的基础上,进行——确切些说是不断进行——长期的、有系统的、坚持不懈的、耐心的、多方面的、反复的生产宣传,用国家机关的名义并且在国家机关的领导下,在全国范围内不断进行这种宣传。

第三,不要把"实际的切实的问题"跟关于趋势的争论(这种争论是"全党讨论"和广泛辩论必然有的东西)混为一谈,而要切实地提出这些问题,在切实地研究问题的委员会中提出这些问题,同时要询问见证人,研究报告和统计材料,然后在这一切的基础上(必须在这一切的基础上,必须在这样的条件下),根据相应的苏维埃机关、党的机关或这两种机关的决定来进行"整刷"。

而我们从托洛茨基和布哈林那里看到的却是这样一种混合物:在对待问题的态度上犯了政治错误,割断了中间的联系和传动带,迫不及待要采取徒劳的、没有效果的"行政手段"。既然布哈林用他的"玻璃杯"提出了理论根源问题,那么他们的错误的"理论"根源是很清楚的。布哈林的理论错误(在这个问题上是认识论的错误),就在于用折中主义偷换了辩证法。布哈林折中主义地提出问题,结果自己完全弄糊涂了,竟然发表了工团主义的言论。托洛茨基的错误是:片面、狂热、夸大、固执。托洛茨基的纲领是:玻璃杯是饮具,而这只玻璃杯是没有底的。

结 论

现在我还要简单地谈几点,要是不谈,可能会引起一些误解。

托洛茨基同志在他的"纲领"第 6 条里,重述了俄共党纲经济部分的第 5 条,即关于工会问题的一条。再往下两页,在提纲的第 8 条里,托洛茨基同志宣称:

"……工会在失去了旧的生存基础即阶级的经济斗争以后〈这是错误的,这是一种轻率的夸大,因为工会虽然失去了**阶级的**经济斗争这样的基础,但是从反对苏维埃机关的官僚主义弊病来说,从采取苏维埃机关所做不到的办法和手段去保护劳动群众的物质利益和精神利益来说,以及从其他等等方面来说,工会却远远没有失去——而且,很遗憾,在很多年之内都不会失去——**非阶级的**"经济斗争"这样的基础〉,由于种种条件,还来不及在自己队伍中集合起必要的力量,并且规定出必要的方法,以便能够有效地完成无产阶级革命向它提出的、在我们党纲中规定下来的新任务:**组织生产**。"(黑体是托洛茨基用的,提纲第 9 页第 8 条)

这又是一种可能发展成重大错误的轻率的夸大。党纲并没有"组织生产"这样的规定,也没有对工会提出这样的任务。现在我们就按照我们党纲原来的次序,逐步地来探究其中所包含的每个

思想和每个论点:

(1)"社会化工业的组织机构〈不是一切机构〉应当首先〈而不是仅仅〉依靠工会。"(2)"工会必须逐渐摆脱行会的狭隘性〈如何摆脱呢? 在党的领导之下,在无产阶级对非无产阶级劳动群众进行教育及其他各种诱导的过程中〉,变成包括本生产部门的大多数劳动者并且逐渐地包括全体劳动者的大规模的产业联合组织。"

这是党纲讲到工会的那一条的第一部分。可以看到,这一部分一下子就给今后提出了很"**严格的**"和需要进行长期的工作才能实现的"条件"。往下又说:

"……根据苏维埃共和国的法律和已有的实践,工会已经成为一切地方的和中央的工业管理机关的参加者〈看,这里用词是很慎重的:只是参加者〉,工会应当做到把作为统一经济整体的全部国民经济的全部管理切实地集中在自己手中〈请注意:应当做到切实集中的,不是各个工业部门的管理,也不是工业的管理,而是全部国民经济的管理,并且是作为统一经济整体的全部国民经济的管理。这是一个经济条件,这个条件只有在工业和农业中的小生产者在全部人口中和国民经济中已经少于半数的时候,才算是实现了〉。工会在用这样的方法〈正是"用这样的方法",即逐步实现上述的各种条件〉保证中央国家管理机关、国民经济和广大劳动群众之间的密切联系的同时,应当广泛地吸引后者〈即群众,即人口的大多数〉直接参加经济管理。工会参加经济管理并吸收广大群众参加这一工作,同时也就是防止苏维埃政权经济机关官僚化的主要方法,并且为对生产的结果实行真正的人民监督提供了可能性。"

可以看到,最后一句里的"参加经济管理",用词又是很慎重的;这里又指出了吸引广大群众是同官僚主义作斗争的主要(但不是唯一)的方法;末了又十分慎重地指出:为"**人民**",即工农的而决不仅仅是无产阶级的"**监督**""**提供了可能性**"。

把这一切归结为我们党纲给工会"规定了""组织生产"的任务,这显然是错误的。如果坚持这种错误,把它写进纲领性的提纲,那结果就只能是一种反共产主义的工团主义倾向。

附带说一下。托洛茨基同志在他的提纲中还这样写道:"在最近一个时期,我们不是接近了党纲所提出的目标,而是离它更远了。"(提纲第 7 页第 6 条)这是没有根据的,而且我认为这是不对的。不能像托洛茨基在辩论中那样,用指出工会"自己"承认这个事实的办法来证明这一点。对党来说,这并不是最后的结论。一般说来,要证明这一点,就必须首先对大量事实进行极其严肃的客观的研究。这是第一。第二,就假定这一点得到了证明,也还有一个问题没有解决:为什么离得更远了? 是像托洛茨基所想的那样,由于"许多工会工作者""拒绝接受新任务和新方法"呢,还是由于"我们""还来不及在自己队伍中集合起必要的力量,并且规定出必要的方法,以便"阻止和纠正某些无用而有害的官僚主义极端行为呢?

说到这里,应当提一下布哈林同志 12 月 30 日对我们提出的责备(昨天,1 月 24 日,在矿工第二次代表大会共产党党团的辩论中,托洛茨基也重申了这一点)。他责备我们"放弃了党的第九次代表大会规定的路线"(12 月 30 日辩论记录第 46 页)。据他说,列宁在第九次代表大会上,曾经主张劳动军事化,而讥笑别人拿民主当借口,可是现在,他却"放弃了"这一点。托洛茨基同志在他12 月 30 日的总结发言中,可以说是给这种责备又撒上了一把胡椒面。他说:"列宁是估计到工会里正在形成……一个有反对派情绪的同志的派别这一事实的"(第 65 页);列宁的态度是"着眼于外交手腕"(第 69 页);是"在党内派别中间看风使舵"(第 70

页);等等。托洛茨基同志这样来叙述事情,对托洛茨基同志来
说,自然是很舒服的,而在我听来,则比不舒服还要坏些。不过,还
是让我们来看看事实吧:

就在 12 月 30 日的辩论中,托洛茨基和克列斯廷斯基都肯定
了一个事实,即"普列奥布拉任斯基同志早在 7 月间(1920 年)就
向中央提出了我们在工人组织内部生活方面应当转到新的轨道上
去的问题"(第 25 页)。8 月间,中央批准了由季诺维也夫同志起
草的**中央**关于同官僚主义作斗争和扩大民主的**信**。9 月间,在党
代表会议上提出了这个问题,中央批准了这次会议的决定。12 月
间,同官僚主义作斗争的问题被提到苏维埃第八次代表大会上。
这就是说,整个中央委员会、整个党和整个工农共和国,都认为有
必要把官僚主义以及同它进行斗争的问题提到日程上来。由此能
不能得出结论说"放弃了"俄共第九次代表大会的路线呢? 不能。
这里根本就不存在放弃的问题。关于劳动军事化等问题的决定,
是无可争辩的。我毫无必要收回我对那些拿民主当借口来反对这
些决定的人的讥笑。由此只能得出结论说:我们将在工人组织内
扩大民主,但是决不把民主变成偶像;我们将极其注意同官僚主义
作斗争的工作;对于任何无用而有害的官僚主义极端行为,无论是
谁指出的,我们都会十分认真地加以纠正。

最后,对重点制和平均制这个小问题,再谈一点意见。在 12 月
30 日的辩论中,我曾经说过,托洛茨基同志提纲第 41 条关于这一问
题的提法,在理论上是错误的,因为照他说来,应当在消费方面实行
平均制,而在生产方面实行重点制。我曾经答复说,重点制就是优
先照顾,照顾不包括消费,那就无所谓照顾了。托洛茨基同志因此
责备我,说我"过分健忘",说我用"恐吓手段"(第 67 页和第 68 页),
我很奇怪,他怎么没有说我看风使舵、玩弄外交手腕等等。托洛茨

基对我的平均路线作了"让步",而我还在向托洛茨基进攻。

实际上,关心党的事业的读者,都可以查到确切的党的文件,那就是中央十一月全会的决议第 4 点,以及托洛茨基的纲领性提纲第 41 条。无论我怎样"健忘",无论托洛茨基同志的记忆力多么好,事实总是事实:提纲第 41 条中有理论上的错误,而这个错误在中央 11 月 9 日的决议中是没有的。这个决议说:"中央认为,在经济计划的执行上,有保留重点制原则的必要,同时也完全赞同最近一次〈九月〉全国代表会议的决议,认为在各种工人和相应的工会的地位方面必须逐步地然而坚定不移地转到平均制,并且不断加强整个工会组织。"显然,这是针对运输工会中央委员会而言的,这个决议的确切含义是曲解不了的。重点制并没有废除。对于重点的(在经济计划的执行方面)企业、工会、托拉斯和主管部门,仍然要优先照顾;但同时,"平均路线"(这条路线不是"列宁同志"要坚持,**而是党代表会议和中央**,也就是说,**全党已经批准了**)又明白地要求:必须逐步地然而坚定不移地转到平均制。运输工会中央委员会没有执行中央十一月的这一决议,这从中央十二月的(由托洛茨基和布哈林提出的)决议中就可以看出来,因为决议再次提到了"正常的民主制原则"。提纲第 41 条的理论上的错误,就在于它说应当在消费方面实行平均制,在生产方面实行重点制。这从经济上来说是荒唐可笑的,因为这样就把消费和生产割裂开了。我决没有说过而且也不能说出这一类的话。一个工厂不需要了,那就把它关闭;所有不是绝对需要的工厂都要关闭。在绝对需要的工厂当中,优先照顾重点。例如,优先照顾运输业。这是无可争辩的。但是为了使这种照顾不至于过分,并且鉴于对运输工会中央委员会照顾已经过分,**党**(而不是列宁)才指示:必须**逐步地**然而坚定不移地**转**到平均制。如果托洛茨基在十一月全会已经作了确切的、理论上正确的决议之后,还要发表关于"两种趋势"的派别性小册子,还要在提纲第 41 条中提出他自己的、从经济上来说是错误的提法,那就只好怨他自己了。

————

今天是 1 月 25 日,自从托洛茨基同志发表他的派别言论以来,刚好过了一个月。现在已经可以看得非常清楚,这种形式上不恰当的和实质上不正确的言论,使党脱离了切实的、实际的经济生产工作而去纠正政治上和理论上的错误。但是古语说得好:"因祸得福。"

据传说,外界把中央内部的分歧说得非常离奇。孟什维克和社会革命党人[4]都已经聚集到(显然现在还在继续聚集到)反对派的周围,他们到处造谣生事,散布极其恶毒的言论,制造流言蜚语,千方百计地诬蔑党,诽谤党,加深党内冲突,破坏党的工作。这是资产阶级(包括孟什维克和社会革命党人这些小资产阶级民主派在内)的政治手法,他们对布尔什维克怀着强烈的仇恨,而且由于十分明白的原因也不能不怀着这种仇恨。每一个有觉悟的党员,都熟悉资产阶级的这一套政治手法,并且了解它的真正的价值。

中央内部的分歧使我们不得不把问题交给全党。辩论清楚地表明了这种分歧的本质和范围。这样,谣言和诬蔑就破产了。党正在同派别活动这种新的病症(因为我们在十月革命之后,已经把它忘记了)作斗争中学习和受到锻炼。实际上,这是一种旧病,在今后若干年内,它大概免不了还要复发,然而现在是能够而且应当更快更容易地把它治好的。

党在学习不夸大分歧。在这里不妨把托洛茨基同志在谈到托姆斯基同志时提出过的正确意见重述一下:"我在和托姆斯基同志进行最尖锐的论战时,总是说,我十分清楚,只有像托姆斯基同志这样有经验有威信的人,才能当我们工会的领导者。在工会第五次代表会议的党团中,我曾经这样说过,最近在济明剧院,我也这样说过[169]。党内进行思想斗争,并不是要互相排挤,而是要互相促进。"(12月30日辩论记录第34页)不用说,党是会把这一正确的论断同样也用于托洛茨基同志的。

在辩论期间,施略普尼柯夫同志和他那一派人,即所谓"工人反对派"[170],特别明显地暴露出了工团主义的倾向。因为这是一种明显地背离党、背离共产主义的倾向,所以对这种倾向必须特别注意,必须特别加以讨论,必须特别注意向大家宣传和说明这些观点的错误所在,以及这种错误有什么危害。布哈林同志曾经讲出"必须接受的人选"(即工会参加管理机关的人选)这种工团主义的话,今天又在《真理报》上为自己的话作了很笨拙的并且显然是错误的辩解。你们看见了吧,他在其他几点上又说到了党的作用!当然啰! 否则的话,这就等于退党了。否则的话,这就不仅仅是一种需要纠正和易于纠正的**错误**了。如果说到"必须接受的人选",而不立即补充说,这些人选对党**并不是**必须接受的,那么这就是工团主义的倾向,这就同共产主义**不相容**了,就同俄共党纲**不相容**了。而如果补充说:"对党**并不是**必须接受的",那就是用扩大工人权利的幻影去欺骗非党工人,而实际上却丝毫不会改变现状。布哈林同志愈是为他那种理论上显然错误、政治上带有欺骗性的背离共产主义的倾向辩护,这样固执己见的结果也就愈可悲。要为无法辩护的东西辩护,总是不会成功的。党并不反对任何扩大非党工人权利的措施,但是只要略微考虑一下就可以理解,在这方面什么办法是可以采取的,什么办法是不能采取的。

在全俄矿工第二次代表大会共产党党团的辩论中,施略普尼柯夫的纲领虽然得到了在这一工会里特别有威望的基谢廖夫同志的支持,还是遭到了失败:137 票赞成我们的纲领,62 票赞成施略普尼柯夫的纲领,8 票赞成托洛茨基的纲领。工团主义的倾向是应当治好而且也一定能够治好的。

一个月来,彼得格勒、莫斯科以及一些外省城市已经表明,全党对辩论作出了反响,并且以绝对多数否决了托洛茨基同志的错误路线。如果说在"上层"、"地方领导"、委员会和机关里显然有过摇摆的话,那么普通党员群众、工人党员群众的多数而且是绝对多数,却是反对这条错误路线的。

加米涅夫同志告诉我说,1 月 23 日在莫斯科市莫斯科河南岸区的辩论会上,托洛茨基同志曾经声明收回他本人的纲领,而在新的纲领基础上同布哈林派联合起来。可惜,无论 1 月 23 日或 24 日,当托洛茨基同志在矿工代表大会共产党党团会议上发言反对我时,我都没有听到他有一个字提到这一点。是不是托洛茨基同志又改变了他的主张和纲领,或者这是由于别的什么原因,我就不得而知了。但是无论如何,托洛茨基同志 1 月 23 日的声明表明,党甚至还没有来得及动员自己的全部力量,而仅仅反映了彼得格勒、莫斯科和少数省会的意见,就已经坚决、果断、迅速而毫不动摇地一下子把托洛茨基同志的错误纠正过来了。

党的敌人只落了一场空欢喜。他们想利用党内有时不可避免的分歧来危害党、危害俄国的无产阶级专政的企图没有得逞,而且将来也不可能得逞。

1921 年 1 月 25 日

1921 年 1 月 25 日和 26 日由莫斯科工、农和红军代表苏维埃报刊部印成单行本

选自《列宁全集》第 2 版第 40 卷第 263—306 页

论统一的经济计划

(1921 年 2 月 21 日)

一些谈统一的经济计划的文章和议论使人产生一种难堪的印象。请看看列·克里茨曼在《经济生活报》[171]上发表的那些文章吧(第一篇发表于 1920 年 12 月 14 日,第二篇——12 月 23 日,第三篇——2 月 9 日,第四篇——2 月 16 日,第五篇——2 月 20 日)。空话连篇。舞文弄墨。不愿考虑这方面所取得的实际成就,也不愿加以研究。一味议论(在五篇冗长的文章里!)应该怎样着手研究,却不去研究具体材料和事实。

再请看看米柳亭的提纲(2 月 19 日《经济生活报》)和拉林的提纲(2 月 20 日《经济生活报》),仔细听听"负责"同志们的言论吧。根本缺点也同克里茨曼一样。枯燥到极点的经院哲学,直到空谈什么链式联系的规律等等;这种经院哲学,文人气官僚气兼而有之,就是没有一点实际的东西。

更坏的是,人们竟用傲慢的官僚主义冷淡态度对待那种已经完成的和必须继续做下去的实际工作。几次三番毫无意义地"生产提纲"或凭空编造一些口号和草案来,却不仔细用心地去了解我们自己的实际经验。

关于统一的经济计划问题所写的唯一的一部严肃的著作,就是《俄罗斯联邦电气化计划》,即"俄罗斯国家电气化委员会"[152]

向苏维埃第八次代表大会[141]提出的报告,这个报告是在 1920 年 12 月出版并在第八次代表大会上分发给代表们的。在这部著作里叙述了我们共和国的优秀学者受国家最高机关委托所拟定的——当然只是大致拟定的——统一的经济计划。而同大官们的不学无术的自负和同共产党员著作家们的知识分子的自负作斗争,就得从极平常的事情做起,即从简略地叙述这部著作的写作经过及其内容和意义做起。

1920 年 2 月 2 日至 7 日,即在一年多以前,开了一次全俄中央执行委员会会议,会上通过了关于电气化的决议。在这项决议中有如下一段话:

"……除必须完成整顿运输业、消除燃料危机和粮食危机、消灭流行病以及建立纪律严明的劳动军[50]等方面最迫切最紧急最不容拖延的头等重要任务以外,现在苏维埃俄国初次有可能着手进行比较有计划的经济建设,科学地制定并彻底执行整个国民经济的国家计划。全俄中央执行委员会鉴于电气化事业具有头等重要的意义……估计到电气化对工业、农业、运输业等等的重大意义,特决定:责成最高国民经济委员会同农业人民委员部一起制定建立电站网的计划草案……"

看来很明白了吧?"科学地制定整个国民经济的国家计划",——难道这些话的意思,我们最高政权机关的这项决议的意思,有什么不能理解的地方吗?如果那些在"专家"面前炫耀自己的共产主义的著作家和大官不知道这项决议,那么我们只好提醒他们说:对我们自己的法律无知,并不是论据。

为了执行全俄中央执行委员会的决议,最高国民经济委员会主席团于 1920 年 2 月 21 日批准在电力局下设电气化委员会,后来国防委员会[146]又批准了关于"俄罗斯国家电气化委员会"的条例。该委员会的人选,则责成最高国民经济委员会同农业人民委员部协商确定和批准。"俄罗斯国家电气化委员会"在1920年4月24日就已出版了它所创办的《公报》[172]第1期,上面载有极详细的工作计划,列出了负责人员、学者、工程师、农艺师和统计学家的名单,这些人员参加各种分委员会,领导各个地区的工作,担负各种明确规定的任务。单单这些工作项目及其负责人员的名单,就在第1期《公报》中占10页篇幅。凡是最高国民经济委员会和农业人民委员部以及交通人民委员部所知道的优秀人才,都被吸收来参加这项工作。

"俄罗斯国家电气化委员会"的工作成果,就是上述那部内容丰富的——并且是极为出色的——科学著作。参加该书编写工作的有180多位专家。他们送交"俄罗斯国家电气化委员会"的著作共计200多篇。首先,书中载有对这些著作的综述(该书的第一部分,计占200多页篇幅):(一)电气化和国家经济计划;(二)燃料供应(附有详细制定的**最近10年**俄罗斯联邦"燃料预算",以及对这方面所需的工人人数的估计);(三)水力;(四)农业;(五)运输业;(六)工业。

这个计划预定大约在10年内完成,计划上载有工人人数和动力数量(单位为千马力)。诚然,这只是一个大致的、初步的、粗略的甚至含有错误的计划,只是一个"大致拟定的"计划,但它是一个真正科学的计划。专家们在计划中对一切基本问题作了确切的计算。他们对各个工业部门作了计算。举个小小的例子来说,计划中有皮革生产的规模,按每人平均需要两双皮鞋(3亿双)的计算,等等。总之,计划中既有电气化的物资平衡表,又有电气化的资金(按金卢布计算)平衡表(需近37 000万个工作日,多少桶水泥,多少块砖,多少普特铁、铜等等,涡轮发电机总功率多大等等)。这个平衡表预计,在10年内加工工业的产量增加("根据很粗略的估计")80%,采掘工业的产量增加80%—100%。金卢布平衡表中的赤字(正数110亿,负数170亿,赤字共计将近60亿)"可以通过租让和信贷业务来抵补"。

计划上指明了第一批区域电站(20座火电站,10座水电站)的位置,并且详细说明了每座电站的经济意义。

在综述之后,该书还载有(分别标明页码的)下列各个地区的工程大纲:北部地区、中部工业区(这两个区的工程大纲规定得特别明白、详尽而确切,所根据的是极丰富的科学材料)、南部地区、伏尔加河沿岸区、乌拉尔地区、高加索地区(把高加索当做整体,因为预计各共和国在经济上将进行协调)、西西伯利亚以及土耳其斯坦。对于每一个地区的考虑都不限于第一批电站。还有所谓"俄罗斯国家电气化委员会的**甲号**计划",即最合理最经济地利用**现有**电站的计划。另一个不大的例子是:计划上预计在北部地区(即彼得格勒区)把彼得格勒所有电站联接起来后可以节省电力,约近半数的电力可以(北部地区工程大纲第69页)输送到北部浮运木材的地点,即摩尔曼斯克、阿尔汉格尔斯克等地去用。在这种条件下,增加木材的采伐和向国外浮运,就有可能"**在最近时期每年提供5亿卢布的外汇收入**"。

"每年从出卖北部木材所赚得的钱,在最近几年内就能达到相当于我国黄金储备额那样大的数目"(同上,第70页),这里当然要有一个条件,就是我们要从空谈计划转到研究并且实际**执行**由学者们制定的这个计划!

还必须讲到一点,就是问题(当然远不是所有的问题)都已有了初步的年度规划,即不仅是一般计划,而且作了预计:每年(从1921年起至1930年止)有多少座电站可以开始发电,以及现有的电站可能扩建的规模(也得具备上面所说的条件,这在我国知识分子文人习气和大官的官僚主义习气盛行的环境中可是不太容易实现的)。

为了认识清楚"俄罗斯国家电气化委员会"所完成的这项工作的重大意义和全部价值,我们不妨看看德国的情形。德国有一位学者巴洛德进行了类似的工作。他编制了一个按社会主义原则改造德国整个国民经济的科学计划[173]。这个计划在资本主义德国不免要落空,只是纸上谈兵和单枪匹马的工作。而我们则提出了国家任务,动员了几百个专家,在十个月内(当然不是像最初预定的那样在两个月内)制定了一个科学的统一的经济计划。我们理应以这一工作自豪;只是必须**懂得**应该**怎样**去利用这一工作的成果,现在我们正是必须对不懂得**这一点**的现象进行斗争。

苏维埃第八次代表大会的决议写道:"……代表大会……**赞同最高国民经济委员会等机关,特别是'俄罗斯国家电气化委员会'为制定俄罗斯电气化计划所进行的工作……认为这个计划是伟大经济创举方面的第一个步骤,**责成全俄中央执行委员会等等**完成这个计划的制定工作,并批准这个计划,**而且务必在最短期间完成……** 责成……采取各种措施来最广泛地宣传**这个计划……**共和国所有的学校毫无例外地都应当学习这个计划"**①等等。

莫斯科某些人对这个决议所持的态度,他们企图胡乱"解释"这个决议,甚至对它置之不理,这最明显地表明我们机关中特别是上层机关中存在着毛病,即官僚主义病和知识分子病。著作家们不宣传这个已经制定的计划,却一味起草提纲,空洞地议论怎样着

---

① 引自全俄苏维埃第八次代表大会 1920 年 12 月 29 日通过的关于电气化的决议。这个决议的草案是列宁写的(见《列宁全集》第 2 版第 40 卷第 192—193 页)。——编者注

手制定计划！大官们纯粹官僚式地强调必须"批准"计划，他们指的不是提出某些具体任务（例如必须建设什么东西，在什么时候建设，向国外购买什么东西等等），而是提出另定**新的**计划这类糊涂透顶的主张！他们什么都不懂，简直令人吃惊，竟然说什么在建设新东西以前至少先得把旧东西恢复一部分呀；说什么电气化很像电气幻想呀；说什么为什么不实行煤气化呀；说什么"俄罗斯国家电气化委员会"中都是资产阶级专家而很少有共产党员呀；说什么"俄罗斯国家电气化委员会"应当提供的是鉴定人员而不是计划委员会呀，如此等等。

危险的正是这种意见纷纭，因为这表明这些人不善于工作，表明知识分子的和官僚主义者的自负压倒了真正的实干。嘲笑计划是幻想，提出实行煤气化之类的问题，正是暴露了不学无术的自负。随随便便地纠正几百个优秀专家的工作，用一些庸俗的笑话来回避问题，以自己有权"不予批准"而狂妄自大——难道这不是可耻的行为吗？

应该学会尊重科学，应该摒弃门外汉和官僚主义者的"共产党员的"狂妄自大，应该学会利用我们自己的经验和我们自己的实践，有系统地从事工作！

当然，关于"计划"这个东西本来可以无止境地谈论和争论下去。然而我们决不应当容许对"原则"（即编制计划的"原则"）作空泛的议论和争论，因为现在的问题是应该着手研究现有的这个唯一科学的计划，应该根据**实际**经验和更详细的研究来修正它。当然，"批准"和"不予批准"之权始终操在某个或某些大官手里。如果正确地理解这种权利，并且正确地解释第八次代表大会关于批准它赞同的以及它认为应当竭力广泛宣传的这个计划的决议，那就应当把"批准"理解为提出一些订货单和发布一些命令：什么东西在什么时候到什么地方去购买,什么东西应该开始建设,什么材料应该收集和运到某地等等。如果官僚主义地解释问题,那么"批准"就是意味着大官们的刚愎自用,官场拖拉习气,玩弄审查委员会之类的把戏,一句话,就是用纯粹的官僚态度葬送实际工作。

我们且从另一方面来看看这个问题吧。必须着力把科学的电气化计划与日常的各个实际计划及其具体实施结合起来。这当然是完全不容争辩的。究竟怎样结合呢?为要知道这一点,经济学家、著作家和统计学家就不应当空谈一般计划,而应当详细研究我们的各种计划的执行情况、我们在这种实际工作中所犯的错误以及改正这些错误的办法。不进行这种研究,我们就会盲目行动。只要进行这种研究,同时研究实际经验,剩下的行政事务问题就完全是小问题了。我们的计划委员会真是太多了。要进行合并,应当从某甲所主管的那个机关里拿出两个人来,再从某乙所主管的那个机关里拿出一个人来,或是相反。再把这几个人并入总的计划委员会下面的某个分委员会。显然,这正是一种行政事务,如此而已。反复试验,选出最好的方案来,——为这样简单的事多费唇舌,就显得可笑了。

问题的实质在于我们的人员不善于处理问题,他们用知识分子的和官僚主义者的主观计划来代替实际工作。我们过去和现在都有日常的粮食计划和燃料计划。我们在这两种计划中都犯过一些明显的错误。关于这一点是不会有异议的。精明能干的经济学家不会去编制毫无意义的提纲,而会去细心研究事实、数字和材料,分析我们自己的实际经验,然后指出:我们在某某地方犯了错误,要如此这般来加以改正。精明能干的行政管理人员一定会根据这种研究,提出建议或自行采取措施,来调换工作人员,改变汇报制度,改组机构等等。在我们这里还没有看到过有人用这两种切实的态度来对待统一的经济计划。

毛病就在于,人们不正确地处理共产党员对待专家的态度问题和行政管理人员对待学者及著作家的态度问题。在统一的经济计划问题上,也像其他任何问题一样,有些事情(而且总是会出现一些新的事情)只需要共产党员来解决,或只需要用行政手段来解决。这是不容争辩的。但这完全是抽象的说法。而目前在我们这里对这个问题持错误态度的正是共产党员著作家和共产党员行政管理人员,他们不能理解,这方面应该多向资产阶级专家和学者学习,少玩弄些行政手段。除了已经由"俄罗斯国家电气化委员会"制定的计划以外,再没有而且也不可能有什么别的统一的经济计划。应该根据仔细研究过的实际经验来补充、发展、修改和实施这个计划。如果持相反的意见,那就像党纲所说的,完全是一种"貌似激进实则是不学无术的自负"①。那种认为在俄罗斯联邦除了"俄罗斯国家电气化委员会"以外还可能有另外一个计划委员会的想法,同样是一种不学无术的自负,当然这并不是否认对该委员会的成员作局部的切实的调整会带来益处。只有在这个基础上,只有继续进行已经开始的工作,才能在改进我们的国民经济总计划方面做出某种重大的事情来,否则就是玩弄行政手段,或者简单一点说就是刚愎自用。"俄罗斯国家电气化委员会"里的共产党员的任务就是要少发号施令,确切些说完全不要发号施令,而要对科学和技术专家(正如俄共党纲所说的那样,"他们大多必然浸透了资产阶级的世界观和习惯"②)采取异常慎重和灵活的态度,要向他们学习,要帮助他们扩大眼界,要以相应的科学的成果和材

---

① 见《列宁全集》第 2 版第 36 卷第 416 页。——编者注
② 同上。

料为根据,要记住,工程师为了接受共产主义而经历的途径将**不同于过去的地下宣传员和著作家**,他们将**通过自己那门科学所达到的成果**来接受共产主义,农艺师将**循着自己的途径**来接受共产主义,林学家也将循着自己的途径来接受共产主义,如此等等。一个共产党员若不能证明自己善于把专家们的工作统一起来并虚心地给以指导,了解事情的本质,详细地加以研究,那么这样的共产党员往往是有害的。这样的共产党员在我们这里很多,我宁可拿出几十个来换一个老老实实研究本行业务的和内行的资产阶级专家。

至于那些没有参加"俄罗斯国家电气化委员会"的共产党员,他们可以从两个方面来帮助制定和实施统一的经济计划。如果他们是经济学家、统计学家或著作家,那么他们首先应该研究清楚我们自己的实际经验,然后才能根据对有关事实的详细研究,提出改正错误、改进工作的意见。研究是学者的事情。既然我们这里早已不是在谈一般原则,而是谈实际经验,那么,对我们来说,那些虽然是资产阶级的但是精通业务的"科学和技术专家",要比狂妄自大的共产党员宝贵十倍,这种狂妄自大的共产党员无论白天或黑夜随时都愿意起草"提纲",提出"口号",发表完全抽象的议论。多了解一些事实,少来一些竞相标榜共产主义原则性的口角吧。

另一方面,如果某个共产党员是行政管理人员,那么他的首要职责就是防止热衷于发号施令,首先要考虑到科学界已经取得的研究成果,首先要问一问事实是否经过检验,首先要研究(通过报告、报刊、会议等等)我们究竟在什么地方犯了错误,然后才能在这个基础上来纠正已经在进行的工作。少用些季特·季特奇[174]式的手段("我可以批准,也可以不批准"),多研究些我们的实际错误吧。

老早就有人指出过:人们的缺点多半是同人们的优点相联系

的。许多担任领导工作的共产党员的缺点就是如此。我们几十年来从事伟大的事业，宣传推翻资产阶级，教导大家不要相信资产阶级专家，揭露这些专家，从他们手中夺取权力，镇压他们的反抗。我们所进行的事业是具有全世界历史意义的伟大的事业。然而，只要稍微一夸大，就会证实一条真理：从伟大到可笑只有一步之差。我们已经说服了俄国，我们已经为劳动者从剥削者手里夺回了俄国，我们已经把剥削者镇压下去，现在我们应当学会管理俄国。为此就必须学会谦虚，学会尊重那些"科学和技术专家"的切实工作，为此就必须学会切实仔细地分析我们的许多**实际**错误，并且学会一步一步地坚持不懈地改正这些错误。少来一些知识分子的和官僚主义者的自负，多研究些我们在中央和地方的实际经验所提供的东西以及科学已经向我们提供的东西吧。

1921 年 2 月 21 日

载于 1921 年 2 月 22 日《真理报》
第 39 号

选自《列宁全集》第 2 版第 40 卷
第 345—354 页

俄共（布）第十次代表大会文献[175]

（1921 年 3 月）

5

关于以实物税代替余粮收集制的报告

（3 月 15 日）

同志们，关于以实物税代替余粮收集制的问题[176]，首先而且主要是一个政治问题，因为这个问题的本质在于工人阶级如何对待农民。提出这个问题就意味着我们必须对这两个主要阶级之间的关系（这两个阶级之间的斗争或妥协决定着我国整个革命的命运）作新的、也许可以说是更慎重更精确的补充考察，并且作一定的修正。我没有必要来详细论述为什么要作这种修正的问题。你们大家当然都很清楚，好多事件，特别是战争、经济破坏、军队复员以及极端严重的歉收造成的极度贫困引起的事件，好多情况，使得农民处境特别困难、特别紧张，并且不可避免地加剧了农民的动摇，使他们从无产阶级方面倒向资产阶级方面。

现在简单地谈谈这个问题的理论意义，或者说如何从理论上看待这个问题。毫无疑问，在一个小农生产者占人口大多数的国家里，实行社会主义革命必须通过一系列特殊的过渡办法，这些办法在工农业雇佣工人占大多数的发达的资本主义国家里，是完全不需要采用的。在发达的资本主义国家里，有在几十年中形成的农业雇佣工人阶级。只有这样的阶级，才能够在社会上、经济上以及政治上成为直接向社会主义过渡的支柱。只有在这个阶级相当成熟的国家里，才能够从资本主义直接向社会主义过渡，而不需要采用全国性的特殊的过渡办法。我们在许许多多的著作中，在我们所有的讲话中，在所有的报刊上都一再强调说，俄国的情况不同，这里产业工人仅占少数，而小农则占大多数。在俄国这样的国家里，社会主义革命只有具备两个条件才能获得彻底的胜利。第一个条件是及时得到一个或几个先进国家社会主义革命的支援。你们知道，为了争取这个条件，我们做的工作比以往多得多，然而，要使它成为现实，我们所做的还远远不够。

另一个条件，就是实现自己专政的或者说掌握国家政权的无产阶级和大多数农民之间达成妥协。妥协，这是个很广泛的概念，它包含着一系列的措施和过渡办法。这里必须指出，我们应当在我们的全部宣传和鼓动工作中开诚布公地提出问题。有些人把政治理解为略施小计，有时甚至看做和欺骗差不多，这种人在我们当中应当受到最坚决的斥责。必须纠正他们的错误。阶级是欺骗不了的。三年来，为了提高群众的政治觉悟，我们做了很多工作。群众从尖锐的斗争中学到的东西最多。根据我们的世界观，根据我们几十年来的革命经验和我国革命的教训，我们必须直截了当地提出问题：这两个阶级的利益是各不相同的，小农需要的东西同工人需要的不一样。

我们知道，在其他国家的革命还没有到来之前，只有同农民妥协，才能拯救俄国的社会主义革命。在一切会议上，在一切报刊上，都应当直截了当地说明这一点。我们知道，工人和农民之间的这一妥协是不牢固的——这是客气一点说,"客气一点"这几个字不要写进记录。如果说得直率一点,那么这一妥协是相当糟糕的。我们至少不应当设法隐瞒什么,而应当直截了当地说:农民对于我们和他们之间所建立的这种形式的关系是不满意的,他们不要这种形式的关系并且不愿意再这样生活下去。这是不容置辩的。他们的这种意愿表达得已经很明确了。这是广大劳动群众的意愿。我们必须考虑到这一点。我们是十分清醒的政治家,能够直率地说:让我们来修正我们对农民的政策吧。目前的这种状况,再也不能继续下去了。

我们应当对农民说:"你们想要倒退,想要全部恢复私有制和自由贸易,那就必不可免地会再受地主和资本家的统治,许许多多的历史实例和革命实例,都证实了这一点。根据共产主义初步原理或政治经济学初步原理稍作推论,就可以证明这是不可避免的。让我们来分析一下吧。农民同无产阶级分道扬镳,向后倒退——并且让国家也倒退——以至再受资本家和地主的统治,这对农民是不是合算呢?你们合计一下吧,或者让我们一起来合计一下吧。"

我们认为,如果合计得正确,那么,虽然无产阶级的经济利益和小农的经济利益之间存在着我们所意识到的深刻矛盾,合计的结果是会有利于我们的。

不管我们的物资多么缺乏,满足中农要求这一问题还是必须解决的。在农民中间中农比过去大大增加,矛盾消除了,土地的分配使用平均得多了,富农已经大伤元气,一大部分已被剥夺了财产——在俄罗斯比在乌克兰要多些,在西伯利亚则要少些。可是,整个说来,统计材料完全无可争辩地表明,农村已经是均衡化了,平均化了,这就是说,向富农和无地农民这两方面的急剧分化已经消除了。一切都变得比较平均了,整个说来,农民已经处于中农的境况。

对于这种中农,对于这种有自己的经济特点和自己的经济根系的中农的要求,我们能不能予以满足呢? 如果某个共产党人,竟然想在三年内可以把小农业的经济基础和经济根系改造过来,那他当然是一个幻想家。老实说,这样的幻想家在我们中间是不少的。但是这也没有什么了不起的坏处。在我们这样的国家里没有幻想家,怎么能够发动社会主义革命呢? 实践显然已经表明,农业集体经营方面的各种各样的试验和创举,可以起多么巨大的作用。但是实践也表明,这种试验也起了不好的作用,人们怀着一片好心,到农村去组织公社、组织集体农庄,却不善于经营,因为他们没有集体工作的经验。这些集体农庄的经验只是提供了一个不该这样经营的例子,让周围农民见笑或者生气。

你们很清楚,这样的例子不知有过多少了。我再说一遍:这并不值得惊奇,因为改造小农,改造他们的整个心理和习惯,这件事需要花几代人的时间。只有有了物质基础,只有有了技术,只有在农业中大规模地使用拖拉机和机器,只有大规模电气化,才能解决小农这个问题,才能像人们所说的使他们的整个心理健全起来。只有这样才能根本地和非常迅速地改造小农。我说需要花几代人的时间,倒不是说需要几百年。你们都很清楚,要获得拖拉机和机器,要实现一个大国家的电气化,无论如何要有几十年的时间才行。客观情况就是这样。

我们应当努力满足农民的要求,因为他们感到不满足,不满意,而这种不满意是合理的,他们是不可能感到满意的。我们应当对他们说:"是的,这种状况再也不能继续下去了。"怎样去满足农民呢? 满足农民是什么意思呢? 我们从哪里能够找到对怎样满足农民这个问题的答案呢? 自然,这要从农民的要求本身中去寻找。

这些要求我们是知道的。但是我们必须对这些要求加以审查,必须从经济科学的观点对我们所知道的有关农民的经济要求的一切加以考察。只要深入地研究一下这个问题,我们就会立刻对自己说:实质上可以用两个东西来满足小农。第一,需要有一定的流转自由,需要给小私有主一定的自由。第二,需要弄到商品和产品。如果没有什么可以流转,那还算什么流转自由;如果没有什么可以交易,那还算什么贸易自由!那就会成为纸上谈兵;而纸上的东西是满足不了各个阶级的,只有用物质的东西才能使它们满足。必须好好地理解这两个条件。关于第二个条件——我们怎样弄到商品,我们能不能弄到商品——关于这一点我们以后再谈。至于第一个条件——流转自由——需要在这里谈谈。

什么是流转自由呢?流转自由就是贸易自由,而贸易自由就是倒退到资本主义。流转自由和贸易自由,这就是指各个小业主之间进行商品交换。我们所有的人,哪怕是只学过一点马克思主义起码常识的,都知道这种流转和贸易自由不可避免地要使商品生产者分化为资本所有者和劳动力所有者,分化为资本家和雇佣工人,这就是说,重新恢复资本主义雇佣奴隶制,这种制度不是从天上掉下来的,它在全世界都正是从商品农业经济中生长起来的。我们在理论上很了解这一点,而在俄国,凡留心观察小农的生活和经营条件的人,都不会看不到这一点。

于是就发生一个问题:究竟是怎么回事,共产党难道可以承认贸易自由,可以实行这种自由吗?这里是否有不可调和的矛盾呢?对于这个问题,应当回答说:自然,这个问题在实际解决时是非常困难的。我事先就预见到,并且在和同志们的谈话中知道,在分发给你们的那个以实物税代替余粮收集制的初步草案中,发生问题最多的——发生这些问题是理所当然的和不可避免的——就是关于允许在地方经济流转范围内实行交换这一点。这一点是在第8节的结尾中说的。这是什么意思呢？它的范围究竟怎样？它怎样实现呢？如果谁想在这次代表大会上得到这个问题的答案，那他就错了。我们只有通过我们的立法来得到这个问题的答案；我们的任务只是规定原则路线，提出口号。我们的党是一个执政党，党的代表大会所通过的决定，对于整个共和国都是必须遵守的；在这里，我们应当在原则上解决这个问题。我们应当在原则上解决这个问题，使农民知道这一点，因为播种的季节就要到来了。然后再来发动我们整个机关，运用我们全部的理论力量和全部的实践经验，来研究这个工作应当怎样进行。能不能这样做呢？从理论上说来，能不能在一定的程度上给小农恢复贸易自由、资本主义自由而不至于因此破坏无产阶级政权的根基呢？能不能这样做呢？能够，因为问题在于掌握分寸。如果我们能获得纵然是数量不多的商品，把这些商品掌握在国家手中，掌握在控制政权的无产阶级手中，并且能把这些商品投入流转，那么我们作为国家，除了政治权力之外，还能够获得经济权力。把这些商品投入流转，就能够活跃小农业，这种小农业在严酷的战争和经济破坏的重压之下无法发展，现在已经陷于凋敝。小农只要还是小农，他们就必须有同他们的经济基础即个体小经济相适应的刺激、动力和动因。这就离不开地方流转自由。如果这种流转使国家能用工业品换得最低限度的一点粮食，以满足城市、工厂和工业的需要，那么在恢复经济流转的情况下，国家政权就能够仍旧保持在无产阶级手中并且得到巩固。农民要求在实践上向他们证明，掌握工厂和工业的工人能够同农民建立流转关系。另一方面，一个交通不便、幅员辽阔、各地气候悬殊、农业条件不同以及还具有其他种种特点的农业大国，必须让各地的农业和各地的工业在当地范围内有一定的流转自由,这是不可避免的。我们在这方面犯了很多错误,走得太远了:我们在商业国有化和工业国有化方面,在禁止地方流转方面走得太远了。这是不是一种错误呢? 当然是一种错误。

在这方面,我们做了许多完全错误的事情;我们没有掌握好分寸,也不知道如何掌握这个分寸——如果看不到和不理解这一点,那就是一种莫大的罪恶了。然而这样做当时也是迫不得已:过去我们一直是生活在极端激烈艰苦的战争条件下,因此我们在经济方面也只能按战争方式行动,此外没有别的办法。一个经济遭到破坏的国家,竟然熬过了这样一场战争,这实在是一个奇迹。这个奇迹不是从天上掉下来的,它是从工人阶级和农民的经济利益中产生出来的,是工人阶级和农民的巨大的热情创造了这个奇迹;由于这种奇迹,我们打退了地主和资本家的进攻。但是同时,我们做得超过了理论上和政治上所必要的限度,这是不容置疑的事实。我们在鼓动和宣传当中,不应当掩饰这一点。我们可以在相当大的程度上允许地方流转自由,而又不破坏无产阶级政权,还能巩固这一政权。至于如何做到这一点,这是一个实践的问题。我的任务是向你们证明,这从理论上说是可能的。掌握国家政权的无产阶级,如果它手里有什么物资的话,它完全可以把这些物资投入流转,在一定程度上满足中农的要求,通过地方经济流转来满足他们的要求。

现在,简单地谈谈地方经济流转问题。首先我要讲一下合作社问题。当然,在实行地方经济流转的情况下,我们是需要合作社的,而现在合作社在我国已经奄奄一息。我们的党纲强调指出,最好的分配机构就是资本主义遗留下来的合作社,这个机构是需要保存下来的。党纲是这样说的。① 这一点我们是否执行了呢? 执

---

① 见《列宁全集》第2版第36卷第419页。——编者注

行得非常不够,而且在某些方面完全没有执行,其部分原因还是我们犯了错误,部分原因则是军事上需要。合作社生成比较会经营的、经济地位较高的分子,从而在政治上生成孟什维克和社会革命党人。这是一种化学定律——是没有办法的事!(笑声)孟什维克和社会革命党人[4]是些自觉不自觉地复辟资本主义、帮助尤登尼奇之流的人。这同样是一种定律。我们必须同他们作战。既然是战争,就要有作战姿态:我们当时必须保卫自己,而且我们做到了这一点。但是我们在目前的情况下能不能一成不变呢?不能。这样把自己的手脚束缚起来,无疑是一种错误。正因为如此,关于合作社问题,我提出了一个决议案,这个决议案很短,我现在把它读一下:

"鉴于俄共第九次代表大会[30]关于对合作社的态度的决议①完全是以承认余粮收集制原则为基础的,而现在余粮收集制已经为实物税所代替,俄共第十次代表大会决定:

撤销这项决议。

代表大会责成中央委员会拟定一些决定,使之在党和苏维埃系统中获得通过,以便根据俄共党纲并适应以实物税代替余粮收集制的情况,来改善和发展合作社的机构和活动。"[177]

你们会说,这说得不明确。这在某种程度上是说得不明确,但这是必要的。为什么说这是必要的呢?因为要十分明确,那就必须十分清楚,我们在全年当中能做成什么事情。谁知道这一点呢?谁也不知道,而且也不可能知道。

但是第九次代表大会的决议束缚了我们的手脚,这个决议说:"隶属于粮食人民委员部"。粮食人民委员部[178]是一个很好的机

---

① 参看《苏联共产党代表大会、代表会议和中央全会决议汇编》1964年人民出版社版第2分册第23—25页。——编者注

关;但是,当我们重新研究对小农的态度时,还规定合作社必须隶属于粮食人民委员部,从而束缚自己的手脚,那在政治上就犯了明显的错误。我们应当责成新选出来的中央委员会研究和确定一定的办法并作一定的修改,检验我们要采取的前进和后退的步骤——看看这应当做到什么程度,怎样保持政治利益,应当放开多少才能松动些,以及如何检验试验的结果。从理论上说,我们在这方面正面临着一系列的过渡阶段和过渡办法。有一点我们心中明白:第九次代表大会的决议设想我们的运动将沿着直线前进,而事实上,正像在革命史上常见的那样,运动是曲折前进的。用这样的决议把手脚束缚起来,这是政治错误。现在我们要撤销这个决议,我们说,应当以强调合作社机构的作用的党纲为指针。

我们要撤销这个决议,我们说,应当适应以实物税代替余粮收集制的情况。但是,我们在什么时候实行这一点呢?不会在收割以前,也就是说,还要过几个月。这在各地都一样吗?绝对不是。如果死板地把俄国中部、乌克兰和西伯利亚一律看待,用一个框框去套,那将是极为愚蠢的。我建议用代表大会通过决定的方式把这个关于地方流转自由的基本思想肯定下来。**179**我想,在这以后,中央委员会一定会在最近几天内公布一封信,信中会说——自然,中央委员会会说得比我现在说的好(我们会找到写文章的高手,他们会写好这封信的)——不要损毁任何东西,不要急于求成,不要弄巧成拙,要最大限度地满足中农的要求,而又不损害无产阶级的利益。把各种办法都拿来试验一下,根据实际经验加以研究,然后告诉我们,你们哪些经验是成功的,而我们可以设立一个专门委员会,甚至几个专门委员会,来研究所积累的经验。我想,为此我们会特邀《无产阶级专政时代的纸币》一书的作者普列奥布拉任斯基同志参加。这个问题很重要,因为货币周转是这么一回事,它可以很好地检查国内流转是否正常；如果这个流转失常，货币就会变成一张废纸。为了获得今后如何进行工作的经验，我们必须上十次地检验我们采用的各种办法。

人们会向我们提出一个问题，他们希望知道从什么地方弄到商品。要知道，贸易自由是需要商品的。而农民是很聪明的人，他们很会挖苦人。我们现在能不能弄到商品呢？现在可以弄到，因为我们在国际范围内的经济地位已经大大改善了。我们正在同国际资本作斗争。国际资本一看到我们的共和国就说："这是些强盗，鳄鱼"（这句话是一位英国女艺术家一字不漏地转告我的，她是从一个极有威望的政治家那里听到这种话的[180]）。既然是鳄鱼，那就只能嗤之以鼻。这就是国际资本的说法。这就是阶级敌人的说法。而从他们的观点看来，这样说是对的。但是这种结论的正确性需要用事实来检验。你既然是世界强大的力量，是世界资本，你既然说我们是"鳄鱼"，而你手中又掌握着一切技术装备，那就开枪试试吧！然而，它试了之后，却因此吃了更大的苦头。这样，资本才不得不考虑现实的政治生活和经济生活，于是它说："需要做生意"。这就是我们最伟大的胜利。我现在可以告诉你们，我们已经接到两项借款的建议，借款数目接近1亿金卢布。黄金我们是有的，但是黄金不能出卖，因为黄金是不能吃的东西。大家都遭到了经济破坏，在一切国家中，战争已把资本主义各国之间的货币关系弄得混乱不堪。此外，要同欧洲来往，就需要有船队，而我们却没有。船队在敌人手里。我们同法国没有签订任何条约，它认为我们欠了它的债，那就是说，对于我们的任何一条船，它都可以说，"来吧，这是我的"。他们有海军，我们却没有。由于这种情况，直到现在我们能使用的黄金的数量极小，小得可怜。现在银行资本家提出了两项借款的建议，数目为1亿。自然，这笔资本要的利息是掠夺性的。但是在此以前，他们根本就没有提起过这一点；在此以前，他们只是说："我要一枪把你打死，我要把你所有的一切白白拿走。"现在他们因为无法把我们打死，于是就准备同我们做生意了。现在，同美国和英国的通商条约，可以说已经不成问题；租让的情况也是这样。昨天我还接到现在这里的万德利普先生的一封信，他发了一通怨言之外，还提到了一大堆关于租让和借款的计划。这是一位最讲实利的金融资本的代表人物，他同比较敌视日本的北美西部诸州有联系。这样，我们就有了弄到商品的经济可能性。至于我们怎样实际做到这一点，那是另一个问题，但是某种可能性总算已经有了。

我再说一遍：这种类型的经济关系，即表面上像是同外国资本主义结成同盟的经济关系，将使无产阶级的国家政权有可能在下面同农民进行自由的流转。我已经说过，我知道这种做法引起了一些嘲笑。莫斯科有一个知识分子官僚阶层，他们企图制造"舆论"。他们取笑说："共产主义原来是这样的！它就好像是一个手里拄着拐杖、满脸裹着绷带的人，共产主义只能叫人莫名其妙。"这一类嘲笑我已经听够了，但这一类嘲笑不是打官腔，就是说风凉话！在战争结束的时候，俄国就像是一个被打得半死的人，他被打了七年，而现在，谢天谢地，他居然能够拄着拐杖走动了！这便是我们的处境！谁如果以为我们可以不要拐杖，那就是说他什么都不懂！在其他国家没有发生革命的情况下，我们还要花几十年的时间才能够摆脱这种处境。因此，只要能获得强大的先进资本主义的帮助，我们便不惜从我们的无限财富当中，从我们丰富的资源当中，拿出几亿以至几十亿的资财。花掉的这一切我们以后收回时是可以获得很大的利润的。在一个经济遭到空前破坏的国家里，在一个破产农民占人口绝大多数的国家里，如果没有资本的帮助，要保持无产阶级政权是不可能的——自然，由于这种帮助，资本是会向我们索取百分之百的利息的。我们必须理解这一点。所以，或者是建立这种类型的经济关系，或者是什么也没有。谁不这样提出问题，那他就是对实际的经济一窍不通，就是只会说风凉话。必须承认这样的事实，即群众已经精疲力竭，疲惫不堪了。既然四年战争的影响在各先进国家里到现在还没有完全消除，那么七年战争对我们又该有多么大的影响啊?!

在我们这个落后的国家里，经过七年战争之后，工人——他们作出了空前的牺牲——和农民群众都处于极端疲惫的状态。这种极端疲惫状态，已经是接近于完全不能工作的状态。现在需要有一个经济上的喘息时机。我们曾打算利用我们的黄金储备来换取生产资料。当然，最好是自己制造机器，不过，即使是购买机器，我们也是为了用这些买来的机器把我国的生产搞好。但是，为了达到这个目的，就需要有能够工作的工人和农民，而他们多半已经不能工作，因为他们已经精疲力竭，已经疲惫不堪了。必须帮助他们，必须动用我们的黄金储备去购买消费品，尽管这与我们以前的纲领不符。我们以前的纲领在理论上是正确的，但是在实践上却行不通。列扎瓦同志给我一份资料，我把它的内容讲一讲。从这份资料看，我们已经购买了几十万普特的各种各样的食物，它们正迅速地从立陶宛、芬兰和拉脱维亚运来。今天接到一个消息，说在伦敦已经签订了一项购买1 850万普特煤的合同，我们决定购买这些煤，是为了使彼得格勒的工业和纺织工业复苏。我们为农民去搞商品，这自然是违背纲领的，这是不正常的;但是必须给一个喘息时机，因为人民已经疲惫不堪了，不喘息一下是不能工作的。

我应当再就个体商品交换问题讲几句话。我们说流转自由，就是指个体商品交换，也就是鼓励富农。这是怎么回事呢? 不要闭起眼睛不看这个事实:以实物税代替余粮收集制就是意味着富农在这种制度下会比过去有更大的发展。他们会在过去他们不能发展的地方发展起来。但是同这种现象作斗争不能采用禁止的办法,而应当自上而下由国家实行联合,由国家采取措施。如果你能给农民机器,那就能帮助他们发展,当你给他们机器或实现电气化的时候,几万或几十万个小富农就会被消灭掉。如果你还给不了这些东西,那就要给他们一定数量的商品。如果商品在你手中,那你就能掌握住政权,而停止、割断和取消这种可能,那就是取消流转的一切可能,就不能满足中农的要求,就不能同他们友好共处。俄国农民中成为中农的人愈来愈多了,害怕交换会成为个体交换是不必要的。在交换中,任何人都能给国家一些东西。一些人能提供余粮,另一些人能提供蔬菜,还有一些人则能提供劳务。情况基本上是这样:我们必须在经济上满足中农的要求,实行流转自由,否则,在国际革命推迟爆发的情况下,要在俄国保住无产阶级政权是不可能的,在经济上是不可能的。必须清楚地意识到这一点,并且对这一点毫不讳言。你们可以看到,在以实物税代替余粮收集制的决定草案中(草案已经分发给你们了)有很多不协调的地方,相互抵触的地方;正因为如此,我们才在该草案的末尾写道:"代表大会基本上〈这个词的含义是意味深长的〉同意中央委员会所提出的以实物税代替余粮收集制的一些规定,并责成党中央委员会迅速使这些规定协调起来"①。我们知道,这些规定不协调;我们还来不及做协调工作,我们还没有接触有关细节的工作。全俄中央执行委员会和人民委员会将仔细地研究实行实物税的形式并通过相应的法律。预定的程序是这样:如果今天你们能通过这个草案,这个草案

---

① 参看《苏联共产党代表大会、代表会议和中央全会决议汇编》1964 年人民出版社版第 2 分册第 107 页。——编者注

就将提交全俄中央执行委员会第一次会议,这个会议也不颁布法律,而仅仅颁布一个经过修改的条例,然后再由人民委员会和劳动国防委员会[150]把它变为法律,而更重要的是,由它们规定具体的细则。重要的是要使各地了解这件事的意义,并能起来响应。

为什么我们需要以实物税来代替余粮收集制呢?余粮收集制是以征收所有的余粮,建立强制性的国家垄断制为前提的。当时我们不可能有其他的办法,因为我们处于极端贫困的状态。在理论上,不一定要认为国家垄断制从社会主义观点看来是最好的办法。在一个拥有工业、而且工业正在运转的农民国家里,如果有一定数量的商品,那是可以采用实物税和自由流转的制度作为一种过渡办法的。

这种流转对于农民来说是一种刺激、动因和动力。业主能够而且一定会为着自身的利益而努力,因为向他征收的将不是他所有的余粮,而仅仅是实物税;这种税额应当尽可能预先加以规定。主要的是要有一种能促使小农从事经营的刺激、动因和动力。我们建设我们的国家经济必须适应中农经济的情况,我们在过去三年内没有能够把中农经济改造过来,在今后十年内也还不能把它改造好。

国家必须供应一定的粮食。所以去年我们的征粮数曾经有所增加。现在税额必须少一些。数字还没有确定,而且也无法确定。波波夫的《苏维埃共和国及与它结成联邦的各共和国的粮食产量》这本小册子,引用了我们的中央统计局[181]的材料,这些材料提供了确切的数字,指出了农业生产下降的原因。

要是发生歉收,征收余粮就不可能了,因为余粮根本就没有。那就不得不从农民的口中拿走粮食。要是有收成,那时大家稍微饿一点肚子,国家便可以因此而得救;或者是我们不能从那些吃不饱肚子的人那里取得粮食,那国家就会灭亡。我们必须向农民宣传这一点。要是收成还不坏,那就会有近5亿普特的余粮。这么多余粮就能保证消费,并且可以有一些储备。整个问题在于使农民有一种经济上的刺激和动因。应当对小业主说:"掌柜的,你生产粮食吧,国家只征收最低限度的实物税。"

我讲话的时间快完了,我应当结束了。我再说一遍:我们不能立刻颁布一项法律。我们决议的缺点就在于它不完全是法律——在党的代表大会上是不能制定法律的。因此我们提议,把中央委员会的决议作为基础予以通过,并且责成中央委员会协调决议中的各项规定。我们要把这项决议印出来,让地方工作人员尽量使之协调并加以修正。完全协调一致是不可能的,这是一种无法完成的任务,因为生活是五光十色的。寻找过渡办法——这是一项非常困难的任务。我们没有能够迅速地和直接地做到这一点,但是我们并不灰心,我们一定会达到自己的目的。稍微有点觉悟的农民都不会不理解,我们作为政府,是代表工人阶级的,是代表能够同占农民十分之九的劳动农民妥协的劳动者的,而任何倒退都意味着恢复沙皇的旧政府。喀琅施塔得[182]的经验就表明了这一点。那里不要白卫分子,也不要我们的政权,然而别的政权又没有。因此,他们所处的情况就是一种最好的宣传,这种宣传有利于我们而不利于其他任何新的政府。

我们现在有同农民妥协的可能性,我们必须实际地、巧妙地、机敏地、灵活地来做这件事。我们了解粮食人民委员部这个机关,我们知道这是我们最好的机关之一。把它同其他机关比较一下,我们就可以看出,这是一个较好的机关,应当把它保存下来,但是,机关必须服从于政治。如果我们不能同农民搞好关系,那么再好的粮食人民委员部机关对我们也毫无用处。那样的话,这个机关再好,也不会为我们的阶级服务,而会为邓尼金和高尔察克服务。既然政治要求坚决转变,要求灵活性和巧妙的过渡办法,那么领导者就应当理解这一点。一个坚定的机关,应当能够随机应变。如果机关的坚定性变成了僵化,阻碍了变革,那就免不了有一场斗争。所以,我们应当竭尽全力来达到自己的目的,使这个机关完全服从于政治。政治就是阶级之间的关系——这一点决定着共和国的命运。机关是一种辅助手段,它愈坚定,就愈好,愈能随机应变。如果它不能做到这一点,那它就没有任何用处了。

我请你们注意,主要的一点是:把一切详细地、周密地规定出来,需要几个月的时间。而现在我们应当注意的主要的一点是:我们必须今天晚上就把通过的决定用无线电向世界宣告,说明我们执政党的代表大会已经基本上决定以实物税代替余粮收集制,从而给小农许多刺激,推动他们来扩大经营,增加播种面积;代表大会正用这种办法来调整无产阶级和农民之间的关系,并且相信,用这种办法一定能够在无产阶级和农民之间建立起牢固的关系。(热烈鼓掌)

载于 1963 年《俄共(布)第十次代表大会。速记记录(1921 年 3 月 8—16 日)》一书

选自《列宁全集》第 2 版第 41 卷第 50—65 页

6

关于以实物税代替余粮收集制的
报告的总结发言

(3月15日)

同志们,我想只简单地谈几点意见。首先谈一谈有关西伯利亚粮食工作者的问题。雅罗斯拉夫斯基和达尼舍夫斯基让我告诉大家:德罗任已交法庭审判,这样做是为了表明他是无罪的。我听到一些对此表示怀疑的意见,但是不管怎样应该说,这是正确的观点。现在常听到一些埋怨和流言蜚语,用这种方法来表明这一切都是没有根据的——这样做完全正确。其次,秋明有一些粮食工作者是因犯了非刑拷打、强奸妇女等刑事罪而被枪决的。因此,决不能把这个问题同粮食工作扯在一起,应当看到这些完全是为非作歹的刑事犯罪活动。而在粮食工作正在进行的情况下,对这种罪行应该从严处理。因此,从这方面来说采取的措施无疑是正确的。现在我想先简单谈一下合作社问题。瞿鲁巴同志的报告,正如他自己所说的,也正如我们大家在这里听到的,并不是一个同报告人的观点截然对立的副报告。中央委员会关于以实物税代替余粮收集制的决定是得到一致同意的,而主要的是,还在代表大会开幕前我们就看到,地方上的各方面的同志已经根据实际经验,自行得出了同样的结论,所以,对这种措施的合理性和必要性实质上不可能有什么怀疑。瞿鲁巴同志的报告对许多问题提出了补充和警告,但是并没有建议采取另一种政策。

瞿鲁巴同志的报告只是在合作社问题上离开了这个总的方针。在这方面瞿鲁巴同志反对我所提出的决议案,但是我觉得,他的反驳意见是不能令人信服的。地方上自由的经济流转关系就流转总量来说将如何发展,是通过合作社,还是通过恢复私营小商业,我们现在未必能够最后确定。这个问题应当研究,这是毫无疑义的,在这方面我们需要仔细地研究地方上的经验;这一点我们大家当然都同意。但是我认为合作社还是有它一定的优越性。如果合作社像我指出过的那样,在政治上成为组织、集中和联合那些政治上敌视我们、实质上是实行高尔察克和邓尼金政策的分子的场所,那么合作社同小农户、小商业比较起来,当然也只是形式上有所不同。富农的出现和小资产阶级关系的发展自然会产生相应的政党,在俄国,这些政党是在几十年当中形成起来的,我们对它们都很熟悉。这里要选择的,不是让不让这些政党发展,因为小资产阶级经济关系必然会产生这些政党;我们要选择的,而且只能在一定程度上选择的,只是集中和联合这些政党的行动的形式。无论如何不能证明合作社在这方面更糟。相反,共产党人经常地影响和监督合作社的手段,毕竟更多一些。

第九次代表大会关于合作社的决议在这里受到瞿鲁巴同志的坚决拥护和米柳亭同志的坚决反对。

瞿鲁巴同志说,我自己就是代表大会解决合作社问题以前那场关于合作社问题的斗争的见证人。我应当承认这个事实。斗争确实有过,而第九次代表大会的决议结束了这场斗争,保证了粮食部门占有较大的优势,或者更确切些说,保证了粮食部门占有绝对的优势。但是现在以此为理由,拒绝在合作社问题上有更大的行动自由,有更大的选择政治措施的自由,这在政治上无疑是不正确的。我作为人民委员会的主席，当然不高兴看到在许多次会议上发生琐碎的争执甚至斗气，而愿意有一个基本上为大家必须遵守的、能够结束这场斗争的代表大会决议。但是应当考虑的不是方便不方便的问题，而是实行一定的经济政策有没有利的问题。你们大家在这里都看到，我收到的大量字条，一大堆字条，也更加清楚地证实，在这个具体问题上，当我们的政策有所改变的时候，产生了大量的细节上的困难。这就是问题的实质。毫无疑问，我们不能立刻解决这些困难。如果我们要保留第九次代表大会关于合作社的决议，那我们就会束缚自己的手脚。我们就会因为我们完全向代表大会负责并且必须执行代表大会的政策而不能背离这个决议的一字一句。决议一直说的是余粮收集制，而你们却要以实物税来代替它。

我们将在多大程度上保留经济流转自由，这一点我们不知道。

但是，我们应当在一定程度上保留经济流转自由，这是没有疑问的。必须对实行这一点的经济条件作出估计和检查。因此，撤销第九次代表大会的决议自然又会使我们感到，似乎在一定程度上已经解决了的问题现在又成为悬案了。然而这是完全不可避免的。避开这一点就意味着根本破坏我们所制定的、无疑更能为农民接受的经济政策。

以实物税代替余粮收集制是一项更能为农民接受的经济政策，关于这一点，在这次代表大会上显然是没有分歧的，一般说来，在共产党员中间也是没有分歧的。我们知道很多非党农民也是这样说的。这是完全确定了的。仅仅由于这一点，我们就必须实行这种改变。所以我再来把合作社问题的决议宣读一次："鉴于俄共第九次代表大会关于对合作社的态度的决议完全是以承认余粮收集制原则为基础的，而现在余粮收集制已经为实物税所代替，俄共第十次代表大会决定：

撤销这项决议。

代表大会责成中央委员会拟定一些决定，使之在党和苏维埃系统中获得通过，以便根据俄共党纲并适应以实物税代替余粮收集制的情况，来改善和发展合作社的机构和活动。”

我将代表中央委员会建议代表大会接受并基本上通过第一个决议案——关于以实物税代替余粮收集制的初步草案，责成党中央委员会对决议案的提法加以审定协调，然后提交全俄中央执行委员会。对第二个决议案——关于合作社问题的决议案——也是这样。

现在我来谈谈会上提出的意见。应当说明一下，我收到的字条有一大堆，字条涉及的问题很多，不要说把问题全都罗列出来，就是把问题全部加以分类，立刻就各类问题继续谈一谈的打算，我也只好作罢。很遗憾，我不得不放弃这种打算，我要把这些字条保存下来，作为今后讨论问题的材料。

也许，这些问题可以比较详细地在报刊上公布，或者至少要收集起来，加以分类，编成一份详尽的综合材料，发给所有直接从事制定关于以实物税代替余粮收集制的法令的经济学家、行政管理人员和政治领导人员这样一些同志。我现在只能举出两大类，并针对这两种主要的异议或意见，针对这些字条上提出的两大类问题说几句。

第一类是技术方面的。有很多字条详细地指出具体实行这些措施将如何困难，会产生多少有待解决的问题。我在第一个报告中就已经附带说明过，这类意见是完全不可避免的，而现在要一下子就弄清楚我们将如何着手解决这些困难，这是根本不可能的。

第二类是一般性的，是关于经济政策的根本原则的。这里很多发言人，甚至大多数发言人都讲到的，在递来的许多字条上也都指出的，就是小资产阶级、资产阶级和资本主义必然会得到加强。有些人在字条上写道："这样你们就是为资产阶级的发展，为小工业的发展以及资本主义关系的发展敞开大门。"同志们，关于这一点，我不得不多少重复一下我在第一个报告中所说的话：毫无疑问，从资本主义向社会主义过渡可以有各种不同的形式，这要取决于国内是大资本主义关系占优势，还是小经济占优势。在这方面，我应当指出，有些人批评了我的讲话中的某些结论，批评了国家资本主义和小规模自由流转的相互关系，但是没有一个发言人，也没有一张字条（尽管字条有几十张，我还是看了大部分字条）批评上述论点。如果一个国家大工业占优势，或者即使不占优势，但是十分发达，而且农业中的大生产也很发达，那么直接向共产主义过渡是可能的。没有这种条件，向共产主义过渡在经济上是不可能的。米柳亭同志在这里说，我们有严整的制度，而我们的立法，如他所说的，在一定程度上也就是实现这种过渡的严整的制度，而这个制度却没有估计到向小资产阶级实行一系列让步的必要性。米柳亭同志这样说，但没有作出我所作的结论。业已建立的严整的制度是由战时的而不是经济的需要、考虑和条件决定的。当时我们的经济遭到了空前未有的破坏，我们不得不在一场大战之后又进行了一系列的国内战争，在这种情况下，别的出路是没有的。也许我们在执行一定的政策时犯过错误，有些事情做得过火了——这是应当十分明确地指出的。但是在我们当时所处的战争条件下，这种政策基本上是正确的。我们没有任何其他可能性，而只有立即实行最大限度的垄断，直到不给任何补偿就征收全部余粮。而当时我们是不可能用别的办法来完成这个任务的。这并不是严整的经济制度。这种办法不是由经济条件决定的，而在很大程度上是战时条件迫使我们采用的。至于说到经济上的考虑，现在主要的考虑就是增加产品数量。现在，主要生产力即工人和农民处于经济破产、一贫如洗、精疲力竭的境地，因此我们不得不暂时使一切服从于一个主要的考虑——尽一切力量增加产品数量。

有人问我，以实物税代替余粮收集制同现在正在进行的播种运动有什么关系，而且有些同志在字条上极力揭露这方面有很多矛盾。我认为从经济上说这基本上是一致的，并没有矛盾。播种运动就是要采取一系列的措施，最大限度地利用一切经济可能性来增加播种面积。为此就需要重新分配种子，保管和运送种子。但是，尽管种子这样少，我们也无法把它运走；往往还必须采取一系列的互助措施，才能在农具极端缺乏的条件下减少或消灭播种不足的情况。对很多省份来说，要消灭这种情况是难以想象的。非党农民自己在很多场合就已经提出了以实物税代替余粮收集制的要求，希望借此得到在现有经济基础上发展自己经济的刺激，如果他在春耕以前听到国家政权说，这个措施已经决定并且就要实行，那么，这同播种运动的总政策是不是相违背呢？不，不违背，这是一种带有鼓励因素的措施。我知道有人会说这是一个很小的鼓励因素。问题不是这样的。如果我们能够马上让农民看到从英国开来的几十艘轮船，船上满载着用来交换他们将要收割的庄稼的商品——这当然实在得多。但是企图以此来欺骗那些实际上知道我国贸易情况的人，那是很可笑的。我们知道，载着煤和少量粮食的轮船已经从英国开出，这个消息我们是从克拉辛同志那里知道的；我们知道，在缔结通商条约以前（这个条约还没有签字），我们是同个别商人半合法地进行贸易的，资产阶级政府当然不可能禁止这些商人做这种事情。要在对我们的经济封锁圈上打开一个缺口，这是一件困难的事情，而更大的许诺我们现在当然作不了。一切能够做到的我们毕竟都在做,我们正在从这方面改变进口计划。

从小业主、小农的观点看来,由于实物税的总额将要比征粮数少,而且规定得更明确,他们就有可能多播种一些,就有可能相信余粮将用来改善他们的经营,所以这是一条最大限度地支持勤劳的业主的路线,这一点在播种运动中也已经提出来了。一切反对意见归结起来是这样一个问题:得到好处多的是经济上同共产主义对立的小资产阶级,还是大工业。大工业是向社会主义过渡的基础,而从生产力状况来看,即按整个社会发展的主要标准来看,又是社会主义经济组织的基础,它把先进的产业工人联合起来,把实现无产阶级专政的阶级联合起来。

这里有人试图说,或者试图从经济上得出结论说:毫无疑问,得到好处多的是小资产阶级,是手工业商品生产。他们特别试图从下面的观点来进行论证:由于实行租让,大工业将不是社会主义的工业。我认为,这种论断在经济上是根本错误的。即使能够完全确实地证明小工业得到的好处相对说来要多得多,甚至假定绝对地多得多,这无论在理论上或在实践上也都丝毫不能否定我们所采取的步骤的正确性。结论是这样的:从经济上巩固我们整个社会主义建设事业的其他的支柱是不可能有的。我们现在假定——纯粹是大致假定一下,这只是为了便于说明问题——小工业是100(不管这是100个百万劳动单位或者100个其他什么单位),而大工业是200。我们大致假定,小工业在资本主义的基础上增长为175,而大工业仍然是200。这里我们是假定大工业停滞不前而小工业却有巨大的发展。这是作最坏的假设,但是我认为,即使是这样,对我们也有无可置疑的好处,因为今年的情况表明,我们的燃料和运输的情况表明,米柳亭同志非常凑巧地提起的粮食分配的情况也表明,我们现在是在勉强维持着。

　　这里有人问而且有人写条子问:"在农村资本主义发展的情况下,你们怎样保持住工人国家呢?"这个现象——农村中小生产和小资产阶级的发展——是在威胁着我们,这个现象是最大的威胁。

　　下面来谈谈租让。租让——这是同先进国家的资本主义缔结的一种同盟。应当对租让的性质有清楚的了解。这是同先进国家中的先进金融资本缔结的一种经济联盟、同盟、合同,这种合同可以使我们的产品稍微增多一些,同时也使订约人的产品增多。如果我们把矿藏或森林租让出去,那么承租人就会拿走这些产品中的大部分,而只给我们很小一笔提成。但是对于我们来说,增加产量是如此重要,连这很小一笔提成对我们也有很大的好处。借助租让,城市工人的生活状况将根据合同的规定稍微得到改善,这对外国资本毫不困难,而这种稍微改善对我们的大工业却是有好处的,它能使我们的大工业得到巩固。由于经济上的影响,这也将改善无产阶级的生活状况,改善掌握国家政权的阶级的生活状况。

　　害怕小农业和小工业会发展到威胁我国大工业的程度是没有根据的。要振兴工业,就必须有振兴的某些征兆。

　　如果我们歉收(我已经向你们提到过波波夫的小册子[183])并且只得到像去年那样少的物资的话,那就根本谈不到什么缩小危机和发展小工业了,因为资本主义关系的恢复只有在获得农需工业剩余产品的条件下才有可能。获得这种剩余产品是可能的,而这一点非常重要,因为它会给我们很大的好处。是小生产还是大生产得到的好处多,这个问题是一个怎样把利用我国资源和发展市场这两者连接和结合起来的问题,我们正在争取同资本主义达成有关租让的协议,使我国的资源得到利用和市场得到发展,这样就会使我们提高农业生产。这些方法我们中间谁利用得好,得到的结果就会好。我认为,如果工人阶级手中握有极为重要的大工业部门,而又把自己的注意力集中在最重要的部门上,那么工人阶级得到的好处就会比小工业多,虽然按比例来说小工业可能增长得快些。我国纺织工业的状况就是这样,到 1920 年底,情况显然有了好转,但是缺少燃料,如果我们的燃料足够的话,那我们本来会获得近 8 亿俄尺的布,我们就会有本国生产的衣料去同农民的产品进行交换。

但是,由于燃料危机,我们的生产大大下降了。即使现在已经在国外买到煤,过一两个星期轮船就能把这些煤运来,那我们也还是已经损失了好几个星期甚至好几个月的时间。

大生产的状况的任何改善,若干大工厂的可能开工,都会大大巩固无产阶级的地位,以致小资产阶级的自发势力即使在滋长也没有什么可怕了。应当怕的不是小资产阶级和小资本的滋长。应当怕的是极严重的粮荒、生活贫困、产品缺乏的情况持续太久,这种情况已经使无产阶级变得完全软弱无力,使无产阶级不能抵制小资产阶级的动摇和绝望情绪这种自发势力。这才是更可怕的。只要产品数量增加,小资产阶级不管怎样发展都不会有什么大的危害,因为这种情况可以使大工业发展起来,所以,我们应当鼓励小农业。我们必须尽一切力量来鼓励小农业。实物税就是这方面的一项简单而又绝对必要的措施。它能给予这种鼓励。应当无条件地通过这项措施。(鼓掌)

载于 1963 年《俄共(布)第十次代表大会。速记记录(1921 年3 月 8—16 日)》一书

选自《列宁全集》第 2 版第 41 卷第 66—75 页

8

俄共第十次代表大会
关于党的统一的决议草案初稿

(3月13日或14日)

1. 代表大会提请全体党员注意:目前许多情况正在加剧国内小资产阶级居民的动摇,在这个时候特别需要保持党的队伍的统一和团结,保证党员相互之间的完全信任,保证在工作中真正齐心协力,真正体现无产阶级先锋队的意志的统一。

2. 但是,还在全党开展关于工会问题的辩论以前,党内就已经显露出派别活动的某些苗头,即产生了几个具有各自的纲领、力求在某种程度上自成一派并规定内部纪律的集团。这种派别活动的苗头已经出现,例如在莫斯科(1920年11月)党代表会议[184]和哈尔科夫党代表会议[185]上,在所谓"工人反对派"[170]的活动中,局部地也在所谓"民主集中派"[186]的活动中已经表现出来。

必须使一切觉悟的工人都清楚地认识到,任何派别活动都是有害的,都是不能容许的,因为即令个别集团的代表人物满心想要保持党的统一,派别活动事实上也必然会削弱齐心协力的工作,使混进执政党内来的敌人不断加紧活动来加深党的分裂,并利用这种分裂来达到反革命的目的。

无产阶级的敌人极力利用一切背离共产主义的坚定路线的倾向,这种情形在喀琅施塔得叛乱这一实例上表现得最为明显。当时,世界各国的资产阶级反革命势力和白卫分子都急忙表示,只要能推翻俄国的无产阶级专政,他们甚至情愿接受苏维埃制度的口号;当时,社会革命党人[4]以至一切资产阶级反革命势力在喀琅施塔得事件中都利用了这场似乎是为了维护苏维埃政权才反对俄国苏维埃政府的叛乱所提出的口号。这些事实充分证明,只要能削弱和推翻俄国无产阶级革命的支柱,白卫分子都会竭力装扮而且善于装扮成共产主义者,甚至装扮成最左的共产主义者。喀琅施塔得叛乱前夜在彼得格勒发现的孟什维克传单也同样表明,孟什维克利用俄共内部的意见分歧与某些派别活动的苗头事实上在怂恿和支持喀琅施塔得的叛乱者社会革命党人和白卫分子,口头上却标榜自己反对叛乱,拥护苏维埃政权,只不过要苏维埃政权作一些仿佛不大的修正。

3. 关于这个问题的宣传,一方面应当从保持党的统一和实现无产阶级先锋队的意志的统一是保证无产阶级专政胜利的基本条件这一观点出发,详细说明派别活动的害处和危险性,另一方面应当揭露苏维埃政权的敌人所采用的新的策略手法的特点。这些敌人已经知道公开打着白卫旗帜进行反革命活动是没有指望了,所以现在他们竭力抓住俄共内部的意见分歧,设法使政权转到表面上最像承认苏维埃政权的那些政治派别手中,用这种办法来推进反革命。

在宣传中还应当阐明历次革命的经验,当时反革命势力也总是支持那种既反对极端革命的政党又同这一政党最相似的派别,以求动摇并推翻革命专政,从而为资本家和地主的反革命势力以后取得完全胜利开辟道路。

4. 在同派别活动进行实际斗争中,每一个党组织必须密切注意,决不容许发表任何派别言论。对党的缺点进行绝对必要的批评时,应当使一切实际的建议以尽量明确的形式毫不迟延地立刻提交党的地方和中央领导机关去讨论和决定。此外,每一个提出批评的人,在批评的形式上应当考虑到党处在敌人的包围之中这一情况,而在批评的内容方面则应当通过自己直接参加苏维埃和党的工作,从实践中来检验如何纠正党或个别党员的错误。任何对党的一般路线的分析或对党的实际经验的总结,对党的决定的执行情况的检查,以及关于如何纠正错误的方法的探讨等等,都决不能事先交给按某种"纲领"等等形成的集团去讨论,而只能直接交给全体党员讨论。因此,代表大会决定更经常地出版《争论专页》[187]和专门文集,力求能就问题的实质来进行批评,而决不采取那种有助于无产阶级的阶级敌人的方式。

5. 代表大会根本反对工团主义和无政府主义的倾向(对这种倾向已有专门的决议①加以分析),并责成中央委员会彻底消灭一切派别活动,同时,代表大会声明,在例如所谓的"工人反对派"特别关心的问题,即清除党内的非无产阶级分子和不可靠分子、反对官僚主义、发扬民主和工人的自主精神等等问题上,任何切实的建议,都应当十分认真地加以考虑,并在实际工作中加以检验。全党应当知道,我们由于遇到了种种障碍,在这些问题上并没有能够采取一切必要的措施,应当知道,党在坚决反对不实事求是的和带有派别性的所谓批评的同时,也将继续不断地采取一切手段并试验各种新的办法,来反对官僚主义,扩大民主,发扬自主精神,检举、揭发和驱逐混进党内来的分子,如此等等。

6. 因此,代表大会宣布毫无例外地解散一切按这个或那个纲

---

① 参看《苏联共产党代表大会、代表会议和中央全会决议汇编》1964年人民出版社版第2分册第66—69页。——编者注

领组成的派别(如"工人反对派"、"民主集中派"等等),并责令立即执行。凡不执行代表大会这项决定者,应立即无条件地开除出党。

7. 为了在党内和整个苏维埃工作中执行严格的纪律,并取缔一切派别活动以求得最大程度的统一,代表大会授权中央委员会,在遇到违反纪律、恢复或进行派别活动的情况时,可以采取党内一切处分办法,直到开除出党;而对中央委员则可把他降为候补中央委员,甚至采取极端措施,把他开除出党。在对中央委员、候补中央委员和中央监察委员采取这种极端措施时,应当召开中央委员会全体会议,并请全体候补中央委员和全体中央监察委员参加。在这种党的负主要责任的领导者的全体会议上,如果有三分之二票数认为必须把某个中央委员降为候补中央委员或开除出党,那么这项措施就应当立即实行。**188**

载于 1963 年《俄共(布)第十次代表大会。速记记录(1921 年 3 月 8—16 日)》一书

选自《列宁全集》第 2 版第 41 卷第 78—83 页

9

俄共第十次代表大会
关于我们党内的工团主义和
无政府主义倾向的决议草案初稿

(3 月 13 日或 14 日)

1. 最近几个月来,在党内明显地暴露出一种工团主义和无政府主义的倾向,对这种倾向必须在思想上进行最坚决的斗争,同时还必须清洗和健全党的队伍。

2. 这种倾向的发生,部分是由于以前的孟什维克以及尚未完全树立共产主义世界观的工人和农民加入党的队伍,主要则是由于小资产阶级自发势力对无产阶级和俄共的影响。在我国,尤其是目前,在歉收和战争的严重破坏使群众的生活大为恶化、成百万军队的复员使几十万农民和工人无法立刻找到正常的生活来源的情况下,小资产阶级自发势力就特别猖獗,它不可避免地会产生无政府主义的倾向。

3. 所谓的"工人反对派"的提纲和其他著作,是这种倾向的理论上最完整和形式上最完备的表现(**或者说**:是这种倾向的……最完整……的表现之一)。例如,他们的下述论点就很能说明问题:"国民经济的管理应当由联合在各种产业工会中的生产者的全俄代表大会来组织,应当由他们选出中央机关来管理共和国的整个国民经济。"①

这种主张以及许多诸如此类的主张所依据的思想在理论上是根本错误的,是同马克思主义和共产主义背道而驰的,也是同一切半无产阶级革命和目前的无产阶级革命的实际经验的总结背道而驰的。

第一,"生产者"这个概念既包括无产者,也包括半无产者以及小商品生产者,因而完全违背了阶级斗争的基本概念,违背了要明确地划分阶级这个基本要求。

第二,上述论点中所表现出来的指靠非党群众或者说迎合非党群众的思想,也是根本违背马克思主义的。

马克思主义教导说——这一教导不仅已经由整个共产国际[20]在共产国际第二次代表大会(1920年)[101]关于无产阶级政党的作用的决议[189]中正式加以肯定,而且也已经为我国革命的实践所证实——只有工人阶级的政党,即共产党,才能团结、教育和组织无产阶级和全体劳动群众的先锋队,而只有这个先锋队才能抵制这些群众中不可避免的小资产阶级动摇性,抵制无产阶级中不可避免的种种行业狭隘性或行业偏见的传统和恶习的复发,并领导全体无产阶级的一切联合行动,也就是说在政治上领导无产阶级,并且通过无产阶级领导全体劳动群众。不这样,便不能实现无产阶级专政。

不正确地理解共产党对非党无产阶级的作用以及共产党和非党无产阶级对全体劳动群众的作用,就是在理论上根本违背共产主义,就是工团主义和无政府主义的倾向,而这种倾向贯穿在"工人反对派"的全部观点之中。

---

① 见《工人反对派的提纲。工会的任务》(1921年1月25日《真理报》第15号)和亚·米·柯伦泰的小册子《工人反对派》(仅供俄共第十次代表大会成员参考)(1921年莫斯科俄文版第25页)。——编者注

4. 俄共第十次代表大会认为,上述这个派别以及其他人想援引俄共党纲经济部分有关工会作用的第5条来为他们的错误观点辩解的一切尝试也是根本错误的。这一条说,"工会应当做到把作为统一经济整体的全部国民经济的全部管理切实地集中在自己手中",工会"在用这样的方法保证中央国家管理机关、国民经济和广大劳动群众之间的密切联系的同时","吸引"这些群众"直接参加经济管理"。

俄共党纲的同一条指出,"工会必须逐渐摆脱行会的狭隘性",把大多数劳动者"并且逐渐地把全体"劳动者都包括进来,这个过程是工会做到"应当做到"的这一步的先决条件。

最后,俄共党纲的同一条还着重指出,"根据俄罗斯联邦的法律和已有的实践,工会已经成为一切地方的和中央的工业管理机关的参加者"①。

工团主义者和无政府主义者,不考虑这种参加管理的实际经验,不严格地根据已经取得的成就和已经纠正的错误的教训去进一步发展这一经验,却直接提出由"各级生产者代表大会或全俄生产者代表大会""选举"经济管理机关的口号。这样,党对无产阶级工会以及无产阶级对半小市民以至小资产阶级劳动群众的领导、教育和组织作用,就被撇开了和取消了。因此,这不是继续进行和改进苏维埃政权已经开始的创建新经济形式的实际工作,而是用小资产阶级无政府主义来破坏这一工作,而这样做只能促使资产阶级反革命势力获得胜利。

5. 俄共代表大会认为,上述派别及其他类似的派别和个人的观点不仅是理论错误,不仅是对苏维埃政权已经开始的经济建设

----

① 参看《列宁全集》第2版第36卷第415页。——编者注

的实际经验采取根本错误的态度，而且是重大的政治错误，是一种威胁无产阶级专政本身的存在的直接的政治危险。

在俄国这样的国家里，由于小资产阶级自发势力占有巨大优势，由于战祸频仍、经济破坏、疫病流行、连年歉收必然使人民极端贫困痛苦，小资产阶级和半无产阶级群众的情绪就表现出特别严重的动摇。这种动摇表现在时而倾向于巩固同无产阶级的联盟，时而又倾向于资产阶级复辟，而 18、19、20 世纪的历次革命的全部经验都十分清楚地和令人信服地说明，只要无产阶级的革命先锋队的统一、力量和影响稍微受到削弱，这种动摇的结果就只能是资本家和地主的政权以及私有制的复辟（恢复）。

因此，"工人反对派"以及同他们类似的分子的观点不仅在理论上是错误的，而且在实际上是小资产阶级的和无政府主义的动摇的表现，实际上在削弱共产党的坚定的指导路线，实际上在帮助无产阶级革命的阶级敌人。

6. 根据上述一切，俄共代表大会坚决反对这些反映工团主义和无政府主义倾向的主张，并认为：

第一，必须同这些主张进行坚持不懈的思想斗争；

第二，代表大会认为，宣传这些主张是同俄共党员的身份不相容的。

代表大会责成党中央委员会严格执行大会的这些决定，同时指出，在各种专门的刊物和文集等等上可以而且应当划出一定的篇幅，使党员能就上述的各种问题详细交换意见。

载于 1963 年《俄共（布）第十次代表大会。速记记录（1921 年3 月 8—16 日）》一书

选自《列宁全集》第 2 版第 41 卷第 84—87 页

10

关于党的统一和
无政府工团主义倾向的报告¹⁹⁰

(3 月 16 日)

　　同志们,我认为这个问题不需要谈很多,因为整个代表大会在讨论各项问题时,就已经涉及了现在应当以党代表大会的名义,也就是以全党的名义正式加以阐明的问题。《关于统一的决议》①,有很大一部分是说明政治形势的。决议已经印发给大家,你们当然都看到了。其中第 7 条不准备公布,这是一项特殊措施,它规定在中央委员、候补中央委员和中央监察委员的全体会议上,经三分之二的多数的同意,可以把中央委员开除出中央委员会。这项措施在各派代表都发表了意见的非正式会议上,曾一再讨论过。同志们,我们希望不要运用这一条。但是在新的情况下,在我们面临相当急剧的变革,希望彻底消灭各自为政的情况下,这一条是必要的。

　　现在我谈一谈关于工团主义和无政府主义倾向的决议。这个问题在大会讨论第四项议题时已经涉及了。整个决议的精神是要确定我们对某些派别或思想倾向的态度。我们说"倾向",是要强调指出,我们在这方面还没有发现任何已经彻底形成、已经绝对肯定和完全确定的东西,而只是一种政治趋向的开始,党对这种趋向

---

①　见本卷第 469—472 页。——编者注

是不能不有所估计的。大概你们都已经看到关于工团主义和无政府主义倾向的决议,在决议的第 3 条中,有一个地方显然是印错了(从发言中看到,大家已经发现了这个错误)。应当改成这样:"例如,他们的"即"工人反对派"的"下述论点就很能说明问题:'国民经济的管理应当由联合在各种产业工会中的生产者的全俄代表大会来组织,应当由他们选出中央机关来管理共和国的整个国民经济'"①。我们在代表大会上,在大会的非正式的会议和公开的全体会议上已经屡次谈到这个论点。我认为,我们已经说得很清楚,用恩格斯关于生产者的联合的论断来为这个论点辩护,无论如何是不行的,因为很明显,而且把原著切实查对一下也可以肯定,恩格斯讲的是没有阶级的共产主义社会。这对我们大家来说都是毫无疑问的。一个社会已经没有阶级,当然就没有工人和农民,而只有生产者-工作者了。我们从马克思和恩格斯的所有著作中确切地知道,他们是把还有阶级的时期和已经没有阶级的时期非常严格地区别开来的。马克思和恩格斯一向毫不客气地讥笑那些以为在共产主义以前阶级就会消失的思想、言论和假设,并且指出,只有共产主义才是消灭阶级②。

我们现在的情况是,我们最先在实践上提出了这个消灭阶级的问题,而在我们这个农民国家里,目前还存在着两个主要的阶级——工人阶级和农民,此外还存在着许多资本主义的残余。

我们的党纲明确指出,我们正在实行最初的步骤,我们还要经过一系列的过渡阶段。但是我们从我们苏维埃工作的实践和整个

---

① 见本卷第 473—474 页。——编者注

② 参看《马克思恩格斯文集》2009 年人民出版社版第 3 卷第 442 页,第 4 卷第 193 页,第 9 卷第 112—113 页,第 10 卷第 106 页。——编者注

革命的历史中始终可以极其清楚地看到,像反对派现在提出的这种理论定义,是多么不正确。我们十分清楚:我国还存在着阶级,并且会存在很久;在一个农民占多数的国家里,阶级必然要存在很久,存在许多年。要组织好大工业,建立起领导农业所需的储备,至少需要十年。这是最短的期限,而且需要具备非常有利的技术条件。而我们知道,我们现在所处的条件是非常不利的。我们已经有了一项把俄国建立在现代大工业基础之上的计划,这就是科学家们所制定的电气化计划[191]。实行这个计划的最短期限需要十年,并且是以比较正常的条件为前提的。但是我们十分清楚,这种条件现在并不存在。也就是说,十年的时间对于我们太短了——这是用不着说的。我们接触到了问题的核心:目前可能的情况是,一些敌视无产阶级的阶级仍然存在,因此,我们目前在实践上还不能实现恩格斯的话。先要有无产阶级专政,没有阶级的社会是以后的事。

马克思和恩格斯曾经同那些忘记了阶级差别而笼统地谈论生产者、人民或劳动者的人作过无情的斗争。凡是多少读过马克思和恩格斯著作的人,都不会忘记,他们在所有的著作中总是嘲笑那些笼统地谈论生产者、人民、劳动者的人。笼统的劳动者或笼统的工作者是不存在的;或者是握有生产资料的小业主,他们的整个心理状态和全部生活习惯都是资本主义的(它们也不可能是别的样子),或者是心理状态完全不同的雇佣工人,即同资本家对抗、对立和斗争的大工业雇佣工人。

我们在谈这个问题以前已经经过了三年的斗争,已经有了运用无产阶级政权的经验,我们已经知道,在各个阶级的相互关系上存在着多么大的困难,而目前阶级还存在,在我们生活的各个角落里和苏维埃机关内部还可以看到资产阶级残余。在这样的情况下,我们这里竟有人提出包含我读过的那几个论点的纲领,这显然是一种工团主义和无政府主义的倾向。这样说并不过分,这样说是经过慎重考虑的。倾向还不是一个定型的流派。倾向是一种可以纠正的东西。一些人已经有些走入歧途或者开始走入歧途,但还是可以纠正的。我认为,俄文"倾向"一词表达的正是这个意思。这里强调的是,它还不是什么完全形成了的东西,事情还不难纠正;这里是希望引起警惕,是想直截了当从原则上提出问题。如果谁能找出一个俄文词可以更确切地表达这个意思,那就请提出来。我希望我们不要在用词上展开争论,而应当分析这个基本论点的实质,不要跟着"工人反对派"的诸如此类的许多主张跑。这可以让我们的著作家以及这一派的领导者去分析。在决议的末尾我们特地指出,在各种专门的刊物和文集上可以而且应当划出一定的篇幅,使党员们能就上述各种问题详细交换意见。我们现在不能对这个问题置之不理。我们是一个在极端困难条件下进行斗争的党。我们必须对自己说,为了保持巩固的统一,对于明显的倾向必须加以谴责。倾向既然已经形成,那就应当加以揭露和讨论。如果需要认真地辩论,我们也欢迎,我们可以找出一些人来详细引证各种文献,如果认为需要并且恰当的话,我们还可以像你们刚听到的共产国际代表的报告中所说的那样,在"国际"这个范围内提出这个问题。你们大家都知道,在国际工人革命运动的队伍中存在着一种"左"的倾向。我们现在所谈的倾向,同德国共产主义工人党[113]的无政府主义倾向是一样的。在上一次共产国际代表大会上可以明显地看出同这个党是有斗争的。当时批评这种倾向的用词,往往比"倾向"这个词还要尖锐。你们知道,这是一个国际性的问题。因此,想用不再辩论、到此为止的办法来了结这个问题,是不正确的。但是,理论上的辩论是一回事,党的政治路线和政治斗争则是另一回事。我们这里不是辩论的俱乐部。当然,我们可以而且将要出版一些文集和专门的刊物,但是我们首先要在最艰苦的条件下进行斗争,因而必须团结一致。在这种情况下,如果用组织"全俄生产者代表大会"之类的建议来干扰政治辩论和政治斗争,那我们就不能同心协力、团结一致地前进;这不是我们在近几年内所要执行的政策。这是破坏党齐心协力的工作的政策,这种政策不仅在理论上是错误的,它的错误还在于对阶级关系作了不正确的判断。阶级关系——这是一种根本的和主要的东西,没有它,也就没有马克思主义,关于这个问题共产国际第二次代表大会也作过决议[192]。目前的情况是,非党的自发势力正在表现出小资产阶级动摇性,这种动摇性在俄国现在的经济状况下是不可避免的。我们必须记住,内部的危险在某种意义上比邓尼金和尤登尼奇的危险还要大,因此我们不仅需要形式上的团结,而且需要非常坚固的团结。为了建立这种团结,我们就非有这样一个决议不可。

其次,我认为这个决议的第4节非常重要,它对我们的党纲作了确切的解释,也就是说,作了出自作者的解释。代表大会是党纲的作者,因此代表大会应当作出解释,以便结束这种动摇现象,结束这种有时甚至是玩弄党纲的现象:有人对党纲中关于工会的部分作了随心所欲的解释。你们都听到了梁赞诺夫同志在这个讲台上对党纲的批评,我们真要谢谢这位批评家的理论探讨!你们都听到了施略普尼柯夫同志提出的批评。对这种批评是不能保持沉默的。我认为,在这里,在这项决议中,我们有了我们当前所需要的东西。党纲是由代表大会批准的,代表大会是党的最高机关,因此,应当以代表大会的名义说:请看我们是怎样理解党纲的。我再说一遍,理论上的争论并不是到此为止。可以对党纲提出修改意见,在这方面不能有任何禁止。我们并不认为我们的党纲已经尽善尽美,无可更改,但是我们现在没有接到正式的提议,我们还没有花时间研究过这个问题。我们如果仔细阅读党纲,就会看到下面的话:"工会应当做到……切实地集中等等","应当做到……切实地集中"——这句话应当加以强调。而从前面的一行中我们还可以看到:"根据法律,工会是一切地方的和中央的生产管理机关的参加者。"我们知道,资本主义的生产是在世界所有先进国家的协助下用几十年的时间建立起来的。而我们处在极端贫困的时期,工人在我国占少数,无产阶级先锋队和农民群众已经疲惫不堪、流血过多。难道我们会幼稚到这种地步,竟认为在我们这样的时期这样的国家里可以迅速地完成这一过程吗?!我们甚至还没有打下基础,我们只是刚开始根据经验计划在工会的参加下管理生产。我们知道,主要的障碍是贫困。说我们没有吸收群众参加工作是不对的;相反,工人群众中任何多少有点才干的人,都得到我们最真诚的支持。现在唯一需要的是形势能够稍微缓和一点。在饥荒之后,我们至少要有一两年的休养生息时间。从历史来看,这是一个极短的期限,但是在我们目前的条件下,这却是一个很长的时期。只要有一两年的休养生息时间,只要有一两年燃料供应正常,保证工厂开工,我们就可以从工人阶级那里得到百倍的支持,而且可以从他们队伍中提拔出比现在多得多的人才。这是任何人都不会而且也不能怀疑的。目前我们没有得到这种支持,这并不是因为我们不想得到支持。为此我们正在做我们所能做到的一切。谁也不能说,政府、工会或党中央委员会在这个问题上放过了任何一次机会。但是我们知道,现在人们困苦到了极点,到处都是饥饿和贫穷,由此往往产生了消极的心理。我们不要怕如实地说出这种不幸和灾祸。正是这些东西妨碍群众迸发出热情。我们根据统计材料知道,在管理机关中工人占60%。在这种情况下,企图按照施略普尼柯夫那样来解释党纲说的"工会应当做到……

切实地集中"等等,是绝对不行的。

确切地解释党纲,可以使我们把必要的策略上的一致和统一同必要的辩论自由结合起来,这一点在决议的末尾已经着重指出了。决议是怎样说的呢? 让我们读一下第6点:

"根据上述一切,俄共代表大会坚决反对这些反映工团主义和无政府主义倾向的主张,并认为:第一,必须同这些主张进行坚持不懈的斗争;第二,代表大会认为,宣传这些主张是同俄共党员的身份不相容的。

代表大会责成党中央委员会严格执行大会的这些决定,同时指出,在各种专门的刊物和文集等等上可以而且应当划出一定的篇幅,使党员能就上述的各种问题详细交换意见。"①

你们都是各方面的鼓动家和宣传家,难道你们不知道在战斗的政党内部进行思想宣传和在专门的刊物、文集上交换意见是有区别的吗? 我相信,任何一个愿意深入研究这个决议的人,都会看到这种区别。我们把这一倾向的代表吸收到中央委员会里来,我们希望这些代表在中央委员会里能够像一切有觉悟的、守纪律的党员那样来对待党代表大会的决议;我们希望在他们的帮助下我们将能够在中央委员会里分清这一界限,而不致造成特殊状况;我们会弄清在党内发生的究竟是什么问题,是在战斗的政党内部宣传某种主张,还是在专门的刊物和文集上交换意见。谁有兴趣想仔细研究恩格斯的那些话,那就去研究好了! 有些理论家经常向党提出有益的意见。这是很必要的。我们将要出版两三大本文集,这是有益的和绝对必要的。但是,难道这跟宣传某种主张,跟各派纲领的斗争相同吗? 难道可以把两者混淆起来吗? 凡是愿意

---

① 见本卷第476页。——编者注

深入研究我国政治形势的人，是不会把这两者混淆起来的。

不要妨碍我们的政治工作，特别在严重的关头，但是也不要放弃学术探讨。如果施略普尼柯夫同志（举例来说）想在最近几个月内利用空余时间，为不久前出版的、叙述他在不合法状态时期的革命斗争经验的集子[193]编写第2卷来分析"生产者"这一概念，那就请写吧！而目前的这一决议，却应当成为我们的路标。我们开展了最广泛、最自由的辩论。"工人反对派"的纲领曾经登载在发行25万份的党中央机关报[194]上。我们从各方面尽可能地考虑了这个纲领，我们根据这个纲领选举了代表，最后，我们召开了代表大会，而大会对政治辩论作了总结，并且指出：倾向已经很明显，我们不要再捉迷藏了；应当公开指出，倾向就是倾向，必须加以纠正；我们一定会纠正这种倾向，至于辩论，那将是理论上的辩论。

因此，我再次提议通过并且赞成通过这两项决议，巩固党的统一，并且正确规定党的会议应该做些什么，个别愿意帮助党的、从事某些理论问题研究的马克思主义者和共产党员在空余的时间可以自由地做些什么。（鼓掌）

载于1963年《俄共（布）第十次代表大会。速记记录（1921年3月8—16日）》一书

选自《列宁全集》第2版第41卷第88—95页

致阿塞拜疆、格鲁吉亚、
亚美尼亚、达吉斯坦、哥里
共和国的共产党员同志们

(1921 年 4 月 14 日)

我热烈祝贺高加索各苏维埃共和国,希望它们的紧密联盟成为在资产阶级统治下从来没有见过的、在资产阶级制度内决不可能有的民族和睦的典范。

尽管高加索各族工人和农民之间的民族和睦非常重要,但更加重要得多的是保持和发展苏维埃政权,因为这是向社会主义过渡的通道。任务是困难的,但是完全可以完成。为了顺利地完成这个任务,最重要的是要使外高加索的共产党员懂得他们的情况的**特殊性**,即他们共和国的情况和俄罗斯联邦的情况和条件不同的地方,懂得决不可以照搬我们的策略,而必须经过周密思考改变策略,使它适合于不同的具体条件。

俄罗斯苏维埃共和国没有从任何地方得到过政治上和军事上的援助。恰恰相反,过去这几年内,它一直在同协约国[19]的军事侵犯和封锁作斗争。

高加索各苏维埃共和国却从俄罗斯联邦得到了政治上的援助和不大的军事援助。这是一个根本的区别。

第二,现在不用害怕协约国方面的侵犯以及它在军事上对格鲁吉亚、阿塞拜疆、亚美尼亚、达吉斯坦、哥里的白卫分子的支援。协约国在俄罗斯境内已经弄得"焦头烂额"了，这迫使它暂时大概要放谨慎一些。

第三，高加索各共和国，同俄罗斯比较起来，更加是农民的国家。

第四，俄罗斯在经济上过去是同先进的资本主义国家隔绝的，现在在很大程度上也还是这样；高加索却可以较快、较容易地同资本主义的西方搞好"共居关系"和进行商品交换。

区别还不止这些。但是就从上述种种区别看来，已经足以懂得必须采取另一种策略。

对于小资产阶级、知识分子、特别是农民，要温和一点，谨慎一点，通融一点。通过实行租让和商品交换政策，对资本主义的西方在经济上要千方百计地加以利用，加强和加紧利用。石油、锰、煤（特克瓦尔切利煤矿）、铜——丰富的矿产资源还远远不止这一些。有充分的可能来广泛实行租让政策和开展同外国的商品交换。

应当广泛地、坚定地、巧妙地、谨慎地做好这方面的工作，千方百计地利用这方面的工作来改善工农的生活状况和吸引知识分子参加经济建设。要利用同意大利、美国等国家的商品交换，来尽力发展物产丰富的边疆的生产力，发展水力和灌溉。为了尽力发展农业和畜牧业，灌溉是特别重要的。

更加缓慢、更加谨慎、更加有步骤地向社会主义过渡——这对于高加索各共和国来说是可能的和必要的，这就是它们不同于俄罗斯联邦的特点。这就是必须懂得和善于实行的、跟我们的策略不同的策略。

我们曾致力于打开世界资本主义的第一个缺口。现在缺口已经打开了。我们在反对白卫分子、社会革命党人[4]和孟什维克（他们得到全体协约国的支援,协约国用封锁和军事援助了他们)的极端残酷、艰苦、剧烈、异乎寻常的战争中,捍卫住了自己的生存。

高加索的共产党员同志们,你们已经用不着去打开缺口了,你们应当善于利用1921年的有利于你们的国际形势,更谨慎地、更有步骤地创造新局面。1921年,无论欧洲或全世界,都已经不同于1917年和1918年了。

不要照搬我们的策略,而要独立地仔细考虑我们的策略为什么具有那些特点以及它的条件和结果,不要在你们那里照抄1917—1921年的经验,而要运用它的精神实质和教训。应当立刻在经济上依靠同资本主义外国的商品交换,不要吝啬:就让它们得到几千万普特宝贵的矿产品吧。

应当立刻努力改善农民的生活,开始兴建电气化和灌溉方面的巨大工程。灌溉是最需要的,它将最有效地改造边疆,复兴边疆,它将埋葬过去,可靠地保证向社会主义的过渡。

这封信写得很潦草,请你们原谅,因为我必须赶快把它写出来,好交给米雅斯尼科夫同志带去。让我再一次向高加索各苏维埃共和国的工人和农民致最崇高的敬礼和祝愿。

尼·列宁

1921年4月14日于莫斯科

载于1921年5月8日《格鲁吉亚真理报》第55号

选自《列宁全集》第2版第41卷第184—186页

论 粮 食 税

（新政策的意义及其条件）¹⁹⁵

（1921 年 4 月 21 日）

代 引 言

粮食税问题在现时引起了特别多的注意、讨论和争论。这是完全可以理解的,因为它确实是当前情况下我们政策的主要问题之一。

讨论稍微有些混乱。由于极其明显的原因,我们都犯有这种毛病。所以,如果不从这个问题的"眼前最惹人注目的"方面,而从它的一般原则方面来加以考察,那将更为有益。换句话说:就是要看一看我们现时正在勾画当前政策中某些实际措施的那幅图画的整个基本背景。

为了作这样的尝试,我想从我那本《当前的主要任务。论"左派"幼稚性和小资产阶级性》①的小册子中,摘引一大段话。这本小册子在 1918 年曾由彼得格勒苏维埃出版过,内容包括:第一,登在 1918 年 3 月 11 日报上的谈布列斯特和约¹⁷的文章,第二,1918 年 5 月 5 日登载的与当时左派共产主义者⁶⁵集团论战的文章。论

---

① 见本版选集第 3 卷第 511—540 页。——编者注

战部分现在已用不着,所以我把它删掉,只留下了有关"国家资本主义"和从资本主义向社会主义过渡的我国现时经济的基本成分的论断。

当时我这样写道:

关于俄国现时经济

（摘自 1918 年出版的小册子）

"……国家资本主义较之我们苏维埃共和国目前的情况,将是一个进步。如果国家资本主义在半年左右能在我国建立起来,那将是一个很大的胜利,那将极其可靠地保证社会主义一年以后在我国最终地巩固起来而立于不败之地。

我可以想象,有人将怎样义愤填膺,怒斥这些话…… 怎么?在苏维埃社会主义共和国内,向国家**资本主义**过渡竟会是一个进步? ……这岂不是背叛社会主义?

对于这一点,我们应该比较详细地谈一谈。

第一,应当弄清楚,这个使我们有权利和有根据自称为苏维埃社会主义共和国的、从资本主义到社会主义的**过渡**,究竟是怎样的。

第二,应当揭露那些看不到小资产阶级经济条件和小资产阶级自发势力是我国社会主义的**主要敌人**的人的错误。

第三,应当很好地了解**苏维埃**国家在经济上与资产阶级国家迥然不同的意义。

我们来研究一下这三点。

看来,还没有一个专心研究俄国经济问题的人否认过这种经济的过渡性质。看来,也没有一个共产主义者否认过'社会主义苏维埃共和国'这个名称是表明苏维埃政权有决心实现向社会主义的过渡,而决不是表明现在的经济制度就是社会主义制度。

那么过渡这个词到底是什么意思呢？它用在经济上是不是说,在这个制度内有资本主义的和社会主义的成分、部分和因素呢？谁都承认是这样的,但并不是所有承认这点的人都考虑到:俄国现有各种社会经济结构成分究竟是怎样的。问题的全部关键就在这里。

现在我们把这些成分列举如下:

(1)宗法式的,即在很大程度上属于自然经济的农民经济;

(2)小商品生产(这里包括大多数出卖粮食的农民);

(3)私人资本主义;

(4)国家资本主义;

(5)社会主义。

俄国幅员如此辽阔,情况如此复杂,社会经济结构中的所有这些不同的类型都互相错综地交织在一起。特点就在这里。

试问,占优势的是哪些成分呢？显然,在一个小农国家内,占优势而且不能不占优势的是小资产阶级自发势力,因为大多数甚至绝大多数耕作者都是小商品生产者。在我国,**投机商**时此时彼地破坏国家资本主义的外壳(粮食垄断,受监督的企业主和商人,资产阶级合作社工作者),而投机活动的主要对象是**粮食**。

主要的斗争正是在这方面展开。如果用'国家资本主义'等这些经济范畴的术语来说,究竟是谁和谁进行这一斗争呢？按我刚才列举的次序,是第四种成分和第五种成分作斗争吗？当然不是。在这里不是国家资本主义同社会主义作斗争,而是小资产阶级和私人资本主义合在一起,既同国家资本主义又同社会主义作斗争。小资产阶级抗拒**任何的**国家干涉、计算与监督,不论它是国家资本主义的还是国家社会主义的。这是丝毫不容争辩的事实，许多经济问题上的错误的根源就在于不了解这一事实。投机商、奸商、垄断制破坏者就是我国'内部的'主要敌人，即反对苏维埃政权的经济措施的敌人。如果说在125年以前，法国小资产者这些最热情、最真诚的革命家想通过处死个别几个'要犯'和颁布大批文告来战胜投机商的愿望在当时还情有可原的话，那么，现在某些左派社会革命党人[89]用纯法国式的态度来对待这个问题，就只能引起每个觉悟的革命者的憎恶或厌弃了。我们非常明白，投机活动的经济基础，就是在俄国人数特别众多的小私有者阶层，以及以每一个小资产者作为自己代理人的私人资本主义。我们知道，这种小资产阶级九头蛇的千百万触角，时此时彼地缠住了工人中的个别阶层，投机活动正在取代国家垄断而渗入我国社会经济生活的每个毛孔。

谁要是看不到这一点，那他就恰恰由于盲目无知而暴露出自己做了小资产阶级偏见的俘虏……

小资产者手头拥有在战时用'正当'办法，特别是用不正当办法积攒起来的几千几千的小款项。这就是作为投机活动和私人资本主义的基础的典型经济形式。货币是取得社会财富的凭证，千百万小私有者紧紧地握住这种凭证，把它瞒过'国家'的耳目，不相信任何社会主义和共产主义，一心想'躲过'无产阶级的风暴。或者是我们使这些小资产者服从我们的监督和计算（只有把贫民即多数居民或者说半无产者组织在觉悟的无产阶级先锋队的周围，我们才能做到这一点），或者是这些小资产者必然地、不可避免地推翻我们的工人政权，就像那些正是在这种小私有者土壤上生长起来的拿破仑们和卡芬雅克们推翻了革命一样。问题就是如此。问题也只能是如此……

存有几千小款项的小资产者是国家资本主义的敌人，他们希望一定要为自己使用这几千小款项,反对贫民,反对任何的国家监督,而这几千几千的小款项加起来就是好多个亿,它们成为破坏我国社会主义建设的投机活动的基础。假定说,一定数目的工人在几天内创造出为数 1 000 的价值。又假定说,由于小投机活动,由于各种盗窃行为,由于小私有者逃避苏维埃的法令和条例,这个总数中的 200 消失了。每一个觉悟的工人都会说:假如我从这 1 000 中拿出 300 来就能建立起更好的秩序和组织,那我乐意拿出 300,而不是 200,因为在苏维埃政权下,既然秩序和组织会整顿好,既然小私有者对国家各种垄断的破坏会被彻底粉碎,那么以后减少这种'贡赋',比如说减到 100 或 50,就会是轻而易举的事。

这个用简单数字来表示的例子(为了使说明通俗起见,我故意把它尽量简化)说明了当前国家资本主义和社会主义的相互关系,工人掌握着国家政权,他们在法律上有最充分的可能把 1 000 统统'拿到手',就是说,不让一个戈比落在非社会主义用途上。这种由于政权实际已转到工人手中而产生的法律上的可能性,就是社会主义的因素。但小私有者的和私人资本主义的自发势力却通过很多渠道来破坏法律上的规定,暗中投机,破坏苏维埃法令的执行。国家资本主义将是一个巨大的进步,**哪怕**(我故意用这样的数字作例子,是为了更明显地说明这点)我们付出的代价要比现在**大**,因为'为了学习'是值得付出代价的,因为这对工人有好处,因为消除无秩序、经济破坏和松懈现象比什么都重要,因为让小私有者的无政府状态继续下去就是最大、最严重的危险,它**无疑**会葬送我们(如果我们不战胜它的话),而付给国家资本主义较多的贡赋,不仅不会葬送我们,反会使我们通过最可靠的道路走向社会主义。工人阶级一经学会了怎样保卫国家秩序来反对小私有者的无政府性,一经学会了怎样根据国家资本主义原则来整顿好全国性的大生产组织,那时就会掌握全副王牌(恕我如此来形容),社会主义的巩固就有了保证。

国家资本主义**在经济**上大大高于我国现时的经济,这是第一。

第二,国家资本主义中没有任何使苏维埃政权感到可怕的东西,因为苏维埃国家是工人和贫民的权力得到保障的国家……

     *   *   *

为了把问题说得更清楚,我们首先来举一个最具体的国家资本主义的例子。大家都知道,这个例子就是德国。那里有达到‘最新成就’的现代大资本主义技术和**服从于容克资产阶级帝国主义的**有计划的组织。如果把这些黑体字删掉,不要军阀的、容克的、资产阶级的、帝国主义的国家,同样用国家,然而是另一种社会类型、另一种阶级内容的国家,苏维埃国家,即无产阶级国家来代替,那你们就会得到实现社会主义所需要的全部条件。

没有建筑在现代科学最新成就基础上的大资本主义技术,没有一个使千百万人在产品的生产和分配中严格遵守统一标准的有计划的国家组织,社会主义就无从设想。我们马克思主义者从来都是这么说的,而对那些甚至连这点都不了解的人(无政府主义者和至少半数的左派社会革命党人)是不值得多费唇舌的。

同时,无产阶级若不在国家内占统治地位,社会主义也是无从设想的,这也是一个起码的常识。历史(除了孟什维克这类头号蠢人,没有人期待历史会顺利、平静、轻易、简单地产生出"完整的"社会主义来)发展得如此奇特,到1918年竟产生出分成了两半的社会主义,两者紧挨着,正如在国际帝国主义一个蛋壳中两只未来的鸡雏。德国和俄国在1918年最明显地分别体现了具体实现社会主义的两方面的条件:一方面是经济、生产、社会经济条件,另一方面是政治条件。

　　如果德国无产阶级革命获得胜利,那它就能轻而易举地一下子击破任何帝国主义的蛋壳(可惜这种蛋壳是由最好的钢材制成的,因此不是任何鸡雏的力量所能啄破的),就一定能不经过困难或只经过极小的困难而实现世界社会主义的胜利,当然这里是指全世界历史范围的'困难',而不是指平常小范围的'困难'。

　　如果德国革命迟迟不'诞生',我们的任务就是要**学习**德国人的国家资本主义,**全力仿效**这种国家资本主义,要不惜采用独裁的方法,不惜用野蛮的斗争手段对付野蛮,以促使野蛮的俄罗斯加紧仿效西欧文化。如果无政府主义者和左派社会革命党人中有人(我不由得想起了卡列林和格耶在中央执行委员会上的发言)竟像卡列林那样地议论说,向德帝国主义'学习'不是我们革命家干的事,那么我们只需这样回答:要是认真听信这帮人的意见,革命早就会遭到无可挽救的(也是理所当然的)失败了。

　　在俄国目前占优势的正是小资产阶级资本主义,从这种资本主义无论走向国家大资本主义或者走向社会主义,都是经过**同一条道路**,都是**经过同一个**中间站,即我们所说的'对产品的生产和分配实行全民的计算和监督'。谁不懂得这一点,谁就会犯不可饶恕的经济错误,他们或者是不了解具体事实,看不到实际存在的事物,不能正视现实,或者是只把'资本主义'和'社会主义'抽象地对立起来,而不研究目前我国这种过渡的具体形式和步骤。

　　顺便说一下,这就是把《新生活报》[196]和《前进报》[197]营垒中的优秀人物弄糊涂的同一个理论错误。这个营垒中最差的和中等的人物,由于秉性愚钝,毫无气节,已被资产阶级吓倒,做了他们的尾巴;而其优秀人物也不了解,社会主义的导师们之所以说从资本主义到社会主义要有一整个过渡时期并不是没有原因的,他们强调新社会诞生时的那种'长久阵痛'①也不是没有缘故的,并且这新社会还是一种抽象的东西,它只有经过一系列建立这个或那个社会主义国家的各种各样的、不尽完善的具体尝试才会成为现实。

不经过国家资本主义和社会主义所**共有的**东西(全民的计算和监督),就不能从俄国现时的经济情况前进,正因为如此,用'**向**国家资本主义**方向演变**'来吓唬别人也吓唬自己,在理论上是荒谬透顶的。这恰恰意味着在思想上'偏离了方向',离开了'演变'的真正道路,不懂得这条道路;而在实践上,这等于是向小私有者的资本主义**倒退**。

我绝不只是现在,而是早**在布尔什维克取得政权以前**,就对国家资本主义作过'高度的'评价;为了让读者相信这一点,我想从我在1917年9月所写的《大难临头,出路何在?》这本小册子中摘引几段:

'……试一试用革命民主国家,即用采取革命手段摧毁一切特权、不怕以革命手段实现最完备的民主制度的国家来代替容克资本家的国家,代替地主资本家的国家,那又会怎样呢?那你就会看到,真正革命民主国家中的国家垄断资本主义,必然会是走向社会主义的一个或一些步骤。

……因为社会主义无非是从国家资本主义垄断再向前跨进一步。

……国家垄断资本主义是社会主义的最充分的物质准备,是社会主义的前阶,是历史阶梯上的一级,在这一级和叫做社会主义的那一级之间,没有任何中间级。'(第27页和第28页)②

---

① 见《马克思恩格斯文集》2009年人民出版社版第3卷第435页。——编者注
② 见本版选集第3卷第265、266页。——编者注

请注意,这几段话是在克伦斯基执政时期写的,这里所谈的**不是**无产阶级专政,**不是**社会主义国家,而是'革命民主'国家。我们由这一政治阶梯往上登得**愈高**,我们在苏维埃内把社会主义国家和无产阶级专政体现得**愈充分**,我们就应该**愈不**惧怕'国家资本主义',这难道还不清楚吗?从**物质**、经济、生产意义上说,我们还没有到达社会主义的'前阶',而不通过我们尚未到达的这个'前阶',就不能走进社会主义的大门,这难道还不清楚吗?……

       *   *   *

下面这个情况也是极有教益的。

当我们在中央执行委员会和布哈林同志争论时①,他还谈到一个意见:在给专家以高额薪金的问题上,'我们''比列宁要右一些',因为我们看不出这里有任何违背原则的地方,我们记得马克思说过,在一定条件下,对工人阶级说来,最适当的是'能赎买下这个匪帮'②(指资本家匪帮,也就是说,从资产阶级手里**赎买**土地、工厂及其他生产资料)。

这个非常值得注意的意见……

……让我们深入思考一下马克思的思想吧。

他指的是上一世纪70年代的英国,是垄断前的资本主义的极盛时代,是当时军阀机构和官僚机构最少的国家,是当时最有可能'和平地'即通过工人向资产阶级'赎买'的办法取得社会主义胜利的国家。所以马克思说:在一定条件下,工人决不拒绝向资产阶级赎买。至于变革的形式、方法和手段,马克思没有束缚自己的手脚,也没有束缚未来的社会主义革命活动家的手脚,他非常懂得在

---

① 见《列宁全集》第2版第34卷第252—253页。——编者注

② 参看《马克思恩格斯文集》2009年人民出版社版第4卷第529页。——编者注

变革时会有怎样多的新问题发生,在变革进程中整个情况会怎样变化,在变革进程中情况会怎样频繁而剧烈地变化。

在苏维埃俄国,**在无产阶级取得政权以后,在**剥削者的军事反抗和怠工反抗被镇压下去**以后,**已经形成**某些**类似半世纪前在英国可以形成的条件(如果英国当时开始和平地向社会主义过渡的话),这难道还不明显吗? 当时英国有下列种种情况可以保证资本家屈服于工人:(1)工人即无产者在人口中占绝对优势,因为已经没有农民(在70年代的英国已经有一些征象,可以指望社会主义在农业工人中非常迅速地得到成功);(2)加入工会的无产阶级具有很高的组织程度(当时英国在这方面居世界第一位);(3)在长期的政治自由发展中受到严格训练的无产阶级具有比较高的文明程度;(4)组织得极好的英国资本家——当时他们是世界各国中最有组织的资本家(现在这个领先地位已经转到德国)——长时期惯于用妥协的方法解决政治和经济问题。就因为这些情况,当时才会产生有可能使英国资本家**和平地**屈服于英国工人的想法。

在我国,目前已有某些具体前提(10月的胜利和从10月到今年2月对资本家军事反抗和怠工反抗的镇压)使这种屈服得到保证。在我国,工人即无产者**没有**在人口中占绝对优势,**没有**很高的组织程度,胜利的因素是最贫苦的、迅速破产的农民对无产者的支持。最后,在我国,既没有高度的文明,也没有妥协的习惯。如果考虑一下这些具体条件,那就很清楚,我们现在能够而且应该把两种办法**结合起来,**一方面对不文明的资本家,对那些既不肯接受任何'国家资本主义',也不想实行任何妥协,继续以投机和收买贫民等方法来破坏苏维埃措施的资本家,无情地加以惩治;另一方面对文明的资本家,对那些肯接受并能实施'国家资本主义',能精明干练地组织真正以产品供应千百万人的大企业而对无产阶级有益的资本家**谋求妥协**或向他们实行赎买。

布哈林是一位学识卓越的马克思主义经济学家。因此他想起马克思曾经十分正确地教导工人说：正是为了易于过渡到社会主义，保存大生产的组织是很重要的；如果（作为一种例外，当时英国是一种例外）将来种种情况迫使资本家和平屈服，在赎买的条件下文明地有组织地转到社会主义，那就**给资本家付相当多的钱**，向他们赎买，这种思想是完全可以容许的。

但是，布哈林错了，因为他没有考虑到俄国目前的具体特点。我们目前正处在一种特殊的情况下，就是说，我们俄国无产阶级在政治制度方面，在工人政权的力量方面，比不管什么英国或德国都要**先进**，但在组织像样的国家资本主义方面，在文明程度方面，在从物质和生产上'实施'社会主义的准备程度方面，却比西欧最落后的国家还要**落后**。正是由于这种特殊情况，工人们目前有必要对那些最文明、最有才干、最有组织能力、愿意为苏维埃政权服务并且诚心诚意地帮助搞好大的和最大的'国家'生产的资本家实行特殊的'赎买'，这难道还不明白吗？在这种特殊情况下，我们应该竭力避免两种都是小资产阶级性质的错误，这难道还不明白吗？一方面，如果说我们既然承认我国经济'力量'和政治力量不相称，'因而'就不应该夺取政权，那就犯了不可救药的错误。所谓的'套中人'[198]就是这样推论的，他们忘记了，'相称'是永远不会有的，在自然界的发展中，也和在社会的发展中一样，这样的相称都是不可能有的，只有经过多次的尝试——其中每次单独的尝试都会是片面的，都会有某种不相称的毛病——才能从**一切**国家无产者的革命合作中建立起胜利的社会主义。

另一方面，纵容那些空喊家和清谈家，显然也是错误的，这些人一味陶醉于'鲜明的'革命性，但要从事坚韧不拔、深思熟虑、周密审慎并考虑到各种十分困难的转变的革命工作,他们却无能为力。

幸而一些革命政党的发展史以及布尔什维主义与它们作斗争的历史给我们留下了各种鲜明的典型,其中左派社会革命党人及无政府主义者充分表现出自己是一种不大好的革命者典型。现在他们歇斯底里地叫嚣,上气不接下气,高喊反对'右派布尔什维克'的'妥协'。但是他们没有能力深入地思考一下,过去那种'妥协'究竟坏在**哪里**,它**为什么**理所当然地受到历史和革命进程的谴责。

克伦斯基时代的妥协把政权交给了帝国主义资产阶级,而政权问题是一切革命的根本问题。1917 年 10 月和 11 月间一部分布尔什维克主张妥协或者是由于害怕无产阶级取得政权,或者是想不仅同左派社会革命党人之类的'不可靠的同路人',而且同切尔诺夫分子和孟什维克这些敌人来平等地**分掌**政权,而这些敌人在驱散立宪会议[199]、无情地消灭鲍加耶夫斯基之流、普遍实行苏维埃制度和进行每一次没收等基本问题上是必然会妨碍我们的。

现在政权已经由一个政党,由无产阶级政党夺取到手,保持下来,巩固下来,甚至没有'不可靠的同路人'参加。现在已不存在而且也根本不可能存在分掌**政权**和放弃无产者对资产阶级的专政问题,这时候再说什么妥协,那就等于是鹦鹉学舌,只是简单重复一些背得烂熟但毫不了解其意义的词句。现在,当我们能够而且应该管理国家的时候,我们不吝惜金钱,竭力把那些受过资本主义训练的最文明的人吸引过来,利用他们来对付小私有者的瓦解作用。如果把这说成是'妥协',那就是根本不理解社会主义建设的经济任务。"[①]

---

① 见本版选集第 3 卷第 521—532 页。——编者注

论粮食税、贸易自由、租让制

上面所引的 1918 年的论断,在估计期限方面有许多错误。实际期限比当时估计的要长。这是毫不足怪的。可是我国经济的基本成分仍然和从前一样。农民中的"贫民"(无产者和半无产者)在很多场合下变成了中农。因此,小私有者的、小资产阶级的"自发势力"加强了。而 1918 年至 1920 年的国内战争,特别加剧了我国的经济破坏,阻碍了我国生产力的恢复,其中受害最深的就是无产阶级。加之,1920 年的歉收,饲料缺乏,牲畜死亡,这就更严重地阻碍了运输业和工业的恢复,例如农民用马匹运输我们的主要燃料木柴的工作就受到了影响。

结果,1921 年春天形成了这样的政治形势:要求必须立刻采取迅速的、最坚决的、最紧急的办法来改善农民的生活状况和提高他们的生产力。

为什么不是改善工人的生活状况,而是改善农民的生活状况呢?

因为要改善工人的生活状况,就需要有粮食和燃料。从整个国家经济的角度来看,现在最大的"阻碍"正是这方面引起的。要增加粮食的生产和收成,增加燃料的收购和运输,非得改善农民的生活状况,提高他们的生产力不可。应该从农民方面开始。谁若不明白这一点,谁若认为把农民提到第一位就等于"放弃"或者类似放弃无产阶级专政,那他简直是不动脑筋,只会空谈。无产阶级专政就是无产阶级对政治的领导。无产阶级作为一个领导阶级、统治阶级,应当善于指导政治,以便首先去解决最迫切而又最"棘手的"任务。现在最迫切的就是采取那种能够立刻提高农民经济生产力的办法。只有**经过**这种办法才能做到既改善工人生活状况，又巩固工农联盟，巩固无产阶级专政。那些想**不经过**这种办法来改善工人生活状况的无产者或无产阶级代表，**实际上**只会成为白卫分子和资本家的帮凶。这是因为不经过这种办法，就无异是把工人的行会利益置于阶级利益之上，就无异是为了工人眼前的暂时的局部的利益，而牺牲整个工人阶级的利益，牺牲工人阶级专政的利益，牺牲工农为反对地主、资本家而结成的联盟的利益，牺牲工人阶级在争取劳动摆脱资本桎梏的斗争中的领导作用的利益。

总之，首先必须采取紧急的、认真的措施来提高农民的生产力。

要做到这点，就非认真改变粮食政策不可。这种改变就是用粮食税来代替余粮收集制，而这种代替是与交完粮食税之后的贸易自由，至少是与地方经济流转中的贸易自由相联系的。

用粮食税来代替余粮收集制这一政策的实质何在呢？

关于这点，现在非常广泛地流行着一些不正确的观念。这些观念所以不正确，大部分是由于人们不深入研究过渡的实质，不自问一下，究竟这一过渡是从什么过渡到什么。照他们看来，这似乎是从共产主义过渡到资产阶级制度。为了批驳这种错误看法，我不得不引用我在1918年5月说过的话。

粮食税，是从极度贫困、经济破坏和战争迫使我们所实行的特殊的"战时共产主义"向正常的社会主义的产品交换过渡的一种形式。而正常的社会主义的产品交换，又是从带有小农占人口多数所造成的种种特点的社会主义向共产主义过渡的一种形式。

特殊的"战时共产主义"就是：我们实际上从农民手里拿来了全部余粮，甚至有时不仅是余粮，而是农民的一部分必需的粮食，我们拿来这些粮食,为的是供给军队和养活工人。其中大部分,我们是借来的,付的都是纸币。我们当时不这样做就不能在一个经济遭到破坏的小农国家里战胜地主和资本家。我们取得了胜利(尽管世界上一些最强大的国家都支持我国的剥削者)这一事实不仅表明,工人和农民在谋求自身解放的斗争中能创造出什么样的英勇奇迹。这一事实也表明,当孟什维克、社会革命党人、考茨基之流说我们实行这种"战时共产主义"是一种**过错**时,他们实际上起了资产阶级走狗的作用。应当说我们实行"战时共产主义"是一种功劳。

但同样必须知道这个功劳的真正限度。"战时共产主义"是战争和经济破坏迫使我们实行的。它不是而且也不能是一项适应无产阶级经济任务的政策。它是一种临时的办法。在小农国家内实现本阶级专政的无产阶级,其正确政策是要用农民所必需的工业品去换取粮食。只有这样的粮食政策才能适应无产阶级的任务,只有这样的粮食政策才能巩固社会主义的基础,才能使社会主义取得完全的胜利。

粮食税就是向这种粮食政策的过渡。我国的经济破坏至今还十分严重,战争(昨天已经进行过,由于资本家的贪婪和恶毒,明天还可能爆发)所造成的负担还把我们压得喘不过气来,以致我们还拿不出工业品向农民换取我们所必需的**全部**粮食。我们了解到这一点,所以才实行粮食税,即把最必需(对军队和工人来说)的粮食作为税收征来,其余的粮食我们将用工业品去交换。

同时还不应该忘记下面这一点:贫困和经济破坏到了这种程度,竟使我们不能**立刻**恢复大规模的社会主义的国营工厂的生产。要做到这一点,就必须在各大工业中心有大量粮食和燃料的储备,必须以新机器代替破旧机器,等等。根据经验,我们深信不能马上做到这一点,同时我们也知道,经过这场破坏性的帝国主义战争之后,甚至连最富裕和最先进的国家,也要在一定的、相当长的年限内才能完成这个任务。可见,在一定程度上帮助恢复小工业是必要的,因为它不需要机器,不需要国家的和大批的原料、燃料和粮食的储备,却能够立刻给农民经济以相当帮助并提高其生产力。

这样,结果又会怎样呢?

结果小资产阶级和资本主义就会在一定的(即使只是地方性的)贸易自由基础上复活。这是毫无疑问的。无视这样的事实便太可笑了。

试问,有必要这样做吗? 能够证明这样做是对的吗? 这样做不危险吗?

类似的问题还可以提出很多,但这些问题多半只能暴露出提这些问题的人的幼稚无知(说得轻一点)。

请看我在1918年5月是怎样确定我国经济现有的各种社会经济结构的成分(组成部分)的。从宗法式的即半野蛮的直到社会主义的这五种结构、五个层次(或者说组成部分)都是存在的,这一点谁也否认不了。在一个小农国家内,不言而喻是小农"结构",即部分是宗法式的、部分是小资产阶级的"结构"占着优势。既然有交换,那么,小经济的发展就是小资产阶级的发展,就是资本主义的发展;这是无可争辩的真理,这是政治经济学的初步原理,而且被日常经验甚至是普通百姓的观察所证实。

社会主义的无产阶级面对着这样的经济现实,能采取什么样的政策呢? 是从社会主义大工厂的生产中拿出小农所需要的**全部**产品来向小农交换粮食和原料吗? 这是一个最理想的最"正确的"政策,这种政策我们已开始实行了。但是,我们现在不可能,根本不可能拿出所需要的**全部**产品,而且也不可能很快就拿出来,至少在全国电气化第一批工程完成之前是拿不出来的。那该怎么办呢？或者是试图完全禁止、堵塞一切私人的非国营的交换的发展，即商业的发展，即资本主义的发展，而这种发展在有千百万小生产者存在的条件下是不可避免的。一个政党要是试行这样的政策，那它就是在干蠢事，就是自杀。说它在干蠢事，是因为这种政策在经济上行不通；说它在自杀，是因为试行这类政策的政党，必然会遭到失败。老实说，有些共产党员执行的正是**这样的**政策，所以在"思想、言论和行动"上犯了错误。我们要努力纠正这些错误。一定要纠正这些错误，否则后果将不堪设想。

或者是（这是最后一种**可行的**和唯一合理的政策）不去试图禁止或堵塞资本主义的发展，而努力把这一发展纳入**国家资本主义**的轨道。这在经济上是可行的，因为凡是有自由贸易成分以至任何资本主义成分的地方，都已经有了——这种或那种形式、这种或那种程度的——国家资本主义。

苏维埃国家即无产阶级专政能不能同国家资本主义结合、联合和并存呢？

当然能够。我在1918年5月就反复论证过这一点，并且我相信在1918年5月就已经证明了这一点。此外，当时我还证明说，与小私有者的（小宗法式的和小资产阶级的）自发势力比较，国家资本主义是一个进步。现在有些人犯了很多错误，就是因为他们只把国家资本主义同社会主义相对照或相比较，而在当前的政治经济情况下，也应该把国家资本主义同小资产阶级生产作一番比较。

全部问题，无论是理论上的还是实践上的问题，在于找出正确的方法，即应当怎样把不可避免的（在一定程度上和在一定期限内不可避免的）资本主义的发展纳入国家资本主义的轨道，靠什么条件来做成这件事，怎样保证在不久的将来把国家资本主义变成社会主义。

为了解决这个问题，首先应当尽可能明确地想到，在我们苏维埃体系内，在我们苏维埃国家范围内，国家资本主义实际上将是怎样的，而且可能是怎样的。

苏维埃政权怎样把资本主义的发展纳入国家资本主义的轨道，苏维埃政权怎样"培植"国家资本主义，可以说明这一点的最简单的事例，就是租让。现在我们这里，大家都一致认为租让是必要的，但并不是所有的人都考虑过租让有什么意义。就各种社会经济结构及其相互关系来看，苏维埃制度下的租让是什么呢？这就是苏维埃政权即无产阶级的国家政权为反对小私有者的（宗法式和小资产阶级的）自发势力而和国家资本主义订立的一种合同、同盟或联盟。承租人就是资本家。他按资本主义方式经营，是为了获得利润，他同意和无产阶级政权订立合同，是为了获得高于一般利润的额外利润，或者是为了获得用别的办法得不到或极难得到的原料。苏维埃政权获得的利益，就是发展生产力，就是立刻或在最短期间增加产品数量。譬如说，我们有 100 个油田、矿山和林区。我们不能全部开发，因为我们的机器、粮食和运输工具都不够。由于同样原因，已经开发的产区我们工作得也不好。正由于大企业的开发工作做得不好、不充分，因此小私有者的自发势力在各方面都猖獗起来：附近的（以至整个的）农民经济遭到削弱，它的生产力受到破坏，农民对苏维埃政权愈来愈不信任，盗窃公共财物的现象时常发生，小规模的（但是最危险的）投机倒把活动大量出现，等等。苏维埃政权"培植"租让制这种国家资本主义，就是加强大生产来反对小生产，加强先进生产来反对落后生产，加强机器生产来反对手工生产，增加可由自己支配的大工业产品的数量（即提成），加强由国家调整的经济关系来对抗小资产阶级无政府状态的经济关系。租让政策执行得恰当而谨慎，无疑能帮助我们迅速(在某种不大的程度上)改进生产状况,改善工人和农民的生活,——当然要以某些牺牲作代价,要以把千百万普特最宝贵的产品交给资本家作代价。租让在什么程度上和什么条件下对我们有利而无害,这要取决于力量的对比,取决于斗争,因为租让也是一种斗争形式,是阶级斗争在另一种形式下的继续,而决不是用阶级和平来代替阶级斗争。至于斗争的方式如何,将由实践来表明。

租让制这种国家资本主义,和苏维埃体系内其他形式的国家资本主义比较起来,大概是最简单、明显、清楚和一目了然的形式。在这里,我们和最文明先进的西欧资本主义直接订立正式的书面合同。我们确切知道自己的得失、自己的权利和义务,我们确切知道租让的期限,如果合同规定有提前赎回的权利,我们也确切知道提前赎回的条件。我们给世界资本主义一定的"贡赋",在某些方面向他们"赎买",从而立刻在某种程度上使苏维埃政权的地位得到加强,使我们经营的条件得到改善。在租让方面,任务的全部困难就在于,当订立租让合同时,一切都要经过深思熟虑,反复权衡,而订立之后还要善于监督该合同的执行。这方面困难无疑是有的,而错误在初期大概也是不可避免的,但这些困难,与社会革命的其他任务比较,尤其是与发展、推行、培植国家资本主义的其他形式比较,还是极其微小的。

由于要实行粮食税,党和苏维埃机关全体工作人员的最重要任务,就是要把"租让"(即和"租让制的"国家资本主义相类似的)政策的原则和原理运用到自由贸易及地方流转等等的其他资本主义形式上去。

拿合作社来说吧。粮食税法令[200]立即引起了对合作社条例的修改和合作社"自由"与权利的一定的扩大,并不是没有原因的。合作社也是国家资本主义的一种形式,但它却不那样简单,不那样明显和一目了然,而比较复杂,因此它使我国政权在实践上遇到的困难更多。小商品生产者合作社(这里所说的不是工人合作社,而是在小农国家中占优势的典型的小商品生产者合作社)必然会产生出小资产阶级的、资本主义的关系,促进这种关系的发展,把小资本家提到首位,给他们以最大的利益。既然小业主占优势,既然有交换的可能和必要,那么事情也只能是这样。在俄国目前情况下,合作社有自由,有权利,就等于资本主义有自由,有权利。无视这一明显的真理,便是干蠢事或犯罪。

但在苏维埃政权下,"合作制"资本主义和私人资本主义不同,是国家资本主义的一个变种,正因为如此,所以目前它对我们是有利的,有好处的,当然这只是在一定程度上。既然粮食税意味着可以自由出卖剩下的(纳税以后的)余粮,那么我们就必须竭力设法把资本主义的**这种**发展(因为买卖自由、贸易自由**就是**资本主义的发展)纳入合作制资本主义的轨道。从便于计算、监督、监察以及便于推行国家(这里指苏维埃国家)和资本家之间的合同关系说来,合作制资本主义和国家资本主义相类似。合作社这一商业形式比私营商业有利,有好处,不仅是由于上述一些原因,而且是由于合作社便于把千百万居民以至全体居民联合起来,组织起来,而这种情况,从国家资本主义进一步过渡到社会主义的观点来看,又是一大优点。

我们把国家资本主义的两种形式——租让和合作社比较一下。租让的基础是大机器工业,合作社的基础则是手工的、部分甚至是宗法式的小生产。租让在每一份租让合同中,只关系到一个资本家,或者一个公司,一个辛迪加,一个卡特尔,一个托拉斯。合作社则包括成千上万,甚至千百万个小业主。租让容许有,甚至要求有确切的合同和确切的期限。合作社则既不能有十分确切的合同,也不能有十分确切的期限。撤销合作社法令,要比解除租让合同容易得多,但中断租让合同就意味着一下子干脆地立即与资本家断绝在经济上的联盟或"共居"的实际关系,而撤销合作社法令也好,颁布任何法令也好,都不仅不能一下子就中断苏维埃政权与小资本家的实际"共居"关系,而且根本不能断绝实际的经济关系。"监视"承租人容易,"监视"合作社工作者困难。由租让向社会主义过渡,是由一种大生产形式向另一种大生产形式过渡。由小业主合作社向社会主义过渡,则是由小生产向大生产过渡,就是说,是比较复杂的过渡,但是它一旦获得成功,却能包括比较广大的居民群众,却能把根深蒂固的旧的关系,社会主义以前的,甚至资本主义以前的即最顽固地反抗一切"革新"的那些关系彻底铲除。租让政策一旦获得成功,就会使我们获得为数不多,但却具有现代先进资本主义水平的模范的——和我们的相比较——大企业;经过几十年以后,这些企业就会完全归我们所有。合作制政策一旦获得成功,就会使我们把小经济发展起来,并使小经济比较容易在相当期间内,在自愿联合的基础上过渡到大生产。

再拿国家资本主义的第三种形式来说。国家把作为商人的资本家吸引过来,付给他们一定的佣金,由他们来销售国家的产品和收购小生产者的产品。第四种形式就是:国家把国有的企业或油田、林区、土地等租给企业资本家,而且租借合同与租让合同极为相似。对于国家资本主义这后两种形式,我们根本没有人谈过,根本没有人想过,根本没有人注意过。这种情况的产生,倒不是由于我们又强又聪明,而是由于我们又弱又愚蠢。我们害怕正视"卑微的真理",往往受"令人鼓舞的谎言"[201]所摆布。我们经常爱谈论"我们"是从资本主义向社会主义过渡,却没有明确地想到这个"我们"究竟是指谁。我在1918年5月5日的文章中列举的我国经济中社会经济的一切——一切，绝无例外——组成部分，一切不同的结构，必须予以重视，务必使这一清楚的概念不致被遗忘。"我们"，无产阶级的先锋队，无产阶级的先进部队，正直接向社会主义过渡，但先进部队只是整个无产阶级中的一小部分，而无产阶级又只是全体居民群众中的一小部分。所以为了使"我们"能顺利地完成我们直接向社会主义过渡的任务，就必须懂得，需要经过哪些**中间的途径、方法、手段和辅助办法**，才能使**资本主义以前的**各种关系过渡到社会主义。关键就在这里。

看一下俄罗斯联邦的地图吧。在沃洛格达以北、顿河畔罗斯托夫及萨拉托夫东南、奥伦堡和鄂木斯克以南、托木斯克以北有一片片一望无际的空旷地带，可以容下几十个文明大国。然而主宰这一片片空旷地带的却是宗法制度、半野蛮状态和十足的野蛮状态。那么在俄国所有其余的穷乡僻壤又是怎样的呢？乡村同铁路，即同那联结文明、联结资本主义、联结大工业、联结大城市的物质脉络往往相隔几十俄里，而只有羊肠小道可通，确切些说，是无路可通。到处都是这样。这些地方不也是到处都是宗法制度、奥勃洛摩夫精神[202]和半野蛮状态占优势吗？

试问能不能由这种在俄国占优势的状态，直接过渡到社会主义去呢？是的，在某种程度上是可能的，但必须有一个条件，现在我们有了一部业已完成的科学巨著[191]，知道这个条件是什么。这个条件就是电气化。如果我们能建立起几十座区域电站（现在我们知道：这些电站可以而且应该在哪里建立以及如何建立），如果我们能把电力从这些电站送到每个村子，如果我们能得到足够数量的电动机及其他机器，那么从宗法制度到社会主义就不需要或者几乎不需要过渡阶段和中间环节了。我们很清楚，实现这"一个"条件，单是完成第一批工程，就至少要花上十年工夫，至于缩短这一期限,那只有等到无产阶级革命在英、德、美这些国家中获得胜利的时候才有可能。

在最近这几年,必须善于考虑那些便于从宗法制度、从小生产过渡到社会主义的中间环节。"我们"直到现在还常常爱这样议论:"资本主义是祸害,社会主义是幸福。"但这种议论是不正确的,因为它忘记了现存的各种社会经济结构的总和,而只从中抽出了两种结构来看。

同社会主义比较,资本主义是祸害。但同中世纪制度、同小生产、同小生产者涣散性引起的官僚主义比较,资本主义则是幸福。既然我们还不能实现从小生产到社会主义的直接过渡,所以作为小生产和交换的自发产物的资本主义,在一定程度上是不可避免的,所以我们应该利用资本主义(特别是要把它纳入国家资本主义的轨道)作为小生产和社会主义之间的中间环节,作为提高生产力的手段、途径、方法和方式。

拿官僚主义问题来说,从经济方面来看一看这个问题吧。在1918 年 5 月 5 日,官僚主义还没有引起我们注意。十月革命才过了半年,我们自上而下地摧毁旧官僚机构才过了半年,我们还没有感觉到这个祸害。

又过了一年。在 1919 年 3 月 18 日至 23 日举行的俄国共产党第八次代表大会[203]上,通过了新党纲,在这个党纲中,我们讲得很直率,我们不怕承认祸害,而愿意暴露它,揭穿它,使人人唾弃它,唤起同祸害作斗争的想法、意志、毅力和行动,我们说,"**官僚主义就在苏维埃制度内部部分地复活起来**"①。

又过了两年。1921 年春,即在苏维埃第八次代表大会[141]

① 见《列宁全集》第 2 版第 36 卷第 408 页。——编者注

(1920年12月)讨论了官僚主义问题以后,在俄国共产党第十次代表大会(1921年3月)[175]总结了同分析官僚主义有极密切关系的争论以后,我们把**这个**祸害看得更清楚,更明确,更严重了。官僚主义的经济根源是什么呢?这种根源主要有两个方面:一方面是已发展起来的资产阶级正是为了反对工人的(部分地也是为了反对农民的)革命运动而需要官僚机构,首先是军事的,其次是法庭等等的官僚机构。这种现象我们这里是没有的。我们的法庭是反资产阶级的阶级法庭,我们的军队是反资产阶级的阶级军队。官僚主义并不在军队里面,而是在为军队服务的机关里面。我们这里官僚主义的经济根源是另外一种:小生产者的分散性和涣散性,他们的贫困、不开化,交通的闭塞,文盲现象的存在,缺乏农工业之间的**流转**,缺乏两者之间的联系和协作。这在很大程度上是国内战争的结果。那时我们四面被封锁,被包围,与全世界隔绝,以后又与南方产粮区、与西伯利亚、与产煤区隔绝,我们无法恢复工业。那时我们不得不果断地实行"战时共产主义",不畏最大的艰险:我们宁可忍受半饥饿,甚至比半饥饿更坏的生活,也无论如何要捍卫住工农政权;尽管经济破坏空前严重,流转停顿,我们也要把它捍卫住。把社会革命党人和孟什维克吓坏了的情况(他们实际上往往是出于恐惧,出于害怕,才去追随资产阶级的)并没有把我们吓倒。我们的做法在一个被封锁的国家中,在一个被包围的要塞内曾是取得胜利的条件,然而正是到了1921年春,在最后一批白卫军彻底被驱逐出俄罗斯联邦领土以后,却暴露出它的坏的一面。在一个被包围的要塞内,可以而且只能"堵塞"一切流转;由于群众发扬了非凡的英勇精神,这种情况可以忍受三年之久。此后,小生产者的破产更厉害了。大工业的恢复又往后拖,往后推了。于是,官僚主义作为"包围状态"的后果,作为小生产者涣散性和受压制状态的上层建筑,就充分暴露了出来。

应当大胆承认这一祸害,以便更坚决地同它作斗争,以便一次又一次地从头做起——在我国的一切建设部门中,我们还不得不多次反复地从头做起,改正没有做好的事,选择各种完成任务的途径。既然大工业的恢复要推迟,既然工业和农业之间流转"被堵塞"的情况已经到了不堪忍受的地步,那就是说,我们应该致力于较容易做到的事情,即恢复小工业。从这方面来帮助我们的事业,把被战争和封锁弄得摇摇欲坠的建筑物的这一边先支撑起来。要用一切办法坚决发展流转,不要害怕资本主义,因为在我国(经济上剥夺了地主和资产阶级,政治上有工农政权)给予资本主义活动的范围,是相当狭小而"适度"的。这就是粮食税的基本精神,这就是粮食税的经济意义。

党和苏维埃机关的所有工作人员,必须全力以赴、全神贯注地培养和唤起各地方在经济建设事业中较大的主动性——省里的要大;县里的更大;乡和村里的还要大——其目的就是要迅速地振兴农民经济(即使是使用"小笔"资金在小范围里这样做也好),靠发展附近的小工业来帮助农民经济。全国统一的经济计划要求把这件事作为注意和关怀的中心,作为各项"突击"工作的中心。在这里,也就是在最接近极广泛极深厚的"基础"的地方所取得的某种改善,能使我们在最短时间内更积极更顺利地把大工业恢复起来。

粮食工作者过去只知道一个基本指令:收集 100% 的余粮。现在则是另一个指令了,这就是要在最短期间内征收 100% 的粮食税,而后再用大工业和小工业的产品换取 100% 的余粮。一个征收了 75% 的粮食税,又用大小工业的产品换取了 75%(指第二个百分数内的)的余粮的人,同另一个征收了 100% 的粮食税和换取了 55%(指第二个百分数内的)的余粮的人相比,前者做的事情对国家更有利。粮食工作者的任务愈来愈复杂了。一方面,这是国库的任务。征收粮食税要尽量快,要尽量合理。另一方面,这又是总的经济任务。要努力循着扩大和巩固农业和工业间的流转这一方向来指导合作社,来帮助小工业,来发挥地方的主动性和创造性。我们还很不善于做这件事;官僚主义就是一个证明。我们应当大胆承认,在这方面还有**很多东西可以而且应当向资本家学习**。我们要一个个省、一个个县、一个个乡、一个个村地来比较实际经验的总结:在某个地方,私人资本家和小资本家取得了什么什么成绩。他们得到的利润大概有多少。这就是我们"为了学习"而付出的费用或酬金。为了学习要不惜破费,只要能学到东西就行。而在邻近的地方,采用办合作社的办法取得了什么什么成绩。合作社的利润有多少。至于第三个地方,则用纯粹国营的、纯粹共产主义的方式取得了什么什么成绩(这第三种情况在目前是罕见的例外)。

任务就在于每个区域的经济中心,每个省执行委员会所属的经济会议[204],应把交纳粮食税后余粮如何"流转"的各种试验或办法立即安排好,并把这一工作提到首位。几个月之后,就应当有一些实际结果,以便加以比较和研究。本地盐或外来盐;从中部地区运来的煤油;手工木材加工业;靠当地原料生产一些虽不很重要,但对农民却有用的必需品的手工业;"绿煤"(利用当地小水力来发电);等等——这一切全都应当利用起来,目的是想方设法活跃工业和农业间的流转。谁能在这方面取得最大的成绩,即使是用私人资本主义的办法,甚至没有经过合作社,没有把这种资本主义直接变为国家资本主义,那他给全俄社会主义建设事业带来的益处,也比那些只是"关心"共产主义纯洁性,只是为国家资本主义和合作社起草规章、条文、细则,而实际上却不去推动流转的人,要多得多。

有人可能会认为这是奇谈怪论:私人资本主义能成为社会主义的帮手吗?

但这一点也不是奇谈怪论,而是经济上完全无可争辩的事实。既然这个小农国家,经历了战争和封锁,在运输业方面遭到严重破坏,而在政治上是由掌握运输业和大工业的无产阶级领导的,那么根据这些前提必然得出这样的结论:第一,地方流转在目前具有头等意义,第二,有可能通过私人资本主义(更不用说国家资本主义)来促进社会主义。

少争论些字眼吧。直到现在,我们在这方面的毛病还非常大。多积累一些各种各样的实际经验吧,多研究研究这些经验吧。常常有这样的情况:模范的地方工作,哪怕是很小范围内的地方工作,往往比中央许多部门的国家工作具有更重要的全国性意义。我国目前在农民经济方面,特别在用工业品交换剩余农产品方面的情况恰恰就是这样。在上述方面,即使只是一个乡的模范工作,也比"模范地"改善某个人民委员部的中央机关具有更大的全国性意义。这是因为我们的中央机关在三年半来竟已沾染了某些有害的因循习气;我们还不能大大地迅速地改善这种机关,我们还不知道应该怎么办。要帮助中央机关作比较彻底的改善,帮助它增加大批新生力量,帮助它有成效地与官僚主义作斗争,帮助它克服有害的因循习气,这种帮助应当来自地方,来自下层,来自一个不大的"整体的"模范工作,这里需要的正是"整体",即不是一种经济,不是一个经济部门,不是一个企业,而是**全部**经济关系的**总和**,是**整个**经济流转——哪怕是在不大的地方范围内——的**总和**。

我们中间一切必须留在中央机关工作的人,将要——即使是在有限的、力所能及的范围内——继续改善机关工作和清除其中的官僚主义。但在这方面,主要的帮助来自地方,今后也一定来自地方。据我看来,我们在地方上的情况一般比中央要好,这也是可以理解的,因为官僚主义这一祸害,自然是集中在中央;在这方面,莫斯科不能不是一个糟糕的城市,而且算得上是全国最糟糕的"地方"。在地方上有两种倾向;坏倾向比好倾向要少。坏倾向就是:混到共产党里来的旧官吏、地主、资产者以及其他败类滥用职权,他们有时做出违法乱纪、欺压农民等恶劣行为。这就需要用恐怖手段进行清洗:就地审判,立即枪决。让马尔托夫之流、切尔诺夫之流以及诸如此类的非党市侩去捶胸大叫:"感谢上帝,我不像'他们',向来不赞成恐怖手段。"这些傻瓜是"不赞成恐怖手段"的,因为他们为自己挑了这样的角色,即充当帮助白卫分子愚弄工人和农民的奴才。社会革命党人和孟什维克是"不赞成恐怖手段"的,因为他们所扮演的角色,就是打着"社会主义"旗帜**带领**群众去**受白卫分子的恐怖统治**。俄罗斯的克伦斯基执政时期和科尔尼洛夫叛乱[94],西伯利亚的高尔察克叛乱,格鲁吉亚的孟什维主义都证明了这一点,芬兰、匈牙利、奥地利、德国、意大利、英国及其他国家的第二国际和"第二半"国际[122]的英雄们也证明了这一点。让那些帮助白卫分子使用恐怖手段的奴才们去自吹自擂,说他们否定任何恐怖手段吧。而我们还是要说出一个严酷而不容置疑的真理:在那些经历了1914—1918年帝国主义战争后的空前危机、旧的联系中断、阶级斗争激烈的国家里(世界各国都是如此),和伪君子及空谈家说的正相反,没有恐怖手段是绝对不行的。或者是美国式、英国式(爱尔兰)、意大利式(法西斯分子)、德国式、匈牙利式以及其他形式的白卫分子的、资产阶级的恐怖手段,或者是红色的、无产阶级的恐怖手段。中间道路是没有的,没有也不可能有"第三条道路"。

好倾向就是:有成效地与官僚主义作斗争,非常注意工人和农民的需要,非常关心经济的振兴,提高劳动生产率,发展地方上农业和工业间的流转。这种好倾向虽然比坏倾向多,但毕竟还嫌太少。可是这些好倾向是有的。各地都在培养那些经受过国内战争和艰苦生活考验的新的年轻的有朝气的共产主义力量。至于经常不断地把这种力量从下面提拔上来,我们做得还很不够很不够。这一点可以而且必须更广泛更坚决地做下去。某些工作人员可以而且应当调离中央机关到地方上去工作:他们以县和**乡**的领导者身份,在那里**模范地**做好**整个**经济工作,就会有很大的贡献,就能比有的中央机构做出更重要的**有全国意义的**事业。这是因为模范工作是培养工作人员的园地,是可供仿效的榜样,有了榜样,仿效就会比较容易了,何况我们还能从中央给以帮助,使各地都来广泛地"仿效"这种榜样。

利用交清粮食税后的余粮和利用小工业主要是手工业来发展农业和工业之间的"流转"问题,实质上就是要求**地方上**发挥独立的、熟悉情况的、巧妙的**首创精神**,所以,从全国观点看来,一个模范县和一个模范乡的工作在目前具有非常重要的意义。例如,在军事上,在最近的对波战争期间,我们就没有害怕违背官僚主义的等级制,没有害怕"降低官衔",没有害怕把共和国革命军事委员会[205]委员(仍保留他们在中央机关的高级职务)调到下面去工作。为什么现在不可以把全俄中央执行委员会某些委员,或者某些部务委员,或者其他身任要职的同志们,调到下面去工作,甚至是担任县的、乡的工作呢? 我们确实还没有"官僚化"到这样的程度,还不至于因为下调就"感到难堪"。而且我们这里可以找到几十个乐意担负这种工作的中央工作人员。我们这样做了,全共和国的经济建设事业就会得到非常大的好处,模范乡或模范县将起到不仅是巨大的,而且简直是有决定意义的历史作用。

顺便说说,必须指出在与投机倒把活动作斗争这一问题的原则提法上所作的必要的改变,这虽是小问题,但却是很有意义的。凡是不逃避国家的监督的"正当"贸易,我们都应当加以支持,发展这种贸易对我们是有利的。投机倒把活动,如果从政治经济学意义上来理解,那它和"正当"贸易就区分**不**开来。贸易自由就是资本主义,资本主义就是投机倒把,无视这一点是很可笑的。

怎么办呢?难道宣布投机倒把活动可以不受制裁吗?

不。应当重新审查和修改关于投机倒把活动的一切法令,宣布一切**盗窃公共财物行为**,一切直接或间接、公开或秘密地**逃避国家监督、监察和计算的行为**,都要受到制裁(事实上要比从前更严厉三倍地加以惩办)。正是要这样来提出问题(人民委员会已经开始这样做,就是说,人民委员会已下令开始重新审查关于投机倒把活动的法令),才能做到把某种程度上不可避免的、而且为我们所必需的资本主义发展纳入**国家**资本主义的轨道。

政治总结和结论

我还要谈谈,哪怕是简略地谈谈政治局势,究竟目前的政治局势怎样,由于上述经济情况,它起了什么变化。

前面已经说过,1921 年我国经济的基本特征与 1918 年时相同。由于战争和封锁,农民的生活本来就非常困难,而 1921 年春天,主要是由于歉收和牲畜死亡,农民的生活状况更是达到了极严重的地步,结果就引起了政治上的动摇,而这种动摇一般说来是小生产者的"本性"。这种动摇最明显的表现就是喀琅施塔得叛乱[182]。

在喀琅施塔得事件中,正是小资产阶级自发势力的动摇表现得最为突出。那里很少有表述十分完整、明确、肯定的东西,有的仅仅是"自由"、"贸易自由"、"解放"、"没有布尔什维克参加的苏维埃"或改选苏维埃、摆脱"党的专政"以及诸如此类的意思含混的口号。无论孟什维克或社会革命党人都宣称喀琅施塔得运动是他们"自己的"运动。维克多·切尔诺夫派了一位特使到喀琅施塔得去,喀琅施塔得叛乱的首领之一孟什维克瓦尔克,依照这位特使的建议,在喀琅施塔得表示赞成召开"**立宪会议**"。全部白卫分子简直可以说像无线电波那样迅速地动员起来"**支持喀琅施塔得**"。喀琅施塔得的白卫军事专家(是许多专家而不是科兹洛夫斯基一人)制定了在奥拉宁包姆登陆的计划,这个计划把许多动摇不定的孟什维克、社会革命党人和非党群众都吓倒了。国外用俄文出版的50多种白卫分子报纸展开了疯狂的宣传运动来"**支持喀琅施塔得**"。大银行以及金融资本的全部力量都来发起募捐,援助喀琅施塔得。资产阶级和地主的聪明领袖立宪民主党人[3]米留可夫,直接向傻瓜维克多·切尔诺夫(间接向同喀琅施塔得事件有牵连而被囚禁在彼得格勒监狱里的孟什维克唐恩和罗日柯夫)耐心地解释说,不必急于召开立宪会议,**可以而且应该拥护只要是没有布尔什维克参加的苏维埃政权**。

当然,要比妄自尊大的笨伯,如切尔诺夫这样的小资产阶级空谈英雄或马尔托夫这样的以市侩改良主义冒充"马克思主义"的骑士聪明一些,并不是难事。其实,问题并不在于米留可夫个人比较聪明,而在于大资产阶级的政党领袖,由于自己的阶级地位,对问题的阶级实质和政治上的相互关系,比切尔诺夫之流和马尔托夫之流小资产阶级领袖们认识得更清楚,了解得更透彻。这是因为资产阶级真正是一支阶级力量,它在资本主义制度下,无论是在君主国内还是在最民主的共和国内,都必须居于统治地位,并且必

然受到全世界资产阶级的支持。而小资产阶级,**亦即**第二国际和
"第二半"国际的全体英雄们,按其经济实质来说,只能表现出这
一阶级的软弱,因此他们动摇不定,空话连篇,一筹莫展。在 1789
年,小资产者还能成为伟大的革命者;到了 1848 年,他们已是可笑
而又可怜;而在 1917 年至 1921 年,他们叫做切尔诺夫之流或马尔
托夫之流也罢,叫做考茨基之流、麦克唐纳之流等等也罢,按其实
际作用来看,他们都已成为反动势力的可恶帮凶和真正奴仆。

马尔托夫在其柏林出版的杂志[206]上声称,喀琅施塔得不仅贯
彻了孟什维克的口号,而且证明掀起一场并非完全为白卫分子、为
资本家和地主效劳的反布尔什维克运动是可能的。这正是妄自尊
大的市侩式的纳尔苏修斯[207]的典型。好吧,让我们干脆闭眼不看
所有真正的白卫分子向喀琅施塔得分子表示欢迎并通过银行募款
援助喀琅施塔得叛乱的事实吧!同切尔诺夫之流和马尔托夫之流
比较起来,米留可夫说得对,因为他泄露了**真正**白卫势力,即资本
家和地主势力的**真正**策略:好吧,**只要能**打倒布尔什维克,**只要能
使政权变动**,我们可以拥护随便什么人,甚至是无政府主义者,我
们可以拥护随便什么样的苏维埃政权!政权往右变也罢,往左变
也罢,往孟什维克方面变也罢,往无政府主义者方面变也罢,只要
能从布尔什维克手里变掉就行;至于其余的事,那就由"我们"米
留可夫这些人,由"我们"资本家和地主"自己"来办好了,我们几
巴掌就能把区区无政府主义者、切尔诺夫之流、马尔托夫之流赶
走,就像在西伯利亚对付切尔诺夫和马伊斯基,在匈牙利对付匈牙
利的切尔诺夫之流和马尔托夫之流,在德国对付考茨基,在维也纳
对付弗·阿德勒之流一样。孟什维克、社会革命党人、非党人员这
些市侩式的纳尔苏修斯几百个几百个地被真正讲实际的资产阶级
愚弄过,在各个国家的历次革命中几十次地被他们赶走过。这是

历史证明了的,这是事实验证了的。纳尔苏修斯们还将继续空谈。米留可夫之流和白卫分子却将继续实干。

"政权稍微向右变动一下或稍微向左变动一下都是一样,只要能从布尔什维克手里变掉就行,其余的问题,到时候自会迎刃而解",这一点米留可夫说得完全对。这是自中世纪以来长达数百年的全部近代史,一切国家的全部革命史所证实了的阶级真理。零星分散的小生产者即农民,在经济上**和政治上**或者是由资产阶级来联合(在资本主义制度下,在一切国家中,在近代的历次革命中,从来就是这样,而只要是在资本主义制度下,将来还永远会这样),或者是由无产阶级来联合(萌芽形态的这种联合在近代史上某些最伟大的革命高潮中有过,只是时间极短;在1917年至1921年间的俄国,这种联合则具有较为发达的形态)。只有妄自尊大的纳尔苏修斯们才会侈谈和幻想"第三条"道路,"第三种力量"。

布尔什维克历尽千辛万苦,在殊死的斗争中锻炼出了一支能够实行管理的无产阶级先锋队,建立并保卫住了无产阶级专政。经过四年来经验和实践的检验,俄国阶级力量的对比已经非常明显:唯一的革命阶级的先锋队经过了千锤百炼,坚强如钢;小资产阶级自发势力动摇不定;米留可夫之流即资本家、地主隐匿在国外并得到全世界资产阶级的支持。问题一清二楚。只有他们才来利用和才能利用一切"政权变动"。

在上面所引证的1918年的小册子里,关于这点曾直截了当地说道:"主要敌人"是"小资产阶级自发势力"。"或者是我们使它服从我们的监督和计算,或者是这种小资产阶级自发势力必然地推翻工人政权,就像那些正是在这种小私有者土壤上生长起来的拿破仑们和卡芬雅克们推翻了革命一样。问题就是如此。问题也只能是如此。"(摘自1918年5月5日的小册子,见上面)

我们的力量在于能对俄国和国际**一切**现存阶级力量作十分清晰和冷静的估计，其次就在于由此产生的进行斗争的钢铁般的毅力、坚定的意志、果断的决心和忘我的精神。我们的敌人虽多，但他们是四分五裂的，或者不知道自己要干什么（如所有的小资产者，所有的马尔托夫之流和切尔诺夫之流，所有的非党人员，所有的无政府主义者）。而我们是团结一致的——我们内部是直接地团结一致，与世界各国无产者是间接地团结一致；我们知道自己要干什么。因此，我们在世界范围内是不可战胜的，虽然这丝毫也不排除个别的无产阶级革命在某一时期遭到失败的可能性。

小资产阶级自发势力被称为自发势力不是没有原因的，因为它的确是一种最不定形、最不肯定、最不觉悟的势力。小资产阶级的纳尔苏修斯们以为在资本主义制度下实行"普选"就能消除小生产者的本性，其实这只能**帮助**资产阶级利用教会、报刊、学校、警察局、军阀机构和种类繁多的经济压迫，去**控制**涣散的小生产者。破产、贫困和艰苦的生活引起了他们的动摇：今天跟着资产阶级走，明天跟着无产阶级走。只有久经锻炼的无产阶级先锋队才能巍然屹立而不为动摇所影响。

1921年春天的事态再次表明了社会革命党人和孟什维克的作用：他们帮助动摇的小资产阶级自发势力背离布尔什维克，帮助"政权"作有利于资本家和地主的"变动"。**孟什维克和社会革命党人现在已经学会如何装扮成"非党人员"**。这一点已经完全证实了。现在也只有傻瓜才看不到这一点，才不了解我们是不会受人愚弄的。非党代表会议并不是值得盲目崇拜的东西。如果我们能用这种会议来接近尚未接触过政治的群众，接近置身于政治之外的各阶层千百万劳动者，那这种会议就是有益的，但如果这种会议变成装扮成"非党人员"的孟什维克和社会革命党人的讲坛，那这种会议就有害了。这班人是帮助叛乱者、帮助白卫分子的。孟什维克和社会革命党人，不论是公开的还是装扮成非党人员的，他们的安身之地应该是监狱（或者是国外的杂志社，与白卫分子为伍；我们曾很乐意放马尔托夫出国），而决不是非党代表会议。为了检验群众情绪和接近群众，可以而且应该找出其他的方法。让那些希望玩议会活动、立宪会议和非党代表会议游戏的人到国外去好了，请你们到那里去，到马尔托夫那里去，请你们不妨去领略一下"民主"的妙趣，请你们费神问问弗兰格尔手下的士兵这种妙趣究竟如何。可是我们顾不上到这种"代表会议"上去玩"反对派"的游戏。全世界的资产阶级包围着我们，他们正窥测时机，一旦发现动摇，就要把"自己的人"送回，就要恢复地主和资产阶级的统治。而我们则要把孟什维克和社会革命党人，不论他们是公开的或装扮成"非党人员"的，统统关进监狱。

我们将采用一切方法来和尚未接触过政治的劳动群众建立更紧密的联系，但是决不采用那些使孟什维克和社会革命党人得以活动、**使对米留可夫有利的动摇得以发展**的方法。我们将特别热心地提拔成百成千的非党人员，即来自群众，来自普通工农的真正的非党人员，来担任苏维埃工作，首先是担任经济工作，但决不提拔那些"装扮"成非党人员、暗中推行孟什维克和社会革命党人发出的对米留可夫十分有利的指令的人。我们这里有成百成千的非党人员在工作，其中有几十个担负着最重要的和负责的职务。要多多检查他们的工作。要多多提拔成千上万的普通劳动者来接受新的检验，要考验他们，根据实际检验的结果，经常地、坚定不移地、成百成百地把他们提升到更高的职位上去。

我们的共产党员直到现在还不很善于领会自己在管理方面的真正任务：不是要"亲手"包办"一切"，这样就会疲于奔命，顾此失彼，一事无成，而是要去检查几十个几百个助手的工作，对他们的工作组织自下而上的检查，即真正群众的检查；要一面**指导**工作，一面向那些有知识的人（专家）和有组织大企业经验的人（资本家）**学习**。聪明的共产党员不怕向军事专家学习，虽然十分之九的军事专家随时都有叛变的可能。聪明的共产党员也不会怕向资本家学习（不管他是承租企业的大资本家，还是代销商，抑或是办合作社的小资本家等等），虽然资本家并不比军事专家好。在红军中，我们已经学会如何抓出叛变的军事专家，如何识别正直诚实的军事专家，整个说来是学会了利用成千上万的军事专家。对于工程师、教师，我们也在学习这样做（采取特殊的方式），虽然在这方面我们所做的比在红军中差得多（在那里，邓尼金和高尔察克逼我们逼得好，使我们不得不比较迅速、比较用心、比较有效地学习）。对于为国家经营的代销商和包买主、办合作社的小资本家、企业承租人等等，我们也一定能学会这样做（也是采取特殊的方式）。

工农群众需要立即改善自己的生活状况。我们把新生力量，包括非党人员在内，放到有益的工作岗位上去，就能做到这一点。粮食税以及与之有关的种种措施，定能有助于这一点。做到了这一点，我们也就挖掉了使小生产者必然动摇的经济根子。至于仅对米留可夫有利的政治上的动摇，那我们会同它进行无情的斗争。动摇分子的人数多。我们的人数少。动摇分子是四分五裂的。我们是团结一致的。动摇分子在经济上是依赖别人的。无产阶级在经济上是独立的。动摇分子不知道自己要干什么：又想干，又怕疼，米留可夫又不许他们动。而我们知道自己要干什么。

所以我们一定会胜利。

结 束 语

现在来总结一下。

粮食税是从战时共产主义到正常的社会主义产品交换的过渡。

经济的极度破坏因 1920 年的歉收而更加严重,同时大工业又不可能迅速恢复,所以我们迫切需要实行这一过渡。

结论:首先改善农民的生活状况。方法:实行粮食税,发展农业和工业间的流转,发展小工业。

流转就是贸易自由,就是资本主义。它有助于克服小生产者的涣散性,并且在某种程度上也有助于同官僚主义作斗争,在这一限度内,流转对我们是有利的。至于限度的大小,这要由实践和经验来确定。只要无产阶级牢牢掌握着政权,牢牢掌握着运输业和大工业,无产阶级政权在这方面就没有什么可以害怕的。

反对投机倒把活动的斗争应转变为反对盗窃公共财物、反对逃避国家监察、计算和监督的斗争。我们要通过实行这样的监督把在一定限度内是不可避免的并为我们所必需的资本主义纳入国家资本主义的轨道。

在活跃农业和工业间的流转方面,应全面、大力、坚决地发挥地方的首创精神、创新精神和扩大它们的独立程度。要研究这方面的实际经验。这种经验要尽可能多种多样。

支援为农业服务并帮助农业发展的小工业;为了支援它,在一定程度上也要供给它一些国家的原料。把原料留着不去加工,是极大的罪恶。

不要害怕让共产党员去向资产阶级专家"学习",其中也包括向商人,向办合作社的小资本家,向资本家"学习"。向他们学习,虽与我们过去向军事专家学习在形式上有所不同,但在实质上是一样的。"学习"成绩,只有靠实践经验来检查:要比自己身旁的资产阶级专家做得好,要会用各种办法振兴农业,振兴工业,发展农业和工业间的流转。多花点"学费"并不可惜:为了学习要不惜破费,只要能学到东西就行。

要竭力帮助广大劳动者,接近他们,从他们中间提拔成百成千的非党工作人员来做经济工作。而对于实际上不外乎是换上了时髦的喀琅施塔得式非党服装的孟什维克和社会革命党人这样一些"非党人员",那就要小心地把他们关在监狱里,或者把他们打发到柏林马尔托夫那里,让他们去自由地领略纯粹民主的种种妙趣,去自由地和切尔诺夫、米留可夫以及格鲁吉亚的孟什维克们交流思想吧。

1921 年 4 月 21 日

1921 年 5 月由国家出版社
在莫斯科印成单行本

选自《列宁全集》第 2 版第 41 卷
第 192—233 页

劳动国防委员会给
各地方苏维埃机关的指令

草　案[208]（节选）

（1921 年 5 月 19—21 日）

苏维埃共和国的首要任务是恢复生产力，发展农业、工业和运输业。帝国主义战争在各处造成了极为严重的经济破坏和贫困，以致经济危机在全世界都来得非常猛烈，甚至在战前比俄国远为发达的和遭受战争灾害极少的先进国家里，恢复经济也异常困难，也需要长达若干年的时间。许多"战胜"国的情况也是这样，虽然它们同最富裕的资本主义强国结成联盟，可以从战败国、附属国和殖民地国家得到巨额贡赋。

落后的俄国既经受了帝国主义战争，又经受了地主和资本家在全世界资产阶级支持下强加在工农身上的三年多的国内战争，自然在恢复经济时会遇到极大的困难。1920 年的严重歉收，饲料缺乏和牲畜死亡，使农民经济的状况更加困苦不堪。

根据全俄中央执行委员会颁布的法令，粮食税代替了余粮收集制。法令规定农民可以用余粮自由交换各种产品。税率已经用人民委员会决定的形式公布。粮食税的税额大约比征粮数减少一半。人民委员会还颁布了新的合作社法令，因实行剩余农产品的自由交换，这个法令扩大了合作社的权利[209]。

这些法令对于迅速改善农民经济的状况,提高农民扩大耕地和改进农业与畜牧业的兴趣,以及对于振兴和发展不必由国家筹划供应大量粮食、原料和燃料的地方小工业,都起了很大作用。

在改善农民经济、发展工业、建立农业和工业间的流转等工作中,地方的独创精神在目前具有特别重大的意义。利用新的力量和发挥更大干劲来恢复国民经济的可能性日益增加。

根据全俄苏维埃第八次代表大会[141]的决定负责统一和指导经济系统各人民委员部活动的劳动国防委员会[150],迫切要求各级地方机关大力开展全面改善农民经济和发展工业的广泛活动,严格执行各项新的法令,并且遵守下述的基本原则和指示。

现在我们用来实际衡量全国范围内经济建设成就的标准主要有两条:第一,是否能够按照国家的规定迅速地把粮食税收齐;第二,——这一点特别重要——农产品与工业品的商品交换和产品交换的成绩怎样,即农业和工业间的流转的成绩怎样。

这是刻不容缓、非做不可的。这是对整个工作的检查,是为实现伟大的电气化计划奠定基础,而电气化能够恢复大工业和运输业,使它们的规模与技术基础达到足以彻底地永远地战胜饥饿和贫困的水平。

必须先把粮食税百分之百地征足,然后通过剩余农产品同工业品的自由交换,再筹集数量相当于粮食税税额的粮食。当然,这不可能一下子在所有地区都做到,但是我们大家都应当给自己提出这个最迫切的任务。只要我们能够正确理解我国的经济状况,并坚决采取发展经济的正确措施,我们一定能够在最短时期内完成这一任务。各省、各县、各区域中心、各自治共和国的一切地方政权和地方机关,都必须同心协力地开展工作,促进剩余农产品的交换。让经验来表明:通过增加生产和提供社会主义大企业的国家产品来促进这种交换的成效如何；鼓励和发展地方小工业的成效如何；在国家计算之中的合作社、私营商业、企业主以及资本家将起什么样的作用。总之，各种各样的能尽量发挥地方首创精神的办法都应当进行试验。我们面临的新任务是世界上任何地方还没有遇到过的，我们在完成这项任务时，由于战后的经济破坏，不但无法精确计算资源，而且无从预测工人和农民还能承受多大的辛劳，因为他们为了战胜地主和资本家已经作出了无比惨重的牺牲。我们应当更大胆更广泛地采取种种办法，从各方面来解决问题，可以在不同程度上允许资本和私营商业存在，不必害怕资本主义的某些滋长，只要能够迅速加强流转，使农业和工业得到复苏就行，并且应当根据实际经验，弄清国家究竟有哪些资源，考虑用什么办法才能最有效地改善工农的生活状况，以便进一步更广泛和更稳固地展开经济建设工作，实现电气化计划。

农民除了交纳粮食税，还有多少剩余农产品可以用来换取小工业和私营商业的产品，还有多少可以用来换取国家提供的产品？这两个问题是一切从事经济建设的苏维埃工作人员都必须首先关心的。这是当前的主要方面，我们必须在这方面获得最大的成就，并且以此来衡量我们的工作成绩，然后考虑，应该怎样去完成今后的任务。一切经济建设问题都应该和当前这两个问题结合起来考虑。

为了实现这种结合，为了鼓励地方尽量发挥首创精神、自主精神和进取精神，为了用地方经验和地方监督来检查中央机关的工作以及由中央来检查地方的工作，从而克服拖拉作风和官僚主义，劳动国防委员会决定（见决定原文①）：

---

① 见《列宁全集》第 2 版第 41 卷第 257—258 页。——编者注

第一,在各地建立经济会议,使经济系统各人民委员部所属地方机关的工作互相配合。

第二,建立地方经济会议的正常报告制度,以便交流经验,组织竞赛,主要的是根据地方工作及其成绩来检验各中央机关的工作方法和组织形式是否正确。

地方经济会议应当按劳动国防委员会的形式组织起来,它同地方执行委员会的关系就像劳动国防委员会同人民委员会的关系一样。劳动国防委员会行使人民委员会直属委员会的职权。劳动国防委员会的委员是从人民委员会的委员中挑选出来的,因此,这两个机关的工作完全能够互相配合,决不会发生摩擦,而且办事迅速,机构简单,因为劳动国防委员会不设立任何机构,只是通过各部门的机构进行工作,并且尽量使这种机构简化,彼此协调。

省经济委员会和省执行委员会的关系也应当这样,事实上也正是这样。同时,劳动国防委员会在批准区域和边疆区经济委员会的委员和主席的名单时,应当尽量考虑地方工作人员的经验,应当同他们商量之后再予批准。毫无疑问,区域经济委员会[210]无论现在或将来都应当努力使自己的工作和省经济委员会的工作配合好,保证后者尽可能多地参与、过问和关心区域的工作。但是,现在就想对这些相互关系作出统一的规定,则未必恰当,因为经验还很少,这种规定可能变成纯粹官僚主义的创作。比较恰当的是先在实践中摸索出这种关系的适当形式(劳动国防委员会已和人民委员会一起工作了将近一年,但实际上任何组织条例也没有)。这些形式在开始时最好不要绝对固定下来,最好能够多样化一些,这是有益的,甚至是必要的,这样就可以更精确地研究、更充分地比较各种相互关系的不同形式。

县和乡的经济委员会应当按同样原则组织起来。当然,也可以对基本形式作各种改变,比如,执行委员会可以把经济会议的全部任务和职责承担下来,可以使它召开的"行政性"或"经济性"会议发挥经济会议的作用,可以单独设立(例如在乡里,有时也可以在县里)专门委员会或甚至专门委任一些人去执行经济会议的全部任务或某些任务,如此等等。基层组织应当是**农委**,它应当成为劳动国防委员会在农村中的基层机构。关于适当扩大农委权力和确定它与村苏维埃之间关系的法令,已经由人民委员会批准,并于1921年5月公布。省执行委员会的职责是初步规定一些适合当地情况的条例,这些条例必须有助于**发扬**而不是限制"地方"的**特别是**基层组织的独创精神。

劳动国防委员会在各工业县和各工业区的基层机构应当是区委员会、工厂委员会或工厂管理委员会——这要看是涉及一个工业部门还是涉及几个工业部门而定。总之,采取各种形式同县执行委员会、乡执行委员会和农委在工作上**结合**起来,是领导**整个**地方经济生活所绝对必需的方法。

其次,地方机关必须向劳动国防委员会经常报告工作的问题,具有特别重要的意义,因为我们当前的主要弊病之一,就是缺乏对实际经验的研究,缺乏经验交流,缺乏互相监督——通过地方的实践检查中央的指示,通过中央的领导监督地方的实践。克服官僚主义和拖拉作风的一个极重要手段,就是检查地方执行中央的法令和指示的情况,为此,就必须有印成**工作通讯**的报告,而且必须**更多地吸收非党人员**和非主管机关的工作人员参加编写报告的工作。像《我们的经济(特维尔省经济委员会半月刊)》(1921年4月15日第1期;1921年4月30日第2期)这样的刊物表明,地方上已经意识到需要研究、阐述和公布我们经济工作经验的总结,并且已经找到满足这种需要的正确途径。当然,并不是每一个省都能出版刊物,至少在最近几个月内是如此,也不是各地都能像特维尔省那样每月出版两次,每次发行 3 000 份。但是,每一个省,甚至每一个县都能够而且应当每两个月写一次(起初允许有例外,间隔时间可以长一些)地方经济工作的报告,把它印出来,比如说印上 100—300 份。只要我们认识到这项工作的重要性和迫切性,认识到为了满足这种需要就不能让许多部门拿纸张去印大量没有用的或根本不是急需的东西,那我们一定到处都可以找到纸张和印刷所来进行这项小小的工作。假如排小号字,分两栏印(像特维尔省同志所做的那样),并且懂得这样一个不难了解的道理,即哪怕印 100 份,给每个省图书馆和每个国立大图书馆各送一份,就有可能(诚然,可能性还很小,但这种可能性是**毋庸置疑**的)使**全俄国**都了解和参考该地的经验,假如能这样做,那就可以清楚地看到,这一工作是行得通的,是刻不容缓的。

不经常编印工作报告(哪怕份数很少),就谈不上真正吸取经验,真正交流经验,就不可能从非党人员中吸收一切卓越的和有才能的组织家参加工作。而编印工作报告是能够而且应当立刻做到的。

报告必须尽量简短,必须确切地汇报提出的问题。问题分四类:第一类是目前特别重要的问题。对这类问题在每份报告中都必须极其确切详尽地汇报。这所以十分必要,是因为这类问题在目前对大多数县来说,都有非常迫切的意义。对少数的县和区来说,即对纯粹的工业县和工业区来说,提到第一位的是另一些问题。第二类问题也是每份报告都必须汇报的,但往往可以而且应当采用简单综合送交有关主管部门的报告的形式。在这种场合,送交劳动国防委员会的报告必须说明:送交有关部门的报告是在什么时候发出的,发往什么机关,这些报告为说明工作的简要总结

列出了哪些数字。劳动国防委员会需要这种说明,以便检查各主
管部门的工作,获得各项总结数字,从而了解粮食、燃料、工业等部
门的工作成绩。第三类问题**不**必在每份报告中都加以汇报。最
初,即在第一份报告中必须作出汇报,在以后的报告中随着新的资
料的积累,只需补充新的材料就行。假如每两个月都要对这些问
题汇报,往往会无话可谈。第四类问题是各种补充问题,这些问题
事先没有提出,也不是中央提出的,而是地方上发生的问题。这类
问题应当由各地方机关自行拟定,不受任何限制。当然,属于国家
机密的问题(军事的或与军事行动以及与国家保卫工作有关的问
题等等)应当另写专门报告,作为密件专送劳动国防委员会,不得
公开发表。

1921 年印成单行本　　　　　　　　　选自《列宁全集》第 2 版第 41 卷
　　　　　　　　　　　　　　　　　　第 259—267 页

俄共(布)第十次全国代表会议文献[211]

(1921 年 5 月下旬)

5

关于新经济政策问题的决议草案

(5 月 28 日)

1. 当前的基本政治任务是使党和苏维埃的全体工作人员充分领会和确切执行新经济政策。

党认为这是一个要在若干年内长期实行的政策,要求一切工作人员极其仔细和认真地加以执行。

2. 应当把商品交换提到首要地位,把它作为新经济政策的主要杠杆。如果不在工业和农业之间实行系统的商品交换或产品交换,无产阶级和农民就不可能建立正常的关系,就不可能在从资本主义到社会主义的过渡时期建立十分巩固的经济联盟。

同时,实行商品交换可以刺激农民扩大播种面积和改进农业。

对于地方的进取精神和自主程度必须充分给以支持和加以扩大。

应当以余粮最多的省份作为重点,首先实行商品交换。

3. 考虑到合作社是实行商品交换的主要机构,因此确认粮食人民委员部机关同合作社机关达成协议,粮食人民委员部机关把

用来进行商品交换的储备交给合作社,由合作社在国家的监督下
执行国家任务的政策是正确的。

保证合作社有广泛的可能进行收购工作,全面地发展地方工
业和提高整个经济生活。

支持合作社的信贷业务。

同无政府状态的(即逃避国家的任何监督和监察的)商品交
换作斗争,把商品交换主要集中在合作社手里,但是这决不排斥正
当的自由贸易。

研究市场。

4. 对那些基本上不需要国家从储备中拨给原料、燃料和粮食
的中小企业(私营企业和合作社企业)给以支持。

允许把国家企业租给私人、合作社、劳动组合和协作社。地方
经济机关有权签订这种合同,而不必取得上级机关的同意;但是签
订之后必须报告劳动国防委员会。

5. 部分地修改大工业的生产计划,加强日用必需品和农民日
用品的生产。

扩大每个大企业在支配资金和物资方面的独立程度和首创精
神。提出相应的精确的决定,交人民委员会批准。

6. 发展实物奖励制度,试行集体供应。

规定更合理的粮食分配制度,以提高劳动生产率。

7. 为了迅速地、如数地、普遍地征齐粮食税,必须保持和加强
征收机构。为此,应当保证粮食机关具有必不可少的党的威信。
应当保持和加强粮食机构的集中制。

8. 集中上述一切办法来完成今年的实际的战斗任务:至少取
得 4 亿普特粮食储备作为恢复大工业和实现电气化计划的基础。

9. 原则上通过劳动国防委员会[150]的指令草案,并且责成全俄

中央执行委员会党团把它变为法令。

党当前的首要任务就是严格执行这一指令,特别是要提拔和吸收非党人员参加工作。

10. 如发生阻挠或不全力支持地方发挥首创精神的现象,中央机关应对此负有特别的责任。责成全俄中央执行委员会党团拟定相应的决定并在下次会议上加以通过。

11. 代表会议责成中央委员会和各级党组织有步骤地采取一系列措施来加强宣传鼓动工作,并且相应地调配党的力量,以便充分解释和有计划地执行上述各项任务。

12. 必须在报刊上,在工会、苏维埃、党的及其他的各种大会、代表会议和代表大会上仔细地全面地阐明和研究地方和中央在经济建设方面的实际经验,这项工作应当列为党的一项极重要的任务。

载于 1932 年《列宁文集》俄文版第 20 卷

选自《列宁全集》第 2 版第 41 卷第 327—329 页

共产国际第三次代表大会文献[212]

（1921 年 6—7 月）

1

关于俄共策略的报告提纲[213]

（6 月 13 日）

1. 俄罗斯联邦所面临的国际形势

目前俄罗斯联邦所面临的国际形势的特点是存在着某种均势，这种均势虽然极不稳定，但毕竟造成了世界政治中一种特殊的局面。

这种特殊局面表现在：一方面，国际资产阶级疯狂地仇恨和敌视苏维埃俄国，时刻准备侵犯它，扼杀它；另一方面，国际资产阶级花了几亿法郎进行的一切军事干涉行动以完全失败而告终，虽然当时苏维埃政权比现在还弱，而俄国地主资本家在俄罗斯联邦境内还有大批军队。在一切资本主义国家，反对进攻苏维埃俄国的反战活动风起云涌，它促进了无产阶级的革命运动，而且把小资产阶级民主派的极广大的群众也卷了进来。各帝国主义国家之间的利害冲突尖锐起来了，而且一天比一天激烈，东方被压迫民族亿万人民的革命运动正在蓬勃发展。由于这种种情况,国际帝国主义虽然比苏维埃俄国强大得多,但无力扼杀它,反而不得不暂时承认它或半承认它,不得不和它订立通商条约。

这样就形成了一种均势,虽然极不可靠,极不稳定,但社会主义共和国毕竟能在资本主义包围中生存下去了,——当然不是长期的。

2. 国际范围内阶级力量的对比

在这种情况下,国际范围内形成了这样的阶级力量对比:

国际资产阶级已经不能公开进行反对苏维埃俄国的战争,他们仍在等待时机,盼着有一天能重新发动这种战争。

各先进资本主义国家的无产阶级中已普遍涌现出了自己的先锋队——共产党,这些党正在成长壮大,正在坚持不懈地争取每个国家无产阶级的大多数,摧毁工联[66]旧官僚的影响和被帝国主义特权腐蚀了的欧美工人阶级上层分子的影响。

资本主义国家中以第二国际和第二半国际[122]为急先锋的小资产阶级民主派,目前是资本主义的主要支柱,因为工商业中多数的或绝大部分的工人职员害怕一旦爆发革命会丧失由帝国主义特权所造成的比较优裕的小市民生活条件而仍然处在他们的影响之下。可是日益增长的经济危机到处都使广大群众的生活每况愈下。这种情况,加上在保存资本主义的条件下新的帝国主义战争不可避免这一点愈来愈明显,就使上述支柱愈来愈不稳固了。

占世界人口大多数的殖民地和半殖民地国家的劳动群众,从20世纪初起,特别是在俄国、土耳其、波斯和中国爆发革命后,已经觉醒过来,开始参加政治生活。[214] 1914—1918 年的帝国主义战争和俄国的苏维埃政权,最终使这些群众成了世界政治的积极因素,成了用革命摧毁帝国主义的积极因素,尽管欧美有教养的庸人,包括第二国际和第二半国际的领袖在内,顽固地无视这一点。在这些国家中,站在最前列的是英属印度。在那里,工业和铁路的无产阶级愈壮大,英国人的恐怖行为愈凶残——他们愈来愈频繁地采取大屠杀(如在阿姆利则)[215]和当众拷打等暴行,革命的发展也就愈迅速。

3. 俄国阶级力量的对比

苏维埃俄国的国内政治形势是由以下事实决定的:我们在世界历史上第一次看到这里若干年来只有两个阶级存在——一个是无产阶级,它是由很年轻的但毕竟是现代化的大机器工业几十年来培养出来的;另一个是占全国人口大多数的小农。

俄国的大地主和大资本家并没有绝迹。但是他们已彻底遭到剥夺,作为阶级来说,在政治上已完全被粉碎。他们的残余分子则隐藏在苏维埃政权的国家工作人员中间。他们把阶级组织保存在国外,流亡的人数大约有150万—200万,拥有分属于资产阶级政党和"社会主义"(即小资产阶级)政党的日报达50种以上,残留了一点军队,同国际资产阶级有着千丝万缕的联系。这些流亡者目前正在大肆活动,妄图破坏苏维埃政权,使资本主义在俄国复辟。

4. 俄国无产阶级和农民

在这种国内形势下,俄国无产阶级作为统治阶级的当前主要任务,就是要正确地规定并实行一些必要的办法,以便领导农民,同农民结成巩固的联盟,通过许多渐进的过渡办法实现使用机器的社会化大农业。这项任务在俄国特别艰巨,因为我国很落后,而七年的帝国主义战争和国内战争又使我国经济遭到了严重的破坏。即使撇开这两个特点不谈,这项任务也是社会主义建设中极其困难的任务之一,是一切资本主义国家将来都会碰到的,也许只有英国例外。然而就拿英国来说,也不能忘记:英国小佃农阶级的人数虽然特别少,但由于英"属"殖民地的几亿人民在事实上遭受着奴役,英国职工中按小资产阶级方式生活的人数占极高的百分比。

因此,从世界无产阶级革命发展的整个进程来看,俄国所处的时代的意义,就是在实践中考验和检验掌握国家政权的无产阶级对待小资产阶级群众的政策。

5. 俄罗斯联邦无产阶级和农民的军事联盟

苏维埃俄国无产阶级和农民的正常关系的基础,是在1917—1921年这个时期建立的。当时,资本家和地主在整个世界资产阶级和所有的小资产阶级民主派政党(社会革命党[4]和孟什维克)的支持下大举进攻,促使无产阶级和农民为保卫苏维埃政权而结成军事联盟,并把这种联盟固定下来。国内战争是最尖锐的阶级斗争形式,阶级斗争愈尖锐,一切小资产阶级的幻想和偏见在斗争烈火中就烧毁得愈迅速,而实践本身也就会愈加清楚地使人看到,甚至使农民中最落后的阶层看到:只有无产阶级专政才能拯救农民,而社会革命党人和孟什维克实际上不过是地主和资本家的奴仆。

无产阶级和农民的军事联盟曾经是而且不能不是他们巩固的联盟的初步形式,但是,如果没有这两个阶级的一定的经济联盟,军事联盟连几个星期也不能维持。当时农民从工人国家那里得到了全部土地和免遭地主富农蹂躏的保障;工人则在大工业恢复以前从农民那里借到了粮食。

6. 向建立无产阶级和农民的
正常经济关系过渡

从社会主义的观点看来,只有完全恢复运输业和大工业,使无产阶级能够拿出为农民日常生活和改善经济所必需的产品来交换农民的粮食,小农和无产阶级的联盟才能完全正常和巩固。在我国经济遭到严重破坏的情况下,这是决不可能一下子做到的。对一个组织得尚不够完备的国家来说,为了能在反对地主的极端困难的战争中坚持下去,余粮收集制曾是最可行的办法。1920 年的歉收和饲料缺乏,使农民原来就困苦不堪的生活更加恶化,因此立刻改行粮食税就有绝对必要了。

适量的粮食税能使农民的境况立刻得到很大改善,同时能使农民从扩大播种面积和改进耕作中得到好处。

粮食税是从征收农民的全部余粮转到工农业之间实行正常的社会主义产品交换的一种过渡办法。

7. 苏维埃政权容许资本主义和
租让制存在的意义和条件

粮食税自然意味着农民在完税以后有支配余粮的自由。既然国家还不可能拿出社会主义工厂的产品来交换农民的全部余粮,余粮的买卖自由也就必然意味着资本主义发展的自由。

但只要运输业和大工业仍掌握在无产阶级手中,在上述范围内这样做对于社会主义一点也不可怕。恰恰相反,在一个经济遭到极度破坏的、落后的小农国家里,受无产阶级国家监督和调节的资本主义(即**这个**意义上的"国家"资本主义)的发展是有益的和必要的(当然只是在某种限度内),因为这样能**立刻**振兴农业。租让制更是如此,因为工人国家并不取消国有化,只是把一些矿山、林区、油田等租给外国资本家,以便从他们那里额外获得一些设备和机器来加速恢复苏维埃大工业。

我们把一部分贵重产品付给承租人,这无疑是工人国家向世界资产阶级交纳的一种贡赋;我们丝毫不掩饰这一点,但应当明确认识到,只要能够加速恢复我国的大工业,并切实改善工农生活状况,交纳这种贡赋对我们是有利的。

8. 我国粮食政策的成就

1917—1921 年间,苏维埃俄国的粮食政策无疑制定得很粗糙,很不完善,产生了许多舞弊行为。在执行上也犯过一些错误。但总的说来,这是当时条件下唯一可行的政策。现在,这一政策已完成了它的历史任务:在一个经济遭到破坏的落后国家中保全了无产阶级专政。它已逐渐完善起来,这是无可争辩的事实。在我们掌握全部政权的第一年(1918 年 8 月 1 日—1919 年 8 月 1 日),国家收集了 11 000 万普特粮食,第二年收集了 22 000 万普特,第三年超过了 28 500 万普特。现在,有了实际经验以后,我们计划收集并指望收集到 4 亿普特(粮食税为 24 000 万普特)。工人国家只有真正拥有充足的粮食储备,才能在经济上站稳脚跟,才能慢慢地但是不断地恢复大工业,才能建立正常的财政制度。

9. 社会主义的物质基础和
俄罗斯电气化计划

社会主义的物质基础只能是同时也能改造农业的大机器工业。但是不能停留在这个一般的原理上。必须把它具体化。适应最新技术水平并能改造农业的大工业就是全国电气化。拟定俄罗斯联邦电气化计划这一科学工作，本是我们应当做的，现在我们已经完成了。在俄国两百多位优秀的学者、工程师和农艺师的参加下，这项计划业已编制出来，印成了厚厚的一大册，基本上已获1920年12月举行的全俄苏维埃第八次代表大会[141]批准。现已准备好在1921年8月召开全俄电气技术人员代表大会[216]来详细审查这项计划，那时计划就将得到国家最后批准。电气化的第一期工程预计10年完成，共需37 000万个工作日。

1918年，我国新建了8个电站（装机容量为4 757千瓦），1919年新增数达36个（装机容量为1 648千瓦），而1920年达到100个（装机容量为8 699千瓦）。

不论这个开端对我们这个大国来说多么微不足道，但毕竟有了一个开端，工作已经做起来了，而且做得愈来愈好。俄国农民经过帝国主义战争，经过上百万人在德国当俘虏时对现代先进技术的了解，经过三年内战的艰苦锻炼，已经不是旧日的农民了。他们一月比一月更清楚更明白地看到，只有由无产阶级领导，才能使广大小农摆脱资本的奴役，走向社会主义。

10. 资本的同盟者"纯粹民主派"即第二国际和第二半国际、社会革命党人和孟什维克的作用

无产阶级专政不是结束阶级斗争,而是以新的形式、新的武器继续进行阶级斗争。只要阶级还存在,只要资产阶级在一个国家内被推翻后还在国际范围内用十倍的力量加紧向社会主义进攻,这种专政就是必要的。小农阶级在过渡时期不可能不多次动摇。过渡时期的困难,资产阶级的影响,必然使这些群众的情绪时常发生波动。无产阶级(它由于自己的根基即大机器工业遭到破坏而伤了元气,在某种程度上丧失了阶级特性)肩负着一项极其艰巨而伟大的历史任务,这就是:不为这种动摇所左右,把从资本桎梏下解放劳动的事业进行到底。

小资产阶级的动摇在政治上表现在小资产阶级民主派政党即第二国际和第二半国际政党的政策上,俄国的社会革命党和孟什维克党就是这样的政党。这两个现在在国外设有自己的总部并办有各种报纸的政党,实际上已与整个资产阶级反革命派勾结在一起,并忠实地为他们效劳。

俄国大资产阶级的聪明的领袖们和其中为首的"立宪民主"党[3]党魁米留可夫,十分明确地、直截了当地肯定了小资产阶级民主派即社会革命党人和孟什维克的这种作用。在谈到孟什维克、社会革命党人和白卫分子合力举行的喀琅施塔得暴动[182]时,米留可夫表示赞成"没有布尔什维克参加的苏维埃"这个口号(1921年《真理报》[1]第64号,引自巴黎《最新消息报》[217])。他发挥这一思想时说:应该把社会革命党人和孟什维克"奉为上宾",

因为他们肩负着**第一个**把政权从布尔什维克手里**转移开**的任务。大资产阶级的首领米留可夫正确地吸取了历次革命的教训，深知小资产阶级民主派没有能力执掌政权，他们始终只能起掩饰资产阶级专政的作用，只能给资产阶级独揽政权充当台阶。

俄国无产阶级革命一再证实了 1789—1794 年革命和 1848—1849 年革命²¹⁸的这个经验，证实了恩格斯在 1884 年 12 月 11 日给倍倍尔的信中所说的话。恩格斯当时写道：

"……纯粹民主派……在革命关头……作为整个资产阶级经济、甚至封建经济的最后一个救生锚，在短时间内暂时起作用。……在 1848 年时也是如此：一切封建官僚从 3 月到 9 月都支持自由派，为的是镇压革命群众…… 不管怎样，在危机的日子和危机后的日子，我们唯一的敌人将是聚集在纯粹民主派周围的整个反动派，这一点，我认为是不能忽视的。"①（俄译文见弗·阿多拉茨基同志《马克思恩格斯论民主派》一文，载 1921 年 6 月 9 日《共产主义劳动报》²¹⁹第 360 号。德文原文见弗里德里希·恩格斯《政治遗教》一书 1920 年柏林版（《国际青年丛书》第 12 辑第 19 页））

尼·列宁
1921 年 6 月 13 日于莫斯科克里姆林宫

1921 年在莫斯科印成单行本

选自《列宁全集》第 2 版第 42 卷第 1—10 页

---

① 参看《马克思恩格斯全集》第 1 版第 36 卷第 252—253 页。——编者注

关于"出版自由"[220]

给 Г.米雅斯尼科夫的信

1921 年 8 月 5 日

米雅斯尼科夫同志:

今天才看完您的**两篇**文章。您在彼尔姆(似乎是彼尔姆?)组织中说了些什么,在哪一点上同它发生冲突,我不知道。关于这一点,我无从谈起。这件事将由组织局来处理,我听说组织局已选出一个专门委员会。

我要做的是另一件事,即把您的信当做资料性和政治性的文献来加以评价。

多么有趣的文献啊!

在我看来,《伤脑筋的问题》一文特别明显地表明了您的主要错误。我认为我有责任来尽力说服您。

您在文章的开头正确地运用了辩证法。是的,不懂得为什么"国内战争"的口号被"国内和平"的口号所代替的人,至少是很可笑的。是的,在这一点上您是对的。

但正因为您在这一点上是对的,所以我奇怪您怎么在作结论时竟忘记了您自己正确运用过的辩证法。

"……从君主派到无政府主义者都享有出版自由……" 妙得很!但是,对不起,一切马克思主义者和一切考虑过四年来我国革命的经验的工人都一定会说:我们倒要弄弄清楚是**什么样的**出版自由？是干**什么用的**？是给**哪一个阶级**的？

我们不信奉"绝对的东西"。我们嘲笑"纯粹的民主"。

"出版自由"这个口号从中世纪末直到 19 世纪成了全世界一个伟大的口号。为什么呢？因为它反映了资产阶级的进步性，即反映了资产阶级反对僧侣、国王、封建主和地主的斗争。

世界上没有一个国家像俄罗斯联邦那样做了和正在做着那么多的工作来使群众摆脱**僧侣**和**地主**的影响。我们是世界上把"出版自由"**这个任务完成得最好的**国家。

在全世界，凡是有资本家的地方，所谓出版自由，就是**收买报纸、收买**作家的自由，就是**买通**、收买和炮制"**舆论**"**帮助资产阶级**的自由。

这是事实。

任何人任何时候都推翻不了。

而在我国呢？谁能否认资产阶级已被击溃**但还没有被消灭**呢？谁能否认它**已隐藏起来**呢？这是无法否认的。

在受到全世界资产阶级这个敌人包围的俄罗斯联邦提出出版自由，就是让资产阶级及其最忠实的奴仆孟什维克和社会革命党人有建立**政治组织**的自由。

这是千真万确的事实。

资产阶级（在全世界）还比我们强，强很多倍。**再**让它有建立政治组织的自由（＝出版自由，因为报刊①是政治组织的中心和基础）这个武器，那就是为敌人的活动开方便之门，就是帮助阶级敌人。

我们不愿意自杀，因而决不会这样做。

---

① 在俄语中，"出版"和"报刊"是同一个词。——编者注

我们清楚地看到一个**事实**:"出版自由"实际上就是让国际资产阶级马上来收买成百成千的立宪民主党[3]、社会革命党[4]和孟什维克的作家,组织他们进行反对我们的宣传和斗争。

这是事实。"他们"比我们富有,能收买到比我们现有力量大十倍的"力量"。

不,我们决不会这样做,我们不会去帮助世界资产阶级。

您怎么会从阶级估量出发,即从估量**一切**阶级之间的关系出发,**堕落到**采取温情主义庸人的观点呢? 这对我来说是一个谜。

在"国内和平还是国内战争"的问题上,在**我们**过去怎样争取和今后如何**继续**"争取"农民(站到无产阶级这方面来)的问题上,在这两个极其重要的、根本的、世界性的(= 涉及世界政治的**实质**的)问题上(您的**两篇**文章是专门谈这两个问题的),您**能够**采取马克思主义的而不是小市民的、温情主义的观点。您在那两个问题上能够**切实地**、冷静地**估计一切**阶级的相互关系。

但突然间您却滚进了温情主义的深渊:

> "……在我们这里有许多胡作非为和营私舞弊的现象,出版自由可以把它们揭发出来……"

据我对您那两篇文章的分析,您就是在这个问题上误入了迷途。您让一些可悲的、痛心的**事实压垮了**,失去了**冷静**估计力量的能力。

出版自由会助长世界资产阶级的**力量**。这是事实。"出版自**由"不会用来祛除俄国共产党**的许多弱点、错误、偏差、毛病(毫无疑问,毛病有的是),因为这是世界资产阶级所**不愿意**的。出版自由会成为**这个世界资产阶级**手中的武器。资产阶级并没有死,它还活着,正在一旁窥伺着我们。它已经**雇用**了米留可夫,而米留可夫又有切尔诺夫和马尔托夫在"忠心耿耿地"为他效劳(部分是由于愚蠢和对我们的宗派仇恨,而主要是由于他们的小资产阶级民主派立场的客观逻辑)。

您"本来要进这间屋子,结果却跑进了那间屋子"[163]。

您本想**医治**共产党,抓的却是一剂致人死命的**药**,——当然,杀人的并不是您,而是世界资产阶级(+米留可夫+切尔诺夫+马尔托夫)。

您忘记了一件小事,一件极小的小事:世界资产阶级和**它的**收买报纸、收买**政治组织中心**的"自由"。

不,我们不会走这条路。**一千个**有觉悟的工人有**九百个**不会走这条路。

我们的毛病多得很。像 1920 年秋天和冬天在分配燃料和**粮食**方面所犯的(很大的错误!!)这样的错误(我们**共同的**错误,**劳动国防委员会**[150]、**人民委员会**和党中央都犯了错误)大大加重了我们的病情。

贫困和灾难很严重。

1921 年的饥荒使这种情况急剧**恶化了**。

摆脱困境要费很大气力,但是我们一定能够摆脱,而且我们已经开始摆脱了。

我们一定能够摆脱,因为我们的政策在根本上是正确的,它估计到了**国际范围内的一切**阶级力量。我们一定能够摆脱,因为我们不粉饰太平。我们知道困难重重,我们看到了**一切**毛病。我们并没有慌张,而是在一步一步地、坚持不懈地医治这些毛病。

您已经慌张得不能自已,而且继续往下滑,已经到了似乎您不另组新党就得去自杀的地步。

决不可以慌张。

有没有党支部同党脱节的现象呢？有。有坏事，有祸患，有毛病。

有这些现象。而且毛病很严重。

我们看到了这一点。

但是不应当用"自由"（**给资产阶级的**）来医治，而应当用无产阶级的和党的办法来医治。

您谈到振兴经济，使用"自动犁"和其他机具，争取"影响"农民等等。这些意见包含着**许多**正确的、许多有益的东西。

您为什么不把这些问题**单独提出来**谈呢？我们是能够取得一致并在一个党内同心协力地工作的。这会带来很大好处，**不过不是一下子**带来，要**慢慢来**。

使苏维埃变得生气勃勃，吸收党外群众来参加工作，由**党外群众**来检查党员的工作——这是绝对正确的。这方面有**很多**工作可做，很多很多。

您为什么不在**这方面切实地**加以发挥，在给代表大会写的小册子中加以发挥呢？

为什么不去做这个工作呢？

为什么害怕做**吃力的**工作（通过中央监察委员会[221]、通过党的报刊、通过《真理报》[1]来讨伐营私舞弊行为）呢？有些人对吃力的、艰苦的、见效慢的工作缺乏信心，于是慌张起来，另寻"捷"径：想到了"出版自由"（**给资产阶级的**）。

您为什么要坚持自己的错误，明显的错误，坚持"出版自由"这个不合乎党性的、**反无产阶级的**口号呢？您为什么不去做不那么"出风头的"（出资产阶级风头的）、吃力的工作，不去切实地反对和祛除营私舞弊行为、切实地**帮助**党外群众呢？

您在什么地方向党中央举出过**某种具体的**营私舞弊行为，某种具体的纠正和根除这种行为的**办法**呢?

没有。

一次也没有。

您看到这许多祸患和毛病,就陷入绝望,投入外人的怀抱,投入资产阶级的怀抱(**给资产阶级**"出版自由")。而我还是奉劝:不要绝望,不要慌张。

我们以及同情我们的人——工人和农民——有的是力量,有的是充沛的活力。

我们的毛病治得不好。

我们没有很好地贯彻提拔党外群众、让他们来检查党员的工作的口号。

但是在这方面我们能够做得而且一定会做得比现在好一百倍。

我希望您经过冷静思考以后,不会因为爱面子而继续坚持明显的政治错误("出版自由"),而会在定下神来、克服慌张心理之后,去从事切实的工作:帮助建立同党外群众的**联系**,帮助党外群众来**检查**党员的工作。

这方面要做的工作是很多的。通过这些工作,就可以(而且应当)医治毛病,慢慢地然而是真正地**医治**毛病,而不是被"出版自由"这个"闪烁不定"的鬼火迷惑住。

致共产主义的敬礼!

列　宁

载于 1921 年《辩论材料(米雅斯尼科夫同志的提纲、列宁同志的信、给列宁的回信、中央组织局的决定及莫托维利哈党员大会的决议)》

选自《列宁全集》第 2 版第 42 卷第 84—90 页

新的时代和新形式的旧错误

（1921 年 8 月 20 日）

历史上每一次独特的转变，都使小资产阶级的动摇在形式上有所改变。小资产阶级的动摇总是发生在无产阶级周围，总是在一定程度上渗入无产阶级队伍。

小资产阶级的改良主义，也就是用民主主义和"社会"民主主义的动听词句和无法实现的愿望掩盖着的对资产阶级的卑躬屈膝。小资产阶级的革命主义，也就是口头上气势汹汹、夸夸其谈、不可一世，实际上则是涣散、无组织、无领导，是徒有其表。这就是小资产阶级动摇的两股"潮流"。在资本主义的老根没有挖掉以前，这两种现象是无法避免的。现在，由于苏维埃政权的经济政策有了某种改变，动摇的形式也改变了。

持孟什维克观点的人的基本论调是："布尔什维克走回头路，又回到了资本主义，这样他们就完蛋了。革命毕竟是资产阶级性的，十月革命也不例外！民主万岁！改良主义万岁！"这种论调，不管是用纯粹孟什维克的口气讲还是用社会革命党人[4]的口气讲，不管是像第二国际那样讲还是像第二半国际[122]那样讲，实质都是一样的。

像德国"共产主义工人党"[113]或我国那部分已经脱离党或正在脱离党的前工人反对派[170]之类的半无政府主义者的基本论调是："布尔什维克现在不相信工人阶级了！"据此提出的口号多少

有点像 1921 年春天"喀琅施塔得的"那种口号[182]。

马克思主义者的任务,就是要针对改良主义庸人和革命主义庸人的抱怨和慌乱,尽可能冷静和准确地估计实际的阶级力量并举出无可争辩的事实。

请回忆一下我国革命的几个主要阶段吧。第一个阶段可以说是纯粹政治活动的阶段,从 10 月 25 日起到 1 月 5 日解散立宪会议止。在这短短十个星期内,我们为真正彻底消灭俄国封建残余所做的工作,比孟什维克和社会革命党人在**他们**执政的八个月中(1917 年 2—10 月)所做的要多百倍。孟什维克、社会革命党人以及国外的第二半国际的全体英雄们,当时都是反动势力的可怜的帮凶。无政府主义者有的茫然若失,袖手旁观,有的帮助我们。当时革命是不是资产阶级性的呢? 当然是的,因为当时我们所完成的任务就是把资产阶级民主革命进行到底,因为当时"农民"内部还没有发生阶级斗争。但是同时我们又**超出了**资产阶级革命的范围,**为**社会主义的、无产阶级的革命做了很多事情:(1)我们空前地发挥了工人阶级**自己**运用国家政权的力量;(2)我们对市侩民主派的偶像即立宪会议和资产阶级的"自由",如专供富人享受的出版自由,给予了使全世界都能感觉到的打击;(3)我们建立了苏维埃这种国家**类型**,这是继 1793 年和 1871 年之后向前迈进的一大步。

第二个阶段。布列斯特和约[17]。反对和约的革命词句,也就是社会革命党人和孟什维克的半爱国主义的叫嚣以及部分布尔什维克的"左倾"空谈,喧闹一时。市侩们惊慌失措或幸灾乐祸地反复说:"既然同帝国主义讲和,那就完蛋了。"但是,社会革命党人和孟什维克是作为资产阶级掠夺工人的帮凶去同帝国主义讲和的。我们"讲和",把一部分财物交给掠夺者,却是为了挽救工人政权,为了更沉重地打击这些掠夺者。我们当时听够了所谓我们"不相信工人阶级的力量"的谰言,但是我们没有上当受骗。

第三个阶段。1918—1920年,从反击捷克斯洛伐克军[222]和"立宪会议派"到反击弗兰格尔的国内战争。战争开始时,我们的红军还没有建立起来。就物质力量来说,这支军队就是现在同协约国[19]任何一国的军队相比,也还是微不足道的。虽然如此,我们还是在同称雄全世界的协约国的斗争中取得了胜利。在无产阶级国家政权领导下,工农联盟作为整个世界历史的成果,其地位被提升到了空前未有的高度。孟什维克和社会革命党人充当了君主派的帮凶,有的是公开的帮凶(部长、组织者、宣传家),有的是暗藏的帮凶(切尔诺夫和马尔托夫之流采取最"巧妙"和最卑劣的立场,他们好像是置身事外,事实上却在写文章反对我们)。无政府主义者也一筹莫展,无所适从,一部分人帮助我们,一部分人攻击军事纪律或散布怀疑情绪,破坏我们的工作。

第四个阶段。协约国被迫停止(能长久吗?)武装干涉和封锁。经济遭到了空前破坏的国家勉强开始恢复元气,现在才看到经济破坏的深度,才感受到难以忍受的苦难:工业停顿、歉收、饥荒和流行病。

在我们这场具有世界历史意义的斗争中,我们已经登上了最高的同时又是最困难的阶段。当前的和这一时期的敌人已经不同于昨天。当前的敌人已经不是得到全体孟什维克、社会革命党人和整个国际资产阶级支持而由地主们指挥的白卫分子。当前的敌人是一个大工业遭到破坏的小农国家中的日常经济现象。当前的敌人是小资产阶级自发势力,它像空气一样包围着我们,并很厉害地渗进了无产阶级队伍。无产阶级则丧失了阶级特性,也就是说,它失去了本阶级的生活常态。工厂既然停工,无产阶级也就软弱、分散、无力。而国内小资产阶级自发势力则得到整个国际资产阶级（仍在称雄全世界的）的支持。

这怎么不令人胆怯呢？特别是像孟什维克和社会革命党人、第二半国际的骑士、一筹莫展的无政府主义者以及"左倾"空谈家这样的英雄们。"布尔什维克回到了资本主义，布尔什维克完蛋了，他们的革命也没有超出资产阶级革命的范围。"这样的号叫，我们听得够多了。

不过我们已经习惯了。

我们并不轻视危险。我们正视这些危险。我们对工人和农民说：危险很大，要更加团结、沉着、冷静，要藐视和甩开那些持孟什维克观点和社会革命党观点的人，那些惊慌失措和喜欢空喊的人。

危险是很大的。敌人在经济上比我们强大得多，正像昨天他们在军事上比我们强大得多一样。我们知道这一点，这就是我们的力量所在。无论是在清除俄国封建制度、发挥工人和农民全部力量方面，还是在推动全世界反对帝国主义的斗争、促进摆脱了卑鄙庸俗的第二国际和第二半国际的国际无产阶级运动方面，我们都做了那么多的工作，以致惊慌失措的叫喊根本影响不了我们。关于我们的革命活动，我们已经非常充分地"证实它是正确的"；我们已经用事实向全世界证明，无产阶级的革命精神同孟什维克、社会革命党人的"民主主义"和用堂皇词句掩盖起来的胆小怕事的改良主义完全不同，靠它是能干出一番事业来的。

那些在伟大斗争开始之前就害怕失败的人，他们也可以自称为社会主义者，但这只是对工人的侮辱。

正因为我们不怕正视危险，所以我们能很好地运用自己的力量来进行斗争，能更清醒、更谨慎、更周密地权衡时机，能采取各种让步来加强我们的实力，分散敌人的力量（现在连头号傻瓜也看得见,"布列斯特和约"这个让步就加强了我们的实力,分散了国际帝国主义的力量)。

孟什维克叫喊说,实行粮食税、贸易自由、租让制和国家资本主义意味着共产主义的破产。外国有一个过去曾是共产党员的莱维,也随声附和这些孟什维克。当这位莱维所犯的错误还可以解释为是对德国"左派"共产党人所犯的一系列错误,特别是在1921年3月所犯的错误[223]的一种反应时,是应该为他辩护的;当这位莱维不但不承认自己的错误,反而完全陷入孟什维主义立场时,那就不能为他辩护了。

对于那些大喊大叫的孟什维克,我们只要指出一点就够了:还在1918年春,共产党人就公开主张同国家资本主义结成联盟来反对小资产阶级的自发势力,并为这个主张辩护。这是三年前的事情!是在布尔什维克胜利的头几个月!那时布尔什维克就已经有了清醒的头脑。从那时到现在,没有人能否定我们对现实力量的清醒估计是正确的。

陷入孟什维主义立场的莱维劝布尔什维克(莱维"预言"资本主义会战胜布尔什维克,就和当年一切市侩、民主派和社会民主党人等等预言布尔什维克一旦解散立宪会议就会灭亡一样!)向**整个工人阶级**求救!原来是因为在此以前帮助布尔什维克的只是**工人阶级的一部分**!

在这里,莱维说的同半无政府主义者、空谈家说的非常相似,同前"工人反对派"里某些人说的也有几分相似,因为这些人都喜欢耸人听闻,说什么布尔什维克现在"不相信工人阶级的力量"了。无论孟什维克或无政府主义者都把"工人阶级的力量"这个概念变成偶像,不善于考虑它实际的具体的内容。他们不是研究和分析这些内容,而是一味唱高调。

　　第二半国际的先生们很想自称为革命家,实际上一到紧要关头就变成反革命分子,因为他们怕用暴力破坏旧的国家机构,他们不相信工人阶级的力量。我们过去这样评价社会革命党人及其同伙,并不是凭空说的。任何人都知道:十月革命实际上推出了新的力量、新的阶级;无产阶级的优秀代表现在管理着俄国,建立了军队,领导着这支军队,建立了地方管理等机关,管理着工业,等等。如果说在管理工作中存在着官僚主义的弊病,那么我们并不隐瞒这种祸害,而是揭露它,同它作斗争。谁要是由于同新制度下的弊病作斗争而忘记了新制度的内容,忘记了工人阶级建立了并领导着苏维埃类型的国家,那他简直就是不会思索,信口雌黄。

　　但是"工人阶级的力量"不是没有极限的。从工人阶级中涌现出来的新生力量现在还不多,有时非常少。尽管有各种法令、号召和鼓动,尽管有各种"提拔非党群众"的命令,但涌现出来的新生力量还是不多。在这种情况下,大谈什么"不相信工人阶级的力量",就是堕落到说空话的地步。

　　没有一定的"喘息时机",就不会有这种新生力量。这种力量只能慢慢地成长起来,不恢复大工业(更正确更具体地说,就是实现电气化),这种力量就**无从**产生。

　　一个处在经济遭到破坏的小农国家里的工人阶级,一个因丧失阶级特性而大伤元气的工人阶级,经过多次世所罕见的奋力拼搏之后,必须有一段时间让新生力量能够成长起来,能够赶上来,让破旧部分能够得到"修复"。建立起能够胜利地经受住 1917—1921 年考验的军事机构和国家机构是一件了不起的事情,这件事占用了并且耗尽了实际存在的(而不是存在于空喊家的高谈阔论中的)"工人阶级力量"。必须懂得这一点,并估计到工人阶级**新生力量成长得缓慢**是必然的,确切些说是不可避免的。

孟什维克叫喊布尔什维克实行"波拿巴主义"[224]（说布尔什维克依靠军队和国家机构而不顾"民主"的意志），这再好不过地表明了资产阶级的策略，所以米留可夫支持这一策略、支持1921年春"喀琅施塔得的"口号是有道理的。资产阶级正确地估计到，**实际的"工人阶级力量"**现在由两部分组成，一是这个阶级的强大先锋队（即俄国共产党，这个党不是一下子而是25年来用实际行动给自己争得了唯一革命的阶级的"先锋队"这一角色、称号和力量的），一是因丧失阶级特性而大伤元气、最容易受孟什维克和无政府主义者动摇的影响的分子。

现在提出"多多相信工人阶级的力量"这个口号，**实际上**是在加强孟什维克和无政府主义者的影响。1921年春天发生的喀琅施塔得事件非常清楚地证明了和表明了这一点。每一个觉悟的工人都应当来揭发和驱逐这些叫喊我们"不相信工人阶级力量"的家伙，因为这些空喊家实际上是资产阶级和地主的帮凶，他们扩大孟什维克和无政府主义者的影响，削弱无产阶级的力量，以利于资产阶级和地主。

如果冷静地研究一下"工人阶级力量"这一概念的实际内容，就会懂得"问题的实质"正在于此！

敬爱的先生们，为了真正把非党群众提拔到目前最主要的经济"战线"上去，到经济建设事业中去，你们做了些什么工作，干了些什么事情呢？这就是觉悟的工人应当向空喊家提出的问题。不论什么时候都可以这样而且应当这样来揭露空喊家，证明他们事实上不是帮助而是妨碍经济建设，不是帮助而是妨碍无产阶级革命，证明他们所实行的不是无产阶级的而是小资产阶级的意图，是在替异己阶级服务。

我们的口号是：打倒空喊家！打倒不自觉的白卫分子帮凶，这些重犯1921年春天倒霉的喀琅施塔得叛乱者的错误的家伙！要善于根据时局的特点和任务进行切实的实际的工作！我们需要的不是空话，而是实干。

冷静地估计一下时局的特点以及实际的并非幻想出来的阶级力量，我们就会知道：

无产阶级在军事、行政和一般政治的开创工作方面取得了世所罕见的成绩以后，进入了一个新生力量的成长缓慢得多的时期，这不是偶然的而是必然的现象，这不是由于什么人或什么党派的过错，而是由于客观原因。在经济工作中，建设必定更加困难、更加缓慢、更要循序渐进。这是由于经济工作在性质上不同于军事、行政和一般政治工作。这是由于经济工作有特殊的困难和需要更深厚的根基（如果可以这样说的话）。

因此，在这个新的更高的斗争阶段，我们确定自己的任务时务必慎之又慎。我们要把任务定得切实一些；我们要多作一些让步，当然是以无产阶级在保持统治阶级地位的条件下**可以**作的让步为限；尽快征收适量的粮食税，尽量使农民经济有较多的自由来发展、巩固和恢复；把不是我们绝对必需的企业租出去，包括租给私人资本家和外国承租人。我们需要无产阶级国家同国家资本主义结成联盟来反对小资产阶级自发势力。要巧妙地实现、按"七次量，一次裁"的原则来实现这一联盟。直接留给自己的工作领域不妨小一些，只留下绝对必需的。我们要把削弱了的工人阶级力量集中**在较小的领域里**，而使自己站得更稳些，并且不是一次两次而是反复多次用实际经验加以检验。我们只能一步一步地、一寸一寸地前进，否则像我们这样一支"军队"，在这样困难的道路上，在这样艰难和危险的情况下，现在是**无法**前进的。谁对这一工作"感觉乏味"，"没有兴趣"，"不能理解"，嗤之以鼻，或惊慌失措，或沉溺于大谈什么缺乏"过去的兴奋"和"过去的热情"等等,那最好是"解除他的工作",让他告退,使他不致造成危害,因为他不愿意或者不善于考虑当前斗争阶段的特点。

国家的经济受到严重的破坏,无产阶级被多次几乎是超越人力的拼搏弄得筋疲力尽,我们就是在这样的条件下着手最困难的工作:给真正社会主义的经济奠定基础,建立工业同农业间正常的商品交换(确切些说是产品交换)。敌人还比我们强大得多;无政府状态的、粮贩的、个人之间的商品交换处处都在破坏我们的工作。我们清楚地看到目前的困难,我们将逐步地顽强地克服这些困难。要让地方更多地发挥首创精神和自主精神,要分派更多的力量到地方上去,要更加重视地方的实际经验。**只有**恢复工业的工作取得实际成就,对工农双方都有利的正常的国家产品交换建立起来,工人阶级才能治好自己的创伤,恢复自身的即无产阶级的"阶级力量",农民才能坚定地信赖无产阶级的领导。只有取得这些成就,新生力量才会涌现出来,也许不会像我们每个人所希望的那样快,但一定会涌现出来。

把这项需要更缓慢、更谨慎、更坚定和更顽强地进行的工作担负起来吧!

1921 年 8 月 20 日

载于 1921 年 8 月 28 日《真理报》
第 190 号

选自《列宁全集》第 2 版第 42 卷
第 107—116 页

关于清党

（1921 年 9 月 20 日）

清党²²⁵显然已经发展成为一项关系重大和极其重要的工作了。

有些地方的清党工作主要是依靠非党工人的经验和意见，以他们的意见为线索，尊重非党无产阶级群众代表的意见。这是最可贵、最重要的。如果我们真能**这样**自上而下、"不顾情面地"实行清党，那么革命的成就确实是会很大的。

因为现在革命的成就不可能和从前一样了。由于从军事战线转到经济战线，由于改行新经济政策，由于现在的情况要求首先提高劳动生产率和加强劳动纪律，革命的成就也必然改变自己的性质。在这样的时候，革命的主要成就表现为不辉煌、不显眼、不是一眼就能看出的内部改善，即劳动情况、劳动组织和劳动结果的改善；所谓改善，就是要抵制既腐蚀无产阶级又腐蚀党的小资产阶级自发势力和小资产阶级无政府主义自发势力的影响。要达到这样的改善，就必须把脱离群众的分子清除出党（自然，更不用说那些在群众眼中玷污了党的分子了）。当然，不是群众所有的意见我们都得照办，因为群众有时——特别是在过重的负担和难熬的痛苦把人折磨得疲惫不堪的年代——也受到那种一点也不先进的思想的支配。但是在评价人的时候，在揭露"混进党的"、"摆委员架子的"、"官僚化的"人的时候，非党无产阶级群众的意见以及在许多场合下非党农民群众的意见是极其宝贵的。劳动群众非常敏感，很会识别谁是忠诚老实的共产党员，谁是那些靠辛勤劳动过活、没有任何特权、根本不会"讨好领导"的人所厌恶的共产党员。

进行清党时，重视非党劳动者的意见是一件重要的事情。这样能使我们收到很大的效果，能使党成为比以前坚强得多的阶级先锋队，成为同本阶级有更紧密的联系、更能在重重困难和危险中引导本阶级走向胜利的先锋队。

我还要指出，把过去的孟什维克清除出党是清党的一部分任务。我看，1918年初以后入党的孟什维克，应当留在党内的大约不超过百分之一，并且对每个留在党内的都要反复进行审查。为什么呢？因为孟什维克这个派别在1918—1921年期间证明，他们有两个特点：第一，能巧妙地适应环境，"混到"在工人中占统治地位的派别里来；第二，能更巧妙地忠心耿耿为白卫分子效劳，口头上和它决裂，实际上为它效劳。这两个特点都是从孟什维主义的全部历史中产生出来的，只要回顾一下阿克雪里罗得的"工人代表大会"[226]和孟什维克在口头上和实际上对立宪民主党[3]（以及对君主制）的态度等等就知道了。孟什维克"混到"俄国共产党里来，不仅仅是甚至主要不是由于他们奉行马基雅弗利主义[227]（虽然从1903年以来，孟什维克已表明他们是要资产阶级外交手腕的头等能手），而是由于他们要"适应环境"。一切机会主义者都有善于适应环境的特点（但并非任何一种适应环境都是机会主义），而孟什维克这帮机会主义者可以说是"从原则上"来适应在工人中占统治地位的派别的，他们改换保护色，像兔子一到冬天就变成白色一样。应该懂得并估计到孟什维克的这个特点。所谓估计到这个特点，就是说，要把1918年以后即在布尔什维克可望胜利以及后来必胜无疑的时候参加俄国共产党的孟什维克的大约百分之九十九都清除出党。

必须把欺骗分子、官僚化分子、不忠诚分子和不坚定的共产党员以及虽然"改头换面"但内心里依然故我的孟什维克从党内清除出去。

1921 年 9 月 20 日

载于 1921 年 9 月 21 日《真理报》第 210 号

选自《列宁全集》第 2 版第 42 卷第 145—147 页

十月革命四周年

（1921 年 10 月 14 日）

10 月 25 日（11 月 7 日）的四周年快到了。

这个伟大的日子离开我们愈远，俄国无产阶级革命的意义就愈明显，我们对自己工作的整个实际经验也就思考得愈深刻。

这种意义和这种经验可以极其简要地（当然是极不充分极不精确地）说明如下。

俄国革命直接的迫切的任务是资产阶级民主性的任务：打倒中世纪制度的残余，彻底肃清这些残余，扫除俄国的这种野蛮现象、这种耻辱、这种严重妨碍我国一切文化发展和一切进步的障碍。

我们有权引以自豪的是，从对人民群众的深远影响来看，我们所做的这种清除工作比 125 年多以前的法国大革命要坚决、迅速、大胆、有效、广泛和深刻得多。

不论是无政府主义者还是小资产阶级民主派（即孟什维克和社会革命党人**⁴**，他们是国际上这一社会阶层的俄国代表）在资产阶级民主革命和社会主义革命（**即**无产阶级革命）的关系问题上，过去和现在都讲了不知多少糊涂话。四年来的事实已经完全证实，我们在这一点上对马克思主义的理解和对以往革命经验的估计是正确的。我们比谁都更**彻底地**进行了资产阶级民主革命。我们完全是自觉地、坚定地和一往直前地向着社会主义革命**迈进**，我们知道社会主义革命和资产阶级民主革命之间并没有隔着一道万里长城,我们知道**只有斗争**才能决定我们(最终)能够前进多远,能够完成无限崇高的任务中的哪一部分,巩固我们胜利中的哪一部分。这过些时候就会见分晓。其实现在我们已经看到,在对社会进行社会主义改造的事业中,对一个满目疮痍、苦难深重的落后国家来说,我们已经做了很多很多工作。

可是,我不准备多谈我国革命的资产阶级民主主义内容。马克思主义者应当懂得这一内容指什么。为了说明问题,我们举几个明显的例子。

我国革命的资产阶级民主主义内容,指的是消灭俄国社会关系(秩序、制度)中的中世纪制度,农奴制度,封建制度。

到1917年,俄国农奴制度究竟还有哪些主要表现、残余或遗迹呢?还有君主制、等级制、土地占有制、土地使用权、妇女地位、宗教和民族压迫。试从这些"奥吉亚斯的牛圈"[228]——顺便说一下,一切先进国家在125年和250年前以至更早以前(英国在1649年)[229]完成**它们的**资产阶级民主革命时,都在很大程度上留下了没有打扫干净的奥吉亚斯的牛圈——试从这些奥吉亚斯的牛圈拿出任何一间来,你们都会看到,我们已经把它打扫得干干净净。从1917年10月25日(11月7日)到解散立宪会议(1918年1月5日)这**十来个星期**里,我们在这方面所做的工作,比资产阶级的民主派和自由派(立宪民主党[3])以及小资产阶级民主派(孟什维克和社会革命党人)在他们执政的**八个月里**所做的要多千百倍。

这些胆小鬼、空谈家、妄自尊大的纳尔苏修斯[207]和哈姆雷特[230]总是挥舞纸剑,可是连君主制都没有消灭!我们却把全部君主制垃圾比任何人任何时候都更干净地扫除了。我们没有让等级制这个古老的建筑留下一砖一瓦(英、法、德这些最先进的国家至今还没有消除等级制的遗迹!)。等级制的老根,即封建制度和农奴制度在土地占有制方面的残余,也被我们彻底铲除了。伟大十月革命的土地改革"最终"会有怎样的结果,这个问题"可以争论"(国外有足够的著作家、立宪民主党人、孟什维克和社会革命党人来争论这个问题)。我们现在不愿把时间花在这些争论上,因为我们正在用斗争来解决这种争论以及与此有关的许多争论。然而有一件事实是无可争辩的:小资产阶级民主派与保持农奴制传统的地主"妥协了"八个月,而我们在几星期内就把这些地主连同他们的一切传统都从俄国的土地上彻底扫除了。

就拿宗教、妇女的毫无权利或非俄罗斯民族的被压迫和不平等地位来说吧。这些都是资产阶级民主革命的问题。小资产阶级民主派这些鄙俗之徒在这些问题上空谈了八个月。世界上**没有一个最先进的国家按照资产阶级民主**方针**彻底地**解决了**这些**问题。而在我国,这些问题已由十月革命后颁布的法律彻底地解决了。我们一向在认真地同宗教进行斗争。我们让**一切**非俄罗斯民族成立了**自己的**共和国或自治区。在我们俄国,妇女无权或少权这种卑鄙、丑恶、可耻的现象,这种农奴制和中世纪制度的可恶的残余已经没有了,而这种现象却在世界各国无一例外被自私自利的资产阶级和愚蠢的吓怕了的小资产阶级重新恢复了。

这都是资产阶级民主革命的内容。在150年和250年以前,这一革命(如果就同一类型的每一民族形式来说,可以说是这些革命)的先进领袖们曾向人民许愿,说要使人类排除中世纪的特权,排除妇女的不平等地位,排除国家对这种或那种宗教(即"宗教**思想**"、"宗教信仰")的种种优待,排除民族权利的不平等。许了愿,但没有兑现。他们是不可能兑现的,障碍在于要"尊重"……"神圣的私有制"。在我国无产阶级革命中,就不存在这种对倍加可恶的中世纪制度和对"神圣的私有制"的可恶的"尊重"。

但是,要巩固俄国各族人民所取得的资产阶级民主革命的成果,我们就应当继续前进,而我们也确实前进了。我们把资产阶级民主革命的问题作为我们主要的和真正的工作即**无产阶级**革命的、社会主义的工作的"副产品"顺便解决了。我们一向说,改良是革命的阶级斗争的副产品。我们不仅说过并且还用事实证明过,资产阶级民主改造是无产阶级革命即社会主义革命的副产品。顺便提一下,所有考茨基、希法亭、马尔托夫、切尔诺夫、希尔奎特、龙格、麦克唐纳、屠拉梯之流以及"第二半"[122]马克思主义的其他英雄们,都不能理解资产阶级民主革命和无产阶级社会主义革命之间的**这种**相互关系。前一革命可以转变为后一革命。后一革命可以顺便解决前一革命的问题。后一革命可以巩固前一革命的事业。斗争,只有斗争,才能决定后一革命能比前一革命超出多远。

苏维埃制度就是由一种革命发展为另一种革命的明证或表现之一。苏维埃制度是供工人和农民享受的最高限度的民主制,同时它又意味着与**资产阶级**民主制的决裂,意味着具有世界历史意义的**新型**民主制即无产阶级民主制或无产阶级专政的产生。

让垂死的资产阶级和依附于它的小资产阶级民主派的猪狗们用数不清的诅咒、谩骂、嘲笑来攻击我们在建设**我们**苏维埃制度中的失利和错误吧。我们一分钟也没有忘记,我们过去和现在确实有很多的失利和错误。在缔造前所未有的**新型**国家制度这种全世界历史上新的事业中,难道能没有失利和错误吗?我们一定要百折不挠地努力纠正这些失利和错误,改变我们对苏维埃原则的实际运用远未达到尽善尽美的状况。但是我们有权自豪,而且我们确实很自豪,因为我们有幸能够**开始**建设苏维埃国家,从而**开创**全世界历史的新时代,由一个**新**阶级实行统治的时代。这个阶级在一切资本主义国家里是受压迫的,如今却到处都在走向新的生活,去战胜资产阶级,建立无产阶级专政,使人类摆脱资本的桎梏和帝国主义战争。

关于帝国主义战争,关于金融资本所实行的目前左右着全世界的国际政策(这种政策**必然**会引起新的帝国主义战争,必然会导致极少数"先进"强国变本加厉地压迫、抢劫、掠夺和扼杀各落后的弱小民族)的问题,从1914年起就成为世界各国全部政策中的基本问题。这是一个有关千百万人生死存亡的问题。这关系到在我们眼看着资产阶级正准备的、从资本主义中产生出来的下一次帝国主义战争中是否会有2 000万人死亡(而在1914—1918年的大战和附加的、至今还没有结束的"小"战中是1 000万人死亡),在这一不可避免的(如果有资本主义存在)未来战争中是否会有6 000万人残废(而在1914—1918年是3 000万人残废)。在这个问题上,我们的十月革命也开辟了世界历史的新纪元。资产阶级的奴仆和应声虫社会革命党人、孟什维克以及全世界所有的假"社会主义"的小资产阶级民主派,都嘲笑"变帝国主义战争为国内战争"这个口号。其实这个口号是唯一的**真理**,虽然听起来令人不愉快、粗暴、赤裸裸、无情,的确如此,但同无数极其精巧的沙文主义与和平主义谎言相比,终究是**一个真理**。这些谎言被戳穿了。布列斯特和约[17]被揭露了。比布列斯特和约更糟糕的凡尔赛和约[16]的作用和后果,一天比一天更加无情地被揭露出来。千百万人都在思考着昨天战争的起因和行将到来的明天战争的问题,他们愈来愈清楚地、明确地、必然地认识到一个严峻的真理:**不经过布尔什维克的斗争和布尔什维克的革命**,就不能摆脱帝国主义战争以及必然会产生这种战争的帝国主义世界(如果我们还用老的正字法,我就会在这里写上两个含义不同的"мир"①），就不能摆脱这个地狱。

让资产阶级和和平主义者、将军和市侩、资本家和庸人、一切基督教徒及第二国际和第二半国际的所有骑士们疯狂地咒骂这个革命吧。不管他们怎样不停地泄愤、造谣和诽谤，都不能抹杀一个具有世界历史意义的事实——千百年来奴隶们第一次公开地提出了这样的口号来回答奴隶主之间的战争：变奴隶主之间的分赃战争为各国奴隶反对各国奴隶主的战争。

这个口号千百年来第一次由一种模糊渺茫的期望变成了明确的政治纲领，变成了千百万被压迫者在无产阶级领导下进行的实际斗争，变成了无产阶级的第一次胜利，变成了消灭战争的第一次胜利，变成了全世界工人联盟对各国资产阶级联盟的第一次胜利，而资产阶级无论是和是战，无非都是牺牲资本奴隶的利益，牺牲雇佣工人的利益，牺牲农民的利益，牺牲劳动人民的利益。

这第一次胜利**还不是最终的胜利**。这次胜利是我国十月革命经历了空前的艰难、困苦和磨难，经历了很多重大的失败和错误以后取得的。难道一个落后国家的人民不经过失败和错误就能战胜世界上最强大最先进的国家所进行的帝国主义战争吗？我们不怕承认自己的错误，我们将冷静地看待这些错误，以便学会改正这些错误。但事实总是事实：用奴隶**反对**一切奴隶主的革命来"回答"奴隶主之间的战争的诺言，千百年来第一次得到了**彻底的实现**……并且还在克服一切困难继续得到实现。

我们已经开始了这一事业。至于哪一个国家的无产者在什么

---

① "мир"一词是现代俄语，有"和平"与"世界"两种含义。这两种含义在旧的俄语中是两个词，即"миръ"和"міръ"，前者意为"和平"、"和约"，后者意为"世界"。——编者注

时候、在什么期间把这一事业进行到底,这个问题并不重要。重要的是,坚冰已经打破,航路已经开通,道路已经指明。

"保卫祖国"即保卫日本反对美国侵略、或保卫美国反对日本侵略、或保卫法国反对英国侵略如此等等的各国资本家先生们,请继续玩弄你们伪善的把戏吧! 第二国际和第二半国际的骑士先生们以及全世界所有和平主义的市侩庸人,请继续用新的"巴塞尔宣言"(仿照 1912 年巴塞尔宣言**126**的式样)来"敷衍"反对帝国主义战争的斗争手段的问题吧! **第一次的布尔什维克革命**使地球上**一亿人首先**摆脱了帝国主义战争和帝国主义世界。以后的革命一定会使全人类摆脱这种战争和这个世界。

我们最后的一项事业,也是最重要最困难而又远远没有完成的事业,就是经济建设,就是在破坏了的封建基地和半破坏的资本主义基地上为新的社会主义大厦奠定经济基础。在这一最重要最困难的事业中,我们遭受的失败最多,犯的错误最多。开始这样一个全世界从未有过的事业,难道能没有失败没有错误吗? 但是,我们已经开始了这一事业。我们正在进行这一事业。我们现在正用"新经济政策"来纠正我们的许多错误,我们正在学习怎样在一个小农国家里进一步建设社会主义大厦而不犯这些错误。

困难是巨大的。我们已经习惯同巨大的困难作斗争。我们的敌人把我们叫做"硬骨头"和"碰硬政策"的代表不是没有道理的。但是我们也学会了——至少是在一定程度上学会了革命所必需的另一种艺术:灵活机动,善于根据客观条件的变化而迅速急剧地改变自己的策略,如果原先的道路在当前这个时期证明不合适,走不通,就选择另一条道路来达到我们的目的。

我们为热情的浪潮所激励,我们首先激发了人民的一般政治热情,然后又激发了他们的军事热情,我们曾计划依靠这种热情直接实现与一般政治任务和军事任务同样伟大的经济任务。我们计划(说我们计划欠周地设想也许较确切)用无产阶级国家直接下命令的办法在一个小农国家里按共产主义原则来调整国家的产品生产和分配。现实生活说明我们错了。为了**作好**向共产主义过渡的**准备**(通过多年的工作来准备),需要经过国家资本主义和社会主义这些过渡阶段。不能直接凭热情,而要借助于伟大革命所产生的热情,靠个人利益,靠同个人利益的结合,靠经济核算,在这个小农国家里先建立起牢固的桥梁,通过国家资本主义走向社会主义;否则你们就不能到达共产主义,否则你们就不能把千百万人引导到共产主义。现实生活就是这样告诉我们的。革命发展的客观进程就是这样告诉我们的。

三四年来我们稍稍学会了实行急剧的转变(在需要急剧转变的时候),现在我们开始勤奋、细心、刻苦地(虽然还不够勤奋,不够细心,不够刻苦)学习实行一种新的转变,学习实行"新经济政策"。无产阶级国家必须成为一个谨慎、勤勉、能干的"业主",成为一个精明的**批发商**,否则,就不能使这个小农国家在经济上站稳脚跟。现在,在我们和资本主义的(暂时还是资本主义的)西方并存的条件下,没有其他道路可以过渡到共产主义。批发商这类经济界人物同共产主义似乎有天壤之别。但正是这类矛盾在实际生活中能把人们从小农经济经过国家资本主义引导到社会主义。同个人利益结合,能够提高生产;我们首先需要和绝对需要的是增加生产。批发商业在经济上把千百万小农联合起来,引起他们经营的兴趣,把他们联系起来,把他们引导到更高的阶段:实现生产中各种形式的联系和联合。我们已经开始对经济政策作必要的改变。我们在这方面已经有了某些成就,虽然是不大的、局部的成就,但毕竟是确定无疑的成就。我们就要从这门新"学科"的预备班毕业了。只要坚定地、顽强地学下去,用实际经验来检验我们迈出的每一步,不怕已经开始的工作一改再改,不怕纠正我们的错误,仔细领会这些错误的意义,我们就一定会升到更高的班级。我们一定会修完整个"课程",尽管世界经济和世界政治的情况使这一课程的学习比我们预期的时间要长得多,困难要多得多。不管过渡时期的苦难如灾荒、饥荒和经济破坏多么深重,我们决不气馁,一定要把我们的事业进行到最后胜利。

1921 年 10 月 14 日

载于 1921 年 10 月 18 日《真理报》第 234 号

选自《列宁全集》第 2 版第 42 卷第 169—177 页

新经济政策和
政治教育委员会的任务

在全俄政治教育委员会第二次代表大会上的报告[231]

（1921 年 10 月 17 日）

同志们！我今天的报告，确切些说，今天的讲话，打算谈谈新经济政策，并且就我的认识谈谈这一政策向政治教育委员会提出的任务。我觉得，在某一代表大会上就大会讨论范围之外的问题作报告，要是只介绍党内或苏维埃共和国内的一般情况，那是极不妥当的。

苏维埃政权和俄国共产党的急剧转变

我决不否认作这种介绍的好处，也不否认讨论各种问题的好处，但是我仍然认为，我们大多数代表大会的主要缺点是同摆在它们面前的实际任务缺乏直接联系。所以我想联系新经济政策和围绕新经济政策来谈谈这些缺点。

关于新经济政策，我将简略地谈一谈。同志们，你们大多数是共产党员，虽然有些人还很年轻，但是都已经在我们革命初期为贯彻我们的总政策做了很多工作。正因为你们在这方面做过很多工作,所以你们不会看不出,我们苏维埃政权和共产党实行了多么急剧的转变,采取了一种被叫做"新的"经济政策,所谓新,是对我们先前的经济政策而言的。

可是实质上,它比我们先前的经济政策包含着更多的旧东西。

为什么会这样呢?因为我们先前的经济政策,如果不能说计划过(在当时的情况下,我们一般很少进行计划),那么在一定程度上也曾设想过(可以说是缺乏计划地设想),旧的俄国经济将直接过渡到国家按共产主义原则进行生产和分配。

如果我们回忆一下我们过去的经济文献,回忆一下共产党人在俄国夺得政权以前和刚刚夺得政权之后——例如在 1918 年初所写的东西(1918 年初的情况是我们对旧俄国的第一次政治袭击取得了巨大的胜利,建立了苏维埃共和国,退出了帝国主义战争,尽管退出时俄国已经不像样子,但总比听从帝国主义者、孟什维克和社会革命党人[4]的劝告继续"保卫祖国"造成的破坏轻一些),如果回忆一下当时所写的东西,我们就会看到,在我们刚刚做完建立苏维埃政权这第一件事和刚刚退出帝国主义战争的初期,我们关于经济建设任务所说的,要比 1918 年下半年以及整个 1919 年和 1920 年所做的要小心谨慎得多。

1918 年全俄中央执行委员会
论农民的作用

虽然当时你们并不都是党和苏维埃政权的积极分子,但是无论如何你们会知道而且当然知道这样一些决定,如全俄中央执行委员会 1918 年 4 月底的决定[232]。这项决定指出必须注意农民经济。决定是根据一个报告作出的,那个报告估计到了国家资本主义在一个农民国家的社会主义建设中的作用,强调了个人的、专人的负责制的意义,强调了这一因素在国家管理(它有别于建立政权的政治任务,有别于军事任务)中的作用。

我们的错误

1918 年初,我们曾经指望有一个相当的时期可以进行和平建设。缔结布列斯特和约[17]之后,好像危险已经过去,可以着手和平建设了。结果我们大失所望,因为在 1918 年,随着捷克斯洛伐克军的叛乱[222]和国内战争(它一直延续到 1920 年)的爆发,真正的军事危险向我们袭来了。当时在某种程度上由于军事任务突然压来,由于共和国在帝国主义战争结束时似乎已经陷于绝境,由于这一些和其他一些情况,我们犯了错误:决定直接过渡到共产主义的生产和分配。当时我们认定,农民将遵照余粮收集制交出我们所需数量的粮食,我们则把这些粮食分配给各个工厂,这样,我们就是实行共产主义的生产和分配了。

不能说我们就是这么明确具体地给自己描绘了这样的计划,但是我们差不多就是根据这种精神行事的。不幸这是事实。我说不幸,是因为经过一段不很长的试验我们终于确信,这种构想是错误的,是同我们以前关于从资本主义到社会主义的过渡的论述相抵触的,以前我们认为,不经过一个实行社会主义的计算和监督的时期,即使要走到共产主义的低级阶段也是不可能的。从 1917 年产生了接收政权的任务和布尔什维克向全体人民揭示了这一任务的时候起,在我们的理论文献中就明确地强调指出,要从资本主义社会走上接近共产主义社会的任何一条通道，都需要有社会主义的计算和监督这样一个过渡，一个漫长而复杂的过渡（资本主义社会愈不发达，所需要的过渡时间就愈长）。

战 略 退 却

当我们不得不在国内战争激烈进行的情况下在建设方面采取必要措施的时候，好像把这一点遗忘了。而我们的新经济政策的实质正在于，我们在这一点上遭到了严重的失败，开始作战略退却："趁我们还没有被彻底打垮，让我们实行退却，一切都重新安排，不过要安排得更稳妥。"共产党人既然自觉地提出了新经济政策问题，他们对于在经济战线上遭到了惨败这一点就不可能有丝毫怀疑。当然，一部分人不免会在这个问题上陷于灰溜溜的、近乎惊慌失措的状态，而一旦实行退却，甚至会手足无措。这是不可避免的事情。要知道，当红军撤退的时候，它避开敌人就是取得胜利的开始，而无论在哪一条战线上，每一次撤退都会使一些人惊慌一阵子。但不论在高尔察克战线上、邓尼金战线上、尤登尼奇战线上，或者在波兰战线上、弗兰格尔战线上，每当我们被痛打一顿（有时甚至不止一顿）之后，"一个挨过打的抵得上两个没有挨过打的"这句谚语都在我们身上得到了验证。我们挨过一顿打后，就开始从容地、有步骤地和谨慎地发起进攻。

当然，经济战线上的任务要比军事战线上的任务困难好多倍，但在战略的基本轮廓上是有相似之处的。在经济战线上，由于我们企图过渡到共产主义，到1921年春天我们就遭到了严重的失败，这次失败比高尔察克、邓尼金或皮尔苏茨基使我们遭到的任何一次失败都严重得多,重大得多,危险得多。这次失败表现在:我们上层制定的经济政策同下层脱节,它没有促成生产力的提高,而提高生产力本是我们党纲规定的紧迫的基本任务。①

在农村实行余粮收集制,这种解决城市建设任务的直接的共产主义办法阻碍了生产力的提高,它是我们在 1921 年春天遭到严重的经济危机和政治危机的主要原因。所以必须采取某种从我们的路线和政策来看只能叫做最严重的失败和退却的步骤。而且不能说,这种退却和红军那种秩序井然地退到预先准备好的阵地上去的退却是一样的。诚然,阵地是事先准备好的。这一点可以查证,只要把我们党 1921 年春的决定**233**同我上面提到的 1918 年 4 月的决定对照一下就行了。阵地是事先准备好的,但是向这些阵地的退却(外省很多地方现在还在退却)非常混乱,甚至太混乱了。

新经济政策的含义

在这里,政治教育委员会要同这种现象作斗争的任务就提到了第一位。从新经济政策的角度来看,根本的问题就在于要善于尽快利用当前的形势。

新经济政策就是以实物税代替余粮收集制**176**,就是在很大程度上转而恢复资本主义。究竟到什么程度,我们不知道。同外国资本家签订租让合同(诚然,已经签订的合同还很少,特别是同我们提出的建议相比),把企业租给私人资本家,这些都是直接恢复资本主义,是从新经济政策的根上萌发出来的。因为废除余粮收

---

① 参看《列宁全集》第 2 版第 36 卷第 414 页。——编者注

集制就意味着农民可以自由买卖完税后的剩余农产品,而实物税征收的只是他们产品中的一小部分。农民在全国人口和整个经济中占极大的比重,因此在这种自由贸易的土壤上不可能不滋长资本主义。

这是经济学初级读本教给我们的最基本的经济常识,而在我国,除此以外,每一个粮贩也都这样教我们,他们撇开经济学和政治学,出色地教我们认识经济。从战略上看,根本的问题在于谁能更快地利用这种新形势。全部问题在于农民跟谁走:跟无产阶级走呢,还是跟资本家走。无产阶级力求建成社会主义社会,而资本家则说:"我们回头吧,这样保险一些,别让他们用什么社会主义来打扰我们了。"

谁将取得胜利——
是资本家还是苏维埃政权?

目前这场战争要解决的问题是:谁将取得胜利,谁能更快地利用目前形势,是我们从一个大门甚至几个大门(我们自己也不知道有许多大门,因为打开这些大门并没有和我们打招呼,而是违反我们的意愿的)放进来的资本家呢,还是无产阶级的国家政权。无产阶级的国家政权在经济上能够依靠什么? 一方面是依靠人民生活状况的改善。在这方面应当想到农民。虽然我们遭到了像饥荒这样的严重灾难,人民在受灾的情况下生活状况仍有改善,而这种改善正是来之于经济政策的改变,这是无可争辩的,是大家都看得到的。

另一方面,如果资本主义得益,工业生产就会得到发展,无产阶级也会随着成长。资本家将得益于我们的政策,并创造出工业无产阶级。我们的无产阶级由于战争和极严重的经济破坏,已经丧失了阶级特性,就是说,它已经失去本阶级的生活常态,不再作为无产阶级而存在了。所谓无产阶级,就是在资本主义大工业的企业中生产物质财富的阶级。既然资本主义大工业已被破坏,工厂已经停产,无产阶级也就不存在了。它有时在形式上仍算做无产阶级,但它已经失去了经济根基。

恢复资本主义也就是恢复无产阶级,使他们在大机器工厂里生产有利于社会的物质财富,而不去做投机生意,不去制造打火机出卖,不去干其他一些不太有益但在我国工业遭受破坏的情况下必然存在的"活计"。

全部问题就在于谁跑在谁的前面?资本家如果先组织起来,他们就会把共产党人赶走,那就什么也不用谈了。必须清醒地看待这些事情:谁战胜谁?无产阶级的国家政权是不是能够依靠农民,对资本家老爷加以适当的控制,把资本主义纳入国家轨道,建立起一种受国家领导并为国家服务的资本主义呢?必须清醒地提出这个问题。在这方面各式各样的思想、各式各样的关于政治自由的议论我们可以找到很多,如果看一看国外的俄国即第二个俄国,更是如此。在国外,各种政党出版几十种日报,用世上所有的曲调来赞美政治自由。这一切都是废话、空话。我们必须善于抛弃这些东西。

斗争还将更加残酷

四年来我们经历了许多严峻的战斗,我们知道:进行严峻的战斗是一回事,而关于严峻战斗的空谈,特别是那些袖手旁观的人的空谈又是一回事。必须善于抛弃这种思想、这种空谈，而去思索问题的实质。而问题的实质是：不论目前还是今后，斗争都比同高尔察克和邓尼金作战更加激烈，更加残酷。因为那种军事斗争是司空见惯的。千百年来人们一直在打仗。用战争杀人的本领大有长进。

诚然，几乎在每一个地主的大本营里都有社会革命党人和孟什维克，他们高喊民权、立宪会议，叫喊布尔什维克破坏了一切自由。

完成军事任务毕竟要比完成现在摆在我们面前的任务容易些。军事任务可以用猛攻、袭击和热情来完成，可以直接依靠看到地主正向自己进攻的广大工农拼体力来完成。现在没有公开的地主了。弗兰格尔、高尔察克和邓尼金匪徒，一部分去见尼古拉·罗曼诺夫了，一部分则躲在国外安全的地方。人民看不见从前的地主和资本家那样明显的敌人。人民看不清楚，敌人就在我们中间，这个敌人就是原来的敌人，革命正面临一道深渊（以往的一切革命碰到这道深渊后都退回去了）。人民不会有这样的认识，因为他们是文盲，非常无知。各种特设委员会[234]需要多长时间才能用特殊手段扫除文盲，还很难说。

人民怎么会知道高尔察克、弗兰格尔和邓尼金垮台以后，在我们中间还存在着葬送了以往一切革命的敌人呢？要知道，如果资本家战胜我们，那就意味着恢复老样子。这一点已为以往一切革命的经验所证实。我们党的任务就是要使大家都认识到，存在于我们中间的敌人就是无政府状态的资本主义和无政府状态的商品交换。必须清楚地了解斗争的这个实质，并且使广大工农群众清楚地了解斗争的这个实质："谁战胜谁？谁将取得胜利？"无产阶级专政是一场最残酷最激烈的斗争，在这场斗争中，无产阶级要同全世界作战，因为全世界都支持高尔察克和邓尼金，反对我们。

现在,支持俄国资产阶级的世界资产阶级仍然比我们强大好多倍。我们并不因此而有丝毫的惊慌失措,因为过去他们的兵力也比我们强,然而这并不足以在战争中击溃我们,虽然他们拥有比我们强得多的炮兵和空军,在战争中击溃我们本当容易得多。也许反对我们的某个资本主义强国只要及时地再拼凑几个军,再借给高尔察克几百万金卢布,就能把我们打垮。

然而这还是无济于事。因为不论是开到阿尔汉格尔斯克的英国士兵,或是迫使舰队撤离敖德萨的法国水兵,都已深深地认识到他们是非正义的,我们是正义的。现在,反对我们的力量仍然比我们强大。要取得这场斗争的胜利,还必须依靠最终的力量源泉。而最终的力量源泉就是工农群众,就是他们的自觉性,他们的组织性。

或者是建立起一个无产阶级的有组织的政权,那我们就会取得胜利,而先进的工人和少数先进的农民是会理解这项任务,会在自己周围组织起人民运动的。

或者是我们不能做到这一点,那么在技术上比我们强大的敌人就一定会把我们打垮。

是最后的斗争吗?

无产阶级专政是一场残酷的战争。无产阶级在一个国家里取得了胜利,但是它在国际范围内仍然比较弱。它应当认识到战争还没有结束而把全体工农团结在自己的周围。我们常常在歌中唱道,"这是最后的斗争"。可惜这有点不符合实际,可惜这并不是我们最后的斗争。或者你们能在这场斗争中把工农团结起来,或者你们得不到胜利。

我们目前所见到的这种斗争在历史上还不曾有过。但是农民和地主间的战争,从奴隶占有制初期起,在历史上已经发生过不止一次。这种战争曾多次发生,但一个国家政权反对本国资产阶级和各国联合起来的资产阶级的战争还从来没有过。

或者是我们能在无产阶级政权支持下发展小农的生产力,并在这个基础上把小农组织起来;或者是资本家控制小农,——斗争成败的关键就在于此。在以往几十次革命中也碰到过这种情形,但是像我们这样的战争世界上还从来没有见过。人民不可能有这种战争的经验。我们必须自己创造这种经验,在创造这种经验时,我们只能依靠工农的觉悟。这就是我们的格言,也是任务的最大困难所在。

我们不应该指望直接采用
共产主义的过渡办法

我们不应该指望直接采用共产主义的过渡办法。必须以同农民个人利益的结合为基础。有人对我们说:"同农民的个人利益结合,就是恢复私有制。"不对,我们从来没有废除过农民对消费品和工具的个人所有制。我们废除的是土地私有制,而农民并没有私有的土地,他们是在租来的土地上经营。在许多国家里都存在过这种制度。这在经济上并没有什么办不到的地方。困难在于如何同个人利益结合。必须使每个专家也从生产的发展中得到好处。

我们是否善于这样做呢?不,不善于! 我们以为在一个无产阶级已丧失其阶级特性的国家里可以按共产主义的命令进行生产和分配。我们一定要改变这种办法,否则我们就不能使无产阶级认识这种过渡。历史上还从来没有提出过这样的任务。我们曾尝试用所谓正面攻击的办法来直接完成这项任务,但是失败了。这种错误在每次战争中都有,而人们并不把它们看做错误。正面攻击失败了,那我们就改用迂回的办法,采用围攻和对壕战。

同个人利益结合和个人负责的原则

我们说,必须把国民经济的一切大部门建立在同个人利益的结合上面。共同讨论,专人负责。由于不善于实行这个原则,我们每走一步都吃到苦头。整个新经济政策要求我们把这两者分得非常清楚、非常明确。当人民转到新的经济条件下的时候,他们马上就讨论起来:这会产生什么结果,应当怎样按新方式来做。开始做任何一件事之前都非经过大家讨论不可,因为几十年几百年来,人民一直被禁止讨论任何事情,而革命不经过一段普遍开群众大会讨论各种问题的时期,是不能得到发展的。

这造成了许多混乱现象。确实是这样,这是不可避免的,但是应该说这并不危险。我们只有及时学会区分哪些事需要开群众大会讨论,哪些事需要管理,才能使苏维埃共和国达到应有的水平。可惜我们还没有学会这样做,大多数代表大会离务实很远。

我国代表大会之多,超过世界上一切国家。任何一个民主共和国都没有像我们那样召开这么多代表大会,而且它们也不会允许这样做。

我们应当记住,我国是一个损失惨重和贫穷不堪的国家,必须使它学会如何开群众大会才不致像我前面所说的那样,把需要开群众大会讨论的和需要管理的混淆起来。一方面要开群众大会，一方面要毫不犹豫地进行管理，要比以前资本家管得更严。否则，就不能打败他们。应该记住，一定要比以前更严更紧地进行管理。

在红军里，经过好几个月开群众大会讨论的阶段之后，它的纪律已经不亚于旧军队的了。红军采取了连旧政府都没有采取过的直到枪决的严厉措施。市侩们在书刊上号叫："看啊，布尔什维克采用枪决的办法了。"我们应当说："是的，我们采用了，而且是完全有意采用的。"

我们应当说：或者是那些想毁灭我们的人、我们认为理应灭亡的人灭亡，这样我们的苏维埃共和国就会生存下来；或者相反，是资本家生存下来而共和国灭亡。在一个贫穷不堪的国家里，或者是那些不能振作起来的人灭亡，或者是整个工农共和国灭亡。在这里没有而且也不可能有其他的选择，而且也容不得有任何温情主义。温情主义是一种并不亚于战争中的利己行为的罪恶。现在谁不守秩序，不守纪律，谁就是把敌人放进我们的队伍中来。

所以我说新经济政策还有学习方面的意义。你们在这里讨论应当如何进行教育。你们应当得出结论说：我们这里决不容许有学得不好的人。到了共产主义，学习的任务会轻一些。可是现在，在灭亡的威胁下，学习不能不是一项严峻的任务。

我们是否能为自己工作？

过去在我们军队中有开小差现象。劳动战线上也有这种现象，因为你是为资本家工作，为剥削者工作，那时不好好干是可以理解的。但现在你是为自己工作，为工农政权工作。应该记住，现在必须解决我们是否能为自己工作的问题,不解决这个问题,我再说一遍,我们的共和国就会灭亡。所以我们要像在军队中说过的那样说:或者是让所有想毁灭我们的人灭亡,为此我们要采取最严厉的纪律措施;或者是拯救我们国家,使我们的共和国生存下来。

这就是我们应当采取的路线,这就是我们所以需要新经济政策的原因之一。

大家都去做经济工作吧!资本家将同你们在一起,外国资本家,即承租人和租借人,也将同你们在一起,他们将从你们那里攫取百分之几百的利润,他们将在你们那里大发横财。就让他们发财吧,但你们要跟他们学会做经济工作。只有这样,你们才能够建成共产主义共和国。从必须赶快学会做经济工作这个角度来看,任何懈怠都是极大的犯罪。必须向这门科学进军,向这门艰难、严峻、有时甚至是残酷无情的科学进军,否则就没有出路。

你们应当记住,现在包围着我们这个经过多年磨难而贫穷不堪的苏维埃国家的,不是会用自己高度发达的技术和工业来帮助我们的社会主义法国和社会主义英国。不是的!我们必须记住,现在它们的高度发达的技术和工业,全部都归反对我们的资本家所有。

我们必须记住,我们应当高度紧张地从事每天的劳动,否则我们就必然灭亡。

在目前的形势下,整个世界发展得比我们迅速。发展着的资本主义世界正调动一切力量来反对我们。问题就这样摆着!这就是我们必须特别重视这个斗争的原因。

由于我国文化落后,我们不能用正面攻击来消灭资本主义。如果我们的文化是另一种水平,那就可以比较直截了当地解决这项任务了。也许其他国家到了建设它们的共产主义共和国的时候会这样来解决这项任务。但是我们不能用直截了当的方式来解决问题。

国家必须学会这样经营商业,即设法使工业能满足农民的需要,使农民能通过商业满足自己的需要。办事情应能使每一个劳动者都拿出自己的力量来巩固工农国家。只有这样,我们才能建立起大工业。

必须使群众都深刻认识到这一点,不仅是认识,还要使他们把这种认识付诸实现。我认为政治教育总委员会的任务就是由此产生的。在任何一次深刻的政治变革以后,人民需要用很长时间来消化这种变革。因此这里有这样一个问题:人民是否已经理解了他们所得到的教训。非常遗憾,对这个问题只能回答:没有。如果他们已经理解了这些教训,那我们动手建立大工业就会迅速得多,早得多。

在解决了世界上最伟大的政治变革的任务以后,摆在我们面前的已是另一类任务,即可称为"小事情"的文化任务。必须消化这个政治变革,使它为人民群众所理解,使它不致仅仅是一纸宣言。

过时的方法

这些宣言、声明、布告和法令在当初是需要的。这些东西我们已经够多了。为了向人民表明我们要怎样建设和建设什么,要为哪些前所未有的新事物奋斗,这些东西在当初是必要的。但是,能不能继续向人民表明我们要建设什么呢?不能!要是这样,连一个最普通的工人也要取笑我们了。他会说:"你怎么老是向我们说你要怎样建设,让我们看看你的行动,——你会不会建设。如果不会,那我们就走不到一块,滚你的吧!"他这样说是对的。

应当从政治上描述伟大任务的时期已经过去,应当实际完成这些任务的时期已经到来。现在摆在我们面前的是文化任务,是消化那个应该而且能够得到贯彻的政治经验。或者是断送苏维埃政权所取得的一切政治成果,或者是为这些成果奠定经济基础。现在没有这种经济基础。我们应当做的正是这件工作。

提高文化水平是最迫切的任务之一。这正是政治教育委员会的任务,如果这样的委员会果真能为政治教育服务("政治教育"是它给自己选的名称)的话。取名并不难,可是,工作做得怎么样呢?希望在这次大会以后我们能够得到这方面的准确材料。我们的扫除文盲委员会是1920年7月19日成立的。在出席这次大会之前,我特地看了一下有关的法令。是叫全俄扫除文盲委员会……而且是扫除文盲特设委员会。希望在这次大会以后我们能够得到说明有多少个省在这方面做了些什么工作的材料,希望能够得到准确的工作报告。但是,不得不成立扫除文盲特设委员会这个事实已经证明,我们好像是一些(怎样说得轻一点呢?)半野蛮人,因为,在一个不是半野蛮人的国家里,是耻于成立扫除文盲特设委员会的。在这样的国家里,文盲是在学校里扫除的。那里有像样的学校,人们在学校里学习。学习什么呢?首先是识字。如果这个起码的任务还没有完成,那么谈新经济政策是可笑的。

最大的奇迹

哪里谈得上是什么新政策呢?既然我们得采取特殊措施来扫除文盲,上帝保佑,那还是让我们设法维持旧的吧。这是很明显的。但是更明显的是，我们无论在军事方面或其他方面都创造了许多奇迹。我想，要是能够把扫除文盲委员会本身彻底扫除掉，那会是这些奇迹中最大的奇迹。我还希望不要产生如我在这里听说的要把它从教育人民委员部分出来的提案。如果我听说的是事实，如果你们仔细想想，那你们就会同意我的看法：必须成立一个扫除某些坏提案的特设委员会。

此外，仅仅扫除文盲是不够的，还需要建立苏维埃经济，而在这件事上，光能识字是无济于事的。我们需要大大提高文化水平。必须使每个人能够实际运用他的读写本领，必须使他有东西可读，有报纸和宣传小册子可看，必须合理分配这些书刊，使它们能到人民手里，不致中途散失，而现在人们读到的还不及一半，其余的都在办公室里派了用场，到达人民手里的恐怕还不到四分之一。我们必须学会利用我们现有的一点点书刊。

因此，由于实行新经济政策，应当不断宣传这样一种思想：政治教育务必要能提高文化水平。应当用读和写的本领来提高文化水平，应当使农民有可能用读写本领来改进自己的经营和改善自己国家的状况。

苏维埃的法律是很好的，因为它使每一个人都有可能同官僚主义和拖拉作风作斗争。在任何一个资本主义国家里，都没有给工人和农民提供这种可能。然而有人利用了这种可能性吗？几乎没有！不仅农民不会利用，就连相当多的共产党员也不会利用苏维埃的法律去同拖拉作风和官僚主义作斗争，或者去同贪污受贿这种道地的俄国现象作斗争。是什么东西妨碍我们同这种现象作斗争呢？是我们的法律吗？是我们的宣传吗？恰恰相反！法律制定得够多了！那为什么这方面的斗争没有成绩呢？因为这一斗争单靠宣传是搞不成的，只有靠人民群众的帮助才行。我们的共产党员至少有一半不会进行斗争，且不说还有一些人妨碍斗争。不错，你们中间99%都是共产党员，所以你们知道，我们现在正在处理这些妨碍斗争的共产党员，清党[225]委员会在做这件事。但愿能从我们党内清除10万人左右。有人说20万人左右。我更喜欢后面这个数字。

我很希望我们能从党内赶走10万到20万混进来的人，他们不仅不会同拖拉作风和贪污受贿行为作斗争，而且妨碍同这些现象作斗争。

政治教育工作者的任务

我们将把一二十万人清除出党，这是一件有益的事情，但这只是我们应该做的工作的极小一部分。应当使政治教育委员会的全部工作都适应这个目的。文盲固然应当扫除，但仅仅识字还不够，还要有能教人们同拖拉作风和贪污受贿行为作斗争的文化素养。拖拉作风和贪污受贿行为是任何军事胜利和政治改革都无法治好的毛病。说实在的，这种毛病靠军事胜利和政治改革是治不好的，只有用提高文化的办法才能治好。这项任务就落在政治教育委员会的肩上了。

应当使政治教育工作者不用官僚的眼光来看待自己的任务。但有一种情况却常常可以看到，比如有人问，可否把省政治教育委员会的代表也吸收进省经济会议[204]。对不住，不必把你们编进什么机关去，你们要作为一个普通公民来完成自己的任务。你们一进什么机关就会官僚化。如果你们同人们打交道，从政治上教育他们，经验就会告诉你们，政治上有教养的人是不会贪污受贿的，但是在我们这里,这种行为却处处可见。人们会问你们:怎样才能消灭贪污受贿现象,防止执行委员会里有人贪污受贿呢?请你们教我们怎样才能做到这一点。如果政治教育工作者回答说:"这事不归我们管","关于这个问题我们已经出了小册子和布告",那么人们就会对你们说:"你们是坏党员。这事固然不归你们管,有工农检查院来管,可是你们也是共产党员呀!"你们给自己取了"政治教育"这个名称。当你们取这个名称时,就曾提醒你们,名称不要搞得太显眼,还是用一个普通一点的好。可是你们要用"政治教育"这个名称,而这个名称含义很广。你们没有把自己称为教人民识字的人,而用了政治教育这个名称。于是人们可以对你们说:"很好,你们教人民读书写字,搞经济运动,这些都很好。但是这些并不是政治教育,因为政治教育是要使一切事情都有结果。"

我们正在进行反对野蛮行为和反对贪污受贿这类毛病的宣传,我希望你们进行这项工作,但是,政治教育并不限于这种宣传,它意味着实际的结果,意味着教会人民怎样取得实际结果,并且不是以执行委员会委员的身份而是以普通公民的身份给人们示范。政治教育工作者由于在政治上比别人有修养,不仅会责骂一切拖拉现象(这在我们这里非常风行),并且能以行动表明怎样克服这一弊病。这是一种很难掌握的艺术。不普遍提高文化水平,不使工农群众比现在更有文化,就不能掌握这种艺术!我希望政治教育总委员会[133]特别注意这项任务。

现在我把我所说的概括一下,把省政治教育委员会所面临的各项任务归纳一下。

三 大 敌 人

在我看来,现在每一个人,不论他的职务是什么,面前都有三大敌人,每一个政治教育工作者,如果他是共产党员的话(而政治教育工作者大多是党员),面前都摆着这三项任务。他们面前的三大敌人就是:(一)共产党员的狂妄自大,(二)文盲,(三)贪污受贿。

第一个敌人——共产党员的狂妄自大

所谓共产党员的狂妄自大,是指一个人置身于共产党内,还没有被清洗出去,就以为可以用共产党员的名义发号施令来解决他的一切任务。他以为,只要他是执政党的党员和某某国家机关的工作人员,就有资格谈论政治教育成就的大小。完全不是这么一回事! 这只是共产党员的狂妄自大。要学会进行政治教育,这就是问题的所在,可是我们还没有学会,而且我们还没有正确解决这个问题的办法。

第二个敌人——文盲

至于第二个敌人——文盲,我可以这样说:只要在我国还存在文盲现象,那就很难谈得上政治教育。这并不是政治任务,这是先决条件,没有这个条件就谈不上政治。文盲是处在政治之外的,必须先教他们识字。不识字就不可能有政治,不识字只能有流言蜚语、谎话偏见,而没有政治。

第三个敌人——贪污受贿

最后，只要有贪污受贿这种现象，只要有贪污受贿的可能，就谈不上政治。在这种情况下甚至连搞政治的门径都没有，在这种情况下就无法搞政治，因为一切措施都会落空，不会产生任何结果。在容许贪污受贿和此风盛行的条件下，实施法律只会产生更坏的结果。在这种条件下不能搞任何政治，这里没有搞政治的基本条件。应该懂得，为了能向人民说明我们的政治任务，能向人民群众表明"我们必须力求完成的任务"（而这本是我们必须做到的！），就要提高群众的文化水平。必须达到一定的文化水平。否则就不能真正完成我们的任务。

军事任务和文化任务的区别

文化任务的完成不可能像政治任务和军事任务那样迅速。应当懂得，现在前进的条件已经和从前不一样了。在危机尖锐化时期，几个星期就可以取得政治上的胜利。在战争中，几个月就可以取得胜利，但是在文化方面，要在这样短的时间内取得胜利是不可能的。从问题的性质看，这需要一个较长的时期，我们应该使自己适应这个较长的时期，据此规划我们的工作，发扬坚韧不拔、不屈不挠、始终如一的精神。没有这些品质，甚至无法着手做政治教育工作。而政治教育的成果只能用经济状况的改善来衡量。我们不仅需要消灭文盲，消灭靠文盲这块土壤滋养的贪污受贿行为，而且应该使我们的宣传、我们实行的领导、我们的小册子真正为人民所接受,并且使这些工作的成果体现在国民经济的改善上。

　　这就是由于实行新经济政策而向政治教育委员会提出的任务。我希望通过这次大会我们能够在这方面取得更大的成就。

载于1921年10月19日《全俄政治教育委员会第二次代表大会。大会公报》第2号

选自《列宁全集》第2版第42卷第180—201页

在莫斯科省第七次党代表会议上
关于新经济政策的报告[235]

(1921 年 10 月 29 日)

1

报　告

同志们！在作关于新经济政策的报告以前，首先应该声明，我对这个题目的理解可能出乎在座许多同志的意料，或者说得确切些，我只能谈谈这个题目中的一小部分。对于这个问题，大家的主要兴趣可能在于了解和评价苏维埃政权最近一些有关新经济政策的法令和决定，这是很自然的。这类决定愈多，完善、整理这些决定并总结其执行情况的需要愈迫切，对于这个问题发生兴趣也就愈自然。根据我在人民委员会的所见所闻，现在已深感有这种需要。大家都希望知道现有的一些能说明新经济政策的成果的事实和数字，这同样也是很自然的。当然，这些事实经过查证核实的为数还很少，但是毕竟还有一些。毫无疑问，为了了解新经济政策，注意这些事实并试加总结，是绝对必要的。但是关于问题的这两个方面，我都不能谈，如果你们对这些感兴趣，我相信你们一定会找到谈这些问题的报告人。我感兴趣的是另一个问题，即策略问题，或者说（如果可以这样说的话），是我们随着政策的改变而采取的革命战略问题，以及对下述情况的估计，即这个政策同我们对我们任务的一般理解符合到什么程度，另一方面，今天党内的认识和觉悟同实行新经济政策的必要性适应到什么程度。我想谈的，就只是这个专题。

我感兴趣的首先是这样一个问题：在评价我们的新经济政策时，在什么意义上可以说过去的经济政策是错误的；说它错误是否正确；最后，如果正确，那么在什么意义上可以认为这种评价是有益的和必要的？

我认为，这个问题对于估计今天我们党内在目前经济政策的一些最根本问题上意见一致的程度是有意义的。

党现在是否应该把注意力只放在这个经济政策的一些具体问题上，还是至少有时也应该把注意力放在如何估计实行这个政策的一般条件上，放在如何使党内的觉悟、兴趣和注意力适应于这些一般条件上？我认为目前的情况是：我们党内有很多人对新经济政策还不那么清楚；我们如果对过去的经济政策的错误没有明确的认识，就不能顺利完成自己的任务，即给新经济政策打基础并最终确定新经济政策的方向。

为了说明我的看法，为了回答在什么意义上可以说（而且我认为应该说）我们过去的经济政策是错误的这个问题，我想拿日俄战争中的一个事件来作比喻。我认为，这个事件会帮助我们更确切地认识像在我国所发生的这种革命中不同的政治办法和手段的相互关系。我说的这个例子，就是日本乃木将军攻克旅顺口这个事件。使我对这个例子感兴趣的主要一点，就是攻克旅顺口经历了两个完全不同的阶段。第一阶段是多次猛烈的强攻，结果都失败了，使这位著名的日本统帅付出了极大的牺牲。第二阶段是不得不对这个要塞改用非常艰苦、非常困难而缓慢的地地道道的围攻，而过了一些时日,正是用这种方法完成了攻克要塞的任务。我们看一看这些事实,就会很自然地提出一个问题:在什么意义上可以说这位日本将军对旅顺口要塞采取的第一种战法是错误的呢?强攻要塞是否错误?如果是错误的,那么日军为了正确完成任务,应该在什么条件下承认这是错误,应该认识到这个错误有多大?

当然,乍看起来,答案是再简单不过了。既然对旅顺口的多次强攻毫无结果(这是事实),既然进攻者的牺牲非常大(这也是无可争辩的事实),那么,显而易见,对旅顺口要塞采取直接强攻的战术是错误的,这已无需任何证明了。但是从另一方面也不难看出,完成这种包含很多未知数的任务时,如果不作适当的实际试探,就很难有绝对的把握——哪怕是相当大的把握——大致准确或完全准确地确定用什么战法来攻克敌人要塞。不实际试探一下要塞的实力,即工事坚固程度、守军情况等等,这是无法确定的。不经过试探,就是一个优秀的统帅(乃木将军无疑算得上)也无法解决用什么正确战法攻克要塞的问题。从另一方面说,胜利结束整个战争这个目的和前提,也要求从完成这项任务的多种方法中选择速决战法;同时,事情很可能是这样的:即使牺牲极大,如果这对于用强攻拿下要塞是必要的话,那也还是得多于失。因为这样就能把日军腾出来,调到其他战场上去作战,就能在敌人即俄军把大批兵力调到这个远方战场以前,在把大批兵力训练得更好,在俄军或许变得比日军强好几倍以前,完成一项最重要的任务。

如果看一看整个战役的发展和日军作战的条件,我们就应得出这样的结论:对旅顺口的多次强攻不仅说明日军不惜巨大牺牲,作战非常英勇,而且还说明在当时的情况下,即在战役初期,这是唯一可能的而且是必要的和有益的做法,因为不用强攻要塞这一实际行动来检查一下兵力,不试探一下抵抗的力量,是没有理由采取比较长期比较艰苦的战斗方式的,要知道这种战斗方式仅仅由于时间长就蕴含着许多别的危险。从整个战役来说,我们也不能不把由强攻和冲击组成的战役第一阶段看做是必要的和有益的阶段,因为,我再说一遍,日军不经过这种试探,就不可能摸清这次战斗的具体条件。日军在对敌要塞进行强攻的阶段结束时情况是怎样的呢?成千上万的士兵被打死了,就是再死上几千士兵,用这种战法要塞还是拿不下来。当时的情况就是这样。当时有一部分人,或者说大多数人,已得出结论:必须放弃强攻而改用围攻。既然在战术上犯了错误,那就必须加以纠正。同这一错误战术有关的一切都应认为有碍于作战,需要作出调整:必须停止强攻而改用围攻,变更军队部署,重新分配作战物资。至于改变个别作战方法和作战行动,那就更不待说了。必须坚决地、明确地承认过去的做法是错误的,不要让它阻碍新战略和新战术的发展,阻碍作战行动的发展。这时作战行动必须完全用另一种方式来进行,而且如我们所知道的,新的作战行动取得了全胜,尽管时间比预料的长得多。

我认为,这个例子可以用来说明我国革命在解决经济建设领域里的社会主义任务时所处的境况。在这方面,十分明显地分为两个时期。一个是从(大致是从)1918年初到1921年春的时期,另一个是从1921年春开始的现在这个时期。

你们回想一下我们党从1917年底到1918年初所作的各种正式的和非正式的声明就可以发现,我们那时已认为,革命的发展、斗争的发展的道路,既可能是比较短的,也可能是漫长而艰辛的。但是,在估计可能的发展道路时,我们多半(我甚至不记得有什么例外)都是从直接过渡到社会主义建设这种设想出发的,这种设想也许不是每次都公开讲出来,但始终是心照不宣的。我特意重新翻阅了过去写的东西,例如1918年3、4月间所写的关于我国革命在社会主义建设方面的任务的文章①,我确信当时我们真有过这样的设想。

那时正好是这样一个时期,当时,一项根本任务,政治上需要先行完成的任务,已经完成了,那就是夺取了政权,建立了苏维埃国家制度来代替从前的资产阶级议会制,接着又完成了退出帝国主义战争这项任务,而且大家知道,为了退出帝国主义战争,我们作出了惨重的牺牲,签订了十分屈辱的、条件极其苛刻的布列斯特和约[17]。在和约签订以后,从1918年3月到夏天这段时期,军事任务似乎已经完成了。但是后来事变表明:情况并非如此;1918年3月,我们在完成了退出帝国主义战争的任务之后,只是接近了国内战争的开端。从1918年夏天起,由于捷克斯洛伐克军的叛乱,国内战争愈来愈迫近。那时,1918年3、4月间,在谈论我们的任务时,我们就已把搞斗争的行动方式同渐进过渡的方法作过对比,前者主要是用于剥夺剥夺者,而这项任务正是1917年底和1918年初革命头几个月的主要特点。那时我们已经不能不承认,我们在组织计算和监督方面的工作远远落后于剥夺剥夺者方面的工作。这就是说,我们所剥夺的要比我们所能计算、监督、管理等等的多得多。因此便提出由实行剥夺、由破坏剥削者和剥夺者的政权的任务转向组织计算和监督的任务,转向所谓平凡的经济任务即直接从事建设的任务。那时我们已经在许多问题上都需要后退。例如1918年3、4月间出现了专家报酬这样的问题:专家报酬的标准不符合社会主义的关系而符合资产阶级的关系,也就是说,不符合劳动的艰辛程度或特别艰苦的劳动条件而符合资产阶级习惯和资产阶级社会的条件。给专家以这种非常高的、资产阶级式

---

① 见本版选集第3卷第469—473、474—508、511—540页。——编者注

的报酬,原先并没有列入苏维埃政权的计划,甚至不符合1917年底所颁布的许多法令。但是在1918年初,我们党就直截了当地指出,我们在这方面应该后退一步,应该承认要作某种"妥协"(我这里用的是当时所用的字眼)。全俄中央执行委员会1918年4月29日的决定承认有必要在总的工资制度中实行这一变动[236]。

当时我们把建设工作、经济工作提到首位,只是从一个角度来看的。当时设想不必先经过一个旧经济适应社会主义经济的时期就直接过渡到社会主义。我们设想,既然实行了国家生产和国家分配的制度,我们也就直接进入了一种与以前不同的生产和分配的经济制度。我们设想,国家的生产和分配同私营商业的生产和分配这两种制度将互相斗争,而斗争所处的环境是:我们将建立起国家的生产和分配,逐步夺回敌对制度在这两个领域中的阵地。我们说,现在我们的任务与其说是剥夺剥夺者,不如说是计算、监督、提高劳动生产率和加强纪律。这是我们在1918年3、4月间说的,但是当时根本没有提出我们的经济同市场、同商业的关系问题。当1918年春我们同一部分曾反对签订布列斯特和约的同志论战而提出国家资本主义问题时,并没有说我们要退到国家资本主义上去,而是说我们俄国如果有国家资本主义作为占统治地位的经济制度,那我们的处境就会好一些,我们完成社会主义的任务就会快一些。我希望你们特别注意这一情况,因为我觉得,为了了解我们经济政策有什么转变以及怎样评价这个转变,这是必要的。

现在我举一个例子,它可以更具体、更清楚地说明我们当时的斗争是在什么样的条件下展开的。不久以前,我在莫斯科看到一份私人办的《广告小报》[237]。在我们先前的经济政策执行了三年以后,这份《广告小报》给人一种十分特殊、十分新奇的印象。但从我们经济政策所采取的一般方法来看,这里又没有什么可奇怪的。在举这个虽然很小但却相当有代表性的例子时,需要回想一下,在我们整个革命中,斗争是怎样发展的,它的任务是什么,它的方法是什么样的。在 1917 年底颁布的头一批法令中,有一条关于国家垄断广告业务的法令。这条法令意味着什么呢？它意味着:争得国家政权的无产阶级设想,向新的社会经济关系过渡尽可能采用渐进的办法——不取消私人报刊,而使它们在某种程度上服从国家的领导,把它们纳入国家资本主义轨道。法令规定国家垄断广告业务,也就是设想还保留私营报纸而把它作为一种常规,还保留需要私人广告的经济政策,也保留私有制,即保留许多需要刊登广告的私营企业。关于垄断私人广告业务的法令就是这样,而且也只能这样来理解。关于银行业的一些法令也有与此相似的地方,为了不使例子复杂化,我就不谈它们了。

那么,在苏维埃政权成立后头几个星期里颁布的这项垄断私人广告业务的法令命运如何呢？它的命运是这样的:很快就被踢开了。现在我们回想起斗争的发展和从那以后的斗争条件,一想到我们那么天真,竟在 1917 年底大谈国家垄断私人广告业务,真是可笑。在进行殊死斗争的时期,哪会有什么私人广告！我们的敌人——资本主义世界——对苏维埃政权这项法令的回答是:继续进行斗争,把斗争推向白热化,把斗争进行到底。法令设想,苏维埃政权、无产阶级专政已经非常巩固,因此任何其他经济都不可能再存在,所有私人企业主和个体业主都非常清楚必须服从苏维埃政权,我们国家政权在什么地方布置斗争,他们就会在什么地方应战。当时我们说,你们还可以保留私人报刊、私人经营企业的权利以及为这些企业提供服务所必需的刊登广告的自由,我们只规定国家对广告征税,只规定把广告业务集中在国家手中,对私人广告制度本身不但不去破坏,而且相反,由于信息业务的适当集中,只会让你们得到某些好处。然而事实表明，我们不得不在完全不同的战场上进行斗争。我们的敌人资本家阶级用完全否认整个国家政权来回答它的这项法令。当时根本谈不上什么广告，因为残留在我们制度中的一切资产阶级资本主义势力当时已经全力以赴地投入夺取政权基础的斗争。当时我们向资本家建议："你们服从国家的调节吧，服从国家政权吧，那么一切符合居民的旧利益、旧习惯、旧观点的东西就不会被完全消灭，而是通过国家的调节逐渐地加以改变。"但是他们却向我们提出了我们本身的生死存亡问题。资本家阶级所采取的策略就是迫使我们进行殊死的无情的斗争，因而我们对旧关系的破坏比原来设想的要彻底得多。

关于垄断私人广告业务的法令没有得到任何结果，它依然是一纸空文。实际生活，即资本家阶级的反抗，迫使我们的国家政权把全部斗争转移到另一个完全不同的方面，不是把斗争放在我们在1917年底曾天真地研究过的那些琐碎得可笑的问题上，而是放在生死存亡的问题上——粉碎整个职员阶级的怠工，击退得到全世界资产阶级支持的白卫军。

我认为，这一小段关于广告法令的插曲，对我们了解旧的策略是否错误这个基本问题提供了有益的启示。当然，我们现在从后来历史的发展这个背景上来评价事件，不能不认为这个法令是天真的，而且从某种意义上说是错误的，但是同时其中也有正确的成分，即国家政权（无产阶级）在向新的社会关系过渡时曾试图通过一种可以说是最能适应当时存在的关系的途径，尽可能采用渐进的办法，不作大的破坏。而我们的敌人资产阶级却施展一切手段，迫使我们采取殊死斗争的极端做法。从敌人方面说，这在战略上是否正确呢？当然是正确的，因为资产阶级如果不在这方面通过直接的搏斗来试一下自己的力量，怎么会突然服从一个崭新的、从来没有过的无产阶级政权呢？资产阶级回答我们说："对不起,可敬的先生们,我们要和你们谈的根本不是什么广告问题,而是我们能否再找到一个弗兰格尔、高尔察克和邓尼金,国际资产阶级是否会来帮助他们解决问题,解决的也决不是你们要不要有国家银行的问题。"关于国家银行,正如关于广告问题一样,我们在1917年底写了很多东西,它们在很大程度上都成了废纸。

当时资产阶级用正确的(从他们的利益来看)战略回答了我们："我们首先要为这样一个根本问题进行斗争:你们是否真的是国家政权,抑或这只是你们的错觉。这个问题当然不能靠法令,而要靠战争、靠暴力来解决。这种战争很可能不仅仅是我们这些被赶出俄国的资本家进行的战争,而是所有得益于资本主义制度的人进行的战争。如果事实表明这同其余的世界有相当的利害关系,那么国际资产阶级就会支持我们这些俄国资本家。"资产阶级这样做,从维护他们利益的角度看是做得对的,只要他们还有一线希望用最有效的手段——战争来解决这个根本问题,他们就不可能也不应当接受苏维埃政权为了用比较渐进的办法过渡到新制度而对他们作出的局部性让步。"根本不要过渡,根本不要新制度!"——这就是资产阶级的回答。

这就是事态发展成我们现在所看到的样子的原因。一方面,无产阶级国家在1917—1918年在人民意气风发的条件下进行了轰轰烈烈的斗争,取得了胜利;另一方面,苏维埃政权试行了一种经济政策,起初打算实行一系列渐进的改变,打算比较慎重地向新制度过渡,这一点也表现在我所举的那个小小的例子里。但是,苏维埃政权从敌人的阵营得到的回答却是:决心进行残酷的斗争,以确定苏维埃政权作为一个国家能否在世界经济关系体系中站住脚。这个问题只能用战争来解决,而且既然是国内战争,它就是非常残酷的。斗争愈艰巨,实行慎重过渡的余地就愈小。我已经说过,资产阶级按照这种斗争逻辑来行动,从他们方面来说是正确的。而我们能说些什么呢? 我们只能说:"资本家先生们,你们吓不倒我们。你们在政治方面已经连同你们的立宪会议被打垮了,现在我们在这方面要再次把你们打垮。"我们不能不这样做。采用任何其他的行动方式,从我们方面说,都等于完全交出我们的阵地。

回想一下我们斗争的发展条件你们就会懂得,这种看来似乎不正确和偶然的改变意味着什么,为什么我们依靠普遍高涨的热情和政治上的稳固统治能够轻而易举地解散了立宪会议[199],又为什么在这同时我们却必须试用一系列的措施来逐渐地慎重地实行经济改造,最后,为什么斗争的逻辑和资产阶级的反抗迫使我们改用内战这样一种最极端的、拼命的、不顾一切的斗争方式,从而使俄国遭受了三年的破坏。

到1921年春天已经很清楚了:我们用"强攻"办法即用最简单、迅速、直接的办法来实行社会主义的生产和分配原则的尝试已告失败。1921年春天的政治形势向我们表明,在许多经济问题上,必须退到国家资本主义的阵地上去,从"强攻"转为"围攻"。

如果这种转变引起某些人的埋怨、悲泣、颓丧和不满,那么应该指出,失败并不危险,危险的是不敢承认失败,不敢从失败中得出应有的结论。军事斗争比社会主义同资本主义的斗争要简单得多,我们所以战胜了高尔察克之流,是因为我们敢于承认自己的失败,敢于从失败中吸取教训,把没有做完和做得不好的工作再三重做。

在社会主义经济反对资本主义经济这场复杂得多、困难得多的斗争中也应该这样。敢于承认失败,从失败的经历中学习,把做得不好的工作更仔细、更谨慎、更有步骤地重新做过。如果我们有人以为承认失败会像放弃阵地那样使人颓丧气馁,那就应该说这样的革命者是一钱不值的。

我希望除个别情况外,谁也不能说在三年国内战争的实践中锻炼出来的布尔什维克是这种人。无论过去和将来,我们的力量都在于,我们对最惨重的失败也能给予十分冷静的估计,从失败的经历中学习应该怎样改进我们的活动方式。因此应当直言不讳。这一点,不仅从理论真理来看,而且从实践来看,都是重要的和值得注意的。如果昨天的经验教训没能使我们看到旧的方式方法的不正确,那么我们今天就决不可能学会用新的方式方法来完成自己的任务。

所以提出改行新经济政策的任务,是因为经过了在空前困难的条件下,在国内战争的条件下,在资产阶级强迫我们采用残酷斗争的形式的条件下直接进行社会主义建设的试验之后,到1921年春天情况已经很清楚:不是直接进行社会主义建设,而是要在许多经济领域退向国家资本主义;不是实行强攻,而是进行极其艰苦、困难和不愉快的长期围攻,伴以一连串的退却。要动手解决经济问题,也就是说,保证经济转到社会主义的基础之上,就必须这样做。

我今天不能用数字、总结或事实来说明这种退回到国家资本主义的政策给了我们什么好处。我只举一个小小的例子。你们知道,顿巴斯是我国经济几大中心之一。你们知道,我们在那里有一些原来是资本主义的大企业,它们已达到西欧资本主义企业的水平。你们也知道,我们在那里的任务是先恢复大工业企业,因为我们靠数量不多的工人恢复顿巴斯的工业比较容易。但是在春天改变政策以后,我们今天在那里看到了什么呢? 我们在那里看到了相反的情况——生产发展得特别顺利的是租给农民的小矿井。我们看到,国家资本主义的关系有了发展。农民矿井的生产情况很好,他们把开采的煤拿出大约30%作为租金交给国家。顿巴斯生产的发展表明,与今年夏天的惨状相比,目前情况已经普遍有了显著的好转,在这方面,小矿井生产的好转以及它们按国家资本主义原则经营这一点起了不小的作用。我不能在这里分析全部有关材料,但你们从这个例子里还是可以清楚地看到政策的改变所取得的某些实际结果。经济生活的活跃(这是我们绝对需要的)和生产率的提高(这也是我们绝对需要的),这些,我们通过局部退回到国家资本主义制度已经开始得到了。至于今后的成绩如何,将取决于我们的本事,取决于我们今后执行这一政策的正确程度。

现在回过头来阐发一下我的基本思想。今年春天我们改行新经济政策,退回到采用国家资本主义的经营手段、经营方式和经营方法,这种退却是否已经够了,以致可以停止退却而开始准备进攻呢? 不,实际表明退得还不够。理由如下。如果按我开头所讲的那个比喻(战争中的强攻和围攻)来说,那么我们还没有重新部署好军队,还没有重新分配好作战物资,如此等等。一句话,我们还没有作好新战役的准备,而根据新的战略和战术,新战役将按另一种方式进行。既然我们现在正在转向国家资本主义,那么试问,是不是应该设法使适合于以前的经济政策的活动方式现在不来妨碍我们呢? 不言而喻,而且我们的经验也证明,我们应该做到这一点。今年春天我们说过我们不怕退回到国家资本主义,我们还说过我们的任务就是把商品交换这一形式固定下来。自1921年春天以来,我们制定了一连串法令和决定,写了大批文章,进行了大量宣传工作和立法工作,这一切都是在适应发展商品交换的需要。商品交换这个概念包括一些什么内容呢? 这个概念所设想的建设计划(如果可以这样说的话)是怎样的呢? 它设想,在全国范围内,或多或少要按照社会主义方式用工业品换取农产品,并通过这种商品交换来恢复作为社会主义结构唯一基础的大工业。结果怎样呢？现在你们从实践中以及从我国所有的报刊上都可以清楚地看到,结果是商品交换失败了。所谓失败,是说它变成了商品买卖。如果我们不想把脑袋藏在翅膀下面,如果我们不想硬着头皮不看自己的失败,如果我们不怕正视危险,我们就必须认识到这一点。我们应当认识到,我们还退得不够,必须再退,再后退,从国家资本主义转到由国家调节买卖和货币流通。商品交换没有得到丝毫结果,私人市场比我们强大,通常的买卖、贸易代替了商品交换。

你们要努力适应这种情况,否则买卖的自发势力、货币流通的自发势力会把你们卷走的!

这就是为什么我们处于目前这种境地,仍然不得不退却,以便在日后最终转入进攻。这就是为什么目前我们大家都应该认识到以前的经济政策所采取的方法是错误的。我们必须了解这一点,以便弄清目前问题的关键在哪里,我们当前的转变的特点是什么。对外任务目前不是我们的迫切任务。军事任务也不是我们的迫切任务。现时摆在我们面前的主要是经济任务,而且我们应该记住,眼下还不能直接过渡到社会主义建设。

我们在三年内还没有能搞好我们的工作(经济工作)。我国的经济破坏和贫困是这么厉害,文化是这么落后,要在这样一个短时期内完成这项任务是不可能的。但是一般说来,过去的强攻并不是毫无影响和毫无益处的。

现在我们处于必须再后退一些的境地,不仅要退到国家资本主义上去,而且要退到由国家调节商业和货币流通。这条道路比我们预料的要长,但是只有经过这条道路我们才能恢复经济生活。必须恢复正常的经济关系体系,恢复小农经济,用我们自己的力量来恢复和振兴大工业。不这样我们就不能摆脱危机。别的出路是没有的。但是,我们中间有人对实行这一经济政策的必要性还认识得不够清楚。例如,当你说到我们的任务就是使国家变成一个批发商或者学会经营批发商业,说到我们的任务就是经商做买卖的时候,就觉得非常奇怪,有些人甚至感到非常可怕。他们说:"共产党员居然说出这种话来,说什么现在要把商业任务,把最平常、最普通、最庸俗、最微贱的商业任务提上日程,这样共产主义还能剩下什么呢?人们看到这种情况万念俱灰,说了一声'唉,一切都完了!'这有什么不应该呢?"我想,只要看一看自己的周围,就能发现这种情绪;这种情绪是非常危险的,因为它一旦蔓延开来,就会蒙蔽许多人的眼睛,使人难于清醒地理解我们当前的任务。1921年春季,我们在经济方面实行了退却,而且现在,秋季,乃至于1921年到1922年的这个冬季,我们还要继续退却。如果我们对自己、对工人阶级、对群众隐瞒这一点,那就等于承认我们根本没有觉悟,等于没有勇气正视现状。要是这样,我们就无法进行工作和斗争。

如果一支军队已经确信不能用强攻方式拿下要塞,但仍然表示不同意撤出旧阵地,不去占领新阵地,不改用新方法来完成任务,那么对于这样的军队应当说:只学会了进攻而没有学会在某些困难条件下为了适应这种条件必须实行退却,是不会取得战争胜利的。自始至终全是胜利进攻的战争在世界历史上是从来没有过的,即或有过也是例外。就普通的战争来说,情况就是这样。而在决定整个阶级的命运、决定是社会主义还是资本主义这个问题的战争中,是否有合理的根据设想第一次解决这个课题的人民一下子就能找到唯一正确无误的方法呢?有什么根据作这样的设想呢?毫无根据!经验证明恰恰相反。在我们所完成的任务中,没有一项是不经过反复而一次完成的。失败了再来,一切重新做过,相信一项任务总有办法可以完成,即使做得不能绝对正确,至少也能差强人意。我们过去是这样工作的,今后还应该这样工作。如果面对眼前的情况我们的队伍不能齐心一致,这是最令人痛心的,这说明在我们党内有一种非常危险的颓丧情绪。相反,如果我们敢于直截了当地说出甚至是痛苦的严重的真实情况,那么我们就一定能学会、绝对能学会如何战胜一切困难。

我们必须立足于现有的资本主义关系。我们害怕这样的任务吗?或者说这不是共产主义的任务吗?如果这样,那就说明我们不懂得革命斗争,不懂得革命斗争的性质,不懂得革命斗争是一种最紧张的斗争,伴有许多我们决不可以漠视的急剧转变。

现在我作几点总结。

我来谈一个很多人都关心的问题。既然现在,即1921年秋季和冬季,我们又一次退却,那么究竟要退到什么时候为止呢?我们时常直接或间接地听到这样的问题。这个问题使我想起签订布列斯特和约时所听到的一个类似的问题,我们签了布列斯特和约以后有人问我们:"你们对德帝国主义作了这样那样的让步,到底要让到哪年哪月为止呢?有什么东西能保证到时候停止让步呢?你们这样做不是使处境更加危险了吗?"当然,我们是增加了自己处境的危险性,但是不应当忘记一切战争的基本规律。战争的要素是危险。在战争中你无时无刻不被危险包围着。什么是无产阶级专政呢?无产阶级专政是一场战争,是一场比过去任何战争更残酷、更持久和更顽强得多的战争。在这场战争中,时时处处都有危险。

我们的新经济政策所造成的情况,如小型商业企业的发展、国营企业的出租等,都意味着资本主义关系的发展,看不到这一点,那就是完全丧失了清醒的头脑。不言而喻,资本主义关系的加强,其本身就是危险性的增强。你们能给我指出什么没有危险的革命道路、没有危险的革命阶段和革命方法吗?危险的消失就意味着战争的结束,无产阶级专政的终止。当然,此时此刻我们谁也不做这样的梦想。这个新经济政策所采取的每一个步骤都包含着许许多多的危险。我们在今年春天说,我们要用粮食税代替余粮收集制[176],要颁布法令,规定交纳粮食税以后剩下的粮食可以自由买卖。当时我们这样做,也就是使资本主义得到发展的自由。不明白这一点,就等于根本不懂得基本的经济关系,根本不可能认清形势和正确行动。当然,斗争方法改变后,发生危险的条件也改变了。在解决建立苏维埃政权和解散立宪会议的问题时,危险来自政治方面。这种危险是微不足道的。在全世界资本家所支持的国内战争的时期到来后,出现了军事上的危险,这种危险就比较严重了。而在我们改变了我们的经济政策后,危险就更大了,因为整个经济是由大量经营管理方面的日常的琐事构成的,而人们对这些琐事习以为常,不太注意,这就要求我们聚精会神、全力以赴,这就非常明确地提出了学会用正确方法来克服这种危险的必要性。资本主义的恢复、资产阶级的发展和资产阶级关系在商业领域的发展等等,这些就是我们目前的经济建设所遇到的危险,就是我们目前逐步解决远比过去困难的任务时所遇到的危险。在这一点上切不可有丝毫的糊涂。

我们必须懂得:目前的具体条件要求国家调节商业和货币流通,我们正应当在这方面发挥我们的作用。我们目前经济现实中的矛盾比实行新经济政策以前要多:居民中某些阶层即少数人的经济状况有了部分的、些许的改善,但是另一些阶层,即大多数人,他们得到的物质资料同他们的基本需要则完全不相适应。矛盾增加了。不难理解,在我们经历大变革的时候,要一下子消除这些矛盾是不可能的。

最后,我想强调一下我的报告中的三个主题。第一个是一般性问题:我们应当在什么意义上承认在新经济政策以前的一个时期内我们党所实行的经济政策是错误的？我举了某次战争中的一个例子,力求用它来说明由强攻转为围攻的必要性,说明开头实行强攻的必然性以及认识到强攻失败后采取新的战法的意义的必要性。

其次,到1921年春天才明确起来的第一个教训和第一个阶段,就是在新的道路上发展国家资本主义。在这方面现在取得了一些成绩,但也产生了从未有过的矛盾。我们还没有掌握这个领域。

第三个是,自从1921年春天我们不得不从社会主义建设退到国家资本主义之后,我们看到,调节商业和货币流通的问题已提上日程。不管我们怎样觉得商业领域距离共产主义很遥远,但正是在这个领域我们面临着一项特殊任务。只有完成了这一任务,我们才能着手解决极其迫切的经济需要问题。也只有这样,通过一条比较漫长然而比较可靠的,也是目前我们唯一走得通的道路,我们才能保证大工业有恢复的可能。

这就是我们在新经济政策问题上应该看清的主要之点。我们在解决这一政策的种种问题时,应当认清基本的发展路线,以便对现时我们在经济关系中所看到的表面上的混乱现象有清楚的认识。当前,在看到旧事物的破坏同时,我们还看到了新事物的仍很孱弱的幼苗,也常常看到我们的一些活动方式还不适应新的条件。我们既已提出提高生产力和恢复作为社会主义社会唯一基础的大工业的任务,我们就应当努力做到正确地对待这一任务,并且务必完成这一任务。

载于1921年11月3日和4日　　　　选自《列宁全集》第2版第42卷
《真理报》第248号和第249号　　　第216—233页

论黄金在目前和
在社会主义完全胜利后的作用

(1921 年 11 月 5 日)

庆祝伟大革命的纪念日,最好的办法是把注意力集中在还没有完成的革命任务上。现在,有一些根本性的任务革命还没有完成,要完成这些任务需要把握某种新的(同至今革命已经做到的相比)事物,在这种时候用上述办法来庆祝革命特别适当而且必要。

目前的新事物,就是我国革命在经济建设的一些根本问题上必须采取"改良主义的"、渐进主义的、审慎迂回的行动方式。这一"新事物"无论在理论上或实践上都引起了许多问题和疑虑。

理论问题是:在革命总的说来是胜利推进的条件下,在同一个领域里,在采取了许多最革命的行动之后,又转而采取非常"改良主义的"措施,这该怎样解释呢? 这里有没有"放弃阵地"、"承认失败"或诸如此类的事情呢? 我们的敌人,从半封建的反动分子到孟什维克或第二半国际[122]的其他骑士,当然说有。要是他们不假托各种理由或者不要任何理由就发出这样的叫嚣,那他们就不成其为敌人了。一切政党,从封建主到孟什维克,在这个问题上的惊人的一致,不过再一次证明所有这些政党对无产阶级革命来说确实是"反动的一帮"(顺便说一句,这正像 1875 年和 1884 年恩格斯给倍倍尔的信中所预见的一样①)。

但是,在朋友中间也有某种……"疑虑"。

我们要恢复大工业,组织大工业和小农业间的直接产品交换,帮助小农业社会化。为了恢复大工业,我们实行了余粮收集制,从农民那里借来一定数量的粮食和原料。这就是我们在 1921 年春天以前的三年多时间内所实行的方案(或方法、制度)。从直接和彻底摧毁旧社会经济结构以便代之以新社会经济结构的意义上说,这是完成任务的一种革命办法。

1921 年开春以来,我们提出(还不是"已经提出",只是刚刚"提出",并且还没有充分意识到这一点)完全不同的、改良主义的办法来代替原先的行动的办法、方案、方法、制度。所谓改良主义的办法,就是不**摧毁**旧的社会经济结构——商业、小经济、小企业、资本主义,而是**活跃**商业、小企业、资本主义,审慎地逐渐地掌握它们,或者说,做到有可能**只**在使它们活跃起来的**范围内**对它们实行国家调节。

这是完成任务的另一种完全不同的办法。

与原先的革命办法相比,这是一种改良主义的办法(革命这种改造是最彻底、最根本地摧毁旧事物,而不是审慎地、缓慢地、逐渐地改造旧事物,力求尽可能少加以破坏)。

有人问,既然你们试用革命方法以后承认这种方法失败而改用改良主义方法,那岂不证明你们是在宣布革命就是根本错误的吗?那岂不证明根本不应该从革命开始,而应该从改良开始,并且

---

① 见《马克思恩格斯文集》2009 年人民出版社版第 3 卷第 411 页;《马克思恩格斯全集》第 1 版第 36 卷第 252—253 页。——编者注

只限于改良吗?

孟什维克和类似的人所作的就是这样的结论。但这种结论,不是政治上饱经"风霜"的人的诡辩和骗人伎俩,就是"初出茅庐"的人的幼稚无知。对于一个真正的革命者来说,最大的危险,甚至也许是唯一的危险,就是夸大革命作用,忘记了恰当地和有效地运用革命方法的限度和条件。真正的革命者如果开始把"革命"写成大写,把"革命"几乎奉为神明,丧失理智,不能极其冷静极其清醒地考虑、权衡和验证在什么时候、什么情况下、什么活动领域要善于采取革命的行动,而在什么时候、什么情况下、什么活动领域要善于改用改良主义的行动,那他们就最容易为此而碰得头破血流。要是真正的革命者失去清醒的头脑,异想天开地以为"伟大的、胜利的、世界性的"革命在任何情况下、在任何活动领域都一定能够而且应该用革命方式来完成一切任务,那他们就会毁灭,而且一定会毁灭(是指他们的事业由于内因而不是由于外因而失败)。

谁"异想天开"要这么干,那他就完了,因为他想在根本问题上干蠢事,而在激烈的战争(革命就是最激烈的战争)中干蠢事是要受到失败这种惩罚的。

凭什么说"伟大的、胜利的、世界性的"革命能够而且应该只采用革命的方法呢? 这是毫无根据的。这样说是完全错误、绝对错误的。如果站在马克思主义立场上,从纯理论原理来看,这种说法的不正确是不言而喻的。我国革命的经验也证实了这种说法的不正确。从理论上看,在革命时期也和在其他任何时期一样,都会干出蠢事来。这是恩格斯说的①,他说得对。应该尽量少干蠢事,尽快地纠正已经干了的蠢事,尽量冷静地考虑:在什么时候,哪些

―――――――――――

① 见《马克思恩格斯文集》2009 年人民出版社版第 3 卷第 364 页。——编者注

任务可以用革命方法完成,哪些任务不能用革命方法完成。从我们自己的经验看:布列斯特和约[17]就是一个决非革命行动而是改良行动的例证,这种行动甚至比改良行动更糟,因为这是倒退行动,而改良行动通常是缓慢地、审慎地、逐渐地前进,而不是倒退。我们在缔结布列斯特和约时的策略的正确性,现在已得到充分的证实,大家都很清楚,一致公认,因此对这个问题用不着多讲。

我国革命充分完成了的只是资产阶级民主性的工作。我们完全有权以此自豪。在我国革命中,无产阶级的或者说社会主义的工作可以归纳为三大项:(1)通过革命手段退出世界帝国主义战争;揭露两个世界性的资本主义强盗集团的大厮杀并使这场战争**打不下去**;从我们方面说,这一点已经完全做到了;但是要从各方面都做到这一点,只有靠几个先进国家的革命。(2)建立苏维埃制度这一实现无产阶级专政的形式。有世界意义的转变已经完成。资产阶级民主议会制时代已经终结。世界历史的新的一章——无产阶级专政的时代已经开始。只不过苏维埃制度和无产阶级专政的各种形式还要靠许多国家来改进和完善。在这方面我们还有很多很多事情没有完成。如果看不到这一点,那是不可饶恕的。我们的工作还得不止一次地补做、改做或重做。今后在发展生产力和文化方面,我们每前进一步和每提高一步都必定要同时改善和改造我们的苏维埃制度,而现在我们在经济和文化方面水平还很低。我们有待于改造的东西很多,如果因此而"面有愧色",那就荒谬绝顶了(如果不是比荒谬更糟的话)。(3)从经济上建设社会主义制度的基础。在这方面,最主要最根本的工作还没有完成。而这是我们最靠得住的事业,——无论从原则来看或从实践来看,也无论从俄罗斯联邦的现状来看或从国际方面来看,都是最靠得住的事业。

　　既然在打基础上最主要的工作还没有完成,那就应该把全部注意力放在这上面。这里的困难在于过渡的形式。

　　我在1918年4月《苏维埃政权的当前任务》一文中曾这样写道:"仅仅一般地做一个革命者和社会主义拥护者或者共产主义者是不够的。必须善于在每个特定时机找出链条上的特殊环节,必须全力抓住这个环节,以便抓住整个链条并切实地准备过渡到下一个环节;而在这里,在历史事变的链条里,各个环节的次序,它们的形式,它们的联接,它们之间的区别,都不像铁匠所制成的普通链条那样简单和粗陋。"①

　　当前,在我们所谈的这个活动领域里,这样的环节就是在国家的正确调节(引导)下活跃国内**商业**。在历史事变的链条中,在1921—1922年我国社会主义建设的各种过渡形式中,商业正是我们无产阶级国家政权、我们居于领导地位的共产党"**必须全力抓住的环节**"。如果我们**现在**能紧紧"抓住"这个环节,那么不久的将来我们就一定能够掌握**整个**链条。否则我们就掌握不了整个链条,建不成社会主义社会经济关系的基础。

　　这看起来很奇怪:共产主义与商业?!这是两种风马牛不相及、毫不相干、相去甚远的东西。但是,如果**从经济**上认真考虑一下,就会知道这二者之间的距离并不比共产主义同小农的、宗法式的农业的距离更远。

　　我们将来在世界范围内取得胜利以后,我想,我们会在世界几个最大城市的街道上用黄金修建一些公共厕所。这样使用黄金,对于当今几代人来说是最"公正"而富有教益的,因为他们没有忘记,怎样由于黄金的缘故,在1914—1918年"伟大的解放的"战争

――――――――――

① 见本版选集第3卷第506页。——编者注

中,即在为了解决是布列斯特和约坏些还是凡尔赛和约[16]坏些这个重大问题的战争中,曾使1 000万人死于非命,3 000万人变成残废;怎样又是由于黄金的缘故,不知是在1925年前后还是在1928年前后,是在日美之间还是在英美之间的战争中,或者在诸如此类的战争中,一定还会使2 000万人死于非命,6 000万人变成残废。

但是,无论上述那种使用黄金的办法多么"公正",多么有益,多么人道,我们仍然说:要做到这一点,我们还应当像1917—1921年间那样紧张、那样有成效地再干它一二十年,不过工作的舞台比那时要广阔得多。目前在俄罗斯联邦仍然应当爱惜黄金,卖黄金时要卖得贵些,用黄金买商品时要买得便宜些。和狼在一起,就要学狼叫。至于要消灭所有的狼(在一个合理的人类社会里理应如此),那我们就要照俄国一句精辟的俗话去做:"上战场别吹牛,下战场再夸口……"

假定……假定在千百万小农旁边没有电缆纵横的先进的大机器工业,——这种工业按其技术能力和有组织的"上层建筑"以及其他伴生的条件来说,能够比从前更迅速更便宜更多地向小农提供优质产品——那么商业就是千百万小农与大工业之间唯一可能的经济联系。就世界范围来说,这种"假定"没有的东西**已经有**了,这个条件已经具备了,但是,某一个国家,而且是最落后的资本主义国家之一,在试图马上直接实现即实际建立工业和农业之间的这种**新**的联系时未能用"强攻"方法完成这项任务,现在就不得不采取一系列缓慢的、渐进的、审慎的"围攻"行动来完成这项任务。

掌握商业,引导商业,把它控制在一定的范围内,这是无产阶级国家政权能够做到的。现在举一个小例了,一个小小的例子。

在顿巴斯,一方面由于国营大矿井劳动生产率提高,另一方面由于把小矿井出租给农民,经济已经开始活跃,虽然活跃的程度还很小,但无疑是活跃了。这样一来,无产阶级国家政权额外得到了一些为数不多的煤(对于先进国家来说,这个数量是微不足道的,然而在我国一贫如洗的情况下却是很可观的)。我们所得到的煤,假使成本是 100%,而我们卖给国家机关是按 120%,卖给私人是按 140%(附带声明一下,这些数字完全是我随便举的,因为第一,我不知道确切的数字,第二,即使知道,我现在也不会公布)。看来我们**已开始**掌握——哪怕是规模极小——工农业之间的**流转**,掌握批发商业,掌握这样的任务:抓住现有的落后的小工业或被削弱被破坏了的大工业,在**目前的**经济基础上使商业活跃起来,使中等的普通的农民(他们是农民的多数,农民群众的代表,自发势力的体现者)感到经济上的活跃,利用这一点来更有步骤、更顽强、更广泛、更有效地进行恢复大工业的工作。

我们决不会受本能地轻视商业的"感情社会主义"或旧俄半贵族半农民的宗法情绪的支配。各种过渡经济形式都可以利用,而且既然有利用的必要,就**应该**善于利用它们来巩固农民同无产阶级的联系,立即活跃我们这个满目疮痍、受尽苦难的国家的国民经济,振兴工业,为今后采取各种更广泛更深入的措施如电气化等创造条件。

只有马克思主义才精确地正确地规定了改良同革命的关系,然而,马克思只能从一个方面,只能在无产阶级还没有在哪一个国家取得第一次稍微巩固、稍微持久的胜利的情况下看到这种关系。在这种情况下,正确关系的基础就是把改良看做无产阶级的革命阶级斗争的副产品。就整个资本主义世界来说,这种关系是无产阶级革命策略的基础,是一个起码常识,而第二国际卖身求荣的领袖们以及第二半国际半是迂腐、半是装腔作势的骑士们却歪曲和抹杀这种起码常识。无产阶级哪怕在一个国家取得胜利以后，在改良同革命的关系中就出现了某种新东西。从原则上说情况还和从前一样，但在形式上发生了变化。这种变化马克思本人当时是预见不到的，我们只有根据马克思主义的哲学和政治学说才能认识到。为什么我们能够正确地实行布列斯特的退却呢？因为我们已前进了相当远，有退却的余地。从 1917 年 10 月 25 日到签订布列斯特和约时为止，我们**在几个星期之内**以令人头晕目眩的速度建立了苏维埃国家，通过革命手段退出了帝国主义战争，完成了资产阶级民主革命，**即使**作了签订布列斯特和约这个大倒退，我们仍然保留了充分广阔的阵地，可以利用"喘息时机"再胜利前进，反击高尔察克、邓尼金、尤登尼奇、皮尔苏茨基、弗兰格尔。

无产阶级取得胜利以前，改良是革命的阶级斗争的副产品。取得胜利以后，改良在国际范围内仍然是一种"副产品"，但对取得胜利的国家来说，如果经过极度紧张的斗争，实力显然不足以用革命手段来实行某种过渡，那么改良又是一种必要的、合理的喘息时机。胜利提供了很多"后备力量"，我们即使被迫退却也能坚持下去，无论在物质方面或精神方面都能坚持下去。所谓在物质方面坚持下去，就是保持兵力的充分优势，使敌人不能彻底打垮我们。所谓在精神方面坚持下去，就是不使自己精神沮丧，组织瓦解，仍保持对情况的清醒估计，保持饱满的精神和坚强的意志，退得虽远但退得适度，能及时停下来并重新转入进攻。

我们已经退到了国家资本主义。但我们退得适度。现在我们正退到由国家调节商业。但我们会退得适度的。现在已经有一些迹象可以使人看到退却的终点了，可以使人看到在不很久的将来停止这种退却的可能性了。这次必要的退却进行得愈自觉，愈协调,成见愈少,那么,我们就会愈快停止退却,而随后的胜利进击就会愈有把握,愈迅速,愈波澜壮阔。

1921 年 11 月 5 日

载于 1921 年 11 月 6—7 日《真理报》第 251 号

选自《列宁全集》第 2 版第 42 卷第 244—252 页

关于工会在新经济政策条件下的
作用和任务的提纲草案[238]

(1921 年 12 月 30 日—1922 年 1 月 4 日)

俄共中央全会 1921 年 12 月 28 日审议了关于工会在新经济政策条件下的作用和任务的问题。会上听取了鲁祖塔克、安德列耶夫、施略普尼柯夫三位同志的报告（原定的卢托维诺夫同志的报告由于没有及时通知报告人而没有作）。经过交换意见，决定把鲁祖塔克和安德列耶夫两位同志的提纲草稿（加上列宁同志的补充）交给由他们两人组成的委员会，委托该委员会拟出提纲草案，提交政治局审批。

（**在**委员会和政治局批准该草案**后**对这段话还要补充几句。）

草　案

1. 新经济政策和工会

新经济政策使无产阶级的状况、因而也使工会的状况发生了一些重大的变化。发生这些变化，是由于目前共产党和苏维埃政权在从资本主义向社会主义过渡的整个政策上实行特殊的过渡办法，在许多方面采取和以前不同的方式，用所谓"新的迁回方法"来夺取一些阵地,实行退却,以便更有准备地再转入对资本主义的进攻。比如说,现在不但容许而且还发展由国家调节的自由贸易和资本主义,而另一方面,国营企业也在改行所谓经济核算,实际上就是在相当程度上实行商业的和资本主义的原则。

2. 无产阶级国家中的国家资本主义和工会

无产阶级国家在不改变其本质的情况下,可以容许贸易自由和资本主义的发展,但只是在一定限度内,而且要以国家调节(监察、监督、规定形式和规章等等)私营商业和私人资本主义为条件。这种调节能否成功,不仅取决于国家政权,而且更取决于无产阶级和全体劳动群众的成熟程度以及文化水平等等。即使这种调节十分成功,劳资之间阶级利益的对立无疑还是存在的。因此,今后工会最主要的任务之一,就是在无产阶级同资本作斗争时从各方面全力维护无产阶级的阶级利益。这项任务应当公开提到一个极重要的地位,工会的机构应当作相应的改组、改变或扩充,应当设立,或确切些说,应当着手设立罢工基金等等。

3. 改行所谓经济核算的国营企业和工会

国营企业改行所谓经济核算,同新经济政策有着必然的和密切的联系,而且在最近的将来,这种企业即使不会成为唯一的一种,也必定会是主要的一种。在容许和发展贸易自由的情况下,这实际上等于让国营企业在相当程度上改行商业的即资本主义的原则。由于迫切需要提高劳动生产率,使每个国营企业扭亏为盈,由于必然会产生本位利益和过于热衷本位利益的现象,这样做难免造成工人群众同国营企业的经理即管理人员或同企业主管部门在利益上的某种对立。因此,即使在国营企业中,工会也义不容辞应维护无产阶级和劳动群众的阶级利益,使之不受雇用他们的人侵犯。

4. 无产阶级在承认土地工厂等的私有制、由资本家阶级掌握政权的国家中进行的阶级斗争同在不承认土地和多数大企业的私有制、由无产阶级掌握政权的国家中进行的阶级斗争之间的重大区别

只要阶级存在,阶级斗争就不可避免。在从资本主义到社会主义的过渡时期,必然存在着阶级。俄共纲领十分明确地指出:我们现在还只是在采取最初步骤从资本主义向社会主义过渡。因此共产党也好,苏维埃政权也好,工会也好,都应当公开承认:只要工业和农业的电气化还没有完成(哪怕是基本完成),只要小经济和市场统治的一切根子还没有因此而被铲除,阶级斗争就会存在,而且不可避免。因此,目前我们决不能放弃罢工斗争,不能在原则上同意实行用强制的国家调解代替罢工的法律。

另一方面,在资本主义制度下,罢工斗争的最终目的显然是破坏国家机构,推翻现有的、阶级的国家政权。而在我们这种过渡型

的无产阶级国家中,罢工斗争的最终目的只能是通过同这个国家的官僚主义弊病,同它的错误和缺点,同资本家力图逃避国家监督的阶级野心等等作斗争,来巩固无产阶级国家和无产阶级的国家政权。因此,无论共产党、苏维埃政权或工会都决不能忘记,而且也不应当向工人和劳动群众隐瞒:在无产阶级掌握国家政权的国家里采取罢工斗争,其原因只能是无产阶级国家中还存在着官僚主义弊病,在它的机构中还存在着各种资本主义旧残余,这是一方面;另一方面,是由于劳动群众政治上不开展和文化上落后。既然法院和其他一切国家机关都是由劳动者自己在阶级基础上建立的,而把资产阶级排除在选民之外,那么,解决劳资之间、受雇者和雇用者之间的冲突,应当愈来愈多地采取由劳动者直接投诉国家机关这种正常的方式。

5. 恢复工会的自愿入会制

把所有工人强行登记为工会会员的做法,既不符合工业社会化实际达到的水平,也不符合群众的觉悟水平。此外,强制入会的做法还使工会产生了某种程度的官僚主义弊病。必须在相当长的时期内坚决恢复自愿入会的做法。对工会会员决不能要求具有一定的政治观点;在这一点上,也和对待宗教的问题一样,工会应当是非党的。对于无产阶级国家中的工会会员,只应要求他们懂得同志纪律,懂得工人团结起来捍卫劳动者的利益和忠于劳动者政权即苏维埃政权的必要性。无产阶级国家应当从权利上和物质上鼓励工人参加工会组织。但是工会如果不尽义务,就不应当有任何权利。

6. 工会和企业管理

无产阶级取得国家政权以后,它的最主要最根本的需要就是增加产品数量,大大提高社会生产力。这项在俄共纲领上已经明确提出的任务,今天由于战后的经济破坏和饥荒而变得格外紧迫了。因此,在恢复大工业方面必须尽速取得尽可能扎实的成绩,没有这个条件,劳动摆脱资本桎梏这整个解放事业就不可能获得成功,社会主义就不可能获得胜利。但是要取得这样的成绩,在俄国目前的环境下,又绝对需要把全部权力集中在工厂管理机构手中。这些通常按个人管理制原则组成的管理机构,在享有最大的机动自由、极其严格地检查在提高生产和扭亏增盈方面的实际成绩、十分认真地选拔最优秀最能干的行政管理人员等等条件下,应当独立地处理规定工资数额以及分配纸币、口粮、工作服和其他种种供应品的工作。

在这种情况下,工会对企业管理进行任何直接干预都必须认为是绝对有害的,不能允许的。

但是把这一无可争辩的真理解释成工会不得参加社会主义的工业组织和国营工业的管理,那就完全错了。在以下几种严格规定的形式下,工会的参加是必要的。

7. 工会的作用和工会怎样参加无产阶级
国家的经济机关和国家机关

无产阶级是正在从资本主义向社会主义过渡的国家的阶级基础。在一个小农占极大优势的国家里,无产阶级只有非常巧妙地、谨慎地和逐渐地同绝大多数农民结成联盟,才能顺利完成过渡这一任务。在我国,国家政权的一切政治经济工作都由工人阶级觉悟的先锋队共产党领导,工会应当是国家政权最亲密的和不可缺少的合作者。工会一般说来是共产主义的学校,尤其应当是全体工人群众以至全体劳动者学习管理社会主义工业(以后也逐渐管理农业)的学校。

根据这些原则,应当为工会参加无产阶级国家经济机关和国家机关规定以下几种基本形式:

(1)工会用推荐候选人、提供咨询的方式参与一切经济机关以及同经济有关的国家机关的人事安排;工会也参加这些机关,但不是直接参加,而是通过由它们推举并经共产党和苏维埃政权批准的领导人选来参加,这些人选包括最高一级国家机关的委员、经济部门的委员、工厂管理机构的委员(在实行这种集体管理制的单位),还有行政管理人员及其助手,等等。

(2)工会最重要的任务之一,就是从工人和一般劳动群众中提拔和培养行政管理人员。目前这种工业行政管理人员,完全称职的我们有几十个,比较称职的有几百个。但是不久我们就需要有几百个完全称职和几千个比较称职的行政管理人员。工会应当远比现在更细致更坚持不懈地系统登记一切有能力担任这种工作的工人和农民,从各方面切实认真地检查他们学习管理工作的成绩。

(3)工会参加无产阶级国家一切计划机关的工作同样重要。除了参加一切文化教育工作和生产宣传工作之外,工会的这一活动应当能够更广泛更深入地吸引工人阶级和劳动群众参加国家的整个经济建设,使他们熟悉经济生活的整个情况,熟悉工业从采购原料到销售产品的全部工作,使他们更具体地了解国家统一的社会主义经济计划和实现这一计划同工农的实际利害关系。

(4)在建设社会主义和参加工业管理方面,工会工作的一个必要组成部分就是制定工资标准和供给标准等。特别是纪律审判会应当不断加强劳动纪律,不断改进加强劳动纪律和提高生产率的文明工作方法,但决不可干涉人民法院和管理机构的职权。

以上列举的工会在社会主义经济建设中几项最重要的职能,当然还应当由工会和苏维埃政权的有关机关作出详细规定。最重要的是,工会要自觉地坚决地放弃对管理工作进行没有准备的、外行的、不负责任的、危害不浅的直接干预,而去进行顽强的、切实的、预计需要做许多年的工作:**实地训练**工人和全体劳动者**管理**全国的国民经济。

8. 联系群众是工会一切工作的基本条件

联系群众,也就是联系大多数工人以至全体劳动者,这是工会任何一项工作取得成绩的最重要最基本的条件。工会组织及其机关从下级到最上级,应当培养出一批负责同志,并在多年的实践中加以考察,这些负责同志不一定都是共产党员,他们应当生活在工人群众之中,非常熟悉他们的生活,能够在任何时候任何问题上正确无误地判断群众的情绪，判断他们真正的需要、愿望和想法，能够不带半点虚假拔高成分来确定群众的觉悟程度，确定这样那样的旧偏见和旧残余对他们的影响有多大，能够用同志的态度对待群众、关心满足群众的要求，以此赢得群众的无限信任。对于一个人数不多的共产党来说，对于一个作为工人阶级的先锋队来领导一个大国在暂时没有得到较先进国家的直接援助的情况下向社会主义过渡的共产党来说，最严重最可怕的危险之一，就是脱离群众，就是先锋队往前跑得太远，没有"保持排面整齐"，没有同全体劳动大军即同大多数工农群众保持牢固的联系。一家拥有优良发动机和第一流机器的上等工厂，如果发动机和机器之间的传动装置坏了，那就不能开工，同样，如果共产党和群众之间的传动装置——工会位置摆得不正或工作得不正常，那我们的社会主义建设就必然遭殃。这个道理，仅仅加以解释、提醒、论证是不够的，还应当从组织上把它落实到工会的一切机构中，落实到工会的日常工作中。

9. 在无产阶级专政下工会处境的矛盾

按照以上的论述，工会各项任务之间就产生了一系列矛盾。一方面，工会的主要工作方法是说服教育；另一方面，工会既然是国家政权的参加者，就不能拒绝参加强制。一方面，工会的主要任务是维护劳动群众的利益，而且是最直接最切身这种意义上的利益；另一方面，工会既然是国家政权的参加者和整个国民经济的建设者，就不能拒绝实行压制。一方面，工会应当按照军事方式来工作，因为无产阶级专政是一场最残酷、最顽强、最激烈的阶级战争；

另一方面,正是工会最不宜采用专门适合军事的工作方法。一方面,工会要善于适应群众,适应群众当时的水平;另一方面,工会又决不应当姑息群众的偏见和落后,而要坚持不懈地提高他们的水平,如此等等。

这些矛盾不是偶然的,而且不是在几十年的时间内所能消除的。因为第一,这是一切学校所固有的矛盾。而工会是共产主义的学校。没有几十年的时间,休想使大多数劳动者达到高度发展水平,从而能把成人"学校"的痕迹和回忆统统抹掉。第二,只要资本主义和小生产的残余还存在,在整个社会制度中这些残余和社会主义幼芽之间的矛盾就不可避免。

由此可以得出两个实际结论。第一个结论:工会要有效地进行工作,仅仅正确地理解工会的任务、仅仅有适当的机构设置是不够的,还必须有特殊的机智,善于在各种具体场合用不同的方式对待群众,在文化、经济和政治方面把群众提高一步,而又能尽量减少摩擦。

第二个结论:上述种种矛盾必然会引起冲突、不协调和摩擦等现象。因此必须有一个相当权威的上级机关及时地解决这类问题。这种机关就是共产党和各国共产党的国际联合组织共产国际。

10. 工会和专家

关于这个问题的基本原则已经在俄共纲领中阐明。但是,如果不经常注意事实,不看这些原则贯彻到什么程度,那么这些原则还会停留在纸上。最近就有这样的事实:第一,不仅在乌拉尔的而且在顿巴斯的社会化矿山中,都发生了工人打死工程师的事件;第二,莫斯科自来水厂总工程师弗·瓦·奥登博格尔自杀。①

造成这种现象,共产党和整个苏维埃政权的责任当然要比工会大得多。但是现在的问题不是要确定政治责任的大小,而是要作出一定的政治结论。我们一切领导机关,无论是共产党、苏维埃政权还是工会,如果不能做到像爱护眼珠那样爱护一切勤恳工作、精通和热爱本行业务的专家(尽管他们在思想上同共产主义完全格格不入),那么社会主义建设事业就不可能取得任何重大的成就。在没有达到共产主义社会最高发展阶段以前,专家始终是一个特殊的社会阶层,我们应该使专家这个特殊的社会阶层在社会主义制度下比在资本主义制度下生活得更好,不仅在物质上和权利上如此,而且在同工农的同志合作方面以及在思想方面也如此,也就是说,使他们能从自己的工作中得到满足,能意识到自己的工作不再受资本家阶级私利左右而有益于社会。这一切我们还不能很快办到,但无论如何一定要办到。如果某个主管部门在保障专家的各种需要、鼓励优秀的专家、维护他们的利益等方面工作无计划,没有取得实际效果,那么,谁也不会承认这个部门办得还不坏。工会应当不是着眼于本部门的利益,而是着眼于劳动和国民经济整体的利益,来进行所有这些工作(或者经常参加各部门的有关工作)。在专家问题上,工会担负着一项极其艰巨的任务,就是要经常教育广大劳动群众同专家建立正确的相互关系,只有这样做才能收到真正重大的实际效果。

---

① 请看1922年1月3日《真理报》关于此事的报道:((援引该报第4版"新闻"栏报道的全文))。**239**

11. 工会和小资产阶级对工人阶级的影响

工会只有把极广大的非党工人群众联合起来，才算是真正的工会。这样一来，作为资本主义残余和小生产的上层建筑的政治影响，必然会在工会中相当稳固地存在，在一个农民占极大优势的国家里尤其如此。这是一种小资产阶级的影响，也就是说，一方面是社会革命党—孟什维克（第二国际和第二半国际[122]各党在俄国的变种）的影响，一方面是无政府主义的影响。只有在这些流派中还有那么一些人不是出于自私的阶级动机而是在思想上维护资本主义，继续相信他们所鼓吹的一般的"民主"、"平等"和"自由"具有超阶级的含义。

正是应当用上述社会经济原因而不是用个别集团的作用，更不是用个别人物的作用，来解释为什么我们工会中还存在着现在这种小资产阶级思想的残余（有时甚至是复苏）。因此，共产党和领导文化教育工作的苏维埃机关以及工会中的全体共产党员，都应当更加重视同工会中的小资产阶级的影响、思潮和倾向进行思想斗争，尤其是在新经济政策不能不在某种程度上加强资本主义的时候。为了对抗资本主义的加强，加紧抵制小资产阶级对工人阶级的影响是十分必要的。

完

同提纲一并讨论。

把它交给莫洛托夫,**不用重抄**。

供发表的提纲,即先提交给委员会然后提交给政治局的提纲草案到此结束。

建议政治局作出专门决定通过鲁祖塔克同志草案中的一项决定,行文如下:

政治局委托组织局成立一个隶属中央组织局的专门委员会,从加紧抵制小资产阶级的即社会革命党—孟什维克的和无政府主义的影响和倾向出发,来审查和更换工会运动的领导人(如有可能也包括所有的党员工作人员)。该委员会应该在俄共第十一次(例行)代表大会[240]召开前完成(哪怕是基本完成)自己的工作,并向党代表大会提出工作报告。[241]

不供发表

列 宁

1922 年 1 月 4 日

载于 1922 年 1 月 17 日《真理报》第 12 号(略有修改)

选自《列宁全集》第 2 版第 42 卷第 365—376 页

关于司法人民委员部
在新经济政策条件下的任务²⁴²

给德·伊·库尔斯基的信

抄送:(1)莫洛托夫并转政治局委员

　　　(2)亚·德·瞿鲁巴

　　　(3)李可夫(等他来到后)

　　　(4)叶努基泽同志并转全俄中央执行委员会主席团

　　　　成员

请特别注意:不得复制,传阅时必须签字,不得外传,不得
泄露给敌人。

1922年2月20日

库尔斯基同志:

司法人民委员部的工作看来还完全不适应新经济政策。

以前,苏维埃政权的战斗机关主要是陆军人民委员部和全俄
肃反委员会。现在战斗性**特别**强的职能则由司法人民委员部承
担。遗憾的是,看不出司法人民委员部的领导人和主要工作人员
已经理解了这一点。

加紧惩治苏维埃政权的政治敌人和资产阶级代理人(**特别是**

孟什维克和社会革命党人[4]）；由革命法庭和人民法院采取最迅速、**最符合革命要求的**方式加以惩治；在莫斯科、彼得格勒、哈尔科夫和其他一些最重要的中心城市必须安排一批**示范性**审判（在从速从严惩治方面，在法院和报刊向人民群众**说明**这些审判的意义方面作出示范）；通过党对人民审判员和革命法庭成员施加影响，以改进审判工作和加紧惩治；——这一切应当经常地、坚持不懈地进行，并且必须执行汇报制度（汇报要简明扼要，用电报文体，但要实事求是，准确无误，并且一定要用统计数字说明司法人民委员部怎样惩办和怎样学习惩办在我们队伍中占多数的、只会讲空话和摆架子而不会工作的"共产主义"坏蛋）。

司法人民委员部在保证**新经济政策**实施方面的战斗职能同样重要，因而它在这方面的软弱无能和精神不振更加令人愤慨。现在看不出他们已经理解到：我们过去承认和今后也要承认的只是**国家**资本主义，而国家就是我们，就是我们有觉悟的工人，就是我们共产党员。因此，应当认为有些共产党员是毫无用处的共产党员，他们**不像我们那样理解国家概念和国家任务**，根本不理解自己的任务是限制、制止、监督、当场抓住犯罪行为，是狠狠地惩办**任何超越国家资本主义范围的资本主义**。

在这方面，正是司法人民委员部和人民法院肩负着战斗性特别强、责任特别重大的任务。然而看不出他们对此有所理解。报纸上对滥用**新经济政策**的现象议论纷纷。这种现象多不胜数。

可是，对惩办滥用新经济政策的坏蛋的**示范性审判**，什么地方有过议论呢？没有，因为并没有进行过这类审判。司法人民委员部"忘记了"：这是它的事情；没有能督促、推动、整顿人民法院的工作，没有能教会它们无情地（**直至枪决**）和迅速地惩办滥用新经济政策的人,而这正是司法人民委员部的职责。**它**要对此负责。在这方面一点也看不到司法人民委员部的生气勃勃的工作,因为它根本没有这样做。

审判的教育意义是巨大的。我们是否关心过这件事呢?是否考虑过实际效果呢?没有,而这却是整个司法工作的起码常识。

对共产党员的惩办应比对非党人员加倍严厉,这同样是起码常识,而司法人民委员部对此同样漠不关心。

沙皇时代是根据胜诉的百分比来撤换或提升检察官的。我们从沙皇俄国学到了最坏的东西,也就是简直要把我们窒息死的官僚主义和奥勃洛摩夫习气²⁰²,可是**高明的东西**却没有学到手。对司法人民委员部的每一个部务委员和每一个工作人员进行鉴定应当依据他的履历,先问问他:在你监禁的共产党员中有几个判刑比犯同样过失的非党人员更重?你监禁了多少个犯有官僚主义和拖拉作风罪过的官僚主义者?你把多少个滥用**新经济政策**的商人判处了枪决,或者处以其他并非儿戏的(像在莫斯科在司法人民委员部鼻子底下经常发生的那样)惩罚?你无法回答这个问题吗?——那就是说你是个不干正事的人,这种人由于"共产党员的空谈"和"共产党员的狂妄自大"应当驱逐出党。

目前正在制定新的民法。司法人民委员部在"随波逐流",这种情况我看得出来。可是它是应当**同**潮流作斗争的。不要因袭(确切点说,不要被那些昏庸的资产阶级旧法学家所愚弄,他们总是因袭)陈旧的、资产阶级的民法概念,而要创造新的。不要受"因职责关系"沿用"适合欧洲"的行动方式的外交人民委员部的影响,而要同这种行动方式**作斗争**,制定**新的民法**,确定对"私人"契约的新的态度,等等。我们不承认任何"私人"性质的东西,在我们看来,经济领域中的**一切**都属于**公法**范畴,而不是什么私人性质的东西。我们容许的资本主义**只是**国家资本主义,而国家,如上所述,就是我们。因此必须:对"私法"关系更广泛地运用国家干预;扩大国家废除"私人"契约的权力;不是把罗马法典,而是把**我们的革命的法律意识**运用到"民事法律关系"上去;通过一批示范性审判来经常地、坚持不懈地表明应当**怎样**动脑筋、花力气做这件事;通过党来抨击和撤换那些不学习这个本事和不愿理解这一点的革命法庭成员和人民审判员。

如果司法人民委员部不立即振作起来,不立即全力以赴地承担起战斗任务,走上新的轨道,就会在热那亚会议面前(也在全世界面前)声誉扫地。

建议您:

1. 向司法人民委员部全体部务委员宣读我的信;

2. 召集100—200名从事民法、刑法和国家法实际工作的人,都要共产党员,向他们宣读我的信;

3. 禁止乱谈此事(此信),违者给予党纪处分,因为向敌人泄露我们的战略是愚蠢的;

4. 让一些在法院和司法人民委员部工作的、完全同意本信精神的共产党员就这些问题在报刊上发表一些文章,作一些公开的专题报告;

5. 组织全体部务委员(尽可能也包括在司法人民委员部系统担任重要职务的其他共产党员)分工**负责**:

(1)新**民法**的各个部分(这是**特别**重要**和最为**重要的)

(2)刑法的各个部分

(3)国家法

和政治法的各个部分 } 迫切性稍小

（4）在上述中心城市安排和进行若干有声势的、**有教育意义的**示范性审判

（5）对人民法院和革命法庭进行切实有效的而不是有名无实的监督，使它们真正能够既对苏维埃政权的政治敌人**加紧惩治**（如果不加紧惩治，司法人民委员部就是**头号罪犯**），也对**滥用新经济政策的人加紧惩治**。

做生意吧，发财吧！我们允许你这样做，但是我们将**加倍**严格地要求你做老实人，呈送真实准确的表报，不仅要认真对待我们共产主义法律的条文，而且要认真对待它的**精神**，不得有**一丝一毫**违背我们的法律，——这些就应当是司法人民委员部在**新经济政策**方面的基本准则。如果司法人民委员部不能够使我们这里的资本主义成为"训练有素的"、"循规蹈矩的"资本主义，如果司法人民委员部不能用一批示范性审判证明它**善于抓住**违反以上规定的行为，并且不是用罚款一两亿这样一种蠢得丢人的"共产党员的愚笨"办法，而是**用判处枪决的办法来进行惩办**，那么，司法人民委员部就毫不中用，那时我就认为自己有责任要求中央撤换司法人民委员部的负责工作人员。

司法人民委员部全体部务委员按上述任务分工的情况，请尽快通知我，使我能十分准确地知道（除人民委员负责**全盘**工作外）究竟是谁负责**民法**（其次是刑法等等）的某某部分，谁负责进行示范性审判（每一个部务委员都应当通过安排和进行**若干**示范性审判来显显**身手**），谁负责切实监督某个省或莫斯科某个区的革命法庭和人民法院以及法院侦查人员等等的工作。

不是把"各部分"分隔开来，也不是就此采取官僚主义的不闻不问态度，而是要使每一个参加部务委员会的**共产党员**都亲自负责某一项生动的革命工作，——这就是人民委员应当做到而且应

当证明他能够做到的事。

人民委员会主席

弗·乌里扬诺夫(列宁)

　　附言:在报刊上丝毫不得提到我的信。谁要愿意,可以用自己的名义发表文章,不要提到我,而且要多举一些具体材料!

选自《列宁全集》第 2 版第 42 卷

第 424—429 页

政论家札记[243]

论攀登高山，论灰心的害处，
论贸易的好处，论对孟什维克的态度等等

（1922 年 2 月底）

一

打 个 比 方

假定有一个人正在攀登一座还没有勘察过的非常险峻的高山。假定他克服了闻所未闻的艰险，爬到了比前人高得多的地方，不过还没有到达山顶。现在，要按照原定的方向和路线继续前进不仅困难和危险，而且简直不可能。他只好转身往下走，另找别的比较远但终究有可能爬到山顶的道路。我们假想的这位旅行家正处在世界上还不曾有人到过的高处，从这样的高处往下走，也许比上山更危险、更困难，因为容易失足，难于看清踩脚的地方，也没有往上攀登、直奔目标时那种特别高昂的情绪，如此等等。现在必须给自己系上绳子，花好几个钟头用丁字镐凿出台阶或可以拴牢绳子的地方；必须像乌龟那样慢慢移动，并且是向后退，向下爬，离目标愈来愈远，而且他还无法知道这极其危险和折磨人的下山何时才能结束，是否能找到一条比较可靠的绕行的道路，可以沿着这条路更大胆、更迅速、更直接地再次向前走，往上爬，登上山顶。

　　一个人尽管已经登上前人未曾到过的高度，但处于这样的境地，也会有霎时的灰心，这样假定恐怕是很自然的。如果他能够听到下面有人从安全的地方用望远镜远眺这种极危险的下山而发表的一些议论，那么灰心的时候就会更多、更沉重。这种极危险的下山甚至不能叫做（像"路标转换派"[244]说的）"有制动器控制的下山"，因为使用制动器要有设计周密、经过试验的车辆，有事先修好的道路，有早经试验合格的车辆部件。可是，在这里既没有车辆，也没有道路，什么也没有，根本没有什么早经试验合格的东西！

　　来自下面的议论是幸灾乐祸的。有些人公开表示幸灾乐祸，高声嘲笑说：看，他就要摔下来了，活该，看你还发疯！有些人则完全仿效犹杜什卡·戈洛夫廖夫[245]，竭力把幸灾乐祸的情绪隐藏起来。他们举目望天，神情忧伤。真叫人伤心，我们的忧虑竟得到了证实！我们耗费毕生精力来拟定一个攀登这座高山的合理计划，我们不是要求过在计划没有定好以前先不要攀登吗？我们曾经激烈地反对走这条现在连疯子本人也放弃了的道路（看呀，看呀，他后退了，下来了。他花了好几个钟头作准备，好让自己能够挪动那么一俄尺！可是，当我们不断要求稳重和谨慎的时候，我们却遭到了最难听的辱骂！），我们曾经严厉地斥责这个疯子，警告大家不要模仿他，不要帮助他。我们这样做，完全是出于对攀登这座高山的宏伟计划的爱护，是为了不让人败坏这个宏伟计划的声誉！

　　幸亏在我们的比喻中所假想的这位旅行家听不到这些登山计划的"真正的朋友"的声音，否则他也许要恶心了。而人一恶心，据说就不能头脑清醒，脚步稳健，尤其是在那么高的地方。

二

不 用 比 喻

比喻不是证据。任何比喻都是有缺陷的。这是无可争辩的、人所共知的道理。但是,我们仍不妨把这些道理重提一下,以便更清楚地看到任何比喻的含义的界限。

不仅同 1789 年和 1793 年相比,而且同 1871 年相比,俄国无产阶级在自己的革命中都达到了极高的高度。必须尽可能清醒、明确和清楚地认识到:我们"完成了"什么,还没有完成什么。这样就会使人头脑清爽,既不会出现恶心,也不会产生错觉或灰心失望。

我们"干净利落地""完成了"资产阶级民主革命,这在世界上是从未有过的。这是任何力量都无法夺回去的一个极其伟大的胜利。

我们通过革命手段退出了最反动的帝国主义战争。这也是世界上任何力量都无法夺回去的一个极其伟大的胜利。这个胜利特别宝贵,因为只要资本主义继续存在,不久的将来必然还会爆发反动的帝国主义大厮杀;而 20 世纪的人是不那么容易再度满足于"巴塞尔宣言"[126]之类的东西的,虽然在 1912 年和 1914—1918 年叛徒们即第二国际和第二半国际[122]的英雄们曾用"巴塞尔宣言"糊弄了自己和工人。

我们建立了苏维埃这种国家类型,从而在世界历史上开辟了一个新的时代即无产阶级政治统治的时代,它取代了资产阶级统治的时代。这也是无法夺回去的,虽然只有靠几个国家的工人阶级的实际经验才能"完成"苏维埃这种国家类型的建设。

但是,我们连社会主义经济的基础也没有建设完成。仇视我们的垂死的资本主义势力还有可能把这夺回去。必须清楚地认识到这一点,公开地承认这一点,因为再也没有什么比产生错觉(和冲昏头脑,特别是在极高的地方)更危险的了。承认这一痛苦的真理根本没有什么"可怕",也决不会使人有正当的理由可以有一丝一毫的灰心失望,因为我们向来笃信并一再重申马克思主义的一个起码的真理,即要取得社会主义的胜利,必须有几个先进国家的工人的共同努力。可是,我们暂时还是孤军作战,而且是在一个落后的、经济破坏比别国更厉害的国家里,但我们做了很多事情。此外,我们还保存了无产阶级的革命力量这支"军队",保存了这支军队的"机动能力",保持了我们清醒的头脑,使我们能够冷静地估计到应当在什么地方、什么时候退却和退多远(为了更有力地跃进),应当在什么地方、什么时候和用什么方法把没有做成的事重新做起来。如果有些共产党员以为,不犯错误,不实行退却,不一再重做那还没有做成和做得不对的事情,就可以完成像奠定社会主义经济基础(尤其是在一个小农国家里)这样一桩有世界历史意义的"事业",那就必须说这样的共产党员肯定已经完蛋了。有些共产党员既不陷入错觉,也不灰心失望,一直保持着机体的活力和灵活性,准备再一次"从头开始"向最困难的任务进军,这样的共产党员就没有完蛋,而且很可能不会完蛋。

我们尤其不容许有丝毫灰心失望,也没有理由灰心失望,因为我们虽然处于经济破坏、贫困、落后和饥荒的情况下,但是,我们毕竟在为社会主义创造条件的**经济**领域内**开始前进了**。而世界上与我们并存的一些比我们先进、比我们富裕千百倍、在军事上强大千百倍的国家,却在"**它们的**"、为它们所歌颂的、它们所熟悉的、经过几百年考验的资本主义经济领域内**继续倒退**。

三

论捉狐狸;论莱维;论塞拉蒂

据说,捉狐狸最可靠的方法是这样的:在一定范围内把侦察到的狐狸用系着许多小红旗的绳子围起来,绳子要稍高于积雪。狐狸害怕这种显然是人为的即"人类的"设置,只在用小红旗筑成的"围墙"稍微打开一个缺口的时候才从那里跑出来,而猎人就在那里守候它。对于这种人人都要追捕的野兽来说,谨慎似乎是一种最好的品质。可是在这里"优点的延续"却成了缺点。狐狸被捉,正是由于它过分谨慎。

应当坦白承认,我在共产国际第三次代表大会[212]上也因过分谨慎而犯了一个错误。在这次大会上,我站在最右翼一边。我满以为这是唯一正确的立场,因为当时有一大批"有威信的"代表,以德国、匈牙利和意大利的很多同志为首,采取了一种过"左的"和左得不正确的立场,他们往往不是冷静地考虑形势并不那么有利于立刻采取和直接采取革命行动,而是使劲挥舞小红旗。出于谨慎,即生怕这种无疑是不正确的左倾把共产国际的全部策略引到错误的方向上去,我当时曾竭力替莱维辩护,推测说莱维丧失理智(我当时并没有否认莱维丧失理智)也许是因为对左派的错误过分害怕,还说常有这样的情形:丧失了理智的共产党员,以后又"恢复了"理智。我针对"左派"的攻击而发,说莱维即使是孟什维克,这种假定也仍然不能解决问题。例如,俄国孟什维克同布尔什维克斗争 15 年(1903—1917 年)的整个历史证明:总的说来,孟什维克是绝对不正确的,他们事实上是资产阶级在工人运动中的代理人。俄国的三次革命也证明了这一点。这是无可争辩的事实。但是这个无可争辩的事实并不排除另一个事实,即在**个别**场合孟什维克是对的而布尔什维克是错的,例如 1907 年在抵制斯托雷平杜马的问题上就是如此。

从共产国际第三次代表大会到现在已经有八个月了。看来,我们当时同"左派"的争论已经过时了,已经由现实生活解决了。在莱维的问题上我当时是不对的。因为莱维已经确实证明,他走上孟什维克的歧途不是偶然的,不是暂时的,不仅仅是因反对"左派"极危险的错误而"矫枉过正",而是由来已久的,有深厚根源的,是出于他的本性。莱维在共产国际第三次代表大会之后,没有像一个因愤恨左派的某些错误而暂时丧失理智的人所应该做的那样,诚恳地承认必须重新申请入党,而是开始卑鄙地诬蔑党,暗地里陷害党,就是说,实际上是在替第二国际和第二半国际的资产阶级代理人效劳。德国共产党人为了回答这一点,最近又从自己党内开除了几位暗中帮助保尔·莱维干这种高尚勾当的老爷,这当然是完全正确的。

共产国际第三次代表大会以后,德国共产党和意大利共产党的发展证明,它们已经认识到左派在这次大会上所犯的错误,并且逐渐地、慢慢地、但一直不断地在加以纠正。它们正忠诚地贯彻执行共产国际第三次代表大会的决定。把欧洲议会主义的、只是薄薄涂上一层革命色彩而实际上是改良主义的旧型的党改造成为一个真正革命的、真正共产主义的新**型**的党,这是一件非常困难的事情。法国的例子大概再清楚不过地证明了这一点。在日常生活中改变党的工作**方式**,改造党的日常工作,使党成为革命无产阶级的先锋队,使党不但不脱离群众,而且日益接近群众,唤起他们的革命意识,发动他们参加革命斗争,这是一件最困难但又最重要的事情。1921年和1922年初,欧美许多资本主义国家都处在两个革命战斗白热化时期的间隙,欧洲共产党人如果不利用这个间隙(大概是非常短促的)对本党的整个机构和全部工作实行这种根本的、内部的、深刻的改造,那将是他们的一桩极严重的罪行。幸而这种担心没有根据。在欧洲和美洲,建立真正的共产党,建立无产阶级真正革命的先锋队的工作,已经不声不响地、不惹人注目地、悄悄地、慢慢地但是扎实地开始了,而且这种工作还在进行。

甚至从观察捉狐狸这样一件平凡的事情中得出的政治教训,也并不是没有益处的:一方面,过分谨慎会犯错误;另一方面又不应忘记,如果只凭"热情"或只是挥舞小红旗而不冷静地考虑客观情况,那就会犯无法纠正的错误,就会在困难虽大但灭亡决非不可避免的情况下遭到灭亡。

保尔·莱维现在特别想在资产阶级面前——**因而**也是在资产阶级的代理人第二国际和第二半国际面前——大献殷勤,所以他再版了罗莎·卢森堡的那些恰恰犯有错误的著作。对此我们可以用俄国一个很好的寓言里的两句话来回答:鹰有时比鸡飞得低,但鸡永远不能飞得像鹰那样高**246**。罗莎·卢森堡在波兰独立的问题上犯过错误,在1903年对孟什维主义的评价上犯过错误,在资本积累的理论上犯过错误,在1914年7月犯过同普列汉诺夫、王德威尔得、考茨基等一起主张布尔什维克和孟什维克联合的错误,1918年在监狱里所写的著作中也犯有错误(不过她已在1918年底1919年初即出狱以后纠正了自己的很大一部分错误)。虽然犯了这些错误,但她始终是一只鹰,不仅永远值得全世界的共产党人怀念,而且她的生平和她的**全部**著作(德国共产党人延缓她的全集的出版太久了,他们在艰苦斗争中遭到空前惨重的牺牲也只能使他们在某种程度情有可原)对教育全世界好几代共产党人来说都将是极其有益的。罗莎·卢森堡说:"1914 年 8 月 4 日以后,德国社会民主党已是一具发臭的死尸。"这句名言将和她的名字一起载入世界工人运动史册。可是,在工人运动后院粪堆上的保尔·莱维、谢德曼、考茨基及其同伙这群鸡,自然会因这位伟大的共产党人的错误而欣喜若狂。各有所好嘛。

谈到塞拉蒂,只能把他比做一个臭蛋,它绷裂时,既响又特别……刺鼻地臭。他先在"自己的"代表大会上提议通过一个愿意服从共产国际代表大会决定的决议[247],接着把一位老头子拉查理派到共产国际代表大会上来,最后用马贩子的卑鄙手段欺骗了工人。这真是太妙了。意大利共产党人在给意大利造就一个革命无产阶级的真正政党的同时,现在又将让工人群众看到一个搞政客骗术和孟什维主义的实例。这个实例是有益的,会**使人产生反感**,它的效果虽然不会立刻表现出来,不经过反复多次的具体的教训不会表现出来,但最终一定会表现出来。不要脱离群众;要不厌其烦地向普通工人做艰苦的工作,即通过实践揭露塞拉蒂的欺骗行为;不要相信那种过于简单容易却又极其危险的解决问题的办法:凡是塞拉蒂说"a"的地方,就偏说"负 a";要始终不渝地教育群众树立革命的世界观和采取革命的行动;要在实践中切实利用法西斯主义给人们所上的极好的(虽然为此付出的代价很高)生动具体的课。这样做了,意大利共产主义的胜利就有了保证。

莱维和塞拉蒂有典型意义不是由于他们本身,而是由于他们是小资产阶级民主派极左翼的最新标本,是"他们的"阵营即跟我们阵营对立的国际资本家阵营的最新标本。在"他们的"阵营中,从龚帕斯到塞拉蒂,无不对我们的退却、对我们的"下山"、对我们的新经济政策幸灾乐祸,欣喜若狂,或者洒下几滴鳄鱼的眼泪。让他们去幸灾乐祸吧。让他们去演练丑角吧。各有所好嘛。我们决不会陷入错觉,也不会灰心失望。不怕承认自己的错误,不怕三番五次地作出努力来改正错误,这样,我们就会登上山顶。从龚帕斯到塞拉蒂的国际联盟的事业是日暮途穷的事业。

载于 1924 年 4 月 16 日《真理报》
第 87 号和《全俄中央执行委员会
消息报》第 88 号

选自《列宁全集》第 2 版第 42 卷
第 447—455 页

关于《政论家札记》一文的几点设想

　　第 10 页现在是:(1)把莱维分子开除出去是完全正确的。(2)由于认识到在第三次代表大会上自己所犯的错误,德国和意大利的左派发展情况甚好。(3)总结=狐狸的教训。(4)莱维和罗莎·卢森堡。(5)塞拉蒂=只是一只狐狸,小兽。(6)第二国际和第二半国际。

载于 1959 年《列宁文集》俄文版
第 36 卷

选自《列宁全集》第 2 版第 42 卷
第 455 页

论战斗唯物主义的意义[248]

(1922 年 3 月 12 日)

关于《在马克思主义旗帜下》杂志[249]的一般任务,所有要点托洛茨基同志在第 1—2 期合刊上已经谈过了,而且谈得很好。我只想谈几个问题,把杂志编辑部在第 1—2 期合刊的发刊词中所宣布的工作内容和工作计划规定得更确切一些。

这篇发刊词说,团结在《在马克思主义旗帜下》杂志周围的不全是共产党员,然而都是彻底的唯物主义者。我认为,共产党员和非共产党员的这种联盟是绝对必要的,而且正确地规定了杂志的任务。如果共产党员(以及所有成功地开始了大革命的革命家)以为单靠革命家的手就能完成革命事业,那将是他们最大最危险的错误之一。恰恰相反,要使任何一件重大的革命工作得到成功,就必须懂得,革命家只能起真正富有生命力的先进阶级的先锋队的作用,必须善于实现这一点。先锋队只有当它不脱离自己领导的群众并真正引导全体群众前进时,才能完成其先锋队的任务。在各种活动领域中,不同非共产党员结成联盟,就根本谈不上什么有成效的共产主义建设。

《在马克思主义旗帜下》杂志所担负的捍卫唯物主义和马克思主义的工作也是如此。可喜的是俄国先进社会思想中的主要思潮具有坚实的唯物主义传统。且不说格·瓦·普列汉诺夫,只要指出车尔尼雪夫斯基就够了,现代的民粹派(人民社会党人[250]和社会革命党人[4]等)由于一味追随时髦的反动哲学学说,往往离开车尔尼雪夫斯基而倒退,他们被欧洲科学的所谓"最新成就"的假象所迷惑,不能透过这种假象看清它是替资产阶级及其偏见和反动性效劳的不同形式。

无论如何,我们俄国还有——而且在相当长的时期内无疑还会有——非共产党员的唯物主义者,而吸收一切拥护彻底的战斗唯物主义的人来共同反对哲学上的反动,反对所谓"有教养社会"的种种哲学偏见,是我们不可推诿的责任。老狄慈根(不要把他同他那自命不凡而实际上毫无成就的著作家儿子混为一谈)曾正确地、中肯地、清楚地表述了马克思主义对盛行于资产阶级国家并受到它们的学者和政论家重视的那些哲学流派的基本看法,他说:当今社会中的哲学教授多半实际上无非是"僧侣主义的有学位的奴仆"。[251]

我们俄国那些喜欢自命为先进人物的知识分子,同他们在其他各国的伙伴们一样,很不喜欢用狄慈根所说的评价来考察问题。他们所以不喜欢这样做,是因为真理的光芒是刺眼的。只要稍微深入思考一下当今那些有教养的人在国家政治、一般经济、日常生活以及其他方面对于占统治地位的资产阶级的依赖,就可以了解狄慈根这句一针见血的评语是绝对正确的。只要回顾一下欧洲各国经常出现的时髦哲学流派中的多数流派,哪怕只回顾一下由于镭的发现而兴起的哲学流派,直到目前正在竭力抓住爱因斯坦学说的哲学流派,就可以知道资产阶级的阶级利益、阶级立场及其对各种宗教的扶持同各种时髦哲学流派的思想内容之间的联系了。

由此可见,这个要成为战斗唯物主义刊物的杂志,首先应该是一个战斗的刊物,这就是说,要坚定不移地揭露和追击当今一切

"僧侣主义的有学位的奴仆",而不管他们是以官方科学界的代表,还是以"民主主义左派或有社会主义思想的"政论家自命的自由射手²⁵²的面貌出现。

其次,这个杂志应该是一个战斗的无神论的刊物。我们有些部门,至少有些国家机关是主管这个工作的。但是,这个工作做得非常软弱无力,非常不能令人满意,看来是受到了我们真正俄罗斯式的(尽管是苏维埃式的)官僚主义这种一般环境的压抑。因此,为了弥补有关国家机关工作的不足,为了改进和活跃这一工作,这个要办成战斗唯物主义刊物的杂志必须不倦地进行无神论的宣传和斗争,这一点是非常重要的。要密切注意用各种文字出版的一切有关文献,把这方面一切多少有些价值的东西翻译出来,或者至少摘要介绍。

恩格斯早就嘱咐过现代无产阶级的领导者,要把18世纪末战斗的无神论的文献翻译出来,在人民中间广泛传播。① 我们惭愧的是,直到今天还没有做这件事(这是证明在革命时代夺取政权要比正确地运用这个政权容易得多的许多例子之一)。有时人们用各种"动听的"理由来为我们这种软弱无力、无所作为和笨拙无能进行辩护,例如说18世纪无神论的旧文献已经过时、不科学、很幼稚等等。这种不是掩盖学究气就是掩盖对马克思主义一窍不通的冒充博学的诡辩,是再坏不过了。当然,在18世纪革命家的无神论著作中有不少不科学的和幼稚的地方。但是,谁也不会阻止出版者把这些作品加以删节和附以短跋,指出人类从18世纪末以来对宗教的科学批判所取得的进步,指出有关的最新著作等等。一个马克思主义者如果以为,被整个现代社会置于愚昧无知和囿

---

① 参看《马克思恩格斯文集》2009年人民出版社版第3卷第361—362页。——编者注

于偏见这种境地的亿万人民群众（特别是农民和手工业者）只有通过纯粹马克思主义的教育这条直路，才能摆脱愚昧状态，那就是最大的而且是最坏的错误。应该向他们提供各种无神论的宣传材料，告诉他们实际生活各个方面的事实，用各种办法接近他们，以引起他们的兴趣，唤醒他们的宗教迷梦，用种种方法从各方面使他们振作起来，如此等等。

18 世纪老无神论者所写的那些泼辣的、生动的、有才华的政论，机智地公开地抨击了当时盛行的僧侣主义，这些政论在唤醒人们的宗教迷梦方面，往往要比那些文字枯燥无味，几乎完全没有选择适当的事实来加以说明，而仅仅是转述马克思主义的文章要合适千百倍，此类转述充斥我们的出版物，并且常常歪曲（这是毋庸讳言的）马克思主义。马克思和恩格斯的所有比较重要的著作我们都有了译本。担心在我国人们不会用马克思和恩格斯的修正意见来补充旧无神论和旧唯物主义，那是没有任何根据的。最重要的事情，也是我们那些貌似马克思主义、实则歪曲马克思主义的共产党员往往忽视的事情，就是要善于唤起最落后的群众自觉地对待宗教问题，自觉地批判宗教。

另一方面，请看一看当今对宗教作科学批判的代表人物吧。这些有教养的资产阶级代表人物在驳斥宗教偏见时差不多总要"加上"一些自己的见解，从而马上暴露出他们是资产阶级的思想奴隶，是"僧侣主义的有学位的奴仆"。

举两个例子。罗·尤·维佩尔教授在 1918 年出版了一本题名《基督教的起源》的小册子（莫斯科法罗斯出版社版）。作者叙述了现代科学的主要成就，但他不仅没有反对教会这种政治组织的武器，即偏见和骗局，不仅回避了这些问题，而且表示了一种简直可笑而反动透顶的奢望：要凌驾于唯心主义和唯物主义这两个

"极端"之上。这是为现在占统治地位的资产阶级效劳,而资产阶级则从他们在世界各国劳动者身上榨取到的利润中拿出几亿卢布来扶持宗教。

德国的著名学者阿尔图尔·德雷夫斯在他的《基督神话》一书中驳斥了宗教偏见和神话,证明根本就没有基督这样一个人,但在该书末尾,他却主张要有一种宗教,不过,是一种革新的、去芜存精的、巧妙的、能够抵抗"日益汹涌的自然主义潮流"的宗教(1910年德文第4版第238页)。德雷夫斯是一个明目张胆的、自觉的反动分子,他公开帮助剥削者用更为卑鄙下流的新的宗教偏见来代替陈旧腐朽的宗教偏见。

这并不是说,不应该翻译德雷夫斯的东西。这只是说,共产党员和一切彻底的唯物主义者虽然在一定程度上要同资产阶级中的进步分子结成联盟,但是当这些进步分子变成反动的时候,就要坚决地揭露他们。这只是说,不敢同18世纪即资产阶级还是革命阶级时期的资产阶级代表人物结成联盟,就无异是背叛马克思主义和唯物主义,因为我们在同流行的宗教蒙昧主义的斗争中,必须通过某种形式在某种程度上同德雷夫斯们结成"联盟"。

《在马克思主义旗帜下》杂志要成为战斗唯物主义的刊物,就必须用许多篇幅来进行无神论的宣传,评介有关的著作,纠正我们国家在这方面工作中的大量缺点。特别重要的是要利用那些有许多具体事实和对比来说明现代资产阶级的阶级利益、阶级组织同宗教团体、宗教宣传组织之间的关系的书籍和小册子。[253]

有关北美合众国的一切材料都非常重要,那里宗教同资本之间的正式的、官方的、国家的关系要少一些。然而我们看得更为清楚,所谓"现代民主"(孟什维克、社会革命党人和一部分无政府主义者等对这种民主崇拜得五体投地),无非是有宣传对资产阶级有利的东西的自由,而对资产阶级有利的,就是宣传最反动的思想、宗教、蒙昧主义以及为剥削者辩护等等。

我希望这个要成为战斗唯物主义刊物的杂志,能为我国读者登载一些评介无神论书籍的文章,说明哪些著作在哪一方面适合哪些读者,并指出我国已出版哪些书籍(要像样的译本才能算数,但这样的译本还不怎么多),还应出版哪些书籍。

————

战斗唯物主义为了完成应当进行的工作,除了同没有加入共产党的彻底唯物主义者结成联盟以外,同样重要甚至更重要的是同现代自然科学家结成联盟,这些人倾向于唯物主义,敢于捍卫和宣传唯物主义,反对盛行于所谓"有教养社会"的唯心主义和怀疑论[254]的时髦的哲学倾向。

《在马克思主义旗帜下》杂志第 1—2 期合刊上登了阿·季米里亚捷夫论爱因斯坦相对论的文章,由此可以期待,这个杂志也能实现这后一种联盟。必须更多地注意这个联盟。必须记住,正因为现代自然科学经历着急剧的变革,所以往往会产生一些大大小小的反动的哲学学派和流派。因此,现在的任务就是要注意自然科学领域最新的革命所提出的种种问题,并吸收自然科学家参加哲学杂志所进行的这一工作,不解决这个任务,战斗唯物主义决不可能是战斗的,也决不可能是唯物主义。季米里亚捷夫在杂志第 1 期上不得不声明,各国已有一大批资产阶级知识分子抓住了爱因斯坦的理论,而爱因斯坦本人,用季米里亚捷夫的话来说,并没有对唯物主义原理进行任何主动的攻击。这不仅是爱因斯坦一人的遭遇,也是 19 世纪末以来自然科学的许多大革新家,甚至是多数大革新家的遭遇。

为了避免不自觉地对待此类现象,我们必须懂得,任何自然科学,任何唯物主义,如果没有坚实的哲学论据,是无法对资产阶级思想的侵袭和资产阶级世界观的复辟坚持斗争的。为了坚持这个斗争,为了把它进行到底并取得完全胜利,自然科学家就应该做一个现代唯物主义者,做一个以马克思为代表的唯物主义的自觉拥护者,也就是说,应当做一个辩证唯物主义者。为了达到这个目的,《在马克思主义旗帜下》杂志的撰稿人就应该组织从唯物主义观点出发对黑格尔辩证法作系统研究,即研究马克思在他的《资本论》及各种历史和政治著作中实际运用的辩证法,马克思把这个辩证法运用得非常成功,现在东方(日本、印度、中国)的新兴阶级,即占世界人口大多数但因其历史上无所作为和历史上沉睡不醒而使欧洲许多先进国家至今仍处于停滞和腐朽状态的数亿人民日益觉醒奋起斗争的事实,新兴民族和新兴阶级日益觉醒的事实,愈来愈证明马克思主义的正确性。

当然,这样来研究、解释和宣传黑格尔辩证法是非常困难的,因此,这方面的初步尝试不免要犯一些错误。但是,只有什么事也不做的人才不会犯错误。根据马克思怎样运用从唯物主义来理解的黑格尔辩证法的例子,我们能够而且应该从各方面来深入探讨这个辩证法,在杂志上登载黑格尔主要著作的节录,用唯物主义观点加以解释,举马克思运用辩证法的实例,以及现代史尤其是现代帝国主义战争和革命提供得非常之多的经济关系和政治关系方面辩证法的实例予以说明。依我看,《在马克思主义旗帜下》杂志的编辑和撰稿人这个集体应该是一种"黑格尔辩证法唯物主义之友协会"。现代的自然科学家从作了唯物主义解释的黑格尔辩证法中可以找到(只要他们善于去找,只要我们能学会帮助他们)自然科学革命所提出的种种哲学问题的解答,崇拜资产阶级时髦的知识分子在这些哲学问题上往往"跌入"反动的泥坑。

唯物主义如果不给自己提出这样的任务并不断地完成这个任务，它就不能成为战斗的唯物主义。用谢德林的话来说，它与其说是战斗，不如说是挨揍[255]。不这样做，大自然科学家在作哲学结论和概括时，就会和以前一样常常感到束手无策。因为，自然科学进步神速，正处于各个领域都发生深刻的革命性变革的时期，这使得自然科学无论如何离不了哲学结论。

最后，我举一个例子，这个例子虽然与哲学领域无关，但毕竟属于《在马克思主义旗帜下》杂志也想注意的社会问题领域。

这个例子表明，当今的伪科学实际上是最鄙陋最卑劣的反动观点的传播者。

不久以前我收到了"俄国技术协会"[256]第十一部出版的第1期《经济学家》杂志[257]（1922年）。这是一位年轻的共产党员寄给我的，他大概还没有时间了解一下这本杂志的内容，就轻率地对这个杂志表示赞许。其实，这个杂志是当代农奴主的刊物（自觉到什么程度，我不知道），他们当然是披着科学、民主主义等等外衣的。

有一位叫皮·亚·索罗金的先生在这本杂志上发表了一篇《论战争的影响》的所谓"社会学"研究的洋洋大作。这篇深奥的文章堆满了作者从他本人和他的许多外国师友的"社会学"著作中引来的种种深奥的论据。请看他的高论吧。

我在第83页上看到：

"现在彼得格勒每1万起婚姻中，有92.2起离婚，这真是一个惊人的数字，而且每100起离婚中，又有51.1起是结婚不满1年的：其中有11%不满1个月，22%不满2个月，41%不满3—6个月，只有26%是超过6个月的。这些数字表明，现在的合法婚姻，实际上不过是掩盖婚外性关系并使那些'好色之徒'能够'合法地'满足自己欲望的一种形式罢了。"（《经济学家》杂志第1期第83页）

毫无疑问，这位先生以及出版这家杂志并刊登这种议论的俄国技术协会，都是以民主拥护者自居的；当他们听见人家叫他们的真实名字，即叫他们农奴主、反动分子和"僧侣主义的有学位的奴仆"的时候，他们一定会认为这是一种莫大的侮辱。

任何一个关心这个问题的人，只要稍微注意一下资产阶级国家关于结婚、离婚和非婚生子女的法律以及这方面的实际情况，就会知道现代资产阶级民主制，即使是在所有最民主的资产阶级共和国中，都是以农奴主的态度对待妇女和非婚生子女的。

当然，这并不妨碍孟什维克、社会革命党人和一部分无政府主义者以及西方一切类似他们的党派继续高喊民主，叫嚷布尔什维克违背民主。事实上，在结婚、离婚和非婚生子女地位这些问题上，正是布尔什维主义革命才是唯一彻底的民主革命。这是一个最直接涉及任何一个国家半数以上的人口利益的问题。尽管在布尔什维主义革命以前已经有过很多次自称为民主革命的资产阶级革命，但是只有布尔什维主义革命才第一次在这方面进行了坚决的斗争，它既反对反动思想和农奴制度，又反对统治阶级和有产阶级通常所表现的假仁假义。

如果索罗金先生以为每1万起婚姻中有92起离婚是一个惊人的数字，那我们只好认为，索罗金先生若不是在一所同实际生活隔绝得几乎谁也不会相信其存在的修道院里受的教育，那就是这位作者为了讨好反动派和资产阶级而歪曲事实。任何一个稍微了解资产阶级各国社会情况的人都知道，那里事实上离婚（当然是没有得到教会和法律认可的）的实际数字要大得多。俄国在这方面与别国不同的地方，就是它的法律不把假仁假义、妇女及其子女的无权地位奉为天经地义的事情，而是公开地并以国家政权的名义对一切假仁假义和一切无权现象作不懈的斗争。

马克思主义的杂志还必须对当代这类"有教养的"农奴主作斗争。其中也许有不少人甚至拿我们国家的钱,在我们国家机关里担任教育青少年的职务,虽然他们不配做这种工作,正如人所共知的奸污幼女者不配担任儿童学校的学监一样。

俄国工人阶级有本领夺得政权,但是还没有学会利用这个政权,否则它早就把这类教员和学术团体的成员客客气气地送到资产阶级"民主"国家里去了。那里才是这类农奴主最适合的地方。

只要愿意学习,就一定能够学会。

1922 年 3 月 12 日

载于 1922 年 3 月《在马克思主义旗帜下》杂志第 3 期

选自《列宁全集》第 2 版第 43 卷第 23—32 页

俄共（布）第十一次代表大会文献²⁵⁸

（1922 年 3—4 月）

2

俄共（布）中央委员会政治报告

（3 月 27 日）

（鼓掌）同志们！请允许我这次作中央的政治报告，不从年初开始，而从年终谈起。目前人们最关心的政治问题是热那亚会议。²⁵⁹不过我们的报刊对这个问题已经谈得很多，我在 3 月 6 日的讲话中，在这个已经发表的讲话中也谈了对这个问题最基本的看法①，所以，如果你们不特别要求我说明某些细节，那就请允许我不详细谈这个问题了。

关于热那亚会议，你们大体上都已经了解了，因为报刊在这个问题上已经用了很多篇幅，依我看，甚至是太多了，却忽视了我国整个建设尤其是经济建设真正的、实际的和迫切的需要。在欧洲，当然，是在各资产阶级国家，人们很喜欢在头脑里装满或者说塞满有关热那亚问题的种种无聊的议论。而这一次（当然还不仅这一

---

① 见《列宁全集》第 2 版第 43 卷第 2—8 页。——编者注

656

次)我们却仿效他们,而且仿效得太过分了。

应当指出,我们中央已经十分精心地设法组成一个有我国优秀外交家参加的代表团(现在我们已有相当数量的苏维埃外交家,和苏维埃共和国初期不同了)。我们中央委员会给我国去热那亚的外交家拟定了十分详细的指示。我们花了很长时间草拟这些指示,而且反复讨论过①。不言而喻,这里的问题,我虽然不说它是个军事问题,因为军事这个词会引起误解,但至少这是一个竞赛问题。在资产阶级阵营里,有一个非常有力量的、比其他派别强大得多的派别,正在想破坏热那亚会议。也有无论如何要保住这个会议并设法使它开成的一些派别。现在这后一种派别占了上风。最后,在资产阶级国家阵营里,还有一种可以叫做和平主义的派别,整个第二国际和第二半国际¹²²也应算在内。这是一个试图捍卫住一系列和平主义建议、制定出某种类似和平主义的政策的资产阶级阵营。我们共产党人对于这种和平主义是有明确看法的,这里完全用不着加以阐述。显然,我们不是以共产党人的身份,而是以商人的身份去热那亚的。我们要做生意,他们也要做生意。我们希望做有利于我们的生意,而他们希望做有利于他们的生意。至于斗争将怎样展开,这要看我们外交家的艺术了,虽然是在不大的程度上。

我们以商人的身份到热那亚去,是同醉心于用武力解决问题的资产阶级阵营的代表打交道,还是同倾心于和平主义(哪怕是最糟糕的、从共产主义观点看来是不值一驳的和平主义)的资产阶级阵营的代表打交道,这对我们当然是有区别的。如果一个商人不善于掌握这种区别,不能使自己的策略适应这种情况来达到

---

① 见《列宁全集》第2版第42卷第399—401、409—411、412—413、436—438页,第43卷第34—39、65—66页。——编者注

实际目的,那他就是个蹩脚的商人。

我们到热那亚去的实际目的是:扩大贸易,为最广泛最顺利地发展贸易创造条件。但是我们并不能保证热那亚会议一定成功。作这样的保证是可笑的、荒谬的。我应当说明,在对目前热那亚的各种可能性作最冷静最谨慎的估量之后,我还是认为,我们能达到自己的这个目的,这样说并不夸大。

如果我们那里的对话者很识时务,不过分固执,那就通过热那亚会议达到这一点,如果他们要固执到底,那就绕过热那亚会议。但我们一定能达到自己的目的!

要知道,资本主义列强近年来最迫切、最实际和表现得最突出的利益,是要求发展、调整和扩大同俄国的贸易。既然存在这种利益,那么,尽管会有辩论、会有争执、分歧各方会有不同的组合——甚至很可能闹到决裂的地步,但这个基本的经济需要最终还是会发生作用的。所以我想,我们在这一点上尽可以放心。我不能担保用多少时日,也不能担保一定成功,但是在这次大会上我可以十分有把握地说,苏维埃共和国同整个资本主义世界的正常贸易往来一定会得到进一步的发展。至于往来中断的可能性如何,这一点我到下面有关部分再谈,不过我想,关于热那亚问题可以讲到这里为止。

不用说,那些希望更详细了解这个问题、看了报上公布的代表团名单还不满足的同志,可以选出一个委员会或一个小组来了解中央的所有材料、信件和指示。当然,我们所拟定的细节是假设性的,因为直到现在还不能确切知道,谁会出席这次热那亚会议,会提出哪些条件,是先决条件还是附带条件。在这里研究所有这些问题是极不适当的,我认为,甚至是实际上办不到的。再说一遍,代表大会完全可以通过小组或委员会收集到关于这个问题的已经公布的和中央拥有的各种文件。

我就谈到这里为止，因为我相信，我们最大的困难不在这个问题上。全党的主要注意力不应放在这个问题上。欧洲资产阶级报刊故意吹嘘和存心夸大这次会议的意义，欺骗劳动群众（在所有这些自由民主国家和共和国里，十分之九的资产阶级报刊总是这样做的）。我们受了一点这种报刊的影响。我们的报纸仍旧受着资产阶级的老习惯的影响，不想转上新的社会主义的轨道，因此我们小题大做，掀起了不必要的喧嚷。其实，对于共产党人说来，尤其是对我们这些经历过 1917 年以来的严酷岁月、见过自那以后各种严重的政治局面的共产党人说来，热那亚会议并不是什么大的困难。我不记得，不仅中央而且全党在这个问题上有过什么意见分歧或争论。这是很自然的，因为在共产党人看来，这里并没有什么可争论的——尽管他们中间有各种微小的差异。我再说一遍，我们是以商人身份去热那亚的，是为了寻求发展贸易的最有利的形式，这种贸易已经开始，正在进行，即使有人能强行使之中断一个时期，但过后它必然还会发展起来。

因此，关于热那亚会议就简短地说到这里，现在我来谈谈我认为是过去一年和今后一年中的政治上的主要问题。我觉得（或者说，至少我的习惯是如此），作中央委员会的政治报告，不应当光谈报告年度内做过什么事情，而且应当指出报告年度内有哪些主要的、根本的政治教训，以便正确规定我们下一年的政策，从过去一年里学到一点东西。

主要问题当然是新经济政策。整个报告年度就是在新经济政策的标志下度过的。如果说我们这一年取得了什么重大的和不可剥夺的成就（对这一点我还不那么深信无疑），那也不过是从开始实行这个新经济政策方面学到了一些东西。尽管我们学到的东西不多,可是我们这一年确实在新经济政策方面学到了很多东西。至于我们是否真正学会以及学会了多少,这大概就要由后来发生的很少以我们意志为转移的事情来检验,比如由当前面临的财政危机来检验。我觉得,在我国新经济政策问题上主要应当注意如下三点,这是讨论如何吸取上一年的经验、如何为下一年提供实际教训的基础。

第一,新经济政策对我们之所以重要,首先是因为它能够检验我们是否真正做到了同农民经济的结合。在我国革命发展的前一时期,全部注意力和全部力量主要放在或者说几乎都放在抵抗入侵的任务上,我们不可能很好地考虑这种结合,还顾不上这一点。那时我们刻不容缓的万分紧急的任务,是如何防止立刻被世界帝国主义的强大势力扼杀的危险,因此,在某种程度上忽略这种结合是可以的,也是应该的。

转向新经济政策,这是上次代表大会[260]完全一致通过的,而且比我们党决定其他问题时更加一致(应当承认,一般说来我们党是非常一致的)。这种一致表明,通过新的途径来建设社会主义经济已经绝对必要了。在许多问题上有分歧、以不同观点来估计形势的人们,都一致地、非常迅速地、毫不犹豫地得出结论说,我们还没有找到建设社会主义经济、建立社会主义经济基础的真正途径,但我们有找到这种途径的唯一办法,这就是实行新经济政策。由于军事事态的发展,由于政治事态的发展,由于旧的文明西方的资本主义的发展和各殖民地的社会条件和政治条件的发展,我们不得不在我国还是经济最落后的国家,至少是最落后的国家之一的时候,首先在资本主义旧世界打开一个缺口。我国绝大多数农民都经营着小个体经济。我们把我们制定的建设共产主义社会的纲领中可以立刻实现的东西先建立起来,因而在某种程度上脱离了广大农民群众中所发生的情况，我们把很重的负担加在他们身上，理由是战争不容许我们在这方面有丝毫犹豫。从整体上说，这个理由农民是接受了的，虽然我们犯了一些无法避免的错误。总的说来，农民群众看到并且懂得，为了保卫工农政权不被地主推翻，为了不致被可能夺走全部革命成果的资本主义入侵所扼杀，他们肩负起这些重担是必要的。但当时在国有化、社会化的工厂和国营农场中建立起来的经济没有同农民经济结合起来。

这一点我们在上次党代表大会上就看清楚了。这一点我们看得很清楚，所以在新经济政策势在必行这个问题上，党内没有发生过任何摇摆。

看看国外俄国各党派大量出版的报刊对我们这个决定的各种评价，真觉得好笑。这些评价几乎没有区别。他们生活在往事的回忆里，现在还一再说左派共产主义者[65]至今仍在反对新经济政策。他们在1921年回忆着1918年的事情，回忆连我们这里的左派共产主义者自己都已忘记的事情，他们至今还在反复唠叨这一点，硬说这些布尔什维克自然是狡猾撒谎之徒，说他们向欧洲隐瞒内部的意见分歧。读到这些话，心里就会想：就让他们执迷不悟吧！既然他们对我们的情况持这种看法，那就可以根据这点看出这些现在逃往国外的似乎极有教养的旧人物的认识程度了。我们知道，我们没有任何意见分歧，之所以没有，是因为大家都很清楚，有实际必要通过另一种途径来建立社会主义经济的基础。

我们试着建立的新经济并没有同农民经济结合起来。现在是否结合了呢？还没有。我们只是开始寻求这种结合。我们的报刊现在还常常到处探寻新经济政策的意义，但是找的不是地方，其实新经济政策的全部意义就在于而且仅仅在于：找到了我们花很大力量所建立的新经济同农民经济的结合。我们的功绩就在这里。

不然，我们就不成其为共产党人革命家了。

我们不顾一切旧事物，完全按照新的方式开始建设新经济。如果我们不开始建设新经济，那我们在头几个月或头几年就被打垮了。但这并不是说，我们要固执己见，认为我们既然无所畏惧地开始了新经济的建设，那就非这样干下去不可。这有什么根据呢？没有任何根据。

我们一开头就说过，我们要进行的是崭新的事业，如果资本主义比较发达的国家的工人同志不能很快地来帮助我们，我们的事业就会遇到极大的困难，一定会犯许多错误。主要的是应该善于清醒地看出在什么地方犯了这样的错误，接着一切从头做起。既然不是一两次，而是很多次地不得不一切从头做起，那这正说明我们没有成见，我们是用冷静的眼光来看待自己肩负的世界上最伟大的任务的。

在新经济政策问题上，现在主要是要正确地吸取过去一年的经验。应该这样做，我们也愿意这样做。如果我们想务必做到这一点（我们是想做到这一点，而且一定会做到!），那就应该知道，新经济政策的基本的、有决定意义的、压倒一切的任务，就是使我们开始建设的新经济（建设得很不好，很不熟练，但毕竟已在完全新的社会主义经济，即新的生产和新的分配的基础上开始建设）同千百万农民赖以为生的农民经济结合起来。

以前没有这种结合，所以现在我们首先要建立这种结合。一切都应当服从于这种打算。我们还应该弄清楚，新经济政策在多大程度上能做到既建立这种结合，又不破坏我们在不熟练的情况下开始建设的东西。

我们在同农民一道建设自己的经济。我们要一次次地改造这种经济，并把它组织得能使我们在大工业和农业中的社会主义工作同每个农民从事的工作结合起来,农民是能怎么干就怎么干,只求摆脱贫困,而且是会怎么干就怎么干,决不卖弄聪明(因为他们要摆脱惨遭饿死的直接威胁,哪里还顾得上卖弄聪明呢?)。

要让人看到这种结合,让我们清楚地看到它,让全体人民看到它,让全体农民群众都看到,他们现在空前破产、空前贫穷的艰难困苦的生活同人们为了远大的社会主义理想而进行的工作之间是有联系的。要做到让每一个普通劳动者都了解,他的境况得到了某种改善,而且这种改善与地主当政时代、资本主义时代少数农民境况的改善不同,那时每一点改善(改善无疑是有的,甚至很大)都是同对庄稼人的讥笑、侮辱和嘲弄分不开的,是同对群众的暴行分不开的,这一点俄国哪个农民也没有忘记,再过几十年也不会忘记。我们的目的是恢复这种结合,用行动向农民证明,我们是从农民所理解、所熟悉、目前在他们极其贫困的境况下办得到的事情做起,而不是从在农民看来是遥远的、空想的事情做起;证明我们能够帮助农民,共产党人在眼下小农破产、贫困、挨饿的困难时刻,正在实际帮助他们。要么我们能证明这一点,要么就被农民撵走。这是完全不可避免的。

这就是新经济政策的意义,这就是我们全部政策的基础。这是我们过去一年来实施新经济政策的主要教训,也可以说是我们下一年度的主要政治准则。农民是在贷款给我们,他们有了过去的经历,当然不会不给。农民大都同意这样做:"好,既然你们不会,那我们就等一等吧,也许你们会学会的。"但是这种贷款不会是取之不尽的。

应该明白这一点,并且借了钱总得抓紧学。要知道,农民国家不再贷款给我们的日子快到了,那时,如果用一句商业术语来说,农民就会要求现金交易了。"最敬爱的执政者,时间虽然拖延了好几个月、好几年,但你们现在终于找到了帮助我们摆脱贫困、饥饿和破产的最正确最可靠的办法。你们学会了,你们已经证明了这一点。"这就是我们一定要经受的一次考试,归根到底这次考试将决定一切,既决定新经济政策的命运,也决定俄国共产主义政权的命运。

我们能不能完成我们眼前要做的事情呢?这种新经济政策是否有点用处呢?既然退却是正确的,那么,在退却之后同农民群众汇合起来一道前进,虽然缓慢百倍,却能坚定地稳步前进,使他们随时看到我们毕竟在前进。那时我们的事业就一定会立于不败之地,世界上任何力量都不能战胜我们。第一个年头已经过去了,我们至今还没有达到这一点。这是应当直率地说清楚的。但我深信(我们的新经济政策使我们能够十分明确肯定地作出这个结论),只要我们充分认识到新经济政策所包含的巨大危险,用我们的全部力量去克服薄弱环节,我们就一定能够完成这个任务。

同农民群众,同普通劳动农民汇合起来,开始一道前进,虽然比我们所期望的慢得多,慢得不知多少,但全体群众却真正会同我们一道前进。到了一定的时候,前进的步子就会加快到我们现在梦想不到的速度。依我看,这就是新经济政策的第一个基本的政治教训。

第二个是较为局部的教训,就是通过国营企业同资本主义企业的竞赛来进行检查。现在我们正在建立合营公司——关于合营公司我下面还要略微谈一谈——这些公司也和我们的全部国营商业以及整个新经济政策一样,都是我们共产党人运用商业方法,资本主义方法的表现。这些公司还有另一种意义,就是资本主义的办法和我们的办法进行实际竞赛。请作实际的比较吧!我们过去写了纲领,许了诺言。这在当时是完全必要的。没有纲领和诺言就不能发动世界革命。如果白卫分子,包括孟什维克在内,为这一点骂我们,那只说明孟什维克以及第二国际、第二半国际的社会党人根本不懂得革命是怎样发展的。不经过这个过程,我们就无从着手。

但目前的情况是,我们应当对自己的工作进行认真的检查,不过不是通过那些正在由共产党员建立的监察机关来检查,虽然这些监察机关非常好,虽然在苏维埃机关系统中,在党的机关系统中都设有这种监察机关,虽然它们几乎可以说是理想的监察机关,这种检查从农民经济的实际需要看来是可笑的,但从我们的建设来看决不可笑。我们现在正在建立这些监察机关,但我这里说的不是这种检查,而是一种着眼于民众经济的检查。

资本家会做供应工作。他们做法恶劣,像强盗那样行事,他们侮辱我们,掠夺我们。这一点连不谈论共产主义(因为不知道共产主义是怎么一回事)的普通工人和农民都知道。

"但是,资本家毕竟会做供应工作,你们会吗?你们不会。"这就是去年春天听到的,并不总是听得很清楚的一种议论,而这种议论说出了去年春天整个危机的内在原因。"你们这些人倒是很好,可就是不会干你们所抓的事务,经济事务。"这就是去年农民以及一些工人阶层通过农民对共产党提出的最朴实、最致命的批评。在新经济政策问题上,这个老早就有的论点所以具有这样重要的意义,其原因就在这里。

检查必须是真正的检查。旁边资本家在活动,在抢劫,在攫取利润,但他们有这种本领。而你们呢,你们试行新的一套,你们没有利润,原则是共产主义的,理想是很好的,你们简直像圣人,真可以活着升天堂,但是,你们会不会办事呢?这需要检查,需要真正的检查,但不是由中央监察委员会调查和提出指责,再由全俄中央执行委员会决定处分的那种检查——不是这样,而是需要一种着眼于国民经济的真正的检查。

共产党人得到的贷款比任何其他政府多,而且可以一再延期归还。当然,共产党人曾帮助农民摆脱资本家和地主的压迫,农民很珍视这一点,所以才答应延期还债,但总有一定的期限。接着就要检查了:你们是不是会经营得不亚于别人?旧日的资本家会经营,你们却不会。

这就是第一个教训,中央政治报告的第一个主要部分。我们不会经营。这是一年来已经证明了的。我真想能举出几个国营托拉斯①(如果用这种曾受到屠格涅夫如此赞扬的优美的俄罗斯语言来说[261])的例子来说明我们会不会经营。

可惜,由于种种原因,主要是由于生病,我不能很好地准备报告的这一部分,只能根据自己对现状的观察谈一些看法。这一年来我们十分明显地证明,我们不会经营。这是基本的教训。如果我们不能在最近一年内证明我们会经营,那苏维埃政权就无法生存下去。而最大的危险就在于,不是所有的人都认识到这一点。如果全体共产党员、负责工作人员都清楚地认识到,我们不会经营,让我们从头学起,那我们就会把事情办好——依我看,这就是主要的根本的结论。但是,他们没有认识到这一点,反而认为谁这样想,谁就是无知的人,没有学过共产主义——也许学一下就会懂得的。不,对不起,问题不在于农民和非党工人没有学过共产主义,而在于需要阐发纲领、号召人民实现这一伟大纲领的时期已经过去了。这种时期已经过去了,现在需要证明,你们在目前的困难情况下有本事实际帮助工人和庄稼汉的经济,让他们看到你们能在竞赛中取胜。

我们开始设立的合营公司,既有俄国和外国的私人资本家参

---

① 原文为"rocrpecr",并不是地道的俄语词。——编者注

加,也有共产党员参加,这种公司是一种可以正常展开竞赛的形式,通过这种形式可以表明并且学会,我们能够不比资本家逊色地建立起同农民经济的结合,能够满足农民的需要,就在农民目前这种十分愚昧的情况下(因为要在短期内使农民改观是不可能的),也能帮助他们前进。

摆在我们面前的就是这样的竞赛,这是一项刻不容缓的任务。这就是新经济政策的关键,并且我认为也是党的政策的全部实质。我们这里纯政治的问题和困难,要多少有多少。这你们都知道,又有热那亚会议,又有武装干涉危险。困难很大,但是同上述困难比起来,它们全都微不足道。在那方面我们已经看到该怎么办,在那方面我们已经学会很多东西,领教过资产阶级的外交。这套玩意孟什维克已经教了我们 15 年,也教会了我们一些有益的东西。这并不新鲜。

然而在经济方面,我们现在必须做的事情是在同普通店员、普通资本家和商人的竞赛中取胜。这些人到农民那里,并不是去争论共产主义(你看,不是去争论共产主义),而是去争论:如果你们需要弄到什么东西,把交易做好,建筑得好,那可以由我来办,价钱虽然贵,可是让共产党人来办也许更贵,甚至贵上 10 倍。这种宣传反映了现在问题的本质,经济的根基也就在这里。

我再说一遍,由于我们采取了正确的政策,我们获得了人民的贷款,并且可以延期偿还,如果用新经济政策的用语来说,这叫做期票,但这些期票并没有写明期限,至于什么时候要求兑现,从票面上是看不出的。危险就在这里,这些政治期票和普通商业期票不同的地方也就在这里。这一点我们要特别注意,不要以为在国营托拉斯和合营公司中到处都有负责的优秀共产党员,就可以高枕无忧了——这毫无用处,因为他们不会经营,在这种意义上他们还不如那些经过大工厂大商号训练的普通资本主义店员。这一点我们没有意识到,这里还存在着共产党员的狂妄自大,用了不起的俄罗斯语言来说,就是 комчванство。问题在于负责的共产党员虽然优秀,人人知道他忠诚老实,受过苦役折磨,不怕死,可是他不会做生意,因为他不是生意人,没有学过也不愿学这一行,他不懂得应当从头学起。他是共产党员,是完成了世界上最伟大的革命的革命者,即使没有40座金字塔[262],也有40个欧洲国家怀着摆脱资本主义的希望看着他,然而他应当向那些在粮食行里跑了十来年而懂得这一行的普通店员学习。可是他这个负责的共产党员,忠诚的革命者,不仅不懂得这一行,甚至还不知道自己不懂得这一行。

同志们,哪怕我们能改变一下不知道自己不懂行这种状况,那也是一个极大的胜利。这次代表大会闭幕后,我们应该带着这种信念回去:我们不懂这一行,我们要从头学起。我们毕竟还是革命者(虽然很多人说,甚至不是毫无根据地说,我们已经官僚化了),我们能够了解一个简单的道理,对于新的异常困难的事业,应当善于三番五次地从头做起,开始了,碰壁了,从头再来——哪怕反复重做十次,但一定要达到我们的目的,不要摆架子,不要狂妄自大,认为你是共产党员,那是非党店员,也许还是白卫分子,甚至确实是个白卫分子,但他却会办经济上非办到不可的事,而你却不会。如果你是负责的共产党员,有成百个官衔和称号,又有共产党和苏维埃的"勋章",只要你了解这一点,你就能够达到自己的目的,因为这是可以学会的。

一年来我们虽然取得了一些小小的成绩,但毕竟是微不足道的。主要是没有意识到,没有使全体共产党员普遍相信,现在我们俄国最忠诚的负责的共产党员在这方面的本领比任何一个旧店员都差。我再重复一遍,应当从头学起。如果我们意识到这一点,那我们考试就能及格,这是日益逼近的财政危机举行的一场严峻的考试,是俄国和国际的市场举行的一场考试,我们受制于这个市场,同它有割不断的联系。这是一场严峻的考试,因为在这场考试中人家可能在经济上和政治上击败我们。

问题就是这样,也只能是这样,因为这是一场重大的竞赛,具有决定性意义的竞赛。我们曾有过各种各样的克服我国政治经济困难的途径和办法。我们可以引为骄傲的是,在此以前我们一直善于根据不同的情况把各种途径和办法配合起来运用,但是,现在我们再也没有办法了。请允许我毫不夸大地告诉你们这一点,从这个意义上说,我们确实是在进行"最后的斗争",不是同国际资本主义(同它还要进行许多次"最后的斗争"),而是同从小农经济中成长起来的、得到小农经济支持的俄国资本主义进行这种斗争。这里在不久的将来就会有斗争,准确时间不能确定。这里将进行"最后的斗争",没有任何道路——政治的或其他的道路可以绕行,因为这是同私人资本进行竞赛的考试。或者我们能在这场同私人资本竞赛的考试中及格,或者我们完全失败。通过这次考试所需要的一切,除了本领,我们要什么有什么,既有政治权力,又有各种经济资源和其他资源。就是缺本领。如果我们能从过去一年的经验中吸取这个简单的教训,把它当做我们在整个1922年的行动指南,那我们就连这个困难也能战胜,虽然这个困难要比以前的困难大得多,因为这个困难在我们本身。这并不是什么外来的敌人。这个困难在于我们自己不愿意认识我们非接受不可的不愉快的现实,也不愿做我们应该做的不愉快的事情:从头学起。我看,这是从新经济政策中得出的第二个教训。

第三个教训,补充的教训,是国家资本主义问题上的教训。可惜,布哈林同志没有参加这次代表大会,我本想同他稍微争论一下[263]，不过还是留到下次代表大会再说吧。在国家资本主义问题上，我们的报刊和我们的党都犯了一个错误，就是染上了知识分子习气，堕入了自由主义，自作聪明地来理解国家资本主义，并且去翻看旧本本。可是那些书里写的完全是另一回事，写的是资本主义制度下的国家资本主义，而没有一本书写到过共产主义制度下的国家资本主义。连马克思也没有想到要就这个问题写下片言只语，他没有留下任何明确的可供引用的文字和无可反驳的指示就去世了。因此现在我们必须自己来找出路。如果像我在准备这个报告时所试图做的那样，在脑子里综观一下我国报刊上关于国家资本主义的论述，就会确信，这些文章完全看偏了，没有谈到点子上。

照所有经济著作解释，国家资本主义就是资本主义制度下由国家政权直接控制这些或那些资本主义企业的一种资本主义。但是我国是一个无产阶级国家，它依靠无产阶级，给无产阶级种种政治上的优先权，并通过无产阶级把下层农民吸引到自己方面来（你们记得，我们是从建立贫苦农民委员会[264]开始这项工作的）。因此，国家资本主义把很多很多人都弄糊涂了。要消除这种现象，必须记住基本的一点，我们现有的这种国家资本主义，是任何理论、任何著作都没有探讨过的，原因很简单，所有同这一名词有关的常用概念都只适用于资本主义社会的资产阶级政权。而我们的社会虽已脱离资本主义轨道，但还没有走上新轨道，不过领导这个国家的已不是资产阶级，而是无产阶级。我们不愿了解，当我们说到"国家"的时候，这国家就是我们，就是无产阶级，就是工人阶级的先锋队。国家资本主义，就是我们能够加以限制、能够规定其范围的资本主义，这种国家资本主义是同国家联系着的，而国家就是工人，就是工人的先进部分，就是先锋队，就是我们。

国家资本主义是我们应当将之纳入一定范围的资本主义，但是直到现在我们还没有本领把它纳入这些范围。全部问题就在这里。这种国家资本主义将来会怎样,这就取决于我们了。我们有足够的、绰绰有余的政治权力,我们还拥有足够的经济手段,但是,被推举出来的工人阶级先锋队却没有足够的本领去直接进行管理,确定范围,划定界限,使别人受自己控制,而不是让自己受别人控制。这里所需要的只是本领,但我们缺乏这种本领。

无产阶级,革命先锋队掌握着足够的政治权力,同时又存在国家资本主义,这种情况是历史上前所未见的。问题的关键在于我们要懂得,这是一种我们可以而且应当容许其存在、我们可以而且应当将之纳入一定范围的资本主义,因为这种资本主义是广大农民和私人资本所需要的,而私人资本做买卖应能满足农民的需要。必须让资本主义经济和资本主义流转能够像通常那样运行,因为这是人民所需要的,少了它就不能生活。其余的一切对于他们,对于这个阵营,并不是绝对必需的,其余的一切,他们是可以迁就的。你们共产党员,你们工人,你们负责管理国家的无产阶级的觉悟分子,你们必须善于使自己掌握的国家按照你们的意志来行动。我们又经历了一年,国家掌握在我们手中,但是这一年在新经济政策方面,它是否按照我们的意志行动了呢?没有。我们不愿意承认,它没有按照我们的意志行动。它是怎样行动的呢?就像一辆不听使唤的汽车,似乎有人坐在里面驾驶,可是汽车不是开往要它去的地方,而是开往别人要它去的地方,这个别人不知是非法活动分子,不法之徒,投机倒把分子,天知道哪里来的人,还是私人经济资本家,或者两者都是。总之,汽车不完全按照,甚至常常完全不按照掌握方向盘的那个人所设想的那样行驶。这就是在国家资本主义问题上我们要记住的基本点。应该在这个基本领域从头学起,而只有当我们完全领会到和意识到这一点的时候,我们才能担保说,我们能够学会这点。

现在我来谈谈停止退却的问题,这个问题我在五金工人代表大会[265]上的讲话中已经谈过了。① 从那时起,无论在党的报刊上,在同志们的私人来信中,还是在中央委员会里,我都没有听到过任何反对意见。中央委员会批准了我的报告提纲,提纲要求在代表中央委员会向这次大会所作的报告中突出强调停止退却,并请求代表大会代表全党作出相应的必须执行的指令。我们已经退了一年。我们现在应当代表党宣告:够了! 退却所要达到的目的已经达到了。这个时期就要结束或者已经结束。现在提出的是另一个目标,就是重新部署力量。我们已经到达新的地点,总的说来,我们的退却总算进行得比较有秩序。不错,从各方面听到过不少想使这次退却陷入慌乱的喊叫声。有些人说,你们在这个或那个地方退得不对,例如,那个叫做"工人反对派"[170](我认为他们这个名称取错了)的集团中某些代表就是这样。由于热心过头,他们本来要进这个门,结果却跑进了那个门[163],这一点现在已经明显地暴露出来了。当时他们没有看到,他们的活动不是在纠正我们的运动,实际上只是起了一个作用,那就是散布惊慌情绪,妨害有纪律地退却。

退却是一件难事,尤其是对于已经习惯于进攻的革命家,尤其是在他们几年来习惯于进攻并取得巨大成就的时候,尤其是在他们周围的各国革命家一心向往发起进攻的时候,那就更难了。他们中间有些人看见我们在退却,竟很不应该地像小孩子那样大哭起来,在最近这次共产国际执行委员会扩大会议上就发生过这样的事情。有些同志出于最崇高的共产主义感情和共产主义志向,看到优秀的俄国共产党人竟然退却起来而嚎啕大哭。[266]也许我现

---

① 见《列宁全集》第2版第43卷第8—15页。——编者注

在已经很难体会西欧人的这种心理了,尽管我在这些美好的民主国家侨居过好多年。也许在他们看来,这实在难于理解,只好放声大哭。不管怎样,我们是没有工夫伤感的。我们明白,正因为我们许多年来这样胜利地实行了进攻,获得了这么多不平常的胜利(而且是在一个遭到了难以置信的破坏和缺乏物质前提的国家里!),为了巩固这种进攻,我们在取得这么多的战果之后完全有必要实行退却。我们不能保持住迅速夺得的全部阵地;另一方面,正因为我们依靠工农蓬勃的热情迅速取得了无数的胜利,我们才有这么宽广的地盘,使我们可以退得很远,甚至现在还可以退得很远,而丝毫不会丧失主要的和基本的东西。虽然惊慌失措的喊叫,其中包括"工人反对派"的喊叫(他们最大的害处也就在这里!),使我们这里发生过局部的偏差,即违反纪律,不能正常地退却,但是总的说来,退却是相当有秩序的。退却时最危险的就是惊慌失措。假如全军(我打个比方)在撤退,那就不会有全军前进时的那种情绪。这时处处都会看到某种沮丧的情绪。我们甚至有过这样一些诗人,他们写道:看! 莫斯科受寒忍饥,从前整洁美丽,而现在是买卖投机。我们这里有很多这样的诗作。

可以理解,这是退却造成的。正是在这里蕴藏着巨大的危险,在伟大的胜利进攻之后,实行退却是一件极其困难的事情;退却的时候,情况是完全不同的;进攻的时候,即使维持不了纪律,大家也会自动向前飞奔;但在退却的时候,就必须自觉地遵守纪律,百倍地需要纪律,因为在全军退却的时候,它不清楚、也看不见退到哪里为止,看见的只是退却,所以有时只要有一点惊慌的喊叫,就会使大家逃跑。这里的危险是很大的。真正的军队在实行这种退却的时候,就架起机关枪,一旦正常的退却发生混乱,就下令"开枪!"这样做是对的。

当我们实行空前困难的退却的时候,当全部关键在于保持良好的秩序的时候,如果有人散布惊慌情绪,即使是出于好意,我们对这种稍微破坏纪律的人也必须严厉地、残酷地、无情地惩罚,不仅对于我们党内的某些事情应该如此,而且对于孟什维克或第二半国际的所有先生们更应该如此。

前几天我在《共产国际》杂志[75]第 20 期上读到了拉科西同志的一篇评论奥托·鲍威尔新著的文章[267],我们大家过去曾向鲍威尔请教过,但是,他在战后和考茨基一样成了可怜的市侩。他现在写道:"看,他们在退向资本主义;我们一直说,他们的革命是资产阶级革命。"

孟什维克和社会革命党人[4]也都在宣传这些东西,听到我们说要枪毙进行这种宣传的人,都感到惊奇。他们感到惊异,然而问题很清楚,当军队退却的时候,纪律必须比进攻时严格百倍,因为在进攻时大家都拼命向前冲。可是如果现在大家都开始拼命向后逃,那就必然会立刻灭亡。

正是在这种关头,退却要有秩序,要准确规定退却的限度,不要惊慌失措,这是最主要的事情。如果孟什维克说:"你们现在在退却,而我一直主张退却,我同意你们的做法,我是你们的人,让我们一块退却吧!"那我们就要这样回答他们:"凡是公开宣传孟什维主义者,我们革命法庭应一律予以枪决,否则它就不是我们的法庭,而天晓得是什么东西。"

但是,他们怎么也不能理解,他们说:"这些人的独裁作风有多厉害!"他们直到现在还认为,我们所以要惩办孟什维克,是因为他们在日内瓦同我们吵过架[268]。如果我们真是那样的话,那我们的政权大概连两个月也保持不住。其实,奥托·鲍威尔、第二国际和第二半国际领导人、孟什维克、社会革命党人所作的这种说教反映了他们的本性:"革命跑得太远了。我们一直这么说,现在你也这么说了。让我们再来重申这一点吧。"而我们对这一点回答说:"正因为这样,让我们枪毙你们吧。要么劳驾收起你们的观点,要么你们在目前这种情况下,在我们的处境比遭到白卫分子直接进犯时困难得多的条件下,还要谈自己的政治观点,那对不起,我们就要把你们当做最可恶最有害的白卫分子来对待。"我们不应当忘记这一点。

我说停止退却,我讲这话的意思决不是指我们已经学会经商了。我的看法恰恰相反,如果我讲的话给人留下了这样的印象,那说明我的话被误解了,说明我不善于正确表达自己的思想。

问题在于,新经济政策实行以后在我们这里出现的那种神经过敏和无谓奔忙的现象,那种追求一切都按新样子建立和赶浪头的倾向,必须加以制止。我们现在有了一些合营公司。诚然,这种公司还很少。在我们这里,对外贸易人民委员部批准成立 9 个有外国资本家参加的合营公司,索柯里尼柯夫委员会[269]批准了 6 个,白海北部地区森林工业特别管理局[270]也办了两个。这样,现在由不同机关批准的拥有数百万资本的合营公司就有 17 个了(当然,由于我们各机关存在着严重的混乱现象,这方面也可能错过一些机会)。但无论如何,现在我们已经有了同俄国资本家和外国资本家合办的公司。数量还不多。这个小小的却又是实际的开端表明,对共产党人已作出评价,根据他们的实践作出评价,而且作出评价的不是中央监察委员会[221]和全俄中央执行委员会这样一些高级机关。当然,中央监察委员会是一个很好的机关,我们现在还要给它更大的权力。尽管如此,当这些机关考查共产党员时……你们瞧,国际市场是不承认它们的权威的。(笑声)而当俄国的和外国的普通资本家同共产党人一起办合营公司的时候,我们可以说:"我们总算会办一些事情了,尽管我们还办得不好,少得可怜,但作为一个开端我们毕竟取得了一点成绩。"当然,成绩还不怎么多;请想一想,我们宣布要把全副精力(据说,我们的精力很充沛)放到这件事上已经有一年了,而一年来还只办了 17 个合营公司。

这一点证明,我们是多么不灵活、多么笨拙,证明我们还有多少奥勃洛摩夫习气[202],为此我们一定还要挨打。但我再说一遍,我们毕竟有了一个开端,侦察工作已经完成。如果资本家连起码的活动条件都没有,他们是不会到我们这里来的。现在既然已经来了一小部分,那就说明,我们已经取得了部分胜利。

当然,他们还会在合营公司内部揍我们,会把我们揍得几年以后才明白过来。但这没有什么关系。我没有说这就是胜利,这只是一种侦察,它表明我们已经有了活动场所,有了一块地方,我们已经可以停止退却了。

侦察探明,同资本家签订的合同并不多,但毕竟是签订了。这方面还应该继续学习,继续进行活动。就这个意义上说,是中止神经过敏、大喊大叫和无谓奔忙的时候了。人们纷纷写条子和打电话来问:"既然我们实行了新经济政策,我们这里能不能也改组一下?"大家都在无谓奔忙,杂乱无章;谁都不做实际工作,却去议论怎样适应新经济政策,结果是一无所成。

商人们却在嘲笑共产党人,大概还会说:"过去有过劝说司令[271],现在又出了空谈司令。"资本家挖苦我们,我们动手迟了,错过了机会——这是毫无疑问的,因此我提议,要用代表大会的名义批准这个指令。

退却已经结束。主要的活动方法,即如何同资本家共事的方法,已经订出来了。样板已经有了,虽然为数甚少。

在新经济政策问题上,不要再卖弄聪明、高谈阔论了! 诗,让诗人去写好了，这是他们诗人的事。但是，经济工作者，请不要再侈谈新经济政策了，请你们更多地建立这种合营公司，查一下善于同资本家竞赛的共产党员有多少。

退却已经结束，现在的问题是重新部署力量。这就是代表大会应当作出的指令，这个指令应当结束忙乱现象。安静点吧，不要自作聪明，这是有害的。需要在实践上证明，你工作得并不比资本家坏。资本家为了发财致富建立了同农民的经济结合；为了加强我们无产阶级国家的经济实力，你也应该建立同农民经济的结合。你比资本家占优势，因为你手中有国家政权，有多种经济手段，只是你不善于利用这些东西，观察事物要清醒一些，扔掉华而不实的东西，脱去华丽的共产主义外衣，老老实实地学着做些平凡的工作，这样我们就能战胜私人资本家。我们有国家政权，我们有许多经济手段；如果我们击溃了资本主义，建立了同农民经济的结合，那我们就会成为绝对不可战胜的力量。那时，社会主义建设就不仅仅是作为沧海一粟的共产党的事业，而是全体劳动群众的事业了；那时，普通农民就会看到，我们在帮助他；那时，他就会跟着我们走，虽然这种步子要慢百倍，却稳当可靠百万倍。

应该在这个意义上来谈停止退却，所以用这种那种形式把这个口号变成代表大会的决议是正确的。

说到这里，我想谈一个问题：布尔什维克的新经济政策到底是什么，是演变还是策略？路标转换派[244]就是这样提问题的，你们知道，他们是俄国流亡者中的一种派别，一种社会政治派别，领导这一派别的是立宪民主党[3]的一些著名人士，前高尔察克政府的一些部长，他们确信苏维埃政权在建设俄罗斯国家，因此应当跟这个政权走。路标转换派议论说："但是这个苏维埃政权在建设什么样的国家呢？共产党人说是共产主义国家，并要人相信这是一种策略：布尔什维克在困难关头把私人资本家糊弄过去，然后再达到自己的目的。布尔什维克可以爱怎么说就怎么说，但实际上这并不是策略，而是演变，是内部的蜕变，他们一定会走向通常的资产阶级国家，我们应当支持他们。历史是殊途同归的。"

　　他们有些人装做共产党人的样子，但是也有比较坦率的，乌斯特里亚洛夫就是其中的一个。他好像在高尔察克手下当过部长。他不同意他的伙伴们的意见，他说："关于共产主义你们随便怎么说都行，而我断定，这并不是他们的策略，而是演变。"我认为，乌斯特里亚洛夫这种直言不讳的声明对我们有很大的好处。[272]我们常常听到一种甜蜜的共产主义谎言，"комвраньё"，尤其是我，由于职务的关系每天都听得到，有时听得简直恶心死了。最近到了一期《路标转换》杂志[273]，它不说这种共产主义谎言，而是直率地说："你们那里根本不是那么一回事，这不过是你们的想象而已，其实，你们正在滚进通常的资产阶级泥潭，那里只不过摇动着几面写着各种空话的共产主义小旗子罢了。"这话很有好处，因为我们从这些话里看到的，已经不是简单地重复在我们周围经常听到的话，而完全是阶级敌人的阶级真话了。看看这种东西是很有益的，之所以这样写并不是由于在共产主义国家中通常都这样写而不许有另一种写法，而是由于这确实是阶级敌人粗鲁地公开说出的阶级真话。乌斯特里亚洛夫虽然是立宪民主党人、资产者，支持过武装干涉，但现在他却说："我赞成支持俄国的苏维埃政权，我之所以赞成，是因为它踏上了走向通常的资产阶级政权的道路。"

　　这是很有益的话，我觉得必须予以重视；路标转换派这样写，对我们说来，比起他们中间某些装得很像共产党人的人要好得多，这种人远远看去真假难分——他们也许信仰上帝，也许信仰共产主义革命。无可讳言，这种坦率的敌人是有益的。无可讳言，乌斯特里亚洛夫所说的这种事情是可能的。历史上有过各种各样的变化;依靠信念、忠诚和其他优秀的精神品质,这在政治上是完全不严肃的。具有优秀精神品质的是少数人,而决定历史结局的却是广大群众,如果这些少数人不中群众的意,群众有时就会对他们不太客气。

这样的例子是很多的,所以应当欢迎路标转换派的这种坦率的声明。敌人说出了阶级的真话,指出了我们面临的危险。敌人力图使之成为不可避免的事情。路标转换派反映了成千成万的各色各样资产者或者参加我们新经济政策工作的苏维埃职员的情绪。这是一个主要的真正的危险。因此,应当把主要注意力放在这个问题上:究竟谁会得胜? 我说的是竞赛。现在没有人向我们直接进攻,没有人掐住我们的喉咙。至于明天会怎样,我们还要看看再说,不过今天还没有人拿着武器向我们进攻,可是我们同资本主义社会的斗争却残酷、危险百倍,因为我们不能随时看清楚,反对我们的敌人在什么地方,谁是我们的朋友。

我不是从同情共产主义的角度,而是从经济形式和社会结构形式发展的角度来谈共产主义竞赛的。这不是竞赛,这是资本主义与共产主义之间拼命的激烈的斗争,即使不是最后一次也是接近最后一次的殊死斗争。

这里必须明确地提出一个问题:我们的力量是什么,我们缺少的是什么? 政治权力是完全够了。这里恐怕没有一个人能指出,在处理某个实际问题时,在某个办事机构中,共产党员或共产党的权力不够。有些人还是这样认为,这些人都无可救药地向后看,而不懂得应该向前看。主要经济力量操在我们手里。一切具有决定意义的大企业、铁路等等,都操在我们手里。不管租赁在某些地方得到多么广泛的发展,但总的说来它的作用是微不足道的,它的比重总的说来是微乎其微的。俄国无产阶级国家掌握的经济力量完全足以保证向共产主义过渡。究竟缺少什么呢？缺什么是很清楚的：做管理工作的那些共产党员缺少文化。如果拿莫斯科4 700名负责的共产党员和一堆官僚主义的庞然大物来说，是谁领导谁呢？说共产党员在领导这堆庞然大物，我很怀疑这种说法。说句实话，不是他们在领导，而是他们被领导。这像我们小时候上历史课听到的情况。我们听老师说过，一个民族征服另一个民族，于是征服人家的民族成了征服者，而被征服的民族则成了战败者。这很简单，人人都懂。至于这两个民族的文化怎样呢？那就不那么简单了。如果出征民族的文化高于被征服民族，出征民族就迫使被征服民族接受自己的文化，反之，被征服者就会迫使征服者接受自己的文化。在俄罗斯联邦的首都是否有类似的情况呢？4 700名共产党员（差不多整整一师人，而且全是最优秀的分子）是否受别人的文化的支配呢？不错，这里似乎可以给人一种印象，被征服者有高度的文化。根本不是那么一回事。他们的文化低得可怜，但毕竟要比我们高一些。尽管他们的文化低得可怜，微不足道，可是总比我们那些负责的共产党员干部高一些，因为这些人没有足够的管理本领。共产党员担任机关领导的时候，往往被人愚弄，因为怠工者有时巧妙地故意把他们推到前面当做招牌。承认这一点是很不愉快的。或者说，至少是不很愉快的，但我觉得，必须承认这一点，因为现在问题的关键就在这里。我看，这就是过去一年的政治教训，而且1922年的斗争也将在这个标志下进行。

俄罗斯联邦和俄国共产党的负责的共产党员，是否了解他们不会管理呢？是否了解他们自以为在领导，其实是被领导呢？如果他们能了解这一点，那他们当然能学会，因为是可以学会的，但为此就应该学习，可是我们的人不学习。我们的人到处发号施令，结果完全事与愿违。

我们宣布新经济政策之后,提到日程上来的竞赛和比赛,是一场严重的竞赛。看起来这种竞赛是在所有国家机关中进行的,而实际上这是两个不共戴天的敌对阶级的又一斗争形式。这是资产阶级同无产阶级斗争的又一形式,这种斗争还没有结束,即使在莫斯科各中央机关,从文化上来说斗争也还没有过去。因为资产阶级人士往往比我们的优秀共产党员懂行,我们党员虽然拥有全部政权和一切条件,但丝毫不会利用自己的权利和自己的政权。

我想从亚历山大·托多尔斯基的一本小册子[274]中引证一段话。这本小册子是在韦谢贡斯克城(特维尔省有这样一个县城)于俄国苏维埃革命一周年——1918 年 11 月 7 日出版的,时间已经过去很久了。韦谢贡斯克的这位同志看来是个党员。这本书我是很久以前读的,因此不敢担保现在不会引错。他谈到自己怎样着手装备两个苏维埃工厂,怎样吸收两个资产者参加工作,怎样用当时的办法,即以剥夺自由和没收全部财产相威胁做到了这一点。这两个人被吸收参加了恢复工厂的工作。我们知道 1918 年是怎样吸收资产阶级参加工作的(笑声),所以用不着详细讲,而现在我们正用另一种办法吸收他们参加工作。请看他的结论:"仅仅战胜资产阶级、给资产阶级致命打击是不够的,这不过是事情的一半,还必须强迫他们为我们工作。"

这是多么精彩的话啊。这句精彩的话说明,甚至在韦谢贡斯克这样的县城,甚至在 1918 年,对胜利的无产阶级和被战胜的资产阶级之间的关系,就有了正确的认识。

我们痛打了剥削者的双手,使他不能为害,给了他致命打击,这还只是事情的一半。可是在我们莫斯科,在 100 个负责工作人员里,大约有 90 个都认为,问题仅仅在于给剥削者以致命打击,使他不能为害,痛打他的双手,如此而已。我关于孟什维克、社会革命党人和白卫分子所说过的话,往往被人只理解成使他们不能为害,痛打他们的双手(也许不光是打他们的手,还打别的地方),给他们致命打击。但这仅仅是事情的一半。甚至在1918年韦谢贡斯克的那位同志说这话的时候,这还是事情的一半,而现在连事情的四分之一都不到了。我们应当强迫资产阶级用他们的双手来为我们工作,而不能让负责的共产党员身居领导地位,头戴官衔,却跟着资产阶级随波逐流。问题的全部实质就在这里。

只靠共产党员的双手来建立共产主义社会,这是幼稚的、十分幼稚的想法。共产党员不过是沧海一粟,不过是人民大海中的一粟而已。他们只有不仅从世界历史发展方向来看是正确地确定了道路,才能领导人民走他们的道路。从世界历史发展方向来看,我们确定的道路是绝对正确的,每个国家都在证实我们确定的道路是正确的,但在我们的祖国,在自己的国家里,我们也应当正确地确定这条道路。确定这条道路不仅靠这一点,还要看有没有武装干涉,我们能不能用商品换取农民的粮食。农民会说:"你是好人,你保卫了我们的祖国;因此我们一直听你的,可是现在你如果不会经营,那就走开吧。"是的,农民会这样说的。

如果共产党员能够用别人的手来建设经济,而自己能向资产阶级学习,使资产阶级走共产党员要走的道路,那我们就能管理这种经济。而有的共产党员自以为我什么都懂,因为我是负责的共产党员,我打败的不是什么店员,我们在前线打过仗,难道打的是这种人吗——正是这种最常见的情绪在害我们。

我们使剥削者不能为害,痛打并斩断他们的双手,这不过是事情的最不重要的一部分。这是要做的。我们的国家政治保卫局和我们的法院都要做,而且不应当像以前那样软弱无力,要记住,它们是受全世界敌人包围的无产阶级的法院。不过这并不难,我们基本上已经学会了。这方面应当施加点压力,但这是容易做的。

至于胜利的第二部分,即用非共产党人的手来建设共产主义,切实做好经济上非做不可的事情,那就是要找到同农民经济的结合,满足农民的需要,让农民说:"不管饥饿多么难受,多么痛苦,多么严重,但我看到,尽管对这个政权不习惯,尽管它很特别,但它带来了实际的、确实可以感觉到的好处。"我们必须设法让那些与我们共事的、为数众多的、超过我们许多倍的人这样工作,使我们能够观察他们的工作,了解他们的工作,用他们的手做一些有益于共产主义的事情。目前形势的关键就在这里,因为还只有个别共产党员懂得和看到这一点,而广大党员群众还没有认识到吸收非党群众参加工作的必要性。关于这一点已写过多少通告,说过多少话,可是一年来做了些什么呢?什么也没有做。在我们 100 个党委会中,能够拿出自己实际成绩来的连 5 个也没有。看,我们是多么严重地落后于当前的迫切需要,我们是多么厉害地保持着1918 年和 1919 年的传统。那是伟大的年代,那是具有世界历史意义的极其伟大的事业。如果只回头看这些年代,而看不到目前面临的任务,那就是自取灭亡,毫无疑问必定自取灭亡。而整个症结就在于我们不愿意认识这一点。

现在我想举两个实际例子来说明我们管理工作搞得怎样。我已经说过,比较正确的做法是拿一个国营托拉斯来作例子。但是请原谅,我不能用这种正确的方法,因为这样至少需要十分具体地研究一个国营托拉斯的材料,可惜我没有可能作这种研究,因此我只举两个小例子。一个例子是莫斯科消费合作社控告对外贸易人民委员部的官僚主义,另一个是顿巴斯地区的例子。

第一个例子不很恰当,但是,我举不出更好的例子。不过用这个例子也能说明我的基本意思。你们从报上都知道,最近几个月来我不能直接处理事务,我没有到人民委员会去工作,也没有到中央委员会去。我偶尔来莫斯科稍事逗留,就发觉许多人愤慨地激烈地埋怨对外贸易人民委员部。对外贸易人民委员部工作不好,办事拖拉,对这一点我一分钟也没有怀疑过。既然怨言变得特别激烈,我就试一试把事情搞清楚,抓住一件具体的事情,哪怕来一次寻根究底,看看怎么会出现这样的事情,这架机器为什么不转。

莫斯科消费合作社要购买罐头食品。为这件事来了一个法国公民[275]。我不知道,他这样做是否得到协约国[19]领导者的同意,或得到彭加勒以及其他苏维埃政权的敌人的核准而为国际政治服务(我想,我们的历史学家在热那亚会议以后会把这件事情弄清楚的),但事实是法国资产阶级不仅在理论上,而且在实际上参加了这笔生意,因为法国资产阶级的代表到了莫斯科,出售了罐头。莫斯科正在挨饿,到夏天挨饿的情况会更严重,肉类没有运来,并且从我们交通人民委员部的尽人皆知的素质来看,大概也运不来。

他们卖肉罐头(当然是指不完全变质的罐头,这以后会检查出来),换取苏维埃货币。还有什么比这更简单的呢?可是,如果按苏维埃方式认真地考虑一下,那就决不那么简单了。我没有可能直接查问这件事,但组织过调查,现在我有一个小本子记载着这一著名事件的发展经过。事情是这样开始的:2月11日俄共中央政治局根据加米涅夫同志的报告通过了一项决定,认为从国外购买一批食品是可取的。当然,不通过俄共中央政治局,俄国公民怎么能决定这样的问题呢?你瞧,不通过中央政治局,这4 700名负责工作人员(这仅仅是调查统计的数字[276])怎么能决定从国外购买食品的问题呢?这当然是非常奇特的观念。加米涅夫同志显然很了解我们的政策和实际情况,所以并不过分指靠大批负责工作人员，一开始就用了擒牛抓角的办法，当然擒的不是牛，而是政治局，他一下子就得到一项决议（我没听说，在这个问题上有过什么辩论）："请对外贸易人民委员部注意，从国外进口食品是可取的，并请注意关税"等等。对外贸易人民委员部注意了这一点。事情就开始动起来了。这是 2 月 11 日的事。我记得，我到莫斯科是在 2 月底或在这前后，我一来就听到莫斯科的同志们的哭诉，简直是绝望的哭诉。这是怎么回事呢？说是根本无法买下食品。为什么？对外贸易人民委员部办事拖拉。我已经很久没有工作了，那时也不知道对这个问题政治局已经作出一项决定，所以只对办公厅主任说，调查一下，把文件找来给我看看。克拉辛来后，加米涅夫和他谈了谈，这件事情才有了结果，事情办妥了，我们买来了罐头。结果好就一切都好。

加米涅夫和克拉辛善于商量办事，能够正确确定俄共中央政治局所要求的政治路线，对这一点我是确信不疑的。如果商业问题上的政治路线也由加米涅夫和克拉辛来决定，那我们就会是世界上较优秀的苏维埃共和国了，但是，不能每一笔交易都把政治局委员加米涅夫和克拉辛拉来——克拉辛正忙于热那亚会议前夕的外交事务，要进行极度紧张的工作，不能拉这些同志来管购买法国公民的罐头事宜。不能这样工作。这里说不上新，说不上经济，也说不上政策，而简直是开玩笑。现在我有这件事情的调查材料。我甚至有两份调查材料：一份是人民委员会办公厅主任哥尔布诺夫和他的助理米罗什尼科夫的，另一份是国家政治保卫局的。国家政治保卫局究竟为什么注意这件事，我不知道，我也不大相信这样做是对的，但这点我不打算讲了，因为我怕又要来一次调查。重要的是材料已经收集到，现在就在我手头。

我在 2 月底回到莫斯科就听到一片哭诉，说"无法买下罐头",而轮船就停在利巴瓦,罐头就在船上,人家甚至同意我们用苏维埃货币购买真正的罐头!(笑声)怎么会出现这样的事?如果这些罐头没有完全变质(这里我要强调"如果",因为我没有十分的把握,到时不会再派人作第二次调查,不过结果如何,只好留到下一次代表大会再说了)——如果罐头没有变质,已经买到手,那我要问:这是怎么一回事?这样的事没有加米涅夫和克拉辛就动不了吗?从我手头的调查材料中看到,一个负责的共产党员把另一个负责的共产党员骂跑了。在这份调查材料中我还看到,一个负责的共产党员对另一个负责的共产党员说:"以后没有公证人在场,我就不同你谈话。"看了这件事的经过,我想起25年前流放在西伯利亚时我当律师的情景。那时我是个地下律师,因为我是个行政流放犯,不准当律师,可是没有别的人,大家只好到我这里来陈诉某些案件。最困难的是弄清问题所在。有一次来了一个村妇,当然从她的亲戚如何如何讲起,可是怎么也弄不清楚究竟是怎么回事。我说:"把状纸的副本拿来。"她谈她的白母牛。对她说:"去把副本拿来。"她就边走边说:"没有副本,白母牛的事就不爱听啦。"此后我们流放者说起这个副本就好笑。但是,我仍旧使情况有了一些改进,上我这里来的人都带着副本,这就可以弄清楚是怎么回事了,他们为什么控告,有什么冤屈。这是25年前在西伯利亚的事,那个地方离最近的火车站也有几百俄里。

但是,为什么在革命三年以后的苏维埃共和国首都,为了购买罐头竟要进行两次调查,要加米涅夫和克拉辛来干预,要政治局发指令呢?缺什么呢?政治权力吗?不是。钱也有了,可见既有经济权力,也有政治权力。那里一切机关都有。还缺少什么呢?就是百分之九十九的莫斯科消费合作社工作人员(我丝毫也不反对他们,并且认为他们都是很好的共产党员)和对外贸易人民委员部工作人员缺少文化,他们不能文明地处理业务。

我初次听到这件事情,就给中央写了一个书面建议:我认为,除全俄中央执行委员会委员以外,你们知道,他们是不可侵犯的,除全俄中央执行委员会委员以外,把莫斯科有关机关的全体工作人员送到莫斯科最坏的监牢里关押 6 小时,对外贸易人民委员部的工作人员关押 36 小时。[①] 而现在一个有罪的人也没有找到。(笑声)其实从以上所述可以十分清楚地看出,有罪的人是找不到的。这无非是常见的俄国知识分子不会办实事的积习——手忙脚乱,毫无章法。他们先是东奔西跑,贸然从事,然后再动脑筋,而在事情办不成时,就跑去向加米涅夫诉苦,把问题提到政治局去。当然,一切困难的国务问题是需要提到政治局去的,这一点我下面还要讲到,但是,遇事应该先动脑筋,后动手。如果你要办事,请务必带着文件去办。你可以先发一份电报,在莫斯科还有电话,可以给有关机关打一个电话,把电话稿副本送交瞿鲁巴,说清楚:我认为这笔交易很紧急,如果拖延,我是要追究的。应当想到这一起码的文明作风,处理事情要考虑周到。如果问题不能靠打一个电话,在一两分钟内一下子解决,那你就拿着文件,随身带着,告诉对方:"你要拖拉的话,我就把你关到监狱里去。"可是并没有这样做,根本没有深思熟虑,毫无准备,和惯常一样忙乱一气,成立几个委员会,弄得大家筋疲力尽,吃苦生病,而事情直到加米涅夫同克拉辛接头后才得以进展。这是典型的事例。这种事不光在首都莫斯科有,而且在所有独立共和国的首都,在某些州的首府也同样可以看到,在一般城市更是屡见不鲜,甚至严重百倍。

在我们的斗争中应当记住,共产党员需要深思熟虑。关于革

---

① 参看《列宁全集》第 2 版第 42 卷第 461—462 页。——编者注

命斗争,关于全世界革命斗争的情况,他们可以对你讲得头头是道。但是,要摆脱极端的贫困,需要深思熟虑,需要有文化,办事能井井有条。这些他们却不会。如果我们责备负责的共产党员,说他们办事不认真,那是不对的。他们绝大多数人,百分之九十九的人不仅办事认真,而且在最困难的情况下,无论在沙皇制度崩溃前或在革命胜利后,都证明自己忠于革命,真是舍生忘死。如果从这方面找原因,那就根本错了。即使处理最简单的国家事务也必须采取文明的办法,必须懂得这是国家事务、商业事务,如果有了障碍,就应该善于消除,把对办事拖拉负有罪责的人送交法院。在莫斯科我们有无产阶级法院,法院应当传讯这些罪犯,问他们为什么摆着几万普特的罐头不买。我想,无产阶级法院是知道怎样治罪的,但是要治罪,就要找到罪犯,我敢向你们担保,罪犯是找不到的,你们大家都来看看这件事情,这里没有罪犯,只有混乱和瞎忙。谁都不会办事,谁都不了解究竟应当怎样处理国家事务。一切白卫分子和怠工者就利用这一点。有一个时期我们曾经同怠工者作过激烈的斗争,这个斗争现在还摆在日程上;还有怠工者,必须同他们作斗争,这当然是对的。但是,像我上面所说的情况,难道可以同他们进行斗争吗?这种情况比任何怠工都更有害,怠工者不需要别的,只要看到两个共产党员彼此争论应该什么时候提到政治局去以取得购买食品的原则性指令,这就有空子好钻了。要是有一个稍微聪明一点的怠工者支持其中的一个共产党员,或者对双方轮流加以支持,那就完了。事情就永远完蛋了。是谁的过错呢? 谁也没有过错。因为两个负责的共产党员,两个忠诚的革命家,在争论一个毫无意义的问题,争论究竟什么时候应该把问题提到政治局去,以便取得购买食品的原则性指令。

问题就在这里,困难就在这里。任何一个经过资本主义大企业训练的店员,都会办这种事,而百分之九十九负责的共产党员却不会办,并且不想懂得自己没有这种本领,应该从头学起。如果我们不懂得这点,不进预备班重新学习,我们就无论如何解决不了作为目前全部政策基础的经济任务。

我想举的另一个例子,就是顿巴斯。你们知道,这是我们整个经济的中心,真正的基础。如果我们不恢复顿巴斯,不把它恢复到应有的水平,那就根本谈不上恢复俄国大工业,也谈不上真正建设社会主义,因为没有大工业是不能建成社会主义的。我们中央委员会注意到了这一点。

这个地区并没有把琐碎问题毫无道理地荒谬可笑地提到政治局来,那里提出的是真正刻不容缓的问题。

中央委员会应当密切关注我们整个经济真正的中心、基地和基础,使那里确实能有条不紊地进行工作。那里在中央煤炭工业管理局担任领导工作的,都是些不仅绝对忠诚而且确实是有学识有才干的人,甚至说他们有才华也错不了,因此中央委员会把注意力集中到那里。乌克兰是个独立共和国,这很好,但是,它在党的关系上有时——怎么说得客气一点呢?——采取躲避的办法,我们不得不找到他们头上,因为那里管事的人很狡猾,而乌克兰中央,不说是在欺骗我们,也总是同我们有点疏远。为了弄清这全部情况,我们这里的中央委员会研究过,发现有摩擦和意见分歧。那里有个小矿井利用委员会。当然,在小矿井利用委员会同中央煤炭工业管理局之间有激烈的摩擦。但是,我们中央委员会还算有些经验,一致决定不撤换领导班子,如果发生摩擦,就向我们报告,甚至可以把所有的细节都告诉我们,因为我们在那个地区的人不仅忠诚,而且能干,应当尽力支持他们,假如他们还没有学会工作,那就应当让他们学会。结果,乌克兰召开了党代表大会²⁷⁷,我不知道会上的情况,只知道发生了各种各样的事情。我问过乌克兰的同志,还特地问过奥尔忠尼启则同志,中央委员会还责成他到那里去了解情况。看来,那里有人捣鬼,事情乱成一团,就是让党史委员会²⁷⁸来研究,十年也搞不清楚。实际结果是,不顾中央一致通过的指令,这一班人被另一班人取代了。这是怎么一回事呢?从根本上说,这班人中间有些人虽然具有各种良好的品质,却犯了某种错误。他们过分醉心于行政手段。²⁷⁹在那里我们是同工人打交道。谈到"工人",常常以为指的就是工厂无产阶级。根本不是那么一回事。从战争开始以来,我们这里进工厂的根本不是无产者,而是逃避打仗的人。难道在我国目前的社会经济条件下,能说进工厂的是真正的无产者吗?这样说是不对的。这符合马克思的说法,但是马克思说的不是俄国,而是15世纪以来的整个资本主义。对过去的600年,这是正确的,而对现在的俄国不适用。进工厂的常常不是无产者,而是各式各样的偶然碰上机会的人。

要善于正确地安排工作,使工作不落后,能及时解决所发生的摩擦,不要使行政管理脱离政治——这就是我们的任务。因为我们的政治和行政管理靠的是整个先锋队保持同全体无产阶级群众、同全体农民群众的联系。如果有人忘了这些小轮子,而只醉心于行政手段,那就糟了。顿巴斯工作人员所犯的错误,同我们其他的错误比较起来是微不足道的,然而这是一个典型的例子,当时中央委员会曾一致要求:"留下这班人,即使是些小冲突,也提到我们中央来解决,因为顿巴斯不是无关紧要的地区,没有它,社会主义建设就不过是一种善良的愿望"——可是实际表明,我们的全部政治权力和中央的整个威信还不足以解决问题。

这次当然是犯了滥用行政手段的错误,同时也犯了一大堆别的错误。

这个例子说明，整个关键不在于政治权力，而在于会管理，会正确安排人员，会避免细小的冲突，使国家的经济工作不致被打断。我们没有这种本领，我们的错误就在这里。

我认为，谈到我国革命和估计我国革命的命运时，我们应当严格区分出哪些革命任务已经彻底完成，已经作为一种不可剥夺的成果载入了摆脱资本主义这一世界历史性转折的史册。我国革命已经完成了这样的事业。当然，可以让孟什维克和第二半国际的代表奥托·鲍威尔去叫喊"他们那里是资产阶级革命"，可是我们说，我们的任务就是把资产阶级革命进行到底。正如一家白卫分子的刊物所说的，我国的国家机关有400年的积粪，而我们用4年工夫就清除干净了——这是我们最伟大的功绩。而孟什维克和社会革命党人做了些什么呢？什么也没有做。不但在我国，甚至在先进的文明的德国，都不能把中世纪的积粪清除干净。而他们却指责我们的最伟大的功绩。把革命事业进行到底，这是我们的不可抹杀的功绩。

现在可以闻到战争的气息。一些工会，例如改良主义工会，已通过反对战争的决议，并威胁说，要用罢工来反对战争。如果我没有弄错的话，不久前我看见报上有一则电讯说，在法国议院中，有一位杰出的共产党员发表了反战演说[280]，他指出，工人宁愿起义，不愿战争。现在不应当像我们在1912年公布巴塞尔宣言[126]时那样来提问题。只有俄国革命才指明了怎样才能摆脱战争，这要费多大的气力，用革命手段摆脱反动战争意味着什么。反动的帝国主义战争在世界各地都是不可避免的。人类在解决所有这类性质的问题时，不能忘记，也不会忘记，过去有几千万人被屠杀了，现在还会遭到屠杀。要知道，我们是生活在20世纪，只有一个国家的人民用不是为哪一个政府效劳而是推翻它们的革命手段摆脱了反动战争,这就是俄国人民,是俄国革命使他们摆脱了战争。俄国革命的成果是不可剥夺的。这是世界上任何力量也不能夺去的,正如世界上没有任何力量能改变苏维埃国家已经建立这一事实。这是具有世界历史意义的胜利。几百年来,国家都是按照资产阶级类型建立的,现在第一次找到了非资产阶级的国家形式。也许我们的机关还不好,但是据说,最先发明的那台蒸汽机也是不好的,甚至不清楚它是否开动过。但是问题不在这里,问题在于已经发明出来了。就算头一台蒸汽机从外形来看是不适用的,但是现在我们有了火车头。就算我们的国家机关糟透了,但它毕竟建立起来了,已经有了历史上最伟大的发明,无产阶级类型的国家已经创立。全欧洲,千万家资产阶级报纸都说我们这里乱七八糟,贫困不堪,劳动人民只有受苦受难,就让它们宣传去吧,世界上所有的工人还是向往苏维埃国家的。这就是我们所获得的不可剥夺的伟大成果。但是对于我们这些共产党的代表来说,这还只是打开了门。现在摆在我们面前的任务是建设社会主义经济的基础。这点做到了没有呢? 没有,还没有做到。我们还没有社会主义的基础。有些共产党人以为已经有了这种基础,这是极其错误的。全部关键在于,我们应当坚决地、明确地、冷静地分清楚,哪些是俄国革命具有世界历史意义的功绩,哪些我们还做得很不好,哪些还没有建立起来,哪些还要多次重新做起。

政治事态总是非常错综复杂的。它好比一条链子。你要抓住整条链子,就必须抓住主要环节。不能你想抓哪个环节就挑哪个环节。1917 年的整个关键是什么呢? 是摆脱战争,这是全体人民的基本要求,因此这压倒了一切。革命的俄国摆脱了战争。虽然费了很大的力气,但注意到了人民的基本要求,因而保证了我们多年的胜利。人民感觉到,农民看到,从前线回来的每个士兵也都十分明白,苏维埃政权是他们所获得的比较民主、比较接近劳动群众的政权。不管在其他方面我们做了多少愚蠢荒唐的事情,但是,我们注意到了这个主要的任务,这就是说,一切都是正确的。

1919年和1920年的关键是什么呢?是武装抵抗。当时称雄世界的协约国向我们进攻,要扼杀我们,因此用不着进行宣传,任何一个非党农民都懂得发生了什么事情。地主来了。共产党员能同他们作斗争。这就是大多数农民拥护共产党员的原因,这就是我们获得胜利的原因。

1921年的关键是实行有秩序的退却。所以必须有十分严格的纪律。"工人反对派"说:"你们低估了工人,工人应当发挥更大的主动性。"主动性应当表现在有秩序退却和严格遵守纪律上。谁要是稍微发出点惊慌的声调或破坏纪律,他就会断送革命,因为最困难的事情,就是同那些习惯于进攻、浸透革命观点和理想、认为任何退却都是卑劣行为的人们一起退却。最大的危险就是破坏秩序,最大的任务就是保持秩序。

目前的关键是什么呢?目前的关键,也是我想把它作为这次报告的结论的关键,并不在于政治,就是说不在于改变方针;实行新经济政策以后,关于这一点已经谈得够多的了。所有这些谈论都是徒劳无益的。这是最有害的空谈。新经济政策实行后,我们有人开始忙乱起来,又是改组机构,又是建立新机构。这是最有害的空谈。我们得出了结论,目前的关键在于人才,在于挑选人才。一个习惯于反对抓小事、反对单纯文化工作的革命家,是难以领会这一点的。但是,我们目前的处境是(对此在政治上应当有清醒的估计),我们前进得太远了,所以不能而且也不应保持所有的阵地了。

在国际方面,我们的境况近年来有极大的改善。我们争得了苏维埃类型的国家,这是全人类的一大进步,共产国际[20]每天从任何一个国家得到的消息都向我们证实了这一点。这是谁也不会怀疑的。但是在实际工作方面情况却是这样:共产党员如果不能给农民群众实际的帮助,农民群众就不会支持他们。注意力不应集中在立法、颁布更好的法令等等上面。我们有一个阶段把法令当做宣传的形式。人们嘲笑我们,说布尔什维克不知道人们并不执行他们的法令;所有白卫分子的报刊也充满了这种嘲笑,但是这个阶段是合理的,那时布尔什维克夺得了政权,他们告诉普通农民、普通工人说:我们想这样来管理国家,这就是法令,请试试看吧!我们用法令的形式把我们的政策设想迅速告诉普通的工人和农民。结果我们在人民群众中过去和现在都获得了极大的信任。这是革命初期必然经过的阶段,不然我们就不会走在革命浪潮的前头,而只会充当尾巴。不然所有那些想在新基础上建设新生活的工人农民就不会信任我们。但是这个阶段已经过去了,而我们却不愿了解这一点。现在再有人下命令来设立和改组什么机构,工人农民就要嘲笑了。现在普通的工人农民对这点已不感兴趣,他们是对的,因为现在重点不在这里。你,共产党员,现在不应当向人民宣传这一套。虽然我们这些坐在国家机关里的人总是埋头于这种琐事,但是该抓的不是链条上的这一环节,关键不在这里,关键在于人员安排不当,革命干得很出色的负责的共产党员被派去搞他们一窍不通的工商业,他们妨碍别人看清事实真相,因为奸商和骗子都巧妙地躲在他们的背后。问题在于我们没有对执行情况进行实际检查。这是一种平凡的小任务,是些小事情,可是我们在最伟大的政治革命之后所处的环境是:我们在一段时间内必须与资本主义成分并存,全部情况的关键不在于政治,狭义的政治(报上所说的全是些政治高调,没有丝毫社会主义的东西),不在于决议,不在于机构,也不在于改组。这些只要对我们有必要,我们会做的,但决不要向人民灌输这些东西,而要挑选所需的人才,检查实际执行情况,这才是人民所重视的。

在人民群众中,我们毕竟是沧海一粟,只有我们正确地表达人民的想法,我们才能管理。否则共产党就不能率领无产阶级,而无产阶级就不能率领群众,整个机器就要散架。现在人民、全体劳动群众认为,对他们最重要的是切实帮助他们摆脱赤贫和饥饿,使他们能看到情况确有改善,而且符合农民的需要和习惯。农民熟悉市场,熟悉商业。我们不能实行直接的共产主义分配。要这样做,我们的工厂和设备都不够。所以我们必须通过商业来供给,而且要做得不比资本家差,否则人民就不能忍受这种管理。问题的全部关键就在这里。如果不出现什么意外,这就应当成为我们1922年全部工作的关键,不过要有以下三个条件:

第一个条件是没有武装干涉。我们虽然在外交上尽力避免它,但是每天都有发生的可能。我们确实应当时刻戒备,并且为了加强红军,我们应当作某些重大牺牲,当然也要严格规定牺牲的限度。我们面对着整个资产阶级世界,它不过是在寻找扼杀我们的方式。而我国的孟什维克和社会革命党人无非是这些资产阶级的代理人罢了。他们的政治地位就是如此。

第二个条件是财政危机[281]不过分严重。危机正在逼近。关于这一点,你们可以听有关财政政策问题的报告。如果危机太厉害、太严重,有许多事情我们就不得不重新调整,把一切力量都集中在某一点上。如果危机不过于严重,那甚至还可能有好处,因为它会把所有国营托拉斯中的共产党员清洗一下。只是不要忘记做这件事。财政危机能清理我们的机关和企业,其中不中用的会首先垮台。不过不要忘记,不能把垮台都归咎于专家,说什么负责的共产党员都很好,他们在前线打过仗,工作一贯很好。所以财政危机要是不过分严重,那么从中还可能得到好处,它不会像中央监察委员会或中央审查委员会[282]那样进行清洗,而是对经济机关中全体负责的共产党员来一次认真的清洗。

第三个条件是要在这期间不犯政治错误。当然,如果我们犯了政治错误,那整个经济建设就要受挫,那就不得不去争论纠偏和确定方针的问题。如果不犯这种可悲的错误,那最近的关键就不在于法令,也不在于政治,狭义的政治,不在于机构,也不在于机构的组织——这些事将根据需要由负责的共产党员和苏维埃机构来做,而全部工作的关键在于挑选人才和检查执行情况。只要我们在这方面实际上学到东西,收到实际成效,那我们就能再次克服一切困难。

最后,我要谈谈我们苏维埃机关,苏维埃各高级机构以及党同它们的关系这一问题的实际方面。在我们党同苏维埃机构之间形成了一种不正常的关系,这一点是我们一致承认的。我方才举了一个例子,说明有些具体的小事都要弄到政治局去解决。从形式上规定不许这样做是很困难的,因为在我国是唯一的执政党在进行管理,而且不能禁止党员提出申诉。于是一切问题都从人民委员会弄到政治局来了。在这一点上我也有很大的过错,因为人民委员会和政治局之间很多事都是通过我个人来联系的。一旦我离开工作,两个轮子立刻就不转动了,为了保持这种联系,加米涅夫就不得不加倍地工作。由于近期我未必能回来工作,全部希望就寄托在现在还有两位副主席这一点上,一位是被德国人清洗过的瞿鲁巴同志,一位是被德国人清洗得非常干净的李可夫同志。原来连德国皇帝威廉对我们也很有用,这是我没有想到的。他有个外科医生,这个医生给李可夫同志治过病,切除了他身上的坏器官,把它留在德国,而给他留下了好的,所以给我们送来的李可夫同志全身都是清洗干净的好器官。[283]如果以后继续采用这种办法,这真是一件大好事。

不开玩笑了,现在来谈谈主要的指令。在这方面中央的意见是完全一致的,我希望代表大会能高度重视这个问题,批准旨在解除政治局和中央的琐碎事务、加强负责工作人员的工作的指令。要使各人民委员对自己的工作负责,而不是先把问题提到人民委员会,然后又提到政治局。我们不能从形式上取消向中央申诉的权利,因为我们的党是唯一的执政党。但是应当制止什么小事都找中央的做法,要提高人民委员会的威信,各部的人民委员——而不是副人民委员——要多出席人民委员会的会议,应当改变人民委员会工作的性质,即把我最近一年没能做到的事情做到:更多地注意检查执行情况。我们还将有两位副主席——李可夫和瞿鲁巴。李可夫任工农国防委员会红军和红海军供给特派员[284]时善于督促工作,使工作得以开展。瞿鲁巴曾把一个人民委员部办成比较好的部。如果他们两人能尽量注意督促各人民委员部注重执行并负起责任来,那么我们就会前进一步,虽然是小小的一步。我们有 18 个人民委员部,其中工作根本不行的不下 15 个,好的人民委员不是到处都能找到的,但愿人们更加注意这一点。李可夫同志应担任中央政治局委员和全俄中央执行委员会主席团委员,因为在这两个机构之间应保持联系,没有这种联系主要的轮子有时就会空转。

因此要注意使人民委员会和劳动国防委员会[150]裁减所属的各种委员会,使它们熟悉和解决自己分内的事情,而不是把精力分散在无数的委员会上。最近把各种委员会清理了一下。总共有 120 个委员会。有多少是真正必要的呢?只有 16 个。而且这已不是第一次清理了。有些人不是对自己的工作负责,不是把决议提交人民委员会,也不知道自己对此负有责任,而是躲在各种委员会后面。在这些委员会里是一团混乱,谁也弄不清楚是谁负责;一切都乱成一团,最后作出由大家共同负责的决定。

因此应当指出,必须扩大和发挥区域经济会议[210]的自主权和职能。现在我们俄国的区域划分是有科学根据的,是估计到经济、气候、生活、燃料来源、地方工业等等条件的。根据这种划分,建立了区和区域的经济会议。当然,局部的调整还会有,但是应该提高这些经济会议的威信。

还有,应该使全俄中央执行委员会更加有力地工作,使常会能够正常地举行,会期应当长一些。常会应当讨论法律草案,有时法律草案没有必要匆忙地提到人民委员会去。最好把这些草案搁置一下,让地方工作人员去仔细考虑,并且对法律的起草人要求得更严格些,这些我们现在都没有做。

如果全俄中央执行委员会常会的会期长一些,它就可以分设各种小组和专门委员会,更严格地检查工作,抓住那种在我看来是目前政治局势的整个关键和本质的东西,也就是把重心转移到挑选人才、检查实际执行情况上去。

应该承认,也不怕承认:百分之九十九的负责的共产党员被派去干的并不是他们现在就胜任的工作,他们不会干自己那一行,现在应当学习。如果承认这一点,而我们又有充分可能做到这一点——从总的国际形势看,我们有时间来得及学会——那我们就无论如何要做到这一点。(热烈鼓掌)

载于1922年3月28日《俄国共产党(布尔什维克)第十一次代表大会公报》第1号

选自《列宁全集》第2版第43卷第69—113页

7

闭 幕 词

（4月2日）

同志们！我们代表大会的工作就要结束了。

这次代表大会同上次相比，最明显的一个区别就是更加团结，更加一致，在组织上更加统一。

上次代表大会的反对派这部分人中只有少数人自外于党。[285]

关于工会问题和新经济政策问题，我们党内已经没有意见分歧，或者说，已经没有什么明显的意见分歧了。

我们在这次代表大会上所获得的根本的和主要的"新东西"，就是生动地证明我们的敌人是不正确的，他们一直喋喋不休地硬说我们党在衰老，我们的头脑和整个机体在丧失灵活性。

不！我们并没有丧失这种灵活性。

过去，由于俄国和全世界的整个客观形势，需要前进，需要用奋不顾身的英勇精神迅速而坚决地向敌人进攻，我们就这样进攻了。必要的时候，我们还会再次进攻，并且不止一次地进攻。

我们正是这样把我国革命提到了世界上空前未有的高度。世界上任何一种力量，不管它还能给千百万人带来多少不幸、灾祸和苦难，都不能夺走我们革命的基本成果，因为现在这已不是"我们的"成果，而是具有全世界历史意义的成果了。

到了1921年春天，实际表明我们革命的先头部队有脱离应由它率领前进的人民大多数，农民大多数的危险，我们就一致地果断决定退却。过去一年来,我们的退却整个说来是有革命秩序的。

世界各先进国家的无产阶级革命正在成熟,如果它不能把奋不顾身的斗争和进攻的本领同实行有革命秩序的退却的本领结合起来,它就无法完成自己的任务。我们斗争的第二个阶段的经验,即退却的经验,将来至少对某些国家的工人大概也是适用的,正如我国革命第一阶段的经验,即奋不顾身英勇进攻的经验,无疑适用于所有国家的工人一样。

现在我们作出决定,认为退却已经结束。

这就是说,现在要按新方式来提出我们政策的全部任务了。

现在全部关键在于,先锋队要不怕进行自我教育,自我改造,要不怕公开承认自己素养不够,本领不大。全部关键在于,现在要同无比广大的群众,即同农民一道前进,用行动、实践和经验向农民证明,我们在学习并且一定能学会帮助他们,率领他们前进。在目前的国际形势下,在俄国目前的生产力状况下,这一任务是可以完成的,不过要十分缓慢,小心谨慎,实事求是,对自己的每一步骤都要进行千百次的实践检验。

即使我们党内还有反对这种极端缓慢和极端谨慎的行动的论调,那也只是极个别的。

整个党懂得了,并且现在要用实际行动来证明,它懂得了目前必须这样安排自己的工作,也只能这样安排工作。我们既然懂得了这一点,我们就一定能够达到自己的目的!

我宣布俄国共产党第十一次代表大会闭幕。

载于 1922 年 4 月 4 日《俄国共产党(布尔什维克)第十一次代表大会公报》第 8 号

选自《列宁全集》第 2 版第 43 卷第 132—133 页

论"双重"领导和法制[286]

给约·维·斯大林并转政治局的信

(1922 年 5 月 20 日)

电话口授

致斯大林同志并转政治局

关于检察机关的问题,在领导全俄中央执行委员会常会工作的中央专门委员会中发生了意见分歧。这些意见分歧还没有发展到把问题自动提到政治局去,但我认为这个问题很重要,建议把它提交政治局解决。

意见分歧的实质是这样的:在检察机关问题上,全俄中央执行委员会选出的专门委员会中多数委员都反对地方检察人员只能由中央机关任命,只受中央机关领导。多数委员要求对所有地方工作人员都实行所谓"双重"领导,即一方面受中央机关即相应的人民委员部的领导;另一方面又受地方的省执行委员会领导。

全俄中央执行委员会专门委员会的多数委员还否定地方检察人员有从法制的观点对省执行委员会和所有地方政权机关的任何决定提出异议的权利。

我想不出有什么理由可以为全俄中央执行委员会专门委员会

多数委员的这一显然错误的决定辩护。我只听到这样的理由,说这次为"双重"领导辩护,是一场正当的、反对官僚主义集中制、争取地方的必要的独立性、反对中央机关对省执行委员会人员的傲慢态度的斗争。法制不能有卡卢加省的法制,喀山省的法制,而应是全俄统一的法制,甚至是全苏维埃共和国联邦统一的法制,持这种观点是否就是傲慢态度呢? 在全俄中央执行委员会专门委员会多数委员中占上风的那种观点的基本错误是不正确地搬用了"双重"领导的原则。在那些需要好好考虑确实存在着无可避免的差别的地方,必须实行"双重"领导。卡卢加省的农业和喀山省的不同。整个工业的情况也是如此。整个行政管理情况也是如此。在所有这些问题上不考虑到地方的特点,就会陷入官僚主义的集中制等等,就会妨碍地方工作人员考虑地方的差别,而这种考虑是进行合理工作的基础。但是法制只能有一种,而我们的全部生活中和我们的一切不文明现象中的主要弊端就是纵容古老的俄罗斯观点和半野蛮人的习惯,他们总希望保持同喀山省法制不同的卡卢加省法制。应该记住,检察机关和任何行政机关不同,它丝毫没有行政权,对任何行政问题都没有表决权。检察长有权利和有义务做的只有一件事:注意使整个共和国对法制有真正一致的理解,不管任何地方差别,不受任何地方影响。检察长的唯一权利和义务是把案件提交法院裁决。这是什么法院呢? 在我们这里是地方法院。审判员是由地方苏维埃选出的。因此受理检察长提出的违法案件的是地方政权,它一方面必须绝对遵守全联邦统一规定的法律,另一方面,在量刑时必须考虑地方的一切情况,在量刑时它有权说,虽然从案情本身来看无疑是犯了法,但经地方法院查明的、当地人十分清楚的某种情况,使法院不得不承认必须对此人从宽处理,甚至宣告此人无罪。如果我们不坚决实行这个确立全联邦统一法制所必需的最起码的条件,那就根本谈不上什么维护和创立文明了。

说检察长不应拥有对省执行委员会和其他地方政权机关的决定提出异议的权利,这些决定应由工农检查院从法制的观点加以审查,这种说法同样是根本不对的。

工农检查院不仅要从法制的观点,而且要从适当与否的观点来加以审查。检察长的责任是使任何地方政权机关的任何一项决定都不同法律抵触,所以检察长有义务仅仅从这一观点出发,对一切不合法律的决定提出异议,但是检察长无权停止决定的执行,而只是必须采取措施,使整个共和国对法制的理解绝对一致。因此全俄中央执行委员会专门委员会多数委员的决定,不仅犯了极大的原则性错误,不仅是根本错误地搬用了"双重"领导的原则,而且会破坏一切建立法制和建立起码文明的工作。

其次,为了解决这个问题,应该估计到地方影响的作用。毫无疑问,我们是生活在无法纪的海洋里,地方影响对于建立法制和文明即使不是最严重的障碍,也是最严重的障碍之一。恐怕谁都听说过,地方上清党时揭发出来的最常见的事实是,大多数地方审查委员会在清党过程中有向个人和地方挟嫌报复的行为。这一事实是无可争辩的,也是十分值得注意的。恐怕谁都不会否认,我们党要找十个受过充分的法学教育、能够抵制一切纯地方影响的可靠的共产党员还容易,可是要找几百个这样的人就困难了。说到检察机关受"双重"领导还是只受中央机关领导,问题也正是归结到这一点上。我们在中央机关找十来个人,是应该找得到的,他们将行使总检察长、最高法庭和司法人民委员部部务委员会的中央检察权(是总检察长单独行使,还是和最高法庭、司法人民委员部部务委员会一同行使,这个问题我暂且撇开不谈,因为这是一个完全次要的问题,这个问题可以这样也可以那样解决,要看党是把大权委托给一个人,还是分给上述三个机构)。这十个人在中央机关工作,受党的三个机关的最密切的监督,同它们保持最直接的联系,而这三个机关是反对地方影响和个人影响的最大保证,这三个机关就是中央组织局、中央政治局和中央监察委员会[221],而且最后这个机关,即中央监察委员会,只对党的代表大会负责,它的委员不得在任何人民委员部、任何一个主管机关以及任何苏维埃政权机关中兼任任何职务。显然,在这种条件下,我们就有了迄今所设想过的一切保证中的最大保证,使党建立起一个不大的中央领导机构,能够实际地抵制地方影响,地方的和其他一切的官僚主义,使全共和国、全联邦真正统一地实行法制。也正因为如此,这个中央司法领导机构可能发生的错误,我们党为全共和国的党和苏维埃的全部工作订出一切基本概念和基本准则的那几个机关会立即就地加以纠正。

违背这一点,就是暗中接受谁也不会直接公开维护的一种观点,即认为我国似乎已有高度发展的文明和同它密切相关的法制,以致我们可以保证我们这里有几百个完全无可非难的检察长,他们在任何时候都不会受任何地方影响,而且能够自行制定出整个共和国统一的法制。

最后,我得出结论:主张对检察机关实行"双重"领导,取消它对地方政权机关的任何决定提出异议的权利,这就不仅在原则上是错误的,不仅妨碍我们坚决实行法制这一基本任务,而且反映了横在劳动者同地方的和中央的苏维埃政权以及俄共中央权力机关之间的最有害的障碍——地方官僚和地方影响的利益和偏见。

因此我建议中央委员会在目前情况下否决"双重"领导,规定地方检察机关只受**中央机关**领导,保留检察机关从地方政权机关的一切决定或决议是否合乎法制的观点对它们提出异议的权利和义务,但无权停止决议的执行,而只有权把案件提交法院裁决。

列　宁

载于 1925 年 4 月 23 日《真理报》
第 91 号

选自《列宁全集》第 2 版第 43 卷
第 194—198 页

答《曼彻斯特卫报》记者
阿·兰塞姆问[287]

(1922 年 11 月)

第一种回答

(11 月 5 日)

1. 问：我看到经济很活跃，大家都忙着买东西和卖东西，一个新的商业阶级显然正在产生。请问：**怎么说耐普曼不是一种政治力量，也没有显示出要求成为一种政治力量的迹象呢？**

答：您的第一个问题使我回想起很久很久以前在伦敦的一次谈话。那是一个星期六的晚上。大约 20 年前，我和一个朋友一起散步。[288]街上非常热闹。商人在街上摆满了摊子，用金属筒做的小煤油灯或诸如此类的灯具照亮着自己的商品。灯光很美丽。街上熙熙攘攘，热闹非常。大家都忙着买东西或卖东西。

俄国当时有一个派别，我们把它叫做"经济派"[289]。我们这种有点书生气的称呼，指的是那些幼稚地把马克思的历史唯物主义观点简单化的人。我的朋友是个"经济派"，他当即发表高论说：你看，在这种不寻常的经济活动之后，紧接着必然会要求成为一种政治力量。我嘲笑了对马克思思想的这种理解。小商贩人多，他们的活动极为活跃,还丝毫不能证明他们是阶级的强大的经济力量,而只有这种经济力量才可以而且应该断定会成为一种"政治力量"。也许,伦敦形成为世界性的贸易力量——既是经济力量又是政治力量——所走过的道路比我的交谈者所想象的要复杂一些;伦敦街头商贩虽然非常活跃,但他们离"政治力量",甚至离要求成为一种政治力量还相当远。

您问,为什么这种"耐普曼"(也就是街头商贩? 小贩?)在我们这里没有显示出"要求成为一种政治力量的迹象",您提这个问题恐怕会使我们发笑,而我们会这样来回答:这跟每逢星期六英国伦敦街头那群忙着买东西卖东西的人没有显示出"要求成为一种政治力量的迹象"的原因是一样的。

2. 问:我有这样一个印象:现在在俄国,买卖和交换的利润很高,而生产只有在极少数情况下能够赢利。买卖和交换掌握在耐普曼手里。赢利的生产多半规模很小,而且掌握在私人手里。**赔本的生产则掌握在国家手里。请问:这是不是意味着耐普曼在经济上不断加强而国家不断削弱呢?**

答:您提这第二个问题的着眼点恐怕也和上述"经济派"的观点相差无几。好像是巴师夏曾经近乎郑重地讲过他所持的见解:"古希腊人和罗马人是以掠夺为生的。"至于这些以掠夺为生的人所掠夺的东西究竟是从哪里来的这一"经济"问题,他却不很关心。

您的印象是"现在在俄国,买卖和交换的利润很高","而生产只有在极少数情况下能够赢利"。

您从莫斯科街头观察中得出这样的结论,我读后感到非常惊奇。我想,千千万万的俄国农民怎么样呢? 他们在种地,看来,这在俄国并不是少数情况,更不是极少数情况,而是极大多数情况吧? 这种情况"甚至"比"耐普曼"的任何"买卖"都要多吧? 俄国农民的生产大概不仅"可能",而且是非常"赢利"的吧? 不然的话,我国农民非常迅速和轻易地交给国家的几亿粮食税是从哪儿来的呢?在辽阔的俄国的农村和城市里这样普遍掀起的有目共睹的建设高潮,又是从哪儿来的呢?

在俄国货币贬值,100万卢布在自由市场上还不值过去一个卢布的时候,一个小商贩有时赚了几百万几百万的利润,提问人是不是就认为这种小买卖是"利润很高的买卖和交换"呢?恐怕不至于犯这种错误吧!因为我国现在(已经几个月了)把纸币上"多余的"几个零抹掉了。[290]昨天是万亿,今天抹掉四个零,就变成1 000万了。国家并没有因此发财,但是说国家"变弱了",这是很奇怪的,因为这明明是货币状况改善了一步。耐普曼开始看到卢布在稳定起来,比如,这在今年夏天就看出来了。耐普曼开始料到今后还会继续"抹掉"零,而我怀疑耐普曼"要求成为一种政治力量"就能阻止把零抹掉。

再来谈谈生产。在我们这里,土地掌握在国家手中。占用土地的小农纳税的情况很好。所谓轻工业的工业生产显然活跃起来了,它多半或者归国家所有,由国家的职员管理,或者归承租人掌管。

因此,担心"国家不断削弱"是没有根据的。

要区别开的不是生产和贸易,而是轻工业生产和重工业生产。后者确实是无利可图的,因此我们国家的状况确实困难。这一点下面再谈。

3. 问:有人暗示说,将设法(用征税的办法)迫使耐普曼资助生产。请问:**这样做的结果会不会只是使物价上涨,使耐普曼的利润增加,间接地使工资必须提高——因此又回到原先的状态呢?**

答:国家手里有几亿普特粮食。在这种情况下,决不能认为征税"只是"使物价上涨。征税也能使我们从耐普曼和生产者那里取得支援工业的资金,特别是支援重工业的资金。

4. 问:如果用通常的资本主义尺度来衡量,应当说经济状况要坏一些。如果用共产主义的尺度来衡量,也应当说状况要坏一些(重工业衰落)。但是我所碰到的每一个人,都认为他的状况比一年前好。看来,这儿发生了一种与资本主义思想和共产主义思想都不相容的东西。这两种思想都要求有进步。但是,如果我们不是进步,而是退步,那怎么办呢?请问,**我们不是前进,不是走向新的富足安康,而是后退,退到旧的状况,这难道不可能吗**?俄国往后退,退到与俄国的需求大致适应的农业生产时期,退到国内商业活跃而从国外的进口无足轻重的时期,这难道不可能吗?难道不能设想在无产阶级专政下也可能有和过去封建专政下相同的时期吗?

答:让我们先用"通常的资本主义尺度"来"衡量"。整个夏天我们的卢布都是稳定的。这显然是好转的开始。其次,农民的生产和轻工业的生产无疑都在活跃起来。这也是一种好转。最后,我们的国家银行获得了不下 2 000 万金卢布的纯收入(这是最低数目,实际上还要多些)。数目虽小,但好转是不容置疑的。数目虽小,但重工业基金开始增加是不容置疑的。

其次,让我们再用共产主义尺度来衡量。上述三种情况,从共产主义观点来看也是好现象,因为在我们这里国家政权是掌握在工人手中的。卢布**趋于**稳定,农民生产和轻工业生产活跃,国家银行(即国家)**开始**获利——所有这一切,从共产主义观点来看,**也**是好现象。

资本主义和共产主义是对立的,然而从**两种对立的观点**来看,这些情况都是**好现象**,怎么可能有这样的事情呢?这是可能的,因为向共产主义的过渡**也**可以通过国家资本主义,只要国家政权掌握在工人阶级手中。这正是"我们现在的情况"。

重工业衰落是我们的坏现象。国家银行和对外贸易人民委员部开始赢利,就是为这方面的好转作准备。这里困难很大,但决不是没有希望的。

再往下说。我们是否会倒退到什么"封建专政"之类的时期去呢? 无论如何不会的,因为我们在缓慢地攀登,时有停顿,有时还后退几步,沿着国家资本主义的路线攀登。这是一条引导我们前进,走向社会主义和共产主义(社会主义的最高阶段)的路线,决不会引导我们倒退到封建制度去。

对外贸易日益发展,卢布日趋稳定(虽然时有波动),彼得格勒和莫斯科的工业明显发展,国家开始筹集了少量的,很少量的支援重工业的资金,如此等等。所有这一切都证明俄国不是在倒退,而是在前进,虽然这种前进,我再说一遍,是很缓慢的,是有停顿的。

5. 问:我们是不是处在一种**把应当用于生产的资本浪费掉**的可悲境地呢?

答:上面那一段话已经答复了这个问题。

6. 问:除了这些问题以外,《曼彻斯特卫报》还很想听到您亲口驳斥目前莫斯科盛传的所谓今冬又将实行配给制和全部征用耐普曼的仓库的谣言。

答:我很乐意证实,所谓我们想恢复配给制或"全部征用耐普曼的仓库"这些谣言是毫无根据的。

这纯属无稽之谈。我们根本没有这样想过。

在现今的俄国,决不能设想有这样的事情。这都是那些很敌视我们,但又不很聪明的人恶意散布的谣言。

7. 问:最后,我认为你们同厄克特的合同并没有被最后否决,只不过是在同英国政府恢复正常的友好关系以前,暂时搁一搁而已,我这种推测对不对?

答:关于厄克特问题,您说得完全正确。我把最近跟法尔布曼说过的话①再说一遍。我们并没有最后否决向厄克特租让。我们否决这项租让,完全出于我们已经公开指出的那个政治原因。我们已开始在报刊上公开讨论所有**赞成**的和**反对**的意见。希望这次讨论以后,我们能够在政治和经济方面确定最后的意见。

您的 **列宁**

1922 年 11 月 5 日

载于 1922 年 11 月 22 日《曼彻斯特卫报》第 23797 号　　　　　选自《列宁全集》第 2 版第 43 卷第 256—261 页

---

① 见《列宁全集》第 2 版第 43 卷第 237—242 页。——编者注

第二种回答（未完）

（10 月 27 日和 11 月 5 日之间）

对您的问题答复如下：

1. 我想，"耐普曼"，也就是在"新经济政策"下繁荣起来的商业的代表，是想成为一种政治力量，但是没有在这方面显示出任何迹象，或者虽有迹象，那也是把自己的愿望掩盖起来的。他们必须竭力掩盖自己的愿望，因为不然的话，就会受到我们国家政权的严厉反对，有时比反对还厉害，会受到公开的敌视。

我认为，在绝大多数生产资料集中在我们国家政权手中的情况下，小资产阶级的真正的经济要求是消费品的买卖自由。我国的立法是保证小资产阶级有这种自由的。

您所用的"耐普曼"这个词会引起某种误解。它是由表示"新经济政策"的缩写词"耐普"（"нэп"）加上"曼"（"ман"）组成的，意思是"这种新经济政策的人或代表"。这个报纸上的用语产生之初，是对小商贩或滥用贸易自由的人的一种戏称。

从表面看，新经济政策后最引人注目的一点，就是这种"耐普曼"即您所写的"买东西和卖东西"的人登上了前台。

但是，真正大多数居民的真正经济活动根本不是在这一方面。例如，只要指出广大农民的活动就够了。正是现在，农民精力充沛地、废寝忘食地重整自己的耕地，修复自己的农具、房舍、各种设施等等。另一方面，也正是现在，产业工人同样精力旺盛地改进劳动工具，用新的劳动工具来代替已磨损的劳动工具，修复破旧不堪的或受到破坏的房屋等等。

"耐普曼",如果要用这个词的话,与其说是政治经济学上的严肃用语,不如说是报纸上的戏语,他们掀起的喧嚣远远超过他们的经济力量。因此,如果有人把继经济力量之后必定出现政治力量这个简单化了的历史唯物主义原理用在我国"耐普曼"的身上,那么我担心他会大错而特错,甚至会成为许多荒谬可笑的误解的牺牲品。

新经济政策的真正实质在于:第一,无产阶级国家**准许小生产者有贸易自由**;第二,**对于大资本的生产资料,无产阶级国家采用资本主义经济学中叫做"国家资本主义"的一系列原则**。

我认为,如果"耐普曼"由此得出结论,认为对他们来说成为一种政治力量是适当的,那他不但会犯错误,而且会因为庸俗地理解马克思主义而成为报纸嘲笑的对象。

2. 您的印象是:现在在俄国做买卖的收益非常之高,"而生产只有在极少数情况下能够赢利"。我觉得这个印象会引起对"'耐普曼'先生"的政治经济学的十分公正的嘲笑。

如果我没有弄错的话,在俄国小农占居民的绝大多数,他们现在尽心竭力地投身于生产,并且获得了几乎难以想象的巨大成就(部分原因是他们得到了国家在种子等方面的支援),如果考虑到国内战争、饥荒等等所造成的前所未有的破坏,那这一成就更显得了不起。在这种情况下小农获得了这样大的成就,因而非常容易地、几乎毫不勉强地就交纳了国家几亿普特的粮食税。

因此我认为较为正确的说法是:掌握在私人手中、大多数居民所从事的规模很小的生产,提供的利润最多。这是指农民的整个农业生产。一部分掌握在私人手中,一部分掌握在国营承租人或生产农村居民消费品的国营工厂手中的工业生产，也提供了同样多的或者略少一些的利润。

留在国家手中的真正不赢利的生产，只是那种用政治经济学的科学术语来说应当叫做生产资料（矿产、金属等）的生产或者固定资本的生产。在资本主义经济中，通常靠发行公债来恢复这种资本，因为公债可以马上提供大量资金（几亿卢布，甚至几亿美元）来改建一批能够恢复被破坏的生产资料的企业。

对我们来说，恢复被破坏的生产资料，长时期内是不能指望得到任何利润的，如您所说的，是"不赢利的"。我们只好在相当长的时期内，用租让的收入或国家的贴补来恢复固定资本。

当前的经济现实就是如此。您可以看出，我对这种现实的看法和您根本不同。按您的看法，似乎我国"耐普曼在经济上不断加强"而"国家在经济上不断削弱"，我担心这种看法也许会受到马克思嘲笑庸俗政治经济学的那种嘲笑。

我还是抱着一种老看法，在马克思以后谈论什么非马克思的政治经济学，这只能愚弄小市民，尽管是"高度文明的"小市民。

最后我来谈谈"政治力量"问题。工人和农民是俄国政治力量的主体。在一切资本主义国家里，农民既受地主的掠夺，又受资本家的掠夺。农民愈觉悟，对这一点就理解得愈深刻。因此，人民大众是不会跟着"买东西和卖东西"的耐普曼走的。

3. 向"耐普曼"征税会不会只是使工资提高和物价上涨，而不会为生产提供资金呢？

——不是的，因为物价的基础是粮食。国家手中有一部分通过税收得来的粮食。耐普曼不可能单独影响物价，因为他不是生产者。顺便指出，对外贸易垄断也有助于我们控制耐普曼，因为物价不受耐普曼影响,而是由国外的生产价格加上我国用于生产贴补的加价确定的。

　　恐怕您有时候把我国纸币发行额的增加所造成的物价上涨,看成是耐普曼抬高物价了。这就错了。

载于 1926 年 1 月 21 日《真理报》
第 17 号

选自《列宁全集》第 2 版第 43 卷
第 262—265 页

共产国际第四次代表大会文献[291]

（1922 年 11—12 月）

2

俄国革命的五年和世界革命的前途

在共产国际第四次代表大会上的报告

（11 月 13 日）

（列宁同志出现时，全场热烈鼓掌、欢呼，经久不息。全体起立，高唱《国际歌》。）同志们！在发言人名单中，我被列为主要报告人，可是你们知道，我在久病之后不能作大报告。我的讲话只能作那些最重要的问题的引子。我的讲题范围是很有限的。《俄国革命的五年和世界革命的前途》这个题目太广、太大了，要一个人在一次讲话中把它说透彻，那是根本不可能的。因此，我只来谈谈这个题目中的一小部分，即关于"新经济政策"的问题。我有意只谈这一小部分，是要让大家了解目前这一最重要的问题，至少对我来说是最重要的，因为我此刻正在研究这个问题。

这样，我要讲的是我们怎样开始实行新经济政策，我们靠这个政策取得了哪些成果。如果只讲这个问题，也许我能作一个总的概述,使大家对这个问题有一个总的了解。

如果从我们怎么会实行新经济政策谈起,那我就应当提到我在1918年写的一篇文章①。1918年初,我在一次短短的论战中恰巧谈到我们对国家资本主义应当采取什么态度的问题。我当时写道:

"国家资本主义较之我们苏维埃共和国目前的(即当时的)情况,将是**一个进步**。如果国家资本主义在半年左右能在我国建立起来,那将是一个很大的胜利,那将极其可靠地保证社会主义一年以后在我国最终地巩固起来而立于不败之地。"②

在说这段话的时候,我们当然比现在要愚蠢一些,但也没有愚蠢到不会研究这种问题。

可见,我在1918年就认为,国家资本主义较之苏维埃共和国当时的经济情况,是一个进步。这话听起来很奇怪,甚至可能很荒谬,因为那时我们共和国就已经是社会主义共和国了;那时我们每天都在非常匆忙地——也许是过于匆忙地——采取各种新的经济措施,而这些措施只能说是社会主义的措施。但我那时还是认为,国家资本主义较之苏维埃共和国当时的经济状况,是一个进步,而且我为了进一步说明这个思想,还简单地列举了俄国经济制度中的几种成分。这些成分依我看来有以下几种:"(1)宗法式的,即最原始形式的农业;(2)小商品生产(这里包括大多数出卖粮食的农民);(3)私人资本主义;(4)国家资本主义;(5)社会主义。"③这几种经济成分当时在俄国都存在。那时我给自己提出了一个任

---

① 见本版选集第3卷第511—540页。——编者注

② 同上书,第521页。——编者注

③ 同上书,第522页。——编者注

务,要说明这些成分彼此之间的关系和是否应当把非社会主义成分之一即国家资本主义看得高于社会主义。我再说一遍,在一个宣布为社会主义的共和国里,竟把一种非社会主义成分看得比社会主义还要高,还要优越,这在大家看来是非常奇怪的。但是,如果你们回想一下,我们决没有把俄国的经济制度看成是一种单一的和高度发达的东西,而是充分认识到,俄国除了社会主义形式的农业之外,还有宗法式的农业,即最原始形式的农业,那问题也就很清楚了。在这种情况下,国家资本主义究竟能起什么作用呢?

我进而自问:这几种成分哪一种占优势呢? 显然,在小资产阶级环境里,占主要地位的是小资产阶级成分。我那时认识到小资产阶级成分占优势。不可能有别的想法。当时在一次与现在的问题无关的专题论战中,我给自己提出的问题是:我们怎样对待国家资本主义? 我回答自己说,国家资本主义虽然不是一种社会主义形式,但对我们和俄国来说,却是一种比现有形式更为适宜的形式。这是什么意思呢? 这就是说,我们虽然已经完成了社会革命,但我们对于社会主义经济的萌芽或基础都没有估计过高;相反,我们当时在某种程度上已经认识到,如果我们先实行国家资本主义,然后再实行社会主义,那就好了。

我所以要特别强调这一方面,是因为我认为只有注意到这一点,第一,才能说明现在的经济政策是什么,第二,才能由此作出对于共产国际也很重要的实际结论。我不想说我们事先已有一个准备好了的退却计划。这是没有的。这短短几行论战性的文字,在当时决不是什么退却计划。例如,很重要的一点,即对国家资本主义具有根本意义的贸易自由,在这里就一个字也没有提到。但这毕竟提出了一个大致的、还不明确的退却思想。我认为无论从经济制度至今还很落后的国家来看,或是从共产国际和西欧先进国家来看,我们都应当注意到这一点。比方说,我们现在正在制定纲领。我个人认为,我们最好现在对所有的纲领只作一般的讨论,即所谓一读,然后送去付印,但不在现在,不在今年最后作出决定。为什么呢?我想首先当然是因为我们对这些纲领未必都很好地考虑过。其次还因为我们几乎根本没有考虑过可能的退却和保障这一退却的问题。而这个问题在世界上发生了像推翻资本主义和十分艰难地建设社会主义这样根本变化的时候,是我们必须注意的。我们不仅必须知道当我们直接转入进攻而且取得胜利的时候,应该怎样行动。在革命时期这并不怎么困难,也不怎么重要,至少这不是最有决定意义的。进行革命时,常常会有敌人张皇失措的时候,如果我们在这样的时候向他们进攻,就会容易取胜。但这还不说明什么问题,因为我们的敌人如果相当沉着,他就会预先结集力量等等。那时他会很容易挑动我们去进攻,然后把我们抛回到好多年前的境地。所以我认为,我们应当作好有可能退却的准备,这种思想有很重要的意义,而且不仅从理论上来看是如此。即使从实践上来看,凡是在不久的将来准备直接向资本主义进攻的政党,现在也应当考虑一下如何保障自己退却的问题。我认为,除了从我国革命经验中吸取其他一切教训外,如果我们还能注意到这个教训,那么,这对我们不但没有任何害处,而且在许多场合下很可能对我们有好处。

我已经着重谈了我们还在1918年就把国家资本主义看做一条可能的退却路线,现在我来谈谈我们实行新经济政策的结果。我再说一遍,当时这还是一个很模糊的思想,但是到了1921年,当我们度过了,而且是胜利地度过了国内战争的最重要阶段以后,我们就遇到了苏维埃俄国内部很大的——我认为是最大的——政治危机。这个内部危机不仅暴露了相当大的一部分农民的不满,而且也暴露了工人的不满。当时广大农民群众不是自觉地而是本能地在情绪上反对我们，这在苏维埃俄国的历史上是第一次，我希望也是最后一次。这种特殊的、对于我们自然也是极不愉快的情况是由什么引起的呢？是因为我们在经济进攻中前进得太远了，我们没有给自己留下足够的基地；群众已经感到的，我们当时还不能自觉地表述出来，但是过了几个星期，我们很快就认识到了，这就是：向纯社会主义形式和纯社会主义分配直接过渡，是我们力所不及的，如果我们不能实行退却，即把任务限制在较容易完成的范围内，那我们就有灭亡的危险。我觉得危机是从 1921 年 2 月开始的。就在当年春天，我们一致决定实行新经济政策，关于这一点，我没有看见我们中间有什么重大的意见分歧。到现在，即过了一年半以后，在 1922 年底，我们已经能够作一些比较了。究竟发生了些什么事情呢？这一年半多的时间，我们是怎样度过的呢？结果如何呢？这次退却对我们是不是有利，是不是真正拯救了我们，或者结果还不清楚呢？这就是我给自己提出的主要问题，而且我认为这个主要问题对于各国共产党也有头等重要的意义，因为回答如果是否定的，那我们大家就注定要灭亡了。我认为，我们可以问心无愧地对这个问题作肯定的回答，就是说，过去的一年半，绝对肯定地证明我们经受住了这一考验。

我想现在来证明这一点。为此我应当简略地谈谈我国经济中的各个组成部分。

首先谈谈我们的金融体系和出了名的俄国卢布。俄国卢布的数量已经超过 1 000 万亿，我看，单凭这一点，俄国卢布就够出名的了。（笑声）这可真不少。这是天文数字。我相信，在这里甚至不是所有的人都懂得这个数字是什么意思。（全场大笑）但是，我们并不认为这些数字有什么了不起，即使从经济学观点来看也是如此,因为零是可以划掉的。(笑声)在这种从经济观点来看也是完全不重要的艺术中,我们已经获得了一点成就,我相信今后还会在这种艺术方面取得更大的成就。真正重要的是稳定卢布的问题。[290]我们在研究这个问题,我们的优秀力量在研究这个问题,我们认为这一任务具有决定意义。如果我们能够使卢布稳定一个长时期,然后永远稳定下来,那我们就胜利了。那时这些天文数字,什么万亿、千万亿就算不了什么。那时我们就能把我们的经济放在一个坚固的基础上并在坚固的基础上继续发展下去。关于这个问题,我想可以向你们列举一些相当重要而又有决定意义的事实。1921年,纸卢布币值的稳定期不到3个月。1922年虽然还没有结束,但是稳定期已经持续5个多月了。我认为,这一点已经足够了。如果你们要我们科学地证明我们将来能够完全解决这一问题,这当然还是不够的。不过要完全充分证明这一点,我看是根本不可能的。上述材料证明,从去年我们开始实行新经济政策以来,到今天我们已经学会向前行进了。既然我们学会了这一点,那么我相信,我们今后还可以学会在这条道路上取得进一步的成就,只要我们不干出什么特别的蠢事来。可是,最重要的是商业,即我们所必需的商品流转。两年来我们虽然一直处于战争状态(因为大家知道,符拉迪沃斯托克几个星期以前才拿下[292]),到现在才开始真正系统地进行我们的经济工作,但我们还是使商业开展起来了,而且使纸卢布的稳定期从3个月增加到5个月,因此我认为,可以大胆地说,我们可以对此感到满意了。要知道,我们是孤立无援的。我们过去和现在都得不到任何借款。那些把自己的资本主义经济组织得如此"出色",以致眼下还不知道走向何处的资本主义强国,哪一个都没有帮助过我们。他们通过凡尔赛和约[16]建立了一种连他们自己也搞不清楚的金融体系。这些资本主义大国的经济管理尚且如此,那我认为,我们这些落后无知的人居然懂得了最重要的一件事,懂得了稳定卢布的条件,也就可以心满意足了。这一点并不是用什么理论分析,而是用实践来证明的。我认为,实践比世界上所有理论争论都更为重要。而实践证明,我们在这里取得了决定性的成就,就是说我们开始朝着稳定卢布的方向推动经济,这对于商业,对于自由的商品流转,对于农民和广大小生产者有极其重大的意义。

现在我来谈谈我们的社会目标。最主要的当然是农民。1921年,无疑有很大一部分农民心怀不满。当时还发生了饥荒。这对农民说来,是一次最严重的考验。当时外国都大叫大嚷地说:"看呀,这就是社会主义经济的结果!"这是很自然的事情。实际上饥荒是国内战争的恶果,他们当然对这一点默不做声,这也是很自然的。1918年开始向我们进攻的地主和资本家,都把事情说成这样,仿佛饥荒是社会主义经济的结果。当时的饥荒确实是一场严重的大灾难,这场灾难有葬送我们整个组织工作和革命工作的危险。

这样,现在我要问一下:在这场空前的意外灾难之后,在我们实行新经济政策之后,在给农民以贸易自由之后,现在情况怎样呢?答复是很清楚的,是有目共睹的,就是:一年来农民不仅战胜了饥荒,而且交纳了大量的粮食税,现在我们已经得到几亿普特的粮食,而且几乎没有使用任何强制手段。在1921年以前,农民暴动可以说是俄国的普遍现象,而今天差不多完全没有了。农民对他们目前的境况是满意的。我们可以放心地下这个论断。我们认为,这些证据比任何统计数字的证据都重要。农民在我国是决定性的因素,这是谁也不会怀疑的。农民今天的状况,已经使我们不必担心他们会有什么反对我们的活动了。我们这样说是心中完全有数的,一点也不过甚其词。这一点已经做到了。农民可能对我们政权这一那一方面的工作不满意,他们可能对此有怨言。这当

然是可能的,也是难免的,因为我们的机关和我们国家的经济情况
还很糟糕,还不能防止这种现象,但无论如何,全体农民对我们已
经完全没有什么严重的不满了。这是在一年中取得的成就。我认
为这已经很不少了。

下面谈谈轻工业。在工业方面我们应当把重工业和轻工业区
分开,因为两者的情况不同。至于轻工业,我可以有把握地说:在
这方面出现了普遍的高涨。我不想来谈一些细节。我的任务不是
列举统计数字。但这个总的印象是有事实根据的,我可以担保,这
个印象的基础丝毫没有什么不可靠的或不确切的东西。轻工业有
了普遍的高涨,因而彼得格勒和莫斯科的工人的生活状况都有了
一定的改善。这一点在其他地区要差一些,因为那些地区主要是
重工业,因此不能一概而论。我还是要再说一遍,轻工业无疑正处
于高涨状态,所以彼得格勒和莫斯科工人生活状况的改善也是毫
无疑问的。1921年春天,这两个城市的工人有过不满。现在已经
完全没有了。我们天天都在注意工人的生活状况和情绪,在这个
问题上我们是不会看错的。

第三个问题是重工业问题。我应当说,这方面的整个情况还
是严重的。在1921—1922年,这方面情况有了某种转变。因此我
们可以期望,不久的将来情况会有好转。我们已经多多少少筹集
了为此所需的资金。在资本主义国家,要改善重工业的状况,就需
要有若干亿的借款,否则是不可能的。资本主义国家的经济史证
明,落后国家要有几亿美元或金卢布的长期借款,才有可能发展重
工业。我们过去没有这样的借款,我们直到现在也没有得到什么
借款。现在关于租让等等所写的一切,不过是一纸空文而已。我
们近来关于这个问题,特别是关于厄克特的租让合同问题写得很
多。我们的租让政策,我觉得是很好的。不过,尽管如此,我们还

没有一个有利可获的租让项目，这一点请大家不要忘记。可见，对我们这个落后的国家来说，重工业的状况实在是一个很严重的问题，因为我们不能指望富有国家的贷款。虽然如此，我们还是有了明显的改善，并且我们看到，我国的商业活动已经使我们得到了一些资本。诚然，目前还是很少的，才2 000万金卢布多一点。但总算有了一个开端，我们的商业使我们得到了资金，我们可以用来发展重工业。不管怎么说，目前我国的重工业仍然处于很困难的状态。但是我认为，有决定意义的是我们已经能够积蓄一点资金了。我们今后还要这样做。这些资金往往是取之于民的，我们现在还是应当节约。现在我们正在研究怎样削减我们的国家预算，精简我们的国家机关。我在下面还要谈谈我们的国家机关。无论如何，我们必须精简我们国家机关，我们必须尽可能节约。我们在各方面都实行节约，甚至在办学上也实行节约。必须这样做，因为我们知道，不挽救重工业，不恢复重工业，我们就不能建成任何工业，而没有工业，我们就会灭亡，而不能成为独立国家。这一点我们是很清楚的。

要挽救俄国，单靠农业丰收还不够，而且单靠供给农民消费品的轻工业情况良好也还不够，我们还必须有**重**工业。而要使重工业情况变好，就需要好多年的工作。

重工业是需要国家资助的。如果我们找不到这种资金，那我们就会灭亡，就不能成为文明国家，更不用说成为社会主义国家了。所以我们在这方面采取了坚决的步骤。我们已开始积累为重工业的自立所必需的资金。固然，我们至今搞到的数目才2 000万金卢布多一点，但总算是有了，而且是专门用来发展我们的重工业的。

我想，我已经照我所答应的，概括地向你们叙述了我国国民经济最主要的部门；我想，根据这一切可以得出结论说，新经济政策现在已经收到了成效。我们现在已经有证据说明，我们这个国家能够经营商业,能够保持农业和工业的巩固阵地并向前走。实际工作证明了这一点。我想,这对我们来说暂时是足够了。我们还有很多东西要学习,我们也懂得我们还必须学习。我们已经执政五年了,而这五年我们一直处于战争状态。可见我们是有成绩的。

这是容易理解的,因为农民拥护我们。很难有比农民更拥护我们的人了。农民知道,他们在世界上最痛恨的地主是拥护白卫分子的。所以农民十分热诚地拥护我们。使农民保卫我们、反对白卫分子,这是不难办到的。过去痛恨战争的农民,尽一切可能支援了抗击白卫分子的战争,抗击地主的国内战争。但这还是不够的,因为实质上这里所涉及的只是政权留在地主手里还是留在农民手里的问题。对我们来说,这是不够的。农民明白,我们是为工人夺取政权的,我们的目标是通过这个政权建立社会主义制度。所以对我们最重要的是为社会主义经济作好经济准备。我们不能用直接的方法来进行这种准备工作。我们不得不用迂回的方法来做到这一点。我们在我国实行的国家资本主义,是一种特殊的国家资本主义。它与国家资本主义的通常概念不同。我们掌握了一切经济命脉,我们掌握了土地,它已归国家所有。这一点是很重要的,不过我们的敌人却把它说得毫无意义。这是不对的。土地属于国家这一点是非常重要的,在经济上也有很大的实际意义。这一点我们已经做到了,我还要说,我们今后的一切活动都应当只在这些范围内展开。我们已经使我国农民满意了,使工业和商业都活跃起来了。我已经说过,我们的国家资本主义同从字面上理解的国家资本主义的区别就在于我们无产阶级国家不仅掌握了土地,而且掌握了一切最重要的工业部门。首先,我们租出去的只是一部分中小工业,其余的都掌握在我们手里。至于商业,我还想着重指出,我们在设法建立合营公司。我们已经在建立这种公司,这种公司的资本,一部分属于私人资本家,而且是外国资本家,另一部分属于我们。第一,我们通过这种方式可以学习做生意,这对我们是必要的。第二,如果我们认为必要,我们随时都可以取消这种公司,所以可以说,我们一点也不担风险。我们向私人资本家学习,仔细研究我们怎样才能提高,我们犯了哪些错误。我觉得,我能够谈的就是这一些。

另外,我还想谈几个不很重要的问题。毫无疑问,我们过去干了而且将来还会干出许多蠢事来。这一点,谁都不能比我判断得更好,看得更清楚。(笑声)为什么我们会干出蠢事来呢?这是不难理解的,因为第一,我们是个落后的国家。第二,我国的教育程度极低。第三,我们得不到外援。没有一个文明国家帮助我们,相反地,它们都在反对我们。第四,由于我们国家机关工作人员的过错。我们接收了旧的国家机关工作人员,这是我们的不幸。国家机关工作人员常常反对我们。事情是这样的,1917年我们夺取政权之后,国家机关工作人员曾对我们实行怠工。当时我们被吓住了,便请求说:"请回到我们这儿来吧。"于是他们全都回来了,而这就是我们的不幸。现在我们有一大批职员,但是缺乏有相当真才实学的人来切实地管理他们。实际上经常发生这样的事情:在这里,在上面,在我们执掌国家政权的地方,机关工作人员还在勉强履行其职责,可是在下面,他们要怎么干就怎么干,而且常常反对我们的措施。在上面我们有多少自己人,我不知道,可是我想总共不过几千人,最多也不过几万人。但是在下面,却有几十万沙皇和资产阶级社会留下来的旧官吏,他们部分自觉地,部分不自觉地反对我们。在这方面,短时期内是没有办法的,这是毫无疑问的。在这方面我们要作多年的努力,才能改善机关,改变它的面貌并吸收新的力量。这个工作我们做得相当快,也许太快了。我们办了苏维埃学校和工人预科,有几十万青年在学习,也许学得太快了,但是,工作总算是开始了,我想,这个工作一定会收到成效。只要我们做得不是太匆忙,几年之后就可以培养出大批能根本改变我们机关面貌的青年来。

我说过,我们干了许多蠢事,但在这方面我也应当谈谈我们的敌人。如果我们的敌人责难我们说,列宁自己也承认布尔什维克干了许多蠢事,那我要回答说:是的,但是你们知道不知道,我们干的蠢事跟你们干的蠢事毕竟是全然不同的。我们刚刚开始学习,但我们是在进行系统的学习,我们深信,一定会取得良好的成绩。如果我们的敌人,即资本家和第二国际英雄们强调我们干的蠢事,那让我在这里引一位俄国著名作家的话来作个比喻,我把这句话稍微改动一下,改成这样:布尔什维克干蠢事,好比是布尔什维克说"二二得五",而布尔什维克的敌人,即资本家和第二国际英雄们干蠢事,就好比是他们说"二二得蜡烛"。[293]这是不难证明的。就拿美、英、法、日同高尔察克签订的条约来说吧。[294]请问世界上还有更文明更强大的国家吗?而结果怎么样了呢?它们不先盘算一下,不思索一下,也不观察一下,就答应帮助高尔察克。这是一次失败,我认为,即使从人的常识来看,这种失败也是难以理解的。

或者再拿凡尔赛和约这个更近更重要的例子来说吧。请问"了不起的""显耀的"列强究竟在这里干了一些什么呢?它们现在有什么办法来摆脱这种一团糟的混乱状态呢?我再说一遍,我们干的蠢事比起各资本主义国家、资本主义世界和第二国际一起干的蠢事来,简直算不了什么,我看这样说不是过甚其词。所以我认为,世界革命的前途(这是我应当简略论及的一个问题)是美好的,而且在一定的条件下,我认为还会更好一些。现在我就来谈谈这些条件。

在1921年第三次代表大会[212]上,我们通过了一个关于各国共产党的组织结构及其工作方法和内容的决议[295]。决议写得很好,但它几乎全是俄国味,也就是说,完全是根据俄国条件写出来的。这是它的好的一面,也是它的坏的一面。它所以坏,是因为我相信几乎没有一个外国人能把它读完。我在讲话之前,又把它读了一遍。第一,这个决议太长,有50多节。这种东西外国人通常是读不完的。第二,即使读完,也没有一个外国人能够读懂,因为俄国味太重。这倒不是因为它是用俄文写的——它已被出色地译成各种文字——而是因为它浸透了俄国气味。第三,即使作为例外,有个把外国人能读懂,他也无法执行。这是决议的第三个缺点。我同几个到这里来开会的代表谈过话,我虽然不能亲自参加大会——这对我来说是很可惜的,但是,我希望在代表大会今后的进程中,能够同更多的来自不同国家的代表详细谈谈。我觉得我们写出这样的决议是犯了一个很大的错误,就是我们自己给自己切断了今后走向成功的道路。我已经说过,决议写得很好,对它的50多节我都赞成。但是,我们不懂得,应该怎样把我们俄国的经验介绍给外国人。决议中所说的一切都成了一纸空文。如果我们不懂得这一点,我们就不能继续前进。我认为,对我们大家来说,无论是俄国同志还是外国同志,最重要的一点是,在俄国革命五年之后,我们应当学习。我们现在刚刚有了学习的机会。我不知道这个机会能够保持多久。我不知道资本主义列强能让我们安心学习多少时候。但是,我们应当利用不打仗、没有战争的每个时机来学习,而且要从头学起。

全党和俄国各个阶层都有求知的渴望,就可以证明这一点。这种学习的愿望说明我们今天最重要的任务就是学习再学习,外国同志们也应当学习,但不是像我们那样学习——我们必须学习读、写和理解读过的东西,这对我们还是需要的。有人在争论,这属于无产阶级文化,还是属于资产阶级文化?我不来答复这个问题。但是无论如何,我们必须首先学习读、写和理解读过的东西,这是毫无疑问的。外国人不需要这样做。他们需要更高深一点的东西,在这方面首先是他们也要理解我们关于共产党的组织结构所写的、他们没有读过也不理解就签了字的东西。这应当是他们的首要任务。必须执行这个决议。这不是一朝一夕所能办到的,那是绝对不可能的。决议的俄国味太浓了,它反映的是俄国经验,所以外国人完全不理解,他们也决不会满足于把这个决议像圣像那样挂在墙角,向它祷告。这样做是什么也得不到的。他们应当吸收一部分俄国经验。至于怎样才能做到这一点,我不知道。也许,例如意大利法西斯分子会帮我们很大的忙,因为他们会向意大利人说明,意大利人还不够文明,他们的国家还不能保证不出现黑帮[2]。也许,这是很有好处的。我们俄国人也应当设法向外国人解释这个决议的原理。不然的话,他们是绝对不能执行这个决议的。我坚信我们在这方面不但要向俄国同志说,而且也要向外国同志说:目前这个时期,最重要的是学习。我们的学习是一般的学习。他们的学习则应当是特殊的学习,是要真正理解革命工作的组织、结构、方法和内容。如果这一点做到了,我深信,世界革命的前途不但是美好的,而且是非常美好的。(热烈鼓掌,经久不息。高呼:"我们的列宁同志万岁!"再次热烈欢呼。)

载于 1922 年 11 月 15 日《真理报》第 258 号

选自《列宁全集》第 2 版第 43 卷第 274—288 页

在莫斯科苏维埃全会上的讲话[296]

（1922 年 11 月 20 日）

（热烈鼓掌，唱《国际歌》）同志们！我很遗憾，也很抱歉，没有能够更早地出席你们的会议。据我所知，几个星期以前你们就准备给我安排一次访问莫斯科苏维埃的机会。我没有来成，因为我自从去年 12 月生病以后[297]，用专业的语言来说，在相当长的时期内失去了工作能力，由于工作能力减退，我不得不把这次讲话一星期一星期地往后推。我还不得不把很大一部分工作——你们都还记得，这部分工作起初加在瞿鲁巴同志身上，后来加在李可夫同志身上——再加在加米涅夫同志身上。用一个我曾用过的比喻，应当说，是突然要加米涅夫同志拉两辆车。尽管——还用这个比喻——应当说，这是一匹非常能干的负重耐劳的马。（鼓掌）但是毕竟不该拉两辆车，所以我现在急切地等待瞿鲁巴同志和李可夫同志回来，我们好把工作分配[298]得稍微合理一点。由于工作能力减退，我了解工作情况用的时间要比我打算用的时间多得多。

1921 年 12 月我不得不完全停止工作，那已经是年底了。那时我们正实行向新经济政策的转变，当时就发现，这一转变虽然从 1921 年初就已开始，但是是相当困难的，我甚至可以说，是非常困难的。我们实行这一转变已经不止一年半了，好像应该到时候了，大多数人应该按照新的情况，特别是新经济政策的情况转到新的

730

岗位并各就其位了。

在对外政策方面,我们的变动最少。在这方面我们继续执行从前采取的方针,我认为我可以问心无愧地向你们说,我们始终不渝地执行这个方针,而且取得了很大的成绩。不过关于这一点用不着向你们作详细报告,因为攻克符拉迪沃斯托克,接着举行的游行示威,以及几天前大家在报上看到的国家联邦宣言[299],都再清楚不过地证明我们在这方面用不着作任何改变。我们站在一条非常明确地划定的道路上,从而在世界各国面前保证自己取得了成功,尽管其中有几个国家直到现在还想声明不愿同我们坐在一张桌子旁。但是,经济关系和随之而来的外交关系正在建立起来,应该建立起来,而且一定会建立起来。凡是反对这样做的国家,都有落在别国后面的危险,也许在某些相当重要的问题上会有陷于不利地位的危险。这一点我们大家现在都看到了,而且不只是从报刊上看到。我想,同志们根据国外旅行得来的印象,也会相信发生的变化是多么大。用一个旧的比喻来说,在这方面我们可以说并没有换过车,既没有换过火车,也没有换过马车。

至于我们的国内政策,我们在1921年春换过一次车。这次换车是我们为压力极大的能说服人的情势所迫使的,因此我们之间对这次换车没有发生任何争执和意见分歧。但是这次换车还在继续给我们带来某些困难,要我说,是带来很大的困难。并不是因为我们怀疑转变是否必要,在这方面没有任何怀疑;也不是因为我们怀疑试行新经济政策是否能产生预期的效果。我可以十分肯定地说,不论在我们党内或在广大的非党工农群众中间,对这一点都没有任何怀疑。

就这一方面来说,并没有什么困难。困难在于我们面临的任务需要经常吸收新人,需要实行非常措施和非常办法才能完成。

我们这里还有人怀疑某种做法是否正确，在某一方面也还会有改变，所以必须指出，这两种情况还要存在一个相当长的时期。"新经济政策"！一个奇怪的名称。这个政策之所以叫新经济政策，是因为它在向后转。我们现在退却，好像是在向后退，但是我们这样做是为了先后退几步，然后再起跑，更有力地向前跳。只是在这一条件下，我们才在实行新经济政策时向后退。我们现在应该在什么地方和怎样重整队伍、适应情况、重新组织，以便在退却之后开始极顽强地向前进攻，这一点我们还不知道。为了恰当地进行所有这些行动，在作出决定之前就应当像俗语所说的，不是量十次而是量百次。需要这样做，是为了克服我们在解决一切任务和问题中所遇到的难以置信的困难。你们都很清楚，我们作出了多大的牺牲才取得了今天的成就；你们都知道，国内战争拖了多么久，消耗了多少力量。现在符拉迪沃斯托克的攻克向我们大家表明（要知道符拉迪沃斯托克虽远，毕竟是咱们的城市）（鼓掌多时），我们是众望所归，大家希望我们占领。这里和那里都是俄罗斯联邦。这种众望使我们得以粉碎国内敌人，击退向我们进攻的国外敌人。这里我说的是日本。

我们已经争取到一个十分确定的外交局面，这就是为全世界所承认的外交局面。这一点你们大家都看到了。你们都看到了成果，但是，为此费了多少时间啊！现在，我们不论在经济政策或贸易政策上都使敌人承认了我们的权利。贸易协定的签订就证明了这一点。

一年半以前我们就走上了所谓新经济政策的道路，现在我们可以看出，为什么在这条道路上这样步履维艰。我们是生活在这样的情况下：国家遭到战争的严重破坏，完全脱离了常轨，经受了深重的灾难，我们现在不得不从极小极小的百分比，即战前的百分比来开始计算。我们用这个尺度来衡量我们的现实情况,这样有时就非常焦急烦躁,总以为这里的困难太大了。如果拿我们在这种情况下给自己提出的任务跟普通资产阶级国家的情况相比,那任务就显得更大了。我们提出这个任务,是因为我们知道,我们根本不指望得到富国的援助,虽然在这种情况下通常是可以得到这种援助的①。国内战争之后,我们差不多处在被抵制的状态,有人对我们说:我们不同你们保持我们习惯保持的、在资本主义世界里是正常的经济联系。

从我们走上新经济政策道路算起已过去一年半还多了,从我们签订第一个国际条约算起时间就更长了,但是整个资产阶级和各国政府对我们的抵制直到今天还在继续表现出来。当我们进入新的经济环境时,我们不能有什么别的指望,然而我们并不怀疑,我们必须转变,必须靠单独干来取得成就。资本主义强国所能给我们的和将要给我们的任何援助,不但不能使这种情况消失,而且大概在大多数情况下还会加深这种情况的严重程度——这一点是愈来愈清楚了。"单独干吧"——我们对自己这样说。"单独干吧"——几乎每一个同我们做过某种交易、订立过某种合同或者开始某种谈判的资本主义国家,都对我们这样说。特殊的困难也就在这里。我们要认识到这种困难。我们用三年多异常艰苦、异常英勇的工作,建立了自己的国家制度。在我们迄今所处的情况下,我们没有工夫考虑我们是不是破坏得过多了,也没有工夫考虑牺牲会不会太大,因为牺牲已经够大了,因为那时开始的斗争(你

---

① 在速记记录中接着是:"如果我们注意到通常叫做受援国的在这种情况下所承担的非常之高的所谓利息,那就更不指望这种援助了。这实际上同援助相去甚远。应当直截了当地说,这应该起一个远不如援助这样好听的名称才是。但是,连这种普通的条件对我们来说也是沉重的负担。"——俄文版编者注

们都很清楚,这一点用不着多讲了)是一场反对旧的社会制度的殊死斗争,我们反对这种旧制度,为的是争取生存与和平发展的权利。这种权利我们已经争得了。这不是我们自己说的,也不是有可能被指责为偏护我们的证人的证词。这是我们的敌人营垒中的证人的证词;他们当然有所偏护,只不过不是偏护我方,而是完全偏护另一方。这些证人在邓尼金营垒中待过,当过占领区的首领。我们知道,他们的偏护使我们付出了很大的代价,遭到了很多破坏。由于他们,我们遭到了各种各样的损失,我们失去了各种各样宝贵的东西,而最宝贵的是无数人的生命。现在,我们要十分用心地认清我们的任务,要了解当前的主要任务就是不放弃既得的成就。任何一个既得的成就我们都不放弃。(鼓掌)同时我们面临着崭新的任务,旧东西会成为直接的障碍。这个任务是最难弄明白的。但是必须弄明白,以便在需要千方百计达到目的时学会如何工作。同志们,我想,这些话和这些口号是可以理解的,因为在我病休的将近一年中,你们在处理自己手中的工作时实际上已从不同的角度,在千百种场合谈论过和思考过这个问题,我相信对这个问题的深入思考只能使你们得出一个结论:现在我们需要有比以前在国内战争中表现出来的更大的灵活性。

旧东西我们不应该拒绝。我们迁就资本主义强国而作的许多让步,使它们有充分的可能同我们来往,保证它们的利润,有时可能是比应得的更大的利润。同时,我们只从几乎全部掌握在国家手中的生产资料中让出不大的一部分。最近报上讨论了英国人厄克特提出的租让问题[300],他在国内战争中差不多一直是反对我们的。他曾说过:"我们要在对付俄国,对付那个竟敢如此这般剥夺我们的俄国的国内战争中达到我们的目的。"这一切过去之后,我们还得同他交往。我们并没有拒绝他们,我们非常愉快地接待了他们,但是我们告诉他们:"对不起,我们已经争得的东西决不会交回。我们俄国是这样辽阔,经济潜力又是这样雄厚,因此我们认为可以不拒绝你们盛情的建议,但是我们要像实业家那样冷静地讨论你们的建议。"诚然,我们的第一次谈话没有什么结果,由于政治上的原因我们不可能同意他的建议。我们不得不拒绝他。只要英国人不承认我们可以参与讨论达达尼尔海峡问题**301**,我们就不得不拒绝,但是我们在拒绝后必须立即认真研究这个问题。我们讨论了这对我们是否有利,签订这种租让合同对我们是否有利,如果有利,那是在什么情况下。我们应当讲一讲价钱。同志们,这就清楚地向你们表明,我们处理问题现在应该和过去不同。从前一个共产党人说:"我要献出生命",他觉得这很简单,虽然往往并不那么简单。现在摆在我们共产党人面前的是截然不同的任务。我们现在对一切都要算计,每一个人都应当学会算计。处在资本主义环境里,我们应当算计怎样保证我们的生存,怎样才能从我们的敌人那里获得利益。敌人当然是要讨价还价的,他们永远不会忘记讨价还价,而讨价还价是为了占我们的便宜。这一点我们也不会忘记,我们决不会幻想某某地方的生意人会变成羔羊,而且会白白给我们各种好处。这种事是不会有的,我们也不盼望有这种事,我们指望的是,我们这些习惯于回击的人,在这里既然摆脱了困境,就要有本领做生意,有本领赚钱,有本领摆脱困难的经济状况。这是个很困难的任务。我们正在致力于这个任务。我希望我们能够清楚地认识到新旧任务之间的距离是多么大。不管这个距离多么大,但我们在战争中已经学会了巧妙周旋,而且应当明白我们现在面临的和正进行的周旋是最困难的一次,不过看来,这也是最后的一次了。我们要在这里考验一下自己的力量,要证明我们不是只会死背昨天学到的东西和重复过去的老一套。对不起,我们已经开始重新学习,要学到能够取得毫无疑义的、有目共睹的成绩。为了重新学习,我想现在我们应该再一次相互坚决保证:我们虽在新经济政策的名义下向后转了,但我们向后转时决不放弃任何新东西,同时又给资本家一些好处,从而使任何一个国家,不管它曾经怎样敌视我们,也不得不同意和我们做交易,同我们来往。克拉辛同志同厄克特这位整个武装干涉的头头和支柱多次谈过话,他说,厄克特过去作过种种尝试,无论如何要强迫我们在全俄恢复旧制度,现在却同他克拉辛坐下来一起谈判,并且开口就问:"什么价钱?多少?订多少年?"(鼓掌)这离签订一系列租让合同,进而建立十分严格的、牢靠的(从资产阶级社会的观点来看)合同关系还很远,但现在我们已经看到,我们正在朝这个方向走,快要走到了,可是还没有走到。同志们,应当肯定这一点,不过也不要骄傲。我们还远没有完全做到使自己成为强者,能独立自主,能很有把握地说,我们不怕任何资本主义的交易,不管这种交易多么难,我们也能做成,也能弄清它的实质并予以解决。因此,我们在这方面已开始的工作,无论政治工作或党的工作,都必须继续做下去,因此,我们必须抛弃旧的方法,改用崭新的方法。

我们这里的机关仍是旧的,我们现在的任务就是把它改造一新。我们不能一下子把它改造过来,但我们必须把我们现有的共产党员正确地分配好。要让这些共产党员掌握他们所在的机关,而不是像我们这里常见的那样,让机关掌握他们。这一点用不着隐瞒,应该坦率地说出来。这就是目前这个时候我们面临的任务和我们面临的困难,目前我们踏上了实干的道路,我们必须走向社会主义,但不是把它当做用庄严的色彩画成的圣像。我们必须采取正确的方针,必须使一切都经过检验,让广大群众,全体居民都来检验我们的道路,并且说:"是的,这比旧制度好。"这就是我们给自己提出的任务。我们的党同全国人口比起来,虽然人数很少,但是它把这个任务担负起来了。这个小小的核心给自己提出了改造一切的任务,它一定会完成这个任务。这不是空想,而是人们最关切的事业,我们已经证明了这一点。这一点我们大家都看到了,这一点已经做到。改造工作要做得让大多数劳动群众——农民和工人都说:"不是你们自夸,而是我们夸你们,我们说你们已经取得了最好的成绩,有了这个成绩,任何一个有理智的人都决不会想回到旧制度去了。"但是这一点还没有做到。**因此新经济政策仍然是当前主要的、迫切的、囊括一切的口号。**昨天学会的任何一个口号我们都不会忘记。我们可以泰然自若地、毫不犹豫地对任何人说这一点,我们走的每一步也都说明了这一点。但是我们还必须适应新经济政策。必须善于克服新经济政策的一切消极面,使之缩小到最低限度,这些消极面不用列举,你们都很清楚。必须善于精明地安排一切。我国的法律使我们完全可以做到这一点。我们会不会办事情呢? 这还是一个远没有解决的问题。我们正在研究这个问题,我们的党报上每天都有十来篇文章写道:某个工厂、某个工厂主的租赁条件如何如何,而在我们共产党员同志当厂长的地方条件又如何如何。这是否有利? 是否合算? 我们已抓住日常问题的核心了,这就是一个巨大的收获。社会主义现在已经不是一个遥远将来,或者什么抽象图景,或者什么圣像的问题了。说到圣像,我们仍持原来那种否定的看法。我们把社会主义拖进了日常生活,我们应当弄清这一点。这就是我们当前的任务,这就是我们当今时代的任务。让我在结束讲话时表示一个信念:不管这个任务是多么困难,不管它和我们从前的任务比起来是多么生疏,不管它会给我们带来多少困难,只要我们大家共同努力,不是在明天,而是在几年之中,无论如何会解决这个任务,这样,新经济

政策的俄国将变成社会主义的俄国。(长时间热烈鼓掌)

载于1922年11月21日《真理报》
第263号

选自《列宁全集》第2版第43卷
第294—302页

关于对外贸易垄断³⁰²

（1922 年 12 月 13 日）

电话口授

致斯大林同志并转中央全会

我认为分析布哈林同志的信³⁰³极为重要。他在第一条中说："对外贸易人民委员部因其'原则'结构而造成的工作无能，使国家经济遭受无数损失，无论列宁还是克拉辛都对此一声不响；由于我们自己没有能力（由于完全可以理解的原因，长时期内也不会有能力）调动农民的商品储备并把它投入国际商品流转，我们受到了损失，他们对此也都只字不提。"

这种论断是完全不正确的，因为克拉辛在关于建立合营公司的第 2 节里说得很清楚，合营公司是一种手段，第一，可以调动农民的商品储备，第二，可以使由此得到的利润至少有一半送入我们的国库。可见回避问题本质的正是布哈林，他不愿意看到，"调动农民的商品储备"会使收益完全落到耐普曼的手里。问题在于我们对外贸易人民委员部是为耐普曼工作呢，还是为无产阶级国家工作。这是一个根本问题，为了这个问题绝对可以而且应该在党代表大会上作一番斗争。

对外贸易人民委员部工作无能的问题和这个首要的、基本的原则问题比起来，完全是次要问题，因为它工作无能和我们所有人民委员部的工作无能不相上下,都是由它们的总的社会结构造成的,这要求我们长期坚持不懈地工作去提高教育水平和整个水平。

布哈林提纲的第二条说,"克拉辛的提纲中有些地方,如第5节,也完全适用于一般租让"。这又是不能容忍的胡说,因为克拉辛提纲的第5节说得很肯定,"在农村中会人为地引来穷凶极恶的剥削者、包买主、投机商以及使用美元、英镑、瑞典克朗的外国资本的代理人"。租让决不会产生这种情况,因为在租让时我们不仅规定了地区,而且只特许买卖几种指定的物品,更重要的是我们自己掌握着交由租让企业生产的这些或那些物品的贸易。克拉辛认为,我们是无法把自由贸易限制在10月6日全会决议所规定的范围之内的,而且施加压力要我们对贸易撒手的不仅有走私者,而且有全体农民。布哈林对克拉辛提出的理由一个字也没有反驳,对这个根本的经济的和阶级的理由不置一词,就对克拉辛提出令人吃惊的毫无根据的指责。

布哈林在他的信的第三条中写道:"克拉辛提纲的第3节〈他把第4节误做第3节了〉说,我们的边境守住了",于是他问:"这是什么意思呢?这实际上就是什么事也不做。这正像一家商店挂着一块漂亮的广告牌,可是里面空空如也(关门总管理局制)。"克拉辛十分明确地说,我们的边境与其说是靠关税保护或边防警卫守住的,不如说是靠实行对外贸易垄断守住的。布哈林对于这个明显的、实在的、无可争议的事实没有反驳也不可能反驳一个字。"关门总管理局制"这一用语,同马克思当年曾用"庸俗的自由贸易论者"[304]这一用语来回敬过的一种用语的性质是一样的,因为这里也不过是十分庸俗的自由贸易的词句而已。

接着在第四条中,布哈林又指责克拉辛没有看到我们必须完善我们的关税政策,同时还指责我,说我提到在全国设稽查员是错误的,其实当时说的只是在进出口的地点设稽查员。在这里布哈林的反驳又以其轻率而令人吃惊,而且没有谈到点子上,因为克拉辛不仅看到,不仅完全承认我们的关税政策必须改善,而且毫不含糊地准确地指出了这一点。这种改善就在于:第一,我们采取了对外贸易垄断制;第二,我们采取了成立合营公司的办法。

布哈林看不到,在帝国主义时代,在国与国之间贫富悬殊得惊人的时代,任何关税政策都不会有效果。这是他最令人吃惊的错误,而且是纯理论性的错误。布哈林几次提到关税保护,但没有看到,在上述条件下,任何一个富有的工业国都能够把这种关税保护完全摧毁。为此,它只要对输入俄国的那些我国征收高额关税的货物给予出口补贴就行了。这方面所需要的钱,任何一个工业国都是绰绰有余的,而采取这种措施之后,任何一个工业国都肯定能摧毁我们本国的工业。

因此布哈林关于关税政策的一切议论,实践上无非是使俄国工业完全失去保护,在一层薄薄的面纱的掩盖下改行自由贸易制。对此我们必须全力反对,要把这个斗争一直进行到党代表大会上去,因为现在,在帝国主义时代,除了对外贸易垄断制以外,任何切实有效的关税政策都谈不上。

布哈林(在第五条中)指责克拉辛不了解加强流通的重要性,其实克拉辛关于合营公司所说的话完全驳倒了这一指责,因为这种合营公司所追求的目的正是加强流通并继续保护我们俄国的工业,而这种保护是实际的,不像关税保护那样是虚假的。

接着,布哈林在第六条中反驳我,说农民会进行最有利的交易,在他看来是无关紧要的,斗争不是在农民与苏维埃政权之间,而是在苏维埃政权与出口商之间进行的。这又是根本不对的,因为例如在我前次指出的价格悬殊的情况下(亚麻在俄国值4个半卢布,而在英国值 14 个卢布),出口商会最迅速、最可靠、最有把握地把农民调集到自己周围。在实践上,布哈林是在保护投机商、小资产者和农民上层分子,反对工业无产阶级。如果工业得不到保护,工业无产阶级是绝对不能恢复自己的工业、使俄国成为工业国的,而能保护工业的只是对外贸易垄断,决不是关税政策。在目前俄国的条件下,任何别的贸易保护主义都是完全虚假的、纸上空谈的贸易保护主义,对无产阶级一点好处也没有。因此这个斗争对无产阶级及其工业具有最根本的原则的意义。成立合营公司的办法是能真正改善对外贸易人民委员部这个糟糕的机关的唯一办法,因为实行这个办法,外国商人和俄国商人就会在一起工作。如果我们在这种条件下还不能多学一点、学会、学通,那么我国人民就是毫无希望的傻瓜了。

如果我们还要谈什么"关税保护",那就是说,我们对于克拉辛十分明白指出的、布哈林一点也没有驳倒的那些危险熟视无睹。

我再补充一句,局部开放边境会在外汇方面带来极严重的危险,因为实际上我们将陷入德国那样的境地;还会带来另一种极严重的危险,即俄国在国外的小资产阶级和形形色色的代理人会向俄国渗透,而我们又毫无办法监督他们。

利用合营公司进行长期的认真的学习,这是恢复我国工业的唯一途径。

列 宁

载于1930 年《无产阶级革命》杂志第2—3 期合刊

选自《列宁全集》第2 版第43 卷第328—332 页

给代表大会的信[305]

(1922 年 12 月 23 日)

我很想建议在这次代表大会上对我们的政治制度作一系列的变动。

我想同你们谈谈我认为最重要的一些想法。

首先我建议把中央委员人数增加到几十人甚至 100 人。如果我们不实行这种改革,我想,一旦事态的发展不是对我们十分有利(而我们不能寄希望于十分有利这一点上),我们的中央委员会就会遭到很大的危险。

其次,我想提请代表大会注意,在一定的条件下赋予国家计划委员会的决定以立法的性质,在这方面我在一定程度上和一定条件下同意托洛茨基同志的意见。

至于第一点,即增加中央委员的人数,我想,为了提高中央委员会的威信,为了认真改善我们的机关,为了防止中央委员会一小部分人的冲突对党的整个前途产生过分大的影响,这样做是必要的。

我想,我们党有理由要求工人阶级出 50—100 个中央委员,而又不致使工人阶级太费力。

这种改革会大大加强我们党的巩固性,会有助于它在敌对国家中间进行斗争,据我看,这种斗争在最近几年内可能而且一定会

大大尖锐化。我想,采取了这样的措施,我们党的稳定性将增强
千倍。

列 宁

1922 年 12 月 23 日

玛·沃·记录

续 一

续记

1922 年 12 月 24 日

　　我上面说到的中央委员会的稳定性,指的是能够采取的防止
分裂的措施。当然,一个白卫分子(大概是谢·谢·奥登堡)在
《俄国思想》杂志[306]上说得对,第一,在他们反对苏维埃俄国的赌
博中他把赌注押在我们党的分裂上,第二,在这种分裂方面他又把
赌注押在党内最严重的意见分歧上。

　　我们党依靠的是两个阶级,因此,如果这两个阶级不能协调一
致,那么党就可能不稳定,它的垮台就不可避免。一旦出现这种情
况,采取任何措施,怎么谈论我们中央委员会的稳定性,都是没有
用的。在这种情况下,任何措施都不能防止分裂。但愿这是极遥
远的未来的事,是不大可能发生的事,这里可以不谈。

　　我说的稳定性是指保障在最近时期不出现分裂,我打算在这
里谈一下对纯粹个人特性的一些看法。

　　我想,从这个角度看,稳定性的问题基本在于像斯大林和托洛
茨基这样的中央委员。依我看,分裂的危险,一大半是由他们之间

的关系构成的,而这种分裂是可以避免的,在我看来,把中央委员人数增加到 50 人,增加到 100 人,这应该是避免分裂的一种办法。

斯大林同志当了总书记,掌握了无限的权力,他能不能永远十分谨慎地使用这一权力,我没有把握。另一方面,托洛茨基同志,正像他在交通人民委员部问题上反对中央的斗争所证明的那样,不仅具有杰出的才能。他个人大概是现在的中央委员会中最有才能的人,但是他又过分自信,过分热衷于事情的纯粹行政方面。

现时中央两位杰出领袖的这两种特点会出人意料地导致分裂,如果我们党不采取措施防止,那么分裂是会突然来临的。

我不打算再评述其他中央委员的个人特点了。我只提醒一下,季诺维也夫和加米涅夫在十月的那件事[307]当然不是偶然的,但是此事不大能归罪于他们个人,正如非布尔什维主义不大能归罪于托洛茨基一样。

在年轻的中央委员中,我想就布哈林和皮达可夫谈几句。依我看,他们是最杰出的力量(在最年轻的力量中),对他们应当注意下列情况:布哈林不仅是党的最宝贵的和最大的理论家,他也理所当然被认为是全党喜欢的人物,但是他的理论观点能不能说是完全马克思主义的,很值得怀疑,因为其中有某种烦琐哲学的东西(他从来没有学过辩证法,因而——我想——他从来没有完全理解辩证法)。

12 月 25 日。其次是皮达可夫,他无疑是个有坚强意志和杰出才能的人,但是太热衷于行政手段和事情的行政方面,以致在重大的政治问题上是不能指靠他的。

当然,我对两人作这样的评语是仅就现时情况来说的,而且还假定这两位杰出而忠诚的工作人员得不到机会来充实自己的知识并改变自己的片面性。

列　宁

1922 年 12 月 25 日
玛·沃·记录

对 1922 年 12 月 24 日一信的补充

斯大林太粗暴,这个缺点在我们中间,在我们共产党人相互交往中是完全可以容忍的,但是在总书记的职位上就成为不可容忍的了。因此,我建议同志们仔细想个办法把斯大林从这个职位上调开,任命另一个人担任这个职位,这个人在各方面同斯大林同志一样,只是有一点强过他,这就是较为耐心、较为谦恭、较有礼貌、较能关心同志,而较少任性等等。这一点看来可能是微不足道的小事。但是我想,从防止分裂来看,从我前面所说的斯大林和托洛茨基的相互关系来看,这不是小事,或者说,这是一种可能具有决定意义的小事。

列　宁

莉·福·记录
1923 年 1 月 4 日

续　二

续记

1922 年 12 月 26 日

　　把中央委员人数增加到 50 人甚至 100 人,依我看,可以达到双重甚至三重目的:中央委员愈多,受到中央工作锻炼的就愈多,因某种不慎而造成分裂的危险就愈小。吸收很多工人参加中央委员会,会有助于工人改善我们糟透了的机关。我们的机关实质上是从旧制度继承下来的,因为在这样短的时期内,特别是在战争、饥饿等等条件下,要把它改造过来是完全不可能的。因此,对于那些抱着讥讽态度或怀着恶意指出我们机关的缺点的"批评家",可以心平气和地回答说,这些人完全不了解现今革命的条件。在五年的时间内要完成机关应有的改造是根本不可能的,特别是在我国革命所处的条件下更是如此。我们在五年内建立了一个新的国家类型,在这个国家里工人走在农民前面反对资产阶级,这已经很好了,这在敌对的国际环境中是一项巨大的事业。但是在意识到这一点时,丝毫不应忽视,我们的机关实质上是从沙皇和资产阶级那里拿过来的旧机关,在和平已经到来和免于饥饿的最低需要已经得到保证的现在,全部工作都应该集中到改善机关上。

　　我是这样设想的:几十个工人参加中央委员会,就能比其他任何人更好地检查、改善和改造我们的机关。起初由工农检查院[308]行使这一职能,但它实际上不能胜任,只是成了这些中央委员的"附属品",或者在一定条件下成了他们的助手。照我的看法,参加中央委员会的工人,应当主要不是来自那些做过长期苏维埃工作的工人(我在本信的这一部分所指的工人都是把农民也包括在内的),因为在这些工人中间已经形成了某些正应该加以克服的传统和成见。

工人中央委员主要应当是这样的工人,他们的岗位低于五年来被我们提拔为苏维埃职员的那一层人,他们更接近于普通的工人和没有成为直接或间接剥削者的农民。我想,这种工人出席中央委员会的一切会议,出席政治局的一切会议,阅读中央委员会的一切文件,能够成为忠诚拥护苏维埃制度的骨干,他们,第一,能使中央委员会本身具有稳定性,第二,能真正致力于革新和改善机关。

列　宁

莉·福·记录

1922 年 12 月 26 日

载于 1956 年《共产党人》杂志第 9 期　　　　　　　　　　　　选自《列宁全集》第 2 版第 43 卷第 337—342 页

续记

1922 年 12 月 29 日

关于增加中央委员人数部分的补充意见

我认为,在增加中央委员人数时,还应当、也许主要应当检查并改善我们的毫不中用的机关。为了这个目的,我们应该利用高度熟练的专家,而配备这些专家则应该是工农检查院的任务。

如何使这些知识丰富的做检查工作的专家同这些新的中央委员配合起来,这个任务应该在实践中解决。

我觉得,工农检查院(由于它自身的发展,也由于我们对它的发展吃不透)结果出现了我们现在所看到的情况,这就是从一个特殊的人民委员部变为执行中央委员的特殊职能的过渡状态,从检查一切的机关变为人数不多但属第一流的检查员的集合体,这些检查员应当得到较高的报酬(在我们这个收费的时代,在检查员直接在报酬较高的机关工作的情况下,这样做是特别必要的)。

如果中央委员的人数适当增加,他们在高度熟练的专家和在各部门都有很高威信的工农检查院成员的帮助下,年复一年地学习国家管理的课程,那么,我认为,我们一定能够成功地解决我们长期未能解决的这一任务。

就是说,结果是中央委员增加到 100 人,他们的助手,即按照他们的指示检查工作的工农检查院成员,最多不超过 400—500 人。

列 宁

1922 年 12 月 29 日

玛·沃·记录

载于 1956 年《共产党人》杂志
第 9 期

选自《列宁全集》第 2 版第 43 卷
第 342—343 页

关于赋予国家计划委员会以立法职能³⁰⁹

续记

1922 年 12 月 27 日

这个思想是托洛茨基同志提出来的,大概已经很久了。我当时反对这个思想,因为我认为,这样一来,在我们的立法机关系统中将出现严重的不协调现象。但是经过仔细研究,我发现这里实质上有合理的思想,即国家计划委员会这个汇集了内行、专家、科技界人士的机关,虽然实质上掌握着正确判断事物所需的大量材料,却有点被置于我们的立法机关之外。

然而我们一直认为,国家计划委员会应当给国家提供经过鉴别分析的材料,而国家机关则应当决定国家事务。我想,在目前国家事务变得异常复杂的情况下,往往要交错着解决各种问题,其中有些问题需要国家计划委员会人员鉴定,有些问题不需要他们鉴定,甚至有些问题的某些方面需要国家计划委员会鉴定,另一些方面则不需要它鉴定,因此我想,目前应该采取步骤来扩大国家计划委员会的职权。

我是这样设想这一步骤的:应该使国家计划委员会的决定不被通常的苏维埃审议程序推翻,改变决定要有特别程序,例如,把问题提交全俄中央执行委员会常会,根据特别指令对需要改变决定的问题进行准备,根据特别条例写出报告,来权衡国家计划委员会的这个决定是否应该取消,以及对改变国家计划委员会的问题的决定规定特别的期限,等等。

　　我想,可以而且应该赞同托洛茨基同志的是这一方面,而不是下述方面:国家计划委员会主席一职,或者由我们政治领袖中的某人担任,或者由最高国民经济委员会主席担任,等等。我觉得,现在在这里把个人问题同原则问题过分紧密地牵扯在一起了。现在听到有人攻击国家计划委员会主席克尔日扎诺夫斯基同志和副主席皮达可夫同志,攻击包括两个方面:一方面我们听到的指责是太软弱,缺乏自主精神,没有主见;另一方面我们听到的指责是粗枝大叶,作风粗野,缺乏深湛的科学修养,等等。我想,这些攻击反映了一个问题的两个方面,把两个方面都夸大到极点,实际上我们在国家计划委员会中需要的是这两类性格的巧妙结合,一种典型可能是皮达可夫,另一种典型可能是克尔日扎诺夫斯基。

　　我想,领导国家计划委员会的人应该是这样的人,他是有科学修养的人,也就是在技术或农艺方面有修养的人,在技术或农艺方面有几十年实际工作的丰富经验。我想这种人应当具有的主要不是行政才能,而是吸收人才的广泛经验和能力。

列　宁

1922 年 12 月 27 日

玛·沃·记录

续　一

续记关于国家计划委员会的

决定具有立法性质的信

1922 年 12 月 28 日

　　我觉察到,我们某些能够对国家事务的方针起决定性影响的同志夸大了行政这一方面。当然,在一定的地点和一定的时间,行政这一方面是必需的,但是不应该把它同科学修养方面、同掌握广泛的实际情况、同吸收人才的能力等等混为一谈。

　　在一切国家机关内,特别是在国家计划委员会内,必须把这两种素质结合起来。当克尔日扎诺夫斯基同志告诉我,他已把皮达可夫吸收到国家计划委员会,并同他谈妥工作的时候,我同意了这种做法,虽然一方面我还有些怀疑,可是另一方面,我有时又希望,我们这样做能够把两种类型的国务活动家结合起来。这个希望是不是实现了,现在应该等一等,看看稍久一些的经验,但是在原则上我认为,毫无疑问,把不同的性格和类型(人才、素质)这样结合起来,对于国家机关正确地发挥职能是绝对必需的。我认为,在这里夸大"行政手段"正像任何夸大一样,同样是有害的。国家机关的领导人应该具有吸收人才的高超能力,具有检查他们的工作的相当丰富的科学技术知识。这是基本的方面。不然,工作就不能做好。另一方面,很重要的是他要善于做行政管理工作,并且在这方面有一个或几个得力的助手。一个人兼有这两种素质未必会有,也未必需要。

列　宁

莉·福·记录

1922 年 12 月 28 日

续　二

续记国家计划委员会问题

1922 年 12 月 29 日

看来,我们的国家计划委员会正在全面发展成为专家委员会。这种机关的领导人不能不是在技术方面具有丰富经验和多种科学修养的人。这种机关的行政管理力量实质上应当是辅助性的。从这种科学机关的权威来看,国家计划委员会必须具有一定的独立性和自主性,而能否具有这种独立性和自主性取决于一点,这就是它的工作人员是否认真负责和勤勤恳恳地努力实现我们的经济和社会建设计划。

现在具有后面这种品质的人当然是极其少有的,因为绝大多数学者都不可避免地感染了资产阶级观点和资产阶级偏见,而国家计划委员会自然是由他们组成的。从这方面对他们进行考查应当是可以组成国家计划委员会主席团的几个人的任务,他们应当是共产党员,在整个工作过程中天天观察这些资产阶级学者是否忠诚,是否抛弃了资产阶级的偏见,以及是否逐渐接受社会主义的观点。这种科学考查和纯行政管理双管齐下的工作,应该是我们共和国国家计划委员会的领导者们的目标。

列　宁

玛·沃·记录

1922 年 12 月 29 日

究竟怎样做才合理,是把国家计划委员会主管的工作分解为各个单项任务,还是相反,应当设法组织一批固定的专家,他们经常受国家计划委员会主席团的检查,能够解决归国家计划委员会处理的全部问题? 我想,后一种办法比较合理,应当竭力减少临时的和紧急的个别任务。

列　宁

1922 年 12 月 29 日

玛·沃·记录

载于 1956 年《共产党人》杂志第 9 期

选自《列宁全集》第 2 版第 43 卷第 344—348 页

关于民族或"自治化"问题[310]

续记

1922 年 12 月 30 日

我觉得很对不起俄国工人,因为我没有十分坚决十分果断地过问有名的自治化问题,其正式的说法似应叫做苏维埃社会主义共和国联盟问题。

夏天,当这个问题发生的时候,我正在病中,后来,在秋天,我寄极大希望于自己的康复以及十月全会和十二月全会使我有可能来过问这个问题[311]。然而,不论十月全会(讨论了这个问题)还是十二月全会,我都没能出席,因而这个问题几乎完全绕过了我。

我只是同捷尔任斯基同志谈过一次话,他从高加索回来,向我谈了这个问题在格鲁吉亚的情况。我还同季诺维也夫同志交谈了几句,向他表示了我对这一问题的忧虑。根据捷尔任斯基同志(他是中央委员会派去"调查"格鲁吉亚事件的委员会的领导人)说的情况,我只能感到莫大的忧虑。如果事情发展到奥尔忠尼启则竟会动手打人——这是捷尔任斯基同志告诉我的,那么可想而知,我们已掉到什么样的泥潭里去了。可见,整个这个"自治化"的想法是根本不对的,是根本不合时宜的。

据说需要统一机关。但是,这种主张来自何处呢?还不是来自俄罗斯机关本身,而这种机关,正如我在前面的一篇日记里已经指出的,是我们从沙皇制度那里接收过来的,不过稍微涂了一点苏维埃色彩罢了。①

毫无疑问,应当等到我们能够说,我们可以保证有真正是自己的机关的时候,再采取这种措施。现在我们应当老实说,正好相反,我们称为自己机关的那个机关,实际上是和我们完全格格不入的,它是资产阶级和沙皇制度的大杂烩,在没有其他国家帮助,又忙于军"务"和同饥荒斗争的情况下,根本不可能在五年内把它改造过来。

在这种条件下,很自然,我们用来替自己辩护的"退出联盟的自由"只是一纸空文,它不能够保护俄国境内的异族人,使他们不受典型的俄罗斯官僚这样的真正俄罗斯人,大俄罗斯沙文主义者,实质上是恶棍和暴徒的侵害。毫无疑问,在苏维埃的和苏维埃化了的工人中,会有很少一部分人沉没在这个大俄罗斯沙文主义垃圾的大海里,就像苍蝇沉没在牛奶里一样。

有人出来为这种措施辩护,说直接涉及民族心理、民族教育的人民委员部都已划出去了。但是,这就出现两个问题:是否能把这些人民委员部完全划出去;其次,我们是否已经关怀备至地采取措施来真正保护异族人免遭真正俄罗斯的杰尔席莫尔达[312]之流侵害呢?我认为,我们并没有采取这些措施,虽然我们是能够而且应该采取这些措施的。

我想,斯大林的急躁和喜欢采取行政措施以及他对有名的"社会民族主义"的愤恨,在这件事情上起了决定性的作用。愤恨通常在政治上总是起极坏的作用。

我还担心,去高加索调查这些"社会民族主义分子""罪行"案件的捷尔任斯基同志,在这件事情上也只是突出表现了他的真正

----

① 见本卷第747页。——编者注

俄罗斯人的情绪（大家知道，俄罗斯化的异族人在表现真正俄罗斯人的情绪方面总是做得过火），他的整个委员会是否不偏不倚，这在奥尔忠尼启则"动手打人"这件事上得到了充分说明。我想，这种俄罗斯式的动手打人行为是不能用受到任何挑衅甚至侮辱[313]作辩解的，而捷尔任斯基同志无法补救的过错就在于他对这种动手打人行为采取了轻率的态度。

奥尔忠尼启则对于高加索的其余所有公民就是权力。奥尔忠尼启则无权发怒，尽管他和捷尔任斯基借口说是被别人激怒的。相反，奥尔忠尼启则必须克制自己，而任何一个普通公民，尤其是一个被指控犯了"政治"罪的普通公民倒不是非克制自己不可的。要知道，从实质上说，社会民族主义分子就是被指控犯了政治罪的公民，而且从这种指控的全部情况来看，也只能这样认定。

这就提出一个重要的原则问题：怎样理解国际主义？[①]

列　宁

1922 年 12 月 30 日

玛·沃·记录

[①]　在速记记录中下面还有一句话被勾掉了："我想，我们的同志们还没有充分理解这
个重要的原则问题。"——俄文版编者注

续记

1922 年 12 月 31 日

关于民族或"自治化"问题
（续）

我在关于民族问题的一些著作中已经指出过,抽象地提民族主义问题是极不恰当的。必须把压迫民族的民族主义和被压迫民族的民族主义,大民族的民族主义和小民族的民族主义区别开来。

对于第二种民族主义,我们大民族的人,在历史的实践中几乎从来都是有过错的,我们施行了无数暴力,甚至施行了无数暴力和侮辱,自己还没有察觉。只要回忆一下我在伏尔加河流域时的情况,就可以知道我们的人是怎样蔑视异族人的;把波兰人都叫做"波兰佬",嘲笑鞑靼人为"王爷",乌克兰人为"一撮毛",格鲁吉亚人和其他高加索异族人为"蛮子"。

因此,压迫民族或所谓"伟大"民族(虽然只不过是因为施行暴力而伟大,只不过是像杰尔席莫尔达那样的伟大)的国际主义,应当不仅表现在遵守形式上的民族平等,而且表现在压迫民族即大民族要处于不平等地位,以抵偿在生活中事实上形成的不平等。谁不懂得这一点,谁就不懂得对待民族问题的真正无产阶级态度,谁就实质上仍持小资产阶级观点,因而就不能不随时滚到资产阶级的观点上去。

对无产者来说重要的是什么呢? 对无产者来说,不仅重要而极其必要的是保证在无产阶级的阶级斗争中取得异族人的最大信任。为此需要什么呢? 为此不仅需要形式上的平等。为此无论如何需要用自己对待异族人的态度或让步来抵偿"大国"民族的政府在以往历史上给他们带来的那种不信任、那种猜疑、那种侮辱。

我想，对于布尔什维克，对于共产党人，这是用不着再作详细解释的。我想，这一次在对待格鲁吉亚民族方面，我们有了一个典型的例子，说明我们要是以真正无产阶级的态度处理问题，就必须采取非常谨慎、非常客气和让步的态度。一个格鲁吉亚人对事情的这一方面掉以轻心，满不在乎地随便给人加上"社会民族主义"的罪名（其实他自己不仅是真正道地的"社会民族主义分子"，而且是粗暴的大俄罗斯的杰尔席莫尔达），那么这个格鲁吉亚人实质上就破坏了无产阶级阶级团结的利益，因为没有什么比民族问题上的不公正态度更能阻碍无产阶级阶级团结的发展和巩固的了，因为"受欺侮"民族的人没有比对平等感，对破坏这种平等更敏感的了，哪怕是自己的无产者同志出于无心或由于开玩笑而破坏这种平等。因此，在这种情况下，在对少数民族让步和宽容这方面做得过些比做得不够要好。因此，在这种情况下，无产阶级团结以及无产阶级阶级斗争的根本利益，要求我们对待民族问题无论何时都不能拘泥形式，而要时刻考虑到被压迫民族（或小民族）的无产者在对待压迫民族（或大民族）的态度上必然有的差别。

列　宁

玛·沃·记录

1922 年 12 月 31 日

续记

1922 年 12 月 31 日

在目前形势下应当采取哪些具体措施呢？

第一,应当保留和巩固社会主义共和国联盟;对这一措施是不可能有怀疑的。我们需要它,正如全世界共产主义无产阶级需要它来同世界资产阶级作斗争,来防备世界资产阶级的阴谋一样。

第二,就外交机关而言需要保留社会主义共和国联盟。顺便指出,这个机关在我们国家机关中是一个特别的机关。我们没有让任何一个在沙皇旧机关里有点影响的人进入这个机关。这个机关里面全部有点权威的工作人员都是共产党员。因此,这个机关已经取得(可以这样大胆地说)可靠的共产主义机关的称号。它在极大程度上清除了沙皇的、资产阶级的、小资产阶级的旧机关工作人员,而这是我们在其他各人民委员部中只好凑合利用的那些机关不能相比的。

第三,需要处分奥尔忠尼启则同志以儆效尤(谈到这点时,我深感遗憾,因为我本人是他的朋友,在侨居国外时同他一道工作过),并要补充调查或重新调查捷尔任斯基的委员会的全部材料,以便纠正其中无疑存在的大量不正确的地方和不公正的判断。当然应当使斯大林和捷尔任斯基对这一真正大俄罗斯民族主义的运动负政治上的责任。

第四,在加入我们联盟的其他各民族共和国中使用民族语言这个方面应制定极严格的规章,并对这些规章进行非常认真的检查。毫无疑问,在我们的现有机关的情况下,我们这里将有人借口铁路业务统一、国库统一等等而干出大量真正俄罗斯式的胡作非为的事情。同这些胡作非为现象作斗争,必须特别机智,不消说参加这一斗争的人要特别真诚。这里要有一个详细的法典,这个法典只有居住在该共和国内的本民族的人才能够比较成功地拟定出来。而且决不应事先保证,由于做了这些工作,在下次苏维埃代表大会上就不会退回去,也就是说,只在军事和外交方面保留苏维埃社会主义共和国联盟,而在其他方面恢复各个人民委员部的完全独立。

应当注意到,拿莫斯科和其他中心城市来说,各人民委员部的分散及其工作不协调的影响,是能够靠党的威信在相当程度上加以克服的,只要十分谨慎和公正地运用这种威信。由于各民族机关和俄罗斯机关没有统一起来而可能给我们国家造成的损害,比起那种不仅给我们,而且给整个国际、给继我们之后不久即将登上历史前台的亚洲几亿人民造成的损害要小得多。如果在东方登上历史前台的前夜,在它开始觉醒的时候,我们由于对我们本国的异族人采取哪怕极小的粗暴态度和不公正态度而损害了自己在东方的威信,那就是不可宽恕的机会主义。必须团结起来反对维护资本主义世界的西方帝国主义者,这是一回事。这是毫无疑问的,不用说,我是绝对赞成这些措施的。要是我们自己即使在小事情上对被压迫民族采取帝国主义态度,从而完全损害了自己反对帝国主义斗争的原则上的真诚性和自己维护反对帝国主义斗争的原则态度,那又是一回事。而世界史的明天,将是这样一个日子,那时已经被唤醒的、受帝国主义压迫的各民族将彻底觉醒,并开始争取自身解放的长期艰苦的决定性的战斗。

列　宁

1922年12月31日

玛·沃·记录

载于1956年《共产党人》杂志第9期　　　　　　　　选自《列宁全集》第2版第43卷第349—355页

日 记 摘 录[314]

（1923 年 1 月 2 日）

根据 1920 年的人口调查资料编成的俄国居民识字状况一书（《俄国识字状况》1922 年莫斯科中央统计局国民教育统计处版）日前出版，是一件很重要的事情。

现将该书中 1897 年和 1920 年俄国居民识字状况表抄录如下：

	每 1 000 男子中识字人数		每 1 000 妇女中识字人数		每 1 000 人口中识字人数	
	1897 年	1920 年	1897 年	1920 年	1897 年	1920 年
1. 欧俄……	326	422	136	255	229	330
2. 北高加索…	241	357	56	215	150	281
3. 西伯利亚（西部）……	170	307	46	134	108	218
共　计……	318	409	131	244	223	319

当我们高谈无产阶级文化[315]及其与资产阶级文化的关系时，事实提供的数据向我们表明，在我国就是资产阶级文化的状况也是很差的。果然不出所料，我们距离普遍识字还远得很，甚至和沙皇时代（1897 年）比，我们的进步也太慢。这是对那些一直沉湎于"无产阶级文化"的幻想之中的人的一个严厉警告和责难。这说明我们还要做多少非做不可的粗活，才能达到西欧一个普通文明国家的水

平。这也说明,我们现在还要进行多么繁重的工作,才能在我国无产阶级所取得的成就的基础上真正达到稍高的文化水平。

我们不应当光讲这个不容争辩的但过于理论化的道理。应当在最近修改我国季度预算的时候,实际着手干起来。当然,首先应当削减的不是教育人民委员部的经费,而是其他部门的经费,以便把削减下来的款项转用于教育人民委员部。在今年这个粮食供应还比较不错的年份,不要再舍不得增加教师的面包配给额了。

目前在国民教育方面所做的工作,一般说来,范围并不算太窄。为了推动旧的教师们前进,吸引他们来执行新的任务,使他们注意教育学一些问题的新提法,注意宗教之类的问题,我们做了很不少的工作。

但是我们没有做主要的事情。我们没有关心或者远没有充分关心把国民教师的地位提到应有的高度,而不做到这一点,就谈不上任何文化,既谈不上无产阶级文化,甚至也谈不上资产阶级文化。问题就在于我们直到今天还没有摆脱半亚洲式的不文明状态,如果我们不作重大的努力,是不能摆脱的,虽然我们有可能摆脱,因为没有哪一个地方的人民群众像我国的人民群众这样关心真正的文化;没有哪一个地方像我国这样把文化问题提得这样深刻,这样彻底;没有哪一个地方,哪一个国家像我国那样国家政权掌握在工人阶级手里,而大多数工人深知自己的——且不说在文化方面,而是在识字方面——不足;没有哪一个地方的工人阶级像我国工人阶级这样,为了改善自己在这方面的状况,情愿忍受并且正在忍受如此重大的牺牲。

使我们的整个国家预算首先去满足初级国民教育的需要,这个工作我们还做得太少,做得还远远不够。甚至在我们教育人民委员部里也经常可以看到编制过分庞大的现象,一个国家出版总局³¹⁶的编制就大得不像话,而丝毫没有注意到国家首先要关心的不应是出版机构,而是有读书的人,有更多能阅读的人,使出版机构在未来的俄国有更大的政治影响。我们还是按照旧的(很坏的)习惯,用在出版机构这类技术问题上的时间和精力比用在国民识字这个一般的政治问题上的要多得多。

拿职业教育总局³¹⁷来说,我们深信,这儿也能发现有许多机构是多余的,这是由于从部门利益考虑而膨胀起来的,并不适应广泛的国民教育的需要。在职业教育总局里,远非一切都是从首先发展我国青工教育并使这种教育有具体方向这一合理愿望出发的。如果从这个角度来仔细考察一下职业教育总局的编制,其中有很多是臃肿的和形同虚设的,应予撤销。在无产阶级和农民的国家里,还有很多经费可以而且应当节省下来用以发展国民识字教育,办法就是把那些半贵族老爷式的玩意儿,那些在上述统计材料所表明的国民识字情况下可以不要、可以长期不要而且应当不要的机构一律撤销。

应当把我国国民教师的地位提到在资产阶级社会里从来没有、也不可能有的高度。这是用不着证明的真理。为此,我们必须经常不断地坚持不懈地工作,既要振奋他们的精神,也要使他们具有真正符合他们的崇高称号的全面修养,而最最重要的是提高他们的物质生活水平。

应当不断地加强组织国民教师的工作,以便使他们从资产阶级制度的支柱(在无一例外的所有资本主义国家里,他们一直是资产阶级制度的支柱)变成苏维埃制度的支柱,以便通过他们去争取农民,使农民脱离同资产阶级的联盟而同无产阶级结成联盟。

我想简短地指出,经常下农村的做法在这方面一定会起特别重要的作用,这种工作我们已经在进行,还必须有计划地加以发展。对于下农村这类措施,不要舍不得花钱,我们常常在几乎完全属于旧历史时代的国家机关上白花钱。

我曾收集过一些材料,准备在 1922 年 12 月的苏维埃代表大会[318]上作关于城市工人支援农村居民的报告,但这个报告没有作成。关于这方面的材料,有些是霍多罗夫斯基同志给我提供的,既然我自己没有来得及研究这个问题并通过苏维埃代表大会来发表,现在就把它提出来请同志们研究。

这是城乡关系的一个基本政治问题,对于我们的整个革命有决定的意义。资产阶级国家不断地极力愚弄城市工人,使国家、沙皇政党和资产阶级政党出钱办的所有出版物配合这一目的,而我们能够而且应当利用我们的政权使城市工人真正成为在农村无产阶级中传播共产主义思想的人。

说了"共产主义"这几个字,我要赶快声明一下,以免引起误会或过于机械的理解。决不能把这话理解为我们应当马上把纯粹的和狭义的共产主义思想带到农村去。在我们农村中奠定共产主义的物质基础之前,这样做对于共产主义可以说是有害的,可以说是致命的。

不能这样做。应当从建立城乡间的交往开始,决不给自己提出向农村推行共产主义这种事先定下的目标。这种目标现在是达不到的。这种目标是不合时宜的。提出这种目标不但无益,反而有害。

可是,在城市工人与农村雇工之间建立交往,在他们之间建立一种他们之间可以很容易建立起来的友好互助形式,这是我们的责任,这是执政的工人阶级的基本任务之一。为此就必须在工厂工人中组成许多以经常帮助农村发展文化为宗旨的团体(党的、工会的、个人的)。

能不能做到把所有的城市支部都"分配"给各农村支部,使每一个"分配"给相应的农村支部的工人支部经常注意利用一切机会、一切场合,来满足自己的兄弟支部的各种文化需求呢? 或者还能找到其他联系形式? 我在这里只是提出问题,为的是引起同志们的注意,举出现有的西伯利亚西部的经验(这经验是霍多罗夫斯基同志告诉我的),并充分地把这一具有世界历史意义的巨大文化任务提出来。

除了我们的正式预算或正式联系,我们几乎没有为农村做任何事情。诚然,我国今天城乡的文化联系自然而然地、必然地具有另一种性质。在资本主义制度下,城市给予农村的是那些在政治、经济、道德、身体等等方面对农村起坏影响的东西。而我们的城市自然而然地开始给予农村的,正是相反的东西。可是这一切正是自然而然地、自发地进行的,如果使这个工作带有自觉性、计划性和系统性,这一切就可以加强起来(而且以后更会百倍地加强起来)。

只有当我们研究了这个问题,建立起各种各样的工人团体(尽量防止它们官僚主义化),把这个问题提出来讨论并付诸行动的时候,我们才能开始前进(那时我们定能开始百倍迅速地前进)。

1923 年 1 月 2 日

载于 1923 年 1 月 4 日《真理报》
第 2 号

选自《列宁全集》第 2 版第 43 卷
第 356—360 页

论 合 作 社³¹⁹

（1923 年 1 月 4 日和 6 日）

一

我觉得我们对合作社注意得不够。未必每个人都理解，现在，自从十月革命以来，不管新经济政策如何（相反，在这方面应该说，正是由于实行了新经济政策），合作社在我国有了非常重大的意义。旧日合作社工作者的理想中有很多幻想。他们常常由于这种幻想而显得可笑。可是他们的幻想究竟表现在什么地方呢？表现在这些人不懂得工人阶级为推翻剥削者统治而进行的政治斗争的根本意义。现在，我国已经推翻了剥削者的统治，因此，旧日合作社工作者的理想中许多曾经是幻想的，甚至是浪漫主义的或庸俗的东西，正在成为不加任何粉饰的现实。

在我国，既然国家政权操在工人阶级手中，既然全部生产资料又属于这个国家政权，我们要解决的任务的确就只剩下实现居民合作化了。正确坚信必须进行阶级斗争、为夺取政权进行斗争等等的人们曾合理嘲笑、讥讽和蔑视过的那种社会主义，现在在居民最大限度合作化的情况下，自然就能达到目的了。但并不是所有的同志都明了，俄国的合作化现在对我们有多么巨大的、不可估量的意义。在新经济政策中，我们向作为商人的农民作了让步，即向私人买卖的原则作了让步;正是从这一点(这与人们所想的恰恰相反)产生了合作社的巨大意义。从实质上讲,在实行新经济政策的条件下,使俄国居民充分广泛而深入地合作化,这就是我们所需要的一切,因为现在我们发现了私人利益即私人买卖的利益与国家对这种利益的检查监督相结合的合适程度,发现了私人利益服从共同利益的合适程度,而这是过去许许多多社会主义者碰到的绊脚石。情况确实如此,国家支配着一切大的生产资料,无产阶级掌握着国家政权,这种无产阶级和千百万小农及极小农结成了联盟,这种无产阶级对农民的领导得到了保证,如此等等——难道这不是我们所需要的一切,难道这不是我们通过合作社,而且仅仅通过合作社,通过曾被我们鄙视为做买卖的合作社的——现时在新经济政策下我们从某一方面也有理由加以鄙视的——那种合作社来建成完全的社会主义社会所必需的一切吗? 这还不是建成社会主义社会,但这已是建成社会主义社会所必需而且足够的一切。

我们许多做实际工作的人所估计不足的正是这一情况。在我国,人们还轻视合作社,还不了解:第一,在原则方面(生产资料所有权在国家手中),第二,在采用尽可能使**农民感到简便易行和容易接受的**方法过渡到新制度方面,这种合作社具有多么重大的意义。

而这又正是主要之点。幻想出种种工人联合体来建设社会主义,是一回事;学会实际建设这个社会主义,能让**所有**小农都参加这项建设,则是另一回事。我们现在达到的就是这级台阶。毫无疑义,我们虽然达到了这级台阶,却绝少利用它。

我们改行新经济政策时做得过头的地方,并不在于我们过分重视自由工商业的原则;我们改行新经济政策时做得过头的地方,在于我们忘记了合作社,在于我们现在对合作社仍然估计不足,在于我们已经开始忘记合作社在上述两方面的巨大意义。

我现在想跟读者谈一谈,从这个"合作社"原则出发,立即在实践上可以而且应当做到的是些什么事情。立即可以而且应当用哪些手段来着手发挥这个"合作社"原则,使得人人明白这一原则的社会主义意义。

在政策上要这样对待合作社,就是不仅使它能一般地、经常地享受一定的优待,而且要使这种优待成为纯粹资财上的优待(如银行利息的高低等等)。贷给合作社的国家资金,应该比贷给私人企业的多些,即使稍微多一点也好,甚至和给重工业等部门的一样多。

任何一种社会制度,只有在一定阶级的财政支持下才会产生。不待说,"自由"资本主义的诞生曾花了亿万卢布。目前我们应该特别加以支持的一种社会制度就是合作社制度,这一点我们现在必须认识到而且必须付诸行动。但是支持合作社制度就应该是名副其实的支持,就是说,把这种支持仅仅理解为支持任何一种合作社的流转是不够的,而应该理解为支持**确实有真正的居民群众参加**的合作社的流转。奖励参加合作社流转的农民,这种方式无疑是正确的,但同时应当检查农民参加的情况,检查参加的自觉性及其质量——这就是问题的关键所在。合作社工作者来到农村开设合作商店,严格地说,居民还完全没有参加这一工作,但同时出于个人得益的考虑,他们又会急于试试参加。

这个问题还有另外一面。为了使全体居民人人参加合作社的业务,并且不是消极地而是积极地参加,我们还须要完成在一个"文明的"(首先是识字的)欧洲人看来并不很多的工作。说实在的,我们要做的事情**"仅有"**一件,就是要使我国居民"文明"到能够懂得人人参加合作社的一切好处,并参加进去。**"仅有"**这一件事情而已。为了过渡到社会主义,目前我们并不需要任何其他特别聪明的办法。可是为要完成这一"仅有"的事情,就需要一场变革,需要有全体人民群众在文化上提高的一整个阶段。因此,我们的准则应该是尽量少卖弄聪明,尽量少要花样。在这一方面,新经济政策是一种进步,因为它适合最普通的农民的水平,它没有向他们提出什么更高的要求。但是,为了通过新经济政策使全体居民人人参加合作社,这就需要整整一个历史时代。在最好的情况下,我们度过这个时代也要一二十年。但这终究是一个特殊的历史时代,如果不经过这一历史时代,不做到人人识字,没有足够的见识,没有充分教会居民读书看报,没有做到这一点的物质基础,没有一定的保障,如防备歉收、饥荒等等的保障——没有以上这些条件,我们就达不到自己的目的。现在全部问题在于,要善于把我们已经充分表现出来而且取得完全成功的革命气势、革命热情,同(这里我几乎要说)做一个有见识的和能写会算的商人的本领(有了这种本领就足以成为一个优秀的合作社工作者)结合起来。所谓做商人的本领,我指的是做文明商人的本领。这一点是俄国人,或者直截了当说是农民应该牢牢记住的,他们以为一个人既然做买卖,那就是说有本领做商人。这种想法是根本不对的。他虽然在做买卖,但这离有本领做个文明商人还远得很。他现在是按亚洲方式做买卖,但是要能成为一个商人,就得按欧洲方式做买卖。他要做到这一点,还需要整整一个时代。

现在结束我的话:在经济、财政、银行方面给合作社以种种优惠,这就是我们社会主义国家对组织居民的新原则应该给予的支持。但这还只是一般地提出任务,因为在实践上这一任务的全部内容还是不清楚的,还没有详细规划出来,也就是说,应该善于找出我们对合作化的"奖励"方式(和奖励条件),找出我们能用来充分帮助合作社的奖励方式,找出我们能用来培养出文明的合作社工作者的奖励方式。而在生产资料公有制的条件下,在无产阶级对资产阶级取得了阶级胜利的条件下,文明的合作社工作者的制度就是社会主义的制度。

1923 年 1 月 4 日

二

每当我写到新经济政策问题时,我总要引我 1918 年那篇论国家资本主义的文章①。这曾不止一次地使某些青年同志产生疑问。但他们的疑问主要是在抽象的政治方面。

他们觉得,生产资料属于工人阶级,国家政权也属于这个工人阶级,这样的制度就不能叫做国家资本主义。但他们没有注意到,我所以用"国家资本主义"这个名称,**第一**,是为了指明我们现在的立场同我在与所谓左派共产主义者[65]论战时的立场之间有历史联系,而且那时我就已证明过,国家资本主义要高于我国当前的经济;我很重视判明普通的国家资本主义同我在帮助读者认识新经济政策时所说的那种特别的,甚至非常特别的国家资本主义之间的继承性的联系。**第二**,我一向很重视实际目的。而我国新经济政策的实际目的就是实行租让;在我国条件下,租让无疑就是纯粹的国家资本主义类型。我关于国家资本主义的看法就是这样。

不过事情还有另一方面,在谈这一方面时我们可能要涉及国家资本主义,或者说,至少要同国家资本主义作一对比。这就是合

---

① 见本版选集第 3 卷第 511—540 页。—— 编者注

作社问题。

毫无疑问,合作社在资本主义国家条件下是集体的资本主义机构。同样毫无疑问,在我国目前的经济现实中,当我们把私人资本主义企业(但必须是建立在公有土地上的,必须是处在工人阶级的国家政权监督下的)同彻底的社会主义类型的企业(无论生产资料或企业占用的土地以及整个企业都属于国家)连接起来的时候,这里也就出现了第三种企业的问题,即合作企业的问题,从原则意义上说,这种企业以前是没有起过独立作用的。在私人资本主义下,合作企业与资本主义企业不同,前者是集体企业,后者是私人企业。在国家资本主义下,合作企业与国家资本主义企业不同,合作企业首先是私人企业,其次是集体企业。在我国现存制度下,合作企业与私人资本主义企业不同,合作企业是集体企业,但与社会主义企业没有区别,如果它占用的土地和使用的生产资料是属于国家即属于工人阶级的。

我们有些人在谈论合作社时,对于这一情况估计不足。他们常常忘记,由于我们国家制度的特点,合作社在我国具有非常重大的意义。如果把租让(顺便说一句,租让在我国并未得到多大的发展)单独划开,那么在我国的条件下合作社往往是同社会主义完全一致的。

现在来说明我的看法。为什么说自罗伯特·欧文以来所有的旧日合作社工作者的计划都是幻想呢?因为他们没有估计到阶级斗争、工人阶级夺取政权、推翻剥削者阶级的统治这样的根本问题,而梦想用社会主义来和平改造现代社会。因此我们有理由把这种"合作"社会主义看做彻头彻尾的幻想,把以为只要实行居民合作化就能使阶级敌人变为阶级朋友、使阶级战争变为阶级和平(所谓国内和平)的梦想,看做浪漫主义的,甚至庸俗的东西。

毫无疑问,从当代的基本任务看来,我们是正确的,因为不进行争取国家政权的阶级斗争,社会主义就不能实现。

但是你们看,现在国家政权既已掌握在工人阶级手里,剥削者的政权既已推翻,全部生产资料(除工人国家暂时有条件地自愿租让给剥削者的一部分生产资料外)既已掌握在工人阶级手里,情况就大不一样了。

现在我们有理由说,对我们来说,合作社的发展也就等于(只有上述一点"小小的"例外)社会主义的发展,与此同时我们不得不承认我们对社会主义的整个看法根本改变了。这种根本的改变表现在:从前我们是把重心放在而且也应该放在政治斗争、革命、夺取政权等等方面,而现在重心改变了,转到和平的"文化"组织工作上去了。如果不是因为国际关系,不是因为必须为我们在国际范围内的阵地进行斗争,我真想说,我们的重心转移到文化主义[320]上去了。如果把国际关系撇开不谈,只就国内经济关系来说,那么我们现在的工作重心的确在于文化主义。

我们面前摆着两个划时代的主要任务。第一个任务就是改造我们原封不动地从旧时代接收过来的简直毫无用处的国家机关;这种机关,我们在五年来的斗争中还来不及也不可能来得及认真加以改造。我们的第二个任务就是在农民中进行文化工作。这种在农民中进行的文化工作,就其经济目的来说,就是合作化。要是完全实现了合作化,我们也就在社会主义基地上站稳了脚跟。但完全合作化这一条件本身就包含有农民(正是人数众多的农民)的文化水平的问题,就是说,没有一场文化革命,要完全合作化是不可能的。

我们的敌人曾不止一次地对我们说,我们在一个文化不够发达的国家里推行社会主义是冒失行为。但是他们错了,我们没有从理论(一切书呆子的理论)所规定的那一端开始,我们的政治和社会变革成了我们目前正面临的文化变革、文化革命的先导。

现在,只要实现了这个文化革命,我们的国家就能成为完全社会主义的国家了。但是这个文化革命,无论在纯粹文化方面(因为我们是文盲)或物质方面(因为要成为有文化的人,就要有相当发达的物质生产资料的生产,要有相当的物质基础),对于我们说来,都是异常困难的。

1923 年 1 月 6 日

载于 1923 年 5 月 26 日和 27 日
《真理报》第 115 号和第 116 号

选自《列宁全集》第 2 版第 43 卷
第 361—368 页

论我国革命

（评尼·苏汉诺夫的札记）³²¹

（1923 年 1 月 16 日和 17 日）

一

这几天我翻阅了一下苏汉诺夫的革命札记。特别引人注目的是我国所有小资产阶级民主派也和第二国际全体英雄们一样迂腐。引人注目的是他们对过去的盲目模仿，至于他们非常怯懦，甚至其中的优秀人物一听说要稍微离开一下德国这个榜样，也要持保留态度，至于所有小资产阶级民主派在整个革命中充分表现出来的这种特性，就更不用说了。

他们都自称马克思主义者，但是对马克思主义的理解却迂腐到无以复加的程度。马克思主义中有决定意义的东西，即马克思主义的革命辩证法，他们一点也不理解。马克思说在革命时刻要有极大的灵活性³²²，就连马克思的这个直接指示他们也完全不理解，他们甚至没有注意到，例如，马克思在通信中（我记得是在1856 年的通信中）曾表示希望能够造成一种革命局面的德国农民战争同工人运动结合起来³²³，就是对马克思的这个直接指示，他们也像猫儿围着热粥那样绕来绕去，不敢触及。

　　他们的一举一动都暴露出他们是些怯懦的改良主义者,唯恐离开资产阶级一步,更怕跟资产阶级决裂,同时又用满不在乎的空谈和大话来掩饰自己的怯懦。即使单从理论上来看,也可以明显地看出他们根本不能理解马克思主义的下述见解。他们到目前为止只看到过资本主义和资产阶级民主在西欧的发展这条固定道路。因此,他们不能想象到,这条道路只有作相应的改变,也就是说,作某些修正(从世界历史的总进程来看,这种修正是微不足道的),才能当做榜样。

　　第一,这是和第一次帝国主义世界大战相联系的革命。这样的革命势必表现出一些新的特征,或者说正是由于战争而有所改变的一些特征,因为世界上还从来没有过在这种情况下发生的这样的战争。到目前为止我们看到,最富有的国家的资产阶级在这场战争之后还没有能调整好"正常的"资产阶级关系,而我们的改良主义者,即硬充革命家的小资产者,却一直认为正常的资产阶级关系是一个极限(不可逾越的极限),而且他们对于这种"正常"的理解是极其死板、极其狭隘的。

　　第二,他们根本不相信任何这样的看法:世界历史发展的一般规律,不仅丝毫不排斥个别发展阶段在发展的形式或顺序上表现出特殊性,反而是以此为前提的。他们甚至没有想到,例如,俄国是个介于文明国家和初次被这场战争最终卷入文明之列的整个东方各国即欧洲以外各国之间的国家,所以俄国能够表现出而且势必表现出某些特殊性,这些特殊性当然符合世界发展的总的路线,但却使俄国革命有别于以前西欧各国的革命,而且这些特殊性到了东方国家又会产生某些局部的新东西。

　　例如,他们在西欧社会民主党发展时期背得烂熟的一条论据,已成为他们万古不变的金科玉律,这条论据就是:我们还没有成长到实行社会主义的地步,或像他们中间各种"博学的"先生们所说的那样,我们还没有实行社会主义的客观经济前提。可是他们谁也没有想到问一问自己:面对第一次帝国主义大战所造成的那种革命形势的人民,在毫无出路的处境逼迫下,难道他们就不能奋起斗争,以求至少获得某种机会去为自己争得进一步发展文明的并不十分寻常的条件吗?

"俄国生产力还没有发展到可以实行社会主义的高度。"第二国际的一切英雄们,当然也包括苏汉诺夫在内,把这个论点真是当做口头禅了。他们把这个无可争辩的论点,用千百种腔调一再重复,他们觉得这是对评价我国革命有决定意义的论点。

试问,既然特殊的环境把俄国卷入了西欧所有多少有些影响的国家也被卷入的帝国主义世界大战,其次使处于东方即将开始或部分已经开始的革命边缘的俄国,发展到有条件实现像马克思这样的"马克思主义者"在1856年谈到普鲁士时曾作为一种可能的前途提出来的"农民战争"同工人运动的联合,那该怎么办呢?

既然毫无出路的处境十倍地增强了工农的力量,使我们能够用与西欧其他一切国家不同的方法来创造发展文明的根本前提,那又该怎么办呢? 世界历史发展的总的路线是不是因此改变了呢? 正在卷入和已经卷入世界历史总进程的每个国家的各基本阶级的基本相互关系是不是因此改变了呢?

既然建立社会主义需要有一定的文化水平(虽然谁也说不出这个一定的"文化水平"究竟是什么样的,因为这在各个西欧国家都是不同的),我们为什么不能首先用革命手段取得达到这个一定水平的前提,**然后**在工农政权和苏维埃制度的基础上赶上别国人民呢?

1923 年 1 月 16 日

二

你们说,为了建立社会主义就需要文明。好极了。那么,我们为什么不能首先在我国为这种文明创造前提,如驱逐地主,驱逐俄国资本家,然后开始走向社会主义呢?你们在哪些书本上读到过,通常的历史顺序是不容许或不可能有这类改变的呢?

记得拿破仑这样写过:"On s'engage et puis… on voit",意译出来就是:"首先要投入真正的战斗,然后便见分晓。"我们也是首先在 1917 年 10 月投入了真正的战斗,然后就看到了像布列斯特和约[17]或新经济政策等等这样的发展中的细节(从世界历史的角度来看,这无疑是细节)。现在已经毫无疑问,我们基本上是胜利了。

我们的苏汉诺夫们,更不必说那些比他们更右的社会民主党人了,做梦也没有想到,不这样就根本不能进行革命。我们的欧洲庸人们做梦也没有想到,在东方那些人口无比众多、社会情况无比复杂的国家里,今后的革命无疑会比俄国革命带有更多的特殊性。

不用说,按考茨基思想编写的教科书在当时是很有益处的。不过现在毕竟是丢掉那种认为这种教科书规定了今后世界历史发展的一切形式的想法的时候了。应该及时宣布,有这种想法的人简直就是傻瓜。

1923 年 1 月 17 日

载于 1923 年 5 月 30 日《真理报》
第 117 号

选自《列宁全集》第 2 版第 43 卷
第 369—372 页

我们怎样改组工农检查院

(向党的第十二次代表大会提出的建议)³²⁴

(1923 年 1 月 23 日)

毫无疑问,工农检查院³⁰⁸对我们说来是一个大难题,而且这个难题至今没有解决。一些同志用否认工农检查院的好处或必要性来解决这个难题,我认为是不对的。但同时我并不否认,我们国家机关及其改善的问题,是一个非常困难、远未解决同时又亟待解决的问题。

我们的国家机关,除了外交人民委员部,在很大程度上是旧事物的残余,极少有重大的改变。这些机关仅仅在表面上稍微粉饰了一下,而从其他方面来看,仍然是一些最典型的旧式国家机关。所以,为了找到真正革新这些机关的办法,我觉得应该向我们国内战争的经验请教。

在国内战争比较危急的关头我们是怎样做的呢?

我们把党的优秀力量集中在红军里,我们动员了我国工人中的优秀分子,我们到我国专政根基最深的地方去发掘新的力量。

照我的看法,我们也应当按这个路子去寻找改组工农检查院的源泉。我建议党的第十二次代表大会采纳下面这个以特殊方式扩大我们中央监察委员会²²¹为基础的改组计划。

我党中央全会已有发展成为党的一种最高代表会议的趋势。

它现在平均每两月至多开会一次,至于日常工作,大家知道,则由我们的政治局、我们的组织局、我们的书记处等等以中央委员会的名义处理。我认为,我们应当走完这条已经走上的道路,把中央全会完全变成党的最高代表会议,每两月开会一次,有中央监察委员会参加。而这个中央监察委员会要根据下述条件同改组后的工农检查院的基本部分结合起来。

我建议代表大会从工人和农民中选出75—100名(这当然是大致的数字)新的中央监察委员。当选者也像一般中央委员一样,应该经过党的资格审查,因为他们也应享有中央委员的一切权利。

另一方面,应该把工农检查院的职员缩减到300—400人,这些职员要经过专门考查,看他们是否认真负责,是否了解我们的国家机关,同时还要经过专门考验,看他们是否了解科学组织劳动特别是管理、办公等方面劳动的原理。

据我看来,把工农检查院和中央监察委员会这样结合起来,对于两个机关都有好处。一方面,工农检查院因此能获得很高的、至少不亚于我们外交人民委员部的威信。另一方面,我们的中央委员会就会同中央监察委员会一起最终走上变成党的最高代表会议的道路,实际上中央委员会已经走上这条道路,而为了在以下两方面正确地完成自己的任务,它应当沿着这条道路走到底:一方面,使**它**的组织和工作有计划、有目的、有系统,另一方面,通过我国工农中的优秀分子同真正广大的群众联系起来。

我预见到,那些使我们机关成为旧机关的人,也就是那些主张让我们机关照现在这样保留着革命前的糟糕透顶的状态的人,一定会直接或间接地提出反对意见(顺便说一句,我们现在得到了历史上很少有的机会,可以测定进行根本的社会变革所必需的期限,我们现在清楚地看到,**什么**可以在5年内做到,什么需要更长的时期）。

这种反对意见认为我提出的改革只会造成混乱。中央监察委员会委员们将在各机关游逛，不知道该到哪儿去，去干什么，去找谁，弄得到处一片混乱，打断职员们的日常工作，如此等等。

我觉得，这种反对意见是哪些居心险恶的人提出来的，十分明显，甚至用不着回答。自然，从中央监察委员会主席团和工农检查人民委员及其部务委员会（相应的还有我们的中央书记处）来说，需要顽强地努力若干年，才能恰当地组织自己的人民委员部及其协同中央监察委员会进行的工作。我认为，工农检查人民委员可以（而且应当）仍旧是人民委员，整个部务委员会也是一样，仍旧领导整个工农检查院的工作，包括所有"派来"听他调遣的中央监察委员会委员的工作。按照我的计划，工农检查院留下来的300—400个职员，一方面要在工农检查院其他委员和增派来的中央监察委员会委员的领导下做纯粹秘书性的工作，另一方面，他们应该是高度熟练、经过特别审查、非常可靠的人，同时要给他们很高的薪金，使他们完全摆脱目前工农检查院官员们的真正不幸的（如果不说得更重的话）处境。

我相信，把职员减少到我所说的那个数目，会使工农检查院工作人员的质量和整个工作的质量提高许多倍，同时也会使人民委员和部务委员有可能集中全力安排工作，有步骤地、不断地提高工作质量，而提高工作质量对于工农政权和我们苏维埃制度是绝对必要的。

另一方面，我还认为，工农检查人民委员应设法把我们共和国现有的12个以上的劳动组织高级研究所（中央劳动研究所、科学劳动组织研究所等等）一部分合并，使另一部分的工作协调起来。过于雷同也好，因此而要求统统合并也好，都是有害的。恰恰相反，应该在把所有这些机构合并成一个和使它们在保持一定独立性的条件下适当分工这两者之间，找出一个合理的适当的折中办法。

由于这种改革，我们中央委员会本身所得到的好处无疑不会少于工农检查院，这个好处就是，中央委员会能增进同群众的联系，使它的工作更有条理、更扎实。那时就能够（而且一定会）在准备政治局会议方面规定更严格更负责的制度。中央监察委员会应有一定人数的委员出席这种会议，其人数视某一时期或某一组织计划而定。

工农检查人民委员应协同中央监察委员会主席团给中央监察委员会委员们分一下工，或者根据他们是否必须出席政治局会议和检查送交政治局审理的各种文件，或者根据他们是否必须抽出工作时间来学习理论和研究科学组织劳动，或者根据他们是否必须实际参加监督和改善从上层国家机构到基层地方机构的我国国家机关的工作，等等。

经过这种改革，中央委员和中央监察委员能更好地了解情况，在政治局会议以前能更好地进行准备（凡与政治局会议有关的文件，一律应在会议前24小时送交中央委员会和中央监察委员会的各委员，刻不容缓的事情除外，这类事情要通过特别程序通知中央委员会委员和中央监察委员会委员并加以解决）。我认为，除了上述政治上的好处以外，还有一个好处，就是在我们中央委员会里纯粹个人因素和偶然情况的影响会减少，从而分裂的危险也会减少。

我们中央委员会已经形成为一个严格集中的和威信很高的集体，但是这个集体的工作条件还和它的威信不相称。我提出的改革必将有助于改变这种状况。有一定的人数必须出席政治局每次会议的中央监察委员会的委员们，应该形成一个紧密的集体，这个集体应该"不顾情面"，应该注意不让任何人的威信，不管是总书记,还是某个其他中央委员的威信,来妨碍他们提出质询,检查文件,以至做到绝对了解情况并使各项事务严格按照规定办事。

当然,在我们苏维埃共和国内,社会制度是以工人和农民这两个阶级的合作为基础的,现在也容许"耐普曼"即资产阶级在一定的条件下参加这个合作。如果在这两个阶级之间发生严重的阶级分歧,那么分裂将是不可避免的。但是,在我们的社会制度内并不存在必然发生这种分裂的基础,所以我们中央委员会和中央监察委员会以及我们全党的主要任务在于密切注视可能产生分裂的情况并防止这种情况发生,因为我们共和国的命运归根到底将取决于农民群众是和工人阶级一道走,忠实于和工人阶级的联盟呢,还是让"耐普曼"即新资产阶级把他们和工人拆开,使他们和工人分裂。对这两种结局,我们看得愈清楚,我国全体工人和农民了解得愈清楚,我们避免那种会使苏维埃共和国覆灭的分裂的可能就愈大。

1923 年 1 月 23 日

载于 1923 年 1 月 25 日《真理报》第 16 号

选自《列宁全集》第 2 版第 43 卷第 373—377 页

宁肯少些，但要好些

（1923 年 3 月 2 日）

在改善我们国家机关的问题上，我认为工农检查院[308]不应当追求数量和急于求成。直到现在，我们还很少考虑和关心我们国家机关的质量，所以，理所当然应该关心特别认真地提高它的质量，把具有真正现代素质的人才，即同西欧优秀人才相比并不逊色的人才集中到工农检查院里来。当然，对社会主义共和国说来，这个要求是太低了。但是在头五年里，我们脑子里充满了不相信和怀疑。例如，对那些过多地、过于轻率地侈谈什么"无产阶级"文化的人，我们就不禁要抱这种态度，因为在开始的时候，我们能够有真正的资产阶级文化也就够了，在开始的时候，我们能够抛掉资产阶级制度以前的糟糕之极的文化，即官僚或农奴制等等的文化也就不错了。在文化问题上，急躁冒进是最有害的。我们许多年轻的著作家和共产党员应该牢牢记住这一点。

因此，在国家机关问题上，根据过去的经验我们现在也应当得出这样的结论：最好慢一些。

我们国家机关的情况，即使不令人厌恶，至少也非常可悲，因此我们必须首先认真考虑怎样来克服它的缺点，同时要记住，这些缺点根源于过去，过去的东西虽已被打翻，但还没有被消灭，没有退到早已成为陈迹的旧文化的阶段去。我在这里提出的正是文化问题，因为在这种事情上，只有那些已经深入文化、深入日常生活和成为习惯的东西，才能算做已达到的成就。而在我们这里，可以说，对社会制度中的精华没有仔细考虑，没有充分理解，没有深切感受，只是匆忙地抓过来，没有经过检验，没有经过考验，没有为经验所证实，没有固定下来，如此等等。当然，在革命时代，在五年之内就使我们从沙皇制度转到苏维埃制度这样令人眩晕的发展速度之下，也不能不是这样。

应当及时醒悟过来。应当采取的解救办法是对任何冒进和说大话等等一概不相信。应当想一想怎样检查我们每小时都在宣布，每分钟都在实行，而后又每秒钟都在证明其不扎实、不可靠和未被理解的那些前进步骤。这里最有害的就是急躁。最有害的，就是自以为我们总还懂得一点什么，或者总还有不少人能用来建立真正新的机关，名副其实是社会主义的、苏维埃的机关，如此等等。

其实不然，在我们这里，这样的机关，甚至这样的机关人员，是少得可笑的，所以我们必须记住，为了建立这样的机关，不应该舍不得时间，而应该花上许多许多年的时间。

我们有哪些人可以用来建立这种机关呢？只有两种人。第一，是一心为社会主义奋斗的工人。这些人受的教育是不够的。他们倒是想给我们建立优秀的机关。但是他们不知道怎么做。他们无法办到。他们直到现在还没有具备建立这种机关所必需的文化修养。而做这件事情所必需的正是文化。在这里，蛮干或突击，机敏或毅力，以及人的任何优秀品质，都是无济于事的。第二，是有知识的、受过教育和训练的人，而我国比起其他各国来这种人少得可笑。

在这里也不要忘记，我们往往太喜欢用热心和急于求成等等来弥补（或者以为可以弥补）没有知识这种缺陷。

　　为了革新我们的国家机关，我们一定要给自己提出这样的任务：第一是学习，第二是学习，第三还是学习，然后是检查，使我们学到的东西真正深入血肉，真正地完全地成为生活的组成部分，而不是学而不用，或只会讲些时髦的词句（毋庸讳言，这种现象在我们这里是特别常见的）。总之，我们应该提出的不是西欧资产阶级所提出的要求，而是向一个以发展成社会主义国家为宗旨的国家应该提出的恰如其分的要求。

　　由此得出的结论是：我们应当把作为改善我们机关的工具的工农检查院改造成真正的模范机关。

　　要想使工农检查院达到应有的水平，就必须遵守"七次量，一次裁"的准则。

　　要做到这一点，我们必须非常慎重地、考虑周到地、熟悉情况地利用我们社会制度中真正的精华来建立新的人民委员部。

　　要做到这一点，就要求我们社会制度中所有的优秀分子，即第一，先进工人，第二，真正受过教育而且可以保证决不相信空话、决不说昧心话的分子，不怕承认任何困难，不怕为达到自己郑重提出的目的而进行任何斗争。

　　在改善我们的国家机关方面，我们已经瞎忙了五年，但只不过是瞎忙而已，五年来已经证明这是无用的，徒劳无益的，甚至是有害的。这种瞎忙使我们看来像是在工作，实际上却搅乱了我们的机关和我们的头脑。

　　这种状况终究应该改变了。

　　我们应该遵守一条准则：宁可数量少些，但要质量高些。我们应该遵守一条准则：与其匆忙从事而毫无希望得到优秀人才，倒不如再过两年甚至三年好些。

　　我知道，这条准则很难坚持，很难用于我们的实际生活。我知道,相反的准则会通过无数渠道在我们这里得到奉行。我知道,需要大力抵制,需要表现出无比坚韧的精神,这方面的工作至少在头几年内是极难收效的。然而我深信,我们只有通过这样的工作才能达到我们的目的,而只有达到这个目的,我们才能建立名副其实是苏维埃的、社会主义的共和国,以及其他等等。

许多读者也许认为我在前一篇文章①中举出来作例子的数字太小了。我相信,可以用很多计算来证明这些数字是很不够的。但我认为,我们应该把真正合乎标准的质量这一点看得比一切计算更重要。

我认为,对我们国家机关来说,正是现在终于到了我们应该十分认真地好好地对它进行一番工作的时候了,对于这种工作,急躁几乎是最有害的。所以我要竭力防止扩大这些数字。相反地,依我看,在这里对数字要掌握得特别紧。让我们直说吧,工农检查人民委员部现在没有丝毫威信。大家都知道,再没有比我们工农检查院这个机关办得更糟的机关了,在目前情况下,对这个人民委员部没有什么可要求的了。如果我们真正抱定目的要在几年后建成这样的机关:第一,它应当是模范的,第二,它应当得到大家绝对信任,第三,能向所有的人证明,我们所做的确实不愧为中央监察委员会[221]这样一个高级机关所做的工作,那我们就必须牢记这一点。我认为,应该立即坚决冲破一般的职员编制标准。我们必须用完全特殊的办法,经过极严格的考核来挑选工农检查院的职员。一个人民委员部,如果工作马马虎虎,并且得不到任何信任,说话毫无威信,说实在的,那又何必设立它呢?我想,在进行我们现在所谈的改组工作时,我们的主要任务就是要避免这种现象。

---

① 见本卷第 779—783 页。——编者注

　　我们吸收来当中央监察委员的工人,应当是无可指责的共产党员,我想,为了使他们学会工作方法和胜任工作任务,还应该对他们进行长期的培养。其次,在这项工作中,应有一定数目的秘书人员做助手,在任用他们以前,必须再三审查。最后,凡是我们决定要破例立刻委派为工农检查院职员的公职人员,应符合下列条件:

　　第一,他们必须有几名共产党员推荐;

　　第二,他们必须通过关于我们国家机关知识的考试;

　　第三,他们必须通过有关我们国家机关问题的基本理论、管理科学、办文制度等等基础知识的考试;

　　第四,他们必须同中央监察委员和本院秘书处配合工作,使我们能够信赖整个机关的全部工作。

　　我知道,要达到这些要求还要有许许多多先决条件,所以我很担心工农检查院的大多数"实际工作者"会说这些要求是无法执行的,或者轻蔑地加以嘲笑。但我要问一问工农检查院任何一个现任领导人或与之有关的人,他能不能真心地告诉我,像工农检查院这样的人民委员部在实践上有什么必要?我想,这个问题会帮助他们掌握分寸。要么不值得去做改组工农检查院这样一件没有希望的工作(这类改组我们已经进行过许多次),要么应当真正给自己确定一个任务,用缓慢、艰难和非常的办法,经过多次检查,来建立一个真正模范的、不只是由于官衔和职位才受到大家尊敬的机关。

　　如果没有耐心,如果不准备花几年工夫来做这件事,那最好是根本不做。

　　我认为,应该从我们在高级劳动研究所等等方面已经搞起来的那些机构中挑出少数几个来,检查它们是否完全认真地工作,只有它们的工作确实符合现代科学的水平,并能使我们得到现代科学提供的一切成果,才能继续工作。这样,指望在几年之内建成一个能胜任工作的机关,就不是空想了;所谓胜任,就是能得到工人阶级、俄国共产党以及我们共和国全体居民的信任,有步骤地、坚持不懈地为改善我们的国家机关而工作。

现在就可以开始进行这方面的准备工作。如果工农检查人民委员部同意这个改造计划,它现在就可以开始采取准备措施,以便有条不紊地工作到彻底完成,既不要急躁,也不要拒绝重做已经做过的事情。

在这里,任何不彻底的解决办法都是极其有害的。凡是根据其他任何考虑制定的工农检查院的编制,实质上都是根据旧官僚的考虑,根据旧的偏见,根据已经受到批判、引起大家讥笑等等的观点制定出来的。

实质上,这里的问题是这样的:

要么现在就表明,我们在国家建设方面真正学到了一些东西(五年里也该学到点东西了);要么承认,我们还没有成熟到这个程度,那就不必动手去做。

我想,就我们现有的人才而论,认为我们学到的东西已经足以有条不紊地重建一个人民委员部了,这并不是不谦逊。不错,这一个人民委员部应能确定我们整个国家机关的面貌。

现在就发征稿启事,争取写出两本或更多的关于组织一般劳动,特别是管理方面的劳动的教科书。我们现有的叶尔曼斯基的那本书可以作为基础,附带说一句,虽然他很明显地同情孟什维主义,不适于编写适合苏维埃政权的教科书。其次,不久以前出版的克尔任采夫的那本书也可以作为基础[325];最后,在现有的专题参考书中还有一些可能有用。

派几个有学问的切实可靠的人到德国或英国去搜集图书和研究这个问题。我提出英国,是考虑到派人去美国或加拿大可能做不到。

成立一个委员会来草拟工农检查院职员候选人和中央监察委员会委员候选人的考试的初步纲要。

这些以及诸如此类的工作当然不会使人民委员为难,也不会使工农检查院部务委员会委员们或中央监察委员会主席团为难。

同时还要成立一个筹备委员会来物色中央监察委员会委员的候选人。我相信,现在在各部门有经验的工作人员中,在我们苏维埃学校的学员中,能担任这项职务的候选人是绰绰有余的。事先排除某一类人未必是正确的。最好是使这个机构有各种各样的人员,在这个机构里我们应当设法把多种素质和不同优点结合起来,因此,我们得下功夫拟好候选人名单。举例来说,如果新的人民委员部是由一个模子出来的人组成的,假定是由官吏型的人组成的,或者排除鼓动员型的人,或者排除善于交际或深入他们不太熟悉的群众中去的人等等,那就糟糕透了。

*　　　*　　　*

我想,如果把我的计划和学院式的机关比较一下,那我的意思就表达得更清楚了。中央监察委员会委员必须在自己主席团的领导下,经常检查政治局的一切文件。同时他们应当恰当地分配自己做检查工作的时间,以便对我们的机关(从最小的分支机关到最高的国家机关)的办文制度进行检查。最后,他们的工作范围包括研究理论,即研究如何组织他们将要去做的工作的理论,也包括在老同志或劳动组织高级研究所教师的指导下进行的实习。

但是我认为,他们决不能只限于做这类学院式的工作。除这些工作以外,他们还要学会做别的工作,这种工作,我可以不客气地说,虽然不是学会捉拿骗子,也是捉拿诸如此类的家伙,同时还要想出特别巧妙的办法来掩护自己的进攻、接近等等。

这样的建议在西欧国家机关中会引起空前的不满、道义上的愤慨等等，但我希望我们还没有官僚化到会采取这种态度的地步。在我们这里，新经济政策还没有被人尊重到如此地步，以至一想到可能捉人就恼怒起来。我们的苏维埃共和国建立还不很久，却已积了这样一堆形形色色的渣滓，未必会有人一想到要用某些巧计、有时要用寻根究源或迂回曲折的侦察方法来挖掘这些渣滓就恼怒起来，假如有，那也可以相信，我们大家都会痛快地嘲笑这种人的。

我们希望，我们新的工农检查院会丢掉法国人称之为 pruderie 的毛病，这种毛病我们可以把它叫做可笑的装腔作势或可笑的妄自尊大，它对我们的官僚，不论是苏维埃官僚还是党官僚最为合适。附带说一句，官僚不仅在苏维埃机关里有，而且在党的机关里也有。

我在上面说，我们必须学习，到高级劳动组织研究所等机构去学习，但这决不是说，我把这种"学习"理解为有点像学校式的学习，或者我的想法仅仅限于学校式的学习。我希望，没有一个真正的革命者会怀疑我，说我不承认这里所说的"学习"包含着某种半玩笑式的手法，某种巧计，某种花招或诸如此类的东西。我知道，在西欧庄重严肃的国家里，这种意见一定会使人大为震惊，任何一个体面的官员连讨论这个意见都不会容许。但是我希望，我们还没有官僚化到这种程度，在我们这里讨论这种意见只会使人感到愉快。

真的，为什么不把愉快和有益结合起来呢？为什么不能运用某种玩笑式的或半玩笑式的手法去暴露那些可笑的、有害的、半可笑半有害等等的现象呢？

我认为：如果我们的工农检查院把这些想法研究一下，那会获益匪浅；记载我们中央监察委员会或它在工农检查院工作的同事们取得过几次极其辉煌胜利的奇案录，将增添我们未来的"工农检查员"和"中央监察委员"的不少奇遇,在那些古板正经的教科书不易提及的地方所发生的奇遇。

*　　　　　*　　　　　*

怎么可以把党的机关和苏维埃机关结合起来呢?这里难道没有什么不可容许的东西吗?

这个问题倒不是我要提出的。我在上面说过官僚主义者不仅在我们苏维埃机关里有,而且在我们党的机关里也有,这个问题是代表我这句话所暗指的那些人提出的。

真的,为了工作的利益,为什么不把两种机关结合起来呢?在外交人民委员部这样的人民委员部里,这种结合带来了极大的好处,并且从一开始就是这么做的,这难道还有谁没有看到吗?为了挫败外国的计谋(姑且这样说吧),难道在政治局里没有从党的角度讨论过关于我们用什么"招数"来对付外国的"招数"这方面的许多大大小小的问题吗?难道苏维埃机关和党的机关这种灵活的结合,不是我们政策的巨大力量的泉源吗?我想,在我们对外政策方面证明正确和确立起来的东西,已经成为惯例而在这个部门已毫无疑问的东西,对于我们的一切国家机关至少是同样适用的(而我认为是更为适用的)。工农检查院本来就是为我们的一切国家机关而设的,它的活动应毫无例外地涉及所有一切国家机构:地方的、中央的、商业的、纯公务的、教育的、档案的、戏剧的等等——总之,各机关一无例外。

对于活动范围这样广,又需要活动方式非常灵活的机关,为什么不能容许它用特殊的形式把党的监察机关同苏维埃的监察机关合并起来呢?

我看不出这里有什么障碍。而且我认为,这种结合是顺利工作的唯一保证。我认为,只有在我们国家机关的那些落满灰尘的角落里才会有人怀疑这一点,而对这种怀疑只有付之一笑。

＊　　　　＊　　　　＊

还有些人怀疑:把学习和业务结合起来是否合适? 我觉得不但合适,而且应该。一般说来,虽然我们对西欧的国家制度采取了革命的态度,但还是沾染上了它的许多最有害和最可笑的偏见,在某种程度上是我们那些可爱的官僚有意使我们沾染上这类偏见的,他们有意一再在这类偏见的浑水中摸鱼;他们这种浑水摸鱼的勾当已经猖狂到如此地步,我们中间只有瞎子才看不见。

在社会关系、经济关系和政治关系的所有领域中,我们是"极端"革命的。但在尊敬上司,遵守办文的形式和礼节上,我们的"革命性"往往被最腐败的因循守旧的习气取而代之了。在这里常常可以看到一种极其有趣的现象:在社会生活中,最大的跃进和对极小的变革令人吃惊的畏怯两者兼而有之。

这也是不难理解的,因为迈出最勇敢的前进步伐的是早就成为理论研究对象的那个领域,是主要从理论上,甚至几乎完全从理论上耕耘过的那个领域。俄国人躲开令人厌恶的官僚制的现实,而在家里酝酿非常大胆的理论构想,因此这些非常大胆的理论构想在我们这里就具有非常大的片面性。在我们这里提出一般构想的理论勇气和在微不足道的办公制度改革上的惊人畏怯兼而有之。我们以举世无双的勇气进行了具有世界意义的极其伟大的土地革命,但在极其次要的办公制度改革上却又缺乏想象力,缺乏把在一般问题上收到"辉煌"效果的一般原理运用到这种改革上去的想象力或耐心。

因此,在我们现实生活中非凡的勇敢行动同对最微小变革的畏怯心理令人吃惊地同时并存。

我想,在任何真正伟大的革命中,也历来如此,因为真正伟大的革命是从旧事物同改造旧事物的意向和追求新事物（要新得连一丁点旧事物也没有）的抽象愿望这种矛盾中产生的。

这种革命来得愈猛，许多这样的矛盾就会存在愈久。

＊ ＊ ＊

现在我们生活的一般特征是这样的：我们摧毁了资本主义工业，曾力求完全摧毁中世纪设施和地主的土地占有制，并在这个基础上培植出小农和极小农，他们由于相信无产阶级革命工作的成果而跟着它走。但是我们靠这种信任一直支持到社会主义革命在比较发达的国家里获得胜利，那是不容易的，因为小农和极小农，特别是在新经济政策的条件下，由于经济的必然性，还停留在极低的劳动生产率水平上。此外，国际环境也把俄国抛回到过去的水平，我国国民劳动生产率，整个说来，现在比战前低得多。西欧资本主义列强半自觉半自发地尽一切可能把我们抛回到过去的水平，利用俄国国内战争中的各种因素尽量破坏我国经济。当然正是这样结束帝国主义战争在它们看来是最有利的：即使我们推翻不了俄国的革命制度，至少也要使它难于向社会主义发展。——列强大致上就是这样考虑的，而且从它们的角度也不能不这样考虑。结果，它们的任务只完成了一半。它们并没有推翻革命所创立的新制度，但是它们也不让新制度能够立刻大步前进，以证实社会主义者的预言，使他们能够迅速地发展生产力和发挥所有能发展成为社会主义的潜力，并向所有的人直观地清楚地证明：社会主义蕴藏着巨大的力量，人类现在已经转入一个新的、有着光辉灿烂前途的发展阶段。

国际关系体系现在已成为这样：欧洲的一个国家受着各战胜国的奴役，这就是德国。其次，一些国家，而且是西方一些最老的国家，因获得胜利而能够利用胜利向本国被压迫阶级作一些不大的让步,这些让步毕竟在推迟这些国家的革命运动,造成某种类似"社会和平"的局面。

同时东方许多国家,如印度、中国等等,正是由于最近这次帝国主义战争的影响而完全被抛出了自己的常轨。这些国家的发展已完全按照整个欧洲的资本主义的方向进行。在这些国家里开始出现整个欧洲的那种动荡。现在全世界都已清楚,这些国家已经卷入不能不引起整个世界资本主义危机的发展进程。

因此,现在我们面临这样一个问题:在我国这种小农和极小农的生产条件下,在我国这种经济破坏的情况下,我们能不能支持到西欧资本主义国家发展到社会主义的那一天呢? 不过,这些国家完成这一发展过程,不会像我们从前所期待的那样。它们完成这一发展过程,不会是经过社会主义在这些国家里平衡"成熟",而将是经过一些国家对另一些国家进行剥削,经过对帝国主义战争中第一个战败国进行剥削,再加上对整个东方进行剥削的道路来完成的。另一方面,正是由于第一次帝国主义大战,东方已经最终加入了革命运动,最终卷入了全世界革命运动的总漩涡。

在这样的形势下,我国应该采取怎样的策略呢? 显然应该采取这样的策略:为了保住我国的工人政权,为了保持工人政权在我国小农和极小农中间的威望和对他们的领导,我们必须极其谨慎小心。现在全世界正进入一种必然引起全世界社会主义革命的运动,这对我们是有利的。但是也有对我们不利的地方,这就是帝国主义者已把整个世界分裂为两个阵营,而且因德国这个真正先进的、文明的、资本主义发达的国家现在很难抬起头来而使这种分裂更加复杂化。所谓西方的一切资本主义列强都在啄食它,不让它抬起头来。而另一方面,拥有亿万过着极端贫困生活的被剥削劳动人民的整个东方已陷入这样的境地:其体力、物力根本不能同西欧任何一个小得多的国家的体力、物力和军事力量相比。

我们能不能避免同这些帝国主义国家在未来发生冲突呢？过去西方和东方反革命营垒中的矛盾，东方和西方剥削者营垒中的矛盾，日本和美国营垒中的矛盾，曾使西欧反革命势力发动的援助俄国反革命势力的进攻遭到失败，现在能不能指望西方日益强大的帝国主义国家同东方日益强大的帝国主义国家之间的内部矛盾和冲突像过去那样，再给我们一次延缓我们同帝国主义国家的冲突的机会呢？

我觉得，对这一问题应当这样来回答：这里问题的解决取决于许许多多的情况；整个说来，只有根据地球上绝大多数人口终于在资本主义本身的训练和培养下起来斗争了这一点，才能预见到斗争的结局。

斗争的结局归根到底取决于如下这一点：俄国、印度、中国等等构成世界人口的绝大多数。正是这个人口的大多数，最近几年来非常迅速地卷入了争取自身解放的斗争，所以在这个意义上说，世界斗争的最终解决将会如何，是不可能有丝毫怀疑的。在这个意义上说，社会主义的最终胜利是完全和绝对有保证的。

但是我们关心的并不是社会主义最终胜利的这种必然性。我们关心的是我们俄国共产党，我们俄国苏维埃政权为阻止西欧反革命国家扼杀我们所应采取的策略。为了保证我们能存在到反革命的帝国主义的西方同革命的和民族主义的东方，世界上最文明的国家同东方那样落后的但是占人口大多数的国家发生下一次军事冲突的时候，这个大多数必须能赶得上建立文明。我们的文明程度也还够不上直接向社会主义过渡，虽然我们已经具有这样做的政治前提。我们必须坚持这样的策略，或者说，为了自救必须采取下面的政策。

我们应当努力建成这样一个国家,在这个国家里工人能够保持他们对农民的领导,保持农民对他们的信任,并通过大力节约把自己社会关系中任何浪费现象的任何痕迹铲除干净。

我们应当使我们的国家机关厉行节约。我们应当把沙皇俄国及其资本主义官僚机关大量遗留在我们国家机关中的一切浪费现象的痕迹铲除干净。

这岂不是会成为农民局限性的天下吗?

不会的。只要我们能够保持工人阶级对农民的领导,我们就有可能在我国靠大力节约把任何一点积蓄都保存起来,以发展我们的大机器工业,发展电气化,发展泥炭水力开采业,完成沃尔霍夫水电站工程**326**,如此等等。

我们的希望就在这里,而且仅仅在这里。只有这样,我们才能够——打个比喻说——从一匹马上跨到另一匹马上,就是说,从农民的、庄稼汉的、穷苦的马上,从指靠破产的农民国家实行节约的马上,跨到无产阶级所寻求的而且不能不寻求的马上,跨到大机器工业、电气化、沃尔霍夫水电站工程等等的马上。

在我的思想上,我就是这样把我们的工作、我们的政策、我们的策略、我们的战略等等的总计划同改组后的工农检查院的任务联系起来的。我们之所以应该对工农检查院特别关心、特别注意,把它的地位提得特别高,使它的领导具有中央委员会的权利等等,在我看来,理由就在这里。

这个理由是说,只有彻底清洗我们的机关,尽量削减机关非绝对必要的一切,我们才能够有十分把握地坚持下去。而且我们将能够不是在小农国家的水平上,不是在这种普遍的局限性的水平上坚持下去,而是在不断地前进、向着大机器工业前进的水平上坚持下去。

这就是我所向往的工农检查院的崇高任务。这就是我为了工农检查院而打算把一个最有威信的党的上层机关和一个"普通的"人民委员部合并起来的原因。

1923 年 3 月 2 日

载于 1923 年 3 月 4 日《真理报》第 49 号

选自《列宁全集》第 2 版第 43 卷第 378—392 页

注　释

1　《真理报》（《Правда》）是俄国布尔什维克的合法报纸（日报），根据俄国社会民主工党第六次（布拉格）全国代表会议的决定创办，1912 年 4 月 22 日（5 月 5 日）起在彼得堡出版。《真理报》是群众性的工人报纸，拥有大批工人通讯员和工人作者，靠工人自愿捐款出版，同时也是布尔什维克党的实际上的机关报。《真理报》编辑部还担负着党的很大一部分组织工作，如约见基层组织的代表，汇集各工厂党的工作的情况，转发党的指示等。在不同时期参加《真理报》编辑部工作的有斯大林、雅·米·斯维尔德洛夫、尼·尼·巴图林、维·米·莫洛托夫、米·斯·奥里明斯基、康·斯·叶列梅耶夫、米·伊·加里宁、尼·伊·波德沃伊斯基、马·亚·萨韦利耶夫、尼·阿·斯克雷普尼克、马·康·穆拉诺夫等。第四届国家杜马的布尔什维克代表积极参加了《真理报》的工作。列宁在国外领导《真理报》，他筹建编辑部，确定办报方针，组织撰稿力量，并经常给编辑部以工作指示。1912—1914 年，《真理报》刊登了 300 多篇列宁的文章。

　　《真理报》经常受到沙皇政府的迫害。1912—1914 年出版的总共 645 号报纸中，就有 190 号受到种种阻挠和压制。报纸被查封 8 次，每次都变换名称继续出版。1913 年先后改称《工人真理报》、《北方真理报》、《劳动真理报》、《拥护真理报》；1914 年相继改称《无产阶级真理报》、《真理之路报》、《工人日报》、《劳动的真理报》。1914 年 7 月 8 日（21 日），即在第一次世界大战前夕，沙皇政府下令禁止《真理报》出版。

　　1917 年二月革命后，《真理报》于 3 月 5 日（18 日）复刊，成为俄国社会民主工党中央委员会和彼得堡委员会的机关报。列宁于 4 月 3 日（16 日）回到俄国，5 日（18 日）就加入了编辑部，直接领导报纸工作。1917 年七月事变中，《真理报》编辑部于 7 月 5 日（18 日）被士官生捣毁。7 月 15 日（28 日），资产阶级临时政府正式下令查封《真理报》。

7—10月,该报不断受到资产阶级临时政府的迫害,先后改称《〈真理报〉小报》、《无产者报》、《工人日报》、《工人之路报》。1917年10月27日(11月9日),《真理报》恢复原名,继续作为俄国社会民主工党中央委员会的机关报出版。1918年3月16日起,《真理报》改在莫斯科出版。——1、311、376、392、543、549。

2 黑帮是指1905—1907年沙皇俄国警察当局和一些君主派团体为镇压革命运动、杀害进步人士和制造反犹太人暴行而建立的武装暴徒组织。黑帮队伍的主要来源是小资产阶级的反动阶层、店铺老板、无业游民以及刑事犯罪分子等等。为了同黑帮作斗争,革命工人在布尔什维克党的领导下组织了战斗队、自卫队等。

在1905—1917年间,黑帮一词也泛指沙皇俄国反动的君主派团体如俄罗斯人民同盟、米迦勒天使长同盟以及极右的党派和组织。在1917年二月资产阶级民主革命进程中,黑帮组织正式被取缔。黑帮这一名称变成了对极其反动的流派和组织评价的普通名词。——9、729。

3 立宪民主党人是俄国自由主义君主派资产阶级的主要政党立宪民主党的成员。立宪民主党(正式名称为人民自由党)于1905年10月成立。中央委员中多数是资产阶级知识分子、地方自治人士和自由派地主。主要活动家有帕·尼·米留可夫、谢·安·穆罗姆采夫、瓦·阿·马克拉柯夫、安·伊·盛加略夫、彼·伯·司徒卢威、约·弗·盖森等。立宪民主党提出一条与革命道路相对抗的和平的宪政发展道路,主张俄国实行立宪君主制和资产阶级的自由。在土地问题上,它主张将国家、皇室、皇族和寺院的土地分给无地和少地的农民;私有土地部分地转让,并且按"公平"价格给予补偿;解决土地问题的土地委员会由同等数量的地主和农民组成,并由官员充当他们之间的调解人。1906年春,它曾同政府进行参加内阁的秘密谈判,后来在国家杜马中自命为"负责任的反对派"。第一次世界大战期间,它支持沙皇政府的掠夺政策,曾同十月党等反动政党组成"进步同盟",要求成立责任内阁,即为资产阶级和地主所信任的政府,力图阻止革命并把战争进行到最后胜利。二月革命后,立宪民主党在资产阶级临时政府中居于领导地位,竭力阻挠土地问题、民族问题等基本问题的解决,并奉行继续帝国主义战争的政策。七月事变后,它支持科尔尼洛夫叛乱,阴谋建立军事独裁。十月革命胜利后,苏维埃政府于1917年11月28日(12月11日)宣布立宪民主党为"人民公敌的党"。该党随之转入地下,继续进行反革命活动,并参与白卫将军的武装叛乱。国内战争结束后,该党上层分子大多数逃亡国外。1921 年 5 月,该党在巴黎召开代表大会时分裂,作为统一的党不复存在。——9、149、518、543、547、561、564、677。

4　社会革命党人是俄国最大的小资产阶级政党社会革命党的成员。该党是 1901 年底—1902 年初由南方社会革命党、社会革命党人联合会、老民意党人小组、社会主义土地同盟等民粹派团体联合而成的。成立时的领导人有马·安·纳坦松、叶·康·布列什柯-布列什柯夫斯卡娅、尼·谢·鲁萨诺夫、维·米·切尔诺夫、米·拉·郭茨、格·安·格尔舒尼等,正式机关报是《革命俄国报》(1901—1904 年)和《俄国革命通报》杂志(1901—1905 年)。社会革命党人的理论观点是民粹主义和修正主义思想的折中混合物。他们否认无产阶级和农民之间的阶级差别,抹杀农民内部的矛盾,否认无产阶级在资产阶级民主革命中的领导作用。在土地问题上,社会革命党人主张消灭土地私有制,按照平均使用原则将土地交村社支配,发展各种合作社。在策略方面,社会革命党人采用了社会民主党人进行群众性鼓动的方法,但主要斗争方法还是搞个人恐怖。为了进行恐怖活动,该党建立了秘密的事实上脱离该党中央的战斗组织。

　　在 1905—1907 年俄国第一次革命中,社会革命党曾在农村开展焚烧地主庄园、夺取地主财产的所谓“土地恐怖”运动,并同其他政党一起参加武装起义和游击战,但也曾同资产阶级的解放社签订协议。在国家杜马中,该党动摇于社会民主党和立宪民主党之间。该党内部的不统一造成了 1906 年的分裂,其右翼和极左翼分别组成了人民社会党和最高纲领派社会革命党人联合会。在斯托雷平反动时期,社会革命党经历了思想上、组织上的严重危机。在第一次世界大战期间,社会革命党的大多数领导人采取了社会沙文主义的立场。1917 年二月革命后,社会革命党中央实行妥协主义和阶级调和的政策,党的领导人亚·费·克伦斯基、尼·德·阿夫克森齐耶夫、切尔诺夫等参加了资产阶级临时政府。七月事变时期该党公开转向资产阶级方面。社会革命党中央的妥协政策造成党的分裂,左翼于 1917 年 12 月组成了一个独立政党——左派社会革命党。十月革命后,社会革命党人(右派和中派)公开进行反苏维埃的活动,在国内战争时期进行反对苏维埃政权的武装斗争,对共产党和苏维埃政权的领导人实行个人恐怖。内战结束后,他们在“没有共产党人参加的苏维埃”的口号下组织了一系列叛乱。1922 年,社会革命党彻底瓦解。——9、26、51、72、92、100、104、112、

140、268、304、347、431、451、470、486、539、547、551、563、573、632、647、674。

5 指 1919 年夏尤登尼奇白卫军进攻彼得格勒期间潜藏在苏维埃军队后方的反革命分子所策划的阴谋活动。1919 年 6 月 12 日夜间,反革命组织"民族中心"的成员策动位于芬兰湾东端南岸的红丘、灰马等炮台的守备部队举行叛乱。叛乱分子企图使喀琅施塔得防区陷于瘫痪,然后与白卫军进攻相配合,攻占加特契纳,切断彼得格勒同莫斯科的联系,进而夺取彼得格勒。苏维埃政权组织了主要由水兵和彼得格勒工人参加的海岸部队,于 15 日发动进攻,在海军舰艇和飞机配合下,迅速攻下了这些炮台,平定了叛乱。同时,15 000 多名彼得格勒工人同肃反委员会工作人员一起在彼得格勒进行了一次大规模的搜查,拘捕了反革命分子数百人。——9。

6 指列宁《在彼得格勒苏维埃会议上关于人民委员会对外对内政策的报告(1919 年 3 月 12 日)》(见《列宁全集》第 2 版第 36 卷第 1—7页)。——9。

7 伯尔尼国际是持社会沙文主义、机会主义和中派主义立场的各国社会民主党的首领们在 1919 年 2 月伯尔尼代表会议上成立的联盟。伯尔尼国际的领袖是卡·亚·布兰亭、卡·考茨基、爱·伯恩施坦、皮·列诺得尔等。他们力图恢复已于 1914 年瓦解的第二国际,阻挠革命和共产主义运动的发展,防止成立共产国际。他们敌视苏维埃俄国的无产阶级专政,颂扬资产阶级民主。1921 年 2 月,德国独立社会民主党、奥地利社会民主党、法国社会党、英国独立工党等退出伯尔尼国际,成立了维也纳国际(第二半国际)。1923 年 5 月,在革命斗争浪潮开始低落的形势下,伯尔尼国际同维也纳国际合并成为社会主义工人国际。——10。

8 萨多瓦会战,亦称克尼格雷茨会战,是 1866 年普奥战争中规模最大的一次交战,于当年 7 月 3 日在捷克境内的萨多瓦和克尼格雷茨(今赫拉德茨-克拉洛韦)地区进行,结果普军大败奥军,从而决定了这次普奥战争的结局。——14。

9 人民委员会于 1919 年 3 月 16 日通过法令,将消费合作社合并、改组为统一的分配机关,名为"消费公社"。这一新名称在某些地方引起了对法令的一些误解。有鉴于此,全俄中央执行委员会于 1919 年 6 月 30 日通过了《关于工农消费合作社的决定》,在对上述法令表示赞同的同时,决定用人民用惯了的"消费合作社"的叫法来代替"消费公社"这一名称(见1919 年 7 月 3 日《全俄中央执行委员会消息报》第 143 号)。——21。

10　《论国家》是列宁 1919 年 7 月 11 日在斯维尔德洛夫大学讲演的记录,最初由苏联列宁研究院于 1929 年 1 月 18 日发表于《真理报》。按照该校学员 Я. Я. 别尔兹 1929 年给列宁研究院的信以及其他一些资料的说法,列宁还于 1919 年 8 月 29 日在该校作了第二次讲演,题目是《关于国家,国家的意义、产生及阶级的产生》,可是第二次讲演的记录至今没有找到。

斯维尔德洛夫大学即斯维尔德洛夫共产主义大学,是苏联培养党政干部的第一所高等学校。这所大学的前身是 1918 年雅·米·斯维尔德洛夫倡议成立的全俄中央执行委员会附属鼓动员和指导员训练班。1919 年 1 月,训练班改组为苏维埃工作学校,俄共(布)第八次代表大会以后又改组为中央苏维埃工作和党务工作学校。1919 年 7 月 3 日,俄共(布)中央全会批准了关于中央苏维埃工作和党务工作学校改名为斯维尔德洛夫共产主义大学的决定。——24。

11　斯巴达克派(国际派)是德国左派社会民主党人的革命组织,第一次世界大战初期形成,创建人和领导人有卡·李卜克内西、罗·卢森堡、弗·梅林、克·蔡特金、尤·马尔赫列夫斯基、莱·约吉希斯(梯什卡)、威·皮克等。1915 年 4 月,卢森堡和梅林创办了《国际》杂志,这个杂志是团结德国左派社会民主党人的主要中心。1916 年 1 月 1 日,全德左派社会民主党人代表会议在柏林召开,会议决定正式成立组织,取名为国际派。代表会议通过了一个名为《指导原则》的文件,作为该派的纲领,这个文件是在卢森堡主持和李卜克内西、梅林、蔡特金参加下制定的。1916 年—1918 年 10 月,该派定期出版秘密刊物《政治书信》,署名斯巴达克,因此该派也被称为斯巴达克派。1917 年 4 月,斯巴达克派加入了德国独立社会民主党,但保持组织上和政治上的独立。斯巴达克派在群众中进行革命宣传,组织反战活动,领导罢工,揭露世界大战的帝国主义性质和社会民主党机会主义领袖的叛卖行为。斯巴达克派在理论和策略问题上也犯过一些错误,列宁曾屡次给予批评和帮助。1918 年 11 月,斯巴达克派改组为斯巴达克联盟,12 月 14 日公布了联盟的纲领。1918 年底,联盟退出了独立社会民主党,并在 1918 年 12 月 30 日—1919 年 1 月 1 日举行的全德斯巴达克派和激进派代表会议上创建了德国共产党。——34、144。

12　指 1919 年 10 月 8—19 日莫斯科市党组织举行的征收党员周。

　　征收党员周是根据俄共(布)第八次代表大会的决议举行的。在苏维埃共和国处于国内战争和外国武装干涉的极其困难的时刻,俄共(布)彼得格勒党组织于 1919 年 8 月 10—17 日、莫斯科省党组织于同年 9 月 20—28 日相继举行了征收党员周。俄共(布)中央全会总结初步经验后,9 月 26 日决定在各城市、农村和军队中举行征收党员周。9 月 30 日,中央在给各级党组织的关于征收党员周的通告信中指出,在各地党组织已经完成党员重新登记的情况下,着手吸收新的党员是适时的。通告信要求在征收党员周期间只吸收工人、红军战士、水兵和农民入党。通过举行征收党员周,仅俄罗斯联邦欧洲部分 38 个省就有 20 多万人入党,其中 50% 以上是工人,在作战部队中被接收入党的约 7 万人。——51、54、157。

13　俄共(布)根据该党第八次代表大会关于组织问题的决议于 1919 年 5—9 月进行了党员重新登记。俄共(布)中央于 1919 年 4 月 24 日在《真理报》上公布了重新登记的实施细则,其中说,全体党员重新登记是对各个党组织的全体人员进行的认真考核,其目的是清除党内的非共产主义分子,主要是那些混入执政党以便利用党员称号谋取私利的人。重新登记时,全体党员必须交回党证,填写履历表,呈交由两名具有半年以上党龄并被党委会认为可靠的共产党员出具的介绍书。在重新登记期间,停止接收新党员。凡是被揭发有不配党员称号的行为者(酗酒、腐化、以权谋私等)、临阵脱逃者、违反党的决议者、无正当理由而不参加党的会议者以及不交纳党费者,都应开除出党。重新登记期间,恰逢动员党员入伍,有些人动摇脱党,这大大帮助了各个党组织清除那些不合格分子。据尼·尼·克列斯廷斯基在俄共(布)第九次代表大会上的报告,经过重新登记,党员人数减少了一半。——51。

14　这是列宁在全俄东部各民族共产党组织第二次代表大会上作的关于当时形势的报告。

　　全俄东部各民族共产党组织第二次代表大会由俄共(布)中央东部各民族共产党组织中央局召开,于 1919 年 11 月 22 日—12 月 3 日在莫斯科举行。出席代表大会的有 71 名有表决权的代表和 11 名有发言权的代表。在代表大会开幕的前一天,曾由列宁主持召开了有俄共(布)中央委员和一部分代表参加的预备会议。代表大会听取了东部各民族共产党组织中央局的工作报告,各地的报告,中央穆斯林军事委员会和民族事务人民委员部中央穆斯林委员部的报告,以及关于国家组织问题和党的问题、关于东部妇女工作、青年工作等小组的报告,并讨论了鞑靼—巴什基尔问题。代表大会规定了东部党的工作和苏维埃工作的任务,选出了俄共(布)中央东部各民族共产党组织中央局。——70。

15　立宪会议委员会是社会革命党人组织的反革命政府,1918年6月8日在捷克斯洛伐克军占领的萨马拉成立。委员会自封为立宪会议召开前的"临时政权"。委员会最初由5名社会革命党立宪会议代表组成,弗·卡·沃尔斯基为主席;以后不断补充,到9月底增至96名。立宪会议委员会宣布"恢复民主自由",建立所谓的工人代表苏维埃,成立"国民军",同时废除苏维埃政权法令,将已经收归国有的企业归还原主,并在实际上让地主夺取已归农民的土地。1918年6—8月,立宪会议委员会的统治曾扩大到萨马拉、辛比尔斯克、喀山、乌法各省和萨拉托夫省的部分地区。9月,"国民军"在红军打击下节节败退,放弃了大部分地盘。1918年9月乌法执政府成立后,立宪会议委员会改名为"立宪会议代表大会",它的行政机关"部长会议"则成为乌法地区政府。11月19日,在亚·瓦·高尔察克发动政变后,"立宪会议代表大会"成员被逮捕;虽经捷克斯洛伐克军交涉获释,但12月3日再度被捕,一部分人并被白卫军枪决于鄂木斯克。1918年12月,"代表大会"和"部长会议"均被撤销。——72。

16　凡尔赛和约即第一次世界大战后英、法、意、日等国对德和约,于1919年6月28日在巴黎郊区凡尔赛宫签订。和约的主要内容是,德国将阿尔萨斯—洛林归还法国,萨尔煤矿归法国;德国的殖民地由英、法、日等国瓜分;德国向美、英、法等国交付巨额赔款;德国承认奥地利独立;限制德国军备,把莱茵河以东50公里的地区划为非军事区。中国虽是战胜国,但和约却把战前德国在山东的特权交给了日本。这种做法遭到了中国人民的强烈反对,中国代表因而没有在和约上签字。列宁认为凡尔赛和约"是一个闻所未闻的、掠夺性的和约,它把亿万人,其中包括最文明的一部分人,置于奴隶地位"(见《列宁全集》第2版第39卷第352页)。——74、184、217、259、312、567、615、722。

17　布列斯特和约是1918年3月3日苏维埃俄国在布列斯特-里托夫斯克同德国、奥匈帝国、保加利亚和土耳其签订的条约,3月15日经全俄苏维埃第四次(非常)代表大会批准。和约共14条,另有一些附件。根据和约,苏维埃共和国同四国同盟之间停止战争状态。波兰、立陶宛全部、白俄罗斯和拉脱维亚部分地区脱离俄国。苏维埃俄国应从拉脱维亚和爱沙尼亚撤军,由德军进驻。德国保有里加湾和蒙海峡群岛。苏维埃军队撤离乌克兰、芬兰和奥兰群岛,并把阿尔达汉、卡尔斯和巴统各地区让与土耳其。苏维埃俄国总共丧失 100 万平方公里土地(含乌克兰)。此外,苏维埃俄国必须复员全部军队,承认乌克兰中央拉达同德国及其盟国缔结的和约,并须同中央拉达签订和约和确定俄国同乌克兰的边界。布列斯特和约恢复了对苏维埃俄国极其不利而对德国有利的 1904 年的关税税率。1918 年 8 月 27 日在柏林签订了俄德财政协定,规定俄国必须以各种形式向德国交付 60 亿马克的赔款。布列斯特和约是当时刚建立的苏维埃政权为了摆脱帝国主义战争,集中力量巩固十月革命取得的胜利而实行的一种革命的妥协。这个和约的签订,虽然使苏维埃俄国受到割地赔款的巨大损失,但是没有触动十月革命的根本成果,并为年轻的苏维埃共和国赢得了和平喘息时机去巩固无产阶级专政,整顿国家经济和建立正规红军,为后来击溃白卫军和帝国主义的武装干涉创造了条件。1918 年德国十一月革命推翻了威廉二世的政权。1918 年 11 月 13 日,全俄中央执行委员会宣布废除布列斯特和约。——74、125、145、217、265、312、346、488、552、567、574、597、613、778。

18 列宁所说的从伦敦发出的一则无线电讯,发表于 1919 年 11 月 22 日《全俄中央执行委员会消息报》第 262 号。——74。

19 协约国(三国协约)是指与德、奥、意三国同盟相对立的英、法、俄三国帝国主义联盟。这个联盟的建立,始于 1891—1893 年缔结法俄同盟,中经 1904 年签订英法协定,而由 1907 年签订英俄协定最终完成。在第一次世界大战期间先后有美、日、意等 20 多个国家加入。十月革命后,协约国联盟的主要成员——英、法、美、日等国发动和组织了对苏维埃俄国的武装干涉。——75、100、112、217、315、339、485、553、684。

20 第三国际即共产国际,是在 1919 年 3 月 2—6 日于莫斯科举行的共产国际第一次代表大会上成立的。参加这次大会的有来自 21 个国家的 35 个政党和团体的代表 52 名。列宁主持了大会。他在 3 月 4 日的会议上宣读了关于资产阶级民主和无产阶级专政的提纲,并在自己的报告中论证了提纲的最后两点。代表大会一致赞同列宁的提纲,决定交执行局向世界各国广为传播。代表大会通过了《共产国际的行动纲领》,指出无产阶级的社会主义革命的时代已经开始,无产阶级要团结所有力量同机会主义决裂,为建立无产阶级专政的苏维埃而斗争。代表大会在《关于对各"社会主义"派别和伯尔尼代表会议的态度的决议》中谴责了恢复第二国际的企图。代表大会还通过了题为《告全世界无产者》的宣言,宣称共产国际是《共产党宣言》宣布的事业的继承者和实践者,号召全世界无产者在工人苏维埃的旗帜下、在夺取政权和实行无产阶级专政的革命斗争的旗帜下、在共产国际的旗帜下联合起来。——79、92、119、250、273、325、474、693。

21 农业公社和农业劳动组合第一次代表大会由农业人民委员部召开,于1919年12月3—10日在莫斯科举行。出席大会的有140名代表,其中93名为共产党员。列宁在代表大会开幕第二天发表了讲话。大会通过了全俄农业劳动生产组织(公社和劳动组合)联合会章程。章程规定,联合会的主要任务是把一切农业组织联合成一个统一的生产联合会,宣传土地共耕思想,并对周围农民,首先是红军家属和贫苦农民,给予实际帮助。——81。

22 十亿卢布基金是根据1918年11月2日人民委员会的法令"为改进和发展农业并按社会主义原则迅速改造农业"而设立的,用于对农业公社、劳动共耕社以及由个体耕作向集体耕作过渡的农业村社或农户发放补贴和贷款。农业人民委员部和财政人民委员部制定了发放这种补贴和贷款的详细办法(见1919年2月23日《全俄中央执行委员会消息报》第42号)。——81。

23 指《关于社会主义土地规划和向社会主义农业过渡的措施的条例》。
《关于社会主义土地规划和向社会主义农业过渡的措施的条例》是在1918年12月举行的全俄土地局、贫苦农民委员会和公社第一次代表大会的决议基础上制定的,由全俄中央执行委员会于1919年2月通过,并发表在2月14日《全俄中央执行委员会消息报》上。列宁直接参加了制定该条例的工作,并给全俄中央执行委员会为此设立的专门委员会作过报告。条例在土地国有化的基础上规定了一系列向社会主义农业过渡的措施(见《苏维埃政权的土地政策(1917—1918年)》1954年俄文版第417—431页)。——81。

24 指谢·帕·谢列达的《农业公社和农业劳动组合联合会》一文,发表于1919年12月3日《全俄中央执行委员会消息报》第271号。——85。

25 这是列宁在1919年12月20—21日举行的俄共(布)莫斯科市代表会议上就星期六义务劳动的意义问题所作的报告。星期六义务劳动是这次代表会议讨论的主要问题之一。会议通过的决议强调指出星期六义务劳动是走向实际实现共产主义的最初步骤,同时也指出它在提高劳动生产率和缓解运输、燃料、粮食等危机方面有巨大作用,要求全体党员必须参加星期六义务劳动。代表会议还听取了有关星期六义务劳动的组织工作的报告并批准了有关的工作细则。随后,俄共(布)莫斯科委员会制定并批准了《星期六义务劳动条例》(载于 1919 年 12 月 27 日《真理报》),并成立了负责组织星期六义务劳动的专门机构。

这次代表会议还讨论了关于党的全国代表会议、关于燃料、关于流行病斑疹伤寒及其防治措施、关于莫斯科的粮食情况、关于普遍军训和特种任务部队等问题。——90。

26 全乌克兰革命委员会即全乌克兰军事革命委员会,是乌克兰临时革命政权机关,根据乌克兰中央执行委员会和人民委员会 1919 年 12 月 11 日的决定建立。委员会主席是格·伊·彼得罗夫斯基,成员有弗·彼·扎东斯基、德·扎·曼努伊尔斯基以及斗争派代表和乌克兰左派社会革命党少数派代表各一名。委员会行使乌克兰中央执行委员会和人民委员会的职权,其任务是:大力协助红军彻底歼灭白卫军;消灭地主,废除地主土地占有制;在苏维埃乌克兰建立巩固的工农政权;在乌克兰的大部分领土解放后立即召开全乌克兰苏维埃第四次代表大会。——99。

27 乌克兰斗争派共产党人即斗争派。

斗争派是乌克兰社会革命党的左派于 1918 年 5 月建立的小资产阶级民族主义政党,因该党中央机关报《斗争报》而得名。1919 年 3 月,该党采用了乌克兰社会革命共产党(斗争派)这一名称,8 月改称为乌克兰共产党(斗争派)。斗争派依靠民族主义知识分子,并寻求中农的支持。该党领导人有格·费·格林科、瓦·米·布拉基特内、亚·雅·舒姆斯基等。

列宁和共产党对斗争派采取灵活的策略,力求把追随斗争派的一部分劳动农民和斗争派中的优秀分子争取过来,为取消斗争派这一政党创造条件。

斗争派曾申请加入共产国际,并要求承认他们是乌克兰主要的共产党。1920 年 2 月 26 日,共产国际执行委员会通过一项专门决定,建议斗争派解散自己的党,加入乌克兰共产党(布)。经过斗争派中央内部的激烈斗争,1920 年 3 月 20 日全乌克兰斗争派代表会议通过了斗争派自行解散并与乌克兰共产党(布)合并的决议。斗争派成员以个别履行手续的方式被吸收进乌克兰共产党(布)。——99。

28　这是列宁代表人民委员会在全俄水运工人第三次代表大会上发表的讲话。代表大会于 1920 年 3 月 15—23 日在莫斯科举行,出席代表 161 名,其中共产党员 144 名。列入大会议程的问题是:目前形势和工会的任务、中央委员会和监察委员会的报告、国际工会运动、粮食问题、工会和国民经济管理机构、职业技术教育、文化教育工作等。——103。

29　指为第九次党代表大会准备的俄共(布)中央的提纲《经济建设的当前任务》。这个提纲是在托洛茨基提纲草案的基础上拟定的,共 17 条,发表于 1920 年 3 月 12 日《俄共(布)中央通报》第 14 期。——105。

30　这里选收了列宁有关俄共(布)第九次代表大会的一件文献。

俄共(布)第九次代表大会于 1920 年 3 月 29 日—4 月 5 日在莫斯科举行。参加代表大会的共有 715 名代表,其中有表决权的代表 553 名,有发言权的代表 162 名,共代表 611 978 名党员。这次代表大会是在红军取得了反对外国武装干涉和国内反革命的决定性胜利、苏维埃俄国获得了暂时的和平喘息时机的条件下召开的。大会主要议程是:中央委员会的工作报告;经济建设的当前任务;工会运动;组织问题;共产国际的任务;对合作社的态度;向民兵制过渡;选举中央委员会。列宁直接领导了代表大会的工作。

这次代表大会的中心议题是经济建设问题,即从军事战线的斗争转向劳动战线的斗争、战胜经济破坏、恢复和发展国民经济的问题。列·达·托洛茨基作了关于经济建设的当前任务的报告。大会就这个问题通过的决议指出,苏维埃俄国经济恢复的基本条件是贯彻执行最近一个历史时期的统一的经济计划。决议规定了完成统一计划的各项根本任务的先后顺序:(1)首先是改善运输部门的工作,调运和储备必要的粮食、燃料和原料;(2)发展为运输业和获取燃料、原料、粮食服务的机器制造业;(3)加紧发展为生产日用品服务的机器制造业;(4)加紧生产日用品。实现国家电气化在统一经济计划中居于重要地位;大会通过了关于制定电气化计划的指示。

代表大会要求各级党组织执行俄共(布)中央关于给运输部门调配 5 000 名优秀的经过考验的共产党员的指令,并决定动员这次代表大会的 10% 的代表投入运输战线。代表大会决定把 1920 年的"五一"节(适逢星期六)定为全俄星期六义务劳动日。

代表大会批准了俄共(布)中央关于动员工业无产阶级、实行劳动义务制、经济军事化以及为经济需要动用军队等问题的提纲,责成党组织帮助工会和劳动部门统计全部熟练工人,以便吸收他们参加生产,同时断然拒绝了托洛茨基关于把成立劳动军作为保证国民经济劳动力的唯一良策和把军事方法搬用于和平经济建设的意见。代表大会十分重视生产管理的组织问题。大会就这个问题通过的决议指出,必须在一长制的基础上建立熟悉业务、坚强得力的领导。以季·弗·萨普龙诺夫等为代表的民主集中派反对在企业中实行一长制和个人负责制,坚持无限制的集体管理制,同时也反对使用旧专家,反对国家的集中管理,他们得到了阿·伊·李可夫、米·巴·托姆斯基、弗·巴·米柳亭、阿·洛莫夫等的支持。大会谴责和拒绝了民主集中派的建议。

代表大会在关于工会问题的决议中明确规定了工会的作用、工会同国家和党的相互关系、共产党领导工会的形式和方法以及工会参加经济建设的方式,在关于合作社问题的决议中要求巩固党在合作社组织中的领导地位。

代表大会还作出了关于出版《列宁全集》的决定。

4月4日,在大会秘密会议上选出了由19名委员和12名候补委员组成的新的中央委员会。——110、155、370、395、451。

31 俄共(布)中央组织局和中央政治局是根据俄共(布)第八次代表大会关于组织问题的决议在1919年3月25日举行的俄共(布)八届一中全会上成立的。第一届政治局委员是:列宁、斯大林、列·达·托洛茨基、列·波·加米涅夫和尼·尼·克列斯廷斯基;候补委员有尼·伊·布哈林、格·叶·季诺维也夫和米·伊·加里宁。第一届组织局委员是:斯大林、克列斯廷斯基、列·彼·谢列布里亚科夫、亚·格·别洛博罗多夫和叶·德·斯塔索娃。——110。

32 指俄共(布)九大召开前在1920年3月《俄共(布)中央通报》上发表的俄共(布)中央和中央各部的工作总结报告,它们是:在3月28日第16期上刊登的《中央委员会政治报告》、《中央委员会组织工作报告》和《中央委员会财务部工作报告》;在3月24日第15期上刊登的情报统计部工作报告(1919年4月18日—1920年3月1日)、组织指导部工作报告、登记分配部工作报告、《俄国共产主义青年团中央委员会报告》、农村工作总结以及《关于〈真理报〉和〈贫苦农民报〉出版工作报告的摘要》;在3月12日第14期上刊登的《中央委员会妇女工作部工作报告》。——111。

33 国际联盟(国际联合会)是根据1919年在巴黎和会上通过的《国际联盟章程》于1920年1月成立的,总部设在日内瓦,先后参加的国家有60多个。美国本是国际联盟的倡议者之一，但因没有批准《国际联盟章程》，所以不是会员国。国际联盟自成立起就为英、法帝国主义所操纵。它表面上标榜"促进国际合作，维持国际和平与安全"，实际上是帝国主义国家推行侵略政策、重新瓜分殖民地的工具。第二次世界大战爆发后，国际联盟无形中瓦解，1946年4月正式宣告解散。——114、178、217、266。

34 指1918年5月芬兰革命被镇压下去以后在芬兰出现的白色恐怖。芬兰资产阶级残酷镇压劳动人民，有9万多人被关进监狱和集中营。被处决的约18 000人，被活活饿死和拷打致死的人也不下于此数。白色恐怖中的丧生者十倍于在革命斗争中牺牲的红色战士。——116。

35 指匈牙利苏维埃共和国被协约国帝国主义者所扼杀。匈牙利苏维埃共和国于1919年3月21日诞生。从4月起协约国帝国主义者对它实行经济封锁，并利用罗马尼亚和捷克斯洛伐克资产阶级政府的军队对它进行武装干涉。在匈牙利红军制止了罗捷军队的进攻并攻入斯洛伐克、协助建立了斯洛伐克苏维埃共和国时，协约国帝国主义者借助外交压力，强迫匈牙利红军停止进攻，撤退到1918年11月签订停战协定时由协约国划定的分界线内。此后，在罗马尼亚干涉军反攻得手的严重时刻，协约国帝国主义者与匈牙利右派社会民主党人相勾结，加紧进行破坏活动。右派社会民主党人以匈牙利苏维埃共和国政府妨碍同协约国缔结和约和解除封锁为借口，迫使它于1919年8月1日辞职。——116。

36 德国1918年十一月革命胜利后，政权落在右翼社会民主党人领导的临时政府手里。德国资产阶级力图把革命镇压下去。1919年1月初，艾伯特政府把属于左翼独立社会民主党人的柏林警察总监埃·艾希霍恩免职，意在挑动工人举行为时过早的反政府武装起义。1月6日，为回答政府的挑衅，柏林工人举行了总罢工。但是参加领导起义的革命行动委员会的独立社会民主党人采取了叛卖策略，他们与艾伯特政府商谈以"和平方式"解决"冲突"，从而使政府赢得了时间。艾伯特政府在作了充分准备之后，于1月8日中断谈判，声称总清算时刻已经到来。陆军部长、右翼社会民主党人古·诺斯克领导的反革命部队随即对柏林革命工人进行残酷镇压。包括卡·李卜克内西和罗·卢森堡在内的大批共产党人惨遭杀害。——116、209。

37 出自俄国诗人亚·谢·普希金的童话诗《渔夫和金鱼的故事》。故事说：一个穷苦的老渔夫放走了他网到的一条会说话的金鱼。金鱼因此给以报答，一次又一次地满足了老渔夫的妻子的要求。可是老渔婆的贪欲永无止境,终于惹怒了大海和金鱼,叫她顿时失去了得到的一切,仍然守着原先的小木房和破木盆。——117。

38 随着外国武装干涉者和白卫军的被击溃和苏维埃俄国的国际地位的巩固,拉脱维亚外交部于 1920 年 3 月 25 日向苏维埃政府提出了和谈建议。4 月 16 日,俄罗斯社会主义联邦苏维埃共和国和拉脱维亚代表在莫斯科就签订和约问题开始谈判。8 月 11 日,双方在里加签订了和约。——118。

39 1920 年 3 月 25 日,芬兰外交部向苏维埃政府提出划定国界的建议,这实际意味着开始和平谈判。苏芬和约于 1920 年 10 月 14 日在尤里耶夫(现称塔尔图)签订。10 月 23 日,全俄中央执行委员会批准了这一条约。——118。

40 指 1920 年 3 月 27 日波兰对苏维埃俄国多次提出的关于举行和谈的建议的答复。在答复中,波兰同意在靠近前线的博里索夫举行和谈,并且只在这个地方停止军事行动。对于苏维埃政府提出的全面停止军事行动、在某一中立国举行和谈的建议,波兰政府则断然加以拒绝。——118。

41 指卡普叛乱。

卡普叛乱是德国君主派、容克、最反动的银行资本与工业资本集团和军国主义分子发动的反动叛乱,为首的是沃·卡普、埃·鲁登道夫、瓦·吕特维茨等人。叛乱的目的是废除民主共和国和重建君主政体。1920 年 3 月 10 日,吕特维茨将军向德国社会民主党领导的联合政府提出最后通牒,要求解散国民议会,改选总统。3 月 13 日,受到国防军大多数将领同情的叛乱分子的军队,未经战斗开进了柏林。叛乱分子成立了以卡普为首的政府,宣布全德戒严。叛乱发生后,德国无产阶级立即投入保卫共和国的斗争。3 月 15 日,总罢工席卷全德,参加的工人达 1 200 万人。工人们武装起来同叛乱军队展开战斗。在德国共产党领导下,鲁尔区还成立了红色鲁尔军。大部分官吏和职员以及大批农业劳动者也参加了反卡普叛乱的斗争。叛乱分子的队伍在许多地方被击败。3 月 17 日,卡普政府垮台,卡普本人逃往瑞典。

关于科尔尼洛夫叛乱,见注 94。——118、201。

42 指德国独立社会民主党。

德国独立社会民主党是中派政党,1917 年 4 月在哥达成立。代表人物是卡·考茨基、胡·哈阿兹、鲁·希法亭、格·累德堡等。基本核心是中派组织"工作小组"。该党以中派言词作掩护,宣传同公开的社会沙文主义者"团结",放弃阶级斗争。1917 年 4 月—1918 年底,斯巴达克派曾参加该党,但保持组织上和政治上的独立,继续进行秘密工作,并帮助工人党员摆脱中派领袖的影响。1920 年 10 月,德国独立社会民主党在该党哈雷代表大会上发生了分裂,很大一部分党员于 1920 年 12 月同德国共产党合并。右派分子单独成立了一个党,仍称德国独立社会民主党,存在到 1922 年。——120、141、269。

43　指以弗·阿德勒和奥·鲍威尔为首的奥地利社会民主党多数派。该派采取同德国独立社会民主党右翼的立场相接近的中派立场。——120。

44　龙格派是以社会改良主义者让·龙格为代表的法国社会党内的少数派,于 1915 年形成。该派持中派观点,对社会沙文主义者采取妥协态度,在第一次世界大战期间持社会和平主义立场。俄国十月革命后,该派口头上拥护、实际上反对无产阶级专政,并继续奉行同社会沙文主义者合作的政策,支持掠夺性的凡尔赛和约。1920 年 12 月在图尔召开的法国社会党代表大会通过了加入共产国际的决议。龙格派和公开的改良主义者拒绝服从,另行成立一个党,仍称法国社会党(工人国际法国支部)。——120、140、231。

45　斯莫尔尼即斯莫尔尼宫,建于 1806—1808 年,原为斯莫尔尼贵族女子学校。1917 年 8 月 4 日(17 日),全俄中央执行委员会和彼得格勒苏维埃从塔夫利达宫迁到这里。全俄中央执行委员会布尔什维克党团办公处随之迁此。1917 年 10 月成立的彼得格勒苏维埃军事革命委员会也设在此地。列宁在这里领导了伟大的十月社会主义革命。——125、370。

46　《中央统计局公报》(《Бюллетень Центрального Статистического Управления》)是苏俄中央统计局的刊物,于 1919 年 1 月 22 日创刊。《公报》由该局秘书处编辑,刊载有关国家经济生活各种问题的概述和统计资料。《公报》共出了 122 期,1926 年停刊。——126。

47　《中央通报》即《俄国共产党(布尔什维克)中央委员会通报》(《Известия Центрального Комитета Российской Коммунистической партии (большевиков)》)是根据俄共(布)中央第八次代表大会的决定创办的,1919 年 5 月 28 日在莫斯科创刊。最初是《真理报》的附刊,从 1920 年 10 月起成为独立的刊物。《通报》刊登中央委员会的决定、指示、通报以及中央领导机关的工作报告、中央各部工作情况、关于党的建设问题的文章、评论等。最初几年是不定期刊物,1924 年起为周刊,1928 年起为旬刊。1926 年改名为《联共(布)中央通报》。1929 年 10 月,该刊改组为《党的建设》杂志,1946 年 6 月以后又改组为《党的生活》杂志。——127、376。

48 指谢·伊·古谢夫的小册子《经济建设的当前问题(关于俄共中央的提纲)》。小册子中的一节稍作修改后被写入了俄共(布)中央向第九次代表大会提出的决议草案(参看《苏联共产党代表大会、代表会议和中央全会决议汇编》1964 年人民出版社版第 2 分册第 4 页)。——127。

49 指《共产主义星期六义务劳动报》。

《共产主义星期六义务劳动报》(《Коммунистический Субботник》)是根据俄共(布)莫斯科委员会的倡议出版的联合特刊。这张报纸是莫斯科各报(《真理报》、《全俄中央执行委员会消息报》、《贫苦农民报》、《经济生活报》、《共产主义劳动报》)和罗斯塔通讯社的编辑部和撰稿人在 1920 年 4 月 10 日的星期六义务劳动中编辑的,由全俄中央执行委员会印刷厂的工人排印,于 4 月 11 日(星期日)发行。列宁、叶·米·雅罗斯拉夫斯基、亚·米·柯伦泰、杰·别德内依、亚·绥·绥拉菲莫维奇、克·阿·季米里亚捷夫等参加了这张报纸的工作。——129。

50 劳动军是在国内战争末期暂时用于国民经济战线而保持军队建制的苏俄红军部队。第 3 集团军革命军事委员会首先倡议把军队用于经济战线,得到列宁的赞同。1920 年 1 月 15 日,工农国防委员会把第 3 集团军改组成为第 1(乌拉尔)革命劳动军。此后陆续成立的劳动军有:乌克兰劳动军(由西南方面军组成)、高加索劳动军(由高加索方面军第 8 集团军组成)、第 2 特种铁路劳动军(由高加索方面军第 2 集团军组成)、彼得格勒劳动军(由第 7 集团军组成)、第 2 革命劳动军(由土耳其斯坦方面军第 4 集团军组成)、顿涅茨劳动军、西伯利亚劳动军等。劳动军从事修复铁路、采煤、伐木、征购和运输粮食等工作,并在人民群众中开展文化教育活动。1920 年对波战争爆发后,有些劳动军转为战斗部队。随着国内战争的结束,根据劳动国防委员会 1921 年 12 月 30 日的决定,劳动军被撤销。——130、435。

51 《共产主义运动中的"左派"幼稚病》一书于共产国际第二次代表大会前夕写成并出版,分发给了代表大会全体代表。书中的论点和结论是代表大会决议的基础。

为了能赶在共产国际第二次代表大会开会之前出书,列宁曾亲自过问该书的排印计划。这本书于1920年4月27日脱稿,5月5日手稿发到国家出版社彼得格勒分社。5月9日,一校样发回莫斯科。5月23日,列宁将5月12日写完的该书增补部分连同经他校阅过的校样一起发往彼得格勒。6月12日该书俄文本出版,接着法文本和英文本也几乎同时于7月在俄国出版。列宁在5月23日写的一封有关这本书的出版工作的信,载于《列宁全集》第2版第49卷第380页。

　　1920年下半年,这本书的德、英、法、意译本分别在柏林、汉堡、伦敦、纽约、巴黎和米兰出版。

　　在《共产主义运动中的"左派"幼稚病》一书的手稿上有一个副标题《(马克思主义战略和策略通俗讲话的尝试)》和一段讽刺性献词:"谨将此小册子献给最可敬的劳合-乔治先生,以对其1920年3月18日所作的几乎是马克思主义的、至少是对全世界共产党人和布尔什维克极有教益的演说表示谢忱。"但是,列宁亲自校阅过的该书第1版,以及根据这一版刊印的其他各种单行本和全集本都删去了这个副标题和献词,只有《列宁全集》俄文第2、3版刊印过这个副标题和献词。——132。

52　《火星报》(《Искра》)是第一个全俄马克思主义的秘密报纸,由列宁创办。创刊号于1900年12月在莱比锡出版,以后各号的出版地点是慕尼黑、伦敦(1902年7月起)和日内瓦(1903年春起)。参加《火星报》编辑部的有:列宁、格·瓦·普列汉诺夫、尔·马尔托夫、亚·尼·波特列索夫、帕·波·阿克雪里罗得和维·伊·查苏利奇。编辑部的秘书起初是因·格·斯米多维奇,1901年4月起由娜·康·克鲁普斯卡娅担任。列宁实际上是《火星报》的主编和领导者。他在《火星报》上发表了许多文章,阐述有关党的建设和俄国无产阶级的阶级斗争的基本问题,并评论国际生活中的重大事件。

　　《火星报》在国外出版后,秘密运往俄国翻印和传播。《火星报》成了团结党的力量、聚集和培养党的干部的中心。在俄国许多城市成立了俄国社会民主工党列宁火星派的小组和委员会。1902年1月在萨马拉举行了火星派代表大会,建立了《火星报》俄国组织常设局。

　　《火星报》在建立俄国马克思主义政党方面起了重大的作用。在列宁的倡议和亲自参加下,《火星报》编辑部制定了党纲草案,筹备了俄国社会民主工党第二次代表大会。这次代表大会宣布《火星报》为党的中央机关报。

　　根据俄国社会民主工党第二次代表大会的决议,《火星报》编辑部改由列宁、普列汉诺夫、马尔托夫三人组成。但是马尔托夫坚持保留原来的六人编辑部,拒绝参加新的编辑部,因此《火星报》第46—51号是由列宁和普列汉诺夫二人编辑的。后来普列汉诺夫转到了孟什维主义的立场上,要求把原来的编辑都吸收进编辑部,列宁不同意这样做,于1903年10月19日(11月1日)退出了编辑部。《火星报》第52号是由普列汉诺夫一人编辑的。1903年11月13日(26日),普列汉诺夫把原来的编辑全部增补进编辑部以后,《火星报》由普列汉诺夫、马尔托夫、阿克雪里罗得、查苏利奇和波特列索夫编辑。因此,从第52号起,《火星报》变成了孟什维克的机关报。人们将第52号以前的《火星报》称为旧《火星报》,而把孟什维克的《火星报》称为新《火星报》。

1905年5月第100号以后,普列汉诺夫退出了编辑部。《火星报》于1905年10月停刊,最后一号是第112号。——133。

53 指俄国社会民主工党中的右翼机会主义派别孟什维克和社会革命党。——137。

54 指1912年4月4日(17日)沙皇军队枪杀西伯利亚勒拿金矿工人的事件。勒拿金矿工人因不堪资本家的残酷剥削和压迫,于1912年2月底开始举行罢工。3月中旬,罢工席卷了各矿,参加者达6 000余人。罢工者提出实行八小时工作制、增加工资、取消罚款、提供医疗救护、改善供应和居住条件等要求。布尔什维克帕·尼·巴塔绍夫是领导罢工的总委员会主席。沙皇当局调动军队镇压罢工,于4月3日(16日)夜逮捕了几乎全部罢工委员会成员。4月4日(17日),2 500名工人前往纳杰日金斯基矿向检察机关的官员递交申诉状。士兵们奉命向工人开枪,当场死270人,伤250人。勒拿惨案激起了全俄工人的愤怒,俄国革命运动从此迅速地向前发展。——139。

55 指俄国第四届国家杜马的布尔什维克代表阿·叶·巴达耶夫、格·伊·彼得罗夫斯基、马·康·穆拉诺夫、费·尼·萨莫伊洛夫和尼·罗·沙果夫。第一次世界大战爆发后,他们在1914年7月26日(8月8日)的杜马会议上强烈抗议沙皇俄国参加帝国主义战争,并拒绝对军事拨款投赞成票。他们访问了许多工业中心,召集了多次反对战争的工人集会。1914年11月2—4日,他们在彼得格勒近郊的奥泽尔基镇召开了有彼得格勒、伊万诺沃-沃兹涅先斯克、哈尔科夫和里加等地布尔什维克代表参加的会议,讨论了列宁关于战争的提纲,一致表示支持。11月4日,他们和全体与会代表一起被捕,1915年2月被交付法庭审判,以"叛国"罪名被判处终身流放西伯利亚。——140。

56 独立工党是英国改良主义政党,1893 年 1 月成立。领导人有基·哈
第、拉·麦克唐纳、菲·斯诺登等。党员主要是一些新、旧工联的成员以
及受费边派影响的知识分子和小资产阶级分子。独立工党从建党时起就
采取资产阶级改良主义立场,把主要注意力放在议会斗争和同自由主义
政党进行议会交易上。列宁称它是始终依附资产阶级的机会主义政党。
1900 年,该党作为集体党员加入英国工党。——140、268。

57 费边派是 1884 年成立的英国改良主义组织费边社的成员,多为资产阶级
知识分子,代表人物有悉·韦伯、比·韦伯、拉·麦克唐纳、肖伯纳、赫·
威尔斯等。费边·马克西姆是古罗马统帅,以在第二次布匿战争(公元
前 218—前 201 年)中采取回避决战的缓进待机策略著称,费边社即以此
人名字命名。费边派虽认为社会主义是经济发展的必然结果,但只承认
渐进的发展道路。他们反对马克思主义的阶级斗争和无产阶级革命学
说,鼓吹通过细微改良来逐渐改造社会,宣扬所谓"地方公有社会主义"
(又译"市政社会主义")。1900 年费边社加入工党(当时称劳工代表委
员会),但仍保留自己的组织。在工党中,它一直起制定纲领原则和策略
原则的思想中心的作用。第一次世界大战期间,费边派采取了社会沙文
主义立场。关于费边派,参看列宁《社会民主党在 1905—1907 年俄国第
一次革命中的土地纲领》第 4 章第 7 节和《英国的和平主义和英国的不
爱理论》(《列宁全集》第 2 版第 16 卷第 322—327 页,第 26 卷第 278—
284 页)。——140。

58 内阁派是主张社会党人参加资产阶级政府的机会主义流派。因法国社会
党人亚·埃·米勒兰于 1899 年参加瓦尔德克-卢梭的资产阶级政府,所
以这种机会主义策略也被称为米勒兰主义。列宁认为米勒兰主义是一
种修正主义和叛卖行为,社会改良主义者参加资产阶级政府必定会充
当资本家的傀儡,成为这个政府欺骗群众的工具。——140。

59 四月代表会议即俄国社会民主工党(布)第七次全国代表会议。这次会
议是布尔什维克党在合法条件下召开的第一次代表会议,于 1917 年 4 月
24—29 日(5 月 7—12 日)在彼得格勒举行。这次代表会议具有充分的
代表性,因而起到了党代表大会的作用。代表会议以列宁的《四月提纲》
为基础,规定了党在战争和革命的一切基本问题上的路线和争取资产阶
级民主革命转变为社会主义革命的方针,并选举了党的中央委员会。

　　列宁这里指的是这次代表会议通过的《关于对临时政府的态度的决
议》和《关于工兵代表苏维埃的决议》(参看《苏联共产党代表大会、代表

会议和中央全会决议汇编》1964 年人民出版社版第 1 分册第 437—439、455—456 页)。——142。

60 格·瓦·普列汉诺夫在《Cant 反对康德或伯恩施坦先生的精神遗嘱》(载于 1901 年 12 月《曙光》杂志第 2—3 期合刊)一文中写道:"在伯恩施坦先生的观点中现在只剩下了一点社会主义的影子。实际上他**离小资产阶级'社会改良'拥护者比离革命的社会民主党要近得多**。然而他还是一个'同志',并没有人请他脱党。"——144。

61 看来是指《德国工人运动中的哪些东西是不应该摹仿的》一文(见《列宁全集》第 2 版第 25 卷第 111—115 页)。列宁在这篇文章中揭露了德国社会民主党人卡·列金的叛卖行为。列金曾于 1912 年在美国国会向美国官方人士和资产阶级政党发表祝贺演说。列宁的文章发表于 1914 年 4 月的《启蒙》杂志。——144。

62 指 1908 年同召回派和最后通牒派的斗争。

召回派是 1908 年在布尔什维克中间出现的一种机会主义集团,主要代表人物有亚·亚·波格丹诺夫、格·阿·阿列克辛斯基、安·弗·索柯洛夫(斯·沃尔斯基)、阿·瓦·卢那察尔斯基、马·尼·利亚多夫等。召回派要求从第三届国家杜马中召回俄国社会民主党的代表,并停止党在合法和半合法组织中的工作,宣称在反动条件下党只应进行不合法的工作。召回派以革命词句作幌子,执行取消派的路线。列宁把召回派叫做"改头换面的孟什维克"。

最后通牒派是召回派的变种,产生于 1908 年,代表人物有维·拉·尚采尔(马拉)、格·阿·阿列克辛斯基、列·波·克拉辛等。在孟什维克的压力下,当时社会民主党国家杜马党团通过了党团对俄国社会民主工党中央委员会独立的决议。最后通牒派不是认真地教育杜马党团,纠正党团的错误,而是要求立即向杜马党团发出最后通牒,要它无条件地服从党中央的决定,否则就把社会民主党杜马代表召回。最后通牒主义实际上是隐蔽的、伪装的召回主义。列宁把最后通牒派叫做"羞羞答答的召回派"。

1909 年,召回派、最后通牒派和造神派组成发起小组,在意大利卡普里岛创办了一所实际上是反党派别中心的党校。1909 年 6 月,布尔什维克机关报《无产者报》扩大编辑部会议斥责了召回派和最后通牒派,号召同这些背离革命马克思主义的倾向作最坚决的斗争,并把波格丹诺夫从布尔什维克队伍中开除出去。——145。

63 指布里根杜马。

布里根杜马即沙皇政府宣布要在 1906 年 1 月中旬前召开的咨议性国家杜马。1905 年 8 月 6 日(19 日)沙皇颁布了有关建立国家杜马的诏书,与此同时,还颁布了《关于建立国家杜马的法令》和《国家杜马选举条例》。这些文件是由内务大臣亚·格·布里根任主席的特别委员会受沙皇之托起草的,所以这个拟建立的国家杜马被人们称做布里根杜马。根据这些文件的规定,在杜马选举中,只有地主、资本家和农民户主有选举权。居民的大多数——工人、贫苦农民、雇农、民主主义知识分子被剥夺了选举权。妇女、军人、学生、未满 25 岁的人和许多被压迫民族都被排除在选举之外。杜马只能作为沙皇属下的咨议性机构讨论某些问题,无权通过任何法律。布尔什维克号召工人和农民积极抵制布里根杜马。孟什维克则认为可以参加杜马选举并主张同自由派资产阶级合作。1905 年十月全俄政治罢工迫使沙皇颁布 10 月 17 日宣言,保证召开立法杜马。这样布里根杜马没有召开就被革命风暴扫除了。——145。

64 指俄国第一次资产阶级民主革命期间的 1905 年十月全俄政治罢工。

十月全俄政治罢工是俄国第一次革命的最重要阶段之一。1905 年 10 月 6 日(19 日),在一些铁路线的布尔什维克组织的代表决定共同举行罢工后,俄国社会民主工党莫斯科委员会号召莫斯科铁路枢纽各线从 10 月 7 日(20 日)正午起实行总罢工,全俄铁路工会中央常务局支持这一罢工。到 10 月 17 日(30 日),铁路罢工已发展成为全俄总罢工,参加罢工的人数达 200 万以上。在各大城市,工厂、变通运输部门、发电厂、邮电系统、机关、商店、学校都停止了工作。十月罢工的口号是:推翻专制制度、积极抵制布里根杜马、召集立宪会议和建立民主共和国。十月罢工扫除了布里根杜马,迫使沙皇于 10 月 17 日(30 日)颁布了允诺给予"公民自由"和召开"立宪"杜马的宣言。罢工显示了无产阶级运动的力量和声势,推动了农村和军队中革命斗争的展开。在十月罢工中,彼得堡及其他一些城市出现了工人代表苏维埃。十月总罢工持续了十多天,是十二月武装起义的序幕。关于十月罢工,参看列宁《全俄政治罢工》一文(《列宁全集》第 2 版第 12 卷第 1—4 页)。——145。

65 "左派共产主义者"是俄共(布)党内的一个左倾机会主义集团,产生于 1918 年 1 月。核心人物是尼·伊·布哈林、安·谢·布勃诺夫、阿·洛莫夫、瓦·瓦·奥博连斯基、叶·阿·普列奥布拉任斯基、卡·伯·拉狄克、格·列·皮达可夫等。"左派共产主义者"极力反对列宁在 1918 年初提出的尽快同德国媾和的建议,认为同帝国主义国家媾和在原则上是不允许的,力主当时还没有军队的年轻的苏维埃共和国继续同德国作战。他们把德国革命将会爆发设想为在最近某个短时期内就要爆发,认为德国政府很快会被德国革命所推翻。列宁在批判"左派共产主义者"的冒险主张时多次指出,相信德国革命成熟和宣布德国革命已经成熟,这是完全不同的两回事。

1918年4月,以布哈林为首的"左派共产主义者"发表《目前形势的提纲》来对抗列宁的《关于苏维埃政权的当前任务的提纲》。他们否认过渡时期的必要性,主张用"对资本实行骑兵突击"、颁布相应的法令和"生活公社化"的办法立即"实行"社会主义,反对利用国家资本主义,反对使用资产阶级专家,建议完全摧毁银行信贷机构,加速废除货币,等等。列宁在《论"左派"幼稚性和小资产阶级性》一文中批评了他们的错误观点(见本版选集第3卷第511—540页)。1918年夏末,"左派共产主义者"公开承认了自己的错误。——146、488、661、771。

66 工联即英国及其自治领的工会。工联成员作为集体党员加入工党。在第一次世界大战期间,工联领导人大多数持社会沙文主义立场。工联思想家们否认建立无产阶级革命政党的必要性,实际上把工人政党的作用等同于工联的议会代表团。——147、537。

67 拉布分子即英国工党党员。英国工党于1900年成立,起初称工人代表委员会,由工联、独立工党和费边社等组织联合组成,目的是把工人代表选入议会。1906年改称工党。工党的领导机关执行委员会同工联总理事会、合作党执行委员会共同组成所谓全国劳动委员会。工党成立初期就成分来说是工人的政党(后来有大批小资产阶级分子加入),但就思想和政策来说是一个机会主义的组织。该党领导人从党成立时起就采取同资产阶级实行阶级合作的路线。第一次世界大战期间,工党领导机构多数人持沙文主义立场,工党领袖阿·韩德逊等参加了王国联合政府。从1924年起,工党领导人多次组织政府。——147、247。

68 原则上的反对派即德国"左派"共产党人集团。这一集团在1919年10月于海德堡举行的德国共产党第二次代表大会上被开除出德国共产党,1920年4月组成了德国共产主义工人党。为了促使德国所有共产主义力量联合起来,共产国际执行委员会于1920年11月暂时同意德国共产主义工人党作为同情政党加入共产国际,同时向该党提出同德国统一共产党合并和支持其一切行动的要求。1921年6—7月举行的共产国际第三次代表大会作出决议,要该党在一定期限内并入德国统一共产党。由于没有执行共产国际的这项决议,该党被认为自行退出共产国际。该党后来蜕化成为宗派小集团。——149。

69　沃拉皮尤克是德国语言学家约·施莱尔于 1880 年设计出的一种世界语方案。——151。

70　《共产主义工人报》(《Kommunistische Arbeiterzeitung»)是德国"左派"共产党人无政府工团主义集团的机关报,1919—1927 年在汉堡出版。——153。

71　中心小组是列宁在 1895 年创立的彼得堡工人阶级解放斗争协会的领导机构。参加中心小组的有列宁、阿·亚·瓦涅耶夫、彼·库·扎波罗热茨、格·马·克尔日扎诺夫斯基、娜·康·克鲁普斯卡娅、尔·马尔托夫、米·亚·西尔文、瓦·瓦·斯塔尔科夫等 10 多人,其中 5 人(列宁、克尔日扎诺夫斯基、斯塔尔科夫、瓦涅耶夫和马尔托夫)组成领导核心。——155。

72　劳动派(劳动团)是俄国国家杜马中的农民代表和民粹派知识分子代表组成的小资产阶级民主派集团,1906 年 4 月成立。领导人是阿·费·阿拉季因、斯·瓦·阿尼金等。劳动派要求废除一切等级限制和民族限制,实行自治机关的民主化,用普选制选举国家杜马。劳动派的土地纲领要求建立由官地、皇族土地、皇室土地、寺院土地以及超过劳动土地份额的私有土地组成的全民地产,由农民普选产生的地方土地委员会负责进行土地改革,这反映了全体农民的土地要求,但它同时又容许赎买土地,则是符合富裕农民阶层利益的。在国家杜马中,劳动派动摇于立宪民主党和布尔什维克之间。布尔什维克党支持劳动派的符合农民利益的社会经济要求,同时批评它在政治上的不坚定,可是劳动派始终没有成为彻底革命的农民组织。六三政变后,劳动派在地方上停止了活动。第一次世界大战期间,劳动派多数采取了沙文主义立场。二月革命后,劳动派积极支持资产阶级临时政府,1917 年 6 月与人民社会党合并为劳动人民社会党。十月革命后,劳动派站在资产阶级反革命势力方面。——156。

73　1917 年二月资产阶级革命后到 1919 年这一时期,俄共(布)党员人数变动如下:到 1917 年 4 月俄国社会民主工党(布)第七次全国代表会议时,共有党员 8 万人;到 1917 年 7 月俄国社会民主工党(布)第六次代表大会时,约有 24 万人;到 1918 年 3 月俄国共产党(布)第七次代表大会时,至少有 30 万人;到 1919 年 3 月俄国共产党(布)第八次代表大会时,有 313 766 人。——157。

74　非党工农代表会议是 1918—1921 年期间俄共(布)和苏维埃政权联系群众的一种方式。这种会议由地方党政机关召集。参加会议的代表由工厂和农村按照召集机关规定的名额选出。非党工农代表会议在当时起了重大的积极作用,但也曾被孟什维克、社会革命党人和无政府主义者所利用。非党代表会议后来逐渐为共产党员和非党员都参加的代表会议所取代。——158。

75　《共产国际》杂志(《Коммунистический Интернационал》)是共产国际执行委员会的机关刊物,1919 年 5 月 1 日创刊,曾用俄、德、法、英、中、西班牙等各种文字出版,编辑部由参加共产国际的各国共产党代表组成。该杂志刊登理论文章和共产国际文件,曾发表列宁的许多篇文章。随着 1943 年 5 月 15 日共产国际解散,该杂志于 1943 年 6 月停刊。——162、674。

76　《人民政治日报》(《Folkets Dagblad Politiken》)是瑞典左派社会民主党人的报纸,1916 年 4 月 27 日起在斯德哥尔摩出版,最初是双日出版,后改为日报(1917 年 11 月以前称《政治报》)。1918—1920 年该报的编辑是弗·斯特勒姆。1921 年,瑞典左派社会民主党改名为共产党后,该报成为瑞典共产党的机关报。1945 年停刊。——163。

77　世界产业工人联合会是美国的工会组织,成立于 1905 年,主要联合各种职业的非熟练工人和低工资工人。美国工人运动的活动家丹·德莱昂、尤·德布兹和威·海伍德积极参加了联合会的创建。在加拿大、澳大利亚、英国、拉丁美洲和南非也曾建立世界产业工人联合会的组织。世界产业工人联合会反对美国劳联领导人和右翼社会党人所执行的阶级合作政策,在美国组织了一系列群众性罢工(共计 150 多次)。第一次世界大战期间,联合会组织了美国工人阶级的群众性的反战斗争。联合会的某些领导人(海伍德等)欢迎俄国十月社会主义革命,并参加了美国共产党。但是联合会的领导职务从 1908 年起为无政府工团主义分子所掌握,因而在它的活动中也表现出无政府工团主义的特点,如不赞成无产阶级的政治斗争、否认党的领导作用和无产阶级专政的必要性、拒绝在美国劳联所属的工会会员中进行工作等。1920 年,联合会的无政府工团主义领导人曾拒绝共产国际执行委员会向联合会发出的加入共产国际的邀请。在 20 世纪 20 年代,联合会逐步退出政治舞台。——164、244。

78　中央党是德国天主教徒的政党,1870—1871 年由普鲁士议会和德意志帝国国会里的天主教派党团联合而成,因这两个党团的议员的席位在会议大厅的中央而得名。中央党通常持中间立场。——167。

79　熊的帮忙意为帮倒忙,出典于俄国作家伊·安·克雷洛夫的寓言《隐士和熊》。寓言说,一个隐士和熊做朋友,熊热心地抱起一块大石头为酣睡的隐士驱赶鼻子上的一只苍蝇,结果把他的脑袋砸成了两半。——172。

80　《苏维埃报》(《Il Soviet》)是意大利社会党的报纸。1918—1922 年在那波利(那不勒斯)出版。1920 年起成为意大利社会党共产主义者抵制派(弃权派)的机关报,阿·博尔迪加任主编。——175。

81　《共产主义》杂志(《Comunismo》)是意大利社会党的刊物(双周刊),1919—1922 年在米兰出版,扎·塞拉蒂任主编。——175。

82　意大利社会党于 1892 年 8 月在热那亚代表大会上成立,最初叫意大利劳动党,1893 年改称意大利劳动社会党,1895 年开始称意大利社会党。从该党成立起,党内的革命派就同机会主义派进行着尖锐的思想斗争。1912 年在艾米利亚雷焦代表大会上,改良主义分子伊·博诺米、莱·比索拉蒂等被开除出党。从第一次世界大战爆发到 1915 年 5 月意大利参战,意大利社会党一直反对战争,提出了"反对战争,赞成中立!"的口号。1914 年 12 月,拥护资产阶级帝国主义政策、主张战争的叛徒集团(贝·墨索里尼等)被开除出党。意大利社会党人曾于 1914 年同瑞士社会党人一起在卢加诺召开了联合代表会议,并积极参加了齐美尔瓦尔德(1915年)和昆塔尔(1916 年)国际社会党代表会议。但是,意大利社会党基本上采取中派立场。1916 年底意大利社会党在党内改良派的影响下走上了社会和平主义的道路。俄国十月社会主义革命胜利后,意大利社会党内的左翼力量增强。1919 年 10 月 5—8 日在波伦亚举行的意大利社会党第十六次代表大会通过了加入共产国际的决议,该党代表参加了共产国际第二次代表大会的工作。1921 年 1 月 15—21 日在里窝那举行的第十七次代表大会上,处于多数地位的中派拒绝同改良派决裂,拒绝完全承认加入共产国际的 21 项条件;该党左翼代表于 21 日退出代表大会并建立了意大利共产党。——175、247。

83　指匈牙利右派社会民主党人的叛卖活动。

　　1918 年 10 月 30 日深夜匈牙利爆发了革命。资产阶级的自由主义激进派政党和社会民主党组成了联合政府。这个政府没有能力应付内部和外部困难,于1919年3月20日辞职,并建议由社会民主党单独组织政府。但是在当时革命危机尖锐化的形势下,社会民主党的首领们不敢成立没有共产党参加的政府,不得不同当时还在狱中的匈牙利共产党领导人进行谈判。结果,双方签订了建立苏维埃政权的协议,同时决定两党在共产主义原则基础上和承认无产阶级专政的条件下合并,改称匈牙利社会党。3月21日,匈牙利苏维埃共和国宣告成立,匈牙利第一届苏维埃政府——革命政府委员会组成,社会民主党人加尔拜·山多尔任主席,匈牙利共产党领袖库恩·贝拉任外交人民委员。

匈牙利苏维埃政权采取了一系列革命措施,如实行工业企业、运输业、银行的国有化和对外贸易的垄断,没收地主土地建立大农场,把职工的平均工资提高25%,实行八小时工作制等等,并为保卫共和国建立了红军。但匈牙利苏维埃政权也犯了一些错误,特别是没有满足无地少地农民对土地的要求,因而未能建立起巩固的工农联盟。协约国帝国主义者从4月起利用罗马尼亚和捷克斯洛伐克的军队对匈牙利苏维埃共和国进行武装干涉,并对它实行经济封锁。在困难局势下,右派社会民主党人背叛革命,在军队中和后方加紧破坏活动,并在维也纳同协约国代表进行谈判。他们以匈牙利苏维埃共和国政府妨碍同协约国缔结和约和解除封锁为借口逼它辞职。1919年8月1日,匈牙利革命政府委员会被迫辞职。匈牙利苏维埃共和国存在了133天,就在国内外反革命势力的夹击下被扼杀。——175。

84 《人民国家报》(《Der Volksstaat》)是德国社会民主工党(爱森纳赫派)的中央机关报,其前身是《民主周报》。1869年10月2日—1876年9月29日在莱比锡出版,最初每周出两次,1873年7月起改为每周出三次。由威·李卜克内西领导编辑部工作,奥·倍倍尔负责出版工作。李卜克内西和倍倍尔因反对德国兼并阿尔萨斯—洛林于1870年12月被捕后,该报由卡·希施和威·布洛斯相继主持工作。马克思和恩格斯从该报创刊起就为它撰稿,经常给编辑部提供帮助和指导,使这家报纸成了19世纪70年代优秀的工人报刊之一。——176。

85 尼·加·车尔尼雪夫斯基在对美国经济学家亨·查·凯里《就政治经济学问题致美利坚合众国总统的信》一书的评论中说:"历史道路并不是涅瓦大街的人行道,它全然是在旷野上穿行,时而尘土飞扬,时而泥泞不堪,时而经过沼泽,时而穿过密林。谁怕沾上尘土和弄脏靴子,他就不要从事社会活动。"(见《尼·加·车尔尼雪夫斯基全集》1950年俄文版第7卷第

923 页)——180。

86　指《火星报》编辑部同彼·伯·司徒卢威就共同在国外出版秘密刊物《时评》的问题进行谈判并曾暂时达成协议一事。在谈判中,《火星报》编辑部要求新刊物《时评》作为《曙光》杂志的附刊,期数不得多于《曙光》杂志,《时评》编辑部应在平等基础上由《火星报》编辑部与司徒卢威和米·伊·杜冈-巴拉诺夫斯基组成。在谈判过程中发现,司徒卢威打算利用《火星报》编辑部为《时评》服务,企图把《时评》变成一个同《火星报》竞争的刊物。列宁在 1901 年 1 月 30 日写给格·瓦·普列汉诺夫的信中叙述了谈判的内容(见《列宁全集》第 2 版第 44 卷第 86—88 页)。后来,普列汉诺夫代表《火星报》和《曙光》杂志、司徒卢威代表民主反对派共同准备了关于出版《时评》的声明。这个刊物最后没有出版。《火星报》的代表同司徒卢威的进一步谈判以完全破裂告终。虽然如此,但由于存在这个协议,当时《火星报》刊登了司徒卢威的《专制制度和地方自治机关》一文,曙光杂志社协助出版了由司徒卢威作序加注的沙皇政府财政大臣谢·尤·维特的秘密记事。——181。

87　指 1915 年 9 月 5—8 日在瑞士齐美尔瓦尔德举行的国际社会党第一次代表会议和 1916 年 4 月 24—30 日在瑞士昆塔尔举行的国际社会党第二次代表会议。参加齐美尔瓦尔德代表会议的布尔什维克代表是列宁和格·叶·季诺维也夫,孟什维克组织委员会代表是尔·马尔托夫和帕·波·阿克雪里罗得,社会革命党代表是马·安·纳坦松和维·米·切尔诺夫。参加会议的俄国代表还有拉脱维亚边疆区社会民主党代表扬·安·别尔津和《我们的言论报》代表列·达·托洛茨基。参加昆塔尔代表会议的布尔什维克代表是列宁、伊·费·阿尔曼德和季诺维也夫,孟什维克组织委员会代表是马尔托夫和阿克雪里罗得,社会革命党代表是纳坦松和化名为萨韦利耶夫、弗拉索夫的两个人。——181。

88　革命共产党人是在俄国左派社会革命党人叛乱以后退出该党的一部分人于 1918 年 9 月组织的革命共产党的成员。革命共产党的领导人是安·卢·柯列加耶夫、马·安·纳坦松等。该党谴责左派社会革命党人搞恐怖活动和企图破坏布列斯特和约,主张同俄共(布)合作。但是它的纲领是混乱和折中的,一方面认为苏维埃政权为建立社会主义制度创造了先决条件,另一方面又否认从资本主义到社会主义的过渡时期必须实行无产阶级专政。该党成立后不断有人退党,其中有些人加入了俄共(布),有些人回到了左派社会革命党内。该党曾被准许派两名有发言权的代表出席共产国际第二次代表大会。在这次代表大会作出了一个国家只应有一个共产党的决定之后，革命共产党于 1920 年 9 月决定加入俄共（布）。同年 10 月，俄共（布）中央作出决定，允许自己的党组织接收原革命共产党党员加入俄共（布）。——181。

89 左派社会革命党人是俄国小资产阶级政党社会革命党的左翼，于 1917 年 12 月 2 日（15 日）组成了独立的政党，其领袖人物是玛·亚·斯皮里多诺娃、波·达·卡姆柯夫和马·安·纳坦松。

左派社会革命党人这一派别在第一次世界大战中形成，1917 年七月事变后迅速发展，在十月革命中加入了军事革命委员会，参加了武装起义。在全俄苏维埃第二次代表大会上，左派社会革命党人在社会革命党党团中是多数派。当右派社会革命党人遵照社会革命党中央的指示退出代表大会时，他们仍然留在代表大会中，并且在议程的最重要的问题上和布尔什维克一起投票。但是在参加政府的问题上，他们拒绝了布尔什维克的建议，而同孟什维克国际主义派一起要求建立有社会革命党、孟什维克和布尔什维克参加的所谓"清一色的社会党人政府"。左派社会革命党人在长期犹豫之后，为了保持他们在农民中的影响，决定参加苏维埃政府。经过布尔什维克和左派社会革命党人的谈判，1917 年底有 7 名左派社会革命党人加入了人民委员会，而左派社会革命党人也保证在自己的活动中实行人民委员会的总政策。

左派社会革命党人虽然走上和布尔什维克合作的道路，但是反对无产阶级专政，在建设社会主义的一些根本问题上同布尔什维克有分歧。1918 年初，左派社会革命党人反对签订布列斯特和约，在同年 3 月苏维埃第四次（非常）代表大会批准布列斯特和约后退出了人民委员会，但仍留在中央执行委员会和其他苏维埃机关中。左派社会革命党人也反对苏维埃政权关于在企业和铁路部门中建立一长制和加强劳动纪律的措施。1918 年夏天，随着社会主义革命在农村中的展开和贫苦农民委员会的建立，左派社会革命党人中的反苏维埃情绪开始增长。1918 年 6 月 24 日，左派社会革命党中央通过决议，提出用一切可行的手段来"纠正苏维埃政策的路线"。接着，左派社会革命党人于 1918 年 7 月 6 日在莫斯科发动了武装叛乱。这次叛乱被粉碎之后，全俄苏维埃第五次代表大会通过决议，把那些赞同其上层领导路线的左派社会革命党人从苏维埃开除出去。左派社会革命党的很大一部分普通党员甚至领导人并不支持其领导机构的冒险主义行动。1918 年 9 月，一部分采取同布尔什维克合作立场的左派社会革命党人组成了民粹派共产党和革命共产党。这两个党的大部分党员后来参加了俄共（布）。20 年代初,左派社会革命党不复存在。——182、491。

90 英国社会党是由英国社会民主党和其他一些社会主义团体合并组成的,1911 年在曼彻斯特成立。英国社会党是马克思主义的政治组织,但是由于带有宗派倾向,并且党员人数不多,因此未能在群众中展开广泛的宣传活动。第一次世界大战前夕和大战期间,党内国际主义派(威·加拉赫、约·马克林、阿·英克平、费·罗特施坦等)同以亨·海德门为首的社会沙文主义派展开了激烈的斗争。但是在国际主义派内部也有一些不彻底分子,他们在一系列问题上采取中派立场。1916 年 2 月英国社会党的一部分活动家创办的《号召报》对团结国际主义派起了重要作用。1916 年 4 月在索尔福德召开的英国社会党年会上,以马克林、英克平为首的多数代表谴责了海德门及其追随者的立场,迫使他们退出了党。该党从 1916 年起是工党的集体党员。1919 年加入了共产国际。该党左翼是创建英国共产党的主要发起者。1920 年该党的绝大多数地方组织加入了英国共产党。——186、279。

91 社会主义工人党是英国革命的马克思主义组织,1903 年由一部分脱离社会民主联盟的左派社会民主党人(主要是苏格兰人)在苏格兰建立。

　　南威尔士社会主义协会是主要由威尔士革命煤矿工人组成的小团体。

　　工人社会主义联盟是 1918 年 5 月在妇女选举权保障协会基础上形成的一个小组织,盟员主要是妇女。

　　英国共产党成立大会于 1920 年 7 月 31 日—8 月 1 日举行。大会通过的党纲中写入了党参加议会选举和加入工党的条文。上述三个组织因为不同意这些主张而没有加入英国共产党。1921 年 1 月南威尔士社会主义协会和当时称为“共产党(第三国际不列颠支部)”的工人社会主义联盟同英国共产党合并。社会主义工人党的领导仍拒绝合并。——186、248。

92 《工人无畏舰》周刊(《Workers' Dreadnought》)是英国刊物,1914 年 3 月—1924 年 6 月在伦敦出版。1917 年 7 月以前称《妇女无畏舰》。1918 年英国工人社会主义联盟成立后,是该联盟的机关刊物。——186。

93 《曼彻斯特卫报》(《Manchester Guardian》)是英国一家资产阶级报纸,1821 年在曼彻斯特创刊。19 世纪中叶起为自由党的机关报。起初是周报,从 1855 年起改为日报。

列宁在这里提到的戴·劳合-乔治的演说是在英国议会下院自由党党团成员会议上发表的。——190。

94 指科尔尼洛夫叛乱。

科尔尼洛夫叛乱是发生在1917年8月的一次俄国资产阶级和地主的反革命叛乱。叛乱的头子是俄军最高总司令、沙俄将军拉·格·科尔尼洛夫。叛乱的目的是要消灭革命力量,解散苏维埃,在国内建立反动的军事独裁,为恢复君主制作准备。立宪民主党在这一反革命阴谋中起了主要作用。临时政府首脑亚·费·克伦斯基是叛乱的同谋者,但是在叛乱发动后,他既害怕科尔尼洛夫在镇压布尔什维克党的同时也镇压小资产阶级政党,又担心人民群众在扫除科尔尼洛夫的同时也把他扫除掉,因此就同科尔尼洛夫断绝了关系,宣布其为反对临时政府的叛乱分子。

叛乱于8月25日(9月7日)开始。科尔尼洛夫调动第3骑兵军扑向彼得格勒,彼得格勒市内的反革命组织也准备起事。布尔什维克党是反对科尔尼洛夫叛乱的斗争的领导者和组织者。按照列宁的要求,布尔什维克党在反对科尔尼洛夫的同时,并不停止对临时政府及其社会革命党、孟什维克伙从的揭露。彼得格勒工人、革命士兵和水兵响应布尔什维克党中央的号召,奋起同叛乱分子斗争,三天内有15 000名工人参加赤卫队。叛军推进处处受阻,内部开始瓦解。8月31日(9月13日),叛乱正式宣告平息。在群众压力下,临时政府被迫下令逮捕科尔尼洛夫及其同伙,交付法庭审判。——201、515。

95 德雷福斯案件指1894年法国总参谋部尉级军官犹太人阿·德雷福斯被法国军界反动集团诬控为德国间谍而被军事法庭判处终身服苦役一事。法国反动集团利用这一案件煽动反犹太主义和沙文主义,攻击共和制和民主自由。在事实证明德雷福斯无罪后,当局仍坚决拒绝重审,引起广大群众强烈不满。法国社会党人和资产阶级民主派进步人士(包括埃·左拉、让·饶勒斯、阿·法朗士等)发动了声势浩大的运动,要求重审这一案件。在社会舆论压力下,1899年瓦尔德克-卢梭政府撤销了德雷福斯案件,由共和国总统赦免了德雷福斯。但直到1906年7月,德雷福斯才被上诉法庭确认无罪,恢复了军职。——205。

96 指1917年的七月事变。

俄国资产阶级临时政府所组织的前线进攻以惨败告终,激怒了彼得格勒的工人和陆海军士兵。1917年7月3日(16日),由第一机枪团带头,自发的游行示威从维堡区开始,并有发展成为反对临时政府的武装行动的趋势。鉴于当时俄国革命危机尚未成熟，布尔什维克党不赞成搞武装行动。7月3日(16日)下午4时，党中央决定劝阻群众。但是示威已经开始，制止已不可能。在这种情况下，当天夜晚，布尔什维克党中央又同彼得堡委员会和军事组织一起决定参加游行示威，以便把它引导到和平的有组织的方向上去。当时正在内沃拉村休息的列宁，闻讯后于7月4日(17日)晨赶回彼得格勒。7月4日(17日)这天参加游行示威的共50多万人。列宁在克舍辛斯卡娅公馆的阳台上向游行的水兵发表了演说，要求群众沉着、坚定和警惕。示威群众派代表要求苏维埃中央执行委员会夺取政权，遭到社会革命党、孟什维克首领的拒绝。军事当局派军队镇压和平的游行示威，示威群众在市内好几个地方同武装的反革命分子发生冲突，死56人，伤650人。在人民意志表达以后，布尔什维克党于5日发表了停止游行示威的号召书。莫斯科、下诺夫哥罗德等城市也发生了反政府的游行示威。临时政府在孟什维克和社会革命党所把持的中央执行委员会积极支持下，随即对革命人民进行镇压。7月5—6日(18—19日)，《真理报》编辑部和印刷厂以及布尔什维克党中央办公处所被捣毁。7月6日(19日)，临时政府下令逮捕列宁。工人被解除武装。革命的彼得格勒卫戍部队被调出首都，派往前线。七月事变后，政权完全转入反革命的临时政府手中，苏维埃成了它的附属品，革命和平发展时期告终，武装起义的任务提上了日程。——209。

97　《共产主义》杂志(«Kommunismus»)是共产国际东欧书记处的机关刊物(周刊)，1920—1921年在维也纳出版，共出了81期。该刊主编是伊斯列尔。——212、248。

98　指《共产主义运动中的"左派"幼稚病》一书(见《列宁全集》第2版第39卷第1—95页；节选部分见本卷第132—211页)。——212。

99　指德国独立社会民主党。见注42。——213。

100　《民族和殖民地问题提纲初稿》是列宁为共产国际第二次代表大会起草的文件之一，写于1920年6月5日。当天列宁将它寄给了斯大林、格·瓦·契切林、尼·尼·克列斯廷斯基、莫·格·拉费斯、叶·阿·普列奥布拉任斯基、帕·路·拉品斯基等征求意见。对寄来的某些不正确的意见，列宁明确表示不同意。例如，契切林没有很好考虑列宁关于对资产阶级和农民要加以区别的意见，对此列宁写道："我的提纲**更强**调同**农民**的联盟(而这并**不完全**=资产阶级)。"普列奥布拉任斯基在意见中谈到未来社会主义欧洲各共和国同经济上落后的附属国之间的关系说："如果不能同这些民族的领导集团达成经济协议,那么用强力镇压它们和用强制手段把经济上重要的地区并入欧洲共和国联盟就在所难免。"对此,列宁写道:"说得太过分了。'用强力镇压''在所难免'之说是缺乏根据的和不正确的,完全不对。"

提纲初稿由代表大会的民族和殖民地问题委员会略加修改,交共产国际第二次代表大会讨论。提纲于 1920 年 7 月 28 日被代表大会通过。——215。

101 共产国际第二次代表大会于 1920 年 7 月 19 日—8 月 7 日举行(开幕式在彼得格勒举行,以后的会议从 7 月 23 日起在莫斯科举行)。出席大会的有来自 37 个国家的 67 个组织(其中有 27 个共产党)的 217 名代表。法国社会党和德国独立社会民主党派代表列席大会,有发言权。代表大会的全部筹备工作是在列宁的领导下进行的。他在会前写的《共产主义运动中的"左派"幼稚病》一书对规定共产国际的任务和制定共产国际的政治路线起了重要的作用。列宁以俄共(布)代表团成员身份出席大会,被选入了主席团。

代表大会的议程包括:国际形势和共产国际的基本任务;共产党在无产阶级夺取政权以前和以后的作用和结构;工会和工厂委员会;议会斗争问题;民族和殖民地问题;土地问题;对新中派的立场和加入共产国际的条件;共产国际章程;组织问题(合法与不合法组织、妇女组织等等);青年共产主义运动;选举;其他事项。为了预先审议议程上的重大问题,7 月 24 日举行的大会第三次全体会议上成立了 6 个委员会:工会运动委员会、议会斗争委员会、土地问题委员会、国际形势和共产国际任务委员会、民族和殖民地问题委员会、制定加入共产国际的条件的委员会。

代表大会将列宁起草的《关于共产国际第二次代表大会的基本任务的提纲》作为大会决议予以批准。在民族和殖民地问题上,代表大会通过了以列宁的初稿为基础的《民族和殖民地问题提纲》和《民族和殖民地问题补充提纲》。在土地问题上,代表大会通过了以列宁提纲为基础的决议。代表大会非常注意共产党争取和领导劳动群众的问题,它谴责了左倾学理主义,通过了《共产党和议会斗争》、《工会运动、工厂委员会和第三国际》等决议。代表大会通过的《共产党在无产阶级革命中的作用》的决议指出:共产党是工人阶级解放的主要的和基本的武器;共产党的作用在工人阶级夺得政权以后不但没有缩小,相反还无比地增大了。代表大会通过的《加入共产国际的条件》这一文件对于在革命纲领基础上巩固共产党和防止机会主义的和中派的政党钻入共产国际具有重大的作用。代表大会还批准了共产国际的章程,通过了《共产国际第二次代表大会宣言》和一系列号召书。

共产国际第二次代表大会奠定了共产国际的纲领的、策略的和组织的基础,对发展国际共产主义运动具有重大意义。——215、315、369、474。

102　关于匈牙利苏维埃共和国,见注 35 和注 83。——218。

103　芬兰苏维埃共和国是指 1918 年成立的芬兰社会主义工人共和国。芬兰革命于 1918 年 1 月在芬兰南部工业地区爆发。1 月 27 日夜,芬兰赤卫队占领了芬兰首都赫尔辛福斯。资产阶级的斯温胡武德政府被推翻。1 月 28 日工人们建立了芬兰革命政府——人民代表委员会。参加革命政府的有库·曼纳、奥·库西宁、尤·西罗拉等人。国家政权的基础是由工人选出的工人组织议会。革命政府的最主要的措施是:将一部分工商企业和大庄园收归国有;把芬兰银行收归政府管理,并建立对私营银行的监督;建立工人对企业的监督;将土地无偿地交给佃农。芬兰这次无产阶级革命只是在芬兰南部取得了胜利。斯温胡武德政府在芬兰北部站稳了脚跟之后,集结了一切反革命力量,并在德国政府的援助下,向革命政权发动进攻。由于德国的武装干涉,芬兰革命经过激烈的国内战争以后,于 1918 年 5 月初被镇压了下去。——218。

104　拉脱维亚苏维埃共和国是在拉脱维亚无产阶级和农民奋起反对德国占领军和乌尔曼尼斯资产阶级临时政府的斗争高潮中成立的。1918 年 12 月 17 日,以彼·伊·斯图契卡为主席的拉脱维亚临时苏维埃政府发布宣言,宣布拉脱维亚的全部政权归苏维埃。12 月 22 日,苏维埃俄国人民委员会宣布承认苏维埃拉脱维亚独立。拉脱维亚各地纷纷起义。到 1919 年 1 月底,拉脱维亚全境除利耶帕亚外都已解放。1 月 13—15 日,在里加举行了全拉脱维亚苏维埃第一次代表大会。大会通过宪法,宣布拉脱维亚为苏维埃社会主义共和国,选举了拉脱维亚中央执行委员会,并制定了社会主义改造的纲领。苏维埃政府没收了地主的土地,将银行和大企业收归国有。1919 年 3 月,在美英帝国主义的支持下,德国军队和白卫军向苏维埃拉脱维亚大举进攻。5 月首都里加陷落。1920 年 1 月初拉脱维亚全境被干涉军占领。拉脱维亚苏维埃共和国被颠覆。——218。

105　乌克兰苏维埃共和国是 1917 年 12 月成立的。1918 年 2 月德奥军队侵入乌克兰,4 月底乌克兰全境被占领。在赶走了侵略者及其帮凶以后,苏维埃政权在乌克兰恢复。1919 年 3 月在哈尔科夫举行的乌克兰苏维埃第三次代表大会通过了乌克兰苏维埃社会主义共和国第一部宪法。——218。

106 指尤·马尔赫列夫斯基的论文《土地问题和世界革命》。该文发表于1920年7月20日出版的《共产国际》杂志第12期。在这本杂志出版以前列宁已读过这篇文章。——223。

107 指德国独立社会民主党和英国的独立工党。见注42和注56。——231。

108 法国社会党(工人国际法国支部)是由1902年建立的法国社会党(饶勒斯派)和1901年建立的法兰西社会党(盖得派)合并而成的,1905年成立。在统一的社会党内,改良派居领导地位。第一次世界大战一开始,该党领导就转向社会沙文主义立场,公开支持帝国主义战争,参加资产阶级政府。该党党内有以让·龙格为首的同社会沙文主义分子妥协的中派,也有站在国际主义立场上的革命派。俄国十月社会主义革命后,法国社会党内公开的改良派和中派同革命派之间展开了激烈的斗争。在1920年12月举行的图尔代表大会上,革命派取得了多数地位。代表大会通过了该党参加共产国际的决议,并创立了法国共产党。改良派和中派退党,另行建立一个独立的党,仍称法国社会党(工人国际法国支部)。——245、269。

109 美国社会党是由美国社会民主党(尤·维·德布兹在1897—1898年创建)和以莫·希尔奎特、麦·海斯为首的一批原美国社会主义工人党党员联合组成的,1901年7月在印第安纳波利斯召开代表大会宣告成立。该党社会成分复杂,党员中有美国本地工人、侨民工人、小农场主、城市小资产阶级和知识分子。该党重视同工会的联系,提出自己的纲领,参加选举运动,在宣传社会主义思想和开展反垄断的斗争方面作出了贡献。后来机会主义分子(维·路·伯杰、希尔奎特等)在党的领导中占了优势,他们强使1912年该党代表大会通过了摒弃革命斗争方法的决议。以威·海伍德为首的一大批左派分子退党。在第一次世界大战期间,社会党内形成了三派:支持美国政府帝国主义政策的社会沙文主义派,只在口头上反对帝国主义战争的中派,站在国际主义立场上反对帝国主义战争的革命少数派。1919年,退出社会党的左派代表建立了美国共产党和美国共产主义工人党。社会党的影响下降。——245。

110 指瑞士社会民主党。

瑞士社会民主党(在瑞士法语区和意大利语区称瑞士社会党)成立

于1870年,加入过第一国际。1888年重新建立。机会主义分子在党内有很大势力,他们在第一次世界大战期间采取了社会沙文主义立场。1916年秋,该党右翼(格留特利联盟)从党内分裂出去。以罗·格里姆为首的多数党员采取中派主义和社会和平主义立场。党内左派则坚持国际主义立场。在俄国十月革命的影响下,该党左翼增强。左派于1920年12月退出该党,1921年3月同1917—1918年出现的一些共产主义团体一起组成了统一的瑞士共产党(后称瑞士劳动党)。——246。

111 当时参加意大利社会党都灵支部的有该党左翼革命派的代表安·葛兰西、帕·陶里亚蒂等。都灵支部批评了社会党中央的调和派领导人,指出他们在无产阶级有可能夺取政权的1919—1920年革命高潮中没有对形势作出正确的分析,没有统一和协调群众的革命斗争,没有从党内清除改良主义者。都灵支部提出了许多实际建议:清除党内机会主义者,在各工厂、工会、兵营建立共产主义小组;建立工厂委员会,对工农业生产进行监督。该支部还要求立即发动人民群众着手建立苏维埃。

列宁这里提到的都灵支部对意大利社会党全国委员会的建议是由葛兰西草拟的。根据列宁的提议,《共产国际》杂志在1920年7月20日出版的第12期上转载了这一文件。——247。

112 《新秩序》周刊(«L'Ordine Nuovo»)是意大利社会党左翼的机关刊物,1919年在意大利都灵创刊。1921年起改为日报,成为意大利共产党的机关报。领导人是安·葛兰西和帕·陶里亚蒂。1922年10月,该报被法西斯政府查封,但仍秘密出版,直到同年12月为止。1924年该报在罗马复刊,但不久又被查封。——247。

113 德国共产主义工人党是由被德国共产党第二次代表大会(1919年10月)开除出党的无政府主义"左派"分子组成的,1920年4月在柏林成立。该党参加共产国际第二次代表大会的代表是奥·吕勒和奥·梅尔盖斯。他们在代表大会上坚持错误的组织观点和策略观点。由于得不到共产国际的支持,他们退出了代表大会。德国共产主义工人党后来蜕化成为一个宗派小集团,于1927年解散。——248、480、551。

114 指瑞士的一些共产主义团体于1918年10月联合组成的瑞士共产党。这个组织当时人数很少。它有两名代表出席了共产国际第二次代表大会。

1920年12月,瑞士社会民主党的左翼从该党分离出来,提出了在瑞士建立一个强有力的共产国际支部的问题。1921年3月,在苏黎世召开了有共产党的28名代表和原社会民主党左翼的145名代表参加的代表大会。在这个会上正式成立了统一的瑞士共产党。——248。

115 车间代表委员会是第一次世界大战期间英国一些工业部门的工人组织，由车间工人选举的代表组成。它们同执行"国内和平"政策的工联领袖相对立，捍卫工人群众的利益和要求，领导工人罢工，进行反战宣传。1916 年，车间代表委员会成立了全国性组织。俄国十月革命后，在外国武装干涉苏维埃共和国期间，车间代表委员会积极支持苏维埃俄国。车间代表委员会的许多活动家，包括威·加拉赫、哈·波立特等，后来加入了英国共产党。——248。

116 阿姆斯特丹黄色工会"国际"即国际工会联合会，是由一些国家的改良主义工会领导人在 1919 年 7 月 26 日—8 月 2 日于阿姆斯特丹举行的代表会议上建立的。参加联合会的有英、法、德、美等 14 个国家的工会组织。阿姆斯特丹黄色工会国际主张无产阶级同资产阶级合作，摒弃工人阶级革命的斗争形式。该国际的领导人执行分裂工人运动的政策，拒绝红色工会国际的一切共同行动的建议。第二次世界大战爆发后，该国际停止活动。世界工会联合会成立后，阿姆斯特丹黄色工会国际于 1945 年 12 月 14 日正式宣布解散。——253。

117 红色工会国际联合组织指当时正在筹备而于 1921 年正式成立的革命工会的国际联合组织——红色工会国际。红色工会联合了未参加阿姆斯特丹工会国际的一些全国性工会组织以及改良主义工会组织中的反对派。红色工会国际为在革命斗争基础上建立工会运动的统一而斗争。1937 年底，红色工会国际停止活动。——253。

118 《加入共产国际的条件的第二十条》是 1920 年 7 月 25 日列宁在共产国际第二次代表大会制定加入共产国际的条件的委员会会议上提出的。列宁为共产国际第二次代表大会草拟的《加入共产国际的条件》的提纲，共有 19 条（见本卷第 250—255 页）。代表大会通过的加入共产国际的条件共有 21 条。第 21 条是："**党员如果原则上否认共产国际所提出的义务和提纲，应该开除出党。**

这一条也适用于党的紧急代表大会的代表。"——256。

119 这里选收了列宁有关共产国际第二次代表大会的两件文献。

关于共产国际第二次代表大会，见注 101。——257。

120 《泰晤士报》(《The Times》) 是英国的一家有影响的资产阶级报纸（日报），1785 年 1 月 1 日在伦敦创刊。原名《环球纪事日报》，1788 年 1 月改称《泰晤士报》。——262。

121 指《俄罗斯社会主义联邦苏维埃共和国外交人民委员部通报》。

《俄罗斯社会主义联邦苏维埃共和国外交人民委员部通报》（«Вестник Народного Комиссариата по Иностранным Делам РСФСР»）是苏维埃俄国外交人民委员部的机关刊物，1919年6月20日—1922年6月在莫斯科出版。格·瓦·契切林、米·尼·波克罗夫斯基、费·阿·罗特施坦等参加过该刊的工作。——263。

122 第二半国际（维也纳国际）是在革命群众压力下退出了伯尔尼国际的各国中派社会党的国际组织。这一组织在1921年2月22—27日举行的维也纳代表会议上成立，正式名称是社会党国际联合会。参加这一组织的有英国独立工党、德国独立社会民主党等10多个中派社会党以及俄国的孟什维克和社会革命党。奥地利社会民主党的弗·阿德勒任总书记。成立第二半国际的真正目的是阻碍广大群众转向共产国际。第二半国际的领袖们（阿德勒、奥·鲍威尔、罗·格里姆、阿·克里斯平、让·龙格、尔·马尔托夫、维·米·切尔诺夫等）口头上批评第二国际，实际上在无产阶级运动的一切主要问题上都执行机会主义的中派路线。1923年5月，在革命浪潮开始低落的形势下，第二半国际同伯尔尼国际合并为社会主义工人国际。——264、515、537、551、566、610、629、639、657。

123 "基尔特"社会主义者（"基尔特"是拉丁语"gilda"一词的音译，意为"行会"）是20世纪初在英国工人运动中出现的改良主义派别，创始人是费边社成员乔·科尔、阿·约·彭蒂等。1914年，该派建立了"基尔特"全国联盟，制定了"基尔特"社会主义的纲领。"基尔特"社会主义者否认国家的阶级性，在工人中散布可以不通过阶级斗争而摆脱剥削的幻想。他们提出在现有工联的基础上由工人、工程技术人员按行业组成"基尔特"来管理工业生产，实行"产业民主"、"产业自治"，并由国家来负责产品分配和保证全民的消费，认为这样一来就能和平地消灭资本主义，使劳动者得到解放。俄国十月社会主义革命后，"基尔特"社会主义者为了同阶级斗争和无产阶级专政的思想相对抗，特别起劲地宣传他们的理论。20年代，"基尔特"社会主义的影响逐渐消失。——273。

124 这是列宁代表民族和殖民地问题委员会所作的报告。

民族和殖民地问题委员会是共产国际第二次代表大会成立的6个委员会之一，由英国、奥地利、保加利亚、匈牙利、德国、荷兰、印度、印度尼西亚、伊朗、爱尔兰、中国、朝鲜、墨西哥、俄国、美国、土耳其、法国、南斯拉夫等国的代表共 20 人组成。委员会于 1920 年 7 月 25 日讨论了列宁起草的民族和殖民地问题提纲,对提纲稍作修改,于 7 月 26 日提交大会审议。提纲经代表大会第四次和第五次全体会议讨论后,于 7 月 28 日通过。此外,委员会和代表大会全体会议还讨论和通过了马·纳·罗易的补充提纲。——275。

125 琼果主义即极端沙文主义。19 世纪 70 年代俄土战争期间,在英国流行过一首好战的军国主义歌曲,其歌词中反复出现"by Jingo"(音译"琼果")一语,意即"以上帝的名义起誓"。"琼果"后来就成了表示极端沙文主义情绪的专用名词。——279。

126 巴塞尔宣言即 1912 年 11 月 24—25 日在巴塞尔举行的国际社会党非常代表大会一致通过的《国际局势和社会民主党反对战争危险的统一行动》决议,德文本称《国际关于目前形势的宣言》。宣言谴责了各国资产阶级政府的备战活动,揭露了即将到来的战争的帝国主义性质,号召各国人民起来反对帝国主义战争。宣言斥责了帝国主义的扩张政策,号召社会党人为反对一切压迫小民族的行为和沙文主义的表现而斗争。宣言写进了 1907 年斯图加特代表大会决议中列宁提出的基本论点:帝国主义战争一旦爆发,社会党人就应该利用战争所造成的经济危机和政治危机,来加速资本主义的崩溃,进行社会主义革命。——279、569、639、691。

127 列宁在俄国共产主义青年团第三次代表大会上的讲话最初发表于 1920 年 10 月 5、6、7 日《真理报》第 221、222、223 号,当年用《青年团的任务(在俄国共产主义青年团第三次代表大会上的讲话)》为书名印成小册子出版。讲话的这一最早的单行本经列宁审阅过,是政治教育总委员会丛书第 1 种。这个版本印了 20 万册,仍不能满足需求,因而出现了一些打字本和手抄本。此后,各出版社曾用《学什么和怎样学》、《共青团员应当成为什么样的人》、《伊里奇的遗训》、《伊里奇对青年的遗训》、《青年的任务》、《青年怎样学习共产主义》、《论共产主义教育和共产主义道德》等书名多次重印这个讲话。1930 年,青年近卫军出版社出了《青年团的任务》出版十周年纪念版,这个版本的注释经娜·康·克鲁普斯卡娅审阅过。在《列宁全集》俄文第 5 版中,这个讲话是按 1920 年出版的单行本刊印的,删去了小册子编者所加的小标题。

俄国共产主义青年团第三次代表大会于 1920 年 10 月 2—10 日在莫斯科斯维尔德洛夫共产主义大学举行。出席这次代表大会的约有 600 名代表。大会议程如下:共和国的军事和经济形势;青年共产国际;俄国共青团中央的工作报告;青年的社会主义教育;民兵和青年体育;团纲;团章;选举俄国共青团中央委员会。列宁于10月2日晚在代表大会第一次会议上发表了讲话,并回答了与会代表提出的许多问题。在回答共青团和俄共(布)之间应该是什么关系这一问题时,列宁指出,共青团如果真正愿意成为共产主义的青年团,就应该在党的领导下工作,遵循党的总的指示。列宁强调共青团的活动应成为正在成长的一代青年的楷模。列宁说,共产主义社会是在反对一切剥削者的斗争中形成的。"这是长期的事业,它要求组织、学习、培养。"

根据列宁的指示,共青团第三次代表大会强调指出:"俄国共产主义青年团的基本任务是对劳动青年进行共产主义教育,在这一教育中要把理论教育与积极参加劳动群众的生活、工作、斗争和建设紧密结合起来。"——281。

128　指无产阶级文化协会的代表人物。

无产阶级文化协会是苏联早期的群众性文化组织,十月革命前夕在彼得格勒成立。十月革命后在国内各地成立分会。各地协会最多时达1 381个,会员40多万。参加协会的有真诚希望帮助苏维埃国家文化建设的青年工人。但是协会的领导为亚·亚·波格丹诺夫及其拥护者所把持。他们在十月革命后仍继续坚持协会的"独立性",从而把它置于同共产党和苏维埃国家相对立的地位。他们否认以往的文化遗产的意义,力图摆脱群众性文教工作的任务,而企图通过脱离实际生活的"实验室的道路"来创造"纯粹无产阶级的"文化。波格丹诺夫口头上承认马克思主义,实际上鼓吹马赫主义这种主观唯心主义的哲学。列宁在《关于无产阶级文化》(见本卷第298—300页)等著作中批判了无产阶级文化派的错误。无产阶级文化协会于20年代初趋于衰落,1932年停止活动。——285。

129　《关于无产阶级文化》这一决议草案是列宁在全俄无产阶级文化协会第一次代表大会期间写的。这次代表大会于1920年10月5—12日在莫斯科举行。10月9日和11日,俄共(布)中央政治局开会,以列宁的这个草案为基础,讨论了无产阶级文化协会的问题。会议建议代表大会的共产党党团通过一个组织问题决议,规定中央和地方的无产阶级文化协会从属于教育人民委员部的同级机构。代表大会一致通过了根据列宁的建议起草的这个决议。但是代表大会后,无产阶级文化协会的某些领导人却声称他们不同意这个决议,并向协会普通会员歪曲传达决议的精神,说俄

共(布)中央要限制工人在艺术创作领域中的主动性并想取消无产阶级
文化协会的组织。俄共(布)中央在 1920 年 12 月 1 日《真理报》上发表
了《关于无产阶级文化协会》一信,驳斥了这些歪曲事实的说法,详细分
析了无产阶级文化协会的错误。——298。

130 《消息报》(《Известия》)于 1917 年 2 月 28 日(3 月 13 日)在彼得格勒创
刊,最初称《彼得格勒工人代表苏维埃消息报》,从 3 月 2 日(15 日)第 3
号起成为彼得格勒工兵代表苏维埃的机关报。编辑部成员起初有:波·
瓦·阿维洛夫、弗·亚·巴扎罗夫、弗·德·邦契-布鲁耶维奇、约·
彼·戈尔登贝格和格·弗·策彼罗维奇。由于编辑部内部意见分歧,
阿维洛夫、邦契-布鲁耶维奇和策彼罗维奇于 4 月 12 日(25 日)退出了
编辑部,孟什维克和社会革命党人费·伊·唐恩、弗·萨·沃伊京斯
基、A. A. 郭茨、伊·瓦·切尔内绍夫随后进入编辑部。在全俄苏维埃第
一次代表大会成立了工兵代表苏维埃中央执行委员会以后,该报成为
中央执行委员会的机关报,从 1917 年 8 月 1 日(14 日)第 132 号起,用
《中央执行委员会和彼得格勒工兵代表苏维埃消息报》的名称出版。决
定该报政治方向的是当时在执行委员会中占多数的社会革命党—孟什
维克联盟的代表人物。

十月革命后,该报由布尔什维克领导。在全俄苏维埃第二次代表
大会以后,即从 1917 年 10 月 27 日(11 月 9 日)起,该报更换了编辑部
成员,成为苏维埃政权的正式机关报。1918 年 3 月该报迁至莫斯科出
版。从 1923 年 7 月 14 日起,成为苏联中央执行委员会和全俄中央执行
委员会的机关报。从 1938 年 1 月 26 日起,改称《苏联劳动人民代表苏
维埃消息报》。——298、357。

131 指 1920 年 10 月 8 日《全俄中央执行委员会消息报》对阿·瓦·卢那察尔
斯基 10 月 7 日在全俄无产阶级文化协会第一次代表大会上的讲话的报
道。报道说:"卢那察尔斯基同志指出,应该保证无产阶级文化协会有特
殊的地位、最完全的自治。"

关于这件事,卢那察尔斯基在自己的回忆录中说:"1920 年 10 月无
产阶级文化协会举行代表大会时,弗拉基米尔·伊里奇要我去参加会议,
并明确指出,无产阶级文化协会必须接受教育人民委员部的领导,把自己
看成是它的一个机构等等。总之,弗拉基米尔·伊里奇要求我们把无产
阶级文化协会吸引到国家这方面来,当时他还采取了种种措施使它靠近
党。我在代表大会上的讲话,措辞相当婉转温和,而传到弗拉基米尔·伊

里奇那里时就变得更加软弱无力了。他把我叫去申斥了一顿,后来无产阶级文化协会就根据他的指示改组了。"——298。

132　这是列宁在全俄省、县国民教育局政治教育委员会工作会议第三次会议上的讲话。讲话发表于 1920 年 11 月 5 日和 6 日《真理报》第 248 号和第 249 号,还刊登于莫斯科出版的《全俄政治教育委员会工作会议公报(1920 年 11 月 1—8 日)》。

　　全俄省、县国民教育局政治教育委员会工作会议于 1920 年 11 月 2—8 日在莫斯科举行。参加会议的有 283 名代表。会议主要讨论了与建立共和国政治教育总委员会有关的一些问题。会议听取了阿·瓦·卢那察尔斯基关于政治教育工作问题的讲话、娜·康·克鲁普斯卡娅作的题为《政治教育总委员会当前工作计划》的报告和叶·亚·利特肯斯作的题为《地方政治教育委员会的组织》的报告。会议还讨论了粮食运动与政治教育工作、同恢复国家经济生活有关的生产宣传、扫除文盲等问题。——301。

133　政治教育总委员会是根据人民委员会《关于共和国政治教育总委员会的法令》、在教育人民委员部社会教育司的基础上成立的。这一法令是根据列宁的指示(见《列宁全集》第 2 版第 39 卷第 397—398 页)制定的,1920 年 11 月 12 日由列宁签署,公布于 1920 年 11 月 23 日《全俄中央执行委员会消息报》第 263 号。政治教育总委员会是教育人民委员部的总局级机构,在行政上和组织上归它领导,但在涉及工作的思想内容的问题上则直接归俄共(布)中央领导。政治教育总委员会统一和指导全国的政治教育和宣传鼓动工作,领导群众性的成人共产主义教育(扫除文盲、学校、俱乐部、图书馆、农村阅览室)以及党的教育(共产主义大学、党校)。政治教育总委员会的主席一职一直由娜·康·克鲁普斯卡娅担任。1930 年 6 月,政治教育总委员会改组为教育人民委员部群众工作处。——301、350、589。

134　根据列宁的建议(见《列宁全集》第 2 版第 39 卷第 397—398 页)制定的人民委员会《关于共和国政治教育总委员会的法令》于 1920 年 11 月 12 日由列宁签署,1920 年 11 月 23 日发表于《全俄中央执行委员会消息报》第 263 号。——301。

135　1920 年 11 月 30 日《真理报》第 269 号摘要发表了列宁在俄共(布)莫斯科组织支部书记会议上的讲话(见《列宁全集》第 2 版第 40 卷第 41—44 页)。其中某些内容,列宁认为从政治上考虑当时不宜公开发表。伊·

伊·斯克沃尔佐夫-斯捷潘诺夫在《对什么人不应该实行租让》(载于1920年12月5日《真理报》第274号)一文中纠正了《真理报》编辑部的错误。他写道,肃反委员会的机关将进行监督,不让承租人从事敌视苏维埃国家的活动。"而列宁同志在他的讲话(11月30日《真理报》第269号发表的报道过于简略,而且有不少地方与原意不符)中提到存在着全俄肃反委员会、莫斯科肃反委员会、省肃反委员会时,显然指的就是这种情况。同样,他说一旦发生战争,根据战争法规全部财产将归我们所有,也说得完全正确,他是说只有那些确信其本国利益不要求同我们作战,而要求同我们进行贸易的集团才会记住这一点,而愿意向我们承租。"——312。

136 远东共和国是1920年4月在东西伯利亚和远东地区成立的民主共和国,首都在上乌金斯克(现称乌兰乌德),后迁到赤塔。政府领导人是布尔什维克亚·米·克拉斯诺晓科夫、彼·米·尼基福罗夫等。苏维埃俄国政府于1920年5月14日正式承认远东共和国,并提供财政、外交、经济和军事援助。远东共和国是适应当时极为复杂的政治形势而成立的,目的是防止苏维埃俄国同日本发生军事冲突,并为在远东地区消除外国武装干涉和白卫叛乱创造条件。为了领导远东地区党的工作,成立了俄共(布)远东局(后改为俄共(布)中央远东局)。这个特别党组织的任务之一就是保证俄共(布)中央和俄罗斯联邦人民委员会对远东共和国的对内对外政策起决定性作用。在远东大部分地区肃清了武装干涉者和白卫军后,远东共和国国民议会于1922年11月14日作出加入俄罗斯联邦的决定。1922年11月15日,全俄中央执行委员会宣布远东共和国为俄罗斯联邦的一部分。——318。

137 指1920年国家出版社出版的小册子《关于租让。1920年11月23日人民委员会法令。法令全文。租让项目。地图》。——323。

138 指1920年11月29日由英国商业大臣爱·弗·怀斯交给在伦敦的苏维埃贸易代表团团长列·波·克拉辛的英苏贸易协定草案。

　　苏俄同英国进行的关于经济和政治关系正常化的谈判从1920年5月开始,至1921年3月16日双方签订通商条约后结束。——325。

139 《东方民族》杂志(《Народы Востока》)是东方各民族宣传及行动委员会的机关刊物(月刊),由1920年9月1—7日在巴库举行的东方各民族第一次代表大会决定出版。该杂志只于1920年10月用俄、土、波斯和阿拉伯四种文字在巴库出版了1期。——326。

140　指人民委员会提请全俄中央执行委员会主席团交全俄苏维埃第八次代表大会批准的《关于加强和发展农民农业经济的措施》的法案。该法案刊载于1920年12月14日《消息报》第281号。法案规定把国家调节农业发展的措施同农民个人从提高本农户生产率中得益的原则结合起来。法案被代表大会一致通过。——331。

141　这里选收了列宁有关全俄苏维埃第八次代表大会的一件文献。

全俄苏维埃第八次代表大会于1920年12月22—29日在莫斯科举行。出席大会的代表有2 537名,其中有表决权的代表1 728名,有发言权的代表809名。按党派区分,代表中有共产党员2 284名,党的同情者67名,无党派人士98名,孟什维克8名,崩得分子8名,左派社会革命党人2名,另外还有一些其他党派的成员。

这次代表大会是在国内战争胜利结束、经济战线成为主要战线的时候召开的。大会议程是:全俄中央执行委员会和人民委员会关于对外对内政策的报告;俄罗斯电气化;恢复工业和运输业;发展农业生产和帮助农民经济;改善苏维埃机关工作和同官僚主义作斗争;选举全俄中央执行委员会。议程上的主要问题预先在俄共(布)党团会议上进行讨论。

大会的工作是在列宁的直接领导下进行的。代表大会根据列宁所作的全俄中央执行委员会和人民委员会关于对外对内政策的报告,以压倒多数票通过了完全赞同政府工作的决议。大会通过了在列宁倡议下制定的国家电气化计划和列宁起草的关于电气化报告的决议(见《列宁全集》第2版第40卷第192—193页)。大会审议了人民委员会1920年12月14日通过的关于加强和发展农民农业经济的措施的法案,并一致通过了这一法案。大会通过了一个关于苏维埃建设的详尽决定。这个决定对中央和地方政权机关和经济管理机关的相互关系作了调整。大会还批准了劳动国防委员会的新条例,选举了由300名委员和100名候补委员组成的新的全俄中央执行委员会。——338、381、392、435、510、527、542。

142　1920年8月10日,法国政府正式宣布承认彼·尼·弗兰格尔为"南俄执政者",并任命了驻弗兰格尔"政府"的外交代表。——339。

143　布哈拉苏维埃共和国是指1920年10月8日成立的布哈拉人民苏维埃共和国。布哈拉原是16世纪在中亚建立的一个封建国家(布哈拉汗国),居民有乌兹别克人、塔吉克人、土库曼人等,1868年被沙皇俄国征服,成为它的属国。1920年,在红军的援助下,布哈拉共产党发动了武装起义,建立了布哈拉人民苏维埃共和国。1924年该共和国改称布哈拉苏维埃社会主义共和国。由于中亚细亚各苏维埃共和国重新划定国界,该共和国从1924年10月27日起不再存在,其领土分别划归新成立的乌兹别克、土库曼和塔吉克三个苏维埃共和国。——341。

144 1921年2月26日,在莫斯科签订了俄罗斯联邦和波斯建立友好关系的条约。条约规定:沙皇政府同波斯以及第三国签订的有损于波斯主权的所有协定一概废除;沙皇俄国在波斯占有的租借地和财产全部归还波斯;苏维埃政府放弃对沙皇政府向波斯提供的贷款的一切权利。条约还规定:双方互不干涉内政,禁止在各自领土上建立或驻留旨在反对俄国或波斯的组织或团体;如遇帝国主义武装干涉,双方采取共同措施。——342。

145 行动委员会是英国工人为阻止英国参加反对苏维埃俄国的战争而创建的群众组织。1920年8月初,英国外交大臣乔·纳·寇松向苏维埃政府发出最后通牒,要求苏维埃军队停止进攻波兰,否则将出兵干涉。英国政府的帝国主义行径引起广大英国工人的抗议。他们纷纷成立工人的战斗中心——行动委员会;各地的行动委员会总数达350个,其中一部分是共产党人主持的。在工人群众的强大压力下,工党和工联领袖们被迫参加了这一运动。8月9日,在伦敦召开了工联议会委员会、工党执行委员会和议会党团代表的联席会议,由这3个组织各出5名代表组成了中央行动委员会。8月13日,中央行动委员会召开了全英工人代表会议。会议要求给予苏维埃俄国以外交承认,同它建立正常的经济关系,并授权中央行动委员会在反战斗争中采用一切手段,直至举行总罢工。英国工人最终迫使英国政府放弃了公开参加对苏维埃俄国作战的打算。行动委员会于1921年初停止活动。——343。

146 国防委员会(工农国防委员会)是全俄中央执行委员会为贯彻它在1918年9月2日颁发的宣布苏维埃共和国为军营的法令而于1918年11月30日设立的。国防委员会是苏维埃俄国的非常最高机关,有动员人力物力保卫苏维埃国家的全权。国防委员会的决议,中央以及地方各部门和机关、全体公民都必须执行。在外国武装干涉和国内战争时期,国防委员会是组织共和国战时经济和编制计划的中心。革命军事委员会及其他军事机关的工作都处于它的严格监督之下。列宁被任命为国防委员会主席。1920年4月初,国防委员会改组为劳动国防委员,其任务是指导经济系统各人民委员部和所有国防机关的活动。劳动国防委员会一直存在到1937年4月。——346、377、403、435。

147 指马克思和恩格斯合著的《神圣家族,或对批判的批判所做的批判》一书中的一个论点："历史活动是群众的活动,随着历史活动的深入,必将是群众队伍的扩大。"(见《马克思恩格斯文集》2009 年人民出版社版第 1 卷第 287 页)——348。

148 指根据俄共(布)中央委员会 1920 年 12 月 8 日全体会议的决定建立的全俄工会中央理事会全俄生产宣传局。全俄生产宣传局由俄共(布)中央委员会、全俄工会中央理事会、最高国民经济委员会、政治教育总委员会、职业教育总局和农业人民委员部的代表组成。1921 年 1 月 21 日,俄共(布)中央组织局批准了该局章程。章程规定了中央和地方的生产宣传机关的目的、任务和组织机构。全俄生产宣传局的职责是制定总的工作计划,领导和检查各机关的生产鼓动和宣传工作。——350、379。

149 第 1042 号命令是交通总管理局于 1920 年 5 月 22 日发布的。命令就修复第一次世界大战和国内战争期间被破坏的机车的问题作出规定,要求在四年半内(从 1920 年 7 月 1 日起)把待修机车的百分比从 60% 下降到 20%。——359。

150 劳动国防委员会是苏俄人民委员会的机关,负责指导经济系统各人民委员部和国防主管部门的活动,1920 年 4 月在工农国防委员会的基础上成立。根据全俄苏维埃第八次代表大会通过的条例,劳动国防委员会享有俄罗斯联邦人民委员会直属委员会的权利。它在地方上的机关是各级经济会议。劳动国防委员会的成员包括人民委员会主席(兼劳动国防委员会主席)、陆军、交通、农业、粮食、劳动、工农检查等人民委员,最高国民经济委员会主席,全俄工会中央理事会主席和中央统计局局长(有发言权)。列宁是第一任劳动国防委员会主席。劳动国防委员会存在到 1937 年 4 月。——360、457、527、534、548、697。

151 指谢·伊·古谢夫的小册子《统一的经济计划和统一的经济机构》。他以前的那本小册子,指《经济建设的当前问题(关于俄共中央的提纲)》。列宁 1920 年 3 月 29 日在俄共(布)第九次代表大会上所作的报告中给了这本小册子以肯定的评价(见本卷第 127—128 页)。——360。

152 国家电气化委员会是根据列宁的倡议和指示成立的。1920 年 2 月 7 日第七届全俄中央执行委员会第一次会议通过一项决议,责成最高国民经济委员会协同农业人民委员部制定建立电站网的计划草案。1920 年 2 月 21 日,最高国民经济委员会主席团根据同农业人民委员部的协议,批准成立俄罗斯国家电气化委员会。委员会于 1920 年 3 月 20 日开始工作,

并且在苏维埃第八次代表大会召开前拟定了俄罗斯社会主义联邦苏维埃
共和国电气化的总规划。——362、434。

153　苏哈列夫卡是莫斯科的一个市场,坐落在1692年彼得一世所建造的苏哈
列夫塔周围。在外国武装干涉和国内战争时期,苏哈列夫卡是投机商活
动的中心。从此,苏哈列夫卡一词就成了私人自由贸易的同义语。1920
年12月,莫斯科苏维埃作出封闭该市场的决议。新经济政策时期该市场
曾恢复。1932年被取缔。——364。

154　1920年11月14日,列宁应莫斯科省沃洛科拉姆斯克县亚罗波列茨乡卡
希诺村农民的邀请,和娜·康·克鲁普斯卡娅一起出席了当地农民修建
的卡希诺电站的落成典礼。列宁同农民们进行了亲切的交谈,随后在群
众大会上发表了关于国际形势和电气化对国民经济的意义的讲话,并同
参加群众大会的部分农民一起照了相。

　　列宁提到的在群众大会上讲话的农民是德米特里·罗季昂诺夫。12
月1日,列宁通过莉·亚·福季耶娃要到了他的讲话稿,准备在向全俄苏
维埃第八次代表大会作报告时引用。——365。

155　《论工会、目前局势及托洛茨基同志的错误》是列宁就工会问题的争论向
俄共(布)积极分子发表的第一次讲话。

　　俄共(布)党内关于工会问题的争论是列·达·托洛茨基在1920年
11月3日全俄工会第五次代表会议俄共(布)党团会议上挑起的。最初
争论仅限于俄共(布)中央内部。托洛茨基12月24日在济明剧院发表的
演说和12月25日发表的纲领性小册子《工会的作用和任务》把争论扩大
到了全党。

　　12月30日在大剧院举行的全俄苏维埃第八次代表大会俄共(布)党
员代表、全俄工会中央理事会党员委员及莫斯科省工会理事会党员委员
联席会议,是专门为讨论工会问题而召开的。除列宁的讲话外,会议听取
了格·叶·季诺维也夫和托洛茨基的报告,尼·伊·布哈林、维·巴·诺
根、亚·加·施略普尼柯夫和达·波·梁赞诺夫的副报告。这次会议以
后,争论扩展到彼得格勒、乌拉尔、乌克兰、西伯利亚等地。争论开始后,
各派纷纷提出纲领和提纲。但多数纲领在争论过程中陆续撤回。到俄共
(布)第十次代表大会开幕时,还剩下3个主要的纲领,这就是:代表列宁
观点的《十人纲领》、托洛茨基和布哈林的联合纲领、工人反对派的纲领。
1921年3月8—16日举行的俄共(布)第十次代表大会以绝大多数票通
过了《十人纲领》,对这场争论作了总结。

列宁的《党内危机》一文（见《列宁全集》第 2 版第 40 卷第 231—243 页）分阶段地分析了这场争论的过程。——367。

156 靴子还没有穿破出自英国作家威·莎士比亚的悲剧《哈姆雷特》，意为时间十分短暂。丹麦王后在国王死去一个月后就嫁给了国王的弟弟。王子哈姆雷特在独白中责备她"在送葬的时候所穿的那双鞋子还没有破旧"就改了嫁（第 1 幕第 2 场）。——376。

157 指 1920 年 9 月俄共（布）第九次全国代表会议通过的《关于党的建设的当前任务》的决议（参看《苏联共产党代表大会、代表会议和中央全会决议汇编》1964 年人民出版社版第 2 分册第 37—45 页）。——376。

158 缓冲派是 1920—1921 年工会问题争论中出现的一个派别性集团，其首领是尼·伊·布哈林，参加者有尤·拉林、叶·阿·普列奥布拉任斯基、列·彼·谢列布里亚科夫、格·雅·索柯里尼柯夫、瓦·尼·雅柯夫列娃等。缓冲派以缓和列宁与列·达·托洛茨基在工会的作用和任务问题上的分歧为名，行帮助和掩护托洛茨基进行的派别活动之实。布哈林不久就放弃了自己的纲领，公开附和托洛茨基的立场。——376、393。

159 交通人民委员部总政治部是直属俄共（布）中央的运输业方面的临时政治工作机关，1919 年 2 月建立，当时叫交通人民委员部总政治处，1920 年 1 月改为交通人民委员部总政治部。建立交通人民委员部总政治部的目的是：采取非常措施防止运输业遭到彻底破坏；加强对运输工人中的党的工作和政治工作的领导；加强铁路工会使之成为进一步发展运输业的工具。交通人民委员部总政治部在铁路上实行了军事纪律。1920 年，由于国内战争结束和转入和平建设，根据俄共（布）中央全会 12 月 7 日的决定，交通人民委员部总政治部被撤销。——383、396。

160 运输工会中央委员会即铁路和水路运输联合工会中央委员会，成立于 1920 年 9 月。两个运输工会之所以合并起来，是由于当时俄国运输业的破坏已使整个国民经济濒于瘫痪，因而需要建立起坚强的集中化的领导，以保证迅速完成恢复运输业的任务。由于任务的艰巨，运输工会中央委员会在工作中还采取了某些非常措施和军事工作方法。运输工会中央委员会在恢复运输业方面做了大量工作，但是后来却蜕化成为脱离职工群众的官僚主义的机关。1920 年底—1921 年初，领导这个机构的托洛茨基分子培植官僚主义，单纯采用行政命令和委派制，拒绝民主的工作方法。所有这些引起了工人群众对党的不满，并分裂了运输工人的队伍。俄共

（布）中央谴责了这些错误做法。1920年11月8日和12月7日中央全会决定将运输工会中央委员会和其他工会一样划归全俄工会中央理事会领导，同时建议它改变工作方法。1921年3月根据俄共（布）中央决议召开的全俄运输工人第一次代表大会改选了运输工会中央委员会，制定了工会工作的新方法。——383、393。

161 水运政治部（交通人民委员部水运总政治部）成立于1920年4月，是交通人民委员部总政治部的分支机构。它的职责是：对行政业务部门实行政治监督；领导政治教育工作以迅速恢复水路运输业；为提高劳动生产率和整顿劳动纪律而斗争。1920年12月被撤销。——384、402。

162 指1920年11月8日俄共（布）中央全会选出的由格·叶·季诺维也夫、米·巴·托姆斯基、列·达·托洛茨基、扬·埃·鲁祖塔克、阿·伊·李可夫组成的工会问题委员会，不是中央委员的工会领导干部阿·洛佐夫斯基、亚·加·施略普尼柯夫和尤·赫·卢托维诺夫也是工会问题委员会委员。托洛茨基拒绝参加该委员会。关于这个问题参看《列宁全集》第2版第40卷第233页。——384。

163 本来要进这间屋子，结果却跑进了那间屋子这句话出自俄国作家亚·谢·格里鲍耶陀夫的喜剧《智慧的痛苦》第1幕第4场，意为主观上要做某一件事，结果却做了另外一件事。——386、548、672。

164 全俄工会第五次代表会议于1920年11月2—6日在莫斯科举行。出席会议的共有261名代表，其中有表决权的202名，有发言权的59名。列入代表会议议程的问题是：全俄工会中央理事会工作报告；最高国民经济委员会主席团报告；工会的生产任务；粮食运动与工会；工资政策与工人的物质供应；工会目前的组织任务及其实现的方法；工会参加工农检查院；职业技术教育的当前措施；国际工人运动问题和国际工会理事会的建立。

俄共（布）在这次会议上提出了改变工会的工作方法即用民主的方法代替行政命令的军事的方法以适应社会主义和平建设任务的问题。列·达·托洛茨基反对采用新的工作方法。11月3日，他在代表会议俄共（布）党团会议上的发言中提出了"整刷"工会的口号，要求"拧紧螺母"和立即实现"工会国家化"。托洛茨基的发言挑起了党内关于工会的作用和任务问题的争论。

11月5日，扬·埃·鲁祖塔克向代表会议作了关于工会在生产中的任务的报告。会议通过了他提出的《工会在生产中的任务》的提纲。列宁肯定了这个提纲(见本卷第387—389页)。——387、398。

165　《工人纪律同志审判会条例》是苏俄早期的同志审判会条例之一,由劳动人民委员部拟定、人民委员会审议通过,于1919年11月14日颁布。条例规定,审判会负责审理各种违反纪律的案件,设于产业工会地方分会之下,由地方或中央工厂管理处、工会理事会和发案企业的工会会员大会各出一名代表组成。企业的工厂管理处、机关的领导机构和产业工会及其机关有起诉权。审判会在非劳动时间公开开庭,可判处训诫、暂时(不超过6个月)剥夺在工会组织中的选举权与被选举权、暂时(不超过1个月)调任较低职务和降低工资等级、送往公共工程服重劳役等处分。顽抗同志纪律、屡受处分者,将作为不劳动分子从企业开除并送集中营。诉讼双方都有权就地方审判会的判决向省级审判会上诉。省级审判会设于省劳动局,由省劳动局、省工会理事会、省国民经济委员会各出一名代表组成,其判决为终审判决。条例还规定,工厂管理处、机关、企业的行政技术人员有玩忽职守等行为者,由最高国民经济委员会主席、各人民委员就其所辖范围分别作出决定,给予各种处分,直至逮捕和送集中营监禁。——390。

166　《再论工会、目前局势及托洛茨基同志和布哈林同志的错误》这本小册子是1921年1月21日或22日开始写的,当时列宁正在哥尔克休养。1月22日晚,列宁返回莫斯科时,小册子已写了大半部分。1月25日,小册子完稿,当天付排。1月26日夜,印好的一部分小册子就分发给了到各地参加关于工会问题争论的党中央委员。1月27日,小册子全部印出。小册子封面上标明仅供俄共党员阅读。——392。

167　《彼得格勒真理报》(《Петроградская Правда》)于1918年4月2日创刊,最初是俄共(布)中央委员会和彼得格勒委员会的机关报。1919年4月12日起是俄共(布)彼得格勒委员会的机关报。1924年1月30日改名为《列宁格勒真理报》。——392。

168　水运总管理局局务委员会委员维·伊·佐夫1920年5月3日的命令载于《玛丽亚区水运管理局公报》第5期。命令说:“这样一来,水运方面出现了决定性的转折。手工业方式、乱设委员会的做法、无组织和无权威状态已经成为过去,水运工作成为国家的了。担任领导的将是有相应权力的政治委员。委员会、工会以及选举产生的代表对技术和行政问题进行干预的权力已被废除。”这一命令把工会同已经过时的军队中的委员会相提并论,并以命令方式不让它们参加整顿水运的工作。——403。

169 1920 年 12 月 24 日,苏俄铁路和水路运输联合工会中央委员会在原济明剧院召开了工会运动工作者积极分子和全俄苏维埃第八次代表大会代表的联席会议。列·达·托洛茨基在会上作了关于工会在生产中的任务的报告。这个报告挑起了俄共(布)党内关于工会问题的公开争论。——432。

170 工人反对派是俄共(布)党内的一个无政府工团主义集团,首领是亚·加·施略普尼柯夫、谢·巴·梅德维捷夫、亚·米·柯伦泰等。工人反对派作为派别组织是在 1920—1921 年的工会问题争论中形成的,但是这一名称在 1920 年 9 月俄共(布)第九次全国代表会议上即已出现。工人反对派的纲领则早在 1919 年就已开始形成。在 1920 年 3—4 月举行的俄共(布)第九次代表大会上,施略普尼柯夫提出了一个关于俄共(布)、苏维埃和工会之间关系的提纲,主张由党和苏维埃管政治,工会管经济。在 1920 年 12 月 30 日全俄苏维埃第八次代表大会俄共(布)党代表、全俄工会中央理事会党员委员及莫斯科工会理事会党员委员联席会议上,施略普尼柯夫要求将国民经济的管理交给工会。将工人反对派的观点表达得最充分的是柯伦泰在俄共(布)第十次代表大会前出版的小册子《工人反对派》。它要求把整个国民经济的管理交给加入各产业工会的生产者的代表大会,由他们选举出中央机关来管理共和国的整个国民经济;各个国民经济管理机关也分别由相应的工会选举产生,而且党政机关不得否决工会提出的候选人。工人反对派曾一度得到部分工人的支持。1920 年 11 月,在俄共(布)莫斯科省代表会议上,它的纲领获得了 21% 的票数。1921 年初,在全俄矿工第二次代表大会共产党党团会议上则获得 30% 的票数。由于党进行了解释工作,工人反对派的人数到俄共(布)第十次代表大会时已大大减少,它的纲领在这次代表大会上得票不足 6%。第十次代表大会批评了工人反对派的观点,并决定立即解散一切派别组织。但施略普尼柯夫、梅德维捷夫等在这次代表大会后仍继续保留非法组织,并且在 1922 年 2 月向共产国际执行委员会送了一份题为《二十二人声明》的文件。1922 年俄共(布)第十一次代表大会从组织上粉碎了工人反对派。——432、469、551、672。

171 《经济生活报》(《Экономическая Жизнь》)是苏维埃俄国的报纸(日报),1918 年 11 月起在莫斯科出版。该报最初是最高国民经济委员会和经济系统各人民委员部的机关报,1921 年 7 月 24 日起是劳动国防委员会机关报,后来是苏联财政人民委员部、国家银行及其他金融机关和银行工会中央委员会的机关报。1937 年 11 月 16 日,《经济生活报》改为《财政报》。——434。

172　指《俄罗斯国家电气化委员会公报》。

　　《俄罗斯国家电气化委员会公报》(《Бюллетени Государственной Комиссии по Электрификации России》)由最高国民经济委员会科学技术局国家技术出版社于 1920 年 4—8 月在莫斯科出版,共出了 5 期。——436。

173　指德国政治经济学教授卡尔·巴洛德的《未来的国家。社会主义国家的生产和消费》一书。该书于 1898 年在德国出版,1919 年出了经过修订的第 2 版。俄译本于 1920 年在莫斯科出版。——438。

174　季特·季特奇(基特·基特奇·勃鲁斯科夫)是俄国剧作家亚·尼·奥斯特罗夫斯基的喜剧《无端遭祸》中的一个专横霸道、贪婪成性的富商。——442。

175　这里选收了列宁有关俄共(布)第十次代表大会的五件文献。

　　俄共(布)第十次代表大会于 1921 年 3 月 8—16 日在莫斯科举行。参加代表大会的有 717 名有表决权的代表和 418 名有发言权的代表,共代表 732 521 名党员。列入代表大会议程的问题是:中央委员会的政治报告;中央委员会的组织报告;监察委员会的报告;政治教育总委员会和党的宣传鼓动工作;党在民族问题方面的当前任务;党的建设;工会及其在国家经济生活中的作用;关于以实物税代替余粮收集制;社会主义共和国在资本主义包围中;俄共(布)驻共产国际代表的报告;关于党的统一和无政府工团主义倾向;选举党的领导机关。此外,代表大会还听取了党史委员会的报告并在秘密会议上讨论了军事问题。这次代表大会通过了有关国家政治生活和经济生活的根本性问题的一些决定,规定了俄国从资本主义向社会主义过渡的具体途径。

　　列宁领导了代表大会的工作。他就大会议程上的主要问题——关于俄共(布)中央委员会的政治工作、关于以实物税代替余粮收集制、关于党的统一和无政府工团主义倾向——作了报告,并起草了大会的最重要的决议草案。大会根据列宁的报告通过了关于以实物税代替余粮收集制这一从战时共产主义转向新经济政策的具有历史意义的决议。代表大会特别重视党的统一问题。大会通过了列宁起草的《关于党的统一的决议》(见本卷第 469—472 页),要求立即解散削弱党、破坏党的统一的一切派别集团,并授权中央委员会对进行派别活动的中央委员采取直到开除出党的极端措施。大会还通过了列宁起草的《关于我们党内的工团主义和无政府主义倾向的决议》(见本卷第473—476页),指出工人反对派的观点是小资产阶级无政府主义动摇性的表现。在党的建设方面,代表大会通过了扩大党内民主、改善党员素质的决定,并向中央委员会发出进行清党的指示。代表大会还通过了监察委员会条例,规定设立中央监察委员会和各省监察委员会,这对于巩固党和改善国家机关有重要意义。

代表大会总结了工会问题的争论,以绝大多数票通过了《关于工会的作用和任务的决议》。这个决议重申了工会是共产主义的学校的论点,规定了工会的作用和任务,并提出了扩大工会民主的措施。代表大会还通过了《党在民族问题方面的当前任务的决议》,要求彻底消除从前的被压迫民族的事实上的不平等现象,并谴责了大国沙文主义和地方民族主义这两种在民族问题上的错误倾向。代表大会选出了由25名委员和15名候补委员组成的新的中央委员会。——444、511。

176 关于以实物税代替余粮收集制的问题最初是在1921年2月8日俄共(布)中央政治局会议上提出的。这次会议听取了恩·奥新斯基《关于播种运动和农民状况的报告》,研究了改善农民状况的问题,并成立了一个专门委员会来起草关于这个问题的决议。在这次会议上,列宁给专门委员会写了一个题为《农民问题提纲初稿》的文件,其中表述了以实物税代替余粮收集制的基本原则(见《列宁全集》第2版第40卷第338页)。2月16日,中央政治局又决定,在《真理报》上就以实物税代替余粮收集制的问题进行公开讨论。第一批讨论文章于2月17日和26日发表。

2月19日,中央政治局讨论了专门委员会拟定的关于以实物税代替余粮收集制的决议草案,决定将草案提交中央全会审议。2月24日,俄共(布)中央全会审议并原则上通过了这一决议草案。会议指派一个新的委员会再次对该草案从细节上进行修订。

在专门委员会起草决议期间,列宁接见了一些农民和农民代表团,认真听取了他们对粮食政策的建议和要求。3月3日,列宁对专门委员会拟定的决议草案第二稿提出了三点修改意见(见《列宁全集》第2版第41卷第357—358页)。3月7日,中央全会再次审查了决议草案,并将草案交给由列宁主持的专门委员会最后定稿。3月15日,俄共(布)第十次代表大会一致通过了《关于以实物税代替余粮收集制的决议》(参看《苏联共产党代表大会、代表会议和中央全会决议汇编》1964年人民出版社版第2分册第105—107页)。——444、576、608。

177　列宁起草的关于合作社的决议草案于 1921 年 3 月 15 日在俄共(布)第十次代表大会的第十四次会议上通过。——451。

178　*粮食人民委员部*——俄罗斯联邦粮食人民委员部成立于 1917 年 10 月 26 日(11 月 8 日)。它的基本任务是收购粮食、供应居民一切日用必需品和食品。粮食人民委员部的地方机构是苏维埃执行委员会所属的粮食委员会、农村的贫苦农民委员会。随着苏联的成立,于 1923 年建立了苏联粮食人民委员部,而俄罗斯联邦粮食人民委员部则隶属于它,享有统一人民委员部的职权。1924 年粮食人民委员部被撤销,而它的职能则转交给新成立的俄罗斯联邦国内商业人民委员部。——451。

179　俄共(布)第十次代表大会《关于以实物税代替余粮收集制的决议》的第 8 条确定了关于地方流转自由的基本原则(参看《苏联共产党代表大会、代表会议和中央全会决议汇编》1964 年人民出版社版第 2 分册第 107 页)。——452。

180　这句话显然是温·丘吉尔说的。1920 年访问苏维埃俄国的英国雕塑家克·谢里登向列宁转述了这句话。——453。

181　指俄罗斯联邦人民委员会中央统计局。

　　俄罗斯联邦人民委员会中央统计局是根据 1918 年 7 月 25 日人民委员会的命令成立的。中央统计局受委托对国民经济各个部门进行统计、制作和加工调查材料、出版统计方面的年鉴和其他定期出版物。1921 年 3 月 19 日中央统计局受委托对各人民委员部和主管部门所组建的一切部际委员会进行登记。3 月 3 日,所有苏维埃共和国的统计工作实行统一计划,中央统计局的工作与各加盟共和国和自治共和国的统计机关的工作就结合起来了。俄罗斯联邦中央统计局的地方机构,在 1918—1923 年是各级苏维埃执行委员会所属的省的、县的和市的统计局。1923 年建立了全苏机构即苏联人民委员会中央统计局,该局主持全国的全部统计工作。俄罗斯联邦中央统计局则予以撤销。——457。

182　指喀琅施塔得暴动。

　　喀琅施塔得暴动是 1921 年 2—3 月间在俄国波罗的海海军要塞喀琅施塔得发生的反革命叛乱。这一叛乱是社会革命党人、孟什维克、无政府主义者和白卫分子在外国帝国主义者支持下策动的。卷入叛乱的约有 27 000 名水兵和士兵。当时波罗的海舰队中参加过十月革命的水兵大都上了国内战争的前线,新补充的水兵多半来自农民,不少人受到小资产阶级无政府主义的影响。所以这次叛乱反映了农民对战时共产主义政策的不满和他们在政治上的动摇。叛乱分子的首领提出了"没有共产党人参加的苏维埃"的口号,指望由小资产阶级政党掌握政权,这实际上意味着推翻无产阶级专政并为公开的白卫统治和复辟资本主义创造条件。2月28日和3月1日,叛乱分子的首领召开大会,通过决议,要求让所谓"左派社会主义政党"自由活动,取消政治委员,允许自由贸易,改选苏维埃。3月2日,叛乱分子逮捕了舰队指挥人员,占领了喀琅施塔得,给彼得格勒的安全造成了严重威胁。俄共(布)中央和苏维埃政府为平定叛乱采取了紧急措施。3月2日宣布彼得格勒特别戒严。3月5日重组第7集团军,由米·尼·图哈切夫斯基任司令员,负责平息叛乱。正在开会的俄共(布)第十次代表大会派出克·叶·伏罗希洛夫等约300名有军事经验的代表加强第7集团军。经过激烈的战斗,叛乱于3月18日被彻底粉碎。——458、517、543、552。

183 指帕·伊·波波夫的小册子《苏维埃共和国及与它结成联邦的各共和国的粮食产量》,1921年莫斯科俄文版,共15页。——467。

184 指俄共(布)莫斯科省代表会议。

俄共(布)莫斯科省代表会议于1920年11月20—22日在克里姆林宫举行。出席会议的有289名有表决权的代表和89名有发言权的代表。会议议程是:关于俄共(布)莫斯科委员会的工作报告,关于国内外形势和党的任务的报告,关于国家经济状况的报告,关于生产宣传的报告,选举莫斯科委员会。列宁在代表会议上作了关于国内外形势和党的任务的报告,并就莫斯科委员会的选举问题发了言。代表会议是在工会问题争论已经开始时举行的。出席会议的民主集中派、工人反对派和伊格纳托夫派的代表对党的政策进行了激烈的攻击。他们从会议筹备时起就企图在莫斯科的党组织中取得优势。工人反对派的一些人力图把自己的同伙更多地安插进莫斯科委员会,竟撇开在斯维尔德洛夫大厅开会的其他代表,而在米特罗范大厅另外召开工人代表的会议,从而形成了"两个房间开会"的局面。代表会议在列宁领导下对反对派进行了回击,就莫斯科委员会的工作报告通过了体现党中央观点的决议。代表会议否决了反对派在非正式会议上拟的莫斯科委员会名单,通过了中央政治局提出的名单。——469。

185 指1920年11月在哈尔科夫举行的全乌克兰第五次党代表会议。参加这次代表会议的316名代表中有23名,即7%,对工人反对派的纲领投了赞成票。——469。

186　民主集中派是俄共(布)党内的一个派别集团,1919 年初开始出现,1920
年最终形成,首领是季·弗·萨普龙诺夫、恩·奥新斯基、弗·米·斯米
尔诺夫、弗·尼·马克西莫夫斯基等。民主集中派否认党在苏维埃和
工会中的领导作用,反对在工业中实行一长制和厂长个人负责制,要求
在党内有组织派别和集团的自由。民主集中派的代表主张人民委员会
和全俄中央执行委员会主席团合并,要求取消地方政权机关对中央的
从属关系。他们还反对中央政治领导和组织领导的统一,力图把组织
局排除于政治领导之外。在 1920—1921 年的工会问题争论中,民主集中
派曾公布该派的纲领。俄共(布)第十次代表大会决定解散一切派别集
团后,该派某些成员仍继续进行反对党的总路线的活动。1923 年,他们
同托洛茨基反对派结成联盟。1926 年,他们结成了以萨普龙诺夫和斯米
尔诺夫为首的所谓"十五人集团",参加了托洛茨基—季诺维也夫联盟。
1927 年 12 月联共(布)第十五次代表大会把民主集中派分子共 23 人开
除出党。——469。

187　《争论专页》(《Дискуссионный Листок》)是俄共(布)中央委员会的不定
期出版物,根据 1920 年 9 月举行的俄共(布)第九次全国代表会议的决定
创办。最初是文集,从 1923 年起是俄共(布)中央机关报《真理报》的附
刊。一般在党的代表大会召开前出版。刊物的主要任务是开展党内批
评,讨论有关党的战略、策略以及经济建设方面的问题。

　　在俄共(布)第十次代表大会前,《争论专页》出了两期:1921 年 1 月
的第 1 期和 1921 年 2 月的第 2 期。——471。

188　根据俄共(布)第十次代表大会的决定,《关于党的统一的决议》的第 7 条
当时没有公布。1924 年 1 月 17 日,在俄共(布)第十三次代表会议上,斯
大林在其《关于党的建设的当前任务的报告》中宣读了这一条(见《斯大
林全集》第 6 卷第 22 页)。代表会议谴责了列·达·托洛茨基和托洛茨
基分子的派别活动,在《关于争论总结和党内小资产阶级倾向的决议》中
建议中央委员会公布这一条文(参看《苏联共产党代表大会、代表会议和
中央全会决议汇编》1964 年人民出版社版第 2 分册第 371 页)。这一决
议为俄共(布)第十三次代表大会批准。——472。

189　指 1920 年 7 月 24 日共产国际第二次代表大会通过的《关于共产党在无
产阶级革命中的作用的决议》。——474。

190 关于党的统一和无政府工团主义倾向的报告是在俄共(布)第十次代表大会最后一次会议即第十六次会议上作的。大会对列宁的报告进行了详尽的讨论。在讨论中,工人反对派和民主集中派的代表反对列宁提出的《关于党的统一》和《关于党内的工团主义和无政府主义倾向》这两个决议草案。在列宁作了总结发言以后,大会以绝大多数票通过了这两个决议。——477。

191 指俄罗斯电气化计划。该计划是根据列宁提出的任务并在他的指导下由俄罗斯国家电气化委员会制定的,是一部600多页的巨著。计划规定,除恢复和改建现有的电站外,在10—15年内建设30座区域电站,包括20座火电站和10座水电站,总装机容量为175万千瓦;总的年发电量达到88亿度,而1913年俄国的年发电量为19亿度。根据计划,工业品产量将比1913年的产量增加80%—100%,比1920年增加许多倍。——479、509。

192 指1920年8月4日共产国际第二次代表大会通过的《关于土地问题的决议》。——481。

193 指亚·加·施略普尼柯夫《1917年的前夕。有关1914—1917年间工人运动和革命的地下活动的回忆录和文献》一书,1920年莫斯科俄文版,共290页。——484。

194 指《真理报》。见注1。——484。

195 《论粮食税(新政策的意义及其条件)》这本小册子是在俄共(布)第十次代表大会闭幕后不久于1921年3月底开始写的,4月21日完稿。小册子于5月初由国家出版社刊印,接着又发表于6月出版的《红色处女地》杂志第1期。苏俄各地出版社随后相继翻印,中央和地方的报刊也都全文或摘要转载。同年,小册子被译成德文、法文和英文,刊载于《共产国际》杂志第17期。

  俄共(布)中央曾专门作出决定,要求各级党委按照列宁《论粮食税》的基本精神向劳动人民解释新经济政策的实质和意义。——488。

196 《新生活报》(《Новая Жизнь》)是俄国报纸(日报),由一批孟什维克国际主义者和聚集在《年鉴》杂志周围的作家创办,1917年4月18日(5月1日)起在彼得格勒出版,1918年6月1日起增出莫斯科版。出版人是阿·谢列布罗夫(阿·尼·吉洪诺夫),编辑部成员有马·高尔基、谢列布罗夫、瓦·阿·杰斯尼茨基、尼·苏汉诺夫,撰稿人有弗·亚·巴扎罗夫、波·瓦·阿维洛夫、亚·亚·波格丹诺夫等。在1917年9月2—8日（15—21日）被克伦斯基政府查封期间，曾用《自由生活报》的名称出版。十月革命以前，该报的政治立场是动摇的，时而反对临时政府，时而反对布尔什维克。该报对十月革命和建立苏维埃政权抱敌对态度。1918年7月被查封。——494。

197 《前进报》（《Вперед》）是俄国孟什维克报纸（日报），1917年3月起在莫斯科出版。该报最初是孟什维克莫斯科组织的机关报，后来是俄国社会民主工党（孟什维克）莫斯科组织委员会和中部区域委员会的机关报。从1918年4月2日起，是孟什维克中央委员会的机关报，尔·马尔托夫、费·伊·唐恩和亚·萨·马尔丁诺夫都参加了该报编辑部。1918年5月10日，根据全俄肃反委员会的决定，该报被查封，领导人被送交法庭审判。5月14日，该报改称《永远前进报》，出了1号。1919年1月22日—2月25日继续出版。1919年2月，根据全俄中央执行委员会的决定被最终查封（决定草案是列宁写的，见《列宁全集》第2版第35卷第475—476页）。——494。

198 套中人是俄国作家安·巴·契诃夫的同名小说的主人公别利科夫的绰号，是因循守旧、害怕变革的典型。——498。

199 立宪会议是议会式机关。召开立宪会议的要求是十二月党人最早提出的，以后在反对沙皇专制制度的斗争中得到了广泛的传播。俄国社会民主工党1903年纲领也列入了这项要求。

　　1917年二月革命后，一方面，小资产阶级和资产阶级政党用召开立宪会议的诺言诱使群众放弃革命斗争，断言立宪会议能通过立法方法解决一切经济和政治问题，而另一方面，资产阶级临时政府害怕比社会革命党左的农民将在立宪会议中占多数，又阻挠立宪会议的召开。布尔什维克党在不否定召开立宪会议的主张的同时，号召群众进行革命斗争，指出在资产阶级民主革命向社会主义革命发展的条件下，现实生活和革命本身将把立宪会议推到后台。

　　十月革命后，布尔什维克党采取让小资产阶级群众通过自身经验来消除资产阶级立宪幻想的方针。1917年10月27日（11月9日），人民委员会认可了上述立宪会议选举日期。选举于11—12月举行，在某些边远地区于1918年1月举行。社会革命党在选举中得到了多数席位，但这并不反映当时真正的政治力量对比。反革命势力提出了"全部政权归立宪会议！"的口号来反对苏维埃政权。虽然如此，布尔什维克党仍决定召开立宪会议。1918年1月5日(18日),立宪会议在彼得格勒塔夫利达宫开幕。以维·米·切尔诺夫为首的社会革命党中派在会上占优势。立宪会议的反革命多数派拒绝讨论全俄中央执行委员会提出的《被剥削劳动人民权利宣言》,不承认全俄工兵代表苏维埃第二次代表大会通过的苏维埃政权的法令。布尔什维克党团当即退出了会议。随后,左派社会革命党人和一部分穆斯林代表也退出了会议。全俄中央执行委员会于1918年1月6日(19日)通过法令,解散了立宪会议。——499、602。

200 粮食税法令即《关于以实物税代替余粮、原料收集制的决定》,是1921年3月21日全俄中央执行委员会根据俄共(布)第十次代表大会的决议通过的,公布于3月23日。为执行这一决定,人民委员会于3月28日批准、29日颁布了《关于1921—1922年实物税税额的决定》和《关于在已完成收集余粮任务的各省实行粮食、饲料、马铃薯和干草自由交换的法令》。自4月21日起,人民委员会又陆续通过了确定粮食、马铃薯、油料和其他农产品的实物税税额的决定。——506。

201 引自俄国诗人亚·谢·普希金的抒情诗《英雄》。这首诗采取"诗人"和"友人"对话的形式,诗中的"诗人"认为:拿破仑冒着生命危险去传染病院同患黑死病的士兵握手表示慰问一事,虽经历史学家考证并非事实,但一句"令人鼓舞的谎言",要比千万个"卑微的真理"更加可贵。此处列宁是反普希金诗原意引用的。——508。

202 奥勃洛摩夫精神意为因循守旧、懒散懈怠。奥勃洛摩夫是俄国作家伊·亚·冈察洛夫的长篇小说《奥勃洛摩夫》的主人公,他是一个怠惰成性、害怕变动、终日耽于幻想、对生活抱消极态度的地主。——509、633、676。

203 俄共(布)第八次代表大会于1919年3月18—23日在莫斯科举行。参加代表大会的有301名有表决权的代表和102名有发言权的代表,共代表313 766名党员。列入大会议程的问题是:中央委员会的总结报告;俄共(布)纲领;共产国际的建立;军事状况和军事政策;农村工作;组织工作;选举中央委员会。

列宁主持了大会,作了俄共(布)中央委员会的工作报告、关于党纲和农村工作的报告,并就军事问题发了言。

代表大会的中心问题是讨论并通过新党纲。第七次代表大会选出的纲领委员会已经通过了列宁的党纲草案,但是鉴于委员会内存在分歧,在第八次代表大会上就党纲问题作报告的除代表多数派的列宁外,还有代表少数派的尼·伊·布哈林。布哈林提议把关于资本主义和小商品生产的条文从纲领中删去，而只限于论述纯粹的帝国主义。他认为帝国主义是特殊的社会经济形态。布哈林和格·列·皮达可夫还提议把民族自决权的条文从党纲中删去。列宁批判了他们的这些错误观点。代表大会先基本通过党纲草案，然后在纲领委员会对草案作了最后审定后于3月22日予以批准。《列宁全集》第2版第36卷《附录》中载有第八次代表大会通过的俄共(布)纲领全文。

代表大会解决的另一个重要问题是对中农的态度问题。列宁论证了党对中农的新政策，即在依靠贫苦农民，对富农斗争并保持无产阶级的领导作用的条件下从中立中农的政策转到工人阶级与中农建立牢固的联盟的政策。早在1918年11月底列宁就提出了这个口号。代表大会通过了列宁起草的《关于对中农的态度的决议》。

在代表大会的工作中，关于军事状况问题、关于党的军事政策问题、关于红军的建设问题占了相当重要的地位。在大会上，所谓的"军事反对派"反对中央委员会的提纲。他们维护游击主义残余，否认吸收旧的军事专家的必要性，反对在军队中建立铁的纪律。在会上发言的大多数代表谴责了"军事反对派"，同时也对共和国革命军事委员会主席列·达·托洛茨基轻视军队中党的领导的行为以及他的老爷作风和独裁者派头提出了尖锐的批评。代表大会批准了根据列宁的论点制定的军事问题决议。

代表大会在关于组织问题的决议中反击了萨普龙诺夫—奥新斯基集团，这个集团否认党在苏维埃中的领导作用，主张把人民委员会和全俄中央执行委员会主席团合并起来。代表大会否决了联邦制建党原则，认为必须建立一个集中统一的共产党和领导党的全部工作的统一的中央委员会。代表大会规定了中央委员会的内部组织机构，即中央设政治局、组织局和书记处。代表大会选出了由19名委员和8名候补委员组成的中央委员会。——510。

204　省经济会议是劳动国防委员会的地方机关，根据全俄苏维埃第八次代表大会(1920年12月)《关于地方经济管理机构的决议》成立，隶属于省苏维埃执行委员会。成立省经济会议是为了协调经济系统各人民委员部(最高国民经济委员会、农业人民委员部、粮食人民委员部、劳动人民委员部和财政人民委员部)所属地方机关的工作。省经济会议由省国民经济委员会主席、粮食委员、劳动局长、财政局长、土地局长和省工会理事会主席组成，省执行委员会主席兼任省经济会议主席。——513、588。

205 共和国革命军事委员会(1923 年 8 月 28 日起改称苏联革命军事委员会)
1918—1934 年是全国最高军事当局的集体管理制机关。根据 1918 年 9
月 2 日全俄中央执行委员会的决定成立。共和国革命军事委员会的主席
是陆海军人民委员,由全俄中央执行委员会批准任命。共和国革命军事
委员会的委员是由人民委员会批准任命的。共和国革命军事委员会统一
指导所有军事主管部门和军事机关的工作,领导苏联武装力量的建设,制
定苏维埃国家国防方面的基本的战略性作战任务。军事主管部门的所有
机关和负责人员均隶属于它。共和国革命军事委员会根据俄共(布)中
央的指示进行工作,并受俄共(布)中央的直接监督。——516。

206 指《社会主义通报》杂志。

《社会主义通报》杂志(《Социалистический Вестник》)是侨居国外的
孟什维克的刊物,1921 年 2 月由尔·马尔托夫创办。1933 年 3 月以前在
柏林出版,1933 年 5 月—1940 年 6 月在巴黎出版,以后在纽约出
版。——519。

207 纳尔苏修斯是古希腊神话中的一个孤芳自赏的美少年。——519、564。

208 《劳动国防委员会给各地方苏维埃机关的指令。草案》是和《劳动国防委
员会关于地方经济会议、关于报告制度和关于贯彻执行劳动国防委员会
指令的决定草案》(见《列宁全集》第 2 版第 41 卷第 257—258 页)同时拟
定的。为制定这些文件,列宁做了大量的准备工作,详细研究了各地方经
济会议的工作报告,尤其是关于地方上推行新经济政策初期的情况报告。
1921 年 5 月 20 日,劳动国防委员会会议将指令草案和决定草案交给由
恩·奥新斯基(任主席)、弗·巴·米柳亭和帕·伊·波波夫组成的专门
委员会审议。专门委员会将指令草案印成小册子,并吸收国家计委主席
团成员、各主管部门和各地方组织的代表参加审定两个草案。根据列宁
的提议,两个草案都交给劳动群众进行广泛讨论。5 月 24 日和 25 日,正
在开会的国民经济委员会第四次代表大会和全俄工会第四次代表大会分
别讨论了这两个草案。俄共(布)第十次全国代表会议也讨论了指令草
案,对它表示赞同,并责成全俄中央执行委员会党团把它变成法令。5 月
30 日,指令草案连同决定草案一起提交全俄中央执行委员会第三次会议
讨论。列宁在讨论时讲了话(同上书,第 339—341 页)。全俄中央执行
委员会会议原则通过这两个草案,并将其转交专门委员会作进一步的修
改和补充。6 月 30 日,全俄中央执行委员会主席团批准了全俄中央执行
委员会关于地方经济会议的决定和指令这两个文件。决定在最后批准之

前,列宁对它又作了许多文字上的修改。指令也涉及经济系统以外的各人民委员部,因此在正式颁布时改称《人民委员会和劳动国防委员会指令》。——526。

209 指人民委员会1921年4月7日通过的关于消费合作社的法令。该法令扩大了消费合作社在采购余粮及各种农产品、手工业品和实行商品交换方面的权利。——526。

210 即区域经济会议。

区域经济会议是根据全俄苏维埃第八次代表大会(1920年12月)《关于地方经济管理机关》这一决议成立的劳动国防委员会的地方机关。根据劳动国防委员会批准、列宁签署的《区域经济机关暂行条例》(见1921年3月30日《全俄中央执行委员会消息报》第68号),设立区域经济会议是为了协调和加强各地方经济机关和省经济会议的活动。区域经济会议的主要任务是督促及时准确地执行上级机关关于经济问题的决定,审查和协调各区的经济计划,监督其实施,监督正确利用物资,发挥地方的主动性。参加区域经济会议的有下列各单位的地方代表:最高国民经济委员会,交通、粮食、农业、劳动、财政等人民委员部,工农检查院(有发言权)和全俄工会中央理事会。区域经济会议主席由劳动国防委员会任命。——529、698。

211 这里选收了列宁有关俄共(布)第十次全国代表会议的一件文献。

俄共(布)第十次全国代表会议是一次非常代表会议,于1921年5月26—28日在莫斯科举行。出席会议的有239名代表。代表会议议程包括下列问题:经济政策(粮食税、合作社、财政改革、小型工业);社会革命党人和孟什维克在当前的作用;共产国际第三次代表大会;关于工会第四次代表大会的情况报告;组织问题。会议主要讨论了新经济政策的贯彻执行问题。

代表会议是在列宁直接领导下进行的。列宁在会议上论证了新经济政策的实质,对诽谤和歪曲新经济政策的言论进行了坚决的回击,指出新经济政策要"认真地和长期地"实行。代表会议通过了列宁起草的《关于经济政策的决议》(参看《苏联共产党代表大会、代表会议和中央全会决议汇编》1964年人民出版社版第2分册第120—122页),这一决议进一步肯定了新经济政策的基本原则并且对新经济政策的实施作了一系列具体指示。

代表会议听取了关于工会第四次代表大会工作情况的报告。列宁对这个问题作了补充报告。他尖锐地批评了工会领导人首先是全俄工会中央理事会主席米·巴·托姆斯基的派别活动。

代表会议还听取了维·米·莫洛托夫关于党的组织工作的当前任务的报告,通过了《俄共(布)中央委员会的工作计划》。——533。

212 这里选收了列宁有关共产国际第三次代表大会的一件文献。

共产国际第三次代表大会于1921年6月22日—7月12日在莫斯科举行。出席大会的有来自52个国家的605名代表,他们分别代表48个共产党、8个社会党、28个青年团、4个工团组织、2个反对派共产党(德国共产主义工人党和西班牙工人共产党)以及13个其他组织。参加代表大会的俄共(布)代表共72人,列宁是代表团团长。代表大会议程共22项,其中包括:世界经济危机与共产国际的新任务;共产国际执行委员会的工作报告;德国共产主义工人党问题;意大利问题;共产国际的策略;红色工会国际同共产国际的关系;俄共(布)的策略;共产国际和共产主义青年运动;妇女运动;关于共产党的组织和共产国际的组织等。

列宁领导了大会的全部筹备工作和大会的进行,并被选为大会名誉主席。他参与了大会主要决议的制定,在大会上作了关于俄共(布)策略的报告、关于共产国际策略问题和关于意大利问题的讲话,并在一些代表团的会议上多次发言。

这次代表大会对年轻共产党的形成和发展起了巨大的作用。代表大会的中心议题是适应国际共产主义运动发展的新条件制定共产国际的策略并研究共产国际的组织问题。在大会上,列宁除了关注同中派危险作斗争外,还非常关心同“左的”教条主义和宗派主义作斗争。代表大会奠定了共产党策略的基础,提出了争取群众到无产阶级方面来、建立工人阶级的统一和实现统一战线策略的任务。——536、641、727。

213 俄共(布)的新经济政策在代表大会上遇到了来自不坚定的、与马克思列宁主义背道而驰的无政府工团主义分子的反对,他们宣称,新经济政策似乎会在苏维埃俄国导致资本主义复辟,并给世界革命的进一步发展设置障碍。代表大会批驳了这些观点,通过了列宁的提纲和完全赞同俄共(布)政策的决议。——536。

214 指对东方各国的普遍革命热潮有影响的1905—1907年俄国资产阶级民主革命、1908年的青年土耳其党人革命、1906—1908年和随后若干年中国的一系列革命行动(列宁曾对这些革命行动评论说:“中国的旧式的造反必然会转变为自觉的民主运动。”(见《列宁全集》第2版第17卷第160

页)) 以及 1905—1911 年反帝反封建的伊朗革命。——537。

215　指 1919 年 4 月 13 日在印度旁遮普的重要工业中心阿姆利则发生的大惨案。这天,该市人民举行和平集会,抗议英国殖民当局的专横暴虐。英国殖民当局出动军队向与会群众开枪,结果打死了约 1 000 人,打伤了 2 000 多人。阿姆利则大屠杀激起了印度人民的反抗浪潮。在旁遮普和其他一些省份接连爆发了人民起义。——538。

216　指全俄电气技术人员第八次代表大会。

全俄电气技术人员第八次代表大会是在苏维埃政权下召开的首次电气技术人员代表大会,于 1921 年 10 月 1—9 日在莫斯科举行。代表大会是根据 1921 年 2 月 8 日人民委员会的专门决定召开的,目的是"为了全面讨论同实现俄罗斯电气化计划有关的技术经济问题并发动广大人民群众积极参加国民经济电气化的工作"。参加代表大会的有来自俄国 102 个城市的 893 名代表以及 475 名特邀来宾,在他们中间有国内最著名的科学家、经济工作人员和专家,还有许多电气工业企业的工人。列宁被选为代表大会的名誉主席。

代表大会的全体会议和分组会议共听取了 200 多篇报告和发言,其中有格·马·克尔日扎诺夫斯基关于俄罗斯国家电气化委员会工作的报告,阿·费·约飞关于物质结构的最新理论的报告,米·瓦·舒莱金关于发展无线电报和无线电话的报告,列·康·拉姆津关于俄罗斯燃料产地和燃料供应的报告,亨·奥·格拉夫季奥关于运输业电气化的报告,弗·费·米特克维奇关于电流的本质的报告,亚·亚·哥列夫关于北美电气化新方案的报告等。列宁对代表大会上的报告给予了高度评价(见《列宁全集》第 2 版第 42 卷第 341—342 页)。代表大会通过了关于俄罗斯联邦电气化总计划的决议,关于全国各地区(南方、西北、西伯利亚、乌拉尔、土耳其斯坦、东南)电气化的决议,关于供应农村电力的决议,关于俄国金属工业任务的决议,关于石油工业电气化和发展石油工业的决议,关于宣传电气技术知识的决议以及其他决议。代表大会的建议在俄罗斯国家电气化计划的进一步具体化和实施的过程中得到了考虑。——542。

217　《最新消息报》(《Последние Новости》)是逃亡国外的白俄的报纸,反革命的立宪民主党的机关报(日报),1920 年 4 月—1940 年 7 月在巴黎出版,编辑是帕·尼·米留可夫。——543。

218　指 1789—1794 年法国资产阶级民主革命和欧洲许多国家 1848—1849 年的革命——奥地利、德国、法国的资产阶级民主革命和匈牙利、意大利的资产阶级革命。——544。

219　《共产主义劳动报》(《Коммунистический Труд》)是俄共(布)莫斯科委员
　　　会和莫斯科工农代表苏维埃的机关报(日报),1920年3月18日创刊。
　　　1922年2月7日起改称《工人莫斯科报》,1939年3月1日起改称《莫斯
　　　科布尔什维克报》,1950年2月19日起改称《莫斯科真理报》。——544。

220　列宁的信是针对Г.И.米雅斯尼科夫给俄共(布)中央委员会的报告
　　　书、他的文章《伤脑筋的问题》以及他在彼得格勒和彼尔姆党组织内的多
　　　次发言而写的。米雅斯尼科夫在上述材料和讲话中要求恢复企业中的工
　　　人代表苏维埃作为带领工人战胜经济破坏的指挥员,组织农民联合会并
　　　给它以工农检查院的权力(如同工会一样),给予从君主派到无政府主
　　　义者的一切政治派别以言论和出版自由。他还在彼尔姆省莫托维利哈区
　　　组织了一个反党集团来反对党的政策。1921年7月29日,俄共(布)中
　　　央组织局召开会议讨论了米雅斯尼科夫的问题,认为他的言行具有反党
　　　性质,决定成立一个由尼·伊·布哈林、彼·安·扎卢茨基、亚·亚·索
　　　尔茨组成的专门委员会来审查他的活动。8月22日,中央组织局根据委
　　　员会的报告,认定米雅斯尼科夫的提纲违背党的利益,责成他不得在党的
　　　正式会议上宣读,同时决定把他从彼尔姆调回中央。但是米雅斯尼科夫
　　　拒绝服从中央决定,并且变本加厉地继续进行反党活动。1922年2月20
　　　日,俄共(布)中央政治局批准了委员会关于将米雅斯尼科夫开除出党的
　　　决定。——545。

221　中央监察委员会是俄共(布)的最高监察机关。成立中央监察委员会的
　　　决定是1920年9月22—25日召开的俄共(布)第九次全国代表会议通过
　　　的。1921年3月8—16日召开的俄共(布)第十次代表大会选出了首届
　　　中央监察委员会。——549、675、704、779、787。

222　指捷克斯洛伐克军武装叛乱。
　　　　　捷克斯洛伐克军武装叛乱是协约国帝国主义者策划的。在俄国的捷
　　　克斯洛伐克军有两个师和一个预备旅,约5万人,是第一次世界大战期间
　　　由奥匈帝国军队的战俘和侨居俄国的捷克斯洛伐克人组成的。十月革命
　　　胜利以后,协约国帝国主义者决定利用该军反对苏维埃共和国,主动给它
　　　提供军费。捷克斯洛伐克民族委员会主席托·马萨里克征得法国同意后
　　　宣布该军是法军的部队,协约国代表随后要求苏俄政府遣送该军回法国。
　　　1918年3月26日,苏俄政府已经决定同意捷克斯洛伐克军通过符拉迪
　　　沃斯托克撤走,条件是要把主要武器交给当地苏维埃政府。但该军指挥

人员却同协约国代表和右派社会革命党人于 5 月 14 日在车里雅宾斯克举行会议,决定举行叛乱。这些人煽惑士兵,妄说苏维埃政府要解除他们的武装,把他们关进战俘营等等,同时鼓动他们用武力开路,冲到符拉迪沃斯托克去。5 月 25 日和 26 日,叛乱在马林斯克和车里雅宾斯克开始。接着,叛军同社会革命党白卫部队一起占领了乌拉尔、伏尔加河流域、西伯利亚的大部地区。在占领区,捷克斯洛伐克军大批逮捕和杀害当地党政工作人员和革命工农,消灭苏维埃政权的机关,协助建立反革命政府(萨马拉的立宪会议委员会,叶卡捷琳堡的乌拉尔政府,鄂木斯克的西伯利亚临时政府)。苏俄红军于 1918 年 9 月转入进攻,解放了伏尔加河流域。由于军事上的失利和共产党人的地下工作,捷克斯洛伐克军开始瓦解,拒绝站在白卫军一边作战。1919 年下半年,该军随着高尔察克军队的败退而东撤。1920 年 2 月 7 日,红军同该军签订了停战协定。1920 年春,捷克斯洛伐克军集中于符拉迪沃斯托克,然后陆续撤出俄国。——553、574。

223　德国统一共产党当时在德国中部地区影响很大。德国政府当局为了镇压这里的革命运动,派遣公安警察和国防军进入这个地区,占领了一些重要企业,以挑动工人进行过早的没有准备的起义。德共梅泽堡专区党组织于 3 月 21 日号召进行总罢工以回答这个挑衅。罢工在几天之内扩展到整个德国中部,并在许多地区变成了工人反对反动派的武装斗争。德国统一共产党中央也于 3 月 25 日宣布全德总罢工。德国中部地区工人的这次斗争坚持到 4 月 1 日,终因敌我力量悬殊而被镇压下去。一百多名工人惨遭屠杀,几千名工人被投入监狱。

　　德国统一共产党中央在三月行动中犯了许多错误,主要是在敌我力量十分悬殊的情况下没有指明这次斗争的防御性质,也没有在全国范围内把大多数工人群众争取到自己方面来。共产国际第三次代表大会讨论了德国的三月行动,指出了德国统一共产党的错误,同时也确认三月行动是几十万无产阶级群众反对资产阶级的英勇斗争。——555。

224　波拿巴主义原来是指法国大革命后拿破仑·波拿巴(拿破仑第一)于 1799 年在法国建立的军事专政和法国 1848 年革命失败后于 1851 年掌握政权的路易·波拿巴(拿破仑第三)的专政,后来则泛指依靠军阀和具有反动情绪的落后的农民阶层、在阶级力量均势不稳定的情况下在相互斗争的各阶级间随机应变的大资产阶级反革命专政。俄国彼·阿·斯托雷平的统治就含有波拿巴主义的性质。——557。

225　指俄共(布)第一次清党。这次清党是在实行新经济政策后资本主义分子及其在党内的代理人有所活跃的情况下,根据俄共(布)第十次代表大会《关于党的建设的决议》进行的,目的是从党内清除非共产主义分子,纯洁党的队伍。因为是在全党进行,所以也称总清党。清党工作经过长期的和细致认真的准备。1921年6月25日,中央委员会和中央监察委员会通过了《关于党员审查、甄别和清党问题的决议》(载于1921年6月30日《真理报》第140号),把征求党内外劳动群众对被审查党员的意见作为清党的一项必要条件,同时规定了成立地方审查委员会的程序。7月7日,中央政治局批准了中央清党领导机构——中央审查委员会(见注282)成员名单。7月27日,中央委员会在《真理报》上发表了致各级党组织的信,阐明了清党的任务和方法,提出以下清党方针:对于工人,在呈交证件、鉴定方面应放宽一些;对于农民,应严格区分富农和诚实的劳动农民;对于"摆委员架子的"和担任享有某种特权的职务的人应从严;对于旧官吏、资产阶级知识分子出身的人,应特别注意审查;对原属其他政党尤其是孟什维克和社会革命党人的人,应进行最细致的审查和清洗。这次清党从1921年8月15日开始,到俄共(布)第十一次代表大会(1922年3月)召开前夕结束。清党期间,一般停止接收新党员。俄共(布)第十一次全国代表会议和俄共(布)第十一次代表大会先后对清党工作进行了初步总结和最终总结。清党结果,共有159 355人被除名(占党员总数24.1%,不包括布良斯克、阿斯特拉罕两省和土耳其斯坦的材料)。在开除出党和退党的人中,工人占20.4%,农民占44.8%,职员和自由职业者占23.8%,其他人员占11%。——560、588。

226　召开所谓"工人代表大会"的主张是帕·波·阿克雪里罗得于1905年夏首次提出的,得到了其他孟什维克的支持。这一主张概括起来说就是召开各种工人组织的代表大会,在这个代表大会上建立社会民主党人、社会革命党人和无政府主义者都参加的合法的"广泛工人政党"。这实际上意味着取消俄国社会民主工党而代之以非党的组织。召开"工人代表大会"的主张也得到了社会革命党人、无政府主义者以及立宪民主党人和黑帮工人组织(祖巴托夫分子等)的赞同。1907年俄国社会民主工党第五次代表大会谴责了这种主张(参看《苏联共产党代表大会、代表会议和中央全会决议汇编》1964年人民出版社版第1分册第201—202页)。与布尔什维克一起反对召开"工人代表大会"的有波兰和拉脱维亚社会民主党人。列宁对孟什维克召开"工人代表大会"思想的批判,见《革命界的小市民习气》、《孟什维主义的危机》、《知识分子斗士反对知识分子的统治》、《气得晕头转向（关于工人代表大会问题）》（《列宁全集》第 2 版第 14 卷第 43—53、147—171 页,第 15 卷第 165—168、243—256 页）等文。——561。

227 马基雅弗利主义是指一种为达到目的而不择手段、无视一切道德规范的政治主张。尼·马基雅弗利是意大利政治思想家,1498—1512 年在佛罗伦萨共和国历任要职。他反对意大利的政治分裂,主张君主专制,认为君主为了达到政治目的可以采取任何手段,包括背信弃义、欺骗、暗杀等。——561。

228 奥吉亚斯的牛圈出典于希腊神话。据说古希腊西部厄利斯的国王奥吉亚斯养牛 3 000 头,30 年来牛圈从未打扫,粪便堆积如山。奥吉亚斯的牛圈常被用来比喻藏垢纳污的地方。——564。

229 指在国内导致确立资本主义和建立资产阶级制度的 17 世纪英国资产阶级革命。这次革命按其意义说乃是欧洲范围的第一次革命,它开辟了（在这一方面它具有全世界历史意义）欧洲封建制度崩溃的纪元,为资本主义生产方式代替封建主义生产方式奠定了基础。——564。

230 哈姆雷特是英国作家威·莎士比亚的同名悲剧中的主人公,是内心矛盾、犹豫不决、耽于幻想而不能坚决行动的人的典型。——564。

231 这是列宁在全俄政治教育委员会第二次代表大会 1921 年 10 月 17 日下午的会议上作的报告。

全俄政治教育委员会第二次代表大会于 1921 年 10 月 17—22 日在莫斯科举行。出席大会的有 307 名代表,其中有表决权的代表 193 名,有发言权的代表 114 名。列宁当选为代表大会的名誉主席。代表大会的主要任务是批准 1922 年的工作计划,制定在新经济政策条件下开展群众鼓动工作的方式和方法。

政治教育委员会是根据人民委员会 1920 年 11 月 12 日的法令成立的,直接隶属于地方各级（乡、县、省）国民教育部门。各地政治教育委员会的工作受政治教育总委员会的指导。——572。

232 看来是指全俄中央执行委员会 1918 年 4 月 29 日的决议。这个决议表示完全赞同列宁关于苏维埃政权的当前任务的报告中的基本论点,决定委托全俄中央执行委员会主席团同报告人一起用这些论点编成一个简要的提纲,作为苏维埃政权的基本任务予以公布。——573。

233 看来是指俄共（布）第十次代表大会（1921 年 3 月）《关于以实物税代替余

粮收集制的决议》(参看《苏联共产党代表大会、代表会议和中央全会决议汇编》1964 年人民出版社版第 2 分册第 105—107 页)和其他有关决定。——576。

234 指全俄扫除文盲特设委员会。

全俄扫除文盲特设委员会是根据人民委员会 1920 年 7 月 19 日的法令成立的,隶属于教育人民委员部。委员会的任务是实施人民委员会 1919 年 12 月 26 日关于在 8—50 年内扫除文盲的法令。委员会由 5 人组成,其成员由教育人民委员部提名,人民委员会批准。在扫盲委员会之下还设立一个有俄共(布)中央农村工作部、妇女工作部、共青团中央、全俄工会中央理事会、革命军事委员会总政治部和普遍军训部等单位的代表参加的常设会议。全俄扫除文盲特设委员会和各省、县的特设委员会在筹建扫盲学校、培训师资、出版识字课本和教学计划等方面做了大量工作。到 1921 年 10 月止,受到识字教育的人数达 480 万,红军中的文盲人数已降至 5%(沙皇军队中的文盲达 65%),海军则完全扫除了文盲。全俄扫除文盲特设委员会存在到 1930 年 9 月。——579。

235 这里选收了列宁在莫斯科省第七次党代表会议上就新经济政策问题作的报告。

莫斯科省第七次党代表会议于 1921 年 10 月 29—31 日在莫斯科举行。出席会议的有 637 名代表。会议议程包括下列问题:国内外形势;省经济会议的报告;俄共(布)莫斯科委员会的工作总结报告;检查委员会的报告;监察委员会的报告。代表会议还听取了关于莫斯科市和莫斯科省清党工作的报告。

列宁在大会的第一次全体会议上作了关于新经济政策的报告,并在总结发言中回答了弗·戈·索凌、英·尼·斯图科夫、尤·拉林、谢·莫·谢姆科夫、С. Л. 哥尼克曼等人的意见(索凌、斯图科夫和拉林的发言见 1921 年 11 月 4 日《真理报》第 249 号的报道)。会议通过的决议表示完全拥护新经济政策。——593。

236 看来是指全俄中央执行委员会作为决议通过的《关于苏维埃政权的当前任务的提纲》。该提纲的第 4 条指出:"苏维埃政权在一定情况下不得不后退一步,或者说同资产阶级倾向实行妥协。例如,对许多资产阶级专家付给高额薪金,就是这种后退和对巴黎公社原则的背离。"(见《列宁全集》第 2 版第 34 卷第 258 页)——598。

237 《广告小报》(《Листок Объявлений》)是苏俄的一份私人办的出版物,

1921 年 10 月—1922 年 2 月在莫斯科出版。——598。

238　《关于工会在新经济政策条件下的作用和任务的提纲草案》这一文件是从俄共(布)第十次代表大会到第十一次代表大会期间在改组工会方面积累起来的经验的总结。文件写于 1921 年 12 月 30 日—1922 年 1 月 4 日。列宁原打算在 1921 年 12 月 31 日提交政治局批准,由于文件没有写完而改变了计划。列宁在 12 月 30 日给扬·埃·鲁祖塔克、安·安·安德列耶夫和维·米·莫洛托夫的电话稿里谈到了这件事(见《列宁全集》第 2 版第 52 卷第 168 页)。

　　《提纲草案》先交委员会成员(安德列耶夫和鲁祖塔克)和政治局委员讨论,在讨论过程中作了修改和补充。1922 年 1 月 12 日,俄共(布)中央政治局审议了《提纲草案》,作为基础予以通过,并决定将它连同所有的修正意见一起交给由列宁、格·叶·季诺维也夫、安德列耶夫和尼·伊·布哈林组成的审定委员会最后核准,然后以中央名义发表。提纲最后文本于 1 月 17 日作为俄共(布)中央的决定(提交党的第十一次代表大会的中央关于工会问题的提纲草案)在《真理报》上公布。俄共(布)第十一次代表大会委托专门委员会对提纲草案作了一些修改,然后予以通过(参看《苏联共产党代表大会、代表会议和中央全会决议汇编》1964 年人民出版社版第 2 分册第 154—164 页)。——619。

239　莫斯科自来水厂总工程师弗·瓦·奥登博格尔于 1921 年 11 月 30 日夜自杀。12 月 7 日,莫斯科苏维埃主席团同俄共(布)莫斯科委员会协商后任命亚·亚·索尔茨、尼·尼·奥弗相尼科夫、米·斯·奥里明斯基组成委员会以调查奥登博格尔工程师的死因。1922 年 1 月 3 日《真理报》"新闻栏"刊登的报道说,调查委员会确认"死者不仅是一个精通业务的工作人员,而且是一个高度忠于职守的人。奥登博格尔自杀是由于处境恶劣使他无法进行日常工作。自来水厂三人特别小组个别成员不是协助改善莫斯科自来水厂的状况,反而极力阻碍该厂的日常工作,使之复杂化。工农检查人民委员部高级视察员谢苗诺夫工程师,作为这个三人小组的成员,对奥登博格尔采取了粗暴、挑剔和官僚主义的态度。这个人民委员部的另一名高级视察员、前自来水厂办事员马卡罗夫-泽姆良斯基不断迫害奥登博格尔,而阿列克谢耶夫给水站的工人叶拉金和梅尔库洛夫竟毫无根据地把自来水厂技术上的混乱和职员同党支部关系不好归罪于奥登博格尔。所有这些不能不影响死者的精神状态。委员会认为马卡罗夫-泽姆良斯基不仅不能担任工农检查院的职务,而且也根本不能担任苏维埃的公职,因为他是一个混入苏维埃政权的坏分子,一个阴谋家和在自来水厂职工中声名狼藉的骗子。委员会认为,也不能允许工农检查院高级视察员谢苗诺夫继续担任工农检查院的工作,不能允许他与莫斯科自来水厂再有任何关系。委员会还认为,必须把叶拉金和梅尔库洛夫调离莫斯科自来水厂,转到其他企业"。——628。

240 俄共(布)第十一次代表大会于 1922 年 3 月 27 日—4 月 2 日在莫斯科举行。这是列宁参加的最后一次党代表大会。

代表大会是在俄国国内战争结束和苏维埃国家转入和平建设一年之后召开的。大会的任务是对实行新经济政策的第一年进行总结并制定继续进行社会主义建设的计划。俄共(布)中央在列宁领导下为代表大会做了大量的准备工作,大会的主要文件是由列宁或在他的参与下拟定的。

出席代表大会的有 522 名有表决权的代表和 165 名有发言权的代表,代表 532 000 多名党员。大会议程如下:中央委员会的政治报告;中央委员会的组织工作报告;检查委员会的工作报告;中央监察委员会的工作报告;俄共(布)驻共产国际代表团的工作报告;工会;关于红军;财政政策;清党的总结和巩固党的队伍(包括关于青年工作、关于报刊和宣传的副报告);选举中央委员会、中央监察委员会和检查委员会。大会还成立一个委员会,为大会土地问题小组讨论党的农村工作和制定相应的决议作准备。

列宁致开幕词并作了中央委员会的政治报告和报告的总结发言。代表大会在通过的决议中表示赞同中央的政治路线和组织路线,认为向私人资本主义让步的退却已经完成,党的基本任务是重新部署党的力量以保证贯彻党的政策。代表大会指出,必须更明确地划分党和苏维埃机关的职责,以便党在实现对苏维埃国家的政治领导的同时,保证提高苏维埃在经济建设中的作用。代表大会赞同俄共(布)驻共产国际代表团的活动以及共产国际执行委员会的政治路线和它采取的统一战线策略。大会批准了中央委员会以列宁拟的《工会在新经济政策条件下的作用和任务》提纲草案为基础的决定。决定指出,工会应是国家政权在其全部政治经济活动中的最亲密的合作者。代表大会制定了整顿预算、扩大国家收入的措施,并强调指出必须鼓励农民从消费经济向商品经济过渡,认为这是提高农业的唯一保证。代表大会在《关于农村工作的决议》里指出必须仔细收集和研究地方经验,谴责以行政命令手段对待农业合作社的做法。代表大会在《关于巩固党和党的新任务的决议》里规定了巩固党和群众的联系、加强党的领导作用以及改善党的机关的工作和提高党的纪律的任务和具体措施。为防止异己分子侵入党内,决议规定了新的入党条件。代表大会批准了党的第十一次全国代表会议《关于根据审查党员的经验巩固党的问题的决议》,通过了《关于党的建设的组织问题的实际建议——对关于在清党以后巩固党的决议的补充》。此外,代表大会还通过了《关于监察委员会的任务和目的》、《关于俄国共产主义青年团的问题》、《关于报刊和宣传》、《关于对女工和农妇工作的问题》、《关于加强红军问题的决定》和《关于前"工人反对派"的几个成员》等项决议以及《监察委员会条例》和《中央检查委员会条例》。大会选出由 27 名委员和 19 名候补委员组成的中央委员会和由 5 名委员和 2 名候补委员组成的中央监察委员会。——630。

241　促使列宁提出成立专门委员会来审查和更换工会领导干部的建议的原因是:工会领导干部中夹杂许多出身孟什维克和社会革命党人的分子,以及按照俄共(布)第十一次全国代表会议关于清党问题的决议必须提高工会领导干部的党龄(参看《苏联共产党代表大会、代表会议和中央全会决议汇编》1964 年人民出版社版第 2 分册第 145—146 页)。俄共(布)中央政治局通过了列宁的建议。专门委员会于 1922 年 1 月 20 日成立,其成员是:米·巴·托姆斯基、安·安·安德列耶夫和谢·伊·瑟尔佐夫。俄共(布)第十一次代表大会听取了专门委员会的工作报告,通过了关于审查和更换工会的领导组织的决议(同上书,第 164—165 页)。——630。

242　《列宁全集》俄文第 2、3、4 版只收载了这封信的一部分,标题是《给德·伊·库尔斯基的便条》。该书俄文第 5 版发表的是全文。——631。

243　这是列宁的一篇没有写完的文稿,在列宁生前没有发表过。——637。

244　路标转换派是 1921 年在流亡国外的白俄知识分子中间出现的一种社会政治流派。路标转换派还得到一些没有离开苏俄的旧资产阶级知识分子的支持。路标转换派因 1921 年在布拉格出版的《路标转换》文集而得名,文集的中心思想是:承认反苏维埃武装斗争彻底失败,苏维埃政权是唯一可能的俄罗斯国家政权;认为知识分子应该在对苏维埃政权的态度上转换路标,为复兴俄国工作。路标转换派的主要代表人物是流亡国外的立宪民主党人 Ю. В. 克柳奇尼科夫、尼·瓦·乌斯特里亚洛夫、C. C. 卢基亚诺夫、亚·弗·博勃里舍夫-普希金、C. C. 查霍金、尤·尼·波捷欣等人。他们的刊物是《路标转换》杂志,该杂志于 1921 年 10 月—1922 年 3 月在巴黎出版。

　　国内战争的结束和新经济政策的实行,是路标转换派形成的决定性因素。路标转换派的社会基础是资本主义因素由于实行新经济政策而在苏维埃共和国有了某种程度的复活。路标转换派把向新经济政策过渡看做是苏维埃政权向恢复资本主义方向演变,指望苏维埃国家蜕化为资产阶级国家。他们号召资产阶级知识分子同苏维埃政权合作,并曾协助一些资产阶级知识分子代表人物返回祖国。路标转换派中也有不少人愿意真心诚意地和苏维埃政权一起工作,后来成为科学文化界的积极活动家,如历史学家叶·维·塔尔列、作家阿·尼·托尔斯泰等。俄共(布)第十二次全国代表会议(1922年8月4—7日)在《关于反苏维埃的党派的决议》中指出:"所谓路标转换派迄今起了而且还有可能起客观的进步作用。这一派别过去和现在都团结着那些同苏维埃政权'和解'并准备同它一起复兴祖国的侨民和俄国知识分子集团。**就这一点来说**,路标转换派过去和现在都是值得欢迎的。但同时一分钟也不能忘记,在路标转换派中资产阶级复辟的倾向也是很强烈的,路标转换派分子同孟什维克和社会革命党人同样希望在经济上让步之后在政治上也会有向资产阶级民主方面的让步等等。"(参看《苏联共产党代表大会、代表会议和中央全会决议汇编》1964年人民出版社版第2分册第237—238页)

列宁对路标转换派的评价见本卷第677—679页。——638、677。

245 犹杜什卡·戈洛夫廖夫是俄国作家米·叶·萨尔蒂科夫-谢德林的长篇小说《戈洛夫廖夫老爷们》中的主要人物波尔菲里·弗拉基米洛维奇·戈洛夫廖夫的绰号(犹杜什卡是对犹大的蔑称)。谢德林笔下的犹杜什卡是贪婪、无耻、伪善、阴险、残暴等各种丑恶品质的象征。——638。

246 鹰有时比鸡飞得低,但鸡永远不能飞得像鹰那样高一语,出自俄国作家伊·安·克雷洛夫的寓言《鹰和鸡》。故事大意如下:有一只鸡见到一只鹰在谷舍间来回飞,便自不量力地对同伴说,这没有什么了不起,鹰同我们飞得并没有什么两样。鹰听了回答说:"你说得倒也不错,只是不大完全。鹰有时飞得比鸡还低,但是鸡永远也飞不上天!"——643。

247 指1921年1月意大利社会党里窝那代表大会在共产主义者退出后通过的以下决议:"意大利社会党代表大会在再次肯定参加第三国际的同时,把冲突提交即将召开的国际代表大会讨论,并且预先答应一定承认和执行它的决议。"——644。

248 《论战斗唯物主义的意义》一文是为1922年《在马克思主义旗帜下》杂志第3期写的。

　　据娜·康·克鲁普斯卡娅回忆,列宁是在科尔津基诺村休养时考虑写这篇文章的。他那时读了很多反宗教的书籍,其中有阿·德雷夫斯的《基督神话》和厄·辛克莱的《宗教的利润》(1925 年出版的俄译本名为《宗教和发财》)等等。克鲁普斯卡娅写道:"在散步的时候我们谈论德雷夫斯,谈论辛克莱,谈论我们这里反宗教宣传搞得太肤浅,有许多庸俗化的做法,反宗教宣传没有同自然科学深刻地结合在一起,很少揭示宗教的社会根源,不能满足在革命年代迅速成长的工人们的要求。"(见 1933 年《在马克思主义旗帜下》杂志第 1 期第 148—149 页)

　　文章于 1922 年 3 月 12 日写成,但是列宁并没有停止对文章的继续加工。在把文章送杂志编辑部以前,列宁又在其中增加了关于用现代科学批判宗教的代表人物德雷夫斯和罗·尤·维佩尔的内容,删去了提及辛克莱《宗教的利润》一书的地方,笼统地指出在反宗教宣传中利用此类著作的重要性。——646。

249　《在马克思主义旗帜下》杂志(«Под Знаменем Марксизма»)是苏联为开展战斗唯物主义和无神论的宣传而创办的哲学和社会经济杂志,1922 年 1 月—1944 年 6 月在莫斯科出版。该刊为月刊,1933—1935 年为双月刊。——646。

250　人民社会党人是 1906 年从俄国社会革命党右翼分裂出来的小资产阶级政党人民社会党的成员。人民社会党的领导人有尼·费·安年斯基、韦·亚·米雅柯金、阿·瓦·彼舍霍诺夫、弗·格·博哥拉兹、谢·雅·叶尔帕季耶夫斯基、瓦·伊·谢美夫斯基等。人民社会党提出"全部国家政权应归人民",即归从无产者到资产阶级知识分子的全体劳动者,主张对地主土地进行赎买和实行土地国有化,但不触动份地和经营"劳动经济"的私有土地。在俄国 1905—1907 年革命趋于低潮时,该党赞同立宪民主党的路线。六三政变后,因没有群众基础,实际上处于瓦解状态。二月革命后,该党开始恢复组织。1917 年 6 月,同劳动派合并为劳动人民社会党。这个党代表富农利益,积极支持资产阶级临时政府,十月革命后参加反革命阴谋活动和武装叛乱,1918 年后不复存在。——647。

251　指下述约·狄慈根的话:"我们从内心深处蔑视有学位的奴仆们口中的关于'教育和科学'的华美言辞,关于'理想的福利'的高谈阔论,他们今天用生造的唯心主义愚弄人民,就像当年多神教的僧侣们用当时得到的关于自然界的初始知识来欺蒙人民一样。"(见约·狄慈根《社会民主党的宗教》1906 年柏林版第 34—35 页)——647。

252 自由射手是15—19世纪法国的非正规的特种步兵部队,在普法战争中曾从事游击活动。这里是在借喻意义上使用的。——648。

253 此处原为:"最近我浏览了厄普顿·辛克莱的小册子《宗教的利润》。毫无疑问,作者对待问题的态度和阐述问题的方法是有缺点的。但是本书是有价值的,它写得生动,提供许多具体事实和对比……"

据娜·康·克鲁普斯卡娅回忆,列宁阅读的《宗教的利润》一书是书的作者寄给她的,随书附有一封信,信中提到作者利用自己的小说所进行的斗争。她说:"每天晚上列宁借助英文词典阅读。他对此书反宗教宣传方面不大满意,但喜欢书中对资产阶级民主制的批评。"(见1933年《在马克思主义旗帜下》杂志第1期第148页)——650。

254 怀疑论是对客观世界和客观真理是否存在和能否认识表示怀疑的唯心主义哲学流派,产生于公元前4—前3世纪古希腊奴隶制发生危机的时代,其创始人是皮浪,最著名的代表是埃奈西德穆和塞克斯都·恩披里柯。古代怀疑论者从感觉论的前提出发,得出不可知论的结论。他们把感觉的主观性绝对化,认为人不能超出他自己的感觉范围,不能确定哪一种感觉是真的。他们宣称,对每一事物都可以有两种互相排斥的意见,即肯定和否定,因而我们关于事物的知识是不可靠的。他们要人们拒绝认识,对事物漠不关心,说这样就可以从怀疑中解脱出来,而达到心灵恬静即"无感"的境界。

在文艺复兴时代,法国哲学家米·蒙台涅、皮·沙朗和皮·培尔曾利用怀疑论来反对中世纪的经院哲学和教会。照马克思的说法,培尔"用怀疑论摧毁了形而上学,从而为在法国接受唯物主义和合乎健全理智的哲学作了准备",并宣告"**无神论社会**的来临"(见《马克思恩格斯文集》2009年人民出版社版第1卷第330页)。相反,法国哲学家和数学家布·帕斯卡却用怀疑论反对理性认识,维护基督教。

18世纪,怀疑论在大卫·休谟和伊·康德的不可知论中得到复活,戈·恩·舒尔采则试图使古代怀疑论现代化。新怀疑论十分明确地声称达到科学认识是不可能的。马赫主义者、新康德主义者和19世纪中至20世纪初的其他唯心主义哲学流派都利用怀疑论的论据。——651。

255 与其说是战斗,不如说是挨揍一语,出自俄国作家米·叶·萨尔蒂科夫-谢德林的讽刺作品《一个城市的历史》。在这部作品里,有一节记载了愚人城一市长米卡拉则的挨打故事。米卡拉则是一个好色之徒。他一天夜里,潜入本城一位出纳员的家中,准备和出纳员的妻子私通,不料被其丈夫发现。于是发生了一场"战斗",结果,米卡拉则"与其说是厮打了一场,不如说是挨了一顿揍"。被打了一顿的市长大人只好仓皇溜走了事。——653。

256 俄国技术协会是以在俄国发展技术和工业为宗旨的科学团体,1866 年在彼得堡成立。该协会共有 15 个部,在全国各地设有数十个分会。协会活动包括出版刊物、举办学校、资助实验、举行普及科技知识的讲座及展览会等。1917 年十月革命后,协会改组了自己的活动,于 1923 年通过了新的章程和《关于工业基本需要》的纲领。参加协会的有敌视苏维埃政权的资产阶级技术知识分子和前企业主。1929 年协会被查封。——653。

257 《经济学家》杂志(《Экономист》)是俄国技术协会第十一部即工业经济部主办的刊物,1921 年 12 月—1922 年 6 月在彼得格勒出版(第 1 期封面上印的是 1922 年)。列宁称《经济学家》杂志为"白卫分子的公开的中心"。

　　该杂志第 1 期是它的编辑 Д. А. 卢托欣寄来、由尼·彼·哥尔布诺夫转交给列宁的。——653。

258 这里选收了列宁有关俄共(布)第十一次代表大会的两件文献。

　　关于俄共(布)第十一次代表大会,见注 240。——656。

259 热那亚会议(国际经济和财政会议)是根据协约国最高会议 1922 年 1 月 6 日戛纳会议的决定召开的。会议名义上是为了寻求"中欧和东欧经济复兴"的办法,实质上主要是讨论帝国主义武装干涉失败后苏俄同资本主义世界之间的关系问题。苏俄政府也建议召开讨论欧洲和平与经济合作的国际会议(见《列宁全集》第 2 版第 42 卷第 211—213 页)。它在 1 月 8 日接受了参加会议的邀请。

　　1 月 27 日,全俄中央执行委员会非常会议选出了参加热那亚会议的苏俄代表:列宁为代表团团长,格·瓦·契切林为副团长,代表团成员有列·波·克拉辛、马·马·李维诺夫、纳·纳·纳里曼诺夫、瓦·瓦·沃罗夫斯基、扬·埃·鲁祖塔克、阿·阿·越飞、克·格·拉柯夫斯基、波·古·姆季瓦尼、亚·阿·别克扎江、亚·加·施略普尼柯夫。列宁领导了代表团的全部工作,拟定了党中央给苏俄代表团的指示和其他有关重要文件(见《列宁全集》第 2 版第 42 卷第 405、409—411、412—413、421—422、436—438、439—440 页)。但是由于列宁健康状况不佳和国务繁忙,同时出于安全考虑,根据俄共(布)中央后来作出的专门决定,列宁没有出席会议,而由契切林行使代表团团长的一切职权。

　　热那亚会议于 1922 年 4 月 10 日—5 月 19 日举行。参加会议的有英、法、意、日、比、德、苏俄等 29 个国家和英国的 5 个自治领,美国派观察员列席。会上,资本主义国家的代表企图借助外交压力迫使苏俄承认沙皇政府和临时政府的一切债务,将苏维埃政权收归国有的企业归还外国资本家或给以补偿,取消对外贸易垄断,等等。苏俄代表团拒绝了这些要求,同时提出了帝国主义国家应赔偿由于武装干涉和封锁给苏俄造成的损失的反要求(俄国战前和战时债务为 185 亿金卢布,外国武装干涉和封锁给俄国造成损失为 390 亿金卢布)。苏俄代表团还声明,为了达成协议,它准备在承认苏维埃俄国、向它提供财政援助和废除战时债务的条件下,承认战前债务和给予原产权人以租让和租借原属他们的产业的优先权。苏俄代表团还提出了普遍裁军的建议。会议没有解决任何问题,只是决定将部分问题移交海牙会议审议。在热那亚会议期间,苏俄代表团利用德国同各资本主义国家的矛盾,于 4 月 16 日与德国缔结了拉帕洛条约,击破了帝国主义的反苏统一战线。——656。

260 指俄共(布)第十次代表大会。见注175。——660。

261 指伊·谢·屠格涅夫的散文诗《俄罗斯语言》。——666。

262 40 座金字塔这一典故是由拿破仑第一的一句话演变来的。1798 年 7 月 20 日,拿破仑第一率部远征埃及到达金字塔附近,和埃及精锐的骑兵主力相遇。在投入战斗前,拿破仑第一为鼓舞士气对全军士兵说:“40 个世纪从这些金字塔的顶端看着你们。”意思是以金字塔为象征的 4 000 年的历史注视着你们,期待着你们建立新的战功。由这句话变来的 40 座金字塔这一典故则是“举世瞩目”的意思。——668。

263 尼·伊·布哈林因在国外治病以及参加在柏林召开的三个国际的代表会议而没有出席俄共(布)第十一次代表大会。列宁想就国家资本主义问题同布哈林“稍微争论一下”,是因为从 1918 年春天起布哈林是列宁在这个问题上的观点的主要反对者。——670。

264 贫苦农民委员会(贫委会)是根据全俄中央执行委员会 1918 年 6 月 11 日《关于组织贫苦农民和对贫苦农民的供应的法令》建立的,由一个乡或村的贫苦农民以及中农选举产生。根据上述法令,贫苦农民委员会的任务是:分配粮食、生活必需品和农具;协助当地粮食机构没收富农的余粮。到 1918 年 11 月,在欧俄 33 省和白俄罗斯,共建立了 122 000 个贫苦农民委员会。在许多地方,贫苦农民委员会改选了受富农影响的苏维埃,或把权力掌握在自己手里。贫苦农民委员会的活动超出了 6 月 11 日法令规定的范围,它们为红军动员和征集志愿兵员,从事文教工作,参加农民土地(包括份地)的分配,夺取富农的超过当地平均份额的土地(从富农8 000万俄亩土地中割去了5 000万俄亩),重新分配地主土地和农具,积极参加组织农村集体经济。贫苦农民委员会实际上是无产阶级专政在农村中的支柱。到1918年底,贫苦农民委员会已完成了自己的任务。根据1918年11月全俄苏维埃第六次(非常)代表大会的决定,由贫苦农民委员会主持改选乡、村苏维埃,改选后贫苦农民委员会停止活动。——670。

265　指全俄五金工会第五次代表大会。

全俄五金工会第五次代表大会于1922年3月3—7日在莫斯科举行。出席大会的有318名代表(其中有282名共产党员),代表五金工会的534 626名会员。代表大会的任务首先是按照新经济政策改组五金工会的工作。大会讨论了下列问题:全俄五金工会中央委员会和中央监察委员会的工作报告,各经济机关(金属工业总管理局、军事工业委员会、电机工业总管理局)的工作报告,五金工会在新经济政策条件下的任务、工会的组织建设,关于国际组织宣传委员会的活动,关于全俄五金工会第四次代表大会选出的出席五金工人卢塞恩代表大会的代表团。——672。

266　看来是指出席共产国际执行委员会第一次扩大全会的法国共产党代表团的部分代表——丹尼尔·勒努、路易·塞利埃等人。他们不理解新经济政策的实质和意义,认为新经济政策将导致资本主义在俄国复辟,削弱国际革命运动。

共产国际执行委员会第一次扩大全会于1922年2月21日—3月4日在莫斯科召开。出席全会的有来自36个国家的105名代表。全会的议程包括下列问题:关于德国、法国、捷克斯洛伐克、英国、意大利、美国、波兰和各巴尔干国家共产党的报告;共产国际执行委员会的工作报告;关于统一战线策略;关于工会运动;关于新战争的危险;关于新经济政策等等。全会的中心议题是统一战线策略问题。全会通过的《苏维埃俄国的新经济政策》提纲肯定了新经济政策的正确性并强调了它的国际意义。——672。

267　指拉科西·马蒂亚斯的文章《苏维埃俄国的新经济政策》。此文分析了奥·鲍威尔的小册子《苏维埃俄国的"新方针"》(1921年维也纳版)。文章发表在1922年3月出版的《共产国际》杂志第20期上。——674。

268　指侨居国外期间布尔什维克和孟什维克之间的斗争。——674。

269 指劳动国防委员会直属合营公司事务委员会。该委员会是根据劳动国防委员会 1922 年 2 月 15 日的决定成立的,由格·雅·索柯里尼柯夫任主席。根据 1922 年 3 月 8 日劳动国防委员会批准的条例,该委员会的任务包括"审查关于成立国家参与的工商业公司和信贷机构(合营公司)以及各种类型的股份公司的建议"。

1922 年 4 月 4 日,劳动国防委员会决定设立劳动国防委员会直属租让和股份公司事务总委员会,撤销合营公司事务委员会。——675。

270 白海北部地区森林工业特别管理局是该地区的森林工业管理机关,根据 1921 年 8 月 17 日劳动国防委员会的决定而建立,属于林业总委员会系统。——675。

271 劝说司令是俄国士兵给临时政府陆海军部长亚·费·克伦斯基起的绰号。克伦斯基执行英法帝国主义和俄国资产阶级的意旨,在 1917 年夏巡视前线时喋喋不休地劝说士兵们向敌军发动进攻。——676。

272 列宁指的是尼·瓦·乌斯特里亚洛夫的文章《演变和策略》,该文载于 1922 年 1 月 21 日《路标转换》杂志第 13 期。——678。

273 关于《路标转换》杂志(《Смена Вех》),参看注 244。——678。

274 指亚·伊·托多尔斯基的小册子《持枪扶犁的一年》,1918 年韦谢贡斯克县执行委员会出版。托多尔斯基当时任特维尔省韦谢贡斯克县县报编辑。他写的这本书既是在十月革命一周年之际就县苏维埃政权一年来的工作向党的特维尔省委员会的汇报,也是韦谢贡斯克县苏维埃向全县劳动人民的汇报。该书共印 1 000 册,分发到全县各个乡、村,还以交换出版物和交流经验的形式寄给了中央和邻省各报纸编辑部。列宁读了此书后,当即记上:"一本出色的书!**亚历山大·托多尔斯基《持枪扶犁的一年》**……(题为《锯木厂和制革厂》的那一节或章特别可资借鉴,第 **61、62** 页)",并立即给值班秘书写了个便条:"请把托多尔斯基书中小标题为**《锯木厂和制革厂》**的一节(第 **61—62** 页,书上有准确标志)打两份,一份给我,另一份在我这里存档,以便查找。""……附言:打字、读校和复查后将此书还给我。"(见 1958 年《历史文献》杂志第 4 期第 4 页)

列宁特别注意书中第 62 页的下面一段话:"痛打剥削者的手,使他们不能再祸害,或者说'制服'他们,这还只是任务的一半。只有当我们强迫他们工作并利用他们的工作成果来帮助改善新生活和帮助巩固苏维埃政权的时候,才算把工作做到家了。"列宁在这段话下面划了着重线,又在旁边划了三道线,写上"注意"字样,后来在 1918 年底或 1919 年初写的文章《一幅说明大问题的小图画》中加以引用。(见本版选集第 3 卷第 688—691 页)——681。

275　指向苏维埃俄国提供食品的谈判。这次谈判是莫斯科消费合作社和对外贸易人民委员部同法国商人茹·魏勒进行的。——684。

276　指 1921 年 7 月进行的对负责工作人员的调查统计。这次调查统计的目的是确切了解各省会和县城党的领导层的数量构成和质量构成,他们的地区分布和对他们的使用是否合理。——684。

277　指 1921 年 12 月 9—13 日召开的乌克兰共产党(布)第六次代表会议。——689。

278　党史委员会是一个收集和研究十月社会主义革命史和俄国共产党历史的委员会,根据 1920 年 9 月 21 日人民委员会的决定而建立,隶属于教育人民委员部。——690。

279　这里说的是顿巴斯中央煤炭工业管理局的问题。该管理局在整顿顿巴斯大矿场的煤炭开采方面做了大量工作,但对恢复小矿场及其他工业部门的意义估计不足,压制地方党和工会组织在经济建设方面的主动性。管理局领导人格·列·皮达可夫用行政命令方式和军事办法领导工业,结果影响了吸引工人群众参加恢复顿巴斯国民经济的工作。由于这些原因,在经济领导干部之间以及在管理局和地方干部之间都产生了意见分歧。在 1921 年 12 月 9—13 日召开的乌克兰共产党(布)第六次代表会议上,皮达可夫的工作方法受到一些代表的批评。会后皮达可夫被调离顿巴斯。——690。

280　指 1922 年 3 月 22 日《真理报》第 65 号刊登的一条题为《法国。反对军国主义》的华沙来电。电讯说:"共产党议员雷诺·让在讨论服兵役期限法时发言反对军国主义和帝国主义,法国报界对他的有力发言给予极大注意。雷诺·让在右翼议席的大声喧嚷中声明,无产阶级认为与其被投入新的战争,毋宁起义。如果资产者对股息孜孜以求,那么对无产阶级来说,1793 年的法国社会革命更加珍贵,他们要把这场革命进行到底,直到胜利⋯⋯"——691。

281　1921 年底苏维埃俄国财政危机的加剧是由一系列原因造成的,其中包括:工业遭到战争的破坏,不仅不能提供利润,并且本身也靠国家维持;粮食储备太少,饥荒引起价格的大幅度上涨;战时共产主义时期不征收货币税和实行公用事业(包括市内交通的运输业、邮政、住宅等等)免费制。1921年底全俄苏维埃第九次代表大会通过的国家预算中,支出超过收入几乎达10亿战前卢布。这些赤字要靠不断增发纸币来弥补。由于缺乏工业品和粮食,纸币的购买力下降到微不足道的程度。

俄共(布)第十一次代表大会《关于财政政策的决议》提出了一系列具体措施,以健全国家财政,恢复以黄金作基础的货币流通(参看《苏联共产党代表大会、代表会议和中央全会决议汇编》1964年人民出版社版第2分册第165—170页)。——695。

282 中央审查委员会是根据俄共(布)中央委员会和中央监察委员会1921年6月25日的决定设立的,由5人组成,在清党期间领导各地审查委员会的工作(见1921年6月30日《真理报》第140号)。中央审查委员会曾在党的第十一次代表会议和第十一次代表大会上作过清党总结的报告。——696。

283 这里指的是亚·德·瞿鲁巴和阿·伊·李可夫于1922年初在德国动手术一事。当时瞿鲁巴患胆囊化脓性炎症,李可夫患化脓性阑尾炎。——697。

284 工农国防委员会红军和红海军供给特派员一职是根据全俄中央执行委员会1919年7月8日《关于改变组织红军供给事宜的法令》设立的。红军和红海军供给特派员办事处是采办各种食品(粮食人民委员部提供的食粮除外)并供应红军和红海军的最高机关。它的地方机关是隶属于各方面军指挥部的特派员的全权代表办事处。红军和红海军供给特派员参加工农国防委员会和共和国革命军事委员会,享有委员权利。直属特派员的还有军事工业委员会等机构。根据全俄中央执行委员会1921年8月16日的决定,红军和红海军供给特派员撤销,所属机构的人员和财产移交最高国民经济委员会的有关机关。1919—1921年,阿·伊·李可夫任红军和红海军供给特派员。——697。

285 看来是指1922年2月20日被俄共(布)中央委员会开除出党的Г.И.米雅斯尼科夫和被俄共(布)第十一次代表大会开除出党的Ф.А.米京与尼·瓦·库兹涅佐夫。——699。

286 《论"双重"领导和法制》这封信是在第九届全俄中央执行委员会第三次常会讨论检察机关条例草案时写的。这个草案是司法人民委员部1922年5月13日提交常会的。

草案在常会上受到了尖锐批评。草案第5条引起特别激烈的争论，该条规定:地方检察长越过地方执行委员会，直接受共和国检察长的领导;地方检察长的任免、调动和停职也只通过共和国检察长。根据尼·瓦·克雷连柯的报告，常会以多数票通过了把法作为材料交给专门选出的委员会审议的决定。委员会的多数委员都主张地方检察长受省执行委员会和中央机关(通过共和国检察长)的双重领导。俄共(布)中央为领导全俄中央执行委员会常会而设立的专门委员会也通过了同样的决定。列宁在写给政治局的这封信里建议否决"双重领导"的原则。5月22日，政治局以多数票通过了列宁的建议，并把这个问题提交全俄中央执行委员会常会的共产党党团审议。政治局的决定中说:"否决'双重领导'，规定地方检察机关只受以总检察长为代表的中央机关的领导。地方检察机关由总检察长在最高法庭、司法人民委员部和中央组织局监督下任命。保留检察机关从法制的观点对地方当局的一切决定或决议提出异议的权利和义务，但无权停止这些决定或决议的执行，而只有权把案件提交法院裁决。"

可是，常会共产党党团仍主张"双重领导"。5月24日，政治局重申了它5月22日的决定，但删掉了"而只有权把案件提交法院裁决"一语，同时决定:"通知全俄中央执行委员会常会共产党党团，政治局认为必须在这次常会上通过关于检察机关的法律，党团的异议可向中央全会提出，如全会修改决议，则提交全俄中央执行委员会下次常会。"常会选出的委员会经过长时间讨论后，通过了由司法人民委员部拟定的第5条，否定了"双重领导"。中央执行委员会常会照此批准了《检察条例》。根据1922年7月8日的法令，《条例》自同年8月1日起施行。——701。

287 这是列宁对英国报纸《曼彻斯特卫报》记者阿瑟·兰塞姆所提问题的书面答复。两种回答中交给兰塞姆的是第一种即完整的一种。

兰塞姆于1922年10月专程赴苏俄访问列宁。10月26日，兰塞姆得到通知，要他把问题拟好写出。次日，他把拟定的7个问题寄给了列宁。11月3日晚列宁接见了兰塞姆。谈话涉及英国议会选举、意大利法西斯政变等问题，但主要还是围绕兰塞姆事先拟定的问题进行。列宁说，他还没有把所有问题的答复写出来，但他答应在兰塞姆动身以前写完。星期日，11月5日，列宁把7个问题的答复全部写就。星期一，"正当我收拾行装准备离开莫斯科的时候，——兰塞姆在给《曼彻斯特卫报》的通讯中写道，——我接到电话，说答复已写就。我急忙赶往克里姆林宫去取答复，给得很及时，使我得以随身带走。"

关于《曼彻斯特卫报》，见注93。——706。

288 1902年4月—1903年4月，列宁和娜·康·克鲁普斯卡娅侨居伦敦。列宁提到的这位朋友是康·米·塔赫塔廖夫，他是社会民主党人、彼得堡工人阶级解放斗争协会活动家、经济派首领之一、《工人思想报》编辑。——706。

289 经济派是19世纪末—20世纪初俄国社会民主党内的机会主义派别，是国际机会主义的俄国变种。其代表人物是康·米·塔赫塔廖夫、谢·尼·普罗柯波维奇、叶·德·库斯柯娃、波·尼·克里切夫斯基、亚·萨·皮凯尔（亚·马尔丁诺夫）、弗·彼·马赫诺韦茨（阿基莫夫）等，经济派的主要报刊是《工人思想报》（1897—1902年）和《工人事业》杂志（1899—1902年）。

经济派主张工人阶级只进行争取提高工资、改善劳动条件等等的经济斗争，认为政治斗争是自由派资产阶级的事情。他们否认工人阶级政党的领导作用，崇拜工人运动的自发性，否定向工人运动灌输社会主义意识的必要性，维护分散的和手工业的小组活动方式，反对建立集中的工人阶级政党。经济主义有诱使工人阶级离开革命道路而沦为资产阶级政治附庸的危险。

列宁对经济派进行了始终不渝的斗争。他在《俄国社会民主党人抗议书》（见本版选集第1卷第262—272页）中尖锐地批判了经济派的纲领。列宁的《火星报》在同经济主义的斗争中发挥了重大作用。列宁的《怎么办?》一书（见《列宁全集》第2版第6卷第1—183页；节选部分见本版选集第1卷第290—458页），从思想上彻底地粉碎了经济主义。——706。

290 1922年10月24日人民委员会通过了关于发行1923年版纸币的决定。按照列宁签署的这一决定，1个1923年版卢布等于100万停止流通的卢布，或等于100个1922年版卢布。发行1923年版卢布是苏联1922—1924年币制改革第一阶段中的措施之一。苏联这次币制改革导致了卢布的稳定并在很大程度上促进了新经济政策成就的取得。——708、721。

291 这里选收了列宁有关共产国际第四次代表大会的一件文献。

共产国际第四次代表大会于1922年11月5日—12月5日举行（开幕式在彼得格勒举行，以后的会议从11月9日起在莫斯科举行）。58个共产党、3个其他政党（意大利社会党、冰岛工人党、蒙古人民党）以及5个工人组织（青年共产国际、红色工会国际、国际妇女书记处、美国黑人组织、国际工人援助会)的 408 名代表出席了大会。

　　第四次代表大会讨论了共产国际执行委员会的工作报告和下列问题:俄国革命的五年和世界革命的前途、关于资本的进攻、关于共产国际纲领、关于共产党员在工会中的任务、东方问题和土地问题等等。

　　列宁在 1922 年 10 月 7 日俄共(布)中央全会上被选入俄共(布)代表团领导小组,他领导了俄共(布)代表团的全部工作,并积极参加了大会重要决议的起草。他还时常会见参加大会的各国共产党和其他政党的代表,帮助他们制定革命行动的政策和策略。

　　共产国际第四次代表大会通过了关于俄国问题的决议,给新经济政策以高度评价。大会指出,只有全世界无产阶级共同努力才能保障俄国的无产阶级革命免遭帝国主义国家侵犯和资本主义制度复辟的危险。大会号召全世界劳动者大力支援苏维埃俄国。

　　大会详细分析了国际革命运动的现状和任务,认为共产国际执行的统一战线策略是正确的。关于共产国际策略的提纲规定了共产党反击资本的进攻和根据统一战线的策略加紧同法西斯主义作斗争的任务。大会从统一战线策略出发提出了工人政府的口号,认为工人政府是过渡到无产阶级专政的可能形式。

　　大会讨论了凡尔赛体系建立后的国际形势,指出这个体系使帝国主义国家之间的矛盾尖锐化,加剧了军国主义化和增加了新的世界大战危险。因此,大会号召各国共产党,首先是法国和德国的共产党人,加强无产阶级的国际主义团结。

　　大会采取了建立工人阶级统一战线的新步骤,向海牙国际和平大会、第二国际和第二半国际以及各国工会发出公开信,号召它们采取共同行动来反对资本的进攻和战争危险。大会确定了共产党人在工会运动中的任务,提出了争取工会运动统一的口号。

　　在讨论共产国际纲领问题的时候,大会考虑了列宁的建议,没有把这个纲领作为定稿加以通过,准备对它作更细致的推敲。11 月 21 日,大会通过了以俄共(布)代表团的草案为基础的关于共产国际纲领的决议,决定把所有的纲领草案转给共产国际执行委员会,以进行研究加工,同时责成各国党起草本国的纲领。

　　大会分析了被压迫的附属国的民族解放运动,对殖民地半殖民地国家提出了反帝统一战线的口号。为了更确切地阐述共产党在土地问题上的政策,大会通过了共产国际在土地问题上的行动纲领草案。

　　大会还在一些专门委员会和全体会议上讨论了法国、西班牙、意大利、捷克斯洛伐克、波兰、美国、南斯拉夫、丹麦等国共产党的活动。——716。

292 符拉迪沃斯托克是远东共和国人民革命军的部队于1922年10月25日解放的。日本不得不从远东撤军。——721。

293 这里是借用俄国作家伊·谢·屠格涅夫的长篇小说《罗亭》中一个地主毕加索夫的话。毕加索夫极端蔑视妇女,认为妇女愚昧无知,缺乏逻辑思维。他说:"一个男人,打个比方说,也许会说二二不得四,而得五或者三个半;可是一个女人却会说二二得蜡烛。"——727。

294 1919年5月26日,协约国最高会议给亚·瓦·高尔察克发出一份由伍·威尔逊、戴·劳合-乔治、若·本·克列孟梭、维·埃·奥兰多和西园寺公望共同签署的照会,声明愿意承认高尔察克,并提供军事装备、粮食和弹药的援助,以巩固他的"全俄执政者"的地位,但高尔察克必须履行下述条件:占领莫斯科后召开立宪会议;承认波兰和芬兰独立;如不能妥善解决俄国同爱沙尼亚、拉脱维亚、立陶宛以及高加索和外里海地区的相互关系问题,则将这个问题移交国际联盟,在此以前,承认这些领土为自治领土,等等。高尔察克在复信中表示愿意接受协约国提出的一系列条件。7月12日,英、法、美、意四国对高尔察克的答复表示满意,并重申愿意援助高尔察克。——727。

295 指共产国际第三次代表大会通过的《关于各国共产党的组织建设、工作方法和工作内容的提纲》。——728。

296 列宁在莫斯科苏维埃全会上的讲话是他最后一次对公众的讲话。莫斯科苏维埃全会是同莫斯科各区苏维埃的全会一道在大剧院开的。会议听取了莫斯科苏维埃主席团和执行委员会在市、区两级苏维埃改选前的工作报告。在会议议程进行完毕以后,列宁来到了会场,受到了极热烈的欢迎。据与会者回忆,尽管列宁身体不适,但他还是发表了热情洋溢的讲话。——730。

297 1921年12月3日俄共(布)中央政治局决定让列宁休假。12月6日他去哥尔克(莫斯科省波多利斯克县)治疗和休息。在1922年1月13日以前,列宁在休假期间,继续进行日常工作,去莫斯科参加一些政治局会议和党的中央全会,写了一系列重要文献,领导了全俄苏维埃第九次代表大会和俄共(布)第十一次全国代表会议的工作,答复了来信和来电,给予党的和苏维埃的机关以指示。——730。

298　关于改革人民委员会和劳动国防委员会的工作和这两个委员会副主席的
分工问题,是列宁于 1922 年 1—2 月同亚·德·瞿鲁巴的通信中第一次
提出的(见《列宁全集》第 2 版第 42 卷第 387—395 页)。后来列宁制定
了《关于副主席(人民委员会和劳动国防委员会副主席)工作的决定》草
案(见《列宁全集》第 2 版第 43 卷第 147—155 页)。人民委员会和劳动
国防委员会副主席瞿鲁巴和阿·伊·李可夫参加了这一决定草案的
制定。

　　1922 年 12 月列宁又谈到了这个问题(同上书,第 43 卷第 315、320—
322、326—327 页)。——730。

299　指远东共和国国民议会 1922 年 11 月 14 日通过的关于远东共和国同俄
罗斯联邦重新合并的决定,合并的消息发表在 1922 年 11 月 15 日的各报
上。决定的全文于 1922 年 11 月 21 日见报,是在列宁讲话之
后。——731。

300　1922 年 10 月底至 11 月初《真理报》上曾就同莱·厄克特签订合同的问
题发表了一些争论文章。争论是按照列宁的建议组织的。关于这个问
题,可参看 1922 年 10 月 30 日列宁给格·列·皮达可夫和莫·伊·弗鲁
姆金的信(《列宁全集》第 2 版第 52 卷第 517 页)。——734。

301　指英、法、意等国因英国和希腊对土耳其的干涉遭到失败而筹备召开的近
东问题会议。帝国主义列强本想根本不让苏维埃俄国参加这次会议,但
后来考虑到苏维埃俄国的国际作用日益增长,不得不在 1922 年 10 月 7
日的照会中表示允许苏俄在会议讨论黑海海峡问题时参加。苏俄政府在
1922 年 10 月 20 日的照会中就此提出抗议,接着又在 1922 年 11 月 2 日
向"邀请国"发出新的照会,坚持俄罗斯社会主义联邦苏维埃共和国、乌
克兰苏维埃社会主义共和国和格鲁吉亚苏维埃社会主义共和国必须自始
至终参加近东问题会议。1922 年 11 月 2 日,俄共(布)中央政治局开会
讨论了照会草稿。照会吸收了列宁在政治局会议上和在 1922 年 10 月 31
日给格·瓦·契切林和政治局全体委员的信(见《列宁全集》第 2 版第 43
卷第 249 页)中提出的建议。政治局决定使这一照会带揭发性。

　　近东问题会议于 1922 年 11 月 20 日在洛桑召开,一直到 1923 年 7
月 24 日。参加会议的有英国、法国、意大利、日本、希腊、罗马尼亚、南斯
拉夫、土耳其。在讨论黑海海峡管理问题时,有俄罗斯社会主义联邦苏维
埃共和国、乌克兰苏维埃社会主义共和国和格鲁吉亚苏维埃社会主义共
和国代表组成的联合代表团和保加利亚参加。在讨论某些问题时曾吸收

阿尔巴尼亚、比利时、荷兰、西班牙、葡萄牙、挪威、瑞典参加。

会议最后签订了以英国、法国、意大利、日本、希腊、罗马尼亚和南斯拉夫为一方,以土耳其为另一方的和约,塞夫勒条约被废除。在洛桑会议议程上占重要地位的是黑海海峡问题。苏维埃代表团提出了列宁在《答〈观察家报〉和〈曼彻斯特卫报〉记者 M.法尔布曼问》(见《列宁全集》第2版第43卷第237—242页)中所表述的建议。但是建议遭到了否决。洛桑会议通过的海峡管理公约规定,任何国家的商船和军舰在任何时候都可以自由通过海峡。苏联认为该公约侵犯了黑海各国的合法权利,也不能保障它们的安全,因此未予批准。——735。

302 根据1922年10月16日俄共(布)中央委员会的决定,定于12月15日(后改为18日)召开的中央全会要再次讨论对外贸易垄断问题。这是列宁就这个问题写给中央全会的信。

全会前列宁做了大量的工作:组织收集关于外贸状况的材料并成立研究这些材料的委员会;根据他的建议对俄罗斯联邦各驻外商务代表处的活动进行了调查;同中央委员们,同党、苏维埃和经济部门的负责人员交谈;写了许多书信和便条,要那些还在犹豫的同志相信保持对外贸易垄断的必要性;同支持他的观点的人商妥,由他们在全会上发言。他在12月12日给列·达·托洛茨基的信中表示:他将在全会上为维护垄断而战斗(见《列宁全集》第2版第52卷第547页)。

但是由于病情恶化,列宁不能出席全会,所以在13日写了这封给中央全会的信。除斯大林外,列宁还把信分送给托洛茨基和瓦·亚·阿瓦涅索夫。阿瓦涅索夫是主张保持对外贸易垄断的,列宁在给他的附信中请他好好考虑一下,对关于对外贸易垄断的信需要补充什么,如何开展斗争(见《列宁全集》第2版第52卷第549页)。列宁建议托洛茨基在全会上发言维护"保留和加强对外贸易垄断是绝对必要的"的观点,他强调说,"在这个问题上不能让步"(同上书,第548页)。

列宁的信件,同列宁的谈话以及对这一问题的深入研究,使中央委员们相信必须保持对外贸易垄断。十二月全会一致通过决定,撤销十月全会的决定,重申"保持和从组织上加强对外贸易垄断的绝对必要性"。鉴于对外贸易垄断问题极端重要,列宁没有到此为止,他还建议向即将召开的全俄苏维埃第十次代表大会的共产党党团通报此事,并把问题提到党的第十二次代表大会。

1923年4月17—25日举行的第十二次代表大会研究了对外贸易垄断问题。大会关于俄共(布)中央工作报告的决议中写道:"代表大会无条件地确认对外贸易垄断是确定不移的,不允许有任何的违背和执行时有任何动摇,并责成新的中央委员会采取一系列的措施来巩固和发展对外贸易垄断。"(参看《苏联共产党代表大会、代表会议和中央全会决议汇编》1964年人民出版社版第2分册第249页)——739。

303　指尼·伊·布哈林1922年10月15日给俄共(布)中央的信。——739。

304　庸俗的自由贸易论者一语见于马克思《资本论》第1卷。马克思在那里说,"庸俗的自由贸易论者用来判断资本和雇佣劳动的社会的那些观点、概念和标准"是从"简单流通领域或商品交换领域"得出的(见《马克思恩格斯文集》2009年人民出版社版第5卷第205页)。——740。

305　《给代表大会的信》包括列宁在1922年12月23、24、25、26日和12月29日(《关于增加中央委员人数部分的补充意见》)以及1923年1月4日(《对1922年12月24日一信的补充》)口授的札记。

　　信的第一部分(1922年12月23日的札记),据《弗·伊·列宁的书信、便条和交办事务登记本》所记,于当天送达斯大林。在政治局会议和中央全会记录中没有提及列宁的这一札记。但是中央委员会曾提出必须增加中央委员人数的问题,同12月23日札记中列宁的指示完全一致(因为在《我们怎样改组工农检查院》一文中说的不是增加中央委员人数问题,而是扩大中央监察委员会的必要性问题)。列宁在12月23日札记中的建议,后来在《我们怎样改组工农检查院》和《宁肯少些,但要好些》等文章中又得到进一步的发挥。

　　信的其他部分(1922年12月24—25日和1923年1月4日的札记)是列宁逝世后由娜·康·克鲁普斯卡娅于1924年5月18日,俄共(布)第十三次代表大会开幕前几天,正式移交中央委员会的。克鲁普斯卡娅在移交这些文件的记录中写道:

　　"兹移交弗拉基米尔·伊里奇患病期间在12月23日至1月23日口授的札记,共13篇。关于民族问题的札记未计算在内(目前在玛丽亚·伊里尼奇娜处)。

　　这些札记中有些业已发表(关于工农检查院,评苏汉诺夫)。在未发表的札记中有1922年12月24—25日和1923年1月4日的口授札记,内含对某些中央委员个人的评价。弗拉基米尔·伊里奇坚决希望,在他去世后,他的这一札记能送达党的应届代表大会。**娜·克鲁普斯卡娅**"。

　　1924年5月21日举行的中央全会听取弗·伊·列宁文件接收委员

会的报告后,通过以下决定:"按照弗拉基米尔·伊里奇的意愿,把宣读过的文件交代表大会向各代表团分别宣读,规定这些文件不得复制,而由伊里奇文件接收委员会委员负责向各代表团宣读。"根据这项决定和党的第十三次代表大会主席团的决定,向各代表团分别宣读了《给代表大会的信》。

1927 年 12 月联共(布)第十五次代表大会决定把《给代表大会的信》(1922 年 12 月 24—25 日和 1923 年 1 月 4 日的札记)作为附录收入代表大会的记录,同时把这些札记和列宁关于党内问题的其他信件在《列宁文集》中发表。根据这一决定,列宁 1922 年 12 月 24—25 日和 1923 年 1 月 4 日的札记被刊载在联共(布)第十五次代表大会第 30 号公报上。但列宁关于党内问题的书信当时没有在《列宁文集》或其他出版物中发表。

1956 年根据苏共中央决定,这些书信向党的第二十次代表大会作了传达,接着分发给党的各级组织,并在 1956 年《共产党人》杂志第 9 期上发表,出版了单行本,还收入了《列宁全集》俄文第 4 版第 36 卷。——743。

306 《俄国思想》杂志(《Русская Мысль》)是俄国科学、文学和政治刊物(月刊),1880—1918 年在莫斯科出版。它起初是同情民粹主义的温和自由派的刊物。1905 年革命后成为立宪民主党的刊物,由彼·伯·司徒卢威和亚·亚·基泽韦捷尔编辑。十月革命后于 1918 年被查封。后由司徒卢威在国外复刊,成为白俄杂志,1921—1924 年、1927 年先后在索非亚、布拉格和巴黎出版。——744。

307 1917 年 10 月 11 日(24 日),在布尔什维克党中央会议通过举行武装起义决议的次日,格·叶·季诺维也夫和列·波·加米涅夫向中央提出一个声明,并给俄国社会民主工党(布)彼得堡委员会、莫斯科委员会、莫斯科区域委员会、芬兰区域委员会以及苏维埃中央执行委员会和北方区域苏维埃代表大会的布尔什维克党团写了一封名为《论时局》的信,申述他们反对立即举行起义的理由。他们的信曾在 10 月 15 日(28 日)彼得堡委员会扩大会议上宣读过。但是,不论在彼得堡委员会扩大会议上,还是在 10 月 16 日(29 日)中央委员会扩大会议上,他们都没有得到支持。在这种情况下,季诺维也夫和加米涅夫仍坚持自己的错误立场。加米涅夫于 10 月 18 日(31 日)在半孟什维克报纸《新生活报》上用他们两人名义发表了反对武装起义的声明。列宁对此极为愤慨,当天写了《给布尔什维克党党员的信》(见本版选集第 3 卷第 332—335 页),第二天又写了《给俄国社会民主工党(布)中央委员会的信》(见《列宁全集》第2版第32卷第415—419页)。在这两封信中,列宁将加米涅夫和季诺维也夫称做工贼,要求把他们开除出党。

　　1917年10月20日(11月2日),党中央委员会会议讨论了列宁《给俄国社会民主工党(布)中央委员会的信》,决定接受加米涅夫退出中央委员会的辞呈,并责成季诺维也夫和加米涅夫不得发表任何反对中央委员会的决定和它规定的工作路线的声明。中央委员会还决定,任何中央委员都不得反对中央通过的决议。

　　列宁不同意中央关于季诺维也夫和加米涅夫的决定。在给斯维尔德洛夫的信中,他把这个决定称做妥协(参看《列宁全集》第2版第32卷第429页)。——745。

308　工农检查院是苏维埃俄国的国家监察机关,1920年2月由国家监察人民委员部改组而成。它的主要任务是:监督各国家机关和经济管理机关的活动,监督各社会团体,同官僚主义和拖拉作风作斗争,检查苏维埃政府法令和决议的执行情况等。工农检查院在工作中依靠广大的工人、农民和专家中的积极分子。根据列宁的意见,1923年俄共(布)第十二次代表大会决定成立中央监察委员会—工农检查院这一党和苏维埃的联合监察机构。1934年工农检查院撤销,其职权移交给同年成立的苏联人民委员会苏维埃监察委员会。——747、779、784。

309　《关于赋予国家计划委员会以立法职能》一信是娜·康·克鲁普斯卡娅在1923年6月初转交俄共(布)中央委员会的。6月14日政治局通过决定,"把列宁同志关于国家计划委员会的札记通报中央委员和候补中央委员"。列宁的指示在俄共(布)第十三次代表会议《关于经济政策的当前任务的决议》(第8节《关于加强计划原则的必要性》)中有所反映(参看《苏联共产党代表大会、代表会议和中央全会决议汇编》1964年人民出版社版第2分册第385—386页)。——750。

310　《关于民族或"自治化"问题》这封信论述了正确处理苏联国内民族关系这个重要问题。促使列宁写这封信的直接原因是所谓格鲁吉亚事件。1922年10月初召开的俄共(布)中央全会通过了包括俄罗斯联邦在内的各民族共和国根据平等原则联合成苏维埃社会主义共和国联盟的决议。该决议规定,格鲁吉亚、阿塞拜疆和亚美尼亚三国通过外高加索联邦而不是直接加入即将成立的苏联。这一点受到以波·古·姆季瓦尼为首的格鲁吉亚共产党中央领导人的坚决反对,他们要求直接加入苏联。然而以格·康·奥尔忠尼启则为首的俄共（布）外高加索边疆区委员会对这一要求采取了高压政策。10月20日，外高加索边疆区委员会召开全会，给格共中央领导人奥库查瓦、科·马·钦察泽和菲·耶·马哈拉泽以党内警告，解除奥库查瓦的格共中央书记和主席团委员职务。在10月22日召开的格共中央全会上，奥尔忠尼启则又指责格共领导人有"孟什维主义倾向"，搞"沙文主义"，表示对格共中央委员会"不信任"。在这种情况下钦察泽等于21日给莫斯科俄共（布）中央委员会打电话上告。22日格共中央委员会提出辞职。外高加索边疆区委员会接受了格共中央委员会的辞职，成立了以维·维·罗米那兹为首的新的中央委员会，接着又在政府部门撤换大批干部，马哈拉泽被撤去格鲁吉亚共和国中央执行委员会主席职务，谢·伊·卡夫塔拉泽被撤去人民委员会主席职务，钦察泽被撤去肃反委员会主席职务，等等。奥尔忠尼启则还动手打了格鲁吉亚的一位领导人卡巴希泽。

列宁对格鲁吉亚问题感到十分不安。从值班秘书日记中可以看出，在中央书记处任命的以费·埃·捷尔任斯基为首的调查这一事件的三人委员会赴梯弗利斯后，他十分焦急地等待捷尔任斯基返回莫斯科。12月12日捷尔任斯基回到莫斯科，列宁当晚就同他进行了长时间的谈话。后来，1923年1月，列宁对莉·亚·福季耶娃说："我生病前夕，捷尔任斯基对我谈过委员会的工作和'事件'，这对我有严重影响。"（见《列宁全集》第2版第43卷第466页）13日晨列宁两次发病，14日列宁打算就民族问题口授一信，但未能实现。后来列宁在12月27日或28日口授的书信和文章的拟目单里列入一个题目：《关于民族问题和关于国际主义（从格鲁吉亚党内最近的冲突谈起）》。12月30日和31日，正值宣告苏联成立之际，列宁口授了这封《关于民族或"自治化"问题》的信。

列宁认为这封信具有重大的指导意义，打算以后把它当做论文发表。但是，由于1923年3月6日以后列宁的病情突然恶化，他没能对《关于民族或"自治化"问题》这封信提出最后处理意见。只在发病前夕口授了两封信，一封是3月5日给列·达·托洛茨基的信，请他代为格鲁吉亚事件辩护；另一封是6日给姆季瓦尼、马哈拉泽等人表示支持的信，信中说他对奥尔忠尼启则的粗暴，对斯大林和捷尔任斯基的纵容感到愤慨（见《列宁全集》第2版第52卷第556页）。

1923年4月16日，在俄共（布）第十二次代表大会开幕前夕，福季耶娃把列宁的《关于民族或"自治化"问题》这封信送交政治局。18日大会主席团作出《关于列宁同志有关民族问题,包括格鲁吉亚问题的信札》的决定,决定"在'代表团领导人会议'上宣读列宁同志的这些信札以及与之有关的全部材料。然后由主席团委员向代表大会各代表团分别宣读这些材料"。——755。

311　俄共(布)中央全会于1922年10月5—7日举行。列宁参加了10月5日的会议,其他各次会议他因健康欠佳没有出席。

　　　　1922年10月和12月举行的党的中央全会的议事日程是关于成立苏维埃社会主义共和国联盟的问题。——755。

312　杰尔席莫尔达是俄国作家尼·瓦·果戈理的喜剧《钦差大臣》中的一个愚蠢粗野、动辄用拳头打人的警察。——756。

313　格·康·奥尔忠尼启则打人事件发生在1922年秋。据说奥尔忠尼启则因受了侮辱而发脾气,打了卡巴希泽一耳光。——757。

314　《日记摘录》一文,看来列宁是分两次口授的。苏共中央马克思列宁主义研究院中央党务档案馆保存着第一次口授的打字文本;这一文本中没有收入俄国识字状况表,以开头为"应当把我国国民教师……"的那一段结束。列宁看了这次口授的文本,提出四点补充:"(1)补充1920年调查的识字人数,同1897年调查相对比,(2)补充关于城市工人支部对农村支部的支援,(3)补充说明,首先应当削减其他部门的开支以用于教育人民委员部,而不是削减教育人民委员部的开支,(4)补充说明,需要加强组织国民教师的工作,增加经费,以便使他们成为苏维埃制度的可靠支柱,同资产阶级制度不同,在我们这里这是可以做到的(特别注意下农村以及为此所需的开支,以便利用暑假来提高他们的教育水平)"(这四点均由秘书写在该打字文本上)。当天,1月2日,列宁口授了拟定的补充部分。打字稿上没有文章的标题。文章在《真理报》上发表时加了《日记摘录》这个标题。——762。

315　"无产阶级文化"是亚·亚·波格丹诺夫早在1909年提出的一种错误理论,基本主张是无产阶级必须创造一种和旧文化完全对立的"自己的"文化,首先是"自己的"哲学。这一理论,波格丹诺夫及其拥护者曾在意大利的卡普里岛(1909年)和博洛尼亚(1910—1911年)为俄国工人开办的学校里加以散布。十月社会主义革命胜利后,波格丹诺夫及其拥护者继续鼓吹这种观点,并通过无产阶级文化协会的活动加以贯彻。他们否认以往的文化遗产的意义,企图通过脱离实际生活的"实验室的道路"来创造"纯粹无产阶级的"文化。波格丹诺夫口头上承认马克思主义,实际上鼓吹马赫主义这种主观唯心主义哲学。

　　列宁对无产阶级文化协会的思想家们的反马克思主义观点进行了始终不渝的斗争。他在《关于无产阶级文化》这一决议草案中写道:"马克思主义这一革命无产阶级的意识形态赢得了世界历史性的意义,是因为它并没有抛弃资产阶级时代最宝贵的成就,相反却吸收和改造了两千多年来人类思想和文化发展中一切有价值的东西。只有在这个基础上,按照这个方向,在无产阶级专政(这是无产阶级反对一切剥削的最后的斗争)的实际经验的鼓舞下继续进行工作,才能认为是发展真正的无产阶级文化。"(见本卷第299页)——762。

316　国家出版总局是第一个大规模的苏维埃出版机关。它是为建立国家统一的书刊出版机构,根据1919年5月21日全俄中央执行委员会的决定在莫斯科组建的,隶属于俄罗斯联邦教育人民委员部。该总局是由全俄中央执行委员会出版部门、莫斯科和彼得格勒苏维埃出版部门、教育人民委员部的出版部门、共产党人出版社和一些合作组织的出版社合并而成。除出版自己的出版物外,国家出版总局还负责编制统一的出版计划、领导其他出版社、监督图书的发行和制定纸张的生产计划等等。国家出版总局于1930年加入了俄罗斯联邦的国家图书杂志出版社联合公司。——764。

317　职业教育总局是于1921年在职业教育总委员会的基础上成立的,隶属于俄罗斯联邦教育人民委员部,主持为国民经济和文化各个部门培训干部的工作。工厂艺徒学校、职业培训班、中等技术学校、工农速成中学、高等学校、工人技能的提高都归它管辖。职业教育总局按照社会主义建设的任务对高等学校进行了改革,建立了基本上实行到1940年的初级的和中等的职业教育制度。在党中央七月全会(1928年)和十一月全会(1929年)的决定以后,由于各个职业教育机构移交给了相应的人民委员部和主管部门,职业教育总局就不再存在了。——764。

318　指全俄苏维埃第十次代表大会。

　　全俄苏维埃第十次代表大会于1922年12月23—27日在莫斯科举行。出席大会的有俄罗斯联邦的1 727名代表和来自外高加索联邦、乌克兰共和国和白俄罗斯共和国的488名贵宾——即将召开的苏联苏维埃第一次代表大会的代表。列宁由于健康状况恶化,未能出席代表大会,但被选为大会名誉主席。代表大会给列宁发了致敬电。

代表大会讨论了全俄中央执行委员会和人民委员会关于苏维埃共和国的对内对外政策的报告，还讨论了最高国民经济委员会、教育人民委员部、财政人民委员部和农业人民委员部的报告。代表大会表示完全赞同苏维埃政府的工作，并在决议中规定了一系列进一步巩固工业、农业和财政的措施。12月26日代表大会听取了关于各苏维埃共和国联合的报告。次日，在最后一次会议上就这一问题通过了一项决定，认为必须建立苏维埃社会主义共和国联盟。代表大会选举了出席苏联苏维埃第一次代表大会的代表团。

代表大会还通过了告世界人民书，代表俄国工农庄严表明要求和平的愿望，号召各国劳动人民与苏维埃俄国人民共同努力"保障和平"，"防止人类遭受骇人听闻的毁灭性的战争"。

代表大会选出了由270名委员和118名候补委员组成的全俄中央执行委员会。——765。

319　《论合作社》一文是1923年1月4—6日口授的。

列宁原打算在全俄苏维埃第十次代表大会的报告中谈合作社问题（见《列宁全集》第2版第43卷第325页）。1922年9月，他曾向中央消费合作总社理事会主席列·米·欣丘克索取关于合作社活动的资料（见《列宁全集》第2版第52卷第479—480页）。1923年1月，娜·康·克鲁普斯卡娅曾为列宁索取有关合作社的著作。给列宁送去了下列书籍：尼·美舍利亚科夫《合作社和社会主义》（文集）1920年莫斯科版；弗·施陶丁格尔《马克思主义和消费合作社》1919年莫斯科版；И.扎先《资本主义时代合作制理论的发展》1919年莫斯科版（这三本书藏于克里姆林宫列宁图书馆）；弗·施陶丁格尔《从舒尔采-德里奇到克罗伊茨纳赫》1919年莫斯科版；亚·恰扬诺夫《农民合作社的基本思想和组织形式》1919年莫斯科版；米·伊·杜冈-巴拉诺夫斯基《合作社的社会基础》1916年莫斯科版；谢·尼·普罗柯波维奇《俄国的合作社运动，其理论和实践》1913年莫斯科版。

《论合作社》一文由克鲁普斯卡娅在1923年5月转交中央委员会。5月24日政治局通过下述决定："认为必须以最快速度刊载娜捷施达·康斯坦丁诺夫娜转交的弗拉基米尔·伊里奇的文章，并在文后注明日期。"——767。

320　文化主义是革命前俄国资产阶级知识分子中的一种力图用单纯教育活动来代替为人民利益进行实际斗争的思潮。列宁在这里借用这个词以强调俄国无产阶级夺取政权后文化教育工作的重要性。——773。

321 《论我国革命》一文是 1923 年 1 月 16—17 日口授的,评论了著名孟什维克尼·苏汉诺夫的《革命札记》一书第 3 卷和第 4 卷(1922 年柏林—彼得堡—莫斯科格尔热宾出版社版)。《列宁值班秘书日志》有几次提到这件事(见《列宁全集》第 2 版第 43 卷第 463—464 页)。文章由娜·康·克鲁普斯卡娅转交《真理报》编辑部,无标题。标题是报纸编辑部加的。——775。

322 显然是指马克思在 1871 年 4 月 12 日给路·库格曼的信中称赞巴黎人"具有何等的灵活性"一语(见《马克思恩格斯文集》2009 年人民出版社版第 10 卷第 352 页)。——775。

323 指 1856 年 4 月 16 日马克思给恩格斯的信中所说的话:"德国的全部问题将取决于是否有可能由某种再版的农民战争来支持无产阶级革命。如果那样就太好了。"(见《马克思恩格斯文集》2009 年人民出版社版第 10 卷第 131 页)——775。

324 《我们怎样改组工农检查院》一文同列宁的《给代表大会的信》有直接联系,它发展了信中的思想。1923 年 1 月初,列宁着手写作此文;他先口授了文章的大纲,接着于 1 月 9 日和 13 日口授了文章的初稿《我们对工农检查院怎么办?》(见《列宁全集》第 2 版第 43 卷第 430—438 页)。1 月 19、20、22、23 日,列宁口授了文章的第二稿即定稿《我们怎样改组工农检查院(向党的第十二次代表大会提出的建议)》。列宁的《宁肯少些,但要好些》一文则又继续并发挥了这篇文章的思想。

中央委员会根据列宁的指示,为俄共(布)第十二次代表大会拟定了关于改组和改善党的中央机关的工作,以及代表大会关于改组工农检查院和中央监察委员会的决议草案。

党的第十二次代表大会于 1923 年 4 月 17—25 日在莫斯科举行。这次代表大会接受了中央委员会所拟定的关于组织问题和《关于工农检查院和中央监察委员会的任务》的决议案。代表大会根据列宁的建议增加了中央委员会和中央监察委员会的成员,并成立了中央监察委员会和工农检查院的联合机关。——779。

325 列宁指的是如下的书:奥·阿·叶尔曼斯基《科学组织劳动和生产与泰罗制》和普·米·克尔任采夫《组织原则》(由国家出版社于 1922 年出版)。——789。

326　关于建筑沃尔霍夫水电工程的决定是人民委员会于 1918 年 7 月 13 日通过的。国内战争和外国武装干涉把该工程推迟到 1921 年才开展。发电站的第一批机组开始送电是 1926 年 12 月 19 日。——797。

人 名 索 引

A

阿·马·——见高尔基，马克西姆。

阿·日·(А. Ж.)——1—4。

阿德勒，弗里德里希(弗里茨)(Adler, Friedrich(Fritz) 1879—1960)——奥地利社会民主党右翼领袖之一，"奥地利马克思主义"理论家，第二半国际和社会主义工人国际的组织者和领袖之一；维·阿德勒的儿子。1907—1911年任苏黎世大学理论物理学讲师。在哲学上是经验批判主义的信徒，主张以马赫主义哲学"补充"马克思主义。1911年起任奥地利社会民主党书记。第一次世界大战期间主张社会民主党对帝国主义战争保持"中立"和促使战争早日结束。1914年8月辞去书记职务。1916年10月21日因枪杀奥匈帝国首相卡·施图尔克伯爵被捕。1918年重新担任党的书记，走上改良主义道路。1923—1939年任社会主义工人国际书记。——60、133、141、147、519。

阿多拉茨基，弗拉基米尔·维克多罗维奇(Адоратский, Владимир Викторович 1878—1945)——苏联马克思主义宣传家，历史学家，哲学家。1904年加入俄国社会民主工党。曾任列宁研究院副院长等职。参加《马克思恩格斯全集》和《列宁全集》的编辑出版工作，写有许多研究马克思列宁主义的参考书和马克思主义史方面的著作。——544。

阿尔乔姆(**谢尔盖耶夫，费多尔·安德列耶维奇**)(Артем(Сергеев, Федор Андреевич)1883—1921)——1901年加入俄国社会民主工党。在党的第六、七、九、十次代表大会上当选为中央委员。1920—1921年任俄共(布)莫斯科委员会书记，1921年2月起任全俄矿工工会中央委员会主席。——402。

阿克雪里罗得，帕维尔·波里索维奇(Аксельрод, Павел Борисович 1850—1928)——俄国孟什维克领袖之一。1883年参与创建劳动解放社。1900年起是《火星报》和《曙光》杂志编辑部成员。俄国社会民主工党第二次代表大会后是孟什维主义的思想家。1905 年提出召开广泛的工人代表大会的取消主义观点。斯托雷平反动时期和新的革命高涨年代是取消派的思想领袖。第一次世界大战期间持社会沙文主义立场;曾参加齐美尔瓦尔德代表会议和昆塔尔代表会议,属于右翼。1917 年二月革命后任彼得格勒苏维埃执行委员会委员,支持资产阶级临时政府。十月革命后侨居国外,敌视苏维埃政权,鼓吹武装干涉苏维埃俄国。——181、561。

阿斯奎斯,赫伯特·亨利(Asquith, Herbert Henry 1852—1928)——英国自由党领袖之一。1908—1916 年任首相。推行对外扩张、镇压工人运动和民族解放运动的政策。第一次世界大战结束后领导反对同保守党人联合的自由党人。1924 年议会竞选失败后,在政治上不再起重要作用。——190、194。

埃勒,卡尔——见劳芬贝格,亨利希。

爱因斯坦,阿尔伯特(Einstein, Albert 1879—1955)——理论物理学家,现代物理学的创始人。生于德国。后因德国法西斯迫害前往美国,并加入美国籍。爱因斯坦一生的主要贡献是建立相对论和在光量子理论方面的发现。1921 年获得诺贝尔物理学奖。——647、651。

安德列耶夫,安德列·安德列耶维奇(Андреев, Андрей Андреевич 1895—1971)——1914 年加入俄国布尔什维克党。1920—1922 年任全俄工会中央理事会书记。在党的第九次和第十一次至第二十次代表大会上当选为中央委员。——619。

奥登堡,谢尔盖·谢尔盖耶维奇(Ольденбург, Сергей Сергеевич 死于 1940 年)——1922 年在布拉格出版的白卫杂志《俄国思想》的政治评论员和积极撰稿人。——744。

奥登博格尔,弗拉基米尔·瓦西里耶维奇(Ольденборгер, Владимир Васильевич 1863—1921)——1893 年起是俄国莫斯科自来水厂的机械师,1917 年起是该厂总工程师。——628。

奥尔忠尼启则,格里戈里·康斯坦丁诺维奇(Орджоникидзе, Григорий Константинович 1886—1937)——1903 年加入俄国社会民主工党。1912 年在党的第六次(布拉格)全国代表会议上当选为中央委员和中央委员会俄国局成员。1917 年 6 月任党的彼得堡委员会委员和彼得格勒苏维埃执行委员会委员。1920—1926 年先后任党中央委员会高加索局成员和党的外高加索边疆区委第一书记、北高加索边疆区委第一书记。1921 年在党的第十次代表大会上当选为中央委员。——690、755、757、760。

奥兰多,维多里奥·埃曼努埃勒(Orlando, Vittorio Emanuele 1860—1952)——

意大利资产阶级自由派领袖之一。1917—1919 年任首相,曾率领意大利代表团出席巴黎和会。1919—1920 年任议会议长。——266。

奥斯特尔利茨,弗里德里希(Austerlitz, Friedrich 1862—1931)——奥地利社会民主党领袖之一,该党中央机关报《工人报》主编,议员。第一次世界大战期间持社会沙文主义立场。——141。

奥新斯基,恩·(**奥博连斯基,瓦列里安·瓦列里安诺维奇**)(Осинский, Н. (Оболенский, Валериан Валерианович) 1887—1938)——1907 年加入俄国社会民主工党。十月革命后任俄罗斯联邦国家银行总委员、最高国民经济委员会主席。1918 年是"左派共产主义者"纲领起草人之一。是共产国际第一次代表大会的代表。1920—1921 年是民主集中派的骨干分子。1921—1923 年任副农业人民委员、最高国民经济委员会副主席。在党的第十次代表大会上当选为候补中央委员。——384、385。

B

巴布什金,伊万·瓦西里耶维奇(Бабушкин, Иван Васильевич 1873—1906)——俄国工人,职业革命家,布尔什维克。从彼得堡工人阶级解放斗争协会建立起,就是该协会最积极的会员和列宁最亲密的助手。参加了列宁的《火星报》的组织工作,是该报首批代办员之一和通讯员。参加1905—1907 年革命,是赤塔武装起义的领导人之一。1906 年 1 月从赤塔到伊尔库茨克运送武器时被讨伐队枪杀。列宁为巴布什金写了讣文,高度评价他忠于革命的精神。——164。

巴洛德,卡尔(Ballod, Karl 1864—1931)——德国经济学家。写有一些关于经济问题的著作,其中包括《未来的国家。社会主义国家的生产和消费》一书。——438。

巴师夏,弗雷德里克(Bastiat, Frédéric 1801—1850)——法国庸俗经济学家。他把资产阶级社会的阶级关系视为互惠关系,认为资本主义的关系是人和人之间的"自然"关系,鼓吹劳资利益调和论。——707。

鲍加耶夫斯基,米特罗范·彼得罗维奇(Богаевский, Митрофан Петрович 1881—1918)——俄国顿河反革命骨干分子。1917 年 6 月 18 日—1918 年 1 月 29 日是顿河哥萨克军阿塔曼卡列金将军的副手,1918 年 1 月初起又参加了反革命的顿河政府。因进行反革命活动于 1918 年被处决。——499。

鲍威尔,奥托(Bauer, Otto 1882—1938)——奥地利社会民主党和第二国际领袖之一,"奥地利马克思主义"理论家。同卡·伦纳一起提出资产阶级民族主义的民族文化自治论。敌视俄国十月革命。1918 年 11 月—1919 年 7 月任奥地利共和国外交部长。1920 年起为国民议会议员。第二半国际和社会主义工人国际的组织者和领袖之一。——133、141、147、180、185、209、269、270、674、691。

倍倍尔，奥古斯特（Bebel，August 1840—1913）——德国工人运动和国际工人运动活动家，马克思和恩格斯的朋友和战友。1867 年当选为德国工人协会联合会主席。1869 年与威·李卜克内西共同创建了德国社会民主工党（爱森纳赫派）。多次当选国会议员，利用国会讲坛揭露帝国政府反动的内外政策，支持巴黎公社。第二国际的创建人和领袖之一。90 年代和 20 世纪初同党内的改良主义和修正主义进行斗争，反对伯恩施坦及其拥护者对马克思主义理论的歪曲和庸俗化。——145、544、611。

彼得罗夫斯基，格里戈里·伊万诺维奇（Петровский，Григорий Иванович 1878—1958）——19 世纪 90 年代参加俄国社会民主主义运动。俄国第一次革命期间是叶卡捷琳诺斯拉夫工人运动的领导人之一。第四届国家杜马叶卡捷琳诺斯拉夫省工人代表，布尔什维克杜马党团主席。因进行反对帝国主义战争的革命活动，1914 年 11 月被捕，1915 年流放图鲁汉斯克边疆区，并在那里继续进行革命活动。1919—1938 年任全乌克兰中央执行委员会主席。1922—1937 年为苏联中央执行委员会主席之一。1921 年在党的第十次代表大会上当选为中央委员。——402。

波波夫，帕维尔·伊里奇（Попов，Павел Ильич 1872—1950）——苏联统计学家，1924 年加入俄共（布）。1918 年起任中央统计局局长、苏联国家计划委员会主席团委员。——457、467。

波特列索夫，亚历山大·尼古拉耶维奇（Потресов，Александр Николаевич 1869—1934）——俄国孟什维克领袖之一。1896 年加入彼得堡工人阶级解放斗争协会。曾参与创办《火星报》和《曙光》杂志。俄国社会民主工党第二次代表大会后是孟什维克刊物的主要撰稿人和领导人。斯托雷平反动时期和新的革命高涨年代是取消派思想家。第一次世界大战期间是社会沙文主义者。十月革命后侨居国外。——181。

伯恩施坦，爱德华（Bernstein，Eduard 1850—1932）——德国社会民主党和第二国际右翼领袖之一，修正主义的代表人物。1879 年在《社会科学和社会政治年鉴》上发表同卡·赫希柏格和卡·施拉姆合写的《德国社会主义运动的回顾》一文，指责党的革命策略，主张放弃革命斗争，受到马克思和恩格斯的严厉批评。1881—1890 年任党的中央机关报《社会民主党人报》编辑。1899 年发表《社会主义的前提和社会民主党的任务》一书,从经济、政治和哲学方面对马克思主义的理论和策略作了全面的修正。第一次世界大战期间持中派立场。1919 年公开转到右派方面。——144。

勃朗斯基,美契斯拉夫·亨利霍维奇(布劳恩,美·伊·)(Бронский, Мечислав Генрихович(Браун, М. И.)1882—1941)——1902 年加入波兰和立陶宛社会民主党,后为俄国布尔什维克党员。第一次世界大战期间是国际主义者。1920 年起任苏俄驻奥地利全权代表和商务代表。1924 年起任财政人民委员部部务委员、对外贸易人民委员部部务委员。——261、262。

博尔迪加,阿马德奥(Bordiga, Amadeo 1889—1970)——1910 年加入意大利社会党,领导党内接近无政府主义的派别。1919 年提出抵制资产阶级议会的纲领,领导所谓"共产主义者抵制派"。曾出席共产国际第二次代表大会。1921 年参与创建意大利共产党。——175。

布哈林,尼古拉·伊万诺维奇(Бухарин, Николай Иванович 1888—1938)——1906 年加入俄国社会民主工党。1917 年二月革命后当选为莫斯科苏维埃执行委员会委员。党的第六次代表大会(1917)起为中央委员。1917 年 10 月起任莫斯科军事革命委员会委员,参与领导莫斯科的武装起义。同年 12 月起任《真理报》主编。1918 年初反对签订布列斯特和约,是"左派共产主义者"集团的领袖。1919 年 3 月当选为党中央政治局候补委员。1919 年共产国际成立后任共产国际执行委员会和主席团委员。1920—1921 年工会问题争论期间领导"缓冲"派。1924 年 6 月当选为党中央政治局委员。——147、363、373、375—376、380—381、382、383、384、385、386、389、390、392—433、496、498、669、739—742、745。

布劳恩,美·伊·——见勃朗斯基,美契斯拉夫·亨利霍维奇。

C

查苏利奇,维拉·伊万诺夫娜(Засулич, Вера Ивановна 1849—1919)——俄国民粹主义运动和社会民主主义运动活动家。1883 年参与创建劳动解放社。80—90 年代曾翻译马克思和恩格斯的一些著作。1900 年起是《火星报》和《曙光》杂志编辑部成员。俄国社会民主工党第二次代表大会后成为孟什维克领袖之一,参加孟什维克的《火星报》编辑部。对十月革命持否定态度。——181。

车尔尼雪夫斯基,尼古拉·加甫里洛维奇(Чернышевский, Николай Гаврилович 1828—1889)——俄国革命民主主义者和空想社会主义者,作家,文学评论家,哲学家;俄国社会民主主义先驱之一,俄国 19 世纪 60 年代革命运动的领袖和思想鼓舞者。——180、647。

D

E

68、145、152、162、176—177、180、478、479、483、544、611、612、648、649。

F

法尔布曼，M. C.（Фарбман，M. C. 1880—1933）——1920 年起先后任《芝加哥每日新闻报》、《曼彻斯特卫报》和《观察家报》驻莫斯科记者。——710。

费多托夫，Ф.（Федотов，Ф. 1897—1933）——1914 年加入俄国布尔什维克党。历任莫斯科省的县委书记、谢米列奇耶州委书记、中央监察委员会党的调查员。——334。

弗兰格尔，彼得·尼古拉耶维奇（Врангель，Петр Николаевич 1878—1928）——俄国南部反革命首领之一，中将（1918）。国内战争时期充当协约国的傀儡。1920 年 4 月接替邓尼金任"南俄武装力量"总司令，11 月起任克里木"俄军"总司令。在克里木和南乌克兰建立了军事专政。反革命叛乱失败后逃亡国外。——308—309、339—340、382、522、553、575、579、601、617。

弗里茨——见阿德勒，弗里德里希。

福煦，斐迪南（Foch，Ferdinand 1851—1929）——法国元帅。第一次世界大战期间曾任北方集团军群司令、总参谋长、盟军最高统帅。1919 年起任协约国最高军事委员会主席。1918—1920 年是武装干涉苏维埃俄国的策划者之一。曾参与起草凡尔赛和约。——14。

G

盖得，茹尔（巴西尔，马蒂厄）（Guesde，Jules（Basile，Mathieu）1845—1922）——法国工人党创建人之一，第二国际的组织者和领袖之一。巴黎公社失败后曾一度追随无政府主义者。在马克思和恩格斯影响下逐步转向马克思主义。20 世纪初逐渐转向中派立场。第一次世界大战一开始即采取社会沙文主义立场，参加了法国资产阶级政府。1920 年法国社会党分裂后，支持少数派立场，反对加入共产国际。——176、209。

高尔察克，亚历山大·瓦西里耶维奇（Колчак，Александр Васильевич 1873—1920）——俄国反革命首领之一，海军上将（1916）。国内战争时期充当协约国的傀儡。1918 年 11 月在外国武装干涉者支持下发动政变，在西伯利亚、乌拉尔和远东建立军事专政，自封为"俄国最高执政"和陆海军最高统帅。反革命叛乱失败后被俘，并被枪决。——1、46、71—73、75、96、101、113、119、149、171、304、322、348、459、461、523、575、579、580、601、602、617、677、678、727。

高尔基,马克西姆(**彼什科夫,阿列克谢·马克西莫维奇**;阿·马·)
(Горький, Максим (Пешков, Алексей Максимович, А. М.) 1868—
1936)——苏联作家和社会活动家,社会主义现实主义文学的奠基人,苏联
文学的创始人。——41—44。

哥尔布诺夫,尼古拉·彼得罗维奇(Горбунов, Николай Петрович 1892—
1937)——1917 年加入俄国社会民主工党(布)。十月革命后任人民委员
会秘书和列宁的秘书。1920 年起任俄罗斯联邦(后为苏联)人民委员会和
劳动国防委员会办公厅主任、苏联国家计划委员会委员。——685。

格耶,亚历山大(Ге, Александр 1879—1919)——俄国无政府主义者。十月
革命后拥护苏维埃政权。曾任第三届和第四届全俄中央执行委员会委员。
1918 年参加北高加索苏维埃政府。——494。

龚帕斯,赛米尔(Gompers, Samuel 1850—1924)——美国劳工联合会第一任
主席(1886),并担任此职直至逝世(1895 年除外)。第一次世界大战期间
是社会沙文主义者。敌视俄国十月革命和苏维埃俄国。——161、164、
644—645。

古谢夫,谢尔盖·伊万诺维奇(**德拉布金,雅柯夫·达维多维奇**)(Гусев,
Сергей Иванович(Драбкин, Яков Давидович)1874—1933)——19 世纪 90
年代参加俄国社会民主主义运动。1918—1920 年在红军中做政治工作,
1921—1923 年任工农红军政治部主任、共和国革命军事委员会委员。
1923 年起任党中央监察委员会书记和苏联工农检查人民委员部部务委
员。——127—128、360—361。

H

哈定,沃伦(Harding, Warren 1865—1923)——美国共和党人。早年从事报纸
出版业。曾任俄亥俄州议会议员和副州长,参议院议员。1921—1923 年
任美国总统。——320。

海德门,亨利·迈尔斯(Hyndman, Henry Mayers 1842—1921)——英国社会党
人。1881 年创建民主联盟(1884 年改组为社会民主联盟),担任领导职
务,直至 1892 年。1900—1910 年是社会党国际局成员。1911 年参与创建
英国社会党,领导该党机会主义派。第一次世界大战期间是社会沙文主义
者。1916 年英国社会党代表大会谴责他的社会沙文主义立场后,退出社
会党。敌视俄国十月革命,赞成武装干涉苏维埃俄国。——209。

韩德逊,阿瑟(Henderson, Arthur 1863—1935)——英国工党和工会运动领袖
之一。1914—1917 年任工党议会党团主席,1911—1934 年任工党书记。

第一次世界大战期间是社会沙文主义者。1915—1917 年先后参加阿斯奎斯政府和劳合-乔治政府,任教育大臣、邮政大臣和不管部大臣等职。1919年参与组织伯尔尼国际。1923 年起任社会主义工人国际执行委员会主席。多次参加英国资产阶级政府。——161、164、189、192、193—197、202—203。

黑格尔,乔治·威廉·弗里德里希(Hegel, Georg Wilhelm Friedrich 1770—1831)——德国哲学家,客观唯心主义者,德国古典哲学的主要代表。黑格尔的唯心主义辩证法是马克思主义哲学的理论来源之一。——419、652。

华盛顿,乔治(Washington, George 1732—1799)——美国国务活动家和军事家。1775—1783 年美国独立战争时期任总司令。1789—1797 年任美国第一任总统。——320。

霍多罗夫斯基,约瑟夫·伊萨耶维奇(Ходоровский, Иосиф Исаевич 1885—1940)——1903 年加入俄国社会民主工党。1917 年参加莫斯科武装起义。1921—1922 年任俄共(布)中央委员会西伯利亚局书记。1922—1928 年任教育人民委员部部务委员和副教育人民委员。——765、766。

霍格伦,卡尔·塞特·康斯坦丁(Höglund, Carl Zeth Konstantin 1884—1956)——瑞典社会民主党人,瑞典社会民主主义运动和青年社会主义运动的左翼领袖。1908—1918 年任《警钟报》编辑。第一次世界大战期间是国际主义者,参加齐美尔瓦尔德左派。1917 年参与创建瑞典共产党,1917年和 1919—1924 年任该党主席。——174。

霍纳,克·——见潘涅库克,安东尼。

J

基谢廖夫,阿列克谢·谢苗诺维奇(Киселев, Алексей Семенович 1879—1937)——1898 年加入俄国社会民主工党。1914 年被增补进党中央委员会。十月革命后担任苏维埃、经济和工会工作。1920 年任矿工工会主席。1920—1921 年工会问题争论期间参加工人反对派。1921—1923 年任小人民委员会主席。从党的第六次代表大会起多次当选为候补中央委员。——432。

季米里亚捷夫,阿尔卡季·克利缅季耶维奇(Тимирязев, Аркадий Климентьевич 1880—1955)——苏联数学物理学博士。1921 年加入俄共(布)。十月革命后在莫斯科大学和斯维尔德洛夫共产主义大学任物理学教授,先后是共产主义科学院院士和主席团委员。写有百余种理论物理

捷尔任斯基,费利克斯·埃德蒙多维奇(Дзержинский, Феликс Эдмундович 1877—1926)——1895 年加入社会民主党,在波兰和俄国从事革命活动。十月革命期间是彼得格勒军事革命委员会委员和党的军事革命总部成员。十月革命后任全俄肃反委员会主席,并先后兼任内务人民委员、交通人民委员、最高国民经济委员会主席。俄共(布)中央委员。1920 年 4 月起为党中央组织局候补委员,1921 年起为中央组织局委员,1924 年 6 月起为中央政治局候补委员。——755、756—757、760。

K

卡芬雅克,路易·欧仁(Cavaignac, Louis-Eugène 1802—1857)——法国将军,资产阶级共和党人。1831—1848 年参与侵占阿尔及利亚的战争,以野蛮的作战方式著称。1848 年二月革命后任阿尔及利亚总督;5 月任法国陆军部长,镇压巴黎工人的六月起义。1848 年 6—12 月任法兰西第二共和国政府首脑。卡芬雅克的名字已成为军事独裁者、屠杀工人的刽子手的通称。——491、520。

卡列林,弗拉基米尔·亚历山德罗维奇(Карелин, Владимир Александрович 1891—1938)——俄国左派社会革命党组织者之一,该党中央委员。1917 年 11 月在全俄苏维埃第二次代表大会上代表左派社会革命党被选进全俄中央执行委员会主席团。同年 12 月进入人民委员会。1918 年是苏俄布列斯特和谈代表团成员,因反对签订布列斯特和约退出人民委员会。1918 年 7 月参与领导莫斯科左派社会革命党人的叛乱。1919 年被捕,获释后逃往国外,继续进行反苏维埃活动。——494。

卡普,沃尔弗冈(Kapp, Wolfgang 1858—1922)——德国容克和帝国主义军阀的代表人物。1920 年 3 月领导反革命君主派发动军事政变,企图推翻共和国政府,恢复君主制度。政变失败后逃往瑞典。——201。

凯恩斯,约翰·梅纳德(Keynes, John Maynard 1883—1946)——英国资产阶级经济学家,国家垄断资本主义的辩护士。1919 年作为英国财政部首席代表参加了巴黎和会的工作。同年 6 月辞职,发表《和约的经济后果》一书,猛烈抨击凡尔赛和约。1921 年起是英国一家大保险公司的董事长。30 年代创立了凯恩斯主义这一经济学的重要流派。——260—262、264、265、266、322、324。

考茨基,卡尔(Kautsky, Karl 1854—1938)——德国社会民主党和第二国际的领袖和主要理论家之一。从 19 世纪 80 年代到 20 世纪初写过一些宣传和解释马克思主义的著作。1883—1917 年任德国社会民主党理论刊物《新时代》杂志主编。曾参与起草 1891 年德国社会民主党纲领（爱尔福特纲领）。1910 年后逐渐转到机会主义立场，成为中派领袖。第一次世界大战前夕提出超帝国主义论，大战期间打着中派旗号支持帝国主义战争。1917年参与建立德国独立社会民主党，1922 年拥护该党右翼与德国社会民主党合并。1918 年后发表《无产阶级专政》等书，攻击俄国十月革命，反对无产阶级专政。——12、17、60、64、65、66、133—134、141、144、180、183、185、209、213、232、243、502、519、566、643—644、674、778。

科尔尼洛夫，拉甫尔·格奥尔吉耶维奇（Корнилов，Лавр Георгиевич 1870—1918）——俄国反革命首领之一，步兵上将（1917）。1917 年二月革命后曾任彼得格勒军区司令、第 8 集团军和西南方面军司令、最高总司令。8 月底发动叛乱，企图建立反革命军事专政。叛乱很快被粉碎。本人被捕入狱，后越狱逃走，成为白卫志愿军的组织者之一。1918 年 4 月在进攻叶卡捷琳诺达尔时被击毙。——201。

科兹洛夫斯基，А.（Козловский，А.）——沙俄将军，喀琅施塔得叛乱最积极的参加者之一。叛乱被平定后逃亡国外。——518。

克尔任采夫（列别捷夫），普拉东·米哈伊洛维奇（Керженцев（Лебедев），Платон Михайлович 1881—1940）——1904 年加入俄国社会民主党，布尔什维克。1921—1923 年任驻瑞典全权代表。写有历史问题、马克思列宁主义问题和苏联文化方面的著作。——789。

克尔日扎诺夫斯基，格列勃·马克西米利安诺维奇（Кржижановский，Глеб Максимилианович 1872—1959）——1893 年参加俄国革命运动，协助列宁组织彼得堡工人阶级解放斗争协会。俄国社会民主工党第二次代表大会上缺席当选为中央委员。十月革命后致力于恢复和发展莫斯科的动力事业。1919 年底起任最高国民经济委员会电机工业总管理局局长。1920 年被任命为俄罗斯国家电气化委员会主席。1921—1930 年任国家计划委员会主席。——751、752。

克拉辛，列昂尼德·波里索维奇（Красин，Леонид Борисович 1870—1926）——19 世纪 90 年代参加俄国社会民主主义运动，俄国社会民主工党第二次代表大会后加入布尔什维克，被增补进中央委员会。1905 年是布尔什维克第一份合法报纸《新生活报》的创办人之一。1918 年领导红军供给非常委员会的工作。1919 年起从事外交工作。1920 年起任对外贸易人民委员，1920—1923 年兼任驻英国全权代表和商务代表，参加了热那亚国际会议和海牙国际会议。——261、465、685、686—687、736、739—742。

克里茨曼，列夫·纳坦诺维奇（Крицман，Лев Натанович 1890—1938）——

1918年加入俄共(布)。1921年任国家计划委员会主席团委员和劳动国防委员会俄罗斯联邦资源利用委员会主席。写有一些经济和农业问题的著作。——434。

克里斯平,阿尔图尔(Crispien, Artur 1875—1946)——德国社会民主党领袖之一,政论家。1917—1922年领导德国独立社会民主党右翼。1920年作为独立党代表团的成员出席共产国际第二次代表大会。后反对加入共产国际。——144、183。

克列孟梭,若尔日(Clemenceau, Georges 1841—1929)——法国激进派领袖。第二帝国时期属左翼共和派。1906年10月—1909年7月和1917—1920年任法国总理。鼓吹并策划经济封锁和武装干涉苏维埃俄国。1919—1920年主持巴黎和会,参与炮制凡尔赛和约。1920年竞选总统失败后退出政界。——264、266、322。

克列斯廷斯基,尼古拉·尼古拉耶维奇(Крестинский, Николай Николаевич 1883—1938)——1903年加入俄国社会民主工党。十月革命期间任叶卡捷琳堡军事革命委员会主席。1918—1921年任俄罗斯联邦财政人民委员,1919—1921年任党中央政治局委员和中央书记处书记。1920—1921年工会问题争论期间支持托洛茨基的纲领。1921—1930年任苏联驻德国全权代表。——390、429。

克林兹,约翰·罗伯特(Clynes, John Robert 1869—1949)——英国工党领袖之一。第一次世界大战期间是社会沙文主义者;1918年任粮食大臣。——189。

克伦斯基,亚历山大·费多罗维奇(Керенский, Александр Федорович 1881—1970)——俄国社会革命党人,资产阶级临时政府首脑。第四届国家杜马代表,劳动派党团领袖。第一次世界大战期间是护国派分子。1917年二月革命后任彼得格勒工兵代表苏维埃副主席、国家杜马临时委员会委员。在临时政府中任司法部长、陆海军部长、总理兼最高总司令。1917年11月7日彼得格勒爆发武装起义时,从首都逃往前线,纠集部队向彼得格勒进犯,失败后逃亡巴黎。1922—1932年编辑《白日》周刊。——104、119、149、156、182、192、207—208、213、268、270、271、496、499、515。

库·贝·——见库恩·贝拉。

库恩·贝拉(库·贝·)(Kun Béla(K. B.)1886—1939)——匈牙利共产党创建人和领导人之一。1919年是匈牙利苏维埃共和国的领导人,任外交人民委员和陆军人民委员。匈牙利苏维埃政权被颠覆后流亡奥地利,1920年到苏俄,先后任南方面军革命军事委员会委员、克里木革命委员会主席。

1921年起在乌拉尔担任党的领导工作,曾任全俄中央执行委员会主席团委员、俄共(布)中央委员会驻俄国共产主义青年团中央委员会的全权代表、共产国际执行委员会主席团委员。——212、213、214。

库尔斯基,德米特里·伊万诺维奇(Курский, Дмитрий Иванович 1874—1932)——1904年加入俄国社会民主工党。1905年积极参加莫斯科十二月武装起义。1918—1928年任俄罗斯联邦司法人民委员,1921年起为全俄中央执行委员会主席团委员。1924年起任党中央检查委员会主席、党中央监察委员会委员。——631—636。

库拉耶夫,瓦西里·弗拉基米罗维奇(Кураев, Василий Владимирович 1892—1938)——1914年加入俄国布尔什维克党。曾在彼得格勒和奔萨做党的工作。1920年起任农业人民委员部部务委员、最高国民经济委员会主席团委员。——354。

奎尔奇,托马斯(Quelch, Thomas 1886—1954)——英国社会党人,后为共产党人;政论家。第一次世界大战期间持国际主义立场。共产国际第二次代表大会的代表。1920年加入英国共产党,1920—1931年为《共产国际》杂志编辑部成员。——279。

L

拉查理,康斯坦丁诺(Lazzari, Costantino 1857—1927)——意大利社会党创建人之一,最高纲领派领袖之一。1912—1919年任意大利社会党书记。第一次世界大战期间持中派立场。俄国十月革命后支持苏维埃俄国,曾参加共产国际第二次和第三次代表大会的工作。主张意大利社会党参加共产国际,是党内第三国际派的领导人。——644。

拉狄克,卡尔·伯恩哈多维奇(Радек, Карл Бернгардович 1885—1939)——20世纪初参加加里西亚、波兰和德国的社会民主主义运动。1917年加入俄国社会民主工党(布)。第一次世界大战期间持国际主义立场。十月革命后在外交人民委员部工作。1918年是"左派共产主义者"。1920—1924年任共产国际执行委员会书记、委员和主席团委员。在党的第八次至第十二次代表大会上当选为中央委员。——147。

拉科西·马蒂亚斯(Rákosi Mátyás 1892—1971)——匈牙利政治活动家。1910年加入社会民主党。1918年加入匈牙利共产党。1921—1924年是共产国际执行委员会书记之一。——674。

拉林,尤·(卢里叶,米哈伊尔·亚历山德罗维奇)(Ларин, Ю. (Лурье, Михаил Александрович) 1882—1932)——1900年参加俄国社会民主主义

运动。1904 年起为孟什维克。斯托雷平反动时期和新的革命高涨年代是取消派领袖之一。第一次世界大战期间是中派分子。1917 年加入俄国社会民主工党（布）。曾任最高国民经济委员会主席团委员、国家计划委员会主席团委员等职。1920—1921 年工会问题争论期间先后支持布哈林和托洛茨基的纲领。——434。

拉品斯基，帕维尔·路德维霍维奇（**列文松**，Я.）（Lapinski，P. L.（Лапинский，Павел Людвигович（Левинсон，Я.）1879—1937）——波兰共产党员，1919 年起为俄共（布）党员；经济学家和政论家。1920—1928 年是俄罗斯联邦（苏联）驻德国全权代表处的工作人员。写有一些论述世界经济和政治的著作。——263。

莱维（**哈特施坦**），保尔（Levi（Hartstein），Paul 1883—1930）——德国社会民主党人。1915 年齐美尔瓦尔德代表会议的参加者，齐美尔瓦尔德左派成员。在德国共产党成立大会上被选入中央委员会。共产国际第二次代表大会代表。1921 年 2 月退出中央委员会，同年 4 月被开除出党。1922 年又回到社会民主党。——261、263、641、642、643、644、645。

兰塞姆，阿瑟（Ransome，Arthur 生于 1884 年）——英国作家，一些报刊的撰稿人。多次访问俄国。1916—1919 年和 1919—1924 年先后任《每日新闻报》和《曼彻斯特卫报》驻苏维埃俄国的记者。——706—711、712—715。

兰斯伯里，乔治（Lansbury，George 1859—1940）——英国工党领袖之一。1912—1922 年任《每日先驱报》社长。——147、177。

劳芬贝格，亨利希（埃勒，卡尔）（Laufenberg，Heinrich（Erler，Karl）1872—1932）——德国左派社会民主党人，政论家。1918 年十一月革命后加入德国共产党，不久领导党内"左派"反对派，宣扬无政府工团主义观点。1919 年 10 月"左派"反对派被开除出共产党后，参与组织德国共产主义工人党，1920 年底被该党开除。——153、184。

劳合—乔治，戴维（Lloyd George，David 1863—1945）——英国国务活动家和外交家，自由党领袖。1905—1915 年先后任商业大臣和财政大臣。1916—1922 年任首相；是武装干涉和封锁苏维埃俄国的鼓吹者和策划者之一。1919 年参加巴黎和会，是凡尔赛和约的炮制者之一。——190—191、192、193、194、195、196、202—203、261、264、266、322。

累德堡，格奥尔格（Ledebour，Georg 1850—1947）——德国独立社会民主党创建人和领袖之一。1900—1918 年和 1920—1924 年是国会议员。第一次世界大战期间是中派分子。1920—1924 年在国会中领导了一个人数不多的独立集团。——144、183。

李卜克内西，卡尔（Liebknecht, Karl 1871—1919）——德国社会民主党左翼
领袖之一，德国共产党创建人之一；威·李卜克内西的儿子。第一次世界
大战期间持国际主义立场，反对支持本国政府进行掠夺战争，是国际派
（后改称斯巴达克派和斯巴达克联盟）的组织者和领导人之一。1919年1
月柏林工人斗争被镇压后，于15日被捕，当天惨遭杀害。——116、
166、174。

李可夫，阿列克谢·伊万诺维奇（Рыков, Алексей Иванович 1881—
1938）——1899年加入俄国社会民主工党。1905年党的第三次代表大会
起多次当选为中央委员。1917年二月革命后被选进莫斯科苏维埃主席团，
同年10月在彼得格勒参与领导武装起义。十月革命后参加第一届人民委
员会，任内务人民委员。1917年11月主张成立有孟什维克和社会革命党
人参加的联合政府，遭到否决。1918年2月起任最高国民经济委员会主
席。1921年夏起任人民委员会和劳动国防委员会副主席。1923年当选为
党中央政治局委员。——318—319、357、361、402、631—636、696、697、730。

李沃夫，格奥尔吉·叶夫根尼耶维奇（Львов, Георгий Евгеньевич 1861—
1925）——俄国公爵，大地主，地方自治运动活动家，立宪民主党人。第一
次世界大战期间是全俄地方自治机关联合会主席和全俄地方自治机关和
城市联合会军需供应总委员会的领导人之一。1917年3—7月任临时政府
总理兼内务部长，是七月事变期间镇压彼得格勒工人和士兵的策划者之
一。十月革命后逃亡法国，参与策划对苏维埃俄国的武装干涉。——213。

里亚布申斯基，帕维尔·巴甫洛维奇（Рябушинский, Павел Павлович 1871—
1924）——俄国莫斯科大银行家和企业主，反革命首领之一。是科尔尼洛
夫叛乱的策划者和领导人之一。十月革命后逃亡法国。——104。

利西斯（**勒太耶尔，欧仁**）（Lysis（Letailleur, Eugène））——法国经济学家，写
有一些关于金融问题和政治问题的著作。——258。

梁赞诺夫（**戈尔登达赫**），达维德·波里索维奇（Рязанов（Гольдендах），Давид
Борисович 1870—1938）——1889年参加俄国革命运动。1903年俄国社会
民主工党第二次代表大会后是孟什维克。1917年8月加入俄国社会民主
工党（布）。十月革命后从事工会工作。1920—1921年工会问题争论期间
持错误立场，被解除工会职务。1921年参与创建马克思恩格斯研究院，担
任院长直到1931年。——372、374、481。

列金，卡尔（Legien, Karl 1861—1920）——德国右派社会民主党人，德国工会
领袖之一。第一次世界大战期间是社会沙文主义者。1918年十一月革命
期间同其他右派社会民主党人一起推行镇压革命运动的政策。——

144、161、164。

列诺得尔,皮埃尔(Renaudel, Pierre 1871—1935)——法国社会党右翼领袖之一。1915—1918年任《人道报》社长。第一次世界大战期间是社会沙文主义者。反对社会党参加共产国际,主张社会党人参加资产阶级政府。——147。

列扎瓦,安德列·马特维耶维奇(Лежава, Андрей Матвеевич 1870—1937)——1904年加入俄国社会民主工党。十月革命前在梯弗利斯等地做党的工作。1919年起先后任中央消费合作总社主席、副对外贸易人民委员、国内商业人民委员等职。——455。

林肯,阿伯拉罕(Lincoln, Abraham 1809—1865)——美国共和党领袖之一,美国总统(1861—1865)。主张维护联邦统一,逐步废除奴隶制度。美国内战时期,在人民群众推动下实行一系列革命民主改革,颁布《宅地法》和《解放黑奴宣言》,使战争成为群众性的革命斗争,保证了战争的胜利。——320。

龙格,让(Longuet, Jean 1876—1938)——法国社会党和第二国际领袖之一,政论家;沙尔·龙格和燕妮·马克思的儿子。第一次世界大战期间持中派和平主义立场。是法国中派分子的报纸《人民报》的创办人(1916)和编辑之一。1920年起是法国社会党中派领袖之一。1921年起是第二半国际执行委员会委员。——60、141、147、566。

卢·乔。——见卢卡奇·乔治。

卢卡奇·乔治(卢·乔·)(Lukács György(L. G.)1885—1971)——匈牙利哲学家和文学批评家。最初是唯心主义者,后来接受马克思主义。1918年加入匈牙利共产党。曾多次当选为中央委员。20年代初期犯过左倾宗派主义的错误。在哲学、美学、历史和文学理论方面著述很多。——212。

卢那察尔斯基,阿纳托利·瓦西里耶维奇(Луначарский, Анатолий Васильевич 1875—1933)——19世纪90年代初参加俄国社会民主主义运动。俄国社会民主工党第二次代表大会后是布尔什维克。曾先后参加布尔什维克的《前进报》、《无产者报》和《新生活报》编辑部。斯托雷平反动时期脱离布尔什维克,参加"前进"集团;在哲学上宣扬造神说和马赫主义。第一次世界大战期间持国际主义立场。十月革命后到1929年任教育人民委员。在艺术和文学方面著述很多。——298、300。

卢森堡,罗莎(Luxemburg, Rosa 1871—1919)——德国社会民主党和第二国际左翼领袖、理论家,德国共产党创建人之一。生于波兰。曾参加俄国第一次革命(在华沙)。斯托雷平反动时期和新的革命高涨年代对取消派采取调和主义态度。第一次世界大战期间持国际主义立场,是建立国际派(后改称斯巴达克派和斯巴达克联盟)的发起人之一。1919 年 1 月柏林工人斗争被镇压后,于 15 日被捕,当天惨遭杀害。——166、643—644、645。

卢托维诺夫,尤里·赫里桑福维奇(Лутовинов, Юрий Хрисанфович 1887—1924)——1904 年加入俄国社会民主工党。1920 年起任五金工会中央委员会委员和全俄中央执行委员会主席团委员;是全俄工会中央理事会主席团委员。1920—1921 年工会问题争论期间是工人反对派的骨干分子。1921 年被撤销工会负责职务,被任命为俄罗斯联邦驻德国副商务代表。——384—385、619。

鲁祖塔克,扬·埃内斯托维奇(Рудзутак, Ян Эрнестович 1887—1938)——1905 年加入俄国社会民主工党。1906 年任党的里加委员会委员。十月革命后担任工会领导工作,后任最高国民经济委员会主席团委员。从 1920 年党的第九次代表大会起为中央委员。1920 年起任运输工会中央委员会主席、全俄工会中央理事会总书记。1922—1924 年任俄共(布)中央委员会中亚局主席。——386、389、390、398、401、402、404、405、406、407、409、410、619、630。

伦纳,卡尔(Renner, Karl 1870—1950)——奥地利社会民主党右翼领袖,"奥地利马克思主义"理论家。同奥·鲍威尔一起提出资产阶级民族主义的民族文化自治论。第一次世界大战期间是社会沙文主义者。1918—1920 年任奥地利共和国总理。——141、147。

罗宾斯,雷蒙德(Robins, Raymond 1873—1954)——美国上校。1917—1918 年是美国红十字会驻俄国代表团的领导人,作为红十字会的代表会见了列宁。曾从事俄国社会问题的研究。——313。

罗将柯,米哈伊尔·弗拉基米罗维奇(Родзянко, Михаил Владимирович 1859—1924)——俄国大地主,十月党领袖之一,君主派分子。1911—1917 年先后任第三届和第四届国家杜马主席。1917 年二月革命期间力图保持君主制度,组织并领导了反革命中心——国家杜马临时委员会。十月革命后投靠科尔尼洛夫和邓尼金。1920 年起为白俄流亡分子。——156。

罗日柯夫,尼古拉·亚历山德罗维奇(Рожков, Николай Александрович 1868—1927)——俄国历史学家和政治活动家。1905 年加入俄国社会民主工党,布尔什维克。1907 年当选为中央委员,进入中央委员会俄国局。1917 年 8 月加入孟什维克党,当选为该党中央委员。敌视十月革命,在外国武装干涉和国内战争时期反对苏维埃政权。1922 年同孟什维克决裂。后来在一些高等院校和科研机关工作。——518。

罗易,马纳本德拉·纳特(Roy, Manabendra Nath 1892—1948)——印度政治

活动家。曾参加印度反对英国殖民主义者的革命运动。后加入印度共产党。共产国际第二、三、四、五次代表大会代表。1922年起是共产国际执行委员会候补委员、委员。——275、276、278。

洛克哈特,罗伯特·汉密尔顿(Lockhart, Robert Hamilton 1887—1970)——英国外交家,新闻工作者。曾任英国驻莫斯科总领事和英国驻苏维埃政府的特别代表团团长。因被指控策划国际间谍活动和反苏阴谋而于1918年10月被驱逐出境。——328。

洛莫夫,阿·(**奥波科夫,格奥尔吉·伊波利托维奇**)(Ломов, А.(Оппоков, Георгий Ипполитович)1888—1938)——1903年加入俄国社会民主工党。十月革命期间任莫斯科军事革命委员会委员。十月革命后参加第一届人民委员会,任司法人民委员。1918年是"左派共产主义者"。1918—1921年任最高国民经济委员会主席团委员和副主席,林业总委员会主席。——333。

洛佐夫斯基(**德里佐**),索洛蒙·阿布拉莫维奇(Лозовский(Дридзо), Соломон Абрамович 1878—1952)——1901年加入俄国社会民主工党。曾在彼得堡、喀山、哈尔科夫做党的工作。1920年任莫斯科省工会理事会主席。1921年起任红色工会国际总书记。——370、374、395、402。

M

马尔赫列夫斯基,尤利安·约瑟福维奇(Marchlewski, Julian(Мархлевский, Юлиан Юзефович)1866—1925)——波兰王国社会民主党的创建人之一。曾帮助列宁组织出版《火星报》。1909年起主要在德国社会民主党内工作。1918年来到苏俄,被选入全俄中央执行委员会。1920年为俄共(布)中央委员会波兰局成员、波兰临时革命委员会主席。写有一些经济问题、波兰历史和国际关系方面的著作。——223。

马尔托夫,尔·(**策杰尔包姆,尤利·奥西波维奇**)(Мартов, Л.(Цедербаум, Юлий Осипович)1873—1923)——俄国孟什维克领袖之一。1895年参与组织彼得堡工人阶级解放斗争协会。1900年参与创办《火星报》,为该报编辑部成员。在俄国社会民主工党第二次代表大会上,领导机会主义少数派,反对列宁的建党原则;从那时起成为孟什维克中央机关的领导成员和孟什维克报刊的编辑。曾参加党的第五次(伦敦)代表大会的工作。斯托雷平反动时期和新的革命高涨年代是取消派分子,编辑《社会民主党人呼声报》,参与组织"八月联盟"。第一次世界大战期间是中派分子,曾参加齐美尔瓦尔德代表会议和昆塔尔代表会议。1917年二月革命后领导孟什维克国际主义派。十月革命后反对镇压反革命和解散立宪会议。1919
年当选为全俄中央执行委员会委员。1919—1920 年为莫斯科苏维埃代
表。1920 年 9 月侨居德国。曾参与组织第二半国际。——12、65、66、
181、182、515、518—519、521、522、525、548、553、566。

马赫诺,涅斯托尔·伊万诺维奇(Махно, Нестор Иванович 1889—
1934)——乌克兰无政府主义富农部队的首领。1919 年上半年,乌克兰重
建苏维埃政权后,对无产阶级专政采取极端敌视的立场。1921 年春马赫
诺匪帮被苏维埃军队彻底歼灭,本人逃往国外。——304。

马克思,卡尔(Marx, Karl 1818—1883)——科学共产主义的创始人,世界无产
阶级的领袖和导师。——11、17、24、145、152—153、162、176、180、209、
213、284、285、478、479、496、498、616—617、649、652、670、690、706、714、
740、775、777。

马林,亨利克(Maring, Henryk 1883—1942)——荷兰社会民主党人。1902 年
加入荷兰社会民主工党。后成为荷兰共产党员。1920 年到苏俄,出席了
共产国际第二次代表大会,曾任民族和殖民地问题委员会秘书。1921—
1923 年是共产国际驻中国代表,负责远东各国的工作。——275。

马林诺夫斯基,罗曼·瓦茨拉沃维奇(Малиновский, Роман Вацлавович
1876—1918)——俄国社会民主主义运动中的奸细,莫斯科保安处密探。
1912 年在党的第六次(布拉格)全国代表会议上当选为中央委员。1913
年任布尔什维克杜马党团主席。1917 年他同保安机关的关系被揭穿后,
1918 年由全俄中央执行委员会最高法庭判处枪决。——155—156。

马伊斯基,伊万·米哈伊洛维奇(Майский, Иван Михайлович 1884—
1975)——1903 年加入俄国社会民主工党,1918 年以前是孟什维克。第一
次世界大战期间持中派立场。1918 年参加了反革命的萨马拉立宪会议委
员会,主管劳动部门。1919 年与孟什维克决裂,1921 年 2 月加入俄共
(布);任西伯利亚革命委员会经济部部长。——519。

麦克唐纳,詹姆斯·拉姆赛(MacDonald, James Ramsay 1866—1937)——英国
工党创建人和领袖之一。1906—1909 年任独立工党主席。1911—1914 年
和 1922—1931 年任工党议会党团主席。推行机会主义政策,鼓吹阶级合
作和资本主义逐渐长入社会主义的理论。第一次世界大战初期采取和平
主义立场,后来公开支持劳合-乔治政府进行帝国主义战争。1918—1920
年竭力破坏英国工人反对武装干涉苏维埃俄国的斗争。1924 年出任第一
届工党政府首相。——60、189、268、270、519、566。

梅尔黑姆,阿尔丰斯(Merrheim, Alphonse 1881—1925)——法国工团主义者。

第一次世界大战初期是反对社会沙文主义和帝国主义战争的法国工团主义运动左翼领导人之一。曾参加齐美尔瓦尔德代表会议,属齐美尔瓦尔德右派。1916 年底转向中派和平主义立场,1918 年初转到公开的社会沙文主义和改良主义立场。——161。

米留可夫,帕维尔·尼古拉耶维奇(Милюков, Павел Николаевич 1859—1943)——俄国立宪民主党领袖,历史学家和政论家。1902 年起为资产阶级自由派的《解放》杂志撰稿。1905 年 10 月参与创建立宪民主党,后任该党中央委员会主席和中央机关报《言语报》编辑。1917 年二月革命后任第一届临时政府外交部长,推行把战争进行到"最后胜利"的帝国主义政策;同年 8 月积极参与策划科尔尼洛夫叛乱。十月革命后同白卫分子和武装干涉者合作。1920 年起为白俄流亡分子。——213、518、519、520、522、523、525、543—544、547—548、557。

米柳亭,弗拉基米尔·巴甫洛维奇(Милютин, Владимир Павлович 1884—1937)——1903 年参加俄国社会民主主义运动,起初是孟什维克,1910 年起为布尔什维克。在党的第七次全国代表会议(四月代表会议)和第六次代表大会上当选为中央委员。十月革命后参加第一届人民委员会,任农业人民委员。1917 年 11 月主张成立有孟什维克和社会革命党人参加的联合政府,遭到否决。1918—1921 年任最高国民经济委员会副主席。1920—1922 年为候补中央委员。——323、331、412、434、461、464、466。

米罗什尼科夫,伊万·伊万诺维奇(Мирошников, Иван Иванович 1894—1939)——1917 年加入俄国社会民主工党(布)。1921—1937 年先后任人民委员会和劳动国防委员会办公厅主任助理和主任。——685。

米雅斯尼科夫 (**米雅斯尼克扬**),亚历山大·费多罗维奇 (Мясников (Мясникян),Александр Федорович 1886—1925)——1906 年加入俄国社会民主工党。1919—1921 年先后任俄共(布)莫斯科委员会军事组织员和书记。1921 年任亚美尼亚人民委员会主席兼陆军人民委员,同时兼任外高加索联邦人民委员会副主席、俄共(布)中央委员会高加索局成员。——487。

米雅斯尼科夫,Г. И.(Мясников,Г. И. 1889—1946)——1906 年加入俄国社会民主工党。1921 年先后在彼尔姆省和彼得格勒做党的工作。1922 年因从事反党活动被开除出党。——545—550。

莫迪利扬尼,维多利奥·埃曼努埃勒(Modigliani, Vittorio Emanuele 1872—1947)——意大利社会党最早的党员之一,改良主义者。第一次世界大战期间是中派分子。曾参加齐美尔瓦尔德代表会议和昆塔尔代表会议,

之一。第一次世界大战期间是社会沙文主义者。1918 年 12 月任人民代表委员会负责国防的委员,镇压 1919 年柏林等地的工人斗争。1919 年 2 月—1920 年 3 月任国防部长,卡普叛乱平息后被迫辞职。1920—1933 年任普鲁士汉诺威省省长。——140—141、189、209。

O

欧文,罗伯特(Owen,Robert 1771—1858)——英国空想社会主义者。——772。

P

潘克赫斯特,西尔维娅·埃斯特尔(Pankhurst,Sylvia Estelle 1882—1960)——英国"左派"共产主义者。第一次世界大战期间持和平主义立场。俄国十月革命后主张制止帝国主义国家对苏维埃俄国的武装干涉。是极左的工人社会主义联盟的组织者和领袖,编辑联盟刊物《工人无畏舰》周刊。曾参加共产国际第二次代表大会。——186—187、190、191、192、196。

潘涅库克,安东尼(霍纳,克·)(Pannekoek,Antoinie(Хорнер,К.)1873—1960)——荷兰工人运动活动家,天文学家。1907 年是荷兰社会民主工党左翼刊物《论坛报》创办人之一。1909 年参与创建荷兰社会民主党。1910 年起与德国左派社会民主党人关系密切,积极为他们的报刊撰稿。第一次世界大战期间是国际主义者,曾参加齐美尔瓦尔德左派理论刊物《先驱》杂志的出版工作。1918—1921 年是荷兰共产党党员,参加共产国际的工作。20 年代初是极左的德国共产主义工人党领袖之一。后退出共产党,脱离政治活动。——153、156、184。

佩特留拉,西蒙·瓦西里耶维奇(Петлюра,Симон Васильевич 1879—1926)——俄国乌克兰反革命资产阶级民族主义运动首领之一。曾任反革命的乌克兰中央拉达总书记处军事书记(部长)。1919 年 2 月起任督政府主席。1920 年参与波兰地主武装对乌克兰的进犯。1920 年夏逃亡国外。——304。

彭加勒,雷蒙(Poincaré,Raymond 1860—1934)——法国国务活动家。曾任总理兼外交部长(1912—1913)、总统(1913—1920)。推行军国主义政策,极力策划第一次世界大战。俄国十月革命后是武装干涉苏维埃俄国的策划者之一。1922—1924 年和 1926—1929 年任总理,力主分割德国,妄图建立法国在欧洲的霸权。——684。

皮达可夫,格奥尔吉·列昂尼多维奇(Пятаков,Георгий Леонидович 1890—1937)——1910 年加入俄国社会民主工党。1914—1917 年先后侨居瑞士和瑞典。1917 年二月革命后任党的基辅委员会主席和基辅工人代表苏维埃执行委员会委员。1918 年 12 月任乌克兰临时工农政府主席。1919 年后担任过一些集团军的革命军事委员会委员。1920—1923 年任顿巴斯中央煤炭工业管理局局长、国家计划委员会和最高国民经济委员会副主席、租让总委员会主席。1920—1921 年工会问题争论期间支持托洛茨基纲领。——358、745、751、752。

皮尔苏茨基,约瑟夫(Piłsudski, Józef 1867—1935)——波兰法西斯独裁者。1918—1922 年是地主资产阶级波兰的国家元首,残酷镇压革命运动。1920 年是波兰进攻苏维埃俄国的积极策划者之一。——575、617。

普列奥布拉任斯基,叶夫根尼·阿列克谢耶维奇(Преображенский, Евгений Алексеевич 1886—1937)——1903 年加入俄国社会民主工党。在党的第六次代表大会上当选为候补中央委员。1920 年在党的第九次代表大会上当选为中央委员、中央委员会书记。1920—1921 年工会问题争论期间支持托洛茨基的纲领。1921 年 3 月起先后任财政人民委员部部务委员和教育人民委员部职业教育总局局长、《真理报》编辑等职。——363、383、385、395、403、429、452。

普列汉诺夫,格奥尔吉·瓦连廷诺维奇(Плеханов, Георгий Валентинович 1856—1918)——俄国早期的马克思主义理论家。1883 年创建俄国第一个马克思主义团体——劳动解放社。翻译和介绍了马克思和恩格斯的著作,对马克思主义在俄国的传播起了重要作用;写过不少优秀的马克思主义著作,批判民粹主义、合法马克思主义、经济主义、伯恩施坦主义、马赫主义。20 世纪初是《火星报》和《曙光》杂志编辑部成员。曾参与制定俄国社会民主工党纲领草案和参加党的第二次代表大会的筹备工作。在代表大会上属火星派多数派,会后逐渐转向孟什维克,后来成为孟什维克和第二国际机会主义领袖之一。1905—1907 年革命时期反对列宁的民主革命的策略。斯托雷平反动时期和新的革命高涨年代反对取消主义,领导孟什维克护党派。第一次世界大战期间持社会沙文主义立场。1917 年二月革命后支持资产阶级临时政府。对十月革命持否定态度,但拒绝支持反革命。——144、181、205、209、419—420、643、646。

Q

切尔年科夫,波里斯·尼古拉耶维奇(Черненков, Борис Николаевич 生于 1883 年)——1903 年加入俄国社会革命党,职业是统计工作者。曾任反革命的乌法督政府的农业部长。1919 年加入社会革命党的人民派。——23。

切尔诺夫，维克多·米哈伊洛维奇（Чернов，Виктор Михайлович 1873—1952）——俄国社会革命党领袖和理论家之一。曾撰文反对马克思主义，企图证明马克思的理论不适用于农业。第一次世界大战期间持社会沙文主义立场，曾参加齐美尔瓦尔德代表会议和昆塔尔代表会议。1917年5—8月任临时政府农业部长，对夺取地主土地的农民实行残酷镇压。敌视十月革命，参与策划反苏维埃叛乱。1918年1月任立宪会议主席。1920年流亡国外，继续反对苏维埃政权。——65、66、181、515、518、519、521、525、548、553、566。

丘吉尔，温斯顿（Churchill，Winston 1874—1965）——英国保守党领袖。1919—1921年任陆军大臣和空军大臣，是武装干涉苏维埃俄国的策划者之一。——76、192—193、194、196、202—203。

瞿鲁巴，亚历山大·德米特里耶维奇（Цюрупа，Александр Дмитриевич 1870—1928）——1898年加入俄国社会民主工党。十月革命期间任乌法军事革命委员会委员。1918年起任粮食人民委员，1921年底起任人民委员会和劳动国防委员会副主席。1922—1923年任工农检查人民委员。1923年起为中央委员。——460、461、631—636、687、696、697、730。

R

茹奥，莱昂（Jouhaux，Léon 1879—1954）——法国劳动总联合会书记（1909—1940和1945—1947）。1919—1940年是阿姆斯特丹工会国际右翼领袖之一。20世纪初支持无政府工团主义的"极左"口号。第一次世界大战期间是沙文主义者。——161、164。

S

萨尔蒂科夫-谢德林，米哈伊尔·叶夫格拉福维奇（**萨尔蒂科夫，米·叶·**；谢德林）（Салтыков-Щедрин，Михаил Евграфович（Салтыков，М. Е.，Щедрин）1826—1889）——俄国讽刺作家，革命民主主义者。——653。

塞拉蒂，扎钦托·梅诺蒂（Serrati，Giacinto Menotti 1872或1876—1926）——意大利社会党领导人之一，与康·拉查理等人一起领导该党中派。1914—1922年任社会党中央机关报《前进报》社长。第一次世界大战期间是国际主义者。共产国际成立后，坚决主张意大利社会党参加共产国际。1920年率领意大利社会党代表团出席共产国际第二次代表大会。在讨论加入共产国际的条件时，反对同改良主义者无条件决裂。塞拉蒂的错误立场受到列宁的批评,不久即改正了错误。1924年带领社会党内的第三国际派加入意大利共产党。——175、641、644—645。

舍尔,瓦西里·弗拉基米罗维奇(Шер, Василий Владимирович 1884—1940)——俄国社会民主党人,孟什维克。十月革命后在中央消费合作总社、最高国民经济委员会和国家银行工作。——23。

施勒德尔,卡尔(Schröder, Karl 1884—1950)——德国左派社会民主党人,作家和政论家。1918年加入德国共产党。参加党内的劳芬贝格—沃尔弗海姆"左派"反对派,宣扬无政府工团主义观点。1919年参与组织所谓的德国共产主义工人党。不久退出该党,回到德国社会民主党。——153。

施略普尼柯夫,亚历山大·加甫里洛维奇(Шляпников, Александр Гаврилович 1885—1937)——1901年加入俄国社会民主工党。十月革命后参加第一届人民委员会,任劳动人民委员。1919—1922年任全俄五金工会中央委员会主席,1921年5月起任最高国民经济委员会主席团委员。1920—1922年是工人反对派的组织者和领袖。1921年在党的第十次代表大会上当选为中央委员。——385、432—433、481、484、619。

司徒卢威,彼得·伯恩哈多维奇(Струве, Петр Бернгардович 1870—1944)——俄国经济学家,哲学家,政论家,合法马克思主义主要代表人物。立宪民主党领袖之一。在1894年发表的第一部著作《俄国经济发展问题的评述》中,就在批判民粹主义的同时,对马克思的经济学说和哲学学说提出"补充"和"批评"。20世纪初同马克思主义和社会民主主义彻底决裂,转到自由派营垒。1902年起编辑自由派资产阶级刊物《解放》杂志,1903年起是解放社的领袖之一。1905年起是立宪民主党中央委员,领导该党右翼。1907年当选为第二届国家杜马代表。第一次世界大战爆发后鼓吹俄国的帝国主义侵略扩张政策。十月革命后敌视苏维埃政权,是邓尼金和弗兰格尔反革命政府成员,白俄流亡分子。——181。

斯巴达克(Spartacus 死于公元前71年)——公元前73—前71年古罗马最大的一次奴隶起义的领袖。——34。

斯大林(**朱加施维里**),约瑟夫·维萨里昂诺维奇(Сталин(Джугашвили), Иосиф Виссарионович 1879—1953)——1898年加入俄国社会民主工党。1917年11月—1923年7月任民族事务人民委员。1919年3月起兼任国家监察人民委员(1920年起为工农检查人民委员)。国内战争时期任共和国革命军事委员会和一些方面军的革命军事委员会委员。俄共(布)中央政治局委员。1922年4月起任党中央总书记。——402、701—705、739—742、744、745、746、756、760。

斯捷潘诺夫——见斯克沃尔佐夫-斯捷潘诺夫,伊万·伊万诺维奇。

斯克沃尔佐夫-斯捷潘诺夫,伊万·伊万诺维奇(斯捷潘诺夫)(Скворцов-Степанов, Иван Иванович(Степанов)1870—1928)——19 世纪 90 年代参加俄国社会民主主义运动。十月革命后参加第一届人民委员会,任财政人民委员。1919—1925 年历任全俄工人合作社理事会副主席、中央消费合作总社理事会理事、国家出版社编辑委员会副主任。——312、328、334。

斯诺登,菲力浦(Snowden, Philip 1864—1937)——英国独立工党右翼代表人物,工党领袖之一。1903—1906 年和 1917—1920 年任独立工党主席。第一次世界大战期间是中派分子,主张同资产阶级联合。——189、192、193、194、195、196、197。

斯维尔德洛夫,雅柯夫·米哈伊洛维奇(Свердлов, Яков Михайлович 1885—1919)——1901 年加入俄国社会民主工党。1912 年起为党中央委员。参加中央委员会俄国局。是《真理报》领导人之一。第四届国家杜马布尔什维克党团领导人之一。参加十月革命的准备和组织工作,任彼得格勒军事革命委员会委员和党的军事革命总部成员。1917—1919 年领导中央书记处。1917 年 11 月 8 日(21 日)当选为全俄中央执行委员会主席。——110。

斯维杰尔斯基,阿列克谢·伊万诺维奇(Свидерский, Алексей Иванович 1878—1933)——1899 年加入俄国社会民主工党。1918 年起任粮食人民委员部部务委员,1922 年起任工农检查人民委员部部务委员。——45、356。

苏汉诺夫,尼·(吉姆美尔,尼古拉·尼古拉耶维奇)(Суханов, Н.(Гиммер, Николай Николаевич)1882—1940)——俄国经济学家和政论家。1917 年起是孟什维克。十月革命后在苏维埃经济机关工作。1922—1923 年发表《革命札记》(共七卷),宣扬俄国没有实现社会主义的经济前提,受到列宁的尖锐批判。——775—778。

孙中山(1866—1925)——中国伟大的革命先行者。——420。

索柯里尼柯夫(布里利安特),格里戈里·雅柯夫列维奇(Сокольников(Бриллиант), Григорий Яковлевич 1888—1939)——1905 年加入俄国社会民主工党。1917 年二月革命后是党的莫斯科委员会和莫斯科区域局成员,《真理报》编委。在党的第六、七、十一至十五次代表大会上当选为中央委员。1920 年 8 月—1921 年 3 月任土耳其斯坦方面军革命军事委员会委员和方面军司令、全俄中央执行委员会和俄罗斯联邦人民委员会土耳其斯坦事务委员会主席。1921 年 11 月起先后任财政人民委员部部务委员、副财政人民委员和财政人民委员。——675。

索罗金,皮季里姆·亚历山德罗维奇(Сорокин, Питирим Александрович

1889—1968）——俄国社会革命党右翼领袖,社会学家。1917 年二月革命后任克伦斯基的秘书和社会革命党右翼刊物《人民意志报》主编。1919 年起任彼得格勒大学教授。1922 年移居国外。——653、654。

索斯诺夫斯基,列夫·谢苗诺维奇（Сосновский, Лев Семенович 1886—1937）——1904 年加入俄国社会民主工党,新闻工作者。1918—1924 年（有间断）任《贫苦农民报》编辑。1921 年任党中央鼓动宣传部长。1920—1921 年工会问题争论期间支持托洛茨基的纲领。——400、401、403。

T

唐恩(**古尔维奇**),费多尔·伊里奇（Дан（Гурвич）, Федор Ильич 1871—1947）——俄国孟什维克领袖之一。斯托雷平反动时期和新的革命高涨年代在国外领导取消派,编辑取消派的《社会民主党人呼声报》。第一次世界大战期间是社会沙文主义者。1917 年二月革命后任彼得格勒苏维埃执行委员会委员和第一届中央执行委员会主席团委员,支持资产阶级临时政府。十月革命后反对苏维埃政权,1922 年被驱逐出境。——518。

屠格涅夫,伊万·谢尔盖耶维奇（Тургенев, Иван Сергеевич 1818—1883）——俄国作家。——666。

屠拉梯,菲力浦(Turati, Filippo 1857—1932)——意大利社会党创建人之一,该党右翼改良派领袖。1896—1926 年为议员,领导意大利社会党议会党团。第一次世界大战期间持中派立场。敌视俄国十月革命。1922 年意大利社会党分裂后,参与组织并领导改良主义的统一社会党。——140、141、175、243、253、566。

托多尔斯基,亚历山大·伊万诺维奇（Тодорский, Александр Иванович 1894—1965）——1918 年加入俄共(布)。1918—1919 年是特维尔省韦谢贡斯克县执行委员会委员,曾任《韦谢贡斯克代表苏维埃消息报》和《红色韦谢贡斯克报》编辑。著有《持枪扶犁的一年》一书,得到列宁的高度评价。国内战争时期任旅长和师长,后在一些军事机关担任高级指挥职务。——681。

托洛茨基(**勃朗施坦**),列夫·达维多维奇（Троцкий（Бронштейн）, Лев Давидович 1879—1940）——19 世纪 90 年代参加俄国社会民主主义运动。在俄国社会民主工党第二次代表大会上是西伯利亚联合会的代表,属火星派少数派。1905 年同亚·帕尔乌斯一起提出和鼓吹“不断革命论”。1912 年组织“八月联盟”。第一次世界大战期间持中派立场。1917 年二月革命后参加区联派,在党的第六次代表大会上随区联派集体加入布尔什维克党,当选为中央委员。1917年10月10日被选入中央政治局。参加十月武装起义的领导工作。十月革命后任外交人民委员、陆海军人民委员、共和国革命军事委员会主席和交通人民委员等职。参与组建红军。曾被选为党中央政治局委员和共产国际执行委员会委员。1920—1921年挑起关于工会问题的争论。——45、313、358、359、361、367—391、392—433、646、743、744、745、746、750、751。

托马,阿尔伯(Thomas,Albert 1878—1932)——法国右派社会党人。第一次世界大战期间是社会沙文主义者。曾参加资产阶级政府,任军需部长。俄国1917年二月革命后到该国鼓吹继续进行战争。1919年是伯尔尼国际的组织者之一。1920—1932年任国际联盟国际劳工组织的主席。——271。

托姆斯基(叶弗列莫夫),米哈伊尔·巴甫洛维奇(Томский(Ефремов),Михаил Павлович 1880—1936)——1904年加入俄国社会民主工党。1907年当选为党的彼得堡委员会委员,任布尔什维克《无产者报》编委。1919年起任全俄(后为全苏)工会中央理事会主席。1919年起为党中央委员,1923年起为中央政治局委员。支持"民主集中派",坚持工会脱离党的领导的所谓"独立性"。——370、374、395、398、399、402、431。

W

瓦尔克(Вальк)——俄国孟什维克。喀琅施塔得叛乱期间参加了所谓的临时革命委员会。叛乱失败后逃往国外。——518。

瓦扬,爱德华·玛丽(Vaillant,Édouard-Marie 1840—1915)——法国布朗基主义者,第二国际左翼领袖之一。在反对米勒兰主义斗争中与盖得派接近,是1901年盖得派与布朗基派合并为法兰西社会党的发起人之一。1905—1915年是法国社会党(1905年建立)的领导人之一。第一次世界大战期间持社会沙文主义立场。——176。

万德利普,弗兰克·阿瑟(Vanderlip,Frank Arthur 1864—1937)——美国银行家,写有一些经济问题的著作。1901—1909年任纽约花旗银行副董事长,1909—1919年任该行董事长。——317、323、324。

万德利普,华盛顿·B.(Vanderlip,Washington B. 生于1866年)——美国工业界代表,工程师。1920年和1921年曾访问苏维埃俄国,建议苏俄和美国签订堪察加石油和煤炭租让合同。——317、318—320、335。

王德威尔得,埃米尔(Vandervelde,Émile 1866—1938)——比利时工人党领袖,第二国际的机会主义代表人物。1900年起任第二国际常设机构——社会党国际局主席。第一次世界大战爆发后成为社会沙文主义者,是大战

期间欧洲国家中第一个参加资产阶级政府的社会党人。1918 年起历任司
法大臣、外交大臣、公共卫生大臣、副首相等职。敌视俄国十月革命,支持
武装干涉苏维埃俄国。——643。

威尔逊,伍德罗(Wilson, Woodrow 1856—1924)——美国总统(1913—1921)。
任内镇压工人运动,推行扩张政策,对拉丁美洲各国进行武装干涉,并促使
美国站在协约国一方参加第一次世界大战。俄国十月革命后是武装干涉
苏维埃俄国的策划者之一。曾率领美国代表团出席巴黎和会(1919—
1920)。1920 年总统竞选失败,后退出政界。——264、266、322。

威廉二世(**霍亨索伦**)(Wilhelm II (Hohenzollern) 1859—1941)——普鲁士国
王和德国皇帝(1888—1918)。——696。

维佩尔,罗伯特·尤里耶维奇(Виппер, Роберт Юрьевич 1859—1954)——
苏联历史学家,莫斯科大学教授。写有许多古代史、中世纪史和近代史的
教科书和著作。——649。

文德尔,弗里德里希(Wendel, Friedrich 1886—1960)——德国左派社会民主
党人,讽刺政论家。1918 年加入德国共产党,参加党内的劳芬贝格—沃尔
弗海姆"左派"反对派,宣扬无政府工团主义观点。1919 年参与组织所谓
的德国共产主义工人党。1920 年被该党开除后不久回到德国社会民主
党。——153。

沃尔弗海姆,弗里茨(Wolffheim, Fritz 1888—1942)——德国左派社会民主党
人,政论家。1918 年加入德国共产党,在党内与亨·劳芬贝格一起领导
"左派"反对派,宣扬无政府工团主义观点和所谓"民族布尔什维主义"的
小资产阶级民族主义纲领。1919 年参与组织德国共产主义工人党;1920
年被该党开除。后脱离工人运动。——153。

乌斯特里亚洛夫,尼古拉·瓦西里耶维奇(Устрялов, Николай Васильевич
1890—1938)——俄国法学家,政论家,立宪民主党的著名活动家。
1918—1920 年在西伯利亚任立宪民主党中央委员会东方部主任,曾领导
高尔察克政府的出版局。1921—1922 年为《路标转换》文集和杂志撰
稿,是路标转换派的思想家之一。1920—1934 年任哈尔滨大学教
授。——678—679。

X

希尔奎特,莫里斯(Hillquit, Morris 1869—1933)——美国社会党创建人之一。
起初追随马克思主义,后来倒向改良主义和机会主义。第一次世界大战期
间是中派分子。敌视俄国十月革命,反对共产主义运动。——566。

希法亭,鲁道夫(Hilferding,Rudolf 1877—1941)——奥地利社会民主党、德国社会民主党和第二国际领袖之一,"奥地利马克思主义"理论家。1907—1915 年任德国社会民主党中央机关报《前进报》编辑。1910 年发表《金融资本》一书。第一次世界大战期间是中派分子,主张同社会帝国主义者统一。战后公开修正马克思主义,为国家垄断资本主义辩护。1917 年起为德国独立社会民主党领袖之一。敌视苏维埃政权和无产阶级专政。——141、144、183、185、566。

谢德林——见萨尔蒂科夫-谢德林,米哈伊尔·叶夫格拉福维奇。

谢德曼,菲力浦(Scheidemann,Philipp 1865—1939)——德国社会民主党右翼领袖之一。1917—1918 年是德国社会民主党执行委员会主席之一。第一次世界大战期间是社会沙文主义者。1918 年 10 月参加巴登亲王马克斯的君主制政府,任国务大臣。1918 年十一月革命期间参加所谓的人民代表委员会,借助旧军队镇压革命。1919 年 2—6 月任魏玛共和国联合政府总理。——140、182、183、184—185、189、192、203、209、270、644。

谢列布里亚科夫,列昂尼德·彼得罗维奇(Серебряков, Леонид Петрович 1888—1937)——1905 年加入俄国社会民主工党。1919—1920 年任党中央委员、中央委员会书记、全俄工会中央理事会南方局主席、南方面军革命军事委员会委员、工农红军政治部主任。1921 年起在交通人民委员部系统担任领导职务。1920—1921 年工会问题争论期间支持托洛茨基的纲领。——383、385、395、403。

谢列达,谢苗·帕夫努季耶维奇(Середа, Семен Пафнутьевич 1871—1933)——1903 年加入俄国社会民主工党。1918—1921 年任俄罗斯联邦农业人民委员。1921 年起先后任最高国民经济委员会和国家计划委员会主席团委员、俄罗斯联邦中央统计局副局长和局长。——85。

兴登堡,保尔(Hindenburg,Paul 1847—1934)——德国元帅(1914)。第一次世界大战期间曾任东普鲁士的德军第 8 集团军司令、东线部队司令、总参谋长等职。1918 年参与镇压德国十一月革命,是武装干涉苏维埃俄国的策划者之一。——14。

Y

雅柯夫列娃,瓦尔瓦拉·尼古拉耶夫娜(Яковлева, Варвара Николаевна 1884—1941)——1904 年加入俄国社会民主工党。十月革命后历任内务人民委员部部务委员、粮食人民委员部部务委员、最高国民经济委员会办公厅主任等职。1920—1921 年工会问题争论期间属"缓冲"派。——45。

吹者。1896—1902 年任莫斯科保安处处长。1902 年 10 月到彼得堡就任警察司特别局局长。1901—1903 年组织警方办的工会——莫斯科机械工人互助协会和圣彼得堡俄国工厂工人大会等,诱使工人脱离革命斗争。1917 年二月革命初期畏罪自杀。——164。

佐夫,维亚切斯拉夫·伊万诺维奇 (Зоф, Вячеслав Иванович 1889—1937)——1913 年加入布尔什维克党。列宁转移到拉兹利夫时,负责列宁同中央委员会的联系。1920 年先后任水运总政治部部务委员和主任。——403。

名目索引

（第1—4卷）

本索引主条目按汉语拼音字母顺序排列；条目后面的罗马数字表示卷次，阿拉伯数字表示页码。

A

阿姆斯特丹工会国际——Ⅳ. 253—254。

爱尔福特纲领——德国社会民主党的——Ⅰ. 592；Ⅱ. 249、755；Ⅲ. 170—177。

爱尔兰和爱尔兰问题——Ⅱ. 376、453、600、757、767、770；Ⅲ. 604；Ⅳ. 199—200、205—207、215、219。

爱国主义

——无产阶级爱国主义——Ⅱ. 449—453；Ⅲ. 579—580；Ⅳ. 1、87、120—121、344—345。

——对资产阶级假爱国主义的批判——Ⅱ. 403—410、449、452—453、529—532、565—566；Ⅲ. 472—473、643—645；Ⅳ. 552—553、569。

爱沙尼亚（爱斯兰）——Ⅰ. 205；Ⅱ. 361、576；Ⅳ. 76—77、341。

奥地利、奥匈帝国——Ⅰ. 266、559；Ⅱ. 447、457、458、465、468、474、481—483、514—515、516、566、569、630、633—634、637、667、694、695；Ⅲ. 39、225、227、553；Ⅳ. 215、227、259、515。

　　另见：帝国主义——各国的　——奥地利的。

奥地利社会民主党——Ⅲ. 683—687、791；Ⅳ. 120、141。

奥地利1918年革命——Ⅲ. 687、716、732。

B

八月联盟（1912年）　　Ⅱ. 329—330、547—549。

384、396—397、405—406、413—415、421—430、432—449、453—455、545、577—578、613、662—667、746—747、788—789；Ⅱ. 4、263—265、329、406—407、532、544—546、575—576、690；Ⅲ. 69、95、290；Ⅳ. 137—138、155—156、245。

　　另见：《火星报》——第一份全俄革命马克思主义者的报纸（1900—1903 年）；《启蒙》杂志（1911—1914 年和 1917 年，彼得堡）；《前进报》——布尔什维克的秘密报纸（1905 年）；《真理报》——布尔什维克的合法报纸，1917 年起是党的中央机关报；《社会民主党人报》——布尔什维克的秘密报纸，俄国社会民主工党中央机关报（1908—1917 年）；《无产者报》——布尔什维克的秘密报纸，俄国社会民主工党中央机关报（1905 年）；《无产者报》——布尔什维克的秘密报纸（1906—1909 年）。

报刊——俄国的

——概述—— Ⅰ. 62—63、81—82；Ⅲ. 493、571—573。

——它在沙皇制度下的状况—— Ⅰ. 281—282、662—663；Ⅱ. 406。

——资产阶级地主的、自由派的—— Ⅰ. 278、281—282、558、620—621、622—624、663—664、748—750；Ⅱ. 241—242、282、283、288、406、408；Ⅲ. 90、95、97—98、102—103、239、249、252—253、259、264、282—284、286—288。

——工人的—— Ⅰ. 641；Ⅱ. 488、532、545—546；Ⅳ. 244—245。

——19 世纪 60 年代革命民主主义的—— Ⅱ. 286—289。

——小资产阶级政党的—— Ⅱ. 454、529—530；Ⅲ. 46、264、282—286、288—289。

　　另见：报刊——布尔什维克的（十月社会主义革命以前的）；书报检查——俄国的。

报刊——俄国革命的社会民主党的—— Ⅰ. 89—90、136、139、140—141、151—152、157—158、269—271、275。

报刊——反革命的——Ⅲ. 562、674；Ⅳ. 518、538、543、578。

报刊——孟什维克的—— Ⅰ. 529—530、538—539、543—544、554—555；Ⅱ. 545—546；Ⅲ. 46、264、282—286、288—289、322、332、333、334。

报刊——欧洲和美洲国家的（概述）

——社会民主党的—— Ⅱ. 407、458—459、465、484—486、488、493—495、526、689、703；Ⅲ. 66—67、254—255。

——资产阶级的—— Ⅱ. 449、464、490、495、525、613、622—623、649；Ⅲ. 5—

俾斯麦和俾斯麦政策——I. 727；II. 248—249、256、405、452；III. 119。

必然性——I. 25—28、39—40、44、49—50。

——和偶然性——II. 10—11、115—131、158—160、162—163、558—560。

——和自由——II. 10—11、150—156。

变化——见：**运动；发展**。

辩证法

——概述——I. 29—41、55、550—551；II. 93—95、96—97、117—118、137—139、186—187、192—194、210—213、278—282、310—311、421—423、443—444、464—466、482—484、556—560、693；III. 200、679—682；IV. 407—426。

——是关于自然界、社会和思维发展的一般规律的科学——II. 117—118。

——是逻辑和认识论——II. 77、91—104、117—118、176—178、190—194、556—560。

——客观辩证法和主观辩证法——I. 30—35；II. 418—423、557—558。

——辩证法的要素——II. 411—412、558—560。

——唯物辩证法，即马克思主义的辩证法——II. 91—93、96—97、182、211—214、239—240、411—412、556—560。

　　　　另见：**辩证唯物主义**。

——社会中的辩证法——I. 733—735。

——政治中的辩证法——I. 734—735；IV. 616—618、775—778。

——唯心主义辩证法——II. 179—180、412。

　　　　另见：**黑格尔和黑格尔主义**　——黑格尔的辩证法。

——和形而上学——II. 92—93、124—125、176—178、185—187、191—195、201—202、212—213、230—231、557—558、559—560。

——和进化论——II. 3、421—423、443—444、557—558。

——和相对论——II. 42—43、91—97、137—138、190—194、210—215、239—240。

——和诡辩——I. 32—33；II. 95—97、464—467、557—558。

——和折中主义——I. 258—261、522—524；III. 679—682；IV. 407—426。

——辩证法的历史——II. 412、556—557、558—560。

　　另见：**抽象和具体；运动；单一、特殊和普遍；唯物辩证法的规律；必然性；原因（因果性）；矛盾　——辩证的，——对抗性的；发展；内容和形式**。

辩证唯物主义

另见：**波兰和立陶宛王国社会民主党**。

波兰共产主义工人党——Ⅲ. 762—763；Ⅳ. 212、244。

波兰和立陶宛王国社会民主党——Ⅱ. 359—361、369—402、548、572—574、697；Ⅲ. 58—59、175。

波兰社会党——Ⅰ. 459—467；Ⅱ. 763—764；Ⅲ. 762—763。

波拿巴主义——Ⅲ. 9—10、105、119、523；Ⅳ. 491、520、557。

波斯（伊朗）——Ⅰ. 232；Ⅱ. 307—308、380、450—451、466、511—512、513—514、515、517、552、569、643、681；Ⅲ. 39、79、81、83、85、388；Ⅳ. 78、258、260、267、342、537。

剥夺

——对小生产者的—— Ⅰ. 37—40、192—194、222—224。

——对资本家和地主的——见：银行、工业、运输业和商业国有化。

剥削

——农奴制的—— Ⅰ. 54—55、121、779—782；Ⅱ. 436—437、441；Ⅲ. 119、548—549；Ⅳ. 9—10、29—30、33、230—231。

——资本主义的—— Ⅰ. 24—25、38—39、50—52、56—57、60—62、79—81、82—83、273、280、779—782；Ⅱ. 313、334、374、397—398、430—439、441、578—579、728—729；Ⅲ. 119、189、190—191、234、242、491—492、548—549、558、574—575、601、684、716—717；Ⅳ. 9—10、25—26、29—30、39—40、230—231、270—271、358—359。

——帝国主义时代的—— Ⅱ. 578—579、581—582、627—628、660—661、664—666、667—669、679、684、728—729；Ⅲ. 109—110。

伯恩施坦和伯恩施坦主义——Ⅰ. 183、258—261、266、274、284、294—297、298—302、304—305、306—309、310—311、334—336、494—495、600、601—602、610—612、623—624、654—655、713—718、719—720；Ⅱ. 1—4、7—9、350—351、505—506；Ⅲ. 148、155—156、206—208、214、216—217、274、590。

另见："经济主义"和"经济派"。

伯尔尼国际（伯尔尼社会党国际代表会议）——Ⅲ. 692、697、701—704、705；Ⅳ. 10—11、12、17。

伯尔尼国际妇女社会党人代表会议（1915 年）——Ⅱ. 537、539。

博日小组（1915 年）——见："帝国主义经济主义"和"帝国主义经济派"。

不 可 知 论——Ⅱ. 10—11、26—29、30—31、58—59、63—64、82—83、85—90、95—99、100—102、103—104、105—109、117—118、125—127、129

——德国资产阶级对和约的态度——**Ⅲ.** 393。

——和国内外形势——**Ⅲ.** 391—399、418—419、434—441。

——和国际革命——**Ⅲ.** 394—395、512—513、580—581。

——和旧军队的状况——**Ⅲ.** 396—397、428、431—432。

——德国革命和和约的废除——**Ⅲ.** 396—399、424、444—446、447—450、453—454、580。

部分和整体——**Ⅱ.** 556—558。

C

产品——**Ⅰ.** 164、165—166、169—182、188—190、193—194、235—236、240—242、246—247;**Ⅱ.** 428—429、430—431。

产品交换——苏维埃俄国的——**Ⅲ.** 397、721、729—730、749—750;**Ⅳ.** 61—62、501—502、503—504、524、533—534、540、559、569—570、573、574、611、695。

"超帝国主义论"(考茨基的理论)——**Ⅱ.** 470—474、476—480、637—639、654—660、673—683。

     另见:考茨基和考茨基主义。

超额价值——见:剩余价值。

超额利润(垄断利润)——**Ⅱ.** 476—477、480、581、618—622、626—627、663—665、668—669、678、684、685、762—763;**Ⅲ.** 242、251—252、719—720、736;**Ⅳ.** 242、270—271。

超经济的强制——**Ⅰ.** 236—238;**Ⅳ.** 9—10、33—35。

超验的——**Ⅱ.** 160—161。

城市和农村

——俄国的——**Ⅰ.** 200—201、202—206、206—208、231—233。

——资本主义制度下的——**Ⅰ.** 164—167、193、202—204、206—220、236—237;**Ⅱ.** 439—440、603—604;**Ⅲ.** 161;**Ⅳ.** 11—12、764—766。

——城市对农村的支援——**Ⅳ.** 764—766。

——城乡对立及其消除的途径——**Ⅰ.** 200—220;**Ⅳ.** 509—510、764—766。

——从资本主义到社会主义过渡时期的和社会主义制度下的——**Ⅲ.** 728、751;**Ⅳ.** 11—12、64—65、231—232、509—510、764—766。

     另见:工人阶级同农民的联盟。

赤卫队(1917—1918年)——**Ⅲ.** 396、407—408、481—482。

抽象和具体——**Ⅰ.** 57—61、171—172、189—190、258—259、582、608—609、

另见:**社会主义建设(理论)**。

——国家的社会主义工业化——Ⅲ. 490—491；Ⅳ. 364—366、605—609、723—726。

——电气化——Ⅳ. 231、287、363—366、447、503—504、509—510、542、556、615—616、621、797。

——农业的社会主义改造——Ⅲ. 665—667、670—672、720、751—752；Ⅳ. 61、64—65、81—83、227—229、230—231、446—447、538—540、570—571。

——无产阶级同农民的联盟——Ⅲ. 360—362、401—403；Ⅳ. 22—23、223—226、670—671。

——无产阶级政党的领导作用——Ⅲ. 476—477、656—657；Ⅳ. 22—23、134—136、153—155、156—161、235—236、237、304—305、368—370、448—449、509、572—594、618—628、670—672、719—727、796—797。

——文化革命——Ⅳ. 18—20、281—297、298—300、301—310、585—592、680、728—729、762—763、769—771、773—774、784—794。

——对人们意识中资本主义残余的斗争——Ⅲ. 202—203、378—381、413—414、484—488、492—499；Ⅳ. 624—630。

——落后国家、落后民族不经过资本主义走向社会主义的可能性——Ⅱ. 773—775；Ⅳ. 275—280、341—342。

另见:**阶级和阶级斗争**——从资本主义到社会主义过渡时期的;**劳动生产率**——从资本主义到社会主义过渡时期的和社会主义制度下的(在苏维埃俄国);**工人阶级**——从资本主义到社会主义过渡时期的;**社会主义建设**——苏维埃俄国的;**新经济政策**;**资本主义残余**(人们意识中的)和在过渡时期对这种残余的斗争——在苏维埃俄国。

村社——俄国的

——概述——Ⅰ. 102—108、220、781—782。

——和农民的阶级分化——Ⅰ. 103—108、121—125、780。

——和土地国有化——Ⅰ. 669—671、781—783。

——资本主义的发展和村社的瓦解——Ⅰ. 121—125、658—659、779—782。

——和斯托雷平的土地改革——Ⅰ. 780。

存在——Ⅱ. 75—77、78—80、99—101、105—107、111—112、137—140。

——和意识——Ⅱ. 36—38、40—42、65—66、75—77、96—101、105—110、111—112、117—119、123—124、127—128、131—133、170—171、178—179、197—199、217—222、223—225。

——和思维——Ⅱ. 36—38、40—42、73—75、77—80、96—99、105—110、

111—112、117—119、123—124、131—134、137—140、170—171、197—199。

另见:**现实**;**历史唯物主义** ——社会存在和社会意识;**世界**;**实在**; **意识**。

D

达尔文和达尔文主义—— I. 10、13;II. 224—225。

大地产——俄国的—— I. 779—780。

大俄罗斯沙文主义—— I. 281—282;II. 331—339、344—346、350、385、386、388—398、398—402、408、449—453、529—530、546—547、572—573、574;III. 44—45、290—291;IV. 755—761。

大国沙文主义—— I. 281—282;II. 398—401、449—453、475—476、490—491、513—518、521、522、527—528、546—547、572—574、723。

大脑和意识、思维—— II. 39—40、42—45、49—51、58—61、68—69、113—114、117、123、131、169—170、172—173、197—199。

另见:**思维**;**认识**;**理性**。

大学生和大学生运动——俄国的—— I. 339、344、355、356、368—369、375—377、381、382—384、402、408—409、410—411、456。

怠工以及对它的斗争——在苏维埃俄国——III. 368—370、373、377、383、404—406、410、481—483、498—499、520、536、584—585;IV. 57、157—158、228、305、497、687—689、726—727。

单独媾和

——1916—1917年俄德单独媾和问题——III. 5—6。

——1918年缔结布列斯特和约时关于单独媾和问题的提法——III. 391—399、418—419、420—427。

单一、特殊和普遍—— I. 591—592;II. 117—118、471—472、556—560。

党的地方组织—— I. 421—430、432—455、470—487、651—652;II. 531—532;IV. 485—487、532—535。

党的地下工作—— I. 156—159、271—272、384、390—391、393、395、396—397、399、403—406、408—410、411—421、423—424、434、435—436、445、454、475—480、574—575、594—595;II. 409、498—500、502—503、544—546;III. 712—713;IV. 158—159、174、243—244。

另见:**党的秘密工作**;**合法的和秘密的斗争形式——无产阶级的**;**党的技术工作(印刷所、交通、财务、接头、联络等)**。

党的鼓动工作——Ⅰ. 62—63、74—75、78—79、139—140、141—146、151—152、156—159、271、275、284、285—286、335—336、339—353、354—378、383、389、395、398、405—406、407—409、411—413、422—428、429—430、438—440、441—442、443—444、446—447、451、452、453、495、501、528、577—578、592—593、595—596、608—611、647—649、682—683、750—751、752—754、757—760、770—771、772—773；Ⅱ. 253—254、329、345—346、386、387—388、409、463—464、526—527、532、534—535、544—545、730、772—773；Ⅲ. 14—15、29—30、42—43、45—46、50—52、90—92、105、176—177、223—224、407—408、572—574、584、688—689、726、810—811；Ⅳ. 116、120、123、158、194—195、306—310、350—352、354、445、450、535。

　　另见：党的群众工作；党的宣传工作。

党的技术工作（印刷所、交通、财务、接头、联络等）——Ⅰ. 156—159、383—384、399—400、446—448。

党的口号（号召）——Ⅰ. 82—84、528—530、534—536、547—549、550—551、552—554、559—560、565—566、573—574、576—578、590—591、593—594、599、608—611、616—618、626—627、629—632、633—634、678—679、686—687、729—738、744—747、750—760、785—786；Ⅱ. 264、328、409—410、524、526—527、723、724—725、732、767—769、772、778—779；Ⅲ. 11、24—26、86—93、285、435、455、477—479、507、583—586、617、741—742、743；Ⅳ. 567—568、737。

党的秘密工作——Ⅰ. 383—384、390、393、395、396—397、398—399、403、407、408—410、411—413、414—416、417、418—419、423—424、434—435、445、454、475—478、479—480、490。

　　另见：党的地下工作。

党的农村工作——Ⅰ. 141—143、565—567、595—596、648—652、656—657、660—661、785—787、788—789；Ⅲ. 11—12、49、50—52、91、92、730—731、751—752；Ⅳ. 81—83、695、765—766。

党的群众工作——Ⅰ. 139—145、151—153、155—156、270—271、275—276、283—285、296、314—316、317—319、324—327、332—333、337—338、339—350、351—353、354—356、358—359、361—362、363—367、369—374、380—381、382—384、388、391—392、394—396、402、428—430、445—447、528—530、563—565、608—610、676—679、682—684、749—750、752—754、755—756、757—760、785—787；Ⅱ. 256—257、387—388、532—

——社会科学和哲学中的—— I. 52—53、82—83、134—135；II. 1—5、12—13、58、72—73、89、99、123—124、138—139、167—168、194—195、210—211、225—226、227—238、239—240、251—254；IV. 24—27、298—300、646—655。

——文学艺术中的—— I. 662—667；II. 241—246；IV. 41—44。

——"非党性"是资产阶级的口号—— I. 674—678；IV. 521—522。

　　另见：**哲学** ——它的党性。

道德

——概述—— I. 26—27、45—46；III. 88—89、193—194。

——资产阶级的——IV. 288—293。

——无产阶级的，共产主义的——IV. 288—294。

德国—— I. 710—711、722—724、729、784—785；III. 471—473、551—553。

德国独立社会民主党——II. 581；III. 701—704、758、796；IV. 120、141、144、150、165、182—183、184—185、213、231、245—246、269。

德国共产党——III. 719—720、736；IV. 182—186、213—214、641—645。

德国共产主义工人党——IV. 149—186、210—211、480、551—552。

德国社会民主党—— I. 95—96、265—267、274、294、299—301、307—309、310—315、327—328、334—336、352—353、364—366、380—381、401—402、411—412、416—418、477—478、503、508—514、515—516、573—574、592—593、611—613、713—725、728、784—785；II. 2—3、248—250、306—307、405—407、446—448、454—506、525—526、537—541、542、583、665—666、670、689—703、727—728、755—756；III. 4—5、18、55、56—58、63、125—128、167—182、185—188、193—196、204—220；IV. 144—145、271—272。

　　另见：伯恩施坦和伯恩施坦主义；考茨基和考茨基主义；德国独立社会民主党；"斯巴达克"(集团)和斯巴达克派(德国)。

德国1848—1849年革命—— I. 541—542、576、602、633—643、722—724、734—735、747—749；II. 445—447、567、571、699；III. 653。

德国1918—1919年革命——III. 396—397、398—399、424、442、444—445、448—451、526、580、648—649、675、683、687、697—698、699、701—704、706—708、716、732、758、761—762、767、796、819—820；IV. 73—74、116、149、152—153、184—185、208—209。

　　另见：伯恩施坦和伯恩施坦主义；考茨基和考茨基主义。

德雷福斯案件——II. 563；III. 604、696；IV. 205。

657—658、660—661、668—669、674—675、676—677、678、680、683、
684、687、725—726、748、749—750、753、754、755、756、757、776—777;
Ⅲ. 118、250、718、734。

——生产的无政府状态、竞争和危机——Ⅱ. 472—473、476—477、553、561、
585—586、587—588、591—594、595—597、604—605、606、633—637、
642、644—645、646—647、650—651、660—661、671、673—675、678、
748、749—750、751—752;Ⅲ. 375、717、719、733、735。

——资本主义各种矛盾的尖锐化——Ⅱ. 373、403、404、457—458、464—
466、476—477、512—513、551—552、561、579、629—630、633—637、644—
646、647—648、653—655、656—658、659、671、674—675、679—682、
721、725—726、728—729;Ⅲ. 557—558、696—698、718—719、734—735;
Ⅳ. 73—75、114—115、117—118、173—174、206—207、235—236、258—
268、536—537、727—728、776。

——是寄生的或腐朽的资本主义——Ⅱ. 581、619—620、626—627、652—
654、660—669、683—688;Ⅳ. 14、73—74。

——银行及其作用——Ⅱ. 585、597—612、616—624、629—631、633—636、
646—647、650—651、683—684、748、749—750、753、776—777;Ⅲ. 45、
118、120、137—138、238—243、250、298、718—719、734—735。

——金融资本和金融寡头——Ⅱ. 373、439—440、471—472、474—477、562—
563、577—579、584—586、606—626、628—631、635—637、639—641、
644—649、650—655、656—660、662—663、669—671、673—681、683—
685、693、737—738、739、745、748—750、751—753、754、756—758、759—
761、773;Ⅲ. 3、5、39、45、718—719、734—735、753—757;Ⅳ. 216—
217、242—243、257—259、260—262。

——资本输出——Ⅱ. 466、472—474、476—478、513—515、552—553、581、
617—619、625—631、647、651、660—661、674—678、684;Ⅳ. 270—271。

——资本主义国家的帝国主义联盟——Ⅱ. 403—405、457—458、464—466、
552—555、591—592、631—639、644—646、679—681、729、756—757;Ⅲ.
6—7。

——争夺原料产地的斗争——Ⅱ. 592—593、595、633—636、644—647、684、
747—748、749—750;Ⅳ. 258—259。

——争夺新的市场和势力范围的斗争——Ⅰ. 278—282;Ⅱ. 403—404、457—
458、464—466、472—473、474—478、512—514、553—554、577—579、
592—593、630—632、633—635、644—648、659—660、679、684、748—750;

——和法国——**III.** 559—560、561、562—563、580—581、582—583、789—790、800—801、811—812、821；**IV.** 453。

——和芬兰——**III.** 387、759；**IV.** 118、455。

——和拉脱维亚——**IV.** 341—342、455。

——和立陶宛——**IV.** 455。

——和美国——**III.** 557—558、559—560、561、562—563、580—581、582—583、789、800—801、811—812；**IV.** 311—332、454、486。

——和日本——**III.** 517、557；**IV.** 315—332、732。

——和土耳其——**IV.** 342。

——和意大利——**IV.** 333—337、486。

——和印度——**IV.** 795、796。

——和英国——**III.** 557—558、559—560、561、562、580—581、582—583、789、800—801、811—812、821；**IV.** 266—268、322—332、342—344、454、455、584、735、736。

——和中国——**IV.** 795、796。

另见:**对外贸易**——苏维埃俄国的;**苏维埃俄国的国际环境**;**和平共处**——社会主义制度和资本主义制度的;**和约**——苏维埃国家的。

E

"俄国北方工人协会"(1878—1880 年)—— **I.** 268。

俄国共产党(布)、俄国社会民主工党、俄国社会民主工党(布)

——概述—— **I.** 151—153、273—274、284—285、664—666、749—750、761—764。

——是新型的党—— **I.** 672；**III.** 21；**IV.** 51—52。

——是工人阶级的先锋队,是工人阶级先进的、有觉悟的队伍—— **I.** 56—57、80—81、150—152、155—156、270—272、284—287、563—564、614—615、616—617、651—652、672；**II.** 543；**III.** 21、502；**IV.** 113、134—136、298—299、304—305、368—370、423—424、520—522、557、624、625—626、646、671、690、695、699—700。

——是工人阶级有组织的队伍,工人阶级组织的最高形式,党的组织基础—— **I.** 317—320、324—329、332—339、341—343、363—364、365—373、378—381、391—392、393、399—407、411—413、413—416、433—437、452—454、455—458、468—490、493—509、525—526、766—771、773—776；**IV.** 159—160、627—628、743—748。

Ⅱ. 355、356、363、572。

——俄国社会民主工党（布）中央委员会会议（1917年10月10日（23日））——Ⅲ. 331。

——彼得格勒党的工作人员会议（1918年1月8日（19日））——Ⅲ. 391。

——俄国社会民主工党（布）莫斯科市代表会议（1918年3月3日和4日）——Ⅲ. 432。

——全俄东部各民族共产党组织第二次代表大会（1919年11月22日——12月3日）——Ⅳ. 70—80。

————国外组织代表会议（代表大会）

——"国外俄国社会民主党人联合会"第二次代表大会（1900年4月，日内瓦）——Ⅰ. 765—767。

——社会民主党国外组织代表会议（1901年6月，日内瓦）——Ⅰ. 290—291。

——俄国社会民主工党国外组织"统一"代表大会（1901年9月21—22日（10月4—5日），苏黎世）——Ⅰ. 448。

——"国外俄国社会民主党人联合会"第三次代表大会（1901年秋）——Ⅰ. 310。

——俄国社会民主党人国外同盟第二次代表大会（1903年10月13—18日（26—31日），日内瓦）——Ⅰ. 468—469、470—471、483—485、488—489、490、496—497、501—502、507—508、510—511、512—513。

——俄国社会民主工党伯尔尼国外支部代表会议（1915年2月27日—3月4日（公历））——Ⅱ. 482、507、551、690、733—736、738—739、778。

另见：党的鼓动工作；土地政策——共产党和苏维埃国家的；土地纲领——布尔什维主义的；布尔什维主义；报刊——布尔什维克的（十月社会主义革命以前的）；俄国共产党（布）历史；民族政策——共产党和苏维埃国家的；民族纲领——布尔什维主义的 ——实质；无产阶级政党（党的学说）；党的农村工作；党的群众工作；党的组织工作；党的思想工作；党的统一和巩固；党的地下工作；党的宣传工作；战略和策略——布尔什维主义的；党和国家机关的工作作风——苏维埃俄国的（科学态度、理论和实践的统一、实事求是、高效率等）；"工人阶级解放斗争协会"（彼得堡）；党的技术工作（印刷所、交通、财务、接头、联络等）。

俄国共产党（布）历史

——研究党史的意义和必要性——Ⅰ. 608—610、777—778；Ⅱ. 505—506、542—549；Ⅳ. 135、641—643。

分配

——资本主义制度下的—— I. 37—38、186—190。

——苏维埃俄国的—— III. 476、479—480、488、498、728—729、748—749、830—831;IV. 61—63、533—535、569—570、573、574、581—582、597—599、662。

——社会主义和共产主义制度下的—— III. 64、193—203、298、457、525—526、539、546;IV. 493。

分析—— I. 161、162、178、189—190、747—748; II. 376—377、427—430、431—432、433—435、745—747、748—751、772—773。

——和综合—— II. 411。

分子—— II. 142、190—191。

芬兰和芬兰问题—— I. 196、276;III. 387、398、432、577。

芬兰1918 年革命和芬兰社会主义工人共和国—— III. 577;IV. 115—116、208—209、218。

封建制度—— I. 55、121、124—125、164—165、192; II. 422、426、511、770;III. 436、548—549;IV. 29—30、33—35、123—124、220、564—565。

　　另见:农奴制——沙皇俄国的。

封锁——帝国主义国家对苏维埃俄国的—— III. 789;IV. 117、243、485、486—487、511、517、553、733。

"符号论(象形文字论)"—— II. 24—26、36—38、126—128、187—188、202、213—214。

妇女问题和妇女运动

——概述—— IV. 18—20、27—28、45—50、565—566、654—655。

——资本主义制度下的—— I. 215—218; II. 396—397、440、725—726、779—781;III. 189;IV. 45—50。

——社会主义制度下的—— III. 50、305;IV. 45—50。

——苏维埃俄国的—— III. 743、769;IV. 45—50。

富农——见:农民。

G

改良和革命(相互关系)—— I. 347—348、604—605;III. 59;IV. 566、610—612、616—618。

　　另见:革命 ——和改良(相互关系)。

改良主义—— I. 266、268、285—287、714—725; II. 273 277、327—330、

285、530—532、560—566、577—578、614—618、656—658、659—661、
672、689—691、732—734、739—742；**II.** 288—289、542—550；**III.** 1—
12、651—653、656—658、793—794；**IV.** 137—142。

——和无产阶级领导权—— **I.** 56—57、71—75、79—81、143—148、155—156、
270—272、275—277、315、366—374、390—392、457—458、528、534—
536、546—548、554—560、565—567、578—580、589—590、604—607、
614—618、622—625、638—639、648—652、657—658、662—664、754—
756、761、774—777；**II.** 244—246、288—289、344—345、406—407；**III.**
1—3、4、9、10—12、89。

——马克思主义政党的领导作用—— **I.** 77—81、142—148、265—267、271、
273—277。

——工人阶级政党在革命运动中的领导作用—— **I.** 335—336、368—369、
373—375、378—380、401—405、446—447、450—455。

——布尔什维克在革命运动中的作用—— **I.** 528、577—580、595—596、
624—625、644—652、657、659—661、685—687、697—698、766—770；**II.**
259、543—544、732—733；**III.** 13—18、104—105、710—711；**IV.**
135—142。

——各阶级和阶层在革命运动中的作用—— **I.** 143—148、271—272、527—
528、530—532、603—608、626—628、630—633、668—670；**II.** 287—289；
III. 1—3、6—12。

——彼得堡工人和莫斯科工人的主导作用—— **I.** 151—152、156—157、
275—276、680—687、755—757、761；**II.** 406、531—532。

——它的分期、主要发展阶段和条件—— **I.** 71—81、139—140、154—156、
312—313、413—414、455—458、689—690、732—734、737—738、739—
742、744—747、754—760、761—778；**II.** 289、732—733；**III.** 1—4。

——19 世纪上半叶的—— **II.** 283—289、297—301。

——1860—1894 年间的—— **I.** 95—96、268—272、314—315、337—338、
413—414、418—419、455—456、725—728；**II.** 450、732。

——1895—1900 年间的—— **I.** 139—140、156—157、268—272、283—287、
318—320、323—325、338—339、370—371、382—384、455—456、491—
492、689—691、761—763、769—771；**II.** 732。

——1901—1904 年间的—— **I.** 310—312、314—316、366—367、370—371、
375—376、378—380、387—392、397、414—419、438—440、451—453、
491—492、576—578。

——俄国革命和世界革命运动——Ⅰ. 315、725—728；Ⅲ. 11—12、46—47、342、415—417、439—440、560—562、568—570、715—716、732、791—792、832—833；Ⅳ. 70、132—134、566—571、699—700。

——十月社会主义革命以后的——Ⅲ. 706—707、715—716、732、764、790—792。

——十月社会主义革命和苏维埃国家的建立对国际革命运动的影响——Ⅲ. 342—343、414—417、439—440、461、463—464、548、560—561、562—563、569—570、636、649—651、716、732、790—791、832—833；Ⅳ. 70、76—78、79—80、132—134、156—157、217—218、257—258、536—537、553—554、566—569、699。

——吸引不同国家参加革命运动——Ⅳ. 509—510、536—538、700、794—795、796。

　　另见：**共产国际；农民运动；民族解放战争、民族解放革命和民族解放运动** ——帝国主义和无产阶级革命时代的；**工人运动——国际的；革命运动——俄国的；革命运动——欧洲和美洲国家的；革命运动——东方的。**

革命运动——欧洲和美洲国家的

——奥地利的——Ⅲ. 56、59、398、415—416、430、683、687、716、732；Ⅳ. 212。

——德国的——Ⅰ. 334—336、380—381、633—643；Ⅱ. 308、567；Ⅲ. 56—58、61、63、81—82、84、120、125、154、167—177、331、342—344、347、398—399、716、732；Ⅳ. 116、118、184—185、212、268、493。

——法国的——Ⅰ. 630—631；Ⅱ. 447；Ⅲ. 43、101—102、136—137、141—142、159—160、342—344、792—793、812—813、829—830；Ⅳ. 204—205。

——芬兰的——Ⅲ. 439—440、762。

——罗马尼亚的——Ⅲ. 439—440。

——美国的——Ⅲ. 557—558、564—565；Ⅳ. 73—74、218—219。

——匈牙利的——Ⅲ. 716、732、764、775—776、777、834—838；Ⅳ. 116、268。

——意大利的——Ⅰ. 593—594；Ⅲ. 347。

——英国的——Ⅲ. 43、81—82、101—102、342—343、792—793、812—813；Ⅳ. 73—74、193—194、204—207、268。

　　另见：**农民运动** ——欧洲、美洲和亚洲的；**工人运动——欧洲、美洲和亚洲国家的。**

革命战争——见：**战争（战争学说）；国内战争；民族解放战争、民族解放革命和民族解放运动。**

——它的组织性和自觉性的意义—— I. 313—315、325—327、341—343、354—355、499—503、506—507、525—526。

——它的阶级意识的形成—— I. 315—318、324—328、340—343、354—359、362—363、395、473—475、476—477、501—503。

　　另见:工会和工会运动——俄国的;工会和工会运动——资本主义制度下的;工人运动——俄国的;工人运动——国际的;工人阶级同农民的联盟。

工人阶级——从资本主义到社会主义过渡时期的

——它的政党的领导作用——Ⅳ. 134—136、154—155、160—161、232、235—236、237—238、622—624、639—642。

——它在社会主义建设中的先锋作用——Ⅲ. 412—415;Ⅳ. 9—13、64—65、66—69、129—131、135—136、154—155、230—231、232、235—238、289—290、368—370、538—540、542、622—626。

工人阶级——俄国的

——概述—— I. 56—57、72—73、79—81、141—148、269—270、285—287、528、530—531、537—538、556—557、563—564、566—567、578—579、604—605、624—625、691—692、754—756;Ⅱ. 244—246、289、353、406—407、531—532、541—542、774—775;Ⅲ. 4—5、42、61—62、91—92、270;Ⅳ. 198—201、243—244、302—304。

——是全体劳动者利益的代表者—— I. 79—81、285—287、354—359、362—378、534—536、566—568、614—616、657—658;Ⅲ. 7、9、291—292。

——它在国际工人运动中的先锋作用—— I. 463、728;Ⅲ. 226、413—416、711;Ⅳ. 568。

——它在革命运动中的领导权—— I. 56—57、72—74、79—81、144—149、155—156、160、271—272、276—277、314—315、365—375、390—391、457—458、528—530、535—536、546—548、554—560、565—567、578—580、588—589、604、606—607、613—617、622—625、638—639、648—652、657—658、754—756、761、774—777、785;Ⅱ. 244、256、289、343—344、406—407;Ⅲ. 2—3、4—5、9、10—12、89、91—92、566;Ⅳ. 51—53。

——它的组织性、觉悟和团结的意义—— I. 56—57、65、80—81、88—90、140—146、151—153、155—156、283—287、314—315、342—343、354—359、362—378、401—405、409—411、446—447、477—479、502、503、506、525—526、528—530、537—539、565—567、614—615、650—651、768—769;Ⅱ. 450、531—532、542—546、547;Ⅲ. 10—12、91—92、

——外国武装干涉和国内战争时期的——**IV.** 42—44、51—53、54—56。

——向新经济政策过渡时期和实行新经济政策的头几年的——**IV.** 467—
468、619—626、713。

　　另见:**工会——苏维埃俄国的;工人阶级同农民的联盟。**

"工人阶级解放斗争协会"(彼得堡)——**I.** 139—141、151—152、156—
159、276、317—319、320—323、330—331、394、397、434—436、763—764。

工人阶级同非无产阶级劳动群众的联盟——**I.** 79—81;**III.** 360—362、582—
584、835—836;**IV.** 11—13、66—67、78—79、135—136、160—161、179—
180、223—224、240—241、242—243、369—370。

工人阶级同农民的联盟

——资产阶级民主革命中的——**I.** 71—73、160—162、553—554、562—
569、574—575、589—593、604—605、638—640、647—652、656—661、
686—687、782—789;**III.** 434、652—653、657、661、667—668、794;**IV.**
181、775、777。

——从资本主义到社会主义过渡时期的和社会主义制度下的——**I.** 784—
786、788—789;**III.** 360—362、376—378、475—476、720、722、730、
731、751—752、777—778、780、830—831、835—837;**IV.** 12—13、22—
23、52—53、65—66、81—82、224—226、228—233、289—290、444—447、
501—504、524、538—540、580—582、616、624、666—667、670、700、725、
767—768、797—798。

——1917 年俄国资产阶级民主革命时期的——**III.** 4、7、11—12、19、26—
28、40。

——十月社会主义革命准备和进行时期的——**III.** 11—12、13—14、51—
52、72—73、85、91—92、106—107、230、272、287、313—314、316—317、
364、475—476、530、656—658、660—661、716、732、777—778、794;**IV.**
78—79、228—229、497—498、777。

——十月社会主义革命以后、俄共(布)第八次代表大会以前的——**III.**
357—358。

——社会主义革命中的——**I.** 606—607、657—658;**II.** 413、442、446—447;
III. 106—107、145、158、272—273、364、374、467—468、475—476、652、
655—658、660—662、667—668、716、720、732、794;**IV.** 252、777。

——是无产阶级专政的基础——**III.** 391、401—402、475—476、699—700、
831—832;**IV.** 51—53、232、347—348、444—446、456、501、538—539、
577—578、579—581、624、670、677、714—715、725、747、765—766、768、

783、795、797—798。

——工人阶级在联盟中的领导作用—— **I.** 568—571、605—607、647—652、656—657; **III.** 222、374、652、722、794、830—832、835—837; **IV.** 11—13、65—66、81—82、138、223—224、232、252、289—290、347—348、500—501、539—540、542、553、559、624、670、699—700、764—766、768、783、794、795、797—798。

——和党在农民问题上的口号—— **I.** 553—554、566—567、590—594、605—606、616—617、782—784; **III.** 27—29、72—73、583—584、652、656—657、667—668、730—731、751—752、763—764、777—780、786—788; **IV.** 226—228。

——外国武装干涉和国内战争时期工人阶级同农民的军事政治联盟—— **IV.** 71—72、293—294、347—348、449—450、502、539—540、552、660、693、725。

——国民经济恢复时期工人阶级同农民的经济联盟—— **IV.** 446—450、456—459、500—501、502、533、540、559、570—571、576—578、615—616、624、660—664、666—667、677、682—683、700、767—774。

——俄共(布)第八次代表大会上关于对待中农的态度的问题—— **III.** 730—731、751—752、757、763、773—788。

　　另见:**无产阶级专政(理论)** ——是无产阶级同农民的阶级联盟的特殊形式。

"工人阶级自我解放社"——"经济派"集团(1898—1899年)—— **I.** 330、339—340、345—346。

工人运动——俄国的

——无产阶级政党的领导作用—— **I.** 73—81、139—146、148—153、155—156、265、268—272、274—277、283—287、314—315、325—327、332—333、338—339、341—343、354—359、361—362、363—364、365—367、371—378、380—381、382、386—387、388—389、391—407、409—411、413—414、421—424、426—428、429—430、438—440、446—447、450—453、455—458、659—661、754—757、766—770; **II.** 259、406、531—535、541—549、732; **III.** 324—326; **IV.** 142—149、163—165。

——全国大工业中心的主导作用—— **I.** 151—152、156—159、276、755—757、761; **II.** 406、531—532。

——工人阶级各阶层参加工人运动的情况—— **I.** 141—143、755—756、757。

——革命知识分子的作用—— **I.** 283—284、325—327、357—361、401—

——机器工业是它发展的第三阶段—— Ⅰ. 56—57、80—81、136、181、223—
224、234—235；Ⅱ. 431—432。

——大工业和小工业（相互关系）—— Ⅱ. 4—5、8—9、312、384—385、631—
632、756—757。

——技术进步和对无产阶级剥削的加剧—— Ⅱ. 592—593、596—597、610—
611、626—627、631—632、660—661。

——冶金工业—— Ⅱ. 591、657、659—660、683。

——石油工业—— Ⅱ. 591、593—594、634—636、644—645、687。

——纺织工业—— Ⅱ. 646—647、657。

——煤炭工业—— Ⅱ. 590—591、657、660、683。

——奥地利和奥匈帝国的—— Ⅱ. 633—634、636—637。

——比利时的—— Ⅱ. 636—637。

——德国的—— Ⅱ. 584—585、586—587、590—592、594—597、607—609、
631—634、636—638、657、659—660。

——法国的—— Ⅱ. 619—620、636—637、658—660；Ⅳ. 584。

——罗马尼亚的—— Ⅱ. 633—635。

——美国的—— Ⅱ. 585—586、590—592、631—632、633—634、636—637、
656—657、658—660。

——日本的—— Ⅱ. 431—432。

——西班牙的—— Ⅱ. 636—637。

——英国的—— Ⅱ. 587—588、626、636—637、656—657、659—660；Ⅳ. 584。

　　另见：技术（技术装备）。

工役制——俄国的—— Ⅰ. 107、162、253、779。

工资

——资本主义制度下的—— Ⅰ. 105、115；Ⅱ. 312、437—438、627、667；Ⅳ.
262—263。

——沙皇俄国的—— Ⅰ. 217—219、226—228；Ⅲ. 768。

——苏维埃俄国的——Ⅲ. 483—485、491、728—729、749、766—767、768—
770；Ⅳ. 748—749。

工作日

——资本主义国家的—— Ⅱ. 312、430—431。

——沙皇俄国的—— Ⅰ. 276。

——苏维埃俄国的——Ⅲ. 493—494、505。

——社会主义制度下的——Ⅲ. 218、488。

136、152—154、771。

　　另见:**官僚主义**。

官僚主义

——概述—— **I.** 71—72、147—148；**II.** 470、489—490；**III.** 152—154、161—162、175—176、210—211、214—215、216—218、254—255、261—262、351—352、596—597、723—724、769—770。

——十月社会主义革命以前俄国的—— **II.** 358—359、360—362；**III.** 102、244—247、254—255、261—262。

——苏维埃俄国的—— **III.** 504—505、506—507、723—724、730—731、766、769—770、771；**IV.** 372—373、382—383、384—386、395—396、426—429、434、437—443、510—516、528—531、556、587—589、621—622、633、648、791、792、793。

管理不当和浪费现象以及与之进行的斗争——在苏维埃俄国—— **IV.** 1、14—15、124—125、130—131、309—310、350—352、395—396、438—439、442—443。

光—— **II.** 49—51、55—56、181、207。

规律—— **II.** 26—27、115—118、120—127、150—154、192—193、220—221。

　　另见:**唯物辩证法的规律;思维;自然界**　——自然规律。

规律性——自然界的——见:**自然界**　——自然规律。

诡辩

——政治上的—— **II.** 348、405、458—459、464—465、481—484、523—524、638—639；**III.** 53、127、181、587、588、597、643、680—682；**IV.** 176—177、611—612。

——哲学上的—— **II.** 37、44—47、50—53、54—55、65—66、95—100、201—202、465—466、557—558、693；**III.** 181、592、680—682。

　　另见:**辩证法**　——和诡辩。

贵族——俄国的—— **I.** 144、280、780；**II.** 283、289、389、450；**IV.** 229。

　　另见:**地主和地主土地占有制**——俄国的。

国际工人协会——见:**第一国际**。

国际工人运动——见:**工人运动**——国际的。

国际关系和外交政策——帝国主义时代资本主义国家的—— **III.** 340—342、438—440、512—513、719、735。

国际和平(为和平而斗争)—— **III.** 338—339、340—344、345—347、365、371、387、422—424、559—561、605；**IV.** 341、342、567—568、657、691—692、

国家联邦制

——资本主义国家的—— **II.** 564; **III.** 174—177。

——1917 年前对问题的提法—— **II.** 358、452、564; **III.** 174—177。

——自 1917 年起对问题的提法—— **III.** 80。

——苏维埃国家联邦制—— **III.** 386、388、720—721、760; **IV.** 217—218、341—342。

　　另见:**国家自治;宪法** ——苏维埃的。

国家垄断资本主义——帝国主义时代的—— **I.** 789; **III.** 109、137—138、154、170—171、242—246、249—250、251—253、264—266、298—300; **IV.** 493—496。

　　另见:**帝国主义** ——垄断、资本和生产的集中。

国家资本主义——无产阶级专政条件下的(苏维埃俄国的)—— **III.** 520—525、526—528、535—536; **IV.** 454—455、488—496、503—510、513、514、516—517、524、540—541、555、558、570、573—574、576—578、617—618、632、633—634、635、670—671、717—719、725—726、771—772。

国 家 自 治—— **II.** 342—344、357—364、757—758、779—780; **IV.** 218、755—761。

国民教育

——资本主义国家的—— **III.** 201—202、696; **IV.** 283—284、285—286、301—302。

——沙皇俄国的—— **I.** 344; **IV.** 283—284、285—286、305—307、762。

　　另见:**识字状况** ——沙皇俄国的;**学校** ——资产阶级的。

——苏维埃俄国的—— **III.** 378、490—491、725—726、727、744—745、770—771、833; **IV.** 283—284、285—286、298—299、301—310、365—366、726、727、728—729、762—766。

　　另见:**校外教育——苏维埃俄国的;识字状况** ——苏维埃俄国的识字状况和扫盲;**综合技术教育制度和综合技术教育;职业教育;教师** ——苏维埃俄国的;**学校** ——苏维埃的。

国民经济——苏维埃俄国的

——恢复国民经济的任务和道路—— **III.** 479—480、767—768、786—787、819—822; **IV.** 19—20、355—357、500—501、503—504、511—512、517、526—529、538、540—542、553、559、569—571、576—578、611、613—616、619—621、719—726。

——国民经济的管理—— **III.** 368—370、382、436—438、477、481—483、485—

——俄国社会民主工党第二次代表大会前的——Ⅰ. 435—436。

——俄国社会民主工党第二次代表大会后对其破坏活动的斗争——Ⅰ. 469、470、484—485、488、497、502、507、510、513。

国债

——资本主义国家的——Ⅱ. 480、600、618—620、624—625、628—630、662、675—677、681；Ⅳ. 119、260—263、265—267、723。

——沙皇俄国、资产阶级临时政府的——Ⅰ. 281；Ⅱ. 628—630；Ⅲ. 369、387—388。

过渡(转化)——Ⅱ. 412、558—560。

　　　　另见：飞跃。

H

行会习气和对它的斗争

——工人运动中的——Ⅰ. 642—643；Ⅳ. 153、223—224、243。

——苏维埃俄国的——Ⅲ. 722、728；Ⅳ. 501。

合法的和秘密的斗争形式——无产阶级的——Ⅰ. 366—367、394—401、405—407、408—410、411—413、428—430、475—480、594—596、623—625、626—627、678—680、752—754、758—759；Ⅱ. 265—266、406—408、409、494—495、498、499—500、502—503、525—526、531—535、545—546、577；Ⅲ. 14、446—447；Ⅳ. 137—142、145—147、151—153、155—156、170—172、174—175、203—204、205—206、243—245。

"合法马克思主义"和"合法马克思主义者"——Ⅰ. 81—82、171—172、180、258—261、283—284、303—306、307—308、323—324、336—337、349、350、378—380、441—442、456—457、492—493、761—766、776—778；Ⅱ. 350—351、469—470、505、523—524、543—544；Ⅲ. 587—588。

合作社——无产阶级国家的(苏维埃俄国的)

——它在社会主义建设中的地位和意义——Ⅲ. 369、376、378、382、384—385、488—489、585、689—691、728—729、731、748—749、764—765；Ⅳ. 450—452、506—508、513、528、533—534、767—774。

——消费合作社——Ⅲ. 369、376、378、382、384—385、488—489、493、728—729、731、748—749、764—765；Ⅳ. 683—688。

——生产合作社——Ⅲ. 383、493。

——是吸引劳动农民参加社会主义建设事业的途径——Ⅳ. 506—508、570、767—774。

——黑格尔对康德主义的批判——**II.** 73—75、85—88。

——黑格尔哲学中合理的东西——**II.** 310、421—423、558—560。

　　另见:**青年黑格尔派;新黑格尔主义。**

黑人和黑人问题——**II.** 349、665—666;**III.** 564、604;**IV.** 15、216、219、230。

红军

——它的建立和建设——**III.** 387、449—455、573、641—642、660、723、742;**IV.** 1、107、339—340、347—348、553、556、557、583、695、779。

——它的特点和同资产阶级军队的区别——**III.** 701;**IV.** 407—409。

——它的战略和战术——**III.** 418—419、516—519;**IV.** 339、575、583。

——它的纪律——**IV.** 1、583。

——它与劳动群众的联系——**III.** 723;**IV.** 48—50。

——共和国革命军事委员会和红军总司令部——**IV.** 516。

——它的政治指挥人员——**III.** 660;**IV.** 779。

——和利用军事专家——**IV.** 107、307、523、525。

——参加经济建设和征粮工作——**IV.** 120。

——它的防御能力的加强——**IV.** 120、340。

——它胜利的原因和意义——**IV.** 1、70—73、112—113、339、347—349、553、779。

　　另见:**劳动军——苏维埃俄国的。**

化学——**II.** 75—76、120—121、141—143、176—177、181—183、310、420—422、556;**III.** 490。

怀疑论——**II.** 28—30、62—63、90、96—97、100—102、112—113、158—163、184—185、227—228、557—558;**III.** 651。

　　另见:**康德和康德主义。**

黄金

——在资本主义社会——**IV.** 614—615。

——在苏维埃俄国——**IV.** 365、437、453、455、610、614—615、724。

婚姻和家庭——**I.** 19—22、216—217;**II.** 396、440、779—781;**III.** 760;**IV.** 18—19、653—655。

《火星报》——第一份全俄革命马克思主义者的报纸(1900—1903年)——**I.** 290—291、298、305、307、309、316、319、327、335、342、356—357、361、368—369、370、371—373、376—378、389、396、397、413—414、431—455、469、490、508—509、518—519、521—522、525、529、577—578、684、764、765—773;**IV.** 133—134。

阶级和阶级斗争

——阶级的定义——Ⅳ. 10—11、28—29、151、290。

——阶级的产生——Ⅲ. 121—122;Ⅳ. 28—36。

——对抗的社会里阶级斗争的不可避免性——Ⅰ. 22—23、82—84、88—90、126—127、273—274;Ⅱ. 313—314、426—428、510、722—723、724—725;Ⅲ. 113—114、116—117、621、627—628、686—687、698、828—830;Ⅳ. 621—622。

——资本主义以前社会(奴隶制社会、封建社会和农奴制社会)的——Ⅱ. 426、510—511、723—724;Ⅲ. 494、574;Ⅳ. 28—30、32—35、38。

——资本主义社会的——Ⅰ. 9、121—123、226—228、236—237、273—274、464—467、676、782—785;Ⅱ. 4—7、289、305—307、313—314、334—335、337—339、348—350、358、375—376、387、397、398—399、400—401、404—405、409、426—427、431—433、439—440、441—442、443—448、454—455、473—474、475、500—501、518、524—525、554、561、565—566、567—568、570—571、638—639、693、700、721—723、724—725、726、730、776—777;Ⅲ. 3—4、54—55、56—57、59、101—102、106—107、129—132、149、163—164、181—182、188—189、288—289、315—316、494—495、563—564、565—566、574、579、590、602—603、619—621、632—633、640—641、644—645、686—687、696—697、698、716—720、732—736、741—742、773—775、777—779、782—783、824—825、826—827、836—837;Ⅳ. 9—13、29—30、34—36、38—40、73—74、113—116、176—177、198—204、217—218、219—220、223—230、232—233、235—237、243—245、772。

——从资本主义到社会主义过渡时期的——Ⅲ. 129—132、139—140、188—193、301—302;Ⅳ. 66—69、288—292、298—299。

——和作为统治阶级工具的国家——Ⅰ. 62;Ⅱ. 441—442;Ⅲ. 113—115、116—118、119—120、121—123、129—131、145—149、182、184—185、190—193、264—265、307—308、601—602、603—606、608—611、618;Ⅳ. 26—37、38—40。

——无产阶级阶级斗争的任务、内容、策略、主要形式和手段——Ⅰ. 22—24、56—57、65、79—81、82—84、85—87、88—90、91—92、95—97、142—146、148—153、266—270、271—272、273—277、283—287、310—315、316—318、327、328—329、333—334、339—350、354—359、362—378、390—392、393—395、407—408、413—415、421—430、443—447、473—

451、461—462、529—532、542—550；Ⅲ. 1—3、20—22、24—27、39、40—42、86—93、94—108、288—289、315—317、501—502；Ⅳ. 29、34—36、137—140。

阶级和阶级斗争——苏维埃俄国的

——苏维埃俄国的各个阶级——Ⅲ. 521—525、775—777；Ⅳ. 444—446、712—714。

——各阶级的相互关系——Ⅳ. 621—622。

——阶级斗争的实质、形式和方法——Ⅲ. 363—367、371—374、403—408、479—489、496—499、519—525、544—545、546—547、553—554、565—567、571—573、576—577、581—586、610—613、633、659—662、685—687、722—723、763—764、765、777—780、799—800、802—803、812—815、818—819、820、825—827、835—837；Ⅳ. 9—10、12—13、14—16、62、66—69、116、126—128、153—155、235—238、289—291、298—299、444—446、479、538—539、542—543、545—550、551—559、577—581、619—625、677—682、709—711。

——无产阶级及其政党的任务——Ⅲ. 373—374、403—407、497—499、544—545、571—573、576—577、718、734、775—776；Ⅳ. 11—13、51—53、54—56、64—69、134—149、153—155、178—180、225—226、231、235—241、298—299、307—309、560—562、578—581、587—589、619—622、631—636。

——无产阶级专政是以新形式出现的阶级斗争——Ⅲ. 366—367、371—374、376—377、389—390、404—406、496—499、544—545、546—547、572—573、576—577、612—613、718、734、774—776、813—814、835—837；Ⅳ. 10—13、59—60、66—69、116、122—123、134—136、153—155、227—228、238—241、289—291、298—299、543—544、578—581、620—623、625—627。

——镇压剥削阶级的反抗和消灭剥削阶级——Ⅲ. 371—374、375—383、386、389—390、402—413、476—477、479—482、490、496—498、544—545、546—547、553—554、565—567、571—573、576—577、609—613、660、685—687、718、722—723、734、737、770—772、774—776、779—780、795、812—815、816、835—837；Ⅳ. 9—13、64—69、134—136、154—155、227—229、231、235—236、289—291、298—299、307—308、477—479、543。

"谁战胜谁"的问题——Ⅳ. 490、576—589、665、683、783。

86、97—99、130—131、159—161。

——康德的先验论——Ⅱ.122—123、129—130、133—136、158—161。

——对康德和康德主义的批判——Ⅱ.69—70、74—77、157—168。

　　另见：自在之物；新康德主义；先验论。

考茨基和考茨基主义——Ⅰ.461—463、573—574、612—613、685；Ⅱ.455—459、461—464、466—488、494—497、501—503、504—506、517—518、519、523—524、535—540、541—542、570—571、573—574、580、638—639、653—660、672—683、690—692、727—728、740；Ⅲ.16—17、20、48—49、55—58、59—61、64—65、110、113、115、119、130、134、139—140、143、148—149、169、179、204—220、552—554、587—682；Ⅳ.12、17、60、64、65、66、133—134、141、144、180、183、185、209、232、243、250、251、252、502、519、566、778。

科尔尼洛夫叛乱——Ⅲ.107—108、228—229、230—231、242、276—277、313、403—405、641；Ⅳ.201、515。

科学

——概述——Ⅰ.8—9、10、11—12、27—29、44—45、52—53、82—84、88—89、94、274；Ⅱ.1—3、74—79、88、92—95、103—104、132、149—150、152—153、172—173、207—208、212—213、227、239—240、556—558。

——资本主义制度下的——Ⅱ.98—100、224—226、233—236；Ⅲ.546—547；Ⅳ.24—31、136—137、282—286、646—655。

——苏维埃俄国的——Ⅲ.509—510、746；Ⅳ.281—284、286—288、359—360、362—363、434—443、509、542、651—652、750—754、786、788—791。

——从资本主义到社会主义过渡时期的和社会主义制度下的——Ⅲ.525—526、535—536、546—547；Ⅳ.493、786。

——它在建设社会主义和共产主义中的作用——Ⅲ.484、525—526、546—547；Ⅳ.281—283、362—363、434—443、493、786。

　　另见：自然科学；文化革命和文化建设——苏维埃俄国的；知识；技术（技术装备）。

科学技术的进步——Ⅱ.4—6；Ⅲ.525—526、534—536、546—548、717—718、733—734；Ⅳ.287、363—366、447、509—510、542、750—754、786—791。

科学社会主义——见：共产主义；马克思和恩格斯论革命；社会主义。

科学团体、社会团体和其他团体代表大会——苏维埃俄国的——Ⅳ.542、572—592。

733、836—837；Ⅳ. 10—11、358。

——沙皇俄国的—— Ⅰ. 114—117、123—124、136、141—142、220—229、231—232、234、235—237；Ⅲ. 548—549。

——社会主义的和共产主义的—— Ⅱ. 440；Ⅲ. 193—198、375—383、748、830。

　　另见：共产主义星期六义务劳动；社会主义竞赛。

——苏维埃俄国的——Ⅲ. 375—383、484—485、488、490—492、534—535、567—568、830—831；Ⅳ. 1—23、60—61、86—89、129—131、295—297、358—359、583—584、780、782、788—790。

　　另见：共产主义星期六义务劳动；劳动机械化——苏维埃俄国的；科学组织劳动和生产；生产和劳动的合理化——苏维埃俄国的；社会主义竞赛。

劳动国防委员会——Ⅳ. 360、457、526—532、535、548、697。

劳动机械化——苏维埃俄国的——Ⅲ. 509、525—526；Ⅳ. 358—359、447、455、466、509、542。

劳动纪律

——从资本主义到社会主义过渡时期的和社会主义制度下的——Ⅲ. 492—493、495、503—504、550—551、568—569。

——苏维埃俄国维护劳动纪律的斗争——Ⅲ. 370、375—383、478—479、484—485、491—492、497—504、536—537、548、549—550、568、836；Ⅳ. 9—10、13—14、120、130—131、286、295—297、349、357、583、598、625、693。

"劳动解放社"——俄国第一个马克思主义团体（1883—1903 年）—— Ⅰ. 310、317—318、337—338、353。

劳动军——苏维埃俄国的——Ⅳ. 130。

劳动力—— Ⅰ. 37—38、123—124、168—169、182—184、194、220—224、225—229、242—244、342、346、676；Ⅱ. 312、428—429、430—432、438—439、626；Ⅲ. 716—717、732—733；Ⅳ. 29—30、61、183、226—227。

　　另见：工资；劳动 ——概述。

劳动农民——苏维埃俄国的——Ⅲ. 402—404；Ⅳ. 51—53、65、707—709、712—714。

劳动派—— Ⅱ. 286、530、533、548；Ⅲ. 38。

劳动生产率

——资本主义制度下的—— Ⅰ. 9、114—115、136、234—235；Ⅱ. 312、432、

121、135—136、151—153、176—177、222—225、234—238、256、257—260、261—263、272—273、307、311、312—315、336—337、338—339、348、351—352、434—435、639—640、641—642；**IV.** 140—142、149、156、207—208、209、213。

领 袖——工人运动中的——I. 314—315、334—335、352—353、364—366、382、388—390、391、400—402、403—405、407—409、411—413、418—419、447、709—710；**III.** 574—575；**IV.** 149—156。

六三政变(1907 年,俄国)——I. 163、746、751—753。

垄断价格——II. 590、592—593、660—661、674—675。

陆海军——俄国的

——概 述——**I.** 278—282、731、737、746；**II.** 244—246、381；**III.** 5—6、641—642。

——1905—1907 年革命时期的——**I.** 603—604、668—671、680—687、689—691。

——十月社会主义革命准备时期的——**III.** 75、89—90、100—102、327、329—330、334—335。

——十月社会主义革命准备时期党在陆海军中的政治工作——**III.** 14。

——十月武装起义和苏维埃政权头几个月的——**III.** 338—339、364、371、396—398、408—409、436、440—441、442—443、446—447、449—451、453—454、561—562。

陆海军——苏维埃俄国的——见:红军。

陆海军——资本主义国家的——II. 552、723—724、728—729；**III.** 347、580；**IV.** 39、74—75、453、580。

《路标》文集(1909 年出版)——II. 254—256。

路标转换派——IV. 638、677—679。

论坛派(荷兰)——II. 540；**III.** 58；**IV.** 152。

逻辑

——辩证逻辑——**II.** 421—423；**IV.** 417—421。

——形式逻辑——**II.** 198、558—559；**IV.** 417—421。

另见:辩证法;思维;认识。

洛桑代表会议(1922—1923 年)——IV. 735。

落后国家不经过资本主义发展阶段向社会主义的过渡——II. 773—775；**IV.** 278—279。

M

711—712。

——关于无产阶级政党的先进性和组织性——IV. 474。

——关于革命理论和理论斗争—— I. 605—606、711—712；IV. 180。

——关于无产阶级政党的策略—— I. 602、633—643、702—709、710—729；
III. 322—323、610—612；IV. 175—177、775、777。

——关于党的名称——III. 64、66、183。

——关于无产阶级同农民的联盟和无产阶级的领导作用——III. 778—779。

——关于共产党人对机会主义政党和派别的态度—— I. 268、641—643、
711—713。

马克思和恩格斯论战争、军队和军事科学—— I. 684—686、725；II. 466—
468、515、519—520、698、699、722—723；III. 65、134、458—459、598—
600、641—643、754。

马克思和恩格斯论哲学史

——关于唯物主义和唯心主义——II. 10—11、27—29、73—78、108、127—
128、137—139、147—148、175—178、227—232、418—421。

——关于旧唯物主义及其局限性—— I. 550—551；II. 175—180、194—195、
212—213、247—249、310、414—415、418—421；IV. 648—649。

——关于庸俗唯物主义—— I. 701—702；II. 42—43、175—180、228—230、
420—421。

——关于康德和康德主义——II. 10—11、26—29、73—78、85—86、97—
99、165—166、176—177、178—179、228—231、419—421。

——关于黑格尔和黑格尔主义——II. 1—3、74—75、149—150、212—213、
227—231、414—415、418—423。

——关于费尔巴哈哲学——II. 74—75、176—177、180、227—228、230—
232、247—248、414、418—421。

——关于杜林和杜林主义—— I. 714；II. 4—5、36—38、91—95、134—
136、137—140、171—172、177—180、228—231、247—249。

——关于狄慈根——II. 94—96。

——关于不可知论——II. 10—11、26—29、73—74、77—78、85—88、108—
109、117—119、145—147、165—166、419—421。

马克思和恩格斯论资本主义国家

——关于德国—— I. 716—718、722—725、726—728；III. 137、171—173、
182、620。

——关于法国——III. 136—137、151、179、641—642。

653、775—776。

——和科学预见性—— I. 49—51、88—90、702—704、716—717、725—727；
II. 305—308、440—441；III. 170—171、186—188、197—199、458—
459、496、551—556、574—575、791—794；IV. 77—79、114—115、563—
564、567—568。

——它的历史命运—— I. 49—53、88—97、266—269、273—275、653—655；
II. 1—9、273—277、278—282、305—308、414—418、732—733；III. 551—
552、791—792；IV. 136—137、144—145、284—285、652。

——它在俄国的传播—— I. 55—65、77—81、98—99、142—144、303—304、
307—308、316—319、382—384、455—458、654—656、699—702、709—
711、725—727、761—778；II. 278—282、732—733；IV. 135—149。

——它的国际性—— I. 747—749；II. 1—3；III. 442、616、652、775—777。

——它的世界历史作用和意义—— I. 23—25、49—51、74—75、77—81、82—
84、88—95、266—272、273—275、653—655、657—658、709—711、747—
751；II. 1—3、305、309—314、418；III. 574—575；IV. 136—137、284—
285、299。

——资产阶级和修正主义对它的批评—— I. 26—31、40—42、43—46、81—
83、134—135、266—272、274、290—297、301—309、334—336、456—
458、653—655、701—704；III. 112—114、123—124、129—132、168—
170、197—199、200—201、204—220、601—602；IV. 17—18、144—145、
152—153、180—181。

曼彻斯特派—— I. 105、108、115—116。

矛盾

——辩证的—— II. 274、423—425；IV. 15—17、570、793。

——对抗性的—— I. 6—8、9、43—44、69—70、74—75、76—78、80、81—
83、631—632；II. 274、375；III. 113—114、115—116、145—147、189。
　　　　　另见：**对抗**。

——非对抗性的—— II. 181—183。

——和运动—— II. 181—183、556—558。

——和对立—— II. 93—94、108、411—412、556—558。

冒险主义

——政治冒险主义—— I. 576—578、650—651；III. 21、29—30、420—427、
441—452、512—516；IV. 498—499、551—559。

——革命冒险主义—— III. 394—397、428—432、469—470。

R

人民群众

——在资本主义制度下的状况—— I. 344；III. 380、501—502、548—549、566—567、604—608、611—612、633、684—685、695、699、716—718、732—735；IV. 45—46、51—53、55—56。

——在历史上的作用—— I. 126—128、286—287、706—708、747—748；II. 307—308、425、460—461；III. 37—38、41、89、94、192、336—337、373—374、446、453、472、475—476、477、497—499、544—550、566—568；IV. 52—53、71—73、77—80、202—203、348—352、652、679、695、776—777、795—796。

——在革命运动中的作用—— I. 314—315、316—318、338—339、344、354—355、361—362、370—372、380、386—387、390—392、403—407、408—413、414、438—439、527—529、537—538、575—577、606—607、615—617、636—640、686—687、705—708、732—733、744—747、748；II. 279、280—281、288—289、307—308、460—461、503—505、539—540；III. 37—38、41、89、94、192、336—337、357、402—405、414—417、434—437、475—476、497、502—503、567—568、633—634、709—710；IV. 77—80、192—193、198—203、537—538、776—777、796。

——在保卫祖国中的作用——III. 449—451、569。

——在无产阶级国家管理和社会主义建设中的作用——III. 47—50、201—203、217—219、295—296、303—306、317—319、351—352、353—354、365—366、369—370、373—374、375—383、456—457、462—463、464—465、469—470、475—477、478—479、484—485、487—489、491—492、493—495、497—499、500—504、505—507、544—547、548—550、567—569、572—573、605—607、633、650—651、660—661、699、700—701、720—725、769—771；IV. 49—50、51—53、157—159、286、348—352、368—374、521—523、569—570、579—580、582—583、584—585、587、623—626、663—664、694—695、699—700、737、763、768—771、773—774、780。

——他们的政治积极性和劳动积极性—— I. 732—733、744—747、748；III. 30、47—48、144—145、217、274—276、296、300、360—362、375—383、462—464、467—468、548—549、567—568、722—723、730—731、751—752、784—788、830—832；IV. 445—450、482、537—538、582—583、648—649、652。

　　另见：个人和个人在历史上的作用；共产主义教育。

人民社会党人——III. 14—15、258；IV. 646—647。

204、210—215、227、234—237。

另见:辩证法 ——是逻辑和认识论;真理;思维;概念。

认识论——见:认识 ——辩证唯物主义的认识论。

日本——Ⅱ. 314、373、513、552、575—576、579、643—644、657、681;Ⅲ. 81;Ⅳ. 259、262—263、594—596、652。

另见:帝国主义——各国的 ——日本的;殖民地和殖民地问题——欧洲、美洲和亚洲国家的 ——日本的;日俄战争(**1904—1905年**)。

日俄战争(**1904—1905年**)——Ⅰ. 605、686;Ⅳ. 594—596。

瑞典——Ⅱ. 314、491、492、562、563、625、756、757—759、760、762—763;Ⅲ. 55、58。

另见:工人运动——欧洲、美洲和亚洲国家的 ——斯堪的纳维亚国家(挪威和瑞典)的;社会民主党——欧洲国家的 ——瑞典的。

瑞典共产党——Ⅳ. 250。

瑞典左派社会民主党——Ⅲ. 58;Ⅳ. 250。

瑞士——Ⅰ. 559;Ⅱ. 332—335、352—354、357、376、413、491、493、568—569、625、633、662、676、723—724、728—729、730—731;Ⅲ. 1、56、59、137、151、174、187、603、605、698、706、755、814;Ⅳ. 36—39、140。

另见:帝国主义——各国的 ——瑞士的;工人运动——欧洲、美洲和亚洲国家的 ——瑞士的;社会民主党——欧洲国家的 ——瑞士的。

S

"萨马拉立宪会议"——Ⅲ. 581—582;Ⅳ. 72。

萨文柯夫叛乱——Ⅲ. 634、658。

塞尔维亚——Ⅱ. 403—404、482;Ⅲ. 398、431。

三十年战争(**1618—1648年**)——Ⅲ. 126—127、551。

僧侣——Ⅰ. 395;Ⅱ. 530、553;Ⅳ. 168、208、220、265、289。

另见:宗教;教会。

沙皇制度——见:专制制度——俄国的。

沙文主义——Ⅰ. 116—117、280—282、312、464—467;Ⅱ. 404—405、407—410、449、450—451、491—494、503—505、529—530、571—574、696、721、763、781—782;Ⅲ. 44—45、105。

另见:大俄罗斯沙文主义;大国沙文主义;社会沙文主义。

商品——Ⅰ. 164、165、168—169、180—183、192—194、220、243—244、342;Ⅱ. 311—312、428—430、626。

——按劳分配的社会主义原则——Ⅲ. 54、194—195、196；Ⅳ. 47、377—378、380。

——社会主义制度下个人利益和社会利益的结合——Ⅳ. 570、581—582、767—768。

——劳动群众的首创精神——Ⅲ. 201—203、217—218、375—383、464—466、494—495、545—546、567—569、650；Ⅳ. 1、12—13、15—18。

——妇女的地位和作用——Ⅳ. 18—19、45—50。

——剥削和剥削阶级的消灭——Ⅱ. 433、441—442、554；Ⅲ. 375—377、379、380、402—406、479—482、492、496—498、574—575、718、734、835—836、837；Ⅳ. 10—12、45—47、64—66、68—69、235。

——城市与乡村、脑力劳动与体力劳动对立的消灭——Ⅱ. 439—440；Ⅲ. 380—381、728、748、751—752；Ⅳ. 11—12、64—65、231、509—510、764—766。

——同人们意识中的资本主义残余作斗争——Ⅲ. 201—203、834—837；Ⅳ. 91—92、625—627。

——落后国家不经过资本主义阶段向社会主义过渡的可能性——Ⅱ. 773—775；Ⅳ. 278—279、341—342。

——不同国家向社会主义过渡的不同道路——Ⅱ. 777；Ⅲ. 361、614—615、756—757、793—794；Ⅳ. 199—200、444—445、775—778、795。

——从社会主义向共产主义过渡的条件——Ⅱ. 564—565；Ⅲ. 64、162—163、185—203、436—437、538—539、725—726、727—728、729—730、744—745、748—750、782；Ⅳ. 1、10—12、15—17、154—155、352—353、502、569—570、573、574、575、679—680、709—711。

——对社会主义成果的保卫——Ⅳ. 492、734、735。

    另见：共产主义；共产主义教育；民族政策——共产党和苏维埃国家的；同物质利益结合的原则——劳动中的；劳动生产率 ——从资本主义到社会主义过渡时期的和社会主义制度下的（在苏维埃俄国）；平等 ——社会主义和共产主义制度下的；劳动纪律；技术（技术装备） ——从资本主义到社会主义过渡时期的和社会主义制度下的。

社会主义——地方公有的—— Ⅰ. 785—786。

社会主义——空想的—— Ⅰ. 7—8、24—26、50—52、78—79、89—90、266—268、313—314、658—659；Ⅱ. 284、297—301、305—306、313、418、687—688；Ⅲ. 159、690、813；Ⅳ. 11—12、767、768、772。

社会主义——小资产阶级的

408—410、414—417、591—592、596、598—599、618—619、632—633、641—642、677、679—680、684、694、698—699、701、723—724、743、769—770。

——社会主义首先在单独一个国家内取得胜利的可能性——**II.** 554、699、722—723、765—767、776—778；**III.** 441—442、444—448、547—548、566—569、611—612、650—651、793—794、801—802；**IV.** 444—446、521、568—571、776—777、794—798。

——它的发生和发展的客观因素——**I.** 36—38、39—40、90—93、273—274、537—538；**II.** 424—425、433、439—440、452—453、460—464、487、504—505、512—513、520、524、561、575—576、579、582、684、699、700、724—725、765—767；**III.** 46—47、59、66—68、109—110、138、266、267、331、392—393、439—440、444—448、458—459、525—526、569—570、717—719、733—734、753—757；**IV.** 262—263、445、569—570、775—778、794—796。

——主观因素在它的发展中的作用——**III.** 364—365、476—477、503、718、719—720、734、793—794；**IV.** 445、558—559、775—778、794—798。

——它的社会前提和政治前提以及胜利的条件——**I.** 80—81、88—89、90—93、95—97、273—275、537—538；**II.** 424、433—434、439—440、460—464、504—505、517—520、526—528、561、723—724；**III.** 11—12、271—273、439—441、444—447、465、563、568—570、574—575、715—718、719、732、734—736；**IV.** 773—774、775—776、795—796。

——争取民主，为社会主义胜利创造必要条件——**I.** 71—73、270—272、536—538、547—548、562—564、590—593、615—616、631—633、657—658；**II.** 551—552、562—563、782；**III.** 173—175、180—182、183—185。

——建立无产阶级专政和建设社会主义——**I.** 268、273—274、333—334、633；**II.** 339—340、554、562、776—778；**III.** 19—22、47—49、84—85、123—125、127—128、129—131、162—163、164—165、218—219、271—272、286—287、414—417、458—459、476—477、490、496—498、590—599、609—611、685—687、698—699、715—716、718、732、734、773—776、828—833、835—836；**IV.** 9—13、66—69、210—211、231—232、235—236、444—446、566—567、612—613、767—768、772—774、776—778。

——争取无产阶级和劳动群众大多数的支持——**III.** 222—224、229—231。

——它的创造性作用——**III.** 129—130、475—476、477、490—491、494—495、497—498、503—504。

——和革命和平发展的可能性问题——**Ⅱ.** 776—777；**Ⅲ.** 80—81、86—89、172—174、223—224、230—231、529—531、596—598、821；**Ⅳ.** 497—499。

——对社会主义革命问题上的反马克思主义观点的批判——**Ⅲ.** 110、112—115、118、121—128、129—130、133—135、138—140、142—144、147—149、155—158、161—167、168—170、204—220。

——它的国际性——**Ⅰ.** 81；**Ⅲ.** 415—417。

——它在尚有大量资本主义以前关系的残余的国家里的特点——**Ⅲ.** 53、402—404、436—438、521—522、529—531、661—663、706—707、793—794；**Ⅳ.** 77—80、220—221、444—446、776—778。

——它在各国发展的条件——**Ⅱ.** 563—564、765—767、776—778；**Ⅲ.** 439—441、445—449、525—526、569—570、614—615、706—708、756—757、793—794、834—835；**Ⅳ.** 444—446、493—494、496—499、773—774、775—776、794—795。

——保卫社会主义革命的必要性——**Ⅲ.** 418—419、425—427、444—445、448—451、452—454、474—475、517—519；**Ⅳ.** 120—121、236、450—451。

——和它对世界历史经验的运用——**Ⅲ.** 220、444—445、496—498、546—548、566—569、775；**Ⅳ.** 135—137、200—201、563、567—568、718。

　　另见:十月社会主义革命;革命形势和革命危机。

社会主义积累——**Ⅳ.** 709—710、713—714、723—724、797。

社会主义建设(理论)——**Ⅲ.** 49—50、267—270、271—272、300—303、306、309、318—319、360—362、467—468、779—780、794；**Ⅳ.** 444—445、446、485—487、501—502、574、584、615—616、718—720、721—722、777—778。

　　另见:从资本主义到社会主义的过渡时期。

社会主义建设——苏维埃俄国的

——共产党的领导作用——**Ⅲ.** 371—372、475—479、494—495、502、536、727—731、747—749、751—752、757—772、777—788；**Ⅳ.** 51—53、83—84、88、120—121、125、154—155、298—299、303、304—305、448—450、521—523、557—559、569—571、572—592、611—618、619—630、639、643、659—678、688—698、700、716—726、730—738、739—742、782、783、796—797。

——工人阶级的作用和任务——**Ⅲ.** 380—382、412—414、479、491—492、522—524、534—537、544—545、566—568、572、660—662、722、729、

140—142、206—207、486—487、553—554、563—571、612—613、660、691、692—693、699、776—778。

十月武装起义（1917年）

——起义的计划、准备、策略和进程——Ⅲ. 331、332—335、336—337、355—356。

——反对布尔什维克党内机会主义路线的斗争——Ⅲ. 332—335、356—358、531—532；Ⅳ. 498—499、745。

时代

——概述——Ⅰ. 463；Ⅱ. 375—376、723、725、735、741—743。

——革命时代——Ⅰ. 539—540、549—550、710—712、733—735、747—751；Ⅱ. 280—281、308、379—380、445—448；Ⅲ. 47—48、211—212、460、482、505—506、574—575、612—613、791；Ⅳ. 80、648、785。

——新时代——Ⅱ. 496—497、638—640、741—742、766—767；Ⅲ. 56、66—67、427、459—460、462、505—506、650、719、735、791、792；Ⅳ. 166、566—567、613。

时间——见：**空间和时间**。

识字状况

——沙皇俄国的——Ⅰ. 207—208、210—211、215—217；Ⅳ. 201、762。

另见：**国民教育 ——沙皇俄国的**。

——苏维埃俄国的识字状况和扫盲——Ⅳ. 294—295、366、579、587—592、762—764、770、773—774。

另见：**校外教育——苏维埃俄国的；国民教育 ——苏维埃俄国的**。

实践

——概述——Ⅱ. 81、99—100；Ⅲ. 381—383。

——和理论——Ⅱ. 78—79、152—154。

——它在认识过程中的作用——Ⅱ. 75—76、77—81、98—104、132、144—145、152—153。

实体——Ⅱ. 193—194。

实现——资本主义生产中的——Ⅰ. 164—194、229—231、235—236、241—244。

另见：**再生产——资本主义的；市场——资本主义制度下的**。

实用主义——Ⅱ. 234、235、237。

实在——Ⅱ. 87—89、132—134、137—139、143—145、148—149、236—237。

另见：**存在；现实；物质；世界**。

T

666—667、672。

——为十月社会主义革命胜利作准备时期的—— I. 788—789；Ⅲ. 15、29、50—52、72—73、227、338。

——社会主义革命中的—— I. 657—658、788—789；Ⅲ. 15、50—52、338、349—352、361—362、376、386、467—468、665—669。

——它不同于欧洲各社会党的纲领的特点—— I. 784—785。

——关于没收地主、教会、寺院、皇族和皇室的土地—— I. 648—651、660—661；Ⅲ. 15、72—73、227、338、349—351。

——关于"割地"—— I. 779—781。

——关于对农民问题的口号—— I. 784—786。

——关于土地国有化—— I. 648—650、781—785、788—789；Ⅲ. 15、51、72、669—672。

——关于革命农民委员会——Ⅲ. 51、73、227。

——关于农业社会主义改造——Ⅲ. 15、50—52、72—73、467—468、672、720、730—731、751。

土地革命

——实质—— I. 604—606、638—640、648—652、779—783；Ⅲ. 15、50—52、661—662、666、669—672。

——无产阶级的领导权和无产阶级政党的领导作用—— I. 782—788。

——和把资产阶级民主革命进行到底—— I. 782—784、785—788。

——和土地国有化—— I. 781—784。

——和政治革命—— I. 782—784、785—788。

土地国有化

——实质—— I. 70—71、781—783；Ⅲ. 467、664—672。

——它的理论根据(经济上的论据)—— I. 780—785。

——和俄国农民的土地要求—— I. 781—783。

——它同资本主义的相容性及在资本主义范围内实现的条件—— I. 648—650、780—785。

——和美国式的农业资本主义发展道路—— I. 780—783；Ⅲ. 664—668。

——和土地社会化—— I. 783—785。

——它对于在无产阶级专政条件下向社会主义过渡的意义—— I. 788—789；Ⅲ. 72—73；Ⅳ. 725—726、771—772。

——布尔什维克土地纲领中的—— I. 648—650、781—785、788—789；Ⅲ. 15、51、72、669—672。

W

165、178—180、181—183、197、198—199、221—222、310—311、418—425。

——庸俗唯物主义—— Ⅰ. 701—702；Ⅱ. 43、175—178、179—180、196—197、224—226、228—230、420—421。

——形而上学唯物主义—— Ⅱ. 90—99、175—180、185—187、191—195、196—197、201—202、204—205、208—209、214—216。

——机械唯物主义—— Ⅱ. 176—177、191—193、212—213、420—421。

——狄慈根的唯物主义—— Ⅱ. 16—17、94—96、99—100、118—120、123—124、135—136、175—176、178—180、191—192、196—198、226、231—234、236—237；Ⅳ. 647—648。

——自发唯物主义、自然科学唯物主义—— Ⅱ. 23—24、38—41、45—47、49—51、54—57、61—66、71、111—112、121—122、127—130、133—134、140—147、155—156、174—175、191—193、194—195、203—205、206—209、213—217、238—240、420—421；Ⅳ. 651—652。

——和唯心主义—— Ⅱ. 10—11、16—17、19—21、23—24、27—28、30—31、33—34、36—38、40—42、47—48、49—53、56—57、58—61、63—71、72—74、76—81、82—83、84—89、91—94、105—106、113—114、116—118、119—124、127—129、136—146、147—156、160—168、172—173、175—180、187—195、197—202、203—205、218—220、225—240、559—560。

——和自然科学—— Ⅱ. 16—17、40—42、45—47、49—51、54—57、76—78、82—83、84—85、88—90、128—130、131—133、134—136、137—139、140—145、148—150、170—171、172—173、174—176、181—184、185—186、190—193、195—197、203—205、206—207、208—209、238、239、310—311、419—421；Ⅳ. 651—653。

——和无神论—— Ⅱ. 21—23、84—85、88—89、97—100、138—140、171—173、232—237、247—258；Ⅳ. 647—651。

——古希腊罗马的唯物主义—— Ⅱ. 89—90。

——17世纪的唯物主义者—— Ⅱ. 19—23、78—80。

——18世纪法国的唯物主义—— Ⅱ. 30—34、41—43、85—86、175—178、247—248、250—251、254—255、310—311、418—419；Ⅳ. 648—649、650。

——马克思以前的唯物主义及其局限性—— Ⅰ. 550；Ⅱ. 175—180、194—195、201—202、212—213、224—226、227—230、247—251、310—311、419—421；Ⅳ. 648—649。

——俄国的唯物主义传统—— Ⅱ. 283—289；Ⅳ. 646—647。

　　另见：辩证唯物主义；历史唯物主义；费尔巴哈。

519—521。

——资产阶级民主革命中的—— Ⅰ. 70—75、79—81、143—148、155—156、160、314—315、528—529、534—537、547—548、554—559、565—567、588—594、603—607、615—617、624—625、638—641、648—652、657—658、677—679、774—776、784—786；Ⅱ. 256、286、343、450；Ⅲ. 11—12、651—652；Ⅳ. 137—139。

——社会主义革命中的—— Ⅰ. 71—73、74—75、79—81、268；Ⅱ. 452—453；Ⅲ. 11—12、88—89、107—108、130—132、230—231、275—276、296、317—319、396—397、475—476、497、574—575、628—629、652、660—661、667、686—687、695、700—701、774、794；Ⅳ. 10—11、12—13、51—53、159—161、223—224、235—236、237—238、240—242、251—252。

——从资本主义到社会主义过渡时期的——Ⅲ. 131—132、475—476、497、501、523、584、606—607、700、722、729、749、767、770、775、835—837；Ⅳ. 10—11、12—14、51—53、54—55、66—69、158—161、226—228、232、235—236、237—238、240—241、289—291、347—348、501、538—539、543、559、568、622—624、695、699—700、783、795、797。

  另见：**工人阶级** ——是革命的领导阶级和全体劳动者利益的代表者。

无产阶级革命——见：社会主义革命（无产阶级革命）。

无产阶级国际主义——见：国际主义——无产阶级的。

无产阶级国家——见：民主——无产阶级的、社会主义的；无产阶级专政（理论）。

"无产阶级和贫苦农民专政"的口号（1917 年）——Ⅲ. 401—403、469—470。

无产阶级民主——见：民主——无产阶级的、社会主义的。

无产阶级同非无产阶级劳动群众的联盟——见：工人阶级同非无产阶级劳动群众的联盟。

无产阶级同农民的联盟——见：工人阶级同农民的联盟。

无产阶级文化协会和无产阶级文化派——Ⅲ. 830；Ⅳ. 285、298—300、762、784。

无产阶级政党（党的学说）

——工人阶级建立独立政党的必要性—— Ⅰ. 672、677—679、711—714、766—770、782—784；Ⅱ. 265—266；Ⅲ. 717—718、733—734。

——是工人阶级的先锋队和先进的觉悟的队伍—— Ⅰ. 307、310—313、314—315、317—320、322、324—328、332、334—336、337—338、342—343、354—

X

小资产阶级

——它的特点、两重性以及在无产阶级和资产阶级之间的摇摆—— **I.** 146—147；**Ⅲ.** 32—33、41—42、87—89、104—105、106—107、222—224、272—273、275、315—317、497、508、522—524、581—582、612—613、619、658—659、686—687、701—702、705；**Ⅳ.** 12—13、142—143、201—202。

——俄国的—— **I.** 69—71、144—147、154—155、553—554、565—567、605—607、633、638—640、677；**Ⅱ.** 279—280、505—506、531；**Ⅲ.** 3—5、11—12、20—22、25—27、32—33、41—44、87—89、104—105、106—107、135、222—224、247—248、272—273、275—276、289—292、315—317、507—508、579—580、656—659、667—668。

——苏维埃俄国的—— **Ⅲ.** 371—374、426、438、485、487、491、496—498、503—504、507—508、515—516、517、519—525、529—531、535、536—537、578—586、612、626、705、835—837；**Ⅳ.** 54、67—68、123、154—155、351、444—448、464—468、481、486、489—493、500—505、510—511、517—518、519—520、523—524、542、543、551、553—555、557—559、560—561、578—580、627—630、707—709、712—714、741—742。

    另见：**小市民和小市民习气** ——作为小资产阶级意识形态的小市民习气。

小资产阶级民主派——见：**小资产阶级**；**小资产阶级政党（概述）**。

小资产阶级政党（概述）

——欧洲和美洲国家的—— **Ⅲ.** 137、579、701—702；**Ⅳ.** 543—544、566、654、775—778。

——俄国的—— **I.** 460—461；**Ⅱ.** 408、529—531、532—533；**Ⅲ.** 15、20—22、26、42、43、222—224、228—229、291—293、313—315、325—326、348、496、507—508、532—534、562、563、579、629、658—661、687、703—705、774—775、796；**Ⅳ.** 499、563—568。

——苏维埃俄国的—— **Ⅲ.** 563—564、579—583、634、691、701—702、768—769、821；**Ⅳ.** 543—544、551—557、563—565、567、629—630、650—651、654、674—675、775—778。

    另见：**崩得**（"**立陶宛、波兰和俄罗斯犹太工人总联盟**"）；**左派社会革命党人（社会革命党人）**；**孟什维主义和孟什维克**；**民粹主义和民粹派**；**人民社会党人**；**劳动派**。

小组习气和手工业方式——党内的—— **I.** 283—287、292—293、320—321、363—365、366—367、381—430、456—458、503—509、523—525。

匈牙利1848—1849年革命——I. 282；II. 381、451。

休谟和休谟主义——II. 78—81、97—99、119—120、125—127、130—131、158—160、161—163、166—168、175—177、185—187、227—228、230—231、419—421。

修正主义

——概述——I. 171—172、179—180、182—184、259—261、265—267、268—269、273—274、283—285、294—297、300—302、304—305、310—312、332—334、456—458、514—516、582—584、611—612、654、701—702；II. 280—282、469—470、522—524；III. 114—115、121、122—128、129—130、133—134、138—139、142—143、148、155—158、163、166—167、204—220、587—682。

——它的实质和阶级根源——II. 1—9、12—14、16—17、165—167、181—183、225—226、273—277。

——哲学中的——I. 258—261；II. 3—4、411—412。

——政治经济学中的——II. 4—8、108—109。

——对马克思主义关于阶级斗争、社会主义革命和无产阶级专政的学说的否认——I. 460—461；II. 4—8、274—277。

——在土地问题上对马克思主义的修正——I. 783—787。

——它的国际性——II. 7—9、273。

　　另见:伯恩施坦和伯恩施坦主义;"合法马克思主义"和"合法马克思主义者";机会主义;改良主义;"经济主义"和"经济派";考茨基和考茨基主义;马赫主义者——俄国的;经验批判主义;社会沙文主义;中派主义和中派分子。

选举权

——资产阶级国家的——III. 120—121、150—151。

——无产阶级国家的——III. 149、602、606、613—615、630—638、700、722—723、737、738、771—772、832。

学校

——资产阶级的——III. 348—350；IV. 124、283—284、285、286、293、295—296、586。

——沙皇俄国的——II. 354—357、398—399。

——苏维埃的——III. 744—745；IV. 293、295—296、365—366。

　　另见:国民教育。

Y

物质——和意识、思维及精神;思维;认识;理性。

意识形态(思想体系)

——概述—— I. 6—9;Ⅱ. 81—83、96—97、240、424;Ⅳ. 646—655。

——资产阶级的—— I. 108—110、324—329、330—331;Ⅱ. 346—351、449、468—470、483—484、647、669—670;Ⅲ. 178—179;Ⅳ. 291—292。

——小资产阶级的—— I. 108—109、119—130、134—135、269、653—661;Ⅱ. 8—9、244—246、505—506;Ⅲ. 41—42、574—575。

——无产阶级的(社会主义的)意识形态及其同资产阶级意识形态的不可调和性—— I. 324—329、503、653—661;Ⅱ. 1—3、308、416—417、418;Ⅳ. 250、284—294、299。

　　另见:**世界观**——无产阶级的、社会主义的;**意识**。

意志——Ⅱ. 150—156、161、168、171—173、199。

银行——Ⅲ. 16、35、38、44—45、53、118、120、238—243、249—250、262—263、268、298—299、361—362、368—370、371、376、387、411—412、466、467、485—486、585、718—719、729、735、749;Ⅳ. 257—258、263—264。

　　另见:**帝国主义**——银行及其作用。

银行——沙皇俄国的—— I. 198—200、224;Ⅲ. 411—412。

银行、工业、运输业和商业国有化

——概述——Ⅲ. 16、35、53、238—243、262—263、268—269。

——苏维埃俄国的——Ⅲ. 228、368—370、376、387、397—398、402、406、411—412、486—487、519—520、568、673、720、729、749;Ⅳ. 61。

英国(大不列颠和北爱尔兰联合王国)—— I. 37—39、45—46、61—62、91—92、93—94、147—148、195、233、274—275、558—559、749;Ⅱ. 311、444—445、457、513—515、516、527、552—553、579、580、587—588、600、626—631、636—638、640—644、652—654、656—668、673—674、675—676、679、683—686、728—729、737—738、742—745、749—750、756—757、759—760、765—766、776—777;Ⅲ. 5—6、58、101、107、131、137、143—144、151、174—176、342、343、529—530、562、596—597、603—604、605、706、792、811—812、814、821;Ⅳ. 74—76、153、154、189、205—206、208、259、260—264、497、498、539、564—565、584。

　　另见:**英国社会党;帝国主义**——各国的——英国的;**帝国主义大战**(**1914—1918 年**)——和英国;**爱尔兰和爱尔兰问题;殖民地和殖民地问题**——欧洲、美洲和亚洲国家的——英国的;**英国自由党;英国独立工党;工会和工会运动**——资本主义制度下的——英国的;**英国工党**

Z

576—577、583、585—591、647—649、762—764。

另见：政治教育总委员会（共和国政治教育总委员会）。

政治教育总委员会（共和国政治教育总委员会）——Ⅳ. 301—310、350、572—592。

政治经济学

——定义、实质—— Ⅰ. 188—189；Ⅱ. 234—235、428—439；Ⅲ. 825。

——对象和方法—— Ⅰ. 3—5、31—35、39—40、77—78、134、188—189、237—238、259—260。

——资产阶级古典政治经济学（亚当·斯密和大卫·李嘉图）—— Ⅰ. 110、173—177、184—188、193—194、227—228；Ⅱ. 309—310、311—312、432、434—435。

——资产阶级和小资产阶级政治经济学—— Ⅰ. 27—28、33—34、108—109、173—177、184—188、193—194、243—244、711—713；Ⅱ. 99、234—235、311—312、434、435、577—578、586—588、592—597、601—603、604—606、611、612—614、616、627、638—639、645—646、653—655、660、669—683、686；Ⅲ. 138、195、272。

——马克思主义政治经济学—— Ⅰ. 3—5、10—11、32—34、74—75、77—78、92—95、134、188—189、273、700—702；Ⅱ. 558；Ⅲ. 698；Ⅳ. 285。

——经济规律的客观性和历史性—— Ⅰ. 3—11、31—32、33—34；Ⅱ. 218—219、220—222、424—425、432—433；Ⅳ. 558、569—570。

政治、政策

——定义、实质—— Ⅱ. 314；Ⅲ. 446、578—579、808；Ⅳ. 177—178、188—189、210、308—309、458—459、590—591。

——国内政策和对外政策（相互关系）—— Ⅱ. 748—749；Ⅲ. 267—270。

——和经济（相互关系）—— Ⅱ. 653—655、746—748、779—780；Ⅲ. 165—166、181、307；Ⅳ. 308—309、407—410、415—416、671—672。

——和战争是政治通过另一种手段（暴力手段）的继续—— Ⅱ. 466—468、482—484、515—517、553、694、723、737—739；Ⅲ. 38—39、44—46、269—270、452—453、643—645、803—804；Ⅳ. 71、567—568。

——必须在政治上面对现实和保持冷静—— Ⅲ. 6、7、8—9、24、86—93、425—427、438、444—445、515—519、563—564、583、804—809；Ⅳ. 445—446、520—521、554—555、558、576—577、578—579、590—591、612。

——反动的政策—— Ⅰ. 278、280—282。

政治总罢工

列宁生平大事年表

1870 年

4 月 10 日(22 日)

弗拉基米尔·伊里奇·乌里扬诺夫(列宁)诞生于俄国辛比尔斯克市(现名乌里扬诺夫斯克市)。

1879 年

8 月 16 日(28 日)

入辛比尔斯克古典中学。

1887 年

6 月 10 日(22 日)

中学毕业,在校时学习成绩优异,曾获金质奖章。

8 月 13 日(25 日)

入喀山大学法律系学习。

12 月 5 日(17 日)

因参加学潮被捕。

12 月 7 日(19 日)

被喀山大学开除学籍,并被放逐到喀山省莱舍夫县科库什基诺村。

1888 年

1888 年秋—1889 年 5 月以前

获准回喀山居住,在喀山参加尼·叶·费多谢耶夫组织的马克思主义小组。

冬天

攻读马克思的《资本论》第 1 卷和马克思、恩格斯的其他著作,研究查理·达尔文、亨利·巴克尔和大卫·李嘉图等人的著作。

1889 年

5 月 3 日(15 日)

随同全家迁往萨马拉。

1889 年 9 月 5 日(17 日)和 1893 年 8 月 20 日(9 月 1 日)之间

研究瓦·巴·沃龙佐夫的《俄国资本主义的命运》一书。后来在《什么是"人民之友"以及他们如何攻击社会民主党人?》和《俄国资本主义的发展》中批判了这本书。

1889 年底—1890 年

在萨马拉继续学习马克思和恩格斯的著作,翻译《共产党宣言》(译稿曾在萨马拉的秘密小组中宣读过,未保存下来)。

1890 年

夏天—8 月 19 日(31 日)以前

研读恩格斯的《英国工人阶级状况》一书(德文版)。

1891 年

1891 年

两次前往彼得堡,以校外生资格参加彼得堡大学法律系课程的春季和秋季国家考试,获得该校一级毕业证书。

12 月初

出席瓦·巴·沃龙佐夫关于德国社会民主党的报告会,对报告人的观点提出不同意见。

年底

在萨马拉铁路工厂工人小组作题为《关于村社、村社的命运和革命的道路》的报告。

1892 年

1 月 30 日(2 月 11 日)

注册为律师助理。

1892 年夏—1893 年 8 月 20 日(9 月 1 日)以前

撰写批判民粹派分子瓦·巴·沃龙佐夫、尼·康·米海洛夫斯基、谢·尼·尤沙柯夫的观点的专题报告,并在各秘密小组宣读。这些报告是《什么是"人民之友"以及他们如何攻击社会民主党人?》一书的准备材料。

1892 年

组织并领导萨马拉马克思主义小组。

1893 年

春天

撰写《农民生活中新的经济变动》一文。该文是现存列宁著作中最早的一篇,曾在萨马拉马克思主义青年小组中宣读。

8 月 20 日(9 月 1 日)

从萨马拉启程前往彼得堡。途中在下诺夫哥罗德和莫斯科停留,结识当地的马克思主义者并建立联系。

10 月

加入彼得堡工艺学院学生马克思主义小组。

1894 年

1 月 9 日(21 日)

在莫斯科的一次秘密集会上发言,批判民粹派分子瓦·巴·沃龙佐夫的观点。

2 月底

参加彼得堡马克思主义者在克拉松工程师家里的集会,第一次同娜·康·克鲁普斯卡娅见面。

春夏

撰写《什么是"人民之友"以及他们如何攻击社会民主党人?》一书。

秋冬

领导彼得堡的进步工人小组,给维堡、涅瓦关卡等地的工人小组讲课,并参加工人集会。

1895 年

4 月 25 日(5 月 7 日)

为了同在国外的俄国马克思主义团体劳动解放社建立联系并考察西欧工人运动,由莫斯科启程出国。

5 月 3 日和 27 日(5 月 15 日和 6 月 8 日)之间

在瑞士访问劳动解放社的成员(在日内瓦访问格·瓦·普列汉诺夫;在苏黎世访问帕·波·阿克雪里罗得),商谈建立经常联系和在国外出版

《工作者》文集等问题。

5 月底—6 月

住在巴黎,结识法国工人运动和国际工人运动活动家、马克思的女婿保·拉法格。

9 月 2 日和 7 日(14 日和 19 日)之间

在柏林访问德国社会民主党领袖威·李卜克内西。

9 月 7 日(19 日)以后

撰写《弗里德里希·恩格斯》一文。

9 月 29 日(10 月 11 日)以后

回国后主持彼得堡革命马克思主义者会议。在这次会议上成立了彼得堡全市社会民主党人组织。同年 12 月 15 日(27 日),该组织正式定名为"工人阶级解放斗争协会"。

12 月 8 日(20 日)

由于内奸告密而被捕。

年底

在狱中开始写《俄国资本主义的发展》一书。

1897 年

2 月 17 日—5 月 8 日(3 月 1 日—5 月 20 日)

从彼得堡启程经莫斯科前往西伯利亚流放地舒申斯克村。

年底

撰写《我们拒绝什么遗产?》和《俄国社会民主党人的任务》。

1898 年

7 月 10 日(22 日)

同娜·康·克鲁普斯卡娅在流放地舒申斯克村举行婚礼。

8 月 9 日(21 日)

完成《俄国资本主义的发展》一书的初稿。

1899 年

1 月 30 日(2 月 11 日)

完成《俄国资本主义的发展》一书的付排工作。

8 月 20—22 日(9 月 1—3 日)

在叶尔马科夫斯克村召集在米努辛斯克专区流放的马克思主义者开会,

批判经济派的《信条》。与会者 17 人一致通过列宁起草的《俄国社会民主党人抗议书》。

不早于 10 月

接受崩得中央委员会请他参加编辑《工人报》(后改为撰稿)的建议,给《工人报》撰写《我们的纲领》、《我们的当前任务》和《迫切的问题》等三篇文章,还就为该报撰稿条件和文章选题写了《给编辑部的信》。

1900 年

1 月中

开始撰写《非批判的批判》一文,回答帕·尼·斯克沃尔佐夫对《俄国资本主义的发展》一书的攻击,于 3 月完稿。

1 月 29 日(2 月 10 日)

流放期满,离开舒申斯克村。因被禁止在彼得堡、莫斯科等大城市和工业中心居住,选择在离彼得堡较近的普斯科夫定居。

5 月 21 日(6 月 3 日)

因非法进入首都被捕。

5 月 31 日(6 月 13 日)

获释,被解送到母亲的居住地——莫斯科附近的波多利斯克。

不晚于 7 月 13 日(26 日)

由波多利斯克启程出国筹办俄国马克思主义者的第一份全俄政治报纸《火星报》,为建立新型无产阶级政党作思想和组织准备。

9—10 月

撰写《对华战争》一文。

11 月 3 日(16 日)以前

撰写《我们运动的迫切任务》一文(《火星报》创刊号社论)。

12 月 11 日(24 日)

《火星报》创刊号在莱比锡出版。

1901 年

2 月 11 日(24 日)以前

会见前来慕尼黑的帕·波·阿克雪里罗得,商谈《火星报》和《曙光》杂志出版事宜。

3 月 10 日(23 日)

《曙光》杂志第 1 期出版。

5 月 13 日(26 日)以前

着手撰写《怎么办?》一书。

1902 年

1 月 8 日和 2 月 18 日(1 月 21 日和 3 月 3 日)之间

出席《火星报》编辑部在慕尼黑召开的会议;批评格·瓦·普列汉诺夫起草的俄国社会民主工党第一个纲领草案,亲自撰写俄国社会民主工党纲领草案。

3 月初

《怎么办?》一书在斯图加特由狄茨出版社出版,署名"尼·列宁"。

1903 年

7 月 15 日(28 日)以前

在到达日内瓦的俄国社会民主工党第二次代表大会代表们的集会上作关于民族问题的报告,这份报告后来改写成《我们纲领中的民族问题》一文。

7 月 17 日—8 月 10 日(7 月 30 日—8 月 23 日)

参加先后在布鲁塞尔和伦敦举行的俄国社会民主工党第二次代表大会的工作。会上,俄国社会民主工党分裂为多数派(布尔什维克)和少数派(孟什维克)。

11 月 25 日(12 月 8 日)

声明退出《火星报》编辑部。

1904 年

2 月

致函国内各中央委员,严厉批评他们的调和主义立场,指出摆脱分裂状态和破坏活动的唯一出路是召开党的第三次代表大会,号召中央委员会在党内政策上采取坚定方针并对孟什维克进行不调和的斗争。

2—3 月

多次写信给党的地方工作者,说明必须尽快召开俄国社会民主工党第三次代表大会。

2 月—5 月 6 日(19 日)

撰写《进一步,退两步》一书。

1905 年

1—5 月

主持布尔什维克秘密报纸《前进报》的工作。

1 月 10 日（23 日）

在日内瓦得知彼得堡发生 1 月 9 日流血事件后，写文章进行评述，号召准备武装起义。

4 月 12—27 日（4 月 25 日—5 月 10 日）

出席在伦敦举行的俄国社会民主工党第三次代表大会，当选大会主席，被任命为《无产者报》的主编和中央委员会驻国外代表。

4 月 27 日（5 月 10 日）以后

在伦敦海格特公墓拜谒马克思墓。在巴黎拜谒"公社战士墙"。

6—7 月

撰写《社会民主党在民主革命中的两种策略》一书。

9 月 1 日（14 日）

《社会民主党对农民运动的态度》等文章发表在《无产者报》第 16 号上。

10 月 25 日（11 月 7 日）

《小资产阶级社会主义和无产阶级社会主义》等文章发表在《无产者报》第 24 号上。

11 月 2—8 日（15—21 日）

从日内瓦启程，经斯德哥尔摩回到俄国首都彼得堡。

11 月 9 日和 12 月 3 日（11 月 22 日和 12 月 16 日）之间

主持《新生活报》编辑部的工作，并在该报连续发表《论党的改组》、《党的组织和党的出版物》、《军队和革命》、《社会主义政党和非党的革命性》等文章。

12 月 12—17 日（25—30 日）

领导在芬兰塔墨尔福斯召开的俄国社会民主工党第一次代表会议的工作。

1906 年

1 月上半月

从彼得堡秘密到达莫斯科，以了解莫斯科十二月武装起义后的形势。

4 月 10—25 日（4 月 23 日—5 月 8 日）

参加在斯德哥尔摩举行的俄国社会民主工党第四次（统一）代表大会的工作，被选入代表大会主席团。

8 月 29 日(9 月 11 日)

《莫斯科起义的教训》(社论)和《策略上的动摇》两篇文章发表在《无产者报》第 2 号上。

8 月下半月

开始编辑布尔什维克的中央机关报《无产者报》。这一工作一直进行到 1909 年 11 月。

9 月 30 日(10 月 13 日)

《游击战争》等文章发表在《无产者报》第 5 号上。

11 月 3—7 日(16—20 日)

参加俄国社会民主工党第二次代表会议(第一次全国代表会议),并被选入主席团。

1907 年

2 月 5 日(18 日)

撰写马克思致路·库格曼书信集俄译本序言。这本小册子经列宁校订后于 1907 年在彼得堡出版。

4 月 6 日(19 日)

为《约·菲·贝克尔、约·狄慈根、弗·恩格斯、卡·马克思等致弗·阿·左尔格等书信集》的俄译本写序言。该书于 6 月在彼得堡出版。

4 月 30 日—5 月 19 日(5 月 13 日—6 月 1 日)

领导在伦敦举行的俄国社会民主工党第五次代表大会的工作。

6 月 24 日和 26 日(7 月 7 日和 9 日)之间

阅读刊载在《同志报》上的尔·马尔托夫的《是否可以规避?》,在撰写《反对抵制》一文时利用了该文。

6 月 26 日(7 月 9 日)

撰写《反对抵制》一文。

7 月 21—23 日(8 月 3—5 日)

出席在芬兰科特卡召开的俄国社会民主工党第三次代表会议(第二次全国代表会议)。

8 月 5—11 日(18—24 日)

参加在德国斯图加特举行的第二国际第七次代表大会的工作,任大会主席团成员以及关于军国主义和国际冲突问题决议起草委员会成员。

8 月 20 日(9 月 2 日)

在俄国社会民主工党中央委员会的会议上被选为党中央机关报《社会

民主党人报》的主编。

9 月

为自己的《十二年来》文集第 1 卷撰写序言。

11 月 5—12 日(18—25 日)

出席在芬兰赫尔辛福斯召开的俄国社会民主工党第四次代表会议(第三次全国代表会议)。

11—12 月

撰写《社会民主党在 1905—1907 年俄国第一次革命中的土地纲领》一书。

12 月上半月

第二次流亡国外。由芬兰的奥布(图尔库)启程,在前往纳古岛时,徒步走过海峡薄冰层,险些遇难。从纳古岛乘轮船前往斯德哥尔摩。

12 月 25 日(1908 年 1 月 7 日)

同克鲁普斯卡娅一起经瑞典、德国抵达瑞士的日内瓦,主持迁移到日内瓦继续出版的布尔什维克秘密报纸《无产者报》的工作。

1908 年

2—10 月

撰写《唯物主义和经验批判主义》一书。

3 月下半月—4 月 3 日(16 日)

为《卡尔·马克思(1818—1883)》文集撰写《马克思主义和修正主义》一文。

4 月 10 日和 17 日(23 日和 30 日)之间

应阿·马·高尔基的邀请,由日内瓦去意大利的卡普里岛小住。同亚·亚·波格丹诺夫、弗·亚·巴扎罗夫和阿·瓦·卢那察尔斯基争论哲学问题。

5 月 15 日

撰写《向报告人提十个问题》提纲。

9 月 11 日(24 日)

《列夫·托尔斯泰是俄国革命的镜子》一文作为社论发表在《无产者报》第 35 号上。

11 月 29 日和 12 月 1 日(12 月 12 日和 14 日)之间

同克鲁普斯卡娅由日内瓦迁居巴黎,《无产者报》也移至巴黎出版。

12 月 21—27 日(1909 年 1 月 3—9 日)

出席在巴黎举行的俄国社会民主工党第五次全国代表会议。

1909 年

1 月上半月

在巴黎纪念 1905 年 1 月 9 日遇难者大会上发表演说。

2 月 1 日(14 日)

在《无产者报》编辑部会议上要求公开反对阿·瓦·卢那察尔斯基鼓吹的造神说。

3 月 5 日(18 日)

在巴黎侨民集会上发表关于巴黎公社的演说。

4 月 14 日和 5 月 13 日(4 月 27 日和 5 月 26 日)之间

撰写《论工人政党对宗教的态度》一文。

5 月 8 日(21 日)

在巴黎作题为《宗教和工人政党》的报告。

6 月 8—17 日(21—30 日)

主持《无产者报》扩大编辑部会议;在讨论发言中谈召回主义、最后通牒主义以及对杜马活动的态度问题;对某些决议提出修正案,并针对一系列主要问题提出决议案。

7 月 11 日(24 日)

《取消取消主义》等文章发表在《无产者报》第 46 号上。

夏天

同克鲁普斯卡娅到巴黎近郊德拉韦尔拜访拉法格夫妇。

1910 年

不早于 2 月 24 日(3 月 9 日)

审阅《俄国资本主义的发展》一书的第 2 版(1908 年版)。

3 月 11 日(24 日)

出席《社会民主党人报》编辑部布尔什维克编委会议。会议研究了对孟什维克取消派攻击中央机关报和党的统一的行为组织反击的问题。

4 月 19 日(5 月 2 日)左右

以中央机关报三名编委的名义写信给俄国社会民主工党中央委员会,说编辑部内取消派分子的反党行为给编辑部造成了困难,主张以护党派孟什维克来代替取消派分子,以建立有工作能力的党的编委会。

7 月 6 日或 7 日(19 日或 20 日)

出席中央机关报《社会民主党人报》编辑部布尔什维克代表举行的会

议。会议讨论了俄国社会民主工党中央委员会俄国局由于 3 名布尔什维克委员在俄国被捕而造成的严重局势。

8 月 10 日（23 日）

从波尔尼克去哥本哈根出席第二国际第八次代表大会。途中在巴黎会见格·瓦·普列汉诺夫。

8 月 15—21 日（8 月 28 日—9 月 3 日）

参加第二国际哥本哈根代表大会的工作，参加大会的主要委员会之一合作社问题委员会，出席各次全体会议，同大会代表交谈。

10 月 30 日（11 月 12 日）

《革命的教训》一文作为社论发表在《工人报》第 1 号上。

12 月 16 日（29 日）

《欧洲工人运动中的分歧》一文发表在《明星报》第 1 号上。

12 月 23 日（1911 年 1 月 5 日）

《论马克思主义历史发展中的几个特点》一文发表在《明星报》第 2 号上。

1911 年

1 月 27 日—4 月 27 日（2 月 9 日—5 月 10 日）

每周四在巴黎社会科学讲习班讲授《政治经济学原理》。

5 月 28 日—6 月 4 日（6 月 10—17 日）

主持俄国社会民主工党中央委员会议。这次会议的目的是研究尽快召开俄国社会民主工党中央全会和全党代表会议的措施。

春天和 8 月 17 日（30 日）之间

创建和领导设在巴黎的隆瑞莫党校，并亲自讲课。

11 月 20 日（12 月 3 日）

代表俄国社会民主工党在保尔·拉法格和劳拉·拉法格的葬礼上发表演说。演说刊载在 12 月 8 日（21 日）《社会民主党人报》第 25 号上。

12 月 14—17 日（27—30 日）

在巴黎主持布尔什维克国外小组会议。

1912 年

1 月 5—17 日（18—30 日）

出席俄国社会民主工党第六次（布拉格）全国代表会议并主持各次会议。

4 月 22 日(5 月 5 日)以前

筹备出版合法的布尔什维克日报《真理报》。

4 月 22 日(5 月 5 日)

《真理报》第 1 号在彼得堡出版。

4 月 25 日(5 月 8 日)

《纪念赫尔岑》等文章发表在《社会民主党人报》第 26 号上。

5 月 31 日(6 月 13 日)

在俄国社会民主工党国外组织巴黎支部会议上作题为《俄国无产阶级的革命高涨》的报告。

6 月 9 日(22 日)

同克鲁普斯卡娅由巴黎迁居波兰的加里西亚地区(当时属奥匈帝国),抵达克拉科夫。

7 月 15 日(28 日)

《中国的民主主义和民粹主义》一文发表在《涅瓦明星报》第 17 号上。

10 月 5 日(18 日)以前

撰写《两种乌托邦》等三篇文章。

1912 年 12 月 26 日—1913 年 1 月 1 日(1913 年 1 月 8—14 日)

在克拉科夫主持召开有党的工作者参加的俄国社会民主工党中央委员会会议。

1913 年

1 月 3 日(16 日)

《欧仁·鲍狄埃》一文发表在《真理报》第 2 号上。

3 月 1 日(14 日)

《马克思学说的历史命运》一文发表在《真理报》第 50 号上。

3 月

撰写《马克思主义的三个来源和三个组成部分》一文。

5 月 7 日(20 日)

《资产阶级与和平》(社论)和《亚洲的觉醒》两篇文章发表在《真理报》第 103 号上。

5 月 10 日(23 日)

撰写《落后的欧洲和先进的亚洲》一文。

5 月

《论自由主义和马克思主义的阶级斗争概念》一文发表在《启蒙》杂志第

5 期上。

9 月 12 日(25 日)

《马克思主义和改良主义》一文发表在《劳动真理报》第 2 号上。

9 月 23 日—10 月 1 日(10 月 6—14 日)

在波罗宁主持召开有党的工作者参加的俄国社会民主工党中央委员会会议。

10—12 月

撰写《关于民族问题的批评意见》一文。

10 月 31 日或 11 月 1 日(11 月 13 日或 14 日)

致函阿·马·高尔基,批评他发表在《新工人报》第 69 号上的《再论卡拉玛卓夫性格》一文最后一段中流露出来的造神说观点。

1914 年

1 月 13—20 日(1 月 26 日—2 月 2 日)

参加拉脱维亚边疆区社会民主党第四次代表大会的工作,代表俄国社会民主工党中央委员会在代表大会上作报告。

2—3 月

着手撰写《论民族自决权》一文。起草《论民族自决权》一文的提纲。

不晚于 5 月 7 日(20 日)

撰写《论民族自决权》一文的结尾部分。

7 月 26 日—8 月 6 日(8 月 8—19 日)

被诬从事间谍活动,遭奥地利当局逮捕入狱。

8 月 23 日(9 月 5 日)

出狱后获准去瑞士,携全家到达伯尔尼。

8 月 23—24 日(9 月 5—6 日)

撰写关于战争问题的提纲《革命的社会民主党在欧洲大战中的任务》。

8 月 24—26 日(9 月 6—8 日)

领导在伯尔尼举行的布尔什维克会议,作关于布尔什维克党对战争的态度问题的报告。

9 月 28 日(10 月 11 日)以前

把提纲《革命的社会民主党在欧洲大战中的任务》改写成宣言《战争和俄国社会民主党》。

9—12 月

作黑格尔《逻辑学》一书的摘要。

11 月 1 日（14 日）

写完《卡尔·马克思》一文。

11 月 29 日（12 月 12 日）

《论大俄罗斯人的民族自豪感》一文发表在《社会民主党人报》第 35 号上。

1915 年

2 月 14—19 日（2 月 27 日—3 月 4 日）

在伯尔尼主持俄国社会民主工党国外支部代表会议。

3 月 13—15 日（26—28 日）

领导俄国社会民主工党中央委员会代表团在伯尔尼国际妇女社会党人代表会议上的工作。

3 月 22—24 日（4 月 4—6 日）

领导俄国社会民主工党中央委员会代表团在国际社会主义青年代表会议上的工作。

4 月底—8 月底

筹备出版《共产党人》杂志第 1 期，召开编辑部会议，撰写和修改文章，设法吸引各国左派国际主义者为杂志撰稿。

5—8 月

撰写《第二国际的破产》、《社会主义与战争》、《论欧洲联邦口号》等著作。

8 月 23—26 日（9 月 5—8 日）

出席在瑞士齐美尔瓦尔德举行的国际社会党代表会议，会上形成了齐美尔瓦尔德左派，建立了以列宁为首的齐美尔瓦尔德左派常务局。

1915 年 12 月底或 1916 年 1 月初

为写《帝国主义是资本主义的最高阶段》，在伯尔尼和苏黎世的一些图书馆里查阅资料，做写作的准备工作。

1916 年

1 月 12 日（25 日）

主持齐美尔瓦尔德左派常务局会议。会议决定排印列宁写的提纲《社会主义革命和民族自决权》。

1 月 23—27 日（2 月 5—9 日）

出席伯尔尼国际社会党扩大委员会会议。

1 月 28 日或 29 日(2 月 10 日或 11 日)

携全家由伯尔尼迁居苏黎世。

4 月 11—17 日(24—30 日)

出席在瑞士昆塔尔举行的国际社会党代表会议。

6 月 19 日(7 月 2 日)

写完《帝国主义是资本主义的最高阶段》一书。

7 月 2 日和 12 日(15 日和 25 日)之间

撰写《论尤尼乌斯的小册子》一文。

7 月 20 日和 29 日(8 月 2 日和 11 日)之间

致函格·叶·季诺维也夫,告知《关于自决问题的争论总结》一文已经脱稿,正在写《帝国主义和社会主义运动中的分裂》一文。

8 月 9 日(22 日)以前

致函格·叶·季诺维也夫,告知《帝国主义和社会主义运动中的分裂》和《无产阶级革命的军事纲领》两篇文章已经寄出,主张把它们刊登在《〈社会民主党人报〉文集》第 1 辑上。

8—9 月

撰写《论面目全非的马克思主义和"帝国主义经济主义"》等文章。

10 月 22 日(11 月 4 日)

在瑞士社会民主党代表大会开幕会上用德语讲话,代表俄国社会民主工党向大会表示祝贺。

11 月 17 日(30 日)

致函伊·费·阿尔曼德,指出她关于"保卫祖国"的观点是不对的,阐述马克思和恩格斯在这一问题上的立场。

1917 年

3 月 2 日(15 日)

获悉俄国二月革命取得胜利,决定立即回国。

3 月 7 日(20 日)

开始为《真理报》撰写总标题为《远方来信》的一组文章。

3 月 14 日(27 日)

在苏黎世民众文化馆向瑞士工人作题为《俄国革命及其意义和任务》的报告。

3 月 27 日(4 月 9 日)

同克鲁普斯卡娅和一批政治流亡者一起离开瑞士,取道德国、瑞典、芬兰回国。

4 月 3 日(16 日)

撰写《四月提纲初稿》。深夜抵达彼得格勒芬兰车站,站在装甲车上向欢迎群众发表演说。

4 月 4 日(17 日)

在塔夫利达宫作报告,逐条阐述《四月提纲》。

4 月 8 日(21 日)

撰写《论两个政权》一文。

4 月 8 日和 13 日(21 日和 26 日)之间

撰写小册子《论策略书》。

4 月 10 日(23 日)

《无产阶级在我国革命中的任务》小册子完稿。

4 月 24—29 日(5 月 7—12 日)

主持俄国社会民主工党(布)第七次全国代表会议(四月代表会议)。

5 月 22 日(6 月 4 日)

出席全俄农民第一次代表大会,发表关于土地问题的讲话。

6 月 3—24 日(6 月 16 日—7 月 7 日)

参加在彼得格勒举行的全俄工兵代表苏维埃第一次代表大会的工作。

7 月 5 日—10 月 24 日(7 月 18 日—11 月 6 日)

由于"七月事变"后资产阶级临时政府实行白色恐怖,为避开搜捕而转入地下。

7 月 10 日(23 日)

撰写《政治形势》一文,明确提出布尔什维克党准备武装起义以及夺取政权的策略路线。

7 月中旬

撰写《论口号》一文。

7 月 26 日—8 月 3 日(8 月 8—16 日)

在匿居状态下间接领导俄国社会民主工党(布)第六次代表大会的工作,并被选为大会名誉主席和党中央委员。

7 月底

撰写《革命的教训》一文。

8 月 9 日(22 日)晚

乘火车秘密前往芬兰。

8—9 月

撰写《国家与革命》一书。

9 月 6 日(19 日)

撰写《革命的任务》一文。

9 月中旬

撰写小册子《大难临头,出路何在?》和《布尔什维克应当夺取政权》、《马克思主义和起义》两封信。

9 月底—10 月 1 日(14 日)

撰写《布尔什维克能保持国家政权吗?》一文和后记。

10 月 7 日(20 日)

从芬兰秘密回到彼得格勒。

10 月 8 日(21 日)

撰写《局外人的意见》一文。

10 月 10 日(23 日)

参加俄国社会民主工党(布)中央委员会会议,提出关于武装起义的决议案。在这次会议上,成立了以列宁为首的中央政治局,对起义进行政治领导。

10 月 16 日(29 日)

出席俄国社会民主工党(布)中央委员会扩大会议,就武装起义的方针问题作报告。在这次会议上成立了起义领导机构——军事革命总部。

10 月 18 日(31 日)

撰写《给布尔什维克党党员的信》。

10 月 24 日(11 月 6 日)

写信给中央委员会,认为拖延武装起义等于自取灭亡。深夜来到起义领导中心斯莫尔尼宫,直接领导彼得格勒工人、士兵和水兵的武装起义。

10 月 25 日(11 月 7 日)

以彼得格勒工兵代表苏维埃军事革命委员会的名义起草《告俄国公民书》,宣告资产阶级临时政府已被推翻,政权转到军事革命委员会手中。

10 月 26 日(11 月 8 日)

出席全俄工兵代表苏维埃第二次代表大会第二次会议。大会通过列宁起草的《和平法令》、《土地法令》和《关于成立工农政府的决定》,宣布组成世界上第一个工农政府——以列宁为首的人民委员会。

10 月 26 日或 27 日(11 月 8 日或 9 日)

撰写《工人监督条例草案》。

10 月 27 日(11 月 9 日)

主持人民委员会第一次会议。

11 月 5—6 日(18—19 日)

起草《俄国社会民主工党(布尔什维克)中央委员会宣言》。

11 月 18 日(12 月 1 日)

撰写《工人同被剥削劳动农民的联盟》。

12 月 11 日或 12 日(24 或 25 日)

撰写《关于立宪会议的提纲》。

不早于 12 月 14 日(27 日)

撰写《关于实行银行国有化及有关必要措施的法令草案》及其草稿和提纲。作关于苏维埃国家经济政策问题的笔记。

12 月 24—27 日(1918 年 1 月 6—9 日)

撰写《被旧事物的破灭吓坏了的人们和为新事物而斗争的人们》、《怎样组织竞赛?》和《关于消费公社的法令草案》等多篇文章。

1918 年

不晚于 1 月 3 日(16 日)

撰写《被剥削劳动人民权利宣言》草案。

1 月 6 日(19 日)

撰写《解散立宪会议的法令草案》。

1 月 7 日(20 日)

撰写《关于立刻缔结单独的兼并性和约问题的提纲》。

1 月 10—18 日(23—31 日)

领导全俄工兵农代表苏维埃第三次代表大会的工作,当选为大会名誉主席。

1 月 15 日(28 日)

签署人民委员会关于建立工农红军的法令。

2 月 18 日

出席俄国社会民主工党(布)中央委员会会议,在会上两次讲话,主张立即接受德国提出的和约条件。

2 月 21 日

起草人民委员会的法令《社会主义祖国在危急中!》。

2 月 28 日和 3 月 1 日

《奇谈与怪论》一文连续发表在《真理报》第 37 号和第 38 号上。

3 月 5 日

撰写《严重的教训与严重的责任》一文。

3 月 6—8 日

出席俄共（布）第七次（紧急）代表大会，作《中央委员会政治报告》和《关于修改党纲和更改党的名称的报告》，提出关于战争与和平的决议草案。

3 月 10 日

由于迁都，离开彼得格勒前往莫斯科。

3 月 11 日

在赴莫斯科途中撰写《当前的主要任务》一文。

3 月 11—16 日

领导全俄工兵农代表苏维埃第四次（非常）代表大会的工作。大会通过列宁起草的以共产党党团名义提出的关于批准布列斯特和约的决议。

4—6 月

撰写《苏维埃政权的当前任务》、《科学技术工作计划草稿》、《论"左派"幼稚性和小资产阶级性》和《关于社会主义社会科学院》等文章和文件。

5 月 1 日

在霍登卡广场检阅部队。在红场举行的"五一"国际劳动节庆祝大会上讲话。

5 月 8 日

主持人民委员会会议，撰写《关于粮食专卖法令的要点》。

5 月 15 日

主持人民委员会会议，讨论关于拥有外国投资的俄国银行实行国有化、同尚未承认苏维埃政权的资本主义国家签订租让合同等问题。

5 月 26 日

在全俄国民经济委员会第一次代表大会上发表讲话。

6 月 4 日

在全俄中央执行委员会、莫斯科苏维埃和工会联席会议上作《关于同饥荒作斗争的报告》和总结发言。

6 月 28 日和 7 月 3 日之间

阅读司法人民委员部部务委员会制定的俄罗斯社会主义联邦苏维埃共和国宪法草案，在上面作批注，提补充意见，写评语。

6 月 29 日

撰写《预言》一文。

7 月 5 日

　　在全俄苏维埃第五次代表大会上作人民委员会工作报告和总结发言。

7 月 10 日

　　同约·约·瓦采季斯谈东线的局势、苏维埃共和国的国防体系和红军建设等问题。

8 月 20 日

　　撰写《给美国工人的信》。

8 月 28 日

　　在全俄教育工作第一次代表大会上发表讲话。

8 月 30 日

　　在莫斯科河南岸区原米歇尔逊工厂群众大会上发表讲话。离开工厂时，遭社会革命党人范·卡普兰枪击受重伤。

8 月 30 日—9 月 15 日

　　受伤后接受治疗。

9 月 18 日或 19 日

　　撰写《论我们报纸的性质》一文。

不晚于 10 月 9 日

　　开始写《无产阶级革命和叛徒考茨基》一书。

不晚于 11 月 1 日

　　审阅在伯尔尼用德文出版的《国家与革命》一书。

11 月 6 日

　　出席全俄工人、农民、哥萨克和红军代表苏维埃第六次(非常)代表大会第一次会议，当选为大会名誉主席，发表庆祝十月革命一周年的讲话。

11 月 7 日

　　先后在马克思恩格斯纪念碑揭幕典礼、十月革命烈士纪念碑揭幕典礼和全俄肃反委员会工作人员游艺大会上发表讲话。

11 月 10 日

　　写完《无产阶级革命和叛徒考茨基》一书。

11 月 10 日以后

　　撰写《无产阶级革命和叛徒考茨基》一书附录:《王德威尔得论国家的新书》。

11 月 19 日

　　在全俄女工第一次代表大会上讲话。

11 月 20 日

　　撰写《皮季里姆·索罗金的宝贵自供》一文。

11 月 30 日

签署全俄中央执行委员会关于成立工农国防委员会的决定。

12 月 23 日

撰写《论"民主"和专政》一文。

1918 年底或 1919 年初

读亚·伊·托多尔斯基的《持枪扶犁的一年》一书;利用该书中的材料写《一幅说明大问题的小图画》一文。

1919 年

1 月 19 日

在莫斯科抗议杀害卡·李卜克内西和罗·卢森堡的群众大会上讲话。

2 月 23—25 日

主持俄共(布)党纲起草委员会的工作;把《俄共纲领草案初稿》改写成《俄共(布尔什维克)纲领草案》(一般理论部分);撰写党纲中其他方面的有关条文。

3 月 2 日

出席共产国际第一次代表大会并致开幕词,当选为大会主席团常务主席。

3 月 4 日

主持共产国际第一次代表大会第三次会议,宣读《关于资产阶级民主和无产阶级专政的提纲和报告》。

3 月 18 日

在全俄中央执行委员会举行的雅·米·斯维尔德洛夫追悼会上致悼词。

3 月 18—23 日

出席俄共(布)第八次代表大会,致开幕词,并代表中央委员会作总结报告、关于党纲的报告和关于农村工作的报告。

3 月底

多次灌制录音讲话。

4 月 15 日

为《共产国际》杂志创刊号撰写《第三国际及其在历史上的地位》一文。

5 月 1 日

在红场的阅兵式和庆祝大会上讲话。

5 月 6 日

在全俄社会教育第一次代表大会上致贺词。

5月25日

参加在红场举行的庆祝普遍军训一周年的群众大会,检阅工人营、各区共产主义分队和莫斯科军事学校学员,并发表讲话。

5月27日

撰写《向匈牙利工人致敬》一文。

6月28日

写完小册子《伟大的创举》。

7月8日

主持人民委员会会议;签署关于免去约·约·瓦采季斯共和国武装力量总司令职务和任命谢·谢·加米涅夫为共和国武装力量总司令的决定。会议讨论了关于共和国革命军事委员会的组成、关于莫斯科居民的粮食供应等问题。

7月11日

在斯维尔德洛夫共产主义大学作关于国家问题的讲演,并回答了学员提出的问题。

7月31日

致函阿·马·高尔基,劝他改变生活环境,观察工农怎样以新的方式建设生活,克服某些不健康的思想情绪。

8月29日

在斯维尔德洛夫大学作第二次讲演,仍讲国家问题。记录没有找到。

9月23日

在莫斯科市非党女工第四次代表大会上发表关于苏维埃共和国女工运动的任务的讲话。

10月11日

撰写《工人国家和征收党员周》一文。

10月16日

在莫斯科苏维埃大楼阳台上对应征入伍的工人共产党员发表讲话。

10月21日

撰写《莫斯科征收党员周的总结和我们的任务》一文。

10月30日

撰写《无产阶级专政时代的经济和政治》一文。

11月19日

接见旅俄华工联合会会长刘绍周(刘泽荣),同他谈中国革命、中国工人生活和联合会的工作等问题;谈话时在外交人民委员部1919年10月7

日给刘泽荣开的证明信上加了一句："谨请各苏维埃机关和主管部门尽力协助刘绍周同志"，并在信上签名。

11 月 22 日

在全俄东部各民族共产党组织第二次代表大会上作报告。

12 月 2—4 日

领导俄共（布）第八次全国代表会议的工作。

12 月 4 日

在农业公社和农业劳动组合第一次代表大会上讲话。

12 月 20 日

在俄共（布）莫斯科市代表会议上作关于星期六义务劳动的报告和总结发言。

12 月 28 日

撰写《为战胜邓尼金告乌克兰工农书》。

1920 年

1 月 23 日

写信给格·马·克尔日扎诺夫斯基，建议他在为《真理报》写的文章中阐述国家电气化计划。

2 月 20 日以前

接见美国《世界报》记者林·埃尔，回答他关于苏维埃国家内外政策方面的问题。

3 月 15 日

在全俄水运工人第三次代表大会上发表关于工业管理问题的讲话。

3 月底—4 月初

领导俄共（布）第九次代表大会的工作，并作报告和发言。

4 月 8 日

为《共产主义星期六义务劳动报》撰写《从破坏历来的旧制度到创造新制度》一文。

4—5 月

撰写《共产主义运动中的"左派"幼稚病》一书。

5 月 1 日

在克里姆林宫院内参加星期六义务劳动。

6 月 12 日

撰文评论共产国际为东南欧国家办的《共产主义》杂志。

6—7 月

为共产国际第二次代表大会准备文件。

7—8 月

参加共产国际第二次代表大会,并多次作报告和发言。

9 月下旬

主持俄共(布)第九次全国代表会议。

10 月 2 日

出席俄国共产主义青年团第三次全国代表大会,发表题为《青年团的任务》的讲话。

10 月 6 日

接见英国学者赫·威尔斯。

10 月 8 日

撰写关于无产阶级文化的决议草案,建议在中央通过后立即以中央的名义提交教育人民委员部部务委员会和无产阶级文化协会代表大会。

秋天

接见苏俄红军中国团团长任辅臣烈士的遗属。

11 月 3 日

在全俄省、县国民教育局政治教育委员会工作会议上讲话。

11 月 14 日

同克鲁普斯卡娅一起参加莫斯科省沃洛科拉姆斯克县卡希诺村电站的落成典礼。

12 月 6 日

在俄共(布)莫斯科组织积极分子大会上作关于租让的报告和总结发言。

12 月 22—29 日

领导全俄苏维埃第八次代表大会的工作。

12 月 30 日

在苏维埃第八次代表大会俄共(布)党员代表、全俄工会中央理事会党员委员及莫斯科省工会理事会党员委员联席会议上发表题为《论工会、目前局势及托洛茨基同志的错误》的讲话。

1921 年

1 月 1—22 日

在莫斯科近郊的哥尔克村休假;撰写《党内危机》和《再论工会、目前局势及托洛茨基同志和布哈林同志的错误》这本小册子的大部分。

1 月 23 日

在全俄矿工第二次代表大会俄共(布)党团会议上作关于工会的作用和任务的报告。

1 月 25 日

写完《再论工会、目前局势及托洛茨基同志和布哈林同志的错误》小册子。

1 月 28 日和 2 月 2 日之间

两次接见全俄矿工第二次代表大会的代表。

2 月 8 日

出席俄共(布)中央政治局会议。在讨论春播运动和农民生活状况时,撰写《农民问题提纲初稿》,规划从战时共产主义向新经济政策的转变。

2 月 21 日

撰写《论统一的经济计划》一文。

3 月 8—16 日

领导俄共(布)第十次代表大会的工作,作关于以实物税代替余粮收集制的报告。这次代表大会标志着苏维埃俄国从战时共产主义政策转向新经济政策。

3 月 17 日

写信给美国实业家华·万德利普,表示苏维埃俄国愿意同美国建立贸易关系和事务关系。

3 月底—4 月 21 日

撰写《论粮食税》一书。

4 月 14 日

撰写《致阿塞拜疆、格鲁吉亚、亚美尼亚、达吉斯坦、哥里共和国的共产党员同志们》一信。

5 月 19—21 日

草拟劳动国防委员会给各地方苏维埃机关的指令。

5 月 26—28 日

领导俄共(布)第十次全国代表会议的工作。

6 月 14 日和 22 日之间

同德国统一共产党出席共产国际第三次代表大会的代表克·蔡特金谈话。

6 月 22 日—7 月 12 日

领导共产国际第三次代表大会的工作,当选为大会名誉主席,并在大会上作报告。

不晚于 7 月 6 日

在共产国际第三次代表大会会议休息时,同中国《晨报》记者瞿秋白交谈。

8 月 5 日

致函 Г. И. 米雅斯尼科夫,谈"出版自由"问题。

8 月 20 日

撰写《新的时代和新形式的旧错误》一文。

9 月 20 日

为《真理报》撰写题为《关于清党》的社论。

10 月 14 日

撰写《十月革命四周年》一文。

10 月 17 日

在全俄政治教育委员会第二次代表大会上作题为《新经济政策和政治教育委员会的任务》的报告。

10 月 22 日

就租让谈判事宜接见美国实业家阿·哈默。观看全俄第一部电犁试验。

10 月 29 日

出席莫斯科省第七次党代表会议,作关于新经济政策的报告。

11 月 5 日

撰写《论黄金在目前和在社会主义完全胜利后的作用》一文。

11 月 27 日

同美国社会活动家、法学家和经济学家帕·克里斯坦森交谈。

12 月 23—28 日

领导全俄苏维埃第九次代表大会的工作。

1921 年 12 月 30 日—1922 年 1 月 4 日

撰写《关于工会在新经济政策条件下的作用和任务的提纲草案》。

1922 年

1 月 4 日和 8 日之间

委托秘书收集对《关于工会在新经济政策条件下的作用和任务的提纲草案》的各种意见。

2 月 20 日

致函德·伊·库尔斯基,谈司法人民委员部在新经济政策条件下的任务。

2 月底

撰写关于《政论家札记》一文的几点设想。

3 月 12 日

写完《论战斗唯物主义的意义》一文。

3 月 27 日—4 月 2 日

领导俄共(布)第十一次代表大会的工作,被选入主席团,作政治报告,当选俄共(布)中央委员。

4 月 3 日

出席俄共(布)中央全会会议,被选为中央政治局委员。全会通过关于设立党中央总书记和两名书记的职务的决定,任命约·维·斯大林为党中央总书记。

5 月 20 日

用电话口授给约·维·斯大林并转俄共(布)中央政治局的信《论"双重"领导和法制》。

5 月下旬—10 月初

因健康状况不佳在哥尔克村休养,但仍未放下工作。

10 月 3 日

结束休养后第一次主持人民委员会会议。

10 月 5 日

出席俄共(布)中央全会会议。

10 月 27 日和 11 月 5 日之间

撰写对《曼彻斯特卫报》记者阿·兰塞姆 10 月 27 日提出的 7 个问题中的 3 个问题的答复(第二种回答)。

11 月 5 日

写完对《曼彻斯特卫报》记者阿·兰塞姆提出的 7 个问题的答复(第一种回答)。

11 月 13 日

出席共产国际第四次代表大会,用德语作题为《俄国革命的五年和世界革命的前途》的报告。

11 月 20 日

出席莫斯科苏维埃全会,最后一次对公众发表讲话。

12 月 13 日

就对外贸易垄断问题,用电话口授给约·维·斯大林并转中央全会的

信,信中建议批评和反驳尼·伊·布哈林在 1922 年 10 月 15 日的信中
提出的反对对外贸易垄断的理由。

12 月 30 日

因病未能参加苏联苏维埃第一次代表大会,被选为大会名誉主席。这次
代表大会宣布成立苏维埃社会主义共和国联盟,并选举列宁为第一届苏
联中央执行委员会委员。

1922 年 12 月—1923 年 3 月

病中口授一生中最后的书信和文章:《给代表大会的信》、《关于赋予国
家计划委员会以立法职能》、《关于民族或"自治化"问题》、《日记摘
录》、《论合作社》、《论我国革命》、《我们怎样改组工农检查院》和《宁肯
少些,但要好些》。

1923 年

3 月上旬

病情恶化,丧失语言能力,右半身瘫痪加重。

4 月 17 日

俄共(布)第十二次代表大会开幕。列宁因病不能出席,被选为代表大
会主席团委员。

5 月 15 日

在医生陪同下去哥尔克村疗养。

7 月 6 日

第一届苏联中央执行委员会第二次会议选举列宁为苏联人民委员会
主席。

1923 年 8 月初—1924 年 1 月 20 日

每天在图书室里浏览各种书刊,挑选他感兴趣的关于经济、科学组织劳
动、财政等方面的材料,让克鲁普斯卡娅给他朗读。

1924 年

1 月 16 日

被选为俄共(布)第十三次代表会议主席团委员。第十三次代表会议于
1924 年 1 月 16—18 日在莫斯科举行。代表会议决定发表列宁起草的俄
共(布)第十次代表大会《关于党的统一》的决议的第七条,其中规定对
破坏党的纪律或搞派别活动者可以采取党内一切处分办法,直到开除
出党。

1 月 19—20 日

听克鲁普斯卡娅朗读刊登在《真理报》上的俄共（布）第十三次代表会议的各项决议,有时还提出一些问题。

1 月 20 日

感到身体不适,没吃早饭,没出去散步。

1 月 21 日

17 时 30 分,健康状况突然急剧恶化,18 时 50 分于哥尔克村逝世。

责任编辑：崔继新
装帧设计：曹　春
版式设计：周方亚　程凤琴
责任校对：张　彦　王　惠
责任印制：贲　菲　周文雁

图书在版编目（CIP）数据

列宁选集　第四卷／中共中央马克思恩格斯列宁斯大林著作编译局编译.
-北京：人民出版社，2012.9（2021.1重印）
ISBN 978 - 7 - 01 - 010649 - 6
Ⅰ.列…　Ⅱ.中…　Ⅲ.列宁著作-选集　Ⅳ.A21
中国版本图书馆 CIP 数据核字（2012）第 015933 号

书　　名	列宁选集
	LIENING XUANJI
	第四卷
编 译 者	中共中央马克思恩格斯列宁斯大林著作编译局
出版发行	人 民 出 版 社
	（北京市东城区隆福寺街 99 号　邮编　100706）
邮购电话	（010）65250042　65289539
经　　销	新华书店
印　　刷	北京新华印刷有限公司
版　　次	2012 年 9 月第 3 版修订版　2021 年 1 月北京第 7 次印刷
开　　本	880 毫米×1230 毫米 1/32
印　　张	37.5
字　　数	1021 千字
印　　数	66,001-76,000 册
书　　号	ISBN 978 - 7 - 01 - 010649 - 6
定　　价	91.00 元

ISBN 978-7-01-010649-6

9 787010 106496 >